AN INTRODUCTION TO KOREAN PUBLIC ADMINISTRATION 제7판

한국행정학

유민봉

박영사

제7판 머리말

　　2020년은 지금까지 전혀 생각하지 못한 예외적인 삶을 경험한 한 해로 먼 미래에 기억될 것이다. 코로나19로 우리나라는 물론 전 세계인의 일상이 완전히 바뀌었다. 일상의 생활에서부터 직장의 일하는 방식까지 비대면, 언택트가 뉴노멀이 되었다. 일부 전문가들에게나 익숙해 있던 앱을 이용한 회의나 강의가 보편화되었고, 이러한 변화의 관성은 코로나19가 진정된 이후에도 어느 정도 지속될 것으로 예상하고 있다.

　　그래서 이번 개정판에서 가장 관심을 가지고 보완한 부분은 "제16장 행정정보화: 전자정부"편이다. 정보통신기술을 기반으로 신속하고 편리한 행정서비스 제공과 시민참여를 유도하는 기존의 전자정부 시각이 새롭게 진화하고 있기 때문이다. 전자정부가 행정서비스를 제공하는 프론트 오피스 기능을 뒤에서 지원하는 수준이 아니라 4차 산업혁명 시대에 디지털 경제로의 전환을 선도하는 정부혁신의 전략적 개념으로 바뀌고 있다. ICT 기술에만 의존하지 않고 빅데이터, 클라우드, 인공지능, 블록체인 등의 새로운 기술을 활용하여 보다 주도적이고 시민을 중심으로 하는 정부혁신이 중요해졌다. 이러한 변화에 대응하여 정부는 행정안전부 전자정부국을 디지털정부국으로 확대 개편하였는가 하면, 지능정보사회로의 전환을 대비해서 '국가'정보화기본법을 '지능'정보화기본법으로 전면 개정하였다. 선진국 중심의 OECD는 디지털정부지수(Digital Government Index)를 개발하여 2020년에 평가 결과를 발표하기에 이르렀다. 개정판에서는 디지털 기술로 촉발된 새로운 전자정부의 개념으로서 디지털정부에 대한 이해를 돕고자 하였다.

　　2021년 5월이면 문재인 정부의 임기 마지막 5년 차가 시작된다. 그동안 추진해온 정책의 성과를 평가받을 시기이다. 그런데 코로나19 사태로 전 세계적인 경제적·사회적 위기를 겪으면서 소득주도성장 등의 핵심 정책에 대한 평가를 하지 못하고 우선 재정을 풀어 당면한 위기를 극복하는 것이 최대 현안이 되었다. 정부의 역할이나 적정 규모를 비판적으로 검토할 여유도 없이 정부의 일방적인 코로나19 방역 지침을 수용해야 했고, 소득 감소로 고통 받는 개인이나 기업을 지원하기 위해 추경이 일상화되고, 그로 인한 재정지출 및 국가부채가 급속히 증가하였다. 개정판에서는 이러한 변화를 확인할 수 있도록 통계 수치를 업데이트하였다. 또한 행정학의 개념이나 이론은 몇 년마다 바뀌는 것이 아니기 때문에 개정의 많은 부분은 제6판 이후 2년 사이에 바뀐 법이나 정책을 반영함으로써 잘못된 내용으로 학습하는 일이 없도록 하였고, 행정의 이론과 실제에 대한 현실적 감각을 익힐 수 있도록 글상자 내용을 최신의 신문 기사나 칼럼으로 교체하였다.

개정판을 낼 때마다 노고를 아끼지 않고 최선을 다해 지원해준 박영사 임재무 선생님과 편집을 세세하게 챙겨준 전채린 선생님, 그리고 관련 자료를 수집하고 교정을 도와준 박윤 박사에게 진심으로 감사한 마음을 전한다.

2021. 2.

유 민 봉

머 리 말

　긴 터널을 통과한 느낌이다. 출판사의 최종 교정본을 받아보고 난 첫 소감이다. 아직도 부족하고 고칠 부분이 많이 있음에도 불구하고 14년 동안 보이지 않게 나를 압박해온 부담감을 이제야 어느 정도 떨쳐버릴 수 있었기 때문이다. 고시를 하고 공무원의 길을 포기하면서 나 자신을 정당화했던 한 가지 이유가 내가 직접 공무원으로 사회에 기여하는 것보다 그런 공무원이 될 많은 학생을 가르치는 일이라고 생각했다. 그 가르침은 학교에서 학생을 상대로 하는 것 이외에 책을 통해 더 많은 사람에게 다가가는 것이었다. 그런데 그 일이 쉽지 않았다. 행정학의 방대한 영역을 체계화하고 수많은 지식을 알기 쉽게 전달할 자신감이 갈수록 줄어들었다. 더구나 기존에 나와 있는 800쪽 심지어 1,000쪽이 넘는 두툼한 책을 펼쳐보면 주눅이 들어 도저히 책을 쓸 용기가 나지 않았다. 그러면서도 한편으로는 '이것은 아닌데' 하는 생각과 함께 행정학 교재를 새롭게 써야 한다는 각오를 다지곤 했다.

　지난 10여 년간 학부생을 대상으로 행정학개론을 강의하면서 조금씩 강의자료를 모으고 메모를 하고 때로는 에세이 식의 글을 적어두었다. 그 기간 동안 가장 힘든 일이 행정학을 하나의 체계성을 갖추어 이해할 수 있도록 가르치는 것이었다. 2-3년에 한 번씩 강의계획표를 바꾸어야 할 정도로 나 스스로 행정학의 체계에 자신을 갖지 못한 채 이런저런 식의 체계화를 시도해 볼 뿐이었다. 그런 고민을 10여 년하다 '이 정도'에 만족하면서 고민을 접은 시점의 체계화가 현재 이 책의 구성이다.

　이 책은 전체 8부 16장으로 구성되었다. 그 중에 핵심은 3부에서 7부까지의 내부환경, 결정시스템, 집행시스템, 조직시스템, 그리고 지원시스템이다. 과거 행정학의 3대 핵심 영역이라 할 수 있는 조직, 인사, 재무 부분의 비중을 과감하게 줄이고 그 대신 결정시스템과 집행시스템의 비중을 높였다. 행정의 핵심을 사회의 공공가치를 실현하기 위한 활동에 초점을 맞추어 '일하는 부분'을 강조하고 전통적인 인사행정과 재무행정은 조직이 일을 할 수 있도록 지원하는 활동으로 규정하였다. 모든 행정조직이 아직도 인사와 예산을 다루는 부서에 힘이 집중되는 왜곡된 현상을 제자리로 돌리고 싶은 바람을 반영한 것이다. 결정시스템에서는 과거 정책결정만을 다루었지만 최근 정부혁신과정에서 비중 있게 다루고 있는 미션, 비전, 전략을 포함시켰다. 집행시스템에서는 정책집행뿐만 아니라 서비스 및 고객지향 마인드의 강조에 따라 행정서비스를 하나의 장으로 구성하였다. 이렇게 하는 경우 행정학이 점차 경영학과의 구분이 모호해지기 때문에 행정학의 정체성을 분명히 하기 위하여 공공가치를 중요한 하나의 장으로 다루었다.

책을 쓰면서 가장 큰 유혹이 많은 행정학 교재에서 다루고 있는 주제를 모두 다루고 싶은 것이었다. 하지만 그것이 체제의 연결과 흐름을 분산시킬 때에는 과감하게 제외시켰다. 기존의 백화점식 교재가 되는 것을 우려했기 때문이다. 특히 단편 지식을 전하기보다는 행정학을 이해하는 데 꼭 필요한 것이면 충분한 설명이 가능하도록 지면을 할애하였다. 이 때도 지나친 설명이 체제의 흐름을 방해할 때에는 이것을 각주 형태로 처리하여 책 전체의 체계성 유지에 초점을 맞추었다. 설명 과정에서 너무 깊이 들어간 부분은 학부의 행정학개론 수준에서는 다루기 어려운 부분도 있을 것이다. 예를 들어 접근방법, 신공공관리, 뉴거버넌스, 전략기획, 정책(집행)수단, 균형성과표 등이 그런 예라고 생각하는데 이해가 어려운 부분은 일단 생략하고 다음 부분을 먼저 공부하고 다시 앞으로 돌아와 이해하는 방식으로 이 책을 활용하면 도움이 될 것이다.

책의 체계적 구성 이상으로 관심을 가진 것이 내용이다. 특히 기존의 행정학 교재가 시대와 현장의 변화를 충분히 반영하지 못하고 7, 80년대의 내용에 머무는 경우가 많았다. 행정학이 행정의 현장을 이끌어가지는 못할지언정 뒤따라가지도 못하는 비판을 면키 힘든 상황이 되었다. 지금 행정 현장에서 중요하게 다루어지고 있는 미션, 비전, 전략, 성과관리, 변화관리, 갈등관리, 고객만족 등의 내용이 행정학 교재에 충분히 소개되지 않고 있는 실정이다. 이 책에서는 행정의 새로운 변화상을 담기 위해 관련 용어와 이론의 설명에 많은 노력을 기울였다.

아직도 부족한 것이 많다. 좀더 시간적 여유를 가지고 완성도를 높일 부분도 있었지만 금년도 연구년을 맞아 다시 외국을 나가다 보니 마지막 '마침표'를 분명하게 찍을 만큼 완벽한 작업을 하지 못한 점이 아쉽다. 그 동안 행정학 관련 학회보에 발표된 많은 논문이 있는데 그것을 하나하나 검토하고 반영시키지 못한 점도 아쉬움으로 남는다. 지원시스템에 정보를 포함시키는 것도 다음의 과제로 넘겨야 할 것 같다.

행정학을 강의하면서 행정이 무엇인가 많은 생각을 하곤 했다. 어떻게 해서 행정이라는 단어를 만들어 냈는지 궁금했다. 그러다 내가 내린 결론은 행정이란 정(政)을 행(行)하는 것이다. 정(政)은 바를 정(正)과 아비 부(父)가 합쳐진 것으로 아비란 가부장사회에서 힘의 상징으로 행정을 바르게(正) 힘(父)을 행하는 것으로 이해하고자 한다. 바르게 힘을 행하는 방식도 시대에 따라 변하고 있다. 조선 시대에는 다산 정약용의 「목민심서」가 상징하듯 정부와 관료의 목민적 자세가 중요했다면 현대에는 정부, 시민사회, 시장이 서로 협력하여 힘을 바르게 쓰는 것이 중요한 시대가 되었다. 이 책을 통해 공부하는 많은 젊은이들이 이렇게 새롭게 변화하는 행정의 기본 정신을 올바로 이해하는 데 도움이 되기를 바라는 마음으로 이 책을 탈고하고 부족한 부분은 다음 개정판에 반영시킬 것을 약속하고자 한다.

교재는 학술논문과는 달리 어려운 점이 있다. 전공 이외의 다른 영역까지 모두 이해하고 정리한다는 것이 마치 야구에 비유하여 1루수가 투수에서부터 외야까지의 아홉 개 포지션 모두에 해당하는 역할을 해내는 것처럼 힘든 일이었다. 그러다 보니 보이지 않게 비전공 영역에 대한 이해와 체계성이 떨어질 수 있음을 솔직히 시인하지 않을 수 없다. 이런 부분에 대한 이해와 정리가 가능했던 것은 그래도 기존의 많은 교재와 논문이 있었기 때문이다. 이 책이 결코 나 혼자만의 독창적인 노력의 결과가 아니라 이렇게 많은 학자의 도움이 있었다는 점을 밝히고 또 그 분들께 감사드린다.

소백산 양백정사는 책을 쓸 때마다 나의 몸과 마음을 휴식하면서 최종 정리를 할 수 있는 곳이다. 이번에도 이 곳이 아니었다면 보다 깊이 있는 정리가 불가능했을 것이다. 매일 새벽 칠순이 넘은 봉철 큰스님께서는 나의 지친 심신에 마음의 양식을 넣어 주셨다. "너는 아직도 무엇이 부족해서 머리를 무겁게 하느냐? 이 겨울의 저 나무를 보아라. 자기 옷을 다 벗어던지고 알몸만 드러낸 저 모습이 진정한 군자의 모습임을 너는 언제나 알려는고." 이 책은 앙상한 가지가 아니라 무성한 잎으로 차 있다. 그렇지만 무질서하고 빡빡하지 않도록 잘 정돈하였다. 이 책으로 공부하는 학생 모두가 일단은 많은 지식을 차곡차곡 쌓기를 바란다. 그렇지만 그것이 무거운 짐이 되지 않았으면 좋겠다. 그 지식의 무게가 사람의 가치를 평가하는 것이 아님도 알았으면 좋겠다. 또한 그 지식이 우리 사회를 더 좋은 사회로 인도하는 길이 되었으면 좋겠다.

이 책을 완성하는 데는 늘 가족이 뒤에 있었다. 책에 집중할 수 있도록 불편을 참아준 아내 그리고 선혜와 함께 이 책 출판의 기쁨을 나누고 싶다. 자료수집과 교정에 참여해 준 국정관리대학원 학생들, 특히 석사과정 허현강 군과 박사과정 류은영 양에게 진심으로 감사한다. 편집에 노고를 아끼지 않은 박영사의 김선민 차장, 그리고 송창섭 씨와 조성호 차장 모두에게 이 책이 나오기까지의 헌신적 노력에 고마움을 표한다.

2005. 2.

유 민 봉

총목차

세부목차

PART 1 행정과 행정학의 이해

PART 2 　행정환경

PART 3   행정내부환경

chapter 5   공공가치

chapter 6   정부관: 정부의 규모와 역할

chapter 7 행정문화

PART 4   결정시스템

PART 5 집행시스템

chapter 10 정책집행

chapter 11 행정서비스

PART 6   조직시스템

PART 7   지원시스템

chapter 15   예   산

chapter 16   행정정보화: 전자정부

PART 8　산출과 피드백

chapter 17　평가

표목차

표목차

행정과 행정학의 이해

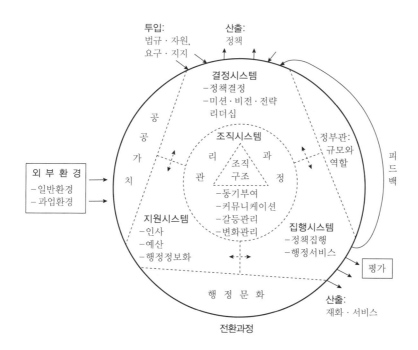

대학: 학문, 학자, 그리고 학생

고등학교와 비교하여 대학교에서 느끼는 차이점 중에 하나는 모든 과목에 ○○학 또는 ○○론 하는 식으로 학(學)과 론(論)이라는 접미어가 많이 붙는다는 점일 것이다. 고등학교에서는 정부를 배우지만 대학교에서는 행정학이나 정치학을 배운다. 고등학교에서는 경제를 배우지만 대학교에서는 경제학을 배운다. 그렇다면 행정학, 정치학, 경제학에서의 學이라는 말에는 어떤 특별한 의미가 있는 것일까? 그것은 "체계화된 지식(知識)" 또는 "지식체계"를 말한다. 영어로 "a body of knowledge"로 표현할 수 있으며, 지식이 모여 하나의 몸뚱어리를 형성하고 있다는 뜻이다. 온전한 몸체는 눈, 코, 입, 귀와 팔, 다리가 모두 갖추어져 있어야 하듯이 學이란 이런저런 지식의 무질서한 모음이 아니라 서로 관련된 지식의 체계적인 모음인 것이다. 우리는 이렇게 행정학, 정치학, 경제학과 같이 어느 한 분야의 체계화된 지식을 분과학문(discipline)이라고 부른다.

그리고 보면 학문에서 빼놓을 수 없는 것이 지식이다. 지식은 보통사람들이 일반적으로 알 수 있는 상식이나 단순한 신념 또는 주장과는 구별되는 것으로 "타당한 절차를 거쳐 얻어진 근거 있는 인식"[1]이라 할 수 있다. 학자(學者)는 바로 이러한 지식을 제조하는 전문인(professional)이다. 지식은 아무나 제조하는 것이 아니고 일반적으로 박사 학위를 가진 사람들에게 제한적으로 그런 권한을 부여하게 되고 또한 그들은 전업으로 지식 제조의 연구에 종사한다. 모든 제품 생산이 그렇듯이 지식 생산도 어느 정도 표준화된 제조공정(앞에서 말한 '타당한 절차')을 가지고 있다. 자연과학이나 사회과학에서 가장 대표적인 지식 제조공정이 과학적 방법(scientific method)이다. 학자는 관심 있는 연구대상을 이런 과학적 방법의 공정에 집어넣어 지식이라는 제품을 독자적으로 생산할 수 있는 능력과 자격을 갖춘 사람이다.

대학에서 이들 학자는 자신이 직접 만든 지식과 다른 학자들이 만들어 놓은 지식을 체계적으로 엮어 하나의 학문을 가르치는 교수(professor)가 된다. 물론 한 교수가 하나의 학문 전체를 깊이 있게 가르칠 수는 없다. 그래서 학과 내지 전공 단위에서 여러 과목을 체계적으로 묶어 교육프로그램을 학생들에게 제공하는 것이다. 학생은 이들 개별 과목에서 제공하는 지식을 배우고 익혀 하나의 통합된 학문으로 자신의 전공을 이해하게 된다. 교수와 학생은 한편으로 가르치고 배우는 입장이지만 다른 한편으로 모두가 새로운 지식을 배우는 학문(learning)[a]을 하는 사람들이다. 다만 학생에게 요구되는 것은 지식이 어떻게 만들어졌는가보다는 그 지식의 의미를 이해하고 응용할 줄 아는 능력이다. 마치 컴퓨터를 용도에 맞추어 쓸 줄 알면 되지 그 작동 원리를 알 필요까지는 없듯이 말이다. 이때 대학에서 배운 지식이 (졸업한 후 현실세계에서) 대학을 나오지 않았거나 오래전에 대학을 나온 사람에 비해 무엇인가 경쟁력을 제공해 줄 때 학생의 입장에서 대학은 유용한

---

[a] 학문은 앞에서 정의한 "체계화된 지식" 이외에 "지식을 배워 익힌다"는 의미로도 쓰인다(야후 국어사전). 다음의 글상자와 여기에서의 학문이 바로 후자의 의미이다.

곳이고 지식은 가치 있는 것이다.

지식은 현실의 보이는 세계에 작용하는 '보이지 않는 질서'[2]이다. 현실을 원료라 한다면 지식은 제품이다. 현실을 연구대상이라 한다면 지식은 연구결과이다. 이것이 지식과 현실을 결코 분리하여 이해할 수 없는 이유이다. 지식체계로서 행정학의 이해 또한 실제로서의 행정(현상)에 대한 이해가 그 출발점이 되어야 한다.

학문의 기쁨(The Pleasures of Learning by Gylbert Height)

오늘날 대부분의 학교 교육은 학문을 강제적인 것으로 만들어 버렸다. 학문을 당연히 수행해야 할 하나의 임무로 만든 것이다. 더욱 나쁜 것은 정해진 시각에 엄격한 규율에 의거하여 강요되는 하나의 의무까지 되어 버렸다. 그리하여 젊은이들은 전력을 다해 이러한 임무를 비웃고 의무에 저항하는 것이다. 이러한 감정은 일생 동안 계속되는 일이 허다하다.

우리들 중 너무나도 많은 수효가 학문이란 자신의 의사를 외부의 지시에 굴복케 하며 일종의 노예적 복종이라고 간주하는 경향이 있다. 물론 이것은 잘못된 생각이다. 학문이란 태어날 때부터의 본능적이고 자연스러운 즐거움이며 인류가 갖는 가장 본질적인 기쁨의 하나이다. …

(학문의) 즐거움은 반드시 교과서에서만 배우는 것에 한정되는 것이 아니다. 교과서란 따분한 경우가 너무나도 많다. 그러나 책에서 배울 경우엔 언제나 이런 즐거움이 뒤따른다. 가끔 내가 의회 도서관이나 콜롬비아대학 도서관과 같이 거대한 도서관 중앙에 서서 내 주위에 가득찬 수백만 권의 책을 바라볼 때 나는 비유로 말하지 않고서는 도저히 표현할 수 없는 엄숙하고도 참된 기쁨이 솟아남을 느끼는 것이다.

이 책들은 결코 생명 없는 종이뭉치가 아니라 서가 위에서 생동하는 "인간의 정신"인 것이다. 그 책 하나하나에서 그 자신의 소리가 울려 나오고 있다. 그 소리는 우리의 청각의 범주를 넘어선 전파에 의해 전해지는 음의 흐름처럼 단지 귀에는 들리지 않는 소리이다. 그리고 마치 스테레오 전축의 다이얼을 돌리자마자 방안이 음악으로 충만해지는 것처럼 이 책 중에서 어느 한 권을 펼치는 순간 우리는 시간과 공간을 훨씬 넘어선 소리를 청각의 범위 안으로 불러 들여 가슴에서 가슴으로 마음에서 마음으로 울리며 말해 주는 그 소리를 들을 수 있다.

〈중략〉

학문을 피해 달아났거나 그것을 팽개쳐 버린 많은 인간들은 인생에서 물기가 말라 부석부석 말라 비틀어지는 것을 알게 된다. 그들은 클럽의 안락의자에 앉아 무표정한 얼굴로 해변의 모래밭과 넓은 바다를 바라보며 30년을 보낸다. 혹은 누군가가 차를 몰고 찾아오지 않을까 하고 현관 문 앞 흔들의자에 앉아 기다린다. 그러나 산다는 건 이런 게 아니다. 학문하는 사람은 결코 탐구할 주제에 결핍을 느끼는 법은 없다. 학문의 기쁨은 문자 그대로의 즐거움이다. 사실대로 말하면 학문이란 이 말은 바꾸어져야 한다. 〈행복〉이라고 부르는 것이 학문의 바른 명칭이리라. 학문의 행복감을 얻고 그것을 잃지 않고 보존함으로써 여러분은 인생을 가장 길게 가장 훌륭하게 가장 보람 있게 살 수 있는 것이다.

자료: http://nongae.gsnu.ac.kr/~bkkim/김병길 교수, 2004. 7. 7.

실제로서의 행정: 행정현상 01

실제로서의 행정은 고대국가에서 현대국가에 이르기까지 오랜 역사 속에 있어 왔다. 고대국가라 하더라도 기본적으로 국민들로부터 세금을 거두어 나라 살림을 했을 것이고 나라 살림을 쉽게 행정이라 이해할 수 있기 때문이다. 다만 그것이 현대에 이르러서는 나라가 하는 일이 너무나 다양하고 복잡하며 그 규모가 크다는 점이 차이라 할 수 있을 것이다. 그렇다고 현대국가에 있어서의 행정을 이 정도로 이해하고 넘기는 것은 못마땅하다. 더구나 우리는 학문의 측면에서 행정을 이해하려는 것이고 이때 요구되는 것이 개념에 대한 정확한 이해이기 때문이다.

행정의 개념은 학자들마다 너무나 다양하게 정의하고 있다. 그것은 행정뿐만 아니라 정치, 경제, 경영 등 사회현상을 연구하는 모든 학문의 공통점이다. 우리 눈에 보이는 물체도 보는 위치에 따라 서로 다르게 표현할 수 있을진데 물체가 아닌 사회현상이야말로 그것을 연구하는 학자의 관점에 따라 서로 다르게 표현하는 것은 당연하다. 다만 한쪽의 시각에서 모두를 표현할 수는 없겠지만 몇 개의 중요한 시각에서 관찰한 것을 종합함으로써 현상을 좀 더 정확하게 표현할 수는 있을 것이다. 이때 참고할 수 있는 것이 기사작성의 육하원칙(六何原則)이다. '누가·언제·어디서·무엇을·어떻게·왜'의 시각에서 현상을 기술하는 것이다.

행정은 넓은 의미로 시간(언제)과 공간(어디서)을 초월해 존재하는 것이지만 좁게는 '현재' '우리나라에서'의 현대 한국행정을 의미하기 때문에, 행정을 이해하는 데 있어 이들 원칙 중 특히 중요한 것은 '누가·무엇을·왜·어떻게'이다. 즉 행정의 주체, 행정의 주요기능, 행정의 목

적, 그리고 행정의 수단 측면에서 행정을 이해하는 것이다. 이들 요소에 맞추어
보면 행정은 '정부가 사회의 공공가치를 실현하기 위하여 인적·물적 자원을 확보
하고 관리해서 국민에게 재화와 서비스를 제공하는 활동'으로 이해할 수 있을 것
이다. 우선 이 정도로 정의하고 실제 행정의 사례를 보면서 이 개념이 얼마나 적
합한지를 점검하고자 한다.

1. 행정의 실제에서 개념으로

    현장에서 일어나는 행정의 실제를 하나하나 예로 든다면 수만, 수십만 가지
가 될 것이다. 그것을 유사한 기능끼리 묶으면 법과 질서유지, 국방 및 외교, 경
제, 사회, 교육문화 등으로 구분할 수도 있다. 여기서는 국가(국회 등 포함), 광역자
치단체로서 서울특별시, 그리고 기초자치단체로서 종로구의 분야별 예산 내용을
들여다본다. 〈표 1-1〉이 보여주듯이 국가, 광역자치단체, 기초자치단체에서는
경제, 사회, 교육, 보건, 환경 등 우리의 일상생활에 직·간접으로 영향을 미치는
일을 하고 있다. 〈표 1-2〉는 교육부 예산 중에서 대학에 관련된 사업과, 서울특
별시의 사회복지 부문의 사업에 대해 좀더 구체적인 내용을 보여준다.
    물론 여기에 열거한 것은 정부가 하는 일 중에 극히 일부에 지나지 않는다.
정부는 표에서 보는 자원배분적 성격의 재화와 서비스를 제공하는 일에만 국한하

PART 1
행정과 행정학의 이해

PART 2
행정환경

PART 3
행정내부환경

PART 4
결정시스템

PART 5
집행시스템

PART 6
조직시스템

PART 7
지원시스템

PART 8
산출과 피드백

| 표 1-1 | 분야별 예산: 국가, 서울특별시, 서울특별시 종로구 |

국 가[1]		서울특별시[2]		종 로 구[3]	
분 야	예 산(%)	분 야	예 산(%)	분 야	예 산(%)
일반·지방행정	79.0(15.4)	일반공공행정	64,494(16.3)	일반공공행정	349.0(7.4)
공공질서 및 안전	20.8(4.1)	공공질서 및 안전	12,417(3.2)	공공질서 및 안전	36.5(0.8)
통일·외교	5.5(1.1)	−		−	
국방	48.7(9.5)	−		−	
교육	72.6(14.2)	교육	36,978(9.4)	교육	81.4(1.7)
문화 및 관광	8.0(1.6)	문화 및 관광	8,664(2.2)	문화 및 관광	207.7(4.4)
환경	9.0(1.8)	환경	25,042(6.3)	환경	293.2(6.3)
사회복지	167.0(32.6)	사회복지	141,664(35.8)	사회복지	1,576.4(33.7)
보건	13.5(2.6)	보건	4,793(1.2)	보건	87.3(1.9)
농림수산	21.5(4.2)	농림해양수산	567(0.1)	농림해양수산	6.1(0.1)
산업·중기·에너지	23.7(4.6)	산업·중기·에너지	5,089(1.3)	산업·중기·에너지	13.1(0.3)
교통 및 물류	19.2(3.7)	교통 및 물류	47,157(11.9)	교통 및 물류	627.1(13.4)
통신	7.9(1.5)				
국토 및 지역개발	4.0(0.8)	국토 및 지역개발	27,990(7.1)	국토 및 지역개발	160.4(3.4)
과학기술	8.2(1.6)	과학기술	21(0.0)	−	
예비비	3.4(0.7)	예비비	1,301(0.3)	예비비	22.8(0.5)
−		기타	19,182(4.9)	기타	1,222.3(26.1)
합 계	512.3(100.0)	합 계	395,359(100.0)	합 계	4,683.2(100.0)

* 예산 단위: 국가(국회, 사법부 등 헌법기관 포함)는 조 원; 서울특별시·종로구는 억 원.
** 예산(일반회계+특별회계) 및 기금을 합한 총지출.
자료: 1) 기획재정부, 열린재정(https://www.openfiscaldata.go.kr/), 알기쉬운재정〉테마통계〉분야별세출
　　　　예산, 2020. 8. 12.
　　　2) 서울특별시, 「2020년도 예산서」, 세출총괄표, pp. 9-11.
　　　3) 서울특별시 종로구, 「2020년 사업예산서」, 세출총괄표, pp. 27-28.

지 않는다. 이러한 사업과는 별도로 정부는 기업활동과 국민생활에 대한 각종 규
제적 성격의 규정 준수를 강요하고 이를 어길 경우 각종 제재를 가하기도 한다.
구청에서 건축허가를 내주고 음식점에 대해 위생점검을 하고, 기획재정부에서 공
공요금을 승인하고, 통일부에서는 북한주민을 접촉하고자 하는 사람에게 사전 신
고를 하도록 함으로써 기업이나 개인의 활동을 제한하기도 한다.

　　이와 같이 정부가 하는 일을 행정으로 이해하는 데 우리는 대체로 동의할 수

표 1-2 부문별 예산

부 문	프 로 그 램	예 산(억 원)
교육부 고등교육[1)] (10조 8,330억 원)	대학교육 역량강화	1조 8,915
	학술연구 역량강화	8,941
	맞춤형 국가장학제도 기반조성	4조 2,082
	국립대학 운영지원	3조 5,773
서울특별시 사회복지[2)] (1,576.4억 원)	기초생활보장	266.9
	취약계층지원	188.9
	보육·가족 및 여성	486.7
	노인·청소년	605.4
	노동	27.9
	사회복지일반	0.6

자료: 1) 교육부, 「2020년도 교육부 소관 예산 및 기금운용계획 개요」, 2019. 12, pp. 10-13.
　　　2) 서울특별시 종로구, 「2020년 사업예산서」, 세출총괄표, p. 27.

있을 것이다. 그렇지만 근래 들어 행정은 정부의 배타적 행위가 아니라 사회의 다양한 주체들이 동반자(파트너)로서 함께 참여하는 협력 행위로 변해가고 있다. 정부 이외의 다른 주체를 완전히 배제하는 것은 무리가 따른다. 정부가 추진하는 '정보화마을 사업'에 개인 기업이 참여하는가 하면 지역 갈등으로 정부가 사업을 추진하지 못하고 있을 때 시민단체가 중재 역할을 하여 갈등을 해결하는 경우도 있다. 과거에는 정부가 행정의 유일한 주체였지만 현대에는 정부를 포함해서 시민사회, 기업 등이 함께 행정의 주체로서 새롭게 부각되고 있다. 아직까지 행정의 주체로서 정부가 지배적이고 주도적인 역할을 수행하지만 점차 시민사회와 시장이 함께 참여하고 이들의 역할이 중요시되는 형태로 행정이 변해가고 있는 것이다.

그렇다면 행정의 중요한 의의는 행정의 주체에서 찾기보다는 '사회의 공공가치를 실현하는' 행정의 목적에서 찾는 것이 타당해 보인다. 앞에서 예시한 국방, 교육, 환경, 보건, 건설, 규제 등 국가 및 지방자치단체의 모든 활동은 사적 이익을 추구하는 활동이 아니라 사회의 공공가치를 실현하기 위한 것으로 규정하는데 전혀 무리가 없다. 때로 지방자치단체에서 공기업을 설립하여 수익성 사업을 하는 경우도 있지만 그것은 그 수익으로 단체장이나 공무원 개인의 이익을 챙기려는 것이 아니라 지역주민 전체의 이익을 도모하기 위한 수단적 사업이라는 점

PART 1
행정과 행정학의 이해

PART 2
행정환경

PART 3
행정내부환경

PART 4
정책시스템

PART 5
집행시스템

PART 6
조직시스템

PART 7
지원시스템

PART 8
산출과 피드백

에서 역시 공공가치의 실현을 목적으로 하는 활동으로 볼 수 있을 것이다.

문제는 오히려 사회의 공공가치 실현은 행정의 목적일 뿐만 아니라 정치의 중요한 목적이기도 하다는 것이다. 정치학자 이스턴(Easton)의 정의처럼 정치는 '가치의 권위적 배분'으로 이해할 수 있다.[3] 하지만 그 가치 배분이 어느 지역에 편중되거나 어느 계층에 편향되어서는 그 정당성을 구할 수 없다. 가치 배분은 어디까지나 사회의 공공가치를 실현하기 위한 공정한 배분일 때 비로소 정치로서 인정받을 수 있다. 이런 이유에서 '사회의 공공가치 실현'은 행정과 정치가 서로 공유하는 공통분모에 해당한다. 미국에서 행정학이 하나의 분과학문(academic discipline)으로 독립하기 이전에 정치학에 포함되어 있었던 이유도 여기에 있다. 그러면 행정을 정치와 다르다고 주장할 수 있는 차별성은 어디에 있는가?

그것은 행정의 '인적·물적 자원을 확보하고 관리해서 국민에게 재화와 서비스를 제공하는 활동' 측면에서 찾을 수 있다. 이런 점에서 행정은 정치와 차별적이지만 경영과 유사하다. 즉, 행정은 가치배분의 결정에 그치지 않고 그 결정을 실행에 옮기기 위해 예산을 확보하고 집행한다. 또한 인력을 확보하고 관리하여 가치배분에 대한 결정을 실행에 옮김으로써 궁극적으로 국민(주민)에게 재화와 서비스를 제공한다.

지금까지의 논의를 바탕으로 이 책에서는 행정을 '국민을 대상으로 한 공공가치 실현의 거시적 차원과 이를 달성하기 위한 미시적 자원관리 및 재화·서비스 제공'으로 이해한다. 즉, 행정의 개념을 '사회의 공공가치를 실현하기 위하여 인적·물적 자원을 확보하고 관리해서 국민에게 재화와 서비스를 제공하는 활동'으로 정의하고 이를 토대로 이 책의 구성과 논의를 전개시켜 나가고자 한다. 이런 정의는 행정을 나타내는 영어 'Public Administration'에서도 그대로 드러난다. Public이 공공가치를, Administration이 관리를 의미한다. 행정은 아주 요약해서 '공공가치를 추구하는 관리(administration that is public)'로 이해할 수 있다.

행정을 정치와 경영의 공통분모 또는 통합으로 이해할 때 끊임없이 제기되는 것이 행정의 정체성 문제이다. 정치로부터 차별성을 강조하다보면 경영과의 차별이 힘들고 경영과 거리를 두다보면 정치와 구분이 모호해진다. 행정은 사회의 공공가치 실현을 목적으로 하지만 가치를 배분하는 정당한 권위는 대의민주주의 국가에서 선거를 통해 주권을 위임받은 대통령과 국회(의회)에 있다. 행정은 이들 기관의 국민대표성을 대신할 수 없으며 이들 기관이 정한 법과 정책을 효율적이고 효과적으로 실행에 옮기는 것이 본질적인 역할이라 할 수 있다. 행정의 역할에 대한 이러한 제한적·관리적 시각은 미국 행정학의 출발점이 된 Woodrow Wilson의 1887년 논문(행정은 정치가 아니라 경영과 유사한 것이라는 정치행정2원론 강조), 그리고 1980년대 등장한 작은정부론에 잘 나타나 있다. 그러면 행정은 경영과 유사할 뿐 차이는 없는 것일까?

2. 행정의 특성: 경영과의 차이

행정과 경영은 여러 측면에서 그 특성을 비교할 수 있다. 우선 개념에서 논의한 대로 주체와 목적이 다르다. 또한 경영과 유사하다고 말한 관리와 재화·서비스 제공 활동에서도 보다 자세히 들여다 보면 차이점을 찾을 수 있고 특히 그런 활동에 영향을 미치는 환경에서 중요한 차이를 보인다.

1) 목적: 추구하는 가치

행정은 사회의 공공가치 실현을 목적으로 하기 때문에 경영에서처럼 효율성이나 이윤극대화의 원칙을 적용하기 곤란한 경우가 많다. 기업은 공장이나 창고를 지을 때 비용과 효과를 서로 비교해서 가장 경제성이 높은 지역을 선정하겠지만 정부의 경우에는 지역간 균형발전이라는 중요한 공공가치를 고려해야 하기 때문에 경제성은 오히려 떨어지지만 낙후된 지역을 개발하기로 결정할 수 있다.

효율성이나 경제성에 비해 공공가치 실현은 그 추상성이 매우 높다. 즉, 행정의 목적은 경영에 비해 그만큼 모호하고 다양하며 구체적인 목표에 대한 합의가 상대적으로 어렵다. 이러한 추상성과 모호성 때문에 행정은 경영에 비해 성과에 대한 측정이 어렵다는 특성도 있다.

물론 기업경영이라고 해서 주주나 종업원의 이윤만을 추구하는 것은 아니다. 특히 근래 들어 기업의 사회적 책임(social responsibility)과 사회지도층의 도덕적 책무(noblesse oblige)가 강조되면서 많은 기업이 기업이윤을 사회에 환원하고 또 공익사업에 적극 참여하는 것을 볼 수 있다. 물론 사회적 책임 역시 장기적으로 기업생존과 이윤추구에 도움이 될 수 있다는 경제적 동기를 벗어나기는 힘들 것이다.

PART 1
행정과 행정학의 이해

PART 2
행정환경

PART 3
행정내부환경

PART 4
경정시스템

PART 5
집행시스템

PART 6
조직시스템

PART 7
지원시스템

PART 8
산출과 피드백

착한기업, 세상을 바꾼다

다국적 생활용품 기업 유니레버(Unilever)는 2006년 물 절약형 헹굼 세제인 '콤포트 원 린스(Comfort One Rinse)'를 개발해 이듬해 베트남에 출시했다. 기존 섬유유연제는 세탁물을 헹구는 데 '세 양동이'의 물이 필요했지만 '한 양동이'만으로도 족한 혁신 제품이었다.

● '물 절약 세제' 동남아 석권, 베트남 물 부족 해결 기여

베트남은 남북으로 메콩강이 길게 가로지르고 국토 대부분이 바다와 맞닿아 있다. 그런데도 사용 가능한 물이 많지 않아 '물 부족 국가'로 분류된다. 지하수에 중금속이 적지 않고 하수처리 시설이 부족해서다. 오염된 물이 강으로 흘러드는 등 수질 오염이 심각한 사회 문제 중 하나다.

유니레버는 당시 동남아시아 생활용품 시장에서 전통적인 라이벌인 P&G와 치열한 경쟁을 벌이고 있었다. 경쟁사를 압도할 신제품이 절실하던 차에 물 부족 국가인 베트남의 사회적 문제에서 단초를 찾았다. '콤포트 원 린스' 출시에 맞춰 베트남 소비자의 물 낭비 생활습관을 개선하는 공익 마케팅도 대대적으로 전개했다.

결과는 대성공이었다. 유니레버는 2016년 기준 베트남 헹굼 세제 시장의 40%를 점유하는 1위 기업이다. 인도와 태국, 인도네시아, 캄보디아 등 인근 국가로 신제품 판매를 확대해 이 지역에서도 시장점유율 1위로 우뚝 섰다. 경제적 측면의 동기(P&G와 경쟁 우위)에 사회적 가치(물 부족 해결)가 포개져 새로운 비즈니스 기회가 창출된 것이다.

● 'CSR→CSV' 시대로…주목받는 사회가치추구형 혁신기업

유니레버의 성공 경험은 21세기형 기업의 경영 모델로 꼽히는 '공유가치 창출 (Creating Shared Value, CSV)과 사회가치추구형 혁신기업의 실 사례로 꼽힌다. 전통적 영리기업은 기업 본연의 활동으로 수익을 많이 내고 일자리를 만드는 게 사회에 가장 기여하는 것으로 여겨졌다. 수익성이 최고의 가치인 셈이다.

사회가치추구형 기업은 수익성과 공유가치를 '등가(等價)'로 둔다. 영리기업이 직접 일군 부의 일부를 사회에 떼어 주는 일방형 '사회적 책임'(Corporate Social Responsibility, CSR)에 힘을 쏟는 반면, 사회가치추구형 기업은 CSV를 추구한다.

이런 변화는 기업을 둘러싼 경영 환경이 빠르게 바뀌고 있다는 점과 관련이 깊다. 기업의 직접 이해당사자는 투자자, 임직원, 협력사, 고객 등으로 인식돼 왔다. 하지만 초연결사회와 4차 산업혁명으로 시장의 투명성이 확대되면서 일반 대중(mass)과 사회(society)가 기업의 중요한 이해관계자이자 비시장적 위험요인으로 부상했다.

● "환경·보건·인권·불평등…전인류적 문제에 기업이 나서라"

　　글로벌 기업들이 정부가 해결하지 못하는 사회문제 해결에 앞장서고 '사회적 가치'를 만들어 낼 수 있는 비즈니스 혁신을 고민하는 배경이다. 지난 달 방한했던 폴 폴먼(Paul Polman) 유니레버 최고경영자(CEO)는 "전세계 자본 80%의 흐름을 주도하고 총생산의 60%를 담당하는 기업이 환경, 교육, 보건, 여성 인권, 부의 극심한 불평등 등의 사회 문제 해결에 적극 나서야 한다"고 했다.

자료: 뉴스1, 2018. 11. 5., 일부 발췌 편집.

2) 주　체

　　행정의 주체가 정부에서 시민사회나 시장으로 그 범위가 확대되어 가고는 있지만 아직까지 정부가 그 주도적인 지위를 차지하고 있다. 경영의 경우에도 소비자단체, 시민사회, 정부 등의 영향을 받지만 그 주체는 기업이라 할 수 있다. 행정과 경영의 주체 이외에 이들의 차이점은 행정의 권력성과 강제성, 독점성, 그리고 규모에서 찾을 수 있다.

　　행정의 권력성 내지 강제성은 사유재산권의 제한에서 가장 잘 나타난다. 정부가 신도시를 개발하고 도로를 건설할 때 땅 소유자가 팔기 싫어도 정부는 토지를 수용할 수 있는 권한을 가지고 있다. 물론 적정한 보상을 하지만 개인의 자율적 의사는 무시될 수 있다. 행정은 공공가치 또는 공익이라는 다수의 집합 의사를 추구하는 과정에서 뜻을 달리하는 소수에게 전체의사를 강제하게 되고 전체의사에 대한 순응을 담보하기 위해서 국가권력을 행사하게 된다. 이에 비해 기업은 소비자의 자율성을 최대한 보장한다. 소비자가 제품을 구매해 주지 않으면 기업은 존립할 수 없기 때문이다. 소비자는 기업의 제품이나 서비스의 구매에 있어 주인의 위치에 있다. 물론 정부의 경우에도 주권은 국민에게 있다. 하지만 그 주권을 대통령과 국회에 위임하게 되고 때로는 상당한 권한이 행정부 공무원에게 재차 위임된다. 주권을 위임하여 행사하고 다수결의 원리에 따라 결정이 이루어지다보니 국민은 자신의 뜻에 맞지 않는 규제, 재화, 또는 서비스를 수용해야 하는 경우가 많은 것이다.

　　특히 정부의 재화나 서비스는 독점적으로 제공되는 것이어서 그 양이나 질이 마음에 들지 않는다 하더라도 다른 대안이 존재하지 않는다. 기업의 경우에도 독

PART 1
행정과 행정학의 이해

PART 2
행정환경

PART 3
행정내부환경

PART 4
결정시스템

PART 5
집행시스템

PART 6
조직시스템

PART 7
지방시스템

PART 8
산출과 피드백

점성을 가진 경우가 있긴 하지만 정부가 이들 기업활동을 규제함으로써 소비자를 보호하고 경쟁이 가능하도록 시장을 유도하게 된다. 결국 기업은 가격과 품질 경쟁을 하게 되고 소비자는 효용극대화라는 합리적 소비행태만 보여주면 시장의 질서가 유지되고 자원이 효율적으로 배분된다. 그런데 정부는 그런 시장원리가 작동하기 어렵기 때문에 경쟁의 결여에서 오는 비효율성(X-비효율성)[a]이 나타나기 쉽다. 4~5년 주기의 선거를 통해 정부를 심판하는 주권행사가 이루어지지만 그 행위가 아직 합리적이지 못하고(지역주의, 감성주의, 또는 선거 바람의 작용) 시장처럼 리얼 타임(real time)으로 평가가 계속 이루어지지 않기 때문에, 정부의 독점적 지위는 계속될 것이고 그에 따른 비효율성이나 도덕적 해이 등의 문제도 지속될 것이다.

다음으로 정부와 기업 간 재정 및 인력 규모의 차이를 보자. 국회, 대법원 등의 헌법기관을 제외한 2020년도 행정부 예산 규모는 약 508.8조 원이고, 2019년도 결산 결과 실제 총지출 규모는 485.1조 원이다.[4] 재계 1순위인 삼성전자의 2019년 연 매출액의 2배가 넘고, 인력 규모로는 6배가 넘는다. 중앙정부가 민간기업에 비해 노동집약적 서비스 산업의 성격을 띠고 있음을 보여주는 것이다. 노동집약적 성격은 지방자치단체의 경우에도 유사하다. 예산규모가 비슷하고 노동집약적인 전통 제조업이나 서비스업의 기업과 비교하더라도 지방자치단체의 인원이 훨씬 많음을 알 수 있다(〈표 1-3〉 참조).

3) 자원의 관리활동

행정에서 인적·물적 자원을 동원하고 관리하는 행정의 내부활동은 경영과 가장 유사한 측면이다. 다만 이 경우에도 자원을 확보하고 관리하는 과정에서 경영보다 훨씬 경직성이 강하다는 특성을 가진다. 인적 자원의 확보 단계에서부터 공개경쟁의 실적주의를 철저히 지켜야 하고 채용된 공무원은 법에 의하지 아니하고는 신분상의 불이익을 받지 않도록 규정하고 있기 때문에 민간기업처럼 구조조정 등 급변하는 환경에의 탄력적인 대응이 어렵다.

재원의 확보와 집행에 있어서도 철저하게 국회의 통제를 받고 또한 법적 근

---

a) 독점기업이 경쟁기업에 비해 효율성이 떨어지는 것은 확실한데 그 원인을 밝히지 못하고 미지수(x) 상태로 이해하면서 x-비효율성(x-inefficiency)이라는 이름을 붙였다(Harvey Leibenstein, Allocative Efficiency vs. 'X-Efficiency', *American Economic Review*, 56, June 1966, pp. 392-415). 뒤에 이 미지수는 '경쟁 결여'임을 밝히게 된다.

표 1-3 정부와 기업의 규모 (단위: 억 원, 명)

순위	정부			기업		
	이름	예산	공무원정원	이름	매출액[5]	직원 수[6]
1	행정부(중앙정부)	508조 7,782[1]	663,306[3]	삼성전자	230조 4,009	106,289
2	서울특별시	39조 5,359[2]	53,529[4]	현대자동차	105조 7,464	69,039
3	경기도	27조 383	59,599	포스코	64조 3,668	17,483
4	부산광역시	12조 5,907	19,518	LG전자	62조 3,062	39,321
5	인천광역시	11조 2,617	15,915	한국전력공사	59조 1,729	22,510
6	경상북도	9조 6,355	28,654	기아자동차	58조 1,460	34,909
7	경상남도	9조 4,747	26,471	GS칼텍스	33조 2,615	3,315
8	대구광역시	9조 2,292	13,368	SK에너지	32조 4,423	2,536
9	전라남도	7조 3,691	23,752	삼성생명	31조 8,040	5,031
10	충청남도	6조 8,194	19,922	삼성디스플레이	30조 9,578	23,732
11	전라북도	6조 8,135	18,631	하나은행	30조 2,025	12,156
12	제주특별자치도	6조 7,581	6,077	LG화학	28조 6,250	19,903
13	강원도	5조 8,324	20,244	SK하이닉스	26조 9,907	28,670
14	광주광역시	5조 7,124	8,675	한국가스공사	24조 9,826	4,248
15	대전광역시	5조 3,814	8,036	포스코인터내셔널	24조 4,226	1,904
16	충청북도	5조 1,059	14,777	S-오일	24조 3,942	3,225
17	울산광역시	3조 8,590	6,661	LG디스플레이	23조 4,756	26,379
18	세종특별시	1조 6,051	2,163	삼성화재	23조 334	5,693

자료: 1) 기획재정부, 열린재정(https://www.openfiscaldata.go.kr/, 2020. 8. 12), 재정통계〉주요재정통계〉부처별세출예산현황에서 헌법기관(국회, 대법원, 헌법재판소, 중앙선거관리위원회) 예산을 제외한 행정부의 총지출 규모이며 지방자치단체에 지원하는 지방교부금 등이 포함됨.
2) 각 광역자치단체 홈페이지(2020. 8. 12), 2020년도 예산(일반회계+특별회계).
3) 행정안전부, 「2020 행정안전통계연보」, 행정부 국가공무원 2019년 말 기준, p. 41.
4) 행정안전부, 「2020 행정안전통계연보」, 지방자치단체별 정원 2019년 말 기준, p. 141.
5) 네이버에서 기업별 검색, 2019년 말 기준.
6) 금융감독원, 전자공시 OPENDART 시스템(https://opendart.fss.or.kr/, 2020. 12. 26), 2020년 1분기 정규직 기준(삼성디스플레이는 네이버 검색, 2018년 말 기준).

거를 가져야 한다. 기업처럼 사업을 잘해 매출액이 올라가는 것이 아니라 법이 정한 세율에 따라 일정한 재원이 확보되고 국회가 정한 예산 항목에 따라 집행해야 하는 경직성을 가지고 있다. 특히 예산 중에서 인건비, 타 기관 지원, 계속 사업에 대한 지출 등 경상비의 비중이 높다는 것도 예산을 탄력적으로 운용하는 데 있어

PART 1
행정과 행정학의 이해

PART 2
행정환경

PART 3
행정내부환경

PART 4
경영시스템

PART 5
정책시스템

PART 6
조직시스템

PART 7
지방시스템

PART 8
산출과 피드백

제약요소이다. 또한 단년도 기준으로 예산을 집행하고 전년도 예산을 차년도 예산편성의 기준으로 사용하다보니 연말에 가서 사용하지 않은 예산을 집중적으로 집행하는 등 기업에 비해 예산절감의 인센티브가 적다는 점도 지적할 수 있다.

행정조직 측면에서도 조직의 규모가 크고 법에 의한 행정을 하다보니 환경변화에 유연하게 대응하지 못하고 형식주의(red tape)와 같은 경직성이 민간기업에 비해 훨씬 강하게 나타난다고 볼 수 있다.

4) 재화와 서비스의 제공

재화와 서비스 제공 측면에서, 무엇보다도 정부에서 제공하는 것은 공공재(public goods)의 특성이 강하다는 것이다. 국방, 치안, 소방, 교육, 도로 등의 재화나 서비스에서 그 특성이 잘 나타나듯이 사유재와는 달리 한 사람의 소비가 다른 사람의 소비를 방해하지 않고(비경합성) 대가를 지불하지 않는 사람의 소비를 배제시키기 곤란하다(비배제성). 따라서 공공재는 민간기업이 공급하는 사유재와는 달리 수익자부담원칙을 적용하거나 시장에서의 수요와 공급의 법칙에 의해 시장가격이나 공급량이 결정되기 곤란하다. 시장의 자율에 맡기지 않고 정부가 개입하는 중요한 논거이다.

이와 같이 정부가 제공하는 재화와 서비스는 시장원리나 수익자 부담원칙을 적용하기 어렵기 때문에 세금으로 재화와 서비스 공급에 필요한 재원을 충당하게 되고, 공급자나 수요자 모두가 비용 개념이 약하기 때문에 낭비의 가능성이 높다. 또한 시장 기능에 의한 효율적 자원배분이 아니라 정치적 타협과 조정에 의한 자원배분이기 때문에 경제적 측면에서의 효율성은 경시되기 쉽다. 재화와 서비스의 가격 결정이 어렵다는 것은 결국 이러한 공공재의 공급에 참여한 공무원의 인건비 역시 시장 생산성에 의해 결정되는 것이 아니라 정부의 재정능력을 포함한 정책적 고려에 의해 이루어지게 된다는 것을 뜻한다.

5) 환경적 요소

끝으로 정부의 행정은 기업의 경영에 비해 법과 정치적 환경에 의한 영향을 많이 받는다. 민주주의의 근간은 기본적으로 법치주의이고 행정은 국민을 대표하는 국회와 대통령이 정한 법과 명령에 근거해서 이루어져야 한다. 국민에 대한 재화와 서비스의 제공은 물론이고 인력확보 및 관리, 세금징수 및 예산집행 모두 법의 테두리를 벗어날 수 없다. 국회의 국정감사, 법원의 판결, 감사원의 직무감찰과 회계검사, 그리고 각 기관은 내부적으로 자체감사를 통해 행정이 합법적으로 이루어졌는지에 대한 지속적인 통제를 하게 된다.

　　법에 의한 엄격한 제도적 통제를 받는 것 이외에 행정은 시민단체, 정당, 언론, 여론 등에 의해 영향을 받는다. 기업도 시민단체나 언론 또는 여론의 영향을 받지 않는 것은 아니지만 기업에 비해 정부가 훨씬 강한 영향을 받는다. 정부는 국민의 세금으로 운영되며 공공가치의 실현이라는 본질적 목표에서 기업보다 엄격한 환경에 대한 책임을 강요받는다. 이런 환경적 요인 때문에 행정은 경영에 비해 행위의 결과에 대한 책임을 민감하게 고려하고, 자율과 소신에 따라 적극적으로 재량권을 행사하기보다는 무사고 제일주의의 보신행정에 빠질 가능성이 더 높다.

주

1) 야후 백과사전, http://kr.yahoo.com, 2004. 7. 5.
2) http://www.sophie.co.kr, 2004. 7. 7.
3) David Easton, *A Framework for Political Analysis*, Englewood Cliffs, NJ: Prentice-Hall, Inc., 1965, p. 50.
4) 기획재정부, 「2020 나라살림 예산 개요」, 2020. 2; 대한민국정부, 「2019회계연도 국가결산보고서」, 2020, p. 17.

PART 1
행정과 행정학의 이해

PART 2
행정환경

PART 3
행정내부환경

PART 4
결정시스템

PART 5
집행시스템

PART 6
조직시스템

PART 7
지원시스템

PART 8
산출과 피드백

02

현상에서 학문으로:
행정현상→행정학

현상을 학문으로 전환시키기 위해서는 현상을 있는 그대로 인식하고 끝나는 것이 아니라 현상에 대한 문제인식을 가져야 한다. 행정의 경우에 어떻게 하면 국민주권의 원리에 부합하는 민주행정을 실현하고, 자원을 효율적으로 관리하여 국민의 세금부담을 줄일 수 있을까와 같이 현상을 보다 나은 방향으로 이끌기 위한 자각적 노력이 필요하다. 학자는 여기서 한 걸음 더 나아가 그때그때 단편적인 자기만의 인식으로 끝나는 것이 아니라 현상 속에 담겨 있는 보다 보편적인 질서를 찾아내 지식화하고 그것의 이해를 통해 다른 사람들도 쉽게 현상을 이해하고 현상의 문제를 해결하는 데 유익한 해답을 제시할 수 있어야 한다. 행정이 실제로는 천년 이천년의 오랜 역사를 가지고 있지만 학문으로 성립한 것은 이제 겨우 100여 년의 역사를[a] 가진 것은 이러한 지식탐구의 자각적 노력이 부족했기 때문이다.

이제 〈그림 2-1〉을 통해서 현상과 지식(학문)의 관계를 알아보자. 행정현상은 우리 눈에 보이는 세계이다. 현상으로서의 행정은 제1장 개념에서 설명한 것처럼 워낙 다의적이고 복잡하긴 하다. 그래도 이를 몇 개의 변수로 정리해 보면 사람, 제도·구조, 환경을 들 수 있다. 행정은 항상 사람과 사람과의 관계 속에서 이루어지며, 일정한 법과 제도 그리고 조직의 구조 안에서 행해지며, 더 나아가 정치나 경제 등 환경과의 상호작용 속에서 이루어진다. 행정학은 행정현상 전체를 연구대상으로 하지만 그 모두를 아울러 하나의 지식화 작업을 하기보다는 이러한 개

---

a) 독일이나 미국의 경우를 말함.

PART 1
행정과 행정학의 이해

PART 2
행정환경

PART 3
행정내부환경

PART 4
결정시스템

PART 5
집행시스템

PART 6
조직시스템

PART 7
지원시스템

PART 8
산출과 피드백

[그림 2-1] 현상에서 학문으로

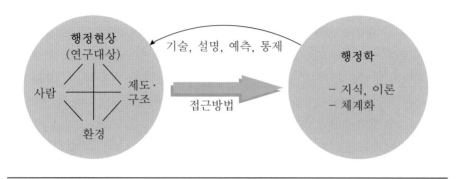

별 변수 또는 변수간의 관계를 대상으로 연구하게 된다. 이러한 연구는 일정한 지식제조의 공정을 거치게 되는데 그 지식제조공정을 일반적으로 접근방법 또는 연구방법이라고 부른다.

접근방법은 학문연구에 있어 매우 중요한 것이지만 그것은 현상을 탐구하기 위한 도구라는 사실을 분명히 인식하여야 한다. 도구는 현상이나 연구의 대상에 따라 거기에 맞는 것을 선택해야지 도구에 맞는 현상을 선택하는 것은 올바른 학문의 자세가 아니다. 모래로 된 땅을 일구는 데는 삽이 적합할 것이고 단단히 굳은 땅을 일구는 데는 곡괭이가 적합할 것이다. 접근방법을 기계적으로 적용하는 것이 아니라 실제의 현상에 대해 우선 충분히 이해한 다음에 그것에 맞는 하나의 접근방법을 선택하거나 몇 개의 접근방법을 응용하여 활용할 줄 아는 유연성이 중요하다.

접근방법을 통해 현상을 탐구하여 얻은 규칙성이나 규범성을 일반적으로 지식 또는 이론이라 한다. 행정학은 바로 행정현상에 대한 이러한 지식이나 이론을 체계화한 것이고, 이들 지식이나 이론은 다시 현상을 기술하고 설명할 뿐만 아니라 예측하고 통제하는 중요한 역할을 하게 된다.

1. 접근방법

행정현상이 복잡하고 다양한 만큼 접근방법(approach)에는 여러 가지 방식이 있을 수 있다. 하지만 현상에 대한 기본적인 가정이[a] 설득력 있고 현상을 인식하

---

a) 예를 들어, 현상을 고정된 것으로 보느냐 아니면 변화하는 것으로 보느냐의 가정.

는 방식이 체계화 내지 표준화되어 있어 다른 사람들도 그러한 방식을 적용할 수 있어야 한다. 비유하자면 지식제조공정이 비밀이고 특정인의 비법이 아니라, 공개되고 모든 사람이 공유하여 유용한 지식이 만들어질 때 비로소 접근방법으로 인정되는 것이다. 그런 가장 대표적인 방법이 과학적 방법(scientific method)이다.

과학적 방법은 행정현상에 존재하는 규칙성을 찾아내 보편타당한 법칙성을 도출하는 가장 유용한 방법이다. 과학적 방법은 현상에 대한 가상적인 설명(가설, hypothesis)에 대하여 관찰을 통해 그 가설의 진위 여부를 검증하는 절차를 거치게 되는데 자연과학에서 절대적으로 받아들여지는 연구방법이다. 사회과학에서는 사회현상의 본질에 대한 다양한 시각이 존재하기 때문에 다양한 접근방법을 받아들이지만 아직까지 과학적 방법이 지배적인 영향을 미치고 있다. 사회과학에서 과학적 방법을 가장 충실히 따르는 대표적인 접근방법이 행태론적 접근방법 (behavioral approach)이다.

행태론적 접근방법은 〈그림 2-1〉의 행정변수 중에서 사람, 특히 사람의 행태를 연구대상으로 한다. 한편 행정변수 중에서 환경을 고려하여 행정현상을 거시적으로 접근하는 방식으로 체제론적 접근방법(systems approach)이 있고, 제도와 구조a)에 보다 초점을 맞춘 것에는 전통적으로 역사적 접근방법과 법적·제도적 접근방법이 있으며, 최근에 신제도론적 접근방법이 있다. 이들 모든 접근방법은 과학성의 정도에 차이는 있지만 기본적으로 행정을 존재(sein)의 영역으로 보고 관찰을 통해 행정현상을 기술하거나 설명하려고 한다. 최대한 가치의 영역을 배제하고 사실을 바탕으로 연구하는 입장이다.

그러나 학문에 과학만 존재하는 것은 아니다. 바로 당위(sollen)의 영역을 다루는 철학이 있다. 행정학의 경우에 많은 연구가 과학적 접근에 편향되고 과학화를 강조하긴 하지만 철학의 문제를 완전히 배제하는 것은 아니다. '좋은 행정이란 무엇인가?', '행정이 추구해야 할 가치는 무엇인가?', '좋은 정책은 어떠한 것인

---

a) 여기에서 제도(institution)는 주로 한 사회의 구성원 모두에게 적용되고 영향을 미치는 인위적으로 형성된 공식적 제도의 의미로 사용한다. 대표적으로 정부형태(대통령제-의원내각제)나 선거제도(다수대표제-비례대표제-혼합식)를 들 수 있다. 입법부에서 제정한 법은 공식성이 가장 강한 제도이다. 신제도주의 관점에서는 사회에서 통용되는 규범, 관행, 또는 문화를 포함하는 비공식적인 제도까지 포함시킨다. 우리 사회의 가부장제는 대표적인 비공식 제도로서 다양한 측면에서 사회 구성원의 행동에 영향을 미치고 있다. 2005년 민법 개정 이전까지 존속하였던 호주제는 법적 지위가 부여된 가부장제를 대표하는 공식적 제도였다. 한편 구조(structure)는 이 책에서 사회보다 범위가 좁은 정부 또는 기업 차원에서 효율적 조직관리를 위해 설계한 보상구조(호봉제, 성과급제, 직무급제 등), 직급구조(체계), 권위구조(조직도) 등을 의미한다.

PART 1
행정과 행정학의 이해

PART 2
행정환경

PART 3
행정내부환경

PART 4
결정시스템

PART 5
집행시스템

PART 6
조직시스템

PART 7
지원시스템

PART 8
산출과 피드백

가?', '공무원에게 요구되는 공직윤리는 무엇인가?' 하는 등의 문제는 모두 과학보다는 철학에 가깝다. 행정학은 분명히 지금보다 나은 이상적인 행정의 모습을 제시할 때 행정의 발전에 기여할 수 있다. 행정학에서 철학적으로 접근해야 할 가치의 문제는 특히 가치배분과 직결되어 있는 정책결정에서 두드러진다. 이 경우 과학적 방법에 의한 실증분석 이상으로 중요한 것이 가치의 문제를 이성적 사변을 통해 설득력 있게 전개시키는 것이다. 이러한 측면에서 유용한 접근방법이 논변적 접근방법(argumentative approach)이다. 이제 이들 접근방법에 대해서 보다 자세히 알아본다.

1) 행태론적 접근방법

(1) 의   의

행태론적 접근방법은 개인, 집단, 조직 차원에서 이루어지는 인간행태의 인과관계를 경험적·실증적으로 밝힘으로써 인간행태를 설명, 예측, 통제하려는 목적을 가지고 있다. 좀 더 구체적으로, 행태론적 접근방법은 개인과 관련된 인식, 성격, 태도, 학습과정, 직무만족, 동기부여; 집단차원에서의 행동규범, 역할; 그리고 조직차원에서의 의사결정, 권력과 갈등, 커뮤니케이션, 리더십 등에서 관찰되는 행태의 인과적 규칙성을 주된 연구대상으로 삼는다. 행태론적 접근방법은 이러한 인간행태에 대한 올바른 이해를 하고, 나아가 조직의 효과성을 높이기 위한 관리의 유용한 지식을 얻고자 하는 것이다.

(2) 행정학에의 도입 및 발달

행태론적 접근방법은 노벨 경제학상 수상자 허버트 사이몬(Simon)에 의해 1940년대 중반 미국 행정학에 도입되고 체계화되었으며 그 적용범위도 확대되었다. 사이몬은 행정현상의 핵심을 행정조직 내 개인의 의사결정행태로 보고,[1] 행정이론은 옳은 의사결정을 이끌어 낼 수 있는 원리들로 구성되어야 한다고 주장한다. 사이몬에 따르면, 모든 결정행태는 가치와 사실의 두 측면을 가지고 있는데, 인간 내면의 가치 측면은 객

Herbert Simon
(1916–2001)

관적으로 옳고 그름의 결정을 논리적으로 추론해낼 수 없기 때문에 옳은 결정은 관찰 가능한 사실 측면에 기초한 평가에서 가능하다는 것이다.

사이몬은 여러 저서와 논문을 통해 행태론적 접근방법의 시각에서 행정학의 과학화를 위한 이론적 토대를 제공하였다. 행태론자들은 인간행태의 규칙성을 전제하고 그러한 규칙성이 어느 조직에서나 찾아질 수 있다는 입장을 취했다. 이러한 행태론적 시각은 이후 1960~1970년대 행정에서의 가치배분 역할이 중시될 때까지 미국 행정학의 주류를 형성하여 왔던 것이다. 다만 그때까지도 사이몬을 포함하여 대다수 행태론자들이 인간행태의 과학적 연구에 대한 관심은 높았지만 실제 연구의 과학적 엄밀성은 높지 않았던 것으로 보인다.

우리나라의 경우 행정학자들을 상대로 이들이 적용하는 접근방법을 설문조사한 결과, 행정학의 소개 단계에 있던 1960년대에는 법적·제도적 접근방법이 주류를 이루었으나 1970년대 학문성을 형성하여 가면서 행태론적 접근방법이 가장 주된 접근방법이었음을 보여주고 있다.[2] 이러한 연구경향은 2006년부터 2010년까지 5년간 한국행정학보에 기고된 일반논문 246편에 적용된 연구방법을 분석한 결과 행태론적 접근에서 주로 사용하는 설문조사 연구가 68편(27.6%)이라는 수치로도 재확인되었다.[3] 한편 행태론적 접근방법을 적용하는 대표적인 연구의 예로는 리더십이 구성원의 태도(직무만족, 조직몰입 등)에 미치는 영향을 들 수 있다.

(3) 특 징

행태론적 접근방법의 특징은 인간의 행태를 주된 연구대상으로 한다는 점과 과학적 방법을 적용한다는 것이다.

① **인간행태의 강조이다.** 행태론적 접근방법의 연구대상은 인간의 행태이다. 미국 행정학의 초기 이론을 대표하는 테일러(Taylor)의 과학적 관리론자들은 사람에게 영향을 줄 수 있는 구조의 변수를 강조했다. 조직의 효과성을 높이기 위한 조직 내의 업무, 자원, 권한과 책임 등을 어떻게 합리적으로 구조화할 것인가에 관심이 집중되었던 것이다. 성과급과 같은 보상구조가 대표적인 예이다. 구조를 합리적으로 설계하여 도입하면 인간의 행동은 자동적으로 통제·조정되고 조직의 효과성을 높일 수 있다고 생각한 것이다. 행태론적 접근방법은 조직의 구조나 경제적 유인에 기계적으로 반응할 것으로 본 과학적관리론의 가정을 부정하고 인간 개인의 사회적·심리적 측면을 연구의 대상으로 삼았다는 것이 중요한 특색이다. 행정과 관련한 법, 제도, 구조 등의 측면에서 행정현상을 이해하기보다 행정에 참여하고 행정에 영향을 미치는 사람들의 동기, 역할, 행동을 중심으로 행정현상을 이해하려는 입장이다.

PART 1
행정과 행정학의 이해

PART 2
행정환경

PART 3
행정내부환경

PART 4
결정시스템

PART 5
집행시스템

PART 6
조직시스템

PART 7
지원시스템

PART 8
산출과 피드백

② **종합학문적 접근방법이다.** 인간의 행태는 모든 사회과학의 공통된 연구대상이라 할 수 있다. 행태론적 접근방법은 심리학, 사회학, 인류학, 경제학, 정치학 등에서 개인의 심리적·사회적·문화적·소비적·정치적 행태를 연구하는 데 다양하게 적용되고 있다. 따라서 이들 학문과 행정학이 공통적으로 관심을 갖는 행태 분야에서는 종합학문으로서 상호 유용한 지식을 공유하게 된다. 예를 들어, 인류학의 문화연구는 행정문화 연구에; 심리학은 공무원의 직무태도, 학습과정, 동기 연구에; 정치학은 행정조직 내 권력과 갈등 연구에; 경제학은 행정의 합리적 의사결정이론 개발에; 그리고 사회학은 행정조직 내 집단의 행동규범과 역할 연구에 도움을 주고 있다. 행태론적 접근방법은 이와 같이 어느 한 학문 영역에 고유한 접근방법이라기보다 여러 학문에 다양하게 이용되어 거기에서 얻은 지식이 서로 교류되고 활용되는 데 기여할 수 있다. 이는 현대에 있어 인간의 행태와 관련된 문제는 학문의 영역을 넘어 여러 학문이 다양한 시각과 지식을 동원하고 협동할 때 보다 효과적으로 해결될 수 있음을 암시하는 것이다.

③ **과학적 방법의 적용이다.**[a] 과학적 방법은 첫째, '인간행태의 규칙성'을 가정한다. 과학적 방법은 본래 규칙적인 운동이나 반응을 보여주는 물리현상이나 화학현상에 적용되어 왔다. 즉, 불규칙하게 변화하는 행태에는 적용이 불가능하다. 행태를 예측하고 통제한다는 것이 불가능하기 때문이다. 과학적 방법을 적용하는 행태론은 서로 다른 사람 사이에 행태의 동질성이 어느 정도 확보되고 서로 다른 두 시점 사이에 행태의 일관성 내지 질서가 유지된다는 것을 가정하는 것이다. 행태론적 접근방법은 더구나 행태의 규칙성은 공조직이나 사조직이 각각 다른 것이 아니고 두 조직에 공통적인 것으로 보는 입장으로서 행정과 경영을 동일시하는 경향이 강하다.

둘째, 이러한 행태의 규칙성을 '경험적으로 관찰'함으로써 가설을 검증한다. 경험적 관찰에 의한다는 것은 연구자의 주관적 가치가 개입되지 않은 가치중립적 입장에서 현상을 객관적으로 관찰할 것이 요구된다. 객관적 관찰은 연구대상인

---

[a] 철학에서 과학적 방법을 강조하는 대표적인 인식론은 논리실증주의(logical positivism)이다. 논리실증주의는 과학적 방법에 의해 가치를 배제하고 경험적으로 검증할 수 있는 진술이나 가설만이 의미 있다는 검증주의 이론(verification theory)이다. 검증주의와 대립적인 입장이 반증주의(falcification)로 포퍼(Popper)는 반증 가능성이 높을수록 우수한 가설이라고 주장한다. 논리적 실증주의를 비판하면서 가치지향성을 수용하는 등 보다 유연하게 과학적 지식을 접근하는 일련의 인식론을 일반적으로 후기실증주의(postpositivism)로 부른다(추가 학습은 허만형, 후기실증주의 정책분석 방법론: 이분법적 관점을 넘어 통합적 관점으로의 전환, 「정책분석평가학회보」, 18(4), 2008, pp. 43-68).

행태에서도 가치가 배제될 것이 요구된다. 즉, 관찰자의 눈에 들어오지 않는 행동주체의 의지나 가치는 겉으로 드러난 사실과 논리적으로 분리되어 연구대상에서 제외되어야 한다는 것이다. 따라서 개념도 주관적 해석이 개입되지 않고 사실에 근거하여 경험적으로 측정이 가능하도록 조작화되어야 한다. 이와 같이 가치−사실의 분리 입장을 취하게 되면 가치 배분활동에 참여하는 정치행위는 당연히 연구에서 제외될 수밖에 없다.

셋째, 변수간의 정확한 '인과관계'를 규명하고자 한다. 가치의 배제도 객관적 인과관계를 밝히는 데 공헌하겠지만, 그 밖에도 인과관계를 흐릴 요소를 제거시켜야 한다. 하나의 변수가 다른 변수에 미치는 순수한 영향을 관찰하기 위하여 관찰 대상을 실험집단으로 하고 그 외는 통제집단으로 분리하는 다양한 실험설계 방법이 행태론적 접근방법에서 적용된다(조사방법론 참조). 자연과학의 실험과 달리 통제가 쉽지 않은 인간 행태의 실험에서는 사회현상에 나타난 자료를 그대로 이용하는 준실험설계가 더 많이 사용된다. 실험에서 얻은 결과는 통계기법을 활용하여 계량적으로 분석함으로써 인과관계의 자의적 해석을 금지하고 신뢰도를 높인다.

넷째, 검증된 이론의 일반법칙성을 추구한다. 일반법칙성이란 연구대상이었던 개인이나 집단에게만 이론이 적용되는 것이 아니라 대상 이외의 개인이나 집단에게도 보편적으로 타당함을 의미한다. 그러기 위해서는 실험집단을 구성하는 표본의 대표성이 확보되어야 한다.

(4) 한 계

행태론적 접근방법은 행정학의 과학화에 많은 기여를 해왔다. 더구나 물질적인 자원보다도 인적 자원 및 인간의 관리에 대한 중요성이 부각되면서 행태론적 접근방법은 앞으로도 그 지배적인 지위를 유시할 것이다. 다만, 이 방법을 직용하기 위해서는 그 한계도 정확히 이해하여야만 행정학의 과학화에 기여할 수 있으리라 생각한다.

행태론적 접근방법에 대한 가장 큰 비판은 가치와 사실의 분리에 있다. 사회현상은 자연현상과는 달리 사람의 의지, 감정, 가치 등이 행동에 반영되기 마련이다(다음 글상자 참조). 정치와 마찬가지로 '가치의 배분' 행위에 참여하는 행정은 더구나 행위자의 가치문제를 배제시키기 곤란한 것이다. 그렇다면 경험적으로 같은 현상으로 관찰된 것이라도 그 이면의 가치를 생각하면 서로 다르게 해석해야 할

중국 대학가를 강타한 한 편의 '시': 감정 따라 달라 보이는 현실

올해 중국 대입시 작문 시험에서 놀라운 시 한 편이 탄생했다. 이 시는 '800자 이상'이라는 시험 규정을 어기고 단 209자로 구성됐음에도 채점위원들로부터 거의 만장일치로 만점(60점)을 받았다. 만점자는 10여 명에 불과했다.

지난 6월 초 실시된 중국의 전국 대입시인 '가오카오(高考·한국의 수능시험격)'에 출제된 작문 문제는 상당히 난해했다. 고전 한비자(韓非子)에 나오는 '지자의린(智者疑隣)'이라는 우화를 제시해 놓고 '감정의 친소(親疎)와 사물에 대한 인식'이라는 주제로 800자 이상의 글을 지으라는 문제였다.

'지자의린'은 다음과 같은 내용이다. '송(宋)나라에 한 부자가 살고 있었는데 하루는 큰 비가 와서 그의 집 담장이 무너졌다. 아들이 말하기를 "수리하지 않으면 틀림없이 도둑이 들 것입니다"라고 했다. 마침 이웃집의 한 노인도 같은 말을 했다. 그런데 아니나 다를까 그날 밤 부잣집에 도둑이 들어 많은 물건을 훔쳐갔다. 이에 부자는 자기 아들은 아주 총명하다고 생각하면서도 이웃집 노인은 도둑으로 의심했다.'

일종의 인식론인 이 우화의 주제는 자신과 얼마나 친근하고 소원한가에 따라 인간의 서로 다른 감정이 생겨나고, 이런 감정이 개입됨으로써 엄정하고 객관적으로 인식해야 할 외부 상황을 오인할 수 있음을 경계한 것이다. 이 우화는 입시 문제 주제인 '감정의 친소와 사물에 대한 인식'의 예문으로 안성맞춤이었다.

이 문제에 촌철살인의 현대시를 써 만점을 얻은 학생은 고도(古都) 시안(西安)이 있는 산시(陝西)성의 웨이난(渭南)시 돤취안(端泉)중학(우리의 중·고교) 졸업반 우빈(吳斌·18). 그가 쓴 시는 주제를 정확히 다루었고 빼어난 운율을 갖추었다는 평을 받았다. 〈이하 중략〉

無題(무제)

커튼을 젖히면 태양 빛은 오직 한 가지 색깔
하지만 당신이 좋아하든 않든 그것은 빨주노초파남보 일곱 색
당연히 감정 자체는 죄가 없다
하지만 그것은 선글라스처럼
온 세상을 기쁨 아니면 슬픔으로 물들게 하고
사물의 모든 모습들을 왜곡되게 보여 준다
하여 무지한 당신은 손가락을 내밀어
"이건 밉고 저건 예쁘다"고 말한다

PART 2 행정환경

PART 3 행정내부환경

PART 4 결정시스템

PART 5 집행시스템

PART 6 조직시스템

PART 7 지방시스템

PART 8 산출과 피드백

절대로 결코 이성과 지혜를 놓치지 말라
감정이 안개와 같다면 그 안개가 진리의 경지를
가리지 않도록 조심하라
감정이 달빛과 같다면 그 빛은 (태양 빛을 반사한 것일 뿐)
달 스스로의 빛이 아님을 알라
감정이 늘 속인다는 말이 아니라 그것에는 항상
진실하지 않은 일면이 있다는 것
항상 두 눈을 비벼 이성과 지혜가 떠나지 않도록 하라
커튼을 젖히면 암초가 선명히 보이지 않는가?
그렇다면 돛을 세워라. 바람이 불면 닿는 곳이 바로 목적지이니

자료: 주간조선, 2003. 8. 7. 1765호, 일부 발췌 편집.

경우가 많이 있다. 비유하자면 눈물을 흘리는 현상이라도 슬퍼서 우는 경우도 있고 감격해서 눈물이 나오는 경우도 있는 것이다. 보다 구체적으로 행태론적 접근 방법의 한계로 지적되는 내용을 열거하면 다음과 같다.

첫째, 현상이 가치와 사실의 복합 현상이라면 관찰 가능한 사실에 기초하여 얻은 이론으로 본래의 현상에 다시 적용하여 통제를 가하려 할 때 그 이론의 적합성은 의문시되지 않을 수 없는 것이다.

둘째, 현상에서 가치 문제가 많이 개입되어 있을수록 이론의 적합성이 떨어지기 때문에 그 현상이 중요한 가치를 내포하고 있음에도 불구하고 의도적으로 이러한 현상을 연구 대상이나 범위에서 제외시킬 수가 있다.

셋째, 인간행태의 규칙성을 가정한다는 것은 인간행태의 통제나 예측이 지금까지의 변화과정에서 나타난 질서 내에서 이루어질 것을 가정한다. 따라서 규칙성을 벗어난 변화를 추구하기보다 규칙성을 그대로 받아들임으로써 기존의 현상을 유지하는 데 기여하는 이론의 보수성을 가진다.

넷째, 인간의 가치 측면을 부정하기 때문에 자유 의지를 가진 자율적 인간으로서 연구되는 것이 아니라 환경이나 구조에 의해 영향을 받는 수동적 인간으로 연구된다. 이 또한 인간이 적극적으로 자신 또는 환경의 변화를 주도하는 상황에서는 적합하지 않은 가정이다. [a]

---

a) 기존의 행태론에 대한 이러한 비판적 입장에서, 현상의 사실적 측면만이 아니라 가치를 포함한 본질

PART 1
행정과 행정학의 이해

PART 2
행정환경

PART 3
행정과내부환경

PART 4
결정시스템

PART 5
집행시스템

PART 6
조직시스템

PART 7
지원시스템

PART 8
산출과 피드백

다만 우리나라에서는 미국에서와 같은 행태론의 엄격한 적용이나 이론 개발을 경험하지 않았다고 본다. 이러한 상황에서 행태론의 단점을 부각시켜 과학적 이론의 개발을 게을리 한다는 것은 옳은 태도라고 볼 수 없다. 분명히, 가치보다도 사실측면이 지배하는 현상에 대해서는 행태론을 적용하여 현상의 규칙성을 과학적으로 규명하려는 학문적 태도가 요구된다고 할 것이다.

2) 체제론적 접근방법

체제론적 접근방법은 연구대상인 현상을 '체제(system)'의 관점에서 분석하고 설명하고자 한다. 어떠한 행정 현상이나 문제를 독립적인 것이 아니라 여러 관련 요소가 서로 연결되어 있고 특히 외부 환경과의 유기적인 상호작용 관계로 본다. 이를 이해하기 위해서는 먼저 체제에 대한 충분한 이해가 필요하다.

(1) 체제의 의의

체제론적 접근방법은 현상을 체제의 관점에서 분석하고 이론화하려는 것으로 우선 체제가 무엇이고 어떠한 특성과 기능이 있는지 명확하게 이해하여야 한다.

① 체제의 개념

어떠한 사물이나 현상이든 그 자체로서 최소 단위를 형성하지 않는 한 이를 구성하고 있는 부분들을 생각해 볼 수 있다. 자동차는 엔진, 트랜스미션, 배터리, 차체 등의 기계부품으로; 컴퓨터는 본체, 모니터, 키보드, 프린터의 부분들로; 인체는 소화, 신경, 순환 기능을 담당하는 각종 기관(organ)들로 구성되어 있다. 자동차, 컴퓨터, 인체는 전체이며 부품과 기관은 부분이다. 이때 전체를 체제로, 부분을 하위체제로 부를 수 있다. 체제 이외에도 계(系), 체계(體系)라는 말에 전체-부분의 관계가 잘 나타나 있다. 우주의 태양계, 자동차의 엔진계, 인체의 소화계,

에 대한 연구, 현상의 정태적 특성만이 아니라 동태성을 이해하고 변화에 기여하는 적실성 있는 지식·이론의 개발, 그리고 이론에 머물지 않고 실제 행동하는 학자의 책임성을 강조하는 학문적 성향이 나타나게 되는데 이를 후기행태론(post-behavioralism: 후기행태주의, 탈행태주의, 후기행태론적 접근방법 등의 용어를 혼용)이라 부른다. 이러한 움직임은 미국 정치학에서 1970년대 확산되기 시작하였는데 이전의 행태론적 접근방법과의 단절을 의미하는 것이 아니라 그 연속선상에서 약점을 보완하기 위한 다양한 접근방법을 일컫는 용어이다. 즉, 행태론적 접근방법과 후기행태론 모두 정도의 차이일 뿐 과학적 지식을 강조한다는 점에서 이전의 법·제도에 대한 역사적 기술이나 비교, 또는 가치 영역에 대한 규범적 주장과 같은 전통적인 접근과 구분된다. 또한 체제론적 접근방법, 신제도주의 접근방법, 논변적 접근방법도 학문으로서 요구되는 과학적 태도를 중요시하며 넓은 의미로 후기행태론의 맥락에서 이해할 수 있다. 한편 행정학에서도 행태론적 접근방법의 한계를 비판하면서 1970년대에 새로운 학문적 성향이 나타났는데 신행정학(New Public Administration)이 대표적이다.

서울시의 대중교통체계 등을 생각해 보면 알 수 있다. 태양계는 다시 태양과 지구를 포함한 행성들로 구성되어 있고, 서울시의 대중교통체계는 택시, 일반버스, 마을버스, 지하철, 도로 등으로 이루어져 있다.

이제 체제의 의미를 생각해 보자. 컴퓨터나 대중교통체계를 구성하고 있는 부분 요소들은 독립적으로 존재하는 것이 아니라 이들 요소들이 **서로 밀접한 관계**를 이루고 있다. 서로 무관한 개체를 모아 놓은 전체는 체제가 아니다. 부분들의 관계가 무작위하게 움직이는 것이 아니라 일정한 관계를 가지고 질서를 유지할 때 비로소 체제가 되는 것이다. 컴퓨터 본체, 모니터, 키보드, 프린터, 소프트웨어 등은 서로 연계가 잘 되어 작동할 때 비로소 컴퓨터가 시스템(체제)이 되는 것과 같다. 또한 하나의 체제는 **경계**(boundary)를 가지고 있어 체제 안에 포함되는 것과 포함되지 않는 것의 구분이 가능하다. 예를 들어 본체와 호환이 되지 않는 모니터는 컴퓨터 시스템의 경계 밖에 있는 것이다. 이상을 종합하면 영어 System의 번역어인 체제, 계, 체계라는 말에는 '일정한 경계 안에서 상호 긴밀한 관계를 유지하는 부분 모두, 또는 부분 간의 관계 전체'라는 의미가 담겨 있다.

다만 인간의 행위에 의해 나타나는 행정현상은 기계, 자연, 생물에 비해 부분이나 부분간의 관계가 명확하지 않고 체제의 경계 또한 모호한 경우가 많다. 기계적인 체제에서는 부분들의 관계나 기능이 엄격히 통제되어 예측까지도 가능하지만 행정체제에서는 부분들 간의 관계나 기능이 다양하고 복잡하여 통일된 질서를 찾기란 쉽지 않다. 행정체제에서 또 하나 중요한 특성은 사회의 공공가치를 실현하기 위한 목표를 가지고 있고 행정체제의 존립은 이 목표달성과 밀접하게 연결되어 있다. 그것은 인간이 설계한 방식 그대로 작동하는 기계나 단순히 생존의 목표를 가진 생물과는 다르다. 이러한 특성을 고려할 때 행정체제에서의 체제 개념은 '목표달성을 위하여 어느 정도의 독립성을 가지면서 상호 긴밀한 관계를 유지하는 부분들 모두나 부분 간의 관계 전체'라는 말로서 체제의 개념에 어느 정도의 탄력성을 부여하여야 할 것 같다.[a]

② 개방체제의 특성

체제는 일정한 경계를 가진다고 했는데 이 말 속에는 경계 밖의 다른 체제, 즉 환경이 있다는 뜻이다. 이 환경과의 관계를 기준으로 체제는 폐쇄체제와 개방

---

[a] 행정체제는 체제의 개념을 적용하는 사람의 시각에 따라 다르게 형성될 수 있는 하나의 구성(construct)임을 암시하고 있다. 구성은 물체처럼 실제의 존재가 아니라 사람의 인식에 의해 해석되고 만들어진 것으로 이해한다.

PART 1
행정과 행정학의 이해

PART 2
행정환경

PART 3
행정내부환경

PART 4
결정시스템

PART 5
집행시스템

PART 6
조직시스템

PART 7
지원시스템

PART 8
산출과 피드백

체제로 구분된다. 폐쇄체제는 환경의 영향을 받지 않고 그 자체 내에 필요한 자원과 에너지를 가지고 있어 스스로 기능을 수행하는 체제이다. 체제의 운명은 환경과 무관하게 체제가 처음 형성될 때 주어진 조건에 의해서 결정되는 체제이다. 물리적·기계적 체제에서 많은 예를 찾을 수 있다. 차가 다니도록 건설된 다리나 충전된 배터리(battery)로 움직이는 자동차 등이 그 예이다.

반면에 생명력을 지닌 유기체(organic system)는 외부 환경에서 생명 유지에 필요한 자원을 스스로 받아들이고 환경의 변화에 적절히 적응해나간다. 경계가 닫혀 있는 것이 아니라 생명 유지에 필요한 에너지를 환경에서 받아들이도록 체제의 경계가 열려 있다. 즉, 체제는 환경의 다양한 요구에 대응할 수 있도록 분화되고 분화된 부분들의 질서 있는 기능을 통해 체제를 유지해 나간다. 이러한 체제를 개방체제라 한다.

모든 체제에 보편적으로 적용될 수 있는 체제의 원리를 찾고 있는 학자들은 개방체제인 생명체제(organic system)에서 그 원형을 찾고 있다. 생명 유기체에서 도출해 낸 **개방체제적 특성** 몇 가지를 살펴보면 다음과 같다:[4]

- **항상성(Homeostasis):** 항상성은 안정된 상태를 유지하고자 자기 스스로를 규제할 수 있는 능력이다. 추우면 소름이 끼쳐 체온의 발산을 막고, 산소가 부족하면 심호흡이나 잦은 호흡으로 산소를 보충하는 것과 같다. 환경이 기존의 질서나 균형을 깨려는 방향으로 작용할 때, 체제는 이에 자기 내부의 기능을 통제하여 본래의 규칙성을 유지하는 방향으로 작용한다.
- **부(−)의 엔트로피(Entropy):** 충전된 배터리로 움직이는 자동차는 시간이 지남에 따라 에너지가 소멸되고 움직이지 못하는 상태, 즉 체제가 붕괴되고 만다. 엔트로피(에너지 상실)가 증가하기 때문이다. 개방체제는 외부로부터 에너지와 기타 자원을 받아들여 엔트로피를 낮추려는 부의 엔트로피 성향을 가지고 있다.
- **전체성(Holism):** 체제는 구조, 기능, 분화, 통합 등이 서로 복잡하게 엉켜 있는 것으로 단순한 구조나 기능으로 환원시킬 수 없고 전체로서의 통합관계를 분석해야 올바로 이해가 가능하다고 본다. 따라서 개방체제는 전체를 부분들로 나누어 부분들의 구조와 기능 또는 이들간의 선형적 인과관계를 분석함으로써 전체의 이해가 가능하다는 입장에 반대한다.
- **구조 기능의 다양성:** 개방체제는 다양한 환경에 적응할 수 있도록 내부 구조나 기능의 다양성을 유지할 것이 요구된다. 체제는 환경의 다양성이나 복잡성에 비례하여 하위체제의 구조와 기능이 더욱 분화되어야 한다. 환경의 다양한 변화 요구, 즉 도전에 대응하지 못하는 체제는 생명력을 상실하고 쇠퇴하게 된다.[a]

---

a) 유사한 개념으로 필수다양성(requisite variety) 법칙이 있다. 체제의 생존을 위해서는 체제를 위협하

- **목표달성의 다양성**: 일반적으로 등종국성(equifinality)으로도 번역되는 것으로 목표에 도달하는 방법은 여러 가지가 있다는 것이다. 특정 목표를 달성하도록 내부 구조가 고정되어 있는 폐쇄체제와는 달리, 개방체제는 신축적인 전환과정을 가지고 있기 때문에 투입 자원과 전환과정을 다르게 하여 같은 목표를 달성하는 것이 가능하다.
- **체제의 진화**: 개방체제는 환경으로부터의 도전에 대응하고 기회를 활용할 수 있도록 다양성을 갖추고, 특수한 기능을 수행할 수 있도록 구조와 기능이 더욱 분화되어 가며, 분화된 부분들을 전체로서 통합할 수 있는 능력에 따라 끊임 없이 진화되어 간다.

이와 같은 특성은 행정체제에도 일반적으로 적용될 수 있다.[a] 행정체제를 둘러싼 환경이 변하면 이에 대응하기 위하여 내부의 구조와 기능을 변화시키는 자기 통제 기능을 수행한다. 또한 외부로부터 인적자원과 예산을 받아들이고 국민의 신뢰를 얻어 체제를 계속 유지하려고도 한다. 행정체제는 환경의 변화에 맞도록 구조와 기능이 다양하게 분화되어 있고 리더는 분화된 것들을 조정하고 통제하는 중요한 역할을 수행한다. 정책문제가 발생했을 때 이의 해결을 위한 대안이 다양하다는 것은 목표달성의 다양성과 유사하다. 다만 행정체제에 진화의 개념을 도입하는 데는 한계가 있어 보인다. 진화는 변이, 도태, 보존의 순환 과정을 특징으로 하는데 이 중 도태는 종간의 생존경쟁으로 나타난다. 그런데 행정체제는 동물의 종이나 기업의 생존경쟁 원리가 적용되지 않는다. 생존 그 자체는 어느 정도 보장되어 있는 것이 행정체제인지 모른다. 하지만 개방체제의 이러한 특성은 행정체제도 체제 내부의 구조간에 유기적인 상호관계를 유지하며 환경의 변화에 능동적으로 적응해야 한다는 교훈을 던져주고 있다.

③ 모 형

체제론적 접근방법의 장점은 부분들의 유기적 관계를 규명하는 길잡이 역할을 하는 데 있다. 이런 역할을 하는 가장 대표적인 것이 투입-산출모형(input-

---

는 환경의 다양성에 대응하여 체제 내 기능의 다양성을 같거나 더 많이 확보해야 한다는 것이다. 언어가 서로 다른 4개국과 무역거래를 하는 회사는 적어도 회사 내에 4개국 언어를 하는 사람(한 사람이든 여러 사람이든)이 있어야 한다는 것으로 비유할 수 있다.

[a] 행정학의 경우, 미국 행정학의 성립 초기에는 환경과 무관하게 조직 내부의 구조(과학적관리론)나 인간관계(행태론)에 초점을 맞추어 행정의 효율성을 높이려는 노력을 하였다. 환경은 주어진 것으로, 적어도 안정되고 예측 가능하며 따라서 관리에 어떠한 문제를 야기하지 않는다고 보았다(Richard L. Daft, *Organization Theory and Design*, 2nd ed., New York: West Publishing Co., 1986, p. 10). 그러나 오늘날 행정체제를 이와 같은 폐쇄체제로 보는 사람은 없다. 행정체제도 개방체제적 특성에서 다른 체제와의 동질성이 강조되고 있다.

PART 1
행정과 행정학의 이해

PART 2
행정환경

PART 3
행정내부환경

PART 4
결정시스템

PART 5
집행시스템

PART 6
조직시스템

PART 7
지원시스템

PART 8
산출과 피드백

[그림 2-2] 투입-산출 모형

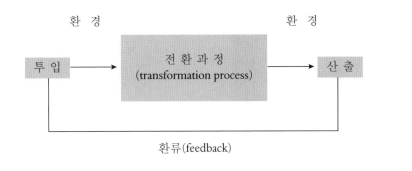

ouput model)이다. 개방체제는 체제를 둘러싼 환경으로부터 체제의 유지에 필요한 자원을 투입으로 받아들인다. 체제는 이들 투입요소를 받아들여 환경에 대응하고 또 체제의 목표를 달성하기 위해 체제 내부의 여러 부분들이 상호작용하여 투입요소를 산출물로 전환시켜 환경에 내보낸다. 산출은 다시 환경에 작용하여 새로운 투입으로 환류되어 전환과정에 반영된다. 이런 내용의 투입-산출모형을 도식화한 것이 〈그림 2-2〉이다. 이 모형 자체로는 하나의 뼈대 또는 틀(framework)에 지나지 않지만 이를 현상에 적용하게 되면 각 구성요소에 해당하는 구체적인 내용을 밝히고 이들이 상호 어떠한 유기적 관계에 있는지를 분석하도록 유도하는 유용한 도구가 된다.

투입-산출 모형에서 전환과정이 개방체제에 해당하며 이 전환과정은 체제의 개념대로 서로 밀접한 관계를 가진 부분(하위체제)들로 구성되어 있다. 이때 전환과정 안의 각 부분들 간의 구체적인 관계를 보지 않고 투입과 산출에만 관심을 갖는 경우 전환과정을 "블랙 박스(black box)"라고 부르기도 한다. 우리가 식사를 하면(투입) 에너지가 생기는데(산출) 이때 먹은 음식이 우리 몸(체제)에서 어떤 작용을 하여 에너지로 전환되는지 모를 때 우리 몸을 블랙 박스로 비유할 수 있다. 한편 우리 몸의 각 기관(부분, 하위체제)이 어떤 유기적인 관계와 작용을 통해 에너지가 만들어지는 지를 구체적으로 알면 우리 몸은 블랙 박스가 아니라 "화이트 박스 (white box)"가 된다(〈그림 2-3〉).[a]

---

a) 행정을 체제의 시각에서 볼 때 행정이 일어나는 구체적인 내부 과정이 일반 국민에게 투명하게 공개되어야 행정체제는 화이트 박스이자 투명행정이 되는 것이고, 그렇지 않으면 블랙 박스이자 밀실행정이 되는 것이다. 이런 이유에서 블랙 박스와 화이트 박스를 좋고 나쁜 가치판단의 시각에서 보게 되지만, 개념적으로만 보면 블랙 박스는 전체적이고 통합적으로 접근하기 때문에 부분이 보이지 않

[그림 2-3] Black Box vs. White Box

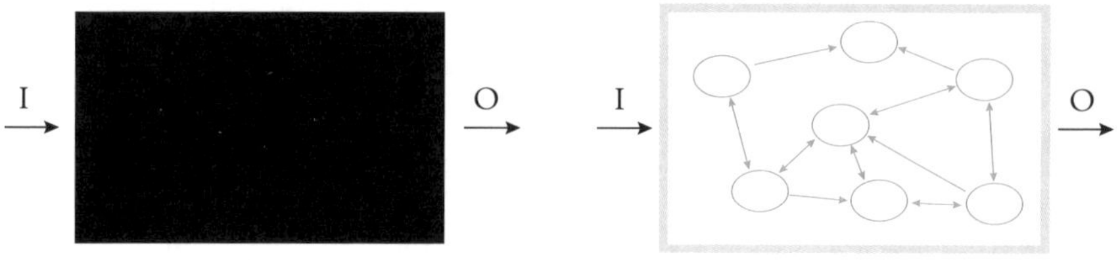

④ 기 능

위의 모형은 체제와 환경과의 상호작용을 거시적으로 이해하는 데 유용한 도구이다. 환경 속에서 체제가 유지되기 위해서는 체제와 환경과의 관계 분석도 중요하지만, 체제의 본질적 속성이라 할 수 있는 생존을 위해서 체제 내의 하위체제들이 어떠한 기능을 수행해야 하는가도 중요한 과제이다. 사회에 존재하는 모든 형태의 집단이나 조직에 공통으로 적용될 수 있는 이론 모형을 찾는 데 기여한 파슨스(Parsons)는, 사회체제가 생존하기 위해 필수적인 네 가지의 기능을 제시했다. 그 기능은 영어의 첫 자를 따서 AGIL모형으로 통하기도 한다.[5]

- 적응기능(Adaptation): 환경의 변화에 적응하기 위하여 외부로부터 자원을 동원하고 체제의 정당성을 확보하는 기능이다.
- 목표달성기능(Goal attainment): 체제가 추구할 목표를 정하고, 목표달성을 위하여 구체적인 활동을 수행한다.
- 통합기능(Integration): 하위체제들간 또는 개인들간의 활동을 통제하고 조정하여, 이들간 협동적 행위를 유도하고 연대성을 유지하기 위한 기능이다. 권위적 영향력을 지닌 법이나 규칙 또는 리더가 이 기능을 담당한다.
- 유지기능(Latency, Pattern maintenance): 체제에 정당성을 제공하는 가치, 신념, 규범 등의 문화양식을 만들어 내고, 보존하며, 전수해 가는 기능이다.

파슨스에 따르면, 모든 체제는 위의 각 기능을 수행하는 하위체제가 있어야 하며, 이러한 기능의 요구에 맞게 구조적으로도 분화되는 경향을 보인다고 한다. 더구나 각 하위체제는 다시 AGIL기능에 대응하는 하하위체제(sub-subsystem)를 갖는다고 가정한다. 따라서 사회체제의 기능 중에서 정치체제나 행정체제는 목표달성기능을 주로 담당하지만, 행정체제 또한 하나의 체제로서 적응, 목표달성, 통

는 것으로, 화이트 박스는 체제를 구성하는 하위체제까지 환원(reduction)시켜 부분의 작용을 구체적으로 본다는 상징적인 의미로 이해할 필요가 있다.

PART 1
행정과 행정학의 이해

PART 2
행정환경

PART 3
행정내부환경

PART 4
결정시스템

PART 5
집행시스템

PART 6
조직시스템

PART 7
지원시스템

PART 8
산출과 피드백

합, 유지 기능 측면에서 분석해 볼 수 있을 것이다.

투입−산출모형이나 파슨스의 AGIL모형은 모든 체제에 적용할 수 있는 기본 모형에 해당하고 구체적인 현상에 이 모형을 적용할 때에는 그에 맞게 변형하여 적용시킬 수 있을 것이다.[a]

(2) 특   징

체제론적 접근방법은 체제의 개념을 현상에 적용시키려는 태도로서 그 특징은 체제의 특징에서 찾아질 수 있다. 여기서는 그 중 특히 중요하다고 생각되는 것을 더 자세하게 논의하고 이러한 특징이 행정현상을 체제론적으로 분석할 때 갖는 의미를 살펴보고자 한다.

첫째로 체제론적 접근방법의 가장 중요한 특징은 현상을 **전체성의 시각**에서 본다는 것이다. 전체성이란 단순히 부분의 합이나 부분의 합에 무엇이 더해진 것을 의미하는 것이 아니다.[6] 체제론에서의 전체성이란 체제 전체의 목표달성과 어떠한 관계를 가지고 있는가의 관계적 측면에서 부분을 이해하는 것이다. 즉, 전체는 부분 하나하나가 개별적으로 모인 것이 아니라 그들의 관계에 의하여 구성된 것으로 각각의 부분이 가지고 있는 속성으로 환원해서 설명할 수 없다는 것이다.[7] 예를 들어 5명이 모여 농구팀을 만들었다고 하자. 농구팀 전체의 실력은 개개인의 능력보다는 이들이 수비와 공격의 위치에서 형성한 팀워크에 의하여 설명될 수 있고 개개인도 전체의 팀워크에서 차지하는 역할로써 설명되는 것과 마찬가지이다.

현상을 체제론적으로 볼 때 나타나는 또 하나의 특징은 **환경의 영향**을 중시한다는 것이다. 전체성의 당연한 귀결로서 체제는 환경과의 전체적 맥락 속에서 주어진 역할을 얼마나 잘 수행하느냐에 따라 체제의 생존력이 결정되는 것이다. 체제의 역할은 환경으로부터 투입된 요구·기대에 의하여 결정되며 역할을 얼마나

---

[a] 투입−산출 모형을 정치현상에 접목시킨 대표적인 학자는 이스턴과 알몬드이다. 이스턴(D. Easton, The Political System: An Inquiry into the State of Political Science, New York: Alfred A. Knopf, 1953)은 정치체제를 환경 또는 사회로부터 지지와 요구를 받아들임으로써(input) 권위를 확보하고 이를 토대로 가치배분의 결정과 정책을 생산(output)하고 환경으로부터 이에 대한 평가(feedback)를 받는 일련의 동태적 유기체로 보았다. 알몬드(G. Almond, Comparative Political System, *Journal of Politics*, 18(3), 1956)는 정치체제의 투입요소를 정치적 사회화와 충원, 이익표출, 이익수렴, 정치적 커뮤니케이션으로, 그리고 산출요소를 규칙제정, 규칙적용, 규칙판정으로 구분하였다. 이보다 차원을 낮추어 조직 단위의 체제기능에 대해서는 캐츠와 칸(D. Katz & R. Kahn, *The Social Psychology of Organizations*, 2nd ed., New York: John Wiley & Sons, 1978)의 경우 생산, 유지, 적응, 지원, 관리의 다섯으로 분류하였다.

잘 수행했는지는 환경으로 내보내는 산출로써 평가된다. 체제는 환경에 유익한 산출을 제공할 때, 환경으로부터의 투입이 원활해지며 체제가 건전하게 생존하고 성장할 수 있는 것이다. 현대 행정에 있어서 과거 어느 때보다도 환경의 중요성을 실감할 수 있다. 우리나라의 경우 일방적·권위적 정책이나 행정서비스를 제공해 왔던 과거와는 달리 국민의 뜻이 반영되는 민주행정의 요구가 높아지면서 환경의 영향은 더욱 증가하고 있다고 볼 수 있다.

셋째로 체제론에서는 부분들간의 **상호연관성**(interdependence)을 강조한다. 전체성에서 언급하였듯이 체제는 부분들 간의 유기적 관계로써 형성된다. 체제론은 이들 부분들의 관계를 거시적·전체적 관점에서 순환적이며 상호작용적으로 파악한다. 이 점에서 전체를 부분으로 환원시켜 부분들 간의 일방적·선형적 인과관계를 밝히려던 엄격한 과학적 태도와는 시각을 달리하는 것이다.

(3) 적용의 한계

전체성의 특성을 갖는 체제론은 부분보다 전체를, 즉 개인보다는 조직이나 집단을, 조직이나 집단보다는 환경을 더욱 중시하게 된다.

개인, 집단, 조직의 특성이나 역할을 자율적 선택의 측면보다는 이들보다 상위의 체제에 의하여 기대되고 결정되는 측면을 강조하는 것이다. 따라서 개인 차원의 미시적 현상이 경시될 수 있다. 특히 체제 내 특정 인물의 성격, 개성, 리더십 등이 체제 전체의 기능에 많은 영향을 미침에도 불구하고 이를 과소 평가하기 쉬울 것이다.[8] 더구나 자율적으로 추구할 목표를 설정하고 그 방향으로 체제를 적극적으로 변화시켜 나가려는 측면보다는 환경 변화에 잘 적응하여 하위체제간 그리고 환경과의 관계에서 균형과 안정의 유지를 강조한다. 따라서 체제론은 현상의 정태적인 측면을 분석하는 데는 유용하지만, 현상이 복잡하고 불확실하게 변화하거나 체제가 환경을 적극적으로 유도 발전시켜 나갈 필요가 있는 상황에서는 한계가 있다.[a]

---

[a] 다음 쪽 글상자에 소개하는 시스템사고 모형은 체제론적 접근방법의 이러한 한계를 보완한 접근이다. 특히 최근의 정책문제는 '사악하다(wicked)'는 단어를 쓸 정도로 복잡하고, 불확실하며, 정의하기 어려운 것이 특징이다. 즉 사악한 문제는 서로 관계되어 있는 요소가 많고 이들 간의 관계가 일방향의 선형적인 것이 아니라 긍정적 작용과 부정적 작용이 상호 가역적으로 영향을 주고받는다고 보아야 한다.[9] 이러한 문제를 보다 적실성 있게 진단하고 해법을 찾는 데는 행태론적 접근방법이나 투입–산출모형보다 시스템사고 모형이 더 유용할 수 있다. 2017년 발간된 OECD보고서는 기존의 분석방법이나 접근방법으로는 사악한 문제의 전체를 이해하고 타당한 해결책을 제시하거나 신뢰할 수 있는 평가가 어렵다고 지적하면서, 그 대안으로 시스템사고 모형을 제시하기도 하였다.[10]

PART 1
행정과 행정학의 이해

PART 2
행정환경

PART 3
행정내부환경

PART 4
결정시스템

PART 5
집행시스템

PART 6
조직시스템

PART 7
지방시스템

PART 8
산출과 피드백

시스템사고(systems thinking) 모형

투입–산출 모형보다 구성요소가 복잡하고 시차를 두고 동태적으로 변하는 현상을 이해하고 분석하는 데 유용한 도구에는 시스템사고(systems thinking) 모형이 있다. 시스템사고 모형은 정부, 기업, 개인 등의 행위 주체가 취한 행동이나 도입한 정책·제도가 그것이 초래하는 일련의 긍정적·부정적 효과와 어떤 유기적 관계가 있는지를 유형화해서 제안한다.

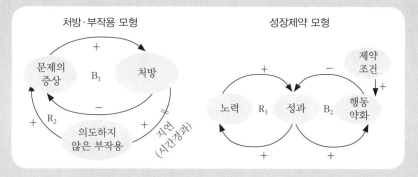

다양한 시스템사고 모형 중에서 위의 '처방–부작용 모형'은 일반적으로 문제가 발생하면 이를 해결하기 위한 처방을 내려 증상을 완화시킴으로써 균형(B_1, balanced), 안정 상태를 유지하게 된다. 하지만 대부분의 대중요법에서 알 수 있듯이 시간이 지나면서 의도하지 않았던 부작용이 나타나고 이것이 처음 문제 상황을 안 좋은 쪽으로 강화(R_2, reinforce)시키는 결과를 초래하는 관계를 그림으로 표시한 것이다. '성장제약 모형'은 어떤 노력을 하면 성과가 나오고, 그 성과가 다시 노력을 강화시키는 관계를 형성한다(R_1). 하지만 이 경우에도 노력–성과의 선순환 고리가 지속되는 것이 아니라 성과를 내는 데 필요한 자원이 제한되어 있어 성과를 낼수록 자원이 줄어 들다보면 성과를 내는 행동을 약화시켜나가고 그 결과 성과도 축소되면서 균형상태(B_2)를 유지하는 관계를 보여준다. 성장제약 모형은 자원이 제한되어 있기 때문에 기업이나 국가가 지속성장에 한계가 있음을 설명해준다.

이처럼 시스템사고 모형은 하나의 현상에 잠재되어 있는 요소들 간의 대표성 있는 관계구조를 제시함으로써 이미 발생한 문제를 진단하거나 앞으로 발생할 문제를 미리 예측하는 데 매우 유용하다. 투입–산출 모형이나 시스템사고 모형은 모두 하나의 문제를 구체적으로 기술하고 설명하는 것이 아니라 문제의 유사성이 많은 사례에 공통으로 내재되어 있는 유전자적 구조를 제시함으로써 실제 상황에서 문제해결에 도움이 되는 사고를 가능하게 해주는 것이다.[11]

행정현상을 체제론적으로 접근할 때 직면하는 또 하나의 한계는 체제의 경계가 모호하다는 것이다. 행정체제라 할 때 어디까지가 안이고 밖인지 구분이 모호하다. 기계나 생물 유기체가 아닌 인간의 행위로 구성되는 모든 사회체제는 경계의 모호성을 갖게 된다. 경계가 물리적으로 분명하게 구분되는 것이 아니라 사변적이고 개념적으로 구성된다. 따라서 체제를 구성하는 개인의 주관적 시각에 따라 체제의 경계가 다양하게 정해질 수밖에 없다. 이는 체제와 환경 사이의 경계뿐만 아니라 하위체제 간의 경계도 마찬가지이다. 상위체제와 하위체제를 어느 수준까지 연계시킬 것인지, 하위체제를 몇 개로 구성하고 그 기능은 무엇인지 등의 답을 주관적 판단에 의존하기 때문에 분석의 타당성을 확보하기가 힘들다.[12]

경계가 모호하기 때문에 체제 간의 관계를 규명하는 데도 한계가 있다. 체제와 체제, 체제와 환경, 체제 내 부분과 부분 간의 상호관계를 체계적·논리적으로 분석할 수 있다는 점에서 과학화에 기여할 수 있지만 분석결과의 보편성을 확보하는 데는 항상 어려움을 가지게 된다. 이러한 결과로 체제론이 부분 간의 관계를 검증하여 설명하는 데는 한계가 있다. 부분 간의 관계를 설명하기보다는 가설적 관계를 발견하여 구성하는 데 더 유용한 도구라고 할 수 있다. 즉, 체제론적 접근방법에 의한 발견은 연구가 진행된 대상에 한정하여 타당성이 인정되는 한계가 있고, 일반화를 위해 추가로 후속 연구를 할 때 발판이 되어주는 역할에 머물기 쉽다.[13]

3) 제도론적 접근방법

(1) 전통적 방법: 법적·제도적 접근방법

제도론적 접근은 법이나 제도를 연구의 주된 대상으로 삼고 이것을 통해 현상의 변화를 설명하려는 입장이다. 중세기 절대군주 한 개인의 지배에 따른 권력집중과 권력남용, 개인의 권리 침해 등을 경험한 유럽에서는 시민혁명 등을 거치면서 일찍이 법의 지배(rule of law)나 권력분립을 통한 견제와 균형의 제도에 대한 관심이 높았다. 근대 초기 아직 행정학이 성립하기 이전, 정치학에서는 법적·제도적 장치만 잘 갖추면 개인의 정치적 자유를 포함해서 정치발전이 가능하다는 낙관론이 널리 확산되어 있었다. 이상적인 정치제도를 구상하고 그것을 법제화하면 사람들은 그 제도에 잘 적응하고 개인의 권리가 보장되는 안정적인 정치질서 내지 사회질서가 유지될 것으로 믿었다.[14] 이 당시 정치학자들이 주로 채택한 방

PART 1
행정과 행정학의 이해

PART 2
행정환경

PART 3
행정내부환경

PART 4
결정시스템

PART 5
집행시스템

PART 6
조직시스템

PART 7
지원시스템

PART 8
산출과 피드백

식이 법적·제도적 접근방법이다.

법적·제도적 접근방법은 법과 제도 이면에서 움직이는 동태적인 인간관계나 권력갈등 또는 인간의 심리 등을 고려하지 못하였으며 실제 현상에서 제도가 가진 이상과 현실에서의 작동 간에 괴리(예를 들어 헌법상의 균등한 삼권분립과 실제상의 행정부 우월적 권력작용)가 나타나면서 그 한계에 직면하였다. 연구가 지나치게 기술적(descriptive) 수준에 머물고 정태적이라는 비판에도 부딪혔다. 특히 우리나라의 경우 미국식 삼권분립의 한계, 행정에서의 직위분류제나 계획예산제도(PPBS) 도입의 실패에서 알 수 있듯이 광복 이후 도입된 많은 미국의 정치 및 행정 제도가 정착되지 못하고 폐기되거나 수정되는 과정을 거치면서 외국 제도의 보편적 적용에는 한계가 있음을 직접 경험하였다.

물론 이것이 법적·제도적 접근방법의 무용론까지 주장하는 것은 아니다. 지금도 행정에서 법의 지배와 행정의 법적 책임은 분명히 확보되어야 할 규범적 가치이기 때문에 행정에 대한 법적 접근과 관심은 여전히 유용하다. 지방자치가 일천한 우리나라에서 국가와 자치단체와의 권한배분 문제, 지방자치와 교육자치의 관계, 청와대 비서실과 부처 간의 관계, 감사원의 지위, 경찰청 수사권 독립 등 아직도 법적·제도적으로 접근할 수 있는 주제가 많이 있다. 다만 연구과정에서 이상적인 법이나 제도의 설계에만 치중할 것이 아니라 그런 변화가 가져올 사회 구조나 인간행태에 미치는 영향 등에 대한 엄밀한 과학적·체계적 분석이 요구된다.[a] 특히 산업화, 민주화 시대를 거쳐 현재에도 선진국의 제도 도입을 통해 국가 발전을 추구하는 우리나라 현실에서 법적·제도적 접근방법의 올바른 이해와 적용은 제도를 정착시키고 발전시키는 데 매우 유용할 것이다.[b]

(2) 신제도주의

전통적인 법적·제도적 접근방법은 사람을 연구의 중심으로 끌어들인 행태론에 밀려 한동안 행정학이나 정치학에서 구시대의 유물로 전락하고 말았다. 기존의 법적·제도적 연구가 행정현상을 설명하는 인과론적인 이론성을 확보하지 못하자, 개인이나 집단의 속성과 행태를 행정현상의 중요 변수로 끌어들인 행태론이

---

a) 법적·제도적 접근방법은 가끔 법이나 제도의 역사적 변천과정을 서술하고 역사성에서 교훈을 얻고 자 하는 역사적 접근방법, 또는 동시대 다른 나라의 제도와 비교하여 연구하는 비교론적 접근방법과 병행하여 사용되는 경우가 많다.

b) 현재 제도주의 관점에서 분석하는 데 적합한 주제로는 정당명부식 비례대표제 도입, 교육감 직선제 및 특별·광역시의 기초의회 폐지, 자치경찰제 도입 등 다양하다.

부각되었다. 행태론은 개인이나 집단의 형태를 통해 행정현상을 설명하였으며 법이나 제도는 이들의 상호작용이 일어나는 장(場)의 정도로 이해되었다.

신제도주의(New Institutionalism)는 이러한 행태론의 지배적 지위에 다시 반발하며 사회의 제 현상(정치·경제·사회·행정)을 설명하는 데 있어 제도를 사람과 대등한 위치의 독립변수 내지는 사람의 행태에 영향을 미치는 상위의 독립변수로 고려하는 입장을 포괄하여 붙인 이름이다. 특히 행태론적 접근방법은 어디에서도 적용가능한 일반법칙성을 찾다보니 국가 간의 공통점을 강조하고 제도적 차이점을 간과하였다. 즉 동일한 공공문제라 하더라도 이에 대한 대응 정책이 다르고, 동일한 정책이라도 집행과정이나 정책효과가 다르게 나타나는 현상에 주목하지 못하였다. 신제도주의는 이러한 행태론적 접근의 한계를 인식하고 국가별 다양한 행정(정책)의 특성을 국가 간의 제도적 차이로써 설명한다.[15]

신제도주의는 전통적인 법적·제도적 접근방법과도 구분된다. 신제도주의는 제도에 대한 이해의 폭을 공식적인 권력구조나 법 또는 행정기관에 한정하지 않고 비공식적인 규범이나 관행(예를 들어 존칭어, '숨은 규제' 등)으로 확대한다. 뿐만 아니라 단순히 제도의 기술에 그치는 것이 아니라 제도와 제도, 제도와 개인, 제도와 정책 등의 인과관계를 역동적으로 설명하고자 한다. 따라서 신제도주의는 전통적인 법적·제도적 접근방법에 비해 과학적 엄밀성을 중요시하는 분석적 접근이다.

하지만 이것은 신제도주의의 일부 특성만을 본 것이다. 신제도주의에는 동일한 성향을 가진 하나의 학파만 있는 것이 아니고 다양한 시각의 이론이 존재한다. 일반적으로 정치학, 사회학, 경제학의 학문적 특성이 각각 반영된 역사적 제도주의(historical institutionalism), 사회학적 제도주의(sociological institutionalism), 그리고 합리적 선택 제도주의(rational choice institutionalism)로 구분한다.[16]

① 역사적 제도주의

역사적 제도주의는, 동일한 상황에서 국가들이 서로 다른 정책을 채택하고 국가마다 정책효과도 다르게 나타나는 원인을 규명하고자 할 때, 역사적으로 형성된 각국의 제도에 주목한다. 제도가 개인의 전략이나 선호를 형성하고 개인 간의 협력갈등관계에 작용하여 결정상황을 구조화하고 정책을 결정짓는 중요한 역할을 한다고 본다. 역사적 제도주의 관점에서 보다 근원적이고 장기적인 변화의 주체는 개인이나 정책이 아니라 제도에 있음을 암시한다.

사례연구를 들어보자. 프랑스, 스위스, 스웨덴에서는 모두 유사한 보건의료정

PART 1
행정과 행정학의 이해

PART 2
행정환경

PART 3
행정내부환경

PART 4
결정시스템

PART 5
집행시스템

PART 6
조직시스템

PART 7
지원시스템

PART 8
산출과 피드백

책이 제안되었고 이를 강하게 반대하는 의사협회가 있었지만 그 결과는 서로 달랐다. 스위스에서는 이익집단의 주민투표를 동원해 부결시켰으며,ᵃ⁾ 프랑스의 경우 제4공화국에서는 의회가 결정권을 가지고 있어 이익집단과 연합하여 거부하였지만 제5공화국 헌법에서 행정부가 의회를 우회할 수 있도록 함으로써 의회의 반대를 피할 수 있었다. 한편 스웨덴은 행정부 결정사항이었기 때문에 처음부터 다른 국가가 경험한 반대에 직면하지 않았다. 결국 3개국의 보건의료정책이 서로 다른 결과를 가져온 원인을 역사적 제도주의는 법안 통과 절차를 규정한 게임의 규칙, 특히 반대 권한을 가진 기관의 위치와 기관의 수가 달랐기 때문이라고 해석한다.[17]

이 예에서처럼 역사적 제도주의는 주로 국가 간 비교 사례연구를 통한 귀납적 방법으로 이론화를 시도하였으며 주로 정부 차원의 정책, 특히 통화정책,[18] 산업정책,[19] 의료정책 등의 결정요인을 제도에서 찾은 것이다. 이때 제도에는 개인의 선호와 선택 또는 정책을 결정짓는 '공식적 규정, 순응절차, 표준운영절차'[20]뿐만 아니라 비공식적인 규칙과 절차를 포함한다. 독립변수인 제도의 구체적인 예로서 국가의 정치체제, 행정조직의 구조적 특성, 노동조합의 구조, 금융시장의 특성, 정책이념, 정부와 민간기업 사이의 중간영역(민간부문과 정부, 정당, 언론 등과의 비공식적 네트워크) 등을 들 수 있다.[21] 이런 제도들이 개별적이 아니라 서로 결합하여 정책변화를 선호하는 방향으로 일치되거나 상호작용할 때 제도의 영향력은 커진다고 본다.

역사적 제도주의의 또 하나 특성은 제도의 역사성이다. 제도는 일단 형성되면 방향성과 안정성을 유지하면서 일정한 경로를 지속하는 **경로의존성**(path dependence)이 있다는 것이다.[22] 즉 현재 t시점의 제도는 과거 t−1시점의 제도에 의해 변화의 제약을 받았으며, 미래 t+1시점의 변화에 대한 방향성을 규정한다. 역사적 제도주의는 제도가 개인이나 정책에 미치는 영향뿐만 아니라 제도가 만들어진 역사적 맥락과, 제도가 진화되어 온 역사적 경로에 대해서 관심을 갖는다.

경로의존성에 따르면 기존의 제도는 새로운 환경에 유연하게 변화하지 못하고 과거의 모습을 유지하려 하며, 때로는 새로운 시점에서의 문제해결에 역기능적으로 작용할 수도 있다.[23] 제도는 상황에 가장 적합하게 기능하도록 의도적으로 만들어진 것이 아니며, 한번 형성되면 경로의존성 때문에 환경의 변화에 적응하지 못해 제도가 본래 의도하지 않았던 비효율성을 초래할 수 있다는 것이다.[24] 제도는 또한 기존의 경로를 유지하는 속성 때문에 급격한 변화 가능성은 적지만[25]

a) 이를 거부점(veto-point)이라고 부른다.

때로 경제적 위기나 군사적 충돌과 같은 위기시에 기존의 경로를 이탈하여 새로운 형태로 변화하는 역사적 우연성을 인정한다.[26] 결국 제도는 환경의 변화가 크지 않으면 안정적인 균형상태를 유지하다가 외부의 충격을 겪으면서 제도의 근본적 변화가 촉발되고 새로운 경로에서 다시 균형상태를 이루는 단절적 균형(punctuated equilibrium)[27]의 특성을 보인다.

역사적 제도주의는 그동안 행태론의 영향 때문에 간과되어오던 제도라는 거시적 변수를 다시 행정현상 특히 정책현상을 설명하는데 끌어들임으로써 개인과 집단 차원의 미시적 접근을 극복할 수 있는 대안으로 평가받고 있다. 특히 한국에서 그동안 새로운 제도의 도입이 왜 어려웠는지(2009년 법학전문학원, 역대 정부가 시도해 온 검경수사권 조정 등), 도입하였지만 왜 기대했던 성과가 나타나고 있지 않은지(개방형 임용, 성과관리제 등) 등을 이해하는 데 유용한 접근방법이 될 것이다.[28]

그러나 역사적 제도주의는 정형화된 분석방법이 결여되어 있고, 사례 중심의 귀납적 연구와 역사적 연구를 하다보니 전통적인 역사적 접근과 차별화할 수 있는 과학의 엄밀성을 충분히 확보하지 못한 상태이다.

② 사회학적 제도주의

사회학적 제도주의는 신제도주의에서 제도의 개념을 가장 넓게 해석하는 입장이다. 제도를 규칙이나 절차뿐만 아니라 전통과 관습 그리고 문화를 포함해서 사람의 표준화된 행동을 낳는 것이면 제도로 이해한다.[29]

역사적 제도주의가 정치학적 접근이라면 사회학적 제도주의는 사회학적 접근이다보니 제도의 개념도 보다 포괄적이라 할 수 있다. 역사적 제도주의가 제도의 종단적 측면을 중시하면서 국가 간의 차이를 강조한다면 사회학적 제도주의는 횡단면적으로 서로 다른 국가나 조직에서 어떻게 유사한 제도가 나타나는지에 관심을 갖는다.

사회학적 제도주의는, 제도와 개인과의 관계에서 가장 제도결정론적 입장을 취하기 때문에, 개인의 제도 선택을 인정하는 합리적 선택 제도주의와 분명한 차이를 보인다. 또한 합리적 선택 제도주의가 방법론적 개인주의(p.42 각주 참조)를 취하는 반면 사회학적 제도주의는 방법론적 전체주의 입장에서 제도를 개인으로 환원시키지 않고 제도 그 자체를 전체로서 이해한다.

사회학적 제도주의를 다른 학파와 구분시키는 핵심 아이디어는 **제도동형화**(isomorphism)와 **내재성**(embeddedness)이다. 제도동형화는 처음에는 서로 다른 형태로 출발한 제도라도 국가나 조직의 경계를 넘어 점차 유사한 형태로 수렴한다

PART 1
행정과 행정학의 이해

PART 2
행정환경

PART 3
행정내부환경

PART 4
결정시스템

PART 5
집행시스템

PART 6
조직시스템

PART 7
지원시스템

PART 8
산출과 피드백

는 것이다. 예를 들어 많은 근대국가들이 베버(Weber)의 관료제를 채택한 이유는 그것이 대규모 조직에서 가장 효율성을 보장해준다는 합리성 때문이 아니라 선행제도의 모방 때문이라는 것이다. 모방은 자체 대안을 가지지 못한 상태에서 불확실성을 회피하는 최선의 대응방식이다.[30] 어떤 제도가 우수할 때 벤치마킹과 같은 학습에 의해 동형화는 확산되어간다. 또한 세계화와 정보통신의 발달에 의한 정보교류의 증대도 제도동형화를 더욱 강화시킬 것으로 보인다.

사회학적 제도주의는 제도의 변화에서 개인의 역할을 전혀 인정하지 않는다. 개인은 자신의 의도에 따라 제도를 만들거나 변화시킬 수 없으며 제도에 종속될 뿐이라고 본다. 제도 자체에 이미 인간의 표준화된 행동 코드가 내재(배태)되어 있어(embedded) 그 틀을 벗어나기 힘들다는 것이다. 개인은 인지적으로 현상을 보고 해석하는 고정된 생각의 틀을 가지는데 그것은 많은 사람들이 공유하는 신념체계인 문화나 법적·정치적 장치를 벗어날 수 없다는 것이다.[31] 사회학적 제도주의에서 개인은 정치적·사회적으로 안정된 제도 속에 종속되고 이들 제도는 더 큰 문화에 종속된다.[32] 개인은 그런 제도와 문화를 따름으로써 그 사회에 대한 소속감이나 일체감을 갖게 된다.[33]

사회학적 제도주의는 개인이나 조직의 제도적 환경에 대한 적응력을 강조한다.[a] 개방체제이론처럼 사회적으로 표준화된 규칙 또는 규범에 맞고 적절하게 순응하는 개인이나 조직은 사회로부터 정당성을 부여받고[b] 환경으로부터 자원을 확보하는 데 우위를 확보함으로써 생존가능성이 높아지게 된다.[34] 개인이나 조직에 중요한 암시이기도 하지만 지나친 제도결정론이라는 비판을 받는다. 제도는 사람의 의도와는 무관하게 독립적으로 존재하는 거시적 실체이며 개인의 행동이나 조직의 구조를 설명하는 데 유일한 변수로 간주되기 때문에 실제에 있어 개인이나 조직유형의 다양성을 설명하기 곤란하다. 이 이론은 또한 제도가 안정된 단계에 들어선 이후의 작용을 강조하지 정작 제도가 어떻게 형성되고 정착되는지에 대한

a) 분석의 단위를 사회로 하지 않고 조직으로 하는 경우 조직론에서의 신제도주의가 된다. 행태론에서는 조직의 경계를 인정하지 않고 행태의 일반법칙성을 주장하지만 신제도주의는 조직마다 개인의 행동에 차이가 있음을 주목하고 그 원인을 조직의 규칙과 규범의 제도(동형화 이전)에서 찾는다. 조직 구성원은 제도를 넘어선 효용극대화의 합리적 행동이 아니라 주어진 제도(제한된 합리성) 안에서 적합한 방식을 찾아 행동한다는 것이다. 조직론의 신제도주의도 넓게는 사회학적 신제도주의에 포함시킨다(James G. March, & Johan P. Olsen, The New Institutionalism: Organization Factors in Political Life, *The American Political Science Review*, 78, 1984, pp. 734-749; James G. March & Johan P. Olsen, *Rediscovering Institutions: The Organizational Basis of Politics*, New York: Free Press, 1989).
b) 적절성의 논리, 정당성의 논리라고 개념화한다.

설명이 부족하다. 사회학적 제도주의는 다양성보다는 동질성에, 변화보다는 안정에, 합리성보다는 제한적 합리성 내지 비합리성에 초점을 두는 부분적인 이론이라 할 수 있다.

③ 합리적 선택 제도주의: 공공선택론

합리적 선택 제도주의는 합리적 선택이론(Rational Choice Theory)을 제도 연구로 확장시킨 것으로 합리적 선택이론이 이론의 근간을 이룬다. 합리적 선택이론은 사회현상을 개개인의 합리적 선택 행위가 합쳐진 결과라고 해석한다. 역사적·사회학적 신제도주의가 주장하는 제도 자체의 유기체적 생명력을 인정하지 않고, 대신 사회라는 거시적 현상을 실체적 존재인 개인 차원으로 분해해서 설명한다.

합리적 선택이론은 이와 같이 개인을 이론의 핵심으로 하고 이들에 대해 방법론적 개인주의, 합리주의, 그리고 경제인을 가정한다. **방법론적 개인주의**(methodological individualism)란 이론의 정립을 위해 분석의 단위를 개인으로 한다는 뜻이다.[a] 따라서 17, 18세기 강조된 개인의 자유를 최대한 보장하라는 규범적 측면의 개인주의가 아니다.[35] 또한 합리적 인간을 가정함으로써 주어진 목표하에서 효용(선호, 이익)을 극대화하는 방식으로 행동할 것을 기대한다. 이때 목표에 대한 좋고 나쁜 가치판단은 접어두고 오로지 목표달성 측면에서의 **도구적 합리성**을 의미하며, 선호의 우선순위가 있어 선택행위에서 그 선호체계의 일관성을 유지한다는 **공식적 합리성**을 의미한다. 또한 효용이란 다른 사람을 포함한 집합적 의미가 아니라 자신의 이기적 차원을 말한다. 즉, 합리적 선택이론은 사익 극대화의 동기에 따라 행동하는 **경제인**을 가정한다. 이런 가정하에서 도출한 합리적 선택이론은 기본적으로 계산적이고 자발적이고 미래지향적이다. 자신의 선택이 미래에 발생시킬 비용과 이익을 사전에 계산하여 비교해 본 다음 이익을 극대화할 수 있는 대안을 자발적으로 선택한다는 것이다.

순수한 합리적 선택이론은 사익추구의 경제인 가정에 부합하는 시장을 설명

---

[a] 방법론적 개인주의는 거시적 현상을 개인의 단위로 환원하여야 비로소 설명이 가능하다는 점에서 방법론적 환원주의(reductionism)라고도 한다. 한편 방법론적 전체주의는 개인으로 환원할 수 없는 거시적 사회현상이 존재하며 그 자체가 하나의 독립적인 설명변수가 될 수 있다고 본다. 예를 들어 한국의 경제성장을 종속변수로 하고 유교전통을 독립변수로 하여 설명이 가능하다고 본다. 반면 방법론적 개인주의는 유교전통이나 경제성장이 아니라 개인의 직업윤리와 직장에서 개인의 근무태도로 환원해서 설명한다. 다른 한편 행태론도 방법론적 개인(환원)주의를 가정하는 미시적 접근이다. 하지만 합리적 선택이론과는 달리 인간의 이기적 합리성을 가정하지 않고 어떠한 인간의 행동이든 관찰자료를 통한 경험적 분석에 초점을 둔다. 때문에 행태론에서는 조직에서 다른 사람을 배려하는 시민행동(citizenship behavior)도 중요한 연구대상이 된다.

PART 1
행정과 행정학의 이해

PART 2
행정환경

PART 3
행정내부환경

PART 4
결정시스템

PART 5
집행시스템

PART 6
조직시스템

PART 7
지원시스템

PART 8
산출과 피드백

하는 데 유용하지만 공익추구의 공공부분을 설명하는 데는 한계가 있는 것으로 여겨져 왔다. 또한 이 이론은 제도를 포함한 모든 사회현상을 개인 차원으로 환원해서 설명하기 때문에 제도 자체를 중요한 변수로 받아들이지 않는다. 제도에 대해서는 완벽한 정보 그리고 거래비용이 발생하지 않는다는 가정하에 개인의 행동에 관심을 갖는다.[36] 그러나 인간은 어떤 결정에 충분한 정보를 갖고 있지 못하며 (제한된 정보), 설사 정보가 완벽하다 하더라도 모든 가능한 비용과 이익을 계산할 수 있는 능력이 부족하기(제한된 인지능력) 때문에[37] 이론의 예측력이 떨어진다.[a] 결국 제도를 포함해서 합리적 행동을 제약하는 조건을 함께 고려하여야 보다 현실 적합한 이론을 구성할 수 있게 된다. 합리적 선택이론에 제도의 역할을 접목시키고 또 그것을 공공부문에까지 확대 적용한 것이 공공선택론(Public Choice Theory)으로 합리적 선택 제도주의를 대표하는 이론이다.

공공선택론은 합리적 선택이론이 가정하는 자기중심적 경제인을 공공부문의 비시장적 집단의사결정에 적용하여 경제학적으로 연구한다.[38] 공공부문에서는 사유재가 가격 기제에 의해 자유롭게 교환되고 분배되는 민간부문의 시장과 달리 정부가 권위적이고 독점적으로 재화를 공급하여 왔다. 공공선택론은 시장실패에 따른 정부개입을 당연시하던 이러한 견해를 반대하고 오히려 정부실패의 가능성을 제기하였다. 공공선택론은 공공부문에 경제학의 시장원리를 도입하여 재화의 공급과 분배의 효율성을 높일 수 있는 제도적 장치에 관심을 갖는다.

공공선택론에서는 공무원을 더 이상 공익추구의 공정하고 중립적인 현인(賢人)으로 보지 않으며 정부가 제공하는 재화의 성격상 외부효과가 심각한 문제를 야기할 수 있다고 본다. 따라서 사익추구의 부작용이나 외부효과를 방지하며 기관 간의 협상과 합의를 이끌어낼 수 있는 의사결정구조를 규정할 제도의 필요성을 강조한다. 특히 정부와 시민을 각각 공급자와 소비자로 보고 행정이나 정치를 이들 간에 재화가 거래되는 장치로 이해한다. 사유재에 적용되는 수요와 공급 간 균형 개념을 공공성을 띤 재화에까지 적용함으로써 시민의 다양한 선호를 존중하

---

a) 따라서 극대화에 미치지 못하는 만족할 만한 수준에서 결정을 한다. 조직차원의 사회학적 신제도주의 입장이다. 뒤에 설명하겠지만 결정모형에서의 만족모형(satisficing model)에 해당하며 합리적 선택이론의 합리모형(rational model)과 구분된다. 한편 제한된 합리성에 그치지 않고 결정에서 완전히 비합리적 속성을 가정하는 것이 쓰레기통모형(garbage can model)이다. '목표 및 문제확인-문제해결 대안개발-대안평가-최선책 선택'이라는 일련의 합리적 결정과정을 거치는 것이 아니라 문제, 해결책, 참여자, 선택기회 등 결정관련 요소들이 쓰레기통처럼 마구 섞여 있다가 어떤 계기에 그것이 하나로 합쳐지면서 결정이 이루어진다는 것이다(결정모형 참조). 쓰레기통모형은 관료제의 합리성과 대립되는 주장이기도 하다.

고 반영할 수 있는 정부 구조 내지 제도의 설계에 관심을 갖는다.[a] 그런 제도는 분권적 구조를 가질 것이며 보다 민주적이며 또한 효율적일 것이라고 보았다.[b]

합리적 선택 제도주의는 역사적·사회학적 신제도주의와 유사하게 제도의 중요성을 인식한다. 개인의 선택이나 행동이 달라지는 것은 (이론이 가정하고 있는) 개인의 속성(선호 구조)이 바뀌어서 그런 것이 아니라 제도(규칙, 여건)가 바뀐 결과로 보는 것이다. 하지만 제도결정론과 같은 강한 입장을 취하는 것은 아니다. 합리적 선택 제도주의는 제도를 개인의 합리적 선택을 '결정'하는 것이 아니라 '영향'을 미치는 여러 요인 중의 하나로 받아들인다. 즉, 제도를 개인의 전략과 행동 그리고 이들 간의 상호작용을 규제하고 또 지속적인 규칙성을 유도하는 틀로 이해하지만, 그 제도는 자생적인 것이 아니라 개개인이 효용을 극대화하기 위해 합리적이고 의도적으로 선택한 결과로 본다. 개인은 제도형성에 영향을 미칠 뿐만 아니라 제도라는 제약조건하에서 목표달성에 가장 효과적인 수단을 계산하여 선택한다는 입장이다.[39] 합리적 선택 제도주의는 개인에 대한 가정(假定)을 통해 제도를 설명하는 미시적 이론이자 가정적 이론이며 그 가정으로부터 결론에 도달하는 연역적 방법을 주로 사용한다. 한편 역사적·사회학적 제도주의는 제도를 전체로 이해하는 거시적 이론이자 관찰을 통한 귀납적 방법에 주로 의존한다.

④ 평가

이상 설명한 세 신제도주의 이론은 각각 구 제도주의와 초기 행태론적 접근방법에 대한 비판에서 출발한 정치학, 사회학, 경제학 분야의 새로운 학문적 성향이 강하게 반영된 이론들이다. 이들은 공통적으로 제도가 사람, 정부, 기업 등 사회를 구성하는 개체(social entity)의 행동과 사회적 현상(산물, outcome)을 제약한다는 제도결정론의 시각을 가진다. 다만 제도로써 설명의 한계가 있을 때 행위 주체

---

a) 공공선택론의 대표적인 학자 중 한 사람으로 오스트롬을 꼽을 수 있으며, 그는 공공재를 공급하는 정부조직구조를 다층식으로 배열할 것을 주장한다. 다층식 조직 내지 관할권의 중첩은 기본적으로 분권을 의미하며 이를 통해 시민에게 다양한 선택의 기회를 부여하고 이들 간의 경쟁을 통해 서비스의 질적 수준을 높일 수 있다고 주장한다(Vincent Ostrom, *The Intellectual Crisis in American Public Administration*, 2nd ed., Tuscaloosa: The University of Alabam Press, 1989, pp. 97-107).

b) 공공재 또는 공유재(수자원이나 목초지와 같이 다른 사람의 이용을 배제하기는 곤란하지만 자원의 유한성 때문에 이용자가 많아지는 경우 고갈의 가능성이 있는 재화)의 경우 무임승차자(free-rider) 문제 때문에 정부의 개입을 정당화한다. 그러나 공공선택론자들은 이 경우에도 정부가 규제하지 말고 사용자들에게 자율권을 부여하는 것이 더 효과적이라고 주장한다. 그렇게 함으로써 사용자들이 문제해결에 더 적합하게 제도(이용방식과 처벌규정)를 만들고 또 유연하게 운영할 수 있으며, 규칙위반자에 대한 책임성도 더 확실하게 확보할 수 있다는 것이다(Shui Yan Tang, *Institutioins and Collective Action: Self-governance in irrigation*, San Francisco: Institute for Con-temporary Studies, 1992).

PART 1
행정과 행정학의 이해

PART 2
행정환경

PART 3
행정부통령

PART 4
경정시스템

PART 5
지방시스템

PART 6
조직시스템

PART 7
지원시스템

PART 8
산출과 피드백

의 의도적이고 전략적인 요소를 보완적으로 수용한다. 또한 외부의 충격에 의한 제도의 변화를 인정하지만 기본적으로 제도의 안정성과 지속성을 중심으로 이론이 개발되었기 때문에 제도의 생성과 변화를 설명하는 데는 한계가 있었다.[40]

최근의 신제도주의는 제도의 일방향적·결정론적 시각에 대한 비판을 수용해서 행위 주체의 의도적이고 전략적인 행동이 제도에 영향을 미칠 수 있다는 점을 인정하고, 제도의 안정성 차원보다는 제도설계와 변화에 관심을 보이고 있다.[41] 제도의 의미도 통합된 단일체가 아니라 서로 긴장과 갈등 관계의 다수 요소들이 상호작용하는 결합체로 이해하고 이러한 제도의 내생적 요인과 행위자의 전략적 선택이 제도변화에 중요한 요인임을 받아들인다.[42] 이렇게 제도의 정태성에서 제도설계와 변화의 동태성으로 관심이 이동하면서, 기존의 중요한 관심사였던 경로 의존성(역사적 제도주의), 사회의 규범(사회학적 제도주의), 개인 선호(합리적 선택 제도주의)뿐만 아니라 최근에는 아이디어 그리고 아이디어가 다수의 공감을 얻는 설득·소통의 담론과정(discursive process)으로 관심영역이 확대되고 있다.[43][a] 최근의 이러한 신제도주의 연구경향은 세 신제도주의 간의 개념적 차이를 좁히고 수렴하는 특성을 보이고 있다.

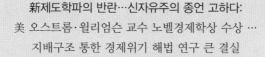

新제도학파의 반란…신자유주의 종언 고하다:
美 오스트롬·윌리엄슨 교수 노벨경제학상 수상 …
지배구조 통한 경제위기 해법 연구 큰 결실

글로벌 금융위기는 2009년 노벨 경제학상에도 지대한 영향을 미쳤다. 전가의 보도처럼 여겨졌던 시장주의 혹은 신자유주의가 뒤쪽으로 밀려나고 '신제도주의학파'에 상이 돌아갔다.

경제적 지배구조(economic governance) 연구 분야에서 탁월한 업적을 쌓아온 엘리너 오스트롬(여·76) 미국 인디애나대 교수와 올리버 윌리엄슨(77) 버클리 캘리포니아주립대(UC버클리) 교수. 이들은 정통 경제학보다는 경제적 지배구조 문제를 집중적으로 연구해온 이른바 '비주류' 경제학파들이다. 특히 오스트롬 교수는 올해로 40년째를 맞는 노벨상의 첫 여성 경제학상 수상자라는 점에서 눈길을 끌었다.

---

a) Schmidt(주 40)는 이를 담론적 제도주의(discursive institutionalism)로 부르고 있다.

CHAPTER 2
현상에서 학문으로: 행정현상→행정학
45

이들은 경제학보다는 오히려 경제조직학 쪽에 미친 영향이 더 크다. 지난해 글로벌 경제위기 이후 불거진 시장의 불완전성 논란과 관련해 이를 보완할 시스템과 적절한 규제 방안을 연구해온 공로를 인정받았다.

오스트롬 교수는 공공선택이론을 행정학에 접목시킨 제도경제학과 공공선택이론의 대가다. 공동체를 통해 개인의 선택이

Photo: Courtesy of Indiana University
Elinor Ostrom (1933~2012)

Copyright ⓒ University of California, Berkeley
Oliver E. Williamson (1932~)

공공의 이익에 악영향을 끼치는 현상을 해소할 수 있다는 이른바 '공유재의 비극' 이론으로 각광을 받았다. 정부 개입이나 시장 메커니즘이라는 기존 논리에서 탈피해 '공동체 중심의 자치제도'를 통해 해결할 수 있는 방안을 제시했다.

오랫동안 노벨 경제학상 후보로 거론돼온 윌리엄슨 교수는 시장의 불완전성과 거래비용이라는 가설을 근거로 기업의 형성과 대형화를 설명하는 신제도학파 학자이다. 그는 시장은 고전경제학의 믿음과는 달리 불완전하기 때문에 거래비용이 발생하고, 이 비용을 줄이기 위해 기업이 형성됐다는 이론을 펼친다. 특히 그는 "경쟁적인 시장은 분쟁 상황에서 기업보다 상대적으로 잘 작동하지만 시장 경쟁이 제한된다면 기업의 지배구조가 분쟁 해결 방식으로 시장보다 더 적합하다"고 설명한다. 기업 간 거래를 더욱 줄일 수 있는 방법으로, 조직 내부화를 통한 수직적 통합을 제시하면서도 기업 간 신뢰의 필요성도 역설한다. 지난 2007년 방한한 해 '대·중소기업 상생협력 국제 콘퍼런스'에 참석했던 그는 "한국 기업들 사이에 위압적이고 위계적인 분위기가 팽배해 있다는 인상을 받았다"고 일침을 가했다.

자료: 헤럴드경제. 2009. 10. 13.

4) 논변적 접근방법

논변적 접근방법은 철학, 정책 및 기획 분야의 학자들에 의해 이론적 논의가 활발하게 진행되어 왔다.[44] 자연현상이나 물리현상의 법칙성을 연구하는 과학과는 달리 행정학은 인간의 행동과 직·간접으로 연관되어 있는 행정현상을 연구대상으로 한다. 특히 인간의 행동이 기계적 반사작용이 아니라 자율적 의지의 반영이라고 보면 행정현상에서 확실성을 지닌 법칙의 추구는 그 한계에 직면하게 된다. 특히 인간의 가치가 어떤 식으로든 반영되는 정책문제의 분석에 있어서는 기

PART 1
행정과 행정학의 이해

PART 2
행정환경

PART 3
행정내부환경

PART 4
결정시스템

PART 5
집행시스템

PART 6
조직시스템

PART 7
지원시스템

PART 8
산출과 피드백

존의 자연과학적 연구방법에서 벗어난 새로운 인식의 전환을 요구하게 된다. 이러한 가치측면의 규범성을 연구의 대상으로 포함시킬 때 문제가 되는 것은 문제해결방안의 진실성이 아니라 해결방안에 대한 주장의 정당성인 것이다. 정책결정 상황에서 실제 접하는 것 ― 여러 대안 중에서 하나를 선택하는 경우이든 하나의 대안에 대한 취사선택이든 ― 도 그 결정이 국민이나 이해당사자들을 얼마나 설득시킬 수 있고 지지를 얻어낼 수 있는가에 더 깊이 관련되어 있다. 논변적 접근은 이처럼 어느 정도의 불확실성을 인정하면서 결정에 대한 주장을 정당화할 수 있도록 논거를 체계적으로 전개할 수 있는 모형(틀)을 제공한다.

논변모형(argumentation model)의 모태를 제공한 툴민(Toulmin)은 법정에서 검사와 변호사가 각자에게 유리한 증거를 제시하면서 그들 주장에 대한 정당성을 판사에게 호소하는 법정변론절차에 착안하여 주장의 정당화에 필요한 기본 요소 여섯 가지 ― 자료, 본증, 보증, 반증, 한정접속사, 주장 ― 를 논리적으로 상호 연계시켜 논변모형을 구성하였다.[45] 즉, 툴민의 논변모형은 어떠한 자료를 기초로 주장에 도달하게 되는 일련의 과정을 증거 ― 본증, 보증, 반증 ― 의 힘에 따라 정당성의 정도가 한정적(限定的)임을 보여주는 것이다. 툴민의 모형을 도식화한 것이 〈그림 2-4〉이다.[a] 이는 자료, 증거, 그리고 주장을 보다 체계적이고 명시적으로 전개하여 정당성을 확보함과 동시에 반증에 의한 비판이 이루어져 불확

[그림 2-4] 논변모형의 기본 구조

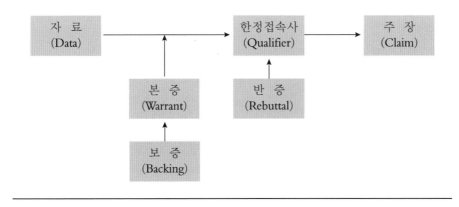

───────────────

a) 모형의 구성은 학자마다 여러 가지 변형된 형태로 다르게 나타낼 수 있다. 〈그림 2-4〉는 체제모형에서의 투입-산출모형처럼 논변모형의 기본 구조이며 실제 사례의 내용에 따라 복잡한 구조로 변형시킬 수 있다(제8장 내 정책논변모형 사례 참조).

실성이 내포된 한정적인 주장에 이르는 과정을 보여준다.

각 구성요소의 의미를 간단하게 알아보면, **자료(資料)**는 논변의 출발점으로 주장의 가장 기초적인 토대가 된다. 주장이 어떠한 문제에 대한 해결방안의 제시라고 한다면 자료 내지 정보는 정부가 그러한 해결책을 찾아야 했던 공공문제이다. 자료나 정보는 일반 상식에서부터 과학적 분석을 통해 얻은 지식까지 매우 광범위하게 채택할 수 있다. 다만 자료나 정보가 객관적으로 존재하는 것으로는 논변의 출발점이 되지 않으며 누군가가 그러한 자료나 정보에서 문제의 심각성을 인식하고 정부에 해결책을 촉구하여 다수의 관심을 끌어 정부가 이를 의제(agenda)화할 때 비로소 논변이 시작된다.

자료를 토대로 정책문제임을 인식하였다면 다음으로 생각해야 할 것이 문제의 해결방안이다. **주장(主張)**은 바로 공공문제의 해결방안으로 정부나 일반국민이 어떻게 하여야 한다는 식의 당위적·처방적 대안이다. 논변은 한 가지 주장에 대한 정당성 평가뿐만 아니라 다수의 정책주장 중에서 가장 정당한 주장을 선택하는 경우가 있을 수 있다. 정책결정을 다양한 이익들의 상호조정과정으로 이해한다면 어느 하나의 주장에 대한 비판과 옹호만으로는 주장에 대한 실질적인 평가가 곤란하며 가능한 모든 주장이 논변의 대상으로 고려될 것이 요구된다.

어떠한 문제의 해결에 대한 주장이 있을 때에는 그 주장을 뒷받침할 수 있는 이유, 즉 증거가 있게 마련이다. **본증(本證)**이란 문제에 대한 자료 및 정보로부터 왜 특정 주장이 도출되었는가에 대한 가장 근본적인 이유이다. 자료 및 정보가 주장을 잉태시키는 모태가 되었다면 본증은 그 모태에서 왜 특정 주장이 나왔는가의 증거를 제시한다. 이때 본증으로 제시되는 증거의 형태는 법정변론이나 의학논쟁, 가치논쟁 등 논변의 분야에 따라 다르다. 다만 행정 특히 정책결정과 관련된 논변의 경우 다양한 이익의 상호조정과 타협의 측면을 고려한다면, 법이나 과학의 경우처럼 결정적인 단서가 될 수 있는 증거가 있다기보다는 다양한 형태의 증거를 복합적으로 이용하게 된다. 즉, 사회과학에서 발견된 인간행태에 대한 일반이론, 경제이론, 국가의 법률체계, 사회의 윤리 규범 등을 포함할 수 있다.[46]

본증 자체로서 정책주장의 정당성이 자명하지 않을 때 이를 추가적으로 보완해 주는 것이 **보증(補證)**, 즉 보완적 증거이다. 보증의 형태 또한 논변의 분야에 따라 다양하게 나타날 수 있다. 골드스타인(Goldstein)은 경험과학에서 발견된 법칙, 인간이나 사회 또는 국가의 역할 등에 대한 보편 타당한 사회적 이념, 헌법을 포함한 법률체계, 윤리이론, 권위 있는 전문가의 의견, 과거의 사례에서 축적된 지

PART 1
행정과 행정학의 이해

PART 2
행정환경

PART 3
행정내부환경

PART 4
결정시스템

PART 5
집행시스템

PART 6
조직시스템

PART 7
지원시스템

PART 8
산출과 피드백

식 등을 제시하고 있다.[47]

본증과 보증이 정책주장의 정당성을 강화시켜 준다면 **반증(反證)**은 이에 대립되는 증거로서 정당성을 약화시키는 역할을 하게 된다. 즉, 반증은 본증이나 보증으로 제시된 증거의 적합성이나 신뢰성을 떨어뜨리는 예외적인 상황이나 조건을 의미하며, 이 반증의 증거력에 따라 정책주장의 확신이나 설득력의 정도가 달라지게 된다. 따라서 본증이나 보증의 증거가 경험적 자료인 경우에는 그 자료의 질이, 만약 경제이론이나 윤리이론이라면 그 이론이 전제하고 있는 가정의 현실적합성 정도가 반증과 밀접한 관련을 가지게 된다.

이상의 본증, 보증, 반증이 암시하는 것은 주장의 정당성이 사실에서 가치에 이르기까지 다차원의 다양한 견해를 종합적으로 평가하여 결정에 도달해야 한다는 것이다. 일반적으로 어떠한 주장을 하는 경우 그 주장을 강화하는 증거는 과장하고 취약한 증거는 은폐하는 경향이 있다고 본다면, 논변모형은 상대 주장에 대한 비판은 물론이고 자기주장에 대한 기회주의적 자세를 버리고 자기비판적 입장에서 반증의 제시에 성실할 것을 요구하는 것이다.

공공문제에 대한 자료·정보를 출발점으로 그 문제의 해결에 대한 주장이 이루어지고 또한 본증·보증·반증에 의해서 주장에 대한 증거가 제시되었다면 그 증거의 신뢰성 내지 설득력에 따라 주장의 정당성 정도가 결정되게 된다. **한정접속사(限定接續詞)**란 이와 같이 공공문제에 대한 자료·정보 및 증거를 문제해결의 주장과 연결시켜 주고 그 주장의 확신정도를 제한시키는 역할을 하는 것이다. 즉, 한정접속사란 '반드시', '확실히', '아마도', '90% 정도의 확신을 가지고' 등과 같은 용어를 사용하여 정책주장의 확신 정도를 0에서 100%까지의 연속선상에서 상대적으로 보여주게 된다.[48]

논변모형의 중요한 특성은 주장이 삼단논법에서처럼[a] 보편적인 전제를 출발점으로 하여 보편성과 확실성을 가진 주장을 추론하는 것이 아니라 주장에 대한 이유, 즉 논거가 얼마나 좋으냐에 의해 그 주장의 건전성 내지 정당성이 결정된다는 점이다. 한편 논거의 좋고 나쁨은 과학적 방법에서 주장하듯이 경험적 검증자료에 의해서뿐만이 아니라, 사회적 가치나 이념에 의해서도 제시될 수 있다. 더구나 논거는 형식 논리적인 추론뿐만 아니라 일상 언어와 문장을 잘 연결시켜 설득력 있는 설명에 의해서도 확보되기 때문에, 논변모형은 증거의 채택과정에서 다

---

a) 툴민은 전통적 삼단논법에 해당하는 자료·정보(개별전제), 본증(보편전제), 주장(결론)의 기본구조에 보증, 반증, 한정접속사를 더하여 신축적이고 보다 실질적인 논리구조를 제시한 것이다.

양하고 종합적인 방법을 수용할 수 있다.

　　그러나 정책논변모형이 〈그림 2-4〉처럼 각 요소들을 평면적으로 연결시키는 정도로는 논리구조의 틀에 불과하다. 즉, 틀에 맞추어 정보를 생산하고 주장의 정당성을 확보하는 분석의 안내 역할에 머물고 마는 것이다. 이를 극복하기 위해서는 모형의 요소에 따라 정태적으로 논리를 전개하는 정도에 그치는 것이 아니라 서로의 주장이나 증거에 대한 사실적·규범적 가정들을 비판하고 설득하는 실제 담론을 진행하여(argumentation) 문제해결의 가장 정당한 대안(주장)을 찾는 것이라 할 수 있다.[a]

　　논변적 접근방법의 진정한 가치는 이와 같이 이해 당사자들이 정책결정과정에 참여하여 각자 자신들의 주장에 대한 논리성을 점검하고 상호 타협과 합의를 도출하는 민주적 절차에 있다고 할 수 있다. 이런 절차적 의미에서 논변적 접근방법에 의해 도출되는 진리(주장)는 더 많은 사람이 공감하고 수용할 수 있도록 끊임없이 진화하는 것이라 할 수 있다. 사진은 신고리 원전 5·6호기 건설 중단과 재개에 관한 공론화위원회의 토론 장면으로 논변적 접근방법이 적용될 수 있는 대표적 사례 중 하나이다.

자료: 연합뉴스, 2017. 10. 14.

2. 행정학의 성격, 사명, 정체성 위기

　　행정학은 행정학자가 이러한 접근방법을 적용해서 창출한 지식, 그리고 정치학, 경영학, 심리학 등의 인접학문에서 만든 지식을 받아들여 체계화한 것이다. 체계화라고는 하지만 사실 행정학이 얼마나 행정학 고유의 지식을 가지고 있고, 국경을 넘어서까지 보편타당한 과학적 지식을 가지고 있으며, 이들 지식을 얼마나 질서 있게 조직화하고 있는지에 대해서는 자신 있게 답하기가 어렵다. 행정이 정치, 경제, 사회, 문화 등 광범위한 영역과 중첩되고 그 내용 또한 복잡할 뿐만 아니라 연구자나 이해당사자들의 시각이 다양하기 때문에 이들 모두를 만족시킬

---

a) 이러한 동태적 측면의 논변적 접근방법은 제도설계와 변화에서 새로운 아이디어의 소통과 설득 그리고 공감대와 합의를 도출하기 위한 담론과정을 강조하는 Schmidt의 담론적 제도주의(p.45 각주)와 매우 유사하다.[49]

PART 1
행정과 행정학의 이해

PART 2
행정환경

PART 3
행정내부환경

PART 4
결정시스템

PART 5
집행시스템

PART 6
조직시스템

PART 7
지원시스템

PART 8
산출과 피드백

수 있는 체계화 자체가 불가능한 것일 수도 있다. 그럼에도 불구하고 행정을 '사회의 공공가치를 실현하기 위하여 인적·물적 자원을 확보하고 관리해서 국민에게 정책 그리고 재화와 서비스를 제공하는 과정'으로 이해할 때 행정학 또한 이 범주에 대한 지식으로 이해를 하고 행정학의 일반적인 성격, 사명, 정체성을 정리해 보기로 한다.

1) 행정학의 성격

행정학의 성격은 일반적으로 과학성, 예술성(art), 전문직업성, 철학성, 그리고 종합학문성으로 요약할 수 있다.

첫째, 행정학은 **과학성**을 지닌다. 행태론적 접근방법에서 설명한 것처럼 행정학은 과학적 방법을 적용하여 행정현상에 존재하는 인과관계의 일반 법칙성을 찾아내 지식화하는 작업을 가장 강조한다. 과학적 지식은 시간과 공간을 초월하여 적용되고 누구든 같은 방식으로 똑같은 지식을 얻을 수 있는 보편적 진리이다. 과학성을 가진 지식은 현상을 설명할 뿐만 아니라 예측하고 심지어 통제하는 데 도움이 된다. 예를 들어 "사람은 자신이 한 행위가 좋은 결과를 가져오는 경우 이를 반복하는 성향이 있고 싫어하는 결과를 가져오는 경우 이를 멈추는 성향이 있다"는 '효과의 법칙(law of effect)'을 적용해보자.[50] 상사가 부하직원의 근무성과를 높이고자 한다면 우수한 성과를 확인할 때마다 칭찬이나 금전적 보상을 하면 될 것이다. 행정학은 이런 과학성을 추구한다. 문제는 과학적 엄밀성을 갖출수록 현실의 문제해결에 대한 적합성은 떨어질 수 있다는 점이다. 그렇다고 검증되지 않은 개인의 주관적 주장을 지식으로 받아들일 수는 없다. 현실에서 관찰과 검증 작업을 거쳐 보다 보편타당한 지식으로 체계화하는 것이 필요하고 행정학은 그에 비례하여 과학성을 확보할 것이다. 그럼에도 불구하고 행정학에서의 과학성은 순수과학에서의 과학성과는 분명히 정도의 차이가 있다. 모든 사회과학이 그러하듯이 행정현상은 자연현상과는 다르게 사람의 자율적 의지, 합리적 계산, 정서, 주관적 가치 등이 복합적으로 작용하여 나타난다. 따라서 이런 현상에서 나타나는 '어느 정도의 규칙성'을 의미하는 것이지 '100% 법칙성'을 의미하는 것은 아니다.

둘째, '어느 정도의 규칙성'으로 과학성을 약하게 해석할 때 그 공간을 채울 수 있는 것이 **예술성**(art)이다. 과학성이 예외 없는 진리를 추구한다면 예술성은 각 개인의 고유한 직관과 영감을 인정하고 상황에 따라서 다양한 대응 방식을 인정한다. 행정은 2차방정식을 풀듯이 기계적인 문제풀이에 의해 답을 얻는 것이 아니라 개인의 가치관, 사고, 감정 등을 창의적으로 활용하여 상황에 적합한 대응을 한다. 따라서 어떤 문제의 해결방안이 하나가 아니고 다수일 수 있으며 그 각각이 설득력을 가질 수 있다. '효과의 법칙'에 따라 근무성과가 나쁜 직원에게 불이익을 주는 것이 아니라, 격려하고 칭찬하는 방식으로 효과를 거둘 수도 있다. 한편 행정학이 예술성의 성격을 가지지만 '미(美)'의 추구가 중요한 가치인 예술을 의미하는 것은 아니다. 당면한 문제를 해결하거나 현상을 보다 바람직한 상태로 변화시키는 과정에서 이미 밝혀진 과학적 지식과 더불어 예술가의 창의성, 직관, 영감을 동원한 새로운 문제해결방식이나 아이디어가 행정에서 중요하다는 정도로 예술성을 이해해야 한다.

셋째, 행정학은 전문직업적 성격을 가진다. **전문직업성**(professionalism)을 지닌 대표적인 학문으로 법학, 의학, 간호학, 건축학, 그리고 근래에 경영학과 신문방송학 등을 예로 들 수 있다. 이들 학문의 중요한 특성은 지식의 창출에 관심을 가지는 순수학문이라기보다 지식을 현실에 유익하게 활용하는 데 관심을 갖는 실용학문이라는 것이다. 따라서 학부에서 프로그램을 개설하기보다 전문대학원 체제로 운영되며 졸업과 동시에 현실 문제를 해결할 수 있는 처방적 지식으로 무장하여 다른 사람과는 차별되는 전문인이 된다. 특히 이들 직업은 동질성이 강하고 자격기준과 윤리규범을 만들어 자율적으로 직업의 사회적 권위와 신뢰를 유지시켜 나간다. 행정학은 법학이나 의학과 같은 정통 전문직업성의 기준에는 미치지 못한다. 행정학 전공 졸업생이 모두 공무원이 되는 것도 아니고 자격증을 얻는 것도 아니다. 그러나 행정학은 의학과 마찬가지로 현실의 병(문제)을 진단하고 그에 대한 올바른 처방(해결방안)을 내리는 것이 중요한 과제 중의 하나다. 특히 행정문제가 복잡해짐에 따라 영역별(보건, 환경, 정책분석, 재정 등등) 문제해결에 필요한 고유한 전문지식이 필요하다는 점에서 행정학은 적어도 경영학이나 신문방송학과 비슷한 수준의 전문직업성을 인정할 수 있다. 행정학의 전문직업성을 인정할 때 행정학은 지식 창출을 학자만 담당할 것이 아니라 접근방법의 엄밀한 적용 능력은 떨어지더라도 현장에서의 풍부한 경험을 지식화하는 전문행정인의 노력도 높이 평가하여야 할 것이다.

넷째, 행정학은 '좋은 행정'을 추구하는 **철학성**을 가진다. 행정학은 논리적이고 이성적인 사변을 통해 탐구한 이상적 가치를 규범으로 받아들인다. 행정의 이상적 가치나 이념은 바로 현상에서 무엇이 문제인가를 판단하는 기준이다. 철학은 규범의 영역을 다루지만 존재의 영역인 현실과 결코 분리될 수 없다. 현실을 무시

PART 1
행정과 행정학의 이해

PART 2
행정환경

PART 3
행정내부환경

PART 4
결정시스템

PART 5
집행시스템

PART 6
조직시스템

PART 7
지원시스템

PART 8
산출과 피드백

한 이상은 환상일 뿐이며 이상이 없는 현실은 표류할 뿐이다. 행정은 사회의 공공 가치를 실현한다는 철학적 이상을 목표로 하고 있다. 보다 구체적으로 행정은 민 주주의 원리를 따르고 누구에게나 공정해야 하며 효율적으로 자원을 활용할 것이 요구된다. 행정학이 결코 과학적 지식이나 전문지식의 기계적 적용이나 개인의 창 의적 아이디어 활용에서 그칠 수 없는 이유이다. 행정학의 과학성, 예술성, 전문직 업성은 철학성의 목표의식으로 통합될 때 진정한 의미를 갖게 된다.

마지막으로 행정학은 **종합학문적 성격**(interdisciplinary study)을 가진다. 행정학 은 행정학 고유의 접근방법과 지식으로만 이루어진 것이 아니다. 앞에 소개한 모 든 접근방법은 실제로 다른 학문 영역에서 먼저 개발되었고 나중에 행정현상의 연구에 도입된 것이다. 지식 측면에서도 정치학(권력, 정치적 대응성, 참여 등), 사회 학(문화, 사회자본, 네트워크 등), 심리학(성격, 인지 등), 경영학(조직행태, 의사결정, 인 적자원관리 등), 철학(정의론, 윤리론 등)에 이르기까지 다양한 학문의 개념이나 이론 을 받아들여 종합학문으로서의 학문체계를 구성한다. 그런 점에서 한편으로 매우 개방적인 학문이며 다른 한편으로 행정학 고유의 정체성이 부족한 학문으로 평가 받기도 한다. 중요한 것은 이러한 종합적 지식으로 행정문제를 해결하는 적합성 을 가지고 있는가이다. 그것이 행정학의 중요한 사명에 속한다.

2) 행정학의 사명

행정학은 무엇을 위해 존재하는가? 행정학은 다른 학문이 하지 못하는 어떤 역할을 하고 있고 또 해야 하는가? 이런 질문에 대한 대답이 행정학의 사명일 것 이다.

첫째, 행정학은 **규범학문**(normative discipline)으로서 행정을 통해 우리 사회를 더 나은 방향으로 이끌 수 있는 가치정향성을 가져야 한다. 행정학이 과학적 지식 을 활용한 문제해결을 강조할 때 행정학은 필연적으로 체제 순응적인 학문이 되 기 쉽다. 체제 자체의 정당성을 비판하기보다 — 그것은 정치학의 사명으로 돌리 고 — 체제 내에서의 효율적 관리에 1차적인 관심을 갖기 쉽다. 체제유지의 도구 로 전락할 수 있는 위험을 안고 있는 것이다. 이런 위험에 빠지지 않기 위해서 행 정학은 늘 사회의 공공가치 실현이라는 행정의 본질적인 목표를 지향점으로 삼아 야 한다. 행정학이 권력 비판까지는 가지 않더라도 적어도 공공가치에 반하는 정 부와 행정에 대해서 머뭇거림 없는 비판적 학문이 되어야 한다. 그러기 위해서는 학문 연구도 지나치게 정태적이고 보수적 성향의 과학적 방법이 아니라 변화를 설명하고 유도할 수 있는 방법론에도 관심을 가져야 할 것이다.[a]

둘째, 행정학은 **처방학문**(prescriptive discipline)으로서 현장에서의 행정문제를 진단하고 예측하며 이미 발생하였거나 앞으로 발생할 문제에 대한 해결방안을 제공해야 한다. 2000년 들어 소득의 양극화가 더욱 심화되고, 2008년 말에는 전 세계가 글로벌 금융위기를 맞으면서 경제학은 이런 문제를 사전에 예측하고 처방전을 내놓지 못한 것에 대한 비난을 면치 못했다. 경제현상을 제대로 예측하지 못하고 국민에게 경제적 고통을 경험하게 한다면 경제학의 존재 가치가 없다고 할 것이다. 행정학도 마찬가지이다. 심지어 경영학 등 다른 학문 분야에서 행정문제 해결에 더 적합한 대안을 제시하는 경우에도 행정학은 위기를 맞게 된다. 행정학은 행정의 문제만큼은 다른 어느 학문보다도 문제에 대한 적합한 처방을 제시할 수 있어야 한다.

셋째, 행정학은 **실용학문**(practical discipline)으로서 효율적 자원관리와 서비스 제공을 위한 구체적인 관리 기법과 기술을 제공하여야 한다. 경영학이나 관리과학(Management Science)에서의 많은 기법을 이런 목적으로 수입하여 적용할 수 있다. 대표적인 예로, 민원창구 방문객이나 고속도로 톨게이트 차량의 대기시간 관리를 위한 대기모델(Queuing Model), 품질 관리를 위한 TQM(Total Quality Management)과 6 시그마(6σ), 자치단체청사나 공공병원의 입지선정을 위한 입지분석(Location Analysis), 통합적 정보관리를 위한 ERP(Enterprise Resource Planning)나 SI(System Integration), 정부의 정보개방으로 접근이 가능해진 방대한 자료에 대한 빅데이터 분석 등을 열거할 수 있다. 이들 기법은 대부분 계량분석과 컴퓨터의 활용이 중요한 특색이다. 행정학은 행정현장에서의 문제해결이 주먹구구식이 아니라 가능한 확실한 자료와 그에 대한 객관적인 분석에 의존하여야 한다. 물론 이러한 경영기법과 기술은 수단적 역할을 하는 것이지 그 자체가 목적이 아닌 만큼 행정의 본질적인 가치를 훼손하지 않도록 활용되어야 한다.

행정학이 이러한 행정학의 기본적인 사명을 다 하지 못할 때 존립의 위기, 정체성의 위기를 맞게 된다.

---

a) 변화에 관한 이론을 소개한 대표적인 저서로 라우어(R.H Lauer)의 「사회변동의 이론과 전망」(한울, 1999)이 있다.

PART 1
행정과 행정학의 이해

PART 2
행정환경

PART 3
행정내부환경

PART 4
경영시스템

PART 5
정책시스템

PART 6
조직시스템

PART 7
지원시스템

PART 8
산출과 피드백

3) 행정학의 정체성 위기

(1) 정체성 위기의 내재성

행정학의 정체성은 행정학의 출발 초기부터 태생적으로 안고 있는 한계이다. 행정의 개념에서 본 것처럼 사회의 공공가치 실현이라는 국민과의 관계에서 보면 정치에 가깝고 자원의 관리와 재화·서비스의 제공이라는 행정의 내부 과정 측면에서 보면 경영에 가깝다. 행정학은 결국 정치학과 경영학에 대한 차별성과 고유성을 부각시키는 데 근원적인 고민이 있음을 말해준다. 정치학으로부터 독립을 선언하고 경영학과의 유사성을 강조하며 출발한 미국 행정학[a]은 학문의 출발에서부터 이러한 정체성의 문제를 안고 있었다.

(2) 한국행정학의 행복한 출발

한국에서 행정학의 정체성 위기에 대한 자의식은 최근의 일이다. 한국에서 행정학은 미국과 달리 법학에 뿌리를 두고 있었기 때문에 정치학이나 경영학과의 경계에 대한 고민이 크지 않았다. 또한 개발도상국에 대한 국가발전을 행정 주도적으로 하겠다[b]는 미국의 전략에 따라 출범 초기부터(1956년 현 한국행정학회의 전신인 한국행정연구회의 출범) 법학이나 정치학에 비해 행정학은 정책 및 기획에 대한 자문 등 정부의 학문적 수요가 컸고 1950년대 말부터 행정학이 행정고시과목으로 채택되면서 학생의 수요도 많았다. 성장 위주의 사고가 지배하던 60~70년대는 거의 모든 대학이 새로운 학과를 개설하고 정원을 늘리는 데 집착하고 있었는데 이때 행정학과는 학생의 수요도 많고 정부의 승인도 관대해 급속도로 팽창하였다. 1980년대 초만 해도 일부 대학에서는 박사학위가 없어도 전임 교수가 될 정도

a) 미국 행정학의 출발은 Woodrow Wilson(대통령, 1913-1921)의 1887년 "The Study of Public Administration"이라는 논문에서 행정은 정치와 구분되고 경영과 같은 것이라는 주장을 하면서부터이다. 당시 미국은 정치가 정경유착 등으로 부패하여 있었고 공직 임명이 공개경쟁시험에 의한 실적주의가 아니라 선거에서 이긴 대통령이 공직을 전리품으로 모두 확보한 다음 이를 선거참모와 정당원에게 나누어주는 엽관주의(spoils system)가 지배하고 있었다. 당연히 공직에도 정치만이 있고 (이상적인) 행정은 존재하지 않았다. 윌슨은 정치로부터 오염된 행정을 구하려는 차원에서 행정을 정치와 다른 경영과 같은 것으로 주장하게 된 것이다.

b) 1970년대까지 널리 유행했던 발전행정(Development Administration)이다. 제2차 세계대전을 전후해 독립한 동남아 국가에 민주주의를 정착시켜 공산주의에 대한 체제 우월성을 확보하려던 미국이 이들 국가에서 오히려 정치적 혼란과 군사독재 등 정치에 의존한 국가발전에 대한 기대가 힘들게 되자 행정엘리트를 양성해서 이들에 의한 경제발전과 국가발전을 유도하는 전략을 택하는데 이를 발전행정이라 한다.

로 행정학은 수요가 많았다. 이러한 여건 속에서 행정학은 정체성에 대한 자기 성찰에 소홀할 수밖에 없었다.

(3) 위기 직면

행정학에 대한 위기의식은 행정 현장, 행정학과, 그리고 행정학자의 세 차원에서 진단해 볼 수 있다. 행정 현장에서의 위기는 역설적으로 정치 민주화와 함께 시작되었다. 1993년 출범한 김영삼 정부는 문민정부로 이름 짓고 그 이전의 권위 정부와 차별화하여 정치권이나 시민단체 출신을 상당수 청와대 참모에 진입시켰다. 국민의 대표기관인 대통령과 국회의 기능이 강화되고 관료 중심의 전통적인 행정의 영역은 축소되기 시작하였다. 이러한 정치화 현상은 김대중 정부 및 노무현 정부의 진보정권하에서 더욱 강하게 나타났다.

김대중 정부는 1997년 외환위기 극복을 위해서 IMF가 제안한 구조조정을 받아들였는데 이때의 이론적 토대는 신자유주의 원리를 반영한 작은정부론이었다. 작은정부론은 노무현 정부에서 약화되었지만, 실용주의를 강조한 이명박 정부와 보수이념을 강조한 박근혜 정부에서 지속적으로 강화되었다. 따라서 행정의 현장은 정치화와 함께 시장원리에 따른 경쟁과 성과가 강조되고 기업경영의 요소가 적극 도입되었다. 행정의 영역이 정치 논리와 경영 원리에 의해 축소된 것이다. 또한 박근혜 정부와 문재인 정부는 이전의 정부와 다르게 대통령 선거에서 국민에게 약속한 공약을 중심으로 국정과제를 정하였기 때문에 행정부처의 역할이 새로운 정책 발굴이 아니라 국정과제 수행으로 한정되는 새로운 형태의 정치화 현상이 나타나기 시작했다. 또한 5년 단임의 대통령 임기 때문에, 청와대(대통령 및 대통령 비서실)는 2년차 3년차가 될수록 이미 설정한 국정과제의 충실한 이행과 성과를 더 강조하게 된다. 청와대의 콘트롤 타워 기능이 강해지고 행정부처의 자율성과 책임성은 지속적으로 약화될 수밖에 없는 상황이다. 김영삼 정부 이후 역대 정부에서 나타나고 있는 행정 영역의 축소는 계속 진행되고 있다고 보아야 할 것이다.

현장에서의 행정 영역 축소와 함께 대학에서는 행정학과의 폐과 또는 정원 감소 현상이 행정학의 위기를 증폭시키고 있다. 2000년대 들어 수요자인 학생의 선택권을 확대한다는 교육정책에 따라 각 대학이 학부제 또는 광역 단위의 학생 모집을 본격화하였고, 그 결과 학과별 정원을 보장받을 수 없게 되었다. 특히 고교 졸업생수의 감소와 함께 대학 정원이 감축되었고, 또한 대학 졸업생의 취업난

PART 1
행정과 행정학의 이해

PART 2
행정환경

PART 3
행정내부환경

PART 4
결정시스템

PART 5
집행시스템

PART 6
조직시스템

PART 7
지방시스템

PART 8
산출과 피드백

을 겪으면서 지방대학을 중심으로 정원을 채우지 못하는 행정학과가 증가하기 시작하였다. 취업난 속에서 역설적으로 신분이 보장되는 공직에 대한 선호도는 여전히 높지만 현재의 공무원 채용시험에서 행정학 전공자가 타 전공자에 비해 특별히 유리하지 않고 실제로 많은 대학의 행정학과에서 공직진출자를 배출하지 못하면서 행정학과의 위기가 가속되고 있는 상황이다.^{a)} 그동안 학생 수요가 있어 공급자 위주의 교육에 익숙해 있던 행정학과는 새로운 환경의 강력한 도전에 직면하고 있는 것이다.

끝으로 행정학의 위기는 행정학자의 학문적 태도에서 찾을 수 있다. 그동안 한국 행정학은 많은 내용이 외국 것을 무비판적으로 받아들여 소개하는 수준에 머물렀고 이들 이론을 한국적 맥락에서 적합성을 검증하거나 한국의 행정현실을 문제로 삼아 연구하는 노력이 부족하였다. 행정학은 그만큼 한국의 행정현실과 괴리가 있을 수밖에 없었다. 고시합격자를 대상으로 한 중앙공무원의 한 설문에서 행정실무에 가장 도움이 되지 않는 학문으로 행정학이 상위에 포함되었다는 사실은⁵¹⁾ 행정학이 외국이론의 소개에 편하게 안주해온 그동안의 영향이라 할 것이다.

행정학 교과서를 보면 이런 심각성이 더욱 잘 드러난다. 외국학자가 어떤 새로운 이론이나 용어를 쓰면 그 모든 것을 하나도 빠뜨리지 않고 교과서에 담으려고 한다. 당연히 체계성을 잃은 백과사전식 책이 되고 만다. 행정학이 행정의 문제를 창의적으로 구성하고 비판적으로 접근할 수 있는 안목을 키워주지 못하고 단편 지식의 암기를 도와주는 수험서 중심의 기형적 성장을 해왔다는 증거이다.

이처럼 행정 현장과 행정학과에서 나타나고 있는 일련의 상황 전개와 행정학자의 학문적 태도는 그동안 한국 행정학계가 생각하지 못했던 행정학의 전반적이고 근본적인 문제까지를 성찰하도록 요구하고 있다.

(4) 위기 탈출

행정학의 위기 탈출은 우선 행정현장의 공무원과 행정학과 졸업생들로부터 학문의 유용성을 인정받아야 한다. 유용성이란 현장에서 문제해결에 도움이 되는 지식이다. 그것은 지식의 수입에 급급할 것이 아니라 그에 대한 비판적 성찰과 검

---

a) 모집 단위 상관없이 행정학 전공 졸업생 수는 2000년에 115개 대학에서 4,474명이었는데 2020년에는 83개 대학 3,669명으로 감소하였다. 졸업생 수가 가장 적었던 해는 2006년으로 2,779명이었다. 행정학과를 모집 단위로 한 신입생 선발 규모는 2020년 기준으로 50개 대학에 2,509명이었다(교육부, 내부자료, 2020. 12).

증의 과정을 거치는 인내가 필요하다. 접근방법이나 이론의 이해도 중요하지만 현장의 행정문제 본질에 대한 충분하고도 깊이 있는 이해가 우선하여야 한다. 그런 실질적인 문제에 대한 이해와 연구결과를 중심으로 교육이 이루어질 때 행정학은 수요자인 공무원과 학생들로부터 인정받게 될 것이다.

행정학의 위기 극복을 위해 또 하나 중요한 것은 행정의 공공성을 잃지 않는 일이다. 물론 행정현장의 흐름은 그 반대이다. 1990년대 이후 한국행정에서도 작은정부론과 함께 경쟁과 성과가 강조되는 시장원리가 도입되면서, 이제 정부의 조직진단을 민간 컨설팅 기업에 맡기는 것을 당연하게 받아들이고, 행정 현장에서의 문제해결에 경영기법이 거부감 없이 받아들여지고 있다. 특히 4차 산업혁명 시대를 맞아 정부는 공공정보의 공개를 더욱 확대하고, 민간부문에서는 이를 활용한 다양한 서비스 제공이 늘고 있다. 정부는 민간의 클라우드 서비스(cloud service) 이용을 확대하고 있고, 민간부문의 앞선 빅데이터 분석이나 블록체인 기술까지 도입의 필요성을 인식하고 있다. 앞으로 정부와 민간의 경계가 더욱 유연해지고 공공의 영역은 축소될 것이다.

하지만 행정에서 결코 양보할 수 없는 것이 공공성(publicness)이다. 현장에서 경영학자나 경영컨설턴트와 함께 일해 본 공무원 역시 이들의 한계를 공공성에 대한 인식 부족에서 찾고 있다. 전자정부 구축의 사례에서, 경영학자는 기술적이고 공학적으로만 접근하려고 하는데 행정학자는 공공책임성도 함께 고려하는 것이다. 즉, 행정학자는 전자정부의 구축이 정보격차(digital divide)를 키우는 것은 아닌지 개인정보의 공개에 따른 인권침해요소는 없는지 등을 생각한다. 행정은 비용경제성, 이용편의성, 신속성 등의 경영가치 이상으로 민주이념, 개인의 권익보호, 절차적 정의 등의 공공가치를 중시한다. 그것이 행정학이 기여할 수 있고 정체성을 유지할 수 있는 공간이다. 그것은 단순히 공공성에 대한 배타적 사고가 아니라 공공성 시각에서 경영학적 문제접근방식을 재해석하여 새로운 대안을 제시할 수 있는 통합적 사고를 의미한다. 행정학도나 공무원 할 것 없이 행정학은 단순한 기법이나 지식의 전달에 그칠 것이 아니라 공공성에 대한 분명한 가치 교육을 포함할 때 행정학의 정체성을 유지할 수 있을 것이다.

PART 1
행정과 행정학의 이해

PART 2
행정환경

PART 3
행정내부환경

PART 4
결정시스템

PART 5
집행시스템

PART 6
조직시스템

PART 7
지원시스템

PART 8
산출과 피드백

3. 이 책의 구성: 행정체제모형

행정학은 지식을 체계화하는 작업이 필요한데 체계화의 기본구상을 갖고 있지 않으면 방향을 잃고 백화점식 지식 진열장이 되기 쉽다. 지식의 체계화는 행정현상을 있는 대로 그냥 묘사하는 것이 아니라 기본 틀에 맞추어 질서 있게 정리하는 작업이다. 행정을 사람, 구조, 환경의 변수로 나누는 것도 체계화가 될 수 있고, 행정을 과정으로 보고 몇 개의 단계로 나누어 설명하는 것도 체계화가 될 수 있다.[a] 이 책에서는 체제론적 접근방법에서 제시한 투입-산출 모형에 따라 체계화하려고 한다. 행정의 전체를 거시적으로 이해하고 부분들 간의 관계를 이해하는 데 다른 방식보다 유리하기 때문이다.

개방체제로서의 투입-산출 모형은 행정에 영향을 미치는 환경의 작용을 거시적으로 이해하고, 행정 내부에서 일어나는 하위체제들 간의 기능과 상호관계를 종합적으로 검토할 수 있는 개념적 틀이다. 즉, 행정체제를 전체와 부분의 유기적인 관계로서 이해하는 데 도움을 준다. 〈그림 2-5〉는 투입-산출 모형을 적용하여 행정체제모형을 구성한 것이다.

1) 환경과 투입

행정은 환경과 서로 영향을 주고 받는다. 이때 환경은 법적 환경, 정치적 환경, 경제적 환경, 사회적 환경, 기술적 환경, 글로벌 환경 등으로 구분할 수 있다. 이런 환경 속에는 국민, 국회, 법원, 정당, 언론기관, 이익단체, 기업 등이 포함되고 이들은 행정의 주체와 서로 밀접한 관련을 맺고 있다. 행정이 법이나 정치적 결정을 단순히 집행하는 기능만 한다면[b] 행정은 환경의 영향을 적게 받을 것이다. 그러나 현대에는 행정이 가치배분의 정책결정기능까지 일부 담당하기 때문에 가치배분에 직·간접적으로 연결되어 있는 많은 환경의 영향을 피할 수 없다. 또한 과거 권위주의 정부에서는 정부의 일방적 행정에 대해서도 국민이 수용하는

[a] 대표적으로 박동서(「한국행정론」, 서울: 법문사, 1998)의 접근을 들 수 있다. 저자는 관리과정의 기본 모형인 기획(Plan)-실행(Do)-평가(See)의 PDS모형을 변형시켜 행정을 목표설정-정책결정-기획-조직화-동작화-평가-시정조치의 일곱 단계로 구분하여 설명하고 있다.
[b] 정치행정이원론의 시각이다. 정치와 행정은 이원적이다. 서로 다르다는 의미로서 경영과의 유사성을 강조한다. 한편 가치배분 기능인 정책결정이 행정의 일부로 편입되면서 정치와 행정의 유사성을 강조하게 되는데 이런 입장을 정치행정일원론이라 한다. 초기 미국 행정학의 출발은 정치행정이원론으로 시작하였지만 루스벨트 대통령의 뉴딜정책, 존슨 대통령의 위대한 사회 프로그램을 통해 행정의 정책기능이 강화되면서 정치행정일원론의 입장이 부각되었다.

[그림 2-5] 행정체제모형

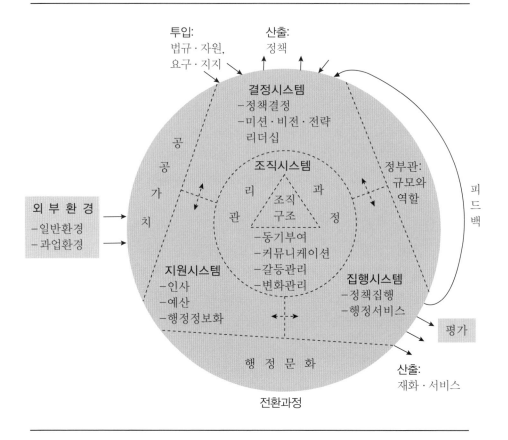

투입:
법규·자원,
요구·지지

산출:
정책

결정시스템
−정책결정
−미션·비전·전략
리더십

조직시스템

정부관:
규모와
역할

피드백

공공가치

리관

조직구조

과정

외부환경
−일반환경
−과업환경

−동기부여
−커뮤니케이션
−갈등관리
−변화관리

지원시스템
−인사
−예산
−행정정보화

집행시스템
−정책집행
−행정서비스

평가

행 정 문 화

산출:
재화·서비스

전환과정

태도를 보였지만, 1980년대 민주화 이후 국민주권이 신장되고 국민의 참여가 증가하였기 때문에 행정은 과거 어느 때보다 환경을 잘 이해하고 적응하는 노력이 필요해졌다. 특히 현대의 행정환경은 과거에 비해 다양한 이해당사자들로 구성되어 있고 빠르게 변하고 있어 더욱 복잡하고 불확실해지고 있다. 행정은 과거 어느 때보다 환경에 주목하고 그에 유연하게 적응하는 노력이 요구되고 있다.

　환경에서 행정체제로 들어오는 투입으로는 우선 법규와 자원을 들 수 있다. 법규는 행정의 내부 전환과정에서 수행하여야 할 임무와 지켜야 할 절차를 규정한다. 국회에서 제정한 법이 그 주류를 이루지만 법원의 판례도 중요한 역할을 한다. 공권력의 남용을 우려하던 시기에는 행정활동의 범위를 제한하는 의미가 강했지만, 현대에는 행정의 재량행위를 법적으로 뒷받침하는 위임의 의미를 많이 내포

PART 1
행정과 행정학의 이해

PART 2
행정환경

PART 3
행정내부환경

PART 4
결정시스템

PART 5
집행시스템

PART 6
조직시스템

PART 7
지방시스템

PART 8
산출과 피드백

하고 있다. 자원은 사람과 돈으로 대표되는데 주어진 임무를 수행함에 있어 필수적인 요소이다. 사람을 행정체제라는 배를 이끌고 가는 선원에 비유한다면 돈은 배를 움직이는 동력에 비유할 수 있다. 선원과 동력이 원만히 공급되어야 배가 목적지로 항해할 수 있듯이, 행정체제도 사회의 공공가치 실현이라는 목표를 달성하기 위해서는 유능한 인재와 충분한 재원을 환경으로부터 확보하여야 한다.

법규와 자원에 더하여 민주사회에서 중요한 것은 국민의 요구와 지지이다.[52] 국민의 요구와 지지는 정책결정과정에서 더욱 중시되어야 할 투입요소이다. 선거를 통해 국민에게 직접 책임을 지는 선출직 공직자와는 달리, 행정공무원은 정책결정과정에서 정치적 민주성보다 경제적 합리성에 더 큰 비중을 두기 쉽다. 그러나 민주정치, 책임정치의 기본원리가 행정에만 면제될 수는 없다. 행정이 가치 배분의 정책결정기능을 수행하는 한 국민의 요구와 기대에 부합하고 지지를 얻어야 정책의 정당성을 확보할 수 있고 원활한 정책의 집행도 기대할 수 있다. 요구와 지지는 겉으로 표출된 것뿐만 아니라 정책에 대한 잠재적 선호나 마음상태도 포함한다.

2) 전환과정

전환과정은 국민의 요구에 부응하고 지지를 얻을 수 있도록 정책을 결정하고, 내부에서 결정한 정책과 외부에서 투입된 정책(법규)을 집행하기 위하여 자원을 관리하는 과정을 의미한다. 전환과정은 투입-산출모형에서 일반적으로 가운데 사각형으로 표시되는 부분으로 블랙 박스(black box)라고 부르기도 한다. 체제 내부에서 이루어지는 이 과정은 개방체제하에서도 대체로 외부에 잘 알려지지 않는 경향이 많았다. 블랙 박스는 일단 환경에서 투입요소가 들어오면 환경과 상관없이 전환과정이 이루어지는 것으로 보았을 때 붙여진 이름일 것이다. 그러나 지금은 그 전환과정조차 끊임 없이 환경과 상호작용이 이루어지고 있다. 환경과 차단된 검은 상자가 아니라 환경에 노출된 투명 상자로 인식되어야 할 부분이다.

전환과정은 환경과의 상호작용 속에 여러 하위체제들이 서로 일정한 관계를 유지하며 전체 행정체제의 목표달성을 위해 활동하는 과정이다. 문제는 하위체제를 어떻게 분류하고 인식할 것인가이다. 이미 파슨스의 AGIL모형에서 보았듯이 기능으로 나눌 수도 있고, 행정의 전통적 기능분류인 POSDCORB[a]로 구분할 수

---

a) **P**lanning, **O**rganizing, **S**taffing, **D**irecting, **C**oordinating, **R**eporting, **B**udgeting의 합성어로 기획, 조직, 인사, 지휘, 조정, 보고, 예산을 뜻한다. 미국의 행정학자 Gulick이 최고관리층이 담당해야 할

도 있으며, 관리과정으로서의 단계별로 나누는 것도 가능하고,[a] 또는 조직구조의
계층이나[53] 단위별로 하위체제를 분류하는 것도 가능하다. 어느 방법을 따르든
하위체제간의 경계 또한 불분명하고 중복을 피할 수 없는 것이 행정체제의 일반
적 속성이라 하겠다.

이 책에서는, 행정체제 내에 속하면서 전환과정의 전반에 영향을 미치는 공
공가치, 정부관, 그리고 행정문화를 행정체제의 내부환경으로 구성하고, 전환과
정의 핵심을 결정시스템, 집행시스템, 조직시스템, 지원시스템의 넷으로 구분하
였다.

내부환경에서 공공가치는 행정이 추구해야 할 미래의 방향성을 제시하는 것
으로 행정에 영향을 미치며, 정부관은 사람들이 현재 시점에서 정부 또는 행정에
어떠한 역할을 기대하는지에 대한 집합적 시각이며, 행정문화는 과거로부터 이어
져 내려오고 있는 신념체계나 행동양식으로 과거의 현재에 대한 영향이라고 볼
수 있다.

전환과정에서 결정시스템은 무슨 일을 할 것인지에 대한 결정을 내리는 부분
으로 정책결정(policy making), 미션·비전·전략, 그리고 리더십을 포함시키고, 집
행시스템은 결정된 내용을 실행에 옮기는 부분으로 정책집행과 행정서비스를 다
룬다. 조직시스템은 이러한 모든 활동에 참여하는 사람들의 실제 활동이 이루어
지는 장(場)으로 조직구조적 측면과 조직관리적 측면으로 나눌 수 있으며 조직관
리는 다시 동기부여, 커뮤니케이션, 갈등관리, 변화관리로 나누었다. 마지막으로
지원시스템은 집행이 원활하게 이루어지도록 도와주는 역할을 하며 여기에는 인
사, 예산, 행정정보화 차원에서의 기능을 담고 있다.

3) 산출과 피드백

투입요소는 전환과정을 거쳐 일정한 산출(결과물)로 바뀌게 된다. 산출의 종
류는 매우 다양하다. 일반 기업의 경우 제조업은 제품이 서비스업은 서비스가 주
된 산출이듯이, 행정의 경우에는 정책, 재화와 서비스가 주된 산출에 해당한다.

기능으로 주장한 것이다(Luther Gulick, Notes on the Theory of Organization, in L. Gulick and I.
Urwick(eds.), *Papers on the Science of Administration*, New York: Institute of Public
Administration, 1937, p. 13).

a) Koontz, O'Donnell, & Weihrich(H. Koontz, C. O'Donnell & H. Weihrich, *Manaegment*, New
York: McGraw-Hill, 1984)는 관리과정을 planning, organizing, staffing, leading, controlling으로 나
누었다.

PART 1
행정과 행정학의 이해

PART 2
행정환경

PART 3
행정내부환경

PART 4
결정시스템

PART 5
집행시스템

PART 6
조직시스템

PART 7
지원시스템

PART 8
산출과 피드백

이때 재화와 서비스는 집행시스템을 통해 국민에게 직접 전달되고 정책은 결정시스템에서 한편으로는 환경으로 산출되고 다른 한편으로는 집행시스템으로 투입되어 들어가게 된다.

이상의 산출은 환경의 여과를 거쳐 투입으로 피드백된다. 이 피드백 과정은 행정체제에 대한 통제 과정으로서 산출에 대한 평가와 처방이 따르게 된다. 행정체제의 산출물인 정책, 재화, 서비스를 그대로 받아들이는 것이 아니라 이들이 얼마나 국가발전에 기여하고, 국민 삶의 질을 높이며, 국민의 요구를 충족시키는가등의 기준으로 평가가 이루어진다. 그 결과에 따라 행정체제에 새로운 투입이 이루어지는데, 잘못된 부분에 대한 책임을 묻고 잘못을 시정하는 변화를 요구할 것이다.

학문의 변천: 20세기 한국과 사유의 변환

20세기 한국의 지식인들에게 '학문'은 거대한 변환을 통해서 주어졌다. 전통사회에서 학문이란 내면적인 수양과 덕치의 구현을 위한 것이었다. 그러나 서구 문화의 일방적 도래를 통해 학문 개념은 불연속적인 변환을 겪게 된다. 학문은 'science'가 되었으며, 실험자료들을 수학적·논리적 틀에 용해시키는 것(그 틀의 각 '경우들'로서 흡수시키는 것)이 되었다. 학문에 관한 이 전혀 상이한 두 개념 사이에서 한국 지식인의 정체성도 동요해 왔다.…

서구 학문과 동북아 학문 사이의 차이를 변별하기는 쉽지 않다. 서구 학문에도 수많은 종류가 있고 동북아 학문의 경우도 마찬가지다. 그러나 대체적이고 평균적인 성격을 문제삼는다면,…기독교라는 의타적 종교와 외부세계에 관한 '객관적' 탐구를 일차적 과제로 삼는 과학이 공존해 온 서구에는 내면을 닦는 '수양', '수신'이 학문의 범주에 속하지 않았다. 아우구스티누스에 와서야 내면개념의 실마리를 찾을 정도로 서구 학문은 객관주의적 성격을 띠고 있었던 것이다.

이에 비해 동북아 학문에서는 내면의 수양이 일찍이 학문으로서 자리잡았다. 개인적인 내면의 수양이 '학문'이라는 것은 현대인의 어감에 잘 맞지 않는다. 그러나 이것 자체가 우리가 학문이라는 말에 대해 서구적인 개념을 가지고 있음을 암시한다. 특히 불교가 전래된 이후 내면의 수양은 모든 지식인의 필수 덕목으로 자리잡는다.

많은 경우 이러한 수양은 정치적 권력 다툼을 통해 빛이 바랬지만, 수양의 전통이 동북아 문화의 빛나는 유산들 중 하나라는 것은 분명하다. 오늘날 철저하게 외면적·실용적 교육에 치우치고 있는 우리 현실을 감안할 때, 이 내면 수양의 전통을 어떻게 되살리느냐 하는 것은 탈근대/탈서구적 미래를 위해 중요한 문제다.

　…서구에서 과학이 다루는 세계는 '객관적인' 세계다. 우리가 살아가는 세계는 주관적인 세계다. 이 세계는 우리의 기분과 감정, 상황과 분위기, 편견 등이 묻어 있는 세계다. 요컨대 삶의 세계는 의미의 세계다. '대상'을 객관적으로 파악한다 함은 이런 주관적 요소들을 걷어내고 그 사물을 사물 자체로서 파악함을 뜻한다. 따라서 이러한 과학이 고도로 발달함에 따라 이제 우리에게 익숙한 세계는 어디론가 증발한다. 생명체는 세포의 집합체가 되며, 물체는 텐서(tensor) 방정식에 따라 운동하는 입자의 집합체가 된다. 그토록 수많은 소망과 추억을 담고 있던 밤하늘의 별은 돌덩어리로 전락한다.

　오늘날 우리에게 대두한 학문세계, 지식세계, 대학세계에서의 혼돈과 해체는 직접적으로는 90년대에 들어와 형성된 후기 자본주의 사회, 신자유주의 사회, 대중 사회의 산물이지만, 더 근원적인 차원에서는 20세기에 이루어진 학문, 학자 개념의 이 거대한 변환의 산물인 것이다. …오늘날 우리가 처한 위기는 서구 학문과 우리 학문의 비교와 통합이라는 근원적인 과제를 요청하고 있는 것이다.

자료: 이정우, http://emerge.joins.com/199912/199912_048.asp 편집.

주

1) Herbert A. Simon, *Administrative Behavior: A study of decision-making processes in administrative organization*, New York: The Free Press, 1945, p. 1.
2) 강신택, 행정학 연구방법의 변천과정과 앞으로의 방향, 「한국행정학보」, 21(1), 1987, pp. 3–32.
3) 유민봉 외, 한국 현실에 타당한 주인의식의 개념화와 측정도구 개발: 공공기관의 구성원을 대상으로, 「한국행정학 좋은 논문 10선」, 박순애 엮음, 2016.
4) Gareth Morgan, *Images of Organization*, Beverly Hills, CA.: Sage Publications, 1986, pp. 46–47.
5) Talcott Parsons, *Structure and Process in Modern Societies*, Glencoe, IL.: The Free Press, 1960.
6) Donald Polkinghorne, *Methodology for the Human Sciences: Systems of Inquiry*, Albany, NY: State University of New York Press, 1983, p. 145.
7) 강신택, 행정체제이론을 위한 기초개념의 고찰, 「행정논총」, 19(1), 1981, p. 215.
8) 김규정, 「행정학원론」, 서울: 법문사, 1997, p. 71.
9) Horst W. J. Rittel & Melvin M. Webber, Dilemmas in a General Theory of Planning, *Policy Sciences*, 4, 1973, pp. 155~169.
10) OECD, *Systems Approaches to Public Sector Challenges: Working with Change*, OECD Publishing, Paris, 2017.
11) William Braun, The System Archetypes, http://www.albany.edu/faculty/gpr/PAD724/724WebArticles/sys_archetypes.pdf(2015. 5. 21)
12) 조석준, 「한국행정학」, 서울: 박영사, 1992.
13) Alan C. Isaak, *Scope and Methods of Political Science: An introduction to the methodology of political inquiry*, 3rd ed., Homewood, IL: The Dorsey Press, 1981, p. 279.
14) 이극찬, 「정치학」, 서울: 법문사, 1994, p. 151.
15) 염재호, 국가정책과 신제도주의, 「사회비평」, 11, 1994, pp. 20–21.
16) Peter A. Hall & Rosemary C. R. Taylor, Political Science and the Three New Institutionalism, *Political Studies*, 44, 1996, pp. 936–957.
17) 남궁근, 「비교정책연구」, 서울: 법문사, 1999, pp. 210–226.
18) Peter A. Hall, The Movement from Keynesianism to Monetarism: Institutional Analysis and British Economic Policy in the 1970s, in S. Steinmo, K. Thelen, and F. Longstreth(eds.), *Structuring Politics: Historical Institutionalism in Comparative Analysis*, Cambridge: Cambridge University Press, 1992, pp. 90–113.

PART 1 행정과 행정학의 이해
PART 2 행정환경
PART 3 행정내부환경
PART 4 경쟁시스템
PART 5 협력시스템
PART 6 조직시스템
PART 7 지원시스템
PART 8 산출과 피드백

19) John Zysman, *Political Strategies for Industrial Order: State, Market, and Industry in France*, Berkeley: University of California Press, 1977.

20) Peter A. Hall, *Governing the Economy: The Politics of State Intervention in Britain and France*, New York: Oxford University Press, 1986, p. 19.

21) Zysman, op. cit.

22) Stephen D. Krasner, Sovereignty: An Institutional Perspective, *Comparative Political Studies*, 21(1), 1988, pp. 66−94.

23) Hall & Taylor, op. cit.

24) Hall & Taylor, op. cit., pp. 941−942.

25) Davis Wildford, Path Dependency, or Why History Makes It Difficult but Not Impossible to Reform Health Care in a Big Way, *Journal of Public Policy*, 14(3), 1994, pp. 251−283.

26) Stephen D. Krasner, Approaches to the State: Alternative Conception and Historical Dynamics, *Comparative Politics*, 16(2), 1984, pp. 223−246.

27) Ibid.

28) 남궁근, 역사적 제도주의, 윤영진 최태룡 외, 「새행정이론」, 서울: 대영문화사, 2001.

29) Paul J. DiMaggio & Walter W. Powell, Introduction, Walter W. Powell and Paul J. DiMaggio(eds.), *The New Institutionalism in Organizational Analysis*, Chicago: The University of Chicago Press, 1991, p. 10.

30) Mark S. Mizruchi & Lisa C. Fein, The Social Construction of Organizational Knowledge: A Study of the Uses of Coercive, Mimetic, and Normative Isomorphism, *Administrative Science Quarterly*, 44, Dec, 1999, pp. 653−683.

31) S. Zukin & P. DiMaggio, Introduction, in Zukin & DiMaggio(eds.), *Structures of Capital: The Scocial Organization of the Economy*, Cambidge: Cambridge University Press, 1990, pp. 1−36; Global Production Networks, "Spatial" relationships? Towards a re−conceptuali−sation of embeddedness, Working Paper No. 5. February 2003. http://www.art.man.ac. uk/Geog/gpn/pdfs/gpnwp5.pdf, 2004. 8. 27.

32) Thomas A. Koelble, The New Institutionalism in Political Science and Sociology, *Comparative Politics*, 27, January 1995, p. 234.

33) James G. March and Johan P. Olsen, *Rediscovering Institutions: The Organizational Basis of Politics*, NY: The Free Press, 1989.

34) John W. Meyer & Brian Rowan, Institutionalized Organizations: formal structure as myth and ceremony, *American Journal of Sociology*, 83(2), 1977, pp. 340−363.

PART 1
행정과 행정학의 이해

PART 2
행정환경

PART 3
행정내부환경

PART 4
경정시스템

PART 5
집행시스템

PART 6
조직시스템

PART 7
지원시스템

PART 8
산출과 피드백

35) James M. Buchanan and Gordon Tullock, Preface, *The Calculus of Consent*, Michigan: the University of Michigan Press, 1965.

36) 이명석, 합리적 선택론의 신제도주의, 정용덕 외, 「합리적 선택과 신제도주의」 서울: 대영문화사, 1999, p. 17.

37) James G. March & Johan P. Olsen, The New Institutionalism: Organization Factors in Political Life, *The American Political Science Review*, 78, 1984, pp. 734-749; James G. March, *A Primer on Decision Making*, Free Press, 1994.

38) D. C. Mueller, *Public Choice II: A revised edition of public choice*, Cambridge: Cambridge University Press, 1989.

39) Hall & Taylor, op. cit.

40) Vivien A. Schmidt, Taking Ideas and Discourse Seriously: explaining change through discursive institutionalism as the fourth 'new institutionalism', *European Political Science Review*, 2(1), 2010, pp. 1-25.

41) 하연섭, 신제도주의의 최근 경향: 이론적 자기 혁신과 수렴, 「한국행정학보」, 36(2), 2002, pp. 339-359.

42) K. Orren & R. Skowronek, *The Search for American Political Development*. Cambridge: Cambridge University Press, 2004; W. Richard, Scott, *Institutions and Organizations*. 2nd ed., Thousand Oaks, CA: Sage, 2001; Kellee S. Tsai, Adaptive Informal Institutions and Endogenous Institutional Change in China, *World Politics*. 59(1), 2006, pp. 116-141.

43) Vivien A. Schmidt, Discursive Institutionalism: The Explanatory Power of Ideas and Discourse, *Annual Review of Political Science*, 11, 2008, pp. 303-326. DOI: 10.1146/annurev.polisci.11.060606.135342; 이종찬, 제도변화에 대한 이론적 고찰: 후기 신제도주의의 쟁점과 한계, 「한국정치학보」, 48(1), 2014, pp. 163-184.

44) S. E. Toulmin, *The Uses of Argument*, Cambridge: Cambridge University Press, 1958; W. Dunn, Reform as Arguments, *Knowledge*, 3, 1982, pp. 293-326; D. MacRae, Jr., Professional Knowledge for Policy Discourse: Argumentation versus reasoned selection of proposals, *Knowledge in Society*, 1, 1988, pp. 6-24; W. R. Fischer, *Politics, Values, and Public Policy: The problem of methodology*, Boulder, CO.: Westview Press, 1980; H. A. Goldstein, Planning as Argumentation, *Environment and Planning B*, 11, 1984, pp. 297-312; G. Majone, *Evidence, Argument and Persuasion in the Policy Process*, New Haven, CT.: Yale University Press, 1989.

45) Toulmin, op. cit.

46) Goldstein, op. cit. pp. 303-304.

47) Ibid.

48) A. J. Freeley, *Argumentation and Debate*, 5th ed., Belmont, CA.: Wadsworth, 1981.

49) Schmidt, op. cit.

50) Edward L. Thorndike, *Educational Psychology: The Psychology of Learning* Ⅱ, New York: Columbia University Teachers College, 1913.

51) 2001년 고시제도 개편에 행정자치부 내부 토론에서 담당공무원의 발언.

52) D. Easton, *The Political System: An Inquiry into the State of Political Science*, New York: Alfred A. Knopf, 1953

53) James D. Thompson, *Organization in Action*, New York: McGraw-Hill, 1967.

PART 2
행 정 환 경

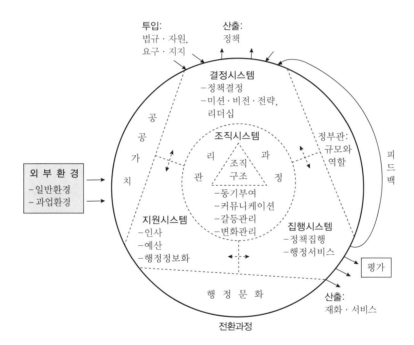

행정을 이해하기 위해서는 행정에 영향을 미치는 환경요소들을 잘 알아야 한다. 행정은 국민주권의 민주주의와 법치주의의 원리를 따라야 한다는 점에서 정치적으로 법적으로 영향을 받을 수밖에 없다. 이런 것은 제도적으로 이념적으로 충분히 예측할 수 있는 합리적 환경이다. 행정은 때로 불합리한 환경도 무시하지 못한다. 카카오의 자회사 카카오모빌리티(kakaomobility)는 2018년 12월 7일 카풀(승용차 공유) 시범 서비스를 선보였다. 비슷한 시기 쏘카(SOCAR)는 고객 맞춤형 차량 호출 서비스 '타다'를 출시하였다. 이에 택시업계는 강력히 반발하였고, 12월 10일 한 택시기사의 분신 자살로 택시업계와 플랫폼 기반 모빌리티 기업들 간의 갈등은 더욱 격화되었다. 정부와 국회는 4차 산업혁명 시대에 공유경제의 활성화가 필요하다는 인식을 하면서도 25만 명 이상 되는 택시기사들의 반발에 대한 정치적 부담 때문에 해법을 바로 내놓지 못했다. 이후 사회적 대타협의 논의 과정을 거쳐 2020년 운수법이 개정되면서 이들 승차 공유서비스는 사실상 중단되었다.

승차공유서비스에 대해서는 택시업계의 반발도 있지만, 교통의 편의성이 좋아지고 택시비도 낮아질 것을 기대하는 많은 시민 그리고 카풀서비스를 시작하려는 창업가들과 일자리 창출효과를 기대하는 정부는 찬성하는 입장이다. 현대 민주국가에서 100% 지지로 이루어지는 행정은 상상하기 힘들다. 행정은 이렇게 서로 대립되는 이해로 구성된 복잡한 환경 속에서 이루어진다.

행정환경은 최근 들어 불확실성이 무척 증가하였다. 환경을 구성하는 많은 요소들이 급속도로 변하고 있을 뿐만 아니라 변화의 규칙성도 없어 그만큼 미래 예측이 어려워졌기 때문이다. 특히 인터넷에 의한 정보의 급속한 확산으로 사소한 말 한 마디가 순식간에 태풍이 되어 돌아오는 현상을 목격하고 있다. 모든 구성원이 네트워크에 연결되어 있는 상태이다보니 정보공유의 속도가 빨라지고 불확실성도 높아진 것이다.[1]

근래 기업의 사주나 가족 또는 직장 상사의 인권침해적인 발언이나 행동이 SNS를 통해 순식간에 확산되고 결과적으로 개인이 책임지거나 심지어 회사의 존망에까지 영향을 미치는 사례가 자주 발생하고 있다. SNS를 한국어 자판으로 전환하면 '눈'이 되듯이 SNS로 연결된 많은 눈이 동시에 지켜보고 있는 사회가 되었다.[2] 현대사회는 변동성(Volatile), 불확실성(Uncertainty), 복잡성(Complexity), 모호성(Ambiguity)이 강한 VUCA의 시대라는 말에 공감하게 된다. 언제·어디서·무슨 일에 의해 정부나 공무원이 위기 상황을 맞을지 모르는 환경이 되어가고 있다.

환경을 전체적으로 보면 이런 복잡성과 불확실성 측면에서 이해할 수 있지만 분야별로 세분하여 이해할 수도 있다. 보통 정치적 환경, 법적 환경, 경제적 환경, 사회적 환경, 기술적 환경, 그리고 글로벌 환경으로 구분한다. 이들 환경은 모든 행정에 전반적이고 일반적인 영향을 미치는 '일반환경'으로 부르곤 한다. 이에 비해 개별 행정기관이나 공무원에게 업무적으로 보다 직접적인 영향을 미치는 환경을 '과업환경' 또는 '구체적 환경'이라고 부를 수 있다. 과업환경에는 대통령, 국회, 법원, 언론기관, 국민, 시민단체, 정당, 이익집단 등이 포함된다.

일반환경

03

이 장에서는 일반환경을 정치적 환경, 법적 환경, 경제적 환경, 사회적 환경, 기술적 환경, 그리고 글로벌 환경으로 나누어 설명한 후 행정과 환경의 관계를 알아본다.

1. 정치적 환경

행정체제는 엄밀히 말해 정치체제의 하위체제이다. 정치 없이 행정은 있을 수 없다. 정치적 환경은 행정의 정책결정에서부터 구체적인 재화나 서비스의 제공에 이르기까지 영향을 미치는 공식적·비공식적 정치제도와 가치로 구성되어 있다. 신제도주의 관점에서 대통령제와 의원내각제 중 어느 쪽 성격이 강한지, 대통령 임기가 5년 단임인지 4년 중임인지, 대통령과 입법부 그리고 사법부와의 힘의 균형이 어느 정도인지, 양당제도인지 다당제도인지, 중앙정부와 지방정부간의 권한배분이 어떠한지 등 공식적·비공식적 제도가 행정의 중요한 환경을 형성하게 된다. 이 밖에도 정당의 정책투입 기능, 언론의 행정감시 기능, 시민단체의 행정감시 및 정책기능, 국민의 행정에 대한 관심도와 여론이 무시할 수 없는 정치적 환경이다. 보다 추상적 차원에서 보면 국가의 정치이념적 성향, 다원주의 성향, 정치적 안정, 정치의식수준까지도 환경으로 고려할 수 있다.

과거 권위주의 정부에서 정치적 환경은 어느 정도 단순했고 안정적이었으며 예측가능하였다. 박정희 정부에서 노태우 정부에 이르기까지 헌법이 몇 번 바뀌긴 했지만 권력의 중심세력은 연속선상에 있었고,

권력이 대통령에게 비대하게 집중되어 있었기 때문에 정치적 환경은 대통령에 의해 만들어졌고 다른 주체의 역할은 미미하였다. 80년대 민주화 세력이 등장하여 역동성을 가져왔지만 국가의 힘이 시민의 힘보다 절대적으로 강했던 시기이기 때문에 정치적 환경의 변화는 매우 점진적이었다. 김영삼 정부가 들어서 과거의 권위적 성향이 감소하고, 1995년에 지방자치제가 본격적으로 도입되고 시민단체의 정치 참여가 활발히 이루어지는 등 정치민주화의 변화가 있었으나 김영삼 정부 역시 국회를 포함한 정치적 기반이 과거 정치세력에 있었기 때문에 정치적 환경의 급격한 변화는 없었다. 당시는 직업공무원들로 충원되어오던 청와대 비서실에 선거 참모나 시민단체에서 사람들이 들어오는 것을 가지고 우려를 나타낼 정도였기 때문에 정치환경의 일반적 상황은 계속 과거의 안정성을 유지하였다.

정치환경의 변화는 김대중 정부 들어서면서 시작되었다. 박정희 정부 이후 최초로 야당이 집권하는 변화였다. 김대중 정부는 역대 정부와는 상당히 차별적인 통일관과 경제관을 가지고 국정을 운영하기 시작했다. 북한 포용의 햇볕정책이나 배분을 고려한 생산적 복지 등 행정현장은 변화를 실감해야 했다. 그러나 아직도 국회는 야당(과거 여당)이 다수를 차지하고 있어 과거와의 단절적인 정책변화를 견제하고 있었기 때문에 과거의 구심력이 어느 정도 유지되고 있었다.

정치환경이 가장 크게 변화되고 복잡성과 불확실성이 심화된 것은 노무현 정부 때였다. 노무현 대통령은 당선에서부터 네티즌 세력을 새로운 정치세력으로 등장시켰다. 진부하고 부패한 구세대와 진보적이고 도덕적인 신세대의 전선을 형성하며 세대교체에 나섰다. 2004년 국회의원 선거에서는 다수당의 지위까지 확보하면서 완전한 정권교체를 이루었다. 거기에 지금까지 한국사회에 오랫동안 지배적 영향을 미쳐온 일부 언론기관, 야당, 지역(특히 서울 강남), 사법부 등을 하나로 묶어 지배세력의 교체를 시도하였다. 이러한 변화는 이해의 재배분을 초래하며 결국 대립되는 세력들 간 갈등을 심화시켰다. 2008년 출범한 이명박 정부와 2013년 출범한 박근혜 정부는 노무현 정부와 다르게 다시 정치적으로 보수주의와 경제적으로 시장 중심의 성장전략을 추진하였다. 이명박 정부 초기에는 이전 10년의 진보 정권에서 추진했던 정책기조를 바꾸고 전임 정부에서 임명되었던 공공기관장을 교체하는 등 행정의 정치적 환경은 불확실성이 높아졌다. 다만 이명박 대통령은 정치권과 시민단체의 참여를 통한 정당성 확보보다는 실용주의 정신과 기업 마인드를 가지고 효율성과 성과를 강조하였기 때문에 행정에 미치는 정치적 환경은 오히려 이전의 진보정권에 비해 단순했다고 볼 수 있다.

PART 1
행정과 행정학의 이해

PART 2
행정환경

PART 3
행정내부환경

PART 4
결정시스템

PART 5
집행시스템

PART 6
조직시스템

PART 7
지원시스템

PART 8
산출과 피드백

박근혜 정부는 보수 정권의 연장이었기 때문에 정치적 환경의 큰 변화는 없었다. 다만 박근혜 대통령은 개성공단폐쇄나 사드배치결정과 같이 대북관계와 국가안보에서 강한 정치적 보수 성향을 가지고 있었다. 또한 규제프리존 도입 등 규제개혁과 노동개혁에서는 강한 시장주의 이념성을 가지고 국정을 운영하였다. 이념성이 강해지면서 국회 야당과의 협조가 힘들어졌고 특히 진보성향 시민단체의 강한 반대에 직면하면서 보수·진보 진영 간 갈등도 심화되었다. 국정과제를 추진해야 하는 행정으로서는 국민적 공감과 다수의 지지를 얻기가 어려운 정치적 환경이었다.

문재인 정부는 보수정권의 이념이나 정책기조에서 급격한 전환을 시도하고 있다. 정부 출범 초기에 80년대 운동권 및 진보 시민단체 출신이 국정운영의 중심적인 역할을 담당하면서 남북관계, 최저임금인상, 주52시간근무제, 소득주도성장, 각종 복지수당의 신설 및 증액 등등 진보 이념으로의 전환이 다양한 영역에서 일어났고 그 속도가 빠르게 진행되었다. 이와 같이 정권교체가 이루어지면 주도세력이 바뀌면서 그들의 정치적 이념에 따라 정책기조가 바뀌고 정치세력 간의 관계가 역동적으로 변화한다. 행정은 끊임없이 새로운 정치적 환경의 도전에 직면하게 되는 것이다.

2. 법적 환경

행정의 주체로서 정부는 법에 의해서 만들어진 기관이다. 정부와 행정은 기본적으로 법의 기초 위에 서 있는 건물이고 건물관리에 해당한다. 절대군주가 지배하던 시대에는 법 없이 군주의 명령으로 국가가 움직였지만 의회민주주의에 의한 '법의 지배'가 확립되면서 법적 근거가 없는 사람에 의한 행정은 생각할 수 없게 되었다. 행정이 스스로 규정을 만드는 행위조차도 행정절차법의 규정을 따라야 한다는 점을 고려하면 행정은 법집행이라 해도 과언은 아닐 것이다. 대부분의 공무원 책상 위에서 업무규정집을 어렵지 않게 찾아볼 수 있는 것도 행정에서 법의 중요성을 보여주는 단적인 예이다.

현재 행정에 가장 큰 영향을 주고 있는 법적 환경으로는 소위 국회선진화법을 들 수 있다. 국회의장의 법안 직권상정과 다수당의 '날치기' 법안 처리를 금지하기 위해 2012년 제정된 선진화법은 의석수가 재적 3/5(180석)에 미치지 못하면 다수당이라 하더라도 예산안을 제외한 법안의 강행 처리가 실질적으로 불가능하도록 규정하고 있다. 실제로 박근혜 정부는 국회 과반 의석을 확보하고도 경제활성화 관련 상당수 법안이 국회 통과까지 2~3년이 걸리고 임기 내 통과시키지 못한 중요 법안도 많았다. 문재인 정부 역시 개혁법안을 국회에서 통과시켜야 하지만 여당 단독으로 180석이 안 되기 때문에 국회선진화법을 극복하기에는 한계가 있어 보인다. 국회선진화법은 법안통과 과정에서의 단상점거, 철야농성, 몸싸움과 같은 전근대적 행태를 막는 긍정적 효과도 있지만 국회의 입법 생산성을 떨어뜨리는 문제점을 안고 있다. 문제인식을 공유함에도 불구하고 정권이 바뀌면 여야의 이해관계가 정반대로 바뀌어 법개정이 쉽지 않은 상황이다. 국회선진화법은 당분간 정부·여당이 원하는 법개정을 어렵게 만들어 법적 근거가 필요한 개혁이나 중요 정책의 추진을 힘들게 하는 법적 환경으로 작용할 것이다.

한국행정의 법적 환경에서 주목해야 할 또 하나는 법의 이상과 현실의 괴리이다. 법이 국민 생활에 필요한 최소한의 질서를 보장하기 위해 국민적 합의로 이루어지는 경우 괴리의 문제는 심각하지 않다. 시민사회가 성숙하고 법치국가의 오랜 역사를 가진 유럽이나 미국이 그렇다. 그런데 우리나라는 광복 후 서구의 근대화된 법제도를 도입하다보니 현실이 따라가지 못하는 경우가 많았다. 그것은 지금도 마찬가지라서 국민연금제도, 부정청탁금지법(소위 김영란법), 공무원 재산등록제도 등 많은 법이 현실을 이상의 세계로 끌어올리기 위한 수단적 역할을 하고 있다. 법을 만드는 단계에서부터 현실을 충분히 이해하고 관련 당사자의 의견을 수렴하여 이루어지기보다 외국의 관련 규정을 참고하여 이상적인 규범세계를 법제화하는 경향을 버리지 못하기 때문이다. 법안이 국회에서 충분히 공론화된 후 입법이 이루어지는 것이 아니라 관련 부처 중심으로 법안이 개발되다보니 나타나는 현상이기도 하다.

현실과 이상의 괴리는 국민이든 공무원이든 법에 대한 신뢰성을 떨어뜨린다. 법을 집행하는 과정에서 자의성 내지 재량의 폭이 커지고 법의 일관성과 공정성을 잃기 쉽다. 법이 보편성을 갖기보다 상황에 따라 달리 적용되는 상대성과 특수성을 갖는 경우가 많다. 그러다 보니 유전무죄 무전유죄라는 말이 생기기도 하고 행정에서 특혜의 시비가 끊임없이 제기된다. 실정법 위에 '정서법'이나 '떼법'이 힘을 쓰는 이유도 법이 지나치게 이상으로 향하고 현실에서 지켜지기 힘든 경우가 많다보니 법에 대한 정당성이나 권위를 인정받지 못하기 때문이다.

법적 환경은 법의 집행이라는 측면에서는 단순하지만, 법의 권위가 충분히

PART 1
행정과 행정학의 이해

PART 2
행정환경

PART 3
행정내부환경

PART 4
결정시스템

PART 5
집행시스템

PART 6
조직시스템

PART 7
지원시스템

PART 8
산출과 피드백

존중되지 않고 현실과의 괴리 속에서 준법정신이 약하고 자의적 해석의 폭이 크기 때문에 불확실성을 내포하고 있다. 법이야 말로 가장 안정적이고 예측 가능해야 할텐데, 분명히 관련 법규정이 있는데도 그 적용의 일관성이나 확실성이 보장되지 않고 있는 것이다.

한국에서 법적 환경은 행정에 '이중구속(double bind)'[3]의 틀을 씌우고 있다. 하나는 법치원리에 따른 엄격한 법적용이다. 감사원의 적발위주 감사는 이러한 행정을 더욱 강화시키고 있다. 가능한 재량적 판단을 유보하고 법규정의 자구(字句)를 기계적으로 적용하는 소극적 행정을 유도하게 된다. 그런데 이 경우 민원이 많이 발생한다. 현실과의 괴리가 있는 규정일수록 민원은 많아질 수밖에 없다. 한편 여론을 중시해야 하는 정치인들은 보다 유연한 법의 적용을 행정에 요구한다. 자구에 얽매이기보다 국민의 입장에서 적극적으로 법을 해석하고 적용할 것을 요구한다. 그런데 그런 적극적이고 선의로 한 행정의 결과가 좋지 않은 결과를 가져오면 감사를 받게 되고 징계를 받기까지 한다. 실제로 대통령이 적극적으로 규제개혁을 주창하고 정치권과 기업이 강력하게 요구함에도 불구하고 실질적인 성과가 나타나지 않는 것은 현장의 공무원이 현실과 괴리된 법의 적용에서 이러지도 저러지도 못하는 딜레마 상태에 빠지기 때문이다.

법적 환경의 종착지는 법원의 사법심사이다. 행정행위에 대하여 불만이 있는 경우 자신의 권익을 보호받기 위해 법원으로 가는 것이다. 이런 법원의 판결을 통해 갈등이 정리되며 그동안 모호했던 법해석이 명확해진다. 그동안 많은 갈등 사례가 정치의 장에서 해결되지 않고 불안한 상태로 표류하는 경우가 많았는데, 근래 들어 문제해결을 법적으로 접근하는 사례가 증가하고 있다. 정치를 법으로 정리해야 하는 법원의 입장에서는 힘든 일이지만 이러한 현상은 법적 환경은 물론이고 정치적 환경을 보다 예측 가능하도록 만드는 데 기여할 것이다.

여전히 시민의식과 준법정신이 부족한 한국사회

시장조사전문기업 엠브레인 트렌드모니터(trendmonitor.co.kr)가 전국 만 19~59세 성인남녀 1,000명을 대상으로 우리나라의 '법(法)'에 대한 전반적인 인식을 살펴본 결과, 법에 대한 신뢰가 크게 무너져 있었으며, 법이 시대의 변화를 뒤따라가지 못한다는 지적도 쉽게 찾아볼 수 있었다. 먼저 한국사회는 준법정신이 부족한 사회라는 인식이 강한 것으로 조사되었다. 전체 10명 중 2명(21.8%)만이 우리사회는 법이 잘 지켜지고 있는 편이라고 바라봤을 뿐이다.

〈중략〉

자신의 권리가 침해당했을 때 법을 통해 해결을 할 수 있고(22.7%), 법이 자신을 보호해줄 것이라고(18.6%) 믿는 사람들이 10명 중 2명에 불과했으며, 위험에 빠지거나 어려운 일에 직면했을 때 법의 보호를 받을 수 있다(23.3%)는 기대감도 찾아보기 어려웠다.

법이 국민들을 보호해주지 못한다는 생각의 반대편에서는 법이 권력과 돈 앞에서만 관대한 태도를 보인다는 목소리가 들끓고 있었다. 전체 10명 중 9명(88.8%)이 여전히 한국사회는 '유전무죄, 무전유죄'의 사회라는 데 공감을 했으며, 법보다는 주먹이나 돈의 힘이 더 세다고 바라보는 시각도 64.7%에 이른 것이다 … 또한 전체 응답자의 85.8%가 권력자들은 법을 잘 지키지 않는다고 바라보기도 했다. 그에 비해 우리나라의 권력자들은 준법의식이 강하다는 인식(5.7%)은 찾아보기가 어려워, 돈과 권력 같은 '힘'을 가진 사람들이 법을 악용하고 있다는 의심이 상당히 크다는 것도 느낄 수 있었다. 이렇게 법에 대한 불신이 전반적으로 강한 만큼 '법을 지키는 사람만 손해'라고 생각하는 것도 당연해 보였다. 전체 응답자의 64.6%가 요즘은 법대로 살면 손해를 보는 세상이라는 생각을 가지고 있었는데, 특히 다른 연령에 비해 30~40대(20대 60.4%, 30대 65.2%, 40대 71.2%, 50대 61.6%)가 많이 공감하는 모습이었다. 전체 절반 이상(53.9%)은 필요하다면 법을 어기는 경우가 발생할 수 있다는 생각도 하고 있었다.

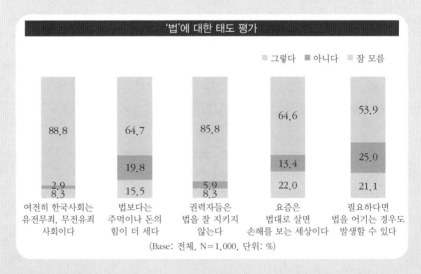

(Base: 전체, N=1,000, 단위: %)

자료: 엠브레인 트렌드모니터, 2018 법에 대한 전반적 인식 조사, 2018. 11. 9.

PART 1
행정과 행정학의 이해

PART 2
행정환경

PART 3
행정내부환경

PART 4
정치시스템

PART 5
경제시스템

PART 6
조직시스템

PART 7
지원시스템

PART 8
산출과 피드백

3. 경제적 환경

　　정치적 환경과 법적 환경은 대통령, 국회, 정당, 시민단체, 법원 등 행위의 주체가 분명하고 행정과의 상호작용에서 대체로 영향을 미치는 독립적 지위에 있다. 반면에 경제적 환경은 생산자와 소비자, 사용자와 노동자, 정부와 시장의 상호작용에 의해 만들어지는 현상이다. 따라서 행정에의 일방적 영향보다는 상호의존적 내지는 오히려 정부 의존성이 강하다. 시장경제를 지향하지만 현재의 한국경제 현실에서 시장질서에 대한 정부의 심판자 역할이 분명히 요구되고 있고, 또한 4차 산업혁명 시대를 맞아 정부가 기업의 구조조정을 선도하고 산업화 시대 만들어진 규제를 개혁하는 데 정부의 적극적인 역할이 필요하기 때문이다.[4]

　　경제적 환경을 구성하는 대표적인 현상은 전반적인 국내 및 국제 경기(침체, 호황), 물가, 이자율, 실업률, 저축률, 임금상승률, 국가총생산(GDP), 환율, 정부재정수지, 무역수지, 지니(GINI)계수, 주식시장, 부동산시장 등이다. 경제현상을 보여주는 이러한 각종 지표는 정부의 정책개발에 영향을 미치고 정부의 정책에 의해 변화가 일어난다. 대표적으로 2018년부터 수도권에서 아파트 가격이 급격히 상승하자 정부는 24차례(2020년 말 기준)의 부동산 대책을 내놓았다. 하지만 정부의 주택 공급 대책, 다주택 및 고가 주택 소유자에 대한 세금(보유세, 양도소득세) 중과, 그리고 잦은 대증요법식 처방이 시장의 안정이 아니라 불확실성을 키우는 결과를 초래하기도 하였다.

　　정부와 시장 모두에게 가장 문제가 되는 것은 경제적 환경의 불확실성이다. 현재 한국의 경제정책에 대한 불확실성은 매우 높은 편이다. 한국의 경제정책불확실성 지수는 문재인 정부 출범 첫 해에는 100 안팎이었으나, 2020년에는 미중 무역갈등과 코로나19 사태의 영향으로 160에서 255 범위의 높은 불확실성 수준을 나타냈다.[5] 한국은 수출의존도가 매우 높아 세계경제의 영향을 피할 수 없고, 특히 중국과 미국 의존도가 높아 이들 국가의 경기와 경제정책에 직접적인 영향을 받게 된다. 따라서 미·중 무역분쟁이나 달러 환율의 변동이 한국경제의 불확실성을 높이는 한 요인인 것도 사실이다. 하지만 국내적으로도 소득주도성장의 모호성, 최저임금의 급격한 인상과 주52시간근무제의 경직적 도입에 따른 기업 및 소상공인의 경제활동 위축, 소득 불평등 심화, 소비 부진 등등 정부에 의한 불확실성 요인도 부정할 수 없는 상황이다.

　　경제환경의 불확실성은 정치적 환경에 의해서 심화되기도 한다. 경제정책이 경제논리가 아니라 정치논리에 의해 결정되는 경우가 자주 나타난다. 경제논리와 정치논리가 첨예하게 대립하고 있는 영역은 규제완화이다. 투자유치를 통한 일자리 창출과 경제활성화의 경제논리로 보면 기업이 원하는 수도권에 공장을 설립할 수 있도록 규제(공장총량제)를 완화해야 하는데, 국토균형발전이라는 정치적 가치와 상충되고 현실적으로 여야를 불문하고 수도권 이외의 모든 지역 국회의원과 지방자치단체장이 반대하고 있는 상황이다. 대형마트 의무휴업 및 영업시간 제한 규제는 위법이라는 고법의 판결(2014. 12. 12)을 계기로, 전통시장 활성화의 공생차원에서 규제가 필요하다는 정치논리와 소비자 선택권이 우선하여야 한다는 경제논리가 다시 이해당사자들 간 쟁점이 되고 있다. 의료, 교육, 금융 등 서비스 시장 규제완화의 경우에도 경제논리로 접근하는 정당과 이를 반대하는 정당 간에 정치적 쟁점으로 계속 남아있다. 특히 대선, 총선, 지방선거 등 잦은 선거로 선거 때마다 정당이나 정부가 앞장서 선심성 정책을 남발하면서 경제를 왜곡시키곤 한다. 특히 정부가 발표한 정책을 여당 안에서 반대하여 혼선을 빚는가 하면 정부 스스로 정책의 일관성을 유지하지 못하는 경우도 있다. 정부 정책의 신뢰성 결여가 경제의 불확실성을 높이고 있다.

최근 한국경제상황은 부동산 시장 불안, 저성장, 내수 및 투자 부진, 가계부채, 청년실업 등의 문제가 행정에 많은 숙제를 안기고 있다. 이런 경제문제는 개인이나 기업의 경제주체에 의해 시장에서 발생하기도 하지만 정부 정책의 실기와 실패에 기인할 수 있기 때문에, 경제적 환경은 정부와 시장이 2인3각처럼 서로 물리면서 돌아가고 있는 것이다.

4. 사회적 환경

현재 사회적 환경을 구성하는 요소들 중에서 가장 심각한 문제는 인구통계에서 확인할 수 있다. 인구 규모와 구성은 생산, 소비, 투자 등의 경제활동은 물론 사회생활 전반에 영향을 미치는 중요한 변수라고 할 수 있다. 그런데 현재 우리나라는 저출산·고령화의 문제로 국가적 위기를 맞고 있다. 합계출산율[a]은 2017년 1.05에서 2018년부터 1명 미만으로 떨어졌다. 합계출산율이 2.1이 되어야 현재의 인구를 유지할 수 있는데 그 절반도 안 되는 수준이기 때문에 인구감소는 시간문

___
a) 여성 1인이 가임기간(15~49세)에 출산할 것으로 기대되는 평균 자녀 수.

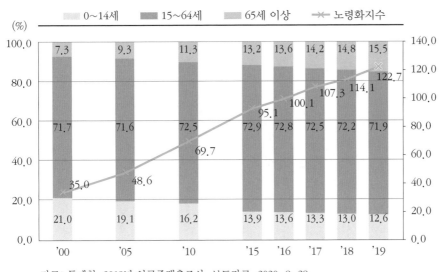

PART 1 행정과 행정학의 이해
PART 2 행정환경
PART 3 행정내부환경
PART 4 결정시스템
PART 5 집행시스템
PART 6 조직시스템
PART 7 지방시스템
PART 8 산출과 피드백

[그림 3-1] 인구 구성비 및 노령화지수

자료: 통계청, 2019년 인구주택총조사, 보도자료, 2020. 8. 28.

제일 뿐이다. 「2019 인구주택총조사」 결과(〈그림 3-1〉) 우리나라의 고령화율[a]은 15.5%로 이미 고령사회에 진입하였다. 출산율은 떨어지고 노인인구는 증가하면서 노령화지수[b]는 2019년 122.7을 기록하여 2016년(100.1)보다 22.6포인트 상승했다. 한편 유소년과 고령 인구를 제외한 15~64세의 생산연령(가능)인구는 2016년 3,631만 명에서 2019년 3,594만 명으로 감소 추세를 지속하고 있다.[6]

통계수치로 나타나는 저출산·고령화의 인구 구성비의 변화는 저성장뿐만 아니라 생산성 및 잠재성장률을 저하시키고, 노인복지를 위한 재정부담 및 복지서비스 인력 수요를 증가시킨다. 또한 유치원에서부터 초중고 대학까지의 구조조정과 이로 인한 일자리 축소 및 교육생태계를 붕괴시킬 가능성이 있다는데 그 심각성이 있다.[7]

인구구성과 함께 국민인식의 변화도 사회적 환경을 구성하는 중요한 요소이다. 그동안 한국사회는 단일민족으로의 공동체 의식이 강했기 때문에 행정환경으로서 사회환경은 그렇게 복잡하거나 불확실한 것은 아니었던 것으로 본다. 특히 개인의 자유가 국가권력에 의해 제약받던 권위주의 정부에서는 더욱 그랬다. 그

---

a) 총인구에서 65세 이상 고령(노인) 인구가 차지하는 비율.
b) 유소년(14세 이하) 100명당 고령인구 비율.

러던 것이 김영삼 정부, 김대중 정부, 노무현 정부로 이어지면서 국민들의 기본권에 대한 인식이 높아졌고 그 결과 사회의 다양한 목소리가 정치와 행정에 투입되었다. 조정과 타협 그리고 양보라는 시민정신이 내재화되지 않은 상태에서 이러한 다양한 이해는 대립과 갈등을 초래하는 경우가 많았다. 혐오시설을 건설할 때마다 우리 마을에는 안 된다는 님비(NIMBY)현상이 나타나고, 다수의 지역주민이 찬성하는 개발사업의 경우에는 환경보존 시민단체가 나서 반대하는 등 갈등에 의한 사회적 불안이 점증하기 시작했다.

사회적 갈등과 불안은 정권이 교체되어 국정이념이 바뀔 때 더욱 격화되는 경향이 있다. 특히 오랜 권위정부를 마감하고 집권한 김대중 정부와 노무현 정부의 진보정권 시기에는 정치적 의사표현이 보다 자유로워지고 또한 지배세력의 교체 성격을 띠었기 때문에 갈등이 전국적으로 나타나고 대립의 정도도 심각하였다. 김대중 정부의 햇볕정책과 노무현 정부의 행정수도 이전 문제는 당시 두 대통령 임기 내내 갈등의 요인이 되기도 하였다. 이후 보수정권(이명박 정부와 박근혜 정부)으로 권력이 돌아가고 다시 진보정권(문재인 정부)이 집권하면서 이익충돌과는 차원이 다른 이념 차원의 사회적 갈등이 지속되고 있다.

보수정권과 진보정권은 대표적으로 대북관계, 노동·복지·경제정책, 에너지 정책 등에서 이념적으로 커다란 차이를 보이고 있다. 구체적으로 체제경쟁의 시각에서 강경한 대북관과 남북화해협력의 시각에서 유연한 대북관, 노동시장의 유연성을 높이고 기득권화된 노동조합을 개혁하자는 주장과 노동자의 권익을 보장하기 위해 노동권을 강화하자는 주장, 도움이 필요한 사람들에게만 복지서비스를 제공하자는 맞춤형(선별적) 복지와 국민 누구나 동일하게 복지혜택을 받아야 한다는 보편적 복지, 정부개입을 최소화하고 시장의 자율에 맡겨야 한다는 입장과 대기업의 지배력을 약화시키는 재벌개혁을 위해 정부가 적극 개입하여야 한다는 입장, 그리고 경제성이 높고 세계적 경쟁력을 가진 원전을 지속 건설해야 한다는 주장과 원전 건설을 중단하고 신재생 에너지로 전환해야 한다는 주장이 서로 충돌하고 있다.

이 밖에도 현재 한국사회의 사회적 갈등의 원인은 소득 격차(소득 상위계층과 하위계층의 상대적 소득 차이), 노동시장의 이중구조(대·중소기업 및 정규·비정규직 임금격차), 남녀 성차별 인식 차이 등에서 찾을 수 있을 것이다. 이들 문제는 정부는 물론 정치권, 시장, 시민사회가 함께 노력하여 해결할 부분이다. 물론 이들 문제에 관한 정책을 직접 관장하는 행정부처가 우선적으로 대응할 책임이 있다.

PART 1
행정과 행정학의 이해

PART 2
행정환경

PART 3
행정내부환경

PART 4
결정시스템

PART 5
집행시스템

PART 6
조사시스템

PART 7
지원시스템

PART 8
산출과 피드백

5. 기술적 환경

기술은 일반적으로 투입을 산출로 전환시키는 방법과 과정으로서 목표 달성을 위한 수단적 가치를 지닌다. 기술은 산업화사회를 정보화사회 내지 4차 산업혁명으로 전환시킨 결정적인 역할을 했고 그 중에서 정보통신(ICT)기술은 경제는 물론이고 행정, 정치(대표적으로 전자민주주의), 사회, 문화 등 곳곳에 영향을 미치고 있다.

행정에의 기술적 환경은 정치, 경제, 사회 분야의 환경 변화를 통해 간접적으로 행정에 영향을 미칠 뿐만 아니라, 행정체제의 전환과정에 새로운 기술이 실제 접목되어 행정의 일하는 방식에 직접적인 변화를 이끌고 있다. 예를 들어, 전자정부 구축에 의한 통합행정서비스를 통해 과거에 직접 행정기관을 방문해야만 가능했던 각종 민원서비스가 집에서 개인 컴퓨터 단말기를 통해 가능하게 되었다. 정책이나 행정서비스에 대한 문제점이나 불만도 '국민신문고', '시민참여', '참여마당' 등을 통해 제기하고 신속한 피드백이 돌아온다. 내부 행정에서도 원격화상회의로 공간을 초월하여 실시간 회의가 가능해졌고 상사가 있어야만 가능했던 서면결재도 전자결재로 전환되고 있는 상황이다. 다음의 사례와 제16장을 보면 기술이 행정을 얼마나 변화시키고 있는지를 잘 이해할 수 있다.

- 필자가 부산지방법원에 부임해 가장 먼저 한 일이 전 법관, 직원들 휴대전화 번호를 엑셀자료 동기화하는 방식으로 스마트폰에 자동등록시켜 모든 구성원을 카카오톡, 문자메시지 친구가 되게 한 것이다. 이를 통해 법원 구성원 누구나 직급, 보직에 상관없이 법원장에게 직접 문자나 전화, 카톡 등으로 소통할 수 있는 물적 기반이 구축되었다. 그 기반 위에 간부진 그룹채팅방, 실무진 방, 국·과장단 방 등 성격에 맞는 그룹 대화방을 개설했다. 이를 통해 의사교환과 정보공유가 자유롭게 이루어지게 했고, 사무국 과별로 자율적으로 그룹형 SNS인 네이버 밴드를 만들어 과원 상호 간 심리적 장벽 제거, 팀워크 유지, 물처럼 흐르는 소통이 자연스럽게 유도되도록 했다.[8]
- 국가정보자원관리원은 디지털 트랜스포메이션의 주요 기술인 인공지능(AI), 사물인터넷(IoT), 빅데이터, 클라우드 같은 신기술에 대응하는 행정안전부 소속기관이다. 관리원은 범정부 빅데이터 공통기반 플랫폼인 '혜안'을 통한 과학적 행정 활성화도 추진하고 있다. 중요 사례로 대전시와 협력해 119와 긴급출동 차량에 대한 시스템을 개선했다. 기존에는 단순히 직선거리 기준으로 가장 가까운 소방서에서 출동하는 방식이었다. 이를 1년간의 긴급차량 GPS 정보를 분석하여 가장 빠른 시

간에 도착할 수 있는 소방센터에서 출동할 수 있도록 변경했다. 최근에는 AI를 활용해 검역본부 검역 기능을 과학적인 방법으로 바꿨다. 기존에는 출입 비행기를 경험에 의존하여 검색했는데, 데이터를 토대로 출발공항, 항공사 등 다양한 데이터를 인공지능으로 분석하여 불법 농축산물 유입 가능성이 높은 비행기를 선별해 검역을 강화했다.[9]

기술적 환경의 복잡성과 불확실성은 예측하기 힘들 정도의 빠른 속도로 새로운 기술이 등장하고 과거의 기술을 무용지물로 만드는 기술의 진보로 가속화되고 있다. 기술의 생존주기가 짧아졌고 그런 기술을 적시에 업데이트하지 못하는 경우 전체 시스템으로부터 단절되는 현상을 가져오게 된다. 특히 4차 산업혁명을 대표하는 빅데이터, AI, 블록체인, IoT, 스마트 시티, 드론, 로봇, 공유경제 등의 기술과 산업을 육성하기 위해서는 법이 허용하는 것만 할 수 있었던 포지티브(positive) 방식의 규제가 커다란 장애가 되고 있다. 이런 문제를 해결하기 위하여 정부는 새로운 제품이나 서비스를 시험하고 검증하고자 할 경우에 '우선허용·사후규제'하는 네가티브(negative) 방식을 2019년부터 도입했다. 하지만 우선허용이라도 일정한 심의를 거쳐야 하고, 이 단계에서부터 시민단체나 이해집단의 반발에 부딪힐 가능성이 높다. 신기술은 개발 못지않게 상용화가 중요하고, 경쟁국가에 비해 상용화가 늦어지면 가치를 창출하지 못한 채 사장되기 쉽다. 4차 산업혁명의 기술적 환경에서 행정은 적어도 신기술이 개발되고 사업화될 수 있도록 제도적으로 뒷받침하고 반대 집단을 설득해야 하는 중요한 과제를 안게 된 것이다.

4차 산업혁명과 정부의 미래

● 4차 산업혁명

4차 산업혁명은 우리가 관리해야 할 위험을 내포하고 있다. 문제는 4차 산업혁명이 불러올 변화가 선형이 아니고 현재 존재하는 것의 단순한 확장도 아닐 수 있다는 점이다. 더구나 변화의 속도를 예측하기도 어렵다. 변화의 범위와 속도에 대해서는 논쟁의 여지가 있지만, 정부가 곧 심각한 도전에 직면할 것이라는 점에는 의문의 여지가 없다. 이 새로운 시대가 시작되면 정부는 극적인 새로운 미래를 계획하기보다는 토론에 부칠 '큰 질문'을 준비해야 한다. 토론을 통해 문제가 발생했을 때 사회가 정부에 기대하는 것이 무엇인지를 명확히 이해해야 한다.

〈중략〉

PART 1
행정과 행정학의 이해

PART 2
행정환경

PART 3
행정내부환경

PART 4
결정시스템

PART 5
집행시스템

PART 6
조직시스템

PART 7
지원시스템

PART 8
산출과 피드백

정부는 선도적으로 대응해야지 기술이 개발된 후 사후적으로 대응해서는 안된다. 정부는 민간부문이 기술혁신을 통해 정부도 어쩔 수 없는 분위기를 조성하지 못하도록, 민간부문의 기술개발이 어디까지인지 경계를 설정해야 한다. 정부는 4차 산업혁명을 이끄는 민간부문의 활동가들과 소통하고 토론해야겠지만 우선적으로 고려할 것은 공공의 가치이다. 예지력, 기획 및 기타 필요한 도구를 통해 정부는 향후 등장할 기술을 어느 지점에서 어떻게 관리할지를 결정하기 위해 기술동향을 파악해야 한다.

● 공공관리의 패러독스

공공 부문에 대한 4차 산업혁명의 효과는 역설적일 수 있다. 정부의 효과성을 높이고 서비스 제공의 효율성을 높일 수 있는 기회가 되면서, 동시에 정부가 운영방식을 혁신해야 한다는 엄청난 압박이 될 것이다. 불평등이 지속적으로 악화된다면 정부는 엄청난 재정 압박에 직면할 수도 있다.

한편 정부가 4차 산업혁명이 제공하는 기회를 최대한 활용할 수 있는 측면이 있다. 새로운 지식의 창출로 정부는 경제 및 사회 문제를 다루기 위한 정책개발 및 증거기반 정책에 대한 역량을 향상시킬 수 있다. … 정부는 새롭게 진화하는 온라인 기술을 활용해서 시민들에게 서비스를 더 잘 제공할 수도 있다. 예를 들어, 로봇이 그리 멀지 않은 미래에 공원과 레크리에이션 시설의 유지·보수 작업을 상당히 대체할 수도 있다. 4차 산업혁명은 보다 적은 비용으로 더 많은 서비스를 제공하는 더욱 효과적이면서 더 작은 정부를 만들 수 있다. 따라서 4차 산업혁명은 시민에게 더 나은 정책, 더 높은 효율성, 그리고 더 좋은 프로그램과 서비스를 제공할 수 있게 된다.

자료: Ian Roberge, The Fourth Industrial Revolution and the Government of the Future, *Service Delivery Review*, 11(3), 2018, pp. 8~9 재편집. 원문을 '구글 번역'한 다음 저자가 다시 의역함.

6. 글로벌 환경

글로벌 환경은 우리나라의 경계 밖에서 우리 행정에 영향을 미치는 모든 요소들로 정치, 법, 경제, 사회, 기술 모든 측면에 내재되어 있다. 우리는 1997년 외환위기 및 2008년 국제금융위기에서 글로벌 환경의 충격을 경험하였다. 1997년 외환위기는 외국계 금융자본이 한국에서 빠져 나가면서 발생한 것으로 한국경제가 더 이상 폐쇄체제가 아님을 확인시켜 줌과 동시에 이제 국내에서만의 균형이나 안정은 의미가 없다는 것을 가르쳐 준 사태였다. 2008년 시작된 글로벌 금융위기 때 해외 변수가 우리 시장에 준 충격은 외환위기 때보다 주가의 경우 3.6배, 환율의 경우는 8배나 됐다고 한다. "우리 금융시장의 체력이 해외 충격에 취약한 '유리그릇'이 됐다는 뜻이다."[10]

비유하건대 옛날 계단식 논(오른쪽 그림)에서 농사를 지을 때 윗자락 논주인은 물이 들어오고 나가는 물꼬를 조절할 수 있었다. 그런데 개방체제는 들어오고 나가는 물꼬를 항상 열어놓아야 하는 상황이다. 이제 윗자락에서 농사짓기가 힘들어졌다. 들어온 물은 자동으로 아랫 논자락으로 빠져나가기 때문이다. 위에 자리잡은 논주인은 이제 자체 지하수를 개발하든가, 흙을 파내 지대를 다른 논과 비슷하게 맞추든가, 아랫논 주인과 적당히 수문을 닫을 수 있는 협상을 하여야 한다.

개방체제에서 국가 간의 관계가 그렇게 바뀌었다. 한국은 2020년 말 기준으로 세계 57개국과 17건의 자유무역협정(FTA)을 체결하여 전세계 GDP 중 이들 협정 국가들이 차지하는 비중이 78%에 이르고 있다.[11] 이 비중은 2020년 11월 중국, 일본, 아세안 국가 등을 포함한 세계 최대 규모의 FTA(역내포괄적경제동반자협정, RCEP)를 체결하면서 이전보다 5% 포인트 증가한 수치이다. 상품과 서비스 교역을 자유롭게 할 수 있는 경제영토가 그만큼 넓어졌다는 의미이다. 교역뿐만 아니라 삼성전자, LG전자, 현대자동차, POSCO 등 대기업은 물론 중소기업들까지 기업하기 좋은 나라를 찾아 미국, 멕시코, 중국, 베트남, 인도, 동유럽 국가 등 전세계에 현지 공장을 세우고 제품을 생산하고 있다. 기업하기 좋은 나라를 찾아 나가는 회사를 국가가 강제로 막을 수 없는 상황이 되었다. 국내의 노동, 금융, 규제 등의 정책을 수립·집행하고 행정서비스를 제공하는 데 있어 글로벌 투자환경에 직접 영향을 받게 된 것이다.

시민단체도 외국의 시민단체들과 국제적인 연대를 하며 행정에 영향을 미친다. OECD, ILO 등의 국제기구가 정한 규정, 다자간협상(라운드), 통신 등에서의 기술표준도 무시할 수 없는 글로벌 환경요소이다. 외국의 강의를 인터넷을 통해 국내에서 들을 수 있고, 일본을 포함한 외국의 문화가 바로 국내로 들어오고 한류(韓流) 열풍이 전세계적으로 확산되듯이 문화나 교육에서도 국경이 사라져가고 있

PART 1 행정과 행정학의 이해
PART 2 행정환경
PART 3 행정내부환경
PART 4 결정시스템
PART 5 집행시스템
PART 6 조직시스템
PART 7 지원시스템
PART 8 산출과 피드백

다. 정치, 경제, 문화, 교육, 기술 등 모든 분야에서 행정은 개방의 세계화 바람을 맞고 있다. 글로벌 환경은 정치, 법, 경제, 사회, 기술 측면의 국내 행정환경을 더욱 복잡하고 불확실하게 만들고 있는 것이다.

7. 행정과 환경

환경을 정확히 인식하고 그에 적절히 대응하는 것은 행정에 있어 무엇보다 중요하다. 특히 고위공무원의 경우에는 환경을 올바로 해석하고 예측하며 그에 맞게 행정의 변화를 이끌어가야 한다. 다음의 예를 통해 장관에서 지방자치단체장에 이르기까지 환경을 얼마나 중요하게 인식하고 있고 때로는 그런 환경의 변화를 행정혁신을 위한 정치적 수사(rhetoric)로까지 쓰고 있다는 것을 알 수 있다.

- 변화에 적응하지 못하는 기업들이 시장에서 도태되고 있듯이 정부도 새로운 **변화에 적응**하지 못하면 세금 먹는 공룡으로 전락하고 말 것입니다. 우리가 스스로 멸종한 공룡처럼 되지 않으려면 창의성과 순발력을 갖춰야 합니다.[12]
- 앞으로는 '일감' 중심의 다양한 고용형태 확산이 예상되나, 여전히 우리 노동시장은 산업화 시대의 낡은 제도가 지속되고 있어 4차 산업혁명 시대의 빠른 변화를 선도해야 한다 … **변화에 적응**하기 위해선 핵심인재 양성 및 평생교육 체계 확립이 중요하다.[13]
- 4차 산업혁명으로 **행정환경** 변화의 폭과 깊이가 큰 만큼, '융합과 세계화로 행정발전을 선도하는 국책 연구기관'을 비전으로 세웠다.[14]
- 인사혁신처는 **행정환경의 변화**에 따른 다양한 유형의 위험직무를 [공무원 재해보상]법안에 반영했다. 가령 말법집이나 고드름을 제거하거나 사고로 사망하는 소방관의 경우 새 법안의 '위험제거를 위한 생활안전 활동' 항목에 해당하기 때문에 순직으로 인정받을 수 있다.[15]
- 구정 계획의 주체가 공무원과 전문가 중심이라는 기존의 고정관념을 깨고 변화된 **행정환경**에 맞게 행정의 체질개선을 이루겠다. … 행정 중심에서 주민 중심으로, 관에서 민으로의 **행정체계 변화**를 도모해 행정과 주민 간의 신뢰구축으로 함께 만들어가는 '말이 통하는 미추홀구'를 구현하겠다.[16]

1) 종속적 관계 vs. 상호의존적 관계

지금까지 행정에 영향을 미치는 측면에서 환경을 검토하다보니 행정을 환경의 종속적인 위치로 이해할 우려가 있다. 실제로 환경이 행정(조직)의 존립, 구조, 행동방식에 일방적인 영향을 미친다는 환경 결정론(environmental determinism)의 시각이 있다. 자유경쟁의 시장환경에 잘 적응한 기업은 살아남고 적응하지 못한 기업은 도태되는 것에서 알 수 있듯이, 진화론에 기초하여 환경이 그 환경에 살아남을 종(種)을 선택한다는 주장이나 조직의 효과성이 우수한 기업일수록 환경의 특성에 잘 맞는 구조를 가진 조직이라고 주장하는 경우가 이에 해당한다.[a] 물론 행정의 경우에도 환경의 변화에 따라 더 이상 실효성이 없는 법규정은 폐기되고, 지방자치가 실시되면서 과거 자치단체를 관장하던 내무부가 그 기능을 축소하여 현재의 행정안전부가 되었고 또 앞으로 지방자치가 완성단계에 들어가면 행정안전부의 존립 자체가 불필요할 수 있는 것처럼 환경에 종속적인 측면이 있다.

그러나 행정은 기업의 경영과는 다르게 기구나 정책의 존립 자체를 위협받는 경우는 드물다. 물론 대통령이 바뀌면서 정부 구성의 주체가 바뀌고 그것이 환경으로 작용하며 행정에 변화를 가져오는 것은 사실이지만 행정은 그러한 환경에도 어느 정도 안정적이고 지속적으로 재화와 서비스를 제공한다. 뿐만 아니라 행정은 행정환경의 구성요소들에게 환경으로 작용한다. 대통령, 국회, 법원을 포함해서 언론기관, 시민단체, 이익집단, 국민, 기업인 모두에게 행정은 외부환경으로서 영향을 미친다. 과거 군사정부에서 경험하였듯이 국가권력이 강했을 때 행정은 이익집단, 기업인, 시민단체, 심지어 언론기관에 이르기까지 상당히 위협적인 환경으로 작용했다. 국민주권이 정상적으로 작동하는 민주국가에서도 행정은 어느 정도 자율성을 가지고 환경에 영향을 미칠 수 있는 힘을 확보하고 전략을 세워 환경을 적극적으로 관리하는 것이 보다 일반적이다.[b]

행정은 무엇보다도 국가권력의 상징인 법을 의지하고 있고 환경에 지대한 영향을 미치는 재정자원 배분(예산편성)을 매년 담당하고 있다. 그리고 환경에 대해 수집한 정보와 행정 자체에서 생산한 정보를 보유하고 있다. 행정이 환경에 대응하여 어느 정도 자율성 또는 힘의 균형을 이룰 수 있는 조건이다. 그것만이 아니다. 행정을 실질적으로 담당하는 공무원은 대부분 환경의 구성요소에 비해 신분의 영속성을 가지고 있다. 그 결과 업무의 전문성에서 외부인보다 앞선다. 행정이 보유한 재정과 정보 자원 그리고 공무원의 전문성은 환경에 어느 정도 독립적일

---

[a] 조직론에서 전자를 조직군 생태론(population ecology theory)이라 하고, 후자를 구조론적 결정론이라 부른다.
[b] 이런 주장을 전략적 선택이론(strategic choice theory)이라 부른다.

PART 1
행정과 행정학의 이해

PART 2
행정환경

PART 3
행정내부환경

PART 4
결정시스템

PART 5
집행시스템

PART 6
조작시스템

PART 7
지원시스템

PART 8
산출과 피드백

수 있는 중요한 힘이다. 특히 환경은 기계적이고 물질적인 것이 아니라 인지되고 해석된 것으로서 이 단계에서부터 이미 사람, 특히 고위정책결정자의 인지구조와 가치관이 작용한다.[17) 또한 정책을 결정하거나, 재화와 서비스의 제공방식을 정하거나, 정부의 조직을 개편할 때 다양한 대안 중에서 고위정책결정자들이 전략적 선택을 하게 되며 선택한 대안에 대하여는 환경의 지지를 유도하기 위해 적극적으로 대안을 홍보하는 것을 볼 수 있다. 시민사회가 충분히 성숙하지 않은 우리나라에서 행정이 환경에 미치는 영향을 아직 무시할 수 없다.

그렇다고 행정이 환경에 독립적이라는 뜻은 아니다. 독립적이어서도 안 된다. 행정과 환경은 어느 한 쪽이 다른 쪽에 종속되어 있다기보다는 상호의존적으로 연결되어 있다. "모든 것은 서로 연결되어 있다(Everything touches everything)"는 아르헨티나의 세계적 문호 보르헤스(Jorge Luis Borges)의 말처럼 현대사회는 둘만이 아니라 다수의 구성요소가 네트워크로 연결되어 있다. 그 연결은 일방향의 선형이 아니라 순환고리 모양을 하고 있다. 환경과 행정의 인식도 그런 순환고리적 사고를 통해 보다 진실에 접근할 수 있다.[18) 환경이 행정에 영향을 미치고 행정이 그에 기계적으로 반응하고 끝나는 것이 아니다. 행정은 환경을 해석하고 대응하고 대안을 선택하며 그 선택은 새로운 환경을 구성하는 동인이 되어 행정에 다시 영향을 미치는 것이다. 환경을 올바로 인식하는 것도 중요하지만 시스템사고 모형(p. 35)에서 보았듯이 행정의 선택이 환경에 어떤 반응을 일으켜 다시 피드백될지를 미리 분석하여 선택을 결정하는 노력도 중요하다.

2) 환경변화와 대응

환경에 보다 적극적이고 전략적으로 대응하기 위해서는 환경을 보다 체계적으로 이해하는 방법이 필요하다. 이를 위해서 환경을 시간상의 변화 정도와 공간상의 구성요소간 이질성 정도를 각각 '크다', '작다'로 구분 교차시켜 본다(〈표 3-1〉). 오늘날의 행정환경은 이미 앞에서 설명한 것처럼 안정적이고 예측 가능한 환경에서 점차 역동적이고 복잡한 환경으로 변해가고 있다.

역동적이고 복잡하다는 것은 환경의 다양성이 그만큼 커졌다는 것이고 과거에는 존재하지 않던 문제가 발생하고 있음을 의미한다. 이런 변화는 단순히 양적인 것이 아니라 질적인 것이다. 특히 우리나라는 60~80년대의 산업화 과정에서 정치, 시장, 시민사회가 통제되고 위축되어 있었다. 기술과 글로벌 환경은 상대적으로 안정되고 개발국가로서의 특별한 지위를 인정받기도 하였다. 그러던 것이 90년대 이

표 3-1 환경의 이해

구 분		변화의 정도	
		작다(예측가능, 안정)	크다(불확실, 역동적)
이질성 정도	작다 (단순, 동질적 요소)	– 안정적이고 예측 가능하다. – 환경 구성요소가 많지 않고 동질적이다. – 구성요소에 대한 지식이 크게 요구되지 않는다.	– 역동적이고 불확실하다. – 환경 구성요소가 많지 않고 동질적이다. – 구성요소에 대한 지식이 크게 요구되지 않는다.
	크다 (복잡, 이질적 요소)	– 안정적이고 예측 가능하다. – 환경 구성요소가 많고 이질적이다. – 구성요소에 대한 정교한 지식을 많이 요구한다.	– 역동적이고 불확실하다. – 환경 구성요소가 많고 이질적이어서 복잡하다. – 구성요소에 대한 정교한 지식을 많이 요구한다.

후 민주화, 지방화, 시장화, 다원화, 정보화, 그리고 세계화를 거쳐(〈표 3-2〉) 현재는 4차 산업혁명라는 차원이 다른 새로운 환경의 변화 속에서 살고 있다.

이러한 환경의 변화에 보다 전략적으로 대응하기 위한 하나의 분석도구가 외부환경과 내부역량을 진단하는 SWOT 분석이다(제9장 및 다음 쪽 글상자 참조). 단순한 환경분석을 넘어 환경변화에 보다 적극적으로 대응하는 전략이 행정개혁이다. 글로벌 환경하의 현대국가에서 가장 중요한 화두 중 하나가 국가경쟁력의 확보를 위한 행정개혁이다. 행정개혁은 행정환경의 패러다임 변화에 대한 인식을 바탕으로 근본적이고 종합적인 프로그램을 만들어 계획적으로 행정의 변화를 유도해 나가는 환경 대응 노력인 것이다.

표 3-2 90년대 이후 행정환경 패러다임의 변화

구 분	60~80년대 환경	90년대 이후 환경
정치적 환경: 주권, 기본권	권위주의 정부 하의 제한	자유화, 민주화, 참여
정치적 환경: 중앙–지방관계	중앙정부 중심의 집권성	지방화, 분권화
경제적 환경	정부의 규제와 보호	시장화, 경쟁화
사회적 환경	가부장적 획일적 사회	다원화, 공생화
기술적 환경	제조업 중심의 아날로그 기술	정보화, 첨단화
글로벌 환경	개발도상국으로 보호주의 허용	세계화, 개방화

PART 1
행정과 행정학의 이해

PART 2
행정환경

PART 3
행정내부환경

PART 4
경정시스템

PART 5
집행시스템

PART 6
조직시스템

PART 7
지원시스템

PART 8
산출과 피드백

한국행정의 SWOT 분석

강점(Strength)	약점(Weakness)
• 행정수반 중심의 강력한 정책 추진력 (국가예산 편성·통제권과 법령 제정, 정부주도의 정책 기획·집행력) • 비교적 우수한 정부 인력 • 고도화된 전자정부 시스템 및 활용도 • 재정을 수단으로 한 각종 위기관리 가능 • 정책 관리 노하우 축적(전문성, 재량권, 기술) • 대형사업자로서 독점적 지위, 국가사업 중심의 안정적 운영자 지위 • 무료화 등 기업 대비 가격 비교우위 • 비교적 높은 수준의 국제화 업무 처리 능력 • 공공성, 책임성, 공직윤리에 대한 공감대 존재 • 공공기관 성과평가제도의 정착 가능성 확대 • 정치적, 법적, 관리적 자원 동원 능력	• 잦은 정부조직 개편 • 인사적체, 동기부여 미흡 • 연공서열, 전관예우 문화 • 성과관리체계 미흡/핵심역량육성과 전략적 실행력 부족, 중앙행정·지방자치단체 성과평가 부실 • 공공갈등 해결능력 부실 • 폐쇄적 관료체계, 칸막이 행정 • 무사안일주의, 혁신적 환경 조성 부실 • 공사구분의식 미흡, 공공가치실현의식 부족 • 불공정한 직무설계 • 부정부패문화 잔존 • 재정부실, 정부생산성 부실 • 부서간 업무협조 부실/책임소재 불명확 • 홍보, 마케팅, 재정관련 역량 미흡 • 공직수행에 대한 이중 잣대의 적용(경영성과 vs 공공성)
기회(Opportunity)	위협(Threat)
[국내] • 고용창출에 대한 정부역할에 대한 기대증가 • 기초적인 사회복지서비스에 대한 관심 증가 • 각종 부조리/규제/차별 관행 개혁에 대한 시민사회 요구 증가 • 정부성과관리의 중요성 인식 • 공무원 및 공직 선망 문화 • 여성 및 소수자의 공직 진출 증가	[국내] • 소모적 정치적 갈등의 상존(권력쟁취를 위한 여당과 야당, 대통령과 야당·재야 노동 단체의 정치투쟁 심화 등) • 신성장동력 및 글로벌 성장정책 미흡 • 부동산 위기 상존, 국내경기 침체 • 저출산 고령화에 따른 연금, 복지 등 사회문제 • 다양한 부분의 사회갈등/공공갈등의 발생과 해결 메커니즘 부재

• 여가문화의 발달과 확산/주 5일제, 대체휴일제 • 자치와 분권의 확대 요구 • 지식 정보화의 급진전 • 쾌적한 환경, 안전 사회에 대한 요구 증가 • 서비스 전달개선 요구 증가 • 높은 교육열 • NPO의 증가추세 • 각종 사회갈등, 공공갈등에 대한 정부의 역할 기대 상승 • 다문화사회로의 이행 • 정부의 다양한 소통채널 증가(스마트 거버넌스의 확산) • 문화가치의 중요성 인식 • 정치집단, 이익집단과의 연계 [국제] • 한류 문화 확산(아시아를 넘어 유럽 등 전 세계로 한국의 대중문화 확산) • 한국의 국제위상 강화(G20 개최 및 각종 국제회의 및 세계대회 개최) • FTA 확대에 따른 세계적 교역증대 • 유라시아 시대 국제협력 증가(유라시아 철도사업 및 협력확대 정책 추진) • 글로벌리제이션 현상에 따른 글로벌 행정서비스 수요의 증가	• 행정수도 이전에 따른 비효율, 부작용 발생 • 경제주체의 부채 증가 • 국민들의 정책 신뢰 감소 • 중앙–지방 간 정치, 경제, 사회, 문화, 과학기술 역량 격차 심화 • 공공부문과 민간부문의 경쟁 심화 • 예산 절감 압박 • 부실한 자치와 미숙한 분권 • 시민참여 내용의 부실, good governance 실종 • 공교육 위기 • 불안한 사회: 4대 폭력 • 낙하산 인사와 기관장 교체 부실 • 에너지위기, 국방위기, 외교위기 상존 • 정치집단, 이익집단과의 연계 [국제] • 세계적 경기침체로 인한 경제정책 추진의 한계(높은 대외의존도로 미국, 유럽 등의 세계경기 침체에 대한 리스크 관리에 한계) • 북한 리스크 증가(최근 북한 도발 및 대화단절에 따른 국가 리스크 증가) • 동북아 갈등(북한 관련 정치문제 및 역사와 영토문제 등에 따른 한중일 갈등 심화)

자료: 전영평, 한국행정의 SWOT 분석과 번영전략 모색, 「한국행정포럼」, 통권 144호, 2014 봄, pp. 24–25.

PART 1
행정과 행정학의 이해

PART 2
행정환경

PART 3
행정내부환경

PART 4
경정시스템

PART 5
집행시스템

PART 6
조직시스템

PART 7
지원시스템

PART 8
산출과 피드백

주

1) Albert Laszlo Barabasi, *Linked: The new science of networks*, Cambridge, MA.: Perseus Publishing, 2002.

2) 문성후, 문성후의 평판경영, 기업경영의 새로운 판, 평판!, 「Law & Justice」, 2019. 1.

3) Gregory Bateson, *Steps to an Ecology of Mind: Collected Essays in Anthropology, Psychiatry, Evolution, and Epistemology*, University Of Chicago Press, 1972.

4) 양재진, 발전이후 발전주의론: 한국 발전국가의 성장, 위기, 그리고 미래, 「한국행정학보」, 39(1), 2005, pp. 1~18.

5) Economic Policy Uncertainty, https://www.policyuncertainty.com/index.html, EPU Indices, South Korea, 2020. 11. 30.

6) 통계청, 2019 인구주택총조사, 부도자료, 2020. 8. 28.

7) 시사저널, 2018. 12. 14.

8) 국제신문, 강민구 부산지방법원장 기고, 2015. 3. 19.

9) 테크M 초대석, 국가정보자원관리원 김명희 원장, 2018. 12. 11, 일부 편집.

10) 서울경제, 한국 금융시장 '유리그릇' 됐다, 2009. 11. 24.

11) 한국경제, 2020. 12. 7.

12) 국토부장관 취임사, 2015. 3. 16.

13) 김동연 전 부총리겸 기획재정부장관, '2018년 대한민국 혁신성장 보고대회' 발언.

14) 머니투데이, 더리더, 2017. 12.

15) 소방방재신문, 2018. 3. 14.

16) 인천뉴스, 2018. 7. 6.

17) D. C. Hambrick & P. A. Mason, Upper Echelons: The organization as a reflection of its top managers, *Academy of Management Review*, 9(2), 1984, pp. 193~206.

18) W. G. Astley & A. H. Van De Ven, Central Perspectives and Debates in Organization Theory, *Administrative Science Quarterly*, 28, 1983, pp. 245~273.

04 과업환경

행정환경을 구성하는 행위주체는 행정에 보다 직접적인 영향을 미친다. 여기에는 대통령, 국회, 법원, 언론기관, 국민, 시민단체, 정당, 이익집단을 포함시킬 수 있으며 행정의 구체적 과업환경을 구성한다. 이 중에서 대통령, 국회, 법원은 삼권분립제도의 3부(府)를 대표하는 공식적인 환경이고 나머지는 비공식적 환경이다.

1. 대 통 령

대통령은 행정부의 수반이다. 국회와 함께 국민으로부터 주권을 위임받은 대표성을 가지고 있으며 모든 행정의 결과에 대해 투표와 여론을 통해 직접 국민의 평가를 받는다. 대통령은 국정의 최고책임자로서 국정지침을 정하고 행정부 각 부처가 나아갈 방향을 제시한다. 특히 대통령에 취임하게 되면 누구나 예외 없이 정부개혁을 추진하게 되는데 이것은 정부의 행정구조와 인력관리에 가장 직접적인 영향을 미친다. 대통령의 이러한 개혁정책은 정권 차원에서 추진하는 것으로서 당연히 전임 정부와 차별될 수밖에 없고 부·처·청 등 중앙정부의 전반적인 정책기조와 구체적인 정책에서 변화를 가져온다.

대통령이 행정을 책임지는 가장 중요한 제도적 장치에는 공무원 인사권이 있다. 대통령은 고위 국가공무원에 대한 임용과 징계 권한을 가지고 있는 것이다. 장차관 임명은 물론 실국장의 인사에 직·간접으로 관여하여 대통령이 추구하는 국정운영의 방향과 정책에 대한 실효성을 확보한다. 미국의 장관 평균 재임기간이 3년 반 정도[1]인 데 비해 한국

PART 1 행정과 행정학의 이해

PART 2 행정환경

PART 3 행정내부환경

PART 4 결정시스템

PART 5 집행시스템

PART 6 조직시스템

PART 7 지원시스템

PART 8 산출과 피드백

의 장관 평균 재임기간은 김영삼 정부 11.6개월, 김대중 정부 10.6개월, 노무현 정부 때 11.4개월로 1년 수준이었으며,[2] 이후 이명박 정부 20.9개월, 박근혜 정부 19.1개월로 평균 1.5년을 넘기 시작하였다.[3] 평균 재임기간을 볼 때 장관에게 권한을 위임하여 장관 중심의 책임행정을 구현하기가 쉽지 않고, 행정에 미치는 대통령의 직접적인 영향이 강력한 것으로 해석할 수 있을 것이다.

대통령은 또한 입법권을 가지고 있다. 국회에 정부의 법률안을 제출할 수 있고 국회가 위임한 사항에 대하여 행정입법을 제정할 수 있다. 특히 대통령의 행정입법은 국회에서 "대통령령(大統領令)으로 정한다"는 위임입법 조항에 따라 행정에 보다 구체적인 방향과 지침을 제공하는 것으로 상황에 신축적이고 신속하게 대응할 수 있는 중요한 국정운영수단이다. 예를 들어 국가공무원법에는 공무원 임용의 기본 원칙만을 규정하고 있고 보다 구체적인 내용은 대통령령인 공무원 임용령, 공무원 임용시험령, 공무원 징계령 등에서 규정하고 있는 것과 같다.

대통령이 보다 직접적으로 행정을 '챙기는' 방법은 이러한 공식적인 행정명령이 아니라 '대통령 지시사항'을 통해서이다. 명령은 제정에 필요한 절차와 시간을 요구한다. 이에 반해 지시사항은 정부가 당면한 문제나 정책방향을 국무회의나 관계 장관회의 등에서 그때그때 상황에 대응하여 각 부처가 우선적으로 수행해야 할 임무를 부여하는 것이다. 대통령 지시사항이 있는 경우 국무조정실에서 이를 정리하여 각 부처에 지시하고 그 추진 상황을 지속적으로 점검하고 정부업무평가에도 반영하고 있다. 무엇보다도 대통령 지시사항의 불이행은 법적 책임을 져야 할 문제로서 정부뿐만 아니라 모든 공공기관에 직접적인 영향을 미친다.[a]

비서실 조직은 정부조직법에 설치 근거 조항만 두고 구체적인 직제는 대통령 훈령으로 정하는 유연성을 가진다. 따라서 정권이 교체될 때마다 다양한 형태로 비서실 조직을 설계하게 되는데 문재인 정부는 정책실장을 따로 두어 경제 및 사회 분야의 정책을 전담하도록 하고, 비서실장은 정무·민정·홍보 업무 그리고 대통령의 일정을 보좌하는 참모 기능을 수행하고 있다. 비서실은 선거과정에서 대통령과 당을 도와준 당원이나 당 외곽의 단체에서 일해온 사람들과 각 부처에서

---

a) 한 예로, 문재인 대통령의 신고리 원전 5·6호기 중단 지시(2017. 7. 19)에 따라 한수원이 공사를 일시 중단하자 이에 항의하며 야당 의원이 "한수원은 한전이 100%의 지분을 가지고 있고 이것은 국민의 것인데 한수원이 법적 근거 없이 중단 명령을 내릴 수 있나"는 지적을 하자 당시 한수원 사장은 "대통령의 지시사항을 이행하지 않을 수 없으며 (공사 중단 여부는) 공론화를 통한 의사결정에 맡기겠다."고 대답하였다(울산종합일보, 2017. 7. 10). 대통령 지시사항이 기관장의 업무집행에 얼마나 강력한지를 보여주고 있다.

비서실 중심 국정 운영, 제왕적 대통령 우려된다

　　부처 간 상이한 이해관계를 조정하고 일관성 있게 정책을 추진하기 위해서는 비서실이 전반적인 정책의 그림을 그리고 정책을 조정해 갈 필요성이 존재한다. 노태우 대통령 때의 북방정책이나 이명박 대통령 때의 녹색성장 정책이 그 대표적 사례이다. 그러나 비서실이 일반적인 국무를 모두 다 챙기려고 하는 것은 바람직하지 않다.

　　미국의 대통령제와 비교해 보면 그 차이를 알 수 있다. 미국 대통령의 참모 조직은 대통령 업무지원실(Executive Office of President, EOP)과 백악관 비서실(White House Office, WHO)로 이원화되어 있다. 이 두 가지 조직을 합쳐 '대통령부(presidential branch)'라고 한다. 업무지원실(EOP)은 대통령이 여러 행정부처를 조정·통제할 수 있도록 기획·정책·조직 등을 지원하는 기관이다. 백악관 비서실(WHO)은 대통령의 개인적 참모 조직으로 볼 수 있다.

　　그런데 우리나라 대통령 비서실은 원래 백악관 비서실의 역할로 시작되었고, 미국의 대통령 업무지원실에 해당하는 역할은 한국에서는 국무총리실이 담당하고 있다. 그러나 참모 조직이었던 청와대 비서실의 역할과 영향력이 점차 증대되어 오면서, 우리 정치에서 내각과 비서실 사이에 역할 갈등이 생겨나고 있는 것이다. 각종 국정의 주요 이슈에 대해 형식적으로는 총리가 관장하게 되어 있지만, 청와대 비서실이 주도하는 것이 현실이다. 매 정부 때마다 책임총리제를 말하고 있지만, 국무총리와 장관의 역할이 애매하게 되는 것은 바로 이 때문이다.

　　이처럼 청와대 비서실의 영향력 증대는 '시스템'으로서의 대통령제라기보다 대통령 개인의 지배를 강화해 주는 것이기 때문에 국정 운영에 혼선을 초래할 수 있다. 제왕적이라고까지 불리는 강력한 한국 대통령제의 특성을 가장 잘 보여주는 것이 막강한 비서실의 존재인 셈이다. 최근 『청와대 정부』라는 책을 펴낸 박상훈 박사는 "내각과 집권당을 통할하는 청와대 수석들의 권력은 법률에 근거한 것이 아닐 뿐더러 근본적으로 그것은 대통령 개인의 신임에 매달려 있다는 점에서 한편으로는 임의적이고 다른 한편으로는 폐쇄적이라는 특성을 갖는다. 이들의 최대의 관심은 대통령 개인에 대한 지지를 관리하는 데 모일 수밖에 없다. 이를 위협하는 집권세력 내부의 불만과 갈등을 차단하는 권력 통제 기능에 전념하게 되는 일도 피하기 어렵다. 이들은 국민을 앞세우고 여론조사에 매달리는 정부 운영을 심화시킨다"며 문제점을 예리하게 지적한 바 있다. 〈이하 생략〉

자료: 강원택(서울대 교수), 중앙일보, 2018. 6. 28. 일부 발췌 편집.

PART 1
행정과 행정학의 이해

PART 2
행정환경

PART 3
행정내부환경

PART 4
경영시스템

PART 5
정책시스템

PART 6
조직시스템

PART 7
지방시스템

PART 8
산출과 피드백

| 표 4-1 | 국정운영에 영향을 미치는 집단에 대한 견해 | | | | | | (단위: %) |

구분	2001년	2004년	2007년	2010년	2013년	2016년	2019년
청와대	–	28.5	30.2	67.3	47.1	35.5	52.6
국회, 정당, 정치인	41.8	29.4	25.1	17.1	31.4	39.3	30.9
언론	27.6	17.2	22.4	3.2	4.9	6.1	5.6
행정관료	10.8	6.5	5.7	8.5	12.8	10	4.3
대기업 및 기업인	3.7	1.9	3	0.8	1	3	2
NGO 등 시민단체	0.6	8	4	0.6	0.8	1.8	1.7
전문가 집단	–	0.2	–	0.5	0.8	1.9	0.9
네티즌	2.8	2.6	2.9	0.2	0.4	0.2	0.6
법원, 법조인	–	0.3	1.1	0.2	0.4	1.8	0.6
노동조합	0.7	0.5	–	0.1	0.2	0.1	0.3
외국정부	6.5	3.1	2.4	0.1	0.1	0.2	0.3
종교단체	–	–	–	0.2	0.1	0.1	0
기타	2.2	0.4	1.5	–	0	0.2	0.3

자료: 한국행정연구원, 「행정에 관한 공무원 인식조사」, KIPA 연구보고서 2019-12, 2019. 12, p. 52.

파견된 공무원들로 구성된다. 이들은 관련 분야의 동향을 파악하고 대통령에게 정책을 건의한다. 뿐만 아니라 비공식적으로는 해당 부처의 장관과 담당 실국장과 직접 연락하여 정책을 조율하고 지시함으로써 행정에 공식·비공식의 영향력을 행사하게 된다. 비서실은 권력의 핵심인 대통령과 근접해 있다는 이유만으로도 부처에 대한 영향력을 확보하고 있다고 볼 수 있다.

대통령과 비서실, 소위 청와대가 행정에 미치는 영향은 공무원을 대상으로 한 인식조사에서 실제로 확인할 수 있다(〈표 4-1〉). 국정운영에 영향을 가장 많이 미치는 집단에 대한 2019년 조사에서 청와대를 1순위로 대답한 공무원 비율이 52.6%로 응답자의 1/2이 넘었다. 이 비율은 2010년 조사의 67.3%보다는 낮지만 2013년 이후 가장 높은 수치이며, 청와대 다음으로 영향력이 높게 조사된 국회보다 11.7%p가 높은 결과이다.[4)]

한편 청와대는 대통령의 국정 방향과 정책결정을 도와주는 회의체를 두는 것이 일반적이다. 헌법에는 국가안전보장에 관련되는 대외정책·군사정책과 국내정책의 수립에 관한 대통령 자문을 위해 국가안전보장회의를 두도록 의무화하였고, 필요에 따라 민주평화통일자문회의, 국민경제자문회의를 둘 수 있도록 규정하고 있다. 또한 대통령 직속 국정과제위원회를 두어 범정부 차원에서 국정과제를 직접 관리하기도 한다. 박근혜 정부의 국민대통합위원회, 청년위원회, 문재인 정부의 일자리위원회, 4차산업혁명위원회 등이 이에 해당한다. 국정과제위원회는 과제추진을 위한 실무조직과 운영예산을 배정받는 등 대통령 재임기간 중 특별한 지위에서 국정운영에 참여하게 된다. 이들 위원회에는 민간 전문인이 참여함으로써 전문가의 자문을 구하는 효과뿐만 아니라 대통령의 특정 분야에 대한 관심을 국민은 물론 해당 이해관계자들(지방자치단체, 학부모)에게 보여주는 상징적 의미도 있다. 이들 위원회는 조직구조상 행정부처에 직접 지시를 내릴 수는 없지만 대통령의 특별한 관심과 핵심 선거공약을 실행에 옮기기 위해 설치된 기구이기 때문에 이들 위원회가 행정에 미치는 영향을 결코 과소 평가할 수 없다.[a]

2. 국 회

입법부, 즉 우리나라 국회는 대통령과 함께 국민주권을 공식적으로 위임받은 국민의 대표기관으로서 행정이 민주주의의 원칙에 합당하게 이루어지고 있는지를 감시하고 통제하는 권한을 가진다. 그 공식적인 수단으로는 법률을 제정하고 개정할 수 있는 권한, 재정과 관련하여 예산안을 심의하고 확정하며 결산을 심사하는 권한, 그리고 일반 국정에 관련하여 국정조사권과 국정감사권[b]을 갖고 국무위원 등 행정부처의 고위공무원을 국회에 출석시켜 질문할 수 있으며 이들에 대해 해임을 건의할 수 있는 권한을 가진다.

이러한 제도는 행정부에 대한 국민주권 차원의 책임을 확보하기 위해 많은 민주주의국가에서 도입하고 있다. 그러나 우리나라 국회에서 이러한 권한이 실효성 있게 행정에 영향력을 미칠 수 있는지에 대하여는 회의적이라 할 수 있다. 우선 기존 제도에서 크고 중요한 변화를 추진하는 법률 제정이나 개정의 경우 법안

---

[a] 위원회가 자문 기능이 아니라 실질적인 정책결정 기능을 수행하는 경우 관련 부처와 업무갈등이 발생하며 기능이 미약한 경우 옥상옥이라는 지적을 받는다. 또한 위원의 대표성 문제, 국회 통제 문제, 부처 공무원의 역할 박탈 문제, 전문인에 의한 이상주의적 정책개발 등을 문제점으로 지적할 수 있을 것이다.

[b] 국정감사: 국정전반에 대하여 상임위원회별로 매년 정기국회 집회기일의 다음 날부터 20일간 감사.
국정조사: 재적의원 4분의 1 이상의 요구가 있을 때 특별위원회 또는 상임위원회로 하여금 국정의 특정 사안에 관하여 조사.

PART 1 행정과 행정학의 이해

PART 2 행정환경

PART 3 행정내부환경

PART 4 결정시스템

PART 5 집행시스템

PART 6 조직시스템

PART 7 지원시스템

PART 8 산출과 피드백

의 제안이 국회의원에 의한 경우(의원입법안)보다 행정부 각 부처(정부입법안)[a]에서 주도하고 있다. 의원입법안의 경우에도 많은 경우 정부가 입안한 것을 기간을 단축하거나 국회 통과를 유리하게 하기 위하여 의원입법으로 하는 경우가 많다.

국회의 행정에 대한 통제나 영향력이 우리나라에서 삼권분립의 견제와 균형의 본래 취지에 미치지 못하는 몇 가지 이유가 있다. 우선 대통령과 국회의원 특히 여당 의원 간의 특수 관계를 이해할 필요가 있다. 과거 대통령이 여당 총재로서 국회의원 공천권에 영향력을 행사할 때에 비하면 국회의원의 독립성이 많이 확보되었지만, 야당과 경쟁하면서 정권을 재창출해야 하는 여당으로서 대통령을 견제하는 데에는 한계가 있다. 특히 대통령의 국정지지율이 높아 국회의원 선거에 영향을 줄 수 있는 상황에서는 여당 의원의 대통령 의존도는 더욱 높아지게 된다.

대통령의 지배적인 영향력 아래 정부 여당이 움직이다보니 행정부에서 제출된 법안에 수정을 가하려는 야당의 시도에 대하여 여당은 정부를 방어해주는 역할을 하게 된다. 여당 의원의 이러한 태도는 법률 제정이나 개정에 국한하지 않는다. 예산심의, 인사청문, 중앙행정기관장 국회출석 및 질의에서도 마찬가지로 행정부의 비판자·견제자로서의 역할보다 동반자 또는 보호막으로서 존재하기 쉽다. 특히 소수 야당으로서 행정을 견제하는 데에는 한계가 있다.[b]

이러한 문제 이외에도 의원의 정보수집과 전문성이 관련 부처의 직업공무원에 미치지 못한다. 또한 사회문제가 복잡하고 급속하게 변화하는 상황에서 행정부에 대한 위임입법이 더욱 증가하고 있다. 의원 개개인의 입장에서도 지역구의 민원을 해결하고 더 많은 예산을 배정받기 위한 과정에서 행정관료들과 비공식적인 타협과 조정을 해야 하는 상황이 발생하기 때문에 국회의 행정에 대한 영향력은 대통령에 비해 훨씬 떨어진다고 볼 수 있다.

국회의 행정에 대한 견제가 아직 미흡한 것은 사실이지만 행정에 영향을 미치는 외적 환경으로 중요한 영향을 미치는 것은 분명하다. 특히 2004년에는 국회예산정책처[c]를 설립하여 국회의 예산심의기능을 강화하였고 행정부에 대한 견

---

[a] 정부입법안은 각 부처에서 올라온 법안을 국무회의의 심의를 거쳐 대통령이 서명하여 국회에 제출한다.
[b] 다만 2012년부터 발효된 국회선진화법에 의해 소수 야당이라 하더라도 여당과 행정부를 상당히 견제할 수 있게 되었다. 이제 본회의에서 법안을 통과시키려면 과거의 의결 정족수(재적의원 과반 출석+출석의원 과반 찬성)보다 훨씬 강화된 '재적의원의 60% 이상'이 되어야 야당의 합법적인 의사진행 방해(필리버스터)를 극복할 수 있기 때문이다.
[c] 국회예산정책처는 미국 의회예산처(CBO: Congressional Budget Office)를 모델로 설립한 것으로 정원 138명(2019. 1. 2 기준)의 인력이 국회의 예산 심의, 기금 및 재정운용 관련 업무를 지원하고 있다(국회예산처 직제).

제·감시기능을 수행하고 있다. 아직도 행정부에 비해 정보와 조직역량이 떨어지고 집권 정부의 정치적 영향을 받지 않을 수 없겠지만 과거에 비해 행정부에 대한 통제의 실효성은 높아지고 있다고 평가해야 할 것이다.[a]

3. 법원, 헌법재판소

대통령과 국회가 주로 행정의 방향에 대한 지침을 사전에 제공하는 것이라면 사법부는 행정이 실제 이루어진 후 사후적으로 그것이 법에 어긋나는 것인가의 여부를 판단함으로써 행정에 보다 구체적인 지침을 제공하는 역할을 수행한다. 즉, 사법부는 행정에 의해 야기된 법률적 분쟁을 해결하는 과정에서 법률을 최종적으로 해석함으로써 행정에 영향을 미치는 것이다. 사법부의 역할은 과거 권위주의 정부 체제하에서는 그 중요성을 깊이 인식하지 못하였다. 공무원이 법을 위법·부당하게 적용하여 개인의 권리나 이익을 침해한 경우라 하더라도 개인의 권익을 구제해주는 데 소홀했을 뿐만 아니라 대통령, 국무총리, 각 부처에서 제정된 명령이나 규칙이 상위법에 위배되더라도 그에 대한 판단에 대하여 사법부가 적극적으로 관여하지 않았기 때문이다.[5] 이러한 과거의 관행은 민주화가 진행되면서 바뀌기 시작하였다. 즉, 원고의 승소비율이 높아지고 있다는 측면에서 사법부가 개인의 권리와 이익을 보호하는 권리보장의 역할에 보다 적극성을 보이고 있다고 말할 수 있다.[6]

---

a) 입법부의 정보 및 조직역량은 권력구조에 따라 차이가 있다. 입법부, 행정부, 사법부 간에 견제와 균형을 가장 견고하게 설계한 미국의 경우, 대통령 및 행정부 권한을 견제하기 위한 입법부(의회)의 권한이 가장 강력하다. 기관 차원에서 회계감사원(GAO), 의회예산처(CBO), 의회도서관(LOC)을 두고 있고, 법안발의권과 개헌발의권이 대통령에게는 없다. 예산법률주의에 따라 의회에서 통과된 예산안은 법률의 효력을 가지며 행정부에서 수정이나 변경이 제한된다. 대통령이 임명하는 7,000개 정도의 자리 중에서 1,100여 개의 자리는 상원의 임명 동의가 필요하다. 국정조사청문회를 수시로 열어 법안, 정책, 사건을 조사한다(프레시안, 미국보다 심한 제왕적 대통령제, 해법은?, 2018. 3. 31). 보좌 인력도 하원 의원이 20명 내외가 된다(국회입법조사처, 주요국 의회의 의원에 대한 지원제도, 2013. 8. 21).

반면 의원내각제를 채택하는 국가의 경우 의회의 행정부 견제를 위한 기관 또는 개별 의원에 대한 지원이 약하다. 기본적으로 의회 특히 여당은 행정부를 견제하기보다는 공동책임을 지는 행정부 구성의 주체이다. 여당과 행정부가 동일체로서 많은 여당 의원이 직접 행정부의 장차관으로 참여하기 때문이다. 일례로 영국 보수당의 메이 총리 내각 경우 2018년에 의원 310여 명 중 100명 이상이 행정부에 정무직으로 참여하고 있다(뉴시스, 2018. 12. 12). 따라서 행정부를 견제할 강력한 기관을 별도로 설치하거나 의원 개인에 대한 보좌 인력의 지원도 대통령제에 비해서 훨씬 약한 것이다.

PART 1
행정과 행정학의 이해

PART 2
행정환경

PART 3
행정내부환경

PART 4
결정시스템

PART 5
집행시스템

PART 6
조직시스템

PART 7
지원시스템

PART 8
산출과 피드백

사법부는 크게 법원(대법원을 비롯한 각급 법원)과 헌법재판소를 포함한다. 법원은 행정청의 처분 또는 부작위에 대하여 자기의 권리나 이익이 침해되었다고 주장하는 사람이 있을 때(행정소송) 그 적법성을 판단함으로써 행정을 통제하는 기능을 수행한다. 또한 헌법 제107조 제2항은 "명령·규칙 또는 처분이 헌법이나 법률에 위반되는 여부가 재판의 전제가 된 경우에는 대법원은 이를 최종적으로 심사할 권한을 가진다"[7]고 규정하여 법원에 명령·규칙·처분의 심사권을 부여하고 있다. 즉 법원은 행정부가 내린 명령, 규칙, 처분이 그 형식상 하자가 있거나 그 내용이 상위법에 위반되는지의 여부를 심사함으로써 행정에 영향을 미치게 된다. 예를 들어 대법원은 2013년 6월 판례에서 서울시 및 산하기관 퇴직자 모임인 시우회와 전·현직 시의원들의 친목단체인 의정회에 보조금을 지원할 수 있도록 한 조례에 대해서 "사업내용·금액을 특정해 보조금 지원신청을 하는 민간단체와 달리 서울시 시우회와 서울시 의정회에 일반적·포괄적 지원을 하는 것은 특혜"라며 지방재정법을 위반한 위법이라고 판시했다.[8]

헌법재판소는 헌법상 독립된 특별한 사법기관으로 법률의 위헌성에 대한 심판과 헌법에 보장된 기본권을 침해받은 자가 청구한 헌법소원을 심판할 수 있다. 이 또한 법원의 명령·규칙·처분의 심사권과 함께 정부의 정책변경에 중요한 요인으로 작용하게 된다. 예를 들어 1999년 12월 헌법재판소가 공무원 채용시험에서 제대군인에게 만점의 3~5%를 부여해온 가산점 제도를 위헌이라고 판결함으로써 공무원 채용정책의 변화를 불가피하게 만들었다.

사법부는 이와 같이 개인의 권리와 이익을 구제하고 위법하고 부당한 행정에 대한 통제를 통해 정책의 변화를 이끌어내는 역할을 수행한다. 다만 사법부는 권리침해에 대한 구제를 요청하는 소송이나 소원이 있어야 사후적으로 개입할 수 있다는 점에서 대통령이나 국회의 행정에 대한 영향력에 미치지 못한다.

그러나 기본권을 포함한 국민의 권리에 대한 법의식이 높아지고 특히 시민활동을 하는 법률전문가들이 피해당사자를 대신해 법적 구제에 나서는 횟수가 잦아지고 있다. 신행정건설특별법이 위헌이라며 헌법소원을 제출하여 승소한 것도[a] 헌법 전문가들이 주도한 것으로서 일반 국민으로는 생각하기 힘든 일이었을 것이다. 특히 주목할 것은 과거 사후적으로 개입하던 법원이 정부의 정책결정 단계에

a) 여당과 야당, 일부 신문과 청와대가 첨예하게 대립하고 있던 신행정수도 이전 문제에 대하여 정치적 공방과는 별도로 2004년 7월 12일 일부 시민과 변호사를 중심으로 신행정건설특별법이 국민투표권과 국민재산권을 침해한 위헌이라며 헌법재판소에 헌법소원을 냈다. 헌법재판소는 2004년 10월 21일 관습헌법을 근거로 위헌판결을 내렸다(2004헌마554).

직접 관여한 새만금간척사업 판결이다.

　　새만금간척사업은 1991년 시작된 것으로, 지역주민과 시민단체가 환경파괴를 이유로 2001년 매립면허 및 사업시행인가 처분 취소 및 사업 집행정지[a] 신청을 법원에 냈다. 이에 서울행정법원 재판부는 결정문에서 "본안소송(처분 취소) 진행중에 방조제가 완공된다면 해수유입 차단 등으로 일대에 환경파괴가 일어나 새만금은 '제2의 시화호'가 될 것이 뻔하다.""게다가 공사가 90%나 진행됐으므로 더 이상 지체할 수 없을 만큼 공사를 중단해야 할 급박한 사정이 있다"며 공사중단을 결정했다(2003. 7. 15).

　　이 결정은 고등법원에서 취소되긴 하였지만[b] 그동안 법원이 보여왔던 정부 추진 사업에 대한 소극적인 '사법적 판단'에 머물지 않고 사업 자체의 타당성을 판단하는 매우 적극적인 행위로서 행정학이나 법학의 입장에서 결코 그 의미를 가볍게 볼 수 없는 판결이다. 새만금사업과 같은 국책사업은 국민대표기관인 국회가 사업의 타당성을 인정하여 이미 예산을 배정했고 역시 국민대표기관인 대통령의 적극적 의지가 담긴 사업이기 때문에 법원의 공사중단 결정은 삼권분립에서 힘의 균형에 변화를 의미할 수 있기 때문이다(다음 글상자 참조).

새만금 판결을 다시 생각한다

1. 사법심사 철학의 변천

　　지난 7월 중순 서울행정법원이 새만금 간척사업에 대해 공사중단 가처분 판결을 한 사건은 환경문제에 관심을 갖고 있는 사람들뿐 아니라 법률문제에 관심을 갖고 있는 사람들에게도 큰 충격을 주었으리라고 생각한다. 이 소송을 제기한 환경단체의 변호사마저 법원 판결에 놀라움을 표시할 정도였다.

　　법원은 흔히 국민의 기본권을 지키는 최후의 보루라고 한다. 그것은 바로 사법부가 갖고 있는 소극적 특성을 말하는 것이기도 하다. 법원의 역할이 상대적으로 큰 미국의 경우에도 이런 철학은 법원을 오랫동안 지배해 왔다. 이 같은 사법

---

a) 집행정지는 행정관청 등의 처분으로 긴급하고도 회복할 수 없는 손해가 예상될 경우 법원이 직권으로 효력을 중지시키는 것으로 민사상 가처분과 유사하다.

b) 상급심인 서울고등법원은 "1심 법원의 집행정지 결정은 위법하므로 취소하라"며 농림부의 항고심을 받아들였다(2004. 1. 29). 재판부는 결정문에서 "새만금 공사를 진행했을 경우 환경상의 이익이 얼마나 침해되는지 구체적으로 확정하기 어렵고 공사를 중지할 만큼 긴박한 사정은 없는 것으로 보인다"며 "공사 중지로 대규모 국책사업이 연기됨은 물론 방조제 붕괴 가능성까지 있어 막대한 비용 소요와 해양오염 발생 등 공공복리에 중대한 손해를 끼칠 것이 우려 된다"고 밝혔다.

PART 1
행정과 행정책임의 이해

PART 2
행정환경

PART 3
행정내부환경

PART 4
결정시스템

PART 5
집행시스템

PART 6
조직시스템

PART 7
지원시스템

PART 8
산출과 피드백

부의 특성을 '소극적 미덕(Passive Virtue)'이라고 부른다. 저명한 법률가로 미국 연방대법원 판사를 오래 지낸 올리버 홈스(Oliver Holmes)는 "의회가 바보 같은 법률을 만들면 나는 그런 법률을 그대로 인정할 것이다"라고 말한 적이 있다. 그러나 홈스는 언론의 자유 등 국민의 기본권이 관계된 사건에 대해선 단호한 자세를 보였다. 법원은 경제정책 등 정책사안에 대해선 의회와 행정부의 판단을 존중하되 헌법에 보장된 기본권에 관한 사안에 대해선 단호하게 대처해야 한다는 것이 사법심사에 관한 기본 원리였던 것이다.

2. 사법적극주의

　　뉴딜 시절에 예일대를 중심으로 진보적 성향의 법률이론이 성장했고, 그런 성향의 법률가들이 루스벨트 대통령에 의해 연방법원 판사로 대거 임명되자 이른바 사법적극주의가 새로운 흐름으로 등장했다. 캘리포니아 주지사 출신의 얼 워렌(Earl Warren)이 대법원장으로 임명되어 미국 대법원은 흑백 인종차별, 형사절차 등 많은 분야에서 대단히 진보적인 판결을 해서 미국 사회의 모습을 바꾸어 놓았다. 그것은 가히 '판사에 의한 혁명(Revolution by Judges)'이라고 부를 수 있을 정도였다.

　　사법적극주의 시대는 오래 가지 않았다. 사법부가 사회경제정책에 깊숙이 개입하는 것은 많은 부작용을 나았다. 정치적 반대도 많았고, 법률가들도 이에 대해 반대했다. 1971년에 닉슨 대통령에 의해 젊은 나이로 대법원 판사로 임명되었다가 레이건 대통령에 의해 대법원장으로 발탁되어 오늘날에 이르고 있는 윌리엄 렌퀴스트(William Rehnquist) 판사가 바로 사법적극주의에 반대하는 대표적인 법률가이다.

3. TVA v. Hill 사건

　　TVA는 테네시강 상류에 다목적댐인 텔리코 댐을 세우기로 하고 연방정부의 허가를 얻어 1967년부터 공사를 시작했다. 그러던 중 국가환경정책법이 발효되자 환경영향평가를 하고 공사를 재개했다. 〈중략〉 이에 환경주의자들은 댐 공사를 중단시키기 위해 소송을 제기했다. 연방대법원은 환경주의자들을 지지했다. 대법원을 대표한 버거 대법원장은 거의 완성된 댐을 포기하는 것이 공익에 위반된다는 주장은 설 땅이 없다고 말했다.

　　이 판결은 상당한 파문을 일으켰다. 특히 테네시 출신의 하워드 베이커 당시 상원 공화당 원내총무는 이 판결을 격렬히 비난했고, 댐의 완공을 명하는 법률을 입안하여 상하원을 통과시켰다. 1979년 11월에 이 댐은 완공되었다.

4. 새만금 판결과의 비교

　　서울행정법원은 본안을 다루기에 앞서 방조제를 막으면 회복 불가능한 피해가 생길 수 있다면서 가처분 신청을 인용했다. 과연 그럴까? 멸종위기종자는 멸종되면 정말 회복 불가능하다. 그러나 방조제는 쌓았다가 허물 수도 있는 것이다. 방조제를 막으면 회복 불가능한 피해가 생긴다는 논리는 이해하기 어렵다. 공유수면매립법에 근거한 매립인가는 행정법상 특허행위로서 기속재량행위라 할 것이다. 과연 2001년 새만금 공사 재개 결정이 재량권을 심히 일탈한 것인가?

그것은 간단한 문제가 아니다. 여러 가지 정책적·과학적·경제적 요소가 개입되어 있기 때문이다. 따라서 법원은 스스로 판단하기보다는 행정기관의 판단을 존중해야 마땅할 것이다. 법원이 스스로 가치판단을 하는 것은 법원이 마치 정책기관처럼 행동하는 것이다. 그것은 법원으로서의 한계를 넘는 것이다.

5. 맺음말

이 글을 쓰고 있을 즈음 대법원 인사를 두고 법원이 매우 시끄럽다. 그 배후에는 판결을 사회적 변혁의 수단으로 생각하는 급진적인 판사들이 있는 것이다. 법원을 법원(Court of Law)으로 보지 않고 개혁의 수단(Social Reform Mechanism)으로 보는 것이 우리나라의 소위 법조개혁파들이다. 그러나 그것은 대의정치를 위협하는 매우 위험한 사고이다. 새만금 판결도 그런 맥락에 서 있는 것이다. 새만금 사업 자체가 사업성과 환경성에 심각한 문제가 있음은 누구나 인정할 것이다. 그러나 방조제 건설이 거의 끝나갈 정도로 공정이 진행된 상태에서 법원이 이를 포기하도록 명령한다는 것은 또 다른 문제인 것이다.

자료: 이상돈, 새만금 판결을 다시 생각한다, 「첨단환경기술」, 2003년 9월. 원문에서 일부 문단을 생략하여 재편집함.

4. 비공식 환경: 제도화되지 않은 환경

1) 언론기관

언론은 입법부, 사법부, 행정부 3부(府)간의 견제와 더불어 국민을 (비공식적으로) 대표하여 이들 3부를 견제하고 감시한다는 의미에서 제4부로 불리기도 한다. 실제 민주주의 실현은 3부 간의 견제와 균형 이상으로 언론의 역할에 영향을 받는다. 특히 언론은 헌법으로 제도화된 3부와는 다른 측면에서 헌법이 그 중요성을 인정하고 있다. 표현의 자유와 출판의 자유를 기본권 차원에서 보장하고 있기 때문이다. 기본권을 담보로 누구로부터도 부당하게 견제되지 않는 막강한 힘을 행사할 수 있다.

PART 1
행정과 행정학의 이해

PART 2
행정환경

PART 3
행정내부환경

PART 4
결정시스템

PART 5
집행시스템

PART 6
조직시스템

PART 7
지원시스템

PART 8
산출과 피드백

언론은 별칭인 제4부에서 암시하듯이 행정감시 기능을 가지고 있다. 언론은 정부가 잘하는 일을 알리는 경우도 있지만 그보다는 잘못하는 일을 비판하는 데 치중한다. 특히 신문 간 특종 경쟁을 하고 독자들의 관심을 끌기 위하여 상업주의적(sensationalism)으로 기사를 쓰는 경우가 많다. 여기에 우리나라에서는 언론의 부정적인 기사에 해당 부처가 당당하게 대처하지 못하고 인간관계로 사건을 무마하는 행태를 보여왔다. 언론을 무서워 하는 이러한 행정의 언론 의존적 행태에서 언론은 언론 본연의 프로페셔널리즘(professionalism)을 발전시키는 데 소홀하고 행정감시 역할 또한 생산적이지 못한 경우가 많았다.

행정에 중요한 또 하나의 언론 역할은 정책이슈의 공론화를 통한 여론형성이다. 잘못된 행정을 기사화하는 것도 여론형성에 영향을 미치지만 그보다 더 적극적인 여론형성은 쟁점이 되고 있는 정책이슈에 대하여 찬반 토론을 주도하는 것이다. 토론은 속성상 신문보다는 실시간 논쟁의 역동성을 보여주는 방송이 적합한데 KBS의 생방송 심야토론(tv)과 열린토론(radio), MBC의 100분 토론 등이 대표적이다. 토론의 주제가 된 이슈는 이미 국민적 관심사이고 찬반이 대립적으로 형성되어 있다는 점에서 정부는 토론의 내용이나 그 결과 형성되는 여론에 민감한 반응을 보일 수밖에 없다.

언론은 때로 국정어젠다를 스스로 발굴하여 기획기사를 쓰거나 캠페인을 통해 언론사의 브랜드화를 시도하기도 한다. 근래 언론사에서 기획한 특집이나 캠페인을 보면, 동아일보 "외환위기 20년, 기회의 문 넓히자"(2017), 경향신문 "긴급진단, 한국경제의 위기"(2018), 국민일보 "도전 DNA를 되살리자"(2018), 문화일보 "2019 한국경제, 혁신만이 살 길이다"(2019), 세계일보 "인구절벽 뛰어넘자"(2020), KBS "코로노믹스"(2021) 등이 있다. 이들 기획특집이나 캠페인은 사건보도나 토론보다 훨씬 적극적이고 언론사의 철학과 의도가 반영된 것으로 행정에 중요한 정책아이디어를 제공한다.

언론의 행정에 대한 보다 직접적인 영향은 정부 정책이나 공직사회에 대한 비판기사를 통해서 이루어진다. 각 부처는 아침에 조간신문 기사는 물론 전날 가판 기사를 사전에 입수해서 부처 관련 부정적인 기사에 대한 사실 확인과 언론 대응을 즉각적으로 하는 것이 현실이다. 내용이 사실인 경우 잘못을 시정하기 위한 노력도 뒤따른다. 언론과 행정의 생산적 관계로 평가할 수 있다. 그런데 현장에서는 사실을 인정하는 경우보다 왜곡된 보도에 억울하다는 호소도 많이 듣게 된다. 한국 언론의 과제로 "정확하게 취재해서 근거를 가지고 보도를 하는 것, 근거를 가진 취재원들을 바탕으로 분석하고, 주장을 개진하는 것"[9)a)]을 지적할 수 있을 것이다. 사실성의 결여와 함께 언론인과 공직자, 출입기자와 부처 공무원의 사적 인간관계도 언론의 행정부 견제에 제약요인이 될 수 있다. 한국 사회의 관계중시 문화를 보여주는 한 단면일 수 있지만[10)] 인간적 관계가 강해질수록 공정한 보도에 한계가 있을 것이다. 언론의 이념적 성향에 따라 동일한 행정현상이라 하더라도 보도하는 내용의 편차가 너무 큰 것도 지적할 수 있다. 사실보다 이념성향이 앞서는 경우 공무원을 긴장시키고 반성과 책임감을 느끼게 하는 언론의 견제 효과가 약화되기 때문이다.

한편 소셜미디어의 발달은 신문, 방송, 그리고 인터넷 등 기존 언론매체의 일방향적인 정보제공에 만족하지 않고 직접 소비자들이 뉴스를 생성하고 소비하는 프로슈머(prosumer)의 역할을 활성화시키고 있다. 특히 트위터, 페이스북, 카카오톡 등의 SNS(Social Network Service)를 통해 개인적인 문제부터 사회적 이슈까지 실시간으로 정보를 공유하고 논의를 확대시키고 있다. SNS는 스마트 기기의 확산과 함께 특히 젊은 층에게 창의, 공유, 소통의 중요한 기능을 수행하는 것도 사실이지만, 익명성으로 인한 사생활 침해, 정보필터링의 부재로 인한 인포데믹스(infodemics)[b)] 현상 초래, 디지털 포퓰리즘 등의 위험 요소를 내포하고 있다.

한편 유튜브, 팟캐스트 등을 통해 제공되는 동영상·음성 콘텐츠는 한 번 녹화 또는 녹음된 내용을 이용자가 언제 어디서나 반복해서 보거나 들을 수 있다는 장점이 있다. 하지만 내용의 진위 여부를 확인하지 않은 채 자신의 이념이나 기호에 맞는 콘텐츠에 집중함으로써 '확증편향(confirmation bias)'의 위험성에 노출되고, 다른 사람과의 소통과 화합을 어렵게 할 수 있으며, 특히 선거기간 중의 가짜뉴스는 공정한 선거를 해칠 위험이 있다.

소셜미디어는 매스미디어인 신문과 방송이 비판자·감시자 기능을 제대로 하지 못할 때 영향력이 커질 가능성이 높다. 특히 정치와 행정에 대한 기존 매체의 역할이 미흡할 때 시민들은 소셜미디어에서 공유되는 정보를 더 믿기 때문이다. 그런 차원에서 우리나라의 경우 "진보·보수 가릴 것 없이 정권이 바뀔 때마다 지상파의 '친여·친정부 성향'은 이제 당연시되고 …이에 거부감을 느끼고 비판 보도

---

a) 김진 전 중앙일보 논설위원은 한국 언론의 문제점으로 이외에 "일단 근거를 가지고 주장했으면 그 주장을 굽히지 않는 것"을 포함시키면서 "사실, 분석, 소신"을 언론의 생명이라고 주장한다.

b) "정보(information)와 전염병(epidemics)의 합성어로 부정확한 정보 확산으로 발생하는 각종 부작용을 일컫는 용어이다. 잘못된 정보나 루머들이 IT기기나 미디어를 통해 빠르게 확산되어 사회, 정치, 경제, 안보 등에 치명적인 위기를 초래하는 것을 의미한다." 네이버 지식사전.

PART 1
행정과 행정학의 이해

PART 2
행정환경

PART 3
행정내부환경

PART 4
결정시스템

PART 5
집행시스템

PART 6
조직시스템

PART 7
지방시스템

PART 8
산출과 피드백

에 갈증을 느낀 야권 지지층을 중심으로 새로운 플랫폼으로 찾아갈 수밖에 없다"
는 주장이 설득력을 가진다.[11] 행정이 민심을 정확하게 읽기 위해서는 기존 대중
매체의 뉴스뿐만이 아니라 소셜미디어를 통해 확산·공유되는 정보가 무엇인지를
민감하게 주목해야 하는 이유이기도 하다.

분명 언론은 행정뿐만 아니라 사회 전체에 순기능을 많이 하는 민주국가에서
없어서는 안 될 사회 구성요소이다. 하지만 우리나라에서 언론의 일부 전근대성
은 사회적 공기(公器)로서, 행정을 견제하는 제4부로서 역할을 하는 데 한계가 있
다. 공무원은 언론을 두려워할지는 몰라도 신뢰하지는 않는 것으로 보인다. 언론
이 행정의 건전한 비판자 역할을 하기 위해서는 언론을 감시하는 제5부가 필요한
지도 모른다. 최근 시민단체에서 언론을 모니터링하고 언론의 잘못된 관행을 바
로 잡기 위해 노력하고 있지만 자원의 부족, 공정성 논란 등의 이유로 이 역시 한
계가 있어 보인다. 결국, 입법부, 행정부, 사법부, 그리고 언론의 4부를 통제해야
할 궁극적인 책임은 국민 스스로에게 있다.

2) 국 민

국민의 법적 의미는 국적을 가진 모든 사람이다. 현대민주국가에서 정치적 의
미로 보면 국민은 시민과 매우 유사한 개념이다. 절대군주국가가 시민혁명으로 근
대시민국가로 옮겨 가면서 과거 군주의 피지배자였던 신민(臣民, subject)은 주권을
자각한 시민(市民, citizen)의 지위로 바뀌었다. 종속적이고 의존적인 신민과 달리
시민은 개인의 자율적인 판단과 자주적인 행동을 할 수 있는 주체적 국민이다.[a]
물론 이런 의미에서 시민은 너무 이상적이다. 실제에 있어서는 자신의 권리를 주
체적으로 행사하지 못하고 권력에 쉽게 조작당하거나 영향을 받는 일반 대중(大衆,
mass)이 많기 때문이다. 정치적으로 국민은 합리적 사고와 행동을 하는 시민은 물
론이고 강자의 소리를 비판 없이 받아들이는 이러한 대중을 포함한다. 이렇게 볼
때 국민의 이성적 요구와 지지뿐만 아니라 감성적이거나 심지어 불합리한 요구와
지지도 무시할 수 없는 행정의 환경이다. 역사적으로는 시민과 대중의 구분이 가
능할지 몰라도 현대국가에서 이들은 법 앞에 모두가 평등한 국민일 뿐이다.

---

a) 유럽에서 초기 시민사회는 참정권이 소수 시민으로 제한되었다. 시민사회는 참정권이 보통 사람들
모두에게 부여되면서 대중사회로 바뀌게 된다. 이때 대중은 자주적 시민과는 달리 권력의 조작이나
선동에 쉽게 영향을 받는 사람들로 이해한다(야후 백과사전). 국민을 좀더 세분하여 이해하면 선거
권을 가진 사람을 유권자라 하고, 국가에 세금을 납부하는 정도가 된 사람을 납세자라 하며, 근래 정
부의 행정서비스를 제공받는 사람을 고객이라는 용어로 부르기도 한다.

이러한 국민의 집합적 의사는 선거와 여론을 통해 행정에 전달된다. 특히 여론은 수시로 중요한 쟁점이 있을 때마다 조사할 수 있어 국민의 지지 내지 반대를 즉각적으로 확인하는 중요한 척도가 되고 있다.

- 리얼미터가 tbs 의뢰로 지난(2020년 11월) 16~18일 사흘간 전국 유권자 1천 506명을 조사한 결과, 문 대통령의 국정 수행지지도는 전 주보다 1.8%포인트 하락한 42.5%로 나타났다. 조국 전 법무장관을 둘러싼 논란이 불거졌던 지난해 10월 2주차(41.4%) 이후 58주 만에 가장 낮은 수치다. … 부동산 정책 여파가 있었던 지난 8월 2주차(9.3%p) 이후 최대 격차이기도 하다. 추미애 법무부장관과 윤석열 검찰총장 간 갈등, 김해신공항 검증 결과, 코로나19(신종 코로나바이러스 감염증) 재확산 등이 영향을 미쳤을 것으로 보인다.[12]
- 한국행정연구원이 19~69세 성인 남녀 8천 명을 대상으로 실시한 2019년 사회통합실태조사에 따르면, 17개 공공 및 민간 기관에 대한 신뢰도('매우 믿는다' 및 '약간 믿는다' 응답 비율을 합)에서 지방자치단체가 44.9%로 5위, 중앙정부부처는 38.3%로 10위로 조사되었다. 전체 기관 중 1위는 의료기관(63.0%)이었고 공공기관 중에서는 군대(48.0%)로 나타났다.[13]
- 리얼미터가 2018년 12월 14일 YTN의 의뢰로 전국 19세 이상 성인 501명(95% 신뢰수준에 표본오차 ±4.4 포인트)을 대상으로 '여성폭력방지법에 대한 국민 여론'을 조사한 결과에 따르면, 전체적으로 찬성이 60.7%로 다수였지만, 성별로 보면 여성(찬성 77.5% vs 반대 11.6%)이 압도적으로 찬성한 반면 남성(43.7% vs 39.5%)의 경우 찬반 양론이 팽팽히 맞섰다. 한편 20대 여성과 남성의 찬반 비율을 보면 여성의 경우 찬성 91.5% vs 반대 4.6%, 남성의 경우 찬성 26.2% vs 반대 61.7%로 극명한 인식 차이를 보여주었다.[14]

인용문에서와 같이 대통령의 국정수행에 대한 지지도, 정부에 대한 국민의 신뢰도, 또는 특정 정책에 대한 여론은 정부가 정책을 공격적으로 추진할 수 있는지 아니면 방어적으로 추진해야 하는지에 대한 암시를 준다. 지지도가 낮거나 반대 여론이 높을 때 정부의 정책추진력은 그만큼 감소할 수밖에 없다.

전국민의 여론뿐만 아니라 소수 내지 개인의 소리도 행정에 영향을 미친다. 특히 인터넷이 널리 보급되고 거의 모든 행정기관이 '열린마당', '제안방', '시민의 소리' 등의 코너를 만들어 기술적으로 개인의 의사를 표현할 길이 많이 넓어졌다. 예를 들어 과거 행정기관을 직접 방문하여야 제안하거나 불평할 수 있었던 일들이 지금은 안방이나 사무실에서 인터넷으로 가능해졌다. 이런 정보통신 기술의 발전, 참여와 개방을 강조하는 정부정책, 공무원의 인식 변화 등이 행정에 미치는

PART 1
행정과 행정학의 이해

PART 2
행정환경

PART 3
행정내부환경

PART 4
경영사조와

PART 5
정부사조와

PART 6
조직사조와

PART 7
지방사조와

PART 8
산출과피드백

국민의 영향을 보다 건설적으로 전환시키는 데 많은 기여를 하고 있다. 국민의 자발적 행정참여와 정부의 열린자세는 국민을 불평 제기자가 아니라 훌륭한 행정감시자로서 그리고 좋은 아이디어 제공자로서 역할을 하도록 하는 데 매우 중요한 요소이다.

우리나라의 현실은 국민의 행정에 대한 역할이 생산적인 것만은 아니다. 우리나라는 시민의 자주적 정치의식을 경험하고 내재화한 역사가 매우 짧다. 일제강점기에까지 국민은 철저히 피지배자의 수동적 지위를 벗어나지 못했고 광복 후 이어지는 권위정부 하에서도 다수의 국민이 피치자(被治者)의 의존성을 벗어나지 못했다. 문민정부 이후 국민의 자율적 참여가 많이 확장되고 시민의식 또한 많이 성숙되어 가고 있다. 하지만 아직도 행정에 많은 영향을 미치는 것은 국민의 이성적 판단보다는 감성적 정서인 경우가 많다. 특히 개인의 이익을 침해받는 경우 공동체 이익을 무시하는 성향이 매우 강하다.

과거 권위정부에서는 과도하게 국가권력을 앞세워 개인의 이익을 침해하는 사례가 많았다면 최근에는 공권력이 정당하게 행사되어야 할 불법 점거나 농성에 대해서 제대로 대처하지 못하고 격렬한 반발에 부딪혀 법집행을 하지 못하는 사례까지 발생하고 있다. 기존의 법적 테두리를 벗어나 공권력 자체가 근원적으로 위협받는 상황이다. 과거 억제되었던 이익표출이 민주화와 함께 과도하게 분출되는 과정에서 행정은 전혀 경험하지 못한 새로운 환경에 직면하곤 한다. 심지어는 재개발 예정 지역의 '알박기[a]'라는 단어를 인터넷 기사에서 찾아볼 수 있을 정도로 법규정을 악용하며 개인적 이득을 취하는 사람도 아직 존재하고 있다. 합리성과 다수결 원칙을 존중하는 행정으로서는 곤혹스러운 일이 아닐 수 없다.

물론 아직 충분히 성숙하지 못한 시민의식을 상대하기에 행정이 어려운 점이 있긴 하지만 그것으로 국민의 의사를 무시하거나 경시해도 좋다는 뜻은 아니다. 아직도 규범적으로 주권은 국민에게 있고 행정의 정당성은 국민의 지지에서 나오기 때문이다. 특히 행정은 나타나지 않은 여론까지도 헤아리는 지혜가 필요하다.

국민의 이익은 평상시에는 조직화되지 않고 잠복 상태에 있다는 것이 특징이다. 그러나 어느 시점에서 이익 침해의 위험이 보이면 이들 국민이 조직화되고 집단행동으로 나설 수 있다. 우리나라 국민들은 여론을 수렴하는 정책 투입과정에

a) 개발 예정지의 땅 일부를 먼저 사들인 뒤 사업자에게 고가로 되파는 부동산 투기 수법이다. 이는 용지의 소유권 100%를 확보하지 않으면 개발사업을 진행할 수 없다는 점을 악용한 것으로 토지 일부만 확보한 후 매각을 거부하며 버티다 결국에는 시세보다 수십 배나 비싸게 파는 투기행위이다〈야후 시사상식〉.

우리는 아직도 '국민'시대를 산다

　국가경계가 무너진 지구촌 시대, 전 세계 74% 시장과 관세장벽을 튼 한국은 아직도 '국민시대'를 고수하는 유별난 나라다. 미국 대통령은 보통 '친애하는 시민 여러분(Dear American Citizens!)'으로 말문을 연다. '국민'은 전쟁, 재난 같은 특별한 상황에서 애국심을 고취하기 위해 호칭될 뿐이다. 한국의 대통령들은 그냥 '친애하는 국민 여러분'이다. 연두교서나 담화문에서 '시민 여러분'으로 시작했다가는 온 나라가 시끄러울 것이다. 거꾸로 박원순 시장이 '친애하는 국민 여러분'이라고 했다면 드디어 본심을 드러냈다고 대서특필 될 것이다. 우리에겐 부산시민, 광주시민은 존재해도 '한국 시민'은 없다. 형용모순이다. 뭐가 문제인가?

　미국 시민, 독일 시민은 역사적 위상이 뚜렷한 존재이기에 형용모순이 아니다. 19세기 100여 년 동안 지배층과 겨루는 과정에서 내부 결속력과 독자적인 시민정신을 길렀다. 복고적·특권지향적 귀족계급에 맞서 진취적·평등지향적 윤리를 내세웠다. 상공업 발전에는 계약과 신뢰가 필수적이었고, 문화적 품격과 세속적 경건성을 결합시켰다. 내부 갈등이 발생하면 '자치'로 풀었다. '자기 생존'을 위해서는 '타인에의 배려'를 우선해야 한다는 공존윤리가 시민의 발명품인 '자치행정'에서 움텄다. 유럽에서 노동자와 농민이 권력에 도전해 왔을 때 계급타협으로 풀었던 것도 공존의 정신이었다. 국민(國民)이 되기 전 그들은 시민(市民)이었다. 워싱턴 시민, 베를린 시민이 아니라 가족·사회·국가의 균형을 지향하는 보편인이었다. 시민권이란 '나'를 위해 '남'을 존중할 의무를 뜻한다.

　우리에겐 그런 시민적 경험이 미천하니 시민권도 온전할 리 없다. 학식·교양·재산을 겸비한 중산층이 폭넓게 형성됐는데 왜 시민 호칭은 이렇게 낯설고 어색한가? 시민층이 사회를 주도할 정신적 양식을 못 만들어 냈기 때문이다. 공익과 공존보다는 사익과 출세에 여념이 없었다. 그것은 한국의 역사적 특수성에서 기인한다. 식민 시기와 전쟁으로 전통적 지배층이 와해된 그 빈 공간을 차지하려는 선점경쟁이 발생했다. 산업화 시대에 더욱 가열된 이 출세경쟁이 '건강한 시민성'보다는 '남다른 능력'을 키우라고 명령했다. 이 '남다른 능력' 명세서엔 공존과 공익, 타인에의 배려 같은 것은 없다. 언어와 요리, 문화와 예술 같은 교양시민의 필수덕목도 없다. 고급아파트와 자동차 과시욕, 그리고 권리 사수를 위한 소송 의욕이 빛난다. 〈이하 생략〉

자료: 송호근(서울대 교수), 중앙일보, 2014. 12. 2.

PART 1
행정과 행정학의 이해

PART 2
행정환경

PART 3
행정내부환경

PART 4
경정시스템

PART 5
경행시스템

PART 6
조직시스템

PART 7
지방시스템

PART 8
산출과 피드백

는 별로 반응을 보이지 않다가 산출이 가시화되는 순간 자기이익에 민감하게 반응하는 신민형(臣民型) 정치문화를 가지고 있다.[15] 이럴 때일수록 행정은 겉으로 현시되지 않은 잠재적 이익의 조직화 가능성을 예측하고 그에 따른 대응책을 마련해야 한다. 국민과는 달리 자신들의 이익을 보다 조직화하여 행정에 영향을 미치는 과업환경으로 시민단체, 정당, 이익단체가 있다.

3) 시민단체

시민단체는 시민사회의 구성원(시민)이 자발적으로 결성한 단체를 말한다. 시민단체는 정부와 달리 참여의 강제성이 없다는 점에서 비정부기구(NGO: Non-Government Organization)이자 자발적 조직(VO: Voluntary Organization)이며 영리단체와 달리 사회의 공공가치 실현을 목표로 한다는 점에서 비영리단체(NPO: Non-Profit Organization)이다.

시민단체의 출발점인 시민사회는 우선 국가와 구분된다. 시민사회의 출발이 절대군주의 절대권력에 대한 저항에서 시작되었듯이 시민사회는 본질적으로 국가권력에 반대하여 개인의 자유와 권리를 지키고자 한다. 이렇게 국가권력을 견제하며 등장한 근대국가 초기의 시민사회는 경제적 측면에서 자유시장원칙의 자본주의를 내포하는 개념이었다. 그러나 시장의 규모와 함께 자본가의 힘이 커지면서 이들 시장 영역은 더 이상 사회와 동일시할 수 없게 되었다. 시장원리에 따른 자기이익 극대화의 '합리적' 행동이 어느 사이 사회의 공동체성을 위협하였다. 그동안 최소국가의 역할에 머물던 정부는 이런 시장의 부작용(시장실패)을 교정하기 위하여 적극적으로 개입했지만(행정국가) 이 또한 의도했던 성과를 거두는 데 실패했다(정부실패)는 비난을 받게 되었다.

시민사회의 개념에서 시민단체의 역할은 자연스럽게 도출된다. 바로 개인의 자유를 침해할 위험이 있는 국가(정부, 행정)와 공동체성을 위협하는 시장의 부당한 힘을 견제하고 감시하는 것이다. 현대시민사회, 현대행정국가에서 '정부실패'와 '시장실패'의 대안 세력으로 시민단체의 역할이 주목받게 된 것이다.

시민단체와 행정과의 관계로 범위를 한정하여 보면 첫째, 시민단체는 행정에 대한 감시, 견제, 비판자 역할을 한다. 특히 행정의 비효율(예산낭비)과 공무원의 부패 사례를 찾아 고발함으로써 행정을 보다 생산적이고 투명하게 이끄는 데 기여하고 있다.

둘째, 정부가 다수결을 앞세워 소수 약자의 인권이나 재산권을 침해할 때 시민단체는 이들 약자의 대변자(代辯者, devil's advocate)로서 보다 강력하게 정부에 대항하기도 한다. 이러한 견제역할은 최근 국정운영에 대한 개념이 정부의 독점적 역할에서 시민단체와 시장이 함께 참여하는 거버넌스(governance) 관점으로 바뀌면서 정부와의 생산적 동반자 역할이 새롭게 부각되고 있다.

셋째, 시민단체는 정책결정의 투입기능을 한다. 자체적으로 정책을 개발하기도 하고 정부의 정책결정과정에 참여하기도 한다. 입법청원을 국회에 제출하거나, 정부의 청문회에 참여하여 토론을 하고, 전국민을 상대로 서명운동을 벌이는 것이 대표적인 예라 할 수 있다.

넷째, 시민단체는 갈등의 조정자 역할을 한다. 노사정(노동자-사용자-정부) 간의 갈등, 이익집단 간 갈등, 지역 또는 지방자치단체 간의 지역갈등, 그리고 정부와 지역주민 간의 갈등에서 정부는 갈등의 한 당사자가 되는 경우가 많아 중립적인 위치에서 이익을 조정하는 데 한계가 있다. 이때 시민단체가 정부를 대신해 다수 당사자들 간의 이익을 보다 효과적으로 조정하고 타협하기도 한다.

다섯째, 시민단체는 수재민을 위한 구호품을 모아 전달하고 시민을 상대로 교육을 실시하는 것과 같이 정부를 대신하여 사회에 필요한 재화와 서비스를 제

[그림 4-1] 시민사회 개념의 변화

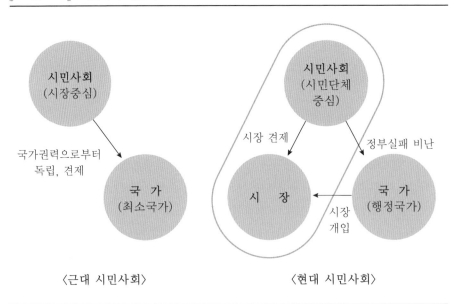

PART 1
행정과 행정학의 이해

PART 2
행정환경

PART 3
행정내부환경

PART 4
정책시스템

PART 5
조직시스템

PART 6
조직시스템

PART 7
지원시스템

PART 8
산출과 피드백

공하는 경우가 있다.

우리나라에서 시민단체는 1980년대 군사정부의 반민주적 국가권력에 대한 저항의 구심점 역할을 하면서 씨를 뿌리기 시작했고 1987년 6.29선언 이후 압축성장이라 할 정도로 그 양적 팽창을 가져왔다. 민주화의 정치개혁으로 시작한 시민단체활동은 이후 정부개혁, 재벌개혁, 언론개혁을 포함해서 배분문제, 환경문제, 교육문제 등 사회 각 분야로 외연을 넓혀 나갔다. 행정, 정치, 언론, 경제, 환경, 소비자생활, 교육문화 등 다양한 분야에 걸쳐 활동하고 있으며 참여연대, 경제정의실천연합, 바른사회를 위한 시민회의, 녹색연합, 행정개혁시민연합, 언론개혁시민연대 등이 가장 활발한 단체들이다.

우리나라에서 시민단체의 역사는 짧지만 행정을 포함한 국정운영에 지대한 영향을 미쳐왔다. 시민단체는 노무현 정부 때 참여연대의 소액주주 집단소송제나 경실련의 아파트 분양원가 공개, 녹색연합의 동강댐 건설 백지화 등의 가시적인 성과를 보이면서 영향력과 인지도가 확대되었다. 이명박 정부, 박근혜 정부 시기에는 정권의 보수 성향 때문이 대부분 진보성향의 시민단체들이 국정의 비판자 역할을 수행하였다. 한편 문재인 정부가 출범하면서 시민단체 출신 인사들은 청와대를 포함해서 정부 고위직에 발탁되었고 각종 위원회의 위원으로 참여하면서 역대 어느 정부보다도 국정에 실질적인 영향력을 행사하는 것으로 평가할 수 있다.

우리나라는 아직까지 공직 부패, 기업인의 비정상적 부의 축적, 정경유착 등 정치, 행정, 경영 모든 영역에서 국민의 불신을 받고 있다. 그 틈새를 도덕성으로 무장한 시민단체가 쉽게 파고들어 국민적 신뢰를 얻고 있는 것으로 보인다. 이런 현상을 반영하듯 정부는 시민단체의 참여를 통해 정부정책에 대한 시민사회의 지지를 기대하면서 정부의 각종 위원회 활동에 이들의 참여를 당연한 것으로 받아들이고 있다.

시민단체의 역할에는 한계도 많다. 우리나라는 아직 시민사회로 불릴 만큼 성숙하지 않았기 때문에 진정한 시민단체가 있을 수 없다는 것이다. 아직 다수는 대중으로 남아 있고 소수만이 시민단체에 참여하기 때문에 이들이 다수의 의사를 지나치게 과잉 대표하고 있고 또 왜곡 조장할 수 있다는 것이다.[16] 시민단체가 철인(哲人, philosopher king)이나 엘리트로서 도덕성과 전문성을 갖추지 못했을 때 더욱 그렇다. 그런데 이런 도덕성과 전문성이 의심을 받고 있다. 시민단체활동을 발판삼아 정계로 진출하는 사람이 있는가 하면 중립성을 의심받을 정도로 정치적 편향을 드러내는 시민단체도 많다. 정부의 감시자 역할을 자임하면서 시민단체의 신뢰성을 떨어뜨리고 있는 것이다. 또한 시민단체의 규모가 작고 파트타임 자원봉사자로 운영되는 경우가 많아 해당 정부기관보다 우월한 전문성을 보이기도 쉽지 않다. 언론의 경우와 마찬가지로 시민단체에 대한 감시와 견제가 부재하다는 것도 문제다. 시민사회로부터 어떠한 공식적인 권한도 위임받지 않은 상태에서 사회의 절대선을 홀로 재단하는 위험한 역할을 담당하고 있는 것이다. 특히 후발 시민단체들이 센세이셔널리즘이나 한건주의를 통해 국민적 인지도를 높이려는 방식도 비난의 대상이 되고 있다.[17]

시민단체는 앞으로 이러한 한계를 극복하고 시민사회의 많은 구성원이 자율적으로 시민활동에 더 많이 더 적극적으로 참여할 때 국정운영의 한 동반자로서 건설적 역할을 기대할 수 있을 것이다.

4) 정 당

정당은 정치적 주의·주장을 같이 하는 사람들이 자발적으로 모여 정치권력의 획득을 통해 그들의 정치적 견해를 실현시키고자 조직화한 정치단체[a]로서 정부의 정책이나 운영방식을 지지 또는 반대한다. 특히 의원내각제에서 다수당은 행정부를 구성하는 주체가 되며 내각의 각료는 당에 대해 직접적인 책임을 진다. 대통령제인 우리나라의 경우 당과 행정의 관계가 의원내각제처럼 직접적이지는 않지만 적어도 여당의 경우 국회의원을 포함한 당원들이 행정부처 고위직을 맡기도 하고 정권의 재창출을 위해 행정과 긴밀한 협력관계를 유지하게 된다. 야당의 경우에는 국회의원을 통한 행정통제 이외에 당 차원에서 정부가 추진하는 중요 정책에 대해 논평을 내는 등 대체로 행정의 비판자 역할을 하게 되며 여론을 형성하여 행정에 간접적인 압박을 가하기도 한다.

정당은 여야당 할 것 없이 정당의 지지기반인 국민의 여론에 매우 민감하게 반응한다. 이런 차원에서 정당은 국민을 대신하여 행정을 감시하고 비판하는 대리인 역할도 하고 국민의 요구를 정책개발과 연결시켜 행정에 전달하는 통로 역할도 한다. 행정으로서는 국민의 의사를 집약하여 전달해주는 정당을 통해 국민의 지지와 민주적 책임성을 확보할 수 있다. 공무원의 경제적 합리성을 정치인의 정치적 합리성과 거시적 안목으로 보완해 줄 수도 있다.

a) 자발적 참여 측면에서 정당은 시민단체와 비슷하지만 정당의 궁극적 목적이 정권획득이라는 점에서 시민단체와 차이점이 있다. 물론 민주국가에서 정권획득은 국민 다수의 지지를 받아야 하기 때문에 정당이 추구하는 주의·주장·정책 등은 사회의 공공가치실현이라 할 수 있고 그런 측면에서 정당은 공공성을 가지며 정부가 예산 지원을 할 수 있는 근거가 된다.

PART 1
행정과 행정학의 이해

PART 2
행정환경

PART 3
행정내부환경

PART 4
결정시스템

PART 5
집행시스템

PART 6
조직시스템

PART 7
지원시스템

PART 8
산출과 피드백

정당은 자체적으로 정책을 개발하여 국회를 통해 입법화에 노력하고 있다. 각 당의 정책위원회가 정책개발 역할을 담당한다. 우리나라의 정당은 그동안 정책을 개발하고 정부에 제시하기보다는 정부가 추진하는 정책을 가지고 소비적인 정쟁에만 매달리는 경향이 많았다. 야당이 정부정책에 긍정적인 평가를 하면 2중대니 야성이 없다느니 하여 비난을 받고 여당이 정부 정책을 비판하면 당정간에 불협화음이라는 등의 비난을 받다보니 정부정책에 대한 건전한 비판이 어려웠다. 정책은 실종되고 찬반의 정쟁에만 매달리다보니 정당 나아가 국회와 정치가 국민들로부터 신뢰를 받지 못했다. 이러한 문제를 인식하고 2004년 개정한 정당법에는 정부의 지원금을 받는 정당의 경우 별도의 법인으로 정책연구소를 두도록 의무화하고 있다. 더불어민주당의 민주연구원과 국민의힘의 여의도연구소가 여기에 해당하며 이들 기관은 현안 중심의 정책에 초점을 맞추는 당 정책위원회와는 달리 정권 획득에 필요한 보다 장기적인 정책개발에 힘쓰는 싱크탱크(think tank)로서의 역할을 담당하고 있다.

특히 집권 여당과 정부는 당정협의를 통해 상호협력하고 있다. 당정협의는 정부의 정책결정과정에 여당의 참여를 어느 정도 공식화한 것으로 대통령을 배출한 여당의 국민에 대한 책임성 측면에서 의의를 찾을 수 있다. 당정협의를 통해 여당은 정부 공무원의 전문성을 활용함으로써 정책기능을 보강할 수 있고 보다 효과적으로 당의 의사를 정책결정단계부터 반영시킬 수 있다. 정부도 여당의 협조를 사전에 구함으로써 법안의 국회통과를 용이하게 할 수 있으며 정책실패의 경우에도 책임을 공유하는 측면이 있다.[18]

물론 행정은 본질적으로 유권자의 직접 영향권 밖에 있다보니 정당과는 달리 여론을 경시하거나 여론의 유용성에 대해 비판적이기 쉽다. 특히 여론이 감성적으로 흐르고 집권 여당이 여론과 같은 편에 설 때는 행정과 갈등관계에 놓이기도 한다. 행정은 표(票)의 논리 이상으로 정책타당성을, 여론 이상으로 국익과 공익을 기준으로 보다 종합적이고 장기적인 안목에서 대응하기 때문이다.

우리나라는 권위주의 정부 하에서 정당의 존재가 중요하게 인식되지 않았다. 특히 대통령이 여당의 총재를 겸임하고 있던 1990년대 후반까지 여당은 대통령이 수반으로 있는 행정부를 견제하기 곤란했고 오히려 야당의 정치적 공세를 차단하는 방패막 역할을 하곤 했다. 정당이 미래의 비전이나 정책을 제시하지 못하고 정부에서 하는 일을 가지고 정쟁을 일삼아 왔다. 아직도 주요 정당들이 이념과 정책이 아니라 지역과 인물 중심으로 생존하고 있으며 당원의 자발적 참여가 극히 저조하여 지지 기반이 매우 취약한 상태이다. 이런 문제점은 행정에 생산적인 환경으로서 작용하는 데 많은 한계가 있다. 다행인 것은 2004년 개정된 정당법에 따라 각 정당이 정책정당으로의 변신을 추구하고 있다. 여야가 얼마나 대안없는 성명전(聲明戰)에서 대안을 가진 정책전(政策戰)으로 체질을 전환할지 주목할 일이다.

5) 이익집단

이익집단(interest group)은 이해가 비슷한 사람들이 그 이익의 실현을 위하여 조직화한 집단으로 이익실현과정에서 정부에 집합적으로 자신들의 이익을 표명하거나 압력을 행사한다. 행정 특히 정책결정과정에 있어 이익집단의 역할을 가장 긍정적으로 평가하는 이론이 다원주의(pluralism)이다. 다원주의는 정책을 다수 이익이 서로 타협되고 조정되어 나타난 최종 산물로 이해한다. 행정은 적극적으로 사회의 공공가치를 규정할 필요 없이 이익집단간 자유롭고 공정한 경쟁과 타협이 가능한 공론의 장을 마련해주고 조정자 역할만 하면 된다는 주장이다.[a]

이익집단에 대한 다원주의의 긍정적 관점은 미국과 같이 이익집단들이 어느 정도 균형을 이루고 있고 정부가 이들의 이익을 제도적으로(특히 로비법) 흡수하고 조정할 수 있는 상황에서 지지를 받을 수 있다.[b] 그러나 우리나라와 같이 이익집단들이 자신들의 이익을 관철시키기 위하여 막무가내식 밀어붙이기 행태를 보이는 상황에서는 한계가 있다. 6.29 민주화 선언 이전에는 정부가 이익집단들의 설립, 활동, 리더십에 관여하는 대신 이들에게 독점적 지위를 보장해주는 관변적 성격이 강했다.[c] 자주성과 경쟁이 결여된 채 정부에 협력적 태도를 보이던 이 시대

---

a) 다원주의사회에서는 자원을 독점하여 지배적인 영향력을 갖는 집단의 이익이 과다 반영될 수 있다는 우려에 대하여도 다원주의 옹호론자는 '멤버십 중복'과 '잠재적 이익집단'의 존재 때문에 그럴 위험이 없다고 말한다. 멤버십 중복이란 다원 사회에서 사람은 어느 한 이익집단에만 소속되는 것이 아니라 여러 집단에 회원으로 가입함으로써 한 쪽의 이익만 극단적으로 주장하지 못한다는 것이다. 의사회와 약사회가 서로 대립적이지만 의사와 약사가 서로 같은 교회에 다닌다든지 같은 동창이라든지 하여 완충 역할을 할 수 있다는 것이다. 잠재적 이익집단이란 당장은 조직화되어 있지 않지만 어느 한 집단이 자신들의 이익을 과도하게 추구하게 되면 피해를 입는 사람들이 더 이상 참지 않고 자신들의 이익을 조직화할 수 있는 집단이다. 기존의 이익집단은 이러한 잠재적 이익이 조직화되지 않도록 적정한 범위 내에서 자신들의 이익을 자율통제한다는 것이다.

b) 물론 미국이 다원주의를 전적으로 받아들이는 것은 아니다. 소수의 정부 엘리트에 의해서 정책이 주도적으로 개발된다는 엘리트주의도 중요한 설명력을 가진 이론이다. 또한 이익집단, 이익집단의 이해를 다루는 행정부처와 의회 상임위원회의 3자가 다른 참여자를 배제하고 그들만의 강한 연대를 형성하여 그들의 이익을 지킨다는 주장도 있다. 이들 3자 간의 관계가 철같이 단단하다는 의미로 '철의 삼각(iron triangle)'이라 부른다(제8장 내 정책결정의 장 참조).

c) 이러한 특성은 조합주의(corporatism)와 매우 유사하다. 조합주의는 다원주의와 대비되는 개념이다.

PART 1
행정과 행정학의 이해

PART 2
행정환경

PART 3
행정내부환경

PART 4
결정시스템

PART 5
집행시스템

PART 6
조직시스템

PART 7
지방시스템

PART 8
산출과 피드백

에는 행정이 이익단체를 환경으로 인식할 필요가 없었다. 오히려 행정은 여론을 정부에 유리하게 조성하는 데 이들을 동원하고 이용할 수 있었다. 이익집단은 제도화된 활동방식, 즉 공청회, 간담회, 의견서 제출, 청원, 위원회 참여 등을 받아들였고 그나마 참여가 미미하였다.

1987년 6. 29선언 이후 노동조합이 급속도로 팽창하고 사회 각계에서 자신들의 이익을 집단적으로 표출하는 횟수가 늘어났다. 당시 강성 노동운동을 주도했던 민주노총은 정부와 기꺼이 충돌하면서 독립적이고 자율적인 조직체로 성장하기 시작했으며 기존의 한국노총보다 더 큰 단체가 되었다. 이익집단 간 이해충돌이 발생하면서 집단 간의 상호 경쟁도 가속화되었다. 노동단체는 전국경제인연합(전경련)과 전국경영자총연합(경총)과의 경쟁에서도 힘의 균형을 이루어 나갔고, 교육의 현장에서 기존의 한국교원단체총연합회(한국교총)와 전국교직원노동조합(전교조)이, 의료 분야에서는 대한의사협회와 대한약사회 그리고 대한한의사협회가 정부정책을 놓고 경쟁해야 했다.

이익집단 간 경쟁은 이익집단의 내부 결속을 강화시키고 이익 표출 방식도 더욱 과격해지는 결과를 낳았다. 이익집단의 양적 팽창과 더불어 정부에 대한 압력이 과격한 시위와 농성으로 전개되면서 정부는 더 이상 이익집단을 수직적 관계에서 '관리'할 수 없는 상태가 되었다. 특히 정부정책에 의해 이익이 침해되는 집단의 경우 정부와 직접 맞서거나 국회를 통해 집단이익을 지키기 위해 적극적인 행동을 보이기도 한다.[a]

이익집단의 양적 팽창과 질적 변화는 행정에 있어 새로운 환경으로 등장하고 있다. 이익집단 단독, 시민단체와 연대, 또는 국회나 정당을 통해 직·간접으로 행정에 영향을 미치고 있다. 또한 이익단체의 비합법적인 압력행사와 이익집단 간 갈등에 대응하는 것 역시 행정에는 커다란 도전이 되고 있다.

---

a) 몇 가지 예로 소상공인연합회는 2018년 8월에 광화문 광장에서 최저임금 차등적용 도입을 촉구하는 대규모(주최 측 3만 명 추산) 집회를 열었으며, 11월에 민주노총은 탄력근로제 확대를 저지하기 위한 하루 총파업에 10만 명 내외의 조합원을 동원하였고 국회 앞에서 집회를 열었다. 한국유치원총연합회(한유총)도 11월에 광화문 광장에서 유아교육법, 사립학교법, 학교급식법의 개정을 저지하기 위한 사립유치원 교육자 및 학부모 대표 총궐기대회를 개최하였다. 2020년 8월에는 정부가 추진하던 의대 정원 확대 및 공공 의대 설립에 반대하여 대한의사협회와 대한전공의협의회가 파업을 실시하였으며, 의대생의 86%인 2,700여 명은 의사 국가고시를 거부하는 사태가 발생하기도 하였다.

(公과 私) 갈등해결 새 시스템 만들자

개인은 도덕적인 데 반해 사회는 비도덕적이다. 라인홀드 니버의 이 말만큼 요즘 우리 사회에서 큰 울림을 갖는 말도 찾기 어렵다. 자신의 이익을 관철하려는 다양한 집단행동이 우리 사회의 도덕적 한계를 시험하고 있다. 올 봄 각종 파업에서 최근 고속도로 점거 시위 등에 이르기까지 집단행동의 양상은 실로 다양하기 이를 데 없다.

물론 집단행동을 집단이기주의라고 일방적으로 비난하는 것에는 문제가 있다. 자신의 이익을 극대화하려는 이기적인 행동도 있지만, 생존권을 위한 불가피한 선택도 있기 때문이다. 최근 핵폐기장 문제는 그 대표적 사례다. 한편에서 그것은 님비현상으로 볼 수 있지만, 다른 한편 해당 지역민에게는 생존이 달려 있는 문제이기도 하다. 그렇다고 핵폐기장을 어딘가에 짓지 않을 수도 없으니 난감한 딜레마라 하지 않을 수 없다.

집단행동의 다양한 분출은 지난 15년간 민주화가 낳은 의도하지 않은 산물이다. 과거 권위주의 아래에서 강제력에 의해 억눌려온 집단 이익들이 민주사회로 이행하면서 일거에 표출되어 왔다. 집단적 사익과 사회적 공익의 조정이 사회 민주화의 요체라면 이를 훈련받을 수 있는 시간이 그렇게 길지 않았다. 게다가 참여를 표방한 현 정부에서 각종 사회집단의 목소리는 더욱 높아져 온 것이 현실이다.

민주사회에서 집단갈등이란 일견 자연스러운 것이다. 하지만 우리의 경우 그 사회적 수용능력은 임계점에 도달해 있다. 상황이 더욱 어려운 것은 집단갈등을 해소할 수 있는 공동체적 규범이 사실상 부재하다는 점이다. 이런 사회에서는 목소리가 큰 사람이나 집단이 자연 우위를 점하게 된다. 그리고 이런 그릇된 학습이 반복되면서 만인 대 만인의 투쟁이라는 무규범의 규범이 갈등해결 원리로 정착하게 된다.

물론 민주화에 걸맞은 새로운 공동체 규범의 확립이 쉬운 일은 아니다. 왜냐하면 이 규범은 과거 전통적 공동체주의가 아니라, 개인주의와 조화할 수 있는 민주적 공동체주의에 기반해야 하기 때문이다. 더욱이 갈등에는 개인 및 집단의 실제 이익이 연관돼 있기 때문에 새로운 공동체 규범은 소박한 도덕적 호소를 넘어 현실적 설득력을 갖고 있어야 한다.

이 민주적 공동체 규범이 정착되기 위해서는 두 가지가 중요하다.

먼저 관용의 철학과 타협의 훈련이 요구된다. 이익이 상충할 수밖에 없는 다원사회에서 이해당사자들을 모두 충족시키는 것은 불가능하다. 합의를 이루기 위해서는 관용의 정신을 발휘해야 한다. 관용의 본질은 화이부동(和而不同), 즉

PART 1
행정과 행정학의 이해

PART 2
행정환경

PART 3
행정내부환경

PART 4
결정시스템

PART 5
집행시스템

PART 6
조직시스템

PART 7
지원시스템

PART 8
산출과 피드백

동의하지 않더라도 상대방의 입장을 이해하고 용인하는 데 있다. 민주주의란 숱한 절충과 타협의 학습을 통해 획득될 수 있는 것이다. 모 아니면 도라는 발상으로는 결코 타협을 이룰 수 없다. 동시에 이익조정 메커니즘 또한 제도화되어야 한다. 조화, 타협, 상생을 도덕적으로 계몽하는 것만으로 우리 사회의 집단갈등을 해결하기는 어렵다.

충돌하는 이익은 그것을 합리적으로 해결할 수 있는 제도적 장치가 제대로 작동할 때 조정될 수 있다. 이때 가장 중요한 역할을 담당해야 하는 것은 정부다. 정부는 공익을 중시하되 해당 사안에 대한 합리적 방안을 강구해야 한다. 예컨대 인권, 환경 등과 같이 새로운 가치를 모색하는 경우에는 사려 깊게 대응하고, 명백한 집단이기주의의 경우에는 법과 원칙에 따라 단호하게 대응해야 한다. 민주적 공동체 규범과 갈등해결 시스템의 제도화는 성숙한 민주주의의 두 축이다.

공동체 규범이 부재하다면 절차적 제도화가 원활히 이뤄지기 어려우며, 시스템의 정비가 없다면 공동체 규범은 결국 사상누각이 될 것이다. 이 둘을 효과적으로 결합할 때 갈등해결의 사회적 비용은 최소화될 수 있다. 이것이 바로 비도덕적인 사회를 도덕화하는 지름길이다.

자료: 김호기(연세대 교수), 중앙일보, 2004. 7. 27.

주

1) YTN, 2017. 6. 25.

2) 국민일보, 2009. 8. 12.

3) 인사혁신처, 내부 자료, 2018. 12.

4) 한국행정연구원, 「행정에 관한 공무원 인식조사」, KIPA 연구보고서 2019-12, 2019. 12, p. 52.

5) 하태권 외, 「현대한국정부론」, 서울: 법문사, 2004.

6) 한겨레신문, 의료소송 조정＝약손, 2001. 11. 12, p. 14.

7) 헌법 제107조 제 2 항.

8) 대법원 2012추176

9) 미래한국, 기자수첩, 2015. 3. 2.

10) 유민봉·심형인, 한국사회의 문화적 특성에 관한 연구: 문화합의이론을 통한 범주의 발견, 「한국심리학회지」, 19(3), 2013, pp. 457-485.

11) 중앙일보, 이번엔 유튜브 전쟁... 보수·진보 진영 '플랫폼 3차 대전', 2018. 10. 29.

12) 연합뉴스, 2020. 11. 18.

13) 한국행정연구원, 「2019년 사회통합실태조사」, 2020. 1.

14) 리얼미터, YTN 현안조사(18년12월2주) 여성폭력방지법, 2018. 12. 17.

15) G. A. Almond & S. Verba, *The Civic Culture: Attitudes and democracy in five nations*, Princeton: Princeton University Press, 1963, pp. 17-20.

16) 조희연, 한국정치와 NGO의 정치개혁운동, 「시민사회」, 3, 2001 여름, pp. 3-9.

17) 김영배, 시민운동의 정치참여, 2001 시민사회포럼 워크샵 분과발제문, 2001. 7.

18) 권찬호, 한국 정당과 행정부의 정책협의제도 연구: 이론적 근거를 중심으로, 「한국행정학보」, 33(1), 1999, pp. 221-237.

PART 3

행정내부환경

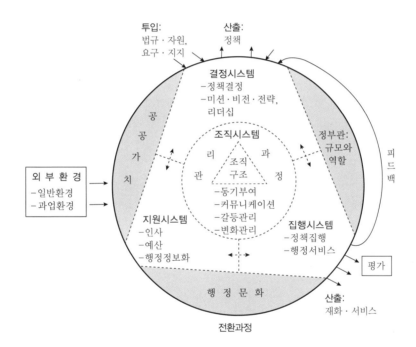

투입:
법규·자원,
요구·지지

산출:
정책

결정시스템
−정책결정
−미션·비전·전략,
 리더십

공
공
가
치

조직시스템

리   과
관   조직   정
       구조

−동기부여
−커뮤니케이션
−갈등관리
−변화관리

정부관:
규모와
역할

피
드
백

외부환경
−일반환경
−과업환경

지원시스템
−인사
−예산
−행정정보화

집행시스템
−정책집행
−행정서비스

평가

행정문화

산출:
재화·서비스

전환과정

일반환경이나 과업환경은 모두 행정의 경계 밖에서 행정에 영향을 미치는 환경이다. 그런데 행정의 경계 안에 있으면서 행정에 긴밀한 영향을 미치는 '내부환경'이 있다. 여기에는 공공가치, 정부관, 행정문화를 포함시킬 수 있다. 이들은 정책결정과 집행, 자원의 동원과 관리, 재화와 서비스의 제공 등 행정의 전 영역에 걸쳐 규범적 가치 또는 실제적 관행으로 반영되어 나타나고 있다.

공공가치는 행정과 경영의 차이(제1장), 행정학의 정체성 위기(제2장)에서 설명한 것처럼 행정이 추구하는 본질적인 가치라 할 수 있다. 근래 경영에서 기업의 사회적 책임 등 공공성을 강조하기도 하지만 이윤보다 우선하는 가치일 수는 없다. 한편 행정에서도 1980년대 이후 기업의 시장원리를 강조되는 신공공관리론이 정부의 역할에 대한 새로운 시각으로 부각되고 세계 각국에서 정부혁신의 수단으로 채택되어 왔지만, 2000년대 이후 공공가치의 중요성이 다시 강조되고 있는 상황이다.

특히 정부의 역할에 대한 인식은 시민의 권리보호나 사회질서 유지로 제한하고 개인의 자유를 최대한 보장해야 한다는 주장부터 사회적 불평등 해소 또는 복지실현과 같은 공동체 이익을 위해 적극적인 역할을 해야 한다는 주장은 물론, 그 시대의 정부에 대한 신뢰와 불신 등 다양한 국민적 요구가 복합적으로 작용하여 나타난다. 따라서 정부관은 고정되어 있지 않고 시대적 상황을 반영하여 변화되어 간다. 한편 행정문화는 정부의 고유한 일하는 방식이자 정부에서 일하는 공직자들이 공유하는 신념체계로서, 구성원이 끊임없이 유입되고 퇴직하는 교체에도 불구하고 어느 정도 변하지 않는 지속성과 안정성을 가지고 있다.

이처럼 공공가치는 행정이 추구하는 미래의 바람직한 규범적 가치로서, 정부관은 정부 역할에 대한 현 시점의 시대적·상황적 기대와 요구로서, 그리고 행정문화는 과거부터 공직사회에 이어져 내려오는 행동양식과 사고방식으로서 개별적으로 또는 복합적으로 행정에 중요한 영향을 미치게 된다.

공공가치

공공가치(public values) 실현은 행정이 추구하는 목적이다. 공공가치의 실현이 시민사회나 시장에서 가능하다면 정부는 필요 없을 것이다. 역사적으로 유럽에서 절대군주국가 이후에 들어선 시민사회 중심의 최소국가(작은 정부) 시기에는 공공가치가 정부에 의해서 독점되는 것이 아니라 시민들의 자발적인 참여에 의해 그 개념과 영역이 규정되었다. 그러던 것이 점차 개인주의와 자유주의가 지배하는 시장 영역의 확장과 부작용이 나타나면서 공공가치 영역은 공동체주의를 기반으로 하는 정부와 일부 시민사회의 몫으로 남게 되었다. 특히 우리나라와 같이 아직 시민사회의 영역이나 역할이 크지 않은 상황에서 정부(행정)는 공공가치의 실현을 위한 최종 보루가 되었다. 한편 우리나라는 정부가 국민 위에 군림하는 관우월주의 전통이 남아 있어 '공공'이라는 이름이 국가권력의 유지와 국민의 기본권을 침해하는 정치적 수사로 쓰일 수 있는 위험성이 있음을 분명하게 인식하여야 한다. 공공가치는 정부의 강요된 공동체 정신이 아니라 시민사회의 자율적 공동체 정신으로 부활되어야 한다는 인식을 가지고 이제 공공가치를 공공성, 공익, 행정이념을 통해서 구체적으로 이해하도록 한다.

1. 공 공 성

1) 의 의

그동안 국무총리나 장관으로 임명된 사람 중에서 국회의 동의를 얻지 못하거나 취임한 지 얼마 안 되어 사임하는 경우를 보아왔다. 그 중요한 이유가 부동산 투기 의혹, 자녀교육을 위한 위장 전입, 공연 격려금 수수 등과 같은 도덕성의 기준을 통과하지 못했기 때문이다. 대학의 총장이나 회사 사장일 때는 문제되지 않던 것이 왜 정부 고위공직자의 경우에 문제가 되는 것일까? 바로 공(公)의 특수성 때문이다. 지금까지 공은 공직자나 행정을 하는 사람에게는 사람을 잡기도 하고 살리기도 하는 마술봉과 같고 어떤 때는 늘어나고 어떤 때는 줄어드는 고무줄과 같은 모호성이 컸다. 이제 그런 모호함을 줄여 행정에 보다 의미 있는 지침이 되도록 이해할 필요가 있다.

우선 공(公)이 들어 있는 단어들을 찾아보자. 공공기관, 공공사업, 공설운동장, 공회당, 공중화장실, 공기업, 공익법인, 공중전화, 공유수면, 공직 등 주변에서 많은 단어를 찾아낼 수 있다. 이때 공에 담겨져 있는 공통된 의미를 공공성(公共性, publicness)이라 할 수 있을 것 같다. 사전적 의미로 "개인적인 것이 아니고 사회일반의 많은 사람과 관계되는 것"[1]이다. 그런 점에서 공은 "개인적인 것"을 뜻하는 사(私)와 대조된다는 것을 알 수 있다.

공의 의미를 좀 더 논리적으로 이해하기 위하여 정보와 정책결정과정에의 접근, 이익(interest), 서비스, 주체 측면에서 특성을 알아본다. 우선 접근 측면에서는 공적인 소유나 행위는 누구에게나 다 차별 없이 접근이 허용된다는 점에서 공개성을 내포한다. 이익 측면을 보면 몇 사람과 관계된 사익이 아니라 많은 사람과 관계된 이익, 즉 공익성을 담고 있다. 서비스 측면에서 보면 공공성이 강한 서비스는 언제 어디서나 누구라도 차별 없이 평등하게 서비스를 제공받을 보편성의 원리를 의미한다. 행위나 소유의 주체 측면을 보면 공적인 것은 정부와 관련이 깊다. 사(私)적인 것과 달리 정부가 관여하기 때문에 법의 권위성을 가진다.

2) 공공성의 특성

(1) 공개성(公開性)

공개성(openness)의 핵심은 정부가 보유한 정보 및 정부가 하는 일을 국민들에게 공개하는 것이다. 정부는 행정업무를 수행하면서 각종 문서 및 통계 자료를 생성하고 개별 국민과 사회 전반의 중요한 정보를 수집하여 데이터베이스로 구축하게 된다. 개인의 건강, 납세, 금융, 출입국, 범죄 등의 정보는 물론 정부 내부 보고서나 예산 자료가 그 중의 일부이다. 이 중에서 개인정보는 사생활에 관한 것으로 법에 의해 엄격히 보호받지만 정부의 행정정보는 국민의 세금으로 생성된

PART 1
행정과 행정학의 이해

PART 2
행정환경

PART 3
행정내부환경

PART 4
결정시스템

PART 5
집행시스템

PART 6
조직시스템

PART 7
지원시스템

PART 8
산출과 피드백

公을 파괴하는 私

정치자금을 둘러싸고 벌어지고 있는 난타전에서 우리의 눈을 끄는 사진 한 장이 있다. 어느 일간지는 어떤 정치인의 정치자금 살포를 기사로 다루면서 그가 측근들과 함께 불법 정치자금 논란에 대한 대책회의를 하고 있다며 관련 사진을 실어 우리의 시선을 유혹한다. 그것은 회의를 하고 있는 장면을 재현하고 있는 지극히 평범한 사진이다. 그럼에도 불구하고 우리가 이 사진에 주목하는 까닭은 '자택', '측근', '정치'라는 기호와 함께 이 사진이 빚어내는 이미지 때문이다.

측근끼리 자택서 밀실정치

이 사진은 우리 정치의 내면과 논리를 예리하게 서술할 뿐만 아니라 현대 사회에서 이루어지고 있는 '공론영역의 구조변동'을 정확하게 포착하고 있기 때문이다. 사진의 구도는 그것이 서술하고자 하는 현실만큼이나 간단하다. 중앙에는 언급되고 있는 정치인이 자리 잡고 무엇인가 말을 하고 있으며, 그의 앞에 놓여 있

는 탁자 양쪽에 앉아 있는 사람들은 그 정치인에게로 고개를 돌려 그의 말을 경청하고 있다. 하얀 셔츠 차림의 정치인은 어두운 색 계통의 옷을 입은 주위 사람들과 대비되어 더욱더 두드러져 보인다. 이들의 뒤로는 주름잡힌 커튼이 짙게 드리워져 있다.

보스는 말하고, 측근들은 듣기만 하고, 정치는 외부와 차단된 자택의 내밀한 사적 공간에서 이루어진다는 이미지가, 의식적이든 무의식적이든, 이 사진을 통해 만들어지고 있는 것은 아닐까.

우리의 공론영역이 사적인 것에 의해 지배받는 것은 물론 어제 오늘의 일이 아니다. 독일의 사회철학자 위르겐 하버마스는 일찍이 공익보다 사적인 자율성을 강조하는 현대의 경제 중심적 문화가 등장함으로써 공론영역의 구조가 근본적으로 변했다고 진단한 바 있다. 결국 공적인 영역마저 사적인 것에 의해 지배받게 되는 결과가 초래된 것이다.

사적인 공간과 공공장소가 어느 정도 분명하게 구별되었던 시절에 자택이란 사회 문제와 갈등 및 어수선함으로부터 보호된 쾌적한 친밀성의 공간이었다. 정치는 가정이 끝나는 곳에서 시작한다는 아리스토텔레스의 말처럼 공적인 삶은 집의 '바깥'에 머물러 있어야 했다. 그런데 개인의 권리와 사적인 자율성이 절대화되면 될수록 사적인 것이 사회로 침투해 들어와 점점 더 공적인 문제를 규정하기 시작했다.

예컨대 은밀한 말을 주고받을 수 있었던 전화박스마저 이제는 더 이상 사적인 공간이 아니다. 대부분의 사람들은 휴대전화를 들고 다니며 온갖 사적인 문제들을 공공연하게 내뱉지 않는가. 그들은 다른 사람의 귀와 눈은 아랑곳하지 않고 거리에서 부부싸움을 하고, 사업 문제를 논한다. 현대인들은 다른 사람들의 시선에 노출되는 것을 꺼리기는커녕 오히려 사적인 것의 공공연한 전시를 선호하는 것처럼 보인다. 속옷 패션으로 거리를 활보하고 애완견을 데리고 산책을 다니며 길을 걸어가면서도 음식을 먹는다. 간단히 말해 과거에는 사적인 영역에 속했던 많은 것들이 집의 울타리를 벗어나 공공의 장소로 침투해 들어온 것이다.

사적인 것의 이러한 이상 비만은 우리에게 어떤 영향을 미치는 것일까. 해나 아렌트(Hannah Arendt)가 말하고 있는 것처럼 전통사회에서 '사적(私的)'이라는 말은 무엇인가가 '박탈되었다'는 것을 의미했다. 타인과 공동의 문제에 관해 논의할 수 있는 공공성의 박탈이 사적인 것의 핵심이었다. 그렇다면 사적인 것을 타인에게 기꺼이 보여주고 들려주는 현대 문화는 정치마저 투명하게 만들 수 있는 것인가. 이 사진은 오히려 정반대의 현상을 암시한다. 사적인 것이 공론영역에 침투해 들어올수록 가장 공적이라고 할 수 있는 정치는 사적 공간의 어두운 커튼 속에 가려질 수 있다는 것이다.

투명성 회복해야 미래 밝아

정치적으로 중요한 의미를 갖고 있는 것은 우선 과거의 사적인 공간처럼 숨겨져 있어 좀처럼 밖으로 드러나지 않는다. 마치 아렌트의 가족처럼 운영되는 정치집단은 본질적으로 공공의 비판적 시선을 차단한다. 엄밀히 말해서 그것은 정치가 아니라 '우리가 옳다'는 주관적 판단과 감정적 유대에 토대를 두고 있는 '친밀성의 폭력'이다. 사적인 것에 의해 식민지화되고 있는 우리의 정치가 공공의 투명성을 다시 회복하지 않는 한 친밀성은 폭력을 낳고 사(私)는 공(公)을 파괴할 것이다. 자택, 측근, 장막의 이미지로부터 벗어난 정치의 이미지는 없는 것일까.

자료: 이진우(계명대 교수), 동아일보, 2002. 3. 9. 7면.
사진: 조선일보, 2002. 3. 5.

* 비록 한국정치에 대한 시평이지만 한국행정에도 적용된다 생각하여 인용하였다. 공무원이 '公'에 대한 아무런 문제인식 없이 사석에서 이해당사자들과 공적인 일을 주고 받는 경우가 많다. 공적인 일은 공론의 영역으로 되돌리는 것을 생각해 볼 때다.

공공성을 띤 것으로 가능한 공개하는 것이 원칙이다. 이런 의미의 공개성은 투명성(transparency)과 유사하다. 근래 웹 2.0, 웹 3.0의 영향으로 행정정보의 공개가 더욱 강조되고 있다. 정보를 투명하게 공개하는 정도가 아니라, 이용자가 여러 기

PART 1
행정과 행정학의 이해

PART 2
행정환경

PART 3
행정내부환경

PART 4
결정시스템

PART 5
집행시스템

PART 6
조직시스템

PART 7
지원시스템

PART 8
산출과 피드백

관의 정보를 상호 호환이 가능한 형태로 쉽고 간편하게 다운받아 이를 가치부가적인 새로운 정보로 재생산할 수 있는 활동을 돕는 적극적이고 실질적인 공개를 의미한다. 특히 4차 산업혁명 시대의 새 원유(new crude oil)에 비유되는 빅데이터는 관련 산업의 육성과 국가 경쟁력 제고 차원에서도 주목받고 있기 때문에 정부가 보유하고 있는 대용량의 정보를 공개할 것이 더욱 요구되고 있다.

생성된 자료의 공개뿐만 아니라 정부가 자원을 배분하고 정책을 결정하는 과정을 공개하고 나아가 국민의 참여를 보장하는 것도 중요하다. 이처럼 결정과정의 공공성에 내포된 공개성은 참여적 공론(public discourse)을 중시한다. 특히 정책결정의 경우 사무실 안에서 공무원의 철인적(哲人的) 머리로 나오는 것이 아니라 많은 사람이 공론의 장에 참여하여 토론하는 과정을 거쳐 이루어질 것을 요구한다.[a]

(2) 공익성(公益性)

공개성은 궁극적으로 공익성과 연결되는 경우가 많다. 결국 어느 정도까지 행정과정을 공개하고, 정보를 공개하며, 참여를 허용할 것인가 등의 문제에 직면하게 되면 그런 공개나 참여가 가져올 이익을 비교형량(比較衡量)하게 되는데 바로 공익성이 그 범위를 결정하는 중요한 기준이 되기 때문이다. 정책결정과 같이 자원을 배분하는 경우에는 더욱 그렇다. 공익은 행정의 정당성을 판단하는 가치 기준이다. 공익을 이렇게 비교형량하여 판단하면 필연적으로 이익이 더 큰 쪽으로 기울어진다. 하지만 공익성이야말로 공공성에 함축되어 있는 철학적 의미이기 때문에 이익의 산술적 비교로 끝날 문제가 아니다. 이에 대해서는 다음 절에 상세히 설명한다.

(3) 보편성(普遍性)

공공성의 보편성(universality)은 통신, 전기와 같은 공공인프라 서비스의 특성에서 찾을 수 있다. 통신, 전기는 생명선(lifeline)이라 할 만큼 사람의 생존에 직결되어 있는 사회 인프라이다. 비록 서비스 요금을 지불할 경제력이 없어도 서비스를 중단하면 안 되는 필수재화로서 모든 국민에게 보편적으로 제공되어야 한다. 물론 보편적 서비스라 해서 무료라기보다는 누구도 배제하지 않고 감당할 만한 요금으로(affordable) 동질의 서비스를 제공하는 것을 의미한다. 통신, 전기 등의 인프라 서비스는 시장원리가 더 강하게 적용되면서, 현재는 보편성의 특성이 공

---

[a] 접근방법에서 소개한 정책논변모형은 바로 참여적 공론에 활용할 수 있는 도구이다.

영방송, 복지, 온라인 행정서비스 분야에서 더 잘 나타나고 있다. 예를 들어, 영국 방송연구소는 1986년 발표한 공영방송의 8가지 원칙에 방송프로그램이 전국 어디서나 시청이 가능해야 한다는 지리적 보편성(geographic universality), 기본 시청료로 누구나 동일한 서비스를 제공받아야 한다는 비용부담의 보편성(universality of payment), 시청자의 수가 아니라 다양한 이해와 기호를 가진 시청자들에게 고르게 호응(appeal)할 수 있도록 프로그램을 공급해야 한다는 시청자 호응의 보편성(universality of appeal)을 포함시키고 있다.[2] 초·중·고등학교 전면 무상급식은 복지 분야에서 보편성 차원의 공공성을 보여주는 것이다.[a] 또한 전자 민원서비스나 온라인 복지서비스 등에서 지역, 소득, 이용능력으로 인한 정보격차가 나타나지 않도록 온라인 서비스를 제공하자는 주장 역시 보편성의 원리에 따른 것이다.[3] 보편성에는 이와 같이 누구나 차등 없이 균등한 서비스를 받는다는 형평성(fairness)의 의미도 포함되어 있다.[b]

(4) 권위성(權威性)

공개성, 공익성, 보편성 측면에서만 공공성을 이해하면 그것은 방송의 공공성, 의료서비스의 공공성, 공기업의 공공성, 교육의 공공성, 예술의 공공성 등과 큰 차이가 없다. 행정의 공공성은 권위성을 담고 있다는 점에서 이들의 공공성과 차이가 난다. 더구나 시민단체 중에는 공공가치 실현을 목적으로 정부가 담당해야 할 의료서비스(예를 들어 무의촌 의료봉사)를 제공하는 곳도 있고 정책을 개발하여 제시하기도 한다. 그 결정과정이나 결과의 공개·공익 측면에서 보면 오히려 시민단체가 정부보다 더 공공성의 개념에 부합할 수도 있다. 그런데 시민단체의 공공성은 자발적인 것이고 강제력이 없다. 행정의 그것은 정부가 행위의 주체라는 점에서 법적 권위성 내지 강제성을 갖는다. 모든 행정은 법에 근거하며 법적 구속력을 가진다. 시민단체가 제안한 정책이 권위를 인정받기도 하지만 그 권위는 시민단체의 신뢰에서 나오는 것이지 법에서 나오는 것은 아니다.

---

a) 사회복지학에서는 보편적 복지의 용어를 사용하며 선별적 복지와 역사적으로 이념적으로 논란이 지속되고 있다.

b) 공공서비스의 보편성 원리는 자신의 입장을 '요금을 내지 못해 TV를 시청하지 못하는 사람', '기본적인 생계를 유지하기 힘든 사람', '정보에 취약하여 정부 서비스 혜택을 받지 못하는 사람'의 입장으로 바꾸어 놓고 생각해도 정당화할 수 있는가의 질문에서 나온다고 볼 수 있다. 성경의 황금률(golden rule), 맹자의 역지즉개연(易地則皆然, 입장을 바꾸어도 모두 그렇다)과 유사하다. 형평성에서 설명한 롤스의 원초적 입장과 무지의 베일을 상정하고 이루어지는 차등의 원칙도 자신의 입장을 보편화시키기 위한 가정이라 할 수 있겠다.

3) 공공성 개념의 약화

지금까지 공과 사의 개념을 이분법적으로 설명했지만 사실 이들 개념은 확실히 구분된다기보다 연속선상의 상대적인 개념으로 이해할 필요가 있다. 그 선상에서 과거 분명했던 행정의 공공성이 점차 약화되어 가는 것을 확인할 수 있다. 사용자 부담원칙이나 이윤추구행위 등 그동안 사적(私的) 영역에 적용되어오던 시장원리가 행정에 확산되고 있다. 행정이 독점해오던 공공영역을 시민단체와 공유하거나 아예 민영화하여 시장영역으로 넘기고 있다. 일부 지방자치단체의 경우에는 이름은 공기업이지만 실제로는 거의 100% 수익사업에 참여하고 있기도 하다.

반면에 사적 영역의 상징이었던 기업들이 사회적 책임을 중요한 가치로 받아들이고 공동체 사업에 동참하고 있다(11쪽 글상자 참조). 지방자치단체와 함께 지역개발 및 사회봉사에 참여하는가 하면 이익금의 일부를 사회에 환원하기도 한다. 서울−춘천, 천안−논산 유료고속도로처럼 기업이 공공성이 높은 사회간접시설의 건설에 직접 참여하고 있다. 더구나 삼성전자나 현대자동차와 같은 대기업이 신설 공장을 어디로 할 것인지(해외를 포함하여)에 대한 결정은 그것이 미치는 영향범위로 보아 공공성을 충분히 띠게 된다.

결국 공공성의 범위는 그 행위나 소유의 주체를 기준으로 하는 전통적 공·사 구분의 경계가 모호해지고 있으며 그 대신 어느 행위가 미치는 영향 범위 내지 그것과 관계되는 사람의 규모로 판단할 필요가 있다. 공개성과 공익성도 그 영향 범위에 비례하여 중요성을 인식하여야 한다. 따라서 하위직 공무원보다는 중간관리자에게, 중간관리자보다는 장차관의 고위 정책결정자에게 더 큰 공공성이 요구된다. 당연히 삼성이나 현대의 그룹 회장은 비록 사인(私人)이지만 공인(公人)인 부처 국과장보다 더 큰 공공성의 책임이 요구될 수도 있다. 이제 공공성은 정부, 시민사회, 시장이 개별적으로 추구하는 가치가 아니라 이슈에 따라 이들 세 주체가 협력하여 공공성의 실현을 위해 노력하는 방향으로 패러다임이 바뀌고 있다.

4) 한국행정의 공공성 정립

한국행정에 공공성을 올바로 정착시키기 위해서는 우선 공개성, 공익성, 보편성의 가치를 충분히 이해하고 적용하며 권위성의 위험을 경계하는 자세가 필요하다. 한국행정은 지금까지 공개·투명과는 거리가 먼 밀실행정, 행정비밀주의의 오명을 가지고 있다. 공무원 개인의 사리사욕을 채우는 비리가 끊이지 않고 있으

PART 1 행정과 행정학의 이해
PART 2 행정환경
PART 3 행정내부환경
PART 4 경정시스템
PART 5 집행시스템
PART 6 조직시스템
PART 7 지원시스템
PART 8 산출과 피드백

공공성의 역설

공공성은 우리 사회에서 오남용이 가장 심한 말 중 하나다. 철도공공성, 방송공공성, 교육공공성, 금융공공성, 의료공공성 등이다. 공공성은 좌파 성향의 언론인, 지식인, 시민운동가들이 단골로 이용하는 명분이자 선동 수단이기도 하다. 철도나 방송의 경우에는 노조가 자신들의 복리를 유지하려는 집단이기주의를 공공성의 이름으로 은폐하려는 의도도 엿보인다. 전교조나 진보교육감들은 이념적으로 편향된 역사교육을 강행하고, 무상급식 확대, 특목고 폐지와 같은 선심성 정책들을 공공성의 명분으로 밀어붙였다. 최근 의사협회, 약사협회, 간호사협회가 공동으로 벌인 의료 민영화 반대 운동의 명분도 공공성이었다.

일부 학자들, 정치인들은 금융 공공성을 이유로 금융규제 확대나 서민금융 지원 확대를 역설하기도 한다. 금융소비자 단체를 포함한 시민단체들은 정부가 가계부채 감축을 지원해주어야 한다는 주장까지 한다. 흔히 공공성은 공공재(public goods), 공익(public or common interest), 공적 영역(public sphere)을 의미하기도 한다. 그러나 공공성의 개념은, 대비되는 개념인 사적 이익(private interest) 또는 영리 추구(private profit seeking)와는 반대로, 그 주체가 불분명한 데다가 매우 추상적이고, 애매한 개념이라서 영미권에서는 잘 사용되지 않고, 사회주의 성향이 강한 국가에서 주로 사용되는 용어이다.*

한편, 공공성은 실행 주체인 관료나 노조, 또는 관련된 정치인이나 특수 이익단체의 집단이기주의로 쉽게 변질된다는 사실은 이미 공공연하게 알려져 있다. 우리나라에서도 공무원과 공공기관의 임직원들은 공공성이라는 보호막 안에서 안정적인 고용과 보수라는 혜택을 누리지만, 늘 방만한 경영에서 벗어나지 못하고 각종 부정부패 사건에 연루되어 왔다. 〈이하 생략〉

자료: 장대흥, 공공성의 역설, 자유경제원, 2014. 10. 29.

* 프랑스는 공공성을 공공서비스 개념으로 보고, 그 범위를 법률로 규정하고 있다. 그러나 공익의 정의는 프랑스를 포함한 어느 나라에서도 명백히 규정하고 있지 않다(은재호, 공공성 개념 연구, 「한국거버넌스학회보」, 15(3), 2008. pp. 213–239).

며 특정 개인이나 지역에 대한 특혜 시비 역시 사라지지 않고 있다. 이해당사자들에게 충분히 참여 기회를 주지 않고 졸속으로 정책을 결정한다는 비판도 받고 있다. 이런 문제는 공무원의 공공성에 대한 인식으로는 부족하며 제도화가 병행되어야 한다. 정보공개제도, 공직자재산등록제도, 내부고발자보호법, 행정절차법 등의 내용을 공공성 가치에 부합하도록 보완하고 실효성 있게 실행에 옮겨야 한다.

PART 1
행정과 행정학의 이해

PART 2
행정환경

PART 3
행정과 환경

PART 4
결정시스템

PART 5
집행시스템

PART 6
조직시스템

PART 7
지원시스템

PART 8
산출과 피드백

공공성 측면에서 시민사회의 자발적 참여와 국민의 신뢰가 담긴 공공영역을 키우고 신뢰성 위기를 맞고 있는 정부의 영역은 줄이는 것이 바람직할 수도 있다. 하지만 모든 인간이 천사가 아닌 한, 개인의 자유와 시민단체의 자율이 초래할 부작용을 방지할 정부의 역할 또한 아직 부정할 수 없다. 그렇다고 공공성을 지나치게 확대하는 경우 공공성의 권위 때문에 개인의 권리(음란성 예술작품의 공공성 침해 vs. 표현의 자유)를 침해할 위험이 있다. 또한 개발 중심의 시장 세력과 정부가 동조하는 경우, 공공성(공공개발)의 이름으로 오히려 사회적 가치를 지닌 자연환경(녹지, 갯벌 등)을 훼손하는 경우가 있을 수 있다. 공공성 실현이 긍정적인 것만이 아니라 다른 가치를 침해할 가능성도 있음을 고려하는 중용의 접근이 필요하다.

2. 공 익

1) 의 의

현대의 행정국가에서 행정은 정책결정이나 집행 결과에 대한 책임을 적극적으로 확보할 필요성이 증대되고 있다. 위로부터 주어진 업무를 기계적으로 처리하는 정치행정 2원론적인 시각이 아니라 스스로 문제를 인식하고 문제해결의 방안을 적극적으로 모색할 것이 요구되기 때문이다. 행정은 이제 재량권이 부여되고 그 범위 내에서 여러 문제해결 대안 중 최선의 것을 선택할 것을 요구받고 있다. 재량권과 책임이 있는 곳에는 서로 상충되는 가치와 역할이 상존하기 마련이다.[4] 특히 공공부문에서는 더욱 그러하다. 공공부문에서의 결정은 자료를 계량적으로 분석하여 자동적으로 계산되는 것이 아니라 무엇이 공공가치를 실현하는 데 더 효과적인가 하는 판단을 요구한다. 단순히 금전적 득실이 아닌 보다 폭넓은 시각에서 가치판단을 해야 한다. 이때 가치판단의 준거가 되는 대표적인 개념이 공익이다. 비록 공익을 정의하는 데 어려움이 있지만 개인이나 가족 또는 조직의 이익보다도 사회 전체의 이익을 우선적으로 고려하여야 한다는 분명한 메시지를 행정에 전하고 있다.

그것은 단순히 규범적 주장이 아니라 행정의 근거가 되는 각종 법규정에 실제로 명시되어 있다:[a]

---

a) 법제처(http://www.law.go.kr)의 국가법령정보센터에서 공익이라는 주제어로 법령 본문을 검색한 결과 1,002건의 법령이 조회되었다(2021. 1. 4).

- 공직자는 자신이 수행하는 직무가 자신의 재산상 이해와 관련되어 공정한 직무수행이 어려운 상황이 일어나지 아니하도록 직무수행의 적정성을 확보하여 **공익**을 우선으로 성실하게 직무를 수행하여야 한다(공직자윤리법 제2조의 2).
- 중앙행정기관의 장은 공공정책을 수립·추진할 때 달성하려는 공익과 이와 상충되는 다른 공익 또는 사익을 비교·형량하여야 한다(공공기관의 갈등 예방과 해결에 관한 규정 제7조).
- 법인이 목적 이외의 사업을 하거나 설립허가의 조건에 위반하거나 기타 공익을 해하는 행위를 한 때에는 주무관청은 그 허가를 취소할 수 있다(민법 제38조).
- (한국방송)공사는 시청자의 공익에 기여할 수 있는 새로운 방송프로그램·방송서비스 및 방송기술을 연구하고 개발하여야 한다(방송법 제44조).

2) 학 설

公益(public interest)은 매우 다의적으로 정의된다. 공익이란 그 개념이 모호하고 유토피아적이며 고정된 것도 아니어서 행정에 구체적인 기준을 제공하기 어렵다는 입장과 공익이란 분명히 인식이 가능한 행동결정의 유용한 안내자 역할을 한다는 입장이 가장 대립적으로 맞서고 있다. 후자는 공익의 실체를 인정하는 것이며(실체설), 전자는 공익을 하나의 실체라기보다는 다수의 이익들이 조정·타협되어 가는 과정이며 그 과정을 거쳐 얻어진 결과로 보는 것이다(과정설).[a]

(1) 실 체 설

실체설에서도 공익의 실체를 전체효용의 극대화, 도덕적 절대가치, 공유하는 이익 등 서로 다르게 이해하고 있다.

전체효용의 극대화 입장은 사회구성원의 효용을 계산한 다음에 전 구성원의 총효용을 극대화함으로써 공익에 도달할 수 있다고 본다.[5] 소비자의 효용이나 만

---

[a] 공익은 정책결정이나 윤리적 판단의 기준으로서도 중요한 의미가 있다. 특히 실체설에 따른 공익 개념은 기초주의(foundationalism) 인식론을 반영하고 있다 할 수 있다. 기초주의는 인식의 자명하고 확실한 토대가 되는 기준이 있다고 보는데 벤담의 목적론(결과론)적 윤리관과 칸트의 의무론(법칙론)적 윤리관이 대표적이다. 기초주의 입장에서는 최대다수의 행복이나 절대가치와 같이 보편적으로 적용되는 공익의 실체를 인정하게 된다. 한편 과정설의 중요한 특성은 공익 결정의 주체가 정부가 아니라 이익집단 내지 시민이라는 점에 있기 때문에 기초주의와 반기초주의(nonfoundationalism) 인식론에 의한 구분은 곤란할 것이다. 다만 반기초주의가 시대와 맥락에 따라 윤리기준이 변화되어 간다는 상대주의 내지 도구주의 입장을 취하기 때문에 다양한 이해의 타협과 조정 과정에서 더 중요한 인식론적 논거를 제공할 수 있을 것이다. 과정론에서 적법절차의 준수는 철학적 의미의 보편성보다는 법적용의 보편성이 적용되고 있다고 볼 것이다.

PART 1 행정과 행정학의 이해

PART 2 행정환경

PART 3 행정내부환경

PART 4 경정시스템

PART 5 집행시스템

PART 6 조지시스템

PART 7 지원시스템

PART 8 산출과 피드백

족의 극대화를 추구하는 공리주의자(utilitarian)나 후생경제학자들이 주로 취하는 관점이다. 이론적으로 보면, 사회공동체는 개인의 집합이기 때문에 개개인의 이익을 모두 합하면 공동체 전체의 이익이 되고 이것을 극대화하는 것이 공익이라는 추론이 가능하다.[6] 그러나 이것이 이 주장의 문제점이기도 하다. 즉 개인의 효용에 대한 측정과 합의 문제가 생긴다. 투표행위 등을 통해 나타난 결과를 보고 개인의 효용을 측정할 수 있을지 모르나 밖으로 표출되지 않은 개인의 효용이나 표출되었다 하더라도 그 정도가 다를 때 이들 각 효용을 어떻게 합칠 것인가의 의문이 제기될 수밖에 없다.[7]

도덕적 절대가치를 공익의 실체로 보는 관점에서는 사회공동체나 국가의 모든 가치를 포괄하는 절대적인 선의 가치가 있다고 가정한다. 종교국가에서 있을 수 있는 절대진리(하나님의 말씀, 불법 등)나 자연법적 원리에 근거한 인간의 기본권 등 사회구성원 모두가 추구하여야 할 규범적으로 옳은 절대가치가 있다고 본다.[8] 이 주장의 위험은 오직 절대가치만이 그 절대적 권위를 인정받기 때문에 다른 가치들은 이 절대가치의 하위가치로 무시될 수 있다는 것이다. 즉 공익이라는 미명하에 개인의 이익이 침해될 수 있는 위험요소를 내포하고 있다.[9]

공유하는 이익으로 보는 입장은 말 그대로 공익을 부분적이며 특수한 이익과 대조되는 사회구성원간에 보편적으로 공유되는 공동의 이익(shared common interest)이라고 주장한다.[10] 한 가정 내에서 가족 구성원 모두가 깊은 관심을 갖는 일이 있다. 각자의 용돈 사용은 사적 영역이지만 구성원간 용돈 배분은 공동관심 영역이다. 범위를 확대하여 원활한 대중교통체계확립, 위생적 식수공급, 양질의 교육서비스 등은 자치단체나 국가 구성원 모두의 공동이익이며 공익이라는 것이다. 그러나 이 주장도 공리주의자들의 주장과 마찬가지로 개별 구성원이 공유하는 이익의 정도가 다른 경우 이를 어떻게 반영할 것인지가 쉽지 않다.

이상의 실체설 입장은 결과의 보편성(공리주의)이나 동기의 보편성(절대가치)을 강조한다는 점에서 보편성을 강조한다는 공통점이 있다. 다만 정부 중심의 전통적 국정관리에서는 공익의 실체적 개념을 정의하는 과정에 행정의 중심적인 역할을 강조하게 된다.[a]

---

a) 뒤에 설명할 뉴거버넌스 관점에서는 정부가 시민, 시장의 주체들과 함께 공익의 개념을 구체화시켜 간다는 점에서 행정의 역할은 실체설과 과정설의 연속선상에 위치하게 될 것이다.

(2) 과정설

과정설에서는 실체설의 주장을 행정의 정당성과 통합성을 확보하기 위하여 도입한 상징적 수사로 간주한다. 과정설의 입장은 공익을 서로 상충되는 이익을 가진 집단들 사이에 상호 조정과정을 거쳐 균형상태의 결론에 도달했을 때 실현되는 것이라고 본다.[11] 이 경우 공무원의 행동은 스스로 무엇이 사회에 가장 큰 이익을 가져올 수 있는가를 결정하는 것이 아니라 서로 경쟁관계에 있는 모든 이해당사자들의 이익을 조정하고 타협시켜 만족스런 결과가 나오도록 돕는 촉매자 또는 조정자 역할에 그치게 된다.[12] 특수 이익들간의 조정과정을 거쳐 합의된 결과가 공익으로 이어진다는 과정설 논리는 단순한 기계적 주장이라고 할 수 있다. 집단간에 힘의 불균형 상태에서 합의가 되었다면 그 결과 또한 왜곡되기 쉬워 설득력의 한계를 보여준다.

과정설의 또 다른 학설은 절차적 합리성을 강조하는 것으로 적법절차(due process)의 준수에 의해서 공익이 보장된다는 입장이다. 즉, 공무원은 우선 법과 명령을 따르되 아직 재량의 여지가 있을 때 본인의 행동이 초래하는 모든 가능한 결과를 예측 점검하고 이해관련 당사자들의 이해를 가능한 종합적으로 고려하는 것이다. 공무원은 모든 당사자들에게 그들의 이익을 대변할 수 있도록 공정한 기회를 부여하는 것이 무엇보다 중요하다.[13] 이 주장의 경우에도 절차적 합리성의 이상과 현실적 괴리를 어떻게 연결짓는가 하는 실질적 문제가 제기될 수 있다.[14] 이상의 논의는 〈그림 5-1〉과 같이 정리할 수 있다.

3) 개념의 절충과 관리적 의미

이상에서 보듯이 공익이란 분명히 논란의 여지가 있는 개념임에 틀림없다. 행정의 지침이 되어 줄 보편적 개념을 찾기가 쉽지 않다. 그럼에도 불구하고 오늘날과 같이 분화되고 다원화된 사회에서 사회구성원을 통합시킬 수 있는 어떤 이념적 가치가 필요한 것도 사실이다. 또한 공익은 법규정이나 법원의 판례 또는 정부의 행정행위에 정당성을 부여하기 위해서 실제로 사용되고 있는 용어로 행정의 중요한 지침으로 유용하게 적용되고 있는 것도 사실이다. 미국과 캐나다의 고위 공직자를 대상으로 한 설문에서 응답자의 반 이상은 공익이 그들의 행동, 특히 정책결정에 있어 가장 중요한 영향요인이라고 응답하였다.[15] 공익은 공무원 행동의 알려지지 않은 상당 부분을 설명하고 있는 매우 강력한 신화(myth)이기 때문에 우

PART 1
행정과 행정학의 이해

PART 2
행정환경

PART 3
행정내부환경

PART 4
결정시스템

PART 5
집행시스템

PART 6
조직시스템

PART 7
지원시스템

PART 8
산출과 피드백

[그림 5-1] 공익의 학설과 행정의 역할

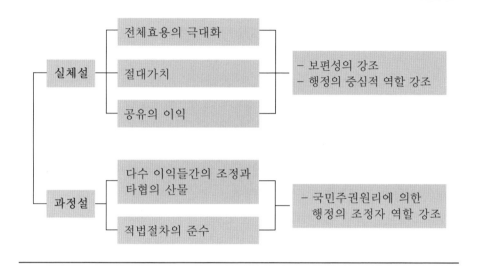

리는 공익에 관심을 가질 수밖에 없다.[16]

　　앞의 공익에 대한 정의를 살펴보면 공익의 강조점이 利益(interest)보다는 公共(public)에 있음을 알 수 있다. 공익이 공공과 이익의 병렬적 합성어가 아니라 공공이 이익을 한정하는 수식어로 보아야 할 것이다.[17] 공공성에서 인용하였듯이 공공의 사전적 의미는 '개인적인 것이 아니고 사회일반의 많은 사람과 관계되는 것'이다. 이 풀이대로 따른다면 공공의 의미에는 '많은'의 표현에서처럼 특정화된 개인이나 집단을 배제하는 최소한의 엄밀성을 가지고 있고, 공공에 포함되는 범위를 분명하게 한정할 수 없는 탄력성도 가지고 있다. 공공의 범위는 용어를 사용하는 주체와 사용하는 영역 및 상황에 따라 유동적일 수 있음을 뜻하는 것이다. 중앙정부의 각 부처 — 국방부, 교육부, 산업통상자원부 등등 — 마다, 각 지방자치단체마다 공공이 함축하는 '많은 사람'은 각각 다른 구성원으로 이루어지며 그 경계가 고정된 것이 아니다. 때로 공공의 범위에는 아직 태어나지 않은 세대도 포함시킬 수 있고 조직화되지 않은 잠재적 조직도 포함시킬 수 있다. 이들이야말로 자신들의 입을 가지고 있지 않기 때문에 이들 이익의 반영은 의식 있는 공무원의 자각에 의존할 수밖에 없다.[18] 바로 이러한 범위의 불확정성과 유동성 때문에 공공의 개념은 충분히 선언적이고 신비주의적 관념으로 이해될 수 있다.

　　공공에 담긴 또 하나의 의미는 공공성에서 검토한 공정성이다. 즉, 공공의 범위가 모호하긴 하지만 공공의 범위 안에 있는 모든 구성원은 하나의 범주(one public)로 간주되며 그 구성원들이 차별적으로 대우되어서는 안 된다는 뜻이다. 즉 공공은 밖으로 포괄성과 안으로 공정성을 내포한 것이다.

이상을 종합하면 공익이란 '특정 사회구성원이 아닌 일반 사회 내지 공동체의 여러 구성원에게 차별 없이 두루 관계되는 이익'[19]이라고 이해할 수 있다. 개념의 경계가 유동적이라 하여 공익의 실체를 부정하기보다는 개념의 유동성에서 오히려 신화적 가치와 상황에 적합하게 해석할 수 있는 유연성을 받아들일 필요가 있다. 자유, 평등, 정의 등은 추상적이지만 헌법적 가치로 인정되듯이 공익은 행정의 중요한 가치임에 분명하다. 자신의 이익을 표현하지 못하는 사람까지 포함하여 가능한 많은 사람을 생각하고 이들을 차별 없이 이익되게 행동하는 것은 공무원으로서 무엇보다 중요하다. 이러한 실체설적 공익 개념은 개인이나 집단의 이해를 조화롭게 조정하여야 한다는 과정론에 의해서 실현 가능성이 더욱 뒷받침될 수 있을 것이다.

따라서 논의의 초점을 개념 규정에 둘 것이 아니라 공무원의 행동을 어떻게 공익의 가치를 추구하도록 이끌 것인가에 맞추어야 할 것이다. 즉 다양한 학설에도 불구하고 공익은 상징적 신화성을 통해 행정의 방향을 이끌어 주고 정당한 절차를 거침으로써 구체적 지침과 결론에 도달하도록 도움을 줄 수 있다. 따라서 실체설과 과정설은 실용적 차원에서 서로 보완될 수 있을 것이다. 특히 행정을 담당하는 공무원은 어떤 결정이나 행동에 앞서 그것이 사회 또는 공동체의 여러 구성원에게 차별 없이 두루 관계되고 또 이들에게 이익을 대변할 수 있는 충분한 기회를 부여하고 조정하려는 노력을 했는지에 대하여 항상 자문하는 태도와 공익에 대한 感을 익혀 나가는 것이 무엇보다 중요하다고 할 수 있다.

PART 1
행정과 행정학의 이해

PART 2
행정환경

PART 3
행정내부환경

PART 4
결정시스템

PART 5
지원시스템

PART 6
조직시스템

PART 7
지원시스템

PART 8
산출과 피드백

'公益' 만능주의에 대한 우려

지방선거를 앞둔 2018년 초. 여당 서울시장 후보들이 서울 종로구 송현동에 있는 3만7,141㎡짜리 빈 땅의 활용을 놓고 나름 공약 아닌 공약을 내걸었다. 한 명은 이 땅에 "국립중앙박물관, 국립민속박물관, 국립한국문학관이 와야 한다"고 주장했고, 다른 후보는 해당 지명의 유래를 들며 "생태공원을 조성해야 한다"고 입장 차를 보였다. 여기에 당시 국회의장까지 거들고 나섰다. "정부가 사서 공영 개발을 추진해야 한다"는 것이었다.

그런데 당시 이 땅의 주인은 따로 있었다. 이미 2008년 2,900억 원을 들여 사들인 대한항공이었다. 엄연히 주인 있는 땅을 놓고 제3자가 나서 '감 놔라 배 놔라'식 훈수를 둔 셈이다. 이 땅에 이 회사가 거액을 들인 것은 외국인이 많이 찾는 서울 도심에 전통 한옥의 멋스러운 모습을 지닌 제대로 된 호텔을 짓겠다는 의지에서였다. 이후 이 계획은 2년 만에 용도 폐기됐다. 학교 주변에 호텔이 들어서면 학생들의 교육권이 침해받는다는 지역 주민의 반대에 부딪혔기 때문이다. 이후 녹슨 철제문과 돌담으로 둘러싸인 이 땅은 잡풀만 무성한 채 지금까지 방치돼 있다.

서울시가 경영난 속 자구책의 일환으로 송현동 부지를 팔려던 대한항공의 계획에 제대로 딴지를 걸었다. 서울시는 이 땅에 대해 연내 문화공원 지정을 마친다는 구체적 로드맵을 제시하고 심지어 4,760억 원이라는 구체적 매수 가격까지 일방적으로 정해 대한항공 측에 통보했다. 사실상 시가 제시한 가격에 이 땅을 되파는 것 외에 다른 처분 방법을 막아버린 셈이다. 지난 10일 마감된 부지매각 예비입찰에 단 한 명도 참여하지 않은 것은 당연했다.

송현동 부지를 둘러싼 논란을 보며 '공공의 이익'이 우리 사회에 너무 쉽게 남용된다는 생각을 지울 수 없다. 우리 사회가 개인의 이익을 침해할 때 비교의 대상으로 삼는 것은 공익과의 균형이다. 공공이 얻는 이익이 훨씬 더 크다면 개인의 이익은 일정 부분 침해할 수 있다는 논리다. 하지만 그동안 '공익'이라는 명분 아래 사유재산권에 대한 과도한 침해가 당연하게 이뤄졌다는 비판이 만만치 않았다.

여기서 1999년 당시 헌법재판소가 '지자체가 개인 소유의 땅에 도시계획시설을 짓기로 하고 장기간 이를 집행하지 않으면 개인의 재산권을 침해하는 것'이라며 옛 도시계획법(4조)에 대해 내린 헌법불합치 결정을 돌이켜 볼 필요가 있다. 당시 결정은 사유지를 도시공원으로 지정만 해놓은 채 아무런 조치 없이 장기간 방치해 온 행정 관행에 제동을 건 것이다. 이를 계기로 개인 소유의 땅에 20년간 공원 조성을 하지 않을 경우 땅 주인의 재산권 보호를 위해 도시공원에서 해제하는 '도시공원 일몰제'가 도입됐다.

송현동 땅을 공원으로 활용하지 않으면 도대체 공공의 이익이 얼마나 침해당하는 것일까. 제3자가 이 땅을 사들여 토지 용도에 맞게 활용하는 것은 과연 공공의 이익에 반하는 것일까. 이미 송현동 부지에는 입지 특성을 고려한 까다로운 건축규제들이 겹겹이 쌓여있다. 제1종일반주거지역에 특별설계구역으로 지정돼 있다. 토지 용도를 결정한 주체는 당연히 서울시다. 이를 뒤집고 이 일대를 문화공원으로 지정하겠다는 것은 시가 자신의 도시 정책을 스스로 부정하는 셈이다.

서울시가 주장하는 '공원화'가 일정 부분 공익에 부합하는 것은 사실이다. 그렇다 하더라도 토지 용도를 바꿔 사실상 사유 재산의 가치를 훼손한 것도 모자라 협의도 아닌 일방적 가격을 제시하고 땅을 사들이겠다는 일련의 발상은 과도한 권한 남용으로 비칠 수밖에 없다.

자료: 정두환(아시아경제 건설부동산부장), 아시아경제, 2020. 6. 12.

3. 행정이념

1) 의 의

행정이념이란 행정의 모든 과정에 기본적인 지침을 제공해 주는 가치로서 공무원이 따르고 모든 행정활동에 반영하도록 노력해야 할 규범이다. 행정이념은 시대적 상황과 정치체제에 따라 변하게 되는데 현재 우리나라의 정치체제에서 행정이 추구하여야 할 기본 이념으로 가장 많이 언급되고 있는 것이 합법성, 민주성, 형평성, 능률성, 효과성 등이다.[20] 여기서는 이들 이념이 역사적으로 어떻게 행정이념으로 등장하게 되는지, 우리나라의 행정에는 어떠한 의미가 있는지를 검토한다.

2) 합법성과 민주성

(1) 역사적 맥락

행정이념은 국가이념의 하위개념이라는 점에서 행정이념은 국가 발전 단계에 따른 국가의 성격이나 역할에서 추론할 필요가 있다. 특히 근대 민주입헌국가와 현대 민주복지국가에 대한 고찰에서 행정이념을 찾을 수 있다. 근대민주국가 이전의 절대군주국가 시대에는 국가이념이 아니라 군주의 통치이념, 군주의 지배

PART 1
행정과 행정학의 이해

PART 2
행정환경

PART 3
행정내부환경

PART 4
결정시스템

PART 5
집행시스템

PART 6
조직시스템

PART 7
지방시스템

PART 8
산출과 피드백

만이 있었던 시대이므로 행정이념을 논하기는 곤란하다.

근대민주국가는 모든 국가권력의 행사를 국민과 법의 통제하에 두는 것을 기본으로 하여 국가이념과 정부의 역할이 설정되었다. 당시의 민주주의는 의회를 통해 확보하는 것이었고, 국가의 지배를 최소화하는 한편 개인의 자유는 최대한 보장하는 것이었다. 따라서 행정이념은 의회를 존중하고 국민생활에 대한 간섭을 줄이고 의회에서 제정된 법을 엄격히 지키는 소극적 의미의 민주성과 합법성이었다.

행정에 있어 민주성 이념은 의회민주주의에서 보다 분명해진다. 의회민주주의는 주권을 가진 국민이 대표를 뽑아 주권행사를 위임하는 것이었다. 대표자가 국민의 이익을 대변하지 못하면 다음 선거에서 그 책임을 묻는 것으로 주권의 실효성을 확보할 수 있었다. 따라서 민주성이란 '국민의', '국민에 의한'으로 대표되는 주권의 소재에서 찾는 소극적인 의미였다.

행정을 담당하는 공무원은 의원과는 달리 국민의 주권을 위임받은 사람도 아니고 국민은 공무원의 잘못에 대하여 직접 책임을 물을 수도 없었다. 그래서 공무원에게 국민의 대표기관이 제정한 법을 준수하도록 한 것이다. 행정이 따라야 하는 최고의 원리는 법치행정, 즉 행정의 합법성이었다.

소극적 의미의 민주성과 합법성 이념은 현대복지국가의 등장과 함께 변화하였다. 산업혁명 이후 전개된 기계화와 대량생산 그리고 세계대전 등은 국가의 역할을 권력행사의 억제에서 적극적 발동으로 전환시키게 만들었다.[21] 환경, 위생, 복지 등 사회 각 분야에 새롭게 등장한 문제들은 단순한 정치적 타협이나 법집행으로 해결할 수 없는 복잡한 것들이었고 전문가의 처방을 필요로 했다. 그런 시대적 변화로 인해 국가 권력행사의 중앙 무대가 점차 의회에서 행정부로 옮겨지기 시작했다. 이러한 상황에서 합법성과 민주성에 새로운 의미가 부여되어야 했다. 그것은 단순히 법을 집행하는 것이 아니라 '법의 정신에 합당'하도록 행정을 하는 것이고, 행정을 통해 '국민을 위한' 민주원리를 적극적으로 실현시키는 것이다.

(2) 현대 행정국가에서의 의미

새로운 상황에 맞지 않는 법을 그대로 적용한다면 법은 국민의 권리를 보장하는 것이 아니라 국민의 생활을 불편하게 할 뿐이다. 그런데 환경이 복잡하고 불확실한 현대 사회에서 모든 상황 변화에 맞게 의회에서 그때그때 법규정을 고친다는 것은 불가능한 일이다. 이러한 이유 때문에 의회는 원칙적인 것만 법에 규정하고 그것을 구체화하는 권한은 행정에 위임하게 되었다. 행정부의 전문성을 활용함으로써 오히려 국민에게 도움을 줄 수 있다는 현실적 판단을 한 것이다.

합법성이란 이제 법규정을 문자 그대로 따르는 소극적 의미가 아니라 법의 정신, 즉 의회의 입법 의지를 따르는 적극적 의미를 가진다. 모든 사람에게 예외 없이 획일적으로 적용하는 법의 안정성보다 상황에 따라 신축성을 부여하는 법의 적합성을 강조한다. 이제 행정은 근대민주국가 정신에 바탕을 둔 의회의 통제 대상이자 동시에 의회의 제한적 능력을 보완해 주는 동반자가 된 것이다.

행정에의 재량권 부여는 합법성뿐만 아니라 민주성의 의미도 바꾸어 놓았다. 주권의 형식적 소재를 중심으로 이해되었던 것이 주권의 실질적 보장을 중심으로 변한 것이다. 국민이 주인임을 강조하는 주권 보장형 민주성에서 국민의 삶의 질을 높이는 爲民形 민주성으로 바뀌었다. 법규와 명령에 대한 형식적 순응이 아니라 국민이 요구하는 가치와 이익의 실현을 위해서 노력하는 행정이다.

행정은 이제 대표기관에 의해 수렴된 국민의지를 전달받는 것이 아니라 국민이 원하는 것이 무엇인지를 직접 탐지한다. 전국적인 망(網)을 구성하고 있는 행정기관은 일선공무원을 통해 의회나 대통령보다도 빠르고 정확하게 민의를 수렴하고 이에 직접 대응하는 것이다. 그렇다고 대표기관이 무의미하다는 것은 아니다. 위민행정은 어디까지나 국민주권을 보완하는 것이지 대체하는 것은 아니다.

현대국가에서 행정의 민주성은 이상과 같이 국민의 실질적인 삶의 향상을 위해 적극적으로 행하는 爲民行政을 의미한다. 또한 官에서 民으로의 권위주의적 牧民行政이 아니라 국민의 요구를 충실히 듣고 실현시키는 民意中心 民本行政을 의미한다.[22]

(3) 한 계

한국 행정에서 합법성과 민주성의 이념을 실현하는 데에는 여러 가지 한계가 있다. 그 근원은 국가발전의 역사성에서 찾을 수 있다. 한국은 근대민주국가, 즉 정치국가(political state)를 거치지 않고 광복과 함께 현대의 행정국가(administrative state), 관료국가(bureaucratic state)로 곧장 진입하였다. 기초공사를 튼튼히 하지 않은 채 합법성과 민주성을 받아들인 것이다.

우선 합법성의 경우 법규정이 비현실적인 경우가 많아 합법성을 적용하는 데 문제가 있다. 우리나라의 법은 국회에서 충분히 공론화 과정을 거친 합의의 결과라기보다는 미국·일본·유럽 등 선진국의 사례를 참고하여 가장 바람직한 이상형(理想形)을 만드는 경우가 많다. 법은 한국을 이상적인 나라로 끌고 가기 위한 가

PART 1
행정과 행정학의 이해

PART 2
행정환경

PART 3
행정내부환경

PART 4
결정시스템

PART 5
집행시스템

PART 6
조직시스템

PART 7
지원시스템

PART 8
산출과 피드백

장 목민적(牧民的)인 특성을 지니고 있는 것이다. 법의 비현실성은 법을 불신하는 풍조를 낳는다. 비현실적인 법을 '법대로'하는 법치행정은 국민 생활을 불편하게 할 뿐이다. 적용하는 공무원의 자의성이 개입할 여지가 많고 불이익을 받은 국민은 결과를 수용하지 못한다.

행정의 권위주의도 민주성 이념을 실현하는 데 걸림돌이다. 권위주의는 행정문화로 인식될 만큼[23] 뿌리 깊은 것으로 공직 내부의 위계질서를 형성할 뿐만 아니라 일반 국민과의 관계에서도 관우월주의를 조장하게 된다. 공무원이 국민에게 봉사하는 자세가 아니라 국민보다 우월한 위치에서 혜택을 베풀고 국민을 바람직한 방향으로 인도하고 있다는 자세를 갖게 만든다. 국민이 바라는 것이 무엇인지를 찾아 눈높이 행정서비스를 하는 것이 아니라 정부에서의 정형화된 규정에 따라 획일적으로 행정서비스를 제공하는 방식이기 쉽다. 이러한 권위주의는 문화적 측면 이외에 대통령제의 권력구조에 의해 강화될 수 있다. 대통령이 권위주의냐 아니냐는 군출신이냐 민간출신이냐에 의해 정해지는 것이 아니라 권력구조 즉, 제도 자체가 출신에 관계없이 늘 권위주의적일 수 있는 소지를 가지고 있다. 대통령의 절대 권력은 대통령의 손발 역할을 하는 행정부에게까지 복제되어 행정의 권위주의로 이어지기 쉽다.

행정의 민주성을 저해하는 또 하나의 요인은 공무원과 국민 사이에 내재되어 있는 정보의 불균형 때문이다. 공무원은 일반 국민이 가지지 못하는 정보를 가지고 있기 때문에, 국민이 주인의 지위에서 감시자 역할을 하기가 힘들어진다. 이러한 현상은 주주와 경영자, 소송의뢰인과 변호사, 신탁예금주와 은행, 보험가입자와 보험회사 등의 관계에서도 모두 찾아볼 수 있다. 주인의 이익을 위해서 행동하도록 권한을 위임받은 사람(대리인)이 위임한 사람(주인)보다 더 많은 정보 또는 전문지식을 가지고 있음을 쉽게 짐작할 수 있다. 이런 현상을 주인-대리인(principal-agent) 이론에서 정보의 비대칭성(information asymmetry)이라 부르며, 대리인은 주인의 권익을 충실히 대변하기보다는 자신의 이익을 위해서 정보를 이용하고자 하는 기회주의 또는 사익(private interest) 극대화의 동기가 발생한다는 것이다.[24]

한국에서 정보의 비대칭성은 유럽국가나 미국 또는 일본보다 훨씬 강하다고 할 수 있다. 권위주의 군사정권하에서 국가기밀 보호라는 명목으로 정부가 소지한 정보를 국민에게 공개하기를 극도로 거부해 왔다. 1996년 「공공기관의 정보공개에 관한 법률」이 제정되긴 하였지만 많은 예외 조항을 둠으로써 정보공개의 실질적 효과를 기대하기는 쉽지 않다. 정부 내부의 잘못에 대한 정보는 말할 것도 없고 정부가 국민에게 서비스를 제공하거나 생활을 규제하기 위해 마련해 놓은 내부의 실무지침서마저도 일반 국민은 접근하기 쉽지 않다. 규정에 위반되지 않고 서비스를 제공받기 위해서는 공무원이 요구하는 대로 충실히 따를 수밖에 없다. 국민 개개인이 거대한 국가 조직을 상대로 그것도 정보 측면에서 절대적으로 불리한 입장에서 주인된 권리를 찾는다는 것은 여간 어려운 일이 아니다.

주인과 대리인의 입장을 도치시키는 원인은 대리인 이론 말고 수요공급의 법칙을 적용해서도 설명할 수 있다. 가장 극단적인 수요 공급 형태인 공급 독점 현상이 자주 나타난다. 행정서비스를 제공하는 주체가 여럿이 있어 국민이 선택할 수 있는 상황이 아니다. 그 서비스가 배타적 권익을 보장하는 인·허가인 경우는 더욱 그러하다. 이동통신회사나 방송국의 수를 정부가 제한하는 경우가 대표적인 예이다. 인·허가를 원하는 수요자는 많은 반면에 공급량은 제한되어 있다. 이런 상황에서 수요자인 국민이 주권자로서 당당하게 공무원을 대하기보다 연줄을 동원하거나 직접 담당 공무원을 상대하되 '사정하는' 낮은 자세를 취할 수밖에 없다.

이렇게 한국에서는 비현실적인 법규정, 권위주의의 문화와 권력구조, 정보의 비대칭과 행정비밀주의, 행정의 독점적 서비스 제공 등의 이유 때문에 행정의 합법성과 민주성을 확보하는 데 많은 어려움이 있다.

3) 형 평 성

(1) 이념의 등장 배경

현대복지국가는 정부의 규모가 커지면서 자원의 배분이 상당히 중요한 과제가 되었다. 이때 가장 중요한 쟁점이 '누가 무엇을 얼마만큼 얻는가' 하는 형평성 문제이다. 이미 공공성에서 검토하였듯이 행정은 특정인이나 집단에 편중적으로 이익을 배분해서는 안 된다. 이때 특정인이나 집단은 사회적으로 힘을 가진 이익집단이나 기득권층을 일반적으로 일컫는다. 그러나 그 특정인이나 집단이 사회적 약자라면 문제는 달라진다. 형평성 이념은 이러한 약자에게는 오히려 정부가 정책적으로 특별한 배려를 함으로써 사회적 정의를 실현하자는 규범적 가치를 내포하고 있다.

민주성 이념은 공급자 위주의 권위적 행정서비스 제공이 아니라 수요자인 국민의 요구에 부응하는 서비스 제공을 요구한다. 문제는 이들의 요구가 항상 일치하는 것이 아니라는 데 있다. 오히려 국민의 요구가 다양하고 상호 충돌하는 경우

PART 1
행정과 행정학의 이해

PART 2
행정환경

PART 3
행정내부환경

PART 4
결정시스템

PART 5
집행시스템

PART 6
조직시스템

PART 7
지원시스템

PART 8
산출과 피드백

가 더 일반적이라고 보아야 한다. 이 경우 1인 1표의 민주주의는 다수의 이익을 존중할 수밖에 없다. 전체 효용의 극대화라는 공리주의 공익관이 이를 뒷받침하고 있다. 이런 원칙이 계속 적용된다면 소수의 의사는 반복적으로 경시되고 이들의 불만은 증폭될 수밖에 없다. 민주이념의 실현과정에서 나타날 수 있는 이러한 문제점을 치유하기 위해서 행정의 형평성 이념은 등장하게 된다. 이것은 공리주의와 자본주의에서 나타나기 쉬운 제도적 모순을 극복하기 위한 규범적 호소이다.

미국과 같이 인종차별이 문제가 되는 국가에서 형평성의 적극적 도입을 찾아볼 수 있다. 미국은 인종차별이 오랜 기간 누적되어온 결과 소수 민족, 특히 아프리칸 아메리칸(African American)의 경우 경제능력이나 교육수준 등에서 기본적으로 뒤쳐져 있기 때문에 기회균등의 원칙만으로는 공정한 경쟁이 불가능했다. 공정한 경쟁은 과거의 불이익을 어느 정도 보상한 뒤에나 가능하다는 인식하에 형평성 이념을 정부에서 받아들인 것이다.

단일민족 국가인 우리나라에서는 미국과 같이 인종차별의 문제는 존재하지 않는다. 그러나 우리 국민은 못 살고 지위가 낮은 그 자체보다도 남들에 비교해서 그보다 못할 때 더 불만과 열등의식을 가지며(배고픈 건 참아도 배아픈 건 참지 못한다), 역으로 남들 수준으로 올라가고자 하는 강한 자기승격욕구,[25] 상향적 평등의식[26]이 있다고 한다. 형평성 문제가 국정이나 행정 차원에서 민감하게 쟁점화될 수 있는 잠재성을 가지고 있는 것이다. 실제로 수도권과 지방은 물론 지역간에도 불균형 문제가 심각하게 제기되고 있고, 장애인이나 비정규직 또는 여성에 대한 불평등 문제도 사회적 쟁점이 되고 있다. 그 외에도 공직에서의 이공계 차별, 지방대 위기, 세입자 권리보호 등 형평성 차원에서 다루어야 할 민감한 문제가 많다.

(2) 규범적 정당성

정부가 형평성의 실현에 적극적으로 나서야 한다는 이론적 토대는 미국의 철학자 롤스(Rawls)가 쓴 「정의론」에서 일반적으로 찾는다.[27] 롤스의 「정의론」을 이해하기 위해서는 우선 原初的 立場(original position)과 無知의 베일(veil of ignorance)이라는 두 중요한 개념을 설명해야 한다. 원초적 입장은 정의론을 도출하기 위해서 가정해 놓은 이상적 상황이다. 구체적으로 다른 사람들과 비교하여 자신이 유리한 위치에 있는지를 전혀 모르는 입장에서 공정하고 합리적으로 행동한다고 가정하는 것이다. 원초적 입장에서 자신의 유불리를 모르는 상태를 무지의 베일이라고 하는데, 사람이 자신의 사회적 신분, 재산, 지적 능력, 건강 심지어는 자신이 속한 사회의 경제적·사회적 특성에 대해서도 전혀 알지 못하는 상태이다.

만약 이런 조건이 충족되는 원초적 입장에서, 사람들에게 그들이 살게 될 사회의 기본 구조를 어떤 원칙에 따라 설계할 것인지를 서로 논의해서 합의하라고 한다면 어떤 결과가 나올까? 롤스는 이런 사고실험(thought experiment)을 통해서 도출될 수 있는 원칙이, 첫째, 인간의 자유를 누구에게나 최대한 보장하는 것이며, 둘째, 사회적(권력)·경제적(부) 평등은 사회에서 가장 혜택을 받지 못한 사람에게 최대한의 혜택이 돌아가도록 하는 것이라고 주장한다. 후자를 차등의 원리라고 부르는데, 원초적 입장에서는 가장 어려운 상황에 처할 확률이 누구에게나 똑같고 자신이 제일 먼저 그런 위험에 빠질 수도 있기 때문에 사람들은 차등의 원리에 동의할 것으로 추론할 수 있다. 이 차등의 원리가 형평성 행정이념의 이론적 근거가 된 것이다.

롤스의 「정의론」이 암시하는 하나의 중요한 측면은 사회적으로 불리한 조건에 있는 사람들에게 혜택이 돌아가도록 행정이 이루어져야 한다는 것이다. 인간은 누구나 자유와 평등이라는 기본적 권리를 가지고 태어나지만 태어난 가문, 지역, 성별, 신체적 특성, 부 등에 따라 불공정한 차등 대우를 받을 수 있다. 이때 이러한 요소 때문에 사회적으로 불리한 위치에 놓인다면 그것은 시정되어야 하며 행정이 관심을 가져야 한다는 것이다. 형평성 이념은 다수결이나 공리주의적 계산에서 배제되고 사회적으로 최소의 혜택을 받는 사람들에게 차별적 이익을 제공할 수 있는 규범적 가치다. "형평성 측면에서의 정의론은 우리 인간의 여러 판단에서 표출되는 도덕적 감성에 대한 이론이며 이 감성은 인간의 사고와 행동에 여러 모로 영향을 미친다"는 롤스의 주장처럼, 형평성 이념은 행정을 담당하는 공무원의 태도에 중요한 윤리적 기준을 제공할 것이다.

롤스의 「정의론」에서 출발하여 1970년대 초 미국의 젊은 행정학자들이 중심이 되어 사회적 형평성에 대한 관심을 갖기 시작했다.[28] 이들은 신행정학(New Public Administration)을 주창하며, 행정이 단순한 법의 집행이나, 효율성 또는 경제성을 이념으로 한 서비스 제공에서 탈피하여 규범적으로 무엇이 바람직한 것인지에 대한 적극적인 가치배분의 입장을 취해야 한다고 주장한다. 이들 학자의 주장은 1960년대 월남전에 대한 반전시위, 인종 폭동, 높은 실업률 등의 시대적 상황을 배경으로 등장한 것으로서 행정은 빈민층, 소수민족, 장애자 등의 이익을 증진시켜야 할 책임이 있음을 강조하였다.

PART 1
행정과 행정학의 이해

PART 2
행정환경

PART 3
행정내부환경

PART 4
결정시스템

PART 5
집행시스템

PART 6
조직시스템

PART 7
지원시스템

PART 8
산출과 피드백

(3) 한 계

사회적으로 불리한 위치에 있는 사람을 돕기 위한, 즉 사회적 형평을 실현시키기 위한 노력은 현실적으로 많은 장애가 있다. 사회적 형평이란 어느 개인이나 집단에게 이익을 주는 반면 다른 사람이나 집단의 이익을 침해할 수 있다. 이를 역차별(逆差別)이라 부르는데 정부나 기업체에게 국가유공자나 장애인을 일정 비율 고용하도록 규정하는 경우 능력이 앞섬에도 불구하고 이들에 대한 의무 고용 규정 때문에 불이익을 받는 경우이다. 더구나 시장론자들은 이러한 제도가 기업의 생산성을 저하시킬 수 있다며 반대의 입장을 취한다.

성장과 분배의 논쟁에서 분배보다 성장을 선호하는 국민 정서도 부담이 된다. 경기침체가 이어지고 무상보육·무상급식 등 복지예산 확보가 어려움을 겪으면서 경제 파이를 키우는 것이 먼저라는 인식이 우세한 상태다.[a] 기존에 정부의 제도적·재정적 지원을 받아오던 사람들(예를 들어 농민이나 영세기업인)이 경쟁의 논리 속에서 더 이상 보호를 받을 수 없게 되었다. 개방과 경쟁의 글로벌 추세 속에서 형평을 추구하기가 더욱 힘들어지고 있다.

점증주의 예산편성, 제한된 재정, 부처이기주의도 전 정부 차원에서 분배의 형평성을 제고하는 데 장애요인이다. 예산에서 경직성 경비가 차지하는 비중이 높아 실제 유연하게 활용할 수 있는 예산이 적다는 점도 역시 제한 요인이다.

형평성 이념을 현실 행정에 반영하기에는 그 개념이 너무 추상적이고 보편적 개념을 찾기도 어렵다. 형평성은 공익 개념 이상으로 상징성이 강하고 상징적 조작의 가능성을 내포하고 있는 이념이기 때문에 정책결정의 유용한 지침이 되기 힘들다는 지적이 가능하다.

4) 능률성과 효과성

(1) 역사적 맥락

형평성과 함께 정부의 살림이 비대해지면서 등장하는 행정이념이 능률성과 효과성이다. 능률성(efficiency)은 투입과 산출의 비율로 나타내며, 주어진 자원으로 얼마나 많은 산출을 얻었느냐는 의미이다. 이에 비해 효과성(effectiveness)이란

---

a) 한국갤럽이 2018년 11월 27~29일 사흘간 전국 성인 1천1명(95% 신뢰수준에서 표본오차 ±3.1%포인트)을 대상으로 실시한 조사에서, 정부가 경제 정책에서 '경제성장'과 '소득분배' 중 어느 쪽에 더 중점을 두어야 하는지에 대해 질문한 결과 52%가 '경제성장', 38%가 '소득분배'라고 답했고 10%는 의견을 유보한 것으로 나왔다.

목표의 달성도를 말한다. 목표가 주어진 상태에서 그 목표를 얼마나 달성했는가를 말한다. 능률성이 높아도 효과성은 낮을 수 있으며, 효과성이 높더라도 능률성은 낮을 수 있다. 따라서 행정에서 궁극적으로 중요한 것은 능률성과 효과성을 모두 충족시키는 것이다.

정부의 예산이 작을 때에는 그 사용처나 결과에 대해 별로 관심을 갖지 않았다. 그러나 예산이 커지면 그렇지 않다. 우선 예산의 팽창은 국민의 입장에서 세금의 부담이 커지는 것을 의미한다. 따라서 이제 납부한 세금이 얼마나 알뜰하게 쓰이고 있나, 즉 정부가 얼마나 능률적으로 일을 하고 있는가에 관심을 갖게 된다. 정부는 비용에 대한 압박이 약하고 공무원은 신분보장이 되어 있는 등 기본적으로 경쟁이 결여되어 있어 인적·물적 자원이 과다 투입되는 비효율성이 내재되어 있다는 비판[29]과 함께 능률성에 대한 압박을 피하기 어렵다.

행정의 능률성에 대한 관심은 일찍이 미국에서 19세기 말 시작된 과학적 관리의 영향으로 시작되었다. 테일러(Taylor)의 과학적 관리론(scientific management)을 출발점으로 행정도 기업과 마찬가지로 주어진 자원을 능률적으로 관리하는 것이 주된 관심사가 된 것이다. 행정의 능률성에 대한 관심은 1980년대 이후 다시 부각되었는데, 거대한 정부, 즉 행정국가에 대한 경계심이 강화되면서 작은 정부 내지 최소국가에 대한 목소리가 부활한 것이다. 정부의 기능을 가능한 축소하고 이를 민간부문의 시장 기능에 맡기자는 경향이다. 1980년대 미국의 레이건 대통령, 영국의 대처 수상은 이 사조에 따라 정부개혁을 주도한 장본인들이다.

현대복지국가에서 강조되는 또 하나의 행정이념은 효과성이다. 엄밀히 말한다면 정책의 효과성 내지 프로그램의 효과성을 의미한다. 미국의 경우에 1960년대 존슨 행정부가 많은 예산을 투입하여 시작한 사회복지 프로그램이 과연 원래의 의도대로 효과를 나타내는지에 대한 닉슨 행정부의 비판적 시각이 효과성을 강조하는 출발점이 되었다. 특히 닉슨 행정부는 프로그램 중심으로 예산을 편성하고(PPBS), 프로그램의 평가에 대한 기법을 정교화하면서 프로그램 평가에서 효과성 이념을 더욱 강화시켜 나갔다.

우리나라에서는 행정이 국가발전의 주도적 역할을 담당하면서 효과성을 강조하게 되었다. 중장기 경제발전목표를 세우고 이의 달성을 위해 국력을 동원하던 개발 연대는 물론 박근혜 정부에서도 경제혁신 3개년 계획을 추진하면서 잠재성장률, 국민소득 등 거시적 경제 목표를 세우고 이를 달성하는 과정에서 효과성은 행정의 중요한 가치로 작용하였다.

PART 1
행정과 행정학의 이해

PART 2
행정환경

PART 3
행정내부환경

PART 4
경영시스템

PART 5
집행시스템

PART 6
조직시스템

PART 7
지원시스템

PART 8
산출과 피드백

(2) 민주성·형평성 이념과 갈등

능률성과 효과성은 행정의 본질적 가치라기보다는 수단적 가치라고 할 수 있다. 즉, 민주성과 합법성에 우선하여 능률성과 효과성을 추구할 수는 없다는 뜻이다. 자유민주국가의 행정에서는 너무나 당연한 주장이다. 다만 이들 개념이 상호 배타적인 관계인지 아니면 양립의 관계인지에 대하여는 논란이 있다. 배타적 관계로 보는 입장에서 일반적으로 거론하고 있는 예가 민주성 이념을 추구하다보면 많은 이해당사자의 참여가 이루어지고 이 과정에서 결정이 지연되는가 하면 경제적 합리성보다는 정치적 합리성이 결정의 기준으로 작용하게 되어 능률성이 떨어진다는 입장이다.

그럼에도 불구하고 민주적 절차를 무시하고 능률성이나 효과성만을 기준으로 행정이 이루어질 때 장기적으로 부작용이 나타나는 등 결과적으로 더 큰 사회적 비용을 초래할 수도 있다. 원전폐기물 처분장, 화장장(추모공원), 화상경마장 등등 주민기피시설의 경우에서 경험한 것처럼 기술적·경제적 합리성만을 고려하고 주민 의견수렴 등 민주적 절차를 소홀히 한 채 사업을 추진하는 경우, 처음부터 공개적으로 사업을 진행했을 때보다 더 큰 정치적·경제적·사회적 비용이 발생할 수 있다. 따라서 이 두 개념의 관계는 단기적으로는 배타적으로 보이지만 장기적으로는 상호 보완의 관계로 발전할 수 있음을 인식하여야 할 것이다.

한편 형평성과의 관계는 배타적으로 보는 것이 지배적이다. 능률성은 개개인의 몫을 비교하지 않고 총체적 이익 또는 효용만을 고려하기 때문이다. 물론 개별적 몫이 공정하고 총이익이 극대화되는 경우도 있을 수 있지만 총이익만을 강조하다보면 그 안에서 분배의 불균형이 무시되는 것이 보다 일반적이다. 분배에 있어 능률성을 대표하는 말이 최근 '선택과 집중'이다. 예를 들어 정부가 연구기금을 대학에 배정하는 경우 교수의 규모나 질이 우수한 몇 개 대학을 선정하여 집중적으로 지원하는 것이 효과적이라는 것이다. 그러나 그 결과 지방대학의 위기는 더욱 심화될 가능성이 있다. 능률성 가치를 따르는 한 이런 차등을 교정할 수는 없다. 단기적으로는 능률성이 우세해 보이지만 장기적으로 이러한 차등이 사회적 불만을 초래하고 국민통합을 해치는 등 형평성과 민주성에도 부정적인 영향을 야기할 수 있다.

(3) 한 계

앞에 지적한 대로 능률성 이념은 민주성, 합법성, 형평성 이념과 대립적 개념으로 이해된다. 최근 행정에서 능률성의 대명사인 '선택과 집중의 원칙'은 부익부 빈익빈을 더욱 조장한다는 형평성 논리에 부딪히고 있다. 능률성 차원에서 적자 철도노선을 폐지하고 쓰레기 수거를 민간에 위탁하지만 행정의 공공 책임성을 포기했다는 비난을 피하기 힘들다. 능률성은 개발 지향적이다. 각 자치단체에서는 부족한 재원을 확보하기 위하여 개발사업을 조장하지만 환경파괴로 인한 형평 문제가 제기된다.

뿐만 아니라 투입 대 산출 비율이나 계획한 목표를 몇 퍼센트 달성했느냐는 모두 구체적인 자료를 기준으로 한다. 그런데 행정의 경우에 재화와 서비스의 시장가격이 형성되지 않아 데이터화가 쉽지 않다. 일부 자료가 있다 하더라도 아직까지 자료 수집과 처리에 대한 신뢰성을 충분히 확보하지 못하고 있다.

특히 효과성을 강조하다보면 지나치게 해당 목표달성의 단기적 결과만 강조하고 장기적 효과나 다른 목표와의 관계, 또는 목표달성 과정을 소홀히 할 수 있다. 경제성장이 지상 과제이던 산업화 시대에 목표는 자원을 동원하고 국력을 응집시키는 데 매우 큰 역할을 하였다. 하지만 토목·건설 사업과 같이 완공 목표 시기를 정해놓고 이를 달성하기 위해 공기를 단축시키는 등 목표달성에만 집착하는 경우 시설물의 안전을 위협하는 부실공사가 발생할 수 있다.[30] 이처럼 효과성 이념은 단기적으로 목표를 달성한 것처럼 보이지만 장기적으로 부작용을 낳아 더 큰 사회적 비용을 야기할 수 있음을 유의하여야 한다.

4. 과 제

행정이념이 행정의 최고가치로서 행정의 안내자가 되고 보호막이 되어주기 위해서는 무엇보다도 행정의 자율성이 전제될 때 가능한 일이다. 행정이 단순히 대통령이나 국회에서 정한 법을 기능적으로 집행하는 기계에 불과하다면 행정이념은 아무런 효용이 없는 것이다. 우리나라는 그동안 대통령에 힘이 집중되어 왔고 행정은 대통령의 충실한 대리인 역할에 안주할 수 있었기 때문에 행정이념의 중요성을 크게 인식하지 못했다. 또한 정부가 바뀌면서 행정은 꾸준히 개혁의 대상이 되고 있다. 행정이 개혁의 대상인 한에는 행정의 자율성은 위축되고 행정이념의 진정한 의미는 찾기 힘들다. 정치권 특히 대통령의 국정이념이 기계적으로 행정의 목표가 되고 공무원은 수동적으로 그것을 따르는 등 책임행정이 위축될 것이고 행정이념은 힘을 쓰기 힘들 것이다.

그럼에도 불구하고 행정이념은 분명히 행정의 나침반 역할을 해야 한다. 법의 정신을 존중하고, 주권이 국민에게 있음을 인식하여 국민을 위한 행정이 되어야 한다. 다수와 성장의 힘에 밀려서 소외되고 혜택을 받지 못하는 지역, 계층, 개인을 고려할 줄 아는 '도덕적 감성'이 필요하며, 국민의 부담을 최소로 하면서 국민에게 더 크고 양질의 서비스가 가능하도록 노력하는 자세가 요구된다. 행정을 담당하는 공무원이 철인의 역할을 수행할 수는 없지만, 또 그런 역할을 해서도 안 되지만, 그들이 합법성, 민주성, 형평성, 능률성, 효과성의 이념에 대해 자각하고 그 한계를 극복하며 이념 간 균형 감각을 키우는 노력은 아무리 강조해도 지나침이 없을 것이다.

특히 지금까지의 정부 중심 행정에서 정부-시민사회-시장이 함께 하는 뉴 거버넌스형 행정이 강조되는 새로운 시대를 맞아 행정이념에 대한 해석과 적용에 변화가 요구된다. 시민사회와 시장이 행정의 대상이 아니라 행정의 파트너이고, 이들이 참여하는 공론의 장을 거치면서 다양한 견해를 타협하고 조정하는 절차가 중요한 시대이다. 행정이념도 행정의 독점적 해석이 아니라 그런 공론의 장에서 도출된 합의에 더 큰 의미가 부여될 것이다.

PART 1 행정과 행정학의 이해

PART 2 행정환경

PART 3 행정내부환경

PART 4 결정시스템

PART 5 집행시스템

PART 6 조직시스템

PART 7 지원시스템

PART 8 산출과 피드백

⊙ 주

1) 야후 국어사전, http://kordic.yahoo.com/.

2) Broadcasting Research Unit, *The Public Service Idea in British Broadcasting: Main Principles*, London, 1986.

3) 정보통신정책연구원, 정보격차해소를 위한 보편적 서비스 정책, 연구보고서, 1998.

4) George A. Graham, Ethical Guidelines for Public Administrators: Observations on Rules of the Game, *Public Administration Review*, 34, 1974, pp. 90-92.

5) Jeremy Bentham, *An Introduction to the Principles of Morals and Legislation*, New York: Hafner, 1948, p. 3.

6) Ibid., p. 31.

7) Emmette S. Redford, *Democracy in the Administrative State*, New York: Oxford University Press, 1948, pp. 16-17.

8) Rowland Egger, Responsibility in Administration: An Exploratory Essay, in Roscoe C. Martin(ed.), *Public Administration and Democracy*, Syracuse, NY: Syracuse University Press, 1965, p. 340; C. W. Cassinelli, The Public Interest in Political Ethics, in Carl J. Friedrich(ed.), *Nomos V: The Public Interest*, New York: Atherton Press, 1962, p. 46.

9) Virginia Held, *The Public Interest and Individual Interest*, New York: Basic Books, Inc., 1970, pp. 154-160.

10) Brian Barry, The Use and Abuse of the Public Interest, in Friedrich(ed.), op. cit., p. 190; Emmette S. Redford, *Ideal and Practice in Public Administration*, University, Alabama: University of Alabama Press, 1958, p. 113.

11) E. Pendelton Herring, *Public Administration and the Public Interest*, New York: McGraw-Hill Book Co., 1936; David B. Truman, *The Governmental Press*, New York: Alfred A. Knopf, 1951, pp. 50-51.

12) Herring, op. cit., p. 377.

13) Phillip Mony Penny, A Code of Ethics for Public Administration, *George Washington Law Review*, 21, 1953, p. 428.

14) Glendon Schubert, Is There a Public Interest, in Friedrich(ed.), op. cit., p. 174.

15) Robert Presthus, *Public Administration*, 6th ed., New York: The Ronald Press Co., 1975, p. 420.

16) Ibid.

17) 足立辛男, 政策評價におけ公益(public interest)概念の意義と役割, 「政策科學と政治學」, 日本政治學會編, 1983.

18) Emmette S. Redford, The Protection of the Public Interest with Special Reference to Administrative Regulation, *American Political Science Review*, XLVIII, 1954, pp. 1108-1110.

19) 足立辛男, 전게서.

20) 김규정, 「행정학원론」, 서울: 법문사, 2002; 박동서, 「한국행정론」, 서울: 법문사, 2004.

21) 이극찬, 「정치학」, 서울: 법문사, 1994, pp. 647-648.

22) 허범, 새로운 공공행정의 모색: 민본행정의 이념과 과제, 한국행정학회편, 「한국민주행정론: 민주사회의 성숙을 위한 공공행정」, 서울: 고시원, 1988, pp. 100-133.

23) 백완기, 「한국의 행정문화」, 서울: 고려대학교 출판부, 1984.

24) 권순만·김난도, 행정의 조직경제학적 접근: 대리인 이론의 행정학적 함의를 중심으로, 「한국행정학보」, 29(1), 1995, pp. 77-95.

25) 오세철, 「문화와 사회심리이론」, 서울: 박영사, 1981.

26) 이정훈, 한국 노동문화의 특징에 관한 연구, 박사학위논문, 단국대학교 대학원, 1993.

27) John Ralws, *A Theory of Justice*, Cambridge, MA: Belnap Press of Harvard University Press, 1971.

28) H. George Frederickson, *New Public Administration*, Alabama: University of Alabama Press, 1980.

29) H. Leibenstein, Allocative Efficiency vs. 'X-Efficiency *American Economic Review*, 56, 1966, pp. 392-415.

30) 감사원, 보도자료, 2013. 1. 18; 국무조정실(4대강조사평가위원회), 보도자료, 2014. 12. 23.

PART 1 행정과 행정학의 이해
PART 2 행정환경
PART 3 행정내부환경
PART 4 결정시스템
PART 5 집행시스템
PART 6 조직시스템
PART 7 지원시스템
PART 8 산출과 피드백

정부관: 정부의 규모와 역할

합법성과 민주성의 이념이 역사적으로 어떻게 전개되어 왔는가에 대한 설명에서 알 수 있듯이 정부의 규모와 역할에 대한 국민의 인식은 계속 변해왔으며 행정은 현 시대의 정부에 대한 인식에서 자유로울 수 없다. 여기서는 정부관이 서구의 역사 속에서 어떻게 변화되어 왔는가를 간단히 검토한 뒤, 1980년대 이후 등장한 작은 정부론과 신공공관리론 그리고 신거버넌스론을 설명하고 이어 현재 한국 정부의 규모와 역할을 설명한다.

1. 정부관의 변천

1) 근대국가

17~18세기 시민혁명과 산업혁명 이후 등장한 근대국가는 이전의 절대군주국가와 달리 시민의 자각적인 인식이 최초로 반영된 국가이다. 근대국가는 당시의 여러 시대적 상황이 복합적으로 반영된 국가형태이다. 사상적으로 근대국가는 개인의 자유주의를 바탕으로 한다. 근대국가의 출범과 함께 신흥세력으로 등장한 시민은 지주나 상공업을 하는 부르주아 계급이었고 '교양과 재산'을 갖춘 사람들이었다. 이들은 정부가 적극적으로 개입하지 않아도 이성적으로 행동하고 사회질서를 유지할 수 있다는 자신감이 있었다.[1] 이런 이유에서 이들 시민계급은 절대군주는 물론 어떤 형태의 국가권력이나 사회적 세력의 간섭도 원하지 않았다. 특히 개인의 정신적·정치적·경제적·사회적 자유를 누구로부터 침해받는 것을 거부했다. 자유주의를 근간으로 하는 근대국가는 정부의 역할을 밖으로는 외적의 침입을 방지하고 안으로는 개인의 재산과 자유

PART 1
행정과 행정학의 이해

PART 2
행정환경

PART 3
행정내부환경

PART 4
경영과정이론

PART 5
지방행정이론

PART 6
조직이론이론

PART 7
지방행정이론

PART 8
산출과 피드백

를 지켜 주는 정도로 제한하는 것이었다. 사회에서 발생하는 이해의 대립까지도 정부가 방임한 상태에서 시민들 스스로 합리적으로 해결할 수 있고 그것이 바람직하다는 최소한의 정부관이 지배하였다.[2]

최소 정부관을 정치적으로 제도화한 것이 대의민주주의이다. 국민이 선출한 대표로 의회를 구성하고 그곳에서 정한 법에 의한 지배만을 허용한 것이다. 행정은 정치에 종속되고 법대로 집행하면 될 뿐 자율적 재량이 최소화되었다.

자유주의의 최소 정부관은 정부와 사회의 역할 배분에서 절대적으로 사회에 그 비중을 두었다. 그 사회는 '교양과 재산'을 가진 시민의 자유로운 경제활동을 보장하였고, 따라서 경제적으로 근대국가는 자본을 이용해서 자유롭게 이윤추구 활동을 할 수 있는 자본주의 경제체제였다.

2) 현대복지국가

근대국가의 자본주의 경제체제는 이후 근대 시민사회에 급격한 변화를 불러왔다. 우선 산업혁명 이후 자본주의 시장규모가 커지면서 노동자와 중소 시민층의 규모가 커졌다. 이들은 19세기 중엽부터 서서히 1인 1표의 보통선거권을[a] 인정받기 시작하면서 시민사회의 중요 구성원이 되었다. 그때까지 부르주아가 지배하던 시민사회는 새로 등장한 대중이 중심이 된 대중사회(mass society)로 변화하기 시작하였다. 이들 대중은 비대해지는 산업사회의 조직 속에 원자화되고, 대중매체의 발달과 함께 생활양식이나 사고방식이 급속히 평준화되면서 주체적 사고와 판단 능력을 상실하고 있었다. 근대국가 초기 '교양과 재산'을 갖춘 이성적이고 자율적인 시민사회는 약화되고 그 자리는 대중사회와 이익추구의 경제활동이 보장되는 시장으로 대체되었다.

한편 시장에서는 대량생산시설을 갖춘 독점적 산업자본이 등장하고 이들에 의해 시장질서가 왜곡되고 빈부차가 심화되어 갔다. 특히 19세기 후반에 20여 년 계속된 만성불황으로 대량 실업자가 발생하고 이들 실업자의 빈곤 문제를 더 이상 개인의 책임으로 방임할 수 없는 상태가 되었다. 1900년을 전후하여 유럽 각국은 실업을 '사회적 질병'으로 인식하고 정부가 이들의 복지를 챙기기 시작하였다. 거기에다 정당들의 집권 경쟁은 유권자의 표를 의식한 포퓰리즘적 복지 프로그램의 확장을 부추겼다.[3] 현대복지국가의 출발을 알리는 신호탄이었다.

a) 1848년에야 프랑스에서 남자의 보통선거가 허용되고 여성은 제1차 세계대전 이후에나 인정받기 시작했다.

이러한 일련의 사회변화는 더 이상 근대국가의 낙관적 최소정부론에 의지할 수 없도록 만들었다. 현대복지국가는 단순히 정부가 최소한의 경제생활이나 문화생활을 보장한다는 의미 그 이상이다. 사회와 정부의 역할 배분에서 중심축이 정부로 옮겨갔음을 보여준다. 대중사회화한 시민사회는 더 이상 합리적이고 자율적인 주체로서 작동하는 데 한계가 있었기 때문에 시민영역이 점차 정부영역으로 이동하게 되었다. 시장의 불완전도 정부의 개입을 불렀다. 특히 1929년 시작된 미국의 대공황은 실업자 복지만이 아니라 재정지출을 확대하여 일자리를 창출하는 등 정부의 적극적인 역할을 요구하였다. 제2차 세계대전 이후에는 전쟁으로 어려워진 국민들의 생활을 돕기 위한 정부의 노력이 시작되었다. 그 유명한 '요람에서 무덤까지'라는 사회보장의 대명사도 이때 영국에서 나온 말이다. 유럽 국가와 미국에서 이제 복지 혜택의 범위가 실업수당, 종합의료, 교육 등으로 넓어지고 그 대상이 실업자, 은퇴자, 저소득자 등으로 더욱 확대되어 갔다.

이렇듯 현대복지국가는 소극적 정부역할에 머물렀던 근대국가와는 달리 국가가 적극적으로 시장문제와 복지문제를 직접 해결하기 시작했다. 정부의 역할은 경제나 복지 문제에 국한된 것이 아니라 현대의 복잡한 환경, 보건, 도시 문제 등으로 영역이 확장되었다. 더구나 문제해결을 정치에서 모두 담당하지 못하고 행정에 위임하면서 오히려 행정의 역할이 더 중요하게 부각되었다. 현대복지국가를 행정국가[a]라고 부르는 이유가 여기에 있다.

3) 행정국가: 큰 정부

행정국가가 등장하게 된 직접적인 동기는 근대국가에서 성장해온 시장의 불완전성이라 할 수 있다. 19~20세기 크고 작은 경제불황이 자주 나타나면서 자본주의 시장경제는 위기를 맞고 있었다. 불황에 의한 고용의 문제가 자율적으로 치유되지 않고 반복되면서 정부에 그 역할이 맡겨진 것이다. 이때 영국의 경제학자 케인스(Keynes)는 유효수요이론에 따라 정부의 재정지출 확대 등을 통한 거시경제의 안정적 성장책을 제시했다. 하지만 시장의 문제는 단순히 불황과 실업의 거시경제문제에 그치지 않았다. 사회에 필요한 재화와 서비스가 시장의 가격시스템에 의해 자율적이고 효율적으로 배분될 것으로 기대했지만 그 또한 이론적으로 결함이 많았다. 소위 말하는 시장실패(market failure)이다. 구체적인 실패의 요인으로는 공공재, 외부효과(externality), 자연독점(natural monopoly), 불완전 정보 등을 들 수

---

a) 행정국가에 대응하는 개념의 근대국가는 정치국가라고 부른다.

PART 1
행정과 행정학의 이해

PART 2
행정환경

PART 3
행정내부환경

PART 4
경영시스템

PART 5
집행시스템

PART 6
조직시스템

PART 7
지원시스템

PART 8
산출과 피드백

있다. 사회에 바람직한 정도의 재화와 서비스는 시장의 자율보다는 정부의 적극적인 개입으로 가능할 수 있다고 믿게 되었다.

시장실패로 등장한 행정국가는 20세기 이후 과거에 경험하지 못했던 복잡한 문제가 발생하면서 더욱 강화되었다. 경제규모가 커지고 자본가와 노동자의 대립이 격화되면서 불공정 기업활동의 규제와 노사갈등의 문제가 새롭게 부각되었다. 인구가 증가하고 도시화가 급속히 진행되면서 주택, 교통, 환경, 인구, 교육의 문제는 물론 평균수명이 연장되면서 노인의 보건의료를 포함한 노인복지문제도 정부의 개입을 요구했다. 과학기술의 급속한 발달은 산업구조와 인력시장을 포함해서 과거와 전혀 다른 문제구성과 전문성에 의한 해결을 요구하게 되었다. 과거 정치적 타협으로 가능할 수 있었던 문제가 점차 기술전문적 해결이 요구되면서 의회의 역할이 축소되고 행정의 역할이 확대되는 결과를 초래하고 있다.

한편 우리나라를 포함한 많은 아시아의 개발국가들은 제2차 세계대전 이후 근대국가 또는 정치국가를 거치지 않고 곧장 행정국가로 진입하였다. 이들 국가는 왕권 중심의 권력집중과 가부장적 권위주의 전통 속에서 행정우위의 국가형태를 거부감 없이 받아들일 수 있었다. 특히 우리나라의 경우 시기적으로 광복과 함께 강력한 지도자에 의한 국민통합과 국가발전이 요구되었다. 거기에다 1960년대 전후 미국이 추진한 행정 중심의 국가발전전략은 행정국가를 더욱 다지는 결과가 되었다. 최소국가의 의식이 잠재해 있는 선진국에서는 행정국가를 경계하면서 점진적으로 받아들였으나 우리나라 같은 경우는 그런 의심이나 저항 없이 오히려 행정국가에 많은 기대를 하고 있었다.

그러나 유럽과 미국에서는 1970년대 들어 거대 정부에 대한 국민의 불만과 정치인의 비판이 거세지기 시작하였다. 1978년 캘리포니아 주민이 발의하여 통과시킨 '주민발의 13'은 '정치적 지진'이라 할 정도로 미국 전역에 충격을 던진 사건으로 기억된다. 고율의 재산세에 불만을 가진 주민들이 세율 30% 인하와 상한선을 정한 것으로, 5년 사이에 미국의 거의 반에 해당하는 주에서 유사한 규정을 만들었다.[4] 결국 1979년 영국에 대처수상과 1980년 미국에 레이건 대통령이 등장하면서 행정국가의 주류는 커다란 변화에 직면하기 시작하였다. 레이건 대통령과 대처수상은 그동안 물밑에서 흐르던 이러한 반정부 기류를 받아들여 정부개혁에 나선 것이다. '큰 정부'에서 '작은 정부'로의 전환은 곧이어 뉴질랜드, 호주, 유럽 국가들, 그리고 우리나라를 포함한 아시아 국가까지 급속히 확산되면서 세계적인 흐름을 형성하게 되었다.

국가는 그렇게 신뢰할 만한가?

　우리 국민이 국가에 대해 갖는 믿음은 다른 나라에서는 볼 수 없을 정도로 유별나다. 태초에 국가가 있었다고 느낄 정도로 국민들 의식 속에 국가가 깊숙이 들어와 있다. 코로나 방역을 핑계로 한 기본권 침해를 묵묵히 수용하는 국민들 모습에 실망을 넘어 절망을 느끼는 사람은 소수에 불과하다. 우리 국민은 무슨 문제만 생기면 정부는 무얼 하고 있느냐는 비판을 하는데, 그것은 개인의 자유와 시민사회의 자율이라는 가치를 인식하지 못하기 때문이다.

　서양에서 수백 년 동안 국가 권력을 제한하고 개인의 자유를 옹호하면서 쌓은 자유주의 전통이 우리에게는 없다. 자유주의가 유입되기 시작할 때 식민지가 되면서 민족의 자유에 대한 염원이 개인의 자유에 대한 염원을 대체했기 때문이다. 분단국가라는 사실과 과거 권위주의 정부의 경험 그리고 교육도 국가주의를 강화시켰다 … 좌파 성향 지식인 최장집 교수도 "국가 권력은 견제되지 않으면 안 된다는 문제의식이 한국의 민주화 과정에서 시민 의식 속으로 들어오지 못했다"고 인정했다.

　국가는 과연 그렇게 신뢰할 만한 존재인가? 그렇지 않다는 게 정설이다. 우리는 도덕주의적 국가관을 너무 쉽게 믿어 왔다. 우리만이 아니라 개인의 자유를 높이 사는 유럽에서도 한때 그랬다. 1945년 이후 30년 동안 케인스 경제학이 주류로 행세하고 사회민주주의 정부가 곳곳에 들어서 있을 때 국가는 선(善) 그 자체로 받들어졌다. 국가는 개인을 초월한 거룩한 존재라는 믿음, 경제 성장과 사회 발전을 위해 국가의 적극적인 역할이 필수라는 믿음이 널리 퍼져 있었다. 그때 국가는 '좋은 것'이었다.

　사람들은 관리들이 고결한 정신을 가지고 있다고 순진하게 믿었다. 국가 권력이 커지는 데 누구보다 책임이 있는 케인스도 정치가와 관료는 언제나 공익을 위해 봉사한다고 믿었다. 베버가 말한 최소한의 직업윤리를 갖고 있는 사람들이라는 것이다. 마르크스 경제학자 스위지는 케인스가 정부를 "인간들이 역경에 빠질 때마다 나타나 구원해주는 전지전능한 신쯤으로 취급하고 있다"고 비아냥거렸다고 한다.

　이런 국가의 선한 이미지를 깨부순 것은 공공선택론을 정립한 노벨 경제학상 수상자 제임스 뷰캐넌이다. 그는 악화가 양화를 좇아낸다는 그레셤 법칙을 정치에 적용했다. 윤리 수준이 낮아서 권력을 이용해 이득을 얻으려는 사람일수록 열심히 노력해 출세하는 반면에, 사심 없는 사람은 그렇지 않기 때문에 고위 공직에 오르지 못한다는 것이다. 정부 권한을 행사하는 것은 전지전능하고 공평무사한 하나님과 같은 정부가 아니라 사익을 취하는 데 급급한 이기적이고 저질스

PART 1
행정과 행정학의 이해

PART 2
행정환경

PART 3
행정내부환경

PART 4
경정시스템

PART 5
집행시스템

PART 6
조직시스템

PART 7
지원시스템

PART 8
산출과 피드백

러운 정치가와 관료다. 관료들은 봉급, 권위, 퇴직 후 경력을 극대화하기 위해 기구를 확장하기 일쑤고, 포퓰리즘에 물든 정치인들이 선심성 공약을 남발하면서 국가는 계속 커질 수밖에 없다. 그것을 지탱해주는 것은 국민의 피 같은 세금이지만 당장 눈에 보이지 않는 돈이고, 저항해 봤자 각자에게 돌아오는 몫이 적기 때문에 저항도 없다.

대통령과 고위 관직에 누가 앉아 있는가가 나라의 운명을 좌우한다. 정년이 보장되는 공무원 세계는 어쩔 수 없다 해도 정기적으로 국민이 뽑는 선출직은 공익을 우선시하는 사람들로 채우도록 하자.

자료: 박지향(서울대 서양사학과 명예교수), 한국경제, 2020. 10. 23. 부분 삭제 편집.

2. 작은 정부

1) 등장 배경

작은 정부의 등장은 현실적으로 큰 정부에 대한 국민의 반발 정서이고 그것을 정치인이 정부개혁의 의제로 받아들이면서 가능했고 이론적으로 정부도 실패할 수 있다는 주장이 힘을 받으면서부터이다.

(1) 현실적 배경

복지국가 아래서 지속적으로 복지혜택을 늘려감에 따라 세금 부담과 정부의 재정부담감도 늘어갔다. 하지만 다수의 유권자들은 아직 정부가 제공하는 혜택을 즐기며 투표에서 대중영합적인 정부를 지지해왔다. 그러나 1970년 두 차례의 오일쇼크로 선진 각국의 경기가 침체하면서 정부의 재정에 대한 압박이 한층 심화되었다. 영국의 경우 과잉 정부지출로 1976년 선진국으로서는 처음으로 IMF 구제금융을 받았다. 미국의 경우도 1970년대 중반부터 재정적자 누적으로 인한 정부파산에 대한 심각한 논의가 진행될 정도가 되었다.[5] 미국 캘리포니아주민의 재산세 상한 주민발의 통과(1978년)는 미국 전역의 조세저항으로 확산되었다. 국민의 정서가 정부의 과다한 세금부과와 정부지출에 대한 반발로 이어졌다. 1980년 GDP 대비 정부지출을 보면 독일이 47.9%, 영국이 43.0%, 미국이 31.4%, OECD 평균이 35.6%였다. 일부 국가는 50%가 넘는 경우도 있었다.[6] 정부부문이 비대해지면서 민간부문의 시장이 위축되었다. 정부지출이 과다할수록 경제성장률이 낮다는 주장까지 제기되었다.[7] 이제 큰 정부를 비판하고 정부지출을 억제하겠다는 공약이 지지를 받게 되었고 그 결과가 1979년 대처 영국수상과 1980년 레이건 미국대통령의 선거 승리로 나타났다.

정부에 대한 비판은 단순히 '복지지출'로 발생한 재정위기에 국한된 것이 아니었다. 복지프로그램을 포함한 전반적인 정부예산이 효율적으로 집행되고 있는가에 대한 비판도 함께 나왔다. 거기에다 정부는 경제, 환경, 교육, 교통, 보건의료, 안전 등 국민의 경제활동과 사회활동에 광범위하게 관여하고 있었다. 시장에서의 자유로운 기업활동이 정부의 규제로 제한되고 이는 경기를 위축시키는 요인이 되었다. 미국은 1980년대 가격경쟁력이나 제품경쟁력에서 일본에 뒤지기 시작했다. 미국의 많은 기업들은 임금이 저렴한 해외로 공장을 옮기기 시작하였고 남은 기업들도 경쟁력을 높이기 위한 구조조정에 들어갔다. 실업자는 더욱 늘어나고 정부는 국내 경기를 부양해야 할 절박한 상황이었다. 기업하기 좋은 환경을 찾아서 국경을 넘어 자유롭게 자본이 이동하는 글로벌 환경에서 기업활동을 제한하는 규제가 많은 나라일수록 경쟁에서 불리할 수밖에 없었다. 미국 정부는 이제 규제 등 정부의 권한을 축소하고 대신 시장기능을 확대시키는 쪽으로 나갈 수밖에 없었다.

작은 정부에 대한 압박은 정부의 도덕성과 무능에 대한 국민의 정부불신도 중요한 요인이었다. 미국의 경우 제2차 세계대전 승리 후 나타난 애국심은 존슨 행정부의 '가난과의 전쟁' 이후 정부의 역할에 대한 회의론으로 이어졌고, 1970년 전후 월남전에 대한 반전 운동으로 가열되었으며, 1974년 닉슨 전 대통령이 워터게이트 사건 은폐에 연루되었음이 확인되면서 정부불신은 더욱 심화되었다. 1973년 오일쇼크 이후 정부의 경제성적도 악화되었다. 1947년에서 1973년까지는 가구당 소득이 최소 2.5% 증가하였고 저소득층의 소득증가율이 고소득층보다 높았다. 하지만 1973년부터 1993년 사이에는 소득 하위 40%의 실질소득이 오히려 감소하였다. 1973년에서 1995년 사이에 노동자들의 평균 실질소득 또한 18%가 줄어들었다.[8] 현대복지국가를 정당화시켜 주었던 사회적 약자 보호나 안정적 성장에 대한 약속이 신뢰를 잃으면서 정부는 더 이상 기존의 규모와 역할을 방어하기가 힘들게 되었다. 특히 고통을 받는 국민이 늘어나는데 과거와 같은 방만한 정부를 정치인이 방관할리 없었다. 1970년대 중반 이후 미국의 대선에서 정치인의 '정부(관료) 때리기'는 본격화되었다. 이제 사회에서 일어나는 모든 문제의 잘못은 정부가 뒤집어 쓸 정도로 정부는 희생양이 되어 갔다.[9]

PART 1
행정과 행정학의 이해

PART 2
행정환경

PART 3
행정내부환경

PART 4
결정시스템

PART 5
집행시스템

PART 6
조직시스템

PART 7
지원시스템

PART 8
산출과 피드백

(2) 이론적 배경

정부의 실패 내지 비효율을 현실적으로 경험하면서 이를 뒷받침하는 여러 이론과 연구결과들이 부각되기 시작하였다. 특히 신자유주의 사상과 신제도주의 경제이론에 근거한 이들의 주장은 시장실패를 극복하기 위한 정부의 개입이 잘못된 것이고 정부 또한 실패할 수 있음을 보여주었다.

신자유주의는 근대국가의 사상적 토대였던 (고전적) 자유주의와 마찬가지로 정치, 경제, 사회 모든 분야에서 개인의 자유를 최대한 보장하자는 사상이다.[a] 개인은 스스로 판단하고 합리적으로 결정하며 자신의 선택과 행동에 책임을 질 수 있다고 보고 정부에 의한 획일적 강요는 최소한에 그쳐야 한다는 사상에 근거한다. 사회에서 그런 개인과 개인 간의 자발적인 합의와 경쟁에 의한 시장원리가 문제해결에 있어 정부보다 우월하다고 본다. 따라서 정부는 개인의 선택을 확대하고 시장기능을 활성화하기 위한 질서유지에 국한하여야 한다는 주장이다.[10] 전통적인 유럽식 사회주의에 맞선 신자유주의는 1980년대 미국과 영국의 개혁을 이끄는 가장 큰 힘이었으며 1980년 말부터 시작된 사회주의 붕괴와 함께 세계적인 추세가 되었다.

한편 정부실패를 강조하는 일련의 경제학자들은 효용 극대화의 '합리적 인간'에 대한 가정을 이윤추구의 사적 영역뿐만 아니라, 공익추구를 목적으로 하는 공공 영역까지 확대한다. 공무원이나 정치인도 개인적인 이해관계에 따라 행동하며 이는 불가피하게 정부실패를 가져온다는 것이다.[11] 이런 맥락에서 검토할 수 있는 이론이 공유재의 비극, 지대추구이론, X-비효율성, 주인-대리인 모형, 거래비용이론 등이다.

① 공유재의 비극(Tragedy of Commons)

공유재(common pool resources)란 바다의 물고기처럼 다른 사람의 이용을 배제하기는 곤란하지만(약한 배제성) 한 사람의 소비가 다른 사람의 소비량을 줄일 수 있는 경합성(rivalry)을 가진 재화이다. 그런데 공유재는 특정인의 소유가 아니라 다수가 이용할 수 있다보니, 자기 이익을 위해 경쟁적으로 그 재화를 사용하는 경우 결국 고갈되고 마는 '공유재의 비극' 현상이 나타난다.[12] 정부의 예산, 인력, 또는 승진 자리도 공유재의 성격을 가지고 있어 사람들이 경쟁적으로 더 먼저 또는 더 많은 재원을 확보하기 위해 힘쓴다는 것이다. 시장의 가격에 의해 수요와

---

a) 고전적 자유주의의 무제한 자유가 아니라 공정한 질서의 틀 안에서 개인활동의 자유를 보장하는 제한적 자유로 해석한다(김상조, 김영삼 정부의 개혁 실패와 경제 위기, 이병천·김균 편, 「위기, 그리고 대전환: 새로운 한국경제 패러다임을 찾아서」, 서울: 당대, 1998, pp. 176-206).

공급량이 결정되는 사유재와 달리 정부가 공급하는 재화의 양은 정치적 타협으로 결정되어 이 과정에 개인이나 조직의 이기주의가 작용하게 되고, 결과적으로 수요보다 공급이 많은 자원배분의 비효율성이 발생할 수 있다는 주장이다.

니스칸넨(Niskanen)이라는 학자는 미국 국방성의 예산을 분석한 결과 자기 부처의 예산을 극대화하여 권한을 확대하고자 하는 이기적 행위가 있음을 경험적으로 입증하였다.[13] 파킨슨은 영국 해군성과 식민지청의 인력을 분석한 후 공무원 규모는 업무량에 상관없이 증가한다는 파킨슨 법칙(Parkinson's Law)을 주장했다. 이유 중에 하나로 공무원들은 동료보다는 부하를 원하고 경쟁보다는 감독과 통제를 원한다는 것이다.[14] 더 극단적인 주장으로 정부와 같이 계층구조와 연공서열이 작동하는 조직에서 사람은 자신의 업무를 수행하기 힘든 무능력의 수준에 도달할 때까지 승진하려는 경향이 있다는 피터의 법칙(Peter Principle)을 내놓기도 한다.[15] 소유가 분명한 사유재라면 나타나기 어려운 도덕적 해이 현상들이다.

② 지대추구이론(Rent-Seeking Theory)

정부는 개인이나 기업에게 제한된 공공재화를 배분하거나 경제행위를 할 수 있는 인허가 권한을 내주기도 하고, 재정 지원을 하기도 한다. 구체적으로, 주파수를 방송사나 통신사에 배분하는 것, 아파트 단지의 재건축을 허가하거나 영업정지된 식당의 영업재개를 승인하는 것, 대학이나 기업에 연구개발비를 지원하는 것 등의 예를 들 수 있다. 정부의 이러한 결정에 의해 형성된 독점 또는 배타적 이익을 경제학적 용어로 지대(地代, rent)라 한다[a] 도시계획이나 산업단지개발과 같은 개발정보도 이를 먼저 입수한 사람에게 특별 이익을 가져다주는 지대를 만들어 낼 수 있다. 특히 정부가 배분할 수 있는 재화가 한정적이고 그것을 원하는 사람이 많은 상황에서 지대는 커지고 경쟁도 치열해진다. 지대추구는 이윤추구(profit seeking)와 같이 정상적인 경제활동으로 볼 수도 있지만, 지대가 불로소득의 성격이 강하고 생산비용을 지불하지 않고 얻는 이윤이라는 점, 그리고 뇌물이나

---

a) 지대의 고전경제학적 의미는 토지 사용료이다. 토지는 자본, 노동과 함께 생산의 3대 요소로서, 지주는 땅을 내놓고, 자본가는 투자금을 모아 공장을 짓고, 노동자는 일을 해서 제품을 생산한다. 생산품을 판매해서 얻은 이익은 지주(임대인), 자본가, 노동자에게 각각 임대료, 배당금, 임금으로 배분된다. 그런데 토지는 자본이나 노동과는 성격이 달라 회사가 망하더라도 그대로 지주가 회수할 수 있다. 지주는 생산에 실질적인 기여나 위험을 부담하지 않으면서 지대(rent)를 챙기는 것이다. 고전 경제학파는 지대를 일종의 불로소득으로 보고 자본주의를 해친다고 보았다. 지대의 개념은 토지와 자본을 동일시하는 신고전경제학이 등장하면서 약화된다. 지대도 정상적인 자본의 대가로 얻는 이윤으로 본 것이다.[16] 실제로 토지와 공장건물을 분리하기 어려운 현대에는 고전적 의미의 지대 개념을 그대로 적용할 수는 없을 것이다. 하지만 '불로소득(不勞所得)'의 의미로 이해하면 본문의 예에서처럼 정부의 규제나 재정배분 과정에서 지대가 많이 형성되는 것이 사실이다.

PART 1
행정과 행정학의 이해

PART 2
행정환경

PART 3
행정내부환경

PART 4
결정시스템

PART 5
집행시스템

PART 6
조직시스템

PART 7
지원시스템

PART 8
산출과 피드백

[그림 6-1] 지대와 X-비효율성

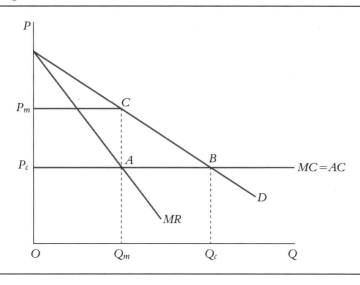

접대비와 같은 비정상적인 거래를 통해 지대를 확보하는 것이 문제가 된다. 뇌물이나 접대비는 사회에 부를 창출하는 생산적 경제활동에 쓰일 기회를 잃는 사회적 비용의 가능성이 크기 때문이다.

〈그림 6-1〉은 정부가 특정인에게 독점권을 부여하여 재화를 공급하는 경우에 가격(P_m)과 공급량(Q_m)을 표시한 것이다. 그림에서 지대의 규모는 $P_m CAP_c$가 된다. 지대추구이론은 규제나 개발계획과 같은 정부의 시장개입이 클수록 지대추구 행태가 증가하고 그에 따른 사회적 손실도 증가한다고 주장한다.[17]

③ X-비효율성(X-inefficiency)

정부가 독점적 이익을 만들어 사람들에게 배분하는 과정에서 지대추구행위가 발생한다면, 정부가 재화나 서비스를 직접 제공하기 때문에 발생하는 비효율이 X-비효율성이다. 위의 그림에서 완전경쟁상태라면 수요와 공급이 일치하는 B 지점의 P_c와 Q_c에서 균형가격과 생산량이 결정될 것이다. 그러나 독점인 경우에는 $MC=MR$인 A에서 생산량 Q_m과 독점가격 P_m이 결정된다. 독점상태에서는 완전경쟁에서 존재하지 않았을 직사각형 $P_m CAP_c$만큼의 독점이윤이 발생한다.[a] 이제 독점 주체는 P_c~P_m만큼의 가격 여유가 생기고 비용에 대한 압박이 사라진다.

---

a) 〈그림 6-1〉에서 도형으로 표시한 지대와 X-비효율성은 $P_m CAP_c$로 같지만 그 의미가 다르다. 지대는 정부로부터 재화공급의 허가를 받은 사람(기업)이 정상적으로 지불한 비용을 초과하여 얻을 수 있는 이득이고, X-비효율성은 경쟁이 결여되어 나타나는 정부의 과다한 비용 발생을 의미한다.

즉, 평균비용이 P_m보다 낮은 한에는 아직까지 이윤이 생긴다. 리벤스타인(Leibenstein)은 이 부분을 X-비효율성이라 불렀다.[18] 정부와 같이 독점적 성격을 가진 기관은 가격을 P_c로 낮추어야 하는 경쟁적 압박을 받지 않기 때문에 그만큼 조직 내부의 자원관리가 느슨해질 수 있다는 것이다. 공유재의 비극에서 언급한 예산이나 인력의 과다, 사무실 기자재의 고급품 구매나 고가 구입 등이 이 X-비효율성을 구성하는 구체적인 요인이 될 수 있다.

④ 주인-대리인 모형(Principal-Agent Model)

주인-대리인 모형은 본래 민간부문의 소유와 경영의 분리에서 나타나는 책임성을 설명하기 위해 개발되었다. 주인에 해당하는 주주와 대리인에 해당하는 전문경영인의 관계에서 경영인은 주주의 이익(배당금 증대)을 위해 기업을 경영할 것으로 기대하지만 실제로는 경영인 자신의 이익(자리 유지나 시장점유율 증대 등)을 위해 일을 한다는 것이다. 그럼에도 불구하고 주인이 책임성을 확보하지 못하는 것은 주인이 대리인보다 정보가 부족하기 때문이다(정보의 비대칭 또는 불균형, asymmetry of information). 그런 유리한 입장을 이용해 대리인의 도덕적 해이(moral hazard)와 기회주의, 또는 역선택(adverse selection)a)의 행위가 발생하게 된다.[19]

이 모형을 정부에 적용하면 우선 국민이 주인이고 선출직인 국회의원과 대통령이 대리인이다. 국민이 뽑은 이들은 공무원과의 관계에서는 주인의 지위가 되고 공무원은 대리인의 지위가 된다. 공무원은 국민의 대표기관이나 국민을 위해 일할 것으로 기대하지만 공무원이 더 많은 정보를 가지고 있기 때문에 통제가 곤란하다. 국회나 감사원 등 외부기관의 통제가 있을 수 있지만 통제가 미치지 않는 곳에서 도덕적 해이가 발생하고 실제 감사가 이루어지더라도 공무원들이 자신에게 불리한 정보를 숨기면서 '역선택'의 문제가 그대로 남는다. 결국 정보의 불균형 속에서 공무원의 사적 이익을 위한 행동이 어느 정도 방임될 수밖에 없다. 뿐만 아니라 주인의 위치에 있는 국회의원이 여야로 나뉘고 국민의 이해도 이슈에 따라 분산되기 때문에 정부에서 대리인에 대한 책임성 확보는 주인의 이해가 이윤 극대화로 귀결되는 기업에 비해 훨씬 힘들다고 본다.[20]

a) 역선택이란 불리한 정보를 가진 상태에서 자신에게 불리한 거래를 선택해야 하는 상황을 말한다. 예를 들어, 중고 자동차를 사는 입장, 사람을 고용하는 입장, 보험가입자를 받는 입장 등에서 상대방이 더 정확하고 많은 정보를 가지고 있고 이들이 자신에게 불리한 정보는 숨긴 상태에서 계약을 할 때 주인으로서의 구매자나 고용주는 어쩔 수 없이 불리한 선택(계약)을 해야 하는 경우이다. adverse selection을 일반적으로 '역선택'으로 번역하지만 보다 쉬운 번역은 '불리한 선택'이 될 것이다. 역선택이 계약 이전에 발생하는 반면 도덕적 해이는 계약 이후에 감시가 힘들다거나 성과측정이 곤란하거나 하여 통제가 힘든 상태에서 발생한다.

PART 1
행정과 행정학의 이해

PART 2
행정환경

PART 3
행정의 내부환경

PART 4
결정시스템

PART 5
집행시스템

PART 6
조직시스템

PART 7
지원시스템

PART 8
산출과 피드백

⑤ 거래비용이론(Transaction Cost Theory)

거래비용이론은 분석단위를 조직(정부기관이나 기업)으로 하고 이들간에 재화와 서비스를 교환하는 과정에서 발생하는 거래비용을 최소화하기 위한 효율적인 메커니즘을 찾는 데 유용하다. 거래비용에는 당사자간의 협상 및 커뮤니케이션 비용, 계약의 준수를 감시하는 비용, 정보를 수집하고 처리하는 비용 등이 포함되는데 개인의 기회주의 속성, 정보수집의 불확실성, 거래절차의 복잡성, 정보의 불균형, 성과측정의 난이도 등에 의해 영향을 받는다.[21] 그런 거래비용이 외부시장보다 조직 내부의 명령체계나 계층적 질서에서 더 적게 발생한다면 정부나 회사형태의 통합 조직이 더 적합할 것이고 그 반대라면 일부 기능을 시장에 맡기고 조직을 작게 하는 것이 더 효율적일 것이다. 즉 거래비용이론은 어떤 재화나 서비스를 내부적으로 생산할 것인가 외부에 위탁할 것인가의 결정에 거래비용이 중요한 변수가 된다는 주장이다. 기업의 경우 거래비용은 필요자원의 직접조달과 아웃소싱을 결정할 때 중요한 판단 기준이 된다.[22] 정부의 경우에도 거래비용이론은 재화와 서비스의 제공 주체를 정하는 데 유용하게 적용할 수 있다. 시장실패에 의한 정부개입이 강조될 때에는 시장실패에 따른 거래비용이 부각되었다. 그러나 작은 정부의 관점에서는 정부의 직접제공에서 내부적으로 발생하는 행정비용과 이를 통제하는 데 드는 외부비용 등의 거래비용이 크다고 보기 때문에 민간위탁(contracting, outsourcing) 등의 대안이 힘을 받고 있는 것이다.

2) 의 의

작은 정부는 그 자체가 어떤 이론을 가지고 있다기보다는 행정국가의 큰 정부에 대한 대응적 정서의 흐름으로 일단 이해할 수 있다. 그러다 보니 작은 정부의 크기나 내용에 대한 이해는 다양할 수밖에 없다. 그럼에도 불구하고 작은 정부를 향한 노력이 1980년대 이후 그 출발지인 영미 등 선진국은 물론 개발국에 이르기까지 세계적인 추세가 되었다.

작은 정부는 역사적으로 영미에서 강조되었고 당연히 현대복지국가(행정국가)에 대한 반작용(reaction)의 성격이 강했기 때문에[23] 1차적인 관심이 정부 규모의 축소에 있었다. 보수 성향의 대처 수상과 레이건 대통령은 신자유주의 사상을 준거로 영국에서는 공기업의 민영화를 포함한 공공부문의 축소에, 공기업이 없는 미국에서는 민영화가 아닌 반규제 내지 규제완화에 초점을 맞추어 정부개혁을 추진하였다. 이런 영미 중심의 초기 정부개혁은 이후 호주, 뉴질랜드, 캐나다, 한국, 일본 등으로 확산되면서 이론보다 현장에서의 개혁 사례 중심으로 이해의 폭을 넓혀 갔다. 그런 현장 중심의 작은 정부로의 개혁은 1980년대 말 90년대 들어서면서 학문적으로 신공공관리(NPM: New Public Management)와 뉴거버넌스(New Governance) 등의 새로운 이름으로 각색되어 등장하기 시작하였다.

이제 정부개혁은 단순히 크기보다는 내용을 함께 강조하게 되었다. 즉, '작은 정부'가 아니라 '작지만 강한 정부', '작지만 효율적인 정부'가 보다 정확한 표현으로 자리 잡게 되었다. 정부의 규모와 기능을 줄이고 방관하는 정부가 아니라 자원을 '할 일에 집중하여 제대로 일하는' 책임 있는 정부를 국민들은 원했다.[a] 비록 정부의 예산을 동결하거나 감축하더라도 과거보다 양질의 행정 서비스를 국민들은 요구했기 때문에 당연히 제한된 자원을 보다 효율적이고 보다 민주적으로 배분하고 활용하는 방법론이 필요했다.

국민의 요구만이 아니라 20세기 말 전환기의 환경은 정보통신 기술의 발전과 함께 과거 어느 때보다도 역동적이고 복잡하게 변화되었다. 후기산업사회, 지식정보사회, 4차 산업혁명시대는 과거 산업시대와는 질적으로 다른 환경을 구성하고 모든 부분의 근본적인 변화를 요구하였다. 선진국의 민간부문은 이미 1970년대 오일쇼크 및 2008년 글로벌 금융위기를 경험하면서 구조조정과 기술혁신 등 생존 차원에서 변화를 계속해왔다. 그런데 정부는 산업화시대의 이상형이었던 관료제 중심의 정부운영 방식을 탈피하지 못하고 있었다. 새로운 환경에 적합한 보다 근본적인 행정방식의 탈바꿈을 필요로 했다. 환경의 다양성을 감당할 만큼의 다양성과 유연성을 갖추어야 체제는 생존한다는 필수다양성(requisite variety)이 절대적으로 필요했다. 선진국의 개혁론자들은 과거의 틀과 방식으로는 새로운 환경에 더 이상 대응할 수 없다는 위기감을 조성했다. 그들은 안으로 관료제 중심의 관리방식과 밖으로 정부중심의 국정관리를 근본적으로 개조하는 차원에서 개혁을 접근하기 시작했다.

신공공관리와 뉴거버넌스는 그런 국민적이고 시대적이며 환경적인 요구를 담은 행정개혁, 정부개혁 방법론으로 이해할 수 있다.

---

[a] 1990년대 말부터는 정부의 규모 축소에 대한 소리가 세계은행이나 IMF의 국제기구에서 다소 약해지는 현상이 나타났다. 1997년 「세계은행 보고서」는 개발도상국에서 정부의 적정 역할론을 주장하였다 (World Bank, *World Development Report*, Washington, DC: The World Bank, 1997).

PART 1
행정과 행정학의 이해

PART 2
행정환경

PART 3
행정내부환경

PART 4
경영시스템

PART 5
집행시스템

PART 6
조직시스템

PART 7
지원시스템

PART 8
산출과 피드백

3. 신공공관리: 작지만 '효율적인' 정부

1) 개 념

"19세기 말 베버의 관료제 원리가 전 세계의 많은 정부에 심대한 영향을 미친 것처럼 20세기 말 역시 행정의 모든 부분에 걸쳐 하나의 혁명이 있었던 것으로 기록될 것이다."[24] 이 문장으로 1980년대와 90년대에 얼마나 많은 변화가 행정에서 일어나고 있었던가를 짐작케 한다. 그 변화를 담은 한 마디가 신공공관리라 할수 있다. 작은 정부가 큰 정부에 반발하여 규모와 역할을 축소하는 외형적인 면에 관심이 주어졌다면 신공공관리는 그보다 한 단계 진전하여 작으면서 어떻게 효율적인 정부를 만들 수 있을까에 관심을 갖는다.

신공공관리[a]는 뿌리 깊은 관료제형 정부관리방식을 개혁하기 위해 1980년대부터 진행된 일련의 개혁 프로그램과 그 이면에 담겨 있는 가치와 믿음을 모두 묶어 일컫는 말이다. 1980년대에 일부 국가에서 민영화나 규제완화 등 일련의 정부개혁 아이디어가 적용되고 있었고 개별적으로 이를 뒷받침하는 학문적 연구도 있었지만 뚜렷한 체계를 갖춘 것은 아니었다. 신공공관리라는 용어는 1991년 영국학자 후드(Hood)가 그동안의 이들 개별 연구를 하나로 묶어 비판하는 과정에서 처음 사용하였다. 후드 이후 영국 학자들을 중심으로 한 신공공관리 옹호론자들은 NPM을 하나의 대명사처럼 쓰기 시작하였고 이를 관료제 중심의 과거 정부 패러다임을 대체할 수 있는 새로운 패러다임으로 개념화하기 시작하였다. NPM은 어원상 영국을 포함한 영연방 국가와 유럽국가에서 일반적인 용어가 되었다.[b]

한편 미국의 경우는 1992년 출판된 오스본과 개블러(Osborne & Gaebler)의 베스트셀러「정부 재창조(Reinventing Government)」[c]와 그것을 클린턴 정부의 개혁 아이디어로 채택한 "National Performance Review"[25]의 내용이 NPM과 매우 유사하고, 자율경영(liberation management)이나 시장중심관리(market-driven management)

---

a) 신공공관리 옹호론자들은 '신'이라는 말을 쓰기를 거부한다. 이제 더 이상 새롭지 않을 정도로 정착되고 정립된 개념이라는 주장이다(Owan E. Hughes, *Public Management and Administration: An Introduction*, 3rd ed., New York: Palgrave, 2003, p. 8).

b) 이렇게 볼 때 NPM의 내용에 대한 최초 저작권은 정부개혁을 주도했던 현장의 리더들과 개혁을 조언한 컨설턴트에 있다고 보아야 할 것이고 학자들이 나중에 NPM을 개념화한 것으로 이해하는 것이 옳을 것 같다.

c) Osborne & Gaebler는 경쟁적 정부, 성과지향적 정부, 고객지향적 정부, 기업가형 정부, 시장지향적 정부, 촉진적 정부(노젓기보다 방향잡기) 등을 강조한다(〈표 6-1〉 참고).

표 6-1 The Ten Principles for Reinventing Government(정부 재창조의 10가지 원칙)

1. Catalytic government: Steering rather than rowing
2. Community-owned government: empowering rather than serving
3. Competitive government: injecting competition into service delivery
4. Mission-driven government: transforming rule-driven organizations
5. Results-oriented government: funding outcomes, not inputs
6. Customer-driven government: meeting the needs of the customer, not the bureaucracy
7. Enterprising government: earning rather than spending
8. Anticipatory government: prevention rather than cure
9. Decentralized government: from hierarchy to participation and teamwork
10. Market-oriented government: leveraging change through the market

자료: David Osborne and Ted Gaebler, *Reinventing Government*, Reading, MA: Addison-Welsley, 1992.

등도 NPM이란 이름을 붙이지는 않았지만 내용에서는 유사한 점이 많다. 미국 행정학계에서는 NPM을 기존 행정의 패러다임을 대체하는 개념보다는 이를 보완하는 정도에서 받아들이는 것으로 보인다. 특히 관리자(manager)에게 상당한 재량권을 부여하는 NPM의 주장은 '견제와 균형'의 제도를 중시하는 미국인에게 너무 도전적이었고[26] 기본적으로 미국 학자들 다수가 관리지상주의의 NPM이 민주적 책임성 측면에서 한계가 있음을 비판하는 시각을 가지고 있었기 때문일 것이다.[27]

비록 NPM이 영연방 국가와 유럽 국가를 중심으로 보편화되어 있는 용어이긴 하지만[a] 그 내용에 있어서는 미국의 정부개혁과 비슷한 점이 많다. 이 책에서는 1980~1990년대에 전 세계적으로 그 개혁의 공통분모였던 보다 효율적이고 국민을 만족시키는 정부에 대한 가치와 믿음 그리고 구체적인 아이디어를 모두 아울러 신공공관리로 이해하고자 한다. 이때 신공공관리의 가장 중요한 특성은 시장원리와 민간부문의 경영기법을 도입해서 보다 효율적(efficiency + effectiveness)이고 국민의 요구에 더 잘 대응(responsiveness)할 수 있도록 기존의 정부관료제 관리방식을 개혁하는 것이라 할 수 있다.[28]

---

a) 후드(Hood)는 NPM식 행정개혁을 강하게 추진한 국가로 영국, 호주, 뉴질랜드, 캐나다, 스웨덴을 꼽고 있으며 중간 수준에 미국을 포함시키고 있다(Christopher Hood, *Explaining Economic Policy Reversals*, Buckingham: Open University Press, 1994).

PART 1
행정과 행정학의 이해

PART 2
행정환경

PART 3
행정내부환경

PART 4
결정시스템

PART 5
집행시스템

PART 6
조직시스템

PART 7
지원시스템

PART 8
산출과 피드백

2) 특 성

신공공관리는 관료제 중심의 전통적 관리방식에 비해 특히 경쟁, 성과, 고객을 강조하는 면이 두드러진다.

① 경 쟁

신공공관리는 시장지향적 경쟁원리를 효율성 제고의 중요한 수단으로 삼는다. 경쟁이 있어야 효율성이 있다는 생각은 신고전파 경제이론의 중요한 믿음이다. 경쟁은 정부부문보다 시장(민간부문)에 있기 때문에 NPM은 공공재화와 서비스를 가능한 명령이나 위계에 의한 직접제공보다는 계약과 같은 간접제공 방식으로 전환하는데 초점을 맞추고 있다.[a] 이때 적용하는 기준이 시장성 테스트(market-testing)이다(〈그림 6-2〉). 시장성 테스트는 '반드시 필요한 업무인가?', '반드시 정부가 책임을 맡아야 하는가?', '정부가 직접 수행을 해야 하는가?', '정부가 수행할 경우 효율성 증대방안은 무엇인가?'라는 일련의 기준[b]에 따라 업무를 평가한 뒤 민영화, 민간위탁(계약), 공기업화, 사업부서화 등의 대안 중에서 하나를 선택하는 방식이다.[29] NPM은 정부의 기능을 정책과 관리, 통제와 서비스로 구분하여[c] 서비스의 생산과 관리는 시장성 테스트를 통해 시장이 잘 하는 것은 시장에 맡기자는 주장이다.

시장원리의 적용은 정부 안에도 적용된다. 내부시장(internal market)을 만들어 정부 내의 거래에도 비용 개념과 경쟁 원리를 적용하여 외부시장의 효과를 내는 것이다. 공무원교육원의 경우에 내부시장이 형성되기 전에는 각 부처에서 비용 개념 없이 공문 하나로 직원을 교육시킬 수 있었다. 교육비를 일괄적으로 교육원에 배정했기 때문이다. 내부시장제도를 도입하면 교육비를 각 부처에 배정하고 교육비를 지불해야 교육을 받을 수 있도록 한다. 교육원의 가격 대비 교육의 질이

---

a) 시장성 테스트를 재화와 서비스의 제공이 아니라 정부와 기업간의 관계에 적용하면 규제완화의 논리로 적용될 수 있다. 미국의 경우 시장지향적 경쟁원리를 제약하는 정부규제를 완화 내지 철폐하는 것을 중요한 개혁과제로 다루었다(1989년 Volcker 보고서). 규제완화는 신자유주의 사상에 기초한 것으로 시장에서 정부가 담당한 역할이 적정한가의 문제로 정부관료제 내부의 효율적 관리에 초점을 두는 NPM과는 구분되어야 한다는 주장도 있다(이명석, 신자유쥬의, 신공공관리론, 그리고 행정개혁,「사회과학」, 40(1), 성균관대학교 사회과학연구소, 2001, p. 13).

b) 캐나다에서는 다음과 같은 여섯 가지 기준을 적용한다. ① 공익테스트: 사회에 기여하는 일인가? ② 정부역할테스트: 정부가 관여해야 할 일인가? ③ 중앙정부테스트: 중앙정부에서 맡아야 할 일인가? ④ 파트너십테스트: 일반사회의 단체들과 함게 할 수 있는 일인가? ⑤ 효율성테스트: 보다 적은 비용으로 할 수 있는 방법이 있는가? ⑥ 부담능력테스트: 이 모든 테스트를 통과하더라도 사회가 그 비용을 지불할 능력이 있는가?(Hughes, op. cit,., p. 59).

c) 미국의 기업가형 정부(entrepreneurial government)모델을 제시한 Osborne & Gaebler는 이를 방향잡기(steering)와 노젓기(rowing)로 구분하고 정부는 방향잡기에 역량을 집중해야 한다고 주장한다.

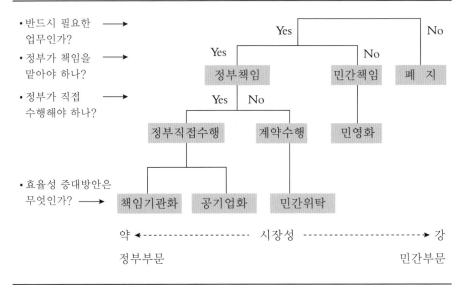

[그림 6-2] 시장성 테스트

- 반드시 필요한 업무인가?
- 정부가 책임을 맡아야 하나?
- 정부가 직접 수행해야 하나?

Yes → 정부책임

No → 민간책임

No → 폐지

정부책임: Yes → 정부직접수행 / No → 계약수행

민간책임: 민영화

- 효율성 증대방안은 무엇인가?

책임기관화 공기업화 민간위탁

약 ←------------------- 시장성 -------------------→ 강
정부부문   민간부문

자료: 이계식·문형표, 「정부혁신: 선진국의 전략과 교훈」, 한국개발연구원, 1995, p. 49; 이혜훈, 「영국의 시장성 테스트와 넥스트 스텝 프로그램」, 한국개발연구원, 1998, p. 8 재구성.

외부에 비해 떨어진다면 부처는 외부 기관으로 교육을 보낼 수 있도록 한다. 교육원은 이제 조직을 유지하기 위해 비용 대비 교육경쟁력을 확보해야 한다.[a]

결국 내부시장의 도입은 집권적 단일조직을 다수의 분권적 행정단위로 나누고 각 단위별로 관리의 재량과 책임을 부여한다. 결국 단위별로 비용과 경쟁에 대한 인식을 높이고 단위조직 하나하나가 효율적이면 전체 정부조직의 효율성도 높아질 것을 기대한다. 조직 내에 빈 자리가 생겼을 때 인사권자의 권한으로 인사이동을 시키는 것이 아니라 그 자리를 내부인은 물론 외부인에게까지 개방[b]하여 최적임자를 선발하는 것도 역시 경쟁원리를 도입한 예이다.

정부에 시장원리를 도입하는 이론적 뒷받침으로는 작은 정부에서 설명한 지대추구이론, X-비효율성, 거래비용이론 등을 들 수 있다.

---

a) 우리나라 국가공무원인재개발원(2016년에 중앙공무원교육원에서 명칭 변경)의 경우 매우 제한적으로 내부시장 모형을 도입하고 있다. 범부처 차원의 공통교육은 예산을 직접 편성해서 운영하지만, 프로그램의 특수성이 있는 고위정책과정이나 외국공무원과정 등은 공무원을 보내는 각 기관이나 국가에서 부담하는 수입대체경비 방식으로 운영되고 있다(2021년도 고위정책과정 예산 규모는 38.9억 원, 외국공무원과정 예산 규모는 23.8억 원).

b) 우리나라에서 외부인에게까지 공개하는 것을 개방형 임용이라 하고, 내부인끼리 경쟁을 허용하는 것은 직위공모제(job posting)라 부른다.

PART 1
행정과 행정학의 이해

PART 2
행정환경

PART 3
행정내부환경

PART 4
경영시스템

PART 5
집행시스템

PART 6
조직시스템

PART 7
지원시스템

PART 8
산출과 피드백

② 성 과

신공공관리는 성과중심의 관리를 강조한다. 투입 요소를 엄격히 규제하거나 업무수행에서 엄격히 절차를 따르도록 하는 통제중심의 관리를 탈피하여 얼마나 일의 성과를 거두었는가를 강조한다. 따라서 성과를 달성하는 과정에 대하여는 재량을 부여하되 결과에 대하여는 분명한 책임을 묻는 관리방식이다. 성과중심의 관리는 일명 자율경영을 포함한다.[30] 자율경영은 관리자(매니저)[a]의 능력과 자질을 긍정적으로 평가한다. 즉 정부의 비능률은 관리자의 무능이나 나태에 원인이 있는 것이 아니라 인사, 예산, 구매 등 관리상의 복잡한 규정이나 제도의 제약이 많기 때문이라고 본다. 그런 내부의 불필요한 규제를 풀어 관리자에게 재량권한을 위임함으로써(empowerment) 제대로 일을 할 수 있도록 만들어야 한다는 것이다.[31] 민간기업의 경우 경영자와 성과계약을 맺고 규제보다는 자율을 주어 기업가 정신을 마음껏 발휘할 수 있도록 하듯이 정부의 경우에도 기업가형 리더(entrepreneurial leader)나 공공기업가(public entrepreneur)로서 진취적인 관리가 가능하도록 조건을 만들어 줄 것을 강조한다.

성과중심의 관리는 과거의 경직적인 조직과 자원관리에서 탈피하여 탄력적 운영을 중시한다. 부처의 경계에 매이지 않고 거시적으로 정책을 접근할 수 있도록 고위공무원을 통합 관리하는가 하면(미국 고위공무원단, SES: Senior Executive Service),[b] 예산총액만 통제하고 구체적인 배정은 위임하기도 한다(지출통제예산). 시장성 테스트에서 보는 것처럼 정부가 직접 재화와 서비스를 제공하더라도 성과계약을 맺은 기관장(계약직)의 책임하에 조직, 인력, 예산을 탄력적으로 운용하도록 권한을 위임하거나(책임운영기관),[c] 아예 외부의 민간업체에 서비스를 위탁하여

---

a) NPM에서 관리자라 할 때 중간계층의 부서장이라기보다는 하나의 기관을 책임지는 전문경영인을 의미한다. 직업공무원이라기보다 주로 정치적으로 임명된 사람들을 지칭한다(Hughes, op. cit., p. 54).

b) 정부는 2006년부터 중앙행정기관의 일반직 실·국장급(1~3급)과 별정직, 계약직, 특정직 일부를 포함하여 고위공무원단이라는 인력풀을 만들어 통합적으로 인사관리를 하고 있다.

c) 정부조직을 책임운영기관 유형으로 분권화시키는 데 가장 적극적인 국가는 영국이었다. Next Steps로 잘 알려져 있으며, 대처 정부 후반기인 1988년에 본격적으로 시작되었다. 후임 메이저 총리가 승계하였으며 보수당 정권(1979~1997)에서 추진한 대표적 공직개혁이다. 1991년 행정서비스헌장(Citizen's Charter)과 품질경쟁(Competing for Quality)의 새로운 개혁 프로그램이 시작되면서 추진력이 약화되긴 하였으나 1997년에 영국 중앙정부 인력의 75%가 Next Steps 기관 유형에 속할 정도로 영국 공직에 획기적인 변화를 일으킨 대표적인 NPM 사례이다. 1997년 노동당 토니 블레어 총리가 집권하면서 프로그램은 공식적으로 종료되었다. 이후 2000년대 노동당 집권 시기에 프로그램 성과에 대한 긍정적인 평가도 있었으나 행정부처의 통제력 약화에 대한 지적도 있었다.[32] 바로 이러한 정부조직의 중심성 결여, 통제력 약화에 대한 문제점이 NPM식 개혁의 결과라는 비판과 함께 Whole of Government 등 Post-NPM의 새로운 개혁 흐름이 나타나게 된다.

관리하기도 한다(계약). 관리의 고전이라 할 수 있는 테일러의 과학적관리론에서는 효율성을 높일 수 있는 유일한 최선의 길(one best way)이 있다고 접근하지만 신공공관리에서는 주어진 성과목표를 달성하는 길은 매우 다양하기 때문에 탄력적인 관리와 재량을 중요시한다.

성과중심의 관리는 측정 가능한 목표설정과 목표달성의 정도를 측정하는 것이 중요하다.[a] 성과측정의 대상도 개인, 조직, 프로그램 등 광범위하게 적용된다. 성과측정은 전통 행정에서 목표의 모호성 때문에 소홀히 다루어졌으나 신공공관리는 성과에 대한 평가 없이 효율성의 제고는 불가능하다는 분명한 믿음을 가지고 있다. 특히 성과측정은 관리자에 대한 책임성 확보와 직결된다. 관리자에게 관리의 재량을 위임해주는 대신 성과를 가지고 관리책임을 묻기 때문이다. 성과측정은 잘못에 대한 책임뿐만 아니라 잘한 것에 대한 보상에도 필수불가결이다. 따라서 성과중심의 관리에서 측정은 기본이고 그것을 어떻게 인센티브와 불이익으로 연결시켜 조직의 효율성을 높이느냐가 중요한 관심이다.[33] 성과향상이 이루어질 수 있도록 성과측정 결과를 예산배정이나 인사관리에 연계시킨 인센티브제도의 도입이 무엇보다 중요하다. 인센티브제도는 주인-대리인 모형에서 대리인의 도덕적 해이 등을 방지하는 중요한 방법 중의 하나이다.

③ 고 객

신공공관리는 민간부문의 경영방식을 적용하여 고객에 대한 대응성을 높이고자 한다. 민간부문의 경영방식은 그 범위가 너무 방대하지만 핵심은 소비자를 주인으로 모시는 고객중시의 정신이다. 단순히 고객만족(CS: Client Satisfaction)으로 부족하여 고객감동, 고객충동이라는 말을 쓸 정도로 기업경영에서 고객은 전략적 개념이다. 기업과 고객은 상호간에 대등한 경제적 가치를 교환하는 1:1의 관계이다. 동일한 재화나 서비스를 구매하는 고객이 다수이고 구매하는 가격의 차이가 있다 하더라도 그것은 개별 고객의 선택이다. 판매자는 이러한 고객의 개별적 선호를 정확히 이해하고 충족시킴으로써 이윤을 추구할 수 있다. 특히 판매자와 구매자가 직접 대면하여 이루어지는 서비스 시장에서는 친절성이나 신속성 등과 같은 비금전적 가치, 서비스 질이 고객을 확보하고 유지하는 데 중요한 역할을 한다. 고객의 용어에는 이처럼 선택과 개별성, 그리고 서비스의 질을 강조한다.

a) 1993년 의회를 통과한 미국의 Government Performance and Results Act(GPRA)는 연방정부 각 부처에 전략계획을 수립하고 성과를 측정할 수 있는 구체적인 지표를 개발하여 의회에 보고토록 규정하였다(성과중심의 관리에 대한 추가 이해는 제15장 내 성과주의 예산제도, 제17장 내 성과평가시스템 참조).

PART 1
행정과 행정학의 이해

PART 2
행정환경

PART 3
행정내부환경

PART 4
결정시스템

PART 5
집행시스템

PART 6
조직시스템

PART 7
지원시스템

PART 8
산출과 피드백

한편 정부의 행정은 전통적으로 재화나 서비스를 불특정 다수에게 차별 없이 제공하는 것으로 이해되었다. 용어를 보더라도 정부 정책에 영향을 받는 대상을 이해당사자 또는 정책대상집단이라 하고, 서비스를 제공받는 대상도 주거 지역에 따라 도민·시민·구민·군민 등으로 부른다. 서비스 제공에 필요한 비용은 세금으로 확보하고, 세금을 많이 내든 적게 내든 납세자라 부른다. 이처럼 행정은 고객의 선택과 개별성을 중시하는 시장과는 구분되는 영역으로 이해된다. 특히 행정서비스의 제공에는 실제 비용보다 적게 부담하는 사람도 있고 많이 부담하는 사람도 있기 때문에 1:1 교환관계도 성립하지 않는다. 공무원이 보기에 전자는 수혜자이고 후자는 국민으로서 납세의 의무를 이행하는 것이다. 정부가 제공하는 행정서비스가 전통적으로 공급자 중심이고 권위주의적인 특성을 갖게 된 중요한 이유이다.

신공공관리는 고객의 선호와 수요에 의해 서비스의 질과 양이 결정되는 시장의 원리를 적용하여 행정에도 고객의 개념을 도입한 것이다. 대표적인 예가 바우처(voucher) 제도이다.[34] 정부가 무상으로 교육·보육 서비스 또는 생활필수품을 직접 제공하는 것이 아니라 시장에서 그러한 서비스나 재화를 제공받을 수 있는 현금성 구매권을 제공함으로써 아이를 보낼 유치원이나 보육원을 선택하고 원하는 물품을 조합하여 살 수 있도록 하는 것이다. 행정의 수혜를 받는 여러 사람 중의 하나가 아니라 각자에게 선택의 기회가 주어진 고객의 개념이 적용된 것이다.

행정서비스헌장도 개별성과 서비스의 질을 강조하는 고객의 개념을 행정에 적용한 사례이다. 그동안 행정에서 정책이나 서비스 대상을 경계가 모호한 불특정 다수의 전체로 이해했던 것을 기관이나 하위 조직단위로 분화시켜서 정의하고 제공해야 할 구체적인 서비스 내용을 정의한 것이다. 행정서비스헌장은 추상적인 서비스 정신을 선언하는 차원을 넘어, 대상 고객을 세분하여 정의한 다음 그들을 충족시킬 수 있는 서비스의 질적 목표를 명시하고 서비스 관련 정보(공급자, 비용, 신속성, 신뢰성 등)를 투명하게 공개할 뿐만 아니라 정기적으로 고객만족도 조사를 통해 서비스의 질에 대한 책임성을 확보하는 제도이다(제11장 내 고객지향 행정서비스 참조).

행정에서 고객의 강조는 정책과 서비스 대상뿐만 아니라 기관 내부의 구성원까지 포함한다. 미국 기업에서 한때 널리 채택되었던 Total Quality Management (TQM, 전사적 품질관리)의 적용이 대표적인 사례이다. TQM은 고객만족을 조직의 궁극적인 목표로 하고, 외부 고객뿐만 아니라 조직 내의 하위 조직과 구성원 간에도 고객만족의 개념을 적용하여 상호 유기적인 업무협조가 이루어지고 일하는 방식을 개선해서 조직 전체가 통합적으로 고객중심의 품질관리체제를 구축하는 것이다.

바우처 제도, 행정서비스헌장, TQM 등의 사례에서 보듯이 신공공관리는 시장에서 적용되는 고객의 개념을 행정 외부와 내부에 적용함으로써 공공부문의 효율성과 책임성을 강화시킬 수 있다고 믿는다.[35)]

3) 한 계

신공공관리에서 민간부문의 작동원리인 경쟁, 성과, 고객의 개념을 공공부문에도 적용할 것을 강조하는 배경에는 기본적으로 공공부문과 민간부문 간에는 차이점보다 유사점이 많고, 민간부문이 공공부문보다 효율적이라는 가정이 깔려 있다. 하지만 신공공관리의 한계에 대한 반론도 충분히 예상할 수 있다.

신공공관리의 가장 큰 한계는 효율성을 지나치게 강조하는 과정에서 민주주의 책임성이 결여될 수 있다는 우려이다.[36)] 기업가형 정부, 민영화, 민간위탁, 계약제, 자율경영, 고객 등 신공공관리방식에는 국민주권에 대한 가치가 배제되어 있다. NPM은 기업가형 공공리더(public entrepreneur)를 강조하지만 그것은 신제품 출시나 신시장 개척과 같이 절차보다 시간이 중요하고 안정보다는 변화 그리고 CEO의 현명한 판단이 중요한 기업환경에 적합한 것이지 행정에 적합한 것은 아닌 것으로 본다. 행정은 시간이 걸리더라도 이해당사자의 동의를 구하는 절차적 민주성이 중요하고, 개인의 현명한 판단보다는 전체 국민의 지지를 통한 정당성 확보가 더 중시되는 환경이다.[37)]

민영화와 같이 정부의 영역을 벗어나 시장 기능에 맡겼을 때도 국민에 대한 책임을 확보하기가 곤란하다. NPM에서 광범위하게 활용되고 있는 계약의 방식에서는 주인-대리인모형이 암시하듯이 정부의 불리한 계약(역선택)과 대리인의 도덕적 해이의 문제가 있다.[38)] 책임을 확보하더라도 계약자는 1차 주인(principal)인 정부를 의식할지는 몰라도 2차 주인인 국민에 대한 관심은 상대적으로 떨어질 수밖에 없다. 신공공관리는 책임성을 계약 주체나 상사와의 관계로 좁게 해석하며 국민을 고려하는 정치적 책임성을 소홀히 다루고 있다.[39)] 여기에는 국민을 권리의 주체인 정치적 시민으로서가 아니라 소비의 주체인 경제인으로 보는 데 원인이 있다. NPM은 '동등하고 보편적이며 집합적인 가치를 존중하는 시민정신'과 '차별적이고 특수하며 개인적인 가치를 존중하는 소비자정신'의 구분을 모호하게 만든다는 비판이 그래서 가능하다.[40)] 따라서 정부의 재화와 서비스 공급이 개별 소

PART 1
행정과 행정학의 이해

PART 2
행정환경

PART 3
행정내부환경

PART 4
결정시스템

PART 5
집행시스템

PART 6
조직시스템

PART 7
지원시스템

PART 8
산출과 피드백

비자의 수요에 의해 결정되고 정부가 단순히 서비스 제공자로만 된다면 공공가치 실현의 본래 기능이 왜곡될 수 있다. 국가가 개인의 권익보장자가 아니고 서비스 제공자로, 개인은 시민이 아니고 소비자로 인식이 확산될 때 시장의 사고는 확장 되겠지만 정치의 사고가 위축됨으로써 탈정치화 현상이나 국민적 통합을 약화시킬 위험도 지적할 수 있다.[41]

신공공관리의 이론적 근거인 시장지향적 경제이론에 대한 반대론자들은 다시 공공부문의 특수성을 거론한다. 공공부문은 수요자로서 독점적 지위를 가지게 되고, 공급의 경우에도 직접 서비스를 제공하는 경우 독점이 되며, 계약을 하는 경우에도 계약 대상이 제한적이기 때문에 기본적으로 불완전한 시장이라고 본다.[42] 따라서 시장경제에 맞는 경제이론을 억지로 공공부문에 적용하는 자체가 무리라는 지적이다.[43]

특히 이익극대화의 동기에서 행동할 것이라는 개인에 대한 가정을 정부부문에 그대로 적용하는 데는 무리가 따른다. 현실적으로 개인이나 부처의 이기적인 행위가 관찰될 수 있으나 그것은 일부 또는 구조조정과 같은 제한된 상황에서 나타나는 것이지 그것이 정부 공무원의 행동을 지배하는 기준은 아닐 것이다. 규범적으로 공무원은 공공성과 행정이념을 가치 기준으로 하여 행동할 것이 요구되고 있고 실제로 민간부문에 비해 그러한 태도에서 차이가 있음을 보여주고 있다.[44][a]

이상에서 보듯이 신공공관리에 대한 비판은 기본적으로 공공부문과 민간부문의 차이를 인정하느냐 않느냐의 시각 차이에서 온다. 목표의 모호성, 측정의 곤란성, 공공성 추구 등 민간부문과 차이에 초점을 맞추면 NPM의 접근을 그대로 받아들일 수 없을 것이다. 그러나 그런 공공부문의 특수성이 과거와는 달리 상대적인 개념으로 변하고 있다. 또한 공공부문의 특수성이 있다 하여 전통적인 통제 중심의 계층구조와 정부중심의 일방주의를 그대로 유지해도 좋다는 뜻은 아닐 것이다. NPM 자체의 이론적·현실적 한계를 주목하는 것도 중요하지만 NPM을 전통적 관리모형과 비교하여 상대적으로 그 장점을 평가하는 것 또한 중요하다.[45] 시장원리와 기업경영방식의 한계를 정확히 인식하면서 그것에 담겨 있는 기본정

---

a) 우리나라 공무원과 민간기업 종사자의 공공봉사동기(Public Service Motivation)를 조사한 2005년 연구에서 5점 척도 기준으로 공무원이 3.24, 민간기업 종사자가 2.89로 조사되어 통계적으로 유의미하게 공무원이 앞서는 것으로 확인되었다.[46] 한편 한국행정연구원이 ㈜리서치랩에 의뢰하여 4,111명을 대상으로 2019년 7~8월에 실시한 설문조사 결과, 공공봉사동기 항목인 "국가와 국민을 위한 뜻 깊은 봉사는 나에게 매우 중요하다"고 응답한 비율이 57.3%, "나에게는 사회에 어떤 바람직한 변화를 가져오는 것이 개인적 성취보다 더욱 큰 의미가 있다"고 응답한 비율이 45.3%로 조사되었다.[47] 우리나라 공무원의 경우 개인의 이익이나 가치보다 공직 가치를 더 중시하고 있다고 볼 수 있겠다.

신, 즉 자율과 경쟁을 통한 효율적 자원관리를 충분히 이해하고 그것을 행정의 규범가치인 공공성의 책임과 조화를 이룰 수 있는 현실적인 접근이 중요할 것이다.

4) 신공공관리 이후의 공공관리론(Post-NPM)

NPM의 한계에 대한 지적은 NPM이 공공개혁의 큰 흐름을 형성하던 1980~1990년대에도 있었지만 학계나 현장에서는 소수의 의견에 머물고 있었다. 하지만 2000년대 들어 현장과 학계에서 작은 정부 및 NPM에 대한 비판에 공감하는 숫자가 늘어나고 대안적 제안까지 등장하기에 이르렀다. 무엇보다도 미국에서의 9.11 테러(2001년)와 카트리나 재난(2005년), 중국에서의 2004년 SARS 발병과 인도네시아에서의 2005년 쓰나미 참사 등을 경험하면서 세계 각국은 대형사고에 대한 국가 차원의 통합적 정보관리를 포함한 위기대응능력을 키워야 한다는 인식이 확산되었다. 특히 2007~2008년 미국발 글로벌 금융위기의 원인이 작은 정부에서 강조되었던 규제완화의 부작용이라는 반성과 함께 정부의 규제·감독 기능의 필요성을 재인식하는 계기가 되었고, 소득 양극화와 빈곤 문제가 심각해지면서 NPM의 이념적 토대이던 신자유주의, 시장주의에 대한 반대 정서도 확산되었다.

1980~1990년대 NPM 방식의 공공개혁이 추진되면서 시장성 테스트를 통해 민영화, 민간위탁, 책임운영기관 등 기관 단위의 경쟁과 독립성이 강화되었고, 기관 내에서는 성과관리에 의한 권한위임 및 자율경영이 강조되었다. 그 결과 조직 단위별, 정책영역별, 프로그램별로 수직적 분화가 심해지면서 범정부 또는 국가 차원의 비효율성이 나타나기 시작하였다. 이에 대한 대안으로 특정 이슈가 발생하면 관련된 기관들이 조직이기주의와 칸막이를 벗어나서 목표를 공유하고 공동으로 대응하는, 서로 결합되고(joined-up) 협업하는(collaborated) 정부의 필요성이 제기되었다. 실제로 독립성이 강화된 기관들 간의 기능을 조정·통제·통합할 수 있도록 권한을 다시 한 곳에 집중시킨 조직의 중심성을 강화시키는 시도가 이루어졌다. 대표적으로 영연방 국가의 경우 총리실에 국가 전략이나 내각의 협력을 전담하는 기구(strategic unit, interministerial collaborative unit 등)를 신설하는 등 총리실의 조정·통합기능을 강화시켰고, 미국의 경우 9.11테러 이후 국가안보 관련 조직을 국토안전부(Department of Homeland Security)로 통합시킨 사례를 들 수 있다.[48] 정부조직의 분화와 자율성을 통한 효율성 제고보다는 중심조직을 강화하거나 조직을 통합함으로써 다수의 관련 기관이 조직의 경계를 넘어 문제에 대응하고 해결책을 찾는 더 큰 의미의 효율성과 정치적 책임성을 중시한 것으로 볼 수

PART 1 행정과 행정학의 이해

PART 2 행정환경

PART 3 행정내부환경

PART 4 결정시스템

PART 5 집행시스템

PART 6 조직시스템

PART 7 지원시스템

PART 8 산출과 피드백

있다. 호주 정부의 경우 서비스가 제공되는 현장에서도 원스톱 숍(one-stop shop)
을 만들어 수혜자의 니즈에 맞는 서비스가 통합 제공될 수 있도록 하는 등[49] 정책
결정에서 정책집행에 이르는 모든 과정에서 분화된 조직과 기능을 통합하거나 협
업을 강화하는 방향으로 개혁이 진행되었다.

이처럼 2000년대 들어서부터 현장과 학계에서는 경쟁, 성과, 고객 중심의
NPM 방식이 초래한 조직, 정책, 서비스의 분화와 칸막이 문제점을 비판하고, 정
부의 조정·협업·통합 역량을 강화시키는 방향으로 조직의 구조와 관리방식을 개
혁하는 사례가 나타났고 이를 이론화하는 작업이 진행되었다. 정책결정에서 현장
의 서비스 제공에 이르기까지 분화보다는 통합, 부분보다는 전체의 시각에서 정
부조직을 개혁하자는 원팀(one team)으로서의 'Whole of Government(WG)' 접근
이 대표적이다. '통(通) 정부' '한 정부' 등으로 번역할 수 있는 WG는[a] 조직의 구조
적·기능적인 측면뿐만 아니라 구성원의 통합을 중시한다. 경쟁과 성과의 개인주
의 성향이 강조되는 NPM은 구성원의 조직에 대한 충성과 신뢰를 약화시킨다고
보고, WG는 정부 또는 조직 차원에서 구성원의 일체감, 신뢰, 응집력, 윤리규범
을 가질 수 있도록 교육, 자기개발, 참여, 팀빌딩을 중요시한다.[50]

이처럼 NPM에 대한 대응적 성격이 강한 WG는 주로 영연방 등의 의원내각
제를 채택하는 국가에서 지지를 얻었다. 의원내각제 국가에서는 국민의 대표인
의원이 각부 장관에 임명되고 이들에게 상당한 독립적 권한이 부여되기 때문에,
자율과 책임의 분권적 구조가 영역 간 융합을 강조하는 21세기에 오히려 비효율
적이라는 것을 먼저 경험했을 것이다.

이에 반해 대통령제인 미국에서는 국민이 선출한 대통령이 각부 장관 및 고
위 공무원을 임명하고 통제하기 때문에 행정부처 간의 기능 조정이나 통합의 문
제가 의원내각제보다 심각하지 않을 수 있다. 특히 미국은 민주주의 정신에 따라
임명직 공직자에 대한 민주통제를 강조해왔기 때문에, 시장원리에 따르는 작은
정부를 지지하면서도 기관장이나 부서장에게 관리책임을 위임하는 자율경영에 대
해서는 강한 저항감을 보여왔다(164쪽 참조). 행정 영역, 특히 관리 영역에 대해서
는 선출직 또는 국민에 의한 통제를 중시하고 이를 뒷받침하는 이론적 토대를 민
주 이념을 포함한 공공가치에서 찾고 있는 것이다. 이를 대표하는 이론이 미국 행
정학자들에 의해 주창된 공공가치론(Public Value Theory)[51]과 신공공서비스론(New

---

a) 국가별 학자에 따라 결합정부(joined-up government), 조정정부(coordinated government), 연결정부
(connected government), 협력정부(collaboration government) 등 다양하게 부르고 있다.

Public Service)[52]이다.

공공가치론은 말 그대로 정부가 추구해야 할 가치에 초점을 맞춘 가치론이다. 정부부문에서 시장원리, 경영원리가 광범위하게 도입되는 것에 대한 우려와 함께 정부 운영의 중심 가치로서 효율성이나 비용–편익의 경제적 가치에 한정하지 않는 포괄적 의미의 공공가치를 강조한다. 여기에는 자유, 평등, 참여, 투명성, 시민참여 등의 민주적, 정치적 가치뿐만 아니라 사회 통합, 문화정체성 유지, 환경 보존 내지 지속발전가능성 등의 사회적·문화적·생태적 가치를 포함한다.[53] 즉, 재화공급이나 서비스 제공 또는 자원배분의 편익이 고객으로서의 개인 차원에 머물지 않고 일자리 창출이나 사회 통합 등 공동체 전체 차원에서 검토되어야 하고 나아가 과정의 투명성과 참여 등을 중시하는 것이다.

한편 **신공공서비스론**은 new service, 즉 서비스에 대한 개념을 새롭게 전개한다. NPM의 미국 버전인 기업가형 정부 모형에서 노젓기(rowing) 기능은 민간에 넘기고 정부역할은 방향잡기(steering)로 집중할 것을 강조한다. 하지만 신공공서비스론은 노젓기 기능을 민간영역의 시장에 넘기는 것이나 방향잡기에 해당하는 정책개발 등의 핵심기능에 집중하는 것 모두 정부의 역할을 협소하게 본 것이고 또한 사회를 통제·조종하는 시각이라고 비판한다. 정부의 역할은 시장과 정부로 이원화해서 노젓기·방향잡기로 구분하거나 사회를 이끌고 가는 것이 아니라, 시민과 협력해서 그들의 다양한 이해를 조정하는 중재자로서 시민에게 service(심부름)하는 것(serving)임을 강조한다.[54]

공공가치론이나 신공공서비스론 모두 미국 상황에 더 적실성이 높다 할 수 있으나 내용을 보면 NPM의 한계로 지적한 내용과 상당히 일치하고 미국 이외의 많은 국가에서 새로운 행정개혁의 논리와 접근방법으로 받아들이고 있다.[a] 이들 이론은 공통적으로 주권자인 시민의 지위를 중시하고 공공가치나 정부역할에 대한 결정의 주체는 시민이어야 한다고 본다.[55] 따라서 정부가 하는 일에 대한 정치적 정당성과 시민의 지지를 중요시한다.[56] 또한 공공가치와 이해(집단)의 다양성을 전제하기 때문에, 절차적 민주주의 즉 시민이 공론의 장에 참여하는 기회를 촉진하고 숙의 과정을 지원하는 것이 정부의 중요한 역할로 인식한다.[b]

이처럼 WG, 공공가치론, 신공공서비스론 등으로 대표되는 Post-NPM의 다양

---

a) 실제로 공공가치론은 영국 "BBC 선언"에 채택되었고 영국, 뉴질랜드 등 영연방 국가에서 구체적 사례가 나타나고 있다.

b) 공익 개념에서 과정설이 주장하는 행정의 역할과 같은 맥락으로 이해할 수 있다.

PART 1
행정과 행정학의 이해

PART 2
행정환경

PART 3
행정내부환경

PART 4
경정시스템

PART 5
집행시스템

PART 6
조직시스템

PART 7
지원시스템

PART 8
산출과 피드백

한 시각은 NPM과 차별적이다. Post-NPM은 NPM의 개별 기관 단위의 상호경쟁이 초래하는 부분적 사고와 단기적 목표, 시민을 고객으로 보는 단면적 시각, 그리고 경제적 성과만 강조하면서 나타나는 정치적 무감각을 비판한다. Post-NPM은 경제적 가치뿐만 아니라 정치적·사회적 가치를 포함하는 공공가치의 다면성과 행정목표의 다중성을 강조하고 이를 조정하고 달성하기 위한 정치과정을 배제하지 않는다.[57] 또한 시민을 행정서비스를 이용하는 고객의 지위뿐만 아니라 서비스의 비용을 부담하는 사용자 및 납세자, 그리고 정부의 활동에 대한 감시자로서의 복합적 지위를 강조한다.[58] 정책대상집단을 개별 기관 차원에서 단순하고 협소하게 보는 것이 아니라, 이해가 다양하고 복잡하며 공공가치의 관점에서 보고, 관련된 기관들 간의 협력과 통합을 강조한다.[59]

이렇게 볼 때, Post-NPM은 NPM과 대조적인 것은 사실이지만 Post-NPM이 NPM을 대체했다기보다는 NPM의 이념적 토대인 신자유주의 실패 사례(2008년 금융위기)를 경험하면서 NPM에 대한 비판의 목소리가 확대되고 그동안 소수의 관심에 머물러 있던 Post-NPM이 행정 현장과 학계의 지지를 얻기 시작한 것으로 볼 수 있다. 행정학의 출범 이후 행정을 경영과 유사한 것으로 볼 것인가 아니면 정치와 유사한 것으로 볼 것인가의 시각 차이가 주기적으로 변해왔듯이 NPM과 Post-NPM의 관계도 어느 쪽이 맞고 틀리고의 문제가 아니라 정부역할에 대한 관점의 차이이고 배합의 문제로 이해해야 할 것이다. 경제적 가치 vs. 정치적·사회적 가치, 미시적·부분적 관점 vs. 거시적·전체적 관점의 연속선상에서 전자(NPM)에서 후자(Post-NPM)로 중심이 이동하고 NPM의 한계를 Post-NPM이 보완하는 과정에 있다고 하겠다. 하지만 언젠가는 Post-NPM이 강조하는 시민참여 등의 이상적 가치가 현실에서 힘과 기회의 불평등[60]으로 나타날 수 있고, 가치배분의 왜곡과 비효율 문제가 발생할 수도 있다. 결국 NPM과 Post-NPM 사이에 어느 한 쪽을 선택하거나 어느 정도로 배합할 것인가의 결정은 한 국가의 권력구조와 문화, 다른 국가의 사례 등 다양한 요소에 의해 복합적으로 영향을 받게 될 것이다.

4. 뉴거버넌스: 적정 규모와 역할의 유연한 정부

1) 개 념

거버넌스(governance)는 앞에 어떤 단어를 합성하느냐에 따라 매우 다양한 유형을 만들어낼 수 있다. 분석의 수준에 따라 세계 각국이 관계되는 글로벌거버넌스, ASEAN과 같이 지역 국가 간의 지역(regional)거버넌스, 한 나라 차원의 국가거버넌스, 그리고 국가 내 지방의 문제를 다루는 지방(local)거버넌스 등으로 나눌 수 있다. 그 외에도 대상을 고려한 환경거버넌스, 의료거버넌스, 회사(corporate)거버넌스, 또는 활동이나 문제해결 방식을 고려한 e-거버넌스, 네트워크거버넌스 협력적 거버넌스, 위계적 거버넌스 등이 널리 알려진 이름이다.

여기서 하나 특이한 것은 이들 용어에서 거버넌스를 거번먼트(government, 정부)로 대체시킬 때 대부분 그 의미가 퇴색한다는 것이다. 그렇다면 거버넌스라고 했을 때 특별히 달라지는 의미는 무엇인가? Governance는 우선 정부(government)라는 실체가 아니라 'governing의 방식(기제)'이다. governing은 통치라는 의미이지만 의료거버넌스나 e-거버넌스 등을 생각할 때 그런 권력적 단어는 어울리지 않는다. 그래서 governing을 좀 더 풀어서 '집단활동을 조정하고 규율하고 해결하는' 좀 복합적인 의미로 이해하고자 한다. 거버넌스를 이렇게 넓게 이해하는 경우 정부에만 고유한 용어가 아님을 알 수 있다.

집단활동을 조정하고 규율하고 해결하는 방식은 정부, 시장, 시민사회로 나눌 수 있는데, 정부는 국가 공권력을 통한 법의 획일적 집행에 의존하고, 시장은 가격기제를 통한 개인 간 흥정과 계약에 의존하며, 시민사회는 상호 신뢰와 협력을 바탕으로 한 자율에 의존한다(〈표 6-2〉 참조). 산업화시대에 맞추어진 전통적인 관료제 패러다임에서는 정부가 문제해결의 중심에 있었다. 그러나 관료제 패러다임으로는 급변하는 환경의 역동성과 다양성에 대응하는 데 한계가 있었기 때문에 이를 극복하고자 시장의 경쟁원리를 접목하는 NPM이 등장하였다는 것을 앞에서 설명하였다. 이때 NPM은 정부 내의 관리적 효율성에 초점을 맞추었지만 정부의 사회 및 시장과의 역할관계는 심각하게 고려하지 않았다. 시장과의 관계에서(시장성 테스트에 의한) 민영화나 민간위탁을 진행시킴으로써 정부부문의 기능을 시장으로 전이시키는 정도였다. 문제는 민주주의 이념이나 정치적 책임성과 같은 거시적 관점에서 접근하지 않았기 때문에 민영화나 민간위탁도 또다시 시장실패의 위

PART 1 행정과 행정학의 이해

PART 2 행정환경

PART 3 행정내부환경

PART 4 결정시스템

PART 5 집행시스템

PART 6 조직시스템

PART 7 지방시스템

PART 8 산출과 피드백

| 표 6-2 | 집단활동의 조정-규율-해결 방식(거버넌스) |

특 성	정부(관료제)	시 장	시민사회
행동의 주체	공무원	기업, 소비자, 이익단체	시민, 시민단체
주체간 관계	상호의존적 종속	독립적	상호의존적 평등
지배 이념	법치주의	시장주의, 개인주의	공동체주의, 참여주의
추구하는 가치	공익	사익	공동체 이익
문제해결	권위	흥정(bargaining)	신뢰, 협력
질서유지	법	계약	자율, 상호존중
조정	강제	자율적 교환	참여
거버넌스 유형	정부중심 (구)거버넌스 1970년대까지	시장중심 거버넌스	시민사회중심 거버넌스
NPM	정부에 시장원리를 접목(관료제 내부의 관리)	무관	
뉴거버넌스	정부-시민사회-시장을 네트워크로 연결한 협력 기제		

험요소를 내포하고 있다는 것이다.

거버넌스는 전통적 행정국가의 정부실패와 NPM의 시장실패 가능성을 극복하기 위한 새로운 대안으로서[61] 1990년대 들어 학문적 주목을 받기 시작하였다. 거버넌스는 복잡하고 불확실한 사회문제 해결에 관료제 단독으로 대응하거나 시장에 방임하는 것보다 다양한 주체가 공동으로 유연하게 대응하는 것이 더 효과적일 것이라는 기대가 담겨 있다. 즉, 관료제의 대응력 부족과 시장의 무책임성 모두를 부정하고 정부-시민사회-시장이 상호의존적이고 자율적으로 연결된 협력기제로 이해할 수 있다.

이와 같이 행정학에서 거버넌스라고 할 때는 공공거버넌스(public governance)를 말하고 정부중심 또는 정부를 포함한 국정관리 방식을 의미한다. 막스 베버가 제안한 근대 관료제도 이런 의미에서 하나의 정부중심 거버넌스라 할 수 있다. 하지만 세계화에 따른 국가 간 경계가 약화되고 인터넷의 발달에 따른 시공간이 통합되는 환경에서 정부의 주도적이고 관료주의적인 역할은 축소가 불가피한 상황이다. '더 작은 정부 더 많은 거버넌스(Less Government, More Governance)'[62]나 '정부 없는 거버넌스(Governance without Government)'[63]의 구호가 말해주듯이 현대행정에서 거버넌스는 전통적인 통제 중심의 정부를 극복하고 또한 NPM에서 나타날 수 있는 공백(민영화나 민간위탁 후 책임이 방임되는 부분)까지를 대체·보완하는 개념으로 이해할 수 있다. 이때의 개념은 정부와 동의어 수준인 (구)거버넌스와 구분할 필요가 있는데 이것을 차별화하여 일반적으로 뉴거버넌스(New Governance)라 부른다.

뉴거버넌스는 외형적 규모와 역할을 강조한 '작은 정부'와 정부관리의 효율화를 강조한 '작지만 효율적인 정부'보다 진일보한 개념으로 정의할 수 있다. 1990년 후반부터 어느 정도 정부규모 축소에 대한 중압감이 완화되면서 정부가 할 일은 하고 거기에 필요한 인력이나 예산도 적정한 규모로 인정해 주는 균형 잡힌 시각이 나타났다.[64] 다만 일하는 방식을 정부 단독으로 하거나 시장에 맡기고 끝나는 것이 아니라 정부-시장-시민사회가 함께 참여하고 협력하여 공동으로 문제를 풀어나가는 '적정 규모와 역할의 유연한 정부'를 원했다.

2) 특 성

뉴거버넌스의 용어는 영국에서 1980년대 NPM과 비슷한 시기에 등장한다. 대처 수상은 집권 이후 재정위기의 타개책으로 정부보조금을 삭감 내지 폐지함으로써 지방정부의 지출을 억제시켜 나갔다. 대처 수상은 분배지향적인 지방정부를 무력화시키고 그 대신 기업중심적이고 성장지향의 체제로 전환을 추진하였다.[65] 이 과정에서 지방정부는 지역경제활성화를 위해 민간기업이나 주민단체와 다양한 형태의 협력적 네트워크를 구성하게 되는데[66] 뉴거버넌스의 한 형태로 볼 수 있다. NPM과 마찬가지로 1980년대부터 현장에 먼저 적용되고 1990년대 들어 학문적 연구가 활발히 이루어지는 비슷한 역사적 배경을 가지고 있지만 그 내용에서는 몇 가지 차이점을 찾을 수 있다.

첫째, NPM이 정부 내부 관리의 문제를 다루는 반면 뉴거버넌스는 시장 및 시민사회 등 외부 주체와의 관계에서 정부의 역할과 기능을 다룬다.[67] 뉴거버넌스는 자원이나 프로그램의 관리가 얼마나 효율적인가를 다루기보다 국가 차원의 민주적 대응성과 책임성을 강조한다. 특히 NPM에서 주목하지 않은 시민사회를 중요한 파트너로 받아들이고 국민도 소비자가 아닌 시민으로 인식함으로써 전통적 관료주의나 NPM의 시장주의에서 경시된 국민에 대한 책임성 확보를 기대한다. 뉴거버넌스는 기본적으로 정부를 보다 개방하고 국민의 참여를 확대함으로써 새로운 환경에 대응하고 사회통합과 발전을 유도하는 거시적인 역량 강화를 중요하게 여긴다. 결국 뉴거버넌스는 더 좋은 서비스를 제공하는 것뿐만 아니라 시민의 권리신장, 그리고 정부 단독의 관리능력뿐만 아니라 국가 차원의 국정관리 역량강화를 강조하는 측면에서 NPM과 구분된다.

이런 관심 영역의 차이에서, NPM은 행정 차원의 업무프로세스 개혁과 내부규제 완화 등의 '행정개혁' 차원을, 뉴거버넌스는 그동안 행정환경에 속했던 외부주체들과의 관계 변화와 같은 '정부개혁' 차원의 논의로 비교할 수도 있다. 영역차원에서 NPM은 주로 행정학계에서 거의 독점적으로 연구되는 반면 거버넌스는 정치학, 사회학, 경제학, 사회복지학 등 다양한 학문분야에서 연구되고 있다.

둘째, NPM과 뉴거버넌스는 모두 정부의 '방향잡기(steering)' 역할을 중시하지만, NPM에서 정부의 방향잡기 역할이 더 강조된다. 즉, 집행이나 관리 부분에서는 민간부문으로 기능을 이양하거나 시장의 경쟁원리를 받아들이는 등 공·사 구분 없이 수평적 관계를 형성하지만 정책 분야의 방향잡기에서만은 정부가 집권적으로 주도하는 역할을 인정한다. 이에 반해 뉴거버넌스는 정부, 시장, 시민사회가 기본적으로 권위·집권·주도와 같은 불평등한 힘의 관계가 아니라 평등한 관계에서 함께(co-) 하기를 강조한다.[a] 또한 뉴거버넌스는 NPM처럼 공·사를 구분하지 않지만 그보다 더 나아가 정부, 시장, 시민사회의 경계도 인정하지 않는다. 뉴거버넌스에서 이들 간의 관계는 자율적이고 대등한 지위에서 설정되기 때문에 실제 존재하는 형태는 매우 다양할 수 있다.[68] 그 중 가장 대표적인 것이 네트워크 유형이다.

셋째, 일부 학자는 뉴거버넌스를 네트워크 거버넌스와 동일 개념으로 이해할 정도로 뉴거버넌스에서 참여자 간의 네트워크적인 협력은 대단히 중요하다. NPM은 시장성 테스트에서 알 수 있듯이 정부와 시장을 경쟁적이고 배타적인 시각에서 접근하지만 뉴거버넌스는 정부와 시장 그리고 시민사회까지 포함한 협력적 상호조정과 합의를 강조한다. 따라서 NPM은 불신을 전제로 한 흥정과 계약이 강조되고 뉴거버넌스는 신뢰를 바탕으로 한 상호존중을 강조한다. 또한 네트워크나 파트너십이 이전에도 있었지만 그때는 정부가 주도적인 역할을 하고 다른 참여자(파트너)는 보조 역할을 한 것으로 평가한다. 뉴거버넌스에서는 '상호적인 영향력'을 인정하면서 정부는 상호협력의 조건을 조성하고 참여자 간 조정 역할을 강조한다.[69]

---

a) 거버넌스 전문가인 쿠이만(Kooiman)은 책의 한 절 제목을 'Co-Governance'라고 쓸 정도로 거버넌스에서 공식적·비공식적으로 '함께(co-)' 협력(co-operation and collaboration)하는 것을 강조한다(Jan Kooiman, *Governing as Governance*, London: Sage Publications, 2003, pp. 96-114).

넷째, 뉴거버넌스는 글로벌·정보화의 복잡한 환경에서 어느 집단도 단독으로 대응할 지식이나 정보를 확보하기가 어렵기 때문에 문제 상황에 따라 적합한 자원과 능력을 가진 다양한 주체들이 신뢰를 바탕으로 참여하고 협력할 것을 강조한다. 또한 상황에 따라 매우 다양한 역할과 조직의 구조적 형태를 취하게 된다. 그렇기 때문에 뉴거버넌스의 구조적 배열이나 내용 또는 제도화가 매우 모호하고 현실에서 관찰 가능한 경우도 아직은 실험적인[70] 측면이 강하다고 볼 수 있다. 이런 점에서 뉴거버넌스는 이론이나 제도 측면에서 NPM만큼 정교하지는 않아 보인다. 개념 단계에서부터 실존형이 아니라 규범적 가치[a]를 담은 이념형의 모습을 취하게 되는 이유이다. 거버넌스를 가장 이상형에 가깝게 정의한 것은 세계은행(World Bank)이다. 세계은행은 '좋은 거버넌스'를 "결정과정이 투명하고 예측가능하며, 관료들은 전문직업인으로서의 사명감을 가지고, 정책결정자는 행위 결과에 책임을 질 뿐만 아니라, 시민사회가 공공문제에 참여하고, 나아가 이 모든 행동이 법의 지배하에서 이루어지는 것"으로 묘사하고 있다.

좋은 거버넌스는 '좋은'의 형용사에서 알 수 있듯이 거버넌스를 규범적으로 접근한 대표적인 사례이다. 세계은행은 거버넌스의 개념을 제시하는 데 그치지 않고 이를 측정하기 위한 지표를 개발하고[b] 실제 국가별 거버넌스 수준을 측정하여, 각국의 취약한 분야를 찾아 개혁을 유도하기 위한 도구로써 활용하고 있다.

다섯째, 뉴거버넌스와 NPM은 상호 배타적이기보다 새로운 환경하에서 정부의 역량을 강화하기 위한 개혁전략으로 이해할 수 있으며, 뉴거버넌스를 NPM의

---

a) 규범적 가치로는 복잡한 사회환경에서의 사회적 조정, 자치, 참여, 민주주의 등을 들 수 있다(J. Newman, *Modernizing Governance: New Labor, Policy and Society*, London: Sage Publications, 2001).

b) 세계은행 거버넌스 지표는 다음과 같은 6개의 차원으로 구성된다: ① (voice and accountability) 표현 및 결사의 자유를 포함해서 정부를 구성하는 데 참여하고 선택할 수 있는 정도, ② (political stability and absence of violence) 폭력과 테러를 포함해서 초헌법적 또는 폭력적 수단에 의해 정부가 전복되거나 불안해질 가능성, ③ (government effectiveness) 공공서비스·정책결정·정책집행의 질적 수준, 정부신뢰, 정치적 중립성을 포함하는 정부 효과성, ④ (regulatory quality) 민간부문의 성장을 촉진하기 위한 건전한 규제정책을 수립하고 집행할 수 있는 정부의 능력, ⑤ (rule of law) 계약이행, 치안, 사법제도 등의 영역에서 법치주의가 준수되고 있는 정도, ⑥ (control of corruption) 특권계층의 이권이나 크고 작은 부패를 통제할 수 있는 정도.[71]

OECD 및 EU 국가를 대상으로 해서도 지속가능한 거버넌스 수준을 측정하기 위한 지표가 개발 (The Sustainable Governance Indicators, SGI)되어 매년 발표되고 있다. 지표는 정책성과, 민주주의, 거버넌스 세 범주로 구성되는데, 거버넌스 범주에는 행정부의 역량과 책임성에 관련된 지표들이 포함된다.[72] SGI는 41개 조사대상국가에 대한 객관적 자료와 국가 간 비교를 통해 증거기반 (evidence-based)의 개혁 필요성을 보여주는데, 이 역시 거버넌스를 규범적 차원에서 접근한 것이라 할 수 있다.

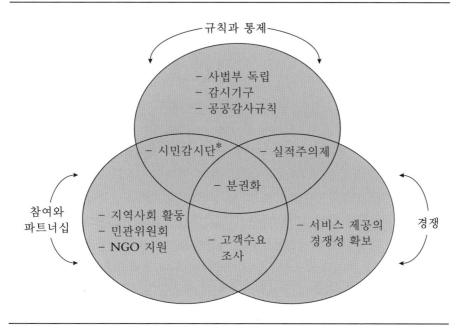

[그림 6-3] 국가역량제고 메커니즘: 좋은 거버넌스를 위한 행정개혁의 세 축

규칙과 통제

– 사법부 독립
– 감시기구
– 공공감사규칙

– 시민감시단*   – 실적주의제

– 분권화

참여와
파트너십

– 지역사회 활동
– 민관위원회
– **NGO** 지원

– 고객수요
조사

– 서비스 제공의
경쟁성 확보

경쟁

자료: World Bank, *Reforming Public Institutions and Strengthening Governance*, November 2002, p. 23 재구성 (*저자 삽입).

부분적 한계를 보완하는 대안으로 이해할 수도 있다.[73] 개발국의 거버넌스를 연구해온 세계은행 역시 NPM을 포함한 포괄적 의미로 거버넌스를 이해한다. 〈그림 6-3〉에서 보듯이 세계은행은 국가역량을 키울 수 있는 '좋은 거버넌스'의 3가지 요소로서 규칙과 통제, 경쟁, 그리고 참여와 파트너십을 들고 있다. 뉴거버넌스 연구에서는 규칙과 통제의 정부영역을 약화시키지만, 세계은행은 이 부분이 행정부와 독립된 기관에서 투명한 감시가 이루어지고 예측 가능해야 한다는 것을 강조하는 점이 두드러진다. 민주주의가 아직 성숙되지 못한 개발국가의 거버넌스에 관심을 갖는 세계은행으로서 충분히 설득력 있는 주장이다. 시장의 경쟁을 강조하는 것은 NPM과 같은 맥락이고 시민사회의 참여와 파트너십은 뉴거버넌스의 핵심요소이다.

이처럼 뉴거버넌스는 NPM과는 상대적 차이를 확인할 수 있다. 하지만 Post-NPM과의 차별성을 요약하기는 쉽지 않은데, Post-NPM의 주장이나 관점이 견고한 공통분모를 가지고 있기보다는 NPM 이후 등장한 WG, 공공가치론, 신공공서비스론 등 다양한 접근을 포괄하는 용어이고, Post-NPM이 뉴거버넌스가 아니라

NPM에 대한 비판에서 출발하였기 때문이다.

오히려 세계은행의 좋은 거버넌스 모형은 거버넌스를 규범적으로 접근하여 민주주의, 투명성, 시민참여 등의 가치를 강조한다는 측면에서 공공가치론이나 신공공서비스론과 유사점을 찾을 수 있다. 또한 공무원의 역할을 시민의 헌법적·정치적 지위를 존중하면서 이들과 대등하거나 서빙(serving)하는 위치에서 다양한 이해를 조정하는 중개자(mediator), 촉매자(facilitator)로 보는 점, 그리고 관련 단체나 참가자들 간의 네트워크 관계와 협력을 중시하는 점도 유사하다.

다만 Post-NPM이 태생적으로 시장 부문과 시장 원리를 비판하는 입장이었기 때문에 시장을 포함한 정부–시장–시민사회의 협력적 관계를 중시하는 뉴거버넌스와 차별성을 지적할 수 있다. 또한 개별 조직의 분화보다는 통합을 그리고 집권적 중심조직을 강조하는 WG도 다수 조직들 간의 협력을 위한 네트워크 조직화를 중시하지만 이것은 정부 차원에서 환경 대응력을 높이고 독립기관의 경직성을 극복하기 위한 유연한 조직구조의 한 유형으로서 의미가 강하다. 따라서 시장이나 시민사회 등 외부조직과의 네트워크가 아니라 공공기관 간의 네트워크(public-public network)[74] 성격이 강하다는 점에서 뉴거버넌스와 차이점을 지적할 수 있다.

3) 한 계

뉴거버넌스는 아직 개념부터 모호함을 벗어나지 못하다보니 일관된 이론체계와 거기에 대한 비판 자체가 어려운 상태이다. 그러나 앞에서 설명한 부분에 대하여 반론에 해당하는 입장을 정리해 본다.

첫째, 개념이 모호한 상태에서 '좋은 거버넌스'처럼 이상형을 설정하다보니 뉴거버넌스가 마치 개혁의 구호나 수사로 흐를 가능성이 높다.[75] 거버넌스라는 말이 매스컴이나 일반 행정기관에서 새로운 변화를 상징하는 용어로 보통명사처럼 사용되고 있다. 수원시는 시정을 설계하고 추진하는 과정에 외부 전문가와 시민단체 인사를 참여시키면서 이를 '뉴거버넌스 업무보고'라고 명명하였다.[76] '뉴거버넌스'를 시민참여 정도로 이해한 것이다. 완주경찰서는 학교 폭력을 예방하기 위한 형사 4명으로 구성된 태스코 포스 형태의 팀을 발대시키면서 뉴거버넌스적 발상의 전환을 강조하였는데 괄호 안에 '치안서비스의 공동생산'을 의미하는 것으로 병기하였다.[77] 이와 같이 현장에서는 뉴거버넌스의 용어가 본질적인 의미에 적합하게 사용되기보다는 행정기관 단독의 전형적인 문제해결방식에서 유관 행정

PART 1 행정과 행정학의 이해
PART 2 행정환경
PART 3 행정내부환경
PART 4 결정시스템
PART 5 집행시스템
PART 6 조직시스템
PART 7 지원시스템
PART 8 산출과 피드백

기관이나 시민단체 또는 전문가를 포함시켜 함께 결정하거나 서비스를 제공하는 방식을 뉴거버넌스로 이해하고 있다. 참여자들이 수평적 관계나 민주적 절차에 따라 문제를 해결하는 내용적인 측면보다 참여자의 범위를 확대하는 형식에서 뉴거버넌스가 수사적으로 남용될 가능성을 배제할 수 없다.[78]

둘째, 뉴거버넌스가 NPM의 효율성 차원보다 상위 이념인 민주적 책임성을 강점으로 부각시켰지만 논리적으로 오히려 책임성 확보에서 가장 취약할 수도 있다.[79] 전통적 관료제는 상사에 의한 책임과 대표기관에 의한 책임성이 법적으로 확보된다. NPM에서는 성과계약에 따라 결과에 대한 책임성이 확보된다. 그런데 뉴거버넌스의 행위자들이 서로 대화하고 합의를 도출한다면 실질적인 민주적 책임성은 확보되겠지만 합의가 안 되고 표류하는 경우 책임을 물을 근거나 소재가 명확치 않다. 합의의 경우에도 결과가 실패로 귀결되었을 때 역시 최종 책임의 문제가 남는다. 거버넌스 참여자의 법적 지위가 명확하지 않는 한 책임성의 문제는 남아 있게 되고 법적 지위를 부여하는 순간 전통적 권위구조로 회귀할 가능성이 있다.

셋째, 상호협력을 강조하는 뉴거버넌스는 신뢰를 기본 바탕으로 한다. 상호 신뢰가 구축되지 않은 상태에서는 대등한 관계의 네트워크는 커뮤니케이션의 혼란에 빠지기 쉽다. 신뢰가 있다 하더라도 투명성과 윤리성이 확보되지 않는 경우 뉴거버넌스 참여자들은 '철의 삼각(iron triangle)'[80]관계와 같이 부처와 이익집단간의 위험한 유착[81]이나 포획관계에[a] 빠질 수 있다.

넷째, 뉴거버넌스는 국가별, 지역별, 시대별 상황에 따라 다양한 형태로 현실에서 관찰될 수 있다. 뉴거버넌스의 장점이 어쩌면 모양 없는 유연한 구조와 운영이라 할 수 있다. 불확실성의 시대에 환경의 요구가 끊임없이 변하고 있는데 대응기제가 고정된 틀을 갖는다는 자체가 체제의 생명력(부의 엔트로피)을 떨어뜨리는 일이다. 그러나 맥락에 탄력적으로 대응하더라도 뉴거버넌스의 구성요소와 요소 간의 관계를 규정하는 기본형(prototype)은 이론적으로 제시되고 기본형을 바탕으로 응용의 폭을 넓혀야 하는데 이 부분에 대한 연구가 아직 미흡한 상태이다. 그러다 보니 현장에서 관찰한 거버넌스 사례를 중심으로 연구가 이루어지고 있고, 사례연구가 가지고 있는 일반 적용성의 한계를 극복하지 못하고 있다. 외국의 성공사례라 하더라도 한국의 맥락에서 성공을 담보할 수는 없기 때문이다.

---

a) 일반적으로 규제기관이 오히려 규제의 대상인 기업에 포획되어 기업의 이익을 보호하는 현상을 말한다(George Stigler, The Theory of Economic Regulation, *Bell Journal of Economics*, 2, 1971, pp. 3-21).

4차 산업혁명 시대의 뉴거버넌스는?

❶ 4차 산업혁명에 대한 협력적 거버넌스 미성숙

　　슈밥은 속도, 범위, 영향력 측면에서 과거 혁명과는 차원이 다른 4차 산업혁명에 대응하기 위해서는 과거와 같은 지휘통제 방식의 수직적 거버넌스가 아니라 보다 기민한(agile) 수평적 거버넌스가 필수적이라고 하였다. 즉, "21세기 신기술을 20세기의 마인드와 19세기의 제도로는 제어할 수 없기 때문에" 다양한 이해관계자들이 기술개발로부터 제품개발 및 판매, 사용, 폐기 등 전 과정을 함께 논의, 결정하는 식의 협력적(collaborative) 거버넌스를 구축해야 한다는 것이다. 4차 산업혁명은 과거처럼 정부 주도로 대응할 수 있는 문제가 아니기에 학계 및 연구계는 물론, 기업, 일반국민 등이 모두 참여해야 한다.

❷ '집중·분산 패러독스' 극복 길 열린다

　　의사결정을 위한 거버넌스 구조는 패러독스다. 집중형 거버넌스는 경직화되고 분산형 거버넌스는 비효율적이다.

　　이해당사자들을 일사불란하게 지휘 통제하는 집중형 거버넌스는 필연적으로 경직된다. 변화에 대한 무딘 반응 등 집중형 거버넌스의 문제는 이미 널리 알려진 바와 같다. 반대로 분산형 거버넌스는 가두리 양식장의 폐쇄성을 갖는다. 생산·소비·이동·교육·환경·제도·안전 등 사회요소별로 독립적 거버넌스 구조에서는 분야별 시너지가 사라지고 시민들의 삶에 최적화된 제도를 기대하기 어렵게 된다. 한국 정부부처들은 이렇게 거버넌스 패러독스에 함몰돼 가고 있다.

　　여기에 행정자치 계층과 지역별 편차를 고려하면 문제는 더욱 복잡해진다. 중앙정부와 지방정부는 서로 불신하고 있다. 지방분권을 확대하면 비효율이 증대되고 중앙정부가 확대되면 자율과 혁신이 저해된다. 그렇다면 집중과 분산의 패러독스를 돌파할 수 있는 대안은 없는가. 불행히도 오프라인 현실에서는 집중과 분산에 대한 제3의 길을 찾기가 쉽지 않았다. 250년 산업혁명 역사에서도 답을 찾지 못한 문제다. 그런데 현실과 가상이 융합하는 4차 산업혁명에서는 현실에서의 분산과 가상에서의 통합으로 거버넌스 패러독스 극복이 가능해진다. O2O[Online to Offline]융합의 느슨한 연방형태인 거버넌스를 제안하는 이유다.

　　이제 클라우드를 중심으로 새로운 거버넌스의 길이 열리고 있다. 클라우드에서 표준화된 소통방식이 확립돼 데이터를 공유하면 온라인 세계에서 개별 서비스들은 느슨한 연방구조가 된다. 즉 국가 서비스를 최소한의 단위인 마이크로 서비스로 분할하자. 그리고 필요에 따라 마이크로 서비스들이 융합된 매크로 서비스가 구현되게 하자. 〈중략〉

　　마이크로 서비스들은 도시의 개별적 요소들을 서비스하는 모듈이라고 생각

PART 1
행정과 행정학의 이해

PART 2
행정환경

PART 3
행정내부환경

PART 4
경정시스템

PART 5
정책시스템

PART 6
조직시스템

PART 7
지방시스템

PART 8
산출과 피드백

하면 된다. 한 서비스는 환경오염 측정, 한 서비스는 도시교통 체계, 다른 하나는 에너지 소비라고 가정해보자. 이들을 조합하면 교통운영 체계에 따른 도시의 환경오염 정보가 에너지 소모와 함께 스마트폰에 표출될 수 있다. 다양한 마이크로 서비스들을 통합하는 오케스트라식 지휘로 느슨한 연방을 완결하면 된다. 분할되고 융합되는 느슨한 연방구조가 4차 산업혁명의 거버넌스다.

자료: ❶ 김덕현, 지금이라도 4차 산업혁명 대응정책 재정립해야, 스타트업4(Startup4), 2018. 10. 12. 일부 발췌. ❷ 이민화, '집중·분산 패러독스' 극복 길 열린다, 서울신문, 2018. 10. 3.

5. 한국적 맥락에서의 이해

1) 작은 정부: 양적 측면

(1) 재 정

정부의 규모를 나타내는 대표적인 지표로 재정과 인원을 들 수 있다. 2019년 예산에 반영된 우리나라 중앙정부의 재정을 보면, 일반회계, 특별회계, 기금을 포함한 총지출 규모가 469.6조원이다. 〈표 6-3〉은 UN이 정한 국제기준에 따라 중앙정부뿐만 아니라 지방정부와 기금 일부를 포함한 정부부문의 총지출 및 GDP에서 차지하는 비중을 정리한 것이다. 2008년 세계금융위기를 극복하기 위한 경기부양 때문에 정부 지출이 증가하여 GDP 대비 32%를 초과한 적이 있으나 박근혜 정부까지 30% 선을 유지하여 왔다. 정부의 재정지출 규모는 문재인 정부의 재정확장 정책으로 2019년에 33.9%까지 확대되었다. 이 비율은 2020년에 코로나19 경제위기 극복을 위해 4차에 걸친 추경으로 정부지출이 본예산보다 42.4조 원 증가한 것을 고려하면 대폭 증가할 것으로 예측된다.

이 비율은 〈그림 6-4〉에서 보듯이 OECD 회원국 및 다른 주요 국가의 지출 규모와 비교하여 볼 때 현저히 낮은 수준임을 알 수 있다. 한국보다 정부지출 규모가 낮은 나라는 OECD 국가 중에서 멕시코와 아일랜드 2개국이고 프랑스, 핀란드, 벨기에, 덴마크 등의 유럽 국가들은 50%를 넘는다. 그림을 보면 세계금융위기 직전인 2007년에 비해 10년 이후인 2017년과 2018년에 대부분 국가에서 정부지출이 증가한 모습을 보이고 있다. 지출의 기능별 분야를 보면 2017년 기준으로 OECD 회원국의 경우 총지출의 13.3%를 사회적 보호(social protection)가 차지하는

연도	정부부문(일반정부) 총지출 규모 및 GDP 대비 비율			
	중앙정부	지방정부	사회보장기금	합계**
2005	180.7(18.9)	111.3(11.6)	38.4(4.0)	267.1(27.9)
2006	194.4(19.3)	118.6(11.8)	43.9(4.4)	287.1(28.6)
2007	191.4(17.6)	138.8(12.7)	50.0(4.6)	305.5(28.0)
2008	224.6(19.5)	150.8(13.1)	55.6(4.8)	344.1(29.8)
2009	239.8(19.9)	179.5(14.9)	63.4(5.3)	389.1(32.3)
2010	240.9(18.2)	172.5(13.0)	70.1(5.3)	391.5(29.6)
2011	270.7(19.5)	175.4(12.6)	74.9(5.4)	422.0(30.4)
2012	282.9(19.6)	186.6(13.0)	81.0(5.6)	443.6(30.8)
2013	283.7(18.9)	197.1(13.1)	86.1(5.7)	452.2(30.1)
2014	292.2(18.7)	207.2(13.3)	93.4(6.0)	475.5(30.4)
2015	306.0(18.5)	219.1(13.2)	100.9(6.1)	504.0(30.4)
2016	314.8(18.1)	233.8(13.4)	109.4(6.3)	527.4(30.3)
2017	328.7(17.9)	251.6(13.7)	118.9(6.5)	555.7(30.3)
2018	351.2(18.5)	261.9(13.8)	133.2(7.0)	591.2(31.1)
2019	383.5(20.0)	294.5(15.3)	147.2(7.7)	651.0(33.9)

표 6-3 **재정지출 규모 (2005-2019)***   단위: 조 원(%)

* UN의 국민계정체계(System of National Accounts)에 따라 작성한 수치이며, 일반정부에는 중앙정부와 지방정부, 그리고 국민연금기금·산업재해보상보험기금 등과 같이 의무적으로 가입해야 하는 사회보장 기금이 포함된다. 국가 간 정부지출 규모의 비교가 가능한 국제기준이며 한국은행이 작성 발표한다. 다음 쪽 〈그림 6-4〉의 일반정부 지출 통계도 OECD가 이 기준에 따라 작성한 것이다. 기획재정부가 발표하는 국가의 총지출(일반회계, 특별회계, 기금의 합: 2019년 본예산 469.6조 원)과는 지출 범위와 방식에서 차이가 있다.
** 중앙정부, 지방정부, 사회보장기금에는 내부거래가 포함되어 있어 이들 하위부문의 합과 합계가 불일치.
자료: 한국은행, 경제통계시스템(http://ecos.bok.or.kr/, 2021. 1. 4). 검색경로: 간편검색 〉 국민계정 〉 일반정부 및 공공부문 계정 〉 일반정부의 부문별 총수입, 총지출

반면 한국의 사회적 보호 분야 지출 비중은 6.6%(2016년 기준)였다.[82] 우리나라의 GDP 대비 정부지출 규모가 낮고 사회적 보호 지출 비율이 OECD회원국 중에서 가장 낮은 수준이다. 그러나 사회적 보호 지출 규모의 증가를 보면, 2007년 기준으로 OECD 회원국 평균은 11.8%에서 2017년 13.3%로 1.5%포인트 증가한 반면 한국은 2007~2016년의 9년 간 4.5%에서 6.6%로 2.1%포인트가 증가하였다.[83] 문재인 정부에서 복지 지출 규모가 크게 증가하고 있는 현실을 고려하면 OECD 평균과의 차이는 감소했을 것으로 예측된다. 또한 공기업을 포함시켜 공공부문으로 지출의 범위를 확대하면 2019년 총지출이 862.4조 원이고 2014년 이후 GDP

PART 1
행정과 행정학의 이해

PART 2
행정환경

PART 3
행정내부환경

PART 4
경영시스템

PART 5
집행시스템

PART 6
조직시스템

PART 7
지원시스템

PART 8
산출과 피드백

[그림 6-4] GDP 대비 일반정부 지출

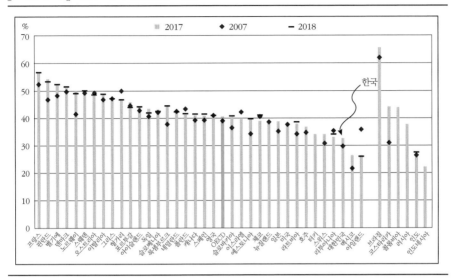

* OECD 국민계정 통계(National Accounts Statistics)이고, 인도는 *IMF Economic Outlook*(April 2019) 자료임.
자료: OECD, *Government at a Glance 2019*, Figure 2.27. General government expenditures as a percentage
    of GDP(2007, 2017 and 2018), 2019, OECD Publishing.

[그림 6-5] GDP 중 일반정부의 아웃소싱(outsourcing) 비율

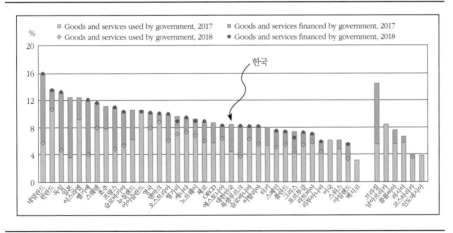

* 범례: ■◆ 일반정부가 사용하는 재화와 서비스: 정부 아웃소싱의 첫 번째 요소로서, 회계나 정보기술서
        비스와 같은 정부의 생산에 필요한 매개적인 생산물의 조달이 이에 해당
      ■● 일반정부가 재정지원하는 재화와 서비스: 정부 아웃소싱의 두 번째 요소로서, 시장 생산자를
        통한 현물이전을 포함하며, 처음에 시민이 지불하고 후에 정부에게 환불 받은 것이 해당
자료: OECD, *Government at a Glance 2019*, Figure 2.54 Expenditures on general government outsourcing
    as a percentage of GDP(2017 and 2018), 2019, OECD Publishing.

대비 41~45% 수준이나 되기 때문에,[84] 앞으로 정부 또는 공공부문의 확대에 대한 경계심을 가져야 할 것이다. NPM의 한 방식으로 널리 채택되어온 민간위탁(아웃소싱, outsourcing)의 비중에서도 우리나라는 GDP 대비 8.5%로 낮은 편이라는 점, 즉 재화와 서비스를 정부가 직접 제공하는 비중이 상대적으로 높다는 점도 정부규모를 평가할 때 고려할 부분이다(〈그림 6-5〉 참고).

(2) 인원

정부의 규모를 인적 측면에서 보면 지난 20년 사이에 공무원 정원이 10% 증가한 수준(〈표 6-4〉)이다. 1993년 김영삼 정부 들어서부터 작은 정부에 대한 관심이 시작되었고 특히 1997년 외환위기 직후 취임한 김대중 정부는 IMF의 권고에 따라 기업의 구조조정을 시작하였고 정부도 '고통분담' 차원에서 대폭적인 정원 감축을 단행하였다. 이후 2005년 철도청이 철도공사로 전환되면서 정원이 일부 감축되었고, 2008년 글로벌 외환위기의 여파를 반영하여 정원 감축이 있은 경우를 제외하고는 작은 규모이지만 지속적으로 공무원 규모는 증가하고 있는 추세이다. 다만 2017년 5월 출범한 문재인 정부는 재임 중 17.4만 명의 공무원 충원을 공약했고, 실제로 2018년부터 전년 대비 2% 이상의 공무원 증원이 진행되고 있다. 한편 노동시장에서 정부부문이 차지하는 비중은 2017년 기준으로 7.7%이며,[85] OECD 회원국 중에서 일본 다음으로 낮은 수준이다.[a]

a) OECD 회원국의 정부부문 고용 규모

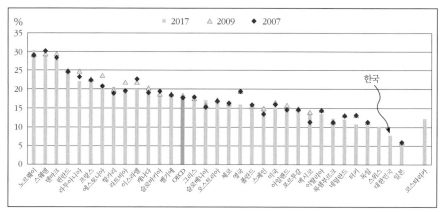

* OECD 국민계정 통계(National Accounts Statistics). 일본, 대한민국, 멕시코, 스위스, 터키, 미국은 ILO *ILOSTAT* 국민계정의 부분 및 하위부문별 통계임

자료: OECD, *Government at a Glance 2019*, Figure 3.1 Employment in general government as a percentage of total employment(2007, 2009 and 2017), 2019, OECD Publishing.

PART 1
행정과 행정학의 이해

PART 2
행정환경

PART 3
행정내부환경

PART 4
결정시스템

PART 5
집행시스템

PART 6
조직시스템

PART 7
지원시스템

PART 8
산출과 피드백

표 6-4) 정부규모: 인적 측면(1996-2019)

연도	공무원			공공기관*			비고
	정원	증감인원	증감비율	현원	증감인원	증감비율	
1996	925,794	20,404	2.3				김영삼 정부
1997	935,759	9,965	1.1				외환위기(1997)
1998	888,334	△47,425	△5.1				
1999	875,672	△12,662	△1.4				
2000	869,676	△5,996	△0.7				김대중 정부
2001	868,120	△1,556	△0.2				
2002	889,993	21,873	2.5				
2003	915,945	25,952	2.9				
2004	936,387	20,442	2.2				노무현 정부
2005	931,025	△5,362	△0.6	—	—	—	철도청 공사화
2006	956,946	26,187	2.8	—	—	—	(2005)
2007	975,012	18,066	1.9	236,783	—	—	
2008	968,684	△6,328	△0.6	252,378	15,595	6.59	
2009	970,690	2,006	0.2	238,124	△14,254	△5.65	이명박 정부
2010	979,583	8,893	0.9	246,942	8,818	3.70	글로벌 금융위기
2011	981,927	2,344	0.2	254,278	7,336	2.97	(2008)
2012	990,423	8,496	0.9	262,533	8,255	3.25	
2013	998,940	8,517	0.8	272,332	9,799	3.73	
2014	1,010,310	11,370	1.1	279,980	7,648	2.81	
2015	1,021,347	11,037	1.1	288,249	8,269	2.95	박근혜 정부
2016	1,029,538	8,191	0.8	300,392	12,143	4.21	
2017	1,048,831	19,293	1.9	312,234	11,842	3.94	
2018	1,074,842	26,011	2.4	329,817	17,583	5.63	문재인 정부
2019	1,104,508	29,666	2.7	411,908	82,091	24.89	비정규직 제로화

* 공무원 통계는 행정자치부, 「2006 행정자치통계연보」, 2011. 10. 20; 행정안전부, 「2018 행정안전통계연보」, 2018. 8; 행정안전부, 「2020 행정안전통계연보」, 2020. 8.

자료: 공공기관 통계는 통계청, e-나라지표, 공공기관임직원현황(https://www.index.go.kr/); 공공기관 알리오 시스템(http://www.alio.go.kr/), 2020. 9. 16.

하지만 재정 규모에서도 보았듯이 우리나라는 공기업을 포함한 공공기관의 규모가 상대적으로 큰 편이다. 〈표 6-4〉를 보면 공공기관의 임직원수는 2019년 말 기준 41만 1,908명 규모이고 공무원보다 훨씬 높은 증가 속도를 보이고 있다. 특히 문재인 정부의 비정규직 제로화 정책에 따라 2019년에는 무려 24.9%가 증가하였다. 더구나 공무원과 공공기관의 인력에는 계약직공무원이나 비정규직은 포함되지 않았고, 군복무를 대신해 공공서비스 업무를 수행하는 사회복무요원도 포함되지 않은 수치이기 때문에 실제 정부와 공공부문에 근무하는 인력규모는 과소평가되었다 할 수 있다.

2) 작지만 '강한 정부': 질적 측면

우리나라 정부는 양적인 규모에서는 국가 간 비교를 통해 볼 때 통계에 반영되지 않은 부분을 고려하더라도 아직은 작은 정부라 할 수 있을 것이다. 하지만 질적인 측면에서는 매우 강한 정부라 할 수 있다. 강한 정부는 세 가지 측면에서 접근이 가능할 것 같다. 정부와 사회의 관계, 정부와 시장과의 관계, 그리고 정부 자체의 역량이다.

(1) 정부와 사회의 관계

정부와 사회의 관계에서 정부의 강함은 일반적으로 국가자율성(state autonomy)으로 이해할 수 있다. 국가자율성이란 사회를 구성하는 다양한 집단[a]의 이익을 그대로 반영하는 것이 아니라 정부가 독자적으로 어젠다를 설정하고 정책을 결정할 수 있는 정도[86]로 이해할 수 있다. 외부에서 공식적으로 문제를 제기하고 대안을 제시하였다 하더라도 정부가 이를 검토하여 수정할 수 있는 독자적인 힘이 있다면 강한 국가, 강한 정부라 할 수 있다. 한국은 그동안 정치권력이 대기업과 언론기관과의 공생관계를 유지하면서 이들의 이익을 어느 정도 보호해준 측면도 있지만 기본적으로는 국가가 이들보다 강한 힘을 가진 권위주의 국가였다. 시민단체와 노동조합 등이 국가의 힘을 견제하고 때로는 도전하기도 하지만 아직까지 제한적이다. 다수 국민의 반대에도 불구하고 추진된 이명박 정부 때의 4대강 사업 그리고 문재인 정부의 탈원전 정책[b][87]을 보더라도 아직 우리나라는 정

---

a) 넓게는 정당과 외국정부도 포함시킬 수 있다. 후자의 경우 외부로부터의 국가자율성인데 이 점에서 미국의 압력에 의한 국군 이라크 파병, 중국의 사드 배치에 대한 경제보복 조치, 북한 핵폐기 관련 제한적 역할 등 우리나라는 자율성이 약하다고 할 수 있다.

b) 2020년 6월 9~11일 전국 만 18세 이상 1000명을 대상으로 한 갤럽 여론조사 결과를 보면 원전 비중 확대 26%, 현재 수준 유지 38%, 비중 축소가 24%로 나타났다.

PART 1
행정과 행정학의 이해

PART 2
행정환경

PART 3
행정내부환경

PART 4
결정시스템

PART 5
집행시스템

PART 6
조직시스템

PART 7
지원시스템

PART 8
산출과 피드백

부-사회와의 관계에서 정부가 우위에 있다고 할 수 있다. 물론 정부의 우월적 지위는 민주화가 진행되면서 국회의 행정부 견제 기능 회복, 시민단체의 활동 강화와 함께 약화되고 있다. 박근혜 정부에서 금융산업 혁신을 위해 인터넷은행 설립 허용을 추진하였으나 참여연대 등 진보 시민단체와 금융권 노조의 반대로 무산되었고,[a] 원격진료를 허용하기 위한 의료법 규제 완화를 추진하였으나 의사협회의 반대에 부딪혀 무산되었는데 정부의 힘이 과거에 비해 상대적으로 약화되었음을 보여주는 사례들이다.

(2) 정부와 시장의 관계

정부-시장과의 관계에서는 정부가 자유시장경제를 얼마나 신봉하고 실천에 옮기느냐의 정도로 이해할 수 있다. 시장의 힘에 맡기는 미국, 싱가포르, 홍콩 등은 약한 정부이고, 정부가 계획을 세워 주도적으로 시장을 이끌어가는 한국, 대만, 중국 등은 강한 정부라 할 수 있다. 시장의 역할을 존중하는 정부는 시장의 여건을 조성하고 경제주체들 간의 이해를 조정하며 공정한 거래가 이루어지도록 감시하는 역할에 초점을 맞춘다. 반면 시장과의 관계에서 강한 정부는 정부가 직접 경제개발계획을 수립하고 집행하며, 전략적 산업을 직접 정해서 보호 육성하는가 하면, 기업의 지배구조에까지 직접 영향을 미칠 수 있는 힘을 가진 경우이다. 우리나라의 70~80년대 경제성장은 전적으로 정부 주도의 경제계획을 통해서 가능했다. 정부는 수출 목표를 일일이 점검하면서 기업의 수출 물량을 조정할 정도로 막강한 통제력을 발휘하였다. 시장에서 기업은 정부에 대한 자율성은 없었지만 정부가 사회보다 우월한 힘을 이용해서 기업에 대한 시민사회의 압력을 막아주었기 때문에 정부에 종속적인 기업일수록 자율성을 오히려 확보할 수 있었다.[88]

정부와 시장의 관계는 IMF 관리경제 체제하에서 획기적으로 전환되었다. IMF는 자유시장주의 원리에 따라 국내 기업의 정부 보호를 허용하지 않았다. 특히 자본시장이 개방되면서, 정부의 금융자본을 통한 과거의 시장 통제 방식이 어렵게 되었다. 그 결과 정부로부터의 시장자율성은 증가하였다. 하지만 부분적으로 시민단체와 노동조합의 시장에 대한 견제는 강화된 측면도 있다.

---

a) 인터넷은행법은 문재인 대통령의 적극적 추진 의사 표명이 있고 나서야 2018년 9월 21일 국회를 통과하였다. 은산분리 규제 완화로 인해 재벌의 인터넷은행 진입이 허용될 것이라는 시민단체의 우려를 일부 수용해서 대주주 자격의 구체적 기준은 시행령에서 정하는 것으로 결정하였다.

분명히 김대중 정부 이후 시장의 자율성은 증가하였지만 정부가 통제력을 잃었다는 의미는 아니다. 시장의 지배 세력인 기업의 자본 축적 과정이 정당하지 못한 부분이 있었기 때문에 부패 기업 수사에서 보듯이 시장의 한 축인 기업을 정부가 언제라도 문제삼을 수 있는 취약한 구조라 할 수 있다. 또한 노무현 정부는 차세대 10대 성장 동력을, 이명박 정부는 17개 신성장 동력을, 박근혜 정부는 미래성장동력-산업엔진 19개 사업을, 문재인 정부는 5대 신산업(전기·자율 주행차, 에너지신산업, 반도체·디스플레이, 바이오·헬스, IoT 가전) 분야를 선정하여 투자의 흐름을 유도하는 등, 과거에 비해 상대적으로 정부의 영향력이 줄어들긴 하였지만 결코 약한 정부라 할 수는 없을 것이다.

(3) 정부역량

　　정부의 역량은 정부의 정책집행 능력 및 재화와 서비스 제공 능력으로 이해할 수 있다.[a] 여기에는 공무원의 업무수행 능력, 동기부여 그리고 이들이 얼마나 잘 조직화되어 협력적 집단으로 일을 수행할 수 있는가 등이 포함된다. 사회에서 우수 인력을 육성하는 교육제도, 이들을 공직으로 유인하는 충원제도, 그리고 이들의 능력을 지속적으로 개발하는 교육훈련제도 등은 인적 측면에서 정부역량을 확보하고 유지하는 데 매우 중요한 측면이다. 인적 자원 이외에 정부가 재정자원을 얼마나 동원할 수 있는가도 중요한 역량 요소이다.[89] 기본적으로 세원(稅源)이 취약해서 국가가 가난하다면 어떤 일도 성공적으로 실행할 수 없기 때문이다.

　　우리나라는 60~70년대 산업화 시대에 정부 공무원이 중심이 되어 국가발전을 이끌어왔다. 산업화의 견인차라 할 정도로 이들의 기여도를 높이 평가한 적이 있다. 그런데 21세기 4차 산업혁명시대에 이들의 변화적응력이 문제시되고 있다. 환경의 변화와 함께, 시민사회 및 시장과의 관계에서 정부의 역할이 변해가고 있는데 공무원의 의식이 이를 따라오지 못한다는 것이다. 재정자원도 과거 고도 성장기처럼 높은 증가율을 보이지 못하고 있다. 특히 2008년 국제금융위기 및 2020년 코로나19 위기 이후 경기회복을 위해 정부 지출을 늘인 결과 국가채무 규모가 급속하게 증가하면서 앞으로 정부의 재정자원 동원 능력은 더욱 약화될 것으로 보

---

a) 이 개념은 스코치폴(Skocpol, 참고문헌은 주 86) 참조)의 국가능력(state capacity)과 유사한 개념이다. 국가능력은 정부가 정한 정책에 대하여 집행과정에서 직면하게 되는 어려움을 극복하고 성공적으로 실행할 수 있는 능력으로 이해할 수 있다. 국가자율성이 관계적 개념인 반면 국가능력은 비관계적 개념으로 쓴다.

인다.[a] 한편 OECD 회원국의 GDP 대비 일반정부 부채 비율을 보면[b] 한국은 상대적으로 낮은 편이어서 국가채무와 일반정부 부채[c]를 양호하게 통제 관리하고 있다고 말할 수 있겠다. 다만 국가채무 비율과 마찬가지로 일반정부의 부채 비율도 지속적으로 빠르게 증가하고 있다는 점을 지적할 수 있다. 실제로 일반정부 부채 비율은 2007년에 27.7% 수준에서 2017년 40.1%로 10년 사이에 12.4%포인트가 증가하였고 2019년에 42.2%까지 높아졌다.[90] 또한 비금융공기업의 부채까지 포함한 공공부문 부채를 합치면 1,132.6조(2019년 기준) 원으로 부채비율이 59.0%까지 증가하기 때문에[91] 부채의 절대규모와 부채비율의 증가 속도에서 안심만 할 수는 없는 상황이다. 기획재정부도 2019년도의 부채 상황을 발표하면서 "일반정

---

a) 우리나라 국가채무는 아래 표에서 보는 것처럼 2008년의 국제금융위기를 극복하는 과정에서 2009년부터 재정지출이 확대되어 국가채무비중이 GDP 대비 30%를 넘어 현재는 50% 수준에 접근하고 있다.

구 분	2008	2009	2010	2011	2012	2013	2014	2015	2016	2017	2018	2019	2020	2021	2022
국가채무 (조 원)	309.0	359.6	392.2	420.5	443.1	489.8	533.2	591.5	626.9	660.2	680.5	723.2	846.9	952.5	1,077.8
GDP 대비 (%)	26.8	29.8	29.7	30.3	30.8	32.6	34.1	35.7	36.0	36.0	35.9	37.7	43.9	47.1	51.2

* 2020년은 4차까지의 추경을 반영, '21년 이후는 「20~24 국가채무관리계획」 전망.
자료: 통계청, e-나라지표(https://www.index.go.kr/), 부문별 지표, 국가채무추이, 2021. 1. 6.

b) OECD 회원국의 GDP 대비 일반정부 부채 비율

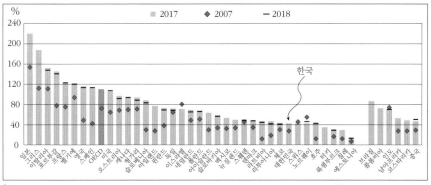

자료: OECD, *Government at a Glance 2019*, Figure 2.9 General government gross debt as a percentage of GDP(2007, 2017 and 2018), 2019, OECD Publishing.

c) 국가채무(D1)는 중앙정부나 지방정부가 직접 갚을 의무가 있는 부채를 말하며, 일반정부 부채는 D1에 국민연금관리공단 같은 비영리공공기관의 부채를, 공공부문 부채(D3)는 D2에 한국전력 같은 비금융공기업의 부채를 추가한 것이다. 2019년 기준 일반정부 부채 D2는 810.7조 원(GDP 대비 42.2%)으로 전년보다 금액에서 51.0조 원(6.7%) GDP 대비 부채비율에서 2.2%포인트 증가하였다. 공공부문 부채 D3는 1,132.6조 원(GDP의 59.0%)였으며 2018년에 비해 54.6조 원(5.1%)이 증가한 것으로 부채비율로는 2.2%포인트 증가한 것이다(기획재정부, 2019년도 일반정부 부채 및 공공부문 부채, 2020. 12).

PART 1 행정과 행정학의 이해

PART 2 행정환경

PART 3 행정내부환경

PART 4 결정시스템

PART 5 집행시스템

PART 6 조직시스템

PART 7 지원시스템

PART 8 산출과 피드백

부·공공부문 부채 비율이 '19년부터 상승세로 전환된 점, 인구구조 변화에 따른 재정위험 등 감안시 재정건전성 관리 강화 필요"하다는 점을 인정하였다.[92]

(4) 평 가

한국 정부는 이상 정부–사회 관계, 정부–시장 관계, 그리고 정부 자체의 역량, 세 가지 측면에서 평가할 때 비록 그 정도가 약화되고는 있지만 아직까지 강한 정부라 할 수 있을 것이다. 문제는 그 강한 것이 과연 '건전한' 것인가에 있다. 정부가 강하다는 것은 독자적으로 정책을 수립하고 실행에 옮길 수 있다는 측면에서 약하고 무능한 정부보다 바람직한 것이다. 그러나 시민사회와 시장과의 관계에서 국가자율성이 권위적이고 비민주적인 것이라면 '건전하지 못한' 강한 정부이다. 풀뿌리 민주주의가 뿌리내리지 못한 우리나라에서 정부부문의 문제는 외형적인 규모나 조직보다 권위적 국정관리방식이라 할 수 있다.[93] 또한 정부가 일(재화와 서비스의 제공)을 하면서 인적·물적 자원을 낭비한다면 그것은 '효율적이지 못한' 강한 정부이다. 우리 정부는 정부실패에서 지적한 많은 요소들이 분명히 정부의 효율성을 떨어뜨리고 있다.

그렇다면 질적 측면에서 한국정부가 지향할 정부는 무엇인가? 그것은 정부와 시민사회 그리고 시장이 보다 민주적인 견제와 균형 그리고 협력의 관계 속에서 올바른 정책을 결정하는 건전한 정부이여야 하고, 또한 자원의 관리나 재화·서비스의 제공에서 중복과 낭비를 제거한 효율적인 정부여야 한다는 것이다. 작지만 '강한' 정부는 다름 아닌 이러한 질적인 측면에서의 변화를 말하는 것이며, 뉴거버넌스와 NPM은 각각 이 두 문제를 다룬 정부개혁 전략이라 할 수 있다. 선진국의 이러한 정부개혁 움직임은 제도동형화(isomorphism) 현상을 일으켜 우리나라에도 비슷한 형태의 개혁이 시도된 것으로 보인다.

김영삼 정부의 작은 정부 추진, 김대중 정부의 NPM식 정부개혁이 그것을 암시한다. 뉴거버넌스의 개념도 노무현 정부의 '참여'정부라는 말이 말해주듯 우리 정부에 영향을 미쳤다. 한편 이명박 정부와 박근혜 정부는 작은정부와 NPM의 맥락에서 인력 충원이나 복지지출을 최대한 억제하였고, 경쟁과 성과 원리를 공공부문에 도입하기 위한 노력을 지속하였다. 반면 문재인 정부는 작은정부와 NPM 접근과는 대조적으로 공공부문 채용 확대, 성장보다는 분배, 경쟁·성과보다는 고용안정·임금인상 등의 진보적 정책을 펼치고 있다. 과연 NPM과 뉴거버넌스는 우리나라의 정부 나아가 공공부문의 개혁에 어느 정도의 적실성과 유용성을 가진 것일까?

PART 1 행정과 행정학의 이해
PART 2 행정환경
PART 3 행정내부환경
PART 4 결정시스템
PART 5 집행시스템
PART 6 조직시스템
PART 7 지원시스템
PART 8 산출과 피드백

3) NPM과 뉴거버넌스의 적실성

NPM과 뉴거버넌스의 적실성은 이들 접근방식이 우리나라의 상황에도 적용할 수 있는가의 문제로, 가장 큰 쟁점은 한국이 미국이나 유럽과는 다른 역사적·문화적 배경을 가지고 있다는 점이다. NPM과 뉴거버넌스는 이미 설명한 것처럼 '최소국가 → 현대복지국가(행정국가) → 작은 정부'로 이어지는 연속선에서 자연스럽게 진화하며 등장한 개념이다. 그렇지만 한국은 역사적으로 조선시대의 왕권이나 광복 이후 대통령에의 권력집중, 그리고 정부 주도의 국가발전 등에서 큰 정부와 권위적인 정부에 익숙한 상태이다. 국민여론 또한 과거 군사정부의 비민주적이고 반인권적 처사를 비판하면서도 다른 한편 1970년대 산업화를 거쳐 현재 세계 10위권의 무역국이 되기까지 정부의 주도적 역할을 높이 평가하고 있다.

한국인은 아직 정부에 의존적인 측면이 강하고 서구인이 가지고 있는 정부에 대한 본질적인 반감이나 두려움은 미약하다고 볼 수 있다. 무엇보다도 한국인의 의식 속에는 서구인이 자각하여 스스로 얻은 개인적 자유에 대한 권리의식과 국가권력에 대한 경계심이 약하다.[a] 그만큼 한국은 시장과 시민사회의 토대가 약할 수밖에 없고 자본주의와 민주주의가 성숙 단계에 이르지 못한 상태라 할 수 있다.[94] 따라서 시장의 보이지 않는 손은 모습을 감춘 강자의 영향력이기 쉽고 사회의 소리 없는 다수는 목소리 큰 소수에 의해 지배되기 쉽다. 아직 시장을 불신하고[95] 시민의 주체성을 충분히 신뢰하지 못하는 실정이다.

자본주의 시장원리와 민주주의 시민정신과 함께 NPM 및 뉴거버넌스에서 중요한 것이 신뢰문제다. NPM에 있어서는 조직 내부의 성과계약 그리고 조직 외부와의 민간위탁 과정에서 신뢰가 대리인과의 정보비대칭 문제나 거래비용 문제를 해결할 수 있는 중요한 요소이다. 뉴거버넌스에서도 거버넌스 참여자 간의 협력관계를 형성하고 유지하는 과정에서 신뢰가 역시 중요한 성공요소이다. 신뢰는 개인과 개인, 집단과 집단의 상호 관계에 토대를 제공하는 '보이지 않는' 인프라(사회간접자본)이다. 물류 유통 비용을 줄이기 위해서는 항만이나 도로와 같은 물적 인프라가 잘 갖추어져 있어야 하듯이 당사자간 계약이나 협력관계에서 발생하는 거래비용[b]을 줄이기 위해서는 신뢰의 인프라가 잘 갖추어져야 한다.

한국은 이 점에서 취약하다. 전국의 만 19~69세 남녀 8,000명을 대상으로

---

a) 사회학과 정치학에서는 이 경험을 모더니티(modernity, 근대성, 때로는 현대성)라 부른다.

b) 계약관계나 협력관계를 확실히 하기 위한 비용, 관계 파기시 발생하는 손해, 소송비용 등이 거래비용에 해당할 것이다.

한 한국행정연구원의 2019년 9~10월 설문조사(95% 신뢰수준에서 표본오차 ± 1.8%p) 결과 개인신뢰 측면에서 연고가 있는 가족, 지인, 그리고 일반인에 대해 '매우' 또는 '약간' 믿을 수 있다는 응답이 각각 95.6%, 80.8%, 66.2%로 매우 높았다. 반면 낯선 사람에 대해서는 14.3%에 불과해 대부분의 모르는 사람을 믿지 않는 것으로 조사되었다.[96] 이 결과는 모르는 사람들 간의 거래로 이루어지는 시장을 사람들이 그만큼 신뢰하지 못한다고 해석할 수 있다.[a] 상품과 서비스의 시장 점유율에서 절대적 비중을 차지하는 대기업의 경우에도 동일한 설문조사에서 믿을 수 있다는 응답 비율이 41.4% 수준에 머물러 일반 국민의 신뢰가 낮은 편이었다.[96]

한편 리얼미터의 사회기관에 대한 신뢰도 조사(전국 19세 이상 성인 500명(95% 신뢰수준에서 표본오차 ±4.4%p)) 결과를 보면, 시민단체는 10.1%를 기록하여 대통령의 25.6%에 이어 2위를 차지하였다.[98] 시민단체가 상대적으로 높은 순위에 오른 것은 이들의 도덕성과 공익 지킴이로서의 역할에 대한 좋은 인식 때문일 것이다. 다만 근래 일부 시민단체의 경우 정치권과 밀착해서 현실 정치에 깊이 관여하거나 강한 이념적 경직성을 보이면서 국민의 신뢰를 잃고 있는 것으로 보인다.[b][99]

신뢰의 이면에는 공정한 게임 법칙이 있다. 즉, 공정한 게임 법칙은 계약이나 신뢰관계를 파괴한 사람은 누구에게나 공정하고 일관성 있게 적용되어야 하는 원칙으로서 시장의 경쟁과 사회의 질서를 유지하는 근본이다. 미국이나 유럽은 200여 년의 법치주의 역사를 거치면서 게임 법칙의 공정성과 객관성 그리고 보편성이 발달하였다고 할 수 있다. 반면에 한국은 행정문화에서 논의하겠지만 상황주의나 정적 인간관계 등이 작용하면서 행정의 일관성이나 공정성 의식이 부족한 상태라 할 수 있다. 요약하면, 자본주의 시장원리와 민주 시민정신, 그리고 공정하고 신뢰할 만한 게임 법칙이 정착하지 못한 우리나라의 현실에서 경쟁원리와 기업가식 경영을 강조하는 NPM이나 자율적이고 동반자적인 협력을 강조하는 뉴거버넌스는 이들이 주장하는 실질적인 효과를 기대하기 힘들 수 있다.

---

a) 미국 생활을 오래 하다보면 옷을 비싸게 샀다고 해서 크게 아쉬워하거나 싸게 샀다고 아주 신나하는 사람을 보기 힘들다. 많은 사람들이 "가격은 물건을 속이지 않는다"고 생각한다. 시장가격에 대한 신뢰이고 미국 사회에서 신뢰가 시장을 지탱하는 근본이다.

b) 2019년 시민단체 신뢰도 10.1%는 2009년의 18.2%보다 현격히 낮은 수준이다(리얼미터, 2009. 12. 29). 2019년 한국행정연구원의 사회통합실태조사 결과 역시 시민단체를 '전혀' 또는 '별로' 믿지 않는다는 응답자 비율이 55.9%로 믿는다는 응답자보다 더 많았다(2019 사회통합실태조사, 2020. 1).

PART 1
행정과 행정학의 이해

PART 2
행정환경

PART 3
행정내부환경

PART 4
결정시스템

PART 5
집행시스템

PART 6
조직시스템

PART 7
지원시스템

PART 8
산출과 피드백

4) 국민이 원하는 정부

NPM과 뉴거버넌스가 한국 상황에서의 적실성에 대한 문제가 있는 것은 사실이지만 NPM과 뉴거버넌스에 담겨 있는 기본적인 정신까지 부정할 필요는 없다. 한국 정부는 지금보다 더 효율적이어야 하며 시장의 경쟁원리를 적용할 필요가 있다. 한국 정부는 지금보다 더 민주적이어야 하며 권력을 시장에 분산하고 시민사회와 공유할 여지가 분명히 있다. 어느 영역에서 어느 정도로 NPM과 뉴거버넌스의 기본 이념과 방법론을 받아들일 것인가의 문제일 것이다.

NPM의 경우 한국에서도 공사 구분이 점차 완화되고 그러한 추세에 따라 정부 내 개방과 경쟁, 자율과 책임을 강화하는 방향성은 옳다고 본다. 민간부문과의 인사교류, 정부고위직의 민간인에 개방, 성과주의 예산제도, 성과급, 책임운영기관 등이 그동안 추진되어온 NPM적 제도로 그 효과성에 대한 면밀한 검토를 통해 그 적용 범위 등의 확대를 결정해나가면 될 것이다.

뉴거버넌스의 경우에는 정부, 시민사회, 시장이 모두 균등한 역할을 하는 것이 아니라 업무 영역별로 그 중에서 중심적인 역할을 담당할 참여자가 있을 수 있다. 정부는 국정방향의 설정과 어젠다 선정, 사회 및 시장의 질서유지, 위기관리와 사회안전망 구축, 세입세출의 효율적 관리, 기초학문육성 등에 초점을 두는 반면, 시민단체는 인권, 공직부패, 시장의 도덕적 해이에 대한 감시에 중요한 역할을 하고 시장은 기업 활동과 사유재 거래에서 중심적인 역할이 바람직할 것이다.[100]

기타 지방경제발전이나 환경보전과 같은 문제에서는 정부, 시민사회, 시장이 대등한 관계에서 협력적 노력을 할 때 정부 단독으로 할 때보다 훨씬 효과적인 결과를 얻을 수 있을 것이다. 특히 기존의 전통적 관료제나 통제 중심의 정부 역할은 분명히 개혁하고 새로운 환경에 유연하게 대응할 수 있는 거버넌스가 요구된다 할 수 있다. 또한 정부영역보다는 시장과 시민사회의 영역을 확대시켜 나가는 것이 바람직할 것이다. 특히 인터넷 공간에서 형성되는 새로운 사이버 커뮤니티의 힘이 중요하게 부각되고 있다. 이들이 긍정적인 방향으로 국정관리에 참여한다면 한국은 독특한 뉴거버넌스의 가능성을 제시할 수도 있을 것이다.

다만 한국은 정부가 주도하여 경제발전과 국민통합을 이루어왔고 그것이 보이지 않게 제도적 관성[a]으로 작용할 것이기 때문에 대책 없이 시장과 시민사회로 역할을 넘기는 것은 정부공동화(空洞化)나 권력분점으로 인한 책임공동화를 가져

---

[a] 역사적 신제도주의에서 설명한 것처럼 과거의 제도가 관성으로 작용하여 그것을 유지하는 방향으로 작용하는 것을 경로의존성(path dependence)이라고 한다.

올 수도 있다. 더구나 정부는 NPM이나 뉴거버넌스와 같은 새로운 개혁의 접근방법을 도입하여 적용하는 데 주도적인 역할을 할 수밖에 없다.

영연방 국가를 비롯해서 NPM 도입에 적극적이었던 유럽의 다수 국가들도 이제는 조직 구조의 지나친 분화나 권한의 위임으로 인해 정책결정이나 집행 과정에서의 조정과 협력에 문제가 있다는 점을 반성하면서 정부가 하나의 유기체로서 개별 조직의 기능을 통합하는 중심 역할을 강화하는 방식(whole of government approach)으로 개혁에 나서고 있다.[101] 미국 행정학자에 의해 개념화·이론화 작업이 이루어진 공공가치론과 신공공서비스론은 행정의 본질적 가치인 공공성(publicness), 공공선(公共善), 민주성, 공정성, 투명성, 대응성 등에 대한 자각을 다시 불러일으켰다. 원자화된 고객이 아니라 집합으로서의 시민, 납세자, 유권자, 국민대표자에 대한 정치적·사회적 책임을 강조하고 있다.[102] 중요한 것은 정부가 그동안 결여하고 있던 도덕성과 신뢰성을 회복하여 국민이 바라는 좋은 정부를 만들어 가는 것이다. 그러면 그것이 NPM이든 뉴거버넌스이든 Post-NPM이든 이름에 상관하지 않고 국민은 정부의 노력을 지지할 것이다. 그와 함께 아직 성숙단계로 진입하지 못한 자본주의 시장원리와 민주주의 시민정신을 모든 국민이 자각하고 내재화하는 노력도 필요할 것이다. 따라서 국민이 원하는 정부는 정부만의 노력이 아니라 성숙한 시민과 시장이 함께 노력하여 만들 수 있는 것이다.

리빙랩: 시민과 기술이 만나 사회문제 해결, 정부·시장의 역할은?

❶ 국내 첫 리빙랩(Living Lab) 사례는 대전의 '건너유 프로젝트'로 볼 수 있다. 이는 사물인터넷(IoT)을 활용해 언제 어디서든 갑천(유성천) 물고기다리(징검다리)의 범람 여부를 실시간으로 확인할 수 있는 스마트폰 웹서비스이다.

대전 유성 홈플러스와 어은동을 잇는 물고기다리는 마트와 시내버스를 이용하는 어은동 주민들이 주로 오가는 곳이지만, 2010년대 초반부터 매년 장마철마다 사망 사고가 잇따르던 위험지역이기도 했다.

사고 예방의 필요성에 공감한 주민들은 카이스트와 충남대 등 인근 대학 재학생 등 전문가들과 함께 카메라를 설치하고 스마트폰 앱과 연동해 다리의 상태를 실시간 확인할 수 있는 '건너유 프로젝트'를 추진했다. 사물인터넷(IoT)을 접목한 국내 첫 시민 참여 리빙랩이었지만, 허가받지 못한 시설물이라는 다소 황당한(?) 이유로 철거되고 말았다.

PART 1
행정과 행정학의 이해

PART 2
행정환경

PART 3
행정내부환경

PART 4
결정시스템

PART 5
집행시스템

PART 6
조직시스템

PART 7
집행시스템

PART 8
산출과 피드백

하지만, 건너유 프로젝트는 해당 지역의 안전성 확보에 대한 공감대를 형성하게 됐고 결국 2018년 유성천 전용 보도교 예산 8억 원을 확보하는 여러 단초 가운데 하나가 됐다. 주민들의 문제의식과 사물인터넷(IoT)이 결합한 '리빙랩'으로 규제에 따라 지속가능성 확보에는 실패했지만, 공감대 확산과 문제 해결에 톡톡한 역할을 한 셈이다.

❷ 리빙랩이 동네 문제부터 사회변혁[혁신]까지 기대할 수 있는 수단으로 각광받고 있지만, 관건은 역시 시민의 참여와 지속 가능성 확보 여부다. 참여 독려를 위해 인센티브가 필요하다는 주장과 사회적 가치를 위한 자발적 참여 등 저마다 특성에 맞는 개념을 정립해 나가는 중이다.

리빙랩이 만능은 아니다. 하지만 4차 산업시대를 앞두고 개인 혹은 공동체 단위의 주변 문제 해결부터 과학 기술을 접목한 사회변혁의 수단으로까지 세계 많은 국가들의 관심을 받고 있는 것도 사실이다.

'아직은 아쉽지만' 대전 대덕연구개발특구 등 4차 산업 기술을 갖춘 전문가들의 공동체 참여와 삼성, LG 등 국내 대기업들의 관심과 투자도 점차 활발해지고 있다. 여기에 예산 지원과 자율성 보장 등 공공의 역할이 더해져 시민참여와 지속가능성이 보다 더 확보된다면, 어쩌면 대한민국은 그동안의 '지연된 시간'을 뛰어넘어 4차 산업이라는 '새로운 물결'의 가장 앞자리를 차지하게 될지도 모른다.

❸ '리빙랩(Living Lab)'은 MIT 교수[William Mitchell]가 처음으로 제시한 개념으로 '살아있는 실험실', '일상생활 실험실', '우리마을 실험실' 등으로 해석되며, 사용자가 직접 나서 문제를 해결해 나가는 '사용자 참여형 혁신공간'을 말한다.

대부분의 과학기술 연구개발은 수용자 요구보다는 기술발전 속도를 예측하면서 이에 대응하는 공급자 중심이다. 그 결과 과학기술의 발전에도 불구하고 고령화, 안전, 환경, 정보격차와 같은 사회 문제는 해결되지 못한 채 존재한다.

리빙랩은 이를 해결할 수 있는 방법으로 기술을 다시 강조한다. 클라우드, 빅데이터, 사물인터넷(IoT), 모바일 등을 생활 영역에 접목해 다양한 사회 문제를 해결한다는 기획이다. 사용자로부터 직접 의견을 받기 때문에, 리빙랩 개발 과정마다 사용자 반응을 즉시 수집해 문제 해결에 반영할 수 있다.

자료: ❶ 노컷뉴스, 리빙랩, 건너유 프로젝트부터 빅데이터 판매까지, 2018. 11. 20. ❷ 노컷뉴스, 리빙랩, 지속 가능성과 공공의 역할, 2018. 11. 23. ❸ 네이버 지식백과, 리빙랩 - IT로 해결하는 사회문제, 2018. 1. 2.

주

1) 이극찬, 「정치학」, 서울: 법문사, 1994, p. 71.

2) 상게서, p. 35.

3) Gerhard, Ritter. *Social Welfare in Germany and Britain: Origins and Development*, Leamington Spa: Berg, 1983.

4) Stephen Moore, Proposition 13 Then, Now and Forever, *Daily Commentary*, Cato Institute, July 30, 1998.

5) Richard Rose and Guy B. Peters, *Can Government Go Bankrupt?* New York: Basic Books, 1978.

6) OECD, *Economic Outlook*, 61, 1997, p. A31.

7) Owen E. Hughes, *Public Management and Administration: An Introduction*, 3rd ed., New York: Palgrave, 2003.

8) Camilla Stivers, Cheryl S. King, and Renee Nank, Citizenship and Its Discontents: The Political and Economic Context, in Cheryl S. King and Camilla Stivers(eds.), *Government with Us: Public Administration in an Anti-Government Era*, Thousand Oaks, CA: Sage Publications, 1998, p. 20.

9) Susan Tochin, *The Angry American: How voter rage is changing the nation*, Boulder, CO: Westview, 1996, p. 6, in King and Stivers, op. cit., p. 4 재인용.

10) 이명석, 신자유주의, 신공공관리론, 그리고 행정개혁, 「사회과학」, 40(1), 성균관대학교 사회과학연구소, 2001.

11) 상게서.

12) G. Hardin, The Tragedy of the Commons, *Science* 162, 1968, pp. 1243-1248.

13) William A. Niskanen, *Bureaucracy and Representative Government*, Chicago: Aldine Publishing, 1971.

14) Northcote Parkinson, Parkinson's Law or the Rising Pyramid, in Howard R. Balanoff(ed.), *Public Administration*, 4th ed., Guilford, CT: Dushkin Publishing, 1996, pp. 109-111.

15) Laurence J. Peter & Raymond Hull, The Peter Principle, in Balanoff(ed.), op. cit., pp. 15-16.

16) Maddogg, Time to resurrect an old idea: Economic rent, *Daily Kos*(http://www.dailykos.com/), 2011. 10. 24.

17) James M. Buchanan, Rent Seeking and Profit Seeking, in James M. Buchanan, Robert D. Tollison, & Gordon Tullock, (eds.), *Toward a Theory of Rent-Seeking Society*, College Station, TX: Texas A&M University Press, 1980, pp. 1-15;

Gordon Tullock, The Welfare Costs of Tariffs, Monopolies, and Theft, *Western Economic Journal* 5, 1967, pp. 224-232; Gordon Tullock, Efficient Rent-Seeking, in Buchanan, Tollison, & Tullock(eds.), op. cit., pp. 97-112.

18) Harvey Leibenstein, Allocative Efficiency vs. X-Efficiency, *American Economic Review*, 56, 1966, pp. 392-415.

19) Kathleen M. Eisenhardt, Agency Theory: An Assessment and Review, *Academy of Management Review*, 14, 1989.

20) Hughes, op. cit., p. 12.

21) Oliver E. Williamson, *Markets and Hierarchies*, New York: Free Press, 1975; Oliver E. Williamson, *The Economic Institutions of Capitalism*, New York: Free Press, 1985; 김현성, 공공조직에 대한 조직경제론적 접근, 「현대사회와 행정」, 6(1), 연세대학교, 1996, pp. 79-104.

22) T. Saarinen & A. Vepsalainen, Procurement Strategies for Information Systems, *Journal of Management Information Systems*, 11, 1994, pp. 187-208; S. Ang & D. Straub, Production Economies and IS Outsourcing: A study of U.S. banking industry, *MIS Quarterly*, 22(4), 1998, pp. 535-552; B. S. Klaas, J. McClendon, T. W. Gainey, HR Outsourcing and Its Impact: The role of transaction cost, *Personnel Psychology*, 52, 1999, pp. 113-136.

23) M. Holmes and D. Shand, Management Reform: Some Practitioner Perspectives on the Past Ten Years, *Governance*, 8(5), 1995, pp. 551-578, in Hughes, op.cit., p. 10 재인용.

24) Elaine C. Kamarck, Globalization and Public Administration Reform, in Joseph S. Nye and John D. Donahue(eds.), *Governance in a Globalization World*, Washington DC: Brookings Institute Press, 2000, p. 251.

25) Al Gore, *Creating a Government That Works Better and Costs Less*, Report of National Performance Review, New York: Times Books, 1993.

26) Robert D. Behn, What Right Do Public Managers Have to Lead?, *Public Administration Review*, 58(3), May/June 1998, p. 221.

27) Brian J. Cook, Politics, Political Leadership, and Public Management, *Public Administration Review*, 58(3), May/June 1998, pp. 225-230; Rita Mae Kelly, An Inclusive Democratic Polity, Representative Bureaucracies, and the New Public Management, *Public Administration Review*, 58(3), May/June 1998, pp. 201-208; Larry D. Terry, Administrative Leadership, Neo-Managerialism, and the Public Management Movement, *Public Administration Review*, 58(3), May/June 1998, pp. 194-200.

28) 이명석, 전게서, p. 9.

29) 이계식·문형표, 「정부혁신: 선진국의 전략과 교훈」, 한국개발연구원, 1995, pp. 27, 49.

30) Thomas Peters, *Liberation Management: Necessary disorganization for the nanosecond nineties*, New York: A. A. Knopf, 1992; Paul C. Light, *The Tides of Reform: Making government work 1945-1995*, New Haven, CT: Yale University Press, 1997; Terry, op. cit., p. 195.

31) Jonathan Boston, John Martin, June Pallot, & Pat Walsh, *Public Management: The New Zealand model*, New York: Oxford University Press, 1996.

32) Nehal Panchamia and Peter Thomas, *The Next Steps Initiative*, Institute for Government. https://www.instituteforgovernment.org.uk/sites/default/files/case%20study%20next%20steps.pdf. 2018. 12. 24.

33) M. Holmes and D. Shand, Management Reform: Some Practitioner Perspectives on the Past Ten Years, *Governance*, 8(5), 1995, pp. 551−578, 563, in Hughes, op. cit., p. 10 재인용.

34) John Alford, Defining the Client in the Public Sector: A Social-Exchange Perspective, *Public Administration Review*, 62(3), 2002, pp. 337 − 346.

35) Christian Korunka,, D. Scharitzer, P. Carayon, P. Hoonakker, A. Sonnek, and F. Sainfort, Customer orientation among employees in public administration: A transnational, longitudinal study, *Applied Ergonomics*, 38, 2007, pp. 307 − 315.

36) Patricia W. Ingraham and Barbara S. Romzek, *New Paradigms for Government: Issues for the Changing Public Service*, San Francisco: Jossey−Bass Publication, 1994, pp. 1−14.

37) Terry, op. cit., p. 197.

38) I. Macho−Stadler and D. Perez−Castillo, *An Introduction to the Economics of Information*, Oxford: Oxford University Press, 1997, in Jan−Erik Lane, *New Public Management*, London: Routledge, 2000, p. 132 재인용.

39) 김근세, Sayre 법칙의 종말?: 영국 신관리주의의 본질과 한계, 「한국행정연구」, 5(2), 1996, p. 133.

40) 상게서.

41) 상게서; 김태룡, 행정학의 신패러다임으로서 신공공관리모형의 적실성에 관한 연구, 「한국행정학보」, 34(1), p. 5.

42) Donald Kettl, Perspectives on Government Reform, Paper presented for a conference, New Challenges of the State in Comparative Perspective, Seoul, Korea, October 24−26, 1995.

43) Christopher Pollitt, *Managerialism and the Public Services*, 2nd ed., Oxford: Blackwell, 1993, pp. 125−126; Hughes, op. cit., p. 63.

44) Hal G. Rainey, Public Agencies and Private Firms: Incentive structures, goals, and individual roles, *Administration and Society*, 15, 1983, pp. 207−242; 이근주. 공사부문 종사자간의 동기요인의 차이 분석: PSM을 이용하여. 「한국행정연구」, 14(2), 2005, pp. 71-99.

45) Hughes, op. cit., p. 69.

46) 이근주, 상게서.

47) 한국행정연구원, 「2019 공직생활실태조사」, 2020. 1. 31.

48) Tom Christensen & Per Lægreid, The Whole-of-Government Approach to Public Sector Reform, *Public Administration Review*, 67(6), 2007, pp. 1059−1066.

49) John Halligan. The Reassertion of the Centre in a First Generation NPM System, in *Autonomy and Regulation: Coping with Agencies in the Modern State*, Cheltenham, UK: Edward Elgar, edited by Tom Christensen and Per Lægreid, 2006, pp. 162−80.

50) Tom Christensen & Per Lægreid, The Whole-of-Government Approach: Regulation, Performance, and Public-Sector Reform, Working Paper 6-2006, Stein Rokkan Centre for Social Studies, August 2006.

51) M. Moore, *Creating Public Value-Strategic Management in Government*. Cambridge: Harvard University Press, 1995.

52) Robert B. Denhardt and Janet V. Denhardt, The New Public Service: Serving Rather than Steering, *Public Administration Review*, 60(6), 2000, pp. 549−559; Janet V. Denhardt & Robert B. Denhardt, *The New Public Service: Serving, Not Steering*, 3rd Edition, Armonk, NY: M. E. Sharpe, 2011.

53) Shayne Kavanagh, Defining and Creating Value for the Public, *Government Finance Review*, October 2014, pp. 57-60; J. Benington, "From Private Choice to Public Value?" In J. Benington & M. Moore (Eds.), *Public Value Theory and Practice*, Basingstoke: Palgrave Macmillan, 2011, pp. 31−51.

54) Mark Robinson, *From Old Public Administration to the New Public Service: Implications for Public Sector Reform in Developing Countries*, UNDP Global Centre for Public Service Excellence, 2015; Robert B. Denhardt and Janet V. Denhardt, op. cit.

55) Mark Robinson, op. cit.

56) Eli Turkel & Gerald Turkel, Public Value Theory: Reconciling Public Interests, Administrative Autonomy and Efficiency. *Review Public Administration Management*, 4(2), 2016, pp. 1−7.

57) Tom Christensen & Per Lægreid, op. cit.

58) Janine O'Flynn, From new public management to public value: Paradigmatic

change and managerial implications, *Australian Journal of Public Administration*, 66 (3), 2007, pp. 353 – 366.

59) Tom Christensen & Per Lægreid, op. cit.

60) Janine O'Flynn, op. cit.

61) B. Jessop, Governance Failure, in G. Stoker(ed.), *The New Politics of British Local Governance*, New York: Macmillan Press Ltd., 2000.

62) Harlan Cleveland, *The Future Executive*, New York: Harper & Row, 1972.

63) B. Guy Peters, Governance without Government? Rethinking Public Administration, *Journal of Public Administration Research and Theory*, 8, pp. 223−243.

64) World Bank, *Reforming Public Institutions and Strengthening Governance*, November 2002.

65) 유재원, 세계화, 신자유주의 그리고 지방정치, 「한국행정학보」, 34(4), 2000, p. 162.

66) 김정렬, 정부의 미래와 거버넌스, 「한국행정학보」, 34(1), 2000, p. 30.

67) R. Rhodes, *Understanding Governance: Policy Networks, Governance, Reflexity and Accountability*, Bristrol, PA: Open University Press, 1997.

68) Jan Kooiman, *Governing as Governance*, London: Sage Publications, 2003, p. 112.

69) 이명석, 거버넌스의 개념화: '사회적 조정'으로서의 거버넌스, 「한국행정학보」, 36(4), 2002, p. 331; W. Kickert, Public Governance in the Netherlands: An Alternative to Anglo−American 'Managerialism', *Public Administration*, 75, 1997, pp. 731−752.

70) 배응환, 거버넌스의 실험: 네트워크조직의 이론과 실제: 대청호 살리기 운동본부를 중심으로, 「한국행정학보」, 37(3), 2003, pp. 67−93.

71) World Bank, *A Decade of Measuring the Quality of Governance*, 2006.

72) The Sustainable Governance Indicators 웹사이트(http://www.sgi-network.org/2020/), 2021. 1. 4.

73) Kickert, op. cit.

74) Tom Christensen, Post-NPM and Changing Public Governance, *Meiji Journal of Political Science and Economics*, 1, 2012, pp. 1 – 11.

75) Kickert, op. cit., p. 748.

76) 수원일보, 2011. 9. 14.

77) 새전북신문, 2012. 1. 13.

78) 이명석, 전게서, p. 335.

79) 최성욱, 거버넌스 개념에 대한 비판적 고찰: 한국 행정학계의 거버넌스 연구경향 분석, 「정부학 연구」, 10(1), 2004, p. 252.

80) Theodore J. Lowi, *The End of Liberalism*, New York: Norton, 1979.

81) J. Newman, *Modernizing Governance: New Labor, Policy and Society*, London:

Sage Publications, 2001, pp. 124−125.

82) OECD, *Government at a Glance 2019*, Figure 2.30. General government expenditures by function, 2019, OECD Publishing.

83) OECD, *Government at a Glance 2019*. Figure 2.31, 2019, OECD Publishing.

84) 한국은행, 2019년 공용부문 계정, 보도자료, 2020. 6. 25.

85) OECD, *Government at a Glance 2019*, Figure 3.1. Employment in general government as a percentage of total employment (2007, 2009 and 2017), 2019, OECD Publishing.

86) T. Skocpol, Bringing the State Back In: Strategies of Analysis in Current Analysis, in Peter Evans, D. Rueschemeyer, & T. Skocpol(eds), *Bringing the State Back In*, Cambridge: Cambridge Univercity Press, 1985.

87) 이뉴스투데이, 2020. 6. 15.

88) 김세걸, 「동아시아 경제성장의 성과와 모순: 발전모델의 분화·비교·평가」, 서강대학교 동아연구소, p. 13.

89) Skocpol, op. cit., pp. 16−17.

90) 기획재정부, 2018년도 일반정부 부채 및 공공부문 부채, 2020. 12; 기획재정부, 2019년도 일반정부 부채 및 공공부문 부채, 2020. 12.

91) 기획재정부, 2019년도 일반정부 부채 및 공공부문 부채, 2020. 12.

92) 기획재정부, 보도자료(2019회계연도 일반정부 및 공공부문 부채 산출결과 발표), 2020. 12. 24.

93) 박동서, 최병선, 이달곤, 권해수, 작은 정부의 개념 논의, 「한국행정학보」, 26(1), 1992, p. 41.

94) 김석준 외, 「뉴거버넌스 연구」, 서울: 대영문화사, 2000, p. 14.

95) 김정렬, 전게서, p. 37.

96) 한국행정연구원, 「2019 사회통합실태조사」, 2020. 1. 31.

97) 상계서.

98) 리얼미터, 「2019 국가사회기관 신뢰도 조사」, 2019. 6. 25.

99) 최성욱, 전게서, p. 256.

100) 박영주, 뉴거버넌스와 사회계약: 시민, 정부, 시장간 역할과 책임의 모색, 「한국행정학보」, 34(4), 2000, p. 36.

101) T. Christensen, and P. Lægreid, The whole-of-government approach to public sector reform, *Public Administration Review*, 67(6), 2007, pp. 1059 – 1066.

102) Mayuree Yotawut, Examining Progress in Research on Public Value, *Kasetsart Journal of Social Sciences*, 39(1), January – April 2018, pp. 168 – 173.

07 행정문화

1. 의 의

행정에 영향을 미치는 내부환경 요인으로서 행정문화는 앞에서 설명한 공공가치 및 정부관과는 대립적인 관계에 놓이기 쉽다. 공공가치는 그 자체가 미래지향적인 규범성을 가지고 있으며 정부관은 정부의 현재 규모와 역할에 대한 문제점을 바탕으로 변화지향성을 담고 있다. 반면에 행정문화는 과거로부터의 연속성을 가지며 비교적 안정적이기 때문에 과거지향적이고 변화저항적이라 할 수 있다. 이 말은 NPM, Post-NPM, 뉴거버넌스와 같은 개혁이 성공하기 위해서는 행정문화를 바꾸지 않으면 힘들다는 것을 의미한다.

행정문화란 행정체제의 구성원들이 공유하는 가치와 신념, 그리고 태도와 행동양식의 총체로서 구성원이 행정체제에 들어와 학습과 내재화 과정을 거쳐 형성된다. 이러한 행정문화는 건물, 복장, 언어, 로고, 의식, 직무수행이나 인간관계 방식 등의 구체적이고 가시적인 차원에서부터 의식 차원의 가치와 신념, 그리고 가치와 신념을 더 이상 의심하지 않고 당연한 것으로 받아들이는 잠재의식 차원에 이르기까지 다차원으로 이해할 수 있다.[1]

행정문화는 행정체제를 구성하는 사람들이 함께 공유하는 것으로서 어느 정도 통합성 내지 집합성을 가진다. 행정은 기존의 구성원이 나가고 새로운 구성원이 들어오는 등 구성원의 유동성이 있지만, 행정문화는 그러한 구성원의 사고와 행동에 내재화되기 때문에 과거를 현재에 그리고 현재를 미래로 연결시키는 통로이자 그 통로에 흐르는 DNA 인자와 같다. 이러한 행정문화는 비공식적으로 구성원의 일탈적 행동을 규제하고 구성원의 일체감을 형성하여 행정체제를 안정적으로 유지하는 데 기여할 뿐만 아니라,[2] 행정의 구체적인 사례를 이해하는 데 있어 중요한 설명력을 제공한다.[3]

행정문화는 한국뿐만 아니라 미국, 일본, 유럽 등 모든 국가에 존재하는데 그 모든 국가의 공통적인 특성을 설명할 수 있는 가장 대표적인 개념이 막스 베버(Max Weber)의 관료제라 할 수 있다. 또한 문화는 국가별로 고유한 특성을 가지고 있기 때문에 한국의 문화가 접목된 한국행정문화를 생각할 수 있다.

2. 관 료 제

1) 의 의

19세기 말 산업화가 유럽 전역으로 확산되면서 정부 조직이나 기업 조직의 규모가 방대해지고, 기업들 간의 경쟁이 심화되기 시작하였다. 기업이나 정부 모두 보다 효율적으로 조직을 운영할 필요성이 증가하였다. 막스 베버는 근대사회 출범 이후 사회 질서를 형성하고 유지하는 데 가장 기초가 된 이성 내지 합리성(rationalization)을 바탕으로 한 대규모 조직의 효율적인 구조와 작동에 관심을 가졌는데 그것이 바로 이상형(ideal type)[a]으로서의 관료제이다.

Max Weber
(1864–1920)

합리성은 서양 문화의 특성인 과학적 사고와 기술적 분화의 산물로서 관료제 이상형을 도출한 기초 개념이다.[4] 베버는 바로 이 합리성의 철학을 조직에 적용하여 물질적 환경과 사회적 환경을 통제하고 조직의 목표를 달성하기 위한 가장 효과적인 수단으로 관료제를 생각하였다. 베버의 관료제는 다음 여섯 가지 측면에서 이상형을 묘사하는 것이 일반적이다.

---

a) 이상형(ideal type)이란 최고라든가 완벽하다든가 어떤 도덕적 이상을 지녔다든가 하는 의미가 아니라, 현상의 이해를 돕기 위하여 개념적으로 도출한 형이상학적 개념이다. 이상형은 현상의 중요한·순수한 요소만을 선택하여 단순화한 것으로 사람들로 하여금 이상형과 비교하여 실제를 이해할 수 있도록 돕는 분석도구 역할을 한다. 외교부, 서울특별시청, 구청, 우체국 등은 모두 실체를 가진 서로 다른 조직이지만 이 모두를 관료제의 이상형에 비교하여 이해할 수 있다.

분업구조: 관료제 내의 구성원들에게는 제한된 범위의 공식적인 임무가 부여된다. 어떤 사람은 공무원 임용을, 어떤 사람은 공무원 교육훈련을, 어떤 사람은 공무원 복지를, 그리고 어떤 사람은 시민에게 행정서비스를 제공하는 임무를 수행한다. 각자는 자신에게 주어진 전문화된 업무에 대해서만 책임을 진다.

계층구조: 관료제는 피라미드 모양의 계층구조를 가지며 명령과 통제가 위로부터 아래로 전달되는 특성을 갖는다. 계층의 하위직은 상위직의 명령에 따를 것이 기대된다. 상위직에는 그에 합당한 법적·합리적 권위a)가 주어지기 때문에 이들은 부하의 자발적이고 무조건적인 복종을 확보한다. 따라서 계층구조는 상사의 명령을 통일적으로 집행하는 데 매우 효율적이다.

문서화된 법규: 관료제는 조직의 목표달성을 위해 어떻게 행동해야 하는가의 절차나 방법을 기록한 문서화된 법규집을 가지고 있다. 이들 법규는 누가 어떤 문제에 직면하더라도 개인의 개별적인 행동이 아니라 항상 동일한 방식의 행동을 보장해준다. 뿐만 아니라 기존의 구성원이 나가고 새 사람이 들어오더라도 업무수행의 일관성을 가능하게 해준다.

비정의적 행동(impersonal conduct): 관료제 하에서 구성원들은 인간으로서의 감정이나 충동적인 화를 멀리 하고 객관적이고 공정하게 행동할 것이 기대된다. 이상형의 관료는 언제 어디서나 자신의 감정을 절제하고 절차에 따라 기계적으로 일하는 합리적인 사람이다. 동정심이나 호의 같은 인간의 온정을 버리고 전문직 업인으로서 맡은 일을 냉정하게 처리하는 사람이다.

실적주의: 관료제하에서는 사람을 충원하고 승진시킬 때 시험성적, 교육, 과거 경력 등과 같은 엄격한 실적을 근거로 한다. 혈연, 학연, 지연과 같은 개인적인 연고가 아니라 실적을 인사관리의 기준으로 채택함으로써 구성원들은 상사의 자의적인 결정에 대한 불만이 없이 조직에 대해 충성심을 가지고 최선의 성과를 낼 것으로 기대된다.

효율성: 이상의 다섯 가지 특성은 모두 합리성의 측면에서 정당화될 수 있는 것으로서, 이들 특성이 실제 현실에서 달성되면 관료제 조직은 최고의 효율성을 달성한다고 본다. 즉 최소의 자원(인력, 비용, 에너지 등)으로 최대의 성과를 거둔다

---

a) 베버는 권위를 전통적 권위, 카리스마적 권위, 법적·합리적 권위로 구분한다. 전통적 권위는 왕위계 승이나 혈통 등과 같이 유산으로 물려받은 직위나 출신에서 나오며 전근대적 사회에서 받아들여진 것이다. 카리스마적 권위는 개인의 비상한 능력이나 자질에서 나온다. 한편 법적·합리적 권위는 의회를 통과한 법에서 나오는 권위로 모든 사람에게 평등하고 비정의적(非情誼的)으로 적용되며 현대사회의 사회관계를 이루는 근간이 된다. 베버의 관료제는 법적·합리적 권위를 바탕으로 한 것이다.

고 말할 수 있다.[5]

베버에 있어 관료제는 권위를 행사하는 데 가장 합리적 수단이며 업무수행의 신뢰성이나 효율성을 달성하는 데 그 어떤 방식보다도 우월하다고 보았다.[6] 산업화 이후 대량생산 시대에는 수공업보다 대규모 기계화 공업이 더 효율적이었듯이 법과 합리성에 기초한 대규모 조직의 관료제야말로 과거 어떤 형태의 조직보다 목표달성에 더 효과적이라고 본 것이다. 특히 관료제는 잘 짜여진 업무수행 규정을 가지고 있어 결과를 충분히 예측할 수 있기 때문에 감정의 불안요인을 믿지 않는 이성 중심의 당시 유럽 사조에 호소력을 가졌던 것으로 보인다.

2) 관료문화

20세기 들어 유럽 국가에서 실업 등의 빈곤 문제 해결을 위한 정부의 역할과 규모가 확대됨에 따라 관료제 현상이 두드러지게 나타나기 시작하였다. 특히 19세기 미국의 경우를 보면 대통령 선거에 당선된 정당이 공직을 전리품으로 확보하여 당원과 선거 운동원을 공무원으로 임명하는 경우가 많았다. 그 결과 정경유착에 의한 부패, 정책의 일관성 결여, 공무원의 전문성 결여 등의 부작용이 나타났는데 이에 대한 개혁이 19세기 말 행정의 정치적 중립성을 포함한 실적주의 채택이다. 이로써 베버의 이상형에 가까운 관료제가 더욱 현실화되기 시작하였다.

이렇게 현실에 모습을 드러낸 관료제는 이후 베버가 제시한 이상형으로서의 의미보다는 정부조직에서 나타난 병리적 현상을 일컫는 대명사로 그 이미지가 실추되기 시작하였다. 산업화 시대의 대량생산에 그 적합성을 인정받았던 관료제는 후기산업사회, 지식정보사회 등의 새로운 환경과 패러다임이 등장하면서 시대에 뒤떨어진 개념으로 개혁의 대상이 되고 말았다. 특히 NPM이나 뉴거버넌스와 같은 개혁 아이디어가 등장하면서 과거의 관료제는 비판의 제1목표물(target)이 되고 말았다. 비판의 주요 내용은 과잉동조, 형식주의, 무사안일주의, 부처이기주의 등이다. 이들은 국가의 특수성에 상관없이 보편적으로 존재하는 하나의 관료문화로 인식되고 있다.

법규만능주의(legalism): 관료제의 구조적·규범적 특성은 관료의 행태에 지속적인 영향을 미치는데 그 중에 하나가 공식적인 규정만을 너무 고집하고 상황에 유연한 대응을 하지 못하는 관료의 행태이다. 이런 행태는 조직의 실질적인 목표달성보다도 수단적 가치인 규정준수를 더 중시하는 결과를 가져온다. 출퇴근 시간에 안전벨트를 착용하지 않은 운전자에게 '딱지'를 끊느라 오히려 차량의 흐름

PART 1
행정과 행정학의 이해

PART 2
행정환경

PART 3
행정내부환경

PART 4
결정시스템

PART 5
집행시스템

PART 6
조직시스템

PART 7
지원시스템

PART 8
산출과 피드백

을 막아 정체현상을 야기하는 경우를 예로 들 수 있다. 목표와 수단이 바뀌는 이런 현상을 "목표의 전도(goal displacement)"라고 하는데,[7] 행정목표의 경우 모호성과 추상성이 강하기 때문에 일반기업보다 목표의 전도 현상이 더 심하다고 할 수 있다. 이러한 태도는 합법성이나 적발위주로 외부의 조사나 감사(외부통제)가 이루어질 때 더욱 두드러진다. 또한 차별적 법적용에 민감하게 반응하는 이해당사자가 많을수록 공무원의 획일적인 법적용 가능성은 높아진다. 행정의 본질적인 목표를 생각하기 이전에 자신의 행위가 법에 저촉되는지 이해당사자의 민원을 야기하는지를 먼저 생각하기 때문이다.

과잉동조: 관료는 법규정뿐만 아니라 관료제의 특성인 권위의 계층 구조에서 상사의 명령을 절대적으로 추종하는 과잉동조(over-conformity)의 행태를 보이기도 한다.[a] 상사와 의견과 다르더라도 자리의 권위(position power, 직권력)가 약하기 때문에 자신의 의견을 말하지 않는 것이다. 새로운 아이디어를 적극적으로 개진하여 상사와 갈등을 일으키기보다는 상사의 말에 순응하는 소극적인 태도를 가지기 쉽다. 특히 상사의 지나친 감독이나 통제는 부하의 책임회피적인 행태를 초래한다.[8] 결국 관료는 베버가 가정한 비정의적이고 객관적이며 합리적인 사람이라기보다는 자신의 이익을 생각하고 기회주의적인 사람으로 이해할 수 있다. 결과적으로 관료는 조직 전체의 거시적인 조직목표를 보지 못하고 자신이 속한 부서의 미시적이고 단기적인 목표달성에 집착하게 되어 관료제가 의도한 최상의 목표달성을 이루지 못하고 그보다 낮은 수준의 목표달성에 만족할 수밖에 없게 된다.[9]

무사안일주의: 관료제의 중요한 목적 중에 하나는 불확실성을 줄이고 결과에 대한 예측가능성을 높이는 것이었다. 그런 관료제를 내재화한 관료들은 기본적으로 위험회피적이고 변화저항적이며 책임회피적이라 할 수 있다.[10] 이해관계가 복잡한 행정에서 변화의 시도는 누구에겐가 불이익을 야기하게 되고 이들의 반발을 사기 쉽다. 따라서 관료는 새로운 아이디어를 내거나 변화를 시도하기보다는 주어진 현실에 안주하거나 환경의 요구에 수동적으로 반응하기 쉽다. 정치권력의 남용을 막아 공직의 정치적 중립성을 확보하기 위해 도입한 신분보장제도가 오히려 관료의 보신주의를 부추기는 부작용을 초래하는 것이다. 법에 근거하지 않으면 공무원에게 신분상의 불이익을 주기 힘들기 때문이다. 이러한 문화는 공직에 도전적이고 창의적인 사람을 충원하거나 유지하지 못하게 만들고, 결국 공직사회

---

a) 과잉동조와 목표의 전도는 유사한 개념으로 구분 없이 사용하기도 하지만 여기서는 과잉동조는 관료의 병리적 행태로, 그러한 행태의 결과로 나타나는 현상을 목표의 전도로 이해한다.

PART 1
행정과 행정학의 이해

PART 2
행정환경

PART 3
행정과 내부환경

PART 4
결정시스템

PART 5
집행시스템

PART 6
조직시스템

PART 7
지원시스템

PART 8
산출과 피드백

는 보통의 평범한 관료들의 집단으로 변하고 만다.

형식주의(red tape): 17세기 영국에서는 공식적인 정부문서를 묶을 때 빨간 끈 (red tape)을 사용했는데 관료제에서의 번거롭고 까다로운 규칙, 규제, 절차를 일 컬어 red tape, 형식주의, 문서주의, 또는 번문욕례(繁文縟禮)ª)라 부른다. 이러한 현상은 앞에 언급한 관료문화와 모두 연관된 복합적인 개념이다. 형식주의를 관료제의 병리적 현상을 대표하는 것으로 인식하는 것도 이때문이다. 관료제에서 공식적 규칙이나 절차는 본래 관료의 자의적 판단이나 특정인에의 불공정한 혜택을 금지하고 행정의 책임성 확보를 위한 중요한 수단이었지만, 그것이 본래의 목적을 상실하고 조직과 국민에게 순응의 불편이나 비용을 초래할 때 형식주의라는 말을 쓰게 된다.11) 관료조직은 목표가 다원적이고 목표 간의 갈등 때문에 산출 (output)에 대한 통제가 어렵다는 특성을 가지고 있다. 그러다 보니 산출 대신에 규칙, 규제, 절차 규정을 가지고 자원의 투입이나 업무수행과정을 통제하게 되고 그 결과 형식주의가 나타난다.12) 또한 조직 내부에서는 상사가 자신의 적극적인 리더십을 확보하지 않고 소극적으로 규정과 절차에 의존하면서 형식주의는 더 커질 수 있다.13) 관료제에서 상사가 부하를 소극적으로 관리할 가능성은 민간기업과는 달리 부하의 신분이 보장되어 있고 금전적 보상의 재량권이 제한되어 있기 때문에 더욱 그렇다.

할거주의(sectionalism): 관료제는 업무의 전문성에 따른 분업구조를 가지기 때문에 자신이 담당하고 있는 업무나 소속 부서 또는 부처의 업무에 대해서는 업무성과를 높일 수 있지만 다른 기관과의 횡적인 업무 협조나 조정을 어렵게 해 정책혼선이나 기관 간 갈등을 초래하기 쉽다. 예산배분과 같이 제한된 자원을 확보하거나 구조조정과 같이 누군가의 희생이 요구될 때 서로 타협하지 않고 소속기관의 이익만을 고려하는 칸막이 현상, 부처(서)이기주의가 나타난다. 때로는 단순한 이기적 차원이 아니라, 소속 구성원 모두가 동일한 사고나 행동양식을 공유하기도 하고, 기관에 대한 정서적 집착과 같은 귀속주의나 기관과 자신을 하나로 보는 심리적 동일시 현상도 나타난다. 이러한 할거주의는 기관 간 갈등뿐만 아니라 소속 기관에 대한 협소한 시야에 가려 타 기관의 업무를 이해하거나 기관 전체의 거시적 목표달성을 어렵게 한다.14)

ª) 번문욕례가 들어간 짧은 글: "중요한 것은 수의의 값과 봉분의 크기, 번문욕례(번거롭게 형식만 차려 까다롭게 만든 예문)에 맞춘 화려한 장례식이 아니라 살아계신 부모의 마음을 편안하고 즐겁게 해드리는 일일 것이다"(한국일보, 1998. 6. 3).

3. 한국문화

관료문화는 관료제의 특성상 정도의 차이는 있겠지만 모든 나라의 대규모 조직에서 공통으로 나타날 수 있는 현상이다. 그러면 한국이라는 국가의 특수성을 고려할 때 나타나는 문화, 즉 한국행정문화는 어떻게 이해할 것인가?

한국의 문화는 다른 나라와의 비교를 통해서 보다 분명하게 이해할 수 있다. 비교론적 시각에서 국가간의 문화를 연구한 대표적인 학자로 네덜란드 문화인류학자 호프스테드(Hofstede)와 역시 네덜란드 경영컨설턴트 트롬페나르(Trompenaars)를 들 수 있다.

1) 호프스테드의 문화차원

호프스테드[a]는 문화의 다양성을 권력거리, 개인주의-집단주의, 남성성-여성성, 불확실성 회피, 시간관, 욕망관 차원에서 비교하였다.[15]

권력거리(Power Distance): 한 사회에 있어서 권력이 어떻게 배분되어야 하는가(평등 또는 차등)에 대한 믿음으로 권력거리가 강한 경우 권력자의 결정이나 자신과의 지위 차이를 훨씬 편하게 받아들인다. 권력거리는 사회적 약자가 강자에 대하여 수용적인 태도를 취하는지 도전적인 태도를 취하는지의 정도로 이해할 수 있다. 권력거리는 사회범절, 상사와 부하 또는 어른과 젊은이 사이의 관계, 그리고 언어구조 등에 잘 반영되어 나타난다. 권력거리가 약한 문화는 분권화나 권한위임이 잘 되어 있고 개방적인 커뮤니케이션이 활성화되어 있는 반면 권력거리가 강한 문화는 집권화와 권위주의적 요소가 강하고 커뮤니케이션이 폐쇄적이다.

개인주의 vs. 집단주의(Individualism vs. Collectivism): 개인주의-집단주의 차원은 사회생활이나 조직에서의 업무수행이나 대인관계에서 개인을 우선하는지 집단을 우선하는지의 정도를 나타낸다. 개인주의는 개인의 자유와 이익을 우선시하며 독립심이 강하고 대인관계가 소극적이다. 반면 집단주의는 가족 개념을 바탕으로 집단에 대한 소속감과 충성심을 중시하며 집단 안에서 자신의 이익을 보호받으

---

[a] 호프스테드의 최초 문화연구는 1967년부터 1973년까지 53개의 국가와 지역에서 다국적 기업 IBM 종업원 116,000명의 표본을 수집하여 분석하였다. 1990년 초에는 조사 대상 국가 및 지역을 76개로 확대하고 산업의 범위도 확대하여 최초 연구의 타당성을 보강하였다. 이후 장기-단기 성향의 시간관 차원을, 그리고 2010년에는 인간의 기본적인 욕망 충족 행위를 긍정하는지 부정하는지의 관용-억제(indulgence vs. restraint) 차원을 추가하였다(https://hi.hofstede-insights.com/national-culture, 2020. 12. 1).

려 하고, 사람들과의 화합과 상호의존적인 관계를 중시한다. 개인주의는 집단 안과 밖의 사람에 대한 심리적 거리에 큰 차이가 없는 반면 집단주의는 안의 사람에게는 동질감을 밖의 사람에게는 이질감을 갖는 심리적 거리를 보인다. 갈등관계에 놓였을 때도 개인주의는 자신의 입장을 직선적이고 논쟁적으로 표현하지만 집단주의는 직접 부딪히는 것을 피하고 체면을 살리는 우회적인 방법을 쓴다.

남성성 vs. 여성성(Masculinity vs. Feminity): 남성성-여성성 차원은 자기주장이 강하고 사회적 성공과 물질적인 부를 추구하는 현실적인 경향과, 다른 사람에 대한 배려와 삶의 질을 중시하는 문화적 가치의 차이를 나타낸다. 남성성이 강한 문화는 야심차고 자기과시욕이 강하며 섬세함이 부족하고 남성과 여성의 역할에 대해 분명한 차이를 인정하려고 한다. 반면 여성성이 강한 문화는 돈이나 물건의 소유와 같은 외적이고 양적인 성공보다는 불행한 사람에 대한 동정심 등 인간적인 삶에 더 관심을 가지며 여성과 남성간에 차별이 아니라 평등을 선호한다. 남성성이 강한 문화는 최고를 기준으로 삼는 반면 여성성이 강한 문화는 평균(보통)을 기준으로 삼는다.

불확실성 회피(Uncertainty Avoidance): 불확실성 회피 차원은 모호하고 불확실한 상황에 얼마나 불안을 느끼고 그것을 피하려고 노력하는가의 정도를 말한다. 불확실성 회피의 정도가 강하다는 것은 불안이나 반대 또는 대립을 기피하고 안정과 합의를 원한다는 것을 의미한다. 또한 자신이나 사회규범과 다르게 생각하고 행동하는 사람에 대하여 두려움을 가진다. 따라서 공식적인 규정을 많이 만들어 불확실한 요소를 최대한 통제하려 하고 변화를 두려워 한다. 반면에 불확실성 회피의 정도가 약한 경우 이견이나 다양성을 오히려 높이 평가하고 호기심을 가진다. 또한 위험을 피하지 않으며 새로운 변화를 시도하는 경향이 강하다.

장기 vs. 단기 성향(Long- vs. Short-term Orientation): 장기-단기성향 차원은 앞의 네 측면에 이어 호프스테드가 중국에 대한 연구결과를 토대로 동아시아 국가의 경제성장을 설명하기 위해 추가한 것이다. 장기성향이 강한 사회는 과거의 전통을 중시하고 미래를 생각하는 긴 안목을 가진 경우이며 현재 열심히 일한 결과에 대하여 지금 당장은 아니지만 장기적으로 보상받을 것에 대한 기대를 가진다. 반면 단기성향이 강한 사회는 전통보다는 현재 직면한 문제를 더 중요하게 생각하기 때문에 현실적응적이며 변화지향적인 성향이 강한 편이다.

관용 vs. 억제(Indulgence vs. Restraint): 욕망에 대한 관용-억제 차원은 인간의 원초적인 욕구를 충족시키고 육체적·정신적 쾌락을 추구하는 행동을 당연한

PART 1 행정과 행정학의 이해

PART 2 행정환경

PART 3 행정내부환경

PART 4 결정시스템

PART 5 집행시스템

PART 6 조직시스템

PART 7 지원시스템

PART 8 산출과 피드백

것으로서 자유롭게 허용하는 문화인지, 아니면 욕망을 만족시키려 하는 행동을 바람직하지 않다고 보아 통제하거나 제한하는 문화인지를 의미한다. 욕망을 관대하게 받아들이는 관용적 문화는 재미있게 시간을 보내고 즐겁게 사는 것을 중시한다. 반면 억제 문화에서는 욕망이나 욕구를 절제하는 것을 미덕으로 권장하고, 쾌락 추구의 충동성이나 중독성과 같은 부작용을 경계한다.

2) 트롬페나르의 문화차원

트롬페나르는 문화를 일곱 측면에서 비교하였는데 보편주의–특수주의, 개인주의–공동체주의, 부분성–전체성, 중립–감성, 성취–귀속, 선형시간관–원형시간관, 내부통제–외부통제가 여기에 해당한다.[16]

보편주의–특수주의: 보편주의 문화는 친구나 친척 등의 연고보다 원칙, 기준, 규칙, 규범을 우선해야 한다고 믿는다. 보편주의 사회에서는 법과 규칙이 모든 사람에게 예외 없이 평등하게 적용된다. 한편 특수주의는 문제가 발생한 상황이나 인간관계의 특수성을 고려하여 법과 규칙을 유연하게 해석하고 적용한다. 규정의 자구(字句)에 의존하기보다 규정이 담고 있는 정신을 더 중요하게 여긴다.

개인주의–공동체주의: 개인주의는 개인의 행복이나 만족을 집단이나 공동체의 이익보다 중요시한다. 개인주의 문화에서는 사람들이 스스로 자기 일에 책임지고 행동할 것을 기대하며, 공동체의 존립 이유는 개인의 이익을 지키고 돕기 위한 것이라고 본다. 반면에 공동체주의는 가족, 이웃, 공동체, 사회는 개인이 태어나기 이전부터 존재한 것으로서 개인은 이들 공동의 이익을 위해 기여함으로써 오히려 개인의 이익이 지켜지고 증진된다고 믿는다. 호프스테드의 개인주의–집단주의와 매우 유사하다.

부분성–전체성(구체성-모호성): 부분성 문화는 전체를 부분으로 나누어 이를 개별적으로 이해하고 이것을 종합하여 전체를 이해하는 입장이다. 전체는 부분의 합으로 개인의 생활도 여러 부분으로 나누고 독립적으로 이해한다. 사람들과의 관계도 매우 구체적이고 목표지향적이며 제한된 범위 안에서 받아들인다. 따라서 사적인 영역이 매우 좁고 사적 영역 밖은 공공의 영역으로 존재한다. 대인관계의 대부분이 공공영역에 있으며 사적인 영역으로 들어오기가 어렵다. 이에 비해 전체성 문화는 부분을 개별적으로 보지 않고 전체의 시각에서 부분들의 관계를 이해하려고 노력한다. 부분보다 부분들간의 관계를 중시하기 때문에 전체는 부분의 합보다 크다고 본다. 전체성 문화는 공공영역보다 사적인 영역이 훨씬 크다. 사람

PART 1
행정과 행정학의 이해

PART 2
행정환경

PART 3
행정내부환경

PART 4
결정시스템

PART 5
집행시스템

PART 6
조직시스템

PART 7
지원시스템

PART 8
산출과 피드백

들을 쉽게 사적인 영역으로 받아들이고 일단 어떤 일로 인간관계가 형성되면 다른 문제에까지 그 관계가 확산된다. 친구는 운동이나 업무 등의 구분 없이 늘 친구로 받아들인다. 부분성 문화가 구체적인 사실이나 객관적인 기준, 명확한 계약 등을 강조하는 반면 전체성 문화는 직관, 태도, 매너, 분위기, 신뢰, 이해 등을 강조한다. 부분성과 전체성은 각각 구체성과 모호성, 분화성과 통합성의 말로도 표현할 수 있다.

감성-중립: 감성문화에서는 감정의 표현을 억제하지 않는다. 감정을 숨기거나 내면에 가두어 놓을 필요가 없다고 본다. 따라서 감성문화에서는 밖으로 표출되지 않거나 간접적으로 표현한 감정은 중요한 것이 아니라고 판단하여 무시하거나 인지하지 못하는 경우가 많다. 한편 중립문화는 감정을 공개적으로 보이는 것을 잘못된 것이라고 가르친다. 물론 중립이라 하여 감정이 없다는 뜻이 아니라 감정의 표출이 제한적이라는 뜻이다. 쉽게 흥분하거나 감정적이 되는 것은 신뢰를 잃는다고 보기 때문에 감정을 가능한 통제한다.

성취-귀속: 성취문화는 개인이 노력해서 얻은 것을 중시한다. 따라서 성취지향의 문화에서는 사람을 그들이 이룬 결과를 보고 평가한다. 귀속문화에서는 사람의 출생, 나이, 성, 부(富), 학력 등에 의해 지위가 부여된다. 미국, 캐나다, 호주, 뉴질랜드와 같이 과거의 신분에 상관없이 누가 더 노력하고 많이 이루었는가가 중요했던 국가에서 성취문화가 강하다. 물론 한국을 포함한 동양의 유교국가들도 성취지향적인 측면이 많이 있긴 하지만 그 동기는 궁극적으로 그런 성취를 통해 사회적으로 높이 평가받는 일류 대학, 직업, 직위, 명예(귀속적 특성들)를 얻기 위한 귀속성 차원에서 이해할 수 있을 것이다.

순차적-동시적 시간관: 시간에 대해 반응하는 방식으로서 순차적(sequential) 시간관은 시간을 과거-현재-미래의 선상에서 계속 진행한다고 보고 연, 월, 일, 시 단위로 나누어 관리한다. 또한 시간을 부분으로 나눌 수 있다고 보고 나눈 시간 단위별로 한 가지 일에 집중한다. 계획을 세워 일정대로 생활하는 것을 매우 중요하게 여긴다. 동시적(synchronous) 시간관의 문화에서는 시간을 단위로 나누거나 순차적으로 인식하지 않기 때문에 동시에 여러 가지 일을 벌여놓고 일하는 것이 통상적이다. 시간에 대한 관념이 절대적이지 않고 상대적이며 계획 또한 상황에 따라 변경될 수 있다. 사람과의 역동적인 관계를 중요시하며 그런 관계 속에 그때그때 즉각적으로 행동하는 것을 편하게 생각한다.

한국인의 '집단주의'

사회에서 생활하는 개인은 타인과 인간관계를 맺고 있다. 그 인간관계의 거리는 동등하다기보다는 멀고 가까움이 있다. 사회학자들은 이를 '사회적 거리'라고 부른다. 미국의 사회학자 에머리 보가더스(Bogardus)는 1925년 '사회적 거리의 측정'이라는 제목의 논문을 발표했다. 그는 개인이 다른 유형의 사람과 친밀한 사회적 관계를 차등적으로 맺고자 하는 의사를 기준으로 '사회적 거리'를 측정했다.

국내의 몇몇 사회학자들은 한국인이 '출신국이 다른 외국인'에 대해 가지는 '사회적 거리'를 측정하기 위해 이 척도를 사용하여 조사를 수행했다. 그런데 그들은 한국에서는 '사회적 거리 척도'가 뒤엉키고 있음을 발견했다. 한국인 중에는 특정 나라 출신 외국인과 '가까운 친구 또는 선·후배'로 지내는 것은 수용하지만 '우리나라에 정착해 사는 사람'이 되는 것은 거부한다는 태도를 보인 사람이 많았기 때문이다. 최근까지 이방인의 한국사회 정착은 거의 없었으므로, 한국인은 이민족 외국인을 '한국사회의 성원'으로 받아들이는 것에 '특별한 의미'를 부여한다.

민족이나 국민을 단위로 하는 '집단주의'가 한국인의 집합 심성의 근저에 자리 잡고 있다. 올림픽, 세계선수권대회 등에서 국가대표 선수가 금메달을 따면 미국인은 '선수 개인의 성취'로 보고 그에게 축하 인사를 건네느라 바쁘지만, 한국인은 그것을 '우리의 성취'로 간주하고 마냥 기뻐한다. 또한 어떤 개인이 사고를 치거나 범죄를 저지르면 미국인은 '개인의 탓'으로 돌리지만, 한국인은 '한국의 이미지 추락'을 걱정한다. 2007년 버지니아공대 총기 난사 사건의 범인이 한국계 미국인이라는 점이 밝혀진 후 미국 내 한국 동포사회는 충격에 빠졌고, 당시 주미대사는 "이런 사건이 일어난 것에 대해 죄송하게 생각한다"고 발언했다. 이러한 태도에 대해 미국인들은 어리둥절한 반응을 보였다. 왜 한 개인의 일탈행동에 대해 한국 동포사회와 외교관이 책임을 느끼냐는 것이었다.

집단주의는 '우리 집단'의 단결을 만들어 내는 효과를 가지지만 '우리가 아닌 사람'을 배제하는 역효과를 갖기도 한다. 외국인의 대량 유입으로 한국사회는 폐쇄적 공동체를 더는 유지할 수 없는 상황에 직면해 있다. 외국에서 온 '새로운 시민'의 '한국사회 정착'은 당연히 이루어지는 것으로 '특별한 의미 부여'가 불필요하게 된 것이다. '한국사회의 구성원'이라는 '집단'의 폐쇄성 극복이 과제로 대두됐다.

집단주의의 대립 개념은 개인주의다. 개인주의는 민주주의의 기초이기도 하다. '한국사회의 구성원 자격'을 비롯한 일부 영역에서는 '집단' 대신 '개인'을 사고와 행동의 준거로 삼는 사회적 분위기가 자리 잡아야 할 것이다.

자료: 설동훈(전북대 사회과학연구소장), 세계일보, 2019. 8. 9. 일부 생략.

PART 1
행정과 행정학의 이해

PART 2
행정환경

PART 3
행정내부환경

PART 4
경영시스템

PART 5
집행시스템

PART 6
조직시스템

PART 7
지원시스템

PART 8
산출과 피드백

내부통제-외부통제: 자연에 대해 반응하는 방식으로서 내부통제 사회의 구성원들은 자연을 기계로 보고 과학을 통해 자연을 통제할 수 있다고 믿는다. 이들은 운이나 운명에 의존하지 않고 모든 문제에 대한 답을 자기 안에서 찾는다. 의지와 노력이 있으면 어떤 어려움도 극복할 수 있다고 믿는다. 한편 외부통제 사회의 구성원들은 자연을 유기체로 보고 사람을 자연의 한 부분으로서 받아들이며 자연, 환경과의 조화로운 생활방식을 강조한다. 사람은 자연을 정복하거나 운명을 만들어 가기 힘들다고 믿는다. 어려움을 적극적으로 극복하기보다 외부 환경에 순응하는 태도를 취한다.

4. 한국행정문화

문화에 대한 호프스테드의 6차원이나 트롬페나르의 7차원 모두 서로 의미가 중첩되는 등 명확한 구분은 아니지만 우리 한국의 문화를 이해하는 데는 충분한 의미를 가진다고 생각한다. 두 학자의 연구결과에서 한국문화의 특성은 수직문화, 집단주의, 관계지향, 안정지향, 상대주의, 분화성과 통합성의 공존, 온정주의, 귀속주의, 도전주의 등으로 나타났다.[a] 이를 바탕으로 한국행정문화의 특성을 추론한다면 〈표 7-1〉과 같이 요약할 수 있을 것이다.

1) 특 성

(1) 권위주의

한국은 호프스테드의 권력거리 측정(최저 11점 최고 104점의 범위)에서 60점으로 권력거리가 강한 쪽, 즉 권력이 어느 정도 차등적으로 배분되어 있는 수직적 문화로 나타났다.[b] 수직적 문화는 한국의 군신민(君臣民)의 신분사회와 가부장적 가족사회의 전통에 많은 영향을 받은 것으로 보이며 상사와 어른에게 경어를 쓰

---

a) 이 중에서 호프스테드의 장기-단기성향과 트롬페나르의 순차적-동시적 시간관은 연구결과가 서로 상반되어 생략하였고 개인주의-집합주의는 유사한 개념으로 개인주의-집단주의로 통일할 수 있다. 한편 욕망에 대한 관용-억제 차원은 호프스테드가 6번째로 추가한 차원이지만 욕망 추구에 관용적인 문화는 개인의 자유가 중시된다는 점에서 개인주의에 그리고 욕망이 제한되는 문화는 사회규범이 중시된다는 점에서 집단주의와 밀접한 관련이 있다고 보아도 될 것이다.

b) 이하 조사결과에 대한 모든 자료는 각각 호프스테드와 트롬페나르의 웹사이트(www.geert-hofstede.com, www2.thtconsulting.com, 2020. 11. 28) 및 Trompenaars and Charles Hampden-Turner의 저서 *Riding the Waves of Culture* (2nd ed., 1997)를 참고한 것임.

표 7-1 호프스테드와 트롬페나르의 문화차원 종합

학자	본래 용어		의 역 (한국적 표현)	한국행정문화	점수 (범위)
호프스테드	권력거리	power distance	수평문화 vs. **수직문화**	권위주의	60 (11−104)
	개인주의− 집단주의	individualism vs. collectivism	개인주의 vs. **집단주의**	집단주의	18 (6−91)
	남성성− 여성성	masculinity vs. femininity	과업지향 vs. **관계지향**	온정주의	39 (5−110)
	불확실성 기피	uncertainty avoidance	변화지향 vs. **안정지향**	안정주의	85 (8−112)
	단기성향− 장기성향	short- vs. long- orientation	현재관점 vs. 평생관점	−	100 (0−100)
	관용− 억제	indulgence vs. restraint	쾌락추구 vs. **쾌락절제**	집단주의	29 (0−100)
트롬페나르	보편주의− 특수주의	universalism vs. particularism	절대주의 vs. **상대주의**	상황주의	37 (32−97)
	개인주의− 공동체주의	individualism vs. communitarianism	개인주의 vs. **집단주의**	집단주의	41 (26−69)
	부분성−전체성 (구체성−모호성)	specific vs. diffused	**분화성** vs. **통합성**	분화성과 통합성의 공존	65 (32−91)
	중립−감성	neutral vs. affective	중립 vs. **온정주의**	온정주의	n/a (15−81)
	성취−귀속	achievement vs. ascription	성취주의 vs. **귀속주의**	귀속주의	20 (4−76)
	순차적 시간관− 동시적 시간관	sequential vs. syncronous	계획성 vs. 즉흥성	−	−
	내부통제− 외부통제	internal vs. external control	**도전주의** vs. 운명주의	도전주의	39 (9−68)

자료: https://geerthofstede.com/research-and-vsm/dimension-data-matrix/, 2020. 11. 28.,
　　　Fons Trompenaars and Charles Hampden-Turner, *Riding the Waves of Culture* (2nd ed.), Nicholas
　　　　Brealey Publishing, London, 1997.
　　　Fons Trompenaars, *Riding the Waves of Culture*, ppt 자료, 2009. 3. 27.

는 언어구조와 깊은 연관성이 있어 보인다.

　　행정 측면에서 수직적 문화는 참여나 위임보다는 권위와 위계질서에 의존하는 행정임을 암시한다. 한국의 많은 행정학자들이 주장하는 권위주의 행정문화이다.[17] 권위주의는 국민과의 관계에서 공무원이 관우월적인 태도를 보이거나 대민

PART 1
행정과 행정학의 이해

PART 2
행정환경

PART 3
행정내부환경

PART 4
결정시스템

PART 5
집행시스템

PART 6
조직시스템

PART 7
지원시스템

PART 8
산출과 피드백

서비스 마인드를 약하게 만들기 쉽다. 또한 시민참여를 통한 민주적 정책결정보다는 정부 주도의 권위적 결정이 되기 쉽다. 그렇기 때문에 이해당사자들의 이해가 정책결정의 투입단계에서 충분히 표출되거나 반영되지 못하고 결정이 이루어져 집행되는 시점에서 가시화되는 성향이 강하게 나타난다.

한편 조직 내에서의 권위주의 특징을 보면 명령과 복종의 위계질서가 중시되고 최고결정자의 판단에 부하 직원이 쉽게 도전하지 못하고 수동적으로 따르는 행태를 보인다. 따라서 조직구성원들의 창의적인 아이디어가 제한되고 조직이 경직되기 쉽다. 관료제의 계층구조와 한국 공직사회의 연공서열 또는 기수문화(고시 몇 회, 몇 년도 임용, 고등학교나 대학교의 학번)가 권위주의 문화를 더욱 강화한다고 볼 수 있다.

권위주의 문화는 조직의 경직성 등 부정적인 측면이 강하지만 다른 한편 주어진 임무를 충실히 따르고 상하간 의리관계를 유지함으로써 조직의 안정에 기여할 수도 있다. 특히 단순 반복적인 업무의 경우에는 효율성을 높일 수도 있다.

(2) 집단주의

개인주의-집단주의 측정에서 한국은 개인주의 점수가 호프스테드 조사결과 18점이었고, 트롬페나르 조사결과 41점으로 나왔다. 각각 개인주의 최저점수와 최고점수의 범위는 6~91과 26~69로 두 조사결과는 모두 한국이 개인주의 성향보다 집단주의 성향이 상대적으로 강하다는 것을 보여주었다. 한국에서 집단주의는 가족에서 자연스럽게 형성된다고 본다. 가족 구성원들끼리는 끈끈한 정으로 서로 이해하고 협력하는 반면 가족 이외의 사람들에게는 배타성을 보인다.

집단주의는 행정에서 칸막이, 부처이기주의, 할거주의로 나타난다. 소속 부처나 부서에 대해서는 '우리' 부처(부서)로 생각하고 부처(부서)의 위상을 자신과 동일시하는 특성을 보인다. 또한 관료조직 안에서 출신 지역이나 학교를 중심으로 한 연고주의나 비공식조직이 활성화된다.

집단주의는 집단 밖의 개인이나 다른 집단에 대해 폐쇄적인 태도를 갖기 쉽고 또한 집단 구성원들간 사고의 다양성이 결여되는 집단사고(group think)[18]의 부정적 측면이 있지만, 집단 안의 구성원들간에는 상호 소속감과 심리적 안정욕구를 충족시킬 수 있으며 이들간 매우 강한 응집력을 보임으로써 업무효율을 높일 수도 있다.

(3) 온정주의

호프스테드의 남성성-여성성 측정에서는 한국은 남성성이 39점으로 매우 낮았다. 78개 조사 대상국 중에서 남성성이 하위 18위를 보여 상대적으로 여성성이 강한 것으로 나왔다. 즉, 한국은 물질적 성공보다 삶의 질을, 자기주장보다는 겸손한 양보를, 공격적이기보다는 방어적인 태도를, 일보다는 사람과의 관계를 중요시한다는 조사결과이다.[a) 트롬페나르의 중립-감성의 측면에서 보면 사무적인 냉정함보다 온정적인 인간관계를 더 강조한다.

여성성은 행정에서 과업지향의 근무행태보다 온정주의나 정적(情的) 인간관계를 강조하는 행태로 나타난다. 역시 직장을 가족 관념으로 생각하는 한국적 문화에서 계약적이고 업무적인 관계보다 인간적이고 정적인 관계를 우선적인 것으로 받아들이는 것으로 이해할 수 있다. 인사명령이 있은 뒤 새 식구를 맞이하면 빠른 시간 내에 부서 회식 등을 통해 서로 격의 없는 인간관계를 먼저 확인하고 형성하는 것도 바로 여성성향의 문화로 해석할 수 있을 것이다.

행정에서의 온정주의나 정적 인간관계는 집단주의 성향과 지연·학연·혈연 등의 연고주의를 강화함으로써 객관적이고 합리적인 행정을 저해할 수 있다. 대표적으로 같은 부처나 부서의 구성원에 대하여 부정이나 잘못을 확인하고도 객관적인 평가에 의한 엄격한 징계를 하지 못하고 '제식구 감싸기'식의 행태가 나타난다. 이와는 반대로 여성성은 집단주의와 비슷한 맥락에서 구성원들 간의 상부상조와 단합을 이끌어내는 동인이 될 수도 있다.

(4) 안정주의

호프스테드의 조사결과 한국은 불확실성 회피 성향이 매우 높은 국가로 나왔다(85점). 이 차원에서 싱가포르는 8점으로 가장 낮았고 그리스가 112점으로 가장 높았으며 미국이 46점이고 일본은 92점을 얻었다. 한국과 일본이 공통적으로 변화와 위험을 피하고 과거의 연장선상에서 안정된 생활을 원하는 것으로 보인다.

한국행정에서 안정주의는 극단적으로 관료문화에서 지적한 무사안일주의나

---

a) 호프스테드의 이러한 남성성과 여성성에 대한 대비와 실제조사는 성 고정관념이 반영된 비과학적인 것이라는 비판을 받기도 한다. 특히 같은 직장에서 유사한 업무를 수행하는 중산층 직장 남성을 대상으로 조사했기 때문에 표본 대표성을 결여하였고 조사결과가 그 사회의 여성에게도 동일할 것으로 추론하는 것은 잘못이라고 주장한다(Agneta Moulettes, The Absence of Women's Voices in Hofstede's Cultural Consequences: A postcolonial reading, *Women in Management Review*, 22(6), 2007, pp. 443-455).

PART 1
행정과 행정학의 이해

PART 2
행정환경

PART 3
행정내부환경

PART 4
결정시스템

PART 5
집행시스템

PART 6
조직시스템

PART 7
지방시스템

PART 8
산출과 피드백

법규만능주의의 안일한 행태와 중복되어 나타난다. 공익이나 국민을 위해서 적극적이고 창의적으로 일하는 것이 아니라 규정에 있는 대로 하거나 과거에 해오던 관행대로 반복적으로 일하는 것이다. 일을 만들어 하기보다 상사의 명령이나 민원이 있을 때 그에 반응하는 매우 소극적이고 수동적이며 심하게는 보신적(保身的)인 행정행태를 보인다.

이러한 안정주의는 신분보장의 제도적 장치에 의해 더욱 강화되고 연공서열과 같은 인사관행을 답습하기 쉽다. 따라서 안정주의는 변화를 기본 전제로 하는 NPM 등의 행정개혁을 매우 어렵게 하는 요소이다. 안정주의는 이와 같이 변화의 장애가 되는 것이 사실이지만 다른 한편 법적 안정성이나 행정의 일관성을 유지시키는 데 매우 중요한 역할을 할 수 있다.

(5) 상황주의

보편주의–특수주의는 트롬페나르가 주장한 문화의 한 측면으로 한국은 보편주의에서 37점을 기록해 31개국 중 세 번째로 낮은 점수를 기록함으로써 상대적으로 특수주의가 강한 것으로 조사되었다.[a] 스위스(97점), 캐나다(93점), 미국(93점) 등의 국가에서 보편주의 점수가 가장 높았다. 특수주의는 보편주의나 절대주의와는 다르게 그때그때 처한 상황에 따라 상대적인 기준을 적용하는 상황주의를 말한다.

행정에서 상황주의는 법치보다 인치가 우선하고, 법의 보편적 적용이 아니라 공무원의 자의적 적용이 우선하는 위험성을 내포하고 있다. 법이 이상적일수록 현실과의 괴리가 생기기 때문에 예외 없는 절대적 법집행을 어렵게 한다. 당연히 현실과의 괴리가 클 수록 상황논리에 따른 상대적인 법해석과 적용이 많아지게 된다. 또한 상황주의는 다양한 잣대를 적용하는 것으로 자신과의 특수한 이해관계나 연고관계에 있는 사람에게는 사적이고 주관적인 판단이 작용하기 쉽다. 따라서 앞서의 연고주의와도 밀접한 관련이 있다.

상황주의는 목표달성을 위해 절차적인 원칙을 무시하거나 그때그때 상황을

[a] "당신이 친한 친구의 차를 타고 가던 중, 친구가 보행자를 치는 사고를 냈다. 사고 지역의 최고 속도가 시속 20마일인데 친구가 실제로 35마일로 과속 운전했다는 것을 당신은 알고 있다. 사고 현장의 목격자는 없는 상황이다. 친구의 변호사가 말하기를 법정에서 시속 20마일로 운전했다고 증언해준다면 친구가 중대한 처벌을 면할 수 있다는 것이다. 친구는 나에게 그렇게 증언해주기를 기대할 어떤 권리가 있다고 생각하는가? 그렇게 증언할 것인가?"의 질문에 "친구는 그럴 권리가 없고 나는 그렇게 증언하지 않을 것이다"는 응답 비율이다(Trompenaars and Hampden-Turner, 전게서, pp. 33-35).

쫓아다니는 기회주의를 낳기도 한다. 특히 법적용에서 '코에 걸면 코거리 귀에 걸면 귀거리'식의 자의성이 나타나기 쉽고 그 결과 법의 신뢰성을 해치게 된다. 상황주의가 부정적인 것만은 아니다. 상황에 유연하게 대응하는 변화적용력을 갖게 하는 장점도 있다.

(6) 분화성과 통합성의 공존

52개국에 대한 트롬페나르의 통합성-분화성 문화를 측정한 결과 32점(통합성)에서 91점(분화성)의 범위였으며, 한국은 65점을 기록해 절대점수로는 중간이었지만 상대적 순위로는 통합성 점수 순으로 12위에 해당해 통합성이 강하다는 해석이 가능하다.[19] 스웨덴이 91점으로 가장 높았고, 영국 88점, 캐나다 87점, 미국 82점이었고 중국이 32점으로 가장 낮았다. 한국은 그 중간으로 통합성·융합성이 강한 전통사회에서는 벗어났지만 분화성·구체성이 강한 현대산업사회로는 완전히 진입하지 못한 전환기에 있으며 통합성과 분화성이 함께 공존하는 문화로 이해할 수 있다.[a]

행정에서 분화와 통합의 문화가 가장 크게 작용하는 것은 공과 사의 구분이다. 분화의 문화일수록 공사(公私)의 구분을 명확하게 한다. 한국행정은 분화와 통합이 공존하다보니 공과 사의 구분이 아직 모호한 경우가 많다. 그것은 근무시간에 신문을 보거나 사무실 프린터로 개인용 문서를 인쇄하거나 점심 식사 후 늦게 들어오는 등의 사소한 문제에서부터 사적인 관계에 있는 사람에게 특혜를 주는 심각한 문제까지 매우 다양한 형태로 나타난다. 통합의 문화는 공사구분 이외에도 업무수행에 있어 객관적 자료에 근거한 분석적 접근이 약하고 대신 상황적 맥락에 대한 직관적인 접근에 의존하는 경향이 높다. 법규정에 있어서도 아직 "…을 원칙으로 한다"거나 "기타 … 정하는 사항" 등 포괄규정을 두고 있는 것도 통합적 요소라 할 수 있다.

공사구분의 모호, 직관적 사고, 포괄 규정 등의 통합성 요소는 행정의 책임성을 확보하는 데 어려움을 낳는다. 다만 한국 공직사회에서 사생활을 희생해가며 야간이나 주말에도 근무를 하는 등의 헌신적 태도, 거시적인 이해와 접근, 그리고 상황에의 탄력적 대응 등의 장점을 가질 수 있다.

---

a) 리그스(Fred Riggs)는 이러한 사회를 프리즘(Prism) 사회라 불렀다. 융합의 전통사회와 분화의 현대사회 구분은 식생활의 비유로 쉽게 이해할 수 있다. 한국에서는 음식을 개인적으로 나누기보다 가운데 놓고 함께 나누어 먹는 반면 서양은 처음부터 개인적으로 나누어 서빙(serving)한다. 물론 근래에는 한국의 식생활문화도 점차 서양식으로 바뀌어 가는 전환기의 모습을 보인다고 할 수 있다(Fred Riggs, *The Ecology of Public Administration*, New Delhi: Asia Publishing House, 1961).

PART 1
행정과 행정학의 이해

PART 2
행정환경

PART 3
행정내부환경

PART 4
결정시스템

PART 5
집행시스템

PART 6
조직시스템

PART 7
지원시스템

PART 8
산출과 피드백

(7) 귀속주의

귀속주의-성취주의 측정에서 한국은 최저 4점(귀속주의) 최고 76점(성취주의) 범위에서 20점을 기록하여 성취주의보다 귀속주의 성향이 강한 것으로 나왔다. 미국과 호주가 각각 76점과 69점을 기록하였고, 중국이 28점 그리고 일본이 26점으로 동양권 국가에서 일반적으로 귀속주의가 높게 나왔다. 귀속주의가 높을수록 능력과 노력으로 달성한 일의 성과보다는 사람의 출신 성분을 중요하게 여기며 한번 귀속된 출신 성분이 지속적으로 영향을 미치게 된다. 현대 사회에서 태어나면서부터 신분이나 지위가 부여되는 경우는 적기 때문에 귀속주의를 해석할 때 출생 이후의 노력을 통해 성취한 것도 귀속적인 것으로 이해할 필요가 있다.[a] 즉 귀속주의 문화에서는 학력, 출신학교, 전문직(특히 변호사, 의사, 회계사) 자격증 등이 취업이나 승진에 중요한 영향을 미치고 직업, 직장, 직함도 퇴직 이후 사회생활에까지 간접적인 영향을 미친다.

이러한 귀속주의는 한국 발전의 동인으로 작용한 측면이 있다 하겠다. 대표적으로 교육열을 높이고 우수 인력을 공직으로 유인하는 문화적 요인으로 이해할 수 있을 것이다. 누구나 출생에 관계없이 명문대학이나 고시에 합격하면 '개천에서 용났다'는 말이 나올 정도로 신분 상승의 기회로 받아들이는 문화가 있었던 것이다. 공직사회에서는 공무원의 신분상승욕구로 나타날 수 있다. 즉, 사회적으로 인정받는 부처나 부서에 근무하고 싶은 욕구, 승진에 대한 욕구를 강화시켜줄 것이다.

한편 한국행정에서 귀속주의는 선입견에 의한 차별을 야기할 수 있다. 즉, 여성, 특정 지역 출신, 비고시 출신이라는 귀속적 요인에 대한 고정관념 때문에 인사에서 차별을 받는 경우이다. 반대로 무임승차(free riding)의 혜택을 보는 불공정 경우도 발생할 수 있다. 출신 대학이나 입직 경로(5급 공채 출신 여부, 행정고시 vs. 기술고시 등)에서 이미 'ㅇㅇ출신'의 신분을 얻게 되면, 이후 그 사람의 노력, 능력, 성과에 특별한 문제가 없으면 고위공무원까지 승진하는 관행이다. 귀속주의는 또한 연공주의 문제를 야기한다. 승진, 전보, 보상 등 각종 인사관리에서 '출신'과 함께 공무원 시험 합격연도(공채 00기), 임용 연도가 늘 따라다니면서 중요하게 작용하는 것이다.

---

[a] 성취주의와 귀속주의는 배타적이기보다는 상호작용의 측면이 있어 보인다. 성취를 통해 신분과 지위를 얻고, 그것이 다시 자기성취예언(self-fulfilling prophecy)으로 작용해 더 큰 성취를 이루게 하는 반복적 상승작용을 일으킬 수 있다.

(8) 도전주의

트롬페나르의 도전주의(내부통제) 측정에서 한국은 39점으로 47개국 중 37위로 높았다. 최저 9점(바레인)에서 최고 68점(루마니아)이었고, 미국은 32점으로 중간이었으며 특히 중국과 일본은 각각 22점과 19점으로 운명주의 성향이 매우 강한 국가로 나타났다. 운명주의 성향이 강하게 나타났다. 도전주의는 개인이나 조직의 성공여부를 자신이 결정할 수 있다고 믿으며 초자연의 힘에 의지하는 운명주의와 상반된다. 이스라엘이 최고점인 것을 보면 외부로부터의 위협을 크게 받는 환경에서 도전주의 성향이 강한 것이 아닌가 싶다.

한국이 운명주의보다 도전주의가 강하다는 것은 기존의 학자들이 주장하는 것과 상반된다. 지금까지 운명주의는 한국행정문화의 대명사처럼 받아들여졌기 때문이다.[20] 하지만 설문 결과 도전주의가 높게 나왔다는 것을 일단 받아들여야 할 것 같다. 특히 외국인이 보는 한국은 분명히 도전적인 국가임에 분명하다. 무역규모 세계 10위권, 올림픽과 월드컵의 성공적인 개최와 메달 획득, 반도체·조선·자동자·IT 분야에서의 세계적 기업 보유 등을 보고 한국을 운명주의 국가로 인식할 외국인은 드물 것이다.

도전주의는 한국인의 신분상승욕구와 '할 수 있다'는 자신감과 연결하여 이해할 수 있을 것 같다. 귀속성향이 강한 한국인은 사회적 인정을 받기 위해 끊임없이 자기개발을 위해 노력하는 적극성을 보였고 과거 국가지도자도 수출 100억 달러, 국민소득 1만 달러 등의 목표를 내걸고 '할 수 있다'는 도전정신을 고취시켜온 것을 부인하기 힘들다.

다만 이러한 도전주의는 목표를 달성하기까지의 과정에서 잘 나타나는 것 같다. 진인사대천명(盡人事待天命)이나 '결과보다 최선을 다하는 노력' 자체를 높이 평가하는 것에서 알 수 있듯이, 일단 결론이 나면 그것을 받아들이는 운명주의, 순응주의가 나타나는 것으로 볼 수 있다. 도전주의는 또한 하위계층보다는 상위계층에서 더 강하게 나타난다. 하위직 공무원은 신분보장이나 계층문화 등 안정주의 특성을 보이기 쉽지만 기관장이나 고위직 공무원은 사회를 변화시키기 위해 보다 적극적이고 도전적인 행태를 보이기 쉽다. 행정개혁과 같이 하향식(top-down) 방식에서 그런 도전주의적인 적극적 행태가 잘 나타난다.

PART 1
행정과 행정학의 이해

PART 2
행정환경

PART 3
행정내부환경

PART 4
결정시스템

PART 5
집행시스템

PART 6
조직시스템

PART 7
지원시스템

PART 8
산출과 피드백

2) 과 제

문화는 오랜 역사를 통해 형성되고 또 점진적으로 변화되어 간다. 지금까지 검토한 한국의 행정문화도 고정된 것이 아니고 끊임없이 진화하면서 행정의 중요한 변수로 작용하고 있다. 한국의 행정문화는 관료문화와 복합적으로 작용하면서 앞으로 검토하게 될 결정시스템, 집행시스템, 조직시스템, 그리고 지원시스템 등 행정의 전반에 영향을 미친다.

한국의 행정문화는 지금까지 부정적인 측면에서 많이 논의되어 왔다. 국가발전이나 행정발전에 부담을 주고 있다고 보았던 것이다. 문화는 다수 구성원의 내면에 내재화되어 있고 과거로부터의 관성을 가지고 있다. 따라서 개혁의 방향성이 그런 문화적 속성과 상충할 때 개혁은 어려움에 직면하게 된다.

그런 점에서 경쟁을 기본으로 하는 NPM과 참여를 기본으로 하는 뉴거버넌스는 안정주의, 온정주의, 권위주의, 집단주의 등 지금까지의 전통적 한국행정문화와 충돌가능성이 높다. 대표적인 예로서 개인주의를 근간으로 하는 성과급을 도입하였지만 집단주의와 통합적 성향 때문에 기대한 성과를 거두지 못하고 있는 것으로 평가되고 있다.[21]

그렇다고 행정문화를 항상 제약조건으로 받아들이고 그 범위 안에서 개혁을 시도한다면 행정발전은 기대하기 힘들 것이다. 오히려 행정발전에 장애가 되는 행정문화를 적극적으로 변화시켜 나가는 노력이 필요할 것이다. 구성원들이 공유하는 신념체계를 변화시키는 것은 쉬운 일이 아니다. 내재화되어 있는 믿음과 몸에 밴 관행을 바꾸기 위해서는 더 큰 가치와 비전 그리고 영감을 불어넣어야 가능한 일이다. 열심히 노력하고 성과를 내는 사람에게 금전적으로 보상함으로써 가능한 것이 아니라, 금전으로 계산할 수 없는 더 큰 가치를 만들어 내는 의미 있는 역사적 과업임을 설득함으로써 구성원 스스로가 변화의 필요성을 깨닫고 행동할 때 가능할 것이다.[a] 이 시대의 글로벌 환경에 맞지 않고 정부경쟁력을 방해하는 행정문화적 요소에 대해서는 이러한 리더십뿐만 아니라 새로운 제도의 도입을 통한 시스템적 접근도 필요할 것이다. 외국의 좋은 제도를 무작정 도입하는 것이 아니라 우리의 문화적 특성을 반영하되 공무원의 행태와 가치체계를 바람직한 방향으로 변화시킬 수 있는 요소를 함께 고려하여 한국 상황에 적실한 제도를 정착시

---

[a] 이러한 방식의 리더십 유형을 변혁적 리더십(transformational leadership)이라 한다(상세한 설명은 제9장 참조).

키는 노력이 있어야 할 것이다. 문화를 변화시키기 위한 노력은 한번으로 끝나는 것이 아니라 지속적이어야 한다. 그렇지 않으면 문화는 언제든 과거의 성향으로 회귀하는 관성을 가지고 있기 때문이다.

PART 1
행정과 행정학의 이해

PART 2
행정환경

PART 3
행정내부환경

PART 4
결정시스템

PART 5
집행시스템

PART 6
조직시스템

PART 7
지원시스템

PART 8
행정책임
산출과 피드백

◎ 주

1) Edgar H. Schein, *Organizatinal Culture and Leadership*, Jossey-Bass, 1985, pp. 1–22.

2) 오석홍, 행정의 문화, 「행정논총」, 35(2), 1997, p. 8.

3) Jay M. Shafritz & E. W. Russell, *Introducing Public Administration*, 3rd ed., New York: Longman, 2002, p. 73.

4) Julien Freund, *The Sociology of Max Weber*, New York: Vintage Books, 1968.

5) http://webpages.chhs.niu.edu/stolte/soc260/bureaucracy.htm, 2004. 8. 14.

6) Max Weber, *The Theory of Social and Economic Organization*, trans., A. M. Henderson and T. Parsons, New York: Free Press, 1964, p. 337.

7) Robert K. Merton, *Social Theory and Social Structure*, rev. ed., Glencoe, IL: The Free Press, 1957.

8) Alvin W. Gouldner, *Patterns of Industrial Bureaucracy*, Glencoe, IL: The Free Press, 1954.

9) Phillip Selznick, *TVA and the Grass Roots*, Berkeley, CA: University of California Press, 1949.

10) James Q. Wilson, *Bureaucracy: What Government Agencies Do and Why They Do It*, New York: Basic Books, 1989, p. 62.

11) Barry Bozeman, A Theory of Government Red Tape, *Journal of Public Administration Research and Theory*, 3, 1993, p. 283.

12) Hal Rainey, P. Sanjay, & B. Bozeman, Research Note: Public and private managers' perceptions of red tape, *Public Administration Review*, 55(6) 1995, pp. 565–573.

13) 김근세·최도림, 공공조직의 레드테입에 관한 시론적 분석: 정부출연연구기관을 중심으로, 한국행정학회 학술발표논문집, 1996. 11, pp. 401–425.

14) Selznick, op.cit.

15) www.geert-hofstede.com/, 2004. 6. 15; Geert Hofstede, *Culture Consequences: International differences in work-related values*, Newbury Park, CA: Sage, 1980.

16) www.thtconsulting.com/, 2004. 6. 15; Fons Trompenaars & Charles Hampden-Turner, *21 Leaders for The 21st Century*, New York: McGraw-Hill, 2001.

17) 백완기, 「한국의 행정문화」, 서울: 고려대학교 출판부, 1984.

18) I. L. Janis & L. Mann, *Decision Making: A psychological analysis of conflict, choice, and commitment*, New York: Free Press, 1977.

19) Fons Trompenaars & Charles Hampden-Turner, *Riding the Waves of Culture: Understanding Diversity in Global Business*, 3rd ed., McGraw-Hill Education, 2012.

20) 백완기, 전게서.

21) 하태수, 제도의 이전, 토착화 그리고 신제도주의, 「행정논총」, 40(1), 2002, pp. 45-70.

PART 4

결정시스템

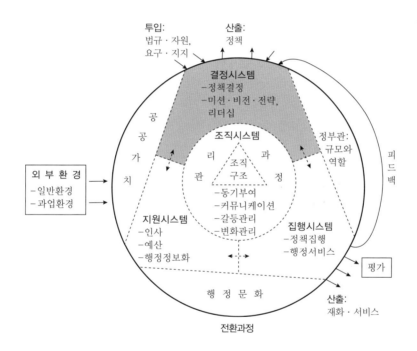

투입:
법규·자원,
요구·지지

산출:
정책

결정시스템
–정책결정
–미션·비전·전략,
리더십

공
공
가
치

정부관:
규모와
역할

피
드
백

조직시스템

외부환경
–일반환경
–과업환경

리
관

조직
구조

과
정

–동기부여
–커뮤니케이션
–갈등관리
–변화관리

지원시스템
–인사
–예산
–행정정보화

집행시스템
–정책집행
–행정서비스

평가

행정문화

산출:
재화·서비스

전환과정

CHAPTER 8   정책결정
CHAPTER 9   미션 · 비전 · 전략, 리더십

결정시스템은 행정이 추구하여야 할 기본적인 방향과 목표를 정하고 이의 실행을 리드(lead)하는 시스템이다. 국가 전체로 보면 국정운영의 기본 방향을 정하고, 대통령 임기 중에 추진할 국정과제를 구체화하며, 행정부처의 업무를 최종적으로 조정하고 통제하는 청와대가 결정시스템에 해당한다. 행정시스템은 국가의 하위 시스템으로서 대통령과 비서실을 포함하는 청와대는 행정시스템의 환경 요인으로 본다. 따라서 행정시스템에서는 청와대를 제외한 행정부 중심으로 접근하며 이 경우 결정시스템은 장관 등의 기관장을 포함한 고위공무원이 핵심 역할을 수행한다. 결정시스템은 앞에서 설명한 환경의 변화를 올바로 인식하고 이에 적절히 대응할 뿐만 아니라, 행정 내부의 집행시스템, 조직시스템, 지원시스템을 상호 유기적으로 통합하여 전체 행정시스템의 효과적인 작동을 담보하는 중추적 역할을 수행한다.

결정시스템은 파슨스(Parsons)가 분류한 체제의 기능 중에서 목표달성기능 및 통합기능을 담당한다. 행정이 추구할 목표를 정하고 체제가 하나의 전체로서 작동하도록 하는 우리 몸의 두뇌에 해당하는 역할이다. 제4부 결정시스템에서는 결정의 과정과 그 결과물인 정책, 미션, 비전, 전략을 설명하고, 또한 결정뿐만 아니라 집행 및 자원관리의 하위시스템 작동의 중심에 있는 리더십을 이해한다.

먼저 제8장에서는 정책결정을 설명하는 데, 어떻게 하면 좋은 정책을 만들 수 있는가에 초점을 맞춘다. 구체적으로 어떠한 단계를 거쳐야 좋은 결과를 얻게 되는지의 과정적 측면, 좋은 정책인지를 판단하는 분석적 측면, 그리고 결정과정에서 중요한 역할을 담당하는 참여자 측면에서 주요 이론을 검토한다. 제9장에서는 조직을 분석의 단위로 할 때 방향성에 해당하는 미션, 비전, 전략을 다룬다. 즉, 조직의 존립 이유에 해당하는 미션, 미래에 어떤 조직이 되고자 하는지의 비전, 그리고 비전을 달성하기 위한 수단으로서 전략을 이해한다. 또한 정책, 미션, 비전, 전략을 개발하고 설정하는 역할은 물론, 조직 구성원에게 영향력을 행사하여 정책과 전략을 성공적으로 실행에 옮기고 조직의 미션과 비전을 달성하도록 하는 과정에서 가장 중요한 역할을 하는 리더십을 이해하도록 한다.

정책결정 **08**

1. 정책의 의의

1) 개 념

- 대통령 직속 일자리위원회 부위원장은 … **일자리정책**을 주도하고 있는 기획재정부, 고용노동부 등 정부부처의 정책 방향에 대해 이례적으로 "잘못됐다"는 입장을 분명히 했다. 나아가 "일자리위가 일자리정책의 컨트롤타워가 되겠다"는 뜻을 공개적으로 표명했다.[1]
- 우리나라가 세계 최저 출산율과 급속한 고령화로 생산가능인구 비중이 급감하는 '인구절벽'을 맞은 상황에서 외국인을 적극 수용하는 **이민정책**이 필요하다는 주장은 대세가 된지 오래다.… **이민정책**은 당장의 문제가 아니라 10년 혹은 20년 뒤 우리 사회에 닥칠 문제를 대비하기 위한 중장기 과제다.[2]
- 국내 게임업계에 있어 정치권의 관심은 양날의 검과 같은 이슈다. [게임업계에 대한] **진흥정책**을 대거 추진한다면 새로운 사업을 펼칠 수 있는 기회로 활용될 수 있지만, **규제정책**을 강화해 나간다면 산업이 크게 축소되는 것을 피할 수 없기 때문이다.[3]

인용문에서 보듯이 행정에서 정책만큼 자주 등장하는 단어도 드물 정도로 이제 정책은 행정의 중요한 요소가 되었다. 행정학이 정치학으로부터 독립하여 독자적인 학문의 영역으로 출범할 초기에 정책은 행정의 영역 밖이었다. 정책은 '정치의 장'에서 결정되고 행정은 그것을 단순히 집행하면 된다는 정치행정이원론의 시각이 지배적이었다. 그러나 근대국가에서 행정국가로 전환되면서 정치의 장에서 담당하던 정책결정의 많은 부분이 행정으로 위임되었다. 행정에 있어 정책은 이제 주어진 것이 아니라 직접 만들어가야 하는 행정의 가장 중요한 일부가 되었다.

정책결정의 산물인 정책은 바로 '정부가 하기로 하거나 하지 않기로 선택한 일'[4]을 담고 있다.[a] 정책은 비록 기존의 방식을 그대로 유지하기로 하였더라도 '결정' 또는 '선택'을 반드시 요구한다. 어떠한 결정도 하지 않는다면 정책은 대책 없이 표류할 뿐이다. 정부가 정책을 결정한다는 것은 '정부의 나아갈 방향과 의지'를 분명히 밝혔음을 의미한다. 즉 정책은 개인 차원의 의사결정이 아니라 정부의 권위로써 추진하는 나라 일이다. 또한 정책은 단순히 무엇을 하겠다는 선언적인 의지가 아니라 실제 행동으로 이어져 변화를 가져올 때 그 의미를 인정받을 수 있다.

정책은 조직 내부의 인사이동 결정이나 민원인에게 인·허가 결정을 내리는 등의 일상적 업무처리는 포함하지 않는다. 정책은 적어도 장기적으로 다수의 사람들에게 공통으로 적용되는 일련의 행동 기준이나 원칙을 담고 있다. 즉 민원인에 대한 인·허가 결정 사례 하나하나가 아니라 인·허가의 기본원칙, 절차, 대상과 범위 등을 담은 전체를 인·허가 정책이라 할 수 있다. 또한 그 일련의 모든 행동이나 규정은 의도하는 목표를 달성하기 위해 체계적으로 연결되어 있어야 한다.

2) 유 형

정책은 그것이 포괄하는 범위가 너무 광범위하기 때문에 몇 개의 유형으로 분류함으로써 전체로 이해할 때 놓치기 쉬운 통찰력을 얻을 수 있다. 특히 정책결정이나 집행 과정에서 나타나는 정책유형별 동태적 차이점을 보다 정확하게 이해하고 현실 적합한 이론을 개발할 수 있게 해준다. 정책의 유형별 분류는 학자에 따라 매우 다양하지만 공통 분모에 해당하는 것은 분배정책, 재분배정책, 규제정

a) 정책의 결정 주체를 정부로 한정한 것은 행정학의 범위 안에서 정책을 다루기 때문이다. 정책의 이해를 정치 영역으로 확대하는 경우, 정책은 국회와 정당을 포함한 정치권이 중심이 되어 다양한 이익을 조정하고 타협해서 도출한 결과물이라 할 수 있다. 즉, 정치학자 이스턴(Easton)이나 알몬드(Almond)가 체제모형에서 개념화하였듯이 정책은 정치의 산물(종속변수)로 이해할 수 있다(33쪽 각주 참조). 다른 한편 정책은 정책의 내용에 따라 유권자와 국민의 지지가 달라진다는 점에서 정치환경에 영향을 미치는 중요한 독립변수로 이해할 수도 있다(구현우, 민주주의, 정치과정, 그리고 공공정책: 민주적 정치과정론에 대한 비판적 재검토, 「정부학연구」, 24(3), 2018, pp. 161~199). 특히 정당이 선거 기간에 발표하는 인기영합적(포퓰리즘적) 정책 공약은 여론을 형성하기 위한 전략적 선택으로서 정치의 산물이 아니라 정치의 투입(input) 행위라 할 수 있다. 집권 정당의 공약은 국정과제라는 최우선 정부정책으로 전환되는 현실을 고려할 때 정책을 정치체제나 행정체제의 투입 관점에서 이해하는 것이 더욱 중요해지고 있다.

PART 1 행정과 행정학의 이해
PART 2 행정환경
PART 3 행정내부환경
PART 4 경정시스템
PART 5 정책시스템
PART 6 조직시스템
PART 7 지원시스템
PART 8 산출과 피드백

책이다. [a]

(1) 분배정책

분배정책(distributive policy)은 정부가 조달한 재정자원을 다수의 국민에게 재화와 서비스를 제공하기 위해 배분하는 가장 일반적인 정책유형이다. 대표적으로 국방과 교육 서비스의 제공, 그리고 고속도로, 고속전철, 항만, 공항과 같은 사회간접시설의 건설을 들 수 있다. 분배정책의 혜택은 대체로 국민 다수에게 돌아가지만 사회간접시설과 같이 특정 지역에 보다 직접적인 편익이 돌아가는 경우도 많다. FTA협정에 따른 농민 피해 지원, 중소기업을 위한 정책자금 지원, 대덕연구개발특구 지원, 혁신도시 등은 특정 집단이나 지역에 한정하여 이익을 분배하는 경우이다.

분배정책은 그 분배의 자원이 불특정 다수의 국민들로부터 확보되고 혜택도 소득과 무관하게 돌아가기 때문에 재원 부담자의 저항이 강하지 않다. 다만 제한된 자원을 더 많이 배정받기 위해 수혜 지역이나 집단 사이에 경쟁이 치열할 수 있다. 이 경우에도 자원을 분배받지 못한 집단이 비용을 더 부담하는 것은 아니기

---

a) 학자들의 분류를 보면 다음과 같다:
- 로위(T. J. Lowi): 분배정책, 규제정책, 재분배정책, 구성정책
- 알몬드와 파월(G. A. Almond & G. B. Powell): 분배정책, 규제정책, 추출정책, 상징정책
- 리플리와 프랭클린(R. Ripley & G. A. Franklin): 분배정책, 경쟁적 규제정책, 보호적 규제정책, 재분배정책
- 설리스베리(Salisbury): 분배정책, 규제정책, 재분배정책, 자율규제정책
이상의 유형에서 본문에 설명한 분배정책, 규제정책, 재분배정책 이외의 정책유형 개념을 간단히 알아본다.
- 구성정책(constituent policy): 정부기구 신설이나 개편, 행정개혁, 선거구 획정 등과 같이 정부 내지 국가 자체의 운영규칙에 관련한 정책이다.
- 추출정책: 체제의 존립을 위해 환경에서 인적·물적 자원을 추출하는 것과 관련된 정책으로 조세나 징병이 가장 대표적이다.
- 상징정책: 국기게양, 국경일 행사, 올림픽이나 월드컵과 같은 국제행사 개최 등과 같이 국가에 대한 애국심과 자긍심 고취 그리고 국민통합의 상징적 의미를 가진 정책이다.
- 경쟁적 규제정책: 항공노선 배정이나 이동통신 주파수 배정과 같이 이권이 개입된 특정 서비스 제공의 권리를 다수의 경쟁자 중에서 특정 개인이나 집단에만 제한적으로 부여하고 이들의 영업활동을 특별히 규제하는 정책이다. 한 예로 2004년 대만 항공노선이 재개되면서 국토교통부가 노선 편수를 대한항공과 아시아나항공에 50%씩 나누어 준 것을 들 수 있다.
- 보호적 규제정책: 최저임금보장, 공공서비스요금 규제, 공정거래 규제와 같이 다수 국민의 이익을 보호하기 위하여 기업활동의 내용을 규제하는 정책이다.
- 자율규제정책: 의사, 변호사, 약사, 미용사 등과 같이 영업 활동에 대한 규제 내용을 업종에 종사하는 회원의 단체가 스스로 정하고 감시하는 정책유형이다.

때문에 경쟁 당사자 간 제로 섬(Zero Sum) 게임의 승자-패자식 대립관계는 드물게 나타난다.[a] 분배정책에서는 이와 같이 비수혜 집단의 반발이 제한적이기 때문에 역설적으로 기존 수혜집단의 혜택이 쟁점화되지 않은 채 안정적으로 지속될 수 있다. 특히 의회(소위원회), 정부(관료), 그리고 이익단체간 상호이해가 견고하게 형성되어 있을 때 이러한 현상은 더욱 분명해진다.

(2) 재분배정책

재분배정책(redistributive policy)은 분배정책과 달리 비용의 부담 주체는 고소득층이고 수혜 대상은 저소득층으로 구분된다. 즉 고소득층의 일부 소득을 저소득층에게 이전시키는 것으로 누진소득세를 통해 재원을 확보하고 이를 영세민의 소득 보전이나 복지를 위해 재분배하는 방식이다. 재분배정책의 대표적인 예로는 실업자나 독거노인 등 저소득층의 소득안정 정책, 빈곤층을 위한 사회보장 및 의료보장 정책을 들 수 있다.

재분배정책은 일반적으로 제로 섬 게임, 또는 win-lose 게임으로 인식된다. 즉, 비용을 부담하는 집단과 수혜 집단 간에 첨예한 대립을 야기하기 쉽다. 그것은 단순히 집단 간의 대립이라기보다는 '성장우선이냐 분배우선이냐'[b]와 같이 이념적 논쟁이기도 하다. 미국의 경우 정당의 이념 성향에 따라 재분배정책은 민주당 정부에서 강화되고 공화당 정부에서 약화되는 것이 일반적이다. 우리나라는 그동안 경제성장에 정책의 우선순위를 두어 재정지출을 하여 왔기 때문에 재분배정책이 반영된 보건·복지·고용분야의 지출 비중이 높지 않았다. 하지만 1997년 외환위기와 2008년 세계금융위기를 겪으면서 OECD 회원국 중 노인 빈곤율이 가장 높고 실업률도 계속 높아지고 있기 때문에 사회복지 서비스에 대한 수요가 커지고 있다.[c] 여기에 정치권에서도 선거 때마다 포퓰리즘적 공약이 증가되면서 점

---

a) 대립관계의 예로 정부공모사업에서 탈락한 집단이 선발과정의 불공정성을 들어 결과에 불복하는 경우이다.

b) '성장과 분배'에서 말하는 분배는 실제로 재분배를 의미한다.

c) OECD 주요국 GDP 대비 사회복지지출 규모 비교(2019. 1월 기준, 경상 GDP 대비 %)

국가	한국	스웨덴	덴마크	프랑스	영국	네덜란드	일본	미국	OECD 평균
비중(%)	11.2	26.8	31.6	32.2	22.6	24.1	22.4	24.6	22.0

* 사회복지지출 = 공공사회복지지출 + 법정민간사회복지지출

공공사회복지지출: 일반정부지출(공공부조, 사회보상, 사회복지서비스) 및 사회보험지출(연금, 건강, 산재, 고용, 장기요양)

법정민간사회복지지출: 고용주의 법정급여 및 취약계층을 위한 교통·통신요금 감면

자료: 통계청, e-나라지표(https://www.index.go.kr/), 국가주요지표, 사회통합, 2020. 9. 16.

PART 1 행정과 행정학의 이해

PART 2 행정환경

PART 3 행정내부환경

PART 4 결정시스템

PART 5 집행시스템

PART 6 조직시스템

PART 7 지원시스템

PART 8 산출과 피드백

차 복지 부문의 비중도 증가하는 추세에 있고,[a] 2021년도에는 정부 총지출 예산 (558.0조 원) 중 보건·복지·고용 예산이 199.7조 원(35.6%)으로 2018년 이후 계속 전체 예산 대비 1/3 수준을 넘었다.[5] 재분배정책은 이와 같이 정책에 대한 가시성이 높고 이념적 차원에서 논쟁이 될 수 있기 때문에 강력한 리더십으로 국민적 공감대를 형성할 때 정책의 변화를 가져오게 된다.

(3) 규제정책

규제정책(regulatory policy)은 공익 차원에서 개인이나 기업의 특정한 권리행사를 제약하는 것에 관한 정책이다. 예를 들어, 개인 차원에서 총기나 마약 소지 또는 음주운전을 규제함으로써 당사자는 물론 타인을 보호하는가 하면, 기업의 허위광고나 과대광고를 규제하여 소비자를 보호한다. 뿐만 아니라 대기나 수질 오염물질 배출을 규제함으로써 일반 국민을 환경오염으로부터 보호하고 있다. 국민의 생명과 안전을 지키기 위해 유해한 식품 제조나 유통을 단속하고 약품의 성분을 표시하도록 하는 것도 규제정책에 포함된다. 우리나라에서 규제정책은 국토교통부, 산업자원부 등 거의 모든 부처가 관련되어 있지만 규제정책을 주된 업무영역으로 하는 행정기관은 환경부, 공정거래위원회, 식품의약품안전처 등을 들 수 있다. 규제정책은 국민의 권익을 제한하는 내용을 담고 있고 국가 공권력을 통해 관계 당사자의 순응을 확보하기 때문에 행정권의 남용 가능성이 높다. 따라서 법에 의해 엄격하게 규정하고 엄정하게 집행하는 것이 중요하다.[6]

규제정책은 또한 규제에 따른 비용이 발생하여 경제활동에 직접적인 영향을 미치기도 한다. 수도권 공장 신설 규제, 대기오염 방지시설 의무화, 자동차 배출가스규제 등과 같이 생산비용을 유발시킨다. 따라서 규제를 받는 당사자는 규제에 대해 강하게 반발하게 된다. 한편 규제를 통해 공익을 실현할 수 있다고 믿는 소비자보호단체나 환경보존단체 등은 규제를 옹호하는 입장을 취한다. 이처럼 규제는 이해당사자가 누구냐에 따라 비용일 수도 있고 편익일 수도 있다. 규제완화

[a] GDP 대비 사회복지지출 비율(%) 추이(2005~2017년)

연도	2005	2006	2007	2008	2009	2010	2011	2012	2013	2014	2015*	2016	2017
공공	6.10	7.00	7.10	7.60	8.40	8.20	8.10	8.70	9.30	9.70	10.20	10.50	10.60
민간	0.50	0.50	0.50	0.60	0.70	0.60	0.60	0.70	0.70	0.80	1.00	1.00	—
합계	6.60	7.50	7.60	8.20	9.10	8.80	8.70	9.40	10.00	10.50	11.20	11.50	—

* 2015년 기준통계는 OECD에서 정식 공표(2019. 1월)된 결과이며, 2016, 2017년 자료는 잠정치.
자료: 통계청, e-나라지표(https://www.index.go.kr/), 국가주요지표, 사회통합, 2020. 9. 16.

의 경우 그 입장이 반대가 된다. 예를 들어, 골목 상권, 이동통신 시장, 의료서비스 시장에서는 대형마트 입점, 이동통신 신규 허가, 원격의료서비스 허용 등의 규제완화를 반대한다. 시장진입이 규제됨으로써 기존의 이익을 보장받기 때문이다. 카풀·카쉐어링 서비스 등 공유경제를 활성화시키기 위하여 현행 규제를 풀고자 할 때에도 기존의 택시업계는 반대하고, 카카오모빌리티 등 규제 완화로 새로운 사업 기회를 얻게 되는 사업자는 찬성한다. 따라서 규제정책의 경우 정부는 규제 강화나 규제완화로 발생하는 국가 차원의 편익과 비용을 비교하는 합리적 접근뿐만 아니라 그것이 누구에게 발생하는가를 함께 고려해서 집단 간 이해를 조정하는 정치력이 요구된다.[a]

3) 정책과정

정책은 그 자체 일련의 진화과정을 거치는 생명주기를 갖는다고 볼 수 있다. 정책이 태어나기 이전의 배태기를 거쳐 탄생기, 성장기, 그리고 재탄생 또는 소멸의 과정을 거치는 것이다. 이런 일련의 정책과정(policy process)은 일반적으로 '정책의제설정-정책결정-정책집행-정책평가'의 단계로 구분하여 이해할 수 있다.

정책의제설정(policy agenda setting)은 사회에 떠도는 다양한 공공문제 중에서 정부가 문제해결에 대해 공식적으로 관여하는 단계이다. 문제가 점차 심각해지고 공공의 이익을 해칠 우려가 있는지 공식적으로 점검하기 시작한 단계라 할 수 있다. 우리 사회는 해결해야 할 많은 문제를 안고 있다. 하지만 문제해결에 필요한 자원이 제한되어 있고 문제해결의 중요한 위치에 있는 정책결정자의 가치성향이 다양하기 때문에 그 많은 문제 중에서 일부만이 정부의 우선적인 관심 대상이 되어 공론의 장으로 등장하게 된다.

정책결정(policy making)은 정책의제로 채택된 주제에 대하여 최상의 정책을 결정하는 단계이다. 정부가 공식적으로 문제해결의 필요성을 인식하고 그 해법, 즉 정책을 탄생시키는 과정이다. 이를 위해 정책의제로 제기된 문제에 대한 정의와 정책을 통해 달성하고자 하는 목표를 명확히 하고 이를 달성하기 위한 다양한 정책대안을 개발하게 된다. 정책결정은 개발된 대안에 대하여 다시 각각의 장·단점을 비교 분석함으로써 대안의 우열을 정하고 그 중에서 최적의 대안을 선택하

---

[a] 정책을 유형별로 분류하는 중요성은 이와 같이 정책결정과정에 대한 이해를 높일 수 있다는 것이다. 즉, 정책의 유형 또는 내용이 정책결정과정의 특성을 결정한다는 것으로 정책을 정치과정의 단순한 산물로 보았던 시각에 중요한 전환을 의미한다.

PART 1
행정과 행정학의 이해

PART 2
행정환경

PART 3
행정내부환경

PART 4
결정시스템

PART 5
집행시스템

PART 6
조직시스템

PART 7
지원시스템

PART 8
산출과 피드백

는 과정을 거치게 된다. 정책결정 대신 정책형성이라는 용어도 자주 사용한다.

정책집행(policy implementation)은 선택한 정책대안을 구체적으로 실행에 옮기는 단계이다. 새로 태어난 정책이 성장하는 단계라 할 수 있다. 정책집행 단계에서는 정책결정 단계와는 다르게 이미 결정된 정책이 기계적이고 자동적으로 일사불란하게 집행으로 연결될 것으로 보인다. 그러나 현대행정에서 정책목표가 다양하고 이를 달성하기 위한 정책수단이 확실하지 않기 때문에 정책결정 단계에서 그런 불확실성을 해결하지 못한 채 정책집행이 이루어지는 경우가 많다. 따라서 정책집행이 정책결정 이상으로 다양한 이해의 조정과 타협을 필요로 하는 복잡한 정치과정이 된다.

정책평가(policy evaluation)는 집행이 이루어지고 난 정책에 대하여 본래의 정책목표를 달성했는가에 대한 평가와 피드백을 말한다. 정책이 의도한 효과를 보이고 국민의 지지를 받은 경우에는 그 생명이 계속되겠지만 그렇지 못한 경우 정책의 내용이 수정되거나 심지어 정책의 생명을 다하는 정책종결을 맞게 된다.

2. 결정모형

모형(model)은 일반적으로 현실 또는 실제를 닮은 축소판으로 이해할 수 있다. 현실에서 정책은 매우 다양하고 복잡한 과정과 관계 속에서 만들어진다. 결정모형은 그 모든 경우를 개별적으로 이해하기보다 어느 정도 공통적으로 관찰되는 중요한 과정이나 요소를 중심으로 압축해서 이해하는 것이다. 이러한 결정모형은 규범적 특성과 경험적 특성을 모두 가지고 있어 어떻게 하면 좋은 결정을 이끌어 낼 수 있는가에 대한 지침을 제공하기도 하고 정책결정의 실제를 이해하고 설명하는 데 매우 유용한 기준을 제공하기도 한다.[7]

지금까지 연구된 가장 대표적인 결정모형은 합리모형, 점증모형, 그리고 쓰레기통모형이다. 이들은 각각 결정을 선형의 과정, 고리형의 상호작용, 무형(無形)의 우연으로 인식하며, 또 다른 각도에서는 각각을 경제적 합리성, 정치적 합리성, 그리고 비합리성 측면에서 접근하고 있다.

(1) 합리모형, 만족모형, 회사모형

합리모형(Rational Model)은 합리적 종합모형(Rational Comprehensive Model)이라

고도 하며 신제도주의에서 설명한 합리적 선택모형과 맥을 같이 한다.[a] 즉, 다음과 같은 합리성을 가정한다.

- **문제의 명확성**: 결정자는 문제 상황에 대한 완전한 정보를 가지고 있으며 무엇이 문제인지 정확하게 이해하고 있다.
- **목표의 명확성**: 결정자는 무엇을 달성하고자 하는지 목표를 분명히 알고 있으며 다수의 목표가 서로 충돌하지 않는다.
- **대안의 명확성**: 결정자는 목표를 달성하기 위한 구체적인 대안뿐만 아니라 각 대안이 초래할 결과(비용과 편익)까지도 알고 있다.
- **우선순위의 명확성**: 무엇이 중요하고 중요하지 않은지를 평가할 분명한 기준을 가지고 각 대안을 비교 평가함으로써 대안간의 우선순위를 분명히 결정할 수 있다. 이 과정에서 결정자는 시간과 비용의 제약 없이 필요한 모든 정보를 구할 수 있다.
- **극대화 기준**: 여러 대안을 비교하여 목표달성을 극대화하는 하나의 최선책(the one best way)을 선택한다.[8]

합리모형은 완전한 정보를 가지고 효용극대화의 논리에 따라 소비행동을 하는 '경제인(economic man)'의 가정과 매우 유사하다. 합리모형에서 말하는 합리성은 바로 경제적 합리성을 의미한다. 목표달성을 위한 여러 대안을 비교할 때에도 경제적인 비용과 편익의 비교를 말하며, 극대화란 바로 경제적 효용의 극대화를 말한다. 합리모형은 목표와 수단의 연속적인 관계를[b] 종합적이고 체계적(시스템적)으로 구성할 뿐만 아니라 이들 관계를 계량적으로 분석하여 극대화 대안을 찾아가는 지침을 제공한다.[c] 따라서 합리모형은 분석적이고 객관적이며, 또한 이상적이고 규범적인 모형이라 할 수 있다.[d] 또한 합리모형은 '목표구체화–목표달성

---

a) 합리모형은 근대의 과학주의 내지 실증주의와도 밀접한 관련이 있다. 과학주의에 따르면 자연은 신의 창조물이 아니라 자연법칙에 따라 움직이는 시스템이며 인간은 그 법칙을 실증적으로 찾아냄으로써 자연을 통제할 수 있다고 믿기 시작한 것이다. 합리모형은 과학주의를 사회현상에 응용한 것으로서 인간이 합리적으로 설계한 모형에 따라 사회현상도 만들어갈 수 있다는 믿음이 내포되어 있다.

b) 목표를 달성하기 위한 1단계 수단이 그 다음 단계에서는 (중간)목표가 되고 또다시 이를 달성하기 위한 수단을 생각할 수 있다. 이런 식으로 목표와 수단은 사슬(chain)처럼 서로 연결되어 있다.

c) 이런 접근을 뒷받침해주는 학문으로 OR(Operations Research)이나 관리과학(Management Science)이 있으며 가장 대표적인 기법으로 경제학의 BC분석(Benefit-Cost Analysis)을 들 수 있다.

d) 합리모형 전형을 그대로 적용한 것은 아니지만 합리성의 기본 정신은 미국의 예산제도 등 여러 곳에 잘 반영되어 있다. 계획예산제도(PPBS)는 목표와 수단(프로그램)의 체계적 연계를 통해 합리성을 강화하였고, 영기준예산제도(ZBB)는 기존의 정책에 대한 정당성을 인정하지 않고 영(0)에서 새롭게 정책을 진단함으로써 종합적 합리성을 강화하였으며, 목표관리제도(MBO)는 목표설정에 대한 합의를 강조함으로써 목표의 명확화에 대한 합리성을 강화시켰다. 접근방법에서 소개한 공공선택론도 합리성을 가정하여 도출된 이론이다.

PART 1
행정과 행정학의 이해

PART 2
행정환경

PART 3
행정내부환경

PART 4
결정시스템

PART 5
집행시스템

PART 6
조직시스템

PART 7
지원시스템

PART 8
산출과 피드백

대안개발−대안비교−최선책선택'의 단계를 거치는 선형모형(linear model)이라 할 수 있다. 이러한 특성은 역으로 결정에서 주관적이고 감정적인 요소를 배제하고 정치적 현실의 현장성과 역동성을 고려하지 않는다는 의미도 된다. 즉, 합리모형은 비현실적 요소가 비판의 대상이 된다.

합리모형이 원형 그대로 적용되기는 쉽지 않다. 현실적으로 결정에 참여하는 사람들이 완전한 정보와 충분한 시간을 가지고 있지 못하고 대안을 실행에 옮기는 데 필요한 자원도 제한되어 있기 때문이다.[9] 더구나 정책에서 추구하는 목표는 결코 단순 명료하지 않으며 서로 상존하기 힘든 다수의 목표로 구성되어 있기 때문이다. 대안을 평가하는 기준 또는 가치에 대해서도 일치보다는 불일치가 더 일반적이다. 정책판단의 중요한 기준인 공익의 경우에도, 합리모형이 가정하고 있는 경제적 효용의 극대화는 공익을 판단하는 다양한 시각 중에서 하나일 뿐이다. 결국 모든 가치를 경제적 가치로 환원한다는 것은 불가능하고 또한 바람직하지도 않다는 비판을 피하기 힘들다.

사이먼(Simon)은 결정자의 인지능력의 한계, 결정상황의 불확실성, 그리고 시간의 제약 때문에 결정은 '제한적 합리성(bounded rationality)'의 조건하에서 이루어지게 된다고 주장한다.[10] 이 경우 결정은 극대화(maximizing)를 추구하지 못하고 만족화(satisficing) 수준에 머물게 된다. 결정 참여자는 '제약조건하에서' 합리적 결정을 내리기 위해 최선의 노력을 다한다고 본다. 제약조건이 없는 이상적 상태까지 고려한 최상의 결정은 아니지만 제약조건을 가능한 '충분히 만족(satisfy+suffice=satisfice)'할 만한 수준에서 차선의 현실적인 결정을 한다는 것이다. 이를 합리모형과 구분하여 **만족모형**(Satisficing Model)이라 부른다.

만족모형은 이익극대화를 추구하는, 그래서 합리모형이 가장 적합할 것 같은 회사의 의사결정에도 적용된다. 회사의 매니저들은 목표를 생각하고 대안을 종합적으로 검토한 뒤 최선의 해결방안을 찾는 것이 아니라, 당장 직면한 문제에 초점을 맞추어 우선 확인된 하나의 대안을 놓고 검토하기 시작하며 그 대안에서 어떤 문제점이 발견되면 그 때 다음 대안을 검토하기 시작하더라는 것이다. 특히 다른 회사에서 잘 운영되고 있는 대안을 벤치마킹(benchmarking)하여 쓰기도 한다. 영업목표를 설정할 때도 모든 상황을 종합적으로 고려해서 정하는 것이 아니라 과거 몇 년 동안 달성한 수준을 고려한다는 것이다. 이를 **회사모형**(Firm Model)이라고 부른다.[11]

(2) 점증모형, 혼합모형, 최적모형

점증모형(Incremental Model)은 점증주의(Incrementalism)로도 불리며 이상적이고 규범적인 합리모형과는 대조적으로 실제의 결정상황에 기초한 현실적이고 기술적(descriptive)인 모형이다. 점증모형은 합리모형의 이론이 실제와 괴리가 있다는 점을 비판한다. 결정은 관련 분야의 전문가들이 고도의 계량분석을 동원해 논리적으로 도출하는 것이 아니라, 다양한 정치적 이해를 가진 당사자들의 타협과 조정의 산물이라는 것이다. 이러한 점증모형은 합리모형의 합리성 기준에서 보면 비합리적이라 할 수 있다. 하지만 점증모형은 경제적 합리성을 추구하는 합리모형과는 달리 정치적 합리성을 추구한다는 점에서는 아직 합리성의 범주에서 이해할 수 있다.

점증모형을 주장한 대표적 학자는 린드블럼(Lindblom)이다. 그는 합리모형을 문제상황에 직면하면 언제나 처음으로 돌아가서 모든 것을 새롭게 분석하고 출발해야 하는 근원적 방법(root method)으로 분류하고, 현실 행정에서 실제 사용하는 방법은 지엽적 방법(branch method)이라고 주장한다. 지엽적 방법은 현재 상황을 주어진 출발점으로 받아들이고 거기서부터 부분적인 비교와 단계적인 대응, 그리고 결정참여자의 조정과 타협을 통해 문제의 해결방안을 찾아가는 현실적인 결정모형이라고 주장한다. 두 모형을 구체적으로 비교하면 〈표 8-1〉과 같다.[12]

점증모형을 설명할 때 가장 흔히 드는 예가 예산결정이다. 전년도 예산을 기준으로 하여 약간씩 증감하는 방식이다. 전체 예산규모뿐만 아니라 각 분야별(국방, 교육, 사회복지 등) 비중도 급격한 변화를 주기 힘들다. 변화의 폭이 클수록 그에 비례하여 반대 세력의 저항이 커지기 때문이다.[a] 정책결정의 경우에도 예산을 포함한 자원의 배분을 수반하기 때문에 다수의 이해당사자간 부분적인 양보와 타협을 통한 결정이 현실적이고 일반화되어 있다고 본다. 점증모형의 이러한 특성은 선형적 과정을 중시하는 합리모형과는 달리 다수의 참여자들간에 고리형의 상호작용을 통한 합의를 중시한다.

점증모형이 현실을 단순히 기술하는 수준에 머무는 것은 아니다. 점증모형은 현실 문제에 대한 유용한 처방을 암시하기도 한다. 한 개인의 결정이 아니라 다수의 다양한 이해가 복잡하게 얽혀 있는 정책문제의 경우 합리모형이 가정하는 명확한 목표에 대한 합의는 처음부터 불가능한지도 모른다. 합의를 하더라도 그것

---

a) 그런 점에서 기존 정책의 타당성을 원점에서 검토하여 예산을 배정하는 영기준예산제도 ZBB(제15장)는 앞의 각주에서 설명한 것처럼 합리모형에 속한다.

PART 1
행정과 행정학의 이해

PART 2
행정환경

PART 3
행정내부환경

PART 4
결정시스템

PART 5
집행시스템

PART 6
조직시스템

PART 7
지원시스템

PART 8
산출과 피드백

표 8-1 합리모형과 점증모형의 비교

	합리모형(근원적 방법)	점증모형(지엽적 방법)
목표와 가치의 정의	대안의 분석에 앞서 추구하는 목표와 가치를 분명히 정의하고 무엇이 더 중요한지 우선순위를 정한다	대안의 분석과 목표 및 가치의 정의는 서로 밀접하게 연결되어 있어 분리하기 곤란하다
목표와 수단의 관계	목표는 목표달성의 수단과 분명히 분리된다	목표-수단의 관계분석은 한계가 있다
훌륭한 정책의 판단	목표달성에 가장 적합한 정책이다	가장 적합한 정책이라는 데 이의가 있더라도 다수가 합의한 것이면 된다
분석 수준	모든 요소를 고려하는 종합적 분석이다	자원의 제약 때문에 잠재적인 대안, 가능한 결과, 그리고 가치를 모두 고려하지 못하는 제한적 분석이다
이론과 정책	이론 의존도가 매우 높아 정책의 정당성을 이론에서 찾는다	약간씩의 연속적인 변화과정을 거치면서 정책이 진화하기 때문에 이론 의존도가 낮다

자료: Charles E. Lindblom, The Science of "Mudding Through," *Public Administration Review*, 19, 1959, pp. 79-88.

은 모호한 표현으로 잠재적 갈등을 숨기고 있는 것에 불과하다. 따라서 목표와 목표달성을 위한 수단이 결코 분리될 수 없으며 전체를 하나의 패키지로 하여 정치적 지지와 합의를 이끌어내는 것이 중요하다.[13] 모든 가능한 대안을 근원적이고 전체적으로 검토하기보다 현존하는 정책을 중심으로 미시적이고 부분적인 변화를 시도하고, 그것에 대한 이해당사자들의 반응과 정책효과를 분석한 다음 이를 토대로 다시 필요한 수정을 가하는 것이 보다 민주적이고 바람직할 수 있다. 특히 환경이 불확실하고 문제해결에 대한 정보가 불완전한 상황에서 점증모형은 효용의 극대화를 보장하진 못하더라도 비용과 위험을 최소화할 수 있는 합리적이고 설득력 있는 모형이라고 평가할 수 있다.

점증모형에 대한 이러한 긍정적인 평가에도 불구하고 점증모형은 필연적으로 변화보다는 안정에 안주하는 보수주의 성향을 갖게 된다. 보수와 안정이 나쁜 것은 아니지만 기존의 정책이나 제도가 분명히 불합리하고 이에 대한 근원적이고 신속한 변화가 필요한 경우에도 기득권과의 타협을 거치다보면 바람직한 변화와 개혁을 추진할 수 없다는 것이 문제이다. 또한 점증모형에 안주하다보면 좀 더 적

극적이고 종합적인 탐색을 함으로써 충분히 더 나은 대안을 찾을 수 있는 가능성
조차 포기하기 쉽다. 점증모형의 '해봐서 안 되면 고치는' 식의 실험적인 시도는
특히 윤리적으로 문제가 될 수 있다. 정책의 대상은 항상 인간이기 때문에 사전에
충분하고도 종합적인 검토를 통해 잘못을 최소화해야지 부분적인 변화라 해서 시
행착오를 통한 대안의 탐색은 정당화될 수 없다는 것이다.[14]

점증모형의 단점을 합리모형과의 통합으로 보완하려는 시도가 **혼합모형**
(Mixed Scanning Model)에서 나타난다. 에치오니(Etzioni)가 제안한 모형으로 정책결
정은 합리모형과 점증모형을 혼합해서 사용할 필요가 있다고 주장한다. 즉, 정책
결정은 한편으로 거시적이고 장기적인 안목으로 대안의 방향성을 탐색해야 하며
다른 한편으로 그 방향성 안에서 보다 심층적이고 점진적인 변화를 시도하는 것
이 바람직하다는 것이다. 중요한 대안에 대해서는 합리모형에 따라 충분한 시간
을 가지고 종합적으로 접근함으로써 점증모형의 근시안적 단점을 보완할 수 있다
고 본다.[15] 혼합모형은 두 모형을 실제의 결정 상황에서 구체적으로 어떻게 혼합
해서 사용할 것인지에 대한 방법까지 제시하지는 못했지만 결정의 특성에 따라
결정의 방식도 다를 수 있다는 점을 암시하고 있다.[16]

점증모형의 보수성 내지 변화저항적 성향을 비판하면서 등장한 또 하나의 모
형이 드로(Dror)의 **최적모형**(Optimal Model)이다. 최적모형은 기존의 정책을 바탕으
로 이루어지는 점증주의 성향을 비판하면서 새로운 결정을 내릴 때마다 정책방향
도 원점에서 종합적으로 검토할 것을 주장한다. 드로는 합리모형에 대해서도 정형
적인 결정에만 적용될 수 있다고 규정하고, 제한된 자원의 범위 안에서 현실적으로
가장 합리적인 최적안 선택이 중요하다고 본다. 특히 전례가 없는 비정형적인 결정
의 경우 직관의 활용, 가치판단, 창의적 사고, 브레인스토밍(brainstorming)
을 통한 초합리적(extra-rational) 아이디어까지 고려할 것을 주장한다.[17] 최적모형
은 합리모형의 비현실성과 점증모형의 보수성을 극복하기 위한 현실주의와 이상
주의의 통합을 시도하였다고 볼 수 있다.

(3) 쓰레기통모형

지금까지 검토한 결정모형은 모두 차원은 다르지만 목적추구라는 합리성의
범주 안에서 이해할 수 있다. 그런데 쓰레기통모형(Garbage Can Model)은 기존의
합리적 사고를 완전히 포기할 것을 요구한다. 또한 이런저런 잡동사니가 어지럽
게 섞여 있는 쓰레기통의 비유에서 알 수 있듯이 이 모형은 합리모형이나 점증모

PART 1
행정과 행정학의 이해

PART 2
행정환경

PART 3
행정내부환경

PART 4
결정시스템

PART 5
집행시스템

PART 6
조직시스템

PART 7
지방시스템

PART 8
산출과 피드백

형이 주장하는 안정된 형태(pattern)의 결정구조를 부정하는 것이 특징이다.

쓰레기통모형에서 가정하는 결정상황은 불확실성과 혼란이 심한 상태로서 정상적인 권위구조와 결정규칙이 작동하지 않는 경우이다.[a] 누가 결정 권한을 가지고 있는지 명확하지 않고 구성원들에 대한 통제도 잘 이루어지지 않는 상황이다. 중요한 문제가 닥쳐도 이미 다른 일에 집중하고 있는 경우 관심을 갖지 않을 수도 있다.[b] 이런 혼란 상태에서는 결정이 '문제인식-대안탐색-대안비교-최선책선택'의 합리적·순차적 과정을 거치지 않고, '문제', '해결책', '참가자', '선택기회'의 네 요소(쓰레기)가 서로 독립적으로 여기저기 표류하다가 어느 시점에 우연히 모두 마주치는(한 쓰레기통에 담겨진) 경우에 이루어진다는 것이다.[18] 즉 결정이 이루어지지 않은 상태에서, 문제로 인식되기 이전에 해결책이 먼저 제시될 수도 있고, 문제는 분명히 확인했지만 해결책을 도저히 찾지 못할 수도 있으며, 문제와 해결책이 함께 존재하더라도 결정에 참여한 사람이 이를 모르고 있을 수도 있다. 결정은 문제와 해결책을 모두 올바로 인식하고 있는 참여자들이 결정적인 선택의 기회에 모여 합의함으로써 가능해진다.

쓰레기통모형은 부처 간, 정부 간(중앙-지방), 부서 간에 뚜렷한 문제해결의 주체가 등장하지 않은 채 혼란스러운 갈등관계가 지속되는 경우 모형의 적합성을 확인할 수 있다. 접점을 찾지 못하고 오랫동안 표류하던 많은 정책문제가 대형사고나 대통령의 개입에 의해 해결책에 합의하는 경우가 자주 있다. 예를 들어, 어린이집 통학버스에 원아가 갇혀 숨진 사고가 있은 지(2018년 7월) 2개월 만에 하차 확인장치를 의무화하는 법개정이 이루어진 경우이다. 그 이전에도 통학버스에 어린이가 방치되어 사망하는 문제의 심각성이 지적되었고, 하차 확인장치라는 기술적 해법도 제시되었지만 설치비용 부담 때문에 누구도 적극적으로 문제해결에 나서지 않았다. 그렇게 지연되어 오던 문제가 동두천에서 4세 여아가 버스에 갇혀 한낮 더위에 숨지는 사고가 나면서 신속히 문제해결하라는 여론이 형성되었고 여

---

a) 쓰레기통모형이 전제하는 결정상황의 특성은 **선호의 모호성, 기술의 불확실성, 참여자의 유동성** 세 가지를 든다. 첫째, 결정에 참여하는 개인들이 어떤 목적을 가지고 결정에 참여하는지 모르는 경우가 많고 개인들의 목표에 대한 선호 간에 갈등이 존재한다. 둘째, 목표를 정확히 알았다 하더라도 이를 달성할 인과관계의 수단이나 기술이 명확하지 않다. 셋째, 시간이 경과함에 따라 참여가 지속적이지 않고(장관 교체와 같이), 그 관여의 정도도 일정하지 않다.

b) 쓰레기통모형이 적용되는 조직은 목표추구의 전통적인 합리적 조직이 아니라 자체의 생존을 중시하는 비합리적 조직이다. 이 모형을 제안한 마치와 올슨(March & Olsen)은 사회학적 신제도주의 입장을 취하는 신제도주의학자로 분류할 수 있으며 쓰레기통모형의 틀이 하나의 제도나 규칙(불합리하지만)으로서 사람들의 행동에 영향을 미친다고 본다.

론의 압박을 받은 국회가 법을 통과시킨 것이다. 2020년 5월 개정된 인터넷은행법도 수년 동안 해결되지 못하던 문제가 대통령이 입장을 바꾸면서 엉켜있던 이해의 매듭이 풀린 사례이다.

쓰레기통모형은 모든 결정과정을 완벽하게 설명할 수 있는 것은 아니며 기존의 모형에 대한 보완적 측면에서 이해할 수 있다.[19] 아직도 다수의 정책은 — 점증적인 경우조차도 — 목표지향적이고 의도적인 노력을 통해 결정에 도달하는 특성을 보이고 있다. 합리적인 정책결정과정을 통해 보다 훌륭한 정책을 만들어낼 수 있다고 믿는 것이다.

3. 좋은 정책결정

1) 의 의

(1) 개 념

정책결정은 정부를 포함한 관련 참여자가 문제해결이나 정책목표달성을 위해 일련의 행동방안을 개발하는 역동적인 과정이라 할 수 있다. 정책결정은 정부가 결정의 주도적 역할을 한다는 점에서 개인이나 기업 차원의 결정과 다르게 정치적이고 권력적인 특성을 가진다. 다만 전통적 관료제 패러다임과 달리 현대의 거버넌스 패러다임에서는 정부, 시민사회, 시장이 함께 참여하고 협력하여 결정을 이끌어내는 노력이 점차 중요해지고 있다.

정책결정은 현 상태에 문제가 있다는 것을 전제하고 그 문제를 해결하고 보다 바람직한 상태로 나아가기 위한 변화의 수단을 찾는 과정이다. 따라서 정책결정은 우연히 이루어지는 것이 아니라 계획적이고 의도적으로 목표를 향한 변화를 이끌어가는 노력이다. 쓰레기통모형에서 결정의 우연성을 이야기하고 있긴 하지만 그 경우에도 최종 결정의 순간이 그렇다는 것이지 문제에 대한 인식이나 해결책의 개발에 있어서는 분명히 명시적이든 묵시적이든 바람직한 상태를 설정하고 이를 달성하기 위한 의도성이 담겨 있다고 보아야 한다.

정책결정은 어느 한 시점의 선택 행위가 아니라 문제에 대한 정확한 인식에서부터 문제해결의 대안을 분석해서 선택하는 일련의 과정을 거친다. 또한 정책결정은 무엇을 하겠다는 간단한 약속이나 의지 표명이 아니라 정책의 실행까지를

PART 1
행정과 행정학의 이해

PART 2
행정환경

PART 3
행정내부환경

PART 4
결정시스템

PART 5
집행시스템

PART 6
조직시스템

PART 7
지원시스템

PART 8
산출과 피드백

보장하는 구체적인 내용을 종합적으로 정하는 과정이다. 즉, 정책을 담당하는 주체와 정책이 적용되는 범위와 절차, 그리고 필요한 자원 등의 내용을 모두 담은 패키지 내지 세트를 정하는 과정이다.

정책결정은 직업공무원이나 정책전문가가 사무실에서 객관적인 분석을 통해 추론해내는 정태적인 과정이 아니다. 직접 이해관계에 있는 다양한 당사자들은 물론이고 이들과 연계되어 있는 이익집단, 시민단체, 정당, 심지어 언론과 여론까지 관여되고 이들간에 설득과 양보, 타협과 조정, 회유와 압력 등이 이루어지는 역동적인 과정이다.

(2) 좋은 정책결정의 조건

정책결정을 연구하는 중요한 목적은 단순히 정책결정이 어떻게 이루어지는가를 이해하는 수준을 넘어 어떻게 하면 보다 좋은 정책을 만들 수 있는가에 있다. 이런 차원에서 기존의 많은 연구는 정책결정의 과정, 정책대안의 내용분석, 그리고 참여자에 대해 관심을 보였다. 보다 합리적인 과정을 거침으로써, 정책대안의 내용을 보다 정확하게 비교 분석함으로써, 그리고 민주적이고 공정한 참여를 보장함으로써 보다 나은 정책이 개발될 것으로 기대한 것이다. 이제 이들 세 가지 측면에서 정책결정을 구체적으로 검토한다.

2) 정책결정과정

정책결정을 과정의 측면에서 접근하는 것은 합리모형과 마찬가지로 일련의 합리적인 단계를 거침으로써 더 좋은 결정에 도달할 수 있다는 믿음을 반영한 것이다. 여기서는 그 과정을 (1) 문제의 인식, (2) 목표와 결정기준의 설정, (3) 정책대안의 개발, (4) 정책대안의 분석, (5) 선택의 5단계로 나누어 설명한다.[20] 이런 결정과정은 정책결정에만 적용되는 것이 아니라 개인이나 기업에서 보이지 않게 생활화하고 있는 것이다. 예를 들어 추석에 서울에서 무주의 고향으로 내려갈 때를 생각해보자. 명절 때마다 모든 도로가 막히고 기차도 예매가 완료된 상황이기 때문에 귀향길이 보통 문제가 아니다. 당연히 가장 빠른 시간에 고향에 가는 것을 목표로 대안을 생각해 볼 것이다. 자가용-고속도로, 자가용-국도, 고속버스, 기차(입석)-버스 연계 등이 대안이 될 것이고 그 각각에 대해 인터넷이나 신문 등을 통해 예상되는 시간을 예측해 볼 수 있다. 그 중에서 가장 빠른 하나를 선택할 것이다. 이제는 T맵, 카카오맵, 네이버 지도 등의 도구가 있어 결정이 쉬워진 것이다. 다만 정책결정은 이런 한 개인의 문제가 아니라 다수의 집합적 문제이고 그 다수의 이해가 이질적인 경우가 많아 결정 상황이 개인의 경우보다 훨씬 복잡하다는 특성을 가지고 있다.

(1) 문제의 인식

추석 때 귀향에 대한 결정의 필요성이 생기는 것은 귀행객이 많아 길이 막히는 문제 때문이다. 정책결정은 이와 같이 현실에 대한 문제인식에서 출발한다. 현실에 대한 문제인식은 현실에 대한 정확한 자료를 근거로 객관적인 진단이 중요하다. 청년실업률, 물가상승률, 출산율, 수출구조, 고령사회, 국민연금, 수도권 집중, 정부규제, 국가경쟁력, 대학입시제도 등등에 대하여 막연히 이해하고 문제가 있겠구나라는 식의 사고가 아니라 통계자료나 현장의 목소리를 직접 들어 문제상황에 대한 정확한 이해를 해야 한다. 좋은 정책을 만들기 위해서 정부는 정책 관련 자료를 꾸준히 수집하고 해석이 가능하도록 정리하고 있어야 한다.

문제상황에 대해서는 사람들이 객관적인 자료를 토대로 쉽게 인식을 공유할 수 있을 것 같은데 현실은 그렇지 않다. 자료에 대한 해석에서부터 개인의 가치관이나 이념이 작용하기 시작한다. 문제인식은 적어도 잠재적으로 바람직한 상태의 목표를 가정한 것이고 바람직하다는 말에 이미 가치지향성을 내포하고 있다. 따라서 문제인식은 결코 가치문제와 독립적일 수 없다. 다만 정책결정의 중요한 역할을 담당하는 관료는 가치중립적인 위치에서 다양한 가치나 이념의 스펙트럼에서 사람들이 문제를 어떻게 다르게 인식하고 있는지를 분석하고 있어야 한다. 특히 누가 이득을 보고 누가 부담을 지는가, 그 정도는 어떠한가의 상황을 파악함으로써 관료는 이들 이해당사자들과의 관계나 결정과정에서 자신이 취할 수 있는 재량 범위를 예측해 볼 수 있다.[21]

문제인식은 문제해결의 대안개발이나 선택은 물론이고 집행단계까지 영향을 미치는 중요한 요소이다. 처음 문제를 잘못 판단하면 아무리 좋은 대안을 아무리 잘 집행하더라도 문제는 고쳐지지 않은 채 그대로 남고 오히려 자원만 낭비하는 결과를 가져올 수 있다. 소화불량이 원인인데 그것을 감기로 진단하고 감기약을 처방했다면 그 약의 약효나 충실한 복용에도 불구하고 소화불량이 나을 가능성은 희박한 것과 같다.[a] 소화불량을 소화불량으로 정확하게 진단하는 것이 중요하듯

---

a) 판단의 오류는 틀린 것을 옳다고 인정하는 경우(약효가 없는 것을 있다고 판정하는 1종 오류)와 옳은 것을 틀렸다고 하는 경우(약효가 있는데 없다고 판정하는 2종 오류)가 일반적이다. 이러한 기존의 오류와 구분하여 문제 자체의 진단이 잘못된 경우를 3종 오류로 부르기도 한다.

이 잠재적이거나 이미 증상이 나타난 문제를 정확히 인식하는 것은 좋은 정책을 만들기 위한 중요한 전제조건이다.

문제인식은 시간의 함수이기도 하다. 과거에 문제로 인식되던 것이 환경의 변화와 함께 더 이상 문제가 되지 않을 수 있기 때문이다. 예를 들어 간척사업 같은 경우 공사 시점에는 농경지와 쌀 부족의 문제가 있었지만 그 뒤 식생활의 변화와 쌀시장 개방에 따라 과거의 문제인식은 타당성을 잃고 말았다. 이처럼 문제인식은 한번으로 끝나는 것이 아니라 상황의 변화와 함께 문제를 재정의하는 유연한 자세가 필요하다.

정책결정에서의 문제인식은 이를 공감하는 다수의 대중이 있어야 비로소 결정의 궁극적 주체인 정부에서 관심을 갖고 이에 대한 대책을 마련하기 시작한다. 아이를 낳고 낳지 않고는 전적으로 개인의 문제이지 정부가 관여할 문제가 아니다. 그런데 국가 전체적으로 출산율이 지속적으로 낮아 경제활동인구가 감소하고 나아가 이들의 노령층 부양에 대한 부담이 커져 국가경제 전반에 영향을 미칠 수 있다면 더 이상 개인의 문제가 아니다. 출산의 개인 문제가 출산과 직접 관계 없는 다수의 국민에게까지 영향을 미친다면 그것은 공공의 문제가 된다.

공공문제는 그 심각성에 대한 일반 국민의 인식이 확산되고 서로 다른 다양한 의견이 개진되면서 사회적 쟁점으로 부각된다. 이들 중 일부는 사회적 쟁점 수준을 넘어 점차 다수가 정부에 문제해결을 촉구하는 공중의제(public agenda)가 되는 것이다.[22] 공중의제 중에서 또다시 일부는 정부의 공식적인 문제해결 의지를 담은 공식의제(official agenda)[a]가 된다.[b]

정부의 공식적인 정책의제로 채택되는 과정에서 정부를 설득하고 힘을 동원하는 집단이 있는가 하면 오히려 이를 차단하기 위해 노력하는 집단도 있다. 정책의 변화보다는 현존하는 정책에서 이익을 얻고 있는 집단들로 이들 입장에서는 정

---

[a] 학자에 따라 공식의제는 이 외에도 정책의제(policy agenda), 제도적 의제(institutional agenda), 정부의제(governmental agenda) 등으로 부르기도 한다.

[b] 정책과정에서 언급한 정책의제설정 부분이다. 정책의제설정에도 몇 가지의 모형이 제시되고 있는데 외부 집단에서 먼저 문제에 대한 인식이 이루어지고 이것을 공중의제로 확산시키고 나아가 정책의제로 발전시키는 과정을 외부주도형이라 하고, 이와는 대조적으로 정부가 먼저 문제의 심각성을 인식하고 정책의제로 채택한 다음 이에 대한 대국민 홍보를 통해 공중의제로 전환하고 국민의 지지를 확보해가는 의제설정방식을 동원형이라 한다. 한편 내부주도형이 있는데 이것은 정책결정자들에 대한 접근성과 영향력을 가진 집단이 일반 국민에게 쟁점화하지 않은 채 은밀히 그들의 관심 사항을 의제화시키는 방식이다(R. W. Cobb, J. Ross, & M. H. Ross, Agenda-building as a Comparative Political Process, *American Political Science Review*, 70, 1976, pp. 126-138).

책의제가 된 이후에는 '잘 해봐야 본전'이라는 생각을 할 수 있다. 따라서 공식의제는 물론 사회적 쟁점으로 확산되는 자체를 두려워하고 이를 막으려는 노력을 한다. 이런 작용을 무의사결정(non-decision making)[23]이라고 하는데 용어가 암시하는 소극성과는 달리 의제화를 막기 위한 매우 적극적이고 정치적인 전략을 구사하는 과정이다. 정책변화로 불이익이 예상되는 집단은 정부가 문제점을 검토하는 단계부터 다양한 시도를 한다. 정부의 내부 검토 단계에 있다는 것을 인지하면 정치권을 통한 설득과 함께 때로는 해당기관 앞에서 논의 중단을 요구하는 시위를 벌이기도 한다. 사실확인과 문제인식 단계에서 전문가와 이해당사자들의 의견을 수렴하기 위해 정부가 공청회를 열고자 할 때, 물리적으로 공청회 개최를 막는 전략도 쓴다. 이렇게 이익을 결집해서 행동으로 보이면, 담당 기관이나 공무원은 문제가 정치화하는 것에 대한 부담을 갖게 되고 의제를 일방적으로 계속 진행시키기 힘들다는 것을 이들 이해당사자들은 아는 것이다.

정책은 자원의 배분을 함축하고 있기 때문에 문제인식에서부터 이해의 대립이 있을 수밖에 없다. 그 과정에서 어떤 문제는 쉽게 정부의 공식의제로 채택되고 어떤 문제는 정부청사 앞에서 텐트치고 며칠씩 농성을 벌여도 의제로 채택되지 않는다. 정책결정을 보다 정확하게 이해하기 위해서는 정부가 무엇을 하느냐도 중요하지만 정부가 무엇을 하지 않고 있느냐에도 중요한 관심을 기울여야 한다.

(2) 목표와 결정 기준의 설정

문제의 인식 단계에서 이미 무엇이 바람직한 것인가에 대한 목표가 작용하게 된다. 좋은 정책을 만들기 위해서는 목표가 명확해야 하고 그래야 어떤 결정이 좋은 것인가를 판단할 수 있는 기준도 구체화시킬 수 있다. 정책결정도 행정과정의 일부분이기 때문에 내부환경에서 검토한 공익, 민주성, 형평성, 효율성 등의 공공가치가 정책결정의 목표가 될 수 있다. 그러나 이 정도로는 구체적인 지침이 되지 못한다. 실제로 궁극적인 정책목표는 개별 사례에 따라 구체화시켜야 한다. 이때 처음 문제인식을 야기한 원인이 주요 목표로 부각되고 문제에 대한 인식이 확산되면서 새로운 정책목표가 추가되거나 변경되는 것이 일반적이다.

탈원전을 중심으로 추진하고 있는 문재인 정부의 에너지정책을 보면, 우선 원전은 불안하다는 문제인식에서 출발한다. 지진해일로 인한 2011년 일본 후쿠시마 원전 사고와 방사능 오염, 2017년 원전 밀집지역인 동해남부 포항에서의 규모 5.4 지진, 그동안 작지만 잦은 사고로 인한 원전 가동 정지 사례 등이 중요한 불

PART 1
행정과 행정학의 이해

PART 2
행정환경

PART 3
행정내부환경

PART 4
경정시스템

PART 5
집행시스템

PART 6
조직시스템

PART 7
지원시스템

PART 8
산출과 피드백

안요인으로 작용한 것으로 보인다. 이런 문제인식에서 필연적으로 에너지정책의 목표는 안전과 환경(안전하고 깨끗한 에너지 공급)이 될 것이다. 정책목표가 이렇게 단순하고 분명하면 정책대안의 개발과 대안에 대한 평가도 용이하다. 원전을 줄이고, 미세먼지의 주 오염원인 석탄발전을 줄이되, 태양광·풍력 발전 등의 신재생에너지 비중을 높이는 것이다.

하지만 정책목표는 단수보다 다수인 경우가 일반적이며 목표 간에도 가치가 서로 상충되는 경우가 많다. 에너지정책 목표의 경우에도 이명박 정부와 박근혜 정부 때는 원전 비중 확대를 통한 값싼 전력의 안정적 공급에 목표의 우선순위를 두었다. 안전과 환경의 정책목표와 상충되는 측면이 있다. 목표의 차이는 가치와 이익의 문제이고 문제인식 단계에서와 마찬가지로 이해당사자들 간의 갈등으로 나타난다. 실제로 2018년에 원전가동 및 신규 원전 건설 중단으로 피해를 입게 된 원전 종사자, 영덕·울진 지역민, 원자력학회 등이 집회를 열거나 성명서를 내는 방식으로 반발하였다. 이들은 또한 에너지정책의 전환으로 우려되는 전기요금 인상, 원자력 산업 생태계 붕괴, 그로 인한 경제손실과 원자력 수출경쟁력 약화 등의 논리로 여론을 우호적으로 형성하여 정부를 간접적으로 압박하기도 한다.

정책목표는 이처럼 단순하지도 않고 고정된 것도 아니다. 정책목표에 이해집단의 이해가 결합되는 순간 정치적 문제가 된다. 탈원전 에너지정책의 사례처럼 정부 내에서 산업통상자원부, 환경부, 원자력안전위원회 등 부처 간 입장이 다를 수 있고, 한국수력원자력 노조, 지역주민, 원전 연관 기업체, 원자력학회, 환경단체 간의 이해가 다를 수 있으며, 지역주민들도 탈원전 찬성과 반대로 나뉘어 대립하는가 하면, 여기에 정치권이 개입하는 것이 현실이다. 현실의 정책결정이 결코 합리모형의 이상대로 이루어지기 힘든 이유가 여기에 있다. 따라서 현실에서는 목표나 결정 기준을 앞 단계인 문제인식이나 다음 단계인 정책대안 개발과 독립적이고 순차적으로만 이해하지 않는다. 오히려 대안개발이나 분석이 이루어지면서 다시 목표나 결정 기준을 거꾸로 정교화시키는 등 각 단계를 순차적이면서 중복적이고 동시적으로 진행시키는 경우가 많다.

(3) 정책대안의 개발

문제인식과 목표의 확인이 이루어지면 정책대안의 범위가 대체로 정해진다. 병명이 확인되고 어느 수준까지 건강을 회복시킬 것인가가 정해지면 처방의 범위가 정해지는 것과 같다. 거꾸로 정책대안은 문제를 해결하고 목표를 달성하는 데 적합하고, 타당하고, 실현가능한 내용을 담아야 한다.

정책대안에는 현존의 정책을 유지하는 것도 포함되지만 바람직한 상태로의 변화를 추구한다면 새로운 대안을 찾아야 하기 때문에 정책결정의 그 어느 단계보다도 창의적이고 혁신적인 사고를 요구한다. 이런 차원에서 조직 내부의 관료는 문제에 대한 현장 감각은 뛰어나지만 조직의 문화와 정형적 사고를 벗어나기 힘들다는 한계가 있다.[24] 특히 변화저항적인 관료문화와 권위주의적인 한국행정 문화는 새로운 아이디어 발굴을 힘들게 한다. 상대방과 자신의 체면을 고려해야 하는 상사 주재의 회의나 토론에서도 창의적이고 혁신적인 아이디어를 얻기란 어렵다. 내부인을 통해 정책대안을 개발한다면 권위의 구조가 배제된 팀단위 또는 외부인을 포함한 위원회 차원의 브레인스토밍 기법 등이 유용할 수 있다.

우리나라에서 자주 활용하는 정책대안의 개발은 사회학적 신제도주의가 암시하는 외국 정책의 벤치마킹이다. 선진국의 경우 우리나라가 직면하는 많은 문제(대체로 자본주의 경제성장과 함께 발생하는)를 이미 경험하였고 정책 또한 정착되어 있는 경우가 많다. 어느 정도 검증된 정책을 쉽게 적용할 수 있으니 편리한 방법임에 분명하다. 그러나 선진국과 정치적·경제적·문화적 상황이 다른 우리나라에서 선진국의 정책은 현실 적합성을 결여한 경우가 많다.[a]

창의성과 혁신성만 고려한다면 관련 분야에 대한 외부 전문가, 싱크 탱크, 또는 시민단체를 적극 활용할 필요가 있다. 해당 정책분야에 집중하여 연구하거나 활동한 사람들이기 때문에 외국의 사례를 포함하여 풍부한 자료를 확보하고 내부 관료에 비해 훨씬 자유롭게 의견을 제시할 수 있다는 것이 장점이다.

정책대안은 개략적인 아이디어가 아니다. 정책을 실제 실행에 옮기기 위한 구체적인 내용을 담은 패키지라 할 수 있다.[25] 문재인 정부의 탈원전·친환경 에너지정책의 경우 이미 시작한 원전의 건설 중단(울진 신한울 3, 4호기)이나 기존 원전 폐쇄(월성 1호기)로 인해 발생할 수 있는 문제에 대한 대책을 포괄하여 대안으로 볼 수 있다. 즉, 이미 지급했거나 또는 지급하기로 한 주민보상금 처리 계획, 운영 및 건설 인력 감축·재배치 계획, 원자로·터빈 등 주기기의 제작 중단에 따른 매몰비용(sunk cost) 보상 계획, 발전 감소분을 대체하기 위한 태양광·풍력 등의 신재생에너지발전 계획, 전기요금 추이 등을 모두 포함한 전체가 하나의 대안인 것이다. 이러한 구체적 내용은 처음부터 준비되는 것이 아니고 전문가와 이해당사

---

a) 탈원전의 경우 독일이 대표적인 벤치마킹 국가이다. 탈원전 찬성과 반대의 입장에 따라 독일 사례에 대한 해석 또한 매우 다른 시각 차이를 보이고 있다.

PART 1 행정과 행정학의 이해

PART 2 행정환경

PART 3 행정내부환경

PART 4 경정시스템

PART 5 집행시스템

PART 6 조직시스템

PART 7 지원시스템

PART 8 산출과 피드백

자들의 의견을 수렴하면서 점진적으로 개발된다. 역으로 어떤 아이디어는 시간이 지나면서 자원, 시간, 기술 등의 제약으로 사라질 수도 있다. 즉, 정책대안 개발 단계에서 어떤 대안은 계속 구체화되고 어떤 대안은 중도에 없어지는 자기선택 (self-selection)과정을 함께 거치게 된다.

(4) 정책대안의 분석

각 정책대안에 대해 이제 정책목표나 결정기준의 충족 가능성을 분석해야 한다. 정책대안의 분석(일반적으로 정책분석으로 통용한다)은 이미 집행한 정책의 효과를 사후적으로 평가하는 것과는 달리 정책이 가져올 수 있는 미래의 효과를 예측·분석하는 것이다. 특히 외국 정책을 도입하는 경우 그 효과를 간접적으로 짐작할 수는 있지만 그것이 우리나라에서 과연 얼마만큼의 효과가 있을지는 검증하기 곤란하다. 정책대안의 효과는 의약품 효과의 측정과는 달리 실험실에서 충분히 검증하기도 곤란하다. 고작해야 일부 지역이나 기관 또는 사람을 대상으로 시범 실시하여 문제점을 검토한 후 특별한 부작용이 없을 때 대상기관을 확대하는 정도이다. 이 경우에도 과학적 의미의 엄밀한 실험(통제집단과 실험집단의 구분)은 할 수 없으며[a] 실제로는 고속도로 건설처럼 시범적인 실험을 할 수 없는 정책이 더 많다. 2015년 3월 30일 서울 지하철 9호선 2단계 구간이 개통되면서 출근길 교통대란이라 할 정도의 사회적 문제가 된 적이 있는데 이 역시 실제와 똑같은 실험이 불가능한 데서 오는 한계라 할 수 있다.

정책분석은 각 대안을 실행하는 데 드는 비용과 그것이 가져오는 편익을 계산하거나, 그것이 불가능할 때 적어도 긍정적인 효과와 부정적인 효과가 무엇인지를 질적으로 평가하는 과정이다. 대안분석은 각 대안에 담겨진 많은 내용을 최대한 축약하여 판단하기에 가장 경제적인 정보를 도출하는 과정이다.[26] 비용과 편익을 실제 계산하는 경우 각 대안에 대한 최종 분석 정보는 '순편익 얼마'로 압축되는 것과 같다. 이러한 계량화는 정보를 압축하는 가장 효과적인 방법이다. 그러나 정책결정의 정치적 특성이나 다수 목표 간의 갈등에서 짐작할 수 있듯이 정책대안 분석은 결코 계량분석에만 의존할 수 없다.

---

[a] 미국과 같은 경우에는 정책에 대한 실험을 많이 하는 편이다. 전국적으로 어떤 정책을 실시하여 잘못이 나타났을 때 초래되는 사회적 비용이 워낙 크기 때문에 정책실험에 비록 시간이 소요되고 비용이 수반되더라도 장기적으로 오히려 비용효과가 있다고 보는 것이다(Robert Denhardt, *Public Administration: An Action Orientation*, 3rd ed., Orlando, FL: Harcourt Brace & Company, 1999, p. 254).

정책분석은 계량분석이든 비계량분석이든 분석을 도와줄 기법 또는 모형이 중요한 역할을 한다. 계량분석은 주로 OR(Operations Research)과 관리과학(MS), 비용편익분석(BC분석, Benefit-Cost Analysis) 등에 의존한다. OR과 MS는 시스템공학 전공의 주요 과목이며 문제를 공학적으로 접근하며 기술적 효율성 측면의 최적안을 제시한다. BC분석은 경제학 전공의 주요 과목으로 경제성 측면의 최적안을 분석하는 데 유리하다. 한편 가치판단을 포함한 정치적 합리성과 같은 비계량분석에 유용한 것으로 정책논변모형을 들 수 있다. 좋은 정책을 결정하는 데는 앞서의 과정적 접근도 중요하지만 대안의 효과를 얼마나 타당하게 분석하느냐도 그에 못지 않게 중요하다. OR, MS, BC분석, 정책논변모형 등은 정책대안의 분석을 위한 도구로서 뒤에 보다 자세하게 설명하도록 한다.

정책대안분석은 계량적 특성 때문에 정책전문가의 영역으로 이해하기도 한다. 정책대안의 분석을 전문으로 하는 직업인을 정책분석가(policy analyst)라 할 정도로 업무의 전문성이 인정되고 있다. 그러나 전문 정책분석가 내지 정책분석을 담당하는 관료의 책임은 결코 객관적 자료의 수집과 기술적 분석에서 끝나지 않는다. 모든 정책은 유형·무형의 가치 배분을 수반하고 그 정책에 의해 영향을 받는 이해당사자들이 매우 넓게 분포되어 있다. 환경파괴나 자원고갈을 수반하는 정책은 그 부담이 후대에까지 미친다. 새로운 정책의 채택으로 피해를 입지만 그것을 집단의 힘으로 결집하지 못해 표출되지 않는 이익도 있다. 정책분석에 참여하는 사람은 현시되지 않은 이러한 이익까지도 고려하는 거시적 안목이 필요하다. 다만 최종 선택은 정책결정자에게 맡기고 정책분석가는 양적이든 질적이든 각 대안이 초래할 수 있는 가능한 결과를 상세히 분석하고 건의를 하는 것으로 책임을 다 하는 것이다.

(5) 선 택

정책분석의 결과를 상호 비교하여 가장 좋은 정책대안을 선택하는 정책결정의 마지막 단계이다. 정책분석 결과가 수치로 압축된 경우 각 대안의 등급을 서열화할 수 있기 때문에 선택은 매우 간단하다. 그러나 각 대안의 효과를 양적으로 상호비교할 수 없을 때 선택은 최종정책결정자에게 커다란 부담이 된다. 어떤 기준에서 보면 A가 B보다 우수하고, 다른 기준에서 보면 B가 C보다 우수하고, 또 다른 기준에서 보면 C가 A보다 우수한 딜레마 상황도 직면할 수 있다. 그럼에도 불구하고 최고정책결정자는 최종 선택을 피할 수 없다. 그것은 최고정책결정자에

PART 1
행정과 행정학의 이해

PART 2
행정환경

PART 3
행정내부환경

PART 4
결정시스템

PART 5
전환시스템

PART 6
조직시스템

PART 7
지원시스템

PART 8
산출과 피드백

게만 주어진 기회이면서 위기이고, 특권이면서 책임이다.

선택의 단계는 문제인식에서 정책분석까지의 모든 단계를 최종 점검하는 기회다. 공식적인 선택의 순간이 가까울수록 그동안 나타나지 않았던 새로운 이해집단이 등장하기도 하고 그동안 반대 입장을 취해오던 집단에서는 예상치 못한 수단을 동원하여 선택을 방해할 수도 있다. 심지어는 선택 결과를 발표한 후에 이해당사자들의 극렬한 반대에 부딪힐 수도 있다. 2003년 위도 핵폐기장 부지선정 발표 후 발생한 소요사태가 대표적인 예이다. 정책결정과정을 원점으로 돌려 문제인식부터 다시 시작해야 하는 경우가 발생한 것이다. 심지어 2015년 1월 연말정산에 따른 납세자의 반발은 2014년 1월 세법 개정안이 국회를 통과한 후 1년이 지난 뒤에 나타난 현상이다. 세액공제를 소득공제로 전환함으로써 저소득자에게 상대적으로 유리한 정책결정이었음에도 불구하고 '세금폭탄'이라는 논란을 극복하지 못하고 소득세법을 고쳐 소급 적용하는 사례까지 있었다. 물론 이들 사례는 극단적이라 할 수 있지만 정책대안의 최종 선택은 이전의 단계에서 부족했던 것, 특히 지금까지의 결정과정에 이해당사자들의 참여가 어떠했는가를 검토하는 등 만약의 경우에 대비하는 노력이 필요하다.

한편 다양한 이해당사자의 불만을 잠재우기 위해서 구체적인 내용을 대안에 담지 않고 모호한 상태로 대안을 결정하는 경우가 있다. 일단 선택까지의 단계에서 문제 소지를 없애자는 것이다. 하지만 이러한 방식은 문제의 증상이 나타날 시점을 정책집행단계로 잠시 미룬 것이지 문제를 해결한 것은 아니다. 오히려 집행과정에서 문제가 되는 경우 그동안의 매몰비용 때문에 결정을 더욱 어렵게 만든다. 정책결정은 시간이 걸리더라도 이해당사자들의 의견을 충분히 수렴하고 타협하고 조정하는 자세가 졸속한 결정보다 민주적일 뿐만 아니라 경제적일 수 있음을 인식해야 한다.

선택으로 정책결정이 종결된 것은 아니다. 정책결정은 그 다음 정책집행과 연결되는 연속과정으로 집행이 실제 이루어지기까지의 모든 준비과정을 포함한다.[a] 따라서 선택은 내부적인 행사가 아니라 정책대상집단에 대한 지지를 얻는 과정이며, 선택한 정책의 내용을 홍보하고 순응을 확보하는 노력을 동반한다. 특히 정책을 집행하기 위해서는 담당부처의 세부시행지침이 정비되어야 하고 인적·

---

[a] 정책결정과정은 앞에 설명한 상위의 정책과정(정책의제설정-정책결정-정책집행-정책평가)의 한 단계이고, 여기서 설명한 문제의 인식에서 선택까지는 다시 정책결정과정을 5개의 하위단계로 구분한 것이다.

물적 자원이 확보되어야 한다. 이러한 후속조치가 따를 때 정책의 정당성이 강화되고 궁극적으로 정책의 성과를 기대할 수 있다.

3) 정책분석

정책분석은 정책대안의 내용을 다양한 결정기준에 따라 분석하는 것으로 가장 좋은 대안을 가장 좋게 분석할 수 있어야 한다. 따라서 정책분석은 타당한 분석을 요구하고 이를 도울 수 있는 도구를 활용하게 된다. 대표적인 도구로 앞서 언급한 OR, MS, BC분석 등의 계량분석도구와 정책논변모형과 같은 비계량분석모형이 있다.

(1) OR과 MS

OR과 MS는 주로 산업공학(Industrial Engineering)이나 시스템공학(Systems Engineering)에서 개설되는 과목으로 다양한 공학적 모형을 포함한다. 이들 모형은 고도의 모형설계와 계량적 분석을 동원하여 자원의 효율적 사용을 돕는 의사결정 도구이다. 특히 기업의 생산·유통관리, 고객관리, 재무관리 등 다양한 관리 영역에 최적해(optimal solution)를 구하는 데 널리 적용되면서 관리과학(MS)의 이름으로 경영학의 중요한 학문 영역이 되었다.[a] 즉 OR과 MS는 최소의 자원을 가지고 최대의 효과를 구하는 자원배분의 기술적 효율성을 확보하는 데 중요한 도구가 될 수 있다. 이런 OR과 MS가 어떻게 문제해결에 활용되는지 간단한 예를 통해 이해하도록 한다.

예 1) 8개 동으로 구역을 나눈 신도시를 개발하면서 치안 서비스를 위한 파출소를 개설하려고 한다. 파출소는 A에서 G까지 7개의 위치가 후보지로 선정되었으며 각 위치에서 주거시설, 주거밀도, 도로를 고려하여 가장 효율적으로 치안을 담당할 수 있는 동(1-8번까지)은 다음과 같다:

파출소 위치	A	B	C	D	E	F	G
담당 가능한 동	1, 2, 7	2, 3, 7	2, 3, 4	3, 4, 5	1, 7, 8	2, 6, 7	5, 6, 8

신도시의 8개 동에 대한 치안 공백이 없이 최소의 파출소를 개설할 때 그 위치는

---

a) 이런 이유에서 MS는 "OR을 기업경영의 도구로 사용하는 것"으로 이해하기도 한다(Stafford Beer, *Management Science: The Business Use of Operations Research*, Aldus, 1967). OR과 MS는 학자나 학문분야에 따라 선호하는 명칭이 다를 수 있으나, 기본적인 접근방법과 분석도구의 공통점이 많기 때문에 구분 없이 사용되는 것이 일반적이다.

PART 1 행정과 행정학의 이해

PART 2 행정환경

PART 3 행정내부환경

PART 4 경정시스템

PART 5 집행시스템

PART 6 조직시스템

PART 7 지원시스템

PART 8 산출과 피드백

어디어디인가?

> 예 2) 출근 시간에 시내 진입방향으로 남산 3호 터널의 톨게이트를 조사해보니 게이트 통과에 3분 이상을 기다려야 한다. 대기시간을 1분 이하로 줄이기 위해서 몇 개의 게이트를 추가로 설치해야 하는가? (현재 톨게이트 수는 3개이고 차량 1대 통과하는 데 걸리는 시간은 평균 5초이다)

예를 통해 짐작할 수 있듯이 OR과 MS는 주어진 문제상황에서 최적의 해답을 찾아내는 방식으로 그 적용 영역이 공공시설의 입지선정, 프로젝트 일정관리, 교통신호체계관리, 민원인 대기시간관리 등 자원관리적 차원에서 계량적 분석이 가능한 경우로 한정된다. 충분한 자료가 축적되어 있고 구조화된 정책문제의 경우 매우 합리적이고 유용한 분석의 도구가 될 수 있지만[27] 모델의 특성상 현실의 일부를 생략하거나 가정을 전제해서 문제를 단순화하기 때문에 현실 적합성이 떨어지기 마련이다. 파출소 개설의 경우만 하더라도 단순히 주민수나 도로망과 같은 양적인 요소뿐만 아니라 지역별 범죄발생 가능성이나 특별 경비를 요구하는 공공기관의 유무와 같은 질적인 요소도 고려해야 하기 때문이다.

(2) BC분석

BC분석은 투입(비용)과 산출(편익)을 비교하여 비용 효율성 내지 경제성 측면에서 대안을 분석하고 비교할 수 있는 도구이다. 따라서 정부의 예산이 투입되는 공공투자사업의 타당성 분석이나 투자우선순위를 결정할 때 널리 사용된다. 최근에는 새로이 규제를 도입할 때 규제로 인해 발생하는 사회적 비용과 편익을 분석하는 규제영향분석(Regulatory Impact Analysis)제도를 도입하여 규제의 타당성을 판단하는 기준으로서 BC분석을 활용하고 있다.

BC분석은 아주 좁게는 가격과 효용을 비교하는 개인의 합리적 소비 행태에서 나타나고 있다. 하지만 정책분석에 적용되는 BC분석은 그것이 어느 한 개인이 아니라 직·간접의 사회적 영향을 모두 고려한 사회적 비용과 편익 차원에서의 분석을 의미한다. 즉, 개개인의 문제는 고려하지 않고 총체적으로 비용과 편익을 비교하여 정책결정의 기준으로 삼는다. 총체적으로 편익이 크다는 것은 이미 투입하였거나 앞으로 발생할 비용을 모두 보상하고도 남는다는 것이기 때문에 사회 전체로 보면 이득이 된다는 논리이다. 이것을 Kaldor-Hicks 효율성 기준이라고 하는데 편익을 창출하는 과정에서 초래된 피해자의 손실을 실제 보상하는가의 문제는 고려하지 않는다.

비용과 편익은 그것이 발생하는 공간적 범위 이외에 시간적 개념을 고려해야한다. 즉, 비용과 편익이 어느 한 시점에 모두 발생하는 것이 아니라 미래의 일정기간 동안 계속적으로 발생하는 것이기 때문에 그 모든 기간의 비용과 편익을 각각 합산해서 비교한다. 이를 위해서 미래의 가치를 모두 현재의 가치로 전환해야하는데 이때 필요한 것이 할인율(discount rate)이다.

쉽게 이자율을 생각해 보자. 지금 100만 원을 3% 이자율로 은행에 예금하면 1년 뒤에 103만 원이 될 것이다. 거꾸로 1년 뒤의 103만 원은 할인율 3%를 적용하여 현재가치를 계산하면 100만 원이 된다[$\frac{103만\ 원}{(1+0.03)}$]. 이와 같이 t시점의 비용(C_t)의 현재가치는 할인율 r일 때 $\frac{C_t}{(1+r)^t}$로 표시할 수 있고 T시점까지의 총비용은 $\sum_{t=0}^{T}\frac{C_t}{(1+r)^t}$로 표시할 수 있다. 총편익($B_t$)도 마찬가지로 $\sum_{t=0}^{T}\frac{B_t}{(1+r)^t}$로 표시된다. BC분석은 총비용과 총편익 둘을 비교하는 방식이다.[a]

BC분석은 정책대안의 긍정적인 측면(편익)과 부정적인 측면(비용)을 종합적이고 체계적으로 고려하도록 유도한다. BC분석에서는 직접 영향뿐만 아니라 간접영향까지 모두 고려하여 가능한 모든 효과를 구체적으로 검토할 것이 요구된다. 이것은 BC분석의 장점이기도 하지만 단점이기도 하다. 분석의 범위를 확장할수록 화폐가치로 계산하기가 어렵기 때문이다. 이런 문제를 부분적으로 보완하기위하여 비용효과분석(Cost Effectiveness Analysis)과 같이 화폐가치 대신 효과측정의단위(사람, 시간 등)를 그대로 사용하기도 한다. 하지만 도로건설로 인한 환경파괴의 영향 분석과 같이 계량화의 문제를 극복하기란 쉽지 않다. 더구나 칼도-힉스(Kaldor-Hicks)의 기준이 우회하고 넘어간 형평성 문제도 정책분석에서는 충분히고려되어야 한다. 편익과 비용의 총체적 개념이 아니라 그 안에 개개인의 분배에해당하는 형평성을 고려해야 한다면 BC분석의 한계는 분명해진다.

---

[a] 구체적으로 비용과 편익을 비교하는 방식은 현재가치, 수익성지수, 내부수익률의 방법이 있다.
   현재가치(NPV: Net Present Value)를 이용한 방법은 총편익 $\sum[B_t/(1+r)^t]$에서 총비용 $\sum[C_t/(1+r)^t]$을뺀 순편익을 단순비교하는 것이다.
   NPV는 사업의 규모가 클수록 유리한 방식이다. 이를 해결하기 위한 하나의 방법이 **수익성지수**를활용하는 것이다. 수익성지수는 총편익을 총비용으로 나눈 계수로서 계수값이 클수록 단위 비용당수익성이 좋은 대안이다.
   NPV와 수익성지수는 할인율에 따라 그 값이 달라지는데 이를 보완하는 방법이 **내부수익률**(Internal Rate of Return) 방법이다. 내부수익률은 NPV을 0이 되도록 하는(총비용=총편익) 할인율 r을 말한다. 내부수익률이 크다는 것은 할인율이 높더라도 비용을 보상하는 편익이 발생한다는 것으로 그만큼 투자수익성이 있다는 의미이다.

PART 1
행정과 행정학의 이해

PART 2
행정환경

PART 3
행정내부환경

PART 4
결정시스템

PART 5
집행시스템

PART 6
조직시스템

PART 7
지원시스템

PART 8
산출과 피드백

(3) 정책논변모형

OR, MS, BC분석은 모두 계량적 분석을 통해 정책대안의 우선순위를 정한다는 공통점이 있다. 그런데 정책결정이 가치배분의 과정이라는 점에서 단순히 경험적 자료에 대한 계량적 분석만으로 대안의 좋고 나쁜 것을 분석하기에는 한계가 있다. 오히려 정책분석의 본질은 객관적 사실은 물론 가치 판단의 문제까지를 포함하여 각 대안이 주장하는 논거의 타당성을 종합적이고 체계적으로 분석하는 것이라 할 수 있다. 정책논변모형은 제2장에서 소개한 논변모형의 원리를 정책분석에 응용한 것으로 정책주장을 체계적으로 분석할 수 있는 틀이다. 여기서는 2017년 문재인 정부에서 추진한 신고리 5·6호기의 건설 중단 여부에 대한 공론조사 과정에서 건설 중단과 재개의 양측 주장을 정책논변모형으로 재구성하여 소개하도록 한다(〈그림 8-1〉).

우리나라는 2016년 기준으로 연간 총 540,441GWh 발전량 중에서 30%인 161,995GWh를 원자력 발전에 의존하고 있다. 석탄 발전이 39.6%로 가장 높고, 가스 발전은 22.4%, 신재생 에너지는 4.2%이다. 현재 상업운전 중인 원전은 24기이고 이 중 18기가 부산, 울진 등 동남권에 집중되어 있고, 건설 중인 5기 모두 이 지역이다. 이러한 **정책관련정보**(policy relevant information)가 출발점이 되고, 원전은 위험하기 때문에 에너지원을 신재생 에너지로 전환할 필요가 있다는 대통령의 입장이 분명해지면서 2017년 당시 이미 건설이 진행 중이었던(구매 55.4%, 시공 11.36%) 신고리 5·6호기를 건설 중단해야 한다는 **정책주장**(policy claim)이 등장한 것이다. 이에 원전 관련 산업체와 학계 그리고 지역주민이 반발하기 시작하였고 이에 정부는 건설여부를 공론조사에 맡겼다. 7월 24일 공론화조사위원회가 출범하였고, 공론조사는 1차 설문조사(20,006명), 시민참여단 구성(설문조사 응답자 중 500명 무작위 추출), 중간 설문조사, 학습과 토론의 숙의과정, 그리고 최종 설문조사의 순서로 진행되었다.

특히 학습과 토론 단계에서 건설 중단을 지지하는 측은 신고리 5·6호기의 건설이 원전의 위험도를 증가시킨다는 논거를 제시하였는데, 원전 밀집도, 고준위 방사성 물질 방출, 핵폐기물 처분 비용, 과거 체르노빌 및 후쿠시마 원전사고, 최대 지진 규모 반영 미흡을 지적하였다(본증, warrant). 신고리 5·6호기에 관련된 직접 논거 이외에 건설 중단측은 탈원전을 달성했거나 현재 추진 중에 있는 국가를 예로 들면서 전 세계적으로 원전 의존도를 낮추어 가고 있다는 점, 그리고 재생에너지가 전 세계 에너지 시장의 큰 흐름이고 더 효과적이라는 주장을 펼친다(보증, backing). 논거의 초점을 신고리 5·6호기에서 탈원전·재생에너지로의 정책 전환으로 옮겨 주장의 정당성을 보완하고 있다.

이에 반해 건설 재개를 주장하는 측은 신고리 5·6호기의 안전성을 보여주는 자료를 제시하면서 중단 측의 논리를 반박한다. 예를 들어, 신고리 5·6호기의 노형(APR1400)은 미국원자력규제위원회의 까다로운 설계 인증 심사 3단계를 통과하는 등 세계적으로 안정성을 인정받았고, 원전 밀집도의 문제도 세계원자력기구(IAEA)의 안전 기준을 준수하고 있음을 강조한다. 지진 관련해서는 규모 7.0에도 견딜 수 있도록 설계되었다는 점을 반론의 증거로 제시하고 있다(반증, rebuttal). 건설 재개측은 또한 원전이 전체적으로 안전하다는 논거와 함께 신고리 5·6호기가 건설 중단되고 가스나 태양광 등의 다른 발전원으로 대체되는 경우 독일과 일본의 예를 들면서 전기 요금이 인상될 것이라는 점, 중단 시에 매몰비용과 일자리가 사라진다는 논거를 제시하고 있다(반증의 보증).[28]

원전은 사양 산업이고 재생에너지로의 전환이 필요하다는 중단 측의 논거에 대해서는 오히려 한국의 지리나 기후 등의 여건을 고려했을 때, 풍력이나 태양광이 부적합하다는 점과 원전의 경우 이미 세계적인 기술력을 확보하고 있어 미래의 먹거리로서 더욱 발전시켜야 한다는 주장을 전개한다(중단 측 보증에 대한 반증).

이상은 신고리5·6호기의 건설 중단과 재개의 양측이 주장하는 내용을 정책논변모형에 따라 구성한 것이고, 실제 공론조사에서는 시민참여단이 양측의 주장을 듣고 자신의 입장을 정리하는 학습의 과정을 거쳤다. 동태적인 논변과정을 거친 것이다. 공론조사를 보면, 2017.8.25~9.9일 사이에 진행된 1차 설문조사에서는 건설 중단, 건설 재개, 판단 유보가 각각 36.6%, 27.6%, 35.8%이었으나 10월 15일 4차(최종) 설문조사에서는 판단 유보가 3.3%로 낮아지고 재개 57.2%, 중단 39.4%의 결과가 나왔다. 유보를 제외하고 재개와 중단을 100%로 다시 계산하면 59.5%와 40.5%가 된다.[29] 처음과 최종 조사 결과를 보면 공론 과정을 거치면서 건설 재개 측의 주장이 더 설득력이 있었고 지지를 얻었다고 추론할 수 있다. 요약하면, 정부가 처음 신고리 5·6호기 건설은 중단되어야 한다는 주장을 펼칠 때에는 '50% 이상의 확신을 가지고' 추진하였겠지만, 결과적으로 이 정책주장은 '40.5%의 지지로' 설득력이 한정됨을 확인하였고(한정접속사, qualifier), 정부는 조사결과를 수용하여 신고리 5·6호기의 건설을 재개하기로 결정한 것이다.

PART 1 행정과 행정학의 이해
PART 2 행정환경
PART 3 행정내부환경
PART 4 경정시스템
PART 5 집행시스템
PART 6 조직시스템
PART 7 지원시스템
PART 8 산출과 피드백

[그림 8-1] 탈원전에 대한 정책논변모형 구조

정책관련정보 → **한정접속사** → **정책주장**

40.5%의 지지로
(59.5% 반대)

정책관련정보
- 총 발전량(2016년 기준) 540,441GWh 중 원자력 비중이 30.0%이다.
- 총 24기의 원전이 상업 운전 중에 있고 5기의 원전을 건설하고 있다.
- 24기 중 18기가 부산, 울진, 경주 등 동남권에 집중되어 있다.
- 신고리 5·6호기의 총사업비 8.6조 원 중에서 1.6조 원이 집행되었다.

정책주장
- 신고리 5·6호기 건설은 중단되어야 한다

본증
- 신고리 5·6호기 건설로 위험이 증가한다.
  - 원전 밀집도가 가장 높다.
  - 신고리 5·6호기 추가로 10기가 한곳에 위치한다.
  - 신고리 5·6호기 건설로 치명적 방사선을 내는 고준위 핵폐기물 3,600톤이 늘어난다.
  - 고준위 핵폐기물 처분 비용만 수조 원이 더 발생한다.
  - 100% 안전한 원전은 없다. (체르노빌, 후쿠시마 원전사고)
  - 신고리 5·6호기는 최대 지진 규모를 반영하지 않았다.

반증
- 신고리 5·6호기는 세계에서 가장 안전한 원전이다.
  - 국제적으로 안전성을 인정받았다.
  - 후쿠시마 사고와 같은 대형 자연재해 발생에 대비하도록 설계되어 있다.
  - 규모 7.0의 지진에 견딜 수 있도록 설계되었다.
  - 체르노빌이나 후쿠시마 원전사고가 우리나라에서 발생할 가능성은 없다.
  - 한 지역에 여러 개 원전이 있어도 충분히 안전하다: 부지가 넓고 발전소 간 충분한 거리를 두어 IAEA 안전기준을 만족시키고 있다.
  - 원전으로 인한 방사선은 연간 0.01mSv로 자연 방사선량보다 적다.
  - 사용후 핵연료는 철저히 안전하게 관리되고 있다.

보증
- 원전은 사양 산업이다.
  - 오스트리아, 이탈리아는 탈원전을 달성했고, 독일, 벨기에, 대만, 스위스가 탈원전을 추진하고 있다.
  - 추가 원전보다 폐로되는 원전이 더 많다.
  - 세계 제1의 원전 공급업체 웨스팅하우스가 파산했다.
  - 프랑스 원전 공급업체 아레바가 6조 원 손실을 냈다.
- 재생 에너지 시장이 급성장하고 있다.
  - 2016년 신규발전 설비중 재생 에너지 비중이 62% 이상이다.
  - 재생 에너지로의 전환이 늦어지면 세계시장에서 외면받는다.
  - 신고리 5·6호기 중단으로 확보하는 7조 원을 재생 에너지에 투자하는 것이 더 효과적이다.
  - 재생 에너지는 건설 기간이 짧다.

반증의 보증
- 원전은 안전하다.
  - 핵무기처럼 폭발하지 않는다.
  - 동일 양의 전기 생산과정에서 사망자 수가 가장 적다.
- 신고리 5·6호기를 다른 발전원으로 대체하면 전기요금이 상승한다.
  - 전기요금 인상은 다른 물가의 상승으로 이어진다.
  - 탈원전 중인 독일과 원전을 일시 중단한 일본의 경우 전기요금이 올랐다.
  - 발전원가에서 원전이 가장 저렴하다.
  - 방사성폐기물 처리비용, 원전해체 비용, 사고비용을 포함해도 가장 저렴하다.
- 신고리 5·6호기를 중단하면 2.8조 원 이상의 매몰비용이 발생한다.
  - 누적 총인원 720만 명의 일자리가 사라진다.

보증의 반증
- 원전은 한국의 미래 먹거리이다.
  - 세계적 기술력을 가지고 있다.
  - 신고리 5·6호기가 중단되면 원전 생태계가 붕괴되고 원천기술이 사장된다.
- 세계 각국은 자국의 여건에 맞는 다양한 에너지원을 확보해서 안정적으로 전력을 공급한다.
  - 한국은 재생 에너지 여건이 좋지 않다.
  - 땅이 좁고 바람의 질이 나쁘다.
  - 전 세계 원전설비는 지금까지 꾸준히 증가하고 있다.

자료: 신고리 5·6호기 공론화위원회, 「신고리 5·6호기 공론화 자료집」, 2017. 9. 건설 중단과 재개 양측의 주장을 참고하여 구성.

(4) 적 용

우리나라에서 OR, MS, BC분석이 적용되는 대표적인 제도는 예비타당성조사이다. 예비타당성조사의 목적은 대규모 국가재정이 투입되는 사업[a]에 대해서 사전에 경제적·정책적·기술적 타당성을 객관적이고 중립적으로 조사하여 투자의 우선순위를 투명하고 공정하게 결정하는 것이다. 이를 통해 국가재정의 공유재적 특성 때문에 나타나기 쉬운 과잉투자 등의 예산낭비를 통제하고 재정을 효율적으로 배분하는 효과를 기대할 수 있다.[30]

예비타당성조사 방법에 대한 정부의 운용지침을 보면, 경제성과 정책성을 공통으로 하고 국가연구개발(R&D)사업 및 정보화사업의 경우 기술성 그리고 비수도권 건설사업의 경우 지역균형발전을 분석하여 종합 평가하도록 하고 있다.

경제성은 사업의 국민경제적 파급효과와 투자적합성을 판단하는 것으로 BC분석을 기본적 방법론으로 채택하고 필요시 비용-효과분석(Cost-Effectiveness Analysis)을 사용한다. BC분석에서는 수익성 지수인 BC 비율이 1.0 이상일 때 경제적 타당성을 인정받는다. 경제성 기준만을 적용하는 경우 수요자가 많은 수도권이나 대도시 지역에 사업이 편중될 가능성이 높다. 이를 보완하기 위해 정책적 타당성을 검토하는데 사업추진 여건 및 정책효과(일자리 효과, 생활여건 영향, 환경성 평가, 안전성 평가 등)를 포함시켜야 한다. 특히 건설사업의 경우에는 지역낙후도 개선, 지역경제 파급효과, 고용유발 효과 등 지역균형발전에 기여하는 정도가 포함되어야 한다. 한편 R&D사업과 정보화 사업 등 과학기술 분야는 문제·이슈 도출의 적절성, 사업목표의 적절성, 세부활동 및 추진전략의 적절성 등을 분석하게 된다. 예비타당성조사는 이들 각각에 대한 평가결과를 종합적으로 고려한다. 이때 평가의 세부항목은 측정단위가 다르고 항목 간 상대적 중요도나 선호도가 다를 수 있기 때문에 계층화분석법(AHP: Analytic Hierarchy Process)을 활용하여 최종 결과를 계량화시키고 있다.[31][b]

---

a) 대규모 사업의 구체적 범위는 다음과 같다(기획재정부, 2019년 예비타당성조사 운용지침; 과학기술정보통신부, 2020년 국가연구개발사업 예비타당성조사 운용지침):
  1. 총사업비가 500억 원 이상이면서 국가의 재정지원 규모가 300억 원 이상인 건설사업, 정보화 사업, 국가연구개발(R&D)사업
  2. '중기재정지출'이 500억 원 이상인 사회복지, 보건, 교육, 노동, 문화 및 관광, 환경보호, 농림해양수산, 산업·중소기업 분야의 사업
b) AHP는 대부분 OR, MS 교재에 소개될 정도로 투자 우선순위, 성과지표 가중치 등의 의사결정을 돕는 중요한 분석기법이다. BC 비율과 다르게 일반적으로 AHP값이 0.5 이상이면 사업의 타당성이 있는 것으로 판단한다.

PART 1
행정과 행정학의 이해

PART 2
행정환경

PART 3
행정내부환경

PART 4
경정시스템

PART 5
집행시스템

PART 6
조직시스템

PART 7
지원시스템

PART 8
산출과 피드백

정부는 MS, OR, BC분석 등에 의한 정책의 기술적·경제적·정책적 타당성만을 고려하는 것이 아니고 계량화할 수 없는 정치권과 국민의 지지 그리고 이해당사자의 순응 등 정치적 타당성을 중요하게 고려한다. 정부는 정책논변모형을 공식적으로 채택하고 있지는 않지만, 정책대안의 내부 자체 점검 과정에서 정책논변모형에 따라 정책의 정당성을 점검해보거나 이해관계자가 참여하는 공청회 등에서 상대방을 설득하는 논변(토론, 담론, 논쟁)의 동태적 과정을 경험하고 있다고 이해할 수 있다. 우리나라는 아직 정부의 주도적이고 권위적인 정책결정이 주를 이루고 있기 때문에 시민참여를 통한 민주적 정책결정이 보강될 필요성이 많다 할 수 있다. 공무원과 일부 정책전문가들에 의한 기술적 접근보다도 이해당사자들과 함께 공청회·토론회 등 담론의 장(field of discourse)에서 함께 공감하고 정책을 만들어가는 논변적(담론적) 접근이 중요한 이유이다.[32] 한편 민주주의가 성숙한 유럽 국가나 미국의 경우 민주적 담론과정을 중시하면서도 정책결정이 지나치게 정치적 이데올로기에 의해 영향을 받고 정부의 재정지출이 증가하는 것을 경계한다. 이념이나 가치 논쟁보다는 과학적으로 증명된 객관적 사실에 근거하여 정책을 주장할 때 정책의 정당성과 설득력을 확보할 수 있다고 보는 것이다.[a]

---

a) 영국을 비롯한 유럽국가와 미국에서 이러한 흐름을 가장 잘 보여주는 것이 증거기반 정책(evidence-based policy)이다. 증거기반 정책은 정책문제의 인식에서부터, 정책대안의 분석, 그리고 정책의 집행과 평가에 이르는 정책의 전 과정에서 과학적으로 입증된 객관적이고 타당하며 신뢰할 수 있는 경험적 지식이[33] 판단의 기준이 되어야 한다는 입장이다. 증거기반 정책의 배경에는 배분을 강조하는 복지이념이나 단순 여론(opinion)을 중시하는 포퓰리즘의 영향 때문에 정부의 재정지출이 증가하고 한번 결정된 지출은 줄이지 못하는 데 대한 현실적 문제인식이 자리 잡고 있다. 즉, 정치적 이데올로기나 여론, 특히 포퓰리즘이 아니라 객관적 자료를 분석해서 얻은 검증된 지식을 중시하는 서구의 과학정신과 이를 통해 재정지출을 통제할 수 있다는 실용주의 사고가 뒷받침되고 있다.

증거기반 접근은 영국 노동당 토니 블레어 수상이 집권하면서 1990년 후반부터 널리 확산되었다. 블레어 수상은 그동안 당의 노선에 해당하는 '생산수단의 공유화'나 소득분배 이념을 과감하게 버리고 우파 이념을 수용하는 제3의 길을 선택하였고, 1997년 선거에서 "중요한 것은 (실제로) 효과가 있는가이다(What matters is what works)"라는 슬로건을 내세워 집권하였다. 이후 이념이나 여론보다는 실증자료를 근거로 문제를 판단하고 재원을 투입하는 실용주의적 정부개혁에 나섰다.[34] 노동당 정부는 정부개혁의 핵심을 현안에 대한 단기적 대응이 아니라 의미 있는 정책 효과(outcome)를 낼 수 있는 미래지향적이고 장기적인 정책개발에 두었고, 증거기반 정책을 정부 현대화(modernizing government)의 중요한 어젠다로 채택하였다.[35]

증거기반 접근은 영국에서 구체적으로 연구개발 지원정책을 연구의 학술적 가치보다도 경제적·사회적 기여를 중시하는 실용적 가치에 우선순위를 두도록 변화시켰다. 특히 보건의료, 교육, 사회복지 등 전문성 권위가 인정되어 오던 전문 직업 분야에서 편향되지 않은 과학적 연구 결과에 근거한 정책처방이 강조되고 확산되었다.[36] 증거기반 정책은 과학적 사고가 부족한 개발국가에서 빈곤이나 질병 퇴치에 큰 정책효과를 내고 있는 것으로 평가받고 있다. 예를 들어 탄자니아 정부의 경우 파일럿(pilot) 실험 지역에서 2000년과 2003년 두 번에 걸쳐 가구별 질병조사 결과를 토대로 의료서비스 개혁을 추진하였고, 그 결과 유아사망률을 40% 이상 줄이는 데 기여했다고 한다.[37] 증거기반정책은

4) 정책결정의 장과 참여자

정책결정에 누가 참여하며 누가 주도적인 역할을 하느냐도 지금까지의 과정이나 정책분석과 함께 좋은 결정을 좌우하는 중요한 요소이다. 참여자는 과정이나 정책분석과 독립적이라기보다는 이들 각 단계에 복합적으로 작용한다. 정책결정의 참여자로는 외부에서 대통령, 국회, 법원, 정당, 시민단체, 이익단체, 언론, 국민 등을 들 수 있고 내부에서는 관료가 해당된다. 외부 참여자는 이미 행정환경의 과업환경에서 검토하였기 때문에 이들에 대한 개별적인 검토는 생략하고 정책이 만들어지는 장(場) 내지 무대에서 누가 중심적인 역할을 하고 이들의 관계가 어떻게 형성되는지에 대한 이론을 검토한다. 내부 참여자인 고위공무원으로서의 관료는 정책결정과정에서 중추적인 역할을 담당하게 되는데 이들의 역할이 무엇이고 역할을 뒷받침하는 힘이 어디에 있는지 함께 검토한다.

(1) 정책결정의 장

나라마다의 역사나 문화 등에 따라 정책결정의 장에서 참여자들의 실제 역할은 차이가 있다. 국회, 정당, 시민단체, 이익단체 등 정책결정 참여자들이 모두 동등한 기회와 비중으로 참여하고 역할을 수행하는 것이 아니다. 누가 중심적인 역할을 하고 또 이들이 어떠한 관계를 형성하고 있는지는 나라마다 다를 수 있고 그에 따라 정책의 결과에 중요한 영향을 미친다. 정책결정에서 참여자에 대한 주요 이론으로 다원주의, 조합주의, 엘리트주의, 철의 삼각, 하위정부, 이슈네트워크, 정책공동체 등을 들 수 있다.[a] 정부, 시장, 시민사회 3자의 신뢰를 통한 거버넌스의 협력관계도 이 범주에서 논의할 수 있으나 이미 앞에서 설명했기 때문에 여기에서는 생략한다.

① 다원주의, 조합주의

다원주의(pluralism)는 소수의 개인이나 집단이 아니라 다수의 집단이 정책결정의 장을 주도하고 이들이 정치적 조정과 타협을 거쳐 도달한 합의가 정책이 된다고 본다. 사회는 다양한 이해를 중심으로 조직화된 이익집단에 의해서 구성되고 이들 집단은 자신들의 이익을 정부정책에 반영시키기 위하여 상호 간에 견제

미국의 오바마 정부에서도, 특히 사회정책 분야에서의 재정절감과 자원의 효율적 배분, 그리고 프로그램 효과성 제고 차원에서 적극 추진되고 있다.[38]

a) 정책결정의 장이라는 말 대신 정책하위시스템(policy subsystem)의 용어도 쓴다(Michael Hewlett & M. Remesh, *Studying Public Policy: Policy Cycles and Policy Subsystems*, New York: Oxford University Press, 1995, pp. 122-136).

와 경쟁을 한다. 이 과정에서 각 집단의 힘이 동등하지는 않지만 많은 집단이 권력을 분점하고 있기 때문에 어느 한 집단의 이익만이 지배적으로 반영되지 않고[a] 적당한 균형점을 찾아 합의에 이른다.[b] 단순히 어떤 이익에 대한 합의뿐만 아니라 이들은 그런 합의에 도달하는 과정에 대한 게임의 법칙에도 합의가 이루어져 이해조정 과정상의 질서가 유지된다고 본다.

개인 차원에서는 정책결정에 영향력을 행사하기가 곤란하다. 다행히 각 개인은 자신이 원하는 집단에 가입하여 이들 집단을 통해 이익을 전달할 수 있다. 결국 사회의 많은 집단에서 다양한 개인의 의사를 결집하게 되고 집단 간의 합의는 사회적 합의로서 정당성을 가질 수 있다고 본다. 다원주의는 이와 같이 집단과 개인의 직접적이거나 간접적인 참여를 바탕으로 정책의 상향식 결정을 강조하는 민주주의 이론이라 할 수 있다.

다원주의 시각에서 정부는 다양한 집단들 간에 공정한 타협이 이루어지도록 조정자 역할에 머물거나 게임의 법칙을 집행하는 심판자 역할을 할 것으로 기대한다. 다원주의 개념을 확장 해석하는 경우 정부도 하나의 조직화된 집단으로서 정책에 대한 선호를 가지고 외부 집단의 요구에 대응하며[39] 이들 집단과 협상 당사자가 되어 정책결정과정에 영향을 행사하는 것으로 본다.[40]

정책결정에서 정부의 보다 적극적인 역할을 인정하고 이익집단과의 상호협력을 중시하는 이론이 조합주의(corporatism)이다. 정부는 집단 간 이익의 중재에 머물지 않고 국가이익이나 사회의 공공선을 달성하기 위한 주도적인 역할을 담당하는 것으로 전제한다. 정부는 이를 위해 중요 이익집단과 우호적인 협력관계를 유지하며 정책을 주도해나간다.[c] 조합주의 입장에서 이익집단은 분야별 이익을 독점적으로 대표하고 그 수가 제한되어 있으며 심지어 국가의 승인을 받기까지 한다.[41] 따라서 이익집단들은 상호 경쟁보다는 국가에 협조하며 적절한 타협안을 수용하게 된다.[d]

a) 이를 주장하기 위하여 다원주의는 '잠재적 이익집단(potential group)'과 다수 집단에의 '멤버십 중복(overlapping membership)'의 개념을 도입한다. 개념에 대해서는 제4장 내 이익집단 각주 참조.
b) 정책을 다수 집단 간의 타협과 합의의 산물로 보는 다원주의 모형에서는 어느 집단도 자신의 이익을 100% 반영하지 못하고 일부를 양보하게 된다고 본다. 따라서 최선은 아니지만 차선, 극대화는 아니지만 만족할 수 있는 수준에서 결정을 받아들이는 만족모형이나 점증모형에 가깝다. 공익의 개념에서는 과정설의 입장이다.
c) 이익집단과 국가와의 관계에서 이익집단의 자율적 결성과 능동적 참여가 보장될 때 사회조합주의라 하고, 그렇지 않고 이익집단의 결성과 임원구성 그리고 활동이 국가의 영향을 받을 때 국가조합주의라 한다. 국가조합주의하에서 이들 집단은 국가에 의해 승인되고 동원되는 관변단체로 전락하기 쉽다.
d) 조합주의는 유럽사회주의국가를 중심으로 설득력을 얻고 있다.

② 엘리트주의

조합주의 외에 또 다른 차원에서 다원주의와 경쟁관계에 있는 이론이 엘리트주의이다. 엘리트주의는 대중에게 영향력을 행사할 수 있는 위치에 있는 소수의 리더들에 의해서 정책결정이 지배된다고 본다. 엘리트는 정부와 군대 그리고 사회적 영향력을 가진 대기업이나 사회조직의 지도층으로서 이들은 권력이나 재력과 같은 사회의 중요한 가치를 지배하는 계층이다. 엘리트주의 시각에서 이들은 사회의 다원화된 이익을 대변하는 것이 아니라 자신들의 이익을 추구한다. 심지어 무의사결정처럼 자신들의 이익이 침해될 수 있는 문제가 가시화되는 것을 적극적으로 막으면서 정책의제를 지배하는 것으로 이해한다.[42] 정치, 경제, 사회, 군 등 사회 각계에서 지배력을 가진 이들 소수 엘리트는 전체 국민의 대표성을 갖지 않으면서 실질적으로 정책결정의 장을 과점하는 것이다.

다원주의가 주장하는 것처럼 힘은 결코 다수의 집단에 분산되어 있지 않고 소수의 힘 있는 기관에 집중되어 있으며, 이들 기관의 영향력 역시 모든 구성원에 분산되어 있지 않고 고위층에 집중되어 있다는 것이 엘리트주의 주장이다. 정책을 다수의 합의가 아니라 소수 엘리트의 이익이 지배적으로 반영된 것으로 이해하는 것이다.

엘리트주의에 대하여 다시 다원주의론 시각에서 반론을 제기할 수 있다. 엘리트주의가 말하는 엘리트가 있다 하더라도 그들이 조직화된 세력을 형성하는지 의문이다. 또한 엘리트의 지배적 역할을 인정하더라도 결국 그들은 선거와 시장의 통제장치를 통해 다수 국민의 뜻을 공감하는 사람들로 순환 교체되고 그러한 게임법칙에 응하는 엘리트들은 다수의 이익에 반하여 자신들의 이익만을 추구하기 곤란하다는 것이다.

다원주의와 엘리트주의는 정책결정의 장에서 정부, 특히 관료를 중심 무대에 세우지 않았다. 지금부터 검토할 이론은 이와는 달리 관료를 무대의 중심으로 불러들인다.

③ 철의 삼각, 하위정부, 이슈네트워크

철의 삼각(iron triangle)은 정부관료, 선출직 의원, 그리고 이익집단의 3자가 강철과 같은 장기적이고 안정적이며 우호적인 삼각관계의 연합을 형성하면서 정책결정을 지배하는 것으로 본다. 대표적 사례로 드는 것이 미국의 담배산업관련 정책결정이다. 1960년대 중반까지 미국에서 담배 관련 정책은 담배산업 이익집단의 로비스트, 의회의 소관 위원회 의원, 농림부 공무원에 의해 조용하게 결정되었

PART 1
행정과 행정학의 이해

PART 2
행정환경

PART 3
행정내부환경

PART 4
결정시스템

PART 5
집행시스템

PART 6
조직시스템

PART 7
지원시스템

PART 8
산출과 피드백

다. 의원들은 대부분 담배 경작을 주로 하는 지역구 출신이었으며 농림부 공무원
도 담배 경작 정책의 집행을 책임지고 있었다. 따라서 이들은 모두 담배산업 육성
에 이해를 같이 했고 상호 우호적이었으며 외부와 단절된 상태에서 정책을 결정
하였다. 일반 국민이나 언론은 이들이 주도하는 정책결정의 장에 접근하지 못하
였다.[43]

　　하위정부(subgovernment)는 철의 삼각과 같이 정부관료, 선출직 의원, 그리고
이익집단의 역할에 초점을 맞추지만 이들의 입장이 보다 다양하고 연합이 느슨해
진 상태를 의미한다. 하위정부 이론에서는 철의 삼각과는 달리 세 주체들이 공감
하는 폐쇄적인 정책결정의 장에 집착하지 않고 언론, 의회 내 다른 의원, 다른 부
처의 견해에도 관심을 가지고 이를 반영하려는 노력을 한다. 따라서 참여자들 간
에 정책목표나 이를 달성하기 위한 수단에 있어 이견이 노출된다. 미국에서 담배
산업의 경우 1960년대 중반 흡연이 폐암과 관계가 있다는 보고서가 발표되자 일
반 국민, 의회 내 다른 소위원회 의원, 타 부처 공무원, 시민단체 등에서 목소리를
내기 시작하였다.[44] 참여자도 확산되고 철의 삼각관계에 있던 주체들 간 연합도
약화된 것이다. 그러나 하위정부 모형에서도 주연은 아직 세 주체이고 다른 참여
자는 조연에 해당한다. 다른 입장을 받아들이더라도 그것은 정책결정에서 자신들
의 자율성을 손상시키지 않는 범위 내에서 이루어진다고 본다.[45]

　　하위정부보다 참여자의 범위가 확대되고 참여자 간 연대가 쟁점과 시간에 따
라 유동적인 상태를 이슈네트워크(issue network)[46]라 한다. 환경단체와 국토교통
부와의 관계를 보면, 그린벨트 규제에 대하여는 협력하지만 댐 건설에는 서로 대
립적인 입장을 취하는 것과 같이 참여자 간의 관계가 안정적이지 못하다. 이슈네
트워크의 등장은 정책 영역이 전문화되고 복잡해지면서 정책이슈와 이해가 다양
해졌기 때문이다. 이슈네트워크에서는 참여자가 다양하고 이들 간의 관계도 지속
적이지 못하기 때문에 정책결정의 장에서 주도적인 역할을 구분해내기가 곤란하
고 합의 도출도 어려워진다. 대신 정책결정의 장이 항상 개방되어 있고 이슈별 이
해관계에 따라 그때그때 협력적인 네트워크가 형성된다. 이렇게 형성된 네트워크
는 쟁점이 소멸되면서 연대는 해체되고 네트워크는 함께 행동한 참여자 간 연락
망이 유지되는 정도의 느슨한 형태로 남는 것이 일반적이다.[47]

　④ 정책공동체

　　철의 삼각, 하위정부, 이슈공동체 등이 주로 미국학자에 의해 개념화되었다
면 정책공동체(policy community)는 유럽학자에 의해 개념화되고 유럽 사회에서 많

은 지지를 얻고 있는 이론이다. 정책영역이 복잡해지면서 특정 정책분야에 대한 공통의 이해와 전문성을 가진 사람을 중심으로 조직화되는 경향이 있다. 정책공동체는 이때 일시적이고 느슨한 형태의 집합체인 이슈네트워크와는 다르게 안정적인 상호의존관계를 유지하는 공동체의 시각을 반영한 것이다.

이런 입장은 개인주의를 토대로 한 미국식 다원주의가 아니라 이해집단과 정부와의 사회적 합의를 중시하는 유럽식 사회조합주의와 맥을 함께 한다.[48] 의회정치와 이익집단정치가 활발하고 상대적으로 관료제가 약한 미국과 달리 관료제의 적극적인 역할을 인정하는 것도 유럽의 시각을 반영한다.

정책공동체는 특정 정책문제에 대한 전문성을 가진 사람들이 상호 이해를 공유하고 나아가 생산적이고 협력적인 파트너 관계를 유도하는 장으로 이해할 수 있을 것이다. 여기에는 행정부 관료, 정치인, 이익집단, 대학 및 연구기관의 전문가집단, 시민단체, 그리고 언론을 포함시킬 수 있다.[a] 이들이 형성하는 공동체는 제한적인 멤버십, 멤버십의 연속성 그리고 멤버(참여자) 관계의 안정성을 특징으로 한다. 참여자들은 또한 빈번한 교류를 통해 이해와 가치의 공감대를 형성할 뿐만 아니라 상호 간에 교환이 가능한 자원을 가지고 있고 어느 정도 힘의 균형을 유지한다.[49][b]

---

a) 영국을 배경으로 정책공동체를 개념화한 Rhodes & Marsh는 정책공동체에서 의회와 시민단체를 배제시키고 있다. 그러나 한국에 이 개념을 도입할 때에는 국민의 신뢰가 높은 시민단체는 물론 국회의원과 보좌관을 포함하여 이해하는 것이 일반적이다(R. Rhodes & D. Marsh, New Directions in the Study of Policy Networks, *European Journal of Political Research*, 21, 1992).

b) Rhodes & Marsh(op. cit.)는 이슈네트워크를 정책공동체와 대조적인 개념으로 이해한다. 즉, 이슈네트워크는 정책공동체와 다르게 참여자를 제한하지 않고 이들 간의 상호의존 정도가 제한적이고 불안할 뿐만 아니라 참여자 간 갈등도 존재하고 자원 보유 측면에서도 차등이 있고 불평등 관계가 존재한다. 한편 학자에 따라서는 정책공동체와 이슈네트워크를 포함하여 정책네트워크(광의)라는 용어를 쓰기도 한다. 정책공동체와 정책네트워크는 정책결정뿐만 아니라 정책집행 단계에서도 존재한다.

한국에서는 정책공동체를 분명하게 개념화하지 않고 참여와 민주적 의제설정 및 정책결정의 기제로 넓게 이해하는 경향이 있다. 참여정부가 의뢰하여 작성된 "정책공동체 활성화를 위한 기초조사연구(우리정책협력연구원, 2003. 12)"를 보면 정책공동체를 "참여집단이 스스로의 자유로운 선택에 의한 교환논리에 따라 서로 양보하고 타협하는 방식"을 지향하고 "민주적인 절차적 합리성을 추구"하며, "상대방을 파트너로 인정하고 최대한 의견을 청취하며 공동선을 추구하기 때문에… 모두가 승자가 되는 방식을 지향"한다고 주장한다. 정책공동체가 구성되면 "구성원의 공동체적 유대감을 통해 합의가 어려운 사항도 접점을 찾아 사회적 갈등을 해소"할 수 있고, 전문가집단, 시민단체, 언론, 전문관료들이 학술세미나, 토론회, 간담회, 자문회의 등에서 활발한 교류를 통해 현안 문제를 쉽게 해결할 수 있을 것이라는 낭만적 기대를 내놓고 있다. Rhodes & Marsh가 포함시킨 정치인과 이익집단이 빠지고 시민단체와 언론이 포함된 것도 한국적 정책공동체의 이해로 보아야 할 것이다.

(2) 관 료

　정책결정에서 공무원의 역할은 어떤 정책결정의 장에 포함되어 있느냐에 따라 다르다. 다원주의나 엘리트주의에서는 관료의 역할보다는 외부 집단이나 지배계층의 역할을 주목한다. 철의 삼각에서 관료는 특수 이익집단의 이익에 종속되는 경향이 있다. 하위정부의 장에서는 특정 이익집단의 이익과 일반 공익과의 관계에서 어느 정도 조정자의 역할을 기대할 수 있고 이슈네트워크에서는 쟁점에 따라 방관자가 될 수도 있고 주도적인 역할을 할 수도 있다. 한편 조합주의나 정책공동체는 관료의 적극적 역할을 옹호한다. 이러한 다양한 이론에는 각국의 역사성을 무시할 수 없다. 그럼에도 불구하고 현대복지국가 및 정치행정일원론의 시각에서 행정부가 입법부보다 환경 대응능력이나 전문성이 앞서기 때문에 재원배분의 정책결정에 관료의 적극적인 참여와 역할이 강조되고 있다. Post-NPM이나 뉴거버넌스 모두 행정의 우월적 지위는 부정하지만 공공가치 실현을 위해 시민사회 및 다양한 이해집단의 이익을 중개·조정하고 이들과 협력하는 역할을 강조하고 있다. 관료는 실제로 정책결정의 질을 결정하는 중요한 자원을 가지고 있다. 예산, 정보, 전문성, 신뢰, 전략적 지위, 그리고 기관장의 리더십이 여기에 해당한다.

　우리나라는 오랫동안 권위정부 체제하에서 행정부가 국가발전의 중심 역할을 담당해 왔기 때문에 관료가 보유한 이들 자원은 매우 강력했다고 볼 수 있다. 하지만 행정환경에서 언급한 것처럼 5년 단임제의 대통령제하에서 공약 중심으로 정책이 집행되면서 부처 재량이 약화되었고, 국회의원은 지역 및 집단의 이익을 대변하는 과정에서 행정의 처분적 사항까지 구체적으로 입법화하는 등 국회의 통제도 매우 강화되었다. 이제 이러한 시대적 변화를 주목하면서 관료의 역할과 영향력을 이해할 필요가 있다.

① 예산의 통제

　정책에 있어 예산은 전장에서의 실탄과 같다. 예산을 통제하는 사람이 정책을 좌우할 수 있다. 재정민주주의 원칙에 따라 국가 예산의 최종 승인은 국회가 하지만 재정자원을 실제 배분하는 중요한 역할은 예산편성과정에서의 관료들이다. 국회의원은 각 분야별 예산을 구체적으로 검토하고 세부적으로 조정할 정도의 충분한 시간, 인적 자원, 전문성을 갖추고 있지 못하기 때문이다. 최근 들어 시민단체에서 정부 예산 편성에 대한 모니터링을 강화하고 있지만 역시 자료 접근이나 자원의 한계를 보이고 있다.

② 정보의 통제

정책결정에 있어 또 하나 중요한 것이 정보자원이다. 보다 정확하고 풍부한 정보를 가진 사람이 정책결정의 지배적인 역할을 담당할 수 있다. 그런 점에서 정부는 어느 누구와도 비교할 수 없는 정보의 생성과 수집 그리고 분석 능력을 가지고 있다. 통계청 이외에 각 부처에서도 관련 분야의 정보를 확보하고 있다. 그 중에 일부는 외부의 접근이 허용되지만 아직도 관료만이 접근할 수 있는 많은 정보가 있다. 관료와 외부인과는 이러한 정보의 비대칭이 존재하고 통제의 어려움이 있음을 주인-대리인 모형에서 설명하였다. 관료는 유리한 정보만을 선별적으로 홍보함으로써 자신들에게 유리하도록 여론 형성을 주도할 수도 있다.

③ 전 문 성

관료는 대부분 정년까지 신분이 보장되기 때문에 국회의원이나 정당 당직자 또는 시민단체 활동가들에 비해 훨씬 오랫동안 관련 업무를 수행하게 된다. 비록 순환보직 등의 이유로 동일 보직에의 재임기간은 짧지만 부처 단위로 보면 결코 짧지 않다. 결국 관료는 장기간 관련 분야의 경험을 통한 학습과 정보를 축적할 수 있고 그 결과 전문성을 확보하는 데 유리하다. 이러한 전문성은 정책문제에 대한 정확한 인식, 대안 개발, 그리고 대안의 분석에 중요한 자원이기 때문에 정책결정에의 영향력 행사를 가능케 한다.

④ 사회적 신뢰

정책결정에 있어 국민의 신뢰를 받는 참여자는 그만큼 영향력의 폭을 확대시킬 수 있다. 한국에서 공직은 과거 높은 사회적 평가를 받아왔다. 1970년대의 경제성장에 중요한 역할을 담당했다고 여겼을 것이다. 하지만 근래에는 오히려 환경 변화를 따라가지 못하고 정부규제로 오히려 기업활동의 장애가 된다는 평가를 받고 있다. 2020년에 발표된 에델만 신뢰지수를 보면 한국은 26개 중 상위 10위였으며 신뢰지수는 51%로 글로벌 평균 49%보다 약간 높은 수준이었다.[50] 「2019 사회통합실태조사」에서는 '약간'과 '매우' 믿는다를 합쳐 38.3%였다. 외국과의 상대적 비교에서는 양호하다고 할 수 있지만 국내 조사에서 긍정적인 응답이 50%를 넘지 못하고 있어 신뢰 측면에서 관료의 영향력은 약화될 것으로 보인다.[51]

⑤ 전략적 지위

관료는 통치자와 국민을 연결하는 통로에 위치하고 있다. 주권자인 국민은 자신들의 기대, 지지, 반대의 뜻을 대통령에게 직접 전달하기가 곤란하다. 국회의

PART 1
행정과 행정학의 이해

PART 2
행정환경

PART 3
행정내부환경

PART 4
결정시스템

PART 5
집행시스템

PART 6
조직시스템

PART 7
지원시스템

PART 8
산출과 피드백

원은 지역 유권자의 의견을 가장 민감하게 이해하고 반응하지만 이들도 지역의 여론을 당정협의회 등의 자리에서 정부에 전달하는 것이 일반적이다. 한편 정부는 전국적 조직을 통해 행정현장에서 직접 국민의 뜻을 접하게 된다. 따라서 국회의원이든 국민이든 그들의 의견을 구체화하는 과정에서 관료가 중요한 역할을 하게 된다. 관료는 국민의 대표기관과 국민의 커뮤니케이션 중앙에서 자신들의 역할을 지속할 수 있도록 정보의 흐름을 관리할 수 있다.[52]

⑥ 기관장의 리더십

기관장의 리더십은 정책결정의 중요한 흐름을 바꿀 정도로 강력한 작용을 한다.[53] 우리나라와 같이 대통령의 절대적인 영향력이 작용하는 상황에서 대통령의 신뢰를 받는 실세 기관장의 경우 정책결정 역할에 직접적인 파급효과를 가져온다. 이들은 무엇보다도 예산 확보에 힘을 발휘함으로써 정책결정에서의 자원 제약이라는 걸림돌을 제거시켜 주기도 한다.

정책결정을 위한 새로운 시도들

❶ 실업자 2천 명에게 매월 72만 원 줬더니…

'두 번째 쥐가 치즈를 얻는다'는 말이 있다. 무슨 뜻일까. 치즈를 얻으려고 앞장섰던 쥐가 쥐덫에 걸리고 나면 뒤따르던 두 번째 쥐가 손쉽게 치즈를 얻게 된다는 말이다. 그러니까 너무 앞서가지 말란 뜻이 담겼다.

"우리는 기꺼이 첫 번째 쥐가 되려 한다." 이건 누구의 말일까. 영국 폴리시랩(정책실험실) 책임자인 안드레아 시오드목(Andrea Siodmok)이 지난달(2019년 12월) 11일 한국에서 열린 정부혁신포럼을 찾아 한 말이다. 다른 누군가가 치즈를 얻을 수만 있다면 비록 쥐덫에 걸리더라도 기꺼이 아무도 가지 않은 낯선 길을 가겠다는 뜻으로, 폴리시랩이 무엇 때문에 존재하는지를 잘 보여주는 말이다. 그러니까 폴리시랩은 끊임없이 쥐덫에 걸릴 첫 번째 쥐를 등 떠밀어 내보내는 곳인 셈인데, 그 첫 번째 쥐가 바로 '정책실험'이다.

정책 실험 비용, 아까워 할 일이 아니다

2016년 1월부터 2년간 핀란드에선 기본소득 정책실험이 진행되었다. 정부가 주도한 대규모 기본소득 실험으로선 전 세계에서 처음이었다. 목표는 더 나은 사회 안전망 체계를 마련하는 것. 핀란드 정부는 노동 조건이 변함에 따라 나타나게 될 '새로운 필요'를 해결할 더 나은 정책을 찾아야 했고, 복잡한 체계에 들어

가는 행정 비용과 관료주의를 손볼 방안도 찾아내야 했다. 여기에 더해 기본소득이 정말 삶의 질을 나아지게 하는지도 확인하고 싶었다.

　무엇보다도 다달이 약 72만 원의 기본소득이 주어지면 고용률이 높아질 것이라는 기대가 깔려 있었다. 실험은 실업수당을 받는 17만 5,000명 가운데 무작위로 2,000명(25~58세)을 뽑아 진행했는데 기본소득이 주어지는 만큼 이들이 임금이 낮은 일자리도 마다하지 않을 것이란 생각이었다. 이것이 이번 정책실험의 기본 가설이었다고 할 수 있다. 그렇게 2,000명(나머지 17만 3,000명이 대조군이다)에게 조건 없이 달마다 72만 원을 지급하는 정책실험이 진행되었다. 결과는 어땠을까. [중략]

정책실험은 시민을 '값비싼 실패'로부터 보호한다

　기본소득을 진행한 핀란드 정부는 벌써 몇 년 전부터 이론적 접근 방식에서 벗어나 구체적 근거(Evidence)에 기반을 둔 정책 수립 과정을 발전시키려 많은 노력을 기울여왔다. 새로운 정책을 전면적으로 도입하기에 앞서 좀 더 작은 규모로, 여러 가지 실험을 진행해봄으로써 시민이 새로운 정책에 어떻게 반응하는지를 살펴보고자 했던 것이다. 이러한 접근은 '정책을 만드는 전혀 다른 길을 열었다'는 평가를 받는다.

　핀란드의 정책실험 설계에 참여해온 싱크탱크 데모스 헬싱키(Demos Helsinki)의 미코 안날라(Mikko Annala) 연구원은 그 어느 때보다도 빠르게 변하는 세상에서 "계획을 세우는 것은 거의 불가능하며, 실험을 하는 것이 낫다"고 말한다.

　"우리 사회의 다른 모든 영역은 실험과 시제품 제작을 거친 뒤에야 확산이 이뤄지는데 정부만이 그렇게 하지 않는 건 괴상한 일이다. 그러한 경향이 정치를 증거에 반해 아주 이론적이고 느리고, 또 추측에 기대게 만든다."

❷ 정책실험실(Policy-Lab)

　정책실험실의 정의는 실험의 내용과 목적 그리고 국가별 특성에 따라 다르다. 하지만 일반적으로 정책실험실은 정부기관에 새로운 정책 기법을 도입하고, 최종 수요자 중심으로 공공서비스를 설계하고, 또한 데이터 분석 및 새로운 디지털 도구를 사용하여 정책개발을 향상시키기 위한 새로운 시도이다.

　대다수 정책실험실은 아직 초기 단계에 있으며, 정책실험실을 운영하는 기관도 이를 불확실한 구조로 간주하고 있다. 많은 시도가 있었지만 아직 글로벌하게 영향을 미친다거나 실제 시범 정책으로까지 발전시키지 못하고 있으며, 또한 신기술과 관련된, 아직 해법을 찾지 못하고 있는 이슈들을 건드리지 못하고 있다. 정부 또한 시급하거나 중요한 문제를 정책실험실에 맡기는 대신 기존의 정책개발 과정을 선호한다. 마찬가지로 많은 정책실험실은 규모가 작고 확정된 프로

PART 1
행정과 행정학의 이해

PART 2
행정환경

PART 3
행정내부환경

PART 4
결정시스템

PART 5
집행시스템

PART 6
조직시스템

PART 7
지원시스템

PART 8
산출과 피드백

젝트를 중심으로 개념 증명 수준에 머물고 있고, 그들의 활동을 더 키우거나 실제 시범사업을 실시할 정도의 분명한 권한을 정부로부터 부여받지 못하고 있다.

정책실험실이 현상을 깨고 새로운 정책을 개발하고자 한다면, 정책실험실이라는 도구가 민첩한 거버넌스(agile governance) 토론에 기여하고 도움이 된다는 것을 분명히 보여주어야 한다. 정부는 정책실험실에 비용을 즉시 정당화할 만한 신속한 "승리(win)"를 요구하지 말고, 민첩한 정책결정(agile policy-making) 프로세스를 개발, 테스트 및 반복하기에 충분한 수위와 공간을 정책실험실에 제공해야 한다. 민첩하다는 것은 계속 진행할 것인지, 필요하다면 중단할 것인지를 신속히 학습하여 아는 것이다. 정책실험실의 활동에 대한 투명성이 무엇보다 중요하기 때문에, 정부와 시민에게 활동의 내용 및 결과를 소통하기 위해 이해당사자들과 협력은 물론 소통의 플랫폼 또는 채널도 신중하게 선택할 필요가 있다. 정책실험실에서 다룰 도전적인 과제의 선정도 중요한데, [4차 산업혁명의] 신기술 규제와 같이 끊임없이 변화하는 도전에 대응할 새로운 시도가 필요하다.

마지막으로, 정책실험실은 대기업 또는 학술기관을 벗어나 시민단체 및 소규모 혁신가를 포함하는 비주류 정책활동가들의 참여를 제도화시켜야 한다. 유럽연합(EU), 영국, 덴마크는 이러한 선도적인 혁신을 진행시키고 있다.

자료: ❶ 윤찬영(새로운사회를여는연구원), 오마이뉴스, 2020. 1. 7. 일부 발췌,
❷ World Economic Forum, *Agile Governance: Reimagining policy-making in the fourth industrial revolution*, January 2018, p. 9. 원문을 '구글 번역'한 다음 저자가 다시 의역함.

⊙ 주

1) 파이낸셜뉴스, 2018. 4. 11.

2) 이데일리, 2015. 4. 29.

3) 더게임즈, 2018. 12. 22.

4) Thomas R. Dye, *Understanding Public Policy*, 2nd ed., Englewood Cliffs, NJ: Prentice-Hall, 1975, p. 1.

5) 기획재정부, 2021년도 예산, 국회 본회의 의결·확정, 보도자료, 2020. 12. 2.

6) 이원희, 「행정학」, 서울: 고시연구사, 2000, p. 201.

7) Charles H. Levine, B. Guy Peters, and Frank J. Thompson, *Public Administration: Challenges, Choices, Consequences*, Glenview, IL: Scott, Foresman, 1990, p. 82.

8) Stephen P. Robbins, *Management*, 4th ed., Englewood Cliffs, NJ: Prentice-Hall, pp. 157-159.

9) Amitai Etzioni, Mixed Scanning: A 'Third' Approach to Decision-making, *Public Administration Review*, 27, 1967, pp. 385-392.

10) Herbert A. Simon, *Administrative Behavior*, New York: Free Press, 1948.

11) Richard M. Cyert & James G. March, A *Behavioral Theory of the Firm*, Englewood Cliffs, NJ: Prentice-Hall, 1963.

12) Charles E. Lindblom, The Science of 'Muddling' Through, in Stella Theodoulou and Matthew Can(eds.), *Public Policy: The Essential Readings*, Prentice Hall, 1995, pp. 113-127.

13) Hal G. Rainey, *Understanding and Managing Public Organizations*, 2nd ed., San Francisco: Jossey-Bass Inc., 1991, p. 85.

14) Levine, Peters, and Thompson, op. cit., p. 83.

15) Etzioni, op. cit.

16) Jame E. Anderson, *Public Policy Making*, 3rd ed., New York: Holt, Rinehart and Winston, 1984, p. 11.

17) Yahezkel Dror, *Public Policymaking Reexamined*, New Brunswick, NJ: Transaction, Inc., 1983.

18) Michael D. Cohen, James March, and J. Olsen, A Garbage Can Model of Organizational Choices, *Administrative Science Quarterly*, 17, 1972, pp. 1-25.

19) James March, and J. Olsen, Garbage Can Models of Decision Making in Organizations, in J. March & R. Wessinger-Baylon(eds.), *Ambiguity and Command*, White Plains, NY: Pitman, 1986, pp. 11-35.

20) Robert Denhardt, *Public Administration: An Action Orientation*, 3rd ed., Orlando,

PART 1 행정과 행정학의 이해
PART 2 행정환경
PART 3 행정내부환경
PART 4 결정시스템
PART 5 집행시스템
PART 6 조직시스템
PART 7 지원시스템
PART 8 산출과 피드백

FL: Harcourt Brace & Company, 1999, pp. 251-255.

21) Garry D. Brewer & Peter deLeon, *The Foundations of Policy Analysis*, Homewood, IL: The Dorsery Press, 1983, p. 45.

22) Anderson, op. cit., pp. 47-48.

23) P. Bachrach & M. S. Baratz, Decisions and Nondecisions: An Analytical Framework, *American Political Science Review*, 57, 1963, pp. 632-642.

24) Brewer & deLeon, op. cit., pp. 62-63.

25) Ibid., p. 65.

26) Ibid., p. 85.

27) 노화준, 「정책분석론」, 서울: 박영사, 2003, p. 61.

28) 신고리 5·6호기 공론화위원회, 「신고리 5·6호기 공론화 자료집」, 2017. 9.

29) 신고리 5·6호기 공론화위원회, 「신고리 5·6호기 공론화 시민참여형조사 보고서」, 2017. 10. 20.

30) 기획재정부, 2018년도 예비타당성 운용지침, 2018. 4. 17. 제정; 과학기술정보통신부, 국가연구개발사업 예비타당성조사 운용지침, 2018. 4. 17. 제정.

31) Ibid.

32) Frank Fischer, *Reframing Public Policy. Discursive Politics and Deliberative Practices*, New York: Oxford University Press, 2003.

33) U.S. Department of Justice, *Evidence-based Policy, Practice, and Decisionmaking: Implications for Paroling Authorities*, 2011, 〈http://nicic.gov/library/024198, 2015. 5. 4〉.

34) Huw T. O. Davies, Sandra M. Nutley, and Peter C. Smith (eds), *What works? Evidence-based policy and practice in public services*, Bristol, UK: The Policy Press, 2000.

35) Huw T. O. Davies and Sandra M. Nutley, Evidence-based policy and practice: moving from rhetoric to reality, Discussion paper, University of St Andrews, Department of Management, 2002.

36) William Solesbury, *Evidence Based Policy: Whence it Came and Where it's Going* (Pre-publication version), Submitted to Planning Policy and Practice, ESRC Centre for Evidence Based Policy and Practice, UK, 2001.

37) Overseas Development Institute, *Evidence-Based Policymaking: What is it? How does it work? What relevance for developing countries?*, Sophie Sutcliffe and Julius Court, UK, 2005.

38) Ron Haskins and Greg Margolis, *Show Me the Evidence: Obama's Fight for Rigor and Results in Social Policy*, Brookings Institution Press, 2014.

39) Robert Dahl, *Who Governs?*, New Haven, CT: Yale University Press, 1961.

40) J. J. Richardson & A. G. Jordan, *Governing Under Pressure: The Policy Process in a Post-Parliamentary Democracy*, Oxford: Martin Robertson, 1979, p. 25.

41) Philippe Schmitter, *Interest Conflict and Political Change in Brazil*, Stanford: Stanford University Press, 1971.

42) P. Bachrach & M. S. Baratz, *Power and Poverty*, New York: Oxford University Press, 1970.

43) Melvin J. Dubnick & Barbara S. Romzek, *American Public Administration: Politics and the Management of Expectations*, New York: Macmillan Publishing Company, 1991, p. 191.

44) Ibid., p. 192.

45) Ibid.

46) Hugh Heclo, Issue Networks and the Executive Establishment, in Anthony King(ed.), *The New American Political System*, Washington, DC: American Enterprise Institute for Public Policy Research, 1978, pp. 87-124.

47) Dubnick & Romzek, op. cit., p. 193.

48) 우리정책협력연구원, 「정책공동체 활성화 방안 기초 조사연구」, 2003. 12, p. 1.

49) R. Rhodes & D. Marsh, New Directions in the Study of Policy Networks. *European Journal of Political Research*, 21, 1992, p. 184.

50) Edelman, 2020 Edelman Trust Barometer , 2020.

51) 한국행정연구원, 「2019 사회통합실태조사」, 2020. 1. 31, p. 173.

52) Gerald E. Caiden, *Public Administration*, 2nd ed., Pacific Palisades, CA: Palisades Publishers, 1982, p. 92.

53) Dubnick & Romzek, op. cit., p. 206.

미션·비전·전략, 리더십

09

1. 미션 · 비전 · 전략

　　미션·비전·전략은 정책과 함께 결정시스템을 구성할 수 있는 중요한 요소이다. 미션·비전·전략은 중앙정부 부처, 자치단체, 실·국 등의 조직을 분석의 단위로 한다. 미션·비전·전략의 결정은 이들 조직단위가 주체가 되어 환경을 고려하면서 미래의 모습과 이를 달성하기 위한 구체적인 실행방법을 결정하는 것이다. 한편 정책의 결정은 조직의 경계를 넘어 정책의 중요한 영향 범위에 있는 모든 주체(때로는 다수의 부처)가 참여하기 때문에 환경의 절대적인 영향을 받게 된다(〈그림 9-1〉 참고).

[그림 9-1] 정책과 미션 · 비전 · 전략의 비교

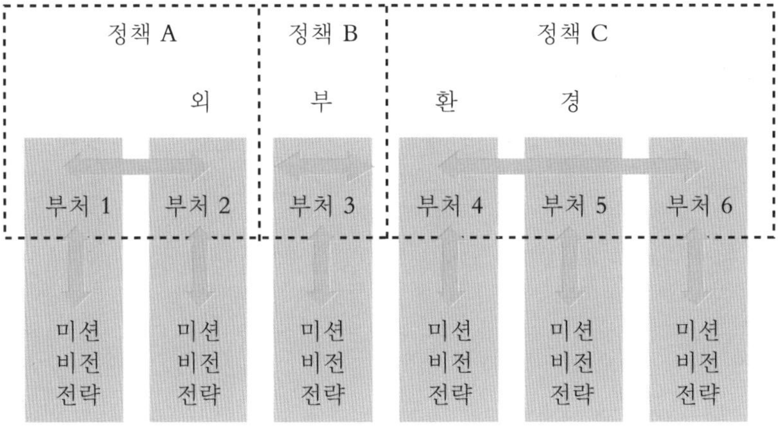

1) 미 션

우리나라 식품의약품안전처와 거의 같은 기능을 수행하는 미국 FDA의 미션과 우리나라 식품의약품안전처의 업무규정, 비전 및 미션을 비교해보자. 우리나라 식품의약품안전처는 무엇에 관한 일을 하는지(업무규정), 앞으로 무엇을 하고(목표), 무엇이 되고자 하는지(비전)에 대한 일반적인 선언은 있지만 구체성이 떨어지고 그것을 어떻게 해서 달성할 것인지가 분명하지 않다. 그에 비해 FDA는 FDA가 왜 존재하는지의 이유(미션)를 분명히 밝히고 있다. 각종 식의약품 관련 위험으로부터 국민의 건강을 지키고 더 나아가 관련 기술개발과 정보제공을 통해 국민의 건강을 증진시키겠다는 것이다.

- **■ 식품의약품안전처**
  - – 업무규정: 식품의약품안전처는 식품·건강기능식품·의약품·마약류·화장품·의약외품·의료기기 등의 안전에 관한 사무를 관장한다(식품의약품안전처와 그 소속기관 직제 제3조)
  - – 목표: 제품에서 사람 중심으로 식의약 안전정책 패러다임 전환
  - – 비전: 안전한 식의약, 건강한 국민
  - 자료: 식품의약품안전처(https://mfds.go.kr/), 2021. 1. 4.

- **■ 미국 FDA(Food and Drug Administration)**
  - – FDA는 인체 및 동물용 의약품, 생물학적 제재 및 의료 기기의 안전, 효능 및 보안을 보장하고; 또한 식량 공급, 화장품, 방사선 방출 제품의 안전을 지킴으로써 공중 보건을 보호하는 책임을 진다.
  - – FDA는 공중 보건을 발전시키기 위해, 의료 제품을 보다 효과적이고 안전하며 저렴하게 공급하기 위한 혁신을 촉진하고, 국민의 건강을 지키고 개선하기 위해 국민이 의료 제품과 식품을 사용하는 데 필요한 정확한 과학 기반의 정보를 얻을 수 있도록 지원할 책임이 있다.
  - – FDA는 또한 식품 공급의 안전을 보장하고, 의도적이고 자연적으로 발생하는 공중 보건의 위험에 대응하기 위한 의료 제품 개발을 촉진함으로써 국가의 대테러 역량 측면에서 중요한 역할을 한다.
  - 자료: U.S. Food and Drug Administration(https://www.fda.gov/about-fda/what-we-do), 2021. 1. 4.

PART 1 행정과 행정학의 이해
PART 2 행정환경
PART 3 행정내부환경
PART 4 경정시스템
PART 5 정책시스템
PART 6 조직시스템
PART 7 지원시스템
PART 8 산출과 피드백

(1) 의   의

미션(Mission)은 이와 같이 '왜 우리 조직이 존재해야 하는지?', '우리 조직이 없으면 무엇이 문제인지?'에 대한 답을 담고 있다. 조직은 미션을 달성하기 위한 도구이다. 조직은 여러 사람들의 협동행위를 통해 일정한 미션을 달성하기 위하여 생겨난 것이다. 월드컵 행사를 성공적으로 수행하기 위해 월드컵 조직위원회가 구성되었던 것이며, 행사가 끝나 그 미션이 더 이상 존재하지 않을 때에 그 조직이 해체되는 이유가 여기에 있다. 이처럼 미션은 조직을 잉태시키고 조직 안의 모든 활동을 정당화시켜 주는 조직의 핵심이다.

민간부문에서 미션은 성공적인 경영을 위해 필수적인 관리요소이다.[a] 특히 새로 부임한 리더는 미션을 재확인하고 재임기간의 비전을 설정하고 전략을 구체화하는 것이 필수적이다. 그런데 정부부문에서는 그동안 미션의 중요성을 인식하지 못하였다. 각 부처에서 무엇을 하는가의 업무영역은 이미 법으로 정해진 것이기 때문에 건드릴 수 없는 것으로 간주했다.

관세청의 업무분장 규정과 미션

업무분장: 관세의 부과 감면 및 징수와 수출입물품의 통관 및 밀수출입단속에 관한 사무를 관장(관세청과 그 소속기관 직제 제3조)

미션:
우리는 대한민국의 얼굴이며 관세국경의 수호자이다.
우리는 우리나라로 들어오거나 나가는 모든 물품을 신속하게 통관하는 한편,
관련법규를 엄정하게 집행함으로써

➡ 국가재정과 국민경제를 보호하고
➡ 사회안전과 국민생활 위해요소의 유입을 차단하며
➡ 합법적인 국제교역과 여행자 이동을 촉진한다.

자료: 관세청(https://www.customs.go.kr/), 2021. 1. 4.

---

[a] 컨설팅회사 Bain & Company는 1993년부터 매년 관리자(manager)들을 대상으로 그들이 활용하는 관리도구(management tool)를 설문조사하여 발표해왔는데 2017년까지 25년 동안 10위 안에 빠지지 않고 포함된 것이 미션·비전 선언문, TQM, 벤치마킹, 고객만족이었다. 미션·비전 선언문은 2010년까지 1~3위에 포함되었다가 이후 하락하여 2017년에는 10위까지 떨어졌다. 한편 2017년에 가장 많이 사용된 도구는 전략기획으로 조사되었다(Darrell Rigby & Barbara Bilodeau, Management Tools & Trends, 2018). 2000년 전후 미션·비전 선언문을 도입한 기업들은 그동안 구성원과 미션·비전을 공유하고 내재화시킴에 따라 수요가 줄고 리더십의 관심도 떨어진 것으로 보인다.

미션은 각 부처가 무엇을 하겠다는 것인지에 대한 짧은 메시지이기 때문에 충분히 기존의 법규정 안에서 적법하게 이를 개발해나갈 수 있고 또 그런 작업을 해야 한다. 우리나라는 2000년대 중반 이후 정부혁신 차원에서 부처의 미션, 비전, 전략 설정의 작업이 시작되었고 그동안 형식적인 구호에 그치는 경우가 많았다. 현재는 다수의 행정기관에서 업무규정과는 별도로 기관이 하고자 하는 것과 되고자 하는 것을 보다 구체화시켜 나가는 사례가 늘고 있다. 특히 「정부업무평가기본법」에 성과관리계획 수립 시 기관의 임무(미션)와 전략목표를 포함시키도록 규정하는 등(제5조) 미션을 조직의 성과나 정책의 성과에 영향을 미칠 수 있는 관리도구로 인식하기 시작하였다.

앞의 글상자는 관세청의 업무분장과 미션을 예로 든 것이다. 정부조직법에 나와 있는 업무분장보다는 관세청이 지향하는 방향과 의미를 구체적으로 담은 것으로 평가할 수 있다.

미션은 학문적 개념화 이전에 컨설팅 회사와 경영 현장에서 먼저 받아들여졌고, 학문적으로는 전략기획(strategic planning)에서 다루어 왔다. 미션 이전에 가장 널리 연구된 개념은 목표(goal)이다. 물론 아직도 목표는 조직목표, 정책목표, 전

[그림 9-2] 미션 · 비전 · 전략목표 · 전략 · 핵심가치의 관계

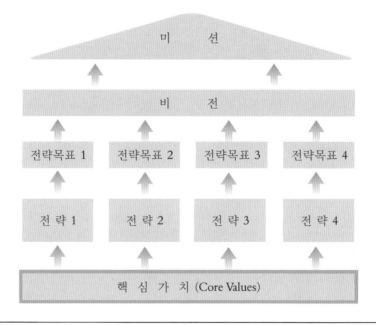

PART 1 행정과 행정학의 이해

PART 2 행정환경

PART 3 행정의 내부환경

PART 4 결정시스템

PART 5 집행시스템

PART 6 조직시스템

PART 7 지원시스템

PART 8 산출과 피드백

략목표 등 미션보다 훨씬 다양한 형태로 사용되고 있다. 목표는 그 단어가 사용되는 맥락이나 조직의 단위에 따라 매우 탄력적으로 개념화할 수 있다. 목표를 미션, 비전, 전략과의 맥락에서 보면 미션과 비전을 달성하기 위한 전략이 있고, 각 전략 단위에서 달성하고자 하는 바람직한 상태를 (전략)목표로 이해할 수 있다. 한편 핵심가치는 미션과 비전을 달성하기 위한 구체적인 실행과정에서 반드시 지켜야 할 가치규범이자 행동규범을 의미한다(〈그림 9-2〉 참고).

(2) 기　능

미션은 다음 세 가지 측면에서 매우 중요한 기능을 담당한다.

① 조직의 존립과 활동에 대한 정당성의 근거

미션은 일반 국민에게 무엇을 하고 있는가를 말해주는 것이며 국민들로부터 그 조직이 꼭 필요하다는 정당성을 인정받는 데 중요한 역할을 한다. 미션은 각 조직의 대사회적·대국민적 약속이며 그 범위 안에서 활동의 정당성을 확보한다. 국민의 지지를 얻는 미션을 가진 조직은 자원배분을 포함해서 실행 과정에서 많은 힘을 얻게 된다. 기획재정부, 여성가족부, 국가보훈처 중에서 공무원 50명의 인원을 줄여야 한다고 할 때 일반 국민은 어느 부처를 가장 먼저 지목하겠는가? 그 부처는 바로 미션에 대한 국민의 지지가 상대적으로 약하다는 것을 보여주는 것이다.

② 결정과 행동의 방향 제시

조직이 어떠한 미션을 추구하느냐는 조직 전체의 비전, 전략, 정책, 성과지표개발 등의 결정은 물론이고 조직구조, 인적·물적 자원, 정보시스템의 결정에도 중요한 영향을 미친다. 미션이 없다면 이들의 방향은 개별적이고 분절적으로 설정되기 쉽다. 미션은 이들 모두를 하나의 통합 시스템으로 묶어주는 끈과 같다. 미션은 이와 같은 조직단위뿐만 아니라 개인 차원의 의사결정 상황에서 행동의 방향을 제시해 줌으로써 궁극적으로 조직 전체의 업무 통합성을 유지할 수 있다.

③ 불확실성 감소와 동기부여

미션이 구체적이고 명확하며 도전적일 경우 미션에 대한 수용성은 물론 미션을 달성하고자 하는 동기부여의 정도가 높아진다. 실험 결과 이러한 특성을 지닌 미션은 '최선을 다하라'와 같은 막연한 표현이나 미션을 부여하지 않았을 때보다 훨씬 높은 실적을 올린다고 한다.[1] 이러한 개인 차원의 동기부여는 나아가 팀과 조직 전체의 응집력, 팀스피리트(team spirit)를 고양시킨다.

(3) 미션 정립

미션은 구두로 선언하고 머리로 기억하는 것이 아니라 이를 문장으로 표현해서 구성원이 이를 자기 것으로 내면화하여 업무수행으로 연결시켜야 한다. 문장화된 미션을 미션선언문(mission statement)이라 하는데 이를 효과적으로 만들기 위해서는 다음과 같은 기준을 고려하여야 한다.[2]

① 초 점

미션선언문은 조직이 담당하는 모든 일을 열거하는 것이 아니라 가장 핵심에 해당하는 업무에 초점을 맞추어서 가능한 간단하고 명료해서 구성원들의 머릿속에 그 내용이 각인될 수 있어야 한다. 지나치게 구체적이거나 만연체로 늘어지는 것은 좋지 않다. 또한 지나치게 추상적이거나 보편적인 표현도 적절치 않다.

② 영 감

미션선언문은 영감을 담아야 한다. 미션을 통해 조직과 일에 대한 열정을 고양시킬 수 있는 것이 좋다. 따라서 지나치게 평범하거나 좁은 의미를 담지 않아야 한다. 물론 너무 추상적이고 화려한 표현도 바람직하지 않다.

③ 지 침

미션선언문은 무엇은 할 일이고 무엇은 할 일이 아닌지에 대한 지침 내지 기준을 제공해야 한다. 국립병원의 미션에 이윤 창출이 포함되어 있지 않다면 환자 유치를 위해 민간병원과 경쟁해서는 안 되는 것과 같다.

④ 참 여

미션에 대한 구성원의 사명의식을 고취시키기 위해서는 미션 설정에 구성원을 반드시 참여시켜 주인의식을 갖도록 해야 한다. 대규모 조직인 경우 처음부터 모든 구성원을 참여시키는 것은 기술적으로 불가능하기 때문에 초안을 작성할 때에 '우리 조직이 필요한 이유는?', '어떤 조직에서 일하고 싶은가?' 등의 질문을 통해 가장 많이 등장하는 단어를 참고하여 반영시킬 수 있다. 미션선언문 작성을 책임진 특별팀(Task Force)은 법규정, 상부기관의 지침, 설문에 대한 응답을 종합하여 초안을 만들고 이에 대한 구성원들의 피드백을 받아 수정하는 작업을 몇 번 거치는 것이 필요하다.[3]

⑤ 활 용

미션선언문은 사무실 벽면의 전시용 액자가 아니다. 일상의 업무수행에 자주 활용되어야 한다. 정책목표, 성과목표, 성과지표개발, 전략개발 등의 과정에서 항상 미션을 점검하고 그로부터 방향성을 유지하도록 활용해야 한다.

PART 1
행정과 행정학의 이해

PART 2
행정환경

PART 3
행정내부환경

PART 4
경정시스템

PART 5
경쟁시스템
정책시스템

PART 6
조직시스템

PART 7
지원시스템

PART 8
산출과 피드백

⑥ 수　정

미션은 고정되어 있는 것이 아니다. 글로벌 환경의 변화나 새 대통령 당선과
같은 국내 환경의 변화에 대한 유연한 적응이 필요하다. 비록 법이 바뀌지 않았더
라도 정부가 바뀌면 새 정부가 정한 국정지표와 용어를 참고하여 새로운 문장으
로 수정하는 것이 필요하다.

2) 비전, 핵심가치

(1) 의　의

1957년 소련이 세계에서 처음으로 인공위성 Sputnik호 발사에 성공한 것은
미국의 자존심을 크게 건드린 사건이었다. 1년 뒤인 1958년 미국도 NASA를 창설
하여 소련과 본격적인 우주탐험의 경쟁을 시작하게 된다. 소련과 단순 경쟁에 머
물던 미국의 우주탐험은 1961년 케네디 대통령의 한 연설에서 국민들의 머릿속에
그림으로 각인될 정도로 분명해졌다. 그것은 우주탐험에 대한 비전으로, "60년대
가 다 가기 전에 인간을 달에 착륙시킨다"는 것이었다.

비전(Vision)은 이와 같이 어떤 단위(국가, 부처, 자치단체 등)의 미래의 모습에
대한 "머릿속의 그림"[4]이자 "언어로 그린 그림"[5]이다. 조직 단위에서 미션이 조직
의 존재 이유, 즉 조직이 '왜' 존재할 필요가 있는가에 대한 답이라면 비전은 조직
의 미래상이 '무엇'인지를 말해준다. 비전은 미션보다 분명한 미래의 모습을 제시
한다. 그 미래의 모습은 단순한 희망이나 시간이 지나면 저절로 이루어지는 것이
아니라 조직의 적극적인 노력과 행동이 따를 때 가능한 것이다. 따라서 비전은 대
체로 일정한 시간의 범위를 정하고 이를 구체화할 전략을 수반하게 된다.

민간기업에서 비전의 중요성은 새삼 강조할 필요가 없다. 리더가 갖추어야 할
가장 중요한 역량 중의 하나가 비전 제시라 할 정도로 비전은 조직 전체는 물론 팀
(부서) 단위에까지 매우 중요한 관리의 도구이다.[6] 그러나 정부조직의 경우에는 비
전에 대한 인식이 부족했다. 관료제의 전통적 시각이 지배하는 정부조직에서 공무
원들이 조직의 비전을 공유하느냐 하지 않느냐는 그리 중요한 문제가 아니었다.
그들이 업무를 수행하는 데 중요한 지침은 조직의 비전이 아니라 법규정과 업무지
침 그리고 상사의 지시였기 때문이다. 그래도 미국을 포함한 영어권 선진국을 보
면 정부조직도 비전의 중요성을 일찍부터 인식하고 활용하여 왔다.

우리나라에서는 그동안 대통령의 국정지표나 경제개발 5개년 계획에서의 목

[그림 9-3] 비전의 방향성

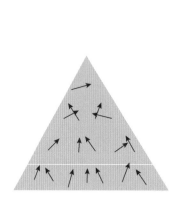
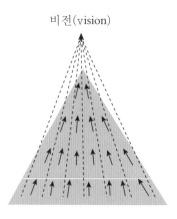

비전(vision)

표 등이 비전의 개념에 근접했던 것으로 볼 수 있다. 하지만 그것들은 공무원의
업무수행에 영감을 제공하거나 중요한 방향성을 제공하지 못한 채 하나의 구호
수준에 불과했다. 그 이유는 그것을 정하는 과정에 공무원이 전혀 참여하지 않은
채 일방적이고 권위적으로 위에서 내려온 것이었기 때문이다. 노무현 정부 들어
미션과 함께 비전이라는 용어가 처음으로 정부조직진단 과정에 도입되었는데 이
들에 대한 이해와 관심에 대한 공무원 설문조사에서 50점(100점 척도) 수준을 기록
할 정도로 매우 낮게 나왔다.[7] 각 부처의 행정이 무엇을 본질적 사명으로 하고 미
래에 무엇을 달성하고자 하는지에 대한 분명한 목표의식 없이 당면한 현안 중심
으로 행정이 이루어지고 있음을 짐작할 수 있다. 비전은 이러한 행정에 방향성과
목표성을 제공한다. 다만 그 비전이 외부에서 주어진 것이 아니라 구성원이 직접
참여하여 만든 공유의 비전(shared vision)이어야 한다. 비전에 모든 구성원이 공감
하고 적극적 지지를 보낼 때 분산되어 있던 방향성이 하나의 초점으로 정렬되는
효과를 가져오게 된다(〈그림 9-3〉 참고).

(2) 비전 정립: 공유의 비전

케네디 대통령의 "1960년대가 다 가기 전에 인간을 달에"와 같이 비전 설정
은 리더가 갖추어야 할 중요한 역량 중의 하나이다. 그러나 한 개인의 '혜안'으로
비전을 세우는 경우는 예외적이다. 오히려 부처 조직단위에서 비전을 세울 때에
는 모든 구성원이 함께 참여해서 만든 공유의 비전이 중요하다. 일방향 명령형 비

PART 1
행정과 행정학의 이해

PART 2
행정환경

PART 3
행정의 내부환경

PART 4
결정시스템

PART 5
집행시스템

PART 6
조직시스템

PART 7
지원시스템

PART 8
산출과 피드백

전이 아니라 쌍방향 합의형 비전이 필요하다.

공유의 비전을 만들기 위한 첫 단계는 조직 구성원들에게 그들이 진정으로 원하는 미래의 자기 모습이 무엇인지에 대한 탐색으로 시작한다.[8] 그들이 이루고 싶은 꿈, 즉 개인의 비전이 무엇인지 확인하는 것이다. 개인의 비전을 갖지 않은 사람은 다른 사람의 비전에 공감하는 것뿐이다. 그것은 따라가는 것이지 자발적인 헌신이 아니다.[9] 개인의 비전을 모아보면 많은 공통점을 발견하게 된다. 예를 들자면 행복, 건강, 단란한 가족과 이웃, 국가에의 헌신, 세상을 바꾸어 보는 것 등등이 될 것이다.

그 다음 단계는 팀을 구성하여 개인의 비전을 팀 단위별 비전으로 바꾸는 작업이다. 이를 위해서 팀원들에게 조직의 핵심 정보를 제공한다. 여기에는 조직의 미션, 조직에 영향을 미치는 주요 환경, 조직의 과거와 미래에 대한 정보가 포함된다. 이때 기존에 형성된 관료적 사고방식을 탈피하기 위해서 격식 없는 토론이나 외부 컨설턴트의 조언을 받을 수도 있다.

확보한 정보를 가지고 팀원들은 조직의 미션을 충족시키면서 자신들의 개인적 비전을 달성하는 데 도움이 되는 조직의 미래 모습을 그린다. 비록 개인의 비전을 조직의 비전에 반영시킨다는 것이 매우 도전적인 일이긴 하지만 비전으로 전체 구성원을 응집하여 한 방향으로 이끌어 가기 위해서는 반드시 거쳐야 하는 과정이다. 개인의 비전이 조직의 비전에 통합될 때 비로소 개인이 조직의 부품이 아니라 조직이 개인의 자아실현을 위한 장이 될 수 있다는 확신을 갖게 된다.

각 팀은 '우리가 국민(고객)에게 제공할 수 있는 가치가 무엇인가?', '국민이 우리에게 원하는 것이 무엇인가?', '우리가 바꾸어 놓을 세상의 모습은 무엇인가?', '10년 뒤에 우리가 그리는 조직은 무엇인가?' 등의 질문을 통해 조직의 미래 모습을 구체화한다. 그 미래의 모습을 정제된 언어로 문장화하면 팀에서 만든 비전선언문(vision statement)이 된다. 이때 미션선언문 작성 기준이 여기에도 도움이 된다.

이제 각 팀의 비전선언문을 서로 교환해서 피드백을 주고 받는다. 조직의 규모가 큰 경우에 특별팀을 만들어 팀에서 작성하여 올라온 것을 종합하여 새로운 문장을 만드는 것이 효율적일 것이다. 이때는 조직 이외의 이해관계자들의 의견도 수렴하는 것이 바람직하다. 2004년 당시 국가보훈처, 건설교통부 등의 비전 작성에서는 그렇게 통합된 선언문을 몇 개 만들어 최종적으로 투표하는 방식을 도입하기도 하였다.

(3) 핵심가치

핵심가치(Core Values)는 미션과 비전을 달성하는 과정에서 '어떻게' 행동하여야 하는가의 기준을 말한다. 성실, 열린 마음, 책임감, 생명의 존엄성, 단결·팀스

예: 관세청의 비전과 핵심가치

■ 비전: 혁신과 전문성으로 신뢰받는 관세국경 수호기관

■ 비전의 의미:

혁신   관행을 뛰어넘는 창의성과 적극성으로 국민의 요구에 부합하는 관세행정 구현
전문성   탄탄한 기본기로 본연의 임무를 충실히 수행하여 국민에게 고품질의 서비스 제공
신뢰   소통·청렴·투명한 행정으로 국민이 믿고 의지할 수 있는 기관으로 자리매김
관세국경 수호기관   국민건강·사회안전 수호로 안전한 경제관문 확립

■ 핵심가치:

자료: https://www.customs.go.kr/, 2021. 1. 4.

예: 미국 관세·국경보호청의 비전과 핵심가치

■ 비전: 협력·혁신·통합을 통해 국가의 안전과 안보를 강화하고 번영을 증진하는 최고의 법 집행 기관

■ 핵심가치:
경계는 모든 미국인의 안전을 보장하는 방법이다. 우리는 국가에 대한 위협을 억제, 감지 및 예방하기 위해 지속적으로 주시하고 경계한다. 우리는 용기와 용맹으로 국가를 지킨다.
국가에 대한 봉사는 우리 임무의 본질이다. 우리는 미국 헌법을 수호하는 데 헌신한다. 우리는 국민들로부터 조국과 자유를 지킬 것을 명받았다.
청념·성실은 우리의 초석으로서 우리는 최고의 윤리적·도덕적 원칙을 지키고, 우리 자신과 우리 기관의 명예를 지키도록 행동한다.

자료: https://www.cbp.gov/about, 2021. 1. 4.

PART 1 행정과 행정학의 이해
PART 2 행정환경
PART 3 행정내부환경
PART 4 결정시스템
PART 5 집행시스템
PART 6 조직시스템
PART 7 지원시스템
PART 8 산출과 피드백

피리트·공동체의식, 창의성, 신뢰, 다양성, 자기 개발, 상호 존중, 참여, 고객제일주의, 형평·공정, 능률·효율, 가족·공동체, 안전, 자율, 박애, 용기, 조화, 균형, 건강, 친절, 사랑, 윤리, 즐거움, 독창성, 공평무사 등이 일반적으로 거론되는 가치들이다. 이들 핵심가치는 조직 안에서의 의사결정과 업무수행의 전 과정에 중요한 규범요소로 작용한다. 핵심가치 역시 구성원들의 참여와 합의로 만들어져야 이를 자발적으로 지키게 된다. 이미 공무원에게는 국가(지방)공무원법, 공직자윤리법, 공직윤리강령 등에 공직자 행동규범을 규정한 많은 법령이 있지만 그것은 일방적이고 선언적 의미가 강한 경우가 많다. 핵심가치는 각 조직단위에 보다 적합한 가치를 자율적으로 정하고 지키는 데 의미가 있다. 앞의 글상자는 한국 관세청과 미국 관세·국경보호청 핵심가치의 예이다.

3) 전 략

(1) 의 의

전략의 영어 단어인 strategy는 그리스어 strategos에 어원을 두고 있는데 군대라는 뜻의 stratos와 이끈다(lead)는 의미의 −ag가 합쳐진 용어라고 한다. 전략은 이와 같이 군에서 먼저 사용한 개념으로 전쟁 승리라는 목표를 담고 있다. 이러한 전략 개념은 시장경제에서의 극심한 경쟁에서 상대적 우위를 확보해야 한다거나 급격한 환경의 변화에 효과적으로 대응할 필요성이 높았던 민간 분야에서 먼저 도입되었다. 근래 정부부문이나 비영리부문에서도 환경이 점차 불확실해지고 경쟁원리가 도입되면서 전략에 대한 관심이 높아지고 있다. 글로벌 환경에서 국가경쟁력을 확보하기 위해서 전략적으로 집중해야 할 성장동력을 찾는다거나,

산호세 현대박물관(The San Jose Museum of Modern Art)은 만들어진 지 오래 되지 않아 거장들의 현대 작품을 소장하기가 쉽지 않았다. 대부분의 박물관이 이런 경우 예산이 확보되는 대로 소장품을 점진적으로 늘려가는 방식으로 박물관의 수준을 높여 갔다. 산호세 현대박물관은 그들의 미션을 세계적 수준의 걸작 현대작품을 시민들에게 감상할 기회를 주는 것으로 정하고 이의 달성을 위해 전통적인 접근방식과 다른 새로운 전략을 택하였다. 그것은 소장품의 10퍼센트 정도를 전시하고 있는 뉴욕 현대박물관과 협상하여 뉴욕박물관이 소장하고 있는 세계 최고의 작품을 돌아가면서 임대하는 전략이었다.[10]

후발 대학으로서 기존 대학과 경쟁하기 위해 소수 학문분야의 특성화 전략을 택하는 것 등이 예가 될 것이다.[a]

정부부문의 업무수행은 전통적으로 조직의 미션이나 비전을 크게 의식하지 않고 위에서 내려온 지시대로 따르는 방식이었다.[b] 미래에 직면할 문제를 미리 예측하여 대비하지 않고 문제가 발생하면 그때그때 대증요법식으로 해결하는 방식이다. 행정문화에서 설명한 것처럼 모든 업무수행에 법적인 책임을 강조하기 때문에 절차적 잘못을 범하지 않으려는 소극적인 방식으로 업무를 수행하는 경우가 많다. 결국 조직 안의 폐쇄적이고 근시안적인 시각에 갇히게 되고, 조직 밖의 환경을 고려하면서 내부의 미션이나 비전을 추구하는 장기적인 대응이 어렵다. 이런 상황에서는 전략은 없고 전술(tactic)만이 있을 뿐이다. 전술은 전략과는 달리 전쟁(war)의 승리를 목표로 하지 않고 전투(battle)의 승리를 목표로 한다.

전투의 승리가 반드시 전쟁의 승리로 연결되지 않을 수 있다는 점에서, 중요한 것은 현안 위주의 단기적인 전술적 대응이 아니라 미션과 비전을 달성하기 위한 장기적인 전략적 대응이다. 전략은 이와 같이 조직의 장기적 성공을 위한 종합적인 계획이자 대응이다. 미래에 대비한 장기적 대응이라는 점에서 전략은 장기계획(long-range plan)과 유사하지만 몇 가지 점에서 차이가 있다.

우선 장기계획은 이상적인 목표수립에 초점을 둔다.[11] 따라서 목표달성과 관련된 변수들의 장기적인 미래예측의 정확성이 매우 중요하다. 그런데 미국은 1970년대 두 차례의 오일 쇼크를 경험하면서 그런 예측이 빗나가고 이후 점증하는 환경의 복잡성과 불확실성 때문에 장기계획의 신뢰성과 유용성이 점차 떨어지기 시작하였다.[12]

이에 비해 전략은 환경을 체계적으로 고려할 뿐만 아니라(장기계획에서 중요시하지 않은) 조직 내부 자원을 진단하여 실행가능성을 검토한다. 또한 전략은 장기계획에 비해 조직 차원의 종합적인 분석과 우선순위의 선택을 검토한다.[c] 전략은

---

a) 전략은 일반적으로 본문의 글상자에서 알 수 있듯이 각 분야에 자원을 균등하게 배분하여 각 분야에서 2등을 하는 것이 아니라 1등의 가능성을 가진 부분을 선택하여 경쟁력을 확보하는 수단으로 널리 이해되고 있다.

b) 미션·비전·전략은 개인주의 성향, 평등주의, 보편주의 성향이 강한 미국 기업에서 조직 구성원을 응집시키고 조직의 안정성을 확보하는 중요한 기재일 수 있다. 반면 집단주의, 권위주의, 상황주의 성향이 강한 우리나라의 경우(제7장 행정문화 참조), 구성원은 자신이 근무하는 조직에 대한 동일시와 소속감이 강하고, 주어진 목표를 당연한 것으로 받아들이며, 상황변화에 쉽게 적응할 것이다. 따라서 미션·비전·전략의 관리적 유용성이 서양의 조직만큼 크지 않을 수 있다.

c) 이렇게 볼 때 장기계획은 환경이 보다 안정적이고 자원의 제약이 적은 상황에 적합할 것이고, 전략은 환경이 보다 불확실하고 자원의 제약이 많은 상황에 보다 적합한 대응 방식이라 할 수 있다.

PART 1 행정과 행정학의 이해

PART 2 행정환경

PART 3 행정내부환경

PART 4 경영시스템

PART 5 지원시스템

PART 6 조직시스템

PART 7 지원시스템

PART 8 산출과 피드백

외부 환경을 고려하면서 조직의 미션과 비전을 달성하는 데 가장 효과적인 방식으로 조직 내부의 자원을 통합적으로 관리하는 계획을 담고 있다. 이 과정에서 자원이 제한되어 있기 때문에 그것을 모든 분야에 균등하게 배분하기보다 미션과 비전 달성에 결정적인 분야를 선택하여 집중 배분하는 방식을 적용하는 것이 일반적이다.[a] 따라서 전략은 미션과 비전을 향해 조직의 자원을 배분하고 기능을 배열하는 우선순위를 반영한다. 미션과 비전이 추상적인 방향성을 제시하는 것이라면 전략은 그 방향으로 조직의 모든 활동을 통합적으로 이끌어가는 보다 구체적인 길을 제시한다.

(2) 전략기획

① 개 념

전략의 개념에서 짐작할 수 있듯이 전략기획(strategic planning)은 급속한 기술발전과 불확실한 미래에 보다 체계적이고 능동적으로 대응하기 위한 전략을 만드는 과정이다. 전략기획의 원형은 기획(planning)이다. 기획은 기본적으로 미래의 바람직한 상태(목표)를 정하고 그것을 달성하기 위해 해야 할 일을 설계하는 것이다. 따라서 안정적인 정치와 경제 등의 환경 속에서 그 유용성이 높다. 이러한 기획은 정책결정에 비해 훨씬 미래지향적이고 국가 개입을 요구하는 통합성과 강제성이 강하다. 그래서 기획은 개인의 자유를 기본 가치로 하는 자유민주주의와의 양립가능성에 대한 논쟁을 야기하기도 하였다. 대표적으로 오스트리아 경제학자 하이에크(Hayek)는 기획을 "노예에의 길"로 묘사하는가 하면 독일 정치학자 파이너(Finer)는 오히려 기획을 통해 국민의 복지와 자유를 증진시킬 수 있다는 양립가능성을 주장하기도 하였다.[13]

한편 정책결정은 기획에 비해 현재의 문제해결에 보다 초점을 둔다고 할 수 있다. 상대적으로 기획의 중심은 미래의 모습에 있다면 정책결정의 중심은 현재의 문제에 있다고 볼 수 있다. 즉, 정책결정에서는 일반 국민, 언론, 이익집단, 시민단체 등이 정부보다 먼저 현장에서 경험하는 문제를 제기하는 경우가 많이 있고 문제의 해결 역시 이들의 참여와 협조가 매우 중요하다. 기획은 미래에 발생할 수 있는 문제를 미리 예측하고 대비해야 하기 때문에 상대적으로 문제인식에서부터 대안의 개발까지 전문성이 요구된다. 따라서 정책결정에 비해 외부 환경에 덜 개방되고 공무원과 전문가 역할이 강조되는 편이다.

a) 이런 이유 때문에 때로 전략 대신 핵심전략이란 말로 차별화하는 경우도 있다.

한편 전략기획은 일반적 기획에 비해 환경요소에 대한 체계적인 분석과 조직 내부에 대한 종합적인 진단 등을 통해 보다 실현가능한 설계에 초점을 맞춘다. 그리고 '전략'이라는 말이 함축하듯이 전략기획은 환경을 고려하면서 조직의 미션과 비전을 달성하는 데 있어 우선순위가 높은 핵심적인 전략에 집중하고 우선순위가 낮은 전략은 버리는 취사선택의 과정이다.[14] 한편 '정부'의 전략적 기획에서는 업무 영역이 법적으로 규정되어 있고 특히 정치적 환경의 영향을 많이 고려해야 한다는 점에서 '기업'의 전략기획과 차별화할 수 있다.[15]

② 전략기획과정: 전략수립

기획을 정책과정(policy process)처럼 계획의 수립, 집행, 평가를 포함하는 광의의 개념으로 이해하기도 하지만, 일반적으로는 "plan-do-see"의 plan에 해당하는 계획수립으로 좁게 이해한다. 전략기획 역시 같은 맥락에서 전략[a]을 수립하는 단계까지로 범위를 제한하여 설명한다. 결정을 포함해서 집행까지 범위를 확대하는 경우 전략적 관리(starategic management)라는 용어를 쓰는 것이 일반적이다.[16] 여기서는 전략수립에 초점을 맞추어 전략기획과정을 전략기획의 기획, 미션과 비전의 확인, 환경분석-SWOT분석, 전략적 이슈 결정, 전략형성, 보고서 작성 및 제출의 여섯 단계로 나누어 설명한다(〈그림 9-4〉 참고).

전략기획의 기획(planning for strategic planning): 전략기획을 위한 준비과정으로, 전략기획을 위해서는 조직의 미션과 비전 그리고 환경에 대한 종합적이고 체계적인 분석을 해야 하고 전문성이 요구되기 때문에 전 과정을 주도적으로 이끌

[그림 9-4] 전략기획과정

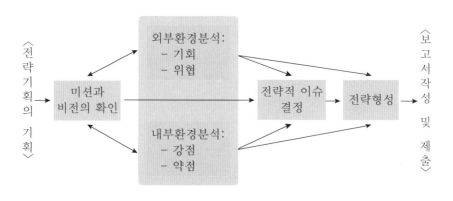

---

a) 전략과 계획은 각각 전략기획과 기획의 결과물로 이해한다.

PART 1
행정과 행정학의 이해

PART 2
행정환경

PART 3
행정내부환경

PART 4
결정시스템

PART 5
집행시스템

PART 6
조직시스템

PART 7
지원시스템

PART 8
산출과 피드백

어가는 전담 TF(전략기획팀, 전략기획위원회, 전략관리팀 등의 이름을 쓸 수 있다)를 구성하게 된다. TF는 내부인으로 구성할 수도 있지만 기업의 경우 동일 업종의 환경분석이나 타 기업의 전략에 대한 DB를 확보하고 있는 전문 컨설팅회사에 의뢰하는 것이 일반적이다.[a] 미션, 비전, 전략의 접근을 정부에 처음 도입한 2004년 정부조직진단의 경우 외부전문기관이 프로세스를 주도하고 각 부처의 혁신담당관을 포함한 TF가 함께 참여하는 방식을 택하였다. 외부에 의뢰하는 경우 일반적으로 수억 원 이상의 비용을 수반하기 때문에 내부적으로 전략기획의 필요성과 타당성에 대한 검토가 반드시 필요하다.

미션과 비전의 확인(clarifying mission and vision): 전략을 형성하기 위해서는 미션을 확인하고 재정립하는 작업이 선행된다. 이를 위해서 조직의 주된 고객은 누구이고 이해 관계에 있는 사람들은 누구인가, 그들이 조직에 요구하는 것은 무엇인가, 궁극적으로 기대하는 변화 또는 결과는 무엇인가, 법령에서 규정한 업무의 범위는 어디까지인가 등의 측면에서 조직을 진단한다. 이 과정에서 일반적으로 고객 및 이해관계자를 대상으로 하는 니즈분석(Needs Analysis)을 실시한다. 니즈분석은 이해관계의 범위와 니즈(요구)의 항목을 정하고, 인터뷰나 설문을 통해 그들의 요구를 진단하는 것이다. 정부 부처의 경우 청와대, 국회, 이익집단 등 과업환경에서 검토한 사람들이 관계자의 범위에 포함되며 니즈 항목으로는 조직의 기능이나 역할 그리고 사업 등이 포함된다. 니즈분석은 외부인뿐만 아니라 내부 구성원을 대상으로도 실시한다. 니즈분석에서 확인한 중요도가 높은 니즈와 미션 간에 어느 정도의 내용 적합성을 가지고 있는지 검토하여 필요한 경우 미션을 재설정한다. 이때 법적인 제약, 업무의 유사성이 높은 타 부처의 미션, 그리고 선진국 등의 사례를 참고하고 반영하는 것도 중요하다.

일부 조직의 경우 미션보다는 비전에 초점을 맞추어 전략을 개발하기도 하며, 미션과 비전을 동시에 고려하기도 한다. 이때는 비전을 새로 설정하거나 수정하는 작업을 거친다. 미션과 비전의 확인을 통해 조직이 왜 그리고 무엇을 위해 존재하는지가 분명해지고 나아가 '어떻게'에 해당하는 전략의 필요성도 분명해진다. 미션과 비전의 설정에서 무엇보다 중요한 것이 구성원의 참여에 의한 주인의식이며, 전략형성에 지침을 줄 정도로 분명한 메시지를 담고 있어야 한다는 점이다.

환경분석(assessing the external and internal environment)-SWOT분석: 조직의

---

[a] 한국능률협회 컨설팅(KMAC), 한국생산성본부(KPC), Boston Consulting, Mercer Consulting, Mckinsey, Bain & Company 등이 한국에서 활동하고 있는 국내외 주요 회사들이다.

바람직한 미래의 모습을 확인하였으면 이제 현재 조직이 처한 조직 내외의 환경을 분석해야 한다. 외부환경분석은 전략기획의 차별성을 보여주는 중요한 요소이다. 환경의 변화가 일어난 후 수동적으로 대응하는 것이 아니라 변화를 미리 예측하고 미리 대비하는 적극적인 대응방식이다. 외부환경분석은 공간적으로 거시적 차원의 정치적·경제적·사회적·기술적 환경과 미시적 차원의 다양한 이해관계자에 대한 분석을 포함하며,[a] 시간적으로 현재 상황만이 아니라 과거에서부터 현재에 이르는 경향과 미래에 전개될 변화 상황을 포함하여 분석한다. 분석결과는 조직 차원에서 기회(Opportunity)와 위협(Threat)의 요소로 최종 정리한다. 자원의 효율적 관리와 법적 타당성을 강조하는 관료제 패러다임에 매몰되면 이러한 외부환경의 중요성을 인식하지 못하거나 관행적으로 위협 요소에 민감한 반응을 보이게 되는데[17] 전략기획의 OT분석은 이러한 제한적인 인식구조를 벗어나 기회 요소까지도 적극적으로 탐구할 것을 요구한다.

손자병법의 지피지기(知彼知己)처럼 전략에 있어 중요한 것이 남을 아는 것뿐만 아니라 자신을 아는 것이다. 바로 조직의 내부환경에 대한 진단이 지기에 해당한다. 조직의 내부환경분석은 조직이 보유하고 있는 인적·물적 자원의 양(인원, 예산, 이직률 등)과 질(리더십, 사기, 업무수행 전문성, 정보시스템 구축 등)을 포함한다. 또한 조직이 지금까지 어떠한 전략을 추진해왔고 그동안 이룬 성과는 어느 정도였는지도 중요하다. 내부환경분석은 현재의 리더십에 대한 직접적인 비판으로 이어질 수도 있기 때문에 어려움이 따를 수 있는 부분이다.[18] 그렇지만 미션과 비전의 달성에 장애가 되는 요인이 리더십을 포함하여 내부에 있을 수 있기 때문에 이에 대한 정확한 분석이 반드시 이루어져야 한다. 내부환경에 대한 분석결과는 조직의 강점(Strength)과 약점(Weakness)의 요소로 재정리한다.

이런 방식의 환경분석을 SWOT분석(다음 쪽 글상자 참고)이라 하며, 이 분석에서 각종 연구보고서, 통계 자료, 포커스 그룹 인터뷰(FGI: Focus Group Interview)[b] 등을 활용한다. SWOT분석에서 SW와 OT의 조합에 따라 4개(SO, ST, WO, WT)의 전략적 방향을 고려할 수 있다. 각각에 대하여 조직 전체 차원에서 관심을 가질 수 있는 전략들을 나열할 수 있지만 그것이 바로 전략이 되는 것은 아니다. 앞에서 분석한 미션과 비전을 고려하고, 또한 공간적으로 영향을 미치는 정도(중요성)

---

a) 전(前) 단계에서 실시한 외부관계자에 대한 니즈분석이 외부환경분석의 일부로 활용될 수 있다.

b) 집단심층면접이라고도 하며 어떤 특정 주제에 대하여 5~6인의 소그룹을 만들어 숙련된 사회자의 진행으로 대화내용이나 상호작용을 분석한다. 관련 정보가 충분하지 않은 경우 사전 정보를 수집하기 위한 정성적 분석으로 많이 활용한다.

PART 1
행정과 행정학의 이해

PART 2
행정환경

PART 3
행정내부환경

PART 4
결정시스템

PART 5
집행시스템

PART 6
조직시스템

PART 7
지원시스템

PART 8
산출과 피드백

SWOT 분석

SWOT분석은 하나의 분석단위(조직, 팀, 개인; 여기서는 조직으로 설명)를 중심으로 조직의 외부환경을 분석하여 기회(Opportunity)와 위협(Threat) 요인을, 그리고 조직내부를 분석하여 강점(Strength)과 약점(Weakness) 요인을 찾아내 환경에 보다 효과적으로 대응하기 위한 전략적 선택을 위한 도구로 개발되었다. 네 요소의 첫 이니셜을 조합하여 SWOT라고 부른다. SWOT분석은 조직 자체와 조직이 처한 환경을 서로 연계시켜 종합적이고 균형잡힌 시각으로 분석하도록 유도하는 하나의 개념적 도구이다.

각각의 개념을 알아보면 우선 기회는 조직에 우호적인 여건으로 성공가능성을 높여주는 요인이며, 위협은 조직의 활동을 위축시키거나 장애가 되는 요인이다. 한편 강점과 약점은 조직 내부의 요인들 예를 들어 리더십, 구성원의 역량, 사람이나 재정 등의 가용자원, 보유 기술과 정보, 조직구조 등에 대한 장·단점을 말한다.

대체로 기회, 위협, 강점, 약점을 병렬적으로 나열하기보다 다음과 같이 매트릭스를 만들어 요약하고 각각의 배합에 따른 전략을 함께 정리하기도 한다. SW와 OT의 배합에 따른 전략을 간단히 정리하면 다음과 같다.

외부＼내부	강점(S)	약점(W)
기회(O)	-공격적 전략: 강점을 가지고 기회를 살리는 전략 SO전략	-방향전환전략: 약점을 보완하여 기회를 살리는 전략 WO전략
위협(T)	ST전략 -다양화 전략: 강점을 가지고 위협을 회피하거나 최소화하는전략	WT전략 -방어적 전략: 약점을 보완하면서 위협을 회피하거나 최소화하는 전략

와 시간적으로 시급한 정도를 고려하여 우선적으로 고려해야 할 전략적 이슈를 정하는 것이 중요하다.

전략적 이슈의 결정(identifying strategic issues): 환경분석을 위한 자료에서 초점을 '조직의 미션이나 비전을 달성하는 데 어떤 요소가 결정적으로 중요한가?'에 맞추게 되면 전략적으로 다루어야 할 이슈가 부각되기 마련이다. '전략적 이슈'는 조직전체 차원의 우선적인 관심의 대상을 말한다. 교육부의 경우 학령 인구 감소에 대비한 대학 구조조정이라든가, 경찰청의 경우 수사의 효율성을 높이기 위한 수사권 독립, 고용노동부의 경우 노동자의 삶의 질 향상을 위해 비정규직 노동조건 개선 등을 전략적 이슈의 예로 들 수 있다.

전략적 이슈에서의 '전략적'이라는 말은 앞서 언급한 공간적으로 이슈가 미치는 영향의 범위가 넓고, 시간적으로 가능한 빠른 기간 내에 해결을 요구한다는 것을 의미한다. 한편 '이슈'라는 데 초점을 맞추면 다양한 이해가 어느 정도 긴장관계를 형성하고 있어 다루기가 쉽지 않다는 의미를 함축하고 있다.[19] 국회에서 여당과 야당이 서로 다른 방향으로 압력을 행사하고, 행정부처 내에서 부처 간 이견이 있고, 이익집단과 국민의 여론이 서로 대립관계에 있는 경우 전형적인 이슈가 될 수 있다.[a] 따라서 한 쪽의 이해를 충족시키는 전략으로 접근할 수 없는 어려움이 있다. 전략적 이슈는 이들 이슈 중에서 그대로 놓아두는 경우 미션이나 비전의 달성을 심각하게 위협하기 때문에 관심을 가지고 해결해야 할 이슈를 말한다.[20] 따라서 그 수가 제한되며 이슈들 간에도 인과관계의 방향성이나 강도를 분석해서 어떤 이슈에 우선적인 관심을 둘 것인지를 결정한다. 일반적으로 원인에 해당하는 이슈를 먼저 다루는 것이 다른 이슈 해결에도 도움이 되지만,[21] 합의가 이루어지지 않아 시간만 지연될 때에는 오히려 중요도가 떨어지고 다른 이슈와 독립적인 이슈를 먼저 검토하는 것이 효율적일 수 있다.[22]

전략 형성(formulating strategies): 전략적 이슈가 정해졌으면 이제 무엇을 할 것인가를 결정할 때이다. 전략형성은 전략적 이슈를 효과적으로 해결하기 위한 전략 개발에서 이를 실천에 옮길 실행계획(액션플랜, action plan), 그리고 시기별로 달성의 정도를 구체화한 전략목표 등을 결정하는 것이다. 전략을 개발하기 위해서는 정책결정과정의 정책대안개발처럼 가장 창의적이고 혁신적인 아이디어가 요구된다. 브레인스토밍 등을 통한 개인의 직관이나 영감에서부터 외국이나 다른 조직의 모범사례에 대한 벤치마킹까지 다양한 방법을 활용한다. 이런 방법을 통해 이슈를 해결하기 위한 많은 전략 아이디어를 개발할 수 있는데 다시 그 중에서 실현가능하고 보다 중요한 몇 개를 선택하게 된다. 이들 역시 전략적 이슈와 마찬가지로 서로 인과 또는 상호의존적인 관계를 형성한다.[b] 실행계획에는 예산과 인

---

a) 정책결정에서의 사회적 이슈 또는 공중의제와 유사한 맥락에서 이해할 수 있다.
b) 이때 이런 관계를 분석해서 하나의 그림으로 체계화시킬 수 있는데 이런 것을 전략맵(strategic map) 이라고도 한다.

PART 1
행정과 행정학인 이해

PART 2
행정환경

PART 3
행정내부환경

PART 4
경영시스템

PART 5
관리시스템
법령시스템

PART 6
조직시스템

PART 7
지원시스템

PART 8
산출과 피드백

력의 소요량과 책임부서 등의 전략을 원활하게 집행하기 위한 내용을 포함한다. 필요한 경우 기존 부서의 구조와 기능을 재설계하는 것까지 포함시킬 수 있다. 전략목표는 장단기로 측정가능한 성과지표로 나타낼 수 있으면 좋겠지만 행정의 속성상 계량화가 불가능한 경우 질적으로 서술한 표현도 가능하다.

이런 구체적인 내용을 포함한 전략을 구상하였다 하더라도 이슈의 속성상 집행과정에서 많은 장애가 있을 수 있다. 따라서 전략을 성공적으로 집행하는 데 장애요인이 무엇인가를 예측하고 이를 극복할 수 있는 아이디어까지 이 단계에서 고려해야 한다.[23] 이러한 장애요인은 SWOT분석이나 니즈분석의 재검토 이외에 새로운 정보 수집과 분석을 추가할 수 있고, 초기 분석에서 확인하지 못한 새로운 내용이 나타날 경우 환경분석의 결론을 수정할 수도 있다.

보고서 작성 및 제출(reporting): 전략수립의 마지막 단계는 이상의 작업을 정리하여 보고서를 작성하는 작업이다. TF 팀원 중에서 초안을 만들고 전체 TF회의에서 검토한 다음 전략기획의 책임을 부여한 조직의 최고책임자에게 제출한다. 최고책임자에게는 진행상황을 수시로 중간보고하고 지속적으로 피드백을 반영하기 때문에 최종보고서가 새로운 것은 아니다. 하지만 최고책임자의 마지막 피드백이 있을 수 있고 중요한 것이라면 이에 대한 적절한 보완이 필요하다. 이렇게 만들어진 최종보고서는 '조직이 어디로 가는지?', '어떻게 그 곳에 도달해야 하는지?', '왜 그 길을 선택해야 하는지?'의 내용이 담겨져 있고 그것은 TF 팀원만이 아니라 조직의 최고책임자와 전체 구성원의 지지를 담고 있는 것이어야 한다.

2. 리 더 십

정책, 미션, 비전, 전략의 결정은 많은 이해 관계자들과 전문가들이 참여하는 동태적인 과정이다. 결정과정에의 참여자들 모두가 동태적인 관계를 구성하고 결과에 영향을 미치지만 그 중에 리더의 중요성은 아무리 강조해도 지나침이 없다. 의제설정에서 최종 대안을 선택하는 결심의 중심부에 리더가 있다. 구성원이 내면으로 공감하는 미션과 비전을 정립하고 환경변화에 적극적으로 대응하는 전략수립을 주도적으로 이끌어가는 중심부에 리더가 있다. 뿐만 아니라 리더는 이들 결정을 실행에 옮기고 내부적으로 조직을 관리하는 핵심인물이다.

리더십은 바로 리더와 조직의 성과를 연결시키는 과학(science)이자 예술(art)

이다. 리더십은 리더의 자리에 앉은 모든 사람에게서 자동적으로 나오는 것이 아니라 리더십에 대한 학문적 연구나 과정에 대한 학습을 통해 보다 효과적인 리더십을 개발할 수 있는 과학이다. 그렇지만 리더십을 공부하지 않았다 하여 리더십이 없다고 말할 수 없고 리더십을 공부한 모든 사람이 똑같은 리더십 효과를 내는 것도 아니다. 개인에 따라 매우 다양한 방식의 리더십으로 서로 다른 리더십 효과를 보여준다. 그런 범위에서 리더십은 아직도 개인적 창의성을 존중하는 예술성을 함께 가지고 있다. 여기서는 그 중에서 과학성을 중심으로 한 리더십 이론을 검토한다.

1) 의   의

사회과학의 많은 용어가 그렇긴 하지만 리더십만큼 다양하게 정의되는 개념도 없을 듯하다. 학자마다 다를 뿐만 아니라 다음의 이론에서 알 수 있듯이 시간이 지나면서 새로운 개념으로 진화되어 왔다. 그래도 지금까지의 개념에서 어느 정도 공통된 개념을 찾는다면, '조직의 미션이나 비전을 달성하기 위하여 리더와 부하의 동태적인 상호관계에 의해 형성되는 영향력'으로 이해할 수 있다.

리더십 정의에 가장 많이 포함된 단어를 찾으라면 당연히 영향력(influence)이 될 것이다. 영향력은 한 사람의 행위가 다른 사람의 가치, 신념, 태도, 행동에 변화를 일으키는 힘을 말한다.[24] 영향력은 실제 일어난 변화의 정도라는 점에서 변화 또는 영향을 미칠 수 있는 잠재력을 의미하는 권력(power)과 구분한다. 또한 권력에는 강제성이 포함되어 있지만 영향력에는 자발성이 포함되어 있다. 때로 리더십은 높은 자리에 앉으면 누구나 가진 것으로 이해하기도 하지만 그것은 직권력(position power)이지 리더십은 아니다. 리더가 부하에 비해 직위가 높은 것은 사실이나 리더십은 높은 자리뿐만 아니라 리더 개인에게서 나온다. 따라서 리더십은 직권력에 의한 강요가 아니라 리더 개인이 부하의 자발적 변화를 일으킬 수 있는 영향력이다. 이러한 영향력은 전통적으로 리더에게만 속한 것으로 이해하였고 따라서 리더십은 리더가 부하에게 행사하는 일방적 관계로 보았다. 하지만 현재는 영향력을 리더와 부하 모두가 가지고 있는 것으로 보며 이들의 상호관계에 의해 결정되는 관계적 개념으로 이해한다. 리더의 영향력은 단순히 리더와 부하와의 1:1 상호관계뿐만 아니라 리더에 대한 어느 한 부하의 평가가 다른 부하에게 전달되고 또한 그들간에 형성되는 복잡하고 동태적인 관계에 의해 결정된다.

리더십은 현상을 유지하고 관리하는 차원이 아니라 분명한 변화를 추구한다.

PART 1
행정과 행정학의 이해

PART 2
행정환경

PART 3
행정내부환경

PART 4
결정시스템

PART 5
집행시스템

PART 6
조직시스템

PART 7
지원시스템

PART 8
산출과 피드백

그것은 단순히 개인을 변화시키는 것이 목적이 아니라 궁극적으로 조직의 미션, 비전, 전략목표를 달성하는 조직성과의 변화를 목적으로 한다. 리더가 매니저(관리자, manager)와 다른 이유가 여기에 있다.[a] 리더는 비전과 전략을 통해 조직이 나아갈 방향을 정하는 반면 매니저는 이를 실행에 옮기기 위한 구체적인 실행계획을 수립하여 실천에 옮기고 자원을 관리한다. 리더는 조직 구성원이 공유하는 가치와 문화를 새롭게 바꾸어나가는 반면 매니저는 정해진 가치체계와 행동방식을 따르도록 지시하고 감독한다. 리더는 개인의 영향력을 근거로 사람을 변화시키는 지적인 힘과 영감을 제공한다면 매니저는 직권력을 바탕으로 업무 생산성을 높이는 데 힘쓴다. 따라서 리더는 개인이 가지고 있던 평소의 능력 이상을 발휘하도록 만든다.[25] 오늘날 민간부문이나 공공부문을 불문하고 매니저의 역할을 하는 사람은 너무 많고 리더의 역할을 하는 사람은 너무 없다는 것이 문제다.[26] 역설적으로 리더십이 중요한 이유이기도 하다.

2) 이론의 전개: 자질론–행태론–상황론

리더십에 대한 연구는 그동안 수없이 많이 이루어져 왔다. 여기에서는 기존의 이론을 전체적으로 정리함으로써 리더십이론이 어떻게 진화되어 왔는지에 대한 이해를 돕고자 한다. 리더십이론에서 중요한 두 변수는 종속(결과) 변수에 해당하는 조직의 성과이고 독립(원인) 변수에 해당하는 리더이다. 이들의 관계를 간단히 표시하면 다음과 같다.

리 더 ⟶ 리더십효과: 조직성과

초기 리더십이론은 리더 개인에 초점을 맞추었다. 그 중에서도 리더가 갖추어야 할 기본적인 자질(trait)과 리더에게 요구되는 바람직한 행태가 중요한 연구대상이었다. 전자를 자질론이라 하고 후자를 행태론이라 부르고 있다. 하지만 리더와 조직성과를 선형적 관계로 규정하는 데에는 여러 가지 무리가 따른다. 조직성과는 리더 이외에도 많은 요인에 의해 영향을 받기 때문이다. 같은 리더라 하더라도 일의 성격이나 구성원의 특성이 다른 조직인 경우 리더십의 효과는 다르게 나

---

a) NPM에서 말하는 기관의 책임자로 재량과 책임이 부여된 매니저는 이런 의미에서 오히려 리더에 가깝다.

타날 수 있다. 이런 이유 때문에 연구의 관심이 리더십 효과에 영향을 미치는 상황적 요인으로 확대되어 간 것이다. 이러한 시각을 상황론이라 부른다. 여기서는 기존의 전통적 이론을 이 세 이론으로 분류하여 정리하고 마지막으로 새로운 시각의 현대적 리더십이론을 소개한다.

(1) 자질론(Trait Theory)

이순신, 세종대왕, 케네디, 마틴 루터 킹, 간디, 처칠. 우리가 일반적으로 리더라고 부르는 사람들이다. 이들은 리더가 아닌 일반인 또는 리더로서 실패한 사람들과 비교해서 어떤 공통된 특성이나 자질을 가지고 있는가? 그것이 확인된다면 이들 자질이 리더십의 효과를 가져오는 것이라고 어느 정도[a] 설득력 있는 결론을 내릴 수 있을 것이다.

리더 자질 ⟶ 리더십효과: 조직성과

우리가 자질(trait)이라고 할 때 그것은 후천적으로 훈련을 통해 얻는 것이라기보다는 선천적으로 타고난 것이라는 의미가 강하다. 즉, 자질론적 접근은 리더가 만들어지기보다는 타고나는 것임을 강조한다. 단순한 리더이기보다 위인(great person)으로서 보통 사람과는 다른 비범한 자질을 부각시킨다. 특히 체격과 건강, 성격, 지능 측면에서의 자질을 강조한다. 이들 자질은 시간과 장소를 초월해서 위대한 리더에게 공통적으로 나타난다고 믿었다.

자질론에서 주장했던 자질의 주요 내용으로는 지적 능력, 부하에 대한 관심, 담당한 조직이나 직무에 대한 숙지, 자신감, 조직에 대한 열정, 도전적 자세와 인내심, 책임감, 통제력 등을 포함시킬 수 있다. 하지만 이러한 자질이 성공적인 리더가 되기 위한 필요충분조건임을 과학적으로 입증하는 데는 한계가 있었다. 즉, 이들 자질을 가진 리더가 꼭 성공하는 것도 아니고 또 성공한 리더라고 해서 이들 자질을 공통적으로 가지고 있는 것도 아니라는 뜻이다. 성공적인 리더에게 필수적인 자질이 무엇인지를 구체적이고 분명하게 정의하는 데 많은 연구가 실패하였다. 실제로 만(Mann)은 리더에게 중시되는 자질 7개를 골라 그것이 리더십 효과와

---

a) '어느 정도'라고 한 이유는 훌륭한 리더들의 공통적인 자질을 가진 다른 사람들이 모두 훌륭한 리더십 효과를 낸다는 보장이 없기 때문이다. 암을 극복한 사람들을 조사해서 그들이 복용한 똑같은 약을 다른 사람이 복용한다고 해서 암이 나을 거라는 과학적 추론이 불가능한 것과 같다.

PART 1 행정과 행정학의 이해

PART 2 행정환경

PART 3 행정내부환경

PART 4 결정시스템

PART 5 집행시스템

PART 6 조직시스템

PART 7 지원시스템

PART 8 산출과 피드백

얼마나 밀접한 상관관계가 있는가를 연구하였는데 상관계수가 0.15로 낮음을 지적하였다.[27] 자질론 자체에 대한 회의론이 대두된 것이다. 하지만 자질론을 완전히 부정하는 것은 과잉반응이라는 지적이다.[28] 뒤에 등장하는 행태론이나 상황론도 자질론을 부정하는 것이 아니라 이를 보완하는 시각에서 통합적으로 사고할 필요가 있다는 것이다.

자질론은 단순히 이론적 주장에 멈추는 것이 아니라 실제에 적용되고 있다. 예를 들어 우리나라 고위공무원의 채용 및 승진임용을 위해 실시하는 인사심사 기준을 보면 인품에 해당하는 청렴도와 성실성, 그리고 직무수행능력(기획력, 업무 추진력 등)을 포함시키고 있는데 이것은 공직사회에서의 리더에게 기본적으로 요구되는 자질이 있음을 보여주는 것이다.

(2) 행태론(Behavioral Theory)

행태론적 접근은 2차 세계대전중 어떻게 리더십을 발휘하는 것이 군대를 효과적으로 이끌 수 있는가에 대한 관심에서 본격적으로 시작되었다. 이번에는 리더의 자질이 아니라 리더의 행태적 특성이 조직성과에 직접적인 영향을 미칠 것으로 가정한 것이다.

리더 행태 ⟶ 리더십효과: 조직성과

리더의 행태에 대한 관심은 이미 1900년대 초 호손실험으로 시작된 인간관계론에서 나타난다. 공식적인 권위가 아니라 개인에 대한 관심과 배려를 보여주는 감독이 보다 효과적임을 발견한 것이다. 1939년의 르윈(Lewin) 연구도 주목할 만하다. 리더의 행태를 민주형, 권위형, 방임형으로 분류(〈표 9-1〉 참고)하여 실험을 한 결과 참여자(어린 학생들)들이 민주형 리더의 행태를 선호하더라는 사실을 발표하였다.[29]

행태론적 접근의 가장 대표적인 연구로는 오하이오주립대,[30] 미시간대,[31] 그리고 블레이크와 머튼(Blake & Mouton)의 리더십 격자모형[32]을 들 수 있다. 이들 연구의 공통점은 리더의 행태를 사람과 직무(과업, 일)의 두 차원으로 나눈 것이다. 우리가 상관에 대해서 평가할 때 '우리 보스는 인정이 많고 개인적인 문제까지도 관심을 가져주는 아주 자상한 분이야'라는 식으로 사람됨을 강조하는 경우가

표 9-1 리더십 유형

구분	권위형	민주형	방임형
특성	• 모든 권위와 책임을 리더가 독점 • 업무와 책임을 부하에게 분명하게 배분 • 상의하달식 의사전달	• 권위를 위임하되 최종 책임을 짐 • 부하가 의사결정에 참여 • 쌍방형 의사전달	• 책임을 회피하고 권위를 방치 • 구성원들이 알아서 최선을 다할 것 • 동료간 수평적 전달
장점	• 신속, 질서, 통제	• 참여, 자발적 헌신	• 무간섭, 자발
단점	• 경직, 수동	• 지연	• 혼란, 방향감각 상실

자료: Robert Kreitner, *Management*, 4th ed., Boston: Houghton Mifflin, 1989, p. 514.

있는가 하면 '우리 상관은 그런 점이라고는 찾아볼 수 없어. 하지만 일에는 똑소리가 나. 업무파악을 완전히 하고 있고 그러다 보니 지시사항도 아주 분명해. 그런 점에서 일하기가 아주 편하지'와 같이 일에 초점을 두는 경우가 있다. 사람과 직무는 어느 하나라도 빠지면 조직의 존립 자체가 어려워지는 매우 중요한 요소이다. 그런 점에서 효과적인 리더의 행태를 연구함에 있어 이렇게 두 차원으로 나누어 접근하는 것은 매우 설득력이 있다.

　　보다 구체적으로 사람 차원은 구성원에 대한 인간적인 측면, 즉 구성원의 욕구와 이해에 관심을 가지고 이해하려고 하며 상호 신뢰와 존경의 인간관계를 강조한다. 인간관계론에서 강조하는 측면이라고 이해할 수 있다. 이에 반하여 직무 차원은 과학적관리론에서 강조하는 조직이나 업무의 구조적 측면에 관심을 갖는다. 어떻게 일을 공식화하고 구조화시켜야 조직의 생산성을 높일 수 있을까에 초점을 둔다. 업무목표와 역할을 분명히 제시하는 등 종업원이 완수해야 할 일을 중심으로 리더십을 발휘한다. 리더십 형태의 이들 두 차원을 오하이오주립대 연구는 배려(配慮)와 구조주도로, 미시간대 연구는 종업원중심과 직무중심으로, 블레이크와 머튼은 사람과 생산이라는 용어를 사용하고 있다. 용어는 다르지만 기본적인 아이디어는 일맥상통한 면이 있다.

　　언뜻 보기에 사람 중심의 관계지향 행태는 정이 흐르고 부드러우며 직무중심 형태는 냉정하고 딱딱해 보인다. 특히 우리나라와 같이 온정주의적 성향이 있는 국민에게는 관계지향의 리더십 행태를 선호할 수도 있을 것이다. 그러나 이것은 우리의 인식일 뿐이고 실제로는 두 차원에서 모두 높이 평가될 때 가장 효과적이라고 주장한다. 블레이크와 머튼의 격자모형은 이를 체계화한 것으로 관심의 대

PART 1
행정과 행정학의 이해

PART 2
행정환경

PART 3
행정내부환경

PART 4
경영시스템

PART 5
지원시스템

PART 6
조직시스템

PART 7
지원시스템

PART 8
산출과 피드백

[그림 9-5] 리더십 격자 모형

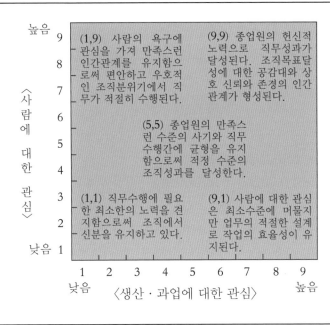

자료: Robert Blake & Jane S. Mouton, *The Managerial Grid* Ⅲ, Houston: Gulf, 1984.

상을 사람과 생산(과업)을 두 축으로 하고 각각에 대한 관심도를 낮은 것에서 높은 것까지 아홉 등급으로 나누었다. 이들은 사람과 생산에 대한 관심의 높고 낮음을 서로 결합시켜 다섯 개의 리더십 유형을 도출하였다(〈그림 9-5〉 참고). 이 중에서 (9,9)유형의 리더가 최고의 생산성, 만족, 창의성, 그리고 조직의 건강도를 가져온다고 주장한다.[33] 특히 이 격자모형은 리더의 관심 위치가 어디인지를 진단함으로써 바람직한 방향으로 리더의 행태를 변화시키는 데 유익한 정보를 제공할 수 있다.

(3) 상황론(Situational Theory)

자질론과 행태론은 리더십이 행해지는 상황적 조건에 관계없이 가장 효과적인 하나의 방법(the one best way)을 주장하고 있으며 이 점에서 과학적관리론과 기본 가정에서 공통점이 있다. 하지만 가장 효과적인 리더십 자질 또는 행태를 찾아보려는 노력을 할수록 리더십 효과는 리더의 자질과 행태 이외에도 많은 변수들이 함께 작용한다는 사실을 확인시켜 주었다. 과업의 특성, 조직 문화, 부하의 기대와 행태 등 상황적 요인이 어떠하냐에 따라 리더에게 요구되는 자질이나 행태가 달라진다는 것이다.

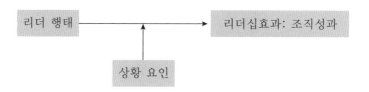

① Hersey & Blanchard 모형

허시와 블랜차드(Hersey & Blanchard)는 리더십의 효과에 영향을 미치는 상황 요소로 관리의 대상인 부하의 성숙도를 들었다.[34] 여기에서 성숙도(maturity)란 단순히 자연 연령이나 정서적 안정을 의미하는 것이 아니라 조직 내에서의 목표달성에 대한 열정, 자기 행동에 대해 책임지는 자세, 과업 숙련도 등을 의미한다. 사람은 조직에 처음 들어와 자신이 담당한 직무에 대한 경험과 지식이 부족한 미성숙 상태에서 점차 경험과 지식이 축적되고 일에 대한 관심과 책임이 높아지는 성숙 상태로 발전되어가는 일련의 생명주기(life cycle)를 가지고 있다고 본다. 이때 사람과 과업에 대한 리더 행태는 성숙도에 의존한다.

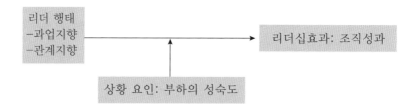

〈그림 9-6〉을 가지고 설명하면 부하의 성숙도가 낮은 상황에서는 높은 과업지향성과 낮은 관계지향성의 리더십 행태가 효과적이라는 의미이다. 즉, 인간관계에 대한 관심보다는 부하가 수행해야 할 과업을 명확히 규정해 주고 과업수행 절차나 결과에 대한 철저한 감독과 지시 그리고 통제가 필요하다.

부하의 성숙도가 보통 수준으로 향상되면 과업에 대한 숙련도가 그만큼 향상된 것을 의미하기 때문에 과업 중심의 지시적 행태는 점차 낮추어야 한다. 하지만 이때는 인간관계 측면에 대한 관심을 높여야 할 때이다. 즉 부하와의 상호신뢰 형성을 바탕으로 권한과 책임을 점차 위임하고 밑에서 올라오는 의견을 존중하는

PART 1 행정과 행정학의 이해

PART 2 행정환경

PART 3 행정의 내부환경

PART 4 결정시스템

PART 5 집행시스템

PART 6 조직시스템

PART 7 지원시스템

PART 8 산출과 피드백

[그림 9-6] 리더행태와 부하의 성숙도 관계

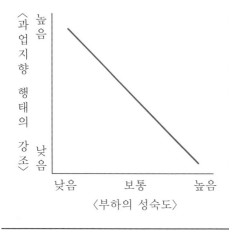

등의 노력이 바람직하다.

끝으로 부하의 성숙도가 가장 높아 과업에 대한 숙련도가 최고조에 달했을 때에는, 과업에 대한 더 이상의 지시적 행태가 필요 없으며 인간관계 측면에서도 부하 스스로 동기부여가 되고 책임을 질 수 있는 수준에 도달했다고 보기 때문에 높은 관심을 보일 필요도 없다고 보는 것이다.

② Fiedler 모형

리더십 효과는 리더와 구성원 관계, 과업구조, 그리고 리더의 직위에서 나오는 권력(직권력, position power)에 의존한다는 상황론으로 피들러(Fiedler)가 개발한 모형이다.[35] 이들 상황요소의 개념은 다음과 같다.

● 리더와 구성원 관계: 부하의 충성심과 지지가 얼마나 되는지, 그리고 부하와의 인간관계가 얼마나 우호적이고 협조적인지의 정도
● 과업구조: 업무 수행에 관한 표준화 정도, 최종 산물의 명확성, 그리고 성과에 대한 객관적 지표의 존재 유무
● 직권력: 부하의 근무성적을 평가하고 그에 대한 보상과 처벌을 내릴 수 있는 권한의 정도

이들 세 요소가 서로 결합하여 상황의 호의도(favorability)를 결정하게 되고 그것이 리더의 행태와 성과를 연결시켜 주는 과정에 작용을 한다. 도식화하면 다음과 같다.

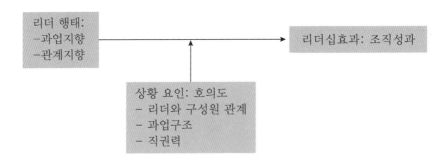

상황요소들이 결합하여 호의도가 결정되고 그것이 어떻게 리더 행태를 결정하는지에 대한 관계를 구체적으로 나타내면 〈표 9-2〉와 같다. 리더와 구성원의 관계가 좋고, 과업이 구조화되어 있는 경우는 직권력의 강하고 약함에 상관없이 리더십 행사에 있어 상황이 호의적이라고 본다. 과업이 구조화되어 있지 않은 경우에는 직권력이 강한 경우에 한 해 상황이 호의적이다. 한편 리더-구성원의 관계가 불량하고, 과업이 구조화되어 있지 않으며, 직권력도 약한 경우는 상황이 호의도가 약하다고 평가한다. 바로 이 네 가지 상황에서는 과업 지향의 리더십 행태가 효과적이라는 것이다. 그 나머지 상황은 중간 수준의 호의도로 평가되는데 모든 경우 인간관계에 초점을 둘 것을 강조한다. Fiedler모형에서 한 개인의 리더십 유형은 정해져 있다고 본다. 따라서 리더가 자신의 리더십 행태를 상황에 맞출 수 있는 것이 아니라 조직은 리더 행태가 상황에 맞지 않을 때 리더를 교체해야 한다고 본다.[a]

표 9-2 호의도의 결정과 효과적 리더 행태

리더-구성원 관계	좋다				나쁘다			
과업구조	높다		낮다		높다		낮다	
직권력	강하다	약하다	강하다	약하다	강하다	약하다	강하다	약하다
	⬇				⬇			
호의도	우호적	우호적	우호적	중간	중간	중간	중간	비우호적
	⬇				⬇			
효과적 리더행태	과업지향				관계지향			과업지향

---

a) Hersey & Blanchard이론은 영어로 Situational Theory라 부르고 Fiedler이론과 Path-Goal Theory는 Contingency Theory라는 용어를 쓴다. 우리말로는 둘 다 상황론이라 번역할 수 있으나 그 의미는 약

PART 1
행정과 행정학의 이해

PART 2
행정환경

PART 3
행정내부환경

PART 4
경영시스템

PART 5
정책시스템

PART 6
조직시스템

PART 7
지원시스템

PART 8
산출과 피드백

③ 경로-목표 이론

상황론으로 널리 알려진 것으로 경로-목표 이론(Path-Goal Theory)을 들 수 있다.[36] 이 이론은 리더의 행태가 부하의 만족도와 실적에 어떻게 영향을 미치는지의 과정을 잘 설명해 준다. 즉, 앞의 두 상황론이 어떠한 상황에서 어떠한 리더 행태가 효과적이라는 것에만 머물러 있었다면 경로-목표 모형은 리더의 행태가 '어떻게' 리더십 효과로 이어지는지의 경로를 설명해준다. 이 경로에 해당하는 것을 매개변수라는 말로 표현하기도 한다. 매개변수를 포함시켜 경로-목표 이론을 도식적으로 표시하면 다음과 같다.

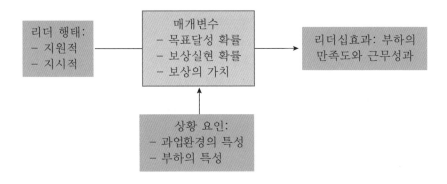

리더 행태의 유형이 지원적 행태와 지시적 행태로 바뀌었지만 그것은 각각 관계지향과 과업지향의 리더십 행태를 달리 표현한 것으로 이해하면 된다.[a] 상황

간 다르다. Situational Theory의 상황론은 상황적 조건에 따라 리더의 행태가 그에 적합하게 바뀌어야 한다는 것이다. 즉, 리더는 관계지향적 행태와 과업지향적 행태를 상황에 따라 적절히 선택하여 보여주어야 한다. 한편 Contingency Theory의 상황론(엄격히는 상황의존론이 더 적합한 번역일 수 있음)은 리더는 관계나 과업 중 어느 하나에 보다 더 뛰어난 능력을 보이는 경향이 있다고 가정한다. 즉, 두 차원에 모두 능력이 있어 상황에 따라 유연하게 선택할 수 있는 것이 아니다. 따라서 관계지향성이 뛰어난(지원적) 리더는 열악한 작업조건이나 과업상황에서 리더십 효과가 나타날 것이고 과업지향성이 뛰어난(지시적) 리더는 과업이 불확실하고 복잡한 상황에서 리더십 효과가 높을 것이다. 이렇게 미묘한 차이는 있으나 대체로 이를 구분하지 않고 상황론으로 이해하는 것이 일반적이다. 실제로 contingency theory로 불리는 경로-목표 이론도 상황에 맞게 리더십 스타일을 바꿀 수 있는 리더의 유연성을 가정하는 것으로 이해하기도 한다(Wikipedia, Path-Goal Theory, 2015. 5. 5).

a) 경로-목표 이론을 최초로 주장한 House는 1971년 첫 발표 논문에서는 리더의 행태를 오하이오주립대 연구를 적용해 구조주도와 배려로 구분하였다.[37] 이후 1974년 논문에서 이를 각각 지시적(경로-목표 명료화) 리더 행태와 지원적 리더 행태로 개념화하였고 여기에 참여적 리더 행태와 성취지향 리더 행태를 추가한 4개의 유형을 제안하였다.[38] 이 경우에도 지원적 리더 행태와 참여적 리더 행태는 관계지향에, 지시적 리더 행태와 성취지향 리더 행태는 과업지향에 가까운 리더 행태로 이해할 수 있다.

요인으로는 과업환경의 특성 및 부하의 특성을 고려하고 있다. 경로-목표 이론의 중요한 특성은 매개변수에 해당하는 부분에 동기이론으로 널리 알려진 브룸(Vroom)의 기대이론을 접목시킨 점이다. 따라서 경로-목표 이론을 이해하기 위해서는 기대이론을 우선 이해할 필요가 있다. 기대이론은(여러 방식으로 설명이 가능하지만) 간단히 설명하면 다음 그림으로 나타낼 수 있다.

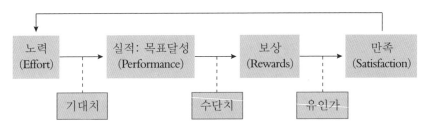

- 기대치: 노력하면 주어진 목표를 달성할 수 있다는 주관적 확률
- 수단치: 목표를 달성했을 때 약속한 보상이 실현될 주관적 확률
- 유인가: 보상의 가치에 대한 주관적 믿음

그림을 보면, 어떤 일에 대한 동기나 노력은 기본적으로 그 노력이 가져올 세 가지 결과들, 즉 목표달성, 보상, 만족의 각각에 대한 주관적 믿음(기대치, 수단치, 유인가)에 의해 결정됨을 보여주고 있다. 아무리 노력해도 나에게 부과된 목표나 과업의 성취가 불가능한 경우에는 노력을 처음부터 포기할 것이다(기대치=0). 한편 목표달성이 100% 가능하다 하더라도 그 결과 아무런 보상이 주어지지 않을 것이라고 믿는다면 역시 동기는 부여되지 않을 것이다(수단치=0). 끝으로 보상이 실현된다는 믿음이 있더라도 주어진 보상이 나에게 아무런 가치가 없어 만족을 가져다 주지 않는다면 이 또한 동기를 유발시키지 못할 것이다. 바로 이러한 세 단계에서의 조건이 충족되어야(적어도 0이 아니어야) 비로소 만족도가 향상되고 결과적으로 동기 내지 일에 대한 노력을 이끌어 낼 수 있다는 주장이다(자세한 설명은 제13장 기대이론 참고).

이제 기대이론을 상황론에 접목시켜 보자. 부하는 경험이나 지식이 부족하고, 과업수행에 관한 공식적인 규정이나 절차가 마련되어 있지 않은 과업환경을 고려해 보자. 이 경우에는 지원적 리더십보다는 지시적 리더십이 보다 부하의 만족을 높이고 노력을 유도하는 데 효과적이라고 한다(〈그림 9-7〉).

지시적 리더십을 통해 과업의 내용을 분명히 알려주고, 과업수행의 구체적

PART 1
행정과 행정학의 이해

PART 2
행정환경

PART 3
행정내부환경

PART 4
경영시스템

PART 5
정책시스템

PART 6
조직시스템

PART 7
지원시스템

PART 8
산출과 피드백

[그림 9-7] 지시적 리더십 행태의 리더십 효과

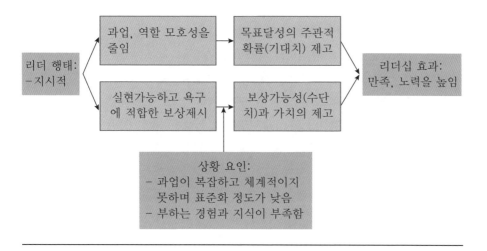

방법을 제시하며, 준수해야 할 규정과 일정 등을 명확하게 제시함으로써 과업에 대한 모호성을 줄일 수 있다. 과업의 모호성과 역할의 모호성이 줄어든다는 것은 바로 목표달성의 가능성을 높이는 효과를 가져오게 되고 이것이 만족과 노력을 높이는 결과를 낳게 한다. 지시적 리더십은 또한 보상을 분명히 하고 부하직원의 욕구에 적합한 것을 제시함으로써 보상의 가능성과 가치를 높이고 결과적으로 리더십 효과를 가져올 수 있다.

경로-목표 이론은 이처럼 부하 직원의 입장에서 리더의 행동이 자신에게 주어진 '목표'를 달성하고 원하는 보상을 얻을 수 있다는 분명한 '경로'를 보여주는 리더를 따르고 동기가 부여된다고 본다. 따라서 리더에게 요구되는 가장 중요한 역할은 부하 직원이 달성해야 할 목표를 분명히 해주고 목표달성에 장애가 되는 것을 해결해주며 목표를 달성하면 원하는 것을 얻을 수 있다는 확신을 주는 일이라 할 수 있다. 요약하면, 리더는 지시적 행태나 지원적 행태 등 자신이 취할 수 있는 리더십 행태 유형 중에서 부하 및 직무환경 등의 상황적 특성을 고려하여, 부하 직원의 동기부여 및 개인과 조직의 목표 달성에 가장 효과적인 방식을 선택해서 리더십을 행사하여야 함을 경로-목표 이론은 주장한다.[39]

3) 리더십에 대한 새로운 시각

자질론, 행태론, 상황론으로 대표되는 전통적 리더십 이론은 다음의 몇 가지

점에서 비판의 여지가 많다. 첫째, 리더와 부하의 관계를 공식적인 권위의 수직적 구조 안에서 이해하기 때문에, 리더가 부하에게 하향적이고 일방향적으로 영향을 미친다는 폐쇄적인 시각에 머물러 있다. 둘째, 리더와 부하를 이분법적으로 접근하고 있다. 리더는 부하와 차별되는 자질이나 특성을 가지고 리더만이 보일 수 있는 행태를 적극적으로 행사하는 사람이고, 반면에 부하는 리더의 영향을 받아 수동적으로 행동하는 사람으로 이해한다. 셋째, 리더십 효과에 대한 경험적 검증이 미흡하다는 점이다. 효과적인 리더의 자질이나 특성은 물론, 상황에 적합한 리더십 행태를 과학적으로 검증해 보이는 데 한계가 있었다.[40] 특히 상황론은 현실 설명력을 높이고자 했으나 이론화에 한계를 보이면서, 관계와 과업의 두 축으로 단순하면서도 설명력이 높은 행태론에까지 부정적인 영향을 준 것으로 보인다.

전통적 리더십 이론의 한계를 인식하고 조직 현장에서의 실제적인 리더십을 보다 타당하게 기술하고 설명할 수 있는 다양한 이론들이 개발되었는데, 이들은 공통적으로 리더십을 리더와 부하의 상호작용에 의해 형성되는 과정으로 이해하고 있다. 리더와 부하 간의 역할이나 권위가 고정된 것이 아니라 서로 영향을 주고받는 관계 속에서 리더십의 효과성이 결정된다고 본다. 또한 조직에 영향을 미치는 환경의 불확실성이 커지면서 역동적인 환경에 대응하여 조직의 변화와 혁신을 이끄는 것이 리더의 가장 중요한 역할로 부각되었다. 관계(사람, 배려)중심이나 과업(과업주도, 생산성)중심의 리더십 행태 중에서 하나를 선택하여 조직을 관리하는 정도의 '합리적'인 리더십에 한계가 있다고 보고, 리더의 감성이나 카리스마 등 비합리적인 차원까지 확대하여 리더십을 이해한다. 부하에 대한 통제적·폐쇄적 시각도 조직 구성원에게 권한을 위임하여 자율적으로 일할 수 있는 범위를 확장시키는 등 신뢰와 개방의 시각이 강조되었다.[41]

이러한 경향을 대표하는 현대적 리더십 이론으로는, 변혁적 리더십과 거래적 리더십, 리더-부하 교환이론(leader-member exchange theory),[42] 감성 리더십 (emotional leadership),[43] 임파워먼트 리더십(empowerment leadership),[44] 서번트 리더십(servant leadership),[45] 진정성 리더십(authentic-leadership),[46] 셀프 리더십(self-leadership)[47] 등을 꼽을 수 있다. 여기에서는 이들 이론 중 경험적 연구가 가장 많이 이루어지고 있는 변혁적 리더십과 거래적 리더십, 그리고 수기치인·수신제가 등 한국의 유학 사상에서 가장 중요하게 강조되어온 수기와 수신의 서양적 접근이라 할 수 있는 셀프 리더십을 검토한다.

PART 1
행정과 행정학의 이해

PART 2
행정환경

PART 3
행정내부환경

PART 4
경영시스템

PART 5
집행시스템

PART 6
조직시스템

PART 7
지원시스템

PART 8
산출과 피드백

(1) 변혁적 리더십과 거래적 리더십

1970년대 전 세계가 두 차례의 오일 쇼크와 그로 인한 글로벌 경제환경의 급속한 변화로 인해 미국을 비롯한 선진국에서는 국가경쟁력을 높이기 위한 구조조정 등 개혁이 중요한 화두로 부각되기 시작하였다. 특히 기업의 주된 관심사가 시장점유율이나 수익률 제고의 측면이 아니라 기업이 시장에서 살아남기 위해 어떻게 변화해야 할 것인가의 '변화'에 우선적 관심이 맞추어졌다. 환경의 요구에 적응하여 변화한 조직은 생존과 성장을 하는 것이고 그렇지 못한 조직은 퇴출될 수밖에 없는 새로운 조직환경이 조성된 것이다. 이러한 경향은 민간부문뿐만 아니라 1980년대 들어 작은 정부를 주장하면서 공공부문에까지 나타났다.

이러한 상황에서 부각되기 시작한 것이 변화를 신속하고 성공적으로 이끌어내는 변화와 혁신의 리더였다. 미국 크라이슬러(Crysler)자동차 회사를 위기에서 회생시켜 다시 성장의 궤도로 끌어올려 놓았던 리 아이아코카(Lee Iacocca), GE(General Electric)를 성공적으로 구조조정하고 신경영기법을 과감히 도입한 잭 웰치(Jack Welch) 등이 1980~1990년대 민간분야에서 부각되었다. 정치 군사적으로는 이라크와 걸프만 전쟁을 통해 영웅적 인기를 얻은 슈와츠코프(Schwartzkopf) 사령관과 파월(Powell) 합참의장(부시행정부 1기 국무장관), 남아공의 인종차별을 종식시키고 대통령에 취임한 인권운동가 넬슨 만델라(Nelson Mandela), 영국을 다시 세계적 경제부국으로 끌어올린 대처(Thacher) 수상, 독일 통일을 이끌어낸 콜(Kohl) 수상 등이 이 시기에 주목을 받은 리더들이었다.

1980년대 이후 등장한 이들 리더에 대한 세인의 관심이 부각되면서 이들이 보여준 리더의 카리스마적(charismatic) 특성이 다시 학문적 탐구의 주제가 되었다. 이들의 비범한 능력과 성과에 주목하기 시작한 것이다. 특히 이들은 다른 리더에 비해 아주 탁월한 미래지향적 비전을 제시하고 구성원들로 하여금 개인적 이해를 넘어 대승적 관점에서 조직과 사회를 위해 헌신하도록 만드는 능력을 보여주었다. 이들 리더십을 변혁적 리더십(transformational leadership)[48] 또는 카리스마 리더십(charismatic leadership)[49] 등으로 부르고 있다.[a]

---

[a] 두 이론은 강조의 측면이 다를 뿐 실제 내용에 있어서는 유사한 점이 많고 상호 구분 없이 쓰이기도 한다. 카리스마 리더십은 일찍이 막스 베버의 세 지배유형(전통적 지배, 카리스마적 지배, 합법적 지배)에서 논의되었다. Weber에 의하면 카리스마를 가진 사람은 위기시에 등장하여 개혁적인 처방으로 문제를 해결하는 능력을 보인다고 한다. 따라서 카리스마적 지배체제는 전통적 지배와 합리적 지배 체제에 대한 혁명으로 나타나기 쉽고 생명이 길지 않다고 말한다(Richard L. Hughts, Robert C. Ginnett, & Gordon J. Curphy, *Leadership: Enhancing the Lessons of Experience*, Homewood, IL:

변혁적 리더십은 대통령 전기 작가이자 정치학자인 번즈(Burns)의 1978년 연구에서 처음 용어가 사용되었다. 번즈의 연구는 킹목사, 간디, 케네디 대통령 등 역사적으로 높이 평가받는 리더들의 개인적 자질이나 행동이 추종자들과의 상호관계 속에서 그들의 인식구조와 가치체계를 변화시키고, 도덕성과 열정을 고취시키는 등 리더-추종자의 상호관계 속에서 변화를 이끌어내는 변혁적 리더십의 중요성을 부각시켰다.[50] 변혁적 리더십은 이후 1980년대 리 아이아코카, 잭 웰치, 슈와츠코프, 만델라, 대처 등 큰 변화를 이끈 지도자의 등장과 함께 기업, 정부, 학교, 비영리조직 등의 현장으로 관심이 확대되었다. 한편 번즈의 연구는 변혁적 리더십의 특성을 기술하는(descriptive) 수준이었기 때문에 변혁적 리더십이 실제 개인이나 조직을 변화시키는데 얼마나 효과적인지를 실증적으로 보여주지는 못하였다. 보다 과학적인 학술 연구는 조직심리학자 바스(Bass)에 의해 개념의 조작화 및 측정도구가 1985년 처음 시도되면서 본격화되었고[51] 이후 변혁적 리더십은 행정학, 경영학, 심리학, 교육학 등 사회과학 분야에서 리더십 연구의 중심 이론으로 자리 잡게 되었다.[52]

변혁적 리더십은 현재까지 개념의 모호함이 남아 있긴 하지만 경험적 연구에서 널리 받아들이는 개념의 하위 구성요소는 이상적 영향력, 영감적 동기부여, 지적 자극, 그리고 개인적 배려이다.[53] 이상적 영향력(idealized influence)은 합리적 보상에 의해 유지되는 리더-부하 관계나 조직-구성원 관계에서는 나타나기 힘든, 말 그대로 이상형에 가까운 리더의 카리스마적 요소라 할 수 있다. 즉, 높은 도덕성과 가치를 중심으로 조직을 이끌며, 위기 시에도 위험을 피하지 않고 오히려 기회로 바꾸어 내는 등 조직구성원들에게 비범한 능력과 가시적인 성과를 보여주는 리더십이다. 그 결과 구성원들은 리더에 대한 강한 신뢰와 존경심을 갖게 되고 리더를 롤 모델로 삼아 따르고 싶어 한다.

변혁적 리더십의 영감적 동기부여(inspired motivation) 요소는 구성원과 충분히 소통해서 함께 이루고 싶은 미래 비전에 대한 공감대와 주인의식을 형성하고 목표달성에의 강한 집중력을 보이는 리더십 측면이다. 구성원들에게는 비전을 실현시켜야겠다는 동기부여와 열정 그리고 할 수 있다는 자신감과 영감을 불어넣으며, 조직에 대한 팀 스피리트(team spirit)를 고무시킨다.

지적 자극(intellectual stimulation)은 기존의 가정이나 인식에서 벗어나 혁신적

Irwin, 1993). 그런데 카리스마 리더십에서의 카리스마란 베버의 카리스마적 지배에서 풍기는 기적이나 비상한 미래 예측력과 같은 신비성보다는 부하들이 리더를 믿고 따르게 하는 특별한 힘(force)을 의미하는 중립적 용어로 인식하여야 한다.

PART 1
행정과 행정학의 이해

PART 2
행정환경

PART 3
행정내부환경

PART 4
경영시스템

PART 5
관리시스템

PART 6
조직시스템

PART 7
지방시스템

PART 8
산출과 피드백

이고 창조적인 관점에서 문제를 재구성하고 해결책을 구하도록 자극하고 변화를 유도하는 리더십 역량이다. 구성원의 실수나 잘못을 많은 사람들 앞에서 지적하거나 비난하지 않고 오히려 새로운 아이디어나 방식의 시도를 높이 평가한다.

끝으로 개별적 배려(individualized consideration)는 구성원 한 사람 한 사람의 니즈에 관심을 갖고 그에 맞는 학습기회를 제공하여 잠재력을 개발할 수 있도록 돕는 행동을 의미한다. 사람마다 관심, 욕구, 적성 등의 차이가 있다는 것을 인정하고, 한 사람의 종업원이 아니라 전인(全人)으로서 개인의 성장을 돕는 코치나 멘토로서의 역할을 강조한다.

변혁적 리더십은 거래적 리더십(transactional leadership)과 대비를 통해 개념이 차별화된다. **거래적 리더십**은 리더와 구성원 간에 성과계약과 같이 보다 분명하고 가시적인 '주고 받는' 교환을 토대로 형성된다. 개념의 하위 구성요소는 조건적 보상과 예외관리로 요약할 수 있다.

조건적 보상(contingent reward)은 구성원이 달성해야 할 목표와 목표달성 시 얻을 수 있는 보상이 무엇인지에 대한 리더-부하 간의 경제적·심리적 계약을 전제한다. 리더는 부하의 직무수행에 필요한 자원을 정확히 파악하여 지원하고, 제시된 과업목표를 구성원이 달성한 정도를 평가해서 연봉, 보너스, 승진에 반영하는 합리적 행동을 통해 조직이 요구하는 수준의 성과를 목표로 리더십을 발휘한다. 예외관리(management by exception)는 과업목표에 미달하는 저성과나 운영기준을 어긴 잘못이나 실수, 그로 인한 고객불만 등 예외적인 상황의 관리에 초점을 맞춘 것이다. 예외적인 상황이 발생하는지를 꾸준히 점검하고 감시하여 사전에 예방하는 적극적 관리와, 상황이 발생한 다음에 징계 등의 조치를 취하는 소극적 관리로 구분할 수 있다.

변혁적 리더십과 거래적 리더십은 지향하는 가치나 관심대상 또는 기본 전제에 있어 차이점을 열거할 수 있다. 예를 들어 변혁적 리더십은 리더의 카리스마적 영향력에 의존해서, 변화와 혁신을 지향하고, 기대 이상의 성과를 목표로 하며, 구성원의 장기적인 성장과 내재적 보상에 관심을 갖는가 하면, 새로운 시도에 대한 구성원의 실수를 관용적으로 받아들인다. 반면 거래적 리더십은 리더에게 주어진 공식적 권위에 의존하며, 조직문화 등을 바꾸기보다는 주어진 조건으로 받아들여 현상을 유지하고 구성원의 단기적 성과와 외재적 보상에 관심을 가지며 구성원의 실수에 대해서도 책임을 물어 재발을 방지하는 관리적 성향이 강하다.

하지만 변혁적 리더십과 거래적 리더십을 상호 배타적인 관계로 볼 필요는

[그림 9-8] 변혁적 리더십 및 거래적 리더십의 성과와의 관계

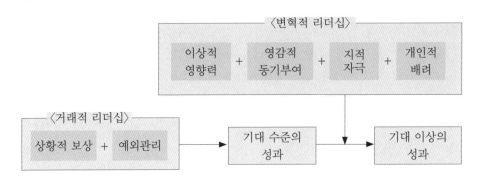

* 그림에서 변혁적 리더십과 거래적 리더십의 하위요소를 '+'로 표시한 것은 이들 요소의 가산적(additive) 관계를 의미한다.

자료: Bernad M. Bass and B. J. Avolio, The implications of transactional and transformational leadership for individual, team, and organizational development, *Research in Organizational Change and Development*, 4(1), 1990, p. 231.

없다.[54] 경제적·사회적 환경의 전환기에 조직의 성공적 개혁이 필요한 경우는 구성원의 열정과 충성심을 확보할 변혁적 리더십이 필요할 것이다. 하지만 환경이 안정기에 들어선 다음에는 내부의 자원 관리에 관심을 가지고 보상과 처벌을 관리수단으로 사용하는 거래적 리더십도 필요하게 된다.[55] 이러한 상황적 요인을 고려하지 않더라도 실제로 많은 실증 연구는 변혁적 리더십과 거래적 리더십이 모두 구성원의 직무만족이나 조직의 목표달성에 긍정적인 영향을 미친다는 결과를 보여주고 있다. 다만 어느 리더십 유형이 더 효과적인지에 대해서는 초기에는 변혁적 리더십으로 나온 연구결과가 많았지만[56] 최근에는 거래적 리더십이 더 효과적이라는 연구결과도 나오고 있다.[57] 또한 위 〈그림 9-8〉과 같이 변혁적 리더십은 조직이 기대하는 수준의 목표를 달성하는 데 유용한 거래적 리더십에 부가적으로 작용한다. 즉, 구성원의 노력을 배가시킴으로써 기대 이상의 성과를 내는 데 기여하는 증폭효과(augment effect)로 이해하기도 한다.[58]

(2) 셀프 리더십

최근의 조직환경에서 등장한 또 다른 리더십 이론이 셀프 리더십이다. 셀프 리더십은 개인 스스로가 자기 자신을 동기부여시켜 자기 과업을 성실히 수행하는 것을 의미한다. 셀프 리더십은 직장, 가정, 학교 할 것 없이 어디에서나 모든 개인

PART 1
행정과 행정학의 이해

PART 2
행정환경

PART 3
행정내부환경

PART 4
결정시스템

PART 5
집행시스템

PART 6
조직시스템

PART 7
지원시스템

PART 8
산출과 피드백

에게 적용될 수 있는 자기 수양의 측면이 있다. 다만 그 범위를 조직으로 한정시 킬 때에는 스스로 자기에게 적합한 근무환경을 만들어 나가고 자아를 실현할 수 있는 창의적이고 도전적이며 보람 있는 일을 찾아 소명감을 가지고 일하는 것 이다.

이런 좁은 의미에서의 셀프 리더십은 기존의 리더십 이론과는 대조될 뿐만 아니라 심지어 리더십 무용론과도 연결될 수 있다. 실제로 조직에서 셀프 리더십 을 주장하게 되는 출발점이 과거의 대규모 관료조직에 대한 대안으로 등장하기 시작한 자율적 팀제조직(Self-Managed Work Group)에 있기 때문이다. 팀제조직은 환경의 요구에 즉각 대응하고 자율적으로 사업목표와 계획을 세우고 수익을 창출 하도록 권한을 위임받고 있다. 전통적 리더십 이론이 수정되어야 할 조직환경이 생겨난 것이다. 특히 정보 네트워크의 발달로 이제 업무수행에 있어 팀원 간의 공 간적 개념도 바뀌고 있다. 같은 사무실에서 일하는 전통적 의미가 이제 사이버 공 간의 네트워크 속에서 이루어지는 환경으로 바뀌어가고 있다. 대규모 조직과 면 대면 방식의 인간관계를 전제하고 주장되어온 전통적·공식적 리더십 이론의 수정 을 요구하게 된 것이다.

이러한 새로운 환경에 처한 리더는 개별 구성원의 가치관과 태도를 중요시할 수밖에 없다. 스스로 과업 목표를 정하고 결과를 평가하며 자기통제와 비판이 가 능한 셀프리더를 키우는 리더십이 필요하게 되었다. 셀프 리더십의 강조는 배고 픈 사람에게 밥 한 술 건네주는 것이 아니라 농사법을 가르쳐 주어 스스로 배고픔 을 해결하도록 만드는 것에 비유할 수 있다. 셀프 리더십은 남을 이끌기 이전에 자신을 올바로 이끄는 것을 강조한다는 점에서 유학의 기본이념인 수기치인(修己 治人)과 같은 맥락에서 이해할 수도 있다. 치인을 강조하는 기존의 리더십 이론을 대체하기보다 수기의 측면에서 이론을 보완하는 데 의미를 둘 수 있을 것이다.[a]

---

a) 이명박 정부 초기에 서번트(섬김) 리더십(servant leadership)을 강조한 적이 있다. 서번트 리더십의 유래는 헷세의 *The Journey to the East* 소설에 나오는 리오라는 인물의 행동에서 영감을 얻어 Robert Greenleaf가 제안한 것이다. 서번트 리더십을 구성하는 하위 개념을 보면 경청, 공감, 치유(healing), 설득, 자각, 통찰, 비전, 청지기 정신(stewardship), 구성원 성장, 공동체 형성 등이다(Larry C. Spears(Ed.), *Insights on Leadership: Service, Stewardship, Spirit, and Servant-Leadership*, New York: John Wiley & Sons, 1998). 이들 요소에서 알 수 있듯이 일부는 변혁적 리더십의 개념과 중첩되는 등 이론의 정교화 작업이 필요한 상태이다.

박항서 리더십
자질? 행태(사람중심)? 변혁적(개별적 배려)? 섬김? 진정성? 상황(베트남)?

❶ 최용수 FC서울 감독은 "박 감독님의 성공 비결은 축구에 대한 열정 그리고 인간미"라며 "얼마 전 박 감독님이 한국에 오셨을 때 한 번 만났다. 달랑 배낭 하나 메고 소탈하게 혼자 다니시더라. 예나 지금이나 변한 게 없는 모습이 와 닿았다"고 밝혔다. 이어 "박 감독님이 우리 지도자들에게 던진 메시지가 하나 있다. 군림하는 리더십의 시대는 이제 끝났다는 것"이라고 강조했다.

❷ 임충현 대한상공회의소 베트남 사무소장은 "박 감독은 냉철한 용장보다는 푸근한 덕장이며, 비주류 인력이라도 어느 위치에 필요한지를 고민했던 지장(智將)"이라고 평가했다.

그는 "1%의 스타 플레이어도 중요하지만 나머지 99%가 뒷받침돼야 성공할 수 있다는 건 축구든 기업이든 마찬가지"라며 "'사람'을 가장 중요하게 보는 박항서 리더십의 교훈을 새길 필요가 있다"고 밝혔다.

❸ (실업축구 창원시청팀 태현찬 선수는) "선수들이 생일을 맞으면 감독님이 서점에서 직접 산 책을 선물로 주셨다. 선수마다 어울릴 것 같은 책을 제각각 골라주셨고, 책 표지 안쪽에 직접 손편지를 써주셨다"고 전했다. 창원시청 코치로 박항서 감독을 보좌한 최명성(현 부산교통공사 코치)은 "박 감독님이 창원시청 감독으로 처음 오셨을 때 워낙 높은 곳을 경험한 분이라 걱정했다"며 "그런 박 감독님이 코치진과 선수들 정말 진솔하게 인간적으로 대해줬다. 쉬는 날 함께 영화도 보고 치킨도 시켜 먹었다. 자기 옷이나 신발을 사러 가서 선수나 코치 옷을 함께 사오기도 했다"고 전했다.

❹ 베트남 팀의 성공 과정에서 박 감독의 '진정성 리더십'(authentic leadership)도 돋보였다. 진정성 리더십은 스스로와 타인을 섬기는 리더십이다. 관계의 투명성과 공정성, 윤리성, 진실성, 소통과 격려가 바탕이 된다. 진정성 리더십은 스스로와 타인을 섬기는 리더십이다. 관계의 투명성과 공정성, 윤리성, 진실성, 소통과 격려가 바탕이 된다. 허리부상을 당한 선수에게 비행기 비즈니스석을 양보하고, 지난 8월 자카르타-팔렘방 아시안게임에서 선수들 발을 직접 마사지해주는 모습이 언론에 공개돼 화제가 되기도 했다.

김병준 교수는 "박 감독은 모든 선수를 공정하게 대우하고, 팀과 관련된 사실이나 정보를 투명하게 공개한다. 또 '선 멘탈-후 경기력' 철학 아래 선수들

PART 1 행정과 행정학의 이해
PART 2 행정환경
PART 3 행정내부환경
PART 4 경영시스템
PART 5 집행시스템
PART 6 조직시스템
PART 7 지원시스템
PART 8 산출과 피드백

의 정서를 돌본다"며 "이러한 리더십은 전력이 완성되지 않았지만 계속 도전하고 새로운 기록을 쌓아가는 베트남 팀을 만나 최고 시너지를 만들었다"고 말했다. 그 결과 팔로우십이 형성됐다는 것이다.

"베트남에는 동양적, 유교적 전통이 많이 남아 있어요. 부모와 자녀의 관계 등 가족을 중시하죠. 선수들이 인간미 넘치는 박 감독을 아버지 또는 가족으로 느끼는 것 같아요. 든든하고 편안한 울타리 안에서 자연스럽게 도전정신이 발휘되고, 승리경험을 반복하면서 팀 응집력이 좋아진 겁니다."

❺ 히딩크와 박항서의 리더십은 어떻게 다른가. 히딩크와 박항서는 2002년 월드컵 대회 때 한국 국가대표팀의 감독과 코치로 팀 멤버였다. 히딩크는 쓸모없는 선수는 가차 없이 버렸다. 기브 앤드 테이크형이다. 그래서 히딩크 앞에서 선수들은 언제나 긴장했다. 한국축구는 고참 선배가 후배들의 플레이를 지배하는 것이 전통이었다. 히딩크는 이 위계질서를 가차 없이 깨버렸다.

박항서는 전혀 다르다. 선수들과 흉허물 없이 지내고 친화적이며 도구로 사람을 이용하지 않는다. 신의 있고 의리 있는 사람이라는 믿음을 심어주며 주변을 따뜻하게 만든다. 그래서 선수들이 박 감독을 아버지처럼 따른다. 히딩크는 우두머리 리더십이고 박 감독은 섬기는 리더십이다.

그러나 히딩크와 박항서에게는 뛰어난 공통점이 있다. 선수들의 자기능력계발이다. 잠재되어 있는 능력을 일깨워줄 줄 아는 모티베이션 활용이다. 히딩크가 한국대표팀을 떠나면서 후계자로 박항서가 지명되었는데 그때 히딩크가 박항서에게 남긴 충고는 "절대 선수를 만들어 쓰지 말라. 그들이 갖고 있는 실력을 극대화하는 데만 신경을 써라"였다.

박항서가 한국에서 감독으로 있었으면 빛을 보았을까. 어림없는 소리다. 박항서가 그동안 한국에서 3류 감독 대우를 받고 지냈다는 것은 한국인의 편견이 심하다는 것을 간접적으로 설명해주고 있다. 마음 좋은 사람은 한국에서 무능력자로 취급당하기 쉬우며 히딩크처럼 겁주는 리더십을 보여야 통솔이 가능하다.

자료: ❶ 한국일보, 2018. 12. 21. ❷ 연합뉴스, 2018. 12. 19. ❸ 중앙일보, 2018. 12. 26. ❹ 노컷뉴스, 2018. 12. 20. ❺ 이철, 히딩크와 박항서, 미주한국일보, 2018. 9. 12.

주

1) David J. Cherrington, *Organizational Behavior: The management of individual and organizational performance*, Boston: Allyn and Bacon, 1994, p. 152.

2) David Osborne & Peter Plastrik, *The Reinventor's Fieldbook: Tools for Transforming Your Government*, San Francisco, CA.: Jossey—Bass, 2000, pp. 596—599.

3) Steve Buchholz & Thomas Roth, *Creating the High-Performance Team*, New York: John Wiley & Sons, 1987, pp. 64—66.

4) James M. Kouzes & Barry Z. Posner, *The Leadership Challenge*, 2nd ed., New York: John Wiley & Sons, 1996.

5) Osborne & Plastrik, op. cit., p. 599.

6) James M. Burns, *Leadership*, New York: Harper & Colophon Books, 1978.

7) 건설교통부, 보건복지부 등 중간보고서, 2004. 9.

8) 다음은 Osborne & Plastrik, op. cit., pp. 600—601을 개인적 이해를 토대로 재정리한 것이다.

9) Peter M. Senge, *The Fifth Discipline: The Art & Practice of the Learning Organization*, New York: Currency Doubleday, 1990, p. 211.

10) Michael Allison & Jude Kaye, *Strategic Planning for Nonprofit Organizations*, New York: John Wiley & Sons, 1997.

11) Robert B. Denhardt, *Public Administration: An Action Orientation*, 3rd ed., Fort Worth, TX.: Harcourt Barce College Publishers, 1999, pp. 246—247.

12) Henry Mintzberg, *The Rise and Fall of Strategic Planning*, New York: Free Press, 1994.

13) Friedrich A. Hayek, *The Road to Serfdom*, Chicago: Chicago University Press, 1944; Herman Finer, *The Road to Reaction*, Boston: Little Brown & Co., 1945.

14) John B. Olsen & Douglas C. Eadie, *The Game Plan: Governance with Foresight*, Washington DC: Council of State Planning Agencies, 1982, p. 4.

15) John M. Bryson, *Strategic Planning for Public and Non-Profit Organizations*, San Francisco: Jossey—Bass Publishers, 1988.

16) Owen E. Hughes, *Public Management and Administration: An Introduction*, 3rd ed., New York: Palgrave, 2003, p. 142.

17) Paul C. Nutt & Robert W. Backoff, *Strategic Management of Public and Third Sector Organizations*, San Francisco: Jossey—Bass Publishers, 1992.

18) Bryson, op. cit.

19) Paul Joyce, *Strategic Management for the Public Services*, Buckingham, Philadelphia: Open University Press, 1999, p. 36.

20) Ibid., p. 37.

21) Nutt & Backoff, op. cit.

22) Bryson, op. cit.

23) Ibid.

24) Richard L. Daft, *The Leadership Experience*, 2nd ed., Mason, OH: South-Western, 2002, p. 440.

25) John P. Kotter, *A Force for Change: How Leadership Differs from Management*, New York: The Free Press, 1990; John P. Kotter, *Leading Change*, Boston, MA: Harvard Business School Press, 1996, p. 26.

26) Kotter, op. cit., 1990; Abraham Zaleznik, Managers and Leaders: Are They Different? *Harvard Business Review*, 55, May-June 1977, pp. 67-78.

27) Richard D. Mann, A Review of the Relationships between Personality and Performance in Small Groups, *Psychological Bulletin*, July 1959, pp. 241-270.

28) Ralph. M. Stogdill, *Handbook of Leadership: A Survey of the Literature*, New York: Free Press, 1974.

29) Kurt Lewin, Field Theory and Experiment in Social Psychology: Concepts and methods, *American Journal of Sociology*, 44, 1939, pp. 868-896; K. Lewin, R. Lippet & R. K. White, Patterns of Aggressive Behavior in Experimentally Created Social Climats, *Journal of Social Psychology*, 10, 1939, pp. 271-301.

30) J. K. Hemphill & A. E. Coons, Development of the Leader Behavior Description Questionnaire, in R. M. Stogdill & A. E. Coons(eds.), *Leader Behavior: Its description and measurement*, Columbus, OH: The Ohio State University, 1957.

31) J. Taylor & D. Bowers, *The Survey of Organizations: A machine scored standardized questionnaire*, Ann Arbor, MI: The Undversity of Michigan, 1972.

32) Robert. R. Blake & Jane. S. Mouton, *The New Managerial Grid*, Houston: Gulf, 1978.

33) Robert R. Blake & Jane S. Mouton, *The Managerial Grid* Ⅲ, Houston: Gulf, 1984.

34) P. Hersey & K. Blanchard, *Management of Organizational Behavior*, 4th ed., Englewood Cliffs, NJ: Prentice-Hall, 1982.

35) F. E. Fiedler, *A Theory of Leadership Effectiveness*, New York: McGraw-Hill, 1967.

36) R. J. House, A Path-Goal Theory of Leader Effectiveness, *Administrative Science Quarterly*, 16, 1971, pp. 321-339.

37) Ibid.

38) Robert J. House & T. R. Mitchell, Path-goal theory of leadership. *Journal of Contemporary Business*, 3, 1974, pp. 81-97.

PART 1 행정과 행정학의 이해

PART 2 행정환경

PART 3 행정내부환경

PART 4 경정시스템

PART 5 지향시스템

PART 6 조직시스템

PART 7 지원시스템

PART 8 산출과 피드백

39) Peter G. Northouse, *Leadership: theory and practice*(6th ed), Thousand Oaks: Sage Publications, Inc, 2013.

40) Ingo Winkler, *Contemporary Leadership Theories: Enhancing the Understanding of the Complexity, Subjectivity and Dynamic of Leadership*, Heidelberg: Springer, 2010.

41) Ibid.; Richard Hughes, Robert Ginnett, Gordon Curphy, *Leadership: Enhancing the Lessons of Experience*(7 edition), McGraw-Hill/Irwin., 2011; Gary Yukl. *Leadership in Organizations*(6th Edition), Prentice Hall, Inc, 2006.

42) G. B. Graen and M. Uhl-Bien, The Relationship-based approach to leadership: Development of LMX theory of leadership over 25 years: Applying a multi-level, multi-domain perspective, *Leadership Quarterly*, 6(2), 1995, pp. 219 – 247.

43) Daniel Goleman, Richard Boyatzis, and Annie McKee, *Primal Leadership*, HBS Press, 2004.

44) G. M. Spreitzer, Individual empowerment in the workplace: Dimensions, measurement, and validation. *Academy of Management Journal*, 38(5), 1995, pp. 1442-1465.

45) R. K. Greenleaf, *The servant as leader*, Indianapolis, IN: The Robert K. Greenleaf Center, 1991. (Originally published in 1970, by Robert K. Greenleaf).

46) B. George, *Authentic Leadership: Rediscovering secrets to creating lasting value*, San Francisco, CAL Jossey-Bass; Avolio, 2003; B. George & W. Gardner, Authentic Leadership Development: Getting to the root of positive forms of leadership, *Leadership Quarterly*, 16 (3), 2005, pp. 315 – 338.

47) C. P. Neck and C. C Manz, *Mastering self-leadership; Empowering yourself for personal excellence*. Upper Saddle River, NJ: Pearson Prentice Hall, 2013.

48) B. M. Bass, *Leadership and Performance beyond Expectations*, New York: Free Press, 1985; J. M. Burns, *Leadership*, New York: Harper & Colophon Books, 1978; J. A. Conger & R. Kanungo, Toward a Behavioral Theory of Charismatic Leadership in Organizational Settings, *Academy of Management Review*, 12, 1987, pp. 637–647; N. M. Tichy & M. A. Devanna, *The Transformational Leader*, New York: Wiley & Sons, 1986.

49) J. A. Conger & R. Kanungo, *Charismatic Leadership*, San Francisco: Jossey–Bass Publishers, 1988.

50) James M. Burns, *Leadership*, New York: Harper and Row, 1978.

51) Bernad M. Bass, *Leadership and Performance beyond Expectations*. New York: Free Press, 1985.

52) T. A. Judge and R. F. Piccolo, Transformational and transactional leadership: A metaanalytic test of their relative validity. *The Journal of Applied Psychology*, 89(5), 2004, pp. 755 – 768.

PART 1 행정과 행정학의 이해

PART 2 행정환경

PART 3 행정내부환경

PART 4 경영시스템

PART 5 집행시스템

PART 6 조직시스템

PART 7 지원시스템

PART 8 산출과 피드백

53) 이하 변혁적 리더십과 거래적 리더십의 하위 구성요소에 대한 개념은 다음 문헌 참조: Bernad M. Bass and B. J. Avolio, *Full range leadership development: manual for the Multifactor Leadership Questionnaire*, Palo Alto, CA: Mindgarden, 1997; Bernad M. Bass and Ronald E. Riggio, *Transformational Leadership*(2nd Ed), Mahwah, N.J.: Lawrence Erlbaum, 2006; Bernad M. Bass and B. J. Avolio, *Improving organizational effectiveness through transformational leadership*, Thousand Oaks, CA: Sage Publications, 1994.

54) Bass, 1985, op. cit.

55) David A. Nadler & Michael L. Tushman, Beyond the Charismatic Leader: Leadership and organizational change, *California Management Review*, Winter 1990, pp. 77-97.

56) K. B. Lowe, K. G. Kroeck, & N. Sivasubramaniam, Effectiveness correlates of transformational and transactional leadership: A meta-analytic review of the MLQ literature. *The Leadership Quarterly*, 7(3), 1996, pp. 385-415.

57) Judge and Piccolo, 2004, op. cit; G. L. Stewart, A meta-analytic review of relationships between team design features and team performance. *Journal of Management*, 32(1), 2006, pp. 29－55.

58) B. M. Bass, *Transformational leadership: Industry, military, and educational impact*. Mahwah, NJ: Erlbaum, 1998; P. Bycio, R. D. Hackett, & J. S. Allen, Further assessments of Bass's (1985) conceptualization of transactional and transformational leadership. *Journal of Applied Psychology*, 80(4), 1995, pp. 468－478.

PART 5

집행시스템

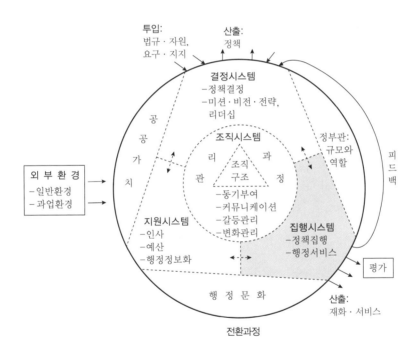

투입:
법규·자원,
요구·지지

산출:
정책

결정시스템
−정책결정
−미션·비전·전략,
리더십

공
공
가
치

조직시스템
리   과
조직
관   구조   정
−동기부여
−커뮤니케이션
−갈등관리
−변화관리

정부관:
규모와
역할

피
드
백

외부환경
− 일반환경
− 과업환경

지원시스템
−인사
−예산
−행정정보화

집행시스템
−정책집행
−행정서비스

평가

행 정 문 화

산출:
재화·서비스

전환과정

전쟁에서 공격의 목표가 정해졌으면 '공격 앞으로'를 해야 하듯이, 결정이 이루어졌으면 그것을 실행에 옮겨야 한다. 집행과정은 결정과정에서 확인한 정책, 미션, 비전, 전략 등을 실제 의도한 결과가 나오도록 실행에 옮기는 과정이다. 집행과정은 아군과 적군이 조우하는 전투현장처럼 공무원과 국민이 직접 부딪히는 현장에서 일어난다. 국민이 적이란 뜻이 아니라 집행과정은 국민의 요구와 이해를 직접 접하는 현장에서 이루어지는 행정의 중요한 부분임을 뜻한다.

한때 이들 공무원을 일선공무원이라 부르고 집행과정을 일선행정이라고도 했는데 이때 일선은 말단(末端)이나 하위의 '중요하지 않다'는 의미를 담고 있었다. 그러나 지방자치제가 도입되고 정치 민주화가 성숙해지면서 이들에 대한 인식이 바뀌고 있다. 행정을 법의 권위적 집행이 아니라 서비스 제공이라는 관점으로 접근하면서 집행과정은 과거의 '말단' 인식에서 오히려 '첨단(尖端)'이라는 인식의 전환이 이루어지고 있는 것이다. 공직사회도 이제 국민을 주권자로서뿐만 아니라 고객으로 간주하고 고객의 요구(needs)를 충족시키기 위한 행정에 많은 관심을 갖기 시작하였다.

집행시스템은 크게 두 부분으로 나누어 설명한다. 하나는 정책에 대한 집행이고 다른 하나는 행정서비스의 제공이다. 전자의 정책집행은 정책이 채택된 이후부터 자원이 안정적으로 확보되고 일상적인 업무 패턴으로 정착되기 이전까지를 말한다. 한편 후자의 행정서비스 제공은 새로운 정책의 채택에 따른 기능이나 자원의 재배분이 완료되고 회계 연도 단위로 예산이 안정적으로 확보되고 반복적인 업무로 전환된 이후를 말한다. 정책집행 단계에서는 분석의 초점이 정책 또는 프로그램을 중심으로 한 역동적인 정치과정에 맞추어지고 행정서비스 제공 단계에서는 일선행정조직에서의 안정적인 관리과정에 맞추어진다.[a]

---

[a] 물론 어디부터 안정적이고 일상적인 업무패턴인지의 구분이 분명하지 않고 어느 정도 주관적일 수 있지만 설명의 편의상 여기에서는 이 정도의 상대적 구분을 하는 것이 이해에 도움이 될 수 있을 것 같다.

정책집행 10

1. 의 의

1) 특 성

정책이 의도한 효과를 나타내기 위해서는 여러 관문을 성공적으로 통과해야 한다. 그런 의미에서 정책집행은 정책결정에 이어 또 다른 관문이다. 정책의 중요성을 인식하기 시작한 초기 연구는 정책만 잘 결정하면 정책효과는 자동적으로 나타나는 것으로 생각하였다.[1] 투입이 산출을 통제한다는 생각이었다. 투입이 산출로 전환되는 과정인 블랙박스는 관료제라는 잘 정비된 관리 과정이 있어 좋은 정책만 투입하면 조립공장의 공정 라인처럼 집행의 공정을 따라 좋은 효과로 이어진다고 본 것이다. 하지만 이런 시각은 집행과정에서의 실패 사례가 연구되면서 수정을 요구하게 되었다.

정책결정에 비해 상대적으로 주목을 받지 못했던 정책집행은[2] 프레스만과 윌다브스키(Pressman & Wildavsky)의 연구를 통해 그 중요성이 부각되었다. 이들은 미국의 일자리 창출 정책이 집행과정의 문제 때문에 그 효과가 성공적이지 못하였음을 밝혔다(다음 글상자 참조). 이들은 정책결정 단계에서 단순하게 생각했던 문제가 집행단계에 접어들면서 복잡한 문제로 변할 수 있음을 확인하였다. 즉, 다양한 이해를 가진 많은 참여자들이 집행단계에 개입하고 이들 간에 길고도 지루한 논쟁이 이어지면서 결정과정에서 예측하지 못한 새로운 문제가 발생한다는 것을 확인하고, 정책을 시작할 때만큼이나 정책을 집행할 때에도 그에 상응하는 관심과 지원이 필요하다는 점을 강조하였다.[3]

- 정책내용: 일자리 창출을 위한 공공사업과 기업지원정책
  - 미연방정부의 상무부 경제개발국(Economic Development Administration)은 흑인 실업자 구제를 위해 1966년 인구 36만 명에 실업률 8.4%인 샌프란시스코 인근 오클랜드(Oakland)시를 선정하여 시범사업을 실시하였다. 총 2,300만 달러 규모의 공공건설사업을 통해 2,200여 개의 일자리 창출을 계획하였고, 흑인 실업자 고용 기업에 160만 달러 규모의 재정지원을 통해 800여 개의 추가 일자리 창출을 계획하였다.
- 성과: 3년간 약 300만 달러를 지출하였지만 새로운 일자리는 10~43개밖에 늘지 않았다.
- 실패요인:
  - 집행과정에서 참여기관 및 참여자가 많아 이들의 반대에 많이 노출되었다.
  - 정책집행을 책임지는 인사의 교체로 집행에 대한 기존의 지지를 유지하기 곤란했다.
  - 정부지원을 받으려면 최소한의 담보능력이 있어야 하는데 담보능력이 있는 기업일수록 흑인 노동자의 채용을 꺼려했다.

프레스만과 윌다브스키는 정책집행에 연구의 초점을 맞춤으로써 그동안의 정책결정 시각에서 확인할 수 없었던 정책효과의 중요한 변수들을 발견하였다.[5] 이것은 결코 1960년대 미국의 한 사례로 넘기고 말 일이 아니다. 바로 지금 우리나라에서도 유사한 사례를 얼마든지 찾아볼 수 있기 때문이다.

- 통계청이 [2020년] 10월 27일 발표한 '경제활동인구조사'에 따르면 올해[2020년] 8월 기준 임금근로자의 36.3%가 비정규직 근로자다. 문재인 정부 출범 초기인 2017년 8월 32.9%에 비해 3.4%포인트 늘었다. 비정규직 제로 정책은 왜 실패로 돌아가고 있을까? 우리나라의 산업구조와 현장을 무시한 하향식 정책, 제조업 등 산업 위축에 따른 비정규직 증가, 경직된 고용구조에 의한 정규직 감소가 주요 원인으로 꼽힌다.[6]
- 정부에서 일자리안정자금을 받던 업체가 지원금을 포기하고 해고한 근로자가 올해 7만 8,000여 명인 것으로 나타났다. 일자리안정자금이 급격한 최저임금 인상으로 인한 '고용 충격'을 흡수하는 데 역부족이라는 평가가 나온다. [또한 일자리안정자금의] 과오지급이 확인됐다. 고용을 줄인 이후에도 신고를 하지 않거나 실제

PART 1
행정과 행정학의 이해

PART 2
행정환경

PART 3
행정내부환경

PART 4
행정시스템

PART 5
집행시스템

PART 6
조직시스템

PART 7
지원시스템

PART 8
산출과 피드백

론 일하지 않는 가족 등을 근로자 명단에 올린 곳들이다. 2019년엔 2,336곳 중 1,317곳(56.4%)에 잘못 지급됐다. 제도 자체가 '선지급 후정산' 식으로 설계된 영향이란 분석이다.[7]

● [직장 내 괴롭힘 피해자 A씨: 사회복지시설인데도 자꾸 종교적인 걸 강요해서, 제가 계속 반발을 하고 말을 하니까 싸가지 없는 x라고 칭하거나, 대체휴무를 쓰려고 하면 계속 거부하는 ….] 고용노동부에 진정했지만, 돌아온 건 실업급여라도 받을 수 있도록 센터장과 권고사직에 합의하라는 말뿐이었습니다. 지난해부터 시행된 '괴롭힘 금지법'은 사업장 내 문제에 정부가 강제로 개입할 수 있는 조항이 없어 아무 도움이 되지 않았습니다.[8]

● 규제강화에 따른 기업의 비용을 줄이기 위해 만들어진 규제비용관리제의 실효성이 낮다는 지적이 제기됐다. 규제비용관리제(Cost In, Cost Out)는 규제의 신설과 강화에 따라 발생하는 비용을 이에 상응하는 비용을 지닌 기존 규제를 폐지·완화해 상쇄하는 제도로, 국무총리 훈령에 따라 2016년 7월부터 시행 중이다. 제도 시행 후 규제 비용이 감소한 부처 비중은 2016년 48.1%에서 2019년 28.6%로 줄었다. 이런 결과는 규제 비용 감축에 대한 인센티브 또는 제재가 사실상 없는 데 따른 것이라고 전경련은 설명했다.[9]

몇 개의 사례를 통해 정책집행이 결코 법규정을 적용하고 예산을 집행하면 의도한 효과가 나타나는 기계적인 과정이 아님을 알 수 있다. 아무리 좋은 의사의 처방이라 하더라도 환자가 돈이 없어 약을 살 수 없거나 처방대로 약을 복용하지 않는다면 처방의 효과를 기대할 수 없듯이 아무리 좋은 정책이라도 정책집행과정에서 그 의도가 변질되면 정책목표와 전혀 다른 결과가 나올 수 있다. 정책이 실행에 옮겨지기 위해서는 예산과 인력을 확보하고 제공해야 하며, 조직의 구조와 기능이 재정비되어야 하고, 구체적인 상황에서 업무처리에 대한 지침이 마련되어야 한다. 경우에 따라서는 정책의 내용을 변경해야 하는 상황도 있을 수 있고 정책대상집단과 협상하고 타협해야 하는 경우도 있을 수 있다. 따라서 설명의 편의상 정책집행을 정책결정과 이원적으로 구분하긴 했지만 실제로는 정책결정의 동태적이고 정치적인 과정의 동일선상에서 이해하는 것이 훨씬 현실적인 접근임을 알 수 있다. 정책은 결정-집행으로 이어지는 선형의 관계가 아니라 전후단계(정책대안개발-대안평가-선택-집행 등)가 상호 가역적(可逆的, reversible)인 작용을 통해 진화되어 간다고 말할 수 있다.

정책집행은 확실히 정책이 의도한 효과를 내느냐에 영향을 미치는 독립변수적 성격을 가지고 있다. 정책집행을 단순히 공무원들의 전문성과 경험에 맡겨 놓은 채 방임할 수 없는 이유가 여기에 있다. 정책집행이 이루어지는 블랙박스를 연구의 장으로 끌고 나와 해체하는 작업이 필요한 것이다.

2) 연구경향

정책집행의 연구는 우선 크게 하향식 접근(top-down approach)과 상향식 접근(bottom-up approach)의 두 방식으로 구분한다. 하향식 접근은 정책집행에 대한 초기의 집권적·계층적 시각을 말한다. 비유하자면 물의 상류 지역에서 하류 지역으로 내려가면서 수질을 악화시키는 오염원이 어디에 있는지를 찾아내는 것이다. 즉, '위에서 정책목표를 분명히 하고 올바른 정책을 만들었는가?', '그것이 하위기관과 아래 계층으로 올바로 전달되고 역할 분담이 제대로 이루어졌는가?', '위에서 요구한 대로 집행이 되었는가?' 그리고 '최초의 정책목표가 얼마나 달성되었는가?'와 같이 앞으로 나아가는 방식(forward mapping)으로 정책집행을 연구한다. 반면 상향식 접근은 하향식 접근이 일선 정책집행 현장에서 일어나는 많은 요소를 간과하였음을 비판하면서 분권적이고 참여적인 시각을 강조한다.

(1) 하향식 접근

하향식 접근은 결정을 집행보다 선행하고 또 상위의 기능으로 간주한다. 집행을 정책결정자가 무엇인가를 하기로 결정한 이후에 일어나는 현상으로 보는 것이다. 따라서 정책이 추구하는 목표를 분명히 하고 정책결정자의 의도를 정확히 이해할수록 정책은 보다 효과적으로 집행될 수 있다. 정책집행의 본질을 정책결정과 수직적 관계로 보고, 정책결정자는 정책집행에 영향을 미치는 정치적·조직적·기술적 과정을 통제할 수 있다는 시각이다.[10] 즉, 정책은 기본적으로 지방정부보다는 중앙정부, 하위직보다는 고위직에서 주도하게 되고 그들의 역할을 더 중요시 한다. 권력과 자원이 중앙에 집중되어 있고 그래서 명령과 통제에 의한 집행이 가능하다고 본다. 따라서 하향식 접근은 결정단계에서 주된 역할을 하는 참여자와 정책내용에 초점을 맞춘다.

하향식 접근은 기본적으로 합리모형의 선형적 시각을 반영하고 있다. 정책결정과 집행의 관계를 일련의 목표-수단이나 원인-결과의 인과적 구조로 보고 그중에서 목표와 원인에 더 큰 관심을 갖는다. 집행 현장에서 나타날 수 있는 제약조건이 있으면 그것을 사전에 검토해서 정책결정단계에 반영하면 된다고 본다. 이런 시각에서 다음과 같은 효과적인 정책집행의 조건을 제시하기도 한다. 이들

PART 1
행정과 행정학의 이해

PART 2
행정환경

PART 3
행정내부환경

PART 4
결정시스템

PART 5
집행시스템

PART 6
조직시스템

PART 7
지원시스템

PART 8
산출과 피드백

은 기본적으로 거시적이고 이상적이며 인과적인 관계를 강조하는 합리모형의 특성과 유사함을 알 수 있다.

- 정책집행의 결과로 얻은 산출(output)과 그것이 본래의 정책목표를 얼마나 달성하였는가의 정책 결과(outcome) 사이에 타당한 인과관계가 있어야 한다.[a]
- 집행과정 내내 정책에 대한 해당 이익집단, 주요 입법가, 행정수반의 적극적인 지지를 확보한다.
- 한번 정해진 정책의 우선순위가 도중에 다른 정책이나 상황 변화로 인해 바뀌지 않도록 일관성을 유지하여야 한다.
- 집행에 소요되는 적정 수준의 자원과 시간을 확보한다.
- 인과관계를 복잡하게 만드는 변수를 통제한다. 즉 집행에서 환경의 의존도를 줄인다.
- 집행에 관련된 기관의 수를 최소화하고 다른 기관과의 관계에서 우월적 지위를 확보한다.
- 집행의 모든 과정에서 정책이 추구하는 목표에 대한 분명한 이해와 합의를 유지한다.
- 집행에 참여하는 사람들이 수행해야 할 업무의 내용과 지침을 제시한다.
- 권위를 통해 완벽한 순응 내지 복종을 확보한다.[11]

(2) 상향식 접근

상향식 접근은 강의 하류가 오염되었다면 우선 오염 물질이나 특성을 분석하고 그곳에서부터 상류로 거슬러 올라가며 오염원을 찾는 것에 비유할 수 있다. 즉, 집행이 일어나는 현장에 초점을 맞추고 그 현장을 미시적이고 현실적이며 상호작용적인 차원에서 관찰한다. 집행 현장의 중심인물은 정책결정자가 아니라 일선공무원과 집행의 영향을 받는 대상집단(target group)이다. 이들은 정책목표가 아니라 그들이 직면하고 해결해야 할 정책문제를 놓고 동태적인 관계를 형성한다. 상향식 접근은 정책문제를 둘러싸고 일어나는 이들 행위자들의 동기, 전략, 행동, 상호작용 등에 주목한다. 특히 일선공무원의 전문지식과 문제해결능력도 집행의 동태성에 중요한 영향을 미친다.

상향식 접근이 또 관심을 갖는 것은 집행 조직과 환경의 특성이다. 일선공무원의 능력을 최대한 발휘할 수 있는 조직 및 유인 구조를 가지고 있는지 그리고

---

[a] 대학에서 교수의 연구논문이나 특허출원 증가는 연구를 장려하는 인센티브 정책의 산물이라고 할 수 있다. 이러한 연구 산출물이 기업체에 기술 이전이 되어 제품 개발의 결과를 가져왔다면 정책산출과 정책결과는 타당한 인과관계가 있다고 할 수 있다.

거기에 필요한 재량과 자원이 부여되었는지를 중시한다. 이러한 접근은 기본적으로 조직의 다양성을 전제로 한다. 조직의 구조나 기능 배분은 물론이고, 조직이 처한 집행환경이 다르다는 것이다. 즉 집행이 이루어지는 지역의 고용실태, 경제여건, 주민의 이해가 다양하다고 본다. 그런데 하향식 접근으로는 정책의 실패 요인이 결정과정 밖에 있을 것을 추정할 뿐이지 상향식 접근처럼 개인, 조직, 문제발생 상황 등의 차원에서 명확하게 원인을 밝히기가 곤란하다. 상향식 접근은 이와 같이 집행에서 시작하여 상위 계급이나 조직 또는 결정단계로 거슬러 올라가는(backward mapping)[12] 방식이며 집행현장에서 일선공무원의 분권과 위임, 재량과 자율을 강조한다.

이러한 상향식 접근은 계층제에서의 관료책임[13]을 확보하는 데 필요한 상사의 부하에 대한 지시, 감독, 통제 권한을 간과하기 쉽다.[14] 또한 상향식 접근은 집행지상주의에 빠질 수 있으며 주인-대리인 이론에 비추어 보아도 일선 집행공무원은 대리인 이상이 될 수 없다는 비판을 받게 된다. 비록 이들이 재량권을 가지고 정책집행에 중요한 영향을 미치더라도 그것은 궁극적으로 조직의 목표 특히 선출직 공무원에 대한 책임을 벗어날 수는 없다. 그래서 생각할 수 있는 것이 상향식 접근과 하향식 접근의 통합적 접근이다.

(3) 통합적 접근

자동차로 서울에서 전라북도 익산시청을 간다고 하자. 지도를 놓고 서울에서 시작하여 경부고속도로-천안논산고속도로-호남고속도로-국도-지방도 순서로 가장 짧은 길을 찾아 익산시청을 갈 수 있다. 중간에 잘못하여 천안논산고속도로를 놓치는 경우 대전에서 호남고속도로로 진입하는 길을 표시해 놓으면 좋을 것이다. 또 다른 방법을 생각해 보자. 이번에는 익산시청에서부터 거꾸로 시작하여 서울로 올라오는 식으로 길을 찾는 방법이다. 앞의 방법을 하향식 접근에, 뒤의 방법을 상향식 접근에 비유할 수 있다. 통합적 접근은 두 방법을 함께 사용하는 것이다. 서울에서 정한 길대로 무조건 내려가다가는 익산시청 근처 지방도의 정체 구간을 몰라 시간이 더 걸릴 수 있다. 따라서 익산시청 주변의 교통사정을 잘 아는 사람에게 물어 익산시청에서 외부와 연결된 가장 빠른 길을 확인하는 것이 도움이 된다.[15] 이러한 예가 바로 통합적 접근의 기본적인 시각이다.

통합적 접근은 우선 하향식 접근을 받아들인다. 즉, 정책목표를 분명히 하고 그것을 달성하기 위한 최선의 대안과 정책수단을 선택하고 각 집행단계에서 수행

PART 1
행정과 행정학의 이해

PART 2
행정환경

PART 3
행정과 내부환경

PART 4
결정시스템

PART 5
집행시스템

PART 6
조직시스템

PART 7
지원시스템

PART 8
산출과 피드백

해야 할 일에 대한 분명한 지침, 권한, 자원 그리고 책임을 부여한다. 통합적 접근은 이러한 하향식 접근에 상향식 접근을 받아들여 일선 공무원이나 정책대상집단에게 요구되는 행동과 자원이 무엇이고 그것을 가능하게 하기 위해서 집행조직의 각 부서와 계층별로 무엇이 필요한지를 점검한다.[a] 이런 상하 교차적인 분석을 통해 처음 결정한 정책내용을 집행상황에 적합하게 바꾸어 나갈 수 있고 궁극적으로 정책결정의 의도를 더 효과적으로 달성할 수 있을 것으로 기대한다.[16]

통합적 접근은 정책집행연구가 진화되어온 과정을 보면 당연한 결론이기도 하다. 프레스만과 월다브스키의 연구가 그렇듯이 1970년대 초에는 개별 정책사례를 중심으로 정책이 어떻게 집행되었는지를 기술하는 방식이었다. 정책연구의 1세대라고도 부르는 이 시기에는 정책이 좋다고 해서 자동적으로 좋은 결과를 가져오는 것은 아니라는 정책실패를 부각시키고 이를 통해 정책집행의 중요성을 강조했다고 할 수 있다. 1970년대 중반 이후 2세대 연구부터는 실패 사례뿐만 아니라 성공 사례에 대한 연구가 이루어지고 비교연구를 통해 정책집행에 영향을 미치는 요인을 인과적으로 추적하기 시작하였다. 2세대 연구는 1세대의 하향식 접근에서 탈피하여 상향식 접근의 연구도 많이 등장한다. 이러한 정책집행연구는 1980년 중반 이후 하향식 접근과 상향식 접근의 통합을 시도하고, 비교사례연구 등을 통해 확인된 집행관련 변수들간의 인과관계를 모형화해서 정책집행에 영향을 미치는 요인을 과학적 검증을 통해 체계화하는 단계로 고도화되기 시작하였다.[17]

2. 정책집행에 영향을 미치는 요인

행정을 정치행정이원론의 시각에서 보면 집행이 행정의 전부라 할 수 있기 때문에 정책집행에 영향을 미치는 요인을 검토한다는 것은 작은 의미에서 행정의 전체를 다루는 일이기도 하다. 정치, 경제, 사회 등 환경요인에서부터 행정 내부적으로 조직, 인사, 재무 등의 모든 기능이 정책집행에 영향을 주기 때문이다. 그

a) 이러한 통합적 접근은 정책결정자에게 일선 공무원이나 대상집단의 행동을 미리 예측해서 반영할 것을 요구하는데 이것은 제한적 합리성에서 보았을 때 실현가능성이 희박하며, 또한 통합적 접근이라고는 하지만 하향식 접근과 상향식 접근의 변수를 종합적으로 나열한 것이지 변수들간의 유기적 연계성을 확보하고 있지 못하다는 비판도 있다(최종원, 정책집행연구의 이론적 틀에 대한 비판적 고찰, 「한국정책학회보」, 7(1), 1998, pp. 179-206; 최종원·백승빈, 한국의 정책집행 실증연구에 관한 고찰, 「행정논총」, 39(3), 2001, pp. 167-193).

렇지만 여기서는 그렇게 막연하게 범위를 넓힐 수는 없고 그동안 정책집행에 관한 연구를 토대로 정책집행의 성패에 보다 직접적으로 영향을 미치는 요소를 정책결정, 집행주체, 정책대상집단, 집행환경으로 구분하여 검토한다.

1) 정책결정

정책집행에 영향을 미치는 요인으로 정책결정을 포함시키는 것은 하향식 접근을 반영한 것이다. 정책결정과 관련한 요인은 다시 해당 정책을 의제화하고 결정하는 데 중심 역할을 하는 최고정책결정자 그리고 정책결정의 산물인 정책에 관한 내용을 포함시킬 수 있다.

(1) 최고정책결정자

최고정책결정자는 정책결정을 주도한 기관의 최고 책임자로서 집행의 결과에 책임을 지는 지위에 있다. 따라서 최고정책결정자는 정책결정은 물론 집행과정에도 관심을 갖고 정책을 추진할 것으로 기대할 수 있다. 이때 중요하게 작용하는 변수로는 국정과제, 재임기간, 리더십, 협상 및 갈등조정 능력 등을 들 수 있다. 국정과제는 정부출범시 새정부가 중점을 두어 추진하겠다는 대통령 어젠다이다. 선거기간 중 후보자의 자격으로 내건 공약을 토대로 인수위원회에서 준비하고 정부출범과 함께 최종 조율하여 확정하게 된다. 장관을 포함해서 새로 임명되는 모든 기관장이 가장 우선순위를 두어 실행에 옮겨야 할 정책과제이다. 중앙행정기관의 최고정책결정자가 관심을 갖는 별도의 정책이 있을 수 있지만 대통령제에서 국정과제보다 우선시될 수 없는 구조이다. 행정기관의 최고정책결정자에게는 새로운 정책을 입안하는 것보다 임명 전에 이미 결정되고 대통령의 국정의지가 담긴 정책(국정과제)을 제대로 집행하는 것이 가장 중요한 역할이라 할 수 있다.[a]

재임기간은 정책집행뿐만 아니라 정책의 전반과 조직성과에도 영향을 미치는 중요한 요소라 할 수 있다.[18] 최고정책결정자의 재임기간이 안정적으로 보장되어야 정책집행 또한 일관성 있게 추진되고 조직 구성원의 충성심을 확보하는

---

a) 박근혜 대통령은 취임 직후 회의(2013. 3. 19)에서 "장관이 공약과 상관없는 자기 어젠다"를 만들어 추진하는 것을 우려하며 "공약을 지키는 게 장관의 책임이고 그게 신뢰정부"라고 강조하였다. 문재인 대통령은 취임한 지 1년 반이 지난 2018년 11월 21일 회의에서 "지금까지는 국정과제를 설계했다면 이제부터는 국정성과를 정부와 함께 만들어 나가는 구현자가 돼 달라"고 주문하였다. 이처럼 새로운 과제 발굴보다 국정과제에 집중하는 것은 공약 이행에 필요한 재원의 확보도 쉽지 않고, 임기 3년차 이후에 새로운 정책을 시작해서는 임기 말까지 정책성과를 기대하기 곤란하기 때문이다.

데도 유리하다. 그런데 우리나라 장관의 재임기간은 14개월[19] 정도로 매우 짧기 때문에[a] 정책 결정과 집행 사이에 단절 내지 괴리가 발생하기 쉽다. 신임 장관은 대통령의 국정철학이나 기존 정책을 이해하는 데 시간이 필요하고, 특히 전임 장관이 추진해온 정책에 대해서는 주인의식이 약화되기 쉽다. 새 장관이 기존 정책의 내용을 수정하거나 새로운 정책의 도입을 추진하는 경우 기존 정책에 대한 추진력이나 일관성은 떨어질 수밖에 없다.

최고정책결정자의 리더십도 빼놓을 수 없다. 리더십은 개인의 자질과 역량 요소도 중요하지만 우리나라에서는 얼마나 대통령의 신임을 받는 '실세' 장관인지가 리더십의 중요한 요소이기도 하다. 대통령의 신임을 받는 장관일수록 기획재정부로부터 집행에 필요한 예산을 확보하는 능력뿐만 아니라 정책집행과정에서 요구되는 다른 기관과의 협조가 용이하기 때문이다.

리더십 역량 측면에서는 협상 및 갈등조정 능력의 필요성이 근래 부각되고 있다. 특히 신한울원전 3·4호기 건설 백지화 반대, 자영업·소상공인의 최저임금 인상 반대, 과천 청사 유휴지 주택 공급(2020년 8.4 부동산 대책) 반대 등의 사례가 보여주듯이 이해당사자들을 설득하고 타협하는 능력이 정책집행의 성패에 중요한 요인이 되고 있다. 국내 의약분업 정책집행 사례연구에서도 정책집행은 본질적으로 정치적 과정임을 재확인하고 집행과정에서 이익집단 간의 갈등을 해결할 수 있는 메커니즘의 제도화를 강조하고 있다.[20]

(2) 정 책

① 정책목표와 내용

하향식 접근의 많은 연구가 정책목표와 내용이 명확하고 구체적이며 일관성이 있어야 정책집행의 성공가능성이 높다고 주장한다.[21] 우선 정책목표의 명확성을 들 수 있다. 정책목표가 지나치게 모호하여 집행과정에서 이해당사자들 간에 서로 달리 해석이 가능하여, 갈등을 야기하거나 책임소재의 혼란을 가져와서는 안

[a]

박정희 정부	전두환 정부	노태우 정부	김영삼 정부	김대중 정부	노무현 정부	이명박 정부	박근혜 정부
22.0개월	18.3개월	13.7개월	11.6개월	10.6개월	11.4개월	20.9개월	19.1개월

자료: 중앙일보, 2002. 10. 6; 조선일보, 2005. 1. 4; 국민일보, 2009. 8. 12; 인사혁신처, 내부자료, 2018. 12.
* 미국의 경우 레이건 정부 38개월, 카터 정부 28개월, 클린턴 정부 48개월이었다. 우리나라에서 장관의 임기가 이렇게 짧은 것은 장관교체를 국면전환이나 민심수습 차원에서 단행하는 경우가 많았기 때문이다. 한편, 노무현 정부 이후 평균 재임기간이 늘기 시작한 것은 인사청문회가 국정운영에 부담되는 경우가 많아 한번 임명되면 쉽게 바꾸지 않기 때문이라는 해석도 있다(YTN, 2017. 6. 25).

PART 1 행정과 행정학의 이해
PART 2 행정환경
PART 3 행정내부환경
PART 4 결정시스템
PART 5 집행시스템
PART 6 조직시스템
PART 7 지원시스템
PART 8 산출과 피드백

된다. 정책내용에는 정책결정 단계에서 확정한 정책집행 주체(주관 및 협력 기관), 필요 재원(예산, 인력)의 규모, 정책수단, 집행 시기뿐만 아니라 정책집행의 직간접 영향을 받는 대상집단의 범위 그리고 정책집행 과정에서 주요 장애가 될 수 있는 환경적 요인 등이 포함될 수 있다. 정책내용이 구체적일수록 시간적·공간적으로 집행 과정의 혼란을 줄이고 일관성을 유지할 수 있다. 특히 규제, 보조금, 지원금 등의 정책수단은 적용 기준을 분명히 제시하여야 한다.[22] 이 경우 기준은 분명하지만 집행 단계에서 혼란이 야기될 가능성도 검토되어야 한다. 대표적으로 2018년 9월에 도입된 아동수당(만 6세 미만 아동에게 월 10만 원 지급)의 사례를 보면, 최초 도입 시에는 소득 상위 10%를 제외하였으나 탈락자의 이의 제기 및 선정 과정에서 발생하는 행정비용이 문제가 되어 2019년부터 모든 아동으로 확대하게 된 것이다. 한편 정책목표를 달성하기 위해 활용할 수 있는 정책수단은 매우 다양하기 때문에 정책수단을 선택할 때에는 정책목표-정책수단 간에 논리적 일관성과 과학적 인과성이 높아야 한다.[23] 정책수단은 다음 절에서 보다 상세히 소개한다.

이러한 하향식 접근에 대하여 상향식 접근론자들은 정책목표는 어느 정도 추상적이고 모호함이 있을 수밖에 없고[24][a] 그것이 집행 과정에서 직면하는 불확실한 요소를 탄력적으로 반영할 수 있는 장점도 있다고 주장한다. 정책내용이 엄격하고 그 적용이 획일적일수록 사회적 비용이 증가하고 정책대상집단의 저항을 초래할 수 있음을 강조한다.[25]

② 정책문제

정책이 해결하고자 하는 정책문제의 성격이 정책집행에 영향을 미친다. 예를 들어 국가보안법 폐지와 같이 이념성이 강한 문제나, 행정수도 이전, 호봉제 폐지 직무급제 도입, 고교학점제 도입 등과 같이 오랜 관습이나 제도를 바꾸는 문제는 정책결정 단계는 물론 집행과정에서도 어려움이 클 것으로 예상된다. 일반적으로 정책이 채택됨으로써 발생하는 대상집단의 행태 변화가 크거나 급격할수록 집행의 어려움은 커진다.[26] 변화의 폭이 크거나 빠르다는 것은 현실보다 이상을 중시한 것이기 때문에 실현가능성이 그만큼 떨어지는 것이다.[b] 정책문제는 또한 관련 당사자들 간에 이해가 대립적이고 제로섬의 윈-루즈(win-lose) 게임 성격이 강할

---

a) 정책결정과정에서 참여자들 간에 갈등이 심한 경우 타협의 산물로 정책목표의 모호성이 증가하기 쉽다(Soren Winter, How Policy-Making Affects Implementation: The Decentralization of the Danish Disablement Pension Administration, *Scandinavian Political Studies*, 9(4), 1986, pp. 361-385).

b) 점증모형의 주장과 일맥상통하는 것으로 집행의 성공 측면에서 합리모형에 비해 점증모형이 유리함을 주장할 수 있는 논거이다.

PART 1
행정과 행정학의 이해

PART 2
행정환경

PART 3
행정내부환경

PART 4
결정시스템

PART 5
집행시스템

PART 6
조직시스템

PART 7
지방시스템

PART 8
산출과 피드백

결정의 이상과 집행의 현실

1920년대 미국에선 술의 폐해를 근절한다고 금주법(禁酒法)을 시행한 적이 있었다. 후에 후버 대통령이 말한 대로 "고귀한 동기와 원대한 이상을 가진 경제적·사회적 실험"이 시도되었던 것이다. 술이 이 세상에서 일소되어 질서 있는 사회가 실현될 것으로 기대했다. 누가 감히 반대를 하겠는가. 그러나 금주법은 지하 술집과 조직 범죄의 번창이라는 의외의 사태를 낳았다. 그래도 그 훌륭한 명분 때문에 완전 폐기되기까지 10년 이상의 세월이 필요했다.[27]

수록 집행의 실패 가능성이 높아진다.[28]

③ 정책유형

정책문제의 성격을 몇 개의 중요한 속성에 따라 분류한 것이 정책유형이다. 정책유형에서 검토한 대로 다양한 분류가 가능하지만 정책집행과의 관계를 잘 보여주는 것이 리플리와 프랭클린(Ripley & Franklin)의 분배정책, 경쟁적 규제정책, 보호적 규제정책, 그리고 재분배정책이다.[29] 이들은 집행 과정의 안정성과 정형화의 정도, 참여자 간 관계의 안정성, 집행 과정에서 나타나는 갈등의 정도, 집행 과정에서 기관이 행하는 결정에 대한 반대 정도, 집행을 둘러싼 이념적 논쟁의 정도, 정부활동 축소에 대한 요구와 압력의 정도를 비교 기준으로 삼아 정책유형별 차이를 분석하였다. 〈표 10-1〉에서 보는 것처럼 분배정책의 경우 집행에 장애가

표 10-1 정책유형에 따른 집행과정의 특징

비교기준 정책유형	집행과정의 안정성과 정형화 정도	참여자 간 관계의 안정성	집행에 대한 갈등의 정도	집행중 기관 결정에 대한 반대 정도	집행을 둘러 싼 이념적 논쟁	작은 정부에 대한 요구와 압력의 정도
분배정책	높다	높다	낮다	낮다	낮다	낮다
경쟁적 규제정책	보통이다	낮다	보통이다	보통이다	다소 높다	다소 높다
보호적 규제정책	낮다	낮다	높다	높다	높다	높다
재분배정책	낮다	낮다	높다	높다	매우 높다	높다

자료: Randall B. Ripley and Grace A. Franklin, *Bureaucracy and Policy Implementation*, Homewood, IL: The Dorsey Press, 1982, p. 193.

되는 요인이 가장 적다. 하지만 경쟁적 규제정책, 보호적 규제정책, 재분배정책으로 갈수록 집행에 대한 갈등이나 공무원의 반발은 물론 이념적 갈등이 심해지고 정부활동에 대한 거부감도 커지기 때문에 정책집행은 그만큼 어려워진다고 볼 수 있다.

특히 재분배정책의 경우 집행 담당공무원은 이익이 침해되는 당사자들(일반적으로 중산층 이상의 계층 또는 기득권층)로부터 직접적인 압력은 물론 정치권이나 언론을 통한 간접적인 압력에 직면하기 쉽다. 특히 이들 기득권층은 저소득층 지원을 직접 반대하기보다 정책이 불공정하고 자원이 비효율적으로 집행되고 있다는 식으로 우회적인 비판을 하는 경우가 많다고 한다.[30]

2) 집행주체

(1) 집행조직: 지원조직과 협업

① 지원조직

정책의 변화는 새로운 집행조직의 신설 또는 기존 조직의 기능에 대한 재설계를 요구한다. 문재인 정부에서 2018년에 물관리 일원화 정책을 추진하기 위해 국토교통부에 속해 있던 수자원정책국, 홍수통제소, 한국수자원공사를 환경부로 통합한 것이나, 일자리 정책집행을 뒷받침하기 위해 기획재정부에 일자리경제지원과를 신설한 것 등은 정책의 변화에 따른 집행을 실질적으로 뒷받침하기 위한 지원조직의 개편이라 할 수 있다. 새로운 정책을 집행하는 데 이를 직접 주관하고 책임질 지원조직의 정비가 이루어지지 않고 기존의 조직하에서 구성원에게 새로운 업무량만 증가시킨다면 직무만족이나 몰입이 저하되어 집행이 소홀해질 뿐만 아니라 책임의 한계가 모호해지기 쉽다.

② 협업

효과적인 정책집행은 다양한 기관 간, 계층 간, 부서 간의 유기적인 협업을 요구한다.[31] 우선 수직적 관계에서 정책결정계층이 의도한 정책내용이 중간에서 왜곡되지 않고 정확하게 집행공무원에게 전달되고 그들의 순응이 확보될 때 정책집행은 효과적이다. 명령통일의 계층구조를 갖는 단일 부처 안에서 정책불응 현상은 적다. 하지만 지역 유권자에 의해 기관장이 직접 선출되는 지방자치단체나 지방교육청에 대해서는 중앙정부가 (과거 임명제일 때 가능했던) 무조건적인 정책순응을 기대하기가 곤란하게 되었다. 수도권의 집값 폭등을 막기 위해 국토교통부

PART 1
행정과 행정학의 이해

PART 2
행정환경

PART 3
행정내부환경

PART 4
결정시스템

PART 5
집행시스템

PART 6
조직시스템

PART 7
지원시스템

PART 8
산출과 피드백

가 신규 주택 공급을 발표하자(2020. 8. 4.) 과천시를 포함해서 다수의 해당 지방자치단체들이 사회적 약자를 위한 주택이 특정 지역에 밀집한다거나 교통 혼잡 등을 이유로 택지 지정에 반대한 사례를 들 수 있다. 특히 중앙집권적인 정책결정에 대하여 자치단체의 소외가 심하기 때문에 자치단체는 본질적으로 중앙에서 하달되는 사업집행에 비협조적일 수 있다.[32] 결정에서 집행에 이르는 동안 정책집행을 방해하거나 저항하는 이러한 거부점(veto point)이 많을수록 정책집행의 효과는 떨어지기 마련이다. 정책집행의 효과를 거두기 위해서는 집행기관을 수직적으로 통합하여 거부점을 줄이거나 아니면 거부점의 반대를 누그러뜨릴 충분한 제재나 유인조건을 확보하는 것이 필요하다.[33]

수평적 관계에서는 관료제에서 지적한 할거주의나 부처 간 갈등이 없어야 한다.[34] 부처 내지 부서 간에 책임을 공유하면서 정책협력이나 조정이 되지 않을 때 정책집행은 지연되고 혼란이 초래된다. 대표적인 예로는, 탄소배출이 많은 중대형차를 대상으로 부과금을 징수하여 경차나 전기자동차에 보조금을 지원하는 저탄소차협력금제를 2015년부터 시행하기로 관련 법이 2013년 국회를 통과하였지만, 중대형차 중심의 국내 자동차 산업구조상 경제에 미치는 부정적 영향을 우려하는 기획재정부 및 산업자원부가 집행의 책임이 있는 환경부와 의견을 달리 하면서, 법을 집행에 옮기지 못하고 시행 시기를 2021년 이후로 늦춘 사례를 들 수 있다.

(2) 집행 담당공무원

① 능 력

일선 현장에서 정책대상집단을 상대로 정책을 집행하는 담당공무원의 전문적 능력[35]과 헌신적 노력 역시 정책집행에 중요한 영향을 미친다.[36] 특히 전례가 없는 정책집행의 경우 능력 있는 전문가의 확보는 정책집행의 성패에 무엇보다 중요하다. 예를 들어 공무원노동조합이 결성되었는데도 불구하고 노무관리를 담당할 전문가가 없다면 노사관련 정책이 효과적으로 집행되기 어려운 것이다. 우리나라와 같이 계급제하에서는 순환보직이 일반화되어 있기 때문에 직위분류제에 비해 전문성이 상대적으로 떨어진다. 따라서 정책집행에 특별한 전문지식을 요하는 경우 전문인 특별채용제도나 집행 이전에 담당공무원의 전문성을 강화하기 위한 교육훈련이 얼마나 준비되어 있느냐가 정책집행의 성공에 중요하게 작용할 것이다.

② 노 력

집행의 성과는 전문적 능력이 헌신적 노력과 결합될 때 비로소 나타난다. 즉 새로운 정책을 집행하는 경우 전문성 못지않게 담당자의 정책에 대한 사명감과 주인의식이 중요한 요소로 작용한다. 이런 이유에서 정책집행 연구자들은 정책적 정향이 유사하고 이를 지지하는 시민단체에서 집행 책임자를 충원하는 방법도 제시하고 있다.[37] 상향식 접근에서는 헌신을 유도하는 방법으로 전통적 관료통제나 엄격한 업무지침(SOP)보다는 적절한 권한위임을 통해 정책집행의 책임성과 효과성을 높일 수 있다는 주장도 제시한다.[38]

③ 집행 리더십

정책결정에서뿐만 아니라 집행에서도 리더십은 정책집행의 효과를 좌우하는 중요한 요소이다. 집행의 궁극적인 책임은 기관의 장이 되겠지만 집행을 실질적으로 감독하고 집행공무원을 지휘하는 사람은 집행부서 또는 팀의 장이라 할 수 있다. 바로 이런 중간 조직의 관리자나 팀 리더는 집행 담당공무원의 동기부여와 이들 간의 팀워크 개발, 정책대상집단과의 갈등조정, 그리고 기관장의 정책의도를 확인하고 집행현장의 문제점을 기관장에게 전달하는 커뮤니케이션의 중요한 역할을 수행한다.

(3) 정책집행수단의 확보: 자원 및 권한

정책집행의 효과를 거두기 위해서는 집행에 필요한 적정 수준의 예산과 인원은 물론[a] 집행을 강요할 수 있는 권한을 확보하여야 한다.[39] 특히 분배정책이나 재분배정책의 경우 예산의 실질적 배정 없이는 정책집행의 실효성을 거둘 수 없다. 이런 문제를 해결하기 위해서는 정책결정단계에서부터 정책과 예산을 통합적으로 고려하는 노력이 필요하다.[b] 다만 규제정책의 경우에는 예산확보의 부담이 덜하며 집행의 세부기준이나 권한만으로 집행의 효과를 거두는 경우도 있다.[40] 물론 이 경우에도 업무량 증가에 따른 인력수요가 충족되어야 한다.

규제정책의 경우 인·허가권과 같은 집행수단은 정책대상집단의 순응을 유도

---

a) 이외에도 정보와 시간을 자원에 포함시킬 수 있다(Robert T. Nakamura and Frank Smallwood, *The Politics of Policy Implementation*, New York: St. Martin's Press, 1980, pp. 44-66; Ira Sharkansky, *Policy Predicament*, Bombay: Allied Publishers, 1978, pp. 304-305).

b) 정부가 추진하고 있는 프로그램 예산제도는 정책 프로그램별로 사업비와 인건비를 함께 배정하는 것으로 사업비 외의 집행에 필요한 예산은 별도로 확보하는 노력이 필요 없기 때문에 정책집행의 실효성을 크게 높일 것으로 기대된다.

PART 1
행정과 행정학의 이해

PART 2
행정환경

PART 3
행정내부환경

PART 4
결정시스템

PART 5
집행시스템

PART 6
조직시스템

PART 7
지원시스템

PART 8
산출과 피드백

하는 좋은 수단이다. 수도권 내 공장의 신·증설 억제 정책이 성공할 수 있었던 것은 이러한 인·허가권의 행사 때문이라는 연구결과도 있다.[41] 하지만 인·허가권은 규제에 따른 사회적 비용이 발생하고 지대추구 등의 부작용을 초래할 가능성이 높기 때문에 근래에는 명령지시적 규제보다는 규제를 완화하거나 시장원리를 도입하는 등의 시장유인적 규제수단을 강조하고 있다.

3) 정책대상집단

(1) 내재적 요인

정책대상집단은 정책의 집행에 의해 영향을 받는 사람들을 일컫는다. 이들은 새 대입제도의 도입에 따른 고등학생, 출자총액 제한을 받는 대기업, 최저임금 인상으로 영향을 받는 소상공인 등에서 짐작할 수 있듯이 정책목표 달성을 위해 행동의 변화를 요구받는 사람이나 집단이다. 이들이 정책집행에 미치는 영향의 정도는 정책대상집단의 내재적 요인이라 할 수 있는 집단 구성원들의 응집력, 집단을 이끄는 리더십,[42] 집단의 규모와 구성원의 다양성, 정부로부터의 정치적 자율성, 재원, 이들 집단에 대한 사회적 신뢰에 따라 다를 것이다. 일반적으로 구성원들의 응집력이 강하고, 강력한 리더십에 의해 조직화되고 동원 가능하며, 구성원의 수가 많고 동질적이며, 정부의 통제나 감시를 받지 않고, 재정적으로 독립되어 있으며, 국민들로부터 긍정적인 평가를 받는 집단일수록 정책집행에 미치는 영향력은 클 것이다.

정부의 정책집행 측면에서 보면 정책대상집단이 이러한 집합적 특성을 갖지 않고 개별적 존재로 남아 있을 때 집행이 용이하고 쉽게 효과를 낼 수도 있을 것이다. 그러나 정책대상집단이 집단적 속성을 지녔다 하여 모두 부정적인 것만은 아니다. 이미 철의 삼각, 하위정부, 이슈네트워크 등의 이론에서 검토하였듯이 정책대상집단이 정부와 대립관계에만 놓이는 것은 아니고 상황에 따라서는 정부의 강력한 지지 집단이 되어줄 수도 있기 때문이다. 따라서 내재적 요인으로서의 집단의 영향력은 정부 정책을 수용하는 방향으로 작용할 수도 있고 저항하는 방향으로 작용할 수도 있다.

한편 정책대상집단을 개인 차원에서 접근할 때는 개인의 가치관이나 정책에 대한 중요성 인식 등 제5부 조직시스템에서 검토하는 개인의 차이가 정책집행 과정에서도 작용할 것이다.[43]

(2) 외재적 요인: 정책순응(불응)의 결정요인

정책대상집단이 정책순응[a]과 불응의 연속선상에서 어느 쪽으로 작용하느냐
는 여러 가지 외재적 요인에 의하여 결정된다.[b] 지금까지 검토한 최고정책결정
자, 정책, 집행주체 등이 모두 외재적 요인이 될 수도 있지만 여기서는 정책의 순
응과 불응에 보다 직접적인 요인을 정리해 본다.

- 정책의 정당성과 권위[44]: 정부가 결정한 정책의 법적 정당성과 강제력이 강할수록
  순응 확보가 용이할 것이다. 특히 정책의 정당성이나 국가의 권위를 존중하는 사
  람일수록 겉으로 받아들이는 순응 차원을 넘어 내면으로 받아들이는 수용의 태도
  를 가질 것이다.
- 정책집행에 따른 개인적 이해[45]: 정책순응에 따른 편익이 비용보다 클 때 순응의
  가능성은 높아질 것이다. 이런 관점에서 분배정책이 규제정책보다 집행의 순응을
  확보하기가 쉬울 것이다.
- 정책목표와의 가치 정합성[46]: 정책이 추구하는 가치와 정책대상집단의 그것이 대
  립할 때는 불응의 가능성이 높아질 것이다. 따라서 이념적 대립 가능성이 높은 재
  분배정책의 경우 규제정책이나 분배정책에 비해 순응의 확보가 어려울 것이다.
- 정책수단의 타당성: 정책이념이나 정책목표에 동의하더라도 이를 달성하기 위한
  수단이 타당하지 않을 때 정책순응 확보가 어려울 것이다. 아파트 가격 안정에는
  많은 사람이 동의하지만 보유세나 거래세 중과와 같이 정책수단의 효과성에 회의
  적이거나 정책수단이 초래할 부작용(건설경기 침체)이 큰 경우가 여기에 해당할
  수 있다.
- 정부 또는 정책의 권위에 대한 신뢰성[47]: 교육정책과 같이 그 내용이 자주 바뀌어
  정부정책의 신뢰성이 떨어진 경우 정책에 대한 순응 확보가 어려울 것이다.

---

a) 정책순응(compliance)이란 일반적으로 집행 과정에서 요구되는 행동방식에 정책집행주체나 정책대
상집단이 일치된 행동을 하는 것을 의미한다. 정책순응과 함께 정책수용(acceptance)의 용어를 쓰기
도 한다. 수용은 단순히 외형적인 행동의 변화뿐만 아니라 태도나 가치관의 변화까지를 포함하는 것
으로 순응보다 내면적이고, 장기적이며 점진적인 변화라 할 수 있다(노화준, 「정책학원론」, 서울: 박
영사, 2003, pp. 430-431). 한편 정책순응을 정책결정 주체와 집행 주체의 관계로 한정하여 사용하고
정책집행 주체와 정책집행 대상집단의 관계는 정책수용으로 구분할 것을 제안하기도 한다(이종엽,
의약분업정책의 정책수용성 평가: 정책수용성 확보전략 평가를 중심으로, 2003 한국행정학회 하계
학술대회 발표논문, 2003, p. 4).

b) 순응과 불응은 이원적인 개념이기보다 두 개념을 양극으로 한 연속 개념으로 이해할 수 있다. 국민연
금정책의 경우 국민연금에 가입하여 성실한 소득에 따른 보험료 납입이 순응에 해당할 것이고, 국민
연금에 가입했지만 소득을 하향 신고하거나 보험료를 체납하는 경우는 소극적 불응으로, 그리고 비
합법적 방법으로 연금납부를 면제받거나 국민연금에 가입하지 않는 경우를 적극적 불응으로 이해할
수 있을 것이다(이시원·하상근, 정책대상집단의 불응에 대한 경험적 연구: 국민연금정책을 중심으
로, 「한국행정학보」, 36(4), 2002, pp. 187-204).

PART 1
행정과 행정학의 이해

PART 2
행정환경

PART 3
행정내부환경

PART 4
결정시스템

PART 5
집행시스템

PART 6
조직시스템

PART 7
지원시스템

PART 8
산출과 피드백

● 순응에 수반한 보상의 정도: 정책에 순응할 때 제공되는 보상(인센티브)이 정책대상의 행동 변화를 유도할 정도로 충분히 클 때 효과가 있을 것이다.[48]

● 불응의 적발가능성과 처벌의 강도 및 엄격성[49]: 환경오염물질 배출과 같이 정책에 불응하는 경우 그 행위가 적발될 가능성과 적발되었을 때 받게 되는 처벌의 강도가 충분히 높아야 하며, 처벌의 불이익은 정상을 참작하는 등의 상황적 고려가 없이 엄격히 집행될 때 순응확보가 효과적일 것이다. 예를 들어, 민간기업의 장애인 의무고용이 잘 지켜지지 않는 이유 중의 하나가 불이행에 따른 불이익 처분이 고용에 따른 기회비용보다 낮기 때문으로 해석할 수 있다.

4) 집행환경

행정을 개방체제모형으로 구성한다는 것은 결정시스템, 집행시스템, 지원시스템, 조직시스템 할 것 없이 모두가 환경과 밀접한 상호작용관계에 있음을 가정한 것이다. 정책집행 역시 예외는 아니다. 정치, 경제, 사회, 문화, 기술 등의 환경의 요소는 끊임없이 변하기 때문에 정책집행은 시간의 경과에 따른 환경의 변화에 적절히 반응할 것이 요구된다.

(1) 정치적 환경: 비공식기구

일반국민의 여론과 언론기관 또는 시민단체의 정치적 지지는 일반적으로 정책의제형성과 정책결정 과정에 지대한 영향을 미친다. 정책집행 과정에서도 이들 외부환경요소가 정부정책과 정책대상집단에 대해 어떠한 지지를 보내느냐에 따라 집행의 방향과 추진력에 중요한 역할을 한다. 특히 정치적으로 민감한 정책이슈인 경우 여론은 매우 중요하다. 정부정책에 대한 여론의 지지가 높을수록 정치적 실현가능성이 높아지고 정책대상집단의 순응도 용이해지기 때문이다.[50] 언론은 국민여론을 진단하여 집행주체에 전하거나 정책집행 과정의 문제를 직접 이슈화하여 여론을 주도함으로써 집행주체에 영향을 미치기도 한다. 때로는 정책의 중요성이나 정책내용을 기사화함으로써 정책대상집단의 행태 변화를 유도하는 데 기여하기도 한다.[51] 시민단체는 정책집행의 감시자로서 또는 지지자로서 중요하다. 예를 들어 환경오염배출 기업이나 불공정거래 기업에 대한 정부의 적발과 처벌이 제대로 이루어지는지를 감시하는가 하면, 금연 캠페인이나 암 조기발견 캠페인 등을 통해 건강검진정책의 실효성 있는 집행을 지원하기도 한다.[52]

(2) 정치적 환경: 공식기구

공식기구로서 정책집행에 관여하는 참여자로 대통령, 국회, 상위기관의 지위를 가진 정부부처를 들 수 있다. 대통령과 국회는 여론을 주도하여 정책집행의 방향을 이끌어가기도 하고, 집행에 필요한 자원 및 권한의 분배에 직접 개입하는가 하면, 극심한 이해갈등 상황에서는 갈등조정자로서의 역할을 수행하기도 한다. 특히 대통령제의 국가형태에서 대통령의 국정과제에 속하거나 선거공약이었던 정책은 집행과정에서도 특별 관리 대상이 된다. 정부는 우선적으로 이들 정책을 법적으로 뒷받침하기 위한 법안, 그리고 재원으로 뒷받침하기 위한 예산편성안을 국회에 제출하고 이를 통과시키기 위해 노력하게 된다. 이 과정에서 여당은 행정부를 견제하기보다 강력한 동반자로서 역할을 한다. 한편 야당은 이념 성향과 지지 기반 그리고 여당과의 관계에 따라 이들 법안과 예산에 대한 입장이 다양하게 나타난다. 정책집행에 필수적인 법적 근거와 재원 확보를 위한 정부·여당과 반대하는 야당과의 역동적인 정치과정이 국회에서 전개되는 것이다. 한편 정책집행에 필요한 예산과 인력의 배분 권한을 가진 기획재정부와 행정안전부 역시 다른 행정기관으로서는 정책집행 과정에서 무시할 수 없는 환경요인이 된다.

(3) 경제, 사회 및 기술 여건

한 국가의 사회경제적 여건변화는 집행주체 및 정책대상집단의 정책문제에 대한 인식에 영향을 주어 정부의 정책집행방식은 물론 정책대상집단의 정책순응에도 영향을 미친다. 경제가 어려울 때 국세청 세무조사가 유예될 수 있고, 제조공장의 환경오염 규정 준수가 느슨해지거나[53] 오염원 배출에 대한 정부의 감시가 소홀해질 수 있다.

사회적으로도 출산율이 저하되자 출산장려금을 증액하는 것과 같이 사회여건의 변화가 정책집행에 변화를 가져온다. 청년실업 문제가 심각해지자 정부는 청년 디지털 일자리 사업과 청년 일경험 지원 사업을 도입하여 청년을 신규로 채용하는 경우 채용기관에 경비를 지원해주는 등의 정책수단을 쓴 것도 같은 차원에서 이해할 수 있다.

한편 기술 여건의 변화와 함께 정책집행의 방식도 변하고 있다. 과거 전선에 의한 통신만이 가능했을 때는 통신시장의 경쟁을 생각할 수 없었지만 무선통신은 물론 인터넷 통신과 같이 대체 기술이 개발되면서 경쟁이 가능하게 되었고 그에

행정과 행정학의 이해
PART 1

행정환경
PART 2

행정의 내부환경
PART 3

결정시스템
PART 4

집행시스템
PART 5

조치시스템
PART 6

지원시스템
PART 7

산출과 피드백
PART 8

[그림 10-1] 정책집행에 영향을 미치는 요인과 상호관계

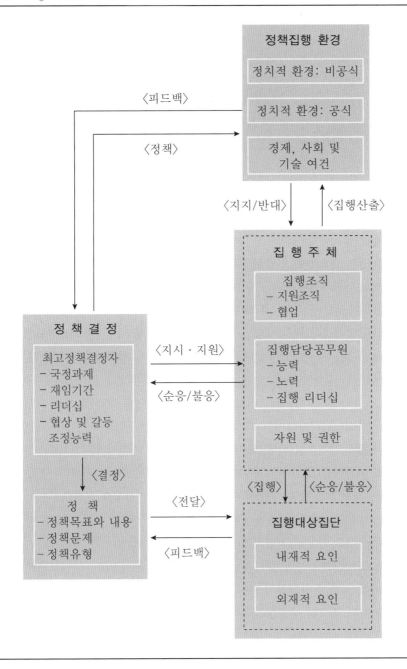

따라 정책집행을 과거 독점규제방식에서 통신사 인·허가에 의한 경쟁 또는 과점 규제 방식으로 전환한 것이 한 예가 될 것이다.

지금까지 논의한 정책집행에 영향을 미치는 요인을 상호간의 관계를 포함하여 도식화한 것이 앞의 〈그림 10-1〉이다.

3. 정책(집행)수단

1) 의 의

(1) 개 념

앞에서 정책집행의 효과에 영향을 미치는 요인으로 정책목표 달성에 효과적인 정책수단의 중요성을 언급하였다. 정책수단(policy instruments)은 바로 정책목표를 달성하기 위하여 활용되는 구체적인 도구(tools)나 기술(technology)이라 할 수 있다. 정책수단은 정책결정과정에서부터 중요한 고려사항이다. 수질개선이라는 정책목표를 달성하기 위한 대안을 개발한다고 가정해 보자. 정책결정과정에서 수질오염원을 배출하는 행위를 금지시키기 위해 처벌을 강화하는 규제방식을 쓸 것인지, 오염원을 정화 처리할 수 있는 시설을 갖추도록 보조금을 주는 유인방식을 쓸 것인지 등의 정책수단을 고려할 것이다. 정책수단은 이와 같이 정책대안을 설계할 때 중요한 고려사항이긴 하지만 실제 그 수단이 적용되는 것은 집행과정이기 때문에 정책집행수단이라고도 한다.

집행 수단이나 도구라는 용어를 쓰다보니 정책목표와의 관계 속에서만 그 의미가 있는 것으로 잘못 이해될 수 있다. 정책수단은 실제로 신제도주의에서 말하는 하나의 '제도'이기 때문에 관계된 사람의 범위와 역할, 그리고 그들 간에 어느 정도 지속적이고 안정적인 상호작용의 패턴을 가지고 있다.[54] 정책수단은 이렇게 제도로서 이해관계자들의 참여와 상호거래의 방식을 규정하고 정책수단에 따라 가치의 배분 방식이 달라진다. 정책수단은 이와 같이 그 자체에 이미 가치배분의 문제를 포함한 중요한 학문적·실무적 관심의 대상이 되고 있다.

(2) 중요성 인식

나무를 자르는 데는 톱이 유용하고 벼를 베는 데는 낫이 유용하고 감자를 캐

PART 1
행정과 행정학의 이해

PART 2
행정환경

PART 3
행정내부환경

PART 4
결정시스템

PART 5
집행시스템

PART 6
조직시스템

PART 7
지원시스템

PART 8
산출과 피드백

는 데는 호미가 유용하듯이 정책목표를 달성하는 데 가장 효과적인 정책수단을 생각하는 것은 너무도 당연한 일이다. 그럼에도 불구하고 이러한 문제인식을 갖게 된 것은 그리 오래된 일이 아니다.

아주 오랫동안 전통적 관료제가 정책집행의 유용한 수단으로서 독점적인 지위를 인정받아 왔기 때문이다. 미국의 엽관주의처럼 전문성을 고려하지 않고 정권이 바뀔 때마다 정치적 충성심에 의해 공직을 임명하던 시기에 비하면 실적주의와 직업공무원을 기반으로 한 관료제는 정치권의 결정을 집행하는 데 있어 대단히 진일보한 제도이었음이 분명하다. 이러한 관료제 중심의 미국 행정학은 1960, 1970년대 들어 정책에 대한 관심으로 외연이 확대되었다. 초기에는 좋은 정책만 만들면 관료제라는 마법의 블랙 박스(black box)를 거쳐 의도한 정책효과가 나타날 것으로 기대하였다. 하지만 이미 앞에서 설명한 것처럼 정책실패 사례가 속속 확인되면서 그런 기대는 포기할 수밖에 없었고 정책집행에 대한 보다 심층적인 연구가 시작되었다. 정책 결정과 집행의 중심에 있던 관료조직과 공무원에 대한 연구뿐만 아니라 정책내용과 정책대상집단까지 포함하는 종합적이고 체계적인 연구가 진행되었다.

정책집행에 대한 이러한 연구는 그동안 행정의 중심축에 있던 관료제에서 점차 정책이나 프로그램 중심으로, 그리고 공무원 위주의 공급자에서 정책대상집단의 수요자 중심으로 관심의 초점을 옮기고 연구의 범위를 확대시키는 계기가 되었다. 이러한 탈관료제 내지 탈정부 경향은 1980년대 시작된 NPM과 뉴거버넌스의 전세계적 흐름과 함께 더욱 가속화되었다. 정책수단은 이러한 변화의 흐름을 가장 잘 반영하고 있다. 정부가 독점적으로 직접 관여하던 과거의 방식에서 1980년대 이후 시장원리의 적용이나 제3섹터의 활용과 같은 다양한 정책수단을 개발하고 적용하여온 것이다. 정책수단 연구의 선도적 역할을 한 Salamon 교수는 미국 연방정부의 1999년 활동 중에서 정부가 직접 관여한 비중이 28.1%에 불과하며 나머지 71.9%는 민간위탁, 보조금, 융자보증 등과 같은 간접적인 활동이라는 조사결과를 내놓았다.[55]

정책유형의 연구가 등장하면서 유형 자체가 정책집행의 효과에 영향을 줄 수 있다는 것을 확인시켜 주었듯이 정책수단의 연구 역시 정책수단을 정책집행의 독립변수적이고 전략적인 지위로 부각시켜 놓았다. 정책수단에 대한 관심의 증대는 마치 기술진보를 보듯이 다양하고 새로운 정책수단의 개발로 이어지고 있다.

(3) 분 류

각각의 정책수단은 어느 정도 공통된 속성(common features)을 내포하고 다른 정책수단과 구분되지만,[56] 실제 분류는 학자에 따라 매우 다양할 수 있다.

정책수단은 정책집행주체가 정책의 의도한 목표를 달성하기 위한 도구이며 그것은 궁극적으로 대상집단에 대한 재화와 서비스 제공에 직·간접의 영향을 준다. 즉, 정책수단은 한 사회에 바람직한 정도의 재화와 서비스를 제공하기 위해 동원되는 모든 정부활동을 포함시킬 수 있다.[a] 이러한 정부활동은 정부가 재원을 확보하여 직·간접으로 재화와 서비스 제공에 참여하는 경우와 공권력만을 가지고 시장에 개입함으로써 재화와 서비스의 양을 조절하는 방식으로 구분할 수 있다.

전자는 다시 정부가 정부 인력을 동원하여 재화와 서비스를 직접제공하는 방식과 제3자인 중간전달자(비영리단체, 민간기업)나 최종 수혜자에게 재원을 지원하는 간접제공 방식으로 나눌 수 있다. 민간위탁, 보조금, 공기업 등이 간접제공 방식에 포함된다. 한편 후자의 정부 권위에 의한 시장개입은 재화와 서비스의 양을 촉진시키는 경우와 억제시키는 경우로 구분할 수 있다. 여기에는 주로 규제와 세

[그림 10-2] 정책수단의 분류

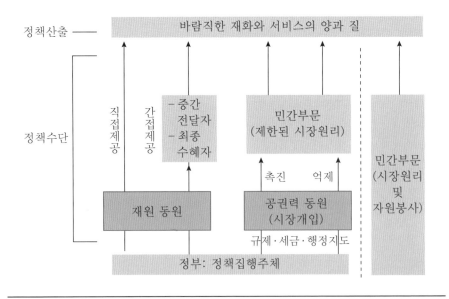

---

a) 쉽게 말하면 정부가 직접 환경미화원을 고용하여 쓰레기를 수거하는 일에서, 쓰레기 수거를 민간기업에 위탁하는 일, 나아가 쓰레기 줄이기 캠페인까지를 정책수단으로 이해할 수 있다.

금 그리고 행정지도를 중요한 정책수단으로 활용한다.

끝으로 정부의 개입 없이 민간부문의 자율에 의한 재화와 서비스 제공이 있으며 여기에는 시장원리에 의한 것과 비시장원리라 할 수 있는 자원봉사에 의한 공급이 있다. 이 부분은 민간의 자율 영역이기 때문에 논의에서는 제외한다. 이상을 그림으로 정리한 것이 앞의 〈그림 10-2〉이다.

2) 정책수단별 이해

(1) 직접제공

① 의 의

정부가 보유한 시설과 고용한 인력을 직접 동원하여 정책대상자들에게 재화와 서비스를 제공하는 방식이다. 보건소를 통한 의료 서비스, 초·중등학교 교육 서비스, 우편배달 서비스, 치안 및 소방 서비스, 공원 서비스 등이 대표적인 예에 속한다. 보건소의 경우 정부가 보건소 건물을 짓고 필요한 의료기기를 구입하며 의사·간호사를 고용하고 있다. 대부분의 초·중등학교는 정부에서 학교 건물을 짓고 교사를 고용하며 교육에 필요한 시설과 물품을 제공한다. 이와 같이 직접제공 방식의 정책수단은 정부가 서비스 제공에 필요한 시설과 인력은 물론 부가되는 모든 재원을 조달하고 제공하는 책임을 진다. 물론 직접제공이라 하여 모든 서비스를 100% 정부가 책임지는 경우는 드물며 본질적인 서비스를 중심으로 이해할 필요가 있다. 예를 들어 정부가 직접제공하는 초·중등학교의 교육 서비스의 경우에 학생들에 대한 급식 서비스는 민간에게 위탁하여 제공하기도 한다. 특히 기술의 발달과 시장 여건의 변화는 과거 정부의 직접제공에만 의존하던 많은 분야에서 점차 민간부문의 진출이 두드러지고 있다. 예를 들어 우편배달 서비스의 경우에 택배와 퀵서비스가, 치안 서비스의 경우에 에스원과 같은 보안회사가 시장을 확보하고 있다.

② 정 당 성

재화와 서비스를 정부가 직접 제공하는 가장 큰 이유는 시장에 맡겨 놓았을 때 나타나는 부작용, 즉 시장실패 때문이다.

공공재(public goods): 공공재 성격을 가진 재화와 서비스는 시장에 맡겼을 때 바람직한 수준 이하로 공급될 가능성이 높다. 공공재의 중요한 특성은 서비스를 이용하고자 하는 사람을 배제할 수도 없고(비배제성) 사람이 추가되었다 하여 다른

PART 1 행정과 행정학의 이해

PART 2 행정환경

PART 3 행정내부환경

PART 4 결정시스템

PART 5 집행시스템 집행시스템

PART 6 조직시스템

PART 7 지원시스템

PART 8 산출과 피드백

사람의 서비스 양을 줄이지도 않는다는 것이다(비경합성). 앞의 예에서 치안 서비스가 공공재 특성이 강한 경우로서, 어느 지역의 치안이 잘 되어 있을 때 사람들은 단지 그 지역으로 이사함으로써 서비스 혜택을 누릴 수가 있다. 돈을 내지 않고 혜택을 보는 무임승차자(free-rider)가 있어도 서비스를 박탈하기가 쉽지 않기 때문에 시장원리가 작동하기 어렵다.

　　외부효과(externalities): 외부효과가 있는 재화나 서비스의 경우 시장이 실패할 가능성이 높다. 외부효과란 어느 한 경제행위가 제3자에게 비용이나 효용을 발생시키는 경우이다. 예를 들어 공장에서 내뿜는 대기오염으로 주민들의 건강에 피해를 주는 경우와 공장에 조성된 아름다운 정원을 주민들에게 주말 휴식공간으로 제공하는 경우를 들 수 있다. 이들을 각각 외부불경제효과와 외부경제효과로[a] 구분하는데 정부가 개입하지 않을 때 전자의 경우 과다공급되기 쉽고 후자의 경우 과소공급의 문제가 발생한다.

　　자연독점(natural monopoly): 전력, 상하수도, 가스, 철도 등과 같이 고정비용이 변동비용에 비해 매우 높고 다수 공급자의 경쟁보다 단일 공급자가 독점 공급하는 것이 경제적으로나 기술적으로[b] 더 효율적인 자연독점의 경우에도 시장실패의 문제를 안고 있다. 그런데 독점의 경우에는 이론적으로 사회적 손실(dead weight loss)이 발생할 뿐만 아니라 경쟁 결여로 인한 낭비, 즉 X-비효율성이 발생하기 쉽다. 자연독점적 서비스는 이외에도 이들 서비스가 국민 생활에 가장 필수적인 재화(essential goods)이기 때문에 요금을 납부하지 않아도 서비스를 중단하기 어렵다는 점에서 역시 시장원리의 적용이 어렵다.

　　불완전한 정보(incomplete information): 완전경쟁시장은 완전한 정보를 가정할 때 성립하는 것이기 때문에 불완전한 정보하에서는 당연히 실패할 수밖에 없다. 특히 건강, 위생, 안전 등 사람의 생명에 영향을 미치는 정보가 불완전한 상태에서 재화나 서비스가 거래된다면 소비자에게 심각한 위험을 초래할 수 있다. 이런 상황이 시장에서 방치된다면 공급자는 자신에게 불리한 정보의 공개는 피할 것이고, 결과적으로 이들 재화의 과잉공급이 이루어지며 소비자는 피해를 당하기 쉽다. 이런 시장의 왜곡을 바로잡기 위해 정부는 이들 제품의 성분, 제조일자, 안전규칙 등에 관한 정보를 공개하도록 의무화하거나 품질 인증제도 도입 등에 개입하게 된다.

[a] 부(-)의 외부효과와 정(+)의 외부효과로 부르기도 한다.
[b] 동일한 가구에 다수 공급업체가 전화 서비스를 제공할 수 있는 시설(전봇대)을 설치한다고 할 때 중복 투자의 비용을 생각해 보자. 장거리 통신의 경우 무선통신 기술이 개발됨에 따라 기술적 제약요건이 해소되어 경쟁시장화된 경우이다.

사회윤리적 요인: 이상의 경제적 요인과는 달리 사회윤리적 측면에서 정부가 직접 재화와 서비스를 제공하기도 한다. 간접제공이나 민간시장의 자율에 맡기는 것은 정도의 차이일 뿐 기본적으로 시장원리인 수익자 부담의 원칙을 적용하게 된다. 따라서 수익성이 없는 재화와 서비스는 공급을 중단하거나 가격을 인상하게 된다. 이때 피해가 주로 소외 지역이나 저소득층에게 돌아가기 때문에 사회적 형평의 문제를 야기하게 된다. 이런 경우 정부가 세금을 재원으로 하여 직접 서비스를 제공함으로써 사회적 책임을 담당하는 것이다.

③ **비 판**

이러한 정당한 이유에도 불구하고 정부의 직접제공 방식은 여러 가지 문제점을 안고 있다. 몇 가지 중요한 내용을 열거하면 다음과 같다.

- 재화와 서비스가 정부에 의해 독점 공급되기 때문에 국민이나 소비자의 입장에서 선택의 폭이 제한된다.
- 정부는 기본적으로 독점적 성격을 가지기 때문에 시장에서의 퇴출 압력이 없고 그 결과 자원 낭비 등의 X-비효율성을 낳는다.
- 대내적으로도 공무원의 신분이 보장되고 성과에 따른 보상체계가 미흡하기 때문에 민간부문에 비해 생산성이 떨어진다.
- 직접제공은 이러한 경제적 합리성 차원뿐만 아니라 정부에 대한 불신이나 큰 정부에 대한 반감 등 사회정서 차원에서 비판의 대상이 되고 있다.

(2) 간접제공

직접제공에 대한 가장 급진적인 대응은 정부의 모든 관여를 중단하고 민간부문의 시장원리에 맡기는 민영화라 할 수 있다. 그러나 이러한 급진적인 대응은 드문 일이고 직접제공의 비판을 보완하는 차원에서 다양한 간접제공의 방식이 채택되고 있다.

① **민간위탁**

간접제공의 가장 대표적인 정책수단이 계약에 의한 민간위탁이다. 정부가 민간기업이나 비영리단체에게 재화와 서비스의 제공을 맡기고 비용을 지불하는 방식이다.[a] 정부가 쓰레기 수거를 민간기업에 위탁하는 것, 도로나 항만 등의 건설

---

a) 「행정권한의 위임 및 위탁에 관한 규정」 제2조에는 민간위탁을 "법률에 규정된 행정기관의 사무 중 일부를 지방자치단체가 아닌 법인·단체 또는 그 기관이나 개인에게 맡겨 그의 명의로 그의 책임 아래 행사하도록 하는 것"으로 정의하고 있다. 민간부문에서 일반적으로 사용하는 용어는 아웃소싱(outsourcing)이며, 여기에는 외주, 하청 등이 포함된다.

을 민간 건설회사에 맡기는 것, 정부가 조직개편이나 공무원 교육을 컨설팅회사나 연구기관에 용역을 의뢰하는 것 등이 포함될 수 있다. 민간위탁은 최근 우리나라에서도 교도업무까지 확대될 정도로 민간분야의 활용 범위를 넓혀가고 있다.[a] 민간위탁은 반드시 민간기업만이 대상은 아니며 보육 서비스와 같은 경우 비영리 사회복지단체를 통한 서비스 제공이 보다 일반화되어 있다.

직접제공보다 민간위탁을 선호하는 이유로는 정부에 비해 고용과 인건비의 유연성을 확보할 수 있으며, 여러 정부기관의 서비스를 위탁받아 한 회사가 제공하는 경우에 규모의 경제효과로 효율성을 높일 수 있으며, 또한 시장 마인드를 가진 민간기업의 효율적인 경영을 들 수 있다.[57] 특히 계약체결 방식이 특정 개인이나 기업을 지정하는 수의계약(隨意契約)이 아니라 다수가 경쟁 입찰하도록 함으로써 비용절감의 효과를 기대할 수 있다. 용역 계약의 경우에는 이와는 달리 정부에 전문 인력이 없거나 외부기관의 신용도를 이용해 정책에 대한 지지를 확보하려는 목적이 작용하기도 한다.

② 금전적 지원: 보조금 외

보조금은 정부를 대신해 재화와 서비스를 제공하는 중간전달자에게 지급하는 경우와 최종수혜자에게 제공하는 두 가지 방식이 있을 수 있다. 전자를 일반적으로 좁은 의미의 보조금(grant)이라 하고 후자를 지원금(subsidy)이라 하여 구분하기도 하나 학술적으로 엄격히 구분되는 개념은 아니기 때문에 여기서는 양자를 포괄하여 보조금으로 이해한다.

- **중간전달자 보조금**: 우선 전자의 경우 중간전달자에 대한 금전 지원이라는 점에서 민간위탁과 유사한 점이 있다. 그러나 민간위탁의 경우 서비스 내용을 분명히 한정하고 이를 계약 방식에 의해 지원하지만 보조금은 보조금 지급 조건을 충족시켰는지의 여부를 심사하여 지원하게 된다. 현재 정부는 사립 초·중등학교나 민간 복지시설에 대하여 인건비와 시설운영비에 대한 보조금을 지급하고 있다. 보조금을 받는 기관은 정부가 요구하는 지급 기준을 충족시켜야 하고 민간위탁업체에 비해 회계상의 엄격한 사후통제를 받게 된다.[b]

---

a) 2003년 법무부와 기독교계 재단법인 아가페가 체결한 "민영교도소 설치, 운영 등 교정업무 위탁계약"은 민간위탁을 교정업무까지 확대시킨 사례이다. 이 민영교도소는 2010년 12월 개소되었으며 아가페재단이 300억원을 들여 짓고 재단이 채용한 민간교도관과 자원봉사자가 수형자 관리를 맡고 있다. 법무부는 공무원 4명을 파견하여 형집행관리와 인권침해방지를 위한 감독 기능을 맡고 있다(조선일보, 2009. 12. 24; JTBC, 2013. 8. 27). 정부는 소년원도 민간 운영이 가능하도록 민영소년원법의 개정을 계획하고 있다(2018년 법률 제정안 국무회의 통과).

b) 2018년에 여론의 주목을 받았던 유치원 3법 개정안에서는 보조금과 지원금의 법적 차이가 중요한 쟁

PART 1 행정과 행정학의 이해
PART 2 행정환경
PART 3 행정내부환경
PART 4 결정시스템
PART 5 집행시스템
PART 6 조직시스템
PART 7 지원시스템
PART 8 산출과 피드백

　　중앙정부와 지방자치단체와의 관계에서 지방자치단체가 중간전달자로서 역할을 수행하는 경우가 많다. 중앙정부는 주로 자치단체가 자체의 재원으로 추진하는 사업에 대해 이를 더욱 장려하기 위하여 예산을 지원하기도 하고, 국가가 수행해야 할 사무를 자치단체가 대신 수행하는 경비를 지원하기도 한다. 정부에서는 전자를 보조금으로 후자를 교부금으로 구분한다. 교부금은 이러한 형식적 의미를 넘어 새정의 사용 목적을 제한하지 않기 때문에 자치단체의 재정능력을 강화시키고 자치단체 간의 재정 불균형을 완화시키는 실질적인 의미가 있다.

　　지방자치단체에 대한 국고보조금 비율(국비-지방비 매칭 비율)은 지자체 여건이나 사업의 특성에 따라 매우 다양하다. 일반적으로 지자체는 국비 비중을 높여 줄 것을 요구하는 한편 기획재정부에서는 지자체의 도덕적 해이를 경계하며 비중을 최대한 낮추는 경향이 있다.

　　최근 미국 연방정부에서 채택한 '성공불(成功拂, pay for success)' 제도는[a] 보조금 지급방식의 또 다른 형태라 할 수 있다. 성공불 제도는, 서비스 제공자의 약속을 믿고 정부가 보조금을 先지급한 후 약속이행을 평가하여 보조금을 계속 지급할 것인가를 결정하는 기존의 방식과는 다르게, 민간 분야에서 자체적으로 자금을 先조달해서 서비스를 제공하고 그 결과를 평가하여 정책(프로그램)효과가 성공적이었다는 것이 과학적으로 검증되면 그때 정부가 비용을 後지불하는 방식이다.[58] 성공불 제도는 서비스를 필요로 하는 대상집단에 효과적으로 서비스를 제공할 수 있는 매우 혁신적 자본조달 및 서비스 제공 모형이라 할 수 있다. 범죄, 노숙자, 만성질병 등 고질적인 사회문제 해결을 정부가 직접 맡는 것이 아니라, 자금을 조달 제공하는 독지가나 금융기관, 실제 서비스를 제공하는 비영리조직, 그리고 이들을 연결시켜주는 중간 전달자가 파트너십을 형성하여 국가가 필요로 하는 서비스를 제공하는 유연하고 효과적인 정책집행수단이라 할 수 있다.[59] 특히 증거기반으로 프로그램 효과성을 엄격히 평가해서 정부지원 여부를 결정함으로써 비효율적으로 운영되는 프로그램 등 정부의 방만한 재정지출을 통제할 수 있는 유용한 정책도구라 할 수 있다.

점이 되었다. 사립유치원의 수입은 국가 보조금, 누리과정 지원금, 학부모 부담금으로 구성되어 있는데, 법적으로 지원금은 보조금과는 다르게 목적 외 사용에 대한 처벌 규정이 없다. 정부·여당은 지원금을 보조금으로 전환해서 유용 시 처벌하고 학부모 부담금까지 모두 단일회계로 운영해서 교육목적으로만 쓸 수 있도록 하자는 주장이다. 반면 [당시 제1야당] 자유한국당은 학부모 부담금은 개인 간의 거래이기 때문에 일반회계로 분리하고, 지원금에 대해서 별도의 벌칙 조항을 두어 처벌하자는 주장이다(브릿지경제, 2018. 12. 6). 물론 유치원 3법의 논쟁은 이러한 회계와 처벌의 범위를 넘어 사립유치원에 대한 사유재산권의 인정과 공공성 확대라는 보다 근본적인 가치 문제로도 볼 수 있다. 국회는 2020년 1월 여당 주도로 정부 보조금과 지원금 그리고 학부모 부담금을 모두 교비회계로 일원화하고 회계 비리의 처벌을 강화하는 내용의 유치원3법을 통과시켰다.

a) '성공불' 제도는 기업이 자원개발과 같이 투자의 위험성이 큰 사업을 할 때, 정부가 돈을 융자해주고, 성공하면 원리금을 환수하고 실패하면 융자금의 전액 또는 일부를 감면해 주는 '성공불 융자' 제도와는 구분되는 개념이다.

성공불(Pay for Success) 왜 중요한가?

　　너무 오랜 기간 효율성이나 효과성이 별로 없는 프로그램으로까지 정부 재정이 확대 투입되고 있지만 매년 이들 프로그램에 대한 정부 지원은 계속되고 있다.

　　다행히 적은 비용으로 더 효율적이고 더 효과적으로 서비스를 제공할 수 있는 매우 고무적인 모델들이 미국 등 다수의 국가에서 구체화되고 있다. 그 중에 견인차 역할을 하는 모델이 프로그램을 통해서 실제 좋아진 결과(outcome)를 구체적인 자료로 측정하고 그 증거에 기반해서 정부가 예산을 지원하는 성공불 모델이다.

　　이 모델은 교육, 의료, 실업 문제 등의 사회문제를 해결하기 위해 민간부문의 자원을 동원하는 특유의 파트너십 모델로서 납세자, 정부, 독지가 모두의 관심을 끌고 있다. 중간전달자가 민간부문의 재원을 조달해서, 서비스 제공자에게 필요한 자금을 선불로 지급하여 서비스를 시작하고, 정부는 일정 기간이 지난 뒤에 의도한 목표가 달성된 것이 확인이 되면 소요된 비용을 환급해주는 방식이다. 목표가 달성되지 않으면 정부는 비용을 지불하지 않는다. 만약 목표를 초과하여 달성한 경우 투자자는 투자금을 돌려받을 뿐만 아니라 수익도 기대할 수 있다.

　　증거(evidence)나 결과 기반의 재정 지원 아이디어 자체는 그렇게 혁신적인 것이 아닐 수도 있지만, 정부가 지원하는 많은 프로그램이 의도한 효과를 내고 있는지를 평가할 수 있는 자료가 별로 없거나 전무한 것이 현실이다. 민간부문의 자본을 도입해서 프로그램을 출발시키면 책임성 확보를 위해 효과 측정이 훨씬 엄격하게 이루어질 수 있고 정부는 최종 성과가 확인된 프로그램에 한 해 예산을 집행함으로써, 성공불 모델은 어떤 프로그램이 효과가 있고 없는지를 가려내고 세금사용과 서비스제공을 최적화할 수 있는 잠재력을 가지고 있다.

자료: Jean Case, Why Pay for Success Matters, *Forbes*, 2014. 11. 13. 부분 편집 재구성.

성공불 작동 모형(Pay for Success Mechanism)

　　성공불 프로젝트는 정부, 서비스 제공자, 자금 제공자, 중간전달자 간에 서비스 제공을 통해 달성하고자 하는 최종 결과물에 대한 합의를 필요로 한다. 이들 당사자들은 목표 결과물이 달성되면 정부가 성공불을 지급한다는 다년도 계약을 체결한다. 계약 체결 후 프로그램이 시작되면 다음과 같은 모형에 의해 프로그램은 진행된다:

　　① 민간분야의 자금제공자(독지가, 금융기관)가 성공불 프로젝트를 수행하

PART 1
행정과 행정학의 이해

PART 2
행정환경

PART 3
행정내부환경

PART 4
결정시스템

PART 5
집행시스템

PART 6
조직시스템

PART 7
지원시스템

PART 8
산출과 피드백

는 중간전달자에게 필요한 자본을 선지급한다(금융기관이 융자해주고 독지가가 보증을 서는 형태).

② 중간전달자는 최적의 서비스 제공자를 선발하여 필요 경비를 지불하고 집행상태를 감독하며, 서비스 제공 과정에 관여된 모든 당사자들을 연결시켜주고 조정하는 역할을 한다.

③ 서비스 수혜자에게 서비스를 제공한다.

④ 독립성을 가진 평가기관이 수혜자에게 나타난 서비스 효과를 증거기반의 과학적 방법으로 평가해서 결과를 당사자들에게 보고한다.

⑤ 당사자들 간에 합의한 목표를 달성한 것으로 평가 결과가 나오면 정부는 합의한 금액을 중간전달자에게 지급(후불)한다.

⑥ 중간전달자는 자금제공자에게 지원 받은 자금을 되갚는다.

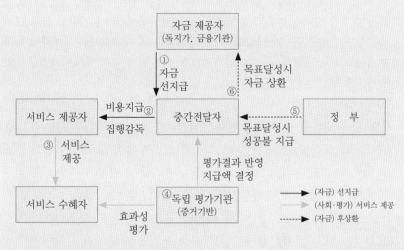

자료: http://www.thirdsectorcap.org/what-is-pay-for-success, 2014. 12. 18. 부분 편집 재구성.

● **최종수혜자 보조금**: 최종수혜자가 일반 개인인 경우 정부가 직접 재화나 서비스를 제공하는 것이 아니라 개인이 필요한 것을 직접 구매하도록 금전적인 지원을 하는 것이다. 2020년 전국민에게 지급한 긴급재난지원금과 같이 소득 이전(income transfer)의 효과가 있다. 생활보호대상자에 대하여 정부가 공공 주거시설을 만들어 수용하고 무료 배식을 하는 대신 생활을 돕기 위해 현금을 지급하는 방식이다. 미국의 경우 현금으로 지급하는 경우 담배나 술과 같이 사회적으로 바람직하지 않은 재화의 구매가 가능하기 때문에 이를 방지하기 위해 현금 대신 구매 품목을 제한하는 식품구매권(food stamp)을 활용하고 있다. 우리나라의 경우 노인, 산모, 장

애인, 아동 등에게 사회서비스를 이용할 수 있는 현금카드 형태의 전자 바우처(voucher)제도를 운영하고 있다.[a] 이러한 보조금은 정부의 직접적인 현물 제공에 비해 수요자에게 선택의 폭을 넓혀 줌으로써 수요자의 효용을 증대시킬 수 있다. 또한 바우처제도와 같은 경우에는 경쟁을 도입해 서비스의 질적 수준을 높이는 이점이 있다.[60]

최종수혜자는 때로 기업인 경우도 있는데 주로 특정 부문의 활동을 장려할 목적으로 금전적인 지원을 하게 된다. 오염배출 억제 시설의 장치를 유도하기 위해 지급하는 보조금이나, 특정상품의 수입가격이 국내가격보다 높은 경우 그 차액을 보전해 줌으로써 일정량의 재화를 계속 확보하는 것 등이다. 이런 형태의 정부 지원은 특정 부문의 재화와 서비스 공급을 장려하기 위한 목적으로 널리 활용하는 데 직접적인 현금 보조 이외에도 정부의 정책금융융자나 지급보증 또는 조세감면을 포함시킬 수 있다. 정책금융융자나 지급보증은 채무이행을 제대로 하는 경우 정부에 재정적인 부담이 되지 않는다는 점에서 시장원리에 어긋나지 않는 정책수단이라는 평가를 받기도 하지만 실제 운영에서 많은 문제점이 나타나고 있다.[61] 한편 조세감면의 경우 정부가 세입을 포기한 것으로 현금이 오고가는 거래가 없었을 뿐이지 실제로는 현금을 지원해 준 효과가 있기 때문에 WTO에서는 보조금으로 분류하고 있다.[62]

③ 공 기 업

공기업 역시 정부를 대신해 재화와 서비스를 제공하는 중간전달자 역할을 한다. 그렇지만 민간위탁이나 보조금을 받는 기관에 비해 안정적이고 독립 기관으로서 관료제의 속성도 지니고 있다. 재화와 서비스를 판매하여 수입을 올리지만 부족한 재원은 결국 국가가 책임을 지게 된다. 공기업은 수익성을 목적으로 하는 사기업의 속성을 가지면서도 생산하는 재화의 공공성 때문에 사기업과 다르게 정부가 특별히 관리하는 기업이다. 즉, 기업적 마인드로 정부의 경직적인 관리방식을 탈피하면서 공익성을 동시에 추구할 목적으로 기업적 유연성과 정치적 통제를 결합시킨 것이다. 민간기업과는 달리 수익성 개념을 떠나 공공성 차원의 보편적 서비스 제공이 요구되기도 한다.[63] 설립과 영업활동의 범위, 회계제도 등에 있어

---

a) 바우처제도: 미국에서 자녀를 공립학교에 보내는 경우 학비를 내지 않지만 사립학교에 보내는 경우 학비를 부담해야 한다. 따라서 공립학교의 교육의 질이 낮아도 많은 학부모는 학비 부담 때문에 공립학교를 선택할 수밖에 없다. 바우처제도는 교육예산에서 일정 금액의 학비보조금 쿠폰을 학부모에게 제공함으로써 학교 선택의 폭을 넓혀주는 제도이다. 학부모 입장에서 과거에 비해 보조금만큼 저렴한 비용으로 자녀를 사립학교에 보낼 수 있게 된 것이다. 한편 공립학교는 사립학교로 진학하는 학생 수가 많을수록 수입이 줄어들고 교사는 퇴출 압력을 받게 된다. 바우처제도의 도입으로 공립학교는 이제 정부의 보호막이 해제되고 학생유치를 위해 교육의 질로 사립학교와 경쟁하지 않을 수 없게 된 것이다.

PART 1 행정과 행정학의 이해

PART 2 행정환경

PART 3 행정내부환경

PART 4 정책시스템

PART 5 집행시스템

PART 6 조직시스템

PART 7 지원시스템

PART 8 산출과 피드백

서 법률의 엄격한 통제를 받는다. 공기업은 정부조직에 비해 많은 자율권이 부여되지만 공공성 확보 측면에서 아직도 임원 인사, 예산 편성과 집행, 조직개편 등에서 정치권과 행정부의 영향을 받게 된다.[a]

한국의 공기업은 그동안 기업의 경영 마인드와 수익성 모델을 많이 도입했음에도 불구하고 신분보장이나 예산회계 등에서의 관료제의 경직성, 정부의 통제와 보호에 의한 자율성 결여,[64] 그리고 주인의식 결여에 대한 비판과 함께 개혁의 요구를 강하게 받고 있는 상태이다. 특히 김대중 정부 들어 공기업 민영화는 공공부문개혁의 최대 과제 중의 하나였다. 결국 2001년 한국전력의 발전부분을 6개 회사로 분사시켜 민영화로의 길을 열었고, 2002년에는 한국통신(KT)을 완전 민영화시켰다. 한편 김대중 정부에서 공기업화가 추진되던 철도청은 2005년 노무현 정부에서 공사 형태의 공기업으로 전환되었다.

정부기업형 공기업을 공사형 공기업화하고, 공사형 공기업은 민영화하는 등의 구조조정은 이들 기업의 고용규모와 국가경제에서 차지하는 비중이 클 뿐만 아니라, 국가의 정책 이데올로기와도 관련되기 때문에 늘 정치적·사회적 이슈가 되고 있다. 따라서 민간부문의 시장원리가 지배적이어서 공기업을 정책수단으로 보지 않는 미국의 경우와 달리 유럽 국가나 우리나라의 경우 공기업은 정책수단으로서 중요한 의미가 있다.[65]

과거 김대중 정부, 노무현 정부, 이명박 정부에서는 공기업 민영화를 중요한 공기업 혁신의 방향으로 잡아 추진하였다. 하지만 민영화 추진과정에서 여야 간 소모적인 정쟁을 야기하고 실질적인 성과는 없이 다른 개혁까지 중단시키는 부작

---

a) 일반적으로 공기업은 정부부처형, 주식회사형, 공사형으로 구분한다. **정부부처형** 또는 **정부기업**으로 분류하는 공기업은 우정사업본부와 같이 현업의 업무가 큰 비중을 차지한다. 이들은 정부기업예산법의 적용을 받는 것 이외에 일반 부처와 큰 차이가 없기 때문에 공기업의 특성이 크게 드러나지 않는다. **주식회사형 공기업**은 민간기업과 가장 유사한 형태로 자율성이 가장 높고 상법의 적용을 받으며 정부가 해당 기업 주식의 전부 또는 일부를 소유한다. 한국전력회사가 대표적인 사례이다. **공사형 공기업**은 정부의 관여나 자율성의 정도에서 정부부처형과 주식회사형 공기업의 중간에 해당하며, 한국조폐공사처럼 특별법에 의해 설립되고 정부가 자본금의 100%를 직간접 형태로 소유한다.

이러한 일반적 분류와 다르게 현재 「공공기관의 운영에 관한 법률」에서는 공기업을 직원 정원 50인 이상 그리고 총수입액 중 자체수입액이 1/2 이상인 공공기관 중에서 기획재정부 장관이 지정하도록 하고 있으며, 이를 시장형과 준시장형으로 구분한다(제5조). 2020년 기준으로 시장형에는 자산 규모 2조 원 이상에 총수입액 중 자체수입액이 85% 이상인 한전·인천공항공사 등 16개 공기업, 준시장형에는 시장형 기준에 미달하는 한국수자원공사·한국마사회 등 20개 공기업이 해당한다. 동법에는 공기업을 포함한 '공공기관'이라는 용어를 사용하고 있는데, 여기에는 직원 정원 50인 이상이면서 공기업이 아닌 준정부기관, 공기업·준정부기관에 속하지 않는 기타공공기관으로 구분한다 (http://www.alio.go.kr/home.html, 2021. 1. 4).

인터뷰: 현명관 前 한국마사회장

- 사기업과 공기업 CEO를 모두 해 본 사람은 흔치 않습니다.

"크게 두 가지를 느꼈는데, 첫 번째는 '이런 경쟁 없는 기업도 있구나'라는 거였어요. 같은 '기업'이라는 이름을 갖고 있는데 경쟁력이라는 면에서 이렇게 차이가 날 줄은 몰랐어요. 물론 공기업보다 사기업이 치열할 것이라고 예상은 했지만 실제로 몸담아 보니 엄청난 차이가 있는 겁니다. 공기업은 경쟁이라는 걸 몰라요. 마사회를 비롯해 공기업이 독점기업이 많죠. 두 번째는 공기업이 열심히 일하려는 사람을 존중하지 않는다는 겁니다. 개혁에 앞장서고 지속발전을 위해 애쓰는 사람은 주변의 따가운 시선을 받습니다. 투서가 난무하고, 공기업이다 보니 국회의원에게 투서가 가는 경우도 많아요." 〈중략〉

"생각해 봅시다. 일을 잘하는 사람과 열심히 하는 사람, 성과를 낸 사람한테는 거기에 보답하기 위해서 급여도 더 주고 상여금도 더 줘야 되는 거 아닙니까? 일반기업은, 특히 글로벌 기업들은 다 그래요. 그런데 공기업은 호봉, 연차에 의해서 월급과 수당이 정해집니다. 성과도 평가하지 않고 성과급도 월급과 마찬가지고 승진도 순서대로고. 누가 열심히 일을 하겠어요. 적자가 나도 국민세금으로 메꾸면 그만이니까요. 그뿐만 아니라 승진시켜 주겠다고 해도 거절하는 사람들이 있어서 충격을 받았습니다. 임원이 되면 2년 임기제이니 부장으로 계속 있으면 정년까지 있을 수 있으니까요. 본인이 임원 안 하겠다는 겁니다."

- 이른바 '고인 물'인가요.

"CEO가 회사를 발전시키자는 데 직원들이 방해하는 경우 봤습니까? 공기업이 그래요. 제가 직원들에게 '나는 임기가 끝나면 나갈 객(客)이고 당신들이 주인이다, 당신들이 이 회사를 어떻게 발전시킬지 고민하는 주체다, 나한테 더 발전시켜 달라고 해야 한다, 그런데 왜 방해를 하느냐'고 토로했습니다. 'CEO를 방해하는 건 당신(직원)들 손해다'라고 강조했는데도 안 변합니다. 공기업이 그래요."

- 능력 있는 인재를 스카우트하는 사기업과 공채 중심인 공기업의 다른 점이겠죠.

"공기업에는 외부에서 특채로 오는 사람이 거의 없습니다. 외부에서 유능한 사람이 오는 걸 두려워하고, 기존의 규정과 제도를 개혁하는 걸 반대하는 분위기입니다. 어느 조직이든 순혈주의(純血主義)는 망할 수밖에 없어요. 외부수혈이 있어야 위기의식이 생기고 경쟁심리가 나오는 겁니다. 경쟁이 곧 발전을 가져오는 건데 공기업은 규정 자체가 외부수혈을 거의 불가능하게 만들어 놓았다는 게 문젭니다."

자료: 월간조선, 인터뷰: 현명관 전 한국마사회장, 2019. 1. 일부 발췌 편집.

PART 1
행정과 행정학의 이해

PART 2
행정환경

PART 3
행정내부환경

PART 4
경정시스템

PART 5
집행시스템

PART 6
조직시스템

PART 7
지원시스템

PART 8
산출과 피드백

용이 있었기 때문에, 박근혜 정부는 부채감축과 방만경영 해소 그리고 공기업 간 중복된 기능조정 등 보다 가시적이고 실질적인 경영개선에 초점을 맞추었다.

한편 문재인 정부는 박근혜 정부까지 강조되어온 민영화 및 경영효율화 등의 시장과 수익 우선의 공기업 혁신에서 사회적 가치를 포함한 공공성 강화 쪽으로 개혁 방향을 전환시키고 있다. 이러한 변화는 공공기관 경영평가 기준에서 확인할 수 있는데, 비정규직의 정규직 전환을 포함한 일자리 창출, 균등한 기회와 사회통합, 안전 및 환경, 상생·협력 및 지역발전 등의 사회적 가치 구현에 경영평가의 가장 많은 점수를 배정하였다.[66] 특히 공공기관의 감사에 대한 경영평가에서 그동안 중요한 비중을 차지하였던 '방만경영 예방과 적발 및 재발 방지' 항목을 삭제한 것은 공기업의 도덕적 해이를 통제하기보다 사회적 책임을 더 중시한 상징적 조치로 보인다.

공기업은 분명히 공공성도 수익성도 포기할 수 없는 가치이다. 다만 수익성으로 지나치게 기울면 사회적 책임이 약화될 수 있고, 공공성이 지나치면 재정의 지속가능성을 유지하기가 어려울 수 있다. 한 쪽으로 균형을 잃을 때 부작용이 나타나고 이를 바로 잡기 위한 반작용의 힘이 나타나게 된다. 그 균형점은 정부관에서 설명한 대로 선진국의 정부개혁 흐름과 우리 국민의 정부에 대한 신뢰의 영향을 받을 것이다.

(3) 규 제

① 의 의

규제는 정부가 공권력을 이용하여 개인이나 기업의 활동을 정부가 원하는 바람직한 상태로 유도하기 위한 정책수단으로서 재화나 서비스의 생산, 소비, 거래의 모든 과정에 걸쳐 적용된다. 규제는 개인이나 기업의 자유로운 활동을 금지하거나 제한하고 이를 위반한 경우에 불이익이 가해지기 때문에 엄격한 법적 근거가 요구된다.

규제는 그 범위가 워낙 광범위하여 이를 유형화하는 것이 이해에 도움이 되는데, 정책유형에서 소개한 리플리와 프랭클린(Ripley & Franklin)의 경쟁적 규제와 보호적 규제의 구분이 있고 보다 일반적으로는 경제적 규제와 사회적 규제로 구분하게 된다. 경제적 규제는 기업의 본원적 활동을 제한하는 것으로 가격, 시장진입, 독과점 행위 등에 대한 규제이고, 사회적 규제는 소비자, 환경, 노동자 등을 보호할 목적으로 안전, 위생, 오염, 고용 등에 관한 규제가 주를 이룬다.

② 규제수단

규제는 정부가 정한 기준을 규제대상자들이 준수해야 성공할 수 있고 이런 목적을 달성하기 위하여 다양한 규제수단을 사용하게 되는데 전통적 방식의 명령지시적 규제와 현대적 방식의 시장유인적 규제로 나누어 설명할 수 있다.[67]

- **명령지시적 규제**: 명령지시적 규제는 개인이나 기업이 따라야 할 기준을 명확히 정하고 이를 위반한 행위를 처벌하는 방법을 사용한다. 시장진입을 원하는 기업에게 자격요건을 정해 주고 인·허가를 받도록 한다거나,[a] 가격이나 공공요금 인상의 경우 담합 여부를 조사하거나 사전 승인을 받도록 하며, 시장 점유율에 따라 기업의 독과점 여부를 판정하여 기업 활동을 규제하는 방식이다. 환경, 안전, 보건 위생 등의 분야에서는 환경, 시설, 제품, 자격 등의 기준을 정해 위반행위에 대해 법적·행정적 제재를 가하고 의무이행을 강제하게 된다.
- **시장유인적 규제**: 명령지시적 규제는 직접적인 규제효과를 담보할 수 있는 장점은 있지만 통제지향적이고 경직적이며 기업에게 불필요한 비용부담을 주는 단점이 있다.[68] 시장유인적 규제는 이러한 단점을 보완하기 위하여 개인이나 기업에게 의무는 부과하되 그것을 달성하는 구체적 방법은 이들의 자율적 판단에 맡기는 방식이다.[69] 대표적으로 유료 쓰레기 봉투를 사용하도록 함으로써 개인의 선택을 존중

규제의 실효성을 확보하기 위한 금전적 수단들

- **과징금**: 기업의 부당 내부거래나 휴대전화 단말기 보조금 지급과 같은 법규 위반 행위에 대해 경제적 이익을 박탈
- **부담금**: 담배에 붙는 국민건강증진부담금이나 폐기물부담금과 같이 사업수행 경비를 그 사업의 수익자나 원인자에게 부과하는 것으로 부과금과 혼용
- **범칙금**: 범칙금은 공공장소에서의 흡연, 쓰레기 방치, 도로무단횡단, 교통신호 등위반 등과 같이 일상생활에서의 경미한 범죄행위에 대한 금전적 불이익
- **과태료**: 형벌이 되지 않는 법령위반행위에 과하는 금전적 불이익으로, 범칙금을 납부하지 않은 경우 과태료 부과
- **수익성 행정행위(면허)의 정지 또는 철회**: 승차거부나 호객행위 등 불법영업행위를 하는 택시기사에 대한 제재 수단

---

a) 이동통신이나 유선방송 서비스처럼 시장진입을 원하는 기업이 다수인 반면 공급자는 제한해야 하는 경우 승인보다 강력한 진입규제 수단인 허가(franchise)를 사용한다. 허가를 받은 사업체는 특정 지역에서 특정 서비스에 대한 독점적 지위를 부여받는 대신 가격결정이나 영업활동방식에 대해 보다 강력한 규제를 받는다.

PART 1 행정과 행정학의 이해

PART 2 행정환경

PART 3 행정내부환경

PART 4 결정시스템

PART 5 집행시스템

PART 6 조직시스템

PART 7 지원시스템

PART 8 산출과 피드백

하면서 쓰레기 감량효과를 의도하고 있는 쓰레기종량제봉투를 비롯해서, 이름은 다양하지만 배출부과금제, 빈용기보증금제, 교통유발부담금제 등이 모두 시장 유인적인 규제 방식에 해당한다. 이보다 훨씬 시장지향적인 정책수단이 공해배출권의 거래를 허용하는 것이다. 허용 가능한 오염원 배출 총량과 오염권 발행량 그리고 매매규칙을 정해 시장의 기능에 맡기는 방식으로 유럽연합은 2005년 도입하였다. 우리나라는 이명박 정부 때 국제사회에 탄소배출량을 2020년까지 통상 배출전망치(BAU, Business As Usual) 대비 30% 줄이겠다는 약속을 하였고, 그 방법의 하나로 배출권거래제 도입을 결정하였다. 이후 시행에 옮기는 과정에서 산업계의 반대도 있었지만 2015년 1월 12일 온실가스 배출권[a] 거래가 시작되었다.

③ 평 가

규제는 재화나 서비스 생산활동에 비용을 발생시키는 것이 일반적이다. 자동차의 안전벨트나 공해방지시설 의무화와 같이 사회적 규제 분야에서 특히 그렇다. 이러한 생산비용의 증가는 국가 차원에서 보면 다른 생산적인 경제활동의 기회를 뺏는 것이고 그 비용이 소비자의 부담으로 전가되는 속성이 있다. 진입규제와 같은 경제적 규제는 기존에 서비스를 제공하는 기업이나 산업의 이익을 옹호하는 결과를 초래할 수도 있다.[b]

규제에 대한 찬반 역시 공기업의 논쟁처럼 정책적 이데올로기 차원에서 많은 논란의 대상이 되곤 한다. 특히 작은 정부 내지 신공공관리의 맥락에서 규제보다는 규제완화를, 직접규제와 지시명령적 규제보다는 간접규제와 시장유인적 규제를 정책수단으로 선호하지만, 이로 인해 수익자 부담 원칙 등의 시장원리가 적용되는 경우 사회적 약자의 보호에 대한 형평성 문제가 제기될 수 있다. 역대 정부와 현 문재인 정부는 정도의 차이일 뿐 공통적으로, 규제완화로 국민안전이 위험

---

a) 각 국가 또는 한 국가 내의 사업장이나 건물별로 온실가스 배출할당량이 정해지면 할당량 미만으로 탄소를 배출할 경우 여유배출권을 다른 국가 또는 기업에 판매할 수 있도록 한 제도이다. 2015년 최초 거래 당시에 톤당 8,640원 하던 배출권이 2020년 5월에 톤당 평균 3만 4천 원에 거래되었다.

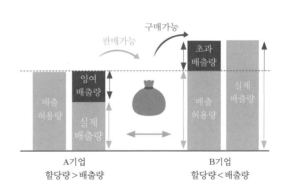

A기업
할당량＞배출량

B기업
할당량＜배출량

자료: 환경부, 환경정책 Briefs, 2014.

b) 이러한 주장을 뒷받침하는 것이 포획이론(capture theory)이다.

분초 다투는 기술경쟁 시대… 규제의 유통기한이 짧아진다

몇 해 전 기획재정부를 취재하면서 한 관료에게 들은 얘기다. 정부의 서비스업 규제 개혁을 총괄 조정하는 업무를 하던 그는 다른 부처들이 말도 안 되는 규제 권한을 틀어쥔 채 고집을 부리고 있다며 한숨을 쉬었다. 그를 포함한 기재부 관료들의 말을 종합해보면 우리 경제의 혁신을 막는 규제 형태엔 크게 3가지 유형이 있다. '상한제, 쿼터제, 면허제.' 뒤로 갈수록 더 강력하고 잘못 운용됐을 때 부작용도 크다.

상(하)한제는 시장에서 거래되는 상품과 용역의 가치를 정부가 통제한다. '이 가격 이상으로는 팔지 말라', 또는 '최소 이 이상의 값은 지불하라'는 것이다. 가격상한제는 남미, 아프리카처럼 민생고가 극심한 나라에서 자주 쓰인다. 정부가 강제로 물가를 누르면 당장에 시장이 안정될 것 같지만 실상은 그렇지 않다. 오히려 싼값에는 물건을 안 팔려고 해서 품귀현상이 생기고 암시장 가격만 치솟는다. 우리나라에서 급격히 오른 최저임금 때문에 일자리가 줄어든 것도 같은 현상이다.

쿼터제는 가격 대신 물량을 통제한다. 기업 매출에 직접 영향을 준다는 점에서 상한제보다 세다. 대학 정원 규제나 영화 스크린쿼터제가 대표적이고 넓게는 대형마트 의무 휴업, 수도권 공장규제도 이 범주에 포함된다. 대부분 자국 산업이나 사회적 약자를 보호한다는 취지로 도입되지만 너무 엄격한 잣대를 들이대면 시장에 역기능을 준다.

면허제는 '규제의 끝판왕'이다. 정부가 높은 울타리를 쳐놓고 한정된 집단만 그 안에서 영업을 허용한다. 기업의 신규 사업 진출을 원천적으로 차단할 수 있기에 가장 강력한 형태의 규제다. 정부의 인허가 도장에 기업의 목줄이 달려있는 셈이다. 이처럼 정부는 때때로 가격을 통제하고, 사업 확장을 제한하며, 높은 진입장벽을 쳐서 새로운 경쟁자의 출현을 막는다. 우리나라의 굵직한 규제들을 거칠게 가지치기 해보면 크게 이 세 가지 틀에서 벗어나지 않는다.

면허제 같은 강력 규제들도 반드시 필요한 측면이 있다. 상습 음주운전자에게 카풀 기사를 맡기거나, 성범죄자에게 보육교사 자격을 줄 수 없다. 문제는 규제가 세상 변하는 속도에 맞춰 유연하게 진화하지 못한다는 것이다.

마치 성장하는 자녀에게 어릴 적 입던 작은 옷을 강요하는 꼴이다. 관료들에게 스스로 쥐고 있는 규제가 시대 흐름에 부합하는지 최소 일주일에 한 번씩은 따져보기를 권한다. 분초를 다투는 기술 경쟁 시대엔, 규제의 유통기한도 짧아질 수밖에 없다.

자료: 동아일보, 2019. 1. 28. 일부 발췌 편집.

해질 수 있는 일부 분야를 제외하고는 가능한 규제를 풀어 투자를 유인하고 일자리를 창출하기 위한 경제활성화 차원에서 규제개혁을 적극 추진하고 있다. 특히 문재인 정부는 집권 첫 해에는 규제완화에 소극적이었지만 2018년 후반기에 들어 4차 산업혁명의 신기술·신산업을 육성하고 새로운 일자리를 만들기 위해서는 규제개혁이 필수적임을 인식하고 몇 가지 의미 있는 정책수단을 도입하였다. 대표적으로 규제 샌드박스(실증규제특례), 규제 프리존(규제자유특구), 네거티브 규제(우선허용·사후규제)가 있다.[a]

(4) 세 금

① 의 의

세금은 본래 국가 재원확보의 중요한 수단이지만 민간부문의 재화나 서비스의 생산과 소비 활동을 바람직한 방향으로 유도하기 위한 정책수단으로도 자주 활용된다. 세금이 많이 부과되는 재화나 서비스는 가격상승에 따라 거래량이 감소하게 되고 세금을 낮춰주는 경우에는 거래량이 증가하게 된다. 정부는 재화나 서비스를 직접 생산하지도 않고 또한 직접 재원을 동원하는 것도 아니지만 시장에서의 거래량을 조정하는 효과를 얻게 된다. 우리나라에서는 사치성 품목, 소비억제 품목, 고급 내구성 소비재 등의 물품, 그리고 경마장·카지노·골프장 등 특

---

a) 규제 샌드박스(regulatory sandbox)는 아이들이 안전하고 자유롭게 뛰어놀 수 있는 모래 놀이터에 비유하여 기존의 규제에 구속받지 않고 새로운 제품이나 서비스를 출시하고 테스트해 볼 수 있도록 허용하는 제도이다. 규제를 완전히 없애는 것이 아니라 한시적으로 면제시켜주는 것이고, 일정 기간 새로운 제품이나 서비스에 대한 시장성이나 위험성 등을 제한적으로 시험하거나 기술적으로 검증해 보는 것이며, 국민의 생명·안전이나 환경 등을 해칠 위험이 있으면 규제가 다시 적용되는 조건적인 것이다. 2018년 9월 국회를 통과한 「지역특구법」, 「산업융합촉진법」, 「정보통신융합법」에는 규제 샌드박스 대신 "실증을 위한 규제특례(실증규제특례)"의 용어를 사용하고 있다. 한편 이들 법에는 안전성 검증을 마치고 신제품·서비스를 활용하여 사업을 하려는 사람에게 적용되는 '임시허가'를 규정하여 실증규제특례와 구분하고 있다.

규제 프리존(규제자유특구, regulation free zone)은 박근혜 정부에서 추진했던 규제개혁으로 지역특성에 맞는 전략산업을 육성하기 위해 일정 지역(zone) 안에서 기존의 규제를 면제시켜주는 것이다. 문재인 정부에서 새로 추진한 규제 샌드박스 규정을 담아 지역특구법의 이름으로 산업융합촉진법, 정보통신융합법과 동시에 통과되었다. 규제자유특구는 비수도권 14개 광역시·도에서 가능하다. 지역의 혁신성장과 전략적 산업을 촉진시키기 위해 실증규제특례, 임시허가 등의 특례가 적용된다.

네거티브 규제(negative regulation)는 규제의 대상이 되는 활동만 열거하고 그 외의 활동은 원칙적으로 허용하고 예외적으로 금지하는 방식이다. 현재 우리나라는 포지티브 규제 방식을 따르는 데 허용된 활동 이외에는 모두 규제의 대상이다. 앞에 언급한 3법과 「행정규제기본법」에서는 네거티브 규제 방식에 해당하는 '우선허용·사후규제' 원칙을 도입하고 있다. 실증규제특례와 임시허가 제도는 이 원칙에 따른 것이다.

PART 1 행정과 행정학의 이해
PART 2 행정환경
PART 3 행정내부환경
PART 4 정책시스템
PART 5 집행시스템
PART 6 조직시스템
PART 7 지원시스템
PART 8 산출과 피드백

정 장소에의 입장 행위에 개별소비세를 부과하고 있고, 사회적으로 장려해야 할 활동에 대하여는 세금감면 수단을 활용하고 있다.

특히 세금부과와는 달리 세금감면은 정부가 추진하는 각종 정책에 탄력적으로 많이 활용되고 있다. 예를 들어, 수도권 과밀 해소를 위해 지방으로 이전하는 중소기업에 대한 세액감면, 해외 진출 기업의 국내 복귀를 장려하기 위해 해외 공장 국내 이전 기업(유턴기업)에 대한 조세감면, 고용안정을 위해 비정규직을 정규직으로 전환하는 중소·중견기업에 대한 조세감면, 특히 청년실업난을 완화하기 위해 청년고용을 증대시킨 기업 그리고 청년이 창업하는 중소기업에도 조세감면 제도를 두고 있다. 개인 차원에서는 중소기업에 취업한 청년의 경우 소득세를 감면받을 수 있으며, 일반인의 경우에도 교육비, 의료비, 기부금, 보험료, 연금 등의 지출에 대해 소득 또는 세액을 공제시켜주고 있다. 특히 저소득 근로자나 사업자(보험설계사·방문판매원)의 근로를 장려하고 소득을 지원하는 근로장려세제(EITC: Earned Income Tax Credit)를 2008년부터 시행하고 있다.[a]

② 평 가

세금감면은 저소득자를 위한 형평성 차원에서 긍정적으로 평가할 수 있을 것이다. 뿐만 아니라 소득효과가 있는 혜택이기 때문에 저항이 없고 상황에 따라 한시적으로 활용할 수 있는 편의성이 있다. 그러다 보니 세금감면이 지나치게 남용될 수 있다. 다음 글상자 내용은 조세감면의 남용과 통제부재를 잘 지적하고 있다. 조세감면은 수입과 지출이 잡히지 않기 때문에 국가재정규모를 왜곡시킬 뿐만 아니라 감사에도 노출되지 않는 '숨은 보조금'이라 할 수 있다. 조세감면은 실제로는 조세 '지출'로서 이를 효율적으로 통제할 수단으로 조세지출예산제도가 주목을 받고 있기도 하다.[70]

(5) 행정지도

① 의 의

그동안 행정지도는 주로 행정법학자를 중심으로 논의가 이루어졌기 때문에

---

a) 연도별 근로장려금 지급 현황

구 분	2010	2011	2012	2013	2014	2015	2016	2017	2018	2019
가 구(천)	566	522	752	783	846	1,282	1,439	1,655	1,760	1,830
금 액(억 원)	4,369	4,020	6,140	5,618	7,745	10,566	10,574	11,967	13,381	43,003
증감율(%)	-3.7	-8.0	+52.7	-8.5	+37.9	+36.4	+0.1	+13.2	+11.8	+221.4

자료: 국세청, 국세통계, http://stats.nts.go.kr/, 2019. 1. 2.; 국세청, 「2019 국세통계연보」, 2019, p.470.

PART 1 행정과 행정학의 이해
PART 2 행정환경
PART 3 행정내부환경
PART 4 결정시스템
PART 5 집행시스템
PART 6 조직시스템
PART 7 지원시스템
PART 8 산출과 피드백

"정부가 '산타'?"··· 세금 왕창 걷고 깎아주기 남발

'뭐하는 짓인지···.'

6일 국회 예산결산특별위원회 수석전문위원실 등에 따르면, 정부가 세금(국세)을 예측치보다 더 거둬놓고 마치 '공돈'이라도 생긴 것처럼 '조세감면'(정부가 세금을 깎아주거나 면제해주는 것)을 남발하고 있다는 비판의 목소리가 커지고 있다.

기획재정부가 전망한 내년 국세감면액은 47조 4,125억 원에 달한다. 올해 전망치(41조 8,598억 원)보다 13.3%(5조 5,527억 원)나 늘어난

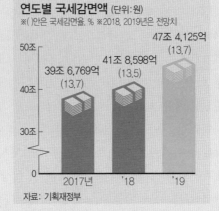

연도별 국세감면액 (단위:원)
※( )안은 국세감면율. % ※2018, 2019년은 전망치

- 2017년: 39조 6,769억 (13.7)
- '18: 41조 8,598억 (13.5)
- '19: 47조 4,125억 (13.7)

자료: 기획재정부

수치다. 더욱 심각한 문제는 내년 국세감면율(13.7%)이 법정 한도(13.8%)에 불과 0.1%포인트 차이로 근접했다는 사실이다. 내년 국세감면율과 법정한도의 격차는 통계를 파악할 수 있는 2015년 이후 사상 최저 수준이다.

국세감면율은 국세감면액을 국세수입과 국세감면액을 더한 수치로 나눠서 백분율을 낸 것이다. 국세감면율 법정 한도는 '직전 3년 국세감면율 평균 +0.5% 포인트'로 구해진다. 해마다 국세감면율 법정 한도를 발표하는 이유는 국가 경제에 무리가 될 정도로 세금(국세)을 깎아주거나 면제해주지 말라고 '가이드라인(지침)'을 준 것이다.

국세감면액이 이렇게 급증하는 근본적인 이유는 추가경정예산까지 편성한 정부가 더는 재정 투입을 늘릴 명분이 없으니까 국세수입이 정부 예측치보다 더 잘 걷힌다는 이유로 세금 깎아주기를 남발하고 있기 때문이다. 세종 관가(官街)에서는 "요즘 정부가 산타클로스처럼 세금을 깎아준다"는 말이 나올 정도다.

최근 정부가 내놓고 있는 유류세 인하, 산업위기지역 투자세액공제율 상향 조정 등 굵직굵직한 정책은 대부분 세금을 깎아주는 것이다.

특히 내년 국세감면액이 급증하는 가장 큰 이유는 근로장려금(EITC)이 올해보다 무려 263.8%(3조 5,544억 원)나 늘어난 4조 9,017억 원으로 급증했기 때문이다. 앞으로 국세수입이 정부 예측치보다 덜 걷히면 '엄청난 재앙'이 될 것으로 전망된다. 김광묵 예결위 수석전문위원(차관보급)은 "국세감면율이 법정한도에 근접하고 있으므로 조세지출에 대한 총량 관리를 강화할 필요가 있다"고 지적했다.

자료: 문화일보, 2018. 11. 6. 일부 발췌 편집.

행정지도의 법적 근거나 구제수단이 없다는 등의 법치주의와 대립되는 측면이 부각되었고 정책수단으로서의 가치는 주목받지 못한 것이 사실이다. 특히 정부의 우월적이고 목민적인 지위가 부각되는 반면 시민의 자율성을 간과하는 제도[71]로서 민주행정에 대한 규범적 지향성을 가진 행정학계의 주목을 받기 힘들었던 것도 사실이다. 보다 현실적으로 행정지도에 대한 연구가 활발한 일본에서 공부한 학자가 극히 제한적이고 반면에 공식적 제도화를 강조하는 미국행정학의 영향을 받은 학자가 행정학계의 주류를 이룬다는 점도 그동안 행정지도에 대한 관심이 소홀했던 이유가 될 것이다.

이러한 학문적 관심과는 별도로 우리나라에서 행정지도는 일제강점기부터 시작해서 현재에 이르기까지 행정 현장에서 널리 이용되고 있다.[72] 구체적으로, 금융위원회가 집값 안정을 위해 1억 원 이상의 신용대출을 받아 서울 등 규제지역 내에서 집을 사면 대출금을 회수하기로 한 것이나,[73] 교육부가 사립유치원의 원아모집시기를 일방적으로 연기·보류하지 못하도록 한 것,[74] 그리고 물가지수와 관련된 제품가격을 인상하려는 기업에게 정부가 자제를 요청하는 것[75] 등은 중앙정부의 행정지도 예이다. 행정지도는 지방정부에서 활용빈도가 더 높다. 서울시교육청은 학벌 위주의 문화를 조장할 우려가 있다고 보아 입시학원의 합격 축하 현수막을 단속하는가 하면,[76] 일부 지자체에서는 행정지도 차원에서 재생타이어의 버스 사용을 금지하고,[77] 전력소비를 낮추기 위하여 민간건물에 대해서도 겨울철 실내 난방온도를 20℃ 이하로 권장하고,[78] 지역 내 공사에서 지역건설업체의 참여를 일정 비율 이상 지키도록 유도하고 있다.[79]

정부는 2002년 「행정절차법」 개정에서 행정지도에 관한 규정을 포함시킴으로써 정책수단으로서의 가치를 공식화하였다. 「행정절차법」에서는 행정지도를 "행정기관이 그 소관사무의 범위 안에서 일정한 행정목적을 실현하기 위하여 특정인에게 일정한 행위를 하거나 하지 아니하도록 지도, 권고, 조언 등을 하는 행정작용을 말한다"[80]고 정의하고 원칙으로서 최소한의 지도에 그칠 것, 부당한 강요를 하지 말 것, 불이익 조치를 취하지 말 것 등을 규정하고 있다.

② 효 용 성

행정지도는 무엇보다도 법의 경직성을 보완할 수 있는 적시성과 상황적응성의 장점이 있다. 새로운 상황이 발생하였을 때 현장에서 즉각적인 대응이 가능하다. 법의 엄격하고 복잡한 절차를 피함으로써 시간과 노력을 절약할 수 있는 편의

PART 1
행정과 행정학의 이해

PART 2
행정환경

PART 3
행정내부환경

PART 4
경쟁시스템

PART 5
집행시스템

PART 6
조직시스템

PART 7
지원시스템

PART 8
산출과 피드백

성도 중요한 이점이다. 법적 강제로 발생하기 쉬운 대립과 저항을 피하고 대화와 설득 그리고 동의를 전제로 하기 때문에 절차적 민주이념에 부합하고 집행이 보다 원활하게 이루어질 수 있다는 점도 장점이다. 이런 유연한 접근이 한국의 온정주의 문화에 적합하다는 주장도 가능하다. 행정지도는 구두로 하는 것이 일반적이기 때문에 근거를 남길 필요가 없어 상대방의 사생활이나 명예를 보호하는 등의 보안을 유지할 필요가 있을 때 유용한 수단이 될 수 있다.[81]

③ 문 제 점

문제점으로는 행정법학자들이 주로 주장하는 것으로서 '지도에 의한 행정'이 가져오는 법치주의 침해를 들 수 있다. 지도로 인해 손해가 발생하였을 때 행정책임의 소재가 불분명하고 구제수단이 없다는 것도 문제다.[a] 행정지도에는 공무원의 재량이 많이 작용하고 그러다 보면 자의적 판단이 개입하기 쉬워 형평성을 상실할 수도 있다. 끝으로 행정지도는 숨은 규제의 대표적인 사례로 행정규제기본법에 등록된 규제가 아니기 때문에 규제개혁의 사각지대로 인식되고 있다. 규제성격의 많은 행정지도가 권고, 협조요청, 구두지시 등의 형태로 기업활동을 위축시키고 시장을 왜곡시키는 부작용을 낳고 있지만 정부가 직접 숨은 규제를 찾아 없애지 않으면 외부에서 알기 어렵기 때문이다. "기업 입장에서는 정부의 행정지도와 같은 보이지 않는 규제가 법에 규정된 규제보다 더 무서운 경우가 많다."[82]는 현장의 지적을 심각하게 받아들일 부분이다.

3) 선 택

다양한 정책수단 중에서 어느 것이 정책목표를 달성하는 데 가장 적합한 것인지는 객관적인 평가를 토대로 선택할 문제이다. 직접제공, 민간위탁, 지원금 등의 금전적 지원, 그리고 공기업은 모두 국민의 세금을 재원으로 동원하여 집행·지원하는 것이고, 세금감면은 세금을 거두어 다른 곳에 다른 형태로 배분할 기회와 바꾼 것이기 때문에, 자원배분의 효율성 차원에서 정책수단을 평가해볼 문제이다. 행정지도와 규제도 필요성이 있어 도입하겠지만, 개인이나 기업 활동을 제약하여 사회적 비용을 야기하기 때문에 편익과 비용의 엄밀한 비교를 통해 비용

---

[a] 한 농민이 면사무소와 농촌지도소에서 금년에는 수익성 높은 고추를 경작하는 것이 좋다는 권유를 받아들여 농협에서 대출까지 받아 대규모로 고추를 경작하였는데 그해 고추 풍년이 들어 가격 하락으로 경제적 손실을 보았지만, 법적 구제를 받을 수 없다는 대한법률구조공단의 해석이다(네이버 지식iN, 잘못된 행정지도로 인한 손해배상청구 가능한지, 2018. 1. 29).

이 큰 경우 행정지도나 규제를 과감히 없애고 다른 정책수단을 고려해야 한다. 특히 보조금이나 세금감면처럼 한번 결정되면 혜택을 줄이기가 쉽지 않은 정책수단의 경우 미국 등 선진국에서 채택하고 있는 증거기반(evidence-based)의 엄밀한 평가를 통해 효과성이 확인되지 않는 프로그램을 과감히 폐지하는 개혁조치가 요구된다.

정책수단은 또한 이러한 합리적 선택의 차원을 넘어 하나의 정치과정이라 할 수 있다. 정책수단은 그 자체가 가치배분의 속성을 가지고 있기 때문이다. 따라서 국가가 지향하는 정치경제적 이념을 고려하지 않을 수 없다. 국가의 책임성과 형평성을 중시하는 경우 정책집행의 효과를 보다 확실히 담보할 수 있는 정부의 직접제공이나 명령지시적 규제와 같은 정부 개입적인 수단을 선호할 것이다. 반면에 자본주의 시장원리와 자원배분의 경제적 효율성을 강조하는 경우 민영화, 민간위탁, 시장유인적 규제를 보다 선호할 것이다.

주

1) Thomas B. Smith, The Policy Implementation Process, *Policy Sciences*, 4(2), 1973, pp. 197−209.

2) 주목을 받지 못한 이유에 대해서는 Donald S. Van Meter & Carl E. Van Horn, The Policy Implementation Process: A Conceptual Framework, *Administration & Society*, 6(4), 1975, pp. 448−449 참조.

3) Jeffrey Pressman & Aaron Wildavsky, Implementation: *How Great Expectation in Washington are Dashed in Oakland*, Berkeley: University of California Press, 1973.

4) Ibid.

5) Ibid.

6) 주간동아, 2020. 10. 29.

7) 한국경제, 2020. 9. 28.

8) YTN, 2020. 7. 15.

9) 글로벌경제신문, 2020. 11. 12.

10) Richard Elmore, Backward Mapping: Implementation Research and Policy Decisions, *Political Science Quarterly*, 94(4), 1979, pp. 601−616.

11) Paul A. Sabatier & Daniel A. Mazmanian, The Conditions of Effective Implementation: a Guide to Accomplishing Policy Objectives, *Policy Analysis*, Fall 1979; L. A. Gunn, Why is Implementation So Difficult?, *Management Services in Government*, November 1978. 두 논문에서 주장하고 있는 내용을 취합함.

12) Elmore, op.cit.

13) Melvin J. Romzek & Barbara S. Dubnick, *American Public Administration: Politics and the management of expectations*, New York: Macmillan Publishing Company, 1991.

14) Paul A. Sabatier, Top−Down and Bottom−Up Approaches to Implementation Research: A Critical Analysis and Suggested Synthesis, *Journal of Public Policy*, 6(1), 1986.

15) 통합적 접근을 주장한 Elmore의 다음 논문에서 비유한 예를 지명을 바꾸어 재구성한 것이다: Richard Elmore, Forward and Backward Mapping: Reversible Logic in the Analysis of Public Policy, in Kenneth Hanf & T. A. J. Toonen(eds.), *Policy Implementation in Federal and Unitary System*, Dordrecht, Netheland: Matinus Jijhoff Publishers, 1985, pp. 33−70.

16) Ibid., pp. 36−37.

17) Malcom L. Goggin, The Too Few Cases/Too Many Variables Problem in Implementation Research, *Western Political Quarterly*, 39, 1986, pp. 328-347.

18) 김일경·이호욱, 경영자의 임기가 기업의 성과에 미치는 영향 : 경영자 직무 요구의 조절효과를 중심으로, 「전략경영연구」, 제16권 제1호, 2013, pp. 1-22; B. A. Walters, M. J. Kroll, and P. Wright. CEO Tenure, Boards of Directors, and Acquisition Performance, *Journal of Business Research*, 60(4), 2006, pp. 331-38.

19) 박근혜 대통령 신년 기자 회견, 2014. 1. 6.

20) 최성모·송병주, 정책집행의 정치적 성격과 특징: 의약분업정책을 중심으로, 「한국행정학보」, 26(3), 1992, p. 26.

21) George C. Edwards III, *Implementing Public Policy*, Washington, DC: Congressional Quarterly Press, 1980; Daniel A. Mazmanian and Paul P. Sabatier, *Implementation and Public Policy*, Glenview, IL: Scott, Foresman and Company, 1983; James S. Larson, *Why Government Programs Fail: Improving policy implementation*, New York: Praeger Publishers, 1980, ch. 1.

22) 최성모, 정책집행이론개발을 위한 대안적 시도: 정책내용, 정책맥락, 집행스타일을 중심으로, 한국행정학회 월례회 발표논문, 1991. 10, p. 17.

23) Paul A. Sabatier and Daniel A. Mazmanian, The Implementation of Public Policy: A Framework of Analysis, in Daniel A. Mazmanian and Paul A. Sabatier(eds.), *Effective Implementation*, Lexington, MA: D.C. Heath and Company, 1981, pp. 4-24.

24) Carl E. Van Horn, *Policy Implementation in Federal System: National Goals and Local Implementors*, Lexington, MA: D.C. Heath and Company, 1979.

25) Eugene Bardach and Robert A. Kagan, *Going by the Book: The problem of regulatory unresonableness*, Philadelphia: Temple University Press, 1982.

26) Mazmanian and Sabatier, op.cit., pp. 6-10.

27) 중앙일보, 최우석 칼럼: 경제난과 고결한 실험, 2004. 10. 18.

28) 최성모·송병주, 전게서.

29) Randall B. Ripley and Grace A. Franklin, *Bureaucracy and Policy Implementation*, Homewood, IL: The Dorsey Press, 1982.

30) Ibid.

31) George C. Edwards III, *Implementing Public Policy*, Washington, DC: Congressional Quarterly Press, 1980.

32) 박광국, 환경정책의 성공적 집행을 좌우하는 요인에 관한 인식도 평가, 「한국행정학보」, 29(1), 1995, pp. 183-200.

33) 이경원, 정책집행에 영향을 미치는 요인, 「법과 정책」, 제주대학교, 창간호, 1995, p. 269.

PART 1
행정과 행정학의 이해

PART 2
행정환경

PART 3
행정내부환경

PART 4
경영시스템

PART 5
집행시스템

PART 6
조직시스템

PART 7
지원시스템

PART 8
산출과 피드백

34) 노화준, 「정책학원론」, 서울: 박영사, 2003, p. 428.

35) 최종원, 정책집행연구의 이론적 틀에 대하 비판적 고찰, 「한국정책학회보」, 7(1), 1998.

36) 박광국, 문화정책의 상황론적 집행이론 구축을 위한 한·미간 비교연구, 「한국정책학회보」, 8(1), 1999.

37) Sabatier and Mazmanian, op. cit., pp. 538-560.

38) Elmore, op. cit.

39) Ira Sharkansky, *Policy Predicament*, Bombay: Allied Publishers, 1978.

40) 김행범, 실증적 정책집행에 관한 연구, 「한국행정학보」, 29(4), 1995, pp. 1443-1462.

41) 김광웅·서영복, 현명한 결정 실효없는 집행, 「행정논총」, 22(2), 1984, p. 87.

42) 이승준, 수자원개발 정책집행의 영향요인: 주민저항을 중심으로, 「전북행정학보」, 14(2), 2000, pp. 99-130.

43) 표시열, 행정학과 공법학의 가교를 위한 실천적 과제: 행정과정에서의 적법절차와 정보공개를 중심으로, 「한국행정연구」, 8(1), 1999, pp. 158-178; 이승종, 지방정부의 행정정보공개: 행정통제론적 접근, 「한국행정학보」, 25(3), 1991, pp. 891-916.

44) James E. Anderson, *Public Policy-Making*, 3rd ed., New York: Holt, Rinehart and Winston, 1984, p. 101.

45) Ibid.

46) 이시원·하상근, 정책대상집단의 불응에 대한 경험적 연구: 국민연금정책을 중심으로, 「한국행정학보」, 36(4), 2002, p. 202.

47) Ibid., p. 203; Anderson, op. cit., p. 103.

48) 배점모, 해운조직에 있어서 정책불응의 원인에 관한 연구: 여객선 사고의 사례를 중심으로, 박사학위논문, 고려대학교 대학원, 1995.

49) 강제상·김종래, 수질규제정책에 대한 정책대상집단의 순응에 관한 연구, 「한국정책학회보」, 5(2), 1996; Anderson, op. cit., p. 102.

50) 박경효, 정책집행모형에 관한 비교연구: 그 이론적 실제적 함의, 「법률행정논집」, 서울시립대학교, 1993, p. 223.

51) 서정환, 건강검진정책의 집행요인에 관한 연구: 담당 직원 및 대상집단의 인식조사를 중심으로, 박사학위논문, 성균관대학교 대학원, 2004, p. 122

52) 상게서.

53) OECD, *The State of Regulatory Compliance: Supporting materials*, PUMA/REG(99)/ANN, 1999, p. 7.

54) Lester M. Salamon & Odus V. Elliot, *The Tools of Government: A Guide to the new governance*, Oxford University Press, 2002, p. 19.

55) Ibid.

56) Ibid.

57) Robert B. Denhardt, *Public Administration: An action orientation*, 3rd ed., Fort Worth, TX.: Harcourt Brace College Publishers, 1999, p. 99.

58) https://www.whitehouse.gov/omb/factsheet/paying-for-success, 2015. 5. 16.

59) http://www.thirdsectorcap.org/what-is-pay-for-success, 2015. 5. 16.

60) Rochelle L. Stanfield, If Vouchers Work for Food, Why Not for Housing, Schools, Health and Jobs, *National Journal*, 23, 1983, pp. 840-844.

61) 유훈, 정책수단에 관한 고찰, 「행정논총」, 30(2), 1982, p. 143.

62) 배득종, 「신재무행정」, 서울: 박영사, 2004, p. 178.

63) Gerald E. Caiden, *Public Administration*, 2nd ed., Pacific Palisades, CA: Palisades Publishers, 1982, p. 189.

64) 박동서, 「한국행정론」, 서울: 법문사, 1998, p. 352.

65) 유훈, 정책수단에 관한 고찰, 「행정논총」, 30(2), 1982, p. 145.

66) 기획재정부, 「2020년도 공공기관 경영평가편람」, 2019. 12.

67) 최병선, 「정부규제론: 규제와 규제완화의 정치경제」, 서울: 법문사, 1992, 제14장.

68) 최병선, 최근의 환경규제수단의 평가, 「행정논총」, 30(2), 1982, p. 180.

69) 상게서, p. 179.

70) 국회 예산정책처, 조세지출예산제도와 정책과제, 정책보고서, 2004. 12.

71) 김규정, 「행정학원론」, 서울: 법문사 1997, p. 51

72) 한승연, 행정지도의 유형과 역사적 전개과정: 대한제국시대부터 국민의정부까지, 박사학위논문, 고려대학교 대학원, 2003.

73) 연합뉴스, 2020. 11. 13.

74) 뉴스1, 2018. 11. 30.

75) 한국경제, 2015. 2. 3.

76) 연합뉴스, 2015. 5. 17.

77) 한겨레, 2014. 11. 26.

78) 뉴스웨이, 2013. 12. 17.

79) 아시아투데이, 2015. 2. 9.

80) 「행정절차법」 제3조, 2002. 12. 30 개정, 법률 제6839호.

81) 오석홍, '행정지도'에 관한 연구, 「행정논총」, 23(2), 1985, pp. 37-56; 오석홍, 「행정학」, 서울: 박영사, 2004, pp. 917-918.

82) 연합뉴스, 2015. 5. 17.

행정서비스 11

정책집행이 안정 단계에 들어서고 정책수단이 하나의 제도로서 정착되면 관심의 초점은 정책에서 다시 조직과 조직구성원(공무원) 그리고 서비스에 모아진다. 이 단계에서 사람들은 관공서(도청, 시청, 구청, 주민자치센터 등등)에 들렀을 때 얼마나 쾌적한 공간에서 편리하고 친절한 서비스를 제공받았는지에 관심을 갖는다. 또 자신이 살고 있는 동네가 얼마나 범죄로부터 안전하고 거리가 잘 정비되어 있으며 공원이 잘 갖추어져 있는가에 관심을 갖는다. 정책순응과 불응의 역동적인 정책집행단계에 비해 일상적이고 정형화된 서비스를 관리하고 전달하는 단계이다. 이러한 차원의 행정서비스는 지방자치단체를 포함한 일선기관에서 제공하며, 지역 현장에서 주민들의 일상생활이나 기업활동에 직결되는 민원 중심으로 이루어진다.

1. 서비스의 전달주체

1) 의 의

지역에서의 행정서비스는 크게 두 기관에 의해 제공되는데 하나는 중앙행정기관이 지역에 설치한 특별지방행정기관이고 다른 하나는 지방자치단체이다. 특별지방행정기관의 예로는 지역에 위치한 세무서, 세관, 출입국·외국인사무소, 국토관리사무소 등이 있으며 이들은 소속 중앙행정기관의 지시·감독하에 세무, 통관, 출입국, 국토관리 등 특화된 영역의 국가사무를 수행한다. 한편 지방자치단체는 국가와 대응하는 독자적인 법인격으로 국가가 수행할 사무를 위임받아 수행하는 위임행정과 자치단체 고유의 사무를 수행하는 자치행정으로 구분한다.

특별지방행정기관은 서비스 수요자의 지역적 분포를 고려한 조직의 공간적 분화의 한 형태로서 기본적으로 중앙행정기관과 수직적인 위치에서 국가행정을 수행한다. 한편 지방자치단체는 법적 실체가 국가와 구분되고 선거에 의해 단체장과 의회가 구성되며 자치단체별로 고유한 일과 일하는 방식을 선택할 수 있기 때문에 지역 현장의 행정서비스 개념에 더욱 부합한다. 지방자치단체의 행정을 일반적으로 지방행정으로 이해할 수 있다.[1]

이렇게 지역 현장의 행정서비스를 지방자치단체 중심으로 이해할 때 다음과 같은 특성이 있다. 첫째, 중앙부처 차원에서의 전국적인 통일성이 강조되는 것이 아니라 지역적 특성에 따른 다양성이 강조된다. 둘째, 지역 주민들의 일상생활과 직결되는 청소, 공원, 도로, 건축, 주민복지 등의 서비스를 지역주민의 생활공간 안에서 제공하는 생활행정이자 근접행정이다. 셋째, 국가사무를 위임 받아 수행하기도 하지만 기본적으로 지역 주민의 참여를 통해 자치단체가 어떤 일을 할 것인지 스스로 정하고 책임지는 지방자치를 강조한다.[2]

2) 지방자치단체

(1) 구조적 이해

우리나라의 지방자치단체는 2020년 기준으로 17개의 광역자치단체와 226개의 기초자치단체가 2층 구조를 이루고 있다.[a] 이 중에서 행정서비스 전달과 직결되어 있는 것은 기초자치단체이며 이들은 해당 행정권역(시·군·구) 내의 상·하수도, 복지, 위생, 건축, 교통을 포함한 종합 행정을 수행한다. 한편 자치제도가 잘 발달된 국가에서는 특수한 목적달성을 위한 기능만을 수행하는 자치단체를 두는 경우가 많은데 예를 들어 미국의 교육구(school district)가 여기에 해당한다. 이들 특별자치단체는 (보통)지방자치단체와 독립적인 재정과 지역 분할을 하고 있다.[b]

우리나라 지방자치단체의 내부 구조를 보면 주민 직선의 단체장과 지방의회로 구성되어 이들 간에 견제와 균형의 역할을 기대하고 있다. 국가 차원에서의 대

---

[a] 광역자치단체는 다시 특별시·광역시·특별자치시·도·특별자치도로, 기초자치단체는 시·군·구로 세분한다. 기초자치단체로서 구는 특별시와 광역시의 관할 안의 구만을 말하며 자치권에서 시·군에 비해 약한 것이 일반적이다(지방자치법 제2조).

[b] 우리나라에서 지방교육청은 특별지방자치단체의 형태를 취하고는 있지만 단체장 선출, 교육위원회구성, 재정확보 등 여러 측면에서 자치단체의 지위가 약하고 교육부의 특별지방행정기관의 성격이아직 남아 있다.

PART 1
행정과 행정학의 이해

PART 2
행정환경

PART 3
행정내부환경

PART 4
경정시스템

PART 5
집행시스템

PART 6
조직시스템

PART 7
지방시스템

PART 8
산출과 피드백

통령(행정부)과 국회(입법부)에 대응하는 구조이다. 지방의회는 자치단체의 중요한 사항을 결정하는 의결기관으로 조례의 제정 및 개폐, 그리고 예산의 확정 및 결산 승인의 권한을 가지고 있다. 단체장은 의회가 결정한 사항을 구체적으로 집행하며, 자치단체의 목적을 적극적으로 실현하기 위하여 조례에서 위임한 내용을 규칙으로 정하며, 나아가 국가에서 위임한 사무를 처리하는 집행기관이다. 단체장의 이러한 집행업무를 행정적으로 돕기 위해 부단체장 등 보조기관을 두는데 자치단체의 조직도에 나타나는 실·국·과·계 등이 여기에 해당한다. 대통령제의 원리에 가까운 이러한 지방자치단체의 기관구성을 기관분립형(기관대립형)이라 한다.

외국의 경우 의원내각제와 유사한 기관통합형(기관단일형)도 채택하고 있다. 기관통합형은 주민 직선으로 지방의회만 구성하고 의회 의장이 단체장을 겸하는 방식이다. 기관통합형은 의결기능과 집행기능이 단일화되어 있기 때문에 단체장과 의회 간의 마찰로 인한 비효율성을 줄일 수 있고 책임성 확보가 분명하다는 장점이 있다. 그러나 견제와 균형을 통해 얻을 수 있는 민주적 가치가 약화되는 것은 단점이 된다.[3]

지방자치단체의 기관 구성은 분립형과 통합형의 둘로 엄격히 구분되는 것은 아니며 이들 간 절충도 가능하고 한 국가 안에서도 매우 다양한 형태가 나타난다.[a] 국가의 역사적 전통이나 지역의 다양한 특성이 유형의 선택에 중요하게 작용하는 것으로 볼 수 있다.[4]

(2) 기능적 이해

지방자치단체의 기능을 이해하는 데는 기본적으로 지방자치의 역사적 맥락, 그리고 중앙과 지방의 관계에 대한 기본적인 입장을 이해하여야 한다.

① 지방자치의 역사적 맥락

지방자치는 크게 영국과 미국 중심의 주민자치와 독일과 프랑스 중심의 단체자치의 두 역사적 전통에 의해 각기 다른 특성을 가지고 발달되어 왔으며 그것이

---

a) 기관분립형을 취하고 있는 미국의 경우를 보면, 주로 대도시에서는 시장과 의회가 모두 주민의 직접 선거에 의해 구성되지만(mayor-council form), 중소도시에서는 의회만 선거로 구성하여 입법 등 주요 결정 기능을 맡고 예산집행 등 시의 행정기능은 의회가 city manager(시지배인)를 선임하여 위임하는 형태가 많다(council-manager form). 시의회가 시지배인을 두어 시정을 운영하는 방식은 일반 회사의 이사회에서 전문 경영인을 사장(chief executive officer, CEO)으로 선임하여 회사경영을 맡기는 것과 유사하다. 한편 시장-의회 형태의 경우에도 일부 대도시에서는 선출직 시장 밑에 시지배인 또는 시정관리관(chief administrative officer)을 두어 행정을 총괄하도록 하고 시장은 정치적 기능을 전담하기도 한다(strong mayor form).

각 국의 현 자치제도에 영향을 미치고 있다.

　　주민자치: 영국과 미국 중심의 주민자치는 자치권은 자치단체 고유의 권한이라는 사상 아래 지역 사회의 문제는 그 지역 주민의 참여하에 스스로 결정하고 처리하며 결과에 대해 책임지는 방식이다. 국가가 수행하는 기능과 자치단체가 수행하는 기능은 서로 독립적이며 지방자치단체가 국가의 하급기관으로서의 기능을 수행하지 않는다. 따라서 지방자치단체는 국가사무를 수행하는 특별지방행정기관과 엄격히 구분되고, 지역 주민이 주체가 되어 결정한 고유사무만을 담당하게 된다.

　　단체자치: 독일과 프랑스 중심의 단체자치에서 자치권의 의미는 국가로부터 파생 내지 위임된 것으로 본다. 비록 지방자치단체가 국가의 간섭을 받지 않고 자율적으로 지역의 문제를 결정하고 처리한다 하더라도 그것은 국가로부터 법적으로 그러한 지위와 권한을 부여받았기 때문에 가능하다고 본다. 단체자치의 시각에서는 지방자치를 법률적 의미로 이해하며[a] 분석의 초점을 주민자치의 주체적 지위에 있는 '주민'이 아니라 국가목표달성을 위한 수단적 성격을 가진 법인격으로서의 '단체'에 초점을 맞춘다. 지방자치단체는 국가가 허용한 범위 안에서 해당 지역의 주민복리를 위해 포괄적으로 자치권을 행사할 수 있고 여기에는 고유사무와 위임사무가 포함된다.

　　② 중앙집권과 지방분권

　　일반적인 의미의 집권은 권한이 하나 또는 소수의 사람(일반적으로 상급기관 내지 조직의 상층부)에게 집중되어 있는 것을, 분권이란 권한이 하급기관이나 조직의 하층부에 분산 위임되어 있는 것을 말한다. 중앙집권과 지방분권은 이 개념을 중앙과 지방의 관계에 적용한 것이다.[b] 따라서 중앙집권은 정치 및 행정상의 권한이 중앙정부에 집중된 경우를 말한다. 중앙집권하에서 중앙정부는 지방정부에 대한 감독통제권이 강하고 지방정부의 자율성은 약화된다. 중앙집권이나 지방분권의 정도를 짐작할 수 있는 요소들로 지방정부 주요 보직의 임명권, 지방정부 재정

---

a) 주민자치는 이 점에서 정치적 의미의 자치이다.

b) 엄밀하게 구분하면 국가와 지방자치단체 간의 권한배분이지만 중앙집권과 지방분권은 하나의 단어로 받아들여지고 있어 여기서도 중앙과 지방의 용어를 그대로 쓰도록 한다. 이때 중앙과 지방은 법제적 의미는 아니며 관할범위가 전국적이냐 지역적이냐의 구분이라 할 수 있다. 즉, 국가와 지방자치단체간의 권한 배분뿐만 아니라 전국적 관할권을 가진 부·처·청의 중앙행정기관과 지역적 관할권을 가진 특별지방행정기관과의 권한 배분도 넓은 의미의 중앙집권과 지방분권에 포함시킬 수 있다. 전자의 경우 정치적 권한의 의미가 강하고 후자의 경우에는 행정적 권한의 의미가 강한 것으로 구별할 수 있겠다.

PART 1
행정과 행정학의 이해

PART 2
행정환경

PART 3
행정내부환경

PART 4
결정시스템

PART 5
집행시스템

PART 6
조직시스템

PART 7
지원시스템

PART 8
산출과 피드백

자립도, 중앙정부와 지방정부의 인적·물적 자원의 규모, 정책결정기능과 집행기능의 배분 등을 들 수 있다.

중앙집권은 지방분권에 비해 전국적으로 통일되고 일관된 정책을 기획하고, 이를 신속하고 효율적으로 집행하며, 국가 위기관리능력이 앞선다는 장점이 있는 반면, 지방의 다양성을 살리지 못하고 주민자치의 기회를 약화시킴으로써 지방의 민주적 정치발전을 저해한다는 단점이 있다. 그러나 한 국가의 중앙집권과 지방분권은 이러한 이론적 논의만으로 결정되는 것은 아니며 시간과 공간의 복합적인 영향을 받을 수밖에 없다.

주민자치의 전통을 가진 영국과 미국은 지방분권이 강하고 단체자치의 전통을 가진 독일과 프랑스는 중앙집권적인 요소가 많다는 것은 이들 개념에 비추어 짐작할 수 있다. 그러나 이들 국가도 정보 및 교통 통신의 급속한 발달, 세계화에 따른 국가 개념의 약화와 글로벌 경쟁의 심화, 그리고 그에 따른 국내외 생활권역의 광역화[5] 등 새로운 환경변화를 맞아 중앙정부와 지방정부의 기능배분을 재정립하고 있다.

예를 들어 중앙집권이 강화되기도 하는데 그것은 과거 감독·통제 등의 권력적 주종관계 차원이 아니라 지방정부의 기능을 보완하고 협력하는 차원에서 이루어지고 있다. 즉, 중앙집권이 지방정부의 자치권을 약화시키지 않으면서 국가경쟁력을 높이기 위한 실용적 목적에서 추진된 것이다.

한편 지방분권화 역시 중앙정부와의 배타적 시각이 아니라 합리적 기능배분(중앙정부는 정책기능, 지방정부는 집행기능)이나 지방의 불균형 발전을 해소하기 위한 목적 등 중앙정부와의 협력적·동반자적 관계에서 진행된 것이다. 이러한 새로운 개념의 중앙집권과 지방분권을 과거와 구분하기 위해 신중앙집권과 신지방분권이라는 용어를 쓰고 있다.

③ 우리나라의 실태

우리나라 지방자치단체의 기능은 고유사무(자치사무)와 위임사무를 모두 수행하고 있어 단체자치에 가깝다. 위임사무는 다시 단체위임사무와 기관위임사무로 구분한다.

고유사무는 지방자치단체가 자체적으로 재원을 조달하여 자기 책임하에 추진하는 사업이다. 주민자치에 부합하며 상하수도, 오물처리 및 청소, 공원, 도서관, 초등학교 교육, 학교급식, 주민등록·호적에 관한 사무로 현지성과 주민편의성을 주요 속성으로 한다.[6]

표 11-1 국가사무와 지방사무의 배분 비중

단위: 개(%)

조사시점	조사기관	국가사무	지방사무	합 계
1994. 1	총무처(당시)	11,744(74.5)	4,030(25.5)	15,774(100.0)
2001.3~2002.1	지방이양추진위원회	30,240(72.7)	11,363(27.3)	41,603(100.0)
2009	행정안전부	30,325(71.7)	11,991(28.3)	42,316(100.0)
2013	한국지방행정연구원	31,290(68.0)	14,715(32.0)	46,005(100.0)

자료: 지방이양추진위원회, 제 4 기지방이양추진기본계획안, 2007.; 안전행정부(현 행정안전부) 지방행정실, 국가와 자치단체간 사무 구분 기준 및 사례(정책참고자료), 2013. 12. p. 1; 한국지방행정연구원, 새로운 판별기준에 따른 국가 총사무 재배분 조사표 작성, 2014. 1, p.17.

단체위임사무는 국가 및 상급자치단체로부터 위임받아 수행하는 사무이다. 국가와 지방자치단체가 공동의 이해를 가지고 있으며 국가가 국고보조금의 형태로 지방자치단체와 재원을 공동 부담한다. 전염병 예방, 공과금, 하천유지, 국도유지, 보건소 등에 관한 사무이며 지방의회가 간여할 수 있다.

기관위임사무는 전국적인 통일을 요하는 사무로 소요경비 전액을 국가에서 교부금으로 부담한다. 병사, 경찰, 국세조사, 의약사 면허 등에 관한 사무이며 원칙적으로 지방의회가 간여하지 못한다.[a] 사무를 위임한 국가기관의 엄격한 지휘감독을 받기 때문에 지방자치단체는 이들 기관의 하부기관의 지위에 놓인다.

국가사무와 지방사무를 분류한 〈표 11-1〉을 보면, 국가사무와 지방사무의 비중이 1994년에 3:1 수준이었던 것이 2013년에 2:1수준이 되어 그동안 지방사무가 많이 증가한 것은 사실이지만, 아직까지 국가의 기능이 자치단체에 비해 많은 것만은 부인하기 힘들 것이다. 〈표 11-2〉는 법적·이론적 구분과는 별도로 〈표 11-1〉과 같이 국가사무와 지방사무(자치사무+위임사무)를 실무적으로 분류할 때 적용한 구체적인 기준이다.

(3) 문제점 및 과제

우리나라는 역사적으로 중앙집권의 오랜 역사를 가지고 있다. 그러다 보니 아직까지 중앙집권의 정도가 심각한 상황이다. 앞에 살펴보았듯이 절대적으로 많은 기능을 국가가 수행하고 있고 기타 인력 및 예산에 관한 많은 권한도 국가가 가지고 있다. 2020년도(1월 1일 기준) 일반회계 예산 중에서 국가와 지방자치단체

a) 지방자치단체 및 그 장이 위임받아 처리하는 국가사무와 시·도의 사무에 대하여 국회와 시·도의회가 직접 감사하기로 한 사무 외에는 그 감사를 각각 해당 시·도의회와 시·군 및 자치구의회가 할 수 있다(지방자치법 제41조 제3항).

PART 1
행정과 행정학의 이해

PART 2
행정환경

PART 3
행정내부환경

PART 4
결정시스템

PART 5
집행시스템

PART 6
조직시스템

PART 7
지원시스템

PART 8
산출과 피드백

표 11-2 국가사무와 지방사무의 배분 기준

구 분	배분 기준
국가 사무	① 지방자치단체간 조정·통합 및 평가 등에 관한 사무 ② 국민의 안전과 관련하여 종합적·통일적 대응이 요구되는 사무 ③ 국제협약 등 국제적으로 통일적 처리가 필요한 사무 ④ 국민 최저생활(national minimum) 보장 등 인간다운 생활을 하기 위한 국민의 기본적 권리와 관련하여 보편적 복지로서 국가의 지원이 필요한 사무 ⑤ 효과적 국토 이용 및 국가 균형발전을 위한 기반구축 등 국가에서 추진해야 할 사무 　－ 지역간 격차해소 및 균형발전에 관한 사무 등 ⑥ 국가지정 특정도서, 국가지정 문화재 등 국가차원의 지속적 관리가 필요한 사무
광역 시·도 사무	① 시·도 관할의 시·군·구간 조정, 평가 등에 관한 사무 ② 효율적 운영·관리를 위해 광역적 규모 하에서 처리하는 것이 적절한 사무 　－ 지방하천 수계관리, 광역상수원 관리 등 ③ 시·군·구에서 확보하기 어려운 상당한 전문성이 요구되는 사무 　－ 구제역 검사, 수질·대기의 오염정도 측정 등 ④ 사무처리의 효과가 시·도에 한정적으로 영향을 미치는 사무 　－ 지방도로 건설 ⑤ 행정수요 특성에 의해 시·군·구별 업무량이 편중된 사무 　－ 구조 및 응급처치에 관한 교육 등
시·군·구 사무	① 국가 또는 시·도차원의 통일적 처리를 요하지 않으면서 다양한 지역특성에 맞게 업무처리가 필요한 사무 　－ 주거환경 개선사업, 경관계획의 수립, 문화·관광 분야 해설사 선발·관리 등 ② 현지성이 강하여 시·군·구가 수행하는 것이 효율적인 사무 　－ 어린이놀이시설 안전진단 실시·사고 보고의무 및 사고조사 등 　－ 의료기기 수리업 신고 및 폐업 신고의 수리, 영업소 폐쇄명령 등 ③ 사무처리의 효과가 시·군·구에 한정적으로 영향을 미치는 사무 　－ 소규모 토석채취 허가, 농로포장, 용·배수로 정비 등 ④ 전문지식이 필요하지 않은 단순집행적인 성격의 사무 　－ 석유제품 판매업자 등의 공표, 병든 가축의 신고 수리 등

자료: 지방자치발전위원회, 지방자치발전 종합계획, 2014. 12.

지방분권 추진원칙

- **선분권·후보완의 원칙**: 지방정부와 시민사회에 대한 신뢰에 기반을 두고, 회의적이고 부정적인 시각을 탈피하여 우선적으로 분권조치를 하며 시민사회와 자치단체가 분권의 부작용을 스스로 치유해 나갈 수 있는 자정능력을 갖도록 보완해 나간다는 원칙[a]
- **보충성의 원칙**: 기능배분의 원칙으로 가까운 정부에 우선적인 관할권을 인정한다는 국가조직원리로 민간이 처리할 수 있는 경우에 국가공동체가 관여해서는 안 되며, 가까운 지방정부가 처리할 수 있는 업무를 상급지방정부나 중앙정부가 관여해서는 안 된다는 원칙
- **포괄성의 원칙**: 기존의 개별적인 단위사무를 이양하는 방식에서 오는 단편적인 지방이양 및 중앙–지방간 연계성 부족 등의 문제점을 보완하기 위한 포괄적인 사무이양의 원칙[7]

가 차지하는 비중은 각각 62%와 38%이고, 지방자치단체의 예산 중에서 자체 재원 규모(재정자립도)는 50.4% 수준이었다.[8] 2019년도 조세 총액 중 지방세가 차지하는 비중은 23.6%로 지난 10년 간 큰 변동이 없었다.[b] 중앙과 지방의 불균형을 보여주는 지표들이고, 특히 재정 측면에서 지방자치단체의 자율성이 매우 취약하다고 말할 수 있다. 이런 점에서 우리나라 역시 국가와 지방자치단체가 무엇이 국가경쟁력을 높이고 국민통합에 도움이 되며 정치발전에 기여할 수 있는가의 거시적 국가 목표를 중심으로 상호 협력적인 노력으로 지방분권화가 추진될 것이 요구된다. 그런 점에서 노무현 정부 때 정부혁신지방분권위원회가 세운 세 가지 원칙(앞의 글상자 참고)은 올바른 방향 설정으로 평가할 수 있겠다.

a) 2008년 출범한 이명박 정부의 지방분권촉진위원회에서 정한 지방분권의 원칙은 자율성, 보충성, 포괄성이었다(www.clad.go.kr).

b) 국세·지방세 규모와 비율은 다음과 같다:

단위: 조 원(%)

구분	2010	2011	2012	2013	2014	2015	2016	2017	2018	2019
국세	177.7 (78.3)	192.4 (78.6)	203.0 (79.0)	201.9 (79.0)	205.5 (76.9)	217.9 (75.4)	242.6 (76.3)	265.4 (76.7)	293.6 (77.7)	293.5 (76.4)
지방세	49.2 (21.7)	52.3 (21.4)	53.9 (21.0)	53.8 (21.0)	61.7 (23.1)	71.0 (24.6)	75.5 (23.7)	80.4 (23.3)	84.3 (22.3)	90.5 (23.6)

* 2019.12.31. 기준
자료: 행정안전부, 「2020 행정안전통계연보」, 2020, p. 226.

PART 1
행정과 행정학의 이해

PART 2
행정환경

PART 3
행정내부환경

PART 4
결정시스템

PART 5
집행시스템

PART 6
조직시스템

PART 7
지원시스템

PART 8
산출과 피드백

지방자치 20돌…재정·입법권 약한 '무늬만 자치'

1일로 지방자치 도입 20주년을 맞았다. 6번의 선거를 치르며 풀뿌리 민주주의를 한 단계 발전시켰다는 평가를 받았지만, 늘어나는 사회복지비 부담과 국세에 편중된 재정구조로 지방의 살림살이는 도리어 빠듯해지는 형편이다. 자치사무의 비율도 20%, 지방세의 비중도 20%에 불과해 분권을 강하게 주장하는 전문가들로부터 '2할 자치', '무늬만 자치'라는 평가가 나오고 있다.

이날 행정자치부에 따르면 전국 지자체의 평균 재정자립도는 2013년까지 줄곧 50%대를 유지했으나 지난해 처음으로 50% 이하인 44.8%로 떨어진 데 이어, 올해도 45.1%로 개선 기미를 보이지 않고 있다. 전문가들은 "'평균의 함정'을 걷어내면 상황이 더욱 심각하다"고 지적한다. 올해 재정자립도가 한 자릿수인 지역은 전국적으로 무려 59곳이나 됐다. 그 중 전남 신안군과 완도군은 5% 이하 수준이었다. 사정이 낫다는 서울 25개 자치구도 최근 2~3년 사이 평균 재정자립도 30%선이 위협받을 정도로 추락했고, 노원구(15.9%), 강북구(18.6%), 도봉구(19.5%), 은평구(19.8%) 등 4곳은 10% 선에 불과했다.

이는 갈수록 급증하는 사회복지비 부담 때문으로 분석된다. 김홍환 시도지사협의회 선임위원은 "사회복지분야 국고보조사업이 2006년 이후 계속 증가했고, 특히 2010년 기초노령연금, 무상보육 등 대규모 국고보조사업이 확대돼 지방비 부담액 역시 가중됐기 때문"이라고 지적했다. 주요 사회복지 정책을 중앙정부의 재원으로 수행하지 않고 지방재정에 일부 분담시키기 때문이란 지적이다.

이 때문에 전문가들은 "국세와 지방세 비율 조정을 통해 자체 재원의 비중을 높이고 의존 재원을 축소해야 한다"고 입을 모은다. 이상범 시장군수구청장협의회 선임 전문위원은 "지방자치제 실시 이후 국세와 지방세 비율 8대2가 20년 동안 변하지 않고 있는 게 문제"라며 "지자체의 건전한 살림살이를 위해선 일본과 같이 6대4의 비율로 옮겨가야 한다"고 말했다. 재정구조가 지나치게 중앙 의존적이어서 지방재정의 자주성과 건전성을 해치는 주된 원인이 되고 있다는 지적이다. 〈중략〉 재정부담이 수반되는 국가 업무가 중앙에서 일방적으로 결정되고 지방은 해결만 강요당하는 구조가 문제라는 지적도 많다. 현재 지방의 고유사무는 20%에 불과하고, 나머지는 국가 위임 사무다. 이 전문위원은 "국가 위임사무는 예산이 수반되는 사업이라 국가가 통제권을 가질 수밖에 없다"며 "지자체 사무를 늘려 권한을 이양하는 게 맞다"고 말했다.

자료: 머니투데이, 2015. 7. 1. 일부 발췌 편집.

문재인 정부는 지방분권을 적극적으로 추진하고 있다. 물건 살 때 가격에 포함된 부가가치세(10%) 중에서 지방자치단체에 주는 지방소비세율을 2019년에 2018년보다 4%포인트 증가한 15%로, 2020년에 다시 6%포인트 증가한 21%로 올렸다. 이로써 2020년부터 지방자치단체는 2018년보다 연 8.5조 원의 세수 증대 효과가 기대된다. 다만 국가균형발전특별회계(균특회계)로 낙후지역과 농어촌 자치단체에 제공하던 포괄 보조사업을 지방사무로 이양하면서 소요 예산 3.5조 원을 지방소비세로 충당하도록 함으로써 순 세수 증대 효과는 4조 원 수준이다.[9] 정부는 지방자치단체의 재정 자율성뿐만 아니라 기능 자율성을 확대하기 위해서 국가가 가진 권한과 사무를 지방에 일괄 이양하는 것을 추진하고 있다. 정부로서 정부지방자치단체에 이양할 사무를 개별 입법 형태로 국회 상임위를 통과시키는 데에는 많은 시간이 소요되고 성과 내기도 어렵다. 따라서 역대 정부에서 관련 법률을 지방이양일괄법 하나에 통합해서 처리하는 방법을 시도하였다. 일괄이양 방식이 효과적임에도 불구하고 국회는 여러 이유로[a] 노무현 정부 때부터 미루어 오던 지방이양일괄법을 2020년 1월에 46개 법률에 규정된 400개 사무를 지방사무로 일괄 이전하는 내용을 담아 통과시켰다. 지방분권은 국가에서 자치단체로 기능을 이양하는 것에 그치지 않고 이들 사무를 수행하는 데 필요한 추가 행·재정 지원이 마련될 때 실질적인 성과를 낼 것이다.

3) 특별지방행정기관

(1) 의 의

국가는 국가의 존립, 전국적 통일과 조정, 전국적 기획, 고도의 전문적 기술 등을 요하는 사무에 대하여 국가사무로 분류하고 이를 직접 담당하고 있다.[10] 그런데 이런 업무가 전국에 걸쳐 이루어지기 때문에 지역의 여건을 반영해야 하는 경우도 있고, 통솔의 범위가 넓어 지역에 소속기관을 두어 업무를 수행해야 하는 경우도 있다. 병무청, 국세청, 경찰청, 해양항만청, 국토관리청 등 많은 국가기관이 지역별 업무를 관장할 사무소를 두고 있다. 이들을 특별지방행정기관이라 한다. 특별지방행정기관은 국토관리나 환경관리와 같이 지역의 특수성을 고려할 수 있지만

---

a) 국회 처리 과정의 어려움은 다수의 상임위원회에 속하는 법률을 어느 한 위원회에서 개정하는 것은 국회법상 소관주의에 어긋나고, 심사에서 배제된 상임위의 법률심사권이 침해될 수 있기 때문이다. 또한 일반 국민이 그 많은 내용을 이해하기 어렵기 때문에 알 권리가 침해될 우려가 있다는 것이다 (지방자치발전위원회, 「지방자치발전백서」, 2017. 9).

기본적으로 전국적 통일을 요하는 국가사무를 수행한다는 점에서 지역 고유의 사업을 수행하는 지방자치단체와 구분된다.[a] 또한 특별지방행정기관의 소속 공무원은 국가공무원이기 때문에 상급기관과의 인사이동에 장벽이 없지만 지방자치단체의 경우 단체장의 동의가 있을 때 제한적으로 중앙부처와 인사교류가 이루어진다.

(2) 문제점

우리나라의 특별지방행정기관은 여러 가지 문제점을 안고 있다. 첫째, 2019년 말 통계로 5,139개[11]나 되는 특별지방행정기관들 간에 일부 기능이 중복되는 등 통합적이고 체계적인 관리가 미흡한 편이다. 특히 지방자치단체와 이분화되어 있어 이들 간에 기능의 횡적 조정도 어려운 상태다.[12]

둘째, 특별지방행정기관의 내부 운영이 중앙부처나 지방자치단체의 행정조직보다 더 관료적이다. 지방에 위치하다 보니 중앙에 비해 변화에 대한 인식이나 대응이 약하고, 중앙의 통제를 받다 보니 지방자치단체에 비해 주민의 요구에 대한 대응이 둔감하기 때문일 것이다.

셋째, 특별지방행정기관은 광역 단위에서 지방청이 있고 다시 그 아래 소속 기관들을 두고 있는 중층 구조를 가진 경우가 많다. 문제는 이들 간에 지시-감독-통제의 관계를 형성하면서 관료적 속성이 강화되고 서비스 전달의 효율성을 떨어뜨릴 수 있다는 점이다.[13]

이런 문제점에 비추어 특별지방행정기관의 기능에 대한 정확한 실태조사를 기초로 유사중복기능을 통폐합하고, 민간위탁이나 민영화를 고려하며, 지방자치단체와도 기능조정을 통해 지방행정의 종합적 정비를 하는 것이 필요한 상황이다.[14]

2. 서비스의 전달대상

1) 주민에서 고객으로

행정서비스의 전달대상으로는 전통적 의미의 주민과 현대적 의미의 고객을 생각할 수 있다. 지역에서 제공되는 다양한 행정서비스의 전달대상은 전통적으로

---

a) 특별지방행정기관에 대응하여 지방자치단체를 보통지방행정기관으로 부르기도 한다. 특별지방행정기관은 또한 통상 일선기관과 동의어로 사용되기도 하지만 일선기관도 넓은 의미로는 지방자치단체를 포함한다. 따라서 전자를 특별일선기관 후자를 보통일선기관으로 구분할 수 있다.

주민이었다. 우리나라에서 주민은 법적으로 해당 지방자치단체에 주소지를 둔 모든 사람을 일컫는다. 이들은 해당 지역에 주민세 등의 세금을 내는 대신 자치단체에서 제공하는 서비스를 차별 없이 받을 권리를 가진다. 이 중에서 만 18세 이상의 유권자는 자치단체의 장이나 의원을 선출할 투표권을 행사하는 등 지역의 실질적인 주인에 해당한다. 주민의 이러한 정치적·법적 지위는 지방자치단체와의 공적인 관계에서 발생하며 개별적으로 분리시켜 생각할 수 없는 집합의 의미가 강하다.[a]

한편 고객은 시장(민간부문)에서 서비스를 제공하는 사람과 서비스를 구매하는 사람과의 사적이고 개별적인 관계에서 등장하는 개념이다. 따라서 고객은 단일 공급자의 독점적 서비스를 제공받는 주민과는 달리 다수의 공급자가 제공하는 다양한 서비스 중에서 자신의 기호에 맞는 서비스를 선택적으로 구매할 수 있다. 역으로 고객은 지불하는 비용이나 태도에 따라 공급자로부터 서비스의 차별을 받을 수 있지만 주민의 경우에는 세금을 더 낸 사람이나 덜 낸 사람이나 서비스에 차별을 받지 아니한다. 또한 고객은 서비스를 구체적으로 받고 있거나 받은 경험이 있는 사람으로 한정한다는 점에서[15] 서비스와 무관한 사람까지를 포함하는 주민의 개념과 구분된다.

이러한 개념 차이 때문에 고객이란 말은 공급자 중심의 정부부문에서는 그동안 사용되지 않던 개념이다. 그러던 것이 1980년대 이후 행정개혁 차원에서 정부부문에도 민간부문의 시장원리 내지 경쟁원리가 도입되면서 행정서비스의 질적 제고를 강조하게 되었고 이와 함께 고객의 개념도 강조되기 시작하였다.

정부부문에서 주민에게까지 고객의 시장적 지위를 부여하는 것에 대해 주민의 정치적·법적 지위를 약화시키고 공공성을 훼손시킬 수 있다는 비판과 함께,[16] 정부부문에서는 동일한 서비스라 하더라도 집단 간에 이해가 상충할 수 있기 때문에 엄격한 의미의 고객이 존재하지 않는다는 비판[17] 또한 제기되기도 한다.

하지만 고객은 주민을 대체하는 것이 아니라 보완하는 의미로 받아들일 수 있다. 주민의 지위는 기본적으로 인정하고 거기에 고객의 개념에 담긴 서비스 정신을 보완하는 '주민을 고객과 같이'의 개념으로 이해하면 될 것이다. 그렇게 함으로써 오히려 주민을 보다 더 주권자의 지위로 인정할 수도 있다. 또한 여기서의

---

a) 여기서 주민을 지역에 주소지를 둔 법적·형식적 차원을 넘어, 유권자로서 지역의 대표자를 뽑고 납세자로서 지방정부의 살림을 감시하는 등 주민자치, 지방자치의 정치적 주체로서 개념화하고 있기 때문에 이 책의 제3장과 제6장에서 언급한 시민(citizen)과 유사한 개념으로 이해하면 된다.

PART 1 행정과 행정학의 이해
PART 2 행정환경
PART 3 행정내부환경
PART 4 경정시스템
PART 5 집행시스템
PART 6 조직시스템
PART 7 지원시스템
PART 8 산출과 피드백

행정서비스는 일상적이고 정형화된 상태에서 일선공무원–고객의 관계에 초점을 맞추기 때문에 정책과정에서 강조되는 시민으로서의 지위와 참여의 문제도 크게 우려할 정도는 아닐 것이다.

행정개혁을 외치는 정치인들에게 고객은 훌륭한 수사적 단어가 되고 있다. 유권자에게 보다 친근하게 다가가고 지지로 이어질 수 있다는 기대를 할 수 있기 때문이다. 거기에다 최근 행정서비스헌장제도와 고객만족도조사 등 고객지향이 구호가 아니라 현실 행정이 되면서 공무원은 물론 국민들까지도 '행정서비스=고객지향'이라는 등식을 보통명사로 받아들이는 단계가 된 것 같다.

고객서비스의 연속선상에서 민원제도는 시장에서의 불량품 리콜(recall)제에 해당할 정도의 매우 강력한 고객지향제도이다. 행정서비스에 대해 민원인의 요구가 있을 때 그에 대응해 주도록 제도화하고 있기 때문이다. 이제 고객지향 행정서비스와 민원행정서비스를 차례로 알아본다.

2) 고객지향 행정서비스

(1) 의 의

① 개념에서 현실로

고객에 주목하기 시작한 것은 당연히 시장원리에 민감한 민간부문이다. 미국은 1970년대 오일 쇼크 이후 경기 침체를 맞으면서 시장점유율 확대 전략이 한계에 부딪히고 고객이 이탈하면서, 외형과 단기 수익 중심의 전통적 경영방식의 한계를 인식하고 보다 장기적이고 안정적인 수익 기반으로 고객관리를 생각한 것이다.[18] 공급자 중심의 행정이 주민의 수요에 적극적인 관심을 보이기 시작한 것 역시 미국의 경우 납세자의 조세저항과 비대한 정부에 대한 비판이 일기 시작한 1970년대라 할 수 있다.

그러나 이 시기에는 아직 고객의 개념까지 발전하지 못했고 1980년대 말 클린턴 정부가 들어선 이후 급속히 확산되었다. 구체적으로 정부혁신의 전도서라 할 수 있는 오스본과 게블러(Osborne & Gaebler)의 1992년 저서 *Reinventing Government*에서 본격적으로 고객지향을 강조하였다. 또한 클린턴 정부의 국가성과평가위원회(National Performance Review)는 1994년 제목부터 도전적인 「고객 최우선(*Putting Customers First*)」[19]이라는 책을 시작으로 일련의 고객지향 행정에 대한 지침서를 내놓았고, 1998년 제1회 국가품질대상(Malcolm Baldrige National Quality

Award)의 평가요소에 고객지향성이 포함되면서, 고객은 더 이상 개념이 아니라 행정 현실이 되어갔다. 영국에서는 1991년 메이저 총리가 시민헌장제도(The Citizen's Charters)의 제창을 시작으로 1990년대 행정개혁의 기조를 이루었다. 이후 이런 움직임은 캐나다, 호주, 뉴질랜드, 싱가포르 등으로 확산되면서 행정서비스의 기본 축을 공급자 중심에서 수요자 중심으로 이동시키는 데 큰 영향을 미쳤다.

우리나라에서는 1970년 말에 민원사무처리규정을 둘 정도로 주민 요구의 중요성을 일찍이 인식하긴 했지만 그것은 정부에 제기된 주민의 불만이나 고충에 대한 수동적 반응의 의미로 볼 수 있다. 고객지향의 행정에 대한 본격적인 관심은 1990년대 중반 외국의 행정개혁에 관심을 가졌던 일부 학자들의 논문에서 시작되었고[20] 이어 1995년 지방자치제가 실시되면서 고객지향에 대한 관심이 증폭되었다. 비록 지방자치가 밑에서의 주민의 힘이 아니라 위에서의 정치적 타협의 산물이었긴 하지만 지방자치의 속성상 주민의 요구가 중시될 수밖에 없었기 때문이다. 여기에 김대중 정부는 영국의 시민헌장을 벤치마킹하여 행정개혁 차원에서 1998년 행정서비스헌장제도를 도입함으로써 우리나라에서도 그동안 개념적 논의 수준에 머물러 있던 고객이 본격적으로 행정의 현장에 적용되기 시작하였다.

② 중 요 성

고객지향의 행정서비스는 그동안 바뀌어 있던 주인과 대리인의 위치를 바로 되돌리는 의미가 있다. 민주주의 원리에서 주민은 주인이고 선출직 공무원은 주민들로부터 권한을 위임받은 대리인이다. 그러나 주인-대리인 모형이 암시하듯이 행정에서 주인은 대리인을 제대로 통제하기 힘든 구조를 가지고 있다. 민주주의와 지방자치의 역사가 짧아 선거에 의한 통제마저 제대로 작동하지 않을 때 이러한 주인-대리인 역전 현상은 더욱 심각해진다. 고객지향의 강조는 정부-주민(국민)에 대한 기존의 피라미드형 인식틀을 역피라미드형 인식틀로 바꾸는 데 의미가 있다(〈그림 11-1〉). 정부가 주민에게 서비스를 제공하고 나서 주민의 만족을 확인하는 것이 아니라 먼저 주민의 요구를 듣고 선제적으로 서비스를 제공하는 의식의 전환이다.

이런 시각에서 고객지향의 행정서비스는 민주주의 정신과 부합하는 측면이 있다. 경쟁시장에서 기업가가 물건을 만들 때 소비자의 선호를 무시하고 계속 생산해 낸다면 얼마 가지 않아 재고가 쌓이고 기업은 파산하고 말 것이다. 마찬가지로 지역 내 주민이 어떤 서비스를 원하는지, 관청을 방문한 민원인이 무엇을 원하는지 주의하지 않고 정부가 일방적으로 획일적인 서비스를 강요한다면 그 정부는

PART 1 행정과 행정학의 이해

PART 2 행정환경

PART 3 행정내부환경

PART 4 결정시스템

PART 5 집행시스템

PART 6 조직시스템

PART 7 지원시스템

PART 8 산출과 피드백

[그림 11-1] 공급자 중심과 고객 중심의 행정서비스에 대한 인식틀

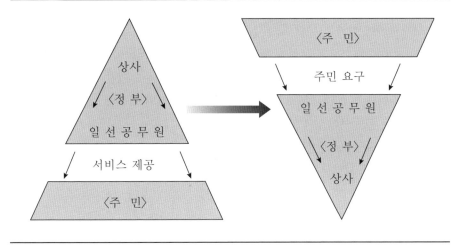

신뢰를 잃고 그에 대한 책임을 선거에서 지게 될 것이다.

(2) 고객지향의 서비스 전략

고객지향의 행정서비스가 되기 위해서는 서비스 제공을 담당하는 공무원과 관리자의 의식전환도 중요하지만 조직차원에서 이를 뒷받침할 수 있는 제도의 구축도 필요하다.

① 의식전환: 어떤 의식을 가져야 하는가?

고객지향에서 강조할 수 있는 의식의 전환은 첫째, 서비스 정신이다. 그것은 단순히 친절해야 한다는 의미를 넘어 남을 돕고 남을 위해 일한다는 것이 얼마나 가치 있는 것인지에 대한 확고한 신념이다. 둘째, 기계적으로 법규를 적용하는 책임회피적이고 행정편의적인 태도에서 벗어나 위임된 권한을 자기 책임하에 적극적으로 해석하고 적용하는 자세가 요구된다. 셋째, 찾아오는 고객을 기다리는 것과 같은 소극적인 자세가 아니라 고객이 무엇을 필요로 하는지 어디에 무슨 문제가 있는지 적극적으로 찾아 나섬으로써 민원이 발생하기 전에 문제를 해결하는 자세를 가진다. 넷째, 정책개발이나 전략기획의 단계에서부터 고객의 니즈분석 (needs analysis)을 포함시켜 탁상행정이 되지 않도록 한다. 다섯째, 일선공무원은 항상 학습하는 자세를 가져야 한다. 대부분의 서비스가 전국적·전세계적으로 유사하게 제공되는 보편성이 있기 때문에 그 중에 벤치마킹할 사례를 찾고 적용하

는 꾸준한 노력이 있어야 한다.

② 제 도 화

고객지향이 효과를 보기 위해서는 인식의 변화뿐만 아니라 행동의 변화를 요구한다. 행동의 변화를 꾸준히 유인하고 압박하는 것이 제도이다. 현재 정부가 행정기관 및 공공기관에 공식적으로 채택하고 있는 제도는 고객만족도조사[a]와 행정서비스헌장이다.[21] 고객만족도조사는 흥미 있는 몇 개의 항목에 대해 여론조사하는 형식이 아니라 서비스의 질을 나타내는 항목을 체계적으로 개발하고 과학적인 조사기법을 이용하여 정기적으로 조사하는 것으로서, 행정안전부와 많은 지방자치단체가 연 1회 실시를 의무화하고 있다. 행정서비스헌장은 도입 당시에는 선언적이고 상징적인 의미에 그칠 것이라는 비관론도 있었지만, 단체장의 관심에 따라 헌장에 서비스의 기준을 명확히 규정하는 등 헌장을 조직관리와 공직문화 개혁 차원에서 적극 활용하는 경우도 확인할 수 있다. 제도화 측면에서 최근의 중요한 발전은 인터넷을 활용한 고객 편의적이고 신속한 서비스를 제공할 수 있는 전자정부 시스템 구축이다. 정부민원행정서비스의 대표 포털인 '민원 24'가 여기에 해당하며 자세한 것은 제16장에서 설명한다.

(3) 고객만족도조사

① 의 의

고객만족도조사는 고객이 경험한 행정서비스의 질에 대한 만족도를 총칭하는 말로 앞에 어떤 표현을 삽입하느냐에 따라 보다 구체적인 만족도 조사가 된다. 여기서는 주로 '지방정부의 민원행정서비스에 대한' 고객만족도조사로 범위를 좁혀 이해한다. 고객만족도조사는 행정서비스 평가의 보다 일반적 개념인 시민평가(citizen evaluation)의 한 유형으로 볼 수 있다. 시민평가의 특성은 행정서비스의 질적 수준에 대해 서비스 사용자인 고객이 직접 평가하는 것으로 평가자가 주관적으로 인식한 상태를 평가한다는 점이다.[22] 시민평가는 국무조정실에서 중앙행정기관이 수행하는 민원행정서비스에 대한 만족도조사와 주요 국정과제 및 정책의 추진효과에 대한 만족도조사[23] 등 다양한 행정기관의 행정서비스에 대한 시민(국민, 주민, 고객, 민원인 등)의 평가를 포괄한다.

---

[a] 서비스에 대한 만족도를 조사할 때에는 서비스를 경험했거나 경험하고 있는 사람을 대상으로 해야 한다는 점에서 서비스의 경험이 없는 사람까지를 포함하는 주민만족의 용어는 적합하지 않다는 주장도 있다(김번웅·김판석, 「신한국행정론」, 서울: 법문사, 2001, p. 646).

PART 1
행정과 행정학의 이해

PART 2
행정환경

PART 3
행정내부환경

PART 4
결정시스템

PART 5
집행시스템

PART 6
조직시스템

PART 7
지원시스템

PART 8
산출과 피드백

[그림 11-2] 고객만족도조사의 의의

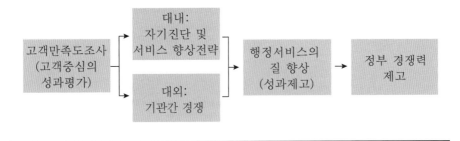

자료: 박중훈, 민원서비스에 대한 고객만족도조사, 「한국행정연구」, 10(1), 2001, p. 48 재구성.

고객만족도를 조사하는 중요한 목적은 행정서비스를 경험한 고객이 실제 인식하는 만족의 수준이 어느 정도인지 진단하는 것이다. 만족도가 높고 낮은 영역을 분석하여 고객중심의 서비스 향상을 위한 전략을 세우거나 기관 간 비교를 통해 경쟁을 유도할 수 있다. 이와 같이 만족도조사는 대내적으로 자기진단과 대외적 경쟁을 통해 서비스의 질을 높이는 등의 행정성과를 높일 수 있고 궁극적으로 정부의 경쟁력을 높이는 데 도움을 줄 수 있을 것이다(〈그림 11-2〉 참고).[24]

특히 보상과 연결시키기 위해서는 상대평가가 이루어져야 하고 결과에 대한 승복을 구하기 위해서는 과학적 방법론에 따라 조사가 엄격히 수행되어야 한다. 특히 고객만족에 대한 타당한 구성요소를 개발하는 것이 무엇보다 중요하다.

② 고객만족 구성요소

고객만족의 대상은 '서비스의 질(service quality)'로 압축된다. 이때 서비스의 질은 매우 추상적이기 때문에 학자에 따라 그리고 서비스의 종류(의료, 노인복지, 교육 등)에 따라 다양한 차원의 분류가 가능하다. 서비스의 질에 대해 가장 선도적 연구자라 할 수 있는 Parasuraman, Zeithaml & Berry는 처음 10개 차원을 제시하였다가 유사 차원을 통합하여 다시 5개 차원으로 제시하였다(〈표 11-3〉 참조).

행정서비스에 대한 고객만족의 차원은 이러한 민간부문의 차원을 행정서비스의 특성에 맞게 수정 개발한 것으로 사용하는 기관에 따라 약간씩 차이가 있다. 지방자치단체의 고객만족도조사는 행정서비스의 질적 차원을 접근용이성, 편리성, 쾌적성, 신속성, 친절성, 공정성 등으로 분류하는데 다음 글상자의 경기도 광주시 고객만족도조사 설문지처럼 각 차원은 구체적인 질문형태로 구성된다.

표 11-3 서비스 질의 차원

서비스의 질 평가 10 차원*	SERVQUAL 차원**	SERVQUAL 차원의 정의
유형성	유형성	물리적 시설, 장비, 직원의 용모, 커뮤니케이션 자료
신뢰성	신뢰성	약속한 서비스를 믿을 수 있고 정확하게 수행할 수 있는 능력
대응성	대응성	고객을 가까이 돕고 신속한 서비스를 제공하려는 의지
능 력	확신성 (보장성, assurance)	직원의 지식과 능력, 공손함, 고객에게 믿음과 확신을 심어줄 수 있는 능력
예 의		
신빙성		
안전성		
접근성	공감성 (empathy)	고객을 이해하고 개별적인 배려와 관심을 보이는 자세
커뮤니케이션		
이해성		

* A. Parasuraman, A. V. Zeithaml, & L. L. Berry, A Conceptual Model of Service Quality and Its Implication for Future Research, *Journal of Marketing*, 49, 1985, pp. 41-50.

** A. Parasuraman, A. V. Zeithaml, & L. L. Berry, SERVQUAL: A Multiple-item Scale for Measuring Consumer Perceptions of Service Quality, *Journal of Retailing*, 64, Spring 1988, pp. 12-40.

사례: 광주시(경기도) 고객만족도조사 설문지

지금부터 선생님께서 경험하신 민원행정서비스를 회상하시면서 각 서비스 항목에 대해 만족하시는 정도를 10점 만점으로 기재해 주시면 됩니다. (매우 만족이면 10점, 매우 불만족이면 1점을 주시면 됩니다.)

매우 불만족 |									매우 만족 |
1	2	3	4	5	6	7	8	9	10

PART 1
행정과 행정학의 이해

PART 2
행정환경

PART 3
행정내부환경

PART 4
결정시스템

PART 5
집행시스템

PART 6
조직시스템

PART 7
지원시스템

PART 8
산출과 피드백

Ⅰ. 다음은 민원행정의 "서비스 환경"과 관련한 질문을 드리겠습니다.

번호	항목	질문	응답점수
문 1	이용편리성	민원실 및 민원청구의 위치, 접근성, 안내표지판 활용 등 민원실 이용이 편리했다.	
문 2	편의성	민원실 방문시, 안내표지, 필기도구, 대기석, 주차시설, 환경 등 민원실의 물품 및 시설 이용이 편리했다.	
문 3	쾌적성	민원실의 실내온도, 공기, 조명, 인테리어 등을 고려한다면 민원실의 환경은 쾌적했다.	

Ⅱ. 다음은 민원행정의 "서비스과정"과 관련한 질문을 드리겠습니다.

번호	항목	질문	응답점수
문 4	친절성	담당 공무원은 문의사항에 대해 친절하고 정중하게 응대하였다.	
문 5	정보이용 용이성	담당 공무원은 민원처리 과정에 대한 정보제공 및 안내를 충분히 하였다.	
문 6	구비서류 적절성	담당 공무원은 불필요한 구비서류 제출을 요구 또는 요청하지 않았다.	
문 7	방문횟수 적절성	담당 공무원은 불필요하게 행정기관 방문을 요구 또는 요청하지 않았다.	

Ⅲ. 다음은 민원행정의 "서비스결과"와 관련한 질문을 드리겠습니다.

번호	항목	질문	응답점수
문 8	신속성	담당 공무원은 신청한 민원 업무를 신속하게 처리하였다.	
문 9	전문성	담당 공무원은 신청한 민원에 대해 잘 알고 있었다.	
문 10	공정성	담당 공무원은 민원업무를 공무원 편의가 아닌 공정한 기준으로 처리하였다.	

Ⅳ. 다음은 민원행정의 "전반적 만족도"와 관련한 질문을 드리겠습니다.

번호	항목	질문	응답점수
문 11	전반적 만족도	민원처리 후, 민원행정서비스에 대해 전반적으로 만족한다.	

자료: 현대리서치연구소, 2014년도 광주시 고객만족도 설문조사 결과보고서, 2014. 12. 일부 발췌 편집.

(4) 행정서비스헌장

① 의 의

행정서비스헌장제는 헌장의 제정지침에 잘 밝혔듯이 '행정기관이 제공하는 행정서비스의 기준과 내용, 이를 제공받을 수 있는 절차와 방법, 잘못된 서비스에 대한 시정 및 보상조치 등을 구체적으로 정하여 공표하고 이의 실현을 국민에게 약속하는 것'으로[25] 고객만족의 서비스를 문서화하여 주민과 약속한 것이다.

시장에서 서비스를 제공받는 경우 그 이용료를 내듯이 정부부문에서는 행정서비스에 대한 대가로 세금을 내고 있다. 그동안 계약서 없이 묵시적인 약속하에 서비스와 세금이 교환되어 왔다. 문제는 공급자 중심의 전통적 행정서비스 방식이 납세자를 만족시키지 못해도 정부는 이에 대한 책임 의식이 약했다는 점이다. 행정서비스헌장은 아파트 전세 계약서를 작성할 때 하자 보수 등에 대한 주인의 의무를 명기하듯이 정부가 제공할 서비스의 질적 기준을 제시하고 기준 미달의 불량 서비스에 대해서 시정조치를 요구할 수 있도록 명시적으로 강제한 계약서라 할 수 있다.[26]

② 서비스헌장의 제정

헌장을 이와 같이 행정서비스에 대한 계약서라고 이해한다면 헌장 제정시 그 계약 내용을 분명히 담아야 한다. 참고할 점을 구체적으로 알아보면 다음과 같다.

첫째, 행정서비스헌장에는 무엇보다도 우선 서비스 기준을 구체적으로 제시하여야 한다. 서비스의 수준이 이해 가능하고 측정 가능할수록 좋다. 예를 들어, 충주시의 경우 우편이나 인터넷으로 제출한 민원에 대해서는 접수 후 "1시간 이내에 담당자에게 전달하여 처리"하겠다는 기준을 제시하고 있다.

둘째, 서비스의 수준이 최고를 지향해야 한다. 이미 달성하고 있는 수준이라면 약속의 의미가 없다. 현 수준에서 도전적인 노력을 통해 달성 가능한 최고의 서비스 수준을 제시하여야 한다.

셋째, 관련된 정보를 체계적으로 안내하여 이용할 수 있도록 한다. 관련 법규를 안내해 주고, 어떤 식으로 정보를 이용할 수 있는지의 방법을 제시하며, 의뢰인의 비밀을 보장하는 것 등이다.

넷째, 잘못한 일에 대하여 시정 및 보상조치의 내용을 명확히 한다. 불만 제기나 보상 조치의 절차를 분명히 밝히고 헌장의 시행결과에 대한 만족도조사결과를 공표하는 것 등이 포함될 수 있다.[27]

PART 1 행정과 행정학의 이해

PART 2 행정환경

PART 3 행정내부환경

PART 4 결정시스템

PART 5 집행시스템

PART 6 조직시스템

PART 7 지원시스템

PART 8 산출과 피드백

사례: 충주시 행정서비스헌장(공통이행 기준)

1. 고객을 맞이하는 우리의 자세
   【고객이 직접 방문하시는 경우】
   - 고객이 10초 이내에 담당자를 찾을 수 있도록
     직원의 사진, 담당업무가 표시된 좌석배치도를 사무실 입구에 부착하고 직원은 항상 명찰을 패용하겠습니다.
   - 찾으시는 담당자가 없을 경우에는
     업무 대행 공무원이 처리하여 드리고, 처리가 어려우면 용건을 정리하여 담당자에게 전달한 후 3시간 이내 또는 고객이 원하시는 시간에 전화를 드리겠습니다.
   【전화로 상담하시는 경우】
   - 통화를 희망하는 담당자가 부재중인 경우에는
     전화를 주신 고객의 이름, 용건, 연락처 등을 메모하여 담당자에게 전달하겠으며, 담당자가 3시간(근무시간) 이내 전화하도록 하겠습니다.
   【우편·FAX·인터넷, 전자민원 서비스를 요청하시는 경우】
   - 우편·FAX·인터넷·전자민원을 제출하신 경우
     FAX 민원은 접수 후 10분 이내, 우편·인터넷·전자민원서류는 1시간 이내에 담당자에게 전달하여 처리하겠습니다.
2. 행정정보 제공
   - 민원행정실명제를 성실히 이행하여
     모든 민원서류에 처리부서, 담당자, 전화번호, E-mail 주소 등 연락처를 명기하겠습니다.
   - 업무와 관련하여 알게 된 개인정보의 보호를 위하여
     「개인정보보호법」을 준수함으로써 고객의 권리와 이익을 보호하겠습니다.
3. 잘못된 서비스의 시정 및 보상
   - 담당자의 잘못으로 고객이 두 번 이상 방문하실 경우
     정중한 인사와 함께 우선적으로 업무를 처리하여 드리고 재방문시(1회에 한하여) 10,000원 상당의 상품권으로 보상하여 드리겠습니다.
4. 고객의 참여 및 의견제시 방법
   - 저희들이 제공한 서비스에 대하여 불친절·불만족하거나 개선할 사항이 있을 경우
     문서, 전화, 우편, FAX, 충주시홈페이지 등을 통하여 의견을 주시면 7일 이내에 검토하여 그 결과를 통보하여 드리겠습니다.

자료: 충주시, 충주시 행정서비스헌장, 공고 2018-190호, 2018. 3. 12. 일부 발췌 편집.

다섯째, 헌장 제정 과정에 서비스 전달주체인 일선공무원은 물론 대상인 주민의 참여를 보장하고 그들의 요구를 적극적으로 반영한다. 당사자의 참여 없이 외부 기관에 의뢰하여 제정된 헌장은 '벽에 걸린 액자'에 불과한 것이다. 특히 지역공동체에서 활동하고 있는 비영리 자원조직의 참여는 비용을 줄이면서도 고객의 요구를 이해하고 대응성을 높일 수 있는 좋은 방법 중의 하나이다.[28]

앞의 글상자는 충주시의 행정서비스 헌장 중에서 전 부서가 공통으로 지켜야 하는 이행 기준의 일부를 발췌하여 재구성한 것으로서 헌장 제정 기준을 충실히 반영한 사례라 할 수 있다.

③ 서비스헌장의 관리

좋은 헌장을 만들었으면 실제 그 효과가 나타나도록 관리해야 한다. 그러기 위해서는 다음과 같은 점을 주목할 필요가 있다.

첫째, 정기적인 평가와 피드백이 필요하다. 헌장의 내용뿐만 아니라 관리상의 실패, 실적, 그리고 시의성 있는 개정 등을 포함해서 평가가 이루어져야 한다. 평가결과는 우수기관이나 공무원에 대한 인센티브 제공에 그치지 말고 서비스 개선을 위해 활용되어야 한다. 특히 행정착오가 있는 경우 1회성 시정으로 끝나는 것이 아니라 근본 원인이 어디에 있는지 시스템적으로 추적하여 지속적인 개선이 이루어질 수 있도록 노력하여야 한다.[29]

둘째, 공무원과 주민의 참여는 헌장제도의 성공적 관리를 위해서도 절대적으로 필요하다. 행정정보공개에 관한 많은 연구결과가 정보공개의 효과를 저해하는 요인으로 공무원의 정보공개에 대한 인식부족을 지적하고 있다.[30] 서비스 헌장 역시 헌장에 담긴 서비스 정신과 내용에 대한 공무원의 확고한 인식과 의지가 성패의 중요한 요인이 될 것이다. 헌장제도의 효과는 공무원과 주민 간에 쌍방향 투입과 피드백이 자주 일어나야 효과적이다. 특히 주민의 참여는 공무원을 긴장시키고 태도를 전환시키는 데 중요한 요소가 된다. 주민의 이러한 참여는 헌장제도에 내재되어 있는 행정의 상품화와 주민의 정치주체적 지위를 경시한다는 비판을 극복하는 데도 매우 중요하다.[31]

셋째, 행정서비스헌장의 관리에는 적정한 예산 확보 등 기관장의 지원이 중요하다.[32] 정기적인 고객만족도 조사는 물론이고 홍보비와 보상비 등은 헌장의 효과적인 관리에 중요한 영향요인이다. 자원의 배분은 기관장의 우선순위의 표현으로서 예산 확보는 기관장의 의지가 크게 작용할 것이다. 특히 단체장이 교체되어 행정서비스헌장에 대한 법규정이나 기관의 역사를 모르는 경우 그리고 전임

단체장과 차별화를 시도하는 경우 일부 지자체에서 이전까지 잘 관리되어 오던 것조차 무용지물이 되는 경우를 확인할 수 있다. 또한 1998년 처음 도입된 지 20년이 넘은 현재 많은 지자체에서 헌장을 기계적으로 관리하는 상태임을 고려한다면 기관장의 특별한 관심이 요구되는 시점이다.

3) 민원행정서비스

(1) 의 의

고객만족도조사 및 행정서비스헌장과 불가분의 관계에 있는 것이 민원행정서비스이다. 민원행정의 법적 토대인 「민원사무 처리에 관한 법률」 및 그 시행령에는 민원인이 행정기관에 처분 또는 특정한 행위를 요구한 경우 특별한 규정이 없는 한 민원을 보류하거나 거부 금지, 민원 신청에 관한 사항을 게시하거나 편람을 비치, 관계 기관·부서의 협조가 필요한 민원을 1회 방문으로 처리, 처리기간이나 처리절차를 고시·게시하고 처리결과 통지, 민원상담의 편의를 위한 민원실 설치·상담위원 위촉, 민원사무의 정보보호 등을 의무화하고 있다.

이것은 민원행정서비스의 대응성, 편의성, 신속성, 접근성 등 고객만족도조사나 행정서비스헌장에서의 중심 개념을 내포하고 있는 것이다. 다만 그 범위가 이들에 비해 제한적이라 할 수 있다. 민원행정은 민원인이 민원을 요구한 경우 이에 대

민원사무의 범위[33]

1. 허가·인가·특허·면허·승인·지정·인정·추천·시험·검사·검정 등의 신청
2. 장부·대장 등에의 등록·등재의 신청 또는 신고
3. 특정한 사실 또는 법률관계에 관한 확인 또는 증명의 신청
4. 법령·제도·절차 등 행정업무에 관한 질의 또는 상담형식을 통한 설명이나 해석의 요구
5. 정부시책이나 행정제도 및 운영의 개선에 관한 건의
6. 행정기관의 위법·부당하거나 소극적인 처분(사실행위 및 부작위를 포함한다) 및 불합리한 행정제도로 인하여 국민의 권리를 침해하거나 국민에게 불편 또는 부담을 주는 사항의 해결 요구("고충민원"이라 함)
7. 그 밖에 행정기관에 대하여 특정한 행위를 요구하는 사항

응하는 개념이기 때문에 지방자치단체가 주민의 요구를 미리 파악하여 대응하는 도로보수, 공원관리, 제설작업 등의 서비스는 포함하지 않는다(앞의 글상자 참고).

(2) 특 성

민원행정을 행정서비스 전달과 고객지향의 관점 그리고 현행 법규정을 고려하여 정의한다면 '정부에 구체적인 행위를 원하는 사람(민원인, 고객)의 요구에 대응하여 정부가 제공하는 서비스 행정'이라 할 수 있고, 주요특성은 다음과 같다.[34]

첫째, 민원행정은 서비스행정이다. 통신매체를 통한 민원의 접수나 처리(무인민원발급기)가 가능하긴 하지만 민원행정은 기본적으로 민원인이 제기한 요구나 문제를 처리함에 있어 공무원의 구체적인 행위가 요구되고 그들의 전문능력과 태도(친절성·신속성)가 서비스의 질을 결정하는 서비스행정이다.

둘째, 민원행정은 정부 밖의 고객을 대상으로 하는 대외·대민행정이다. 즉 민원을 제기하는 주체가 행정기관이거나 부서 또는 공공단체가 될 수 없으며 자연인이나 법인만이 가능하다.[35] 따라서 개개인의 특별한 요구에 개별적으로 대응하고 민원업무의 성격에 따라 그에 적합한 방식으로 일을 처리할 것이 요구된다.

셋째, 민원행정은 행정구제수단으로서의 중요한 기능을 수행한다.[36] 주민이 정부에 특별한 조치를 취해줄 것을 요구하는 민원에는 "행정기관의 위법·부당하거나 소극적인 처분 및 불합리한 행정제도"로 인하여 침해된 자신의 권리나 이익의 시정을 요구하는 고충민원이 포함[37]되기 때문에 행정구제의 중요한 수단이 된다.

넷째, 민원행정은 민원사무에 관한 주요 정책결정이나 기획이 아니라[a] 규정에 따라 서비스를 제공하는 전달적 행정이다. 민원담당공무원에게 재량의 여지가 전혀 없는 것은 아니나 각 사무별로 구체적인 내부운영규정과 기준이 있어 그에 따라 매우 정형화된 서비스를 제공하는 것이다.

다섯째, 민원행정은 정치적 관심의 영역이다. 민원행정은 주민들의 일상생활과 직결되어 있으면서 광범위한 영역에 걸쳐 이루어지기 때문에 유권자의 지지를 원하는 정치인에게 매우 중요하다. 특히 민원인들이 민원처리과정에서 겪은 경험이 행정 전반에 대한 인상이나 정치적 지지를 결정하는 데 중요하게 작용할 수 있기 때문이다.[38]

---

[a] 학자에 따라서는 민원을 접수 처리하는 직접적인 민원행정뿐만 아니라 민원사무처리를 확인·감독·관리하는 것과 민원관련 정책의 결정과 계획의 수립과 같은 간접적인 민원행정까지를 포함시키기도 한다(권경석, 『한국민원행정론』, 서울: 박영사, 1986).

PART 1
행정과 행정학의 이해

PART 2
행정환경

PART 3
행정내부환경

PART 4
결정시스템

PART 5
집행시스템

PART 6
조직시스템

PART 7
지원시스템

PART 8
산출과 피드백

(3) 문 제 점

수요자 중심의 고객지향 서비스행정을 강조하기는 하지만 현실에 있어서는 그렇지 못한 실정이다. 문제점은 크게 업무, 공무원, 민원인의 측면에서 검토할 수 있다.

첫째, 업무와 관련하여 민원행정은 허가·인가·특허·면허·승인·지정·인정·추천·시험·검사·검정 등과 같이 처리 결과에 따라 경제적 이익이 달라지는 경우가 많고 문제해결 과정에서 대면접촉이 필수적이기 때문에 '뇌물' 등의 부정한 거래에 매우 취약한 구조이다. 행정의 광범위한 영역 중에서 부정부패, 무능, 불친절 등에 대한 민원(民怨)이 가장 많이 발생하는 영역이다.

복합민원에서 오는 복잡성과 시간지연을 문제로 지적할 수 있다. 민원인 입장에서는 '건축허가'와 같은 하나의 요구이지만 그것이 가능하기 위해서 다수의 관련된 부서로부터 인·허가 처분을 받아야 하는 경우가 많다. 이러한 복합민원의 경우 준비 서류가 많아지고 절차가 복잡해지며 한 군데의 지연이 전체적인 문제해결을 지연시키는 등의 문제를 낳고 있다. 부서 간의 협력이 이루어지지 않고 소관을 놓고 서로 업무를 미루는 등의 할거주의가 나타나는 경우 이런 문제는 더욱 심각해진다.[39]

둘째, 민원담당 일선공무원에 관한 문제다. 민원행정의 공(功)은 행정 이미지 개선이나 우수기관 평가 등으로 고위직에 돌아가지 일선공무원에게 주어지지 않는다. 일선공무원은 주어진 일을 할 뿐이지 주인의식을 가질 이해관계나 인센티브가 부족하다. 기본적으로 고위직 공무원과 일선공무원의 민원행정에 임하는 동기가 다르다 할 수 있다. 실제 설문조사에서도 민원업무의 불만요인으로 업무량이 과다하다거나, 일에 비해 보수가 낮다거나, 주민과의 갈등이 있다는 항목을 체크한 응답비율이 78.3%에 이르고 있어 일선공무원들은 민원업무에 대해 매력을 느끼거나 적극적인 노력을 기울일 동기가 미흡함을 알 수 있다.[40]

셋째, 민원인 측면에서도 지나치게 정부에 의존하여 문제를 해결하려는 안이하고 편의적인 자세를 가지고 있다. 소음이나 쓰레기 무단투기와 같은 문제를 이웃과의 대화와 공동체 정신을 가지고 자율적으로 해결하려 하지 않고 민원을 제기하여 행정적으로 처리하려는 의존성을 보이곤 한다. 이러한 행위는 구성원과의 불신을 야기하고 행정적인 해결도 더 어렵게 할 뿐이다.[41]

(4) 개선방안

민원행정은 고객만족의 서비스를 지향하는 큰 틀 안에서 개선방안을 고려해야 할 것이다. 우선 업무적인 측면에서 부정부패의 원인으로 지적되고 있는 규제를 완화하는 것이다. 지대추구이론은 규제가 심할수록 지대가 높아진다는 점을 지적하고 있다. 다행히 복합민원의 문제에 대해서는 그동안 창구 단일화, 민원 1회 방문처리제, 민원후견인제도 등을 도입하여 많은 제도적 개선이 이루어졌다.[42] 특히 지방자치단체 청사의 민원실을 보면 외형적 측면에서 현대식 시설의 쾌적함과 편의성 제고에 많은 진전이 있었음을 확인할 수 있다. 온라인 민원처리 등은 세계적 수준으로 평가받고 있다.[43] 이제 관심을 가져야 할 것은 업무내용으로 규제완화와 기능통폐합 등을 통해 정부 간섭을 줄이고 민원업무를 간소화하는 것이라 할 수 있다.

둘째, 민원담당 일선공무원 측면에서는 단순한 정신교육 차원이 아니라 이들의 적극적인 업무수행을 유도하기 위한 보상시스템이 중요하다. 공정한 보상은 직무의 양과 어려움 그리고 직무성과를 반영하는 것이다. 즉, 민원업무에 대한 보다 정밀한 직무분석을 실시하여 보상설계를 하고 근무성과를 엄격하게 평가해서 보상하는 길이 최선이고 정도라 할 수 있겠다. 특히 업무규정이 모호한 경우 이를 구체화함으로써 업무혼란과 자의적 판단을 줄이도록 하는 것도 중요할 것이다.[44]

또한 민원 담당 공무원이 적극적으로 민원을 해결하기 위해 취한 행위 때문에 문제가 생기더라도 이를 관용적으로 수용할 필요가 있다. 특히 규제완화와 같이 적극적 민원해결이 민원인에게 특혜를 준 것으로 감사를 받고 징계를 받는 경우 공무원의 복지부동을 초래할 가능성이 높다. 박근혜 정부는 2015년 이러한 문제점을 해소하기 위하여 법에 "불합리한 규제의 개선 등 공공의 이익을 위하여 업무를 적극적으로 처리한 결과에 대하여 그의 행위에 고의나 중대한 과실이 없는 경우"에는 책임을 묻지 않는 적극행정면책제도를 도입하였다.[45] 하지만 일선 현장에서는 감사에 대한 우려가 불식되지 않고 소극적 행정이 계속되면서, 적극행정면책제도의 실효성을 더욱 높이기 위해 규제개혁조치로 징계나 민원이 우려되는 경우 소속기관 감사실에 규정 해석이나 적용에 대한 컨설팅을 요청하는 사전컨설팅감사제도를 도입하였다.[46] 문재인 정부는 이를 더욱 강화시켜 사전 컨설팅을 받고 그 의견대로 업무를 처리한 경우 적극행정의 면책이 가능하도록 감사원 규칙을 개정하였다(2018. 12. 13).[47] 역대 정부에서도 현장 공무원의 적극행정을 유도하기 위한 제도가 있었음에도 실효성이 없었던 이유를 면밀히 검토하여 현장에서 작동하는 제도로 운영하는 것이 앞으로의 과제라 할 수 있다.

끝으로 민원인과 관련해서는 우선 뇌물 제공행위를 포함한 부정행위에 대해서는 엄격한 법적용을 강조할 수밖에 없다. 그리고 이웃공동체를 훼손시킬 우려가 있는 민원에 대해서는 공무원이나 지역의 중립적이고 신뢰받는 비영리조직의 적극적인 조정 노력이 필요하다. 어느 한 쪽의 민원만을 듣고 그대로 처리할 것이 아니라 그로 인한 후속 민원을 고려하여 사전 예방하는 노력이 있어야 한다. 보다 바람직한 것은 민원인도 스스로 서비스의 속성을 이해하고 공무원에 협조하는 태도를 갖는 것이다. 서비스의 질은 공급자와 수요자가 서로 호흡이 맞을 때 높은 수준을 유지할 수 있기 때문이다.

PART 1 행정과 행정학의 이해

PART 2 행정환경

PART 3 행정내부환경

PART 4 결정시스템

PART 5 집행시스템

PART 6 조직시스템

PART 7 지원시스템

PART 8 산출과 피드백

⊙ 주

1) 민진, 「행정학의 이해」, 서울: 대명출판사, 2002, p. 329.

2) 상게서, pp. 329-330.

3) 조창현, 「지방자치론」, 서울: 박영사, 1993, pp. 160-176.

4) 이종수·윤영진 외, 「새행정학」, 서울: 대영문화사, 3정판, 2001, p. 699.

5) 한원택, 「지방행정론: 이론·제도·실제」, 서울: 법문사, 1995, p. 46.

6) 행정자치부, 보도자료(지방이양추진위원회 국가사무전수조사결과), 2002. 6. 1.

7) 최민호, 지방분권추진전략, 중앙공무원 강의자료, 2004. 9. 7, p. 8.

8) 행정안전부, 「2020 행정안전통계연보」, 2020. 8, pp. 209-213.

9) 국무조정실, 보도자료, 정부, 재정분권 본격화 한다, 2018. 10. 30; 대구신문, 2020. 10. 22.

10) 「지방자치법」 제11조.

11) 행정안전부, 「2020 행정안전통계연보」, 2020. 8, p. 23.

12) 인수위원회 정부혁신/규제개혁 TF, 정부기능과 조직개편, 2008. 1. 16, p. 1; 안경섭, 특별지방행정기관의 지방이관에 대한 실증분석: 산림청을 중심으로, 「한국지방자치학회보」, 21(2), 2009. 6, pp. 107-108.

13) 임도빈, 「지방조직론」, 서울: 박영사, 1997, p. 324.

14) 정부혁신지방분권위원회, 참여정부지방분권 추진 로드맵, PPT 자료, 2003. 7. 4, p. 18.

15) 김번웅·김판석, 「신한국행정론」, 서울: 법문사, 2001, p. 646.

16) K. Barrett & R. Greene, Customer Disorientation, *Governing*, March 1998. 11, p. 62; Larry D. Terry, Administrative Leadership, Neo-Managerialism, and the Public Management Movement, *Public Administration Review*, 58(3), May/June 1998, pp. 194-200.

17) H. L. Schachter, *Reinventing Government or Reinventing Ourselves: The role of citizen owners in making a better government*, Albany, NY: State University of New York Press, 1997, pp. 57-58.

18) Peter F. Drucker, 이재규(역), 「자본주의 이후의 세계」, 한국경제신문사, 1993.

19) National Performance Review, *Putting Customers First: Standards for Serving the American People*, Washington DC: Executive Office of President, 1994.

20) 김판석, 관리혁신과 행태변화를 통한 새로운 행정개혁의 방향모색, 「한국행정학보」, 28(3), 1994, pp. 1015-1032; 박천오, 고객지향적 행정: 실천상의 의문점과 한국관료의 시각에 관한 탐색적 연구, 「한국행정학보」, 31(2), 1997, pp. 1-19; 박세정·박통희·유홍림, 고객지향적 정부 어떻게 구축할 것이나, 고객지향적 정부구축을 위한 민관합동 대토론회 자료집, 1996.

PART 1 행정과 행정학의 이해
PART 2 행정환경
PART 3 행정내부환경
PART 4 결정시스템
PART 5 집행시스템
PART 6 조직시스템
PART 7 지원시스템
PART 8 산출과 피드백

21) 민원행정서비스헌장 운영규정(행정자치부 훈령); 공공기관의 운영에 관한 법률 제13조.

22) 박기관, 지방정부 행정서비스에 대한 시민평가 및 결정요인 분석: 충청북도 시(청주, 충주, 제천)을 중심으로, 「지방정부연구」, 6(3). 2002. pp. 87-108.

23) 박중훈, 민원서비스에 대한 고객만족도조사, 「한국행정연구」, 10(1), 2001, p. 44.

24) 상게논문, p. 48.

25) 「행정서비스헌장 제정지침(대통령 훈령 제70호)」 제2조.

26) 최창희, 지방자치단체 행정서비스헌장의 제정 및 정착방향 연구, 「지역개발연구논총」, 7(1), 공주대학교, 1999, pp. 65-75.

27) 주재연·정윤수, 행정서비스헌장제의 정착을 위한 정책방향, 「한국행정학보」, 34(1), 2000, p. 252.

28) 윤광재, 행정서비스제도의 효과적 이행요인, 한국행정연구원, 2002. 12, p. 73.

29) 최창희, 전게논문.

30) 표시열, 행정학과 공법학의 가교를 위한 실천적 과제: 행정과정에서의 적법절차와 정보공개를 중심으로, 「한국행정연구」, 8(1), 1999, pp. 158-178; 이승종, 지방정부의 행정정보공개: 행정통제론적 접근, 「한국행정학보」, 25(3), 1991, pp. 891-916.

31) 하혜수, 고객지향적 행정서비스를 위한 시민헌장제도에 관한 연구, 연구보고서 99-10, 경기개발연구원, 1999.

32) 윤광재, 행정서비스제도의 효과적 이행요인, 한국행정연구원, 2002. 12, pp. 83-84.

33) 「민원사무 처리에 관한 법률 시행령」 제2조, 전문개정 2012. 12. 20. 대통령령 제25751호.

34) 오석홍, 전게서, p. 899.

35) 상게서, pp. 899, 901.

36) 라휘문·김미경·송창석, 민원행정서비스의 질적 제고를 위한 민원제도분석 및 발전방향, 「정책분석평가학회보」, 제16권 제3호, 2006, pp. 241-263.

37) 「민원사무 처리에 관한 법률 시행령」 제2조.

38) 전영평, 서비스행정과 민원공무원, 「한국행정연구」, 4(2), 1995, p. 39.

39) 오석홍, 전게서, pp. 903-904.

40) 전영평, 전게논문, pp. 42-45.

41) 박통희, 민원행정의 문제점과 서비스의 질: 내용적 차원과 전달수단적 차원으로의 이원화, 「사회과학연구논총」, 7, 2001, pp. 25-50.

42) 김정해, 민선지방자치제 이후 민원행정의 변화와 평가, 「한국조직학회보」, 4(1), 2007, pp. 91-112.

43) 진영빈·정충식, 전자정부의 민원행정서비스 개선 방안에 관한 연구 - 부산광역시 이용자들의 인식을 중심으로, 「한국지역정보화학회지」, 11(1), 2008, pp. 101-125.

44) 전영평, 전게논문, pp. 48-49.

45) 「감사원법」제34조의3; 「공공감사에 관한 법률」제23조의2.

46) 뉴스1, 2015. 4. 28.

47) 감사원, 「적극행정면책 등 감사소명제도의 운영에 관한 규칙」, 2018. 12. 13 부분개정.

PART 6
조직시스템

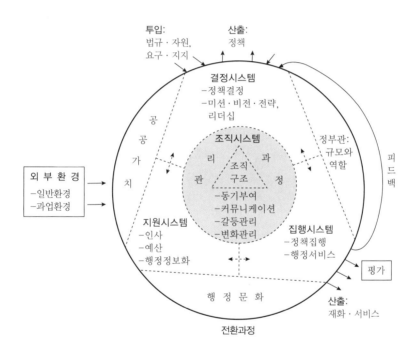

조직시스템은 모든 결정과 집행 그리고 지원 활동이 이루어지는 장(場)이며 틀이다. 기획재정부에서 예산결정을 하고, 인사혁신처에서 인사 관련 정책을 개발하고, 종로구청에서 구민들에게 서비스를 제공하는 모든 활동이 조직의 일정한 구조적 짜임 안에서 이루어지고 있다. 조직을 정의한다면 일정한 역할을 수행하는 개인의 집합체로서 이들의 유기적 활동을 통해 조직의 목적을 달성하고 사회에 기여하는 국가사회의 한 구성단위라 할 수 있다. 기획재정부, 충청남도청, 종로구청, 삼성, 현대, LG 등이 이런 정의에 부합한다.

개인의 집합체란 조직을 이루기 위해서는 어느 정도 규모 이상의 구성원이 모여 각자 맡은 직무를 수행한다는 뜻이다. 이들은 개별적으로 자기 일을 하는 것이 아니라 조직목표 달성을 위하여 유기적으로 협력한다. 조직은 목표달성을 위한 합리적 도구라 할 수 있는데 정부의 경우 사회적으로 의미 있는 공공가치의 실현을 목표로 한다. 끝으로 조직은 사회의 한 구성단위로서 정부조직 역시 사회를 구성하는 다른 구성단위들과 영향을 주고받는 상호의존관계를 형성한다. 이런 이해 속에는 조직이 사회의 다른 구성요소들(환경)과의 관계 속에서 존재하는 개방체제임을 전제하고 있다. 즉, 조직은 밖으로는 환경의 변화에 적절히 대응하고 안으로는 구성원의 교체에도 불구하고 체제를 유지해가는 유기체적 생명력을 가지는 것이다.

정부와 같이 대규모 조직은 구성원이 담당하는 개별 직무를 표준화하고 이들 간의 업무관계를 구조화하여 업무 수행의 안정성을 기하고 있다. 그럼에도 불구하고 실제 업

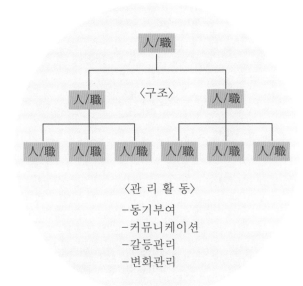

〈관 리 활 동〉
－동기부여
－커뮤니케이션
－갈등관리
－변화관리

무수행은 개인들 간의 동태적인 상호작용에 의해 이루어지기 때문에 목표달성을 포함한 조직의 실제 모습은 매우 다양하게 나타난다. 그렇다면 학자나 현장의 관리자는 조직을 구성하는 사람과 직무를 어떻게 구조화하고 관리하는 것이 조직의 목표달성에 효과적인가에 관심을 갖지 않을 수 없다.

제6부 조직시스템에서는 이렇게 조직의 구조차원과 관리차원에 대한 주요 이론과 우리나라의 실제를 다룬다. 구조차원은 앞의 그림에서 사람(人)과 맡은 일(職)의 부분들을 서로 연결하고 배열하는 부분을 다루고, 관리차원은 조직의 목표를 달성하기 위한 구체적인 관리활동인 동기부여, 커뮤니케이션, 갈등관리, 변화관리를 다룬다.

12

조직: 구조차원

이 장에서는 조직을 구조적 차원에서 이해하도록 한다. 먼저 조직의 구조를 미시적인 '부분'으로 나누어 조직구조의 차원 내지 특성 중심으로 이해하고, 이어 조직구조의 거시적 측면에서 전체 모습을 이론적 유형과 실제 유형으로 나누어 설명한다.

1. 조직구조

1) 의 의

구조의 일반적인 의미는 '어떤 물건이나 조직체 따위의 전체를 이루고 있는 부분들의 서로 짜인 관계나 그 체계'[1]를 말한다. 따라서 구조는 부분들이 서로 연결되어 이루는 질서와 또는 배열의 모습을 보여준다. 이를 유형의 물체로 비유하면 이해가 더욱 쉽다. 즉, 건물구조에서와 같이 구조는 전체를 형성하는 뼈대임과 동시에 그 뼈대 속에 있는 부분들(정문, 창문, 복도, 방, 화장실 등등)이 어떻게 연결되고 배열되어 있는가의 관계를 보여준다.

조직구조에서 부분은 조직 구성원들이 맡아 수행하는 직무(일, 역할, 권한)이다. 따라서 조직구조는 직무가 서로 연결되어 있는 짜임을 말한다. 이런 직무의 짜임을 가장 잘 보여주는 것이 기관장의 책상 유리판 밑에 놓여 있는 조직도(organizational chart)이다. 〈그림 12-1〉은 행정자치부의 조직도로서 이것을 잘 보면 네모상자와 이를 연결하는 선으로 표시되어 있다. 상자는 그 위치에 따라 각각의 사람이 담당해야 할 직

PART 1
행정과 행정학의 이해

PART 2
행정환경

PART 3
행정내부환경

PART 4
경영시스템

PART 5
집행시스템

PART 6
조직시스템

PART 7
지원시스템

PART 8
산출과 피드백

[그림 12-1] 행정안전부 조직도

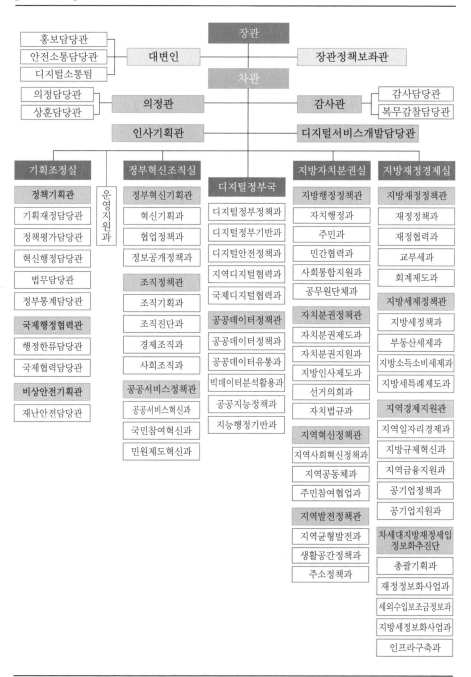

자료: 행정안전부(https://www.mois.go.kr/), 2021. 1. 4, 재난안전관리본부(차관급) 조직은 제외

무, 권한, 책임, 지위, 통제 등을 함축하고 있고 선은 이들의 공식적인 관계를 보여준다. 조직도는 전체적으로 누가 누구에게 보고를 하고, 결정의 책임이 누구에게 있고, 지휘 감독할 부하가 몇 명이 되며, 전체적인 계층의 수가 몇 개나 되는지 등을 보여준다.

조직구조는 조직도에 나타난 것처럼 한 조직이 수행하는 많은 일들을 조직의 목표달성을 위해 가장 효과적인 방식으로 이들을 수직·수평으로 연결시켜놓은 설계도와 같다. 그러나 조직은 건물구조와 같은 유형의 물체와는 다르다. 조직도를 구성하는 조그만 상자(구성요소)는 기계의 부품과는 달리 그 상자에 담긴 직무를 사람이 수행하기 때문에 누가 그 일을 담당하느냐에 따라 그 실제 모습이 달라질 수 있다. 상자와 상자의 관계는 두 사람의 관계이기 때문에 더욱 역동적이며 조직도에서는 그것을 표현할 수 없다. 따라서 조직구조는 조직도에 드러난 구성요소들의 공식적인 관계만으로는 설명이 부족하다. 조직구조는 그 직무를 맡은 사람에 의해 구체화되기 때문에 그 구조가 고정되어 있지 않고 끊임없이 새로운 형태로 나타난다. 즉 조직도와 같은 형식적인 조직구조는 그 직무를 수행하는 구성원의 행동양식을 규정하지만 또다시 이들 구성원들의 직무수행방식이나 상호관계에 따라 실질적인 조직구조의 모습이 형성된다고 볼 수 있다.[2] 이 후자의 조직구조는 더 이상 유형적 짜임이 아니라 추상적 인조물(artifact)이라 할 수 있다. 다만 그 인조물이 무작위(random)의 다양한 모습을 취하는 것이 아니라 어느 정도 안정된 형태를 취하고 구성원들의 행동은 다시 그 형태의 영향을 받게 된다.[a]

이와 같이 조직구조란 직무, 책임, 권한 등의 요소들이 배분되고 연결되어 있는 짜임이면서 동시에 이를 담당한 구성원들의 상호작용을 통해 조직목표를 달성하는 과정에서 나타나는 비교적 안정된 행동관계의 유형이라고 말할 수 있다. 구체적으로 조직구조는 직무, 책임, 권한, 역할 등의 배분구조이자 연결구조로서 조직목표 달성을 위한 수단적 역할을 한다. 또한 조직구조는 커뮤니케이션의 통로이자, 권한이 행사되고 결정이 이루어지며 그 결정이 실행에 옮겨지는 흐름을 규정한다.

조직구조는 개념의 추상성에도 불구하고 조직 구성원의 직무수행이나 인간관계 그리고 조직의 관리과정 및 효과성 등에 지대한 영향을 미치기 때문에 구조

---

a) 구조는 설계할 당시의 공식적인 모습만 나타나는 것이 아니라 처음 의도와는 전혀 다른 비공식적인 형태로도 나타나게 된다. 후자의 경우를 전자의 공식조직(구조)과 대비하여 비공식조직이라 부른다.

의 이해가 조직에서 차지하는 비중은 그만큼 크다. 교량의 역학적 구조에 따라 지탱할 수 있는 힘이 다르고 도로의 연결구조에 따라 교통의 흐름이 변하듯이 조직의 구조를 어떻게 설계하느냐는 동기부여, 커뮤니케이션, 갈등관리, 변화관리 등 조직의 관리과정과 성과에 중요한 영향을 미치게 된다.

2) 조직구조의 차원

조직의 구조는 무엇으로 이루어지는가? 우선 조직도는 직무, 지위, 권한, 책임, 기능, 통제 등의 요소가 어떻게 배열되어 있는가를 보여준다. 물론 보다 구체적인 직무내용이나 책임에 대한 규정은 직무기술서(업무분장표)에 나타나 있다. 그런데 이들 구성요소를 개별적으로 보는 것은 마치 코끼리의 코와 다리를 따로따로 만지는 것과 같아서 조직구조 전체의 복잡성과 다양성을 충분히 설명할 수 없다. 조직구조의 구성요소들이 상하 좌우로 어떤 관계를 형성하고 있는지를 이해하는 것이 조직구조의 이해에 필수적이다. 특히 조직구조는 구성원의 행태, 관리과정, 조직의 성과에 영향을 미치는 독립변수적인 역할을 하기 때문에 조직구조를 서로 비교하여 어느 조직구조가 더 효과적인지를 분석할 수 있도록 개념화할 필요가 있다. 그것은 직무, 권한, 책임 등의 다양한 구성요소들을 분리하여 보는 것이 아니라 그들이 서로 연결된 구조적 특성을 보는 것이다. 이때 조직구조의 특성을 몇 개의 차원으로 나누어 이해하는데 학자들의 다양한 분류에서 공통분모에 해당하는 것은 복잡성, 공식화, 집권화이다.[3]

(1) 복 잡 성

복잡성(complexity)은 조직이 얼마나 나누어지고 흩어져 있는가의 분화(differentiation) 정도를 말하며, 이는 다시 수평적 분화, 수직적 분화, 그리고 공간적 분화의 정도로 세분한다.

① 수평적 분화

수평적 분화(horizontal differentiation)는 행정안전부 조직도의 기획조정실, 디지털정부국, 지방자치분권실 등과 같이 조직을 횡적인 여러 단위부서로 분리하는 것이다. 과업의 내용이 얼마나 전문화되어 있고 그 성격이 다른가 하는 전문성(specialization)에 따라 그 분화의 정도는 달라진다. 전문 지식이나 기술을 요하는 과업이 많을수록 분화가 많이 일어나고 부서의 수가 늘어난다. 수평적 분화가 심

PART 1 행정과 행정학의 이해
PART 2 행정환경
PART 3 행정내부환경
PART 4 결정시스템
PART 5 집행시스템
PART 6 조직시스템
PART 7 지원시스템
PART 8 산출과 피드백

할수록 이들 업무를 수행하는 사람들 간의 커뮤니케이션이나 업무협조가 그만큼 어려워지기 때문에 조직구조는 더욱 복잡해진다. 수평적 분화는 전통적인 분업의 원리가 적용되어 과업의 성격이 다른 것은 서로 다르게 분류하여 그에 맞는 전문성을 가진 사람에게 맡기는 것이 효율적이라는 시각을 담고 있다.

② 수직적 분화

수직적 분화(vertical differentiation)는 조직도에서 장관-차관-실·국-과로 이어지는 조직의 종적인 분화로서 책임과 권한의 계층적 분화를 말한다. 수직적 분화가 심할수록 조직구조가 뾰족한 형태를 갖게 된다. 따라서 최고 높은 직위에서 내린 지시가 최하위 직위까지 전달되는 데 어려움이 많아지고 복잡성이 더해진다. 수직적 분화는 수평적 분화 및 통솔의 범위와 밀접한 관련을 가지고 있다. 수평적 분화가 심할수록 통솔의 범위가 좁아지게 되고 수직적 계층은 늘어날 가능성이 높기 때문이다.

③ 공간적 분화

공간적 분화(spatial differentiation)는 조직의 물리적인 시설(사무실, 공장, 창고 등)과 구성원이 지역적으로 분산되어 있는 정도를 말한다. 현대는 화상통화나 화상회의 등 정보통신기술의 발달로 업무 수행에 있어 지리적 분산이 복잡성을 증가시키지 않는 경우도 많이 생겼으나 실제로 지역 사무소 간에 물류가 이동하여야 한다든가 하는 경우에는 복잡성을 증가시키는 요인이 된다. 정부의 경우 이런 지역적 문제를 해결하기 위하여 지방에 지방국토관리청과 같은 특별지방행정기관을 두고 있다.

(2) 공식화

공식화(formalization)는 업무수행 방식이나 절차가 표준화되어 있는 정도를 의미한다. 누가 어떤 일을 어떻게 수행해야 하는가를 얼마나 공식적으로 규정하고 있는가로 이해한다.[4] 구체적으로 직무기술서, 내부규칙, 업무수행지침서, 보고체계 등이 얼마나 명문화되어 있는가로 공식화의 정도를 이해할 수 있다. 물론 이러한 공식적인 구조를 떠나 실제로 조직 구성원이 얼마나 이러한 절차에 따라 행동하는가 하는 비공식적인 공식화 즉 문서화되지 않은 규범도 중요한 의미를 가진다.[5] 하지만 후자는 전자의 제한을 받을 수밖에 없다. 즉, 공식화가 높을수록 구성원의 재량권은 작아지고 일정한 틀 안에서 행동하도록 구속된다. 의사결정이나 업무수행이 정형화되어 있고 대안적 행동을 허용하지 않는다는 것이다. 조직이 이러한 공식화에 관심을 갖는 것은 사람에 따라 다양하게 나타날 직무수행의 불규칙성을 정형화함으로써 조직활동의 혼란을 방지하고, 예측가능성을 높이며, 고객에게 공정성을 기할 수 있기 때문이다.[6]

(3) 집 권 화

집권화(centralization)는 자원배분을 포함한 의사결정 권한이 조직의 상하 직위 간에 어떻게 분배되어 있는가를 의미한다. 상위 계층의 한 사람 또는 소수 간부에게 권한이 집중된 상태를 집권화되어 있다 하고 현장의 많은 하위직 구성원에게 권한이 위임되어 있는 상태를 분권화되어 있다고 말한다. 집권화와 분권화는 이렇게 동일 차원의 개념으로, 의사결정이 이루어지는 계층이 높을수록 그리고 참여자가 적을수록 집권화 수준은 높아지고[7] 분권화 수준은 낮아진다. 전통적으로 집권화는 업무의 통일성과 통제 강화, 조정의 필요, 권위주의 문화 등에 의해 촉진되고, 분권화는 조직의 민주화, 창의성의 요구, 고객지향적 서비스 요구, 변화에의 대응력 확보 등의 요인에 의해 촉진된다.[8]

3) 조직구조의 설계

조직의 목표를 달성하는 데 가장 효과적인 조직구조는 무엇일까? 조직구조가 구성원의 행태는 물론 커뮤니케이션, 갈등, 조직의 목표달성 등에 영향을 미친다면 조직구조의 설계에 대한 관심은 학자나 실무자 모두가 관심을 가질 주제임에 분명하다. 이런 이유 때문에 1930년대 말에 이미 조직구조에 대한 원칙론적 접근이 있었고 그 뒤 상황적 특수성을 고려한 보다 과학적인 접근이 이루어졌다. 전자를 원리론이라 하고 후자를 상황론이라 한다.

(1) 원 리 론

원리론은 조직의 구조를 어떻게 설계하는 것이 '바람직'한가를 제시한 관점, 기준, 가정을 말한다.[9] 따라서 원리(principle)라 하여 과학의 보편적 적용가능성을 내포한 것은 아니며 직관에 근거한 규범적 성격의 아이디어로 보아야 한다. 원리론은 조직의 구조를 수평적으로 어떻게 분업화하고 수직적으로 어떻게 계층화할 것인가에 대한 내용으로 전자는 분업의 원리가 대표적이며 계선과 참모의 구분을

PART 1 행정과 행정학의 이해
PART 2 행정환경
PART 3 행정내부환경
PART 4 결정시스템
PART 5 집행시스템
PART 6 조직시스템
PART 7 지원시스템
PART 8 산출과 피드백

같은 범주에서 이해할 수 있고, 후자는 분업화된 구조를 조정하고 통합하기 위한 것으로 계층제의 원리가 대표적이며 통솔범위와 명령통일의 원리를 같은 맥락에서 이해할 수 있다.[10]

① 분 업

조직이 수행하여야 하는 총 업무는 하위 단위로 나누어져야 하며 궁극적으로 한 개인 단위로 부과될 수 있도록 세분화되어야 한다. 예를 들어 시민의 생명과 재산을 보호해야 할 경찰의 업무는 순찰, 수사, 교통 등의 업무로 세분화할 수 있으며 더 나아가 각 업무를 몇 사람이 담당할 것인가까지 구체적으로 결정해야 함을 의미한다. 분업(division of labor)의 원리는 동질적인 업무는 하나로 묶고 이질적인 업무는 서로 나누는 것으로 업무의 하위 단위에서는 전문성이 분업의 중요한 기준이 된다. 한편 교육부나 국가보훈처와 같이 부처차원의 상위구조를 나누는 기준으로는 목표(교육, 환경), 과정(예산, 회계), 고객/물건(국가보훈, 노동, 여성), 장소(미주국, 아주국)를 제시하고 있다.[11]

② 계선과 참모의 구분

계선(line)과 참모(staff)는 분업의 한 형태로서, 기능이 다른 경우 이를 구분하는 것이다. 즉, 계선은 부하에게 업무를 지시하고 직접 실행하는 책임선상에 위치하는 반면 참모는 그 선상에서 비켜나 정보제공, 자료분석, 기획 등의 전문지식으로 계선의 관리활동을 돕는 조언자의 역할을 한다. 따라서 관리행위의 책임은 계선관리자에게 있으며, 참모는 계선상의 부하에 대한 직접 명령 권한이 부여되지 않는다. 참모의 명령 권한을 허용하는 것은 다음의 명령통일의 원리에 어긋난다. 행정안전부 조직도에서 인사기획관이 참모에 해당한다.

③ 계 층 제

분업의 원리에 따라 횡적으로 분화된 업무는 이들을 다시 조정하고 통제하기 위하여 상하의 계층을 만들고 등급화 또는 서열화하여 지시·감독의 관계를 만들 필요가 있다.[a] 계층제(hierarchy)에서 등급화의 가장 중요한 기준은 권한과 책임이다. 상위계층은 하위계층에 일부 권한을 위임하고 결과에 대한 책임을 지우며 이들 계층 간의 이해를 조정한다. 등급화는 사람이 아니라 직무에 수반되는 책임과 권한을 기준으로 나누는 것이 원칙이다. 한편 계층의 높고 낮음은 보수 및 신분과 직결되어 있기 때문에 구성원의 승진욕구 등에 중요한 영향을 미친다.

---

a) 계층제를 계층으로 나누어 서열화한다는 뜻에서 계서제의 용어를 쓰기도 한다.

PART 1
행정과 행정학의 이해

PART 2
행정환경

PART 3
행정내부환경

PART 4
경영시스템

PART 5
집행시스템

PART 6
조직시스템

PART 7
지원시스템

PART 8
산출과 피드백

④ 통솔의 범위

사람은 누구나 능력의 한계가 있어 무한대로 많은 부하를 통솔하고 관리할 수 없다. 통솔의 범위(span of control)는 이러한 이유로 한 사람의 상관이 효과적으로 통제하고 감독할 수 있는 부하의 수가 있다는 전제에서 출발한다. 통솔의 범위는 상관에게 직접 보고하는 부하의 수이기도 하며 계층제와 밀접한 관련이 있다. 통솔의 범위를 좁게 잡으면 계층의 수가 늘어나고 넓게 잡으면 계층의 수가 줄어들기 때문이다. 통솔의 범위는 직무의 동질성, 정형화 정도, 공간적 분산, 구성원의 업무수행능력 등에 의해 영향을 받는다.[12]

⑤ 명령의 통일

원리론에서는 하위계층에서 상위계층으로의 분명한 보고체계를 강조한다. 이러한 보고체계를 유지하기 위해서 부하는 반드시 한 명의 상사에게만 보고하고 명령을 받아야 한다는 'one man one boss'의 원리를 강조한다. 여러 상사로부터 명령을 받고 행동하는 부하는 오히려 혼란스럽고 비능률적이며 무책임할 수 있음을 지적한다. 명령통일(unity of command)의 원리는 조직구조를 계층제의 피라미드 형태로 만드는 중요한 이유이다.

(2) 상 황 론

상황론은 조직의 효과성을 담보할 유일 최선의 방식은 있을 수 없으며, 조직의 구조는 조직이 처한 상황에 적합하도록 다양한 방식으로 설계할 수 있다는 입장을 취한다. 원리론은 조직의 구조적 특성을 직접 규범적으로 기술하고 있다면, 상황론은 그런 구조적 특성이 정해져 있는 것이 아니라 상황적 요인에 따라 다양하다고 본다. 상황적 요인을 독립변수로 보고 구조적 특성을 종속변수로 보는 것이다. 여기서는 상황적 요인을 대표하는 규모, 기술, 환경을 각각 앞에서 검토한

[그림 12-2] 상황론의 변수 간 관계

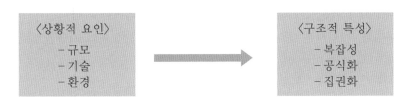

〈상황적 요인〉
- 규모
- 기술
- 환경

〈구조적 특성〉
- 복잡성
- 공식화
- 집권화

조직의 구조적 차원(특성)과 연결시켜 설명한다.

① 규   모

규모(size)는 한 조직 단위에 포함된 구성원의 수로 쉽게 생각할 수 있다. 물론 조직의 경계가 건물의 경계를 구분하듯이 분명한 것이 아니라서 정규직도 있고 비정규직도 있으며 어느 시점에서 보면 퇴직하는 사람도 있고 새로 입직하는 사람도 있다. 이처럼 구체적인 방법론상의 문제는 있지만 그래도 구성원의 수를 조직의 규모로 이해하는 것이 가장 일반적이다. 구성원의 수 이외에 병원의 병상수와 같은 물적 수용능력이나 대학의 학생수 및 교도소의 수감인원과 같이 투입·산출의 규모,[13] 또는 예산과 같은 재정능력을 규모로 이해할 수도 있다.

규모와 구조적 특성과의 관계는 연구에 따라 매우 다른 결과를 보여준다. 따라서 여기서는 두 변수 간의 관계를 가설의 형태로 정리한다.

- **규모와 복잡성**: 규모가 커짐에 따라 복잡성이 높아질 것이다.[14] 즉, 규모가 커짐에 따라 이질적이고 전문적인 업무가 생기고 계층이 증가하기 때문이다. 다만 규모의 증가에 따라 복잡성이 높아지는 정도는 '한계효용체감의 법칙'과 같이 점차 약해질 것이다.[15]
- **규모와 공식화**: 규모가 커짐에 따라 공식화가 높아질 것이다.[16] 규모가 작은 조직에서는 면대면의 직접 통제가 가능하지만 규모가 커질수록 구성원의 다양성이 높아 통제 비용이 급격히 증가하고 업무수행지침의 제정과 같은 표준화를 강화할 필요가 있기 때문이다. 특히 규모가 클수록 정형화된 업무가 증가하기 때문에 표준화가 용이할 것이다.
- **규모와 집권화**: 규모가 커짐에 따라 분권화가 촉진될 것이다.[17] 조직의 규모가 커지면 계층 수가 늘어나고 수직적 커뮤니케이션의 왜곡이 발생할 가능성이 높아 권한을 위임하는 분권화가 강화될 것이다.[a]

② 기   술

기술(technology)은 투입(자원)을 산출(재화나 서비스)로 전환시키는 지식, 기법, 과정을 말한다. 이렇게 단순하게 정의했지만 글상자에서 보듯이 기술의 유형이 매우 다양하기 때문에 기술과 조직구조와의 관계를 명확하게 밝히는 것은 쉬운 일이 아니다. 여기서는 페로우(Perrow)의 기술유형 분류에 따라 기술을 일상적 기

---

a) 집권화와 유사한 개념으로 행정농도(administrative intensity)가 있다. 행정농도는 조직을 유지관리하는 데 종사하는 구성원 수를 전체 구성원의 수로 나눈 비율을 말한다. 유지관리 업무가 모호하긴 하지만 재화와 서비스를 직접 제공하는 활동을 지원하는 부서 업무와 관리직의 업무를 포함시키는 것이 일반적이다.

술과 비일상적 기술의 연속으로 보고 조직구조와의 관계를 검토한다.

- **기술과 복잡성:** 비일상적인 기술일수록 복잡성이 높아질 것이다. 단순 반복하는 업무 수행의 일상적 기술은 과업의 다양성이나 전문성이 낮은 반면, 비일상적인 기술은 전문화의 정도가 높고 통솔의 범위가 좁으며, 비정형적 결정이 많고, 고객 지향의 다양성이 높기 때문이다.
- **기술과 공식화:** 비일상적인 기술일수록 공식화가 낮아질 것이다.[18] 정형화되어 있는 일상적 업무처리의 경우 업무처리지침을 구체적으로 개발할 수 있는 반면, 비일상적 기술을 요하는 업무처리의 경우 예외적인 상황이 많고 통제가 힘들기 때문에 획일적인 기준의 적용이 곤란하기 때문이다.
- **기술과 집권화:** 비일상적인 기술일수록 분권화가 높아질 것이다.[19] 비일상적 기술의 경우 예외적 상황이 많아 그때그때의 상황에 따라 탄력적으로 업무를 수행해야 하기 때문에 권한을 위임하는 것이 유리할 것이다. 일상적 기술의 경우는 은행 업무와 같이 공식화가 잘 되어 있다면 분권화가 높겠지만[20] 그렇지 못할 경우 집권적으로 조직을 통제할 가능성도 높을 것이다.

기술 유형

• Perrow의 기술 유형

과업의 다양성(과업수행 중 직면하는 예외적인 사례의 수)과 문제의 분석 가능성(성공적인 업무수행의 방법에 대한 분석 가능성)에 따라 기술을 유형화한다. 이때 과업 다양성과 분석 가능성 간에는 높은 상관관계가 있어 일상적-비일상적 기술을 축으로 압축하여 유형화하는 것이 보통이다.[21]

과업 다양성 / 분석 가능성	소수의 예외	다수의 예외
불가능	장인(craft)	비일상적(nonroutine) 기술
가능	일상적(routine) 기술	공학적(engineering) 기술

- 장인: 도예품과 같이 일정한 과정에 따라 움직이나 만드는 사람의 지혜나 경험이 중요하게 작용하여 공정의 분석이 곤란하다.
- 일상적 기술: 자동차 생산이나 은행 수납 업무와 같이 업무처리과정이 표준화되어 있고 객관적으로 분석이 가능하다.
- 비일상적 기술: 대학이나 연구소의 연구개발과 같이 과업이 매우 다양하고

투입에서 산출까지의 전환과정을 분석하기가 곤란하다.

- 공학적 기술: 기계 제작이나 회계와 같이 업무처리과정이 다양하고 복잡하지만 체계화된 공식, 절차, 기법 등이 존재한다.

• **Woodward의 기술 유형**

제조업체의 생산기술에 따라 세 유형으로 분류한다. [22]

- 단위상품 생산기술: 맞춤복과 같이 개별 내지 소수의 주문에 맞춤식으로 생산한다.
- 대량 생산기술: 칫솔이나 치약과 같이 하나의 공정에서 대량의 동일 상품을 생산한다.
- 연속적 생산기술: 정유나 화학제품과 같이 일련의 복잡한 공정을 거쳐 생산한다.

• **Thompson의 기술 유형**

업무를 수행함에 있어 개인이나 부서간에 나타나는 상호의존성을 기준으로 기술을 분류한다. [23]

- 연쇄고리형 상호의존성 기술: 과업이 순차적으로 상호 의존관계에 의해 수행되는 경우로 한 부서의 산출이 다른 부서의 투입이 되는 일련의 대량생산 일관 작업체계다.

    〈투입 → □ → 산출/투입 → □ → 산출/투입 → □ → 산출〉

- 쌍방향 상호의존성 기술: 직업소개소나 전화회사와 같이 상호의존 상태에 있는 고객들을 서로 연결시켜 준다.

    〈고객 A ↔ □ ↔ 고객 B〉

- 일방향·집중형 상호의존성 기술: 병원에서의 환자 치료처럼 여러 분야의 관련된 다양한 기술이 한 사람을 중심으로 집중되지만 분야별 협력은 미약한 상태이다.

③ 환　경

환경은 조직을 둘러싸고 있는 모든 외부 요소를 포함한다. 그 모든 요소가 종합적으로 만들어내는 불확실성의 정도가 조직의 구조에 많은 영향을 미치게 된다. 불확실성은 환경을 구성하는 요소의 다양성과 변화 속도에 비례하여 높아진다. 기술에서 일상적 기술과 비일상적 기술을 연속선상으로 보았듯이 환경에서도

PART 1
행정과 행정학의 이해

PART 2
행정환경

PART 3
행정내부환경

PART 4
결정시스템

PART 5
집행시스템

PART 6
조직시스템

PART 7
지원시스템

PART 8
산출과 피드백

확실성과 불확실성의 연속선상에서 이해할 수 있다.[a]

- **환경과 복잡성**: 불확실성이 높을수록 복잡성은 커질 것이다. 환경의 많은 이질적 요소로 인해 이에 대응하기 위한 조직의 다양성이 요구되기 때문이다. 조직의 하위 부서는 각각의 불확실한 환경에 대응하는 과정에서 서로 다른 목표와 과업성향 그리고 업무처리에 대한 시간관념을 형성할 가능성이 높다.[24]
- **환경과 공식화**: 불확실성이 높을수록 공식화가 낮아질 것이다. 환경이 빠르게 변하고 예측이 불가능한 경우 조직구조는 그에 대응할 유연성을 갖추어야 한다. 업무처리지침이나 규정을 강요하는 경우 조직의 경직성이 높아져 환경에의 대응 능력이 낮아지기 때문이다. 때로는 외부환경의 경계감시활동 부서(boundary spanning unit)는 공식화를 낮게 하고 환경과 어느 정도 독립적으로 생산활동에만 전념하는 부서는 공식화를 높이는 조직 내 차별화 전략도 가능할 것이다.
- **환경과 집권화**: 불확실성이 높을수록 분권화가 높아질 것이다.[25] 불확실한 환경에서는 상위계층의 관리자가 모든 정보를 수집하고 관리할 수 없을 뿐만 아니라 이질적인 요소가 많아 분권화를 통해 각 하위 부서에서 환경에 탄력적으로 대응하는 것이 필요하기 때문이다. 다만, 국가재난, 기업의 경우 적대적 합병이나 부도위기 등 조직의 존립에 영향을 미치는 환경 요인이 발생할 경우 일시적으로 집권적 대응이 필요할 것이다.

2. 조직구조의 유형

지금까지는 조직구조를 차원으로 나누어 이해하였다. 이제 조직의 구조를 전체로서 이해하고자 한다. 이를 위해 조직구조 유형을 크게 이론적 유형과 실제 유형으로 나누고, 이론적 유형은 다시 기계적 조직과 유기적 조직 그리고 유기적 조직의 대표적인 유형이라 할 수 있는 애드호크라시를 알아본다. 실제 유형에서는 현재 우리나라 행정조직의 중요한 유형이라 할 수 있는 부처조직, 위원회 조직, 책임운영기관을 알아본다.

---

a) 조직의 환경 불확실성은 변화에 대한 예측곤란성 이외에 자원의존성에도 기인한다. 조직이 생존하는데 외부 자원의 지원(예산, 인력)이나 지지(대통령, 국회, 여론 등)에 의존하는 정도가 클수록 조직의 불확실성은 높아진다. 이런 불확실성에 대한 조직의 대응으로는 외부인의 흡수(대통령과 연결될 수 있는 사람을 임원으로 채용하거나 시민단체의 유력 인사를 위원회에 참여시키는 것 등), 홍보, 장기계약(부품 공급을 받기 위해 하청업체와 장기계약체결), 경영권 확보(일반 기업의 경우), 그리고 때로는 불법적인 청탁이나 거래를 사용하기도 한다.

1) 이론적 유형

(1) 기계적 조직과 유기적 조직

① 기계적 조직

기계적 조직(mechanistic organization)은 말 그대로 기계의 특성을 가진 조직이다. 조직을 효율적으로 운영하기 위해 기계와 같이 구조화한 것이다. 기계적 조직의 중요한 특성을 알아보면, 사람이 수행해야 할 업무가 직무내용에 따라 구체적으로 정의되어 있고 직무수행능력을 가진 사람을 찾아 일을 맡긴다. 어떤 사람이 일을 제대로 하지 못하면 기계의 부품을 교환하듯이 능력 있는 다른 사람을 충원하여 바꾼다. 각각의 자리에서 기대하는 업무성과와 업무수행방식이 분명하고 실적에 상응하는 보상체계를 가지고 있다. 권한의 엄격한 계층구조를 가지고 있어 책임과 역할이 확실하게 나누어져 있다. 보고체계 또한 명령통일의 원리가 적용되어 혼란을 야기하지 않도록 되어 있다. 사람보다는 일, 개인의 특성보다는 직무수행능력을 우선시한다. 대인관계에 있어서도 공식적 관계에 초점을 맞춘다. 기계적 조직은 업무수행의 통제와 질서를 전제로 모호성과 혼란을 최소화함으로써 조직의 효율성을 높일 수 있다는 시각을 반영하고 있다.

② 유기적 조직

기계적 조직은 환경이 안정적인 상황에서 현실적 타당성을 인정받을 수 있을 것이다. 그러나 현대조직은 비일상적인 기술이 확대되고 환경의 불확실성이 계속 높아지는 상황적 특성을 가지고 있다. 이런 상황에서는 조직의 수평적 분화가 심하고, 공식성은 낮아지며, 분권화는 강화되는 조직구조상의 특성을 요구한다. 즉, 엄격한 규정보다는 상황에 적합한 대응을 하도록 조직내부의 구조가 느슨해지고 권한이 위임되어야 한다. 이러한 변화와 요구를 반영한 것이 유기적 조직(organic organization)이다.

유기적 조직은 규칙적인 작동을 반복하는 기계가 아니라 인체와 같은 살아 있는 유기체에 비유할 수 있다. 유기체는 환경의 변화에 개방적이고 내부의 유연성을 가지고 있다. 즉, 유기적 조직은 개방체제이기 때문에 환경의 변화에 탄력적으로 적응해서 조직의 생존에 필요한 에너지를 지속적으로 유지하는(엔트로피를 낮추며) 능력을 가지고 있다. 커뮤니케이션이나 의사결정이 기계처럼 스위치 조작에 의해 일방향으로만 움직이는 것이 아니라 권한과 책임이 분산되어 필요에 따라 상하좌우 양방향의 상호작용 관계를 유지한다. 또한 조직 내부의 구성원도 기계의 부

PART 1 행정과 행정학의 이해
PART 2 행정환경
PART 3 행정내부환경
PART 4 결정시스템
PART 5 집행시스템
PART 6 조직시스템
PART 7 지원시스템
PART 8 산출과 피드백

표 12-1 기계적 조직과 유기적 조직의 비교

조직의 특성	기계적 조직	유기적 조직
복잡성(분업, 전문화)	부서 간 구분 뚜렷, 배타적	부서 간 구분 모호, 업무중복
공식화(규칙, 문서 등)	높다	낮다
집권화(권위구조)	집권, 계층구조	분권, 다원구조
환경에의 개방성	폐쇄성	개방성
과업, 역할, 기능	분명, 구체적, 직무기술	상황적, 유동적
구조의 영속성	고정	상황에 계속 적응 변화
권위의 근원	자리(직위)	사람(전문지식, 대인관계)
커뮤니케이션	하향식(top-down), 수직적	상향식(bottom-up), 수평적
의사결정	집권화	분권화
보상	계급(계층)에 따라 큰 차이	계급 간 작은 차이
동기부여	금전적 보상	인간의 다양한 욕구 충족
실제 예	정부관료조직, 일반은행	IT기업, 투자은행(IB)

품처럼 수동적인 존재가 아니라 자율적 의지와 다양한 욕구를 가진 주체적 존재로서 인정한다. 기계적 조직의 대표적인 예로는 정부 관료조직이나 예금을 안전하게 투자해서 수익을 올리는 일반은행을 들 수 있으며, 유기적 조직의 대표적인 예로는 기술개발 속도가 그 어느 산업보다도 빠르게 변하는 반도체 회사와 자금을 고위험 상품에 투자해 고수익을 목표로 하는 투자은행(IB)을 들 수 있다. 이상의 논의를 중심으로 기계적 조직과 유기적 조직을 비교하여 정리한 것이 〈표 12-1〉이다.

③ 평 가

기계적 조직과 유기적 조직의 구분은 개념적으로 가능한 순수형 또는 이상형 차원의 모형이다. 현실에서는 두 모형을 양극으로 하여 이들 모형의 특성을 복합적으로 반영한 다양한 조직이 존재한다. 특히 상황론의 시각에서 보면 조직이 처한 상황에 적합한 조직구조를 개발하는 것이 조직의 목표달성에 무엇보다 중요하다. 따라서 과거 기계적 조직의 대명사로 분류되었던 일반은행의 경우 최근 개인 고객의 수요에 맞춘 PB(Private Banking) 등 다양한 방식의 서비스 전달체제를 도입해 기계적 조직에서 유기적 조직으로 변신하고 있고 정부관료조직의 경우에도 책임운영기관 도입, 인사교류, 개방형 임용, 고위공무원단 등 과거의 기계적 조직이 안고 있던 단점을 보완하기 위해 유기적 조직의 특성을 많이 도입하고 있음을 알 수 있다.

(2) 애드호크라시(Adhocracy)

① 의　의

관료제가 기계적 조직을 대표하는 이념형이라면 애드호크라시는 유기적 조직을 대표하는 추상적 형태의 조직을 말한다. 관료제(bureaucracy)는 이미 제7장에서 설명하였고 여기서는 애드호크라시를 설명하도록 한다. 애드호크라시는 특정 문제해결을 위해 관련 전문가들로 팀을 구성하여 운영하는 조직으로 매우 탄력적이고 상황 적응력이 높은 조직이다. 일반적으로 문제해결을 위한 한시적 조직으로 목표가 달성되면 해체되는 경우가 많다. 관료제와는 달리 권한이 계층 구조의 각 직위에서 나오는 것이 아니라 구성원 각자가 보유하고 있는 전문성에서 나오기 때문에 의사소통이나 권한의 흐름이 구조적 틀의 제한을 받지 않고 상당히 유동적이다.

② 특　성

애드호크라시의 주요 특성을 복잡성, 공식화, 집권화 차원에서 알아보면 첫째, 수평적 분화가 심한 반면 수직적 분화는 약한 점을 들 수 있다. 전문성이 매우 강한 전문인들로 구성되기 때문에 업무의 이질성이 매우 높다. 따라서 횡적인 분화가 많이 일어나지만 업무수행이 자율적 책임하에 주로 이루어지기 때문에 지시·감독의 필요성은 낮아 종적인 분화는 높지 않다. 애드호크라시는 현장에서 문제해결중심으로 일을 하기 때문에 관료제적 특성이라 할 수 있는 행정지원계층은 규모가 작다.

둘째, 공식화의 정도가 낮다. 업무수행자가 상황에 탄력적으로 대응하도록 하기 위해서 업무수행방식을 법규나 지침으로 경직화시키지 않는다. 법규나 지침은 표준화가 필요한 반복적 업무의 경우에 효과적이라 할 수 있다.

셋째, 분권화되어 있다. 분화나 공식화와 같은 맥락에서, 상황에 신속하게 대응하기 위해서 애드호크라시는 문제해결의 전문성을 가진 사람이 현장에서 필요한 조치를 취할 수 있도록 권한을 위임한다.

③ 유　형

애드호크라시에 속하는 대표적인 조직유형으로는 태스크 포스, 프로젝트 팀, 매트릭스 조직, 그리고 네트워크 조직 등을 들 수 있다.[a]

---

a) 애드호크라시는 앨빈 토플러에 의해서 1970년대 이후 널리 사용되기 시작하였으며, Mintzberg에 의해 5개 조직구조 모형(기업가형 단순 조직, 기계적 관료조직, 전문적 관료조직, 사업부 조직, 애드호크라시)의 하나로 구체화되었다. 애드호크라시는 이후 관료제에 대칭되는 유기적, 수평적, 혁신적

PART 1
행정과 행정학의 이해

PART 2
행정환경

PART 3
행정내부환경

PART 4
결정시스템

PART 5
집행시스템

PART 6
조직시스템

PART 7
지원시스템

PART 8
산출과 피드백

- 태스크 포스(TF, task force): 특수한 과업(task) 완수를 목표로 기존의 서로 다른 부서에서 사람들을 선발하여 구성한 팀으로 TF 구성의 본래 목적을 달성하면 해체되는 임시조직이다. 정부에서 국제대회를 유치하기 위해 유관 부서의 공무원으로 TF를 구성하거나, 대학에서 교과목을 개편하기 위해 기존의 여러 단과 대학 교수로 TF를 구성하는 것을 예로 들 수 있다. TF 참여자들은 각기 자신이 속한 부서의 이해를 회의에서 대변하거나 회의에서 나온 의견을 소속 부서에 피드백시키는 연결핀 역할을 할 수 있다. TF는 관련 부서를 횡적으로 연결시켜 여러 부서가 관련된 현안 문제를 해결하는 데 효과적인 조직 유형이다.

- 프로젝트 팀(project team): 프로젝트 팀은 조직에서 전략적으로 중요하거나 창의성이 요구되는 프로젝트를 진행시키기 위하여 여러 부서에서 프로젝트 목적에 가장 적합한 사람들을 선발하여 구성한 조직모형이다. 참여자들은 프로젝트와 관련하여 다른 사람과 차별화된 전문성을 가진 경우가 많다. 프로젝트 팀의 참여자들은 원래 소속 부서에서의 보고 라인을 유지한다. 하지만 프로젝트의 목적이 특수하고 확실하기 때문에 참여자들은 팀을 하나의 독립된 조직으로 인식하고 자신을 그 팀 소속으로 인식하는 경향이 강하다.[26] TF와 마찬가지로 한시적이고 횡적으로 연결된 조직유형이지만 TF에 비해 참여자의 전문성과 팀에 대한 소속감이 강하다는 특성을 가지고 있다.

- 매트릭스 조직(matrix organization): 매트릭스 조직은 기능 중심의 수직적 분화가 되어 있는 기존의 지시·감독 라인에 횡적으로 연결된 또 하나의 지시·감독 라인을 인정한다. 그 결과 매트릭스 조직은 전통적인 수직조직과 새로 구성된 프로젝트 수평조직의 이원적 권위계통이 서로 교차하면서 매트릭스 모양을 만들고 한 사람이 두 사람의 상사로부터 명령을 받는 구조이다. 원리론에서 주장하는 명령통일이나 계층제 원리와 맞지 않는다. 예로서는 지역에 있는 영업점이 본사의 재무, 인사, 영업 등의 지시·감독을 받으면서 한편으로 해당 지역의 본부장으로부터 지시·감독을 받도록 조직화한 경우이다.

- 네트워크 조직(network organization): 현대의 많은 조직은 과거 기획에서 생산까지 모든 기능을 수행하던 '거둔한(거대하고 둔한)' 조직 형태를 탈피하여 결정과 기획 등 핵심기능만 남기고 나머지 집행사업 기능은 각각 전문업체에 위탁경영하는 경량화 경향을 보이고 있다. 네트워크 조직은 이와 같이 핵심 기능을 수행하는 소규모의 조직을 중심에 놓고 다수의 협력업체들을 네트워크로 묶어 일을 수행하는 조직이다. 협력업체들은 하위 조직이 아니며 별도의 독립된 회사들이다. 네트워크 조직이 가능해진 것은 IT 기술의 발전과 밀접한 관련이 있다. 생산, 보관, 유통, 광고 등의 기능을 전국 또는 전 세계 어디든 위치에 상관없이 각 분야의 최고 기업을 골라 IT 네트워크로 묶는 조직화가 가능해졌기 때문이다.

조직 형태의 다양한 유형을 포괄하는 의미로 사용되었고, 현재는 용어의 사용 빈도가 떨어지는 편이다(Henry Mintzberg, *Structure in Fives: Designing Effective Organizations*, Englewood Cliffs, NJ: Prentice-Hall, 1983).

위계 깨는 '애자일 조직'은 선택 아닌 생존 문제

지난달 초, SK그룹이 주요 계열사 임원 인사를 단행하면서 민첩한 조직문화를 표방하는 애자일(Agile) 조직 구축을 선언하며 큰 화제가 됐다. 애자일은 구글, 페이스북, 아마존 같은 정보기술(IT) 혁신기업들의 조직 운영 방식으로서, 국내에서는 몇 년 전부터 은행, 카드, 보험 등 금융권을 중심으로 애자일 조직 도입이 매우 빠르게 확산돼 왔다. 최근에는 제조업, 건설업에서도 애자일 조직을 도입하는 사례가 늘어나고 있지만, 사실 대부분의 국내 기업에서 애자일은 여전히 생소한 개념이다.

애자일은 본래 2000년대 초, IT업계에서 대두된 '소프트웨어 개발 방법론'의 하나로서, 고객의 요구에 능동적이고 유연하게 대처하는 것을 최우선 목적으로 한다. 최근 주목받는 애자일은 이러한 관점을 기업의 조직 구조 및 운영 방식으로 확대한 것이다. 애자일 조직의 확산은 지금까지의 피라미드형 위계 조직이 앞으로 경영환경에서는 더 이상 작동하기 어렵다는 한계 인식과 그 궤를 같이하고 있다. 피라미드형 위계 조직에서는 아래에서 정보를 수집해 상향식으로 단계적 의사결정을 거친 후 최고경영진에서 의사결정이 내려지면 다시 아래로 내려와 실행이 이뤄지는 과정을 거쳐야 하는데, 이렇게 의사결정을 하다가는 도저히 지금처럼 빠르게 변모하는 시장과 고객에게 대응하기 어렵다는 것이다. 애자일은 이러한 대규모 조직을 매우 작은 규모의 단위 조직으로 나누고 이들이 자율성과 독립성을 가지고 고객과 시장의 변화에 시의적절한 의사결정 및 조치를 내릴 수 있도록 하는 시스템이라고 보면 된다. 그런데 애자일이 한국 기업에 지금 특히 필요한 이유가 있다. 바로 다음의 세 가지 문제를 해결하기 위함이다.

첫째, 대부분의 한국 기업이 아직도 과거의 패스트폴로어(fast follower) 전략에 최적화된 조직 구조에서 변화하지 못한 채 정체돼 있기 때문이다. 산업화 시대, 비숙련 노동자를 대량 투입해 비용 우위를 만들고, 이를 기반으로 한국 대기업들은 규모의 성장을 얻어냈지만, 안타깝게도 이제 규모의 우위는 더 이상 경쟁 우위가 될 수 없는 세상이다. 오히려 규모가 커질수록 조직은 관료화됐으며, 그룹 내 지주사와 계열사로 이어지는 복잡한 거버넌스 속에서 의사결정은 더욱더 느려지고, 혁신은 요원해졌다. 이대로는 우리 기업들의 지속 가능성을 보장하기 어렵다.

둘째, 불필요한 관리자 계층으로 인한 생산성 저하의 문제다. 주 52시간 근무제로 인해 양적 생산성은 이미 한계에 봉착했기에, 이제 질적 생산성 향상에 매달릴 수밖에 없다. 실제로 조직생산성을 진단해보면, 대부분 비효율은 관리 단계에서의 계층별 보고 및 업무지시에서 비롯된다. 애자일 조직에서는 달라진다.

PART 1
행정과 행정학의 이해

PART 2
행정환경

PART 3
행정내부환경

PART 4
결정시스템

PART 5
집행시스템

PART 6
조직시스템

PART 7
지원시스템

PART 8
산출과 피드백

핵심 경영진을 제외한 중간관리자 계층이 사라지게 되고, 모두가 동일한 위치에서 업무를 수행하게 된다. 불필요한 관리의 옥상옥이 최소화되고, 모두가 실무자이자 의사결정자로서 고객 가치 창출에 직접적으로 연관되는 고부가가치 활동에 전념하게 되는 것이다.

셋째, 밀레니얼 세대의 업무 몰입 저하 및 이탈을 가져오는 조직문화의 문제다. 신입사원의 퇴사율이 기업마다 평균 30%에 육박하고 워라밸을 외치는 이면에는, 그들이 몰입할 수 없는 과거형 조직 구조의 문제가 있음을 인정해야 한다. 밀레니얼들은 자신이 중요하게 생각하는 가치를 최우선으로 여기며, 자신의 성장과 기여도를 바로바로 확인하고자 하는 특징이 있다.

자료: 장은지(이머징리더십인터벤즈 대표), 매일경제, 2019. 1. 2.

④ 평　가

애드호크라시의 장점은 변화에 신속하게 대응할 수 있다는 점이다. 현대의 복잡하고 불확실한 환경에서 발생하는 문제의 해결은 단순한 인과구조로 해결할 수 있는 것이 아니라 여러 관련 분야의 전문가가 협력하여 접근할 때 문제해결 가능성을 높일 수 있다. 애드호크라시는 이런 점에서 각 분야의 전문가를 하나의 조직에 모아 놓았기 때문에 문제해결능력이 우수할 뿐만 아니라 커뮤니케이션이나 업무협조가 원활할 수 있다.

단점으로는 첫째, 구성원에게 스트레스와 심리적 갈등 상황을 야기할 수 있다. 전문가일수록 자신의 전문성에 대한 권위를 존중하는 성향이 있어 애드호크라시 구조에서 의외로 업무협조가 어려울 수 있기 때문이다. 둘째, 임시조직으로 운영되는 경우 신속한 조직화가 쉽지 않다. 임시조직을 만들기 위해서는 노동시장이 유연하거나 기존 조직에서의 협조가 필수적인데 이런 조건이 성숙되지 않았으면 조직 구성이 쉽지 않다. 셋째, 짧은 시간에 조직의 안정적 운영이나 구성원 간의 인간관계를 새롭게 개발하는 것도 도전적인 과제이다.

따라서 애드호크라시가 효과적일 수 있는 상황은 상당히 제한적이라 할 수 있다. 아직도 관료제의 전통적 조직모형을 대체할 대안으로 보기는 힘들다. 애드호크라시는 업무가 특수하고 비정형적이며 기술은 비일상적이고 환경이 역동적으로 변화하는 상황에서 유효한 조직유형이라 할 수 있다. 이러한 다양한 조직구조의 유형 중에서 실제에 어떠한 구조로 설계할 것인가는 각 유형의 장단점 및 앞서의 원리론과 상황론의 이론을 검토할 뿐만 아니라 제9장에서 검토한 조직의 미션·비전·전략이 중요하게 영향을 미친다. 조직 구조는 조직 전체의 미션을 달성하기 위한 중요한 도구이지 그 자체가 목적일 수는 없다. 공공기관 경영평가를 보더라도 조직구조와 미션과의 정합성이 중요한 평가항목[a]으로 포함되어 있다.[27] Daft는 조직이 비용·효율성·조직안정의 전략적 목표를 가지고 있다면 기계적 조직유형을, 차별화·혁신·조직유연성의 전략적 목표를 가지고 있다면 유기적 조직유형[b]이 더 적합하다고 말한다.[28]

2) 실제 유형: 한국 행정조직구조

개념적 차원을 넘어 현재 우리나라 행정조직은 어떤 형태를 취하고 있을까? 부처조직 형태가 중심이 되고 부분적으로 위원회를 찾아볼 수 있다. 또한 신공공관리론의 영향으로 1999년 도입된 책임운영기관이 지정·운영되고 있다.

(1) 부처조직

우리나라 행정부의 부처조직은 2021. 1. 4. 기준으로 〈그림 12-3〉과 같이 18부 4처 18청으로 구성되어 있고[29] 전형적인 분업의 원리가 적용된 구조를 하고

---

a) 경영평가편람에 보면, "기관의 설립목적에 부합하는 비전, 경영목표, 경영전략의 수립과 이를 실행하기 위한 노력과 성과를 평가"하고, 경영전략과 연계된 조직 운용, 그리고 기관의 "핵심 업무를 고려한 기관 내 단위조직의 역할과 책임 설정"을 평가 내용으로 하고 있다(기획재정부, 「2020년도 공공기관 경영평가편람」, 2019. 12, pp. 16, 23).

b) Daft는 조직유형을 다섯 개로 나누었다. 이들은 인사·회계·생산 등 전문성이나 자원의 종류에 따라 구조화한 수직적 기능(vertical functional) 조직, 최종 제품이나 서비스 등 사업 분야에 따라 조직을 1차적으로 구조화하고 기능 조직을 각각의 하위 부서로 두는 사업부(divisional) 조직, 기능 부서와 사업부서를 교차시켜 이들 간의 정보공유와 협업을 유도하는 매트릭스 조직, 기능과 사업을 축으로 한 조직의 수직적 경계를 넘어 고객의 가치를 최종 목표로 하여 업무 프로세스를 수평적으로 구조화한 수평적 조직, 조직은 핵심 업무를 중심으로 구조화하고 비핵심업무는 외부 기관과 계약을 통해 위탁하는 네트워크 조직으로 구분한다.
　설명한 순서대로 수직적 기능 조직이 기계적 조직에 가깝고 네트워크 조직이 유기적 조직에 가깝다. 특이한 것은 매트릭스 조직까지를 전통적 기계적 조직으로, 수평적 조직과 네트워크 조직을 차별화·혁신·조직유연성 전략에 부합하는 현대적 조직으로 보았다. 매트릭스 조직도 전통적인 기능조직과 사업조직의 수직적 경직성을 극복하지 못했다고 보았기 때문일 것이다. 또한 Daft & Marcic가 말하는 수평적 조직은 업무 재설계(Business Process Reengineering)를 통해 프로세스 중심으로 업무를 재설계하고 상설 팀 단위로 프로세스를 연결시킨 구조로서 팀(team) 또는 수평적 팀(horizontal team)의 용어와 동일한 개념으로 사용한다(Richard L. Daft and Raymond A. Noe, *Organizational Behavior*, Harcourt College Publishing, 2001; Richard L. Daft and Dorothy Marcic, *Understanding Management*, 7th ed., Mason, OH: South-Western, 2010).

PART 1
행정과 행정학의 이해

PART 2
행정환경

PART 3
행정의 내부환경

PART 4
결정시스템

PART 5
집행시스템

PART 6
조직시스템

PART 7
지원시스템

PART 8
산출과 피드백

[그림 12-3] 정부조직도

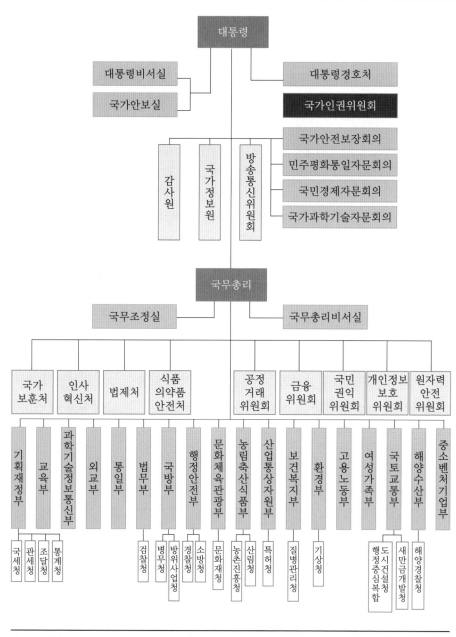

자료: 청와대(https://www1.president.go.kr/), 2021. 1. 6, 정부조직도 참고하여 재구성.

있다. 이들 조직은 다시 그 밑에 하부조직을 두어 계층적 구조를 형성한다.

구체적으로 하부조직은 우리에게 익숙한 실, 국,[a] 과, 계(자치단체) 등으로 수직적 분화를 이루고 있다. 실, 국, 과는 부처 장관을 보조하는 기관으로서 계선 기능을 담당하며, 참모 기능은 차관보, 기획조정실, 총무과 또는 담당관 등의 조직에서 담당한다. 이들은 정부조직법 등 법적 근거에 의해 설치되며 법적 용어로 각각 보조기관과 보좌기관으로 구분된다. 중앙조직은 또한 소속기관을 두고 있는데 소속기관은 하부조직에 비해 상대적으로 독립성이 강한 편이다. 소속기관에는 지방 국세청과 같은 특별지방행정기관, 국가공무원인재개발원과 같은 부속기관, 각종 정부위원회의 합의제행정기관이 있다(〈표 12-2〉 참고).

우리나라 부처 정부조직은 전형적인 기계적 조직으로서의 관료제적 특성을 보이고 있다. 정부도 전통적인 관료제 구조로는 변화하는 환경에 효과적으로 대응하기 어렵다는 것을 인식하고 많은 조직개편을 실행하였다. 외환위기 직후 들어선 김대중 정부는 고통분담 차원에서 정부규모를 축소하였는데 그때 등장한 용어가 대국대과주의다. 국·과 단위의 수를 줄이는 수평적 통합을 통해 종전에 비해 통솔의 범위를 확대한 것이다. 책임운영기관도 정부 구조조정 차원에서 새롭게 등장한 조직유형이다.

노무현 정부 때는 국·과의 전통적인 계층구조에서 팀제 조직구조로 바꾸기도 하였다. 그러나 이때 도입한 팀제 구조는 기존의 국이나 과의 이름만 바꾼 형식적 변화에 지나지 않았다. 실질적 의미의 팀제는 프로젝트 팀과 같이 권한이 수평적으로 분산되고 의사결정의 단계를 축소하는 등의 내용을 담아야 하는데 그렇지 못했다.

표 12-2 **중앙정부조직의 구조**

구 분		계층 구분
소속기관		특별지방행정기관
		부속기관
		합의제 행정기관
하부조직	보조기관	국, 실, 과(공통), 계(지방정부조직)
	보좌기관	차관보, 기획관리실, 총무과, 담당관

자료: 김태수, 우리나라 정부조직의 편성원리, 2002 동계학술대회 발표논문 재구성.

---

[a] 중앙정부조직의 경우 국 대신 부를 두는 경우도 있다. 예를 들어 대검찰청에는 국 대신 반부패·강력부, 공공수사부, 형사부 등의 명칭을 쓴다.

이명박 정부 들어 팀제는 공공기관에서만 유지되고 정부조직에서는 과거 실·국·과 체제로 복원되었다. 이후 박근혜 정부, 문재인 정부는 부처청 차원의 조직개편을 단행했지만 전형적인 부처조직 구조에 큰 변화를 주지 않았다. 이와 같이 구조 측면에서 현 부처조직의 변화는 미미한 수준이다.

다만 정부조직을 보다 유연성을 가진 조직으로 바꾸기 위해서는 구조에만 집착할 필요는 없다. 오히려 소프트웨어 측면의 변화를 동시에 고려할 필요가 있다. 그런 점에서 노무현 정부 때 도입한 개방형 임용, 부처 내의 직위공모제 확대, 그리고 고위공무원단 등은 긍정적으로 평가할 수 있는 부분들이다.

(2) 위원회

위원회는 결정권한의 최종 책임이 기관장 한 사람에게 집중되어 있는 부처조직과 대조되는 것으로 결정권한이 모든 위원에게 분산되어 있고 이들의 합의에 의해 결론을 도출하는 합의제 조직유형이다. 위원회는 노무현 정부 때 국민의 중요한 관심 사항이 되었다. 대통령이 추진하는 국정과제를 행정부처조직이 아니라 위원회를 만들어 여기에다 상당한 권한을 주고 이들이 직접 정책의 내용을 결정하고 정책추진을 관리해나감으로써 부처의 정책결정 기능이 약화되고 전통적인 계선 중심의 조직운영에 혼선을 빚었기 때문이다.

물론 위원회도 결정권한을 갖고 집행까지 책임지는 유형이 있다. 이를 행정위원회라 하는데 대통령 소속의 방송통신위원회, 국무총리 소속의 공정거래위원회, 그리고 인사혁신처 소속의 소청심사위원회 등이 이 유형에 속한다. 행정위원회의 중요한 특성은 행정부처조직과 마찬가지로 행정권한을 가지며 하부조직을 두는 경우가 많다는 것이다.[a] 한편 위원회 유형이지만 결정의 구속력이 없고 기관장에게 정책조언을 하는 자문위원회가 있다. 2020년 6월 말 기준 각 부처에 설치되어 있는 542개의 위원회가[30] 이 유형에 속한다.[b]

---

a) 미국의 경우 위원회가 준사법적·준입법적 기능을 수행할 뿐만 아니라 대통령과 의회 모두로부터 강력한 독립성을 보장받고 있는 독립규제위원회(Independent Regulatory Commission)라는 특유의 위원회가 있다. 독립규제위원회는 민간부문의 경제활동을 규제하는 기관으로 정치권으로부터 이렇게 독립성을 보장받는 것은 시장에 정부가 개입하지 않는다는 자본주의 이념이 반영된 것으로 볼 수 있다.

b) 자문위원회는 활동이 미미하고 형식적이라는 지적을 과거부터 받아왔지만,[32] 개선이 쉽지 않다. 행정위원회까지 합친 585개 위원회 중에서 2020년 2/4분기 기준으로 위원회가 구성되지 않은 수가 21개이고, 2019년 7월 ~ 2020년 6월 사이에 분과 단위의 서면회의까지 포함해서 회의를 한 번도 열지 않은 위원회가 65개에 이를 정도이다. 이렇게 자문위원회에 대한 비판이 있지만, 이들 위원회의

한편 노무현 정부 이후 중요 국정과제를 직접 추진하는 국정과제위원회는 자문위원회 유형이지만 자체 예산을 집행하고 있고, 관련 부처에서 인력을 지원받고 자체 인력도 충원하여 정책 브레인 역할을 하고 있다. 단순한 조언 기능이라기보다는 각 국정과제별 목표가 분명하고 각 분야의 전문가들로 위원을 구성하고 있다는 점에서 프로젝트팀 내지 TF의 성격이 강하다고 볼 수 있다. 이들 위원회는 대통령에 대한 자문적·참모적 성격이 강하고 정권 차원의 한시적 성격과 그로 인한 단기적 시각이 지배한다. 따라서 조직의 영속성을 갖고 장기적으로 문제를 접근하는 기존의 행정부처와 갈등의 소지를 내포하고 있다.

정부가 위원회 조직 유형을 많이 활용하는 데는 중요한 이유가 있다. 많은 사람의 참여로 다양한 이해를 결정에 반영할 수 있을 뿐만 아니라 전문가의 참여로 결정의 질을 높일 수 있다. 또한 참여와 합의를 존중하는 민주이념에 부합하며, 그 결과 국민을 포함한 환경의 지지를 확보하는 데 유리하기 때문이다.

(3) 책임운영기관

책임운영기관은 1980년대 정부개혁을 대변하는 신공공관리론(NPM)의 조직원리에 따라 등장한 새로운 형태의 정부조직이다. NPM은 정부조직의 기능을 정책결정과 집행, 통제와 서비스로 구분한 뒤 중앙정부기관은 정책결정과 정부지출 통제 기능에 초점을 맞추고 대신 정책을 직접 집행하고 서비스를 제공하는 기능은 중앙기관에서 분리시키는 조직 이원화 전략을 채택하였다. 기존의 정부조직에서 집행 성격의 업무를 담당하던 조직은 따로 분리시켜 집행의 재량권을 부여하고 결과에 책임을 지도록 하였다(〈그림 12-4〉 참고).[31]

우리나라는 1999년 책임운영기관이라는 이름으로 도입하여 2020년 8월 기준으로 54개의 기관이 운영되고 있다.[a] 「책임운영기관의 설치·운영에 관한 법률」에는 책임운영기관을 '정부가 수행하는 사무 중 공공성을 유지하면서도 경쟁 원리에 따라 운영하는 것이 바람직하거나 전문성이 있어 성과관리를 강화할 필요가 있는 사무에 대하여 책임운영기관의 장에게 행정 및 재정상의 자율성을 부여하고 그

89.1%가 법률에 근거하고 있어(행정안전부, 2020 행정기관위원회 현황, 2020. 8, p. 6) 위원회 폐지를 위해서는 국회의 법 개정이 선행되어야하기 때문이다.

a) 책임운영기관의 유형은 중앙책임운영기관과 소속책임운영기관으로 구분하는데, 중앙책임행정기관은 정부조직법에 근거 규정을 두며 54개 기관 중 특허청이 유일하고, 나머지 53개 기관은 부처청의 소속기관으로서 대통령령에 의해 설치된다. 2019년 말 기준 정원은 10,797명이다(행정안전부, 「2020 행정안전통계연보」, 2020. 8).

PART 1
행정과 행정학의 이해

PART 2
행정환경

PART 3
행정내부환경

PART 4
결정시스템

PART 5
집행시스템

PART 6
조직시스템

PART 7
지원시스템

PART 8
산출과 피드백

[그림 12-4] 소속기간과 책임운영기관의 도식적 이해

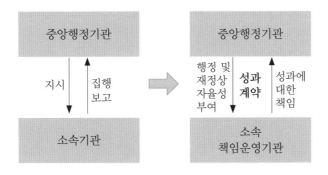

운영 성과에 대하여 책임을 지도록 하는 행정기관'이라고 정의하고 있다.[33] 대표적인 예로서 국립중앙극장, 국립재활원, 그리고 특허청 등이 있다. 책임운영기관은 정부가 수행하는 업무 중에서 사업적·집행적 성격이 강한 부분을 분리시켜 민간부문의 보다 유연한 경영방식을 도입한 것이다. 책임운영기관은 정부기능이 갖고 있는 기존의 공익성뿐만 아니라 관리의 유연성을 통한 효율적 자원관리와 서비스 개선을 목적으로 도입된 것이다.[34]

책임운영기관은 실제 일을 맡아 집행하는 사람들에게 재량권을 부여함으로써 중앙통제 중심의 관료제적 성격을 벗어나고자 한 것으로[35] 조직뿐만 아니라 인사와 예산 측면에서 정부조직과 차별화된 내용을 담고 있다. 조직 구조적인 측면에서는 오히려 집행사업부서의 성격을 가지고 있기 때문에 기능 중심의 분업과 지시명령체계를 갖춘 계층제의 전형적인 구조를 보여준다. 다만 이들 기관은 일반행정기관에 비해 하부조직의 설치나 정원 관리에 많은 재량권을 부여받고 있기 때문에 자체 조직진단을 통해 중복된 기능을 통폐합하거나 현장 중심의 인력배치를 하는 등 환경에 보다 탄력적으로 적응하고 있다.[36] 책임운영기관은 기업의 이윤성을 보다 공식적으로 추구하는 공기업과 부처청 소속기관의 중간형태로 이해하면 되겠다(〈표 12-3〉 참조).

표 12-3 소속기관·책임운영기관·공기업의 비교

구 분	중앙행정기관(부·처·청) 소속기관	중앙행정기관 소속 책임운영기관	중앙행정기관 산하 공기업
설치 근거	정부조직법	책임운영기관의 설치· 운영에 관한 법률	특별법
업무 성격	공공적	공공적·집행적·사업적	공공적·기업적
직원 신분	공무원	공무원	비공무원
기관장 임명	대통령	공개모집 임기계약직 (최소 2년, 최장 8년)	사장추천위-주무장관 제청-대통령임명 (3년 임기 계약직)
기관장의 직원 인사권	고위공무원: 대통령 3급 이하: 임용권 (3~5급은 대통령의 위임*)	고위공무원: 전보권 (소속 기관장의 위임) 3급 이하: 임용권**	직원 전체 임용권
정원관리	계급별정원 4급 이상: 대통령령 5급 이하: 부령	총정원: 대통령령 계급별 정원: 부령	총정원: 기획재정부 장관 승인†
임기제 공무원 (직원) 채용	정원 및 예산 범위 내*	기본운영규정으로 계급별 정원의 50% 이내***	한시정원: 기획재정부 장관 협의† 탄력정원: 주무기관장 협의
상여금	전 공무원 동일 기준****	기관별로 기준 차등화 가능***	자율
예산의 이용·전용	기획재정부장관 승인 사항*****	기획재정부장관 협의 사항***	자율
예산 이월	경상적 경비의 15%까지*****	경상적 경비의 20%까지***	자율

* 공무원임용령 제5조, 제22조의 4.
** 고위공무원이 없는 소규모 기관의 경우 3~5급 공무원에 대해서도 전보권만 위임되기도 함(책임운영기관의 설치·운영에 관한 법률 시행령, 별표 3).
*** 책임운영기관의 설치·운영에 관한 법률 시행령 제17조, 제22조, 제27조, 제28조.
**** 공무원 보수규정, 공무원수당 등에 관한 규정.
***** 국가재정법 시행령, 제19조, 제20조.
† 기획재정부, 공공기관의 조직과 정원에 관한 지침, 2017. 7. 31 일부개정.

PART 1
행정과 행정학의 이해

PART 2
행정환경

PART 3
행정내부환경

PART 4
결정시스템

PART 5
집행시스템

PART 6
조직시스템

PART 7
지원시스템

PART 8
산출과 피드백

(4) 정부조직의 특수성

앞서 소개한 조직구조에 대한 차원이나 이론 유형은 주로 민간부문의 조직을 중심으로 개발된 것으로 실제 정부조직의 유형을 설명하는 데는 한계가 있다. 정부조직은 원리론의 규범적 주장이나 상황론의 경험적 이론이 모두 반영되어 있을 뿐만 아니라 다양한 집단의 이해가 반영된 정치적 산물이라 할 수 있다.

정부조직의 형성과 변화를 이해하는 데 유익한 모형으로 의도모형(purposive model), 환경의존모형(environmental dependency model), 제도모형(institutional model), 정치과정모형(political process model) 등이 있다. 의도모형은 연역적·합리적 시각을 반영한 것으로 개혁의 주도자가 분명한 의도를 가지고 정부조직의 문제점을 분석하고 대안을 제시하며 합리적 변화를 이끌어간다고 본다. 이에 비해 환경의존모형은 행정조직의 변화는 환경의 함수로 규정한다. 앞서 설명한 이론 중 원리론은 의도모형에 속하고 상황론은 환경의존모형에 속한다고 볼 수 있다. 환경의존모형은 정부의 중심적 역할을 인정하지 않고 환경의 요구에 수동적으로 반응하는 것으로 이해한다.[37] 또한 조직이 환경의 다양성과 변화에 적합한 구조를 가져야 한다는 환경의존모형의 주장에는 그렇지 못하면 다른 조직과 비교하여 경쟁력과 효율성이 뒤진다는 의미가 담겨있다.

한편 제도모형은 신제도주의 시각을 반영한 것으로 조직구조의 동형화 현상을 강조한다. 효율성 차원에서 환경에 적응을 강조하는 환경의존모형과는 다르게, 제도모형은 많은 조직들이 새로운 조직구조를 채택했거나 고려할 정도로 제도적 환경이 형성되면 그 조직구조가 비효율적일 수 있음에도 불구하고 사회로부터 '우리 조직이 정상적으로 관리되고 있다'는 사회적 인정을 받기 위한 정당성 차원에서 이를 채택하는 동형화 현상이 나타난다고 본다.[38][a] 정치과정모형은 조직구조를 개편하는 과정에 다수의 이해 관계자들이 참여하고, 이들이 대립, 조정, 타협의 과정을 거쳐 조직구조가 결정된다고 주장한다.[39]

우리나라의 현 정부조직은 이 중 어느 한 모형으로 설명할 수 있는 것이 아니라 정치인의 의도를 포함한 다양한 이해의 타협, 환경의 압력, 선진국 정부조직의 벤치마킹과 기존 조직의 경로의존성 등의 요인들이 복합적으로 반영된 결과라 할 수 있다.[40]

---

a) 이는 사회학적 신제도주의 시각에서 조직구조를 설명한 것이고 역사적 신제도주의 시각에서는 횡단적 동형화보다는 오히려 조직구조의 경로의존성 때문에 종단적 연속성이 더 강하게 나타난다는 주장도 가능하다.

이 중 어떤 요인이 더 크게 작용하느냐는 조직개편의 차원과 규모에 따라 다르다. 우선 부처 차원의 정부 조직개편은 정부조직법을 개정해야 하는 사안으로 정치과정모형의 설명력이 높다. 특히 부처 조직은 대통령의 국정철학을 구현하고 국정과제를 추진하기 위한 핵심주체이기 때문에 부처 조직개편은 대통령의 의지가 담긴 정치과정이다. 물론 국회에 제출되는 정부조직 개편안이 마련되기까지는 대통령의 국정철학과 의지, 글로벌 이슈와 국내 상황 등의 환경적 요소, 그리고 해외 정부 조직개편 사례 등을 종합적으로 검토하고 공청회를 거치는 등의 합리적 과정을 거쳐 마련된다. 정부가 준비한 개편안은 정부와 당의 협의를 거쳐 국회에 제출되지만 야당이 동의하지 않는 경우가 많기 때문에 정부 조직개편의 최종 산물은 야당과 타협의 결과라 할 수 있다.[a] 한편 부처의 기능 범위 안에서 실국 등 부서를 개편하는 경우는 법 개정 사항이 아니라 대통령령으로 직제를 고치면 되기 때문에 정부가 전문가 집단의 자문을 받고 개편의 필요성, 환경의 변화, 외국 사례 등을 고려하여 합리적으로 결정하게 된다.

조직개편은 개편의 폭에 따라 전면개편과 부분개편으로 구분할 수 있을 것이다. 부처 차원의 전면개편은 공직사회를 포함한 이해당사자들에게 미치는 영향이 크기 때문에 국민적 지지가 뒷받침되어야 가능하고, 대통령의 국정철학이 반영된 것이기 때문에 정부 출범과 동시에 이루어지는 것이 보통이다. 그만큼 정치적 성격이 강하고[b] 야당과의 타협이 필요하기 때문에 국회에서 절충안으로 통과되는 경우가 많다.[41] 부분개편은 2004년 대구지하철 사고 후 안전강화 조치로 소방방재청이 신설되고, 2020년 9월 코로나19 사태가 장기화되면서 감염병 대응체계를 강화하기 위해서 질병관리본부를 질병관리청으로 승격시킨 경우처럼, 임기 중에 필요에 따라 1~2개 부처를 신설, 폐지, 통합하거나 기관의 지위를 차관급에서 장관급으로 격상, 또는 격하하는 등의 개편을 말한다. 부분개편도 정부조직법 개정

---

a) 박근혜 정부의 1차 정부조직개편은 법안이 국회에 제출된 지 51일 만(2013. 3. 22)에 이루어졌고, 문재인 정부의 1차 정부조직개편은 41일이 걸렸다. 정부 출범 시에는 개편 대상 부처장관(특히 인사청문 대상)에 대한 임명은 「정부조직법」이 통과된 후에 가능함에도 이 정도 지연된 것은 정부조직개편이 정치과정임을 보여주는 것이라 할 수 있겠다.

b) 부처 차원이 아니고 전 부처의 실국과 차원의 전면개편은 정치적 성격보다는 조직 관리적 성격이 강하다. 노무현 정부 때 공공조직에 팀제의 전면 도입이 대표적인 예이다. 당시 팀제는 환경의 변화에 유연하게 대응하는 조직구조 유형으로 민간분야에서 널리 채택되고 있었다. 정부조직에 기업의 조직구조를 도입한 동형화 현상으로 이해할 수 있다. 노무현 정부는 정부혁신 차원에서 팀제 정착을 위해 많은 노력을 하였지만 조직특성을 고려하지 않고 전면적으로 팀제를 도입하면서 부작용이 나타나고 조직운영의 변화도 크지 않았던 것으로 보인다.[43] 오랜 기간 과(課) 체계에 익숙했던 업무수행의 경로의존성을 극복하지 못한 것으로 이해할 수 있다.

PART 1
행정과 행정학의 이해

PART 2
행정환경

PART 3
행정내부환경

PART 4
결정시스템

PART 5
집행시스템

PART 6
조직시스템

PART 7
지원시스템

PART 8
산출과 피드백

사항이기 때문에 여야 간 논쟁과 타협의 정치과정 성격을 보이지만 대체로 정부 원안이 존중되어 국회를 통과하게 된다.[42)a)]

---

a) 박근혜 정부에서 국민안전처와 인사혁신처 신설은 개정안이 국회에 제출되고(2014. 6. 11) 5개월 정도가 지난 11월 7일에 통과될 정도로 여야간 긴 타협의 시간이 소요되었지만, 개편안의 내용에서는 정부안의 큰 틀이 유지되었다. 문재인 정부에서도 출범과 함께 제출된 정부조직법 개정안에는 원래 물관리 기능을 국토교통부에서 환경부로 이관하는 내용이 포함되어 있었으나 여야 합의가 되지 않아 1차 정부조직개편에 포함되지 않았지만, 이후 9개월 이상 지연되다가 2018년 5월 28일에 정부·여당의 원안에 가깝게 환경부로 일원화되었다.

주

1) NAVER 국어사전, http://krdic.naver.com/, 2005. 1. 7.

2) William H. Sewell, A Theory of Structure: Duality, agency, and transformation, *American Journal of Sociology*, 98, 1992, pp. 1-29.

3) Jerald Hage, An Axiomatic Theory of Organizations, *Administrative Science Quarterly*, 10, 1965, 289-320; Richard H. Hall, *Organizations: Structures, processes, and outcomes*, 6th ed., Englewood Cliffs, NJ: Prentice Hall, Inc., 1996.

4) 오석홍, 「조직이론」, 서울: 박영사, 2003, p. 341.

5) Jerald Hage & Michael Aiken, *Social Change in Complex Organization*, New York: Random House, 1970.

6) Henry Mintzberg, *The Structuring of Organizations*, Englewood Cliffs, NJ: Prentice Hall, Inc. 1979.

7) Gerald Zaltman, Robert Duncan & Jonny Holbek, *Innovations and Organizations*, New York: Wiley Interscience, 1973.

8) 오석홍, 전게서, pp. 353-355.

9) 상게서, p. 371.

10) 상게서, pp. 374-376.

11) Luther Gulick, Notes on the Theory of Organization, in Luther Gulick & Lyndall Urwick (eds)., *Papers on the Science of Administration*, New York: Institute of Public Administration, 1937, p. 6.

12) Richard M. Hogetts, *Management*, Chicago: Cryden, 1982.

13) John R. Kimberly, Organizational Size and the Structuralist Perspective: A review, critique, and proposal, *Administrative Science Quarterly*, 21, 1976, pp. 577-597.

14) Janice M. Beyer & Harrison M. Trice, A Reexamination of the Relations between Size and Various Components of Organizational Complexity, *Administrative Science Quarterly*, 24, 1979, pp. 48-64.

15) Peter M. Blau & Richard A. Schoenherr, *The Structure of Organizations*, New York: Basic Books, 1971.

16) Derek S. Pugh, David J. Hickson, C. R. Hinings, & C. Turner, The Context of Organization Structures, *Administrative Science Quarterly*, 14, 1969, pp. 91-113; Derek S. Pugh, David J. Hickson & C. R. Hinings, An Empirical Taxonomy of Work Organizations, *Administrative Science Quarterly*, 14, 1969, pp. 115-126.

17) Roger Mansfield, Bureaucracy and Centralization: An examination of organizational structure, *Administrative Science Quarterly*, 18, 1973, pp. 478; Pugh, Hickson &

PART 1 행정과 행정학의 이해
PART 2 행정환경
PART 3 행정내부환경
PART 4 경정시스템
PART 5 집행시스템
PART 6 조직시스템
PART 7 지원시스템
PART 8 산출과 피드백

Hinings, op. cit.; Blau & Schoenherr, op. cit., p. 138.

18) Jerald Hage & Michael Aiken, Routine Technology, Social Structure, and Organizational Goals, *Administrative Science Quarterly*, 14, 1969, pp. 366-377.

19) Richard L. Daft, *Organizational Theory and Design*, Cincinnati, OH: South-Western College, 1998, p. 136.

20) Hall, op. cit., p. 78.

21) Charles Perrow, A Framework for the Comparative Analysis of Organization, *American Sociological Review*, 32, 1967, pp. 194-208.

22) Joan Woodward, *Management and Technology*, London: Her Majesty's Stationary Office, 1958.

23) James Thompson, *Organization in Action*, New York: McGraw-Hill, 1967.

24) Paul R. Lawrence & Jay W. Lorsch, *Organization and Environment*, Homewood, IL: Irwin, 1969.

25) Jeffrey A. Alexander, Adaptive Change in Corporate Control Practices, *Academy of Management Journal*, 34, 1991, pp. 162-193; Howard E. Aldrich, *Organizations and Environment*, Englewood Cliffs, NJ: Prentice-Hall, Inc., 1979.

26) Carl E. Larson & Frank M. LaFasto, *Team Work*, Newbury Park, CA: Sage, 1989.

27) 기획재정부 경영평가단, 「2010도 공공기관 경영평가 공통지표 평가 매뉴얼」, 2011.

28) Richard L. Daft and Dorothy Marcic, *Understanding Management*, 7th ed., Mason, OH: South-Western, 2010, p. 251.

29) 행정안전부, 정부조직관리정보시스템, https://www.org.go.kr. 2021. 1. 4.

30) 행정안전부, 소속별 행정기관 위원회 현황, 보도자료. 2020. 8. 18.

31) 김근세, 「책임운영기관 제도에 관한 비교분석」, 서울: 집문당, 2000, p. 40.

32) 박동서, 「한국행정론」, 서울: 법문사, 1997, p. 357.

33) 「책임운영기관의 설치·운영에 관한 법률」 제2조.

34) 행정자치부, 2003년도 책임운영기관 종합평가보고서, 2004. 5. p. 572.

35) 김근세, 전게서.

36) 행정자치부, 2003년도 책임운영기관 종합평가보고서, 2004. 5. p. 566.

37) Guy Peters, Government Reorganization: A Theoretical Analysis, in Ali Farazmand (ed.), *Modern Organizations: Administrative Theory in Contemporary Society*, Westport, CT: Praeger, 1994, pp. 105-124.

38) John W. Meyer, & Brian Rowan, Institutionalized organizations: Formal structure as myth and ceremony, *American Journal of Sociology* 83, 1977, pp. 340 – 363; Paul J. DiMaggio & Walter W. Powell, The iron cage revisited: Institutional isomorphism and collective rationality in organizational fields, *American Sociological Review*, 48, 1983, pp. 147-160.

39) 박대식, 정부조직개편 접근법 비교분석: 미국과 한국 사례를 중심으로, 「한국조직학회보」, 5(3), 2008, pp. 103-126.

40) 김근세·최도림, 우리나라 정부조직의 신설, 폐지, 승계에 관한 분석, 「한국행정학보」, 30(3), 1996, pp. 35-51.

41) 박대식, 정부조직개편 결정과정 비교분석: 전면개편과 부분개편을 중심으로, 「한국조직학회보」, 6(3), 2009, pp. 143-172.

42) 상게서.

43) 박희봉, 정부기관 팀제 도입의 효과성 연구-정부부처 공무원의 인식을 중심으로, 「한국정책연구」, 9(3), 2009, pp. 427-447.

조직: 관리차원 13

조직의 구조적 측면은 전체를 부분으로 나눈 뒤 이 부분을 어떻게 연결시켜 다시 하나의 조직으로 구조화할 것인가가 중요한 과제이다. 이렇게 분화(differentiation)된 부분들은 조직의 목표달성을 위해 다시 통합(integration)되어져야 한다. 물론 구조를 설계할 때에도 계층구조의 통합을 고려하지만 실질적인 통합은 그 부분들을 맡아 일하는 사람들을 협력으로 이끌어내는 작업이다. 조직을 관리차원에서 이해한다는 것은 관심의 초점을 구조에서 사람으로 옮겨 조직의 목표달성을 위해 이들을 관리하는 과정을 말한다. 이 장에서는 우선 개인에 대한 이해와 개인측면의 중요한 관리활동인 동기부여를 설명한다. 이어 개인과 개인의 관계 그리고 더 나아가 전체 조직 차원에서의 중요한 주제들인 커뮤니케이션, 갈등관리, 변화관리를 설명하도록 한다.

1. 개인 측면의 관리

1) 개인의 이해

(1) 의   의

조직은 기본적으로 개인의 집합체이다. 구조적인 측면에서 직무, 책임, 권한 등의 구성요소를 얘기했지만 관리 차원에서는 개인이 조직의 핵심적인 구성요소이다. 좋은 조직구조를 설계하였다 하더라도 그것이 조직의 성과로 이어지기 위해서는 구성원 개개인의 태도와 행동의 변화가 필요하다. 즉, 개인은 현대 조직에서 조직 성공의 가장 핵심요소라 할 수 있다. 조직을 관리차원에서 이해한다는 것은 개인을 직접 관리의 대상으로 놓고 이들의 태도와 행동의 변화를 유도하겠다는 의미이기도 하다. 이를 위해 필요한 것이 개인(사람)에 대한 올바른 이해이다.

개인은 지각, 능력, 태도, 성격, 가치 등의 측면에서 매우 다양한 특성을 가지고 있고 그것은 사람마다 차이가 있다(각 개념에 대해서는 다음 글상자 참조). 이들 특성 중에서도 능력은 학습을 통해 변화가 가능하지만 성격이나 가치관은 매우 안정적이고 일관성이 강해 관리의 대상으로 삼기가 곤란하다. 조직에서 사람의 관리는 개인에 대한 이러한 다차원의 다양성과 복잡성을 이해하는 것이 그 출발점이다. 그런데 조직관리에서 처음부터 사람을 이렇게 다양하고 복잡한 인간으로 이해한 것은 아니다. 조직이론의 발달과 함께 개인에 대한 기본적인 가정도 함께 변하여 오늘날에 이른 것이다.

개인의 차이

- 지각(perception): 외부의 자극에 대해 의미를 부여하는 과정으로서 개인의 욕구, 정서, 가치관, 고정관념 등의 영향을 받는다.
- 능력(ability): 구체적인 행동으로 옮길 수 있는 개인의 역량, 또는 주어진 임무를 구체적으로 실행에 옮길 수 있는 힘이다. 크게 지적 능력과 신체적·생리적 능력으로 구분한다. 전자는 생각하고 추론하며 결정할 수 있는 정신적 힘을, 후자는 신체 동작을 수반하는 각종 능력을 의미한다.
- 태도(attitude): 어떤 대상에 대하여 갖는 좋다 나쁘다는 선호로서 직접 관찰할수는 없지만 행동으로 이어지기 직전의 마음상태(state of mind)라 할 수 있다.
- 성격(personality): 외부 환경의 자극에 대한 상당히 일관되고 안정적인 반응 패턴에 내재해 있는 개인의 특성이라 할 수 있으며, 적극적-소극적, 외향적-내성적 등 다양한 유형으로 분류할 수 있다.
- 가치(value): 중요성에 대한 믿음으로 규범적 판단의 기준이 되며 매우 안정적이고 사람의 태도와 행동에 영향을 미친다.

---

(2) 조직이론과 인간관

조직이론은 이론의 발달 순서에 따라 과학적 관리론, 인간관계론, 후기 인간관계론, 체제론·상황론으로 분류할 수 있다. 한편 조직 내의 인간에 대해서는 욕구를 중심으로 분류한 마슬로우(Maslow)의 계층이론과 앨더퍼(Alderfer)의 ERG이론, 그리고 인간관에 대해서는 합리적 경제인, 사회인, 자아실현인, 복잡인[1]의 분류가 가능하다.

① 과학적 관리론: 합리적 경제인

조직이론의 시작은 테일러(Taylor)의 과학적 관리론에서 찾는다.[2] 테일러는 과학적 사고를 적용하여 조직의 목표를 가장 효율적으로 달성할 수 있는 유일 최선책을 찾고자 노력하였다. 가장 대표적인 예가 시간−동작 연구이다. 탄광에서 석탄을 트럭에 퍼 올릴 때 삽의 크기를 달리하면서 시간당 적재량을 측정 비교하여 삽의 크기를 정한 것이 그 한 예이다. 보상의 경우에도 차등성과급을 도입하여 성과에 단순 비례시키는 것이 아니라 목표량을 정해 놓고 그 수준을 초과하는 부분에 대해서는 더 높은 임금률을 적용하였다.[3]

이러한 테일러의 과학적 관리론은 조직을 기계로, 개인을 기계의 부품으로 본 것이다. 기계를 잘 설계하면 효율성이 좋듯이 조직을 잘 설계하면 조직의 효율도 높아질 것으로 믿었다. 일을 근로자의 재량에 맡겨둘 것이 아니라 관리자가 직무를 설계하고 직무수행방법을 표준화한 다음 각각의 직무수행에 적합한 육체적·지적 능력을 갖춘 근로자를 선발해서 표준생산량을 감당할 수 있을 정도로 훈련을 시켜야 한다고 주장한다. 이렇게 개인을 완벽한 부품으로 만들어 써야 조직이라는 기계가 설계한 대로 효율을 낼 수 있기 때문이다. 과학적 관리론은 이렇게 사람보다 조직의 구조에 초점을 맞추었다.

과학적 관리론은 테일러의 이론으로 대표되지만 1900년대 초까지의 관리이론들은 기본적으로 과학적 관리론이 지향한 효율성과 구조중심의 사상을 담고 있었다. 앞서 설명한 구조설계의 원리론이나 귤릭(Gulick)의 POSDCORB가 이 범주에 속한다. 이들 이론을 모두 묶어 고전이론이라 부르기도 한다.

과학적 관리론에 담겨 있는 인간관은 합리적 경제인(rational economic man)이다. 조직 내의 개인은 자기 이익을 극대화하기 위한 합리적 기준을 가지고 있는데 주로 경제적 이익에 의해 동기가 부여된다고 보았다. 테일러의 차등 성과급제가 바로 이런 인간관에 기초한 보상시스템이라 할 수 있다. 합리적 경제인을 욕구 측면에서 보면 생리적 욕구, 신체적 안전에 대한 욕구 등 생존에 대한 기본적인 욕구에 의해 동기부여되는 것으로 전제한다. 기계적 조직으로서의 관료제는 바로 합리적 경제인의 인간관을 가장 잘 반영하고 있다.

② 인간관계론: 사회인

이어 등장한 이론이 인간관계론(human relations theory)이다. 인간관계론은

PART 1 행정과 행정학의 이해

PART 2 행정환경

PART 3 행정내부환경

PART 4 결정시스템

PART 5 집행시스템

PART 6 조직시스템

PART 7 지원시스템

PART 8 산출과 피드백

1930년대를 전후하여 미국 웨스턴 일렉트릭 회사의 호손(Hawthorne)공장에서 진행시킨 실험을 토대로, 인간이 경제적 동기에 의해서 행동하기보다는 사회심리적 동기에 더 많은 영향을 받는다는 주장을 하였다. 인간의 내면적인 감정, 비공식적인 인간관계, 집단에 대한 소속감 등의 중요성에 처음으로 주목하였다.

보다 구체적으로 호손 실험은 3단계로 진행되었다. 처음 실험은 과학적 관리론의 검증 차원에서 조명도와 생산성의 관계를 연구하였지만 뚜렷한 결과를 얻지 못했다. 두 번째는 휴식시간을 스스로 결정하고 제안도 하게 하는 등 다양한 변화를 주었는데 이 연구에서 연구자들은 감독자의 호의적 관심이 종업원들을 더 열심히 일하도록 만든다는 '호손 효과(Hawthorne effect)'를 주장하였다. 세 번째는 앞서의 실험과 달리 면접을 실시하여 호손 효과의 원인을 분석하였는데 여기에서 비공식 집단이 생산성에 큰 영향을 미친다는 사실을 확인하였다(〈그림 13-1〉 참고).[4]

인간관계론은 효과적인 동기부여의 방법으로 과학적 관리론이 주장하는 경제적·물질적 보상이 아니라 사회심리적 보상이라는 새로운 주장을 내놓았다. 호손 실험 결과는 조직 내의 인간관을 합리적 경제인에서 사회인(social man)으로 바꾸는 계기를 제공하였다. 관리의 관심 대상이 조직의 구조적 측면에서 사람으로 옮겨졌고 경제적 유인보다 인간관계 측면과 비공식 조직의 중요성을 강조하였다.

욕구측면에서 사회인을 설명한다면 사람들과의 인간관계에서 느끼는 귀속감 또는 일체감과 같은 사회적 욕구와 사람들로부터 인정받고 싶은 존중욕구를 가진

[그림 13-1] 인간관계론의 기본 도식

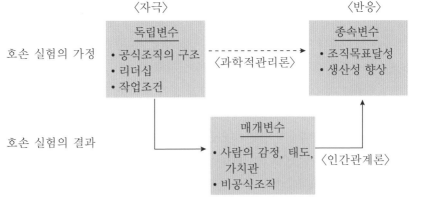

자료: 이수도·정기억, 「경영조직론」, 서울: 문영사, 1996, p. 41.

PART 1
행정과 행정학의 이해

PART 2
행정환경

PART 3
행정내부환경

PART 4
결정시스템

PART 5
집행시스템

PART 6
조직시스템

PART 7
지원시스템

PART 8
산출과 피드백

사람이다. 사회인은 공식적인 관계보다 비공식적인 관계에서 느끼는 심리적 위안을 중시한다.

③ 후기 인간관계론: 자아실현인

후기 인간관계론은 조직과 개인의 관계에서 인간관계론이 아직도 과학적 관리론과 같은 맥락에서 조직의 이익을 일방적으로 대변하고 있다는 점을 지적한다. 즉, 인간관계론이 개인에 대한 인간적인 배려와 관심을 강조하고 있지만 그 이면에는 아직도 조직의 생산성을 높이기 위한 조직중심의 통제적 사고방식이 지배하고 있다는 것이다. 후기 인간관계론은 인간관계론이 가정하고 있는 인간욕구의 획일성, 인간의 피동성, 동기부여의 외재성에 대응해서[5] 인간욕구의 다양성을 인정하고 인간중심의 자율적이고 자아실현적인 욕구를 강조하였다.

후기 인간관계론을 대표하는 이론으로는 맥그레거(McGregor)의 Y이론, 아지리스(Argyris)의 성숙인, 마슬로우의 욕구5계층(자기실현인)을 들 수 있다. Y이론 측면에서 조직의 인간은 자기 책임하에 알아서 일을 하고 결과에 대한 자율적인 통제가 가능하며 문제해결을 창의적으로 할 수 있는 사람으로 본다.[6] 아지리스 역시 성격발달의 단계를 미성숙과 성숙으로 구분하고 성숙한 인간은 Y이론과 유사한 독립심이나 자기통제력 또는 적극성 등의 특성이 있음을 지적하고 있다. 아지리스는 지시, 통제, 보상 등의 공식적 제도보다도 인본주의적이고 민주적인 가치를 강조하였다.[7] 마슬로우의 욕구계층론에서는 자아실현 및 자기존중 욕구가 후기 인간관계론이 주장하는 가치와 맥락을 같이 한다. 인간관계론과 후기 인간관계론을 고전이론과 대비시켜 신고전이론이라 부르기도 한다.

후기 인간관계론의 인간관은 이상과 같이 자아실현인(self-actualizing man)으로 압축할 수 있다. 자아실현인에게는 과학적 관리론의 경제적 보상이나 인간관계론의 사회심리적 보상이 아니라 업무를 부과할 때 다른 사람에 대한 의존의 정도를 줄이고 대신 도전적이거나 자기계발이 가능한 일을 부과하는 것이 관리 전략상 중요하다.

④ 체제론·상황론: 복잡인

과학적 관리론, 인간관계론, 후기 인간관계론은 공통적으로 조직의 성과를 위한 통제변수를 조직내부 변수인 구조와 인간에게서 찾았다. 또한 이들은 모두 원인과 결과의 선형적 사고(linear thinking)에 의존하고 있다. 후기 인간관계론 이후에 등장하는 체제론이나 상황론은 조직을 전체로 보거나 환경과의 관계 속에서 이해하는 등 과거의 미시적 관점에서 거시적 관점으로 조직에 대한 시각을 바꾸었다. 두 이론은 선형적 인과관계보다도 부분과 부분의 상호작용관계를 강조한다. 두 이론을 고전이론, 신고전이론의 분류선상에서 현대이론으로 구분한다.

체제론과 상황론의 기본적인 전제는 조직을 개방체제 내지 유기체로 보는 것이다. 체제론은 접근방법에서 기술하였듯이 조직 전체를 부분과 부분이 서로 밀접하게 연결된 관계로서 접근한다. 상황론은 조직구조설계에서 보았듯이 조직구조를 결정짓는 유일한 변수가 있는 것이 아니라 규모, 기술, 환경의 조건이 어떠하냐에 따라 그에 적합한 조직구조를 갖추어야 조직의 성과를 향상시킬 수 있다는 것이다. 따라서 모든 상황에 보편적으로 적용된다고 주장하는 인과이론을 거부하고 상황에 적합한 탄력적인 이론을 주장한다.

체제론과 상황론에서 가정하는 인간관도 이와 같다. 즉, 개인을 규정하는 유일 최선의 시각은 존재할 수 없으며 그런 관리방식은 존재할 수도 없다고 본다. 개인은 다양한 차원에서 다양한 특성을 가지고 있어 개인 간의 차이가 존재하며 특히 그런 개인과 개인 간의 관계에서는 더욱 복잡한 관계를 보이게 된다. 샤인 (Schein)은 기존의 모든 인간관이 인간을 너무 단순화하고 일반화시켰다고 본다. 오히려 복잡한 현실에 적합한 인간관은 상황에 따라 사람을 다양한 시각으로 이해하는 복잡인(complex man)이라고 주장한다.[8] 복잡인의 시각에 담겨 있는 기본 전제를 요약하면 다음과 같다.[9]

[그림 13-2] 조직에서의 인간관에 대한 이해

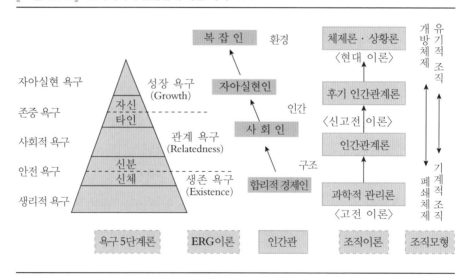

인간은 복잡할 뿐만 아니라 고도의 가변성을 가지고 있다.

인간은 조직생활을 통하여 새로운 동기를 습득할 수 있다.

인간의 동기는 조직의 성격 및 그의 조직 내에서의 위치에 따라 다르다.

인간은 여러 종류의 관리전략에 대응할 수 있다.

지금까지 설명한 조직이론과 인간관 그리고 그와 연관된 욕구이론과 조직모형을 서로 연결시켜 정리한 것이 〈그림 13-2〉이다.

2) 동기부여

(1) 의 의

① 개 념

동기부여(motivation)는 사람과 직무를 하나로 통합하여 조직의 목표달성을 위하여 더욱 열심히 그리고 계속적으로 일하도록 하는 힘을 넣어 주는 과정이다. 즉 동기부여는 어떠한 일을 하려는 의욕이나 노력이 전제된다. 동기가 부여된 사람이 그렇지 않은 사람보다 더욱 열심히 그리고 의욕을 가지고 일한다고 보는 것이다. 동기부여는 목표지향적이다. 그냥 바쁜 것이 아니라 분명히 달성하고자 하는 목표를 향해 열심히 일하는 것이다. 동기부여는 또한 순간적 충동에 의한 일시적 현상이 아니라 합리적 판단에 의해 일정 기간 지속적으로 나타나는 현상이다.[10] 여기에 또 하나 중요한 것이 동기부여의 자율성이다. 동기부여는 외부의 통제나 압력 또는 어떤 일을 해야 하기 때문에 하는 것이 아니다. 그 일을 하는 것이 본인에게 중요한 의미를 가지기 때문에 적극적이며 즐거운 마음으로 직무에 임하는 자세를 말한다.

② 중 요 성

사람은 능력 수준이 비록 일정하다 하더라도 최종 일의 성과는 천차만별이다. 일의 성과는 능력 플러스 알파(능력+α)에 의하여 결정되기 때문이다. 알파를 모두 규명한다는 것은 불가능할 것이다. 다만 알파의 절대량이 동기부여에 의하여 결정된다는 주장이 설득력 있게 보인다.[11] 얼마만큼의 동기부여 상태에서 직무수행에 임하느냐에 따라 일의 성과(근무성과)는 커다란 차이를 보이게 된다. 미국에서 시간제 근로자의 경우 능력의 20~30% 수준에서만 일해도 해고는 되지 않지만 고성과자는 능력의 80~90%를 발휘할 정도로 동기부여되어 있다고 한다(〈그림 13-3〉). 또한 최종산출로서의 생산성 이외에 동기부여는 부수적인 효과를 가져

PART 1 행정과 행정학의 이해

PART 2 행정환경

PART 3 행정내부환경

PART 4 결정시스템

PART 5 집행시스템

PART 6 조직시스템

PART 7 지원시스템

PART 8 산출과 피드백

[그림 13-3] 동기부여

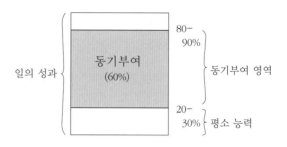

자료: Paul Hersey, Kenneth H. Blanchard, Dewey E. Johnson, *Management of organizational behavior*, 10th ed., Upper Saddle River, NJ: Pearson Education, Inc., 2013, pp. 6~7. 재구성.

온다. 즉 동기가 부여된 사람이 그렇지 않은 사람에 비해 이직률·결근율 그리고 조직에 대한 불만이 낮다는 것이다. 이는 결국 비용의 절감을 가져오고 그래서 조직의 생산성 향상의 효과를 가져오게 된다. 또한 동기부여가 높은 사람이 만든 상품이나 제공한 서비스가 질적으로 더 우수하고 이들이 정신적으로 훨씬 건전한 근무집단을 구성한다는 것이다.[12]

③ 유형: 내용론과 과정론

동기부여이론은 크게 내용론과 과정론으로 구분한다. 내용론은 '무엇이 사람의 동기를 유발시키는가?'를 다룬다. 개인, 직무, 상황적 요인 등 사람을 열성적으로 일하도록 자극하는 동인이 어디에 있는가를 밝혀 동기를 부여하고자 하는 것이다. 따라서 내용론은 인간의 욕구를 충족시키는 유인에 대한 이론체계라 할 수 있고 욕구이론(needs theory)이라고도 부른다. 한편 과정론은 일에 대한 의욕이나 노력이 어떠한 과정을 거쳐 실제행동과 성과로 전이되는가의 과정을 다룬다. 동기가 어떻게 생겨나고 어떻게 성과로 연결되는지에 초점을 맞춘다.

(2) 내 용 론

내용론은 사람이 '무엇'에 의해 동기가 부여되는가의 질문에 대한 답을 인간의 욕구에서 찾는다. 욕구(needs)란 필요한(need) 것을 뜻하고 필요한 것은 결핍된 상태에서 생기는 것이다. 내용론은 바로 사람들의 결핍된 욕구를 채워줌으로써 동기를 부여할 수 있다고 본다. 내용론을 대표하는 이론으로 욕구계층론과 동기·위생 2요인이론이 있다.

① 욕구계층론

인간의 욕구에 대해 가장 널리 알려진 이론은 마슬로우의 욕구계층론이다.[13] 마슬로우는 욕구를 생리적 욕구, 안전 욕구, 사회적 욕구, 존중 욕구, 자아실현 욕구의 5개로 나누고 이들이 하나의 계층구조를 형성하고 있다고 본다(욕구의 개념은 〈표 13-1〉참조). 특히 흥미로운 것은 하위계층의 욕구가 충족되어야 상위계층의 욕구가 나타나기 시작한다는 것이다. 즉 생리적 욕구가 충족되어야 다음 계층인 안전욕구를 추구하게 된다. 충족된 욕구는 더 이상 동기부여의 효과가 없고 바로 상위의 욕구가 영향력을 주기 시작한다. 이때 이들 욕구계층의 경계가 분명히 나누어지는 단절적인 관계는 아니다. 하나의 욕구가 지배적인 위치에 있고 다른 욕구도 부분적으로 중복되어 나타난다고 본다.[14]

욕구는 학자들마다 다양하게 구분하는데 마슬로우의 욕구계층 내용을 포괄하면서 단순화시킨 이론이 앨더퍼의 ERG(Existence·Relatedness·Growth)욕구계층이다.[15] ERG이론은 무엇에 대한 욕구인가에 초점을 맞추어 對物, 對人, 自身으로 범주화한 것이다. 즉, 생존욕구는 생존에 필요한 유형적인 물질에 대한 욕구이고,

표 13-1 마슬로우의 욕구 5계층

욕구계층	개 념	해당욕구의 일반적 범주	욕구충족과 관련된 조직요소
생리적 욕구	생존을 위해 반드시 충족시켜야 할 욕구	물, 음식, 잠	보수, 식당, 쾌락한 작업환경
안전욕구	위험과 사고로부터 자신을 방어, 보호하고자 하는 욕구	안전, 방어	안전한 작업환경, 신분보장
사회적 욕구	다수의 집단 속에서 동료들과 서로 주고받는 동료관계를 유지하고 싶은 욕구	애정, 소속감	결속력이 강한 근무집단, 형제애 어린 감독, 직업의식으로 뭉친 동료집단
존중욕구	남들로부터 존경과 칭찬을 받고 싶고, 자기 자신에 대한 가치와 위신을 스스로 확인하고 자부심을 갖고 싶은 욕구	자기존중, 위신	사회적 인정, 직급명칭, 타인이 인정해 주는 직무, 자신의 위신에 걸맞는 직무
자아실현 욕구	자신의 능력을 최대한 발휘하고 이를 통해 성취감을 맛보고자 하는 자기완성 욕구	성취	도전적인 직무, 창의력을 발휘할 수 있는 기회, 자신이 정한 목표달성

자료: David J. Cherrington, *Organizational Behavior*, Boston: Allyn and Bacon, 1989, pp. 170-171 재구성.

CHAPTER 13 조직: 관리차원 439

[그림 13-4] 마슬로우의 욕구 5계층과 앨더퍼의 ERG욕구계층 비교

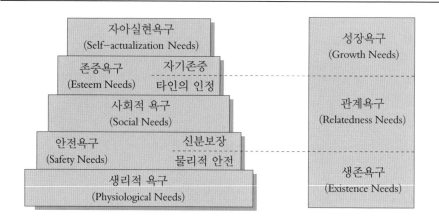

자료: John P. Wanous, *Organizational Entry: Recruitment, Seletion, and Socialization of Newcomers*, Reading, MA: Addison-Wesley Publishing Co., 1980, p. 13.

관계욕구는 사람과의 관계에서 발생하는 욕구라 할 수 있으며, 성장욕구는 자기 자신의 내면적인 욕구이다. 마슬로우의 욕구계층과의 관계는 〈그림 13-4〉에 함께 표시되어 있다. 앨더퍼는 마슬로우의 욕구계층론을 받아들여, 한 계층의 욕구가 만족되어야 다음 계층의 욕구를 중요시한다고 주장한다. 앨더퍼는 이에 더하여 한 계층의 욕구가 충분히 채워지지 않는 상태에서는 바로 하위욕구의 중요성이 훨씬 커진다고 주장한다. 즉, 승진(성장욕구)에 불만이 있는 사람은 다른 사람과의 유대(관계욕구)를 더욱 갈구한다는 것이다.[16]

마슬로우의 욕구계층론은 그 뒤 많은 비판에 직면하였다. 첫째, 계층의 단계에 따라 욕구를 만족시키려 한다는 '先 하위욕구충족 後 상위욕구추구'의 주장에 대한 반박이다. 하위계층의 욕구에 관계없이 상위의 욕구를 추구하는 경우가 얼마든지 있다는 것이다. 우리나라의 선비 정신과 같이 비록 경제적으로 어려움이 있더라도 자신의 위신과 지조를 지킴으로써 남들로부터 인정받고 또한 자아실현의 기쁨을 추구하는 것이 한 예라 할 수 있다.

둘째, 욕구는 사람마다 다르다는 점이다. 즉, 사람이 살고 있는 사회의 문화와 제도에 의해서 얼마든지 변형되어 나타날 수 있다. 심지어는 TV광고 등의 영향으로 충동적 욕구가 발생하기도 한다. 따라서 욕구는 고정되고 누구에게나 공통적인 것이 아니라 유동적이고 다양하다는 것을 인정해야 한다.

마지막으로 욕구 간에 상충관계가 발생할 수 있다. 하나의 욕구를 추구할 때

다른 욕구가 희생되어야 하는 경우이다.[17] 만약 안전욕구와 생리적 욕구를 다 원할 때 생리적 욕구를 위해 건강에 해로운 환경에서 일을 하고 있다면 이는 오히려 정신적 스트레스를 야기할 수 있을 것이다. 이는 욕구만을 의존하여 인간의 행동을 설명하기에 충분하지 않다는 것을 암시하는 것이기도 하다.

② 동기·위생 2요인이론

욕구측면이 아니라 욕구를 충족시켜 주는 동기요인 측면에서 동기이론을 접근한 최초의 학자는 허쯔버그(Herzberg)이다.[18] 허쯔버그의 2요인이론(two-factor theory)은 욕구가 충족되었다고 해서 모두 동기부여로 이어지는 것이 아니고 어떤 욕구는 충족되어도 단순히 불만을 예방하는 효과밖에 없다는 것이다. 허쯔버그는 이렇게 욕구충족과 동기부여의 관계를 한 단계 발전시켜 입체화했다. 욕구충족이 동기부여의 효과를 가져오면 동기요인(motivators)으로, 단순히 불만예방효과만 가져오면 위생요인(hygiene factors)으로 구분한 것이다.

허쯔버그의 동기요인에는 직무수행과 관련한 성취감과 책임감, 승진의 기회, 타인의 인정, 직무 자체 등이 포함되며 이들은 마슬로우의 욕구계층에서 자아실현욕구와 존중욕구를 충족시키는 요인들이다. 한편 위생요인은 직무수행에 수반되는 외재적이고 부수적인 조건들로 보수, 기관의 정책, 신분보장, 작업조건, 대

표 13-2 마슬로우의 욕구계층과 허쯔버그의 2요인이론 비교

마슬로우의 욕구계층	허쯔버그의	
	위생요인	동기요인
자아실현욕구		• 성취감
		• 인정
존중욕구		• 책임감
		• 승진
사회적 욕구	• 기관의 정책	• 직무 자체
	• 감독방식과 내용	
안전욕구	• 대인관계	
	• 신분보장	
생리적 욕구	• 보수	
	• 작업조건	

자료: Donald E. Klingner and John Nalbandian, *Public Personnel Management: Contexts and Strategies*, Englewood Cliffs, NJ: PrenticeHall, 1985, p. 223.

인관계, 상관의 감독방식과 내용 등이 포함된다. 위생요인은 생리적 욕구, 안전욕구, 사회적 욕구 등 하위의 욕구를 만족시키는 요인들이다(〈표 13-2〉 참고).

허쯔버그의 이러한 이분법적 접근은 몇 가지 문제점을 내포하고 있다. 어떤 사람에게 동기요인으로 작용하는 것이 동일집단 내의 다른 사람에게는 위생요인으로 작용할 수 있다. 또한 자기존중이나 성취감 같은 내면적 동기요인이 작업환경이나 보수 등의 외재적 위생요인에 비해 동기부여 측면에서 항상 더 효과적이라고 보는 것도 무리한 주장이다.[19]

(3) 과 정 론

과정론은 단순히 동기요인 하나에만 관심을 갖는 것이 아니라 그것이 어떻게 실제 일의 성과로 이어지는지에 대한 과정을 보여 준다. 과정론을 대표하는 이론으로 기대이론과 형평이론이 있다.

① 기대이론

의의: 기대이론(expectancy theory)은 일하기 전에 사람들은 '내 능력으로 이 일을 성공적으로 수행할 수 있을까?,' 그리고 '성공하면 나에게 의미있는 보상이 주어질까?' 등에 대한 세심한 평가과정을 거쳐 그 일에 대한 노력의 정도를 결정한다는 하나의 행동결정이론이다. 즉, 노력을 통해 결과물을 얻게 될 가능성에 따라 동기의 정도가 결정된다는 것이다. 구체적으로, 어떠한 일에 대한 노력이나 동기의 정도는 그 노력을 통해 얻게 될 세 가지의 중요한 산출물인 목표달성, 보상, 만족의 각각에 대한 주관적 믿음에 의해 결정된다. 이들을 각각 기대치(expectancy), 수단치(instrumentality), 유인가(valence)라고 부른다. 기대이론은 브룸(Vroom)이 체계화시켰으며[20] 그 뒤 많은 학자들에 의해 발전되어 왔다.[21] 〈그림 13-5〉는 브룸의 이론을 토대로 도식화한 것이다.

[그림 13-5] 기대이론 모형

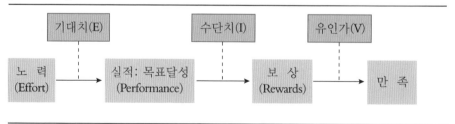

PART 1
행정과 행정학의 이해

PART 2
행정환경

PART 3
행정내부환경

PART 4
결정시스템

PART 5
집행시스템

PART 6
조직시스템

PART 7
지원시스템

PART 8
산출과 피드백

- **기대치(E)**: 기대치는 노력과 목표달성간의 관계에 대한 인식이다. 개인이 노력하면 어떤 성과목표를 달성할 수 있을 것인가에 대한 주관적 확률을 의미한다. 여기에서 성과목표는 각 개인이 스스로 정한 것일 수도 있고 조직이나 상관에 의해 주어진 것일 수도 있다. 5급 공채시험 합격을 개인목표로 세웠을 때 기대이론에 따르면 시험공부에 대한 동기부여는 자신의 시험 합격 가능성에 의해 영향을 받는다. 주관적으로 판단하여 짧은 기간 내에 합격할 가능성이 높으면 높을수록(합격 기대치가 높을수록) 공부할 동기가 커지는 것이다. 기대치는 0에서 1까지를 취하며, 1은 목표달성을 100% 확신함을 의미한다.

- **수단치(I)**: 수단치는 성과와 보상간의 관계에 대한 인식이다. 성공적으로 목표를 달성했을 때 주어지는 보상에 대한 가능성을 의미한다. 역시 주관적 확률 개념이다. 시험에 합격했을 때, 그 결과가 가져올 보상들, 예를 들어 보수와 신분보장(생리적 욕구), 승진과 사회적 평가(존중욕구) 등에 대한 주관적 평가이다. 수단치의 결정은 신뢰가 중요하게 작용한다. 성과가 좋으면 성과급을 주기로 몇 번이나 약속하고도 실제 지급된 성과급이 기대에 못미친다면 성과급 약속에 대한 신뢰가 떨어지게 되고 성과가 성과급으로 연결될 가능성을 낮게 평가할 것이다. 수단치는 기대치와 마찬가지로 0에서 1의 값을 취한다.

- **유인가(V)**: 유인가는 보상이 자신에게 '얼마나 바람직한 것인가?', '가치 있는 것인가?', '만족스러운 것인가?'에 대한 주관적 믿음을 나타낸다. 유인가는 주로 보상이 개인의 욕구나 목표를 얼마나 충족시켜 주는가에 의해 결정된다. 생리적 욕구가 강한 사람에게는 기업에 비해 보수가 낮은 공무원의 가치가 낮을 것이다. 각 보상에 대한 가치평가는 상황에 따라서도 달라진다. 공무원 시험 합격이 가져다 주는 신분보장의 가치는 최근의 고용불안 상황에서 훨씬 가치가 높기 때문이다. 유인가는 확률 개념이 아니고 하나의 척도를 구성하여 여기에 상대적 가치를 부여하면 된다. 따라서 10점 척도나 5점 척도 모두 가능하다.

- **E·I·V의 결합**: 그렇다면 기대치, 수단치, 유인가가 어떤 관계로 결합하여 동기부여를 결정하는가? 동기부여는 성과목표달성을 위해 노력하는 정도로서 이들 요소에 대한 곱하기[乘]의 관계로서 표시하게 된다: 동기부여＝$E \cdot \Sigma(I \cdot V)$. 즉 동기부여는 개인이 노력해서 성과목표를 성공적으로 달성할 수 있을 것인가에 대한 가능성과, 목표달성에 의해 보상이 실현될 수 있을 것인지의 믿음, 그리고 그 보상이 자신에게 얼마나 매력적인 것인가를 곱하여 얻은 수치로 나타낸다. 여기에서 시그마(Σ)를 사용한 이유는 목표달성이 가져올 수 있는 보상이 여러 개일 수 있고 그 각각에 가치를 부여하여 더해야 하기 때문이다.

특성: 이상의 설명을 통해서 우리는 기대이론에 담겨 있는 몇 가지 특성을 찾아낼 수 있다. 첫째는 동기부여에 개인의 능력이나 가치관 또는 처한 상황을 고려한다는 것이다. 내용론은 욕구 이외에 개인의 능력이나 믿음 또는 상황을 반영하

지 않는다. 기대이론은 E·I·V를 각 개인의 '주관적 믿음'으로 측정하기 때문에 이 과정에서 개인의 특성이나 노동시장 등의 상황을 고려하게 된다.

둘째, 동기부여가 잠재적 가능성 상태에서 결정된다. 내용론에서는 욕구가 충족되어야 동기부여가 가능하지만 기대이론에서는 욕구 충족 '가능성'만으로 동기부여에 영향을 미치게 된다. 따라서 어떤 행동을 한 이후에 나타나는 보상이나 매력은 행동 전에 기대했던 것과 전혀 다르게 나타날 수 있다.

셋째, 성과목표나 보상이 구체적일수록 동기부여의 효과가 크다.[a] 추상적인 상태에서는 주관적 확률을 구하기가 힘들기 때문이다. 따라서 기대이론은 직무수행 전반에 걸친 동기부여보다는 명확한 성과목표를 가진 과업단위의 동기부여에 더욱 적합하다. 목표관리(MBO: Management by Objectives)와 병행하여 활용할 때 좋은 효과를 기대할 수 있을 것이다.

넷째, 기대이론은 개인의 합리적 행동결정을 가정한다. 자신의 능력 및 상황, 그리고 성과목표와 보상에 대한 구체적인 분석을 통해 기대되는 가치를 극대화하도록 행동한다는 것이다. 기대이론의 중요한 특성이면서도 한계이기도 하다. 왜냐하면 합리적 행동결정은 항상 충분한 정보가 전제되어야 하기 때문이다.

기대이론에서의 동기관리: 관리를 통해 조작하고 통제할 수 있는 대상은 기대치, 수단치 그리고 유인가 중에서 기대치와 수단치이다. 유인가는 개인 차원의 문제이기 때문이다. 따라서 관리자는 어떻게 하면 기대치와 수단치를 높일 수 있을까에 관심을 갖는다. 우선 기대치를 높이려면 개인의 능력과 직무수행의 성과목표를 일치시켜야 한다. 그러기 위해서 직무수행에 요구되는 능력을 갖춘 사람을 뽑고 또한 그런 사람을 만들어 나가는 교육훈련이 중요하다. 능력의 한계가 있다고 판단하는 경우에는 그에 적합한 보직을 부여하는 것도 생각할 수 있다.[22] 성과목표를 명확하게 설정하는 것도 기대이론이 암시하는 중요한 동기부여 수단이다. 특히 MBO와 같이 구성원과 함께 성과목표를 합의하는 절차를 밟는다면 목표의 명확화는 물론이고 능력과의 일치를 유도해 낼 수 있어 더욱 바람직한 동기부여 방식이 될 수 있다.

수단치 차원의 관리전략은 성과와 보상의 상관성을 높이는 것이다.[b] 따라서 목표달성시 그에 상응하는 적절한 보상이 이루어져야 한다. 목표달성에 미달한 경우에는 마이너스 보상(징계)도 고려할 수 있다. 이때 중요한 것은 목표달성에 대

---

a) 리더십 상황론의 목표-경로 모형에서 지시적 리더십 행태가 바로 이 점을 적용한 것이다.
b) 거래적 리더십의 하위 구성요소인 조건적 보상, 예외관리의 내용과 유사하다.

한 평가가 정확하게 이루어지고 그에 따른 보상이 반드시 이루어진다는 보상의 신뢰성을 확보하는 것이다.

이때 각 개인간의 보상에 형평성을 유지하는 것 또한 중요하다. 보상이 형평성을 잃으면 불만을 초래하기 때문이다. 형평이론의 핵심 내용이다.

② 형평이론

의의: 형평은 균형이고 안정이다. 균형에 어긋나게 되면 심리적으로 불안정해지는 반면 균형으로 회귀하려는 속성을 가지게 된다. 이것이 형평이론(equity theory)의 기본적인 전제이다. 형평은 둘 이상의 비교에서 성립되는 개념이다. 즉, 형평이론은 남들과 비교하여 내가 공평하게 취급받고 있는가를 비교평가하는 것이다. 비교대상에 비해 만약 불공정하다고 생각하면 불만족이 야기되고 비교대상과의 형평이 이루어지도록 행동을 수정하게 된다.[23]

이때 사람들은 우선적으로 자신이 직무수행에 투입(공헌, Inputs)한 것과 직무수행 결과로 받은 보상(Outcomes)의 비율을 평가하고 그 비율을 비교대상의 것과 비교하여 자신의 만족도와 행동을 결정한다. 여기에서 투입에는 교육, 경험, 기술, 노력, 시간 등을 포함하고 보상에는 보수, 편익, 성취감 등을 포함하게 된다. 이들의 가치는 주관적인 것이지 객관적인 시장가치를 의미하는 것은 아니다. 투입과 보상에 이와 같이 여러 요소가 포함되고 주관적 가치이기 때문에 이들의 균형상태를 비교한다는 것은 엄밀한 산술적 평가과정이라기보다는 하나의 종합적인 인지과정으로 이해하여야 한다. 형평이론을 간단한 공식으로 나타내면 다음과 같다: 자신의 (O/I)＝다른 사람의 (O/I).

형평의 인지와 반응: 형평이론은 위 등식이 깨지면 사람들은 그것을 다시 균형상태로 돌리기 위한 노력을 한다고 본다. 불균형이 자신 쪽으로 기울면('>' 상태) 과대보상이 되고 다른 사람 쪽으로 기울면('<' 상태) 과소보상이 된다. 그 중에 특히 문제가 되는 것은 과소보상이다. 쉬운 예로 같은 해에 시험에서 비슷한 성적으로 합격하여 같은 부서에서 근무해 오던 차에 동기생이 먼저 승진한 경우를 생각할 수 있다. 특히 여러 능력면에서 뒤질 것이 없다고 생각하는 경우 승진이라는 보상이 차별적으로 나타났기 때문에 불공정하다고 느낄 수 있다. 형평이론은 불공정을 인지한 상태에서 사람들은 그 긴장과 불안정을 해소하기 위해 전략적으로 행동한다고 본다. 우선 더 큰 보상을 요구할 수 있다. 이러한 요구를 들어주지 않을 때에는 현재의 투입상태를 유지하면서 보상에 대한 인지를 바꾸는 것도 생각해 볼 수 있다. 즉 이것 저것을 계산하면 낮은 보상이 아니라고 스스로 위로하는

PART 1 행정과 행정학의 이해
PART 2 행정환경
PART 3 행정내부환경
PART 4 결정시스템
PART 5 집행시스템
PART 6 조직시스템
PART 7 지원시스템
PART 8 산출과 피드백

심리적 평형상태를 유지하는 것이다. 또한 조직에 대한 헌신, 직무수행 강도 등 투입(분모) 요소를 줄여 전체 값을 동기생과 맞추는 것이다. 때로는 불만상태가 쉽게 해소되지 않고 인내할 수 없다고 판단하는 경우에는 조직을 떠나는 것도 생각할 수 있다.

특성 및 한계: 기대이론과 마찬가지로 형평이론도 개인이 실제로 O/I를 계산해 보고 타인과 비교해 가는 합리적 행동결정을 가정하고 있다. 그러나 기술적으로 역시 문제가 있음을 지적할 수 있다. 우선 투입-보상에 포함되는 요소나 비율에 대하여 각 개인이 느끼는 주관에 전적으로 의존하고 있다. 따라서 객관적 판단이라기보다는 주관적 감정이 상당히 개입하기 마련이다. 즉 자신의 공헌과 타인의 보상은 과대평가하고 자신의 보상과 타인의 공헌은 과소평가하는 성향을 보이기 쉬운 것이다.[24] 이러한 주관적 인지에서 불공정한 대우를 불평해왔을 때 이것을 그대로 받아들이는 것은 오히려 문제가 있다. 또한 다른 사람과의 비교에 의한 상대적 형평에 있어서도 누구를 비교대상으로 할 것인가도 불분명하다. 자신이 과대보상받고 있다는 생각보다는 과소보상받고 있는 쪽으로 비교대상을 정하기 쉽다.

이러한 이유에서 형평이론은 그 자체 이론의 정교성보다는 불공정한 보상은 불만을 야기시키기 때문에 보상의 형평성에 대한 중요성을 강조하고 있는 것으로 받아들이는 수준에 머물 수밖에 없을 것이다. 또 하나 중요한 교훈은 각 개인의 형평에 대한 인지는 매우 주관적이기 때문에 관리자나 감독관은 투입요소나 보상에 대해 충분한 이해를 시키는 노력이 필요하다는 것이다.[25] 상담, 피드백, 참여 등 다양한 방식의 커뮤니케이션 경로를 활용하여 왜곡되기 쉬운 인지를 바로잡는 것은 실제 공정한 보상제도를 갖추는 것만큼이나 중요하다고 할 수 있다.

2. 조직 측면의 관리

이제 조직 구성원 개인차원이 아니라 개인과 개인의 관계를 관리하고 나아가 구성원 전체를 하나로 관리하는 조직차원에서 이론을 검토한다. 여기에는 리더십, 의사결정, 커뮤니케이션, 갈등관리, 변화관리 등의 주제가 중요하게 다루어지지만 결정시스템에서 리더십 그리고 의사결정원리와 아주 유사한 정책결정을 이미 다루었기 때문에 여기서는 커뮤니케이션, 갈등관리, 변화관리를 정리해 본다.

1) 커뮤니케이션

(1) 의   의

커뮤니케이션은 사람과 사람 사이에 정보, 지식, 의미를 전달하는 과정이다. 커뮤니케이션은 기본적으로 한 사람만 있다면 성립할 수 없으며, 두 사람 이상이 있더라도 서로 오고가는 내용이 없다면 성립할 수 없다. 바로 정보처리의 핵심인 것이다. 현대 조직은 정보처리시스템이라 할 정도로 정보처리가 중요시되고 있는데 그런 점에서 커뮤니케이션은 현대 조직의 가장 핵심요소 중의 하나라고 할 수 있다. 정책결정, 리더십, 정책집행, 예산편성, 충원, 행정서비스제공 등등 행정의 모든 영역에서 커뮤니케이션은 이들의 성과에 중요한 영향을 미친다. 이렇게 커뮤니케이션은 조직의 모든 곳에서 광범위하게 이루어지고 다른 활동 영역에 중요한 독립변수로서의 지위를 가진다. 따라서 특히 관리자급 이상에서는 커뮤니케이션이 관리의 중요한 도구임을 알 수 있다. 회의 주재, 결재, 지시, 민원인과의 대화, e-mail 확인, 전화, 상사 면담 등 관리자의 절대 시간은 커뮤니케이션을 하는 시간이다. 관리자들이 보내는 시간 중에서 약 80%가 대인간 커뮤니케이션에 쓰이는 것으로 예측한 연구가 있을 정도이다.[26]

커뮤니케이션은 보통 혈관이나 도로에 비유할 수 있다. 혈관이 막히면 심장에 이상이 오듯이 커뮤니케이션이 막히면 조직의 심장에 이상이 올 수 있다. 도로가 발달되어 있지 않으면 비싼 유통비용을 발생시키듯이 커뮤니케이션이 잘 이루어지지 않으면 조직의 여러 곳에 업무장애를 일으키고 거래비용을 초래한다. 도로를 사회 인프라(사회간접자본)라 하듯이 커뮤니케이션은 조직의 보이지 않는 인프라에 해당한다.

커뮤니케이션은 외부 환경의 영향을 받는다. 그 중에 정보통신의 발달은 새로운 방식의 커뮤니케이션 환경을 조성하고 있다. SNS, e-mail, 전자결재, 화상회의 등 직접 대면하지 않고도 가능한 커뮤니케이션 수단은 업무수행 방식을 바꾸어 놓고 있다. 공지사항과 같이 일방향의 커뮤니케이션도 가능하지만 대부분의 커뮤니케이션은 쌍방향이다. 상대에 따라 매우 다양하고 역동적인 커뮤니케이션 상태가 형성된다. 기술의 발달, 대인관계의 역동성 등은 효과적인 커뮤니케이션을 위해 체계적인 학습을 요구하고 있다.

PART 1 행정과 행정학의 이해
PART 2 행정환경
PART 3 행정내부환경
PART 4 결정시스템
PART 5 집행시스템
PART 6 조직시스템
PART 7 지원시스템
PART 8 산출과 피드백

(2) 커뮤니케이션 과정

커뮤니케이션의 가장 간단한 형태는 '누군가가 어떤 의미를 다른 사람에게 전달하는 것'으로 발신자, 메시지, 수신자로 구성된다. 이 중에 어느 하나라도 빠지면 커뮤니케이션이 불가능하다는 점에서 기본형이라 할 수 있다. 하지만 이 모형은 발신과 수신 사이에 정보가 기계적으로 전달되는 것을 가정하고 있다. 커뮤니케이션의 실체를 알기 위해서는 발신자와 수신자의 내면에서 어떤 인지적 과정을 거치는지 그리고 의미를 전달하기 위하여 어떤 채널을 사용하고 있는지를 이해할 필요가 있다. 이러한 인지과정의 요소를 포함하여 작성한 커뮤니케이션 모형이 〈그림 13-6〉이다.

① 발 신 자

발신자는 생각, 정보, 지식 등을 누구에겐가 전달하려는 의도를 가지고 이를 행하는 사람이다. 발신자는 처음 정보를 전하는 경우도 있지만 누군가로부터 수신한 정보를 다른 사람에게 전달하는 경우도 많다. 조직의 업무는 여러 단계의 협력 과정을 거쳐 이루어진다고 볼 때 발신자는 최초의 자기 생각뿐만 아니라 상사나 동료가 전한 정보를 해석하고 자기 생각을 가미해서 다른 사람에게 전하는 경우도 많을 수밖에 없다.

② 상징화(encoding)

생각이나 정보에 코드를 부여하여(상징화하여) 상대방이 이해할 수 있는 언어, 숫자, 그림, 몸짓, 표정 등으로 전환하는 과정이다. 외국에 나가 대화가 되지 않을 때 몸짓을 하게 되는데 이런 것이 바로 상징화이다. 같은 내용을 전달하더라도 여러 가지 상징화가 가능한데 이때 수신자의 입장을 배려하는 상호성이 중요하다. 영어에서 부정으로 묻는 말에 우리 방식대로 'Yes'라고 대답하면 물음의 '내용'을 긍정하는 것이 되어 반대의 뜻이 전달되는 것과 같다. 상징화는 발신자가 직접하거나 제3자의 도움을 받게 된다.

③ 메 시 지

상징화가 끝난 정보는 메시지가 된다. 전달자가 가지고 있던 무형의 의미를 상징화하여 사람의 감각기관으로 감지할 수 있는 정보로 전환된 것을 메시지라 한다. 즉, 메시지는 읽을 수 있는 글, 들을 수 있는 연설, 보고 느낄 수 있는 몸짓과 같은 상태가 된다. 물론 언어와 몸짓 등이 개별적이 아니라 복합적으로 나타나기도 하고 약간의 몸짓 차이가 큰 의미의 차이를 담고 있을 수 있다. 협상이 타결

PART 1
행정과 행정학의 이해

PART 2
행정환경

PART 3
행정내부환경

PART 4
결정시스템

PART 5
집행시스템

PART 6
조직시스템

PART 7
지원시스템

PART 8
산출과 피드백

[그림 13-6] 커뮤니케이션 모형

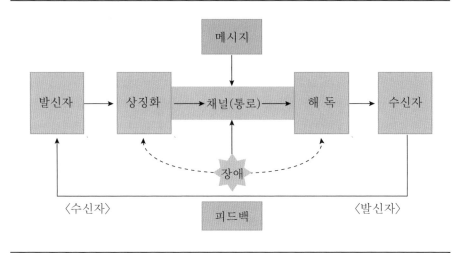

④ 채널(channel)

발신자와 수신자를 연결시키는 수단이며 메시지를 전달하는 방법으로 전달매체(media)라고도 한다. 면대면 대화, 메모, 보고서, 전화, 편지, 팩스, e-mail, SNS, 퀵서비스, 회의, 원격화상회의, 게시판 등의 방법이 있다. 효과적인 커뮤니케이션이 되기 위해서는 메시지에 맞는 채널의 선택이 매우 중요하다. 대화나 전화는 즉각적인 피드백이 가능한 장점이 있고, 메모, 보고서, 편지 등은 기록을 유지할 수 있는 장점이 있다. 채널의 선택은 상황의 영향도 받지만 사람에 따라 선호가 다를 수도 있다. 어떤 사람은 문서보다는 대화를 선호하고 그 반대인 경우도 있다.

⑤ 해독(decoding)

해독은 발신자가 만든 코드를 해석하는 과정이다. 즉 발신자의 메시지를 의미 있는 정보로 전환하는 과정이다. 발신자가 의도했던 정보와 얼마나 근접하게 해독이 이루어졌는가는 커뮤니케이션이 얼마나 효과적이었느냐를 보여주는 중요한 척도가 된다. 같은 단어라 하더라도 메시지를 전달받는 순간 수신자가 어떤 생각이나 관심을 가지고 있느냐에 따라 해석이 달라지는 것과 같이 해독은 수신자 개인의 영향을 받는다. 해독은 사회문화적 영향을 받기도 한다. 대표적인 것이 성별에 따른 해석의 차이로 감정이 담긴 메시지의 경우 여성이 남성보다 해독 능력이 앞선다고 한다.[27] 최근 사회적 이슈가 되곤 하는 성희롱의 경우에도 남성의 encoding과 여성의 decoding 간에 차이가 있는 것으로 해석할 수 있을 것이다.

⑥ 수신자

발신자의 메시지를 받는 사람이다. 1 : 1 커뮤니케이션에서는 개인이 되지만 조직 전 구성원을 대상으로 한 공지사항이나 서신의 경우에는 집단이 수신자가 된다. 형식적으로는 수신자가 메시지를 접수한 것으로 일단의 커뮤니케이션은 종료된다. 하지만 실질적인 의미에서는 메시지의 내용에 따라 수신자의 태도나 행동에 변화를 보이는 것이다. 그 변화는 게시판 공지와 같이 업무수행에 참고하는 정도로 끝나는 경우도 있지만 때에 따라서는 발신자에 대한 응답(피드백)이 요구될 수도 있다. 피드백이 요구되지 않았다 하더라도 e-mail 등에서 '수신확인'의 반응만 보여도 발신자에게는 중요한 의미가 있다.

⑦ 장애(noise)

효과적인 커뮤니케이션을 방해하거나 정확한 커뮤니케이션을 왜곡하는 모든 요소를 장애(소음, 잡음)라 한다. 장애는 개인적인 것도 있고 환경적인 것도 있다. 또한 상징화, 채널, 해독의 전 과정에서 발생한다. 발신자의 표현력 부족으로 상징화가 부적절하다거나, 대화 중에 외부 소음이 너무 크다거나, 수신자가 주의를 기울이지 않는 것 등이 모두 장애에 해당한다. 정보를 정확하게 전달하기 위하여 너무 많이 말을 하거나 많은 양의 정보를 담은 보고서 자체가 장애일 수도 있다. 관리자의 입장에서 커뮤니케이션 장애를 정확히 파악하고 제거하는 일은 중요한 관리과정 중의 하나이다.

(3) 커뮤니케이션의 장애

커뮤니케이션의 장애는 크게 개인차원, 조직차원, 환경차원으로 나누어 이해할 수 있다. 특히 개인차원에서는 개인의 인지적 차이, 선택적 청취, 신뢰를, 조직차원에서는 역할기대, 조직문화, 커뮤니케이션 구조를, 그리고 환경차원에서는 기관장을 장애요인 측면에서 검토할 수 있다.

① 개인차원

첫째, 사람마다 현상을 해석하는 인지 구조나 생각의 준거틀이 다르다. 지식, 능력, 성격, 가치관 등의 차이는 물론이고 연령, 지역, 학력 등 다양한 개인의 특성만큼이나 동일한 메시지에 대해서 서로 다른 식으로 해석하고 의미를 부여한

PART 1 행정과 행정학의 이해

PART 2 행정환경

PART 3 행정내부환경

PART 4 결정시스템

PART 5 집행시스템

PART 6 조직시스템

PART 7 지원시스템

PART 8 산출과 피드백

다. 조직에 들어와 그 조직의 문화에 적응하고 내재화된 구성원들끼리는 그래도 그 차이가 좁아질 수 있지만 문화가 다른 외부인과는 상당한 인지 구조의 차이가 그대로 드러나고 커뮤니케이션의 장애로 작용하기 쉽다.

둘째, 선택적 청취(selective listening)의 문제다. 특히 수신자의 경우 자기 이익 극대화의 행동기준을 가질 때 메시지를 선택적으로 선별하여 받아들이거나 무시 또는 거부하게 된다. 개인의 관심이나 이해가 이미 한 방향으로 지향되어 있을 때 그것과 일치하는 메시지에 대해서는 정확한 정보를 획득하고 해석하려는 노력을 하지만 관계없는 사항에 대해서는 조직차원에서 그 메시지가 중요함에도 불구하고 개인적으로 이를 간과하기 쉽다. 중앙정부의 행정개혁에 대해 일선 집행부서에서 무관심하거나 호응하지 않는 경우를 많이 본다. 그 원인은 일선 공무원의 현실적 이해인 보수인상이나 승진 또는 신분보장과 연관성이 없는 내용이기 때문에 나타나는 커뮤니케이션의 장애(선택적 청취)로 볼 수도 있겠다.

셋째, 발신자의 신뢰성 문제다.[28] 발신자의 신뢰성은 메시지의 신뢰성과 직결되어 있다. 정부에서 중요한 정책을 추진할 때 외부 전문가나 유명 대학교수를 참여시키는 중요한 이유 중에 하나가 이들의 신뢰성을 차용하여 정책의 신뢰성을 높이는 것이라 할 수 있다. 역으로 발신자에 대한 불신은 커뮤니케이션 장애의 중요한 요인이 된다. 노사 간 협상에서 가끔 볼 수 있듯이 불신하는 임원에 대하여 협상 자체를 거부할 정도로 불신 문제는 커뮤니케이션 자체를 불가능하게 만들 수 있다.

② 조직차원

첫째, 조직에서의 직위 자체가 커뮤니케이션의 장애요인이 되기도 한다. 특히 고위직과 하위직 또는 정책부서와 집행부서의 경우 각각의 직위나 부서에 대한 역할기대가 다를 뿐만 아니라 정보의 질과 양에 차이가 있다. 중앙부처에서 일하다가 자치단체의 부단체장(부지사, 부시장, 부군수, 부구청장)으로 임명된 사람을 보더라도 전직에서 생각하던 방식과 상당히 다른 모습을 보이는 것이 일반적이다. 기획재정부 예산담당 공무원은 현장을 방문하지 않는다고 한다. 현장을 이해하기 시작하면 예산 삭감이 힘들기 때문일 것이다. 이렇게 같은 사람이라도 어디에서 일하느냐에 따라 다른 시각을 갖게 된다. 다양한 조직과 직위 간에 이루어지는 커뮤니케이션은 개인의 차이를 떠나 직위나 부서의 차이에서 본질적인 장애가 발생할 수 있음을 시사한다.

둘째, 조직문화의 영향이다. 한국행정의 권위주의 문화는 상사의 메시지를 확인하지 않고 그대로 수용하는 경향이 강하다. 그런 과정에서 상사의 의도와는 다르게 해석하고 행동하는 것이 문제가 된다. 특히 상사의 입장에서 확인 또는 질문의 뜻으로 한 말이 부하 직원은 명령으로 받아들이는 경우가 많다. 예를 들어 여러 직원 중에서 한 사람에게 오늘 저녁 야근할 수 있는지 물었을 때, 부하 직원은 그날 저녁 중요한 약속이 있음에도 불구하고 상사의 질문을 명령으로 생각하여 개인 약속을 취소하고 별로 마음에 들지 않는 야근을 하는 경우가 있을 수 있다.[29] 형식적으로는 발신자의 메시지가 그대로 받아들여졌지만 실질적인 커뮤니케이션에는 왜곡이 발생한 것이다. 이런 현상은 다수가 참석한 회의석상에서 더 잘 나타나기 쉽다. 상사의 발언이 잘못되었다 하더라도 상사의 체면을 고려하여 피드백을 하지 않음으로써 커뮤니케이션의 질은 물론 의사결정의 질을 떨어뜨릴 수 있다.

셋째, 공식적인 계층제적 조직구조가 커뮤니케이션에 장애가 될 수 있다. 특히 전문화에 의한 분업구조가 잘 되어 있는 경우 부서와 부서간에 이질적인 목표, 언어, 분위기가 존재하고 나아가 부서 이기주의가 조장되기 때문이다. 일반 행정부처의 경우 이공계 출신의 정보 관련 부서와 일반 행정부서와의 관계에서 자주 나타날 수 있다. 이 점에서 우리나라는 직위분류제를 택하고 있는 미국에 비해 그 정도가 약한 편이다. 계급제의 전통에서는 전문행정가보다는 일반행정가 중심으로 인사가 이루어지고 따라서 수평적인 인사이동이 잘 이루어지기 때문이다.[30]

③ 환경요소

환경요소로는 조직에 영향을 미치는 일반환경도 생각할 수 있지만 여기서는 기관장을 언급하려고 한다. 기관장이 담당공무원들 사이에 충분한 커뮤니케이션 (공론화)이 이루어지기도 전에 확고한 입장을 취함으로써 커뮤니케이션을 경직시키거나 무력화시키는 경우이다. 앞서의 권위주의 문화와도 연결되는 것이지만 기관장이 섣부르게 입장을 정하는 것은 상사의 명령을 특히 중요하게 여기는 관료조직에서 커뮤니케이션의 양과 질을 떨어뜨리는 중요한 요소임에 분명하다. 이런 상황에서는 밑에서 위로 올라오는 정보도 기관장이 선호하는 것으로 제한될 수 있다. 최고결정자의 입장과 대립되는 정보는 부하 공무원이 알아서 차단 내지 여과(filtering)시키는 것이다.

(4) 장애의 극복

여기서는 앞서의 장애에 대한 대응적 극복방안보다는 커뮤니케이션을 중요

PART 1
행정과 행정학의 이해

PART 2
행정환경

PART 3
행정내부환경

PART 4
결정시스템

PART 5
집행시스템

PART 6
조직시스템

PART 7
지원시스템

PART 8
산출과 피드백

한 관리과정으로 보고 관리자 입장에서 어떠한 노력이 필요한지에 대한 일반적인
아이디어를 제시한다.

① '눈높이' 커뮤니케이션

개인의 인지 차이를 극복하기 위해서는 발신자가 우선 상대방을 고려하여 적
당한 상징화 작업을 해야 한다. 수신자가 어떤 사람이고 어떤 개인적 특성을 가졌
는가를 확인하고 그들의 사고방식이나 감정을 추정하고 그들의 입장이 되어 주는
공감(empathy)의 자세가 필요하다.[a] 뿐만 아니라 피드백을 장려하여 메시지 전달
이 잘 이루어졌는지를 점검할 수 있도록 한다.

② 신뢰의 형성

신뢰는 짧은 기간에 형성되지 않는다. 장기간 꾸준히 정직성, 공정함, 다른
사람에 대한 배려,[31] 언행일치, 업무성과를 보여주었을 때 가능하다. 특히 상사의
경우 권위에 의존하기보다는 오히려 개인의 인간적인 모습이나 개방적인 자세로
부하에게 다가가는 노력이 중요할 것이다. 21세기 행정환경의 중요한 특성 중의
하나가 개방화이다. 그것은 거시적인 행정만을 말하는 것이 아니라 행정의 중요
한 역할을 담당하는 리더와 관리자들의 자세에서 특히 중요하다. 개방은 폐쇄에
대한 대응 개념일 뿐만 아니라 권위와 불신에 대한 대응 개념이기도 하다.

③ 감정의 통제

서구에서 근대성(modernity)은 이성의 지배를 의미할 정도로 감정의 통제를
교육이나 사회생활에서 중요시한다. 합리성에 기초한 베버의 관료제에서 몰주관
성을 강조한 것도 같은 맥락이다. 이에 반해 우리나라는 온정주의가 강하고 상사
일수록 커뮤니케이션에서 감정의 표현이 심한 편이다. 자연스러운 감정의 표현이
때로는 커뮤니케이션의 질적 수준을 높일 수도 있지만 절제되지 않은 감정의 표
현은 공적인 관계를 사적인 영역으로 끌어들이고 인간관계를 악화시키는 결과를
초래할 수 있다. 일단 누군가의 감정적 표현이 나온 상태에서 수신자는 즉각적인
반응을 하지 않고 상대방의 입장에 공감하려는 노력을 취함으로써 감정적 대응의
악순환 고리를 차단하여야 한다.

④ 메시지의 반복 전달

동일한 채널이든 다른 채널이든 메시지를 반복하여 보냄으로써 어느 한 채널
의 장애를 극복할 수 있고 메시지의 정확성과 이해도를 높일 수 있다. 처음에 잘
모르는 정보라 하더라도 정보를 접하는 횟수가 많아지면서 어느 정도 학습효과가

---

a) 공감형성이나 감정이입의 교육훈련방법으로 역할연기 또는 감수성훈련 같은 것이 있다.

발생하는 것이다. 다만 반복 메시지는 중복(redundancy)에 의한 비용을 발생시킨다. 전달과정에서의 비용뿐만 아니라 그것을 저장하는 공간이 필요하며 정리하는 데 시간이 들기 때문이다. 과다 반복 자체가 장애가 될 수 있기 때문에 적정 수준의 반복이 중요하다.

⑤ 경청의 기술 개발

경청의 기술은 근래에 와서 관리자에게 강조되는 관리기술이다. 그냥 듣고 있는 것이 아니라 수신자와 공감을 형성하고 수신자가 내면에서 느끼고 있는 감정이나 욕구를 솔직하게 말할 수 있도록 유도하는 기술을 익히는 것도 중요하다.

⑥ 첨단 통신기술의 활용

종이 없는 사무실의 구현 등 첨단 사무자동화 기술의 발달과 함께 점차 사무실에서 종이가 사라지고 있다. 정부의 경우에도 전자결재가 점차 확산되어가고 있다. 이미 간단한 메모는 e-mail이 대체하였고 기관의 웹사이트는 게시판 이외에 일반 국민이 자유롭게 참여하여 의견을 개진할 수 있는 코너가 개설되어 있다. 같은 부서 공무원들이 업무 수행을 목적으로 SNS 단체 대화방을 활용하기도 한다. 과거와는 여러 가지 측면에서 커뮤니케이션 기술이 바뀌고 있다. 그렇지만 정부의 관리자급 이상은 첨단 정보통신 기술의 발달에 대한 적응도가 민간부문이나 신세대 공무원에 비해 뒤떨어지고 있다. 관리자는 이런 기술의 변화, 세대 간의 전달매체 선호의 차이 등을 정확하게 이해하고 대응하는 노력이 요구된다.

⑦ 비공식 커뮤니케이션 활용

비공식 커뮤니케이션을 대표하는 말이 '포도덩굴(grapevine)'이다. 포도덩굴 커뮤니케이션은 조직 내의 비공식 커뮤니케이션 통로를 따라 확인되지 않은 소문이 급격히 확산되어 가는 현상을 일컫는다. 포도덩굴은 관리 차원에서 중요한 의미를 가진다. 이들 소문 중에 4분의 3이 정확한 정보라는 주장은 차치하더라도 구성원들의 상징적인 정서가 흐르고 있기 때문이다.[32] 포도덩굴 안에는 관리자들이 공식 커뮤니케이션에서 보지 못하고 듣지 못하는 중요한 정보가 담겨 있을 수 있다.

개방체제로서의 행정체제에서 커뮤니케이션의 더 중요한 의미는 조직내부에 한정된 것이 아니라 외부 환경을 구성하는 정책대상집단이나 행정서비스를 제공받는 일반 국민과의 커뮤니케이션이다. 그런 차원에서 다음 글상자는 정책 커뮤니케이션(소통) 차원에서 중요한 시사점을 제시하고 있다.

PART 1
행정과 행정학의 이해

PART 2
행정환경

PART 3
행정내부환경

PART 4
결정시스템

PART 5
집행시스템

PART 6
조직시스템

PART 7
지원시스템

PART 8
산출과 피드백

정책소통의 개념과 원리

우리 시대의 화두는 소통이다. 애초부터 모든 정부는, 특히 민주적인 정부는 국민이라 불리는 정책대상집단(target population)과의 소통을 전제로 정책을 설계하고 사업을 추진한다. 그럼에도 불구하고 소통이 화두가 된 까닭은 정부가 원하는 정책이나 사업이 정책대상집단의 반발에, 그것도 때로는 조직적인 반발에 직면해 애초의 의도나 목표를 관철시키지 못하는 일이 비일비재하기 때문이다.

제주해군기지 건설 사업에 이어 고고도미사일 방어체계(사드) 배치에 이르기까지, 그것이 국방·안보시설이라고 해서 예외는 아니다. 이제 어느 분야의 정책이든 정책대상집단의 동의와 수용이 없이는 정부 혼자 기획하고, 집행하고, 성과를 낼 수 있는 시대가 아니다. 그래서 정책추진 과정에서 정책대상집단과의 소통이 즉, 정책소통이 중요한 화두가 될 수밖에 없다.

정책소통이란 정부가 정책을 설계하고 집행하는 과정에서 정책대상집단과 관련 이해관계자들에게 ① 관련 정보를 정확하고 투명하게 제공하는 한편, ② 이들의 필요와 요구를 적극적으로 수용하며 ③ 상호 만족할 수 있는 대안을 창출하는 일련의 관계관리 전략을 의미한다. 때문에 정책소통은 국민들에게 정보를 제공하고 정책에 대한 지지와 협력을 구하는, 좁은 의미의 정책홍보와 개념·목적·목표·방법에 있어 확연히 다르다. 소통은 홍보와 달리 일방적인 순응이나 설득을 구하지 않는다. 소통은 정책추진 주체와 대상 집단이 협력적 관계 형성을 통해 둘 다 만족할 수 있는 대안을 모색하기 위해 참여의 포괄성과 자발성이 보장되는 '공론장'(public sphere)을 형성하고 이 공론장 안에서 서로 이해할 수 있는 언어로, 신의성실의 원칙을 준수하며 토론을 통해 합의를 구축해 가는 일련의 상호작용 과정이다.

공론장의 형성은 시민사회의 형성과 맥락을 같이 한다. 그래서 카페, 극장, 살롱 등 사람들이 모이는 공공장소 일반에서 태동된 담론(discourse)의 집하장이라면 그것이 무엇이든 공론장이 될 수 있지만, 현대 국가는 이를 보다 제도화된 형태로 운영하고 있다. 영국의 시민협의제도, 네덜란드의 국민참여 절차, 남아공의 몽플레 시나리오(The Mont Fleur Scenarios), 미국의 21세기 타운홀미팅(21st townhall meeting), 스웨덴의 알메달렌 정치주간(Almedalen Political Week) 등 그 예는 부지기수다.

이러한 일련의 시도는 모두 갈등예방과 해결 기제 가운데 하나인 시민참여 모형(citizen participation model)이라고 할 수 있다. 시민참여 모형은 행정시스템 내·외부에서 시민들에게 다양한 의사결정 층위(decision instances)에서, 그리고 다양한 정책과정 단계에서 행정시스템에 접근할 수 있는 통로를 개방하여 행정과 정책대상집단이 상호작용할 수 있는 접촉면을 넓히는 게 목적이다.

자료: 은재호, 프랑스 CNDP와 미국 NIF 시민참여 사례, 업코리아, http://www.upkorea.net/, 2017. 3. 3. 일부 발췌 편집.

2) 갈등관리

(1) 의 의

① 개 념

갈등(conflict)은 한 개인이나 집단이 다른 개인이나 집단의 목표달성 노력을 의도적으로 간섭하는 것으로 이해할 수 있다. 갈등은 추구하는 가치의 배타성을 내포하고 있다.[33] 즉, 상대방을 배제시켜야만 자신의 목표를 달성할 수 있는 상태를 말한다. 의도적 간섭이란 매우 폭넓은 개념이다. 사소한 불일치에서 심각한 정도의 악의적인 방해까지를 포함한다. 사소한 불일치까지를 포함해야 갈등의 순기능적 측면을 설명할 수 있다. 갈등은 표면적으로 드러난 것만을 말하는 것은 아니고 당사자들이 갈등상황을 지각하고 거기에서 어떤 긴장, 불안, 좌절, 적개심을 느끼는 잠재적 갈등 상태까지를 포함한다.[34] 경쟁(competition)도 배타성을 담고 있다. 승자와 패자가 있고, 얻는 사람이 있으면 잃는 사람이 있다. 갈등과 경쟁 모두 양립할 수 없는 목표를 서로 먼저 달성하려는 노력을 한다. 그러나 경쟁은 다른 사람을 간섭하지 않고 공정한 게임의 법칙에 따라 결과에 승복한다는 점에서 갈등과 구분된다. 한편 협력(cooperation)은 상호 이익이 되는 방향으로 서로 함께 일하는 것으로 갈등과 대조적인 관계에 있다. 갈등을 관리한다는 것은 갈등과 협력의 균형을 추구하는 노력이라고 볼 수 있다.[35]

갈등관리란 갈등을 관리의 대상으로 삼는 것이다. 그것은 갈등에 대한 대응방법이 매우 다양하고 개방적으로 접근한다는 것을 전제한다. 갈등을 반드시 제거해야 할 대상으로만 본다면 그것은 갈등관리가 아니라 갈등통제 내지 갈등제거나 해소가 될 것이다. 따라서 갈등관리란 갈등의 해소에서 완화뿐만 아니라 상황에 따라서는 갈등을 용인하고 나아가 조성할 수도 있다는 의미이기도 하다.

② 유 형

갈등의 유형은 다양한 기준으로 분류할 수 있지만 갈등관리 차원에서 보면 갈등의 긍정적인 측면을 이해해야 하기 때문에 생산적 갈등과 소비적 갈등으로 구분할 의미가 있으며, 또 다른 하나는 갈등의 요인을 찾아내는 과정에서 수직적 갈등과 수평적 갈등, 개인 간 갈등과 집단 간 갈등을 구분하는 실익이 있다.

- 생산적 갈등과 소비적 갈등: 갈등은 소비적이고 심지어 파괴적이기까지 하여 이를 해소하거나 완화시켜야 할 상황으로 오랫동안 인식되어 왔다. 소비적 갈등은 조직의 화합과 단결을 깨고 결국 조직의 생산성을 떨어뜨리는 역기능적 갈등 내지 파

괴적 갈등을 말한다. 갈등이 있다는 것은 조직에 무엇인가 문제가 있다는 신호로 받아들인다. 그러다 보니 소비적 갈등은 전통적으로 제거 또는 통제의 관점에서 접근한다. 즉, 운동장에서 선수들이 갈등을 빚을 때 심판관이 엄격히 규칙을 적용해서 상황을 풀어나가는 것처럼 법과 정당한 권위로써 갈등 행위를 통제하는 것을 강조한다.

이에 비해 생산적 갈등은 조직혁신이나 조직성과 향상에 도움이 되는 건설적 갈등이다. 갈등을 피할 수 없는 현상으로 보고, 오히려 현상에 안주하려는 사람들에 대한 자극을 제공하고 변화와 혁신의 촉진제가 될 수 있다고 본다. 갈등의 순기능을 강조하여 갈등이 조직발전의 활력원이 될 수 있음을 강조한다. 일반적으로 생산적 갈등은 다양성, 자극, 성장, 공존, 개방의 시각을 반영한 것이라면, 소비적 갈등은 획일성, 통제, 권위, 폐쇄, 불안, 안정의 시각을 반영한 것이다.[36]

- **수직적 갈등과 수평적 갈등**: 수직적 갈등은 조직의 상하계층 간에 발생하는 것이고 수평적 갈등은 동일 계층의 개인이나 부서 간에 발생하는 것이다. 수평적 갈등은 목표의 분업구조, 과업의 상호의존성, 자원의 제한 등이 중요한 원인으로 작용한다. 이런 상황에서 협력보다는 개인, 부서, 집단 간에 자신의 목표를 우선적으로 추구하기 때문에 갈등이 발생한다. 수평적 갈등에 대한 해결은 주로 갈등이 발생한 계층의 상사에 의한 조정을 중요시한다.

  수직적 갈등은 상사와 부하 간의 갈등이다. 노사 간의 갈등 역시 집단 차원에서의 수직적 갈등에 속한다. 수직적 갈등의 주요 원인으로는 권한, 목표, 업무량, 근무조건, 보수 등을 포함시킬 수 있다. 갈등관리에서 주목하는 것은 이 중에 주로 수평적 갈등에 해당한다.

- **개인 간 갈등과 집단 간 갈등**: 조직에서 갈등의 주체는 개인, 집단, 조직이 있는데 이 중에서 누구와 누구 사이의 갈등이냐에 따라 다양한 갈등 유형이 존재할 수 있다. 개인 간 갈등은 개인 차원에서 이들이 추구하는 가치나 목표가 충돌하면서 발생하는 갈등이다. 개인의 성격이나 가치관 또는 역할 등의 차이가 갈등의 중요한 요인이 될 수 있다.

  집단 간 갈등은 조직 내의 여러 부서 또는 팀들 간에 발생하는 갈등으로 개인적인 요인 이외에 분업구조와 같은 조직 내의 구조적인 요인에 의해 발생한다. 집단 간 갈등의 경우 집단 내의 구성원들은 외부 위협에 대한 집단적 대응 차원에서 응집력이 오히려 강화될 수도 있다. 차원을 더 올리면 조직 간 갈등을 생각할 수 있으나 집단 간 갈등의 이론을 확장 적용하면 되기 때문에 여기서는 주로 집단 간 갈등에 초점을 맞추기로 한다.

(2) 갈등과 조직성과

갈등에 대한 전통적인 시각에서 보면 갈등은 조직성과에 부정적인 여러 현상

PART 1 행정과 행정학의 이해
PART 2 행정환경
PART 3 행정내부환경
PART 4 결정시스템
PART 5 집행시스템
PART 6 조직시스템
PART 7 지원시스템
PART 8 산출과 피드백

을 초래한다. 우선 갈등 당사자들 간에 적대적 감정이나 태도를 갖게 만든다. 어느 한 갈등 사건으로 인한 적대적 감정의 형성은 파급효과를 일으켜 상대방의 모든 것을 부정적으로 보는 고정관념을 갖게 만든다. 그 결과 상호 간에 커뮤니케이션이 차단되거나 왜곡되는 현상을 가져온다. 특히 갈등이 지속될수록 상대방을 음모론적으로 보기 때문에 선의의 행위조차도 그 뒤에 무엇이 숨겨져 있지 않을까 하는 의구심을 갖게 되고 심하면 상대방의 활동을 탐지하는 부당한 행동을 보일 수도 있다.[37]

이에 비해 갈등의 긍정적인 측면을 동시에 고려하는 입장은 갈등과 조직성과를 〈그림 13-7〉과 같이 요약하여 설명하고 있다. 즉, 그림이 보여주듯이 적정 수준의 갈등은 조직성과에 도움을 줄 수 있음을 강조한다. 갈등이 거의 존재하지 않는 상태의 조직은 오히려 침체되어 있어 구성원들이 현실에 안주하고 변화에 대한 적응이 느리고 새로운 아이디어 개발이 어려워 조직성과가 낮다는 점을 시사한다. 한편 갈등이 너무 심한 경우에도 오히려 조직이 혼란 상태에 빠져 부서 간의 협력이 안 됨으로써 조직성과가 낮게 나타난다. 적당한 정도의 갈등이 존재할 때 그 조직은 환경변화에 보다 신속하고 유연하게 대응하며 새로운 변화전략을 개발하고 받아들임으로써 조직성과가 높아진다는 것을 그림은 잘 보여주고 있다.[38]

[그림 13-7] 갈등과 조직성과

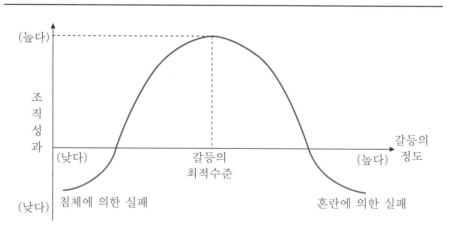

자료: L. D. Brown, *Managing Conflict of Organizational Interfaces*, Reading, MA: Addison-Wesley, 1986, p. 8 재구성.

PART 1 행정과 행정학의 이해

PART 2 행정환경

PART 3 행정내부환경

PART 4 경정시스템

PART 5 집행시스템

PART 6 조직시스템

PART 7 지원시스템

PART 8 산출과 피드백

(3) 갈등 요인

갈등의 요인은 우선 조직의 구조적인 측면에서 접근할 수 있다. 분업구조, 자원의 희소성, 그리고 업무의 상호의존성이 여기에 해당하며 이들 요소는 개별적으로 또는 복합적으로 갈등에 영향을 줄 뿐만 아니라 개인 차원의 갈등요인과 결합하여 구체적인 갈등 상황을 만들어낸다.

① 분업구조

조직은 기능이나 업무특성에 따라 수평적인 분화, 즉 분업구조를 갖는다. 분업화된 하위 부서는 업무특성뿐만 아니라 업무수행태도, 업무수행방식, 문제를 보는 시각 등에 차이가 나기 마련이다. 특히 참모부서와 계선부서, 일반행정직과 기술직, 대외 업무와 대내 업무 부서 간의 차이를 들 수 있다.

참모부서는 계선부서에 비해 장기적이고 거시적인 안목을 갖는다. 또한 참모부서는 투입된 자원의 효율성에 관심을 갖는다면 계선부서는 투입에 대한 개념보다는 주어진 일을 결과적으로 해냈는가의 성과에 관심을 갖는다. 따라서 계선부서는 명령의 신속한 집행을 강조하기 때문에 기계적 조직의 속성을 보이는 반면 참모부서는 아이디어의 개발에 관심을 갖기 때문에 보다 유기적 조직의 속성을 보이게 된다. 일반행정직과 기술직의 경우에도 일반행정직이 거시적 시각과 융통성을 강조하는 반면 기술직은 구체적이고 문제해결 중심의 경직성을 보이기 쉽다. 한편 조직의 대외홍보업무를 담당하는 부서는 외부 환경의 불확실성과 환경의 다양한 조직을 상대하기 때문에 조직 내의 다른 어떤 부서보다도 유기적이고 개방적인 특성을 가진다.[39] 이러한 차이는 직장에서의 교육훈련이 직무 전문성에 따라 이루어지는 경우 타 부서를 이해할 기회가 제한되기 때문에 더욱 심각해진다.

② 자원의 희소성

제한된 자원을 많은 하위 부서들이 공유해야 할 때 잠재적인 갈등은 존재하기 마련이다. 조직 내에서 자원이란 예산, 공간, 인적자원(규모도 중요하지만 유능한 인물을 서로 데려 가려 하는 경우), 장비 등을 포함한다. 대학에서 현대식의 좋은 건물이 완공되면 그 건물에 서로 공간을 확보하기 위해 학과 간에 갈등을 빚는 사례를 학생들도 경험했을지 모른다. 특히 자원은 단순히 양의 많고 적은 차원을 넘어 조직 내에서의 영향력을 상징적으로 보여주는 것이다. 따라서 모든 부서가 더 많고 좋은 자원을 확보하기 위해 노력하게 되고 그 과정에서 갈등은 필연적이라 할 수 있다. 자원에 대한 조직 내 갈등은 NPM과 같은 작은정부로의 개혁 등 외적 요인에 의해 더욱 심화될 수 있다. 정부부문에 민간부문의 시장원리를 적용함으로써 경쟁이 심화되고, 성과와 보상을 연계시키기 때문이다. 특히 자원의 희소성은 보상시스템에 의해 더욱 조장될 수 있다.[40] 개인 성과급은 개인 간의 갈등을, 집단 성과급은 개인 간의 협력은 유도하지만 집단 간의 갈등을 초래할 수 있다. 따라서 어느 규모의 집단이나 부서를 단위로 하여 성과급을 지급하느냐에 따라 갈등도 다른 양상을 보인다. 이상 언급한 갈등이 모두 수평적 갈등에 속한다면 노사 간의 갈등은 수직적 갈등으로 분류할 수 있다. 사용자 계층과 노동자 계층 간에 임금, 복지, 휴가일수 등의 제한된 자원을 놓고 전개되는 갈등이다.

③ 업무의 상호의존성

'너는 너대로 나는 나대로' 일해도 된다면 갈등의 가능성이 낮다. 반면 일이 서로 연계되어 있어 다른 사람의 협조가 필수적이라면 갈등의 가능성은 높다.[41] 톰슨(Thompson)의 기술 상호의존성에서 설명한 대로 상호의존성은 일방향 집중형, 연쇄고리형, 그리고 쌍방향 상호의존성으로 구분할 수 있다.[42] 이 중에서 다수의 단위 우체국과 지방우정청과의 관계처럼 일방향 집중형 상호의존성을 가진 업무 수행은 부서 간의 교류가 가장 불필요하기 때문에 갈등의 소지도 그만큼 적다. 반면에 연쇄고리형 및 쌍방향 상호의존성은 다른 부서의 투입이나 산출에 의해 업무수행이 영향을 받는다. 부서 상호 간에 서로 정보를 교류하고 업무 조정이 중요하기 때문에 어느 한 부서의 시간 지연이나 업무 착오가 생기면 다른 부서의 업무에 지장을 초래한다. 당연히 불만이 생기고 책임 공방으로 이어지는 갈등 관계로 진화하기 쉽다. 바로 참모부서와 계선부서는 상호의존성 측면에서도 갈등에 매우 취약한 관계이다.

④ 개인의 특성

갈등은 구조적인 요인뿐만 아니라 궁극적으로는 갈등을 인지하는 개인의 문제이기도 하다. 똑같은 조건에서도 어떤 사람은 다른 사람에 비해 상호 간의 불일치 상태를 심각하게 받아들이고 스트레스를 받거나 대립하는 등의 차이를 보이기 때문이다. 일반적으로 성격, 가치관, 전문능력, 직책 등의 차이가 갈등의 요인으로 작용한다. 공격적인 성격을 가진 사람이 있는가 하면 타협적인 성격을 가진 사람이 있고, 개혁 지향적인 사람이 있는가 하면 안정 지향적인 사람이 있다. 어떤 사람은 분석 능력이 강한 반면 다른 사람은 직관 능력이 강할 수 있다. 자원을 배분하는 사람과 자원을 배분받는 사람의 입장이 다를 수 있다. 이들은 모두 개인 간 갈등을 초래하는 중요한 요인이지만 집단차원에서 각 집단의 구성원들이 공유하는 집단특성이 어떻게 다른가에 따라 집단 간 갈등까지 영향을 미치게 된다.

PART 1 행정과 행정학의 이해

PART 2 행정환경

PART 3 행정내부환경

PART 4 결정시스템

PART 5 집행시스템

PART 6 조직시스템

PART 7 지원시스템

PART 8 산출과 피드백

(4) 갈등관리의 전략

갈등을 부정적이고 소비적으로 보는 입장에서는 갈등요인을 가능한 통제하여 갈등을 완화하거나 제거하기 위한 노력을 한다. 반면에 갈등을 긍정적이고 생산적으로 보는 입장에서는 적절한 수준의 갈등을 조성하는 전략을 취한다. 여기서는 전자를 다시 잠재적 갈등의 예방과 표면적 갈등의 해결로 나누어 설명한다.

① 잠재적 갈등의 예방

갈등을 예방하기 위해서는 앞서 지적한 갈등요인을 사전에 관리할 필요가 있다. 특히 관리자는 조직차원에서 구조적으로 접근할 수 있는 요인의 관리에 관심을 갖게 된다.

첫째는 부서 간 분업구조로 인한 차이를 완화시키는 전략으로 직급교육과 인사교류를 생각할 수 있다. 직무별 전문교육도 좋지만 관리자교육과 같은 직급교육 등을 통해 서로 다른 부서에서 다른 업무를 수행하는 공무원들이 상호 이해할 수 있는 기회를 제공한다. 우리나라의 계급제는 갈등 예방 측면에서 긍정적이다. 물론 전문교육과 직급교육은 갈등측면에서만 접근할 일은 아니다. 직급교육이 강화될수록 전문교육이 소홀해지고 전문행정가보다 일반행정가를 양성하기 때문이다. 따라서 직급교육은 전문성보다 부서의 장벽을 넘어 거시적인 시각이 요구되는 고위직급에 적합할 것이다. 부서 간의 갈등을 예방하는 방법으로 직급교육보다 더 강력한 방법이 인사교류이다.

부처 내에서 행정직과 기술직의 교류 및 부처 간의 인사교류를 통해서 부처(부서)이기주의는 물론 갈등의 해소에도 도움을 줄 수 있기 때문이다. 다만 부처간 교류는 업무의 유사성이 어느 정도 존재하여야 타 부처 공무원을 설득할 수 있을 것이다. 중앙부처와 지방자치단체 간 인사교류의 확대 필요성도 지속적으로 제기되고 있다.[43] 지방공무원의 역량개발 차원뿐만 아니라 중앙부처 공무원이 지역현장에서 정책문제를 직접 확인하는 기회를 가짐으로써 중앙부처와 지방정부 간의 인식의 차이를 좁히고 소통이 강화되어 갈등해소 측면에서도 중요한 의미를 가지기 때문이다.

둘째는 자원의 희소성으로 인한 갈등을 예방하는 가장 쉬운 전략은 더 많은 자원을 확보하는 것이다. 그러나 자원이 부족하다는 것을 전제할 때에는 무엇보다도 자원배분의 기준을 명확히 하여 그 기준에 대한 분명한 이해와 순응을 확보해야 한다. 특히 부서의 목표가 아니라 조직 전체의 목표 차원에서 자원배분의 우선순위가 정해진다는 것을 분명히 해야 한다. 자원배분 과정에 인간관계와 같은 주관적 요소가 개입하는 것은 잠재적 갈등을 표면화시키는 촉매 역할을 하기 때문에 유념하여야 한다. 한편 성과급과 같은 보상기제는 개인보다는 집단 차원에서 도입하는 것이 바람직하고 그 경우에도 성과급의 재원을 추가로 확보함으로써 성과급 배분에서 제외된 부서라도 '내 월급 줄여 성과급 주고 있다'는 제로섬의 인식을 하지 않도록 하는 것이 중요하다.

셋째는 부서 간의 상호의존성을 완화시키는 전략이다. 구체적으로 부서 간 접촉의 필요성을 줄여준다. 예를 들어 행정학과에서 헌법과 행정법 그리고 경제학 과목을 개설할 때 법학과와 경제학과에 강사를 의뢰하던 것을 행정학과에서 직접 강사를 섭외하고 계약하는 방식이다. 그렇게 함으로써 강사의 질이나 강의 내용 등에 대한 갈등요인을 제거할 수 있다. 정부의 경우에도 같은 맥락에서 생각할 수 있다. 간단한 물품을 구입할 때에는 각 집행부서에 자율권을 부여함으로써 구매부서에 대한 의존성을 줄여주는 것이다.[44]

넷째는 개인적 특성의 차이는 직접적인 관리나 통제의 대상이 되지 않는 경우가 많다. 그러나 전반적인 인식을 자기중심에서 상호인정으로 바꾸는 노력이 필요하다. 성격, 가치관, 전문지식, 직책 등의 차이는 누가 옳고 그른 것이 아니라 상대적인 차이일 뿐이다. 자기중심의 획일적인 기준을 가지면 다른 사람과 충돌하도록 되어 있지만 상호 인정의 다양성으로 보면 모두가 공존할 수 있는 것이다. 커뮤니케이션에서 언급한 역할연기나 감수성 훈련 등을 통해 다른 사람과 공감대를 형성할 수 있는 능력을 개발하는 교육이 갈등 예방의 좋은 전략이 될 수 있다.

② 표면적 갈등의 해결

잠재적 갈등의 완화가 사전적 조치라면 표면적 갈등의 해결은 사후적 조치라 할 수 있다. 물론 어느 시점을 중심으로 사전과 사후, 잠재와 표면을 명확하게 구분하기는 어렵다. 다만 여기서 말하는 표면적 갈등의 해결이란 갈등의 당사자들이나 내용이 구체화되어 갈등 해결의 노력이 보다 직접적으로 그 당사자들을 대상으로 이루어지는 것을 말하며 제3자의 개입이나 아니면 당사자들 본인이 직접 해결에 나서는 것을 의미한다.

첫째, 제3자의 개입으로는 우선 상사의 권위적 해결이 있다. 관료조직에서 가장 전통적으로 사용해온 방법이다. 개인 간 갈등인 경우 직속 상사가, 실·국 간의 갈등인 경우 장관이나 차관이, 부처 간의 갈등인 경우는 국무총리나 청와대 비서실이 개입하여 적절한 중재를 하고 그것이 안 될 때 최종적으로 권위에 의한 결정으로 문제를 해결하는 방식이다. 이 방법은 단기적으로는 유효할 수 있으나 당사자들의 태도에 근본적인 변화를 일으키는 것은 아니기 때문에 갈등이 해결되었다기보다는 봉합되고 잠복된 상태이다.[45]

공공부문에서 드문 일이긴 하나 외부 전문인이 갈등의 중재에 나설 수 있다. 당사자들의 합의로 갈등이나 인간관계 전문가를 중재인으로 선정하고 중재를 의뢰하는 것이다. 중재인은 당사자들을 개별적으로 접촉하기보다는 공개적인 토론의 장에 직접 불러 전문 토론 진행(facilitating) 방식에 따라 상호 이해와 타협 내지 합의를 도출하게 된다. 물론 모두가 성공하는 것은 아니지만 근본적인 태도를 이해하고 변화시키는 효과적인 방법이다. 이때 당사자들이 다수일 경우에 다수결의 방법으로 문제를 해결할 수도 있다.

둘째, 당사자들이 직접 해결하는 가장 대표적인 방식이 협상(negotiation)이다. 당사자들 모두가 각자의 이익을 적극적으로 추구하면서 상대방의 주장을 적정선에서 수용하는 것이다. 협상에는 분배형 협상과 통합형 협상이 있다.[46] 분배형 협상(distributive negotiation)은 자원이 제한되어(fixed-pie) 있어 제로섬(zero-sum) 방식으로 나눌 수밖에 없다는 것을 기본 전제로 한다. 한 쪽이 더 가져가면 다른 쪽이 덜 가져가야 하는 뺄셈 내지 win-lose형 접근으로서, 타협(compromise)이 분배협상의 대표적인 예라 할 수 있다. 타협은 당사자 모두 적당한 선에서 자신의 이익을 양보하고 부분적인 목표 달성에 만족하는 방식이다. 이런 점에서 타협은 부분적인 승리이자 동시에 패배일 수 있지만, 합리적이고 공정하며 신속한 갈등 해결방식이다. 한편 타협은 조직차원에서 자원의 효율적 배분이 아닐 수 있다. 예를 들어 100이라는 자원을 두 사업에 각각 50씩 나누기로 타협한 경우 두 사업 모두 재원 부족으로 실패할 가능성이 높다. 조직 차원에서는 한 쪽을 포기하고 다른 한 쪽을 100% 살리는 것이 더 효과적일 수 있기 때문이다. 하지만 조직 차원의 거시적 목표를 손상시키지 않는 한 타협은 중요한 갈등해결방식의 하나이다. 점증주의 특성을 가진 정부의 정책결정에 많이 활용되고 있다.

한편 통합형 협상(integrative negotiation)은 덧셈 내지 win-win형 접근이다. 자원은 제한되어 있는 것이 아니라 키울 수 있다고 믿고 이를 위해 서로 협력(collaboration)하는 것이다. 자신의 이익과 상대의 이익을 적당히 양보하고 양보받는 타협과는 달리 협력적 노력으로 서로의 이익을 최대한 추구하는 전략이다. 협력이 가능하기 위해서는 개방적인 자세와 창의적인 문제해결능력 그리고 지속적인 공동 노력이 필수적이다. 우선 당사자들은 각자의 목표가 무엇인지 분명하고 솔직하게 밝히고 서로의 차이점을 인정한다. 당사자들은 기존의 생각틀에서 벗어나 서로 공

PART 1 행정과 행정학의 이해
PART 2 행정환경
PART 3 행정내부환경
PART 4 결정시스템
PART 5 집행시스템
PART 6 조직시스템
PART 7 지원시스템
PART 8 산출과 피드백

유할 수 있는 장기적인 목표와 전략이 무엇인지를 새로운 시각에서 재정의하고 그에 따른 문제해결방안을 마련해야 한다. 주어진 자원을 그대로 받아들이는 것이 아니라 서로가 보유한 정보를 공유하면서 더 많은 자원을 확보하기 위해 공동으로 대응한다. 이러한 통합형 협상은 분배형 협상보다 장기적인 파트너십을 확보할 수 있고 무엇보다도 패자를 만들어내지 않는다는 점에서 매우 설득력이 있다.[47] 하지만 상호인정과 신뢰의 인간관계, 상대의 니즈를 배려하는 유연한 태도, 열린 자세로 정보를 공개하고 공유하는 노력, 창의적 사고능력 등의 요건을 충족시키기가 쉽지 않고[48] 장기간의 시간을 필요로 하기 때문에 현실성이 떨어진다는 단점이 있다.

③ 갈등조장

갈등의 역기능을 떠올리는 입장에서는 갈등조장이라는 전략이 쉽게 이해되지 않을 것이다. 그러나 〈그림 13-7〉의 갈등과 조직성과의 관계를 생각하면, 갈등이 전혀 없는 경우 오히려 현실안주나 정체 또는 무기력 속에 빠져 조직성과를 약화시킨다. 보다 구체적으로 적정량의 갈등이 조직성과 향상에 도움을 줄 수 있는 상황으로는 '예스 맨(Yes men)'의 과다, 불확실성과 변화에 대한 지나친 기피, 타협과 화합을 강조하는 조직분위기, 상대방의 감정에 상처를 주지 않는 너무 세심한 배려, 관리자들의 인기영합주의, 새로운 아이디어의 부재, 이례적으로 낮은 이직률 등을 들 수 있다.[49]

이런 상황에서 갈등을 조장하기 위한 전략으로는 첫째, 외부인을 영입하는 것이다. 일반적으로 폐쇄형 충원의 정부관료제는 변화에 대한 저항과 무사안일 등의 병리적 현상이 나타나기 쉽다. 이런 정부관료제에서 중간관리자 이상의 직급에 외부인을 영입하는 것은 상당한 갈등 요인이면서 조직혁신의 중요한 전략이될 수 있다.[a] 특히 민간부문이나 시민단체의 외부인은 정부 공무원들과 기본적인 인식구조가 다른 경우가 많아 기존 구성원과의 융화를 우려하는 지적이 많다.[50] 이것은 역으로 갈등이 조성될 수 있다는 뜻이고 변화가 일어날 수 있는 가능성을 내포하기도 한다.

둘째, 경쟁을 조장한다. 개념에서 소개한 것처럼 경쟁에서 공정성이 빠지면 갈등이 된다. 그만큼 경쟁은 갈등과 유사한 결과를 가져올 수 있다. 조직에서 활용

a) 중앙행정기관의 장은 기관별로 고위공무원단 및 과장급 직위 각각의 20% 범위에서 개방형 직위를 지정하도록 규정하고 있다. 이때 공직 외부의 경험과 전문성이 필요하여 외부에서만 적임자를 선발하는 경력개방형 직위를 둘 수 있도록 하였다(「개방형 직위 및 공모 직위의 운영 등에 관한 규정」 제3조). 2019년 말 기준 총 458개의 개방형 직위 중 390개 직위를 충원하였고 이 중 227명이 외부(민간인 또는 타부처 공무원) 충원이었다(e-나라지표, 공무원 개방형 직위 임용 추이, 2021. 1. 9).

PART 1
행정과 행정학의 이해

PART 2
행정환경

PART 3
행정내부환경

PART 4
경쟁시스템

PART 5
집행시스템

PART 6
조직시스템

PART 7
지원시스템

PART 8
산출과 피드백

할 수 있는 대표적인 방법으로 자원배분제도와 표창제도가 있다. 자원배분은 성과급과 같이 산출 차원의 경쟁과 예산배정과 같이 투입 차원의 경쟁이 있을 수 있다. 이때 배타적 경쟁이 아니라 협력적 경쟁이 되도록 유도한다. 환경이 복잡하고 불확실할수록 여러 부서가 팀워크를 발휘해서 일해야 하기 때문에 자원배분 역시 개인보다는 팀워크를 유인할 수 있어야 한다. 특히 경쟁이 기존의 배분구조를 악화시키는 것은 곤란하다. 신자유주의 사상을 반영한 '경쟁에 의한 선택과 집중'이 그런 비판에 직면하고 있다. 형평 차원에서는 더 많은 재원을 필요로 하는 데도 불구하고 경쟁력이 없다보니 배분에서 탈락하고 부익부 빈익빈 현상이 더욱 심화된다. 따라서 패자를 고착화시키는 경쟁 구조를 장기간 적용하는 것은 경계할 필요가 있다. 표창제도는 기관을 대상으로 한 비금전적 보상으로 단체장 등 정치인이 선호한다. 표창제도는 행정서비스헌장 운영 우수기관에 대한 '기관표창'제가 대표적인 예로서 자치단체의 장에게는 리더십을 인정받고 홍보하는 중요한 의미가 있다.

셋째, 불확실성을 높인다. 기존에 해오던 어느 정도 정형화되어 있는 업무수행 방식이나 관행에 변화를 준다. 불확실성 제고는 정체되어 있는 조직에 변화를 주기 위한 자극이다. 앞서의 외부인 영입도 불확실성 제고의 측면에서 이해할 수 있다. 또 다른 방법으로는 위기감을 조성하는 일이다. 조직을 자극하고 생산적인 갈등을 조장하는 전략으로 현재의 조직에 심각한 문제가 있음을 인식시키는 일이다.[51] 단순히 인식차원이 아니라 실제로 혁신담당관제를 도입하거나 조직을 재설계하는 것이다. 혁신담당관은 각종 회의에서 기존 인식과 다른 시각에서[a] 토론을 역동적으로 진행할 수 있도록 유도한다.[52] 특히 기능중심으로 구조화되어 있던 기존 조직을 프로그램 중심으로 바꾼다든지 하여 문제를 바라보는 시각을 근본적으로 바꾸도록 하는 것도 생각할 수 있다.

여기서 설명한 갈등관리는 조직 내부에서의 갈등을 중심으로 한 것이다. 행정에서 최근 더 큰 관심을 끄는 것은 정부와 이해당사자들 간에 발생하는 공공 갈등을 어떻게 관리할 것인가이다. 다음 글상자는 선진국에서 이런 갈등문제를 풀기 위한 대안적 분쟁해결(ADR: Alternate Dispute Resolution) 방식과 국가공론위원회(CNPD: National Commission for Public Debate) 방식을 소개한 글이다. 27개국 대상으로 2018년 실시한 BBC 글로벌서베이에서 빈부, 성별, 세대, 이념 간 대립이 가장 높은 국가의 하나로 조사된[53] 우리나라에 많은 정책적 시사점을 제공하고 있다.

---

a) 실제 반대의 입장이라기보다는 선의의 반대 내지는 생산적인 반대의 입장을 취하는 것으로서 정의로운 악역(devil's advocate)을 맡는 것을 말한다.

[천성산에서 밀양까지 끊이지 않는 국책사업 갈등] 어떻게 바꿔야 하나

국책사업갈등은 '만국 공통어'다. 어느 시대, 어느 나라나 다 있다. 다만 선진국과 후진국을 갈라 놓는 건 갈등의 유무가 아니라, 갈등을 관리하고 흡수할 수 있는 시스템의 작동 여부다. 이 점에서 본다면 우리나라는 선진국보다는 여전히 후진국에 가깝다는 게 전문가들의 지적이다.

미국도 1990년대 이전까지는 국가적 사업추진과정에서 대립과 갈등이 많았다. 특히 연방국가로서 주정부의 권한이 강하다 보니, 국책사업을 둘러싼 논란이 끊이질 않았다. 갈등이 생기면 결국 법원판결이나 의회입법 등 통상적인 수단에 의존할 수밖에 없었다.

그래서 도입된 것이 '대안적 갈등해결 방식'(ADR, Alternative Dispute Resolution)이다. ADR는 이해당사자 간 중재와 조정을 통해 화해를 유도하는 분쟁해결제도로, 중재기관을 따로 두고 협상과 조정 같은 과정을 거치는 것을 말한다. 우리나라로 치면 언론중재위원회나 상사중재원, 한국소비자원 같은 곳이다.

ADR은 갈등이 본격화되기 전에, 그래서 물리적 충돌이나 법정까지 가기 전에, 미리 예방하고 관리한다는 취지다. 이후 규제협상법과 행정규제조정법 등 입법적 보완이 이뤄졌고, 결국 ADR을 통한 해결방식이 정착됐다. 미국은 현재 연방정부는 물론 주정부, 시정부 등에서도 ADR방식의 갈등관리시스템이 적용되고 있다. 그 결과 미국은 조정성립률이 무려 67%까지 올라갔다. 〈중략〉

하지만 ADR 방식에는 한계도 있다. 무엇보다 이해당사자 간 힘의 균형이 맞지 않으면 합리적 토론을 통한 합의도출이 어렵다. 또 대립구도가 '정부(또는 공기업) 대 주민'으로 단순하면 조정성립확률이 높지만, 요즘처럼 시민사회단체 개입이 많고 주민 간 이해관계까지 서로 다르면 합의를 이끌어내기가 더욱 요원해진다. 실제로 새만금간척사업, 경부고속철도 천성산 터널, 경인운하, 그리고 현재 벌어지고 있는 밀양 송전탑까지 매번 찬반 양측이 추천한 전문가들로 민관위원회나 공동조사단이 구성됐지만 번번이 실패로 끝나고 말았다. 전문가들조차 자기논리만 관철하려 하고, 불리해지면 '판' 자체를 깨는 경우가 대부분이었다.

이 점에서 프랑스의 '공공토론위원회(CNDP)'가 더 좋은 모델이 될 수 있다. CNDP는 중립성향의 전문가들로 구성된 기구로, 정부로부터 독립적으로 운영된다. 정부는 국책사업 계획을 확정하기 전 CNDP에 회부하고, CNDP는 6~8개월간 공개적 의견수렴절차를 거친다. 온라인 의견청취도 있고 공청회도 수없이 개최되는데, 이렇게 모인 의견들은 보고서로 작성돼 최종사업계획에 반영된다. 〈중략〉

현재 국회엔 CNDP를 벤치마킹한 '국가공론위원회 설립 및 운영에 관한 법률'(새누리당 김동완의원)과 '국책사업국민토론위원회의 설립 및 운영에 관한 법

PART 1
행정과 행정학의 이해

PART 2
행정환경

PART 3
행정내부환경

PART 4
결정시스템

PART 5
집행시스템

PART 6
조직시스템

PART 7
지원시스템

PART 8
산출과 피드백

률'(민주통합당 부좌현의원) 등이 발의되어 있지만 언제 통과될지 모르는 상태다. 정부도 국회도 여전히 별 관심이 없다는 얘기다. 전문가들은 제2의 천성산, 제2의 밀양사태를 막으려면, 갈등을 예방하고 관리할 수 있는 시스템부터 만들어야 한다고 지적한다. 은재호 한국행정연구원 사회통합연구실장은 "갈등관리도 정부 차원의 컨트롤타워가 있어야 한다. 각 부처 사안과 관련한 갈등예측도 할 수 있고 필요에 따라 정책 권고도 할 수 있는 기구가 시급하다"고 말했다.

자료: 한국일보, 2013. 10. 11. 일부 발췌 편집.

3) 변화관리

(1) 의   의

조직에서 변화의 관리는 21세기 최대의 화두로 등장하고 있다. 조직을 둘러싼 환경이 워낙 급격하게 변화하다보니 그 변화를 따라가지 못하는 조직은 자연히 도태되고 말기 때문이다. 정부는 기업에 비해 그동안 변화로부터 비교적 안전지대로 인식되어 왔다. 하지만 1980년대 이후 시작된 작은정부를 포함한 정부개혁의 요구는 정부에서도 변화를 선택이 아닌 필수로 바꾸어 놓았다. 그동안 김영삼 정부, 김대중 정부, 노무현 정부, 이명박 정부 등 역대 모든 정부에서 끊임없이 정부개혁 내지 행정개혁을 추진했다. 이제 모든 정부 부처의 정책결정자나 관리자들이 외부의 변화 요구에 능동적으로 대응하지 못하면 그 조직은 위기를 맞을 수밖에 없는 상황이 되었다.

① 변화의 개념

조직에서 변화란 새로운 방식의 아이디어를 채택해서 조직의 경쟁력과 성과를 향상시키려는 의도적인 노력으로 구성원과의 역동적인 과정을 거쳐 이루어진다.[a] 첫째, 변화는 새로운 아이디어와 밀접한 관계가 있다. 새롭다는 것은 조직의

---

a) 조직변화와 유사한 개념으로 조직개발과 학습조직이 있다.

　　조직개발(organizational development): 일명 OD는 사람 내지 조직문화 중심의 변화 전략이다. 주로 구성원의 태도, 가치, 직무만족, 조직문화 등을 행태론의 과학적 방법을 동원하여 객관적으로 분석한 후 감수성훈련(sensitivity training)이나 팀빌딩 등의 필요한 교육훈련을 통해 인간관계나 조직문화 등 조직에 있어 사람에 관한 근본적인 변화를 목적으로 하는 체계적인 변화과정이다. 일반적으로 장기간의 계획된 변화이며 적용 대상은 개인에서 조직 단위까지 광범위하다.

　　학습조직(learning organization): 환경의 변화에 대응하여 지속적이고 자율적인 학습을 통해 조직성장을 이루어나가는 조직이다. 학습조직은 유기체와 같이 환경의 자극에 반응을 하고 그 반응이 맞는

중요한 구성요소들인 구조, 사람, 기술에 있어 지금까지와는 다른 방식을 채택한다는 것이다. 예를 들어 조직의 계층을 줄여 뾰족한 계층구조를 완만한 계층구조로 바꾸거나 민영화 등의 구조조정을 하는 것이 구조 측면에서 새로운 방식에 해당한다. 이러한 구조의 변화는 구성원의 태도와 행동에 변화를 가져오게 된다. 때로는 구성원의 태도와 행동방식을 바꾸기 위해 보다 직접적인 교육프로그램을 개발해 실시할 수도 있다. 일선공무원의 직무수행 태도를 고객지향으로 바꾸기 위한 행정서비스헌장제도 도입, 1년 동안 달성할 성과목표를 기관장과 계약하고 이를 기준으로 평가하는 성과계약 및 성과평가, 공무원 행동지침 제정 등은 보다 직접적으로 사람의 행동이나 태도를 변화시키기 위한 노력이다. 기술의 변화는 업무수행방식을 바꾸는 것으로 작게는 전자결재를 채택하거나 크게는 조직을 기능중심에서 프로그램 중심으로 업무프로세스를 바꾸는 것을 의미한다.

둘째, 변화는 의도적인 노력이다. 변화는 소극적으로는 환경의 변화에 대응하는 조직생존 차원이고, 적극적으로는 국민이 원하는 정책을 개발하고 서비스를 제공하는 조직성장 차원이며 나아가 글로벌 환경에서 국가경쟁력을 높이는 것이다. 따라서 여기서 말하는 변화는 우연히 찾아오는 것이 아니라 변화를 주도하는 주체가 있어 분명한 목표를 세우고 그것을 달성하기 위한 목표지향적인 노력을 요구한다. 이러한 조직의 변화는 반드시 저항을 수반하게 되는데 변화관리(change management)는 변화의 저항요인을 효과적으로 통제하여 의도한 변화를 이끌어내는 과정이다.

셋째, 변화는 구성원과의 역동적인 과정을 거친다. 조직의 변화는 변화의 직접적인 영향을 받는 구성원의 지지를 확보해야 한다. 그런데 구성원들은 변화를 싫어하고 안정으로 회귀하는 관성을 갖고 있기 때문에 변화는 이러한 관성에 변화를 가할 수 있는 또 다른 힘을 가져야 가능해진다. 그 과정에서 변화를 주도하는 세력과 이에 저항하는 세력과의 긴장이나 갈등이 형성된다. 변화는 단순히 이성적이고 분석적인 차원이 아니라 두려움, 분노, 기대, 호기심 등 다양한 감정적 차원이 개입하는 역동적인 이해갈등의 조정과정이기도 하다.

것인지 틀린 것인지 스스로 피드백하여 처음의 반응을 수정하는 일련의 적응적 학습을 하는 자생적인 조직이다. 이러한 적응적 학습을 통한 지속적인 변화가 일어나기 위해서는 기존의 행동방식이나 조직관행이 새로운 것의 유입을 방해하지 않도록 열린 마음과 유연한 조직구조 그리고 정보의 자유로운 공유가 가능하도록 바꾸는 것이 중요하다.

습관은 습관을 낳고: "Monkey Cage"

Start with a cage containing five monkeys. Inside the cage, hang a banana on a string and place a ladder under it. Before long, one of the monkeys will spot the banana and start to climb the ladder. As soon as he does, spray all of the other monkeys with cold water.

Replace the banana. After a while another of the monkeys will probably go for the banana. Again, spray all of the other monkeys with cold water. Monkeys are fairly smart, so pretty soon whenever one of the monkeys tries to climb the ladder all the other monkeys will try and prevent him doing it. When this happens, put away the cold water. Remove one monkey from the cage and replace it with a new one. Then put another banana at the top of the ladder.

The new monkey will spot the banana and make for the ladder. To his surprise all of the other monkeys attack him. After a couple more attempts result in further beatings the new monkey will not make any attempt to go for the banana.

Remove another of the original monkeys and replace it with another new one. Then replace the banana. Again, the new monkey will make a grab for it. Like his predecessor he will be amazed to find that all the other monkeys attack him. The previous newcomer will take part in his punishment with some enthusiasm.

One at a time, gradually replace all of the original monkeys with new ones. Each of the newcomers will go for the banana. Each one will be attacked by the other four. Most of the new monkeys have absolutely no idea why they were not allowed to climb the ladder, or why they are participating in the assault on the newest monkey.

When all of the original monkeys have been replaced, none of the remaining monkeys have ever been sprayed with cold water. Nevertheless no monkey ever approaches the ladder. Why not? Because as far as they are concerned that's the way it has always been done around here.

〈출처 미정〉

② 환경과 변화관리

조직은 기본적으로 개방시스템의 특성을 가지기 때문에 환경과의 관계를 떠나 생각할 수 없다. 변화의 촉발이 외부에서 시작되었든 내부의 자발적인 자각에 의한 것이든 조직변화는 환경을 설정하고 그에 적합한 변화일 것이 요구된다. 이미 일반환경과 과업환경에서 검토하였듯이 행정조직은 정치, 경제, 사회, 문화 등 국내환경의 영향을 외면할 수 없다. 또한 글로벌 환경에서 진행되고 있는 정부개혁의 흐름을 거부하기 힘들다. 사회학적 신제도주의의 제도동형화가 암시하듯이 주요 선진국가의 정부개혁 성공사례는 우리나라 행정에 유사한 제도의 변화를 촉발하기도 한다. 기업가형 정부를 포함한 신공공관리나 뉴거버넌스는 그 중에 대표적인 사례라 할 수 있다.

조직의 변화에 보다 직접적인 영향을 미치는 것은 과업환경이고 그 중에서 대통령이 가장 중요하다. 5년마다 새 정부가 들어서면 대통령의 새로운 국정과제를 실행에 옮기는 데 적합한 정부조직의 변화는 필연적이다. 대통령은 취임 직후 우선적으로 청와대의 비서실 구조를 바꾸고 중요 국정과제를 책임질 각종 위원회를 신설하기도 한다. 기업이 생산하는 제품이나 서비스의 내용을 바꾸면 생산라인을 바꾸어야 하듯이 새 정부가 들어서 새로운 국정기조와 국정과제를 결심하게 되면 그에 적합한 범부처 차원의 조직개편이나 개별 부처의 실·국·과 기능을 재조정하게 되고, 나아가 공무원의 일하는 방식과 태도 등 공직사회를 직접 대상으로 하는 개혁을 추진하게 된다.

다음 〈표 13-3〉은 노무현 정부 이후 각 정부에서 정부개혁의 방향과 전략과제를 요약한 것이다. 공무원의 일하는 방식을 개혁해서 정부의 효율성을 높이는 것이 주된 내용이지만 때로 성과연봉제나 개방형 도입과 같이 공무원 개인의 이해와 직결되어 있는 내용을 포함하기 때문에 대통령의 정부개혁 추진은 부처조직의 변화관리에 가장 직접적인 영향을 미친다. 이처럼 대통령과 청와대 주도의 정부개혁에 대응한 부처의 변화관리는 주무 부처(주로 조직과 인사, 때로 예산을 담당하는 부처)를 포함해서 모든 부처의 장차관에게 최우선 과제가 될 수밖에 없다.

(2) 변화에 대한 저항

변화를 효과적으로 이끄는 데 가장 중요한 요소가 변화에 대한 저항을 정확하게 이해하고 이를 통제하는 능력의 배양이다. 변화에 대한 저항을 개인 차원, 조직 차원, 그리고 환경 차원으로 나누어 알아본다.

① 개인 차원

첫째, 변화에의 저항은 습관 때문이다. 사람은 직장에서 오랜 학습과정을 거치면서 기존의 인간관계와 업무수행방식에 익숙해지고 외부의 자극에 대해 어느 정도 정형화된 반응을 보이게 된다. 습관은 심리적으로 안전하고 편안한 지대

PART 1
행정과 행정학의 이해

PART 2
행정환경

PART 3
행정의 내부환경

표 13-3 정부별 정부개혁 방향과 전략 및 과제

정 부 (추진체)	정부개혁 방향	전 략	대표적 전략과제
노무현 정부 (정부혁신지방 분권위원회, 혁신관리 수석실)	능력있는 정부	효율적인 행정 봉사하는 행정 투명한 행정 함께하는 행정 깨끗한 행정	통합 성과관리체계 구축 팀제·고위공무원단 도입 총액인건비제 디지털예산회계시스템 구축
	참여하는 정부		행정정보공개 확대 정책실명제 정책공동체 활성화 자원활동인프라 구축
	신뢰받는 정부		분야별 반부패 대책마련 공직자윤리제도 개선
이명박 정부 (행정안전부)	유능하고 작은 정부	부처 기능 통합 공공기관 선진화 대국민 서비스 개선 기업 부담 해소	대부처·大局주의 기능통합 민영화
	국민을 섬기 는 실용정부		민원사무 및 구비서류 감축 법제도 정비 온라인 이용 활성화
박근혜 정부 (행정자치부)	투명한 정부	정부 3.0 (개방, 공유, 소통, 협력)	공공정보 적극 공개 공공데이타의 민간활용 활성화 민관협치 강화
	유능한 정부		정부내 칸막이 해소 협업소통을 위한 정부운영시스템 개선 빅데이터 활용 과학적 행정 구현
	서비스 정부		수요자 맞춤형 서비스통합 창업 및 기업활동 원스톱 지원강화 정보취약계층의 서비스접근성 제고 새로운 정보기술 활용 맞춤형 서비스 창출
문재인 정부* (행정안전부)	국민이 주인 인 정부	사회적 가치 구현	사회적 가치실현 사업 재정투자 확대 국민의 삶을 바꾸는 인사·조직·성과평 가체계 구축
		참여협력	국민이 공감하는 정책, 국민과 함께 정보공개, 자원공유의 열린 정부 기관 간 장벽 없는 협력하는 정부
		신뢰받는 정부	공정하고 깨끗한 공직사회 구현 국민중심 4대 행정혁신(데이터·창의·규 제개혁·낭비제로) 실행

* 정부1번가(https://www.innogov.go.kr/), 2019. 1. 3.

PART 4
결정시스템

PART 5
집행시스템

PART 6
조직시스템

PART 7
지원시스템

PART 8
산출과 피드백

(safety zone, comfort zone)를 만들고 그 곳에서 벗어나는 것을 두렵게 만든다. 그런데 변화는 새로운 인간관계를 형성하고 업무방식을 배워야 하는 등 기존의 편안함에서 벗어나도록 요구하기 때문에 조직구성원은 그런 변화에 대해 본질적인 저항감을 갖게 된다.

둘째, 불확실성에 대한 두려움 때문이다. 이 또한 모든 인간의 본능적인 반응이라 할 수 있다. 변화는 불확실성이다. 자신이 앞으로 어떤 일을 담당하게 될지, 그 일을 잘 해낼 수 있을지, 누구를 상사로 하고 동료는 누가 될지 등에 대한 불확실성이 불안요인으로 작용하고 변화에 저항하도록 만든다.

셋째, 변화로 인한 개인적인 피해가 올 수 있기 때문이다. 특히 인원감축과 같이 신분과 관련된 구조조정의 경우 변화 추진은 가장 심각한 저항에 부딪히게 된다. 공무원의 경우 직접적인 신분보장의 불안은 적지만 자리가 줄어들어 승진이 적체되고 지금보다 못한 '힘' 없는 자리로의 인사이동을 우려할 수 있다.[54]

넷째, 변화를 바라보는 시각의 차이 때문이다. 고위 직급의 경우 변화를 자신의 능력과 충성심을 보일 수 있는 기회로 생각하고 하위 직급에서는 그로 인해 발생할 수 있는 개인적인 피해 측면에서 변화를 바라보게 된다. 특히 고위직은 조직의 진정한 혁신보다 전시적 효과에 치중하기 쉽다. 이런 경우 부하직원들은 변화를 추진하는 순수성을 불신하게 되고 형식적으로 변화에 동참하는 결과를 낳을 수 있다.[55]

② 조직 차원

변화에 대한 조직차원의 저항으로는, 미시적 안목에서 오는 관련 부서의 저항, 힘의 재배분에 따른 반발, 조직 자체에 내재되어 있는 요인, 그리고 구성원의 '심리적 주인의식' 침해에 따른 저항을 포함시킬 수 있다.

첫째, 국지적인 변화에만 초점을 맞추는 경우 조직의 다른 부분에서 반발이 생길 수 있다.[56] 조직의 모든 요소는 시스템적으로 서로 밀접하게 연결되어 있기 때문에 어느 한 부분의 변화 시도는 반드시 다른 부분의 변화를 초래하게 된다. 어느 한 부분의 변화만을 미시적으로 보고 다른 관련 부서의 협조를 확보하지 못한 경우 이들 기관의 저항을 받기 쉽다. 때로는 조직 전체의 목표와 불일치하는 경우 최고결정자의 지시로 변화가 무력화될 수도 있다.

둘째, 기존의 권력 구조나 자원의 배분 구조를 근본적으로 변화시키는 경우 저항에 부딪히기 쉽다.[57] 조직 역시 개인과 마찬가지로 "안정이 제공하는 집합적 혜택(collective benefits of stability)"을 누리고 변화에 조직적인 반발을 한다.[58] 예를

PART 1 행정과 행정학의 이해

PART 2 행정환경

PART 3 행정내부환경

PART 4 결정시스템

PART 5 집행시스템

PART 6 조직시스템

PART 7 지원시스템

PART 8 산출과 피드백

들어 A, B 두 부처에서 유사한 기능을 수행하는 과를 A부처로 통합한다고 할 때, B부처는 기능의 약화 그리고 실제 통합당하는 과 소속 공무원들은 향후 인사상의 불이익에 대한 우려로 반발할 것이 예상된다. 힘의 배분에 대한 저항은 분권화 과정에서도 잘 나타난다. 중앙 부처의 기능을 지방자치단체와 지방특별행정기관으로 분권화시키려 할 때 중앙부처가 소극적인 태도를 보이는 것이 좋은 예라 할 수 있다. 조직 내에서 부하 직원에게 권한을 위임하고 수평적 역할관계를 강조하는 팀제 관리나 권한위임 역시 고위직 공무원에게는 힘의 기반을 약화시키는 것으로 인식되어 이들의 지지가 미약한 편이다.

셋째, 변화를 저해하는 조직 내재적인 요인이 있다. 어느 조직이든 그 조직이 만들어져서 현재 작동하는 데까지는 매몰비용(sunk cost)이 투입되고 각종 규정이 갖추어져 있으며 조직 나름의 비공식적인 업무수행방식이 정착되어 있다.[59] 예를 들어 정부부처를 개편하고 인사제도를 바꾸려 할 때 정부조직법이나 국가공무원법의 개정까지 이루어져야 비로소 조직의 변화가 가능하기 때문에 그에 수반되는 절차적 어려움이 있다. 야당이 반대하는 경우 합의를 위한 정치적 비용이 발생하거나 심한 경우 변화 노력이 무산될 수도 있다. 새로운 변화를 시도할 때는 늘 그것이 가져올 편익이 그로 인한 비용을 상쇄할 정도가 되어야 하기 때문에 변화는 촉진되기보다는 위축되는 특성을 가지게 된다. 또한 변화를 위해서는 물적 자원이 필요하고 변화를 주도할 핵심 인적자원이 필요한데 때로 이런 자원의 부족이 변화를 방해하기도 한다.

넷째, 구성원의 '심리적 주인의식(psychological ownership)'을 침해하는 데서 오는 저항이다. 심리적 주인의식은 구성원들의 조직에 대한 심리적 유대감과 소유의식을 말하는 것으로 자기존중, 자기지속, 그리고 통제와 효율의 욕구로 구성된다.[60] 즉, 사람들은 자존심을 높일 수 있는 상황을 추구하고 자존심을 위협하는 상황을 회피하며(자기존중), 자기 존재의 안정성을 유지할 수 있는 상황을 추구하고 그렇지 못한 상황을 회피하며(자기지속), 자신이 통제하고 있다는 느낌과 효율성을 보여줄 수 있는 상황을 좋아하고 그렇지 않은 상황을 싫어한다고 한다. 심리적 주인의식 차원에서 조직이 추구하는 변화가 강요되거나 과격하거나 축소지향적인 성격을 가질 때 구성원들의 저항은 커진다고 본다.[61]

③ 환경 차원

환경 차원의 저항은 변화 추진에 가장 심각한 장애가 될 수 있다. 정부가 추진하는 정책의 변화에 대한 행정 환경으로부터의 저항은 정책의 자원배분적 성격을 생각할 때 정책결정이나 정책집행에서는 매우 흔한 일이다. 조직의 변화에 대해서도 다양한 이해집단이 간접적으로 연결되어 있고 그들의 저항이 있을 수 있다. 즉, 정부조직의 변화관리는 부처 내부의 문제가 아니라 국민, 언론, 이해당사자 그리고 정치인 모두가 관심을 갖는 정치적인 성격이 강하다. 보건복지부의 한의약정책관을 폐지한다고 할 때 한의사를 포함한 한방 관련 이해집단의 강력한 저항에 직면할 것을 예상할 수 있다. 환경의 저항은 때로는 시기 선택(timing)의 문제이기도 하다. 국민 여론을 포함한 환경은 끊임 없이 변하기 때문에 조직을 변화시키는 노력은 똑같은 변화의 내용이라 하더라도 추진 시기에 따라 저항의 정도가 다르게 나타난다. 정부가 공공인력을 줄이기 위한 계획을 세웠다 하더라도 경기 침체로 청년 실업이 사회문제가 되는 어려운 상황에서는 오히려 채용규모를 늘려야 하는 상황을 맞을 수도 있다. 따라서 환경과의 상황적합성이 떨어지는 변화시도는 바로 환경의 저항에 직면하게 되는 것이다.

(3) 변화관리 전략

① 최고정책결정자 및 환경의 지지 확보

변화를 성공적으로 이끌기 위해서는 환경의 적극적인 지지를 확보하여야 한다. 특히 행정개혁과 같이 정부조직의 대폭적인 개편은 물론 공무원연금 제도, 성과급 제도 등 전 정부 차원의 변화이자 국민적 관심사의 경우 대통령을 포함한 환경으로부터의 지지 확보는 조직 내부 공무원의 반발을 극복할 수 있는 가장 확실한 변화관리 전략이다. 한편 성과상여금 지급방식이나 다면평가 실시 등 부처 차원의 변화를 시도할 때에는 부처 장관의 지속적인 지지가 변화를 성공으로 이끄는 데 중요한 요인이 된다. 비록 청와대에서 변화를 주도하였다 하더라도 장관이 이를 얼마나 주인의식을 갖고 추진하느냐에 따라 변화의 효과는 달라질 수밖에 없다.

② 커뮤니케이션

앞서 설명한 커뮤니케이션은 변화에 대한 저항을 극복하는 데 매우 유용한 수단이다. 최고책임자 및 관리자는 변화에 담은 의도와 내용이 무엇인지 정확한 정보를 왜곡 없이 구성원에게 전달하고 이해를 구해야 한다. 올바른 커뮤니케이션은 변화와 관련한 루머나 오해를 불식시키고 신뢰를 확보하는 데 도움을 줄 것이다. 특히 정부조직개편과 같이 청와대나 정부혁신위원회 등 외부 기관이 변화를 주도할 때 내부의 구성원들은 변화 관련 정보를 언론이나 비공식적인 통로를 통해서 전해 듣는 것이 일반적이다. 하위 공무원들의 입장에서 불확실성은 높아지고 변화에 대한 저항은 커질 수밖에 없다. 커뮤니케이션은 그런 불안감과 루머를 차단하는 데 중요한 역할을 할 수 있다.

③ 구성원의 참여

조직의 변화에서 고객은 조직 구성원이다. 고객의 참여가 수반되지 않은 변화는 성공하기 힘들다. 구성원의 참여는 변화에 대한 정보를 공유하는 적극적인 변화관리 전략이다. 단순히 변화의 일반적인 내용뿐만 아니라 구성원들에게 구체적으로 기대하는 것이 무엇인지를 이해시킨다. 형식적인 참여가 아니라 실제로 구성원들의 의견을 변화 계획에 반영한다. 변화의 계획수립에 구성원이 참여함으로써 그들의 심리적 주인의식을 높이고 변화에 대한 저항을 줄일 수 있을 뿐만 아니라 변화를 실행에 옮기는 단계에서 이들이 변화의 대상이 아니라 변화의 주체가 되도록 유도하는 효과가 있다. 구성원의 참여는 변화의 속도를 늦출 수 있으나 변화의 계획 단계에서 문제의 소지를 파악할 수 있고 실행 단계에서 변화를 훨씬 원만하게 진행시킬 수 있는 장점이 있다.[62]

④ 다수의 지지 확보

변화에 대한 저항을 극복하기 위해서는 변화를 지지하는 구성원의 비율을 과반수 이상 확보해야 한다. 조직의 변화에 대한 구성원의 태도를 그 지지 정도에 따라 '선도자', '초기 지지자', '따라가려는 사람', '마지못해 따라가는 사람', '회의론자', '반대자'로 구분할 때 적어도 '따라가려는' 정도 이상의 사람이 60% 이상은 되어야 변화를 성공적으로 이끌 수 있다고 정부의 변화관리 매뉴얼에서 지적하고 있다.[63] 다음 글상자의 "백 번째 원숭이" 이야기는 모든 변화는 임계질량 이상이 되어야 변화가 일어나는 것을 상징적으로 보여준다. 변화를 추구함에 있어 한 사람 한 사람의 지지자를 확보해서 그 지지율을 높이다 보면 어느 순간 한 사람의 지지자가 추가되면서 조직 전체에 광범위한 변화가 일어날 수 있음을 수사적으로 설명하고 있다.

⑤ 협 상

변화에 대한 저항은 때로 협상으로 해결할 수 있다. 민간부문에서 구조조정을 할 때 노사협상을 통해 문제를 해결하는 것과 같다. 정부의 경우에도 2015년 공무원연금 개혁에서 보았듯이 전 공무원을 대상으로 개혁이 이루어지는 경우 노동조합이 논의 과정에 참여하여 개혁의 범위, 내용, 방식 등에 대한 의견을 제시하고 이를 관철시키기 위해 집단행동을 하기도 한다. 과거와 같이 국가 권력에 의한 일방적인 추진이 아니라 정부가 의도하는 변화를 달성하기 위해 노동조합에 무엇인가 가치 있는 것을 양보하고 그 대가로 정부가 의도하는 변화를 받아들이도록 개혁 환경이 변하고 있는 것이다.

PART 1 행정과 행정학의 이해
PART 2 행정환경
PART 3 행정내부환경
PART 4 결정시스템
PART 5 집행시스템
PART 6 조직시스템
PART 7 지원시스템
PART 8 산출과 피드백

백 번째 원숭이(The Hundredth Monkey)

By Ken Keyes, Jr.

The Japanese monkey, Macaca fuscata, had been observed in the wild for a period of over 30 years. In 1952, on the island of Koshima, scientists were providing monkeys with sweet potatoes dropped in the sand. The monkeys liked the taste of the raw sweet potatoes, but they found the dirt unpleasant.

An 18-month-old female named Imo found she could solve the problem by washing the potatoes in a nearby stream. She taught this trick to her mother. Her playmates also learned this new way and they taught their mothers too.

This cultural innovation was gradually picked up by various monkeys before the eyes of the scientists. Between 1952 and 1958 all the young monkeys learned to wash the sandy sweet potatoes to make them more palatable.

Only the adults who imitated their children learned this social improvement. Other adults kept eating the dirty sweet potatoes. Then something startling took place. In the autumn of 1958, a certain number of Koshima monkeys were washing sweet potatoes—the exact number is not known.

Let us suppose that when the sun rose one morning there were 99 monkeys on Koshima Island who had learned to wash their sweet potatoes. Let's further suppose that later that morning, the hundredth monkey learned to wash potatoes.

THEN IT HAPPENED! By that evening almost everyone in the tribe was washing sweet potatoes before eating them. The added energy of this hundredth monkey somehow created an ideological breakthrough!

But notice. A most surprising thing observed by these scientists was that the habit of washing sweet potatoes then jumped over the sea. Colonies of monkeys on other islands and the mainland troop of monkeys at Takasakiyama began washing their sweet potatoes. Thus, when a certain critical number achieves an awareness, this new awareness may be communicated from mind to mind.

Although the exact number may vary, this Hundredth Monkey Phenomenon means that when only a limited number of people know of a new way, it may remain the conscious property of these people. But there is a point at which if only one more person tunes-in to a new awareness, a field is strengthened so that this awareness is picked up by almost everyone!

PART 1
행정과 행정학의 이해

PART 2
행정학설

PART 3
행정내부환경

PART 4
결정시스템

PART 5
집행시스템

PART 6
조직시스템

PART 7
지원시스템

PART 8
산출과 피드백

(4) 변화관리 모형

학자에 따라 변화를 효과적으로 관리하기 위한 다양한 모형을 제시하였다. 여기서는 실무에서 많이 활용되고 있는 코터(Kotter)의 8단계 변화관리 모형(〈그림 13-8〉)을 중심으로 소개한다.[64]

① 위기감 조성

현실에 만족하고 안주하는 한 변화는 불가능하다. 변화를 시작하는 확실한 방법은 지금 이대로 있다가는 우리 모두 죽는다는 식의 위기감을 조성하는 것이다. 많은 조직이 당장의 위급한 상황을 인식하지 못하는 경우가 많다. 따라서 변화를 추진하는 리더와 관리자들은 외부환경의 변화와 현재 조직의 상황에 대한 엄밀한 분석을 통해 위기에 대한 인식을 설득력 있게 제시하여야 한다. 정부 경쟁력이 최근 얼마나 떨어졌는지, 우리나라의 부패지수가 국제 기준에서 얼마나 뒤쳐져 있는지, 민간부문의 경우 변화를 위해 어떤 노력을 하고 있는지 등의 구체적인 사례도 위기감을 인식시키는 데 도움이 될 것이다.

최근 위기감을 강조한 대표적인 사례로 2015년 공무원연금 개혁을 들 수 있는데 기존 제도가 그대로 유지될 경우, "내년(2016년)부터는 매일 100억 원씩, 연간 3조 7,000억 원의 세금이 들어가야 하고, 5년 후에는 매일 200억 원씩 연간 7조 4,000억 원의 재정적자가 발생"[65]한다는 연금재정의 위기에 대한 공감대 형성을 통해 개혁의 필요성을 설득하였다.

[그림 13-8] 코터의 8단계 변화관리 모형

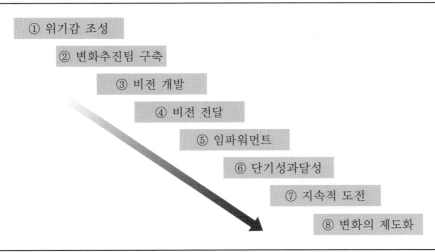

① 위기감 조성
② 변화추진팀 구축
③ 비전 개발
④ 비전 전달
⑤ 임파워먼트
⑥ 단기성과달성
⑦ 지속적 도전
⑧ 변화의 제도화

② 변화추진팀 구축

변화의 추진은 무관심하거나 저항하는 힘을 이길 수 있는 강력한 힘이 필요하다. 따라서 그것은 어느 한 사람의 일시적인 힘이 아니라 변화의 열정을 가진 다수의 변화 선도자들로 구성된 팀의 힘을 빌어야 한다. 특히 변화를 이끌어갈 리더는 변화에 대한 확고한 신념과 구성원 및 외부 환경의 신뢰가 뒷받침되어야 한다. 팀을 구성할 때에는 조직의 다양한 계층에서 참여가 이루어져 각각의 커뮤니케이션 통로를 확보하는 것도 중요하다. 이렇게 구성된 추진팀은 변화를 선도하는 데 필요한 자원과 권한이 부여되어야 한다. 추진팀은 이후 진행되는 비전의 개발과 전달에서부터 변화의 구체적인 계획을 세우고 집행하는 책임을 진다.

〈표 13-3〉에 나와 있듯이 범부처 차원의 정부개혁을 추진하기 위해서는 일반적으로 대통령 직속의 정부개혁(혁신)위원회를 별도로 구성하거나 개혁기능을 담당하는 행정안전(자치)부에 담당조직을 확대·강화시켜 추진하게 된다. 역대 정부 중에서는 노무현 정부가 정부혁신위원회 외에 청와대 혁신관리수석실, 행정자치부 정부혁신본부, 부처 혁신담당관 등 청와대에서 부처에 이르기까지 체계적이고 강력한 추진체를 설치·운영하였다.

③ 비전 개발

변화를 통해 달성하고자 하는 것이 무엇인가? 변화가 완성된 후 우리 조직은 어떤 모습을 할 것인가? 어떤 방법으로 그 모습을 완성할 수 있는가? 추진팀이 구성된 후 첫 번째 중요한 과제가 바로 변화에 담긴 비전의 개발과 이를 현실화시킬 수 있는 보다 구체적인 전략을 세우는 일이다. 잘 개발된 비전은 그 자체가 구성원을 하나로 묶고 비전을 달성하도록 유도하는 힘을 가진다. 비전이 그런 힘을 갖기 위해서는 비전을 개발하는 데 구성원들은 물론 이해관계에 있는 민원인들의 의견을 반영할 수 있어야 한다. 변화추진팀은 기관장과 이들의 의견을 수렴하여 초안을 만들고 이에 대한 피드백을 받아 수정하는 작업을 여러 차례 거치면서 최종 결과물을 도출하게 된다. 비전은 도달해야 할 최종 지점이기 때문에 그 지점에 효과적으로 이르기 위한 수단으로서 전략, 계획, 예산배정 등의 작업을 함께 하여야 한다.

④ 비전 전달

비전과 전략은 구성원 모두에게 전달되고 그들과 공감대가 형성되어야 한다. 조직 내에서는 변화의 내용이 구체화되면서 그에 대한 저항도 구체화되는 단계이다. 그동안 추진팀 사무실을 중심으로 머물던 변화의 노력을 모든 사무실에서 보

PART 1
행정과 행정학의 이해

PART 2
행정환경

PART 3
행정과부환경

PART 4
경영시스템

PART 5
경험시스템

PART 6
조직시스템

PART 7
지방시스템

PART 8
산출과 피드백

다 직접적으로 느낄 수 있는 단계이다. '이제 올 것이 왔구나' 등 그동안의 불안이 표면화되는 단계이다. 따라서 변화 속에 담긴 비전을 통해 변화가 궁극적으로 조직과 구성원 모두에게 유익한 것임을 이해시키고 지지를 확보하는 단계이기도 하다. 비전과 전략의 전달은 단순히 문서의 공지나 발송을 의미하는 것이 아니라 육감(gut-level sense)의 교감을 통해 구성원들의 불안과 부정적 감정을 함께 치유할 수 있어야 한다. 특히 기관장 및 추진팀은 변화의 전도사로서 말로 변화를 주장하는 것이 아니라 행동으로 변화를 보여주는 모범적 노력이 필요하다.

⑤ 임파워먼트(empowerment)

변화의 장애가 되는 일체의 요소를 제거하여 구성원들이 변화의 비전과 전략을 직접 행동으로 옮길 수 있도록 힘을 실어주고 실행에 옮기는 단계다. '새 술은 새 부대'의 말처럼 구성원들이 새로운 아이디어를 내고, 그것을 실험하는 등 새로운 태도와 행동을 받아들일 수 있는 여건을 만드는 것이 중요하다. 대표적인 예로 통제 중심의 관료제 구조, 연공서열 중심의 평가·보상 시스템을 들 수 있는데 이런 주변 제도들을 비전과 일치하도록 바꾸는 작업이 필요하다. 구성원들이 변화에 동참하고 싶지만 구체적인 방법론과 필요한 기술을 몰라 실행하지 못하는 경우도 있는데 이러한 경우 체계적인 교육도 이 단계에서 이루어져야 한다. 특히 변화 관리에 대한 기법들이 이들에게 체계적으로 전달되어 추진팀이 해체되더라도 자율적이고 지속적인 변화가 가능하도록 만들어야 한다.

⑥ 단기성과달성

변화는 장기간에 걸쳐 나타나지만 구성원들의 지속적인 관심과 노력을 유도하기 위해서는 단기간의 가시적인 성과를 보여주는 것이 중요하다. 특히 변화에 비판적이었거나 관망 내지 소극적으로 따라오던 구성원들의 이탈이나 저항이 발생할 수 있고 그 결과 처음 변화에 시동을 걸었던 모멘텀(momentum)이 약화될 수 있기 때문이다. 특히 성취지향적 성향이 강한 우리나라의 경우 결과를 보여주지 못하고 장기적인 기대에만 의존하게 될 때 변화에 대한 긴장의 수준이 떨어지고 피로감을 느끼기 쉽다. 단기성과는 변화의 재추진력을 제공한다. 즉, 그동안 방관자의 입장에 있던 사람들을 지지자로, 소극적 지지자를 적극적 지지자로 돌릴 수 있고 냉소주의자 내지 반대론자들의 입지를 약화시킬 수 있다. 정부에서 가장 많이 활용하는 방식이 중앙정부 및 지방자치단체를 대상으로 경진대회를 열어 성공 사례나 선도기관을 발굴하고 이들 사례를 타 기관에 확산시키는 것이다. 특히 단기성과를 독려하는 중요한 정책수단이 정부업무평가(제17장)로서, 정부개혁의 성과와 추진실태를 평가하여 대통령에 보고하고 언론에 공개하는 방식이다.

⑦ 지속적 도전

단기성과에서 얻은 신뢰와 지지를 더욱 공고히 하여 더 큰 변화에 도전하는 단계이다. 변화가 지속적으로 일어나지 않는 이유 중의 하나는 단기성과에 만족하면서 추진력이 약화되기 때문이다. 단기성과는 하향 변곡점의 시작이 아니라 상향 변곡점의 출발점이 되도록 활용하여야 한다. 초기의 변화추진은 주로 모멘텀을 확보할 수 있는 상대적으로 쉬운 과제를 선정하기 마련이다. 이제 추진팀은 초기에 다루지 못했던 어려운 과제를 포함하여 보다 광범위한 변화 계획을 수립하고 더 많은 사람의 참여를 유도한다. 기관장은 계속 위기감을 유지하고 변화를 성공적으로 이끌고 참여해온 개인이나 팀에 대한 보상을 실시한다. 변화의 추진이 새로운 일거리만 늘었다는 말이 나오지 않도록 과거에 해오던 일이나 업무방식을 일부 털어버리고 재차 변화의 동인을 활성화한다.

⑧ 변화의 제도화

변화를 성공적으로 이루었으면 이제 새로운 업무수행방식이나 구성원의 행동방식이 조직문화로서 정착되도록 후속조치를 취한다. 변화를 처음 시작할 때 습관과 전통이 방해요소였다면 이제 새로운 가치와 믿음체계가 새로운 습관과 전통이 되어 과거로 회귀하지 않도록 이를 제도화하여야 한다. 이를 위해서는 새로운 방식의 태도와 행동이 변화를 어떻게 성공으로 이끌었고 또 조직의 성과향상에 도움이 되었는지를 분석해서 구성원이 변화의 정당성에 대한 확신을 갖도록 해야 한다. 성공 사례를 이야기식으로 엮어 변화를 더욱 자극하고 사례를 상호 학습하여 변화의 구체적인 확산이 이루어지도록 하는 것, 새로운 업무수행방식을 제대로 평가하고 보상받을 수 있도록 하는 시스템을 보완하는 것 모두 성공한 변화를 제도화하는 데 중요한 일들이다. 변화관리를 체계적으로 운영한 사례로 노무현 정부를 들 수 있다. 노무현 정부는 혁신을 진단, 점화, 설계, 실행, 내재화의 5단계로 나누어 각 단계별로 매뉴얼을 보급하고 정부혁신본부에서 컨설팅을 제공하는 등 변화에 대한 저항을 제거하고 내부로부터의 자발적 혁신을 지속적으로 유도하였다. 혁신의 내재화 단계가 바로 변화의 제도화에 해당한다.

주

1) Edgar H. Schein, *Organizational Psychology*, New York: Prentice-Hall, 1965.

2) Frederick W. Taylor, *The Principles of Scientific Management*, New York, NY, 1911.

3) Ibid.

4) 서인덕·김윤상, 「경영학 원론」, 서울: 문영사, 1996, pp. 58-59.

5) 오석홍, 「인사행정론」, 서울: 박영사, 2000, p. 524.

6) Douglas McGregor, *The Human Side of Enterprise*, New York: McGraw-Hill, 1960.

7) Chris Argyris, *Personality and Organization*, New York: Harper, 1957.

8) Schein, op. cit.

9) 박동서, 「한국행정론」, 서울: 법문사, 1997, p. 512.

10) David J. Cherrington, *Organizational Behavior*, Boston: Allyn and Bacon, 1989, p. 124.

11) Paul Hersey, Kenneth H. Blanchard, Dewey E. Johnson, *Management of organizational behavior: leading human resources*, 10th ed., Upper Saddle River, NJ: Pearson Education, Inc., 2013, pp. 6~7.

12) Stenven W. Hays & T. Zane Reeves, *Personnel Management in the Public Sector*, Dubuque, Iowa: Wm. C. Brown Publishers, 1989, p. 266.

13) Abraham J. Masolw, A Theory of Human Motivation, Psychological Review, 50, 1943, pp. 370-396; Abraham H. Maslow, *Motivation and Personality*, New York: Harper & Row, 1954; Abraham H. Maslow, *Toward a Theory of Being*, 2nd ed., New York: Van Norstrand Reinhold, 1968.

14) Hays & Reeves, op. cit.

15) Clayton P. Alderfer, An Empirical Test of New Theory of Human Needs, *Organizational Behavior and Human Performance*, 4, 1969, pp. 142-175.

16) H. T. Graham & R. Bennett, *Human Resource Management*, 6th ed., London: Pitman Publishing, 1991, p. 13.

17) Ibid., p. 14.

18) Frederick Herzberg, B. Mausner, and B. Snyderman, *Motivation to Work*, 2nd ed., New York: John Wiley & Sons, 1959.

19) Robert J. House & L. A. Wigdor, Herzberg's Dual Factor Theory of Job Satisfaction and Motivation, *Personnel Psychology*, 20, 1967, pp. 369-389.

20) Victor Vroom, *Work and Motivation*, New York: John Wiley & Sons, 1964.

PART 1 행정과 행정학의 이해
PART 2 행정환경
PART 3 행정내부환경
PART 4 경영시스템
PART 5 집행시스템
PART 6 조직시스템
PART 7 지원시스템
PART 8 산출과 피드백

21) Edward. E. Lawler Ⅲ, & L. W Porter, The Effect of Performance on Satisfaction, *Industrial Relations*, 7, 1967.

22) Herbert G. Heneman Ⅲ, Donald P. Schwab, John A. Fossum, & Lee D. Dyer, *Pernonnel/Human Resource Management*, Homewood, IL: Richard D. Irwin, Inc., 1983, p. 93.

23) J. Stacy Adams, Toward an Understanding of Inequity, *Journal of Abnormal and Social Psychology*, 67, 1963, pp. 422-436.

24) Josie Kinge, *Managing People and Organisations*, 2nd edition, Norwich, England: McGraw Hill Companies, 2012, pp. 55-60.

25) Donald E. Klingner, Personnel Management, in Jack Rabin & Marcia Steinhauer (eds.), *Handbook on Human Services Administration*, New York: Marcel Dekker. 1988, p. 263.

26) Rudi Klauss & Bernard M. Bass, *Interpersonal Communication in Organizations*, New York, Academic Press, 1982.

27) Cynthia Gallois & Victor J. Callan, Decoding Emotional Messages: Influence of ethnicity, sex, message type, and channel, *Journal of Personality and Social Psychology*, 51(4), October 1986, pp. 755-762.

28) H. F. Gortner, J. Mahler, & J. B Nicholson, *Organization Theory: A public perspective*, Homewood, IL: Dorsey Press, 1987.

29) Larry R. Smeltzer & John L. Waltman, *Managerial Communication: A strategic approach*, New York: John Wiley, 1984, p. 8.

30) Raymond V. Lesikar, A General Semantics Approach to Communication Barriers in Organizations, in Keith Davis(ed.), *Organizational Behavior: A book of readings*, 5th ed., New York: McGraw-Hill, 1977, pp. 336-337.

31) W. Charles Redding, *The Corporate Manager's Guide to Better Communication*, Glenview, IL: Scott, Foresman, 1984, pp. 74-75.

32) Keith Davis, Grapevine Communication among Lower and Middle Managers, *Personnel Journal*, 48(4), 1969, pp. 269-272.

33) Daniel Robey, *Designing Organizations*, 3rd ed., Homewood, IL: Irwin, 1991, pp. 153-154.

34) 오석홍, 「조직이론」, 박영사, 2003, p. 592.

35) James Stoner & R. Edward Freeman, *Management*, 4th ed., Englewood Cliffs, NJ: Prentice Hall, 1989, p. 391.

36) Zhiyong Lan, A Conflict Resolution Approach to Public Administration, *Public Administration Review*, 57(1), 1997, pp. 28-29.

37) Andrew D. Szilagyi & Marc J. Wallace, Jr., *Organizational Behavior and Performance*, 4th ed., Glenview IL: Scott, Foresman and Company, 1987, p. 302.

38) J. L. Gibson, J. M. Ivancevich, J. H. Dunnelly, Jr., *Organizations*, Pano, TX: Business Publications, Inc., 1982, pp. 205-209.

39) Robey, op. cit., p. 161.

40) Richard E. Walton & John M. Dutton, The Management of Interdepartmental Conflict: A model and review, *Administrative Science Quarterly*, 14, 1969, pp. 73-84.

41) Ibid.

42) James Thompson, *Organizations in Action*, New York: McGraw-Hill, 1967.

43) 금창호·박기관, 정부간 인사교류연구의 실태분석과 비판적 고찰-합리적 의사결정을 중심으로, 「한국공공관리학보」, 27(4), pp. 121-143.

44) Robey, op. cit., p. 169.

45) Louis R. Pondy, Organizational Conflict: Concepts and models, *Administrative Science Quarterly*, 12, 1968, pp. 296-329.

46) R. J. Lewicki & J. A. Litterer, *Negotiation*, Homewood, IL: Irwin, 1985, p. 280; R. H. Kilmann & K. W. Thomas, Interpersonal Conflict-Handling Behaviors as Reflections of Jungian Personality Dimensions, *Psychological Reports*, 37, 1975, pp. 971-980; M. H. Bazerman & M. A. Neale, *Negotiating Rationally*, New York: Free Press, 1992.

47) Robin L. Pinkley, Terri L. Griffith & Gregory B. Northcraft, "Fixed Pie" a la Mode: Information availability, information processing, and the negotiation of suboptimal agreements, *Organizational Behavior and Human Decision Processes*, 62(1), April 1995, pp. 101-112.

48) Kenneth W. Thomas, Conflict and Negotiation Processes in Organizations, in Marvin D. Dunnette & L. M Hough(eds.), *Handbook of Industrial and Organizational Psychology*, 2nd ed., 3, Palo Alto, CA: Consulting Psychologists Press, 1992, pp. 651-717; Leigh L. Thompson, *Making the Team: A guide for managers*, Upper Saddle River, NJ: Prentice Hall, 2004.

49) Stephen P. Robbins, Conflict Management and Conflict Resolution are Not Synonymous Terms, *California Management Review*, 21(2), 1978, p. 71.

50) 문화일보, 2003. 12. 3; 한국경제, 1998. 12. 22.

51) John P. Kotter & Dan S. Cohen, *The Heart of Change: Real-life stories of how people change their organizations*, Boston, MA: Harvard Business School Press, 2002, pp. 15-36.

PART 1 행정과 행정학의 이해
PART 2 행정환경
PART 3 행정내부환경
PART 4 정책시스템
PART 5 감행시스템
PART 6 조직시스템
PART 7 지원시스템
PART 8 산출과 피드백

52) Charles R. Schwenk, Devil's Advocacy in Managerial Decision Making, *Journal of Management Studies*, 21, 1984, pp. 153-168.

53) Ipsos, BBC Global Survey: A world divided?, Ipsos MORI Social Research Institute, 2018. 2.

54) Richard L. Daft & Raymond A. Noe, *Organizational Behavior*, Mason, OH: South-Western, 2001, pp. 629-630.

55) 한국능률협회, 「정부조직진단 변화관리 매뉴얼」, 2004, p. 332.

56) Daft & Noe, op. cit., p. 630; Daniel Katz & Robert L. Kahn, *The Social Psychology of Organizations*, revised ed., New York: John Wiley and Sons, Inc., 1978, pp. 414-415.

57) Ibid.

58) Herbert Kaufman, *The Limits of Organizational Change*, University, AL: University of Alabama Press, 1971, pp. 8-23.

59) Ibid., pp. 23-39.

60) K. T. Dirks, L. L. Cummings, & J. L. Pierce, Psychological Ownership in Organizations: Conditions under which individuals promote and resist change, *Research in Organizational Change and Development*, 9, 1996, pp. 1-23.

61) Ibid.

62) Daft & Noe, op. cit., p. 631.

63) 한국능률협회, 전게서, p. 334.

64) Kotter & Cohen, op. cit.

65) 대통령 국무회의 발언, 2015. 3. 31.

PART 7
지 원 시 스 템

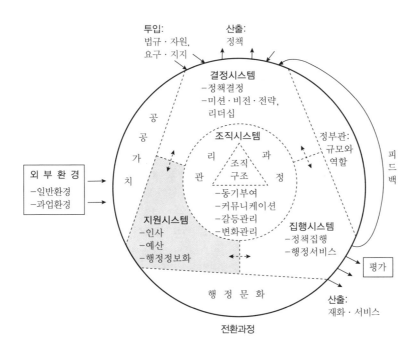

투입:
법규 · 자원,
요구 · 지지

산출:
정책

결정시스템
－정책결정
－미션 · 비전 · 전략,
리더십

공
공
가
치

조직시스템
리   과
관   조직   정
     구조

정부관:
규모와
역할

피
드
백

외 부 환 경
－일반환경
－과업환경

－동기부여
－커뮤니케이션
－갈등관리
－변화관리

지원시스템
－인사
－예산
－행정정보화

집행시스템
－정책집행
－행정서비스

평가

행 정 문 화

산출:
재화 · 서비스

전환과정

CHAPTER 14   인 사
CHAPTER 15   예 산
CHAPTER 16   행정정보화: 전자정부

정부는 쓰레기 수거, 건축 인·허가, 위생검사, 교육 등의 서비스와 도로, 항만, 공공체육관 등의 공공재화를 국민에게 직·간접으로 제공하고 있다. 이것은 행정의 궁극적 목표라 할 수 있는 사회의 공공가치를 실현하는 구체적인 활동이다. 이들 재화와 서비스의 제공은 예산과 사람을 확보하고 활용함으로써 비로소 가능해진다. 행정은 이와 같이 국민생활에 직결되는 정책을 결정하고 재화와 서비스를 제공하는 외부활동과 이를 효과적으로 지원하기 위해 인적·물적 자원을 동원하고 관리하는 조직 내부활동으로 나누어 생각할 수 있다. 바로 이 후자가 지원시스템에 해당하며 전통적으로 사람과 돈을 동원하고 관리하는 인사행정과 재무행정이 여기에 해당하고, 1980년대 중반 이후 정보차원에서 이들 인적·물적 자원은 물론 행정서비스를 효율적으로 관리하기 위한 행정정보화 내지 전자정부화에 관심을 갖기 시작하였다. 제7부 지원시스템은 이상의 인사(제14장), 예산(제15장), 그리고 행정정보화: 전자정부(제16장)로 구성하였다.

지원시스템은 계층구조의 수직선상에 있는 長에게 요구되는 관리의 일반 지식이 아니라 인사, 재무, 행정정보화에 관한 전문화된 지식과 기술을 필요로 한다. 조직구조의 시각에서 보면 정책을 결정하고 집행하며 재화와 서비스를 제공하는 지휘계통상에 있는 계선의 장을 돕는 참모 역할이다. 물론 지원시스템을 구성하는 인사행정, 재무행정, 정보관리가 이들 전문가의 독점 영역으로만 한정시키는 것은 아니다. 전문지식이나 기술적인 문제는 이들 전문가가 담당하지만 실제 사람, 예산, 행정정보를 활용하고 평가하는 사람은 계선상의 長이기 때문이다.

예를 들어 우수인력을 채용하는 것은 인사전문 영역이지만 어떤 사람을 필요로 하는가에 대한 계선상의 협조가 있을 때 성공적인 충원이 가능하다. 공무원의 근무성적을 평가하고 성과급을 지급하는 아이디어와 방법론은 인사전문가가 개발하지만 실제 평가와 성과급 결정은 계선에서 이루어진다. 예산의 경우 사업의 우선순위에 따라 예산을 신청하고 재화를 공급할 사업자를 선정하는 일은 집행부서에서 이루어진다. 지원업무 중에서 가장 전문성이 강한 정보 관리의 경우에도 조직에 정보시스템을 구축하고 운영하는 것은 정보담당자의 업무이지만 실제 시스템을 이용한 업무수행은 모든 부서에서 이루어진다. 조직에서 보면 지원기능은 인사, 재무, 행정정보화 전문가뿐만 아니라 계선상의 감독자와 관리자 모두가 함께 담당하는 것이다. 따라서 지원시스템과 결정 및 집행시스템 간에 유기적인 협력이 이루어져야 행정의 목표달성이 원활히 이루어질 수 있다.

인 사* **14**

조직은 분업과 전문화의 원리에 따라 분화되어진 직무가 다시 상호연관성을 갖고 하나로 통합되어 있는 체제이다. 따라서 조직목표의 달성은 개별 공무원이 각자 맡은 바 직무를 성공적으로 수행할 때 가능해진다. 인사행정의 목표는 바로 공무원 각자가 맡은 직무를 성공적으로 수행할 수 있도록 지원하는 것이다. 인사행정의 핵심은 바로 사람과 직무를 통합시키는 과정이고 그것을 한마디로 요약하면 적재적소(適材適所)라 할 수 있다.

우선 직무 측면에서 시작해보면, 직무를 성공적으로 수행하는 데 필요한 지식, 기술, 능력(KSA: Knowledge, Skill, Ability)이 있고 그 일을 잘 해낼 수 있는 사람을 원한다. 그 일을 맡은 사람(개인)은 직무를 수행하는 과정에서 자신의 KSA를 공급한다. 인사행정은 이 양자의 관계에 균형을 맞출 수 있도록 사람을 충원하고, 인사이동을 통해 사람에 맞는 자리를 찾아주고, KSA가 부족하면 교육을 시키고, 요구와 실제 제공 사이에 어떤 차이가 있는지 평가하는 일이다(〈그림 14-1〉 참고).

사람도 일을 했으면 그에 대한 정당한 보상(대가)을 기대할 것이다.

[그림 14-1] 개인과 직무의 통합

* 제14장은 본인의 저서 「한국인사행정론」을 대폭 요약·수정한 것으로 자세한 내용은 「한국인사행정론」을 참고.

자리에는(특히 민간부문의 경쟁이 심한 자리) 어느 정도 시장가격이 붙어 있다. 그 둘 사이에 균형이 맞아야 한다. 그렇지 않고 실제 보상이 기대에 미치지 않으면 사람은 불만을 가질 것이고 자신의 가치를 인정해 주는 다른 곳이 있다면 그 곳으로 직장을 옮길 것이다. 인사행정은 이렇게 일한 사람에게 일의 내용이나 성과를 고려해서 그와 균형을 이루는 보상을 제공하여야 한다. 인사행정의 전 과정은 이렇게 개인과 직무를 통합하여 균형된 하나를 만드는 과정이다.

개인과 직무를 통합하는 구체적인 활동은 크게 사람(인적자원)의 확보, 개발, 유지·활용, 평가, 보상으로 나눌 수 있다. 프로스포츠 구단에서 선수를 관리하는 과정을 보면 쉽게 이해할 수 있다. 우선 학교를 졸업한 우수 선수를 스카웃하는 확보 과정이 있다. 다음은 스카웃한 선수들을 데리고 시즌이 시작하기 전까지 훈련을 한다. 선수 한사람 한사람의 능력을 개발하는 과정이다. 이제 시즌이 시작되면 선수들을 일정한 규율 속에 유지시키면서 게임에 출전시켜 실력을 발휘하도록 한다. 인적자원을 유지하고 활용하는 단계이다. 그렇게 한 시즌이 끝나면 선수들에 대한 평가가 이루어지고 그 결과에 따라 연봉(보상)이 결정된다. 한 사이클이 끝나면서 새로운 선수 스카웃이 이루어지고 기존의 선수들도 구단 간 이동을 한다. 새로운 사이클이 시작되는 것이다. 정부의 인적자원관리도 마찬가지이다.

특히 근래에는 이러한 인적자원관리활동이 독립적인 사이클 안에서 폐쇄적으로 이루어지는 것이 아니라 조직 차원의 미션·비전·전략은 물론 조직구조, 환경, 조직문화, 다른 기능 부서와 유기적으로 연계되어 조직 차원의 가치창출에 기여해야 한다는 전략적 인적자원관리가 강조되고 있다. 전략적 인적자원관리는 1990년대 미국을 중심으로 급속하게 확산된 전략적 관리와 함께 등장하였고,[a] 현재 우리나라 공공기관 경영평가의 인사 부문에도 경영전략에 부합하도록 인적자원운용계획을 수립하고 있는지를 평가하고 있다.

정부의 경우에 이러한 구체적인 인사행정은 일정한 제도 위에서 이루어진다. 그 제도적 기반을 이루는 것이 실적주의제, 직업공무원제, 그리고 공직의 분류제도인 계급제와 직위분류제이다. 이들 제도적 기반이 어떠하냐에 따라 인적자원의 관리활동은 근본적인 영향을 받게 된다(〈그림 14-2〉 참고).

---

[a] 1990년대에 미국에서 가장 널리 이용된 경영기법 세 개를 보면, 1993년에는 미션, 고객만족, 전사적 품질관리(TQM)였고, 1996년에는 전략기획, 미션, 벤치마킹이었다(Gordon Pitt, The Ins and Outs of Management Tools, *Globe and Mail*, January 8, 1998).

PART 1
행정과 행정학의 이해

PART 2
행정환경

PART 3
행정내부환경

PART 4
결정시스템

PART 5
집행시스템

PART 6
조직시스템

PART 7
지원시스템

PART 8
산출과 피드백

[그림 14-2] 인적자원관리의 구체적 활동과 제도적 기반

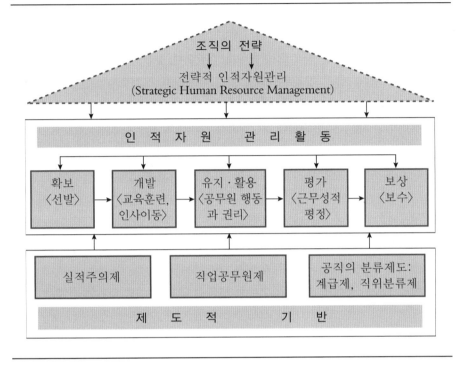

1. 제도적 기반

1) 실적주의제

(1) 의   의

실적주의제는 실적이 모든 인적자원을 확보하고 활용하는 근간이 된다는 뜻으로 간단히 말할 수 있다. 하지만 개념의 발상지인 미국에서 그 개념이 어떻게 진화되었는지를 보아야 정확한 이해가 가능하다. 미국은 1800년대 말까지 엽관주의(spoils system)가 지배하고 있었다. 선거에서 승리한 대통령이 정부의 모든 공직을 전리품(spoils)으로 획득하고 그 공직을 선거에서의 충성도에 따라 정당원들에게 나누어 주는 제도를 말한다. 정권이 교체될 때마다 전임 대통령이 임명한 공직자는 경질되고 그 자리에 충성 당원들이 새로 임명된다. 그 결과 공직은 지나치게 정치화되어 지속성이나 전문성을 확보할 수 없었고 정경유착 등의 부패를 낳았다.

이에 대한 개혁의 결과가 1883년 펜들턴법(Pendleton Act)이고 이것이 실적주의의 첫 제도화라 할 수 있다. 이 법은 공직 임명에 개인적인 정치적 충성심이나 정실이 개입하는 것을 막았다. 또한 정치적인 이유로 신분상의 불이익을 주거나 선거운동에 참여하도록 강요하지 못하게 하였으며 공무원은 경쟁시험을 통해 선발하도록 하였다. 당시 실적주의제의 핵심은 행정을 정치로부터 영향을 받지 않도록 보호하는 일이었다.

실적주의 개념은 1900년대 초 과학적 관리론의 영향을 받으면서 방어적·소극적 인사관리에서 적극적 인사관리로 바뀌기 시작하였다. 인사에서 정치권력의 남용을 어떻게 방지할 것인가에 모아졌던 실적주의의 초점이 채용 후의 승진, 교육훈련, 보수 등과 같은 인사활동의 전 범위로 확대되었다. 특히 과학적 관리론을 통해 직무에 대한 과학적 분석과 직무수행의 적격자를 연결(match)시키는 노력이 이루어졌다. 실적주의가 과학적 관리정신과 합쳐지면서 공직에 들어오는 사람들이 전문가들로 변하기 시작했다.

실적주의 내용에 또 한번의 커다란 변화는 인종과 성별에 대한 차별금지라는 인권의 문제와 결부되면서 나타난다.[1] 공직채용에 있어 인종·성·지역 등에 대한 정치적 고려가 없어지고 오로지 직무수행에 대한 개인의 능력과 전문성이 중시되자, 결과적으로 나타난 것이 소수민족과 여성의 공직진출이 오히려 저조했던 것이다. 처음에는 주로 채용에서 문제시되었던 이러한 차별의 문제가 그 후 승진과 보수까지 범위가 확산되었다.

실적주의하에서 공직의 국민대표성이 쟁점이 된 것이다. 법적인 차원이 아니라 이론적 차원에서도 인종·성·지역·직업 등의 여러 기준에서 국민 전체 또는 지역주민 전체(지방자치단체의 경우)의 인적 구성에 비례하도록 공무원을 구성함으로써 공직의 인적 대표성을 확보해야 한다는 소위 대표관료제(representative bureau-cracy)의 주장도 제기되었다.[2] 문제는 산술 비례에 의한 대표성을 충족시키는 과정에서 능력 있는 사람이 채용이나 승진에서 배제되는 역차별이 발생한다는 것이다. 실적주의에 대한 새로운 도전이 계속된 것이다.

1978년 인사개혁법(Civil Service Reform Act)을 통해 실적주의의 원칙이 또 한번 보완되는 데 공직취임의 기회균등, 정치적 중립, 신분보장 등 전통적 의미의 실적주의 원칙 외에 인사행정의 전 과정에서(채용·교육훈련·승진·근무성적평가·보수) 인적 자원을 능력, 자격, 성과에 의하여 관리함으로써 행정의 효율성을 높이고자 하는 적극적·발전지향적 실적주의 원칙을 포함하였다. 특히 공무원의 윤리

PART 1 행정과 행정학의 이해
PART 2 행정환경
PART 3 행정내부환경
PART 4 결정시스템
PART 5 집행시스템
PART 6 조직시스템
PART 7 지원시스템
PART 8 산출과 피드백

성을 강조하고 내부정보공개자에 대한 보호 즉 내부고발자보호를 규정하는 등 환경이 변화하면서 새로운 내용이 실적주의 원칙으로 추가된 것이다.[a]

(2) 우리나라의 제도와 실태

우리나라의 헌법 및 법률에도 공직취임에의 기회균등, 정치적 중립, 신분보장, 성적·능력주의 등 실적주의의 주요 원칙이 잘 규정되어 있다.

① 공직에의 기회균등

헌법과 국가공무원법은 실적주의의 토대인 '균등한 공무담임권'과 '공개경쟁시험' 및 '채용시험의 평등한 공개'를 규정하고 있다. 일반국민 누구에게나 공무원이 될 수 있는 문호가 공평하게 개방되어야 하는 것은 미국의 경우에서 보았듯이 민주주의 이념이다. 이를 보다 확실히 보장하는 방법이 채용과정을 공개하고 경쟁에 의한 선발을 보장하는 것이다. 공개와 경쟁이야말로 기회균등의 핵심이며 궁극적으로 인사행정의 민주성과 형평성을 확보하는 데 가장 중요한 양대 지주가 된다. 기회균등을 보장하기 위해서는 성별, 종교, 출신지 등에 의한 응시차별이 있어서는 아니 된다. 실적과의 상관관계가 없다고 보기 때문이다. 다만 경찰직·지방직 등 일부 공무원 채용시험에서 학력·전공, 연령, 거주요건, 신체조건의 제한이나 국가유공자 가산점 등의 혜택을 주고 있어 논란의 여지가 있다.

② 정치적 중립성

실적주의제는 공무원의 정치적 중립을 요구한다. 공무원이 정권의 변화에 동요하지 않고 공직의 안정을 유지시키기 위한 목적을 가진 것으로 볼 수 있다. 정권교체가 불안정한 사회일수록 공무원이 정치적 중립을 지키는 것은 사회안정에 절대적인 기여를 하게 된다. 우리나라에서 공무원의 정치적 중립은 정당가입 등 본질적인 문제보다 현실적으로 선거 중립을 의미한다. 아직도 선거에 임박하여 선심용 사업이 집행되고 있고 공무원은 이를 거절할 수 없는 상황이다. 특히 이러

---

a) 1978년의 인사개혁법은 현재까지 미국 실적주의의 근간을 이루고 있다. 2017년 미국 실적주의보호위원회가 공표한 9개의 실적주의 원리는 다음과 같다: ① **채용·승진**: 기회균등이 보장되도록 공정한 공개경쟁을 거치며 능력 기준으로 선발하고 승진시킬 것; ② **공정성**: 개인의 사생활과 헌법상 권리가 보호되도록 공정하고 공평하며 적절하게 대우할 것; ③ **보상**: 동일가치 동일임금의 원칙을 지키면서 탁월한 성과를 인정할 것; ④ **행동규범**: 높은 수준의 행동규범을 유지하고 공익에 관심을 가질 것; ⑤ **활용**: 연방정부의 인력을 효율적이고 효과적으로 활용할 것; ⑥ **유지**: 성과 기준으로 직원을 유지하며 저성과는 공정하고 단호하게 해결할 것; ⑦ **교육훈련**: 개인과 조직의 성과를 향상시키기 위해 직원을 교육훈련시킬 것; ⑧ **중립**: 공무원을 정실, 정치적 강요, 자의적 조치로부터 보호하고 권한 남용이 없도록 할 것; ⑨ **공익**: 공무원을 내부고발에 대한 보복으로부터 보호할 것(U.S. Merit Systems Protection Board, The Merit System Principles, January 2017).

한 현상은 지방자치단체에서 더욱 심각한 것으로 보인다. 공무원노동조합의 특정 후보 지지 등 정치적 활동도 앞으로 계속 논란이 될 것이다.

③ 신분보장

헌법과 국가공무원법은 인사권자의 자의적 판단이나 개인적 정실을 이유로 공무원의 신분을 박탈하는 것을 엄격히 금지하고 있다. 능력과 전문지식에 비추어 자격을 갖추고 근무를 충실히 수행하고 있는 공무원은 신분이 보장됨을 의미한다. 실적주의 원칙으로서의 신분보장은 정치적으로 부당하게 신분상의 권익을 침해받지 않도록 하여야 한다는 의미이다. 그것이 정년보장과 같은 의미로 해석될 때에는 오히려 공무원의 나태한 근무태도를 야기시켜 실적주의가 추구하는 인사관리의 효율성 이념에 어긋나게 된다. 따라서 정년까지 보장하는 우리나라 신분보장 규정은 실적주의 원칙보다 훨씬 강화된 형태이다. 근래 들어 고위공무원단과 과장급에 대한 개방형 직위 확대와 민간부문에서의 조기 퇴직 등의 영향으로 공무원도 정년 이전에 공직을 떠나는 사례가 점차 늘고 있어 신분보장이 약화되어가는 추세이다.

④ 성적·능력주의

공무원의 신규채용에서부터 이후 모든 인적자원관리 활동은 개인의 능력, 자격 및 성적을 기준으로 해야 한다는 원칙이다. 성적·능력주의는 신체적 특성, 정치적 색채, 성별, 결혼 여부, 연령 또는 상관에 대한 충성심이나 연고 등 직무수행과 관계없는 요소가 인사관리의 기준으로 적용되어서는 안 된다는 점을 강조한다. 이것은 나아가 실적을 기준으로 인사관리가 이루어질 때 조직의 생산성이 높아진다는 관리철학을 반영시킨 것이다. 우리나라는 성적·능력주의 측면에서 미흡한 점이 많다. 직무분석 및 직무평가와 같은 직위분류 기반이 갖추어져 있지 않아 어떤 사람을 어떻게 교육시키고 그 사람이 과연 일을 잘 한 것인지를 명확하게 판단할 기준을 제시하지 못하고 있기 때문이다. 또한 성적이나 능력이 보상과의 연계성도 낮아 실적 향상의 동기부여가 낮다.

(3) 발전방향

미국의 실적주의 개념 변천에서 보았듯이 'the' 실적주의는 존재하지 않는다. 실적주의도 시대와 상황에 따라 끊임없이 변화하고 발전하는 유동적인 개념이다. 그러면 우리나라에서 지향해야 할 실적주의는 무엇인가? 미국의 경험은 우리에게 교훈을 준다. 미국에서 실적주의는 민주주의 이념과 변증법적 관계로 발전되어 왔다. 즉, 엽관주의 이전의 소수 엘리트 실적주의, 엽관주의 시대의 정치적 대중민주주의, 펜들턴법 이후의 전문가 실적주의, 최근 공직의 대표성 등 민주주의 요소를 가미한 실적주의가 그것이다. 우리나라 실적주의 방향 역시 능력과 성적의 실적주의 기존 원칙을 발전시켜 나가되 여기에 민주주의 이념을 조화시키는 것이 필요하다. 보다 구체적으로 다음과 같이 정리할 수 있다.

① 현 실적주의제에 대한 실효성 확보

우리나라 입장에서는 우선 기존의 제도화된 실적주의 원칙을 실천하려는 노력이 필요하다. 실적주의에 대한 짧은 경험 속에서 형식적인 틀만 만들어 놓은 채 과거의 관행이 아직도 지배적인 경우를 많이 지적할 수 있다. 특히 인사결정에서의 정실개입과 연공서열식 인사관리가 가장 큰 장애요소로 보인다. 신규채용 과정에서는 공개와 경쟁의 원칙이 준수되기 때문에 정실개입의 여지가 희박하다. 그러나 승진, 교육훈련, 근무평정, 인사이동의 모든 과정에서 학연·지연 등의 정실요소가 작용하고 있다. 정실주의와 연공서열은 우리 문화의 일부로서 장기적으로 의식의 전환과 함께 제도적 개혁이 이루어져야 할 부분이다.

② 현 제도의 비실적 요소 개선

현 제도에서 비실적주의 요소를 고쳐 나가야 한다. 가장 큰 문제로 정년보장형 신분보장을 들 수 있다. 실적주의는 공무원의 동기를 유발시키고 나아가 관리의 효율성과 행정서비스의 질적 향상을 가져와야 한다. 그러나 신분보장은 그 반대 현상을 초래할 수 있다. 신분에 대한 위기의식이 없으니 나태해지기 쉽다. 심지어 의욕적이고 성취지향적인 사람조차 신분이 아주 잘 보장되는 직장에서는 느긋해(complacent)지는 경향이 있다는 것이다.[3] 다만 우리나라에서 신분보장은 직업공무원제와 연결되어 유능한 인력을 공직에 유인하는 데 지대한 공헌을 할 수 있음도 인정하여야 한다. 따라서 현재의 정년보장형 신분보장을 유지하더라도 경쟁과 능력개발의 동기가 부여되는 제도적 보완이 필요할 것이다.

③ 현 제도에 없는 실적주의 요소의 도입

현 제도에 포함되지 않은 실적주의 요소를 도입·반영시킬 필요가 있다. 현재 우리는 실적과 보수의 연결이 약하고, 직무분석이 엄밀하게 이루어지지 않고 있다. 실적주의가 관리의 효율성을 높이기 위해서는 실적이 보다 강하게 보상으로 이어져야 한다. 이러한 측면에서 5급 이상 및 고위공무원에 적용되는 성과급적 연봉제와 6급 이하 공무원에게 적용되는 성과상여금제도는 성과등급에 따른 보상의 차이가 분명히 차등화되도록 개선되어야 할 것이다. 다만 직무분석이 되어 있지 않은 계급제 상황에서 성과의 객관적 측정이 힘들다는 한계를 극복하는 것이 과제라 할 수 있다. 따라서 직무분석이라도 확실히 실시하여 직렬의 분류를 합리화하고 또한 채용에서 요구되는 자격요건을 명확히 할 필요가 있다.

④ 현 제도에 민주성 이념을 접목

끝으로 이러한 실적주의 원칙에 대한 개선과 함께 여기에 민주성의 이념을 접목하는 것이 필요하다. 이를 위해서는 우선 공무원의 구성 측면에서 대표성을 강화하고 이들이 국민의 요구에 적극적으로 대응할 수 있도록 제도화하는 것이다.

우리나라는 미국과 같이 전문가의 증가나 인종적 편중으로 인한 공직의 대표성 문제는 아직 논할 단계가 아니다. 오히려 전문가보다도 일반행정직의 과다 대표성이 지적되고 있다. 2019년도에 중앙행정기관의 전체 일반직 공무원 중에서 기술직군의 비율은 23.6%이었으며, 4급 이상 및 고위공무원으로 한정하면 그 비율은 각각 25.5%, 13.6%로 나타났다. 기술직군에 행정직군의 이공계 학위 및 자격증 소지자를 포함시킨 광의의 이공계 공무원 비율을 보더라도 4급 이상 공무원은 34.6% 고위공무원은 22.5%로, 특히 정책결정에서 중요한 역할을 하는 고위공무원의 기술직 비중이 낮음을 확인할 수 있다.[4]

여성의 대표성도 문제이다. 2019년 기준으로 행정부 국가공무원 중에서 여성의 비율은 50.8%로 1/2을 넘었다. 여성 비율이 높은 교원이 포함되었기 때문이고 일반직의 경우 36.8% 수준이었다. 직급별로는 일반직 4급, 3급, 고위공무원의 여성 비율이 각각 18.6%, 10.9%, 5.5%로 고위직으로 올라갈수록 비율이 절대적으로 낮은 편이다.[5] 다만 중간관리자급인 4급 이상 여성 공무원의 비율이 2013년 8.2%, 2017년 11.1%,[6] 2019년 16.2%로 빠른 속도로 증가하고 있고, 2019년 5급 여성 공무원의 비율은 일반직 전체의 1/4 수준(24.9%)이기 때문에 앞으로 고위직 비율도 계속 높아질 것으로 예상할 수 있다.[7] 이처럼 관리직급의 공무원 구성에서 이공계·기술직 및 여성의 비율이 개선되고는 있으나, 4차 산업혁명 시대의 수요와 양성평등 인식의 확산 그리고 민주주의의 대표성과 국민통합을 고려할 때 장기적이고 적극적인 채용과 승진 계획을 세워 추진할 것이 요구된다.

우리나라 공무원 구성은 이렇게 다양성을 결여하고 있다. 어느 한 쪽으로 편중되면 경직성과 폐쇄성이 나타나기 마련이다. 이를 위해 공직의 진입 경로를 보다 다양화할 필요가 있다. 이러한 공직사회 구성의 대표성 결여를 해소하기 위하여 김영삼 정부 때인 1996년 여성공무원 채용목표제가 도입되었고 이후 양성평등 채용목표제로 진화하여 현 정부에 이르기까지 그 적용 계급과 비중을 확대해왔다.

특히 문재인 정부는 이공계, 지방대학 및 지역출신, 그리고 장애인과 저소득층의 공직진출 기회를 확대하는 균형인사정책을 적극 추진하고 있다.[a] 이들 제도가 초래할 결과에 논란이 있긴 하지만 실적주의의 민주성을 보강하는 데 기여할 것으로 본다. 이러한 문제는 단순히 실적주의제만의 문제는 아니어서 우리나라 인사제도의 또 다른 근간을 이루는 직업공무원제와 계급제까지 종합적으로 검토하여 대응할 필요가 있다.

2) 직업공무원제

(1) 의 의

① 개 념

직업공무원은 단순히 국가의 녹(祿)을 먹는 모든 공무원이 아니라 젊어서 공직에 들어와 일생 동안 일할 수 있도록 신분을 보장받고 공직에 대하여 긍지를 갖고 충성을 다하여 근무하는 공무원이다. (직업)외교관이나 (직업)군인처럼 특정분야의 공무원일 때에는 그 분야의 전문가일 것까지 요구된다. 좁은 의미로 직업공무원을 이해하는 경우이다. 그러나 전체 공무원을 통틀어서 말할 때에는 해당 분야의 전문가로 한정하기는 힘들고 오히려 누가 직업공무원이 아닌지를 대비시켜 보면 그 뜻이 분명해진다. 정당원, 대통령의 임기 동안 일시 공직에서 일하는 사람, 교수나 변호사로 일하다가 공직에 발탁되어 일시 일하는 사람들은 직업공무원이 아니다. 이들은 모두 공직에서 물러나면 본업(本業)을 찾아 돌아간다. 그러나 직업공무원은 공직을 그만두고 나면 갈 곳이 제한된다. 비직업공무원은 공직근무를 잠시 외도(外道)로 생각하는 것이고, 공무원은 그것을 평생의 본업으로 생각하는 것이다. 본업이기 때문에 생계유지의 가장 중요한 수단이고 국민에 대한 봉사자로서의 직업의식이 필요한 것이다. 직업공무원제란 이런 의미의 직업공무원을 장려할 수 있도록 모든 인사관리를 제도화한 것이다. 다시 요약하면, 직업공무원제란 젊고 유능한 인재가 공직에 들어와서 국민에 대한 봉사를 보람으로 알고 공직을 일생의 본업으로 하여 일할 수 있도록 계획한 인사제도이다.

---

[a] 정부 균형인사지침(2020. 2. 25 개정)에 따르면, 서울 외의 지역 소재 학교 출신의 공직 진입을 확대하기 위한 지방인재채용목표제(최대 5급 20%, 7급 30%)와 대학 소재와 상관없이 지역출신의 공무원 채용을 확대하기 위한 7·9급 지역인재추천채용제를 실시하고 있다. 또한 장애인을 신규 채용인원의 3.4% 이상 채용하여야 하고, 9급공개경쟁시험 선발인원의 2% 이상을 저소득층으로 하도록 의무화하고 있다. 이공계 인력의 경우는 의무규정을 두지는 않았지만 5급 신규채용 인원의 40%를 목표로 노력하여야 한다고 규정하고 있다.

PART 1 행정과 행정학의 이해

PART 2 행정환경

PART 3 행정내부환경

PART 4 결정시스템

PART 5 집행시스템

PART 6 조직시스템

PART 7 지원시스템

PART 8 산출과 피드백

② 영미의 경험과 목적

실적주의와 마찬가지로 직업공무원제의 의미도 시대와 상황에 따라 변해 왔기 때문에 역사적 배경을 검토할 필요가 있다. 직업공무원제는 영국과 미국이 서로 상반된 형태로 발전되어 왔다. 의회민주주의가 일찍이 확립된 영국에서는 관직을 임명해 온 국왕의 영향력을 차단하기 위해 이미 1700년경부터 종신직 행정관료를 제도화하기 시작하였다. 종신직 공무원제도는 의원내각제 정부형태에서 잦은 내각의 교체에도 불구하고 정부의 공백이나 혼란을 예방하는 중요한 역할을 담당하였다. 물론 관료는 그때까지 경쟁을 거치지 않고 의원과 귀족 계급에 의해 정실로 임명되었다.[8] 공개경쟁시험에 대한 인식이 확산되고 제도화된 것은 1800년대 중반 이후의 일이다. 주목할 것은 영국의 경우 공개경쟁시험의 실적주의를 도입하였지만 그것은 기존의 직업공무원제를 토대로 여기에 실적주의가 가미되는 형태를 취하였다는 것이다.

한편 실적주의에서 검토한 미국의 인사개혁과정은 영국의 이러한 역사적 전개와는 매우 대조적이다. 미국에서는 1883년의 펜들턴법을 시작으로 실적주의 원칙이 먼저 도입되었다. 실적주의는 선발방식을 이전의 엽관주의에서 누구에게나 공직에의 기회를 균등하게 부여하고 공직수행능력과 자격을 기준으로 바꾸었다. 직업공무원제에 대한 관심은 1930년대 들어 실적주의 기반 개방형 채용방식만으로는 젊고 유능한 대학졸업자를 뽑아 공직에 오래 근무케 하기가 힘들다는 것을 인식하면서부터였다.[9] 그 뒤 채용, 교육훈련, 보수, 신분보장 등에서 직업공무원제의 요건들이 보완되기 시작하였다. 실적주의를 바탕으로 직업공무원제가 확립되기 시작한 것이다. 이런 의미에서 미국의 인사제도를 약한 형태의 직업공무원제라고 한다면 영국의 인사제도는 강한 형태의 직업공무원제라 할 수 있다.

이렇게 행정을 비직업공무원이나 정치인들에게 맡기지 않고 직업공무원제를 도입한 이유는, 정권의 교체나 불안으로부터 공직의 안정성을 유지하고, 정치권력에 대한 사적인 충성심을 차단시키고 전체 국민에 대한 봉사자로서의 공직의 윤리성을 확보하며, 우수한 인재를 공직에 유인하여 공직의 우수성을 높이는 데 있다고 할 수 있다.

(2) 직업공무원제 수립을 위한 주요 활동

이상의 직업공무원제 목표를 달성하기 위해서는 제도적으로 신분보장과 젊고 유능한 재원을 확보하는 것이 필수적이다.

① 신분보장: 신분상 불이익 금지와 실질적 근로조건 보장

신분보장은 정치의 부당한 압력으로부터 공무원의 권익이 보장되어야 한다는 방어적 의미와 공직을 일생의 본업으로 하여 일할 수 있도록 신분을 보장해 주어야 한다는 적극적 의미가 있다. 전자에 대해서는 이미 실적주의에서 언급하였다. 공무원의 신분은 정치적 정실이나 이해에 따라 자의적으로 영향을 받아서는 아니 되고 오로지 법이 정한 공정한 사유에 의해서만 결정되어야 한다. 적극적인 의미의 신분보장은 헌신적으로 열심히 일할 수 있도록 실질적인 근무조건을 보장해 주는 것이다. 공무원을 공직에서 떠나지 않도록 유지·활용하는 장치가 필요하다. 직업공무원제 측면에서만 보면 폐쇄형 충원을 통해 공직 내부에 한정하여 승진의 기회를 부여하는 것이지만 그로 인한 공직의 정체와 경직성이 문제가 되기 때문에 양자의 균형을 이룰 수 있는 제도적 보완이 필요하다.

② 젊고 유능한 인재의 채용 및 육성

신분보장의 실질적인 조건인 폐쇄형 충원제도, 보수의 형평성, 적절한 연금제도가 보장된다면 유능한 인재들을 공직으로 유도하는 데 중요한 효과가 있을 것이 분명하다.

이에 더하여 공직의 우수성을 확보하기 위해서는 정부가 민간기업과의 우수인재 유치경쟁자로서 장기적인 계획에 따라 적극적인 모집에 나서야 하며 이들의 꾸준한 능력발전을 위해 노력하여야 한다. 첫째는 적극적 모집과 선발방식의 다양화이다. 민간부문과의 우수 인력 채용을 위한 경쟁에서 뒤떨어지지 않기 위하여 민간기업의 모집, 선발방식을 적극적으로 벤치마킹하고 이의 채택을 고려하여야 한다. 둘째는 인적자원계획이다. 인적자원에 대한 장기적인 수요와 공급의 균형을 맞추어 나갈 수 있도록 한다. 그래야 승진의 적체를 야기시키지 않고 또한 필요한 자원을 적시에 확보할 수 있다. 셋째는 능력발전의 기회를 부여하는 것이다. 개방형에서는 계급의 중간에 자리가 비더라도 그 일을 수행할 수 있는 능력과 자격을 가진 사람을 직접 선발하여 쓰기 때문에 교육훈련의 필요성이 줄어든다. 그러나 내부에서 승진을 통해 자리가 채워지는 폐쇄형에서는 새로운 직무가 부여될 때마다 거기에 적합한 내부 교육훈련이 뒷받침되어야 한다.

(3) 일반적 단점

직업공무원제하에서는 우선 대통령이 책임정치를 실현하기 위하여 필요한 인력을 공직에 임명하고 싶어도 직업공무원의 신분보장 때문에 이들을 교체시킬

PART 1 행정과 행정학의 이해
PART 2 행정환경
PART 3 행정내부환경
PART 4 결정시스템
PART 5 집행시스템
PART 6 조직시스템
PART 7 지원시스템
PART 8 산출과 피드백

수가 없다. 정치권력의 부당한 남용으로부터 공무원을 보호하기 위해 만들어진 직업공무원제가 대통령의 국정수행에 요구되는 공무원의 탄력적 운용을 제한시키는 것이다. 더구나 공직계층의 중간에 외부인의 자유로운 충원이 곤란하기 때문에 직업공무원은 국민의 요구와 환경의 변화에 둔감하게 대응하는 속성이 강하게 나타난다. 공직은 침체되고 경직되어 전체국민에 대한 봉사자로서의 본래 의무가 퇴색되어 버린다. 특히 관우월주의 사고가 잔존하고 있는 상황에서는 공직 전체가 특권계급화되고 공무원 또한 특권의식 속에서 독선적으로 공직을 수행하는 위험이 따르는 것이다.

(4) 우리나라의 실태와 발전방향

우리나라에서는 임기제를 제외한 대부분의 공무원이 소관 공무원법에 의해 법적으로 신분을 보장받는다는 점에서 직업공무원제가 상당히 정착되어 있다고 말할 수 있다. 더구나 법적으로 고위공무원단(다음 글상자 참고)까지 신분을 보장하고 있고, 성과와 능력이 현저히 미달하는 공무원에 대한 면직처분이 가능하지만 실현가능성은 매우 낮다. 따라서 폐쇄형 충원과 신분보장을 근간으로 하는 강력한 직업공무원제라 할 수 있다. 그러나 직업공무원제가 추구하는 목적이나 제도 수립을 위한 구체적인 인사활동을 살펴보면 문제점을 지적할 수 있다.

첫째, 공무원 인사의 공정성이 확보되지 않고 있다. 최근의 인식조사를 보면 인사제도 운영의 공정성에 불만이 높은 것으로 나타나고 있다. 2019년 행정에 관한 국가 및 지방 공무원 1,017명을 대상으로 한 인식조사에서 공직생활의 만족도 향상과 사기양양을 위해 가장 중요한 것이 무엇인가를 묻는 질문에 승진 공정성, 보직관리 공정성, 근무성적평정 공정성을 1순위로 응답한 비율의 합이 응답자의 1/3 수준에 가까운 29.5%이었다.[10] 같은 조사에서 승진에 영향을 미치는 요소에 대한 질문에 "지연·혈연·학연 등" 불공정하다고 인식할 수 있는 항목을 체크한 비율이 18.6%로 "경력 및 보직관리"(46.2%)에 이어 두 번째로 높았다. 인사제도의 공정성에 대한 문제 인식은 한국행정연구원에서 매년 실시하는 「2019년 공직생활 실태조사」(공무원 4,111명 대상)에서 확인할 수 있다. 조사 결과 승진절차의 공정성에 대해서 부정 응답("전혀 그렇지 않다" + "그렇지 않다")이 24.3%로 긍정 응답(24.1%)과 유사하였다. 근무성적평정의 공정성 질문에도 부정적인 응답 비율이 25.6%(긍정 응답은 23.5%)로 응답자의 1/4이 불공정하다는 적극적인 의사를 표시하였다. 두 질문 모두 응답자의 50% 정도는 "보통이다"라는 유보적 태도를 보였

PART 1
행정과 행정학의 이해

PART 2
행정환경

PART 3
행정내부환경

PART 4
결정시스템

PART 5
집행시스템

PART 6
조직시스템

PART 7
지원시스템

PART 8
산출과 피드백

고위공무원단 제도

- **개념**: 고위공무원단은 "정부의 주요 정책 결정 및 관리에 있어서 핵심적 역할을 담당하는 실·국장급 공무원을 범정부적 차원에서 적재적소에 활용하고 개방과 경쟁을 확대하며 성과책임을 강화함으로써 역량 있는 정부를 구현하는 전략적 인사시스템"이다.
- **현황**: 2006년 7월 1일부터 제도가 시행되었으며, 2020. 9. 30 기준으로 행정부처에 1,582명의 현원으로 구성되어 있다(인사혁신처, 고위공무원 현원 현황 통계, 2020. 9. 30).
- **특성**
  - 신분보다 일 중심의 인사관리

    기존의 1~3급이라는 신분 중심의 계급을 폐지하고 담당하는 직무의 난이도와 책임도에 따라 직무를 2개 등급(가급, 나급)으로 구분한다. 사람의 계급이 아니라 등급에 상응하는 보수액(직무급)을 정하고, 직무수행능력과 적성을 고려하여 그에 맞는 직무등급에 배치하는 등 계급이 아니라 직무에 따라 인사를 관리한다.
  - 개방과 경쟁 중심의 인사관리

    유능한 인력을 유입하기 위하여 민간과 경쟁하는 개방형직위제도와 타 부처 공무원과 경쟁하는 공모직위제도를 두고 있다. 고위공무원 직위에 대해서는 개방형 직위와 공모 직위를 각각 20%와 30%(과장급은 각각 20%) 범위에서 인사혁신처장과 협의하여 지정하도록 하고 있다(개방형공모직위규정 제3조, 제13조, 2020. 9. 8). 공모 직위의 경우, 각 부처 장관은 소속에 관계 없이 전체 고위공무원단 중에서 적임자를 인선할 수 있다. 2015년에는 민간인만 지원할 수 있는 경력개방형 직위제도를 도입하였다.
  - 성과와 책임 중심의 인사관리

    고위공무원은 성과목표와 평가기준 등을 상급자와 협의하여 성과계약을 체결하고, 기관의 책임자는 성과를 평가하여 성과급과 승진 등 인사관리에 반영한다. 실적주의 원칙과 정치적 중립성이 보장되고 정년 및 신분보장제도가 적용되지만, 근무성적평정 결과 최하위 등급의 평정을 2년 이상 받거나 정당한 사유 없이 직위를 받지 못한 기간이 총 1년에 이르는 등의 사유가 있을 때 적격심사를 통해 직권면직시킬 수 있도록 책임성을 강화하고 있다.
  - 역량 중심의 인사관리

    고위공무원이 되기 위해서는 직무와 역할을 성공적으로 수행하기 위하여 요구되는 문제인식, 전략적 사고, 성과지향, 변화관리, 고객만족, 조정·통합의 6개 핵심역량을 중심으로 교육을 받고 역량평가를 거쳐야 한다. 고위공무원단 후보다.[11] 이들 조사 결과는 인사제도의 핵심인 승진과 근무성적평정이 불공정하게 운영되고 있고 이들 제도에 대한 불만이 상당히 높다는 것을 보여주고 있다. 이러한 인사의 불공정한 관리는 공직의 안정보다는 공직의 동요와 불만을 조장하여 직업공무원제의 안정성과 우수성을 위협한다. 실적주의 원칙을 기초로 직업공무원제를 확립할 때 인사제도가 보다 합리적이고 공정하게 관리될 수 있을 것이다.

둘째, **공직에 대한 국민의 불신** 문제도 우리나라 직업공무원제 확립에 걸림돌이 되고 있다. 유능한 인재를 정부로 유인하려면 공직전체가 사회적으로 신뢰받아야 한다. 그런데 현재는 그렇지 못한 것으로 조사되고 있다. 한국행정연구원이 2019년에 실시한 「행정에 관한 국민 인식조사」에서 중앙정부에 대한 불신('전혀' 또는 '별로' 신뢰 안함) 비율은 36.9%로 신뢰한다는 24.7%보다 훨씬 높았다.[12] 지방자치단체에 대한 불신 비율은 중앙정부보다 높은 40.6%(신뢰는 15.8%)로 조사되었다. 한편 「2019 사회통합실태조사」에서는 일반 국민의 중앙정부와 지방자치단체에 대한 불신 비율은 각각 61.6%와 55.0%로 응답자의 과반수가 정부에 대한 불신을 표시하였다.[a] 같은 사회통합실태조사에서 공무원의 청렴도를 조사한 결과, '전혀' 또는 '별로' 청렴하지 않다는 부정적인 대답이 중앙정부의 경우 66.2%, 지방자치단체는 61.0%로 나타났다. 신뢰와 청렴도 조사에서 모두 부정적인 응답 비율이 긍정의 응답보다 훨씬 높았다.[13] '깨끗한 공직자'의 이미지를 세우고 유능한 공직자를 유입하여 공직 전체에 대한 도덕성과 우수성을 높임으로써 공직에 대한 국민의 신뢰성을 회복하는 것이 무엇보다 중요하다는 것을 보여주고 있다.

셋째, **우수인재 확보를 위한 적극적인 노력이 부족한** 상황이다. 정부기관이 대학을 직접 방문하여 공직설명회를 개최하고 있지만 아직도 소극적인 모집방법에 의존하고 있다. 각종 시험정보가 정부 온라인 게시판인 사이버국가고시센터

---

a) 사회통합실태조사에서 불신 비율이 이렇게 높은 것은 '보통'을 포함한 5점 척도의 국민인식조사와는 달리 설문을 4점 척도로 구성하여 불신과 신뢰를 선택하도록 강제하였기 때문으로 보인다.

(http://www.gosi.kr/)와 나라일터(http://www.gojobs.go.kr/)에는 잘 공개되어 있지만, 공무원에 관심을 가진 사람이 스스로 노력하지 않으면 시험에 대한 정보를 얻기 어려운 상태이다. 인터넷으로 시험공고를 확인하더라도 5, 7, 9급 공무원이 되었을 때 실제 어떤 일을 하는지, 5급 공채의 경우 일반행정직과 재경직의 차이가 무엇인지 등 공직에 관심을 유도하고 궁금증을 풀어주는 데 필요한 정보를 제공하지 못하고 있다. 그러다 보니 대학 현장에서는 수험 정보를 얻기 위해 학원 인터넷 웹사이트나 선후배를 더 의존하는 경향이 나타나고 있다. 기다리는 자세로는 다양화와 전문화의 시대에 민간부문과 경쟁하여 우수전문인력을 공직에 유치할 수 없다. 적극적 모집 및 채용방법의 다양화로 민간부분에 대응할 것이 요구된다.

넷째, **종신고용형 신분보장**의 문제이다. 신분보장이 직업공무원제를 강화하는 중요한 요건임에 틀림없다. 그러나 문제는 공무원의 권익을 지켜 주고 우수한 자원을 공직에 헌신토록 하는 실질적인 '신분' 보장이 되지 못하고, 정년인 60세까지(교육공무원은 62세)는 공직에 있을 수 있다는 식의 형식적인 '고용' 보장이라는 점이다. 이제 능력 있는 공무원에게는 공직이 보람 있는 직장이 되도록 보장해 주고, 무능력한 사람은 공직에서 퇴출시킬 수 있는 실질적인 제도가 필요하다. 계급정년제가 신분보장에 의한 공직의 정체성을 해결하는 가장 효과적인 방법일 수 있지만 노동력의 감소로 오히려 정년을 연장해야 한다는 주장도 설득력을 얻고 있다. 따라서 다른 대안은 근속연수가 길수록 보수가 증가하는 호봉제 보수체계를 개혁하는 것이다.[14] 보수구조를 직무급 중심으로 바꾸어 직무가치의 비중은 높이데 근무연수에 의한 연공급 비중은 낮추거나 임금피크제를 도입하는 방식이다.[a] 한편 정년이 연장되는 경우 인사 적체가 더욱 심해질 수 있기 때문에 일본 정부가 계획하고 있는 '관리감독직 근무상한연령제', 즉 정년 연장 시기부터는 관리직에서 물러나도록 하는 제도를 검토할 수 있겠다.[15]

3) 공직의 분류제도

수많은 공직을 상황에 따라 개별적으로 관리할 수는 없다. 동일한 성격의 공직은 한데 묶어 동일하게 취급하는 것이 인적자원관리의 일관성과 효율성을 확보하는

---

a) 일본 정부는 공무원 정년을 2022년부터 현재의 60세에서 단계적으로 2년마다 1년씩 연장해 2030년에 65세로 연장하는 국가공무원법 개정안을 2020년 3월 의결하였다. 한편 연장된 기간의 급여는 이전의 70% 수준으로 낮춘다(이데일리, 2020. 12. 10). 장기적으로는 일시에 급격한 보수의 삭감이 이루어지지 않도록 정년까지의 생애 총보수를 유지하면서 50대부터 급여 인상폭을 완만하게 조정하는 방식으로 설계할 수 있을 것이다.

PART 1 행정과 행정학의 이해

PART 2 행정환경

PART 3 행정내부환경

PART 4 결정시스템

PART 5 집행시스템

PART 6 조직시스템

PART 7 지원시스템

PART 8 산출과 피드백

데 훨씬 도움이 된다. 공직의 분류는 인적자원을 체계적이고 효율적으로 관리하고 일을 공평하게 부과하며 보상하기 위한 인사행정에서의 필수적인 과정이다. 즉 성격이 유사한 공직은 한데 묶어 선발과 교육훈련을 실시할 수 있고 또한 동일한 보수를 제공할 수 있는 장점이 있다.[16] 공직의 분류 방식은 공무원의 채용에서부터 승진 및 인사이동의 경로 등 인적자원관리의 모든 활동에 직·간접으로 영향을 미친다.

일반적으로 분류라는 말은 어떤 대상을 일정한 기준에 따라 같은 것끼리는 모으고 다른 것과는 따로 분리하는 것으로서, 공직의 분류는 공직의 구조화, 공직의 배열을 의미한다. 인사행정에서 공직은 직무와 사람(개인)으로 구성된다. 어느 하나만 없어도 공직은 존재할 수 없다. 이것은 공직을 분류하는 경우 사람을 기준으로 할 수도 있고 직무를 기준으로 할 수도 있음을 말해 주는 것이다. 전문적인 용어로 전자의 사람을 기준으로 분류하는 방식을 **계급제**, 후자의 직무를 중심으로 분류하는 방식을 **직위분류제**라 부른다.

(1) 계 급 제

① 의   의

사람을 중심으로 계급을 나눈 전통은 일찍이 조선시대의 정1품이니 종9품이니 하는 데서부터 찾아볼 수 있다. 우리나라 군대의 이병에서 대장까지의 계급체계도 전형적인 계급제의 한 예이다. 그러면 사람을 서로 다른 계급으로 나누는 기준은 무엇인가? 그것은 사람의 특성, 즉 사람이 지니고 있는 학력·경력 등의 자격이나 직무수행능력이다. 이러한 기준에 따라 사람을 계급으로 나누면 그 계급은 사람에 늘 붙어다닌다. 소장(★★)의 계급은 전방에서 사단장을 하든 육군본부에서 참모역할을 하든 자리에 상관 없이 항상 소장이다. 계급이란 이처럼 사람이 어떠한 일을 수행하느냐에 따라 변하는 것이 아니다. 오히려 그 계급이 어떠한 일을 할 수 있는가를 결정지워 준다. 즉 동일한 계급에 속한 사람들은 그들이 수행하는 직무의 성격에 무관하게 모두 동일한 자격과 능력을 갖춘 것으로 간주된다. 이러한 계급제는 직업의 분화가 심하지 않았던 농경사회의 전통을 가진 영국, 독일, 프랑스, 그리고 아시아의 많은 국가에서 주로 채택되고 있다.

② 특   성

계급제의 특성은 이어 설명할 직위분류제와의 비교를 통해 두드러지게 나타난다. 요약한다면 일반행정가의 강조, 폐쇄형 충원, 계급과 신분의 동일시, 그리고 신분보장을 들 수 있다.

PART 1
행정과 행정학의 이해

PART 2
행정환경

PART 3
행정내부환경

PART 4
결정시스템

PART 5
집행시스템

PART 6
조직시스템

PART 7
지원시스템

PART 8
산출과 피드백

- **일반행정가의 원리**: 공무원(행정인, 행정가)은 그 전문성에 따라 크게 一般行政家 (generalist)와 專門行政家(specialist, professionalist)로 나눈다. 계급제는 이 중에서 일반행정가의 원리를 강조한다. 일반행정가는 축구에 비유하여 공수·좌우 구분 없이 어느 위치에서나 플레이할 수 있는 올라운드 플레이어(all-round player)와 비슷하다. 동일한 계급에서 어느 직무든 옮겨다니며 일을 할 수 있기 때문이다. 계급 제의 이러한 특성은 우리나라에도 적용되는데 한정된 분야의 일을 계속하고 전문 인이 되기보다는 순환보직 등 여러 방면의 업무를 두루 경험할 수 있도록 인사관 리를 하기 때문이다.
- **폐쇄형 충원**: 폐쇄형 충원은 개방형과 대비되는 것으로 공직에서 자리가 비었을 때 그 빈자리를 내부의 인사이동이나 승진을 통해 채우는 것을 의미한다. 폐쇄형 이라 하더라도 몇몇 출발계급(우리나라의 5·7·9급)은 외부에서의 공개경쟁에 의한 충원을 하게 되며, 그 다음 계급부터는 외부 사람에게 문호를 열어 놓지 않는다는 의미로 이해한다. 우리나라의 경우에도 개방형 직위를 포함한 임기제와 별정직 공 무원에 제한적으로 개방형을 적용하고 있고 그 외의 모든 경력직 공무원은 계급 중간에 빈자리가 생겼을 때 폐쇄형 충원을 따르고 있다.
- **계급의 신분화와 조직차원의 동일시**: 계급제에서 계급은 사람에게 항상 붙어다니 게 된다. 그래서 계급은 곧 신분을 상징하는 것으로 이해한다. 특히 고위 계급으로 올라갈수록 사회적 평가가 높아지기 때문에 이를 신분의 상승으로 여기게 되고 계 급을 신분과 동일시하려는 경향이 강해진다. 또한 부처 간 이동이 활발하지 않은 상황에서 한 부처에 오래도록 근무하게 되고 그러다 보면 결국 일하는 부처조직에 대한 소속감이 높아지고 조직을 운명적 공동체로 여기는 경향이 나타나게 된다.
- **신분보장**: 계급제 하에서는 공무원의 신분이 강하게 보장된다. 충원이 폐쇄적으로 이루어지고 일반행정가 중심의 공무원 구성에서 이미 신분보장은 충분히 예상할 수 있는 상황이다. 이직이나 정년퇴직에 의한 빈자리의 경우에는 말할 것도 없고 조직개편에 의해 자리가 완전히 없어졌다 하더라도 조직에서 퇴출되는 일은 극히 드물다. 공무원의 신분이 특정 자리에 의해서가 아니라 공직 전체 속에서 부여받은 것이기 때문이다. 계급제 하의 공무원은 사람 중심으로 채용되기 때문에, 자리와 생존을 같이 해야 하는 직위분류제하의 공무원과는 크게 구분된다.

③ 장점과 단점

계급제의 장·단점은 위의 특성에서 유추할 수 있다. 장점으로 다음 세 가지 를 들 수 있다. 첫째, 인적자원을 탄력적으로 운용할 수 있다. 특정 분야의 전문지 식만을 지니고 있는 사람은 이 자리 저 자리에 융통성 있게 쓰기가 곤란하다. 반 면에 인문지식을 바탕으로 다방면의 업무를 맡아 할 수 있도록 훈련된 일반행정 가는 필요에 따라 신축적으로 보직을 관리할 수 있다는 장점이 있다. 둘째, 계급제는 직업공무원제의 확립에 기여할 수 있다. 직업공무원제란 공직을 全 생애의 천직으로 여기고 이를 통해 생계를 유지하며 삶의 보람을 찾도록 제도화한 것이다. 계급제의 특성인 내부에서의 승진기회 부여와 신분보장은 이를 뒷받침하는 것이다. 셋째, 여러 부서의 많은 직무를 경험하기 때문에 넓고 전체적인 시각을 갖게 된다. 즉 자기 부서만의 협소한 이기주의에서 벗어나 다른 부서에 대한 이해를 증진시키고 협력이 수월해질 수 있다.

계급제의 여러 특성은 장점뿐만 아니라 단점을 가지고 있다. 첫째, 일반행정가는 필요한 곳에 시의적절하게 인적자원을 탄력적으로 활용할 수도 있지만 한가지 일을 깊이 있게 아는 전문가를 양성하기에는 곤란하다. 현대의 정보화·전문화의 시대에는 어느 한 분야의 전문가가 되어야 문제를 보다 효율적이고 올바르게 해결할 수 있는 경우가 많다. 둘째, 외부 인사에 대한 충원의 폐쇄성과 신분보장은 공직사회를 일반사회와 격리시키고 국민의 소리에 민감하게 대응하지 못하도록 한다. 폐쇄성은 공직사회의 정체와 부패를 낳고 특히 일부 고위 계급의 경우에는 특권계급화 내지 특권집단화를 가져올 수 있다. 셋째, 계급제하에서는 보수와 업무부담의 형평성을 결여하기 쉽다. 계급제는 사람을 계급화하고 계급을 기준으로 보수가 결정되기 때문에 같은 보수를 받으면서도 어떤 사람은 하는 일이 쉽고 양도 적은가 하면 어떤 사람은 하는 일이 어렵고 그 분량도 많은 불공평을 가져올 수 있다. 넷째, 사람을 기준으로 인사관리가 이루어지다보면 객관적인 기준보다 연공서열과 같은 주관적·편의적 기준을 적용하기 쉽다. 끝으로, 계급제는 실적주의제 확립을 저해할 수 있다.[17] 실적주의제가 발전하기 위한 토양은 폐쇄형 충원보다는 개방형 충원, 일반행정가보다는 전문행정인, 정년보장형 신분보장보다는 정치적 중립성을 보장하기 위한 신분보장이 더 적합하기 때문이다.

(2) 직위분류제

① 의   의

계급제가 사람의 자격과 능력을 기준으로 분류한 계급구조라면, 직위분류제는 사람이 맡아 수행하는 직무와 그 직무수행에 수반되는 책임을 기준으로 분류한 직위구조이다. 여기에서 직위(position)란 한 사람이 맡아 수행할 수 있는 직무와 책임을 말하는 것으로, 한 사람이 하나의 직위를 담당하게 된다. 직위분류제는 계급제와는 달리 사람이 자리를 떠나면 그동안의 경력 이외에 아무런 직급이나

PART 1
행정과 행정학의 이해

PART 2
행정환경

PART 3
행정내부환경

PART 4
결정시스템

PART 5
집행시스템

PART 6
조직시스템

PART 7
지원시스템

PART 8
산출과 피드백

보수도 따라 가지 않는다. 즉 직위분류제와 계급제는 그 분류대상과 기준에서 차이가 있다. 계급제가 사람을 대상으로 그 사람이 일을 '얼마나 잘' 수행할 수 있고 주어진 책임을 '얼마나 효과적으로' 감당할 수 있는가를 기준으로 분류하는 것이라면, 직위분류제는 사람이 하는 일을 대상으로 그 일이 '무엇'이며 그에 따르는 책임이 '어느 정도'인가를 기준으로 분류하는 것이다.

직위분류제는 산업사회의 전통과 과학적관리가 강조되어 온 미국에서 시작되어 각국으로 확산되었다. 특히 민간부문의 경우 직위분류제 발전은 과학적 관리론과 밀접한 관계가 있다. 전체 조직업무를 체계적으로 분업화하고 각 직무를 분석하여 한 사람이 수행할 수 있는 적정량을 정하는 구조 중심의 접근이다. 사람보다 직무의 구조적 배열을 중시한 과학적 관리론이 직위분류제에 반영되어 있는 것이다. 한편 민간부문과는 달리 정부부문에서는 이 제도가 '동일업무에 대한 동일보수'라는 보수의 형평성 요구와 실적주의제의 요구가 직위분류제의 출발을 촉진시켰다고 할 수 있다.[18]

② 용어의 이해

직위분류제는 직위를 기본단위로 하여 이를 수직·수평으로 배열하여 구조화하는데, 이때 여러 가지 기술적인 용어가 등장한다. 우리나라 국가공무원법(제5조)에는 직위, 직급, 직렬, 직군, 직류의 용어를 사용하고 있다(아래 글상자 참조). 이들 용어에 대한 정확한 이해는 직위분류제를 이해하는 데 있어 필수적이다.

직위는 우리말로 '자리'라는 뜻과 통용하여 사용할 수 있다. '이번에 어느 자리가 빈다더라', '어느 자리로 옮긴다더라'는 말에서 유추할 수 있듯이 자리는 사무실에 책상과 의자의 한 조를 생각하면 되고 그것을 편의상 직위라 이해할 수 있다.

용어설명

- 직위(position, 職位): 1인의 공무원에게 부여할 수 있는 직무와 책임.
- 직급(class, 職級): 직무의 종류, 곤란성과 책임도가 상당히 유사한 직위의 군.
- 직렬(series, 職列): 직무의 종류가 유사하고 그 책임과 곤란성의 정도가 서로다른 직급의 군.
- 직군(group, 職群): 직무의 성질이 같은 직렬의 군.
- 직류(sub-series, 職類): 동일한 직렬 내에서의 담당분야가 같은 직무의 군.

기술적으로 말하자면 한 사람의 근무를 요구하는 직무와 책임이라고 정의한다.

좀 더 세분한다면 직위는 직무의 종류나 성질의 측면과, 직무의 난이도 및 책임도 측면으로 나누어 생각할 수 있다. 다음 〈그림 14-3〉에서 직무의 종류는 모양으로, 곤란도와 책임도는 크기로 표시된다.

이제 무질서하게 흩어져 있는 그림(직위)을 모양 기준으로 배열하여 보자. 그것이 가운데 그림이다. 이렇게 모양별로 열(例, 앞줄)을 맞추어 앞으로 나란하게 정렬시킨 것이 직렬이다. 직무의 종류는 같지만 크기가 다른 데서 그 곤란도와 책임도는 차이가 있음을 알 수 있다. 이 직렬을 기준으로 유사한 직렬을 합쳐 대단위로 묶으면 직군이 되고, 직렬 내에서 직무의 성질이 더욱 유사한 것끼리 모아 세분류하면 직류가 된다.[a]

직위분류제에서 또 하나 중요한 용어가 등급(grade)이다. 등급은 그림에서 모

[그림 14-3] 직위분류 관련 용어의 도식적 이해

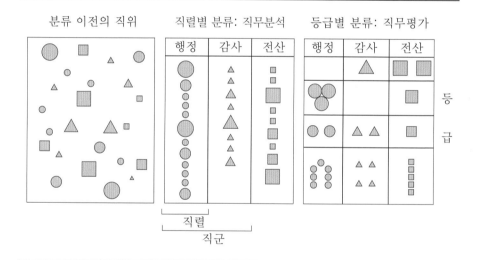

자료: U.S. Civil Sevice Commission, *Basic Training Course*, Washington, DC: Government Printing Office, 1961, part 1 : 10-17; J. D. Willams, *Public Administration, The People's Business*, Boston: Little, Brown Company, 1980, p. 425 재인용.

---

a) 직무를 그 종류에 따라 나누어 직렬·직군을 결정하는 것을 **직무분석(job analysis)**이라 한다. 직무분석은 직무기술서를 보고 분류를 하는데 직무기술서(job description)란 직무의 주요 내용, 감독 및 피감독 내용, 다른 직무와의 관계, 사용하는 장비·도구, 근무환경 등을 기술해 놓은 것이다. 이들 내용 속에는 직무의 성격과 책임도에 대한 정보를 담고 있으며 〈그림 14-3〉에서 각 도형의 모양과 크기를 말한다.

PART 1
행정과 행정학의 이해

PART 2
행정환경

PART 3
행정내부환경

PART 4
결정시스템

PART 5
집행시스템

PART 6
조직시스템

PART 7
지원시스템

PART 8
산출과 피드백

양은 다르지만 크기가 같도록 오(伍, 옆줄)를 맞추어 옆으로 정렬한 것이다. 즉 직무의 종류(모양)는 다르지만 곤란도와 책임도 측면(크기)에서 유사하다는 것을 의미하고 동일한 보수를 지급하게 된다. 앞에서의 직렬, 직군, 직류가 모양을 중심으로 한 수직적인 분류였다면 등급은 크기를 기준으로 한 수평적 분류인 것이다.[a] 직급이란 직렬과 등급이 교차되어 이루는 공통집합에 속한 직위들을 일컫는다. 즉 직류의 종류뿐만 아니라 곤란도와 책임도까지 유사한 직위들의 집합으로 하나의 직위가 포함될 수도 있고 그 이상 다수의 직위가 포함될 수도 있다.[b]

③ 특 성

직위분류제는 계급제와 분류대상이 각각 직무와 사람이라는 차이에서 상당히 상반된 특성을 보여준다. 계급제의 경우 계급 간의 수직적 폐쇄성을 지적할 수 있다면 직위분류제에서는 서로 다른 직무 사이에 엄격한 경계를 구분하는 수평적 폐쇄성을 지적할 수 있다. 예를 들어 직위분류제하에서는 인사업무, 예산업무, 정책집행업무간에 상호이동이 거의 불가능하다. 이것은 일반행정가와 전문행정가의 구분으로 연결된다. 직위분류제에서는 당연히 직무수행에 요구되는 전문지식으로 무장한 전문행정인을 요구하기 때문에 일반행정가의 올라운더(all-rounder)가 아니라 포지션 플레이어(position player) 특성을 가진다. 충원문제에 있어서도 직위

---

[a] 이렇게 도형의 크기를 중심으로 등급을 결정하는 것을 **직무평가**(job evaluation)라 한다. 직무평가란 다시 말해서 직무의 상대적인 가치를 결정하는 것이다. 직무의 가치를 결정하는 데에는 직무 전체를 한꺼번에 두루뭉실하게 평가하는 방법이 있고 직무를 구성하는 요소 하나하나를 분리하여 평가하는 방법이 있다. 전자는 비계량적인 평가일 수밖에 없으며 서열법(ranking method)과 분류법(classification method)이 해당된다. 반면에 부분요소에 대한 평가는 계량적인 접근을 할 수 있으며 점수법(point method)과 요소비교법(factor comparison method)이 가장 흔하게 사용되는 방법이다. 또한 각 직무가치를 평가할 때 직무와 직무를 상대비교하는 방법이 있고 이미 정해놓은 기준이나 척도와 비교해서 평가하는 방법이 있는데 이런 분류 방식에 따라 직무평가방법을 분류한 것이 아래 표이다.

〈직무평가방법의 분류〉

직무가치의 결정방식	비계량적 비교(직무 전체 비교)	계량적 비교(직무구성요소 비교)
직무와 직무	서열별(job ranking)	요소비교법(factor comparison)
직무와 척도	분류법(classification)	점수법(point method)

자료: John M. Ivancevich, *Foundations of Personnel/Human Resource Management*, 3rd ed., Homewood, IL: BPI Irwin, 1986, p. 350.

[b] 우리나라 국가공무원법은 직위분류제의 원칙을 선언하고 용어의 정의를 내리고 있다. 하지만 구체적인 규정은 대통령령으로 위임하고 있을 뿐 실제 직위분류가 적용되고 있는 경우는 극히 제한적이다. 용어의 경우에도 현재 직렬이 시험의 과목과 응시자격, 전보·승진의 경로, 교육훈련의 단위, 그리고 정원관리 기준으로 사용되고 있고, 직류는 시험과목과 응시자격을 정하는 데만 사용되고 있다. 직위분류제의 실질적인 도입이 아니라 아직은 선언수준이라 할 수 있다.

표 14-1 계급제와 직위분류제의 장단점 비교

구 분	장 단 점	
	계 급 제	직위분류제
인적자원의 충원	폐쇄적	개방적
직업공무원제의 확립	기 여	장 애
공무원의 시각	종합적, 광범	부분적, 협소
행정의 전문화	장 애	기 여
보수 및 직무수행의 형평성 확보	낮 음	높 음
인사관리 (교육훈련, 승진, 평가, 보상 등)	연공서열 중심, 상관의 자의성 개입 용이	능력·실적 중심, 객관적 기준 제공

분류제는 빈자리가 생길 때마다 거기에 요구되는 자격요건을 밝히고 누구에게나 지원자격을 부여하는 개방형을 취하고 있다. 이러한 제도하에서는 공무원의 신분 보장이란 약화될 수밖에 없다. 끝으로 계급제에서 공무원은 직장에 소속감을 느껴 자신을 그 직장과 동일시하는 경향이 있다면, 직위분류제에서는 직장보다는 자신이 맡은 직무를 더 중시하게 되고 정책분석가나 예산분석가와 같이 역할을 자신과 동일시한다. 이러한 특성은 장·단점에서도 정반대의 특성을 보이는데 이를 요약 정리한 것이 〈표 14-1〉이다.

(3) 우리나라의 공직분류

우리나라는 현재 공직분류나 인사관리의 모든 측면에 실질적으로 계급제의 요소가 깊이 배어 있으며, 직위분류제의 요소는 부분적이고 형식적으로 가미되어 있는 실정이다. 현재 직급분류의 기준이라 할 수 있는 행정부 일반직 공무원의 경우 고위공무원과 3급에서 9급까지의 계급으로 되어 있으며, 직군·직렬·직류의 경우에는 3직군(행정·기술·관리운영) 54직렬 134직류의 분류구조를 가지고 있다.[19]

우리나라의 분류체계는 계급제에서 주로 나타나는 문제점들을 대부분 노출시키고 있다. 우선 일반행정가의 원리를 바탕으로 채용이 이루어지고 그 뒤에도 잦은 인사이동이 이루어지기 때문에 각 분야의 전문성이 결여되고 있다. 일반행정가의 원리는 일반행정직이 기술전문직보다 인사나 사회적 권위에서 우월하게 취급되고 우수인력도 이 곳으로 집중되는 결과를 가져온다. 고도의 전문지식과 기술이 더욱 요구되는 오늘날의 행정현실에 비추어 볼 때 바람직한 현상은 아니다.

PART 1
행정과 행정학의 이해

PART 2
행정환경

PART 3
행정내부환경

PART 4
결정시스템

PART 5
집행시스템

PART 6
조정시스템

PART 7
지원시스템

PART 8
산출과 피드백

공무원의 구분

공무원은 실적주의제와 직업공무원제의 적용을 받느냐에 따라 경력직 공무원과 특수경력직 공무원으로 구분하고 이를 다시 다음과 같이 세분한다.

- **경력직 공무원(1,100,404명*)**: 실적과 자격에 따라 임용되고 그 신분이 보장되며 평생 동안(근무기간을 정하여 임용하는 공무원의 경우에는 그 기간 동안) 공무원으로 근무할 것이 예정되는 공무원
- 일반직(535,273명): 기술·연구 또는 행정 일반에 대한 업무를 담당하는 공무원. 일반직의 대부분은 행정부 소속(국가공무원 518,273명, 지방공무원 353,115명)이며, 국가공무원은 행정직군·기술직군·관리운영직군에 속하는 3~9급 공무원이 80% 이상을 차지한다. 일반직에는 이외에 연구직·지도직, 전문직, 우정직, 임기제 공무원 등이 포함된다.
- 특정직(563,204명): 법관, 검사, 외무공무원, 경찰공무원, 소방공무원, 교육공무원, 군인, 군무원, 헌법재판소 헌법연구관, 국가정보원의 직원과 특수 분야의 업무를 담당하는 공무원. 특정직 중에는 교육공무원(358,170명), 경찰공무원(133,013명), 소방공무원(56,640명) 순으로 다수를 차지한다.

- **특수경력직 공무원(4,104명)**: 경력직공무원 외의 공무원
- 정무직(165명): 선거로 취임하거나 임명할 때 국회의 동의가 필요한 공무원, 또는 고도의 정책결정 업무를 담당하거나 이러한 업무를 보조하는 공무원으로서 법률이나 대통령령(대통령비서실 및 국가안보실의 조직에 관한 대통령령만 해당)에서 정무직으로 지정하는 공무원
- 별정직(3,939명): 비서관·비서 등 보좌업무 등을 수행하거나 특정한 업무 수행을 위하여 법령에서 별정직으로 지정하는 공무원

* 괄호 안 수치는 2019년 말 공무원 정원임. 「2020 행정안전통계연보」, 2020. 8, pp. 39-45. 개념은 국가공무원법 제2조.

현재의 계급제에서는 또한 외부인사에 대한 충원이 극히 제한되어 있다. 이의 단점을 보완하기 위하여 특수경력직으로 별정직(공무원 구분 참조)을 두고 있지만 그 규모가 작고 정책 비중이 낮아 공직의 활성화나 민의에의 대응성 제고에는 큰 효과를 기대하기 힘들다. 그보다는 오히려 김대중 정부 때 도입한 고위공무원 및 과장급 직위에 대한 개방형 충원이 정책결정 계급으로 공직에 주는 충격은 더 큰 편이다. 순수 민간부문 및 타 부처 출신 지원자를 포함한 외부임용률은 2016년

40%를 넘어섰다.[20][a] 민간인 임용에 대한 부처 차원의 소극적 태도를 방지하고 민간 전문가의 실질적인 유입을 위하여 정부는 2014년부터 각 부처별로 선발하던 것을 인사혁신처가 통합 관리하도록 하였다. 또한 2015년에는 순수 민간인만을 대상으로 한 경력개방형 직위제도를 도입하였다. 2014년 이후 외부임용률 증가는 이러한 노력의 결과로 볼 수 있겠다. 다만 개방형 직위 중앙선발시험위원회를 구성할 때 공무원을 배제시키도록 한 2014년의 규정을 2020년에 임용 기관의 소속 공무원을 다시 포함시키는 것으로 개정하였는데 향후 외부 임용률에 어떤 영향을 미칠지 주목할 부분이다.

같은 계급 내에서 업무량이나 직무수행의 곤란도·책임도가 형평성을 상실하고 있다. 그에 따라 계급 내 각 직위 간에 권위와 신분의 차별이 야기된다. 동급의 부서 간에도 주무부서(主務部署)가 있고 단순한 수평 보직이동에 대하여도 영전(榮轉)이니 좌천(左遷)이니 하는 말이 실제 직무의 불균형을 반영하고 있다고 볼 수 있다. 직무의 불균형은 보수의 형평성과도 직결된다. 이 모두가 직무분석과 평가를 거치지 않고 주먹구구식으로 계급구조와 직렬구조 그리고 한 사람이 맡을 적당한 업무량(직위)을 결정한 결과이다.

직렬 또는 직군 간 형평성 문제는 특히 행정직과 기술직 사이에 나타난다. 앞에서 보았듯이 중앙부처 4급과 5급 공무원의 통계를 보았을 때(2019년 말 기준), 기술직군의 비율이 5급에서는 28.2%이던 것이 4급의 경우 27.2%로 낮아진다.[21] 한편 5급 공채(행정직·기술직) 선발 인원에서 기술직이 차지하는 비중은 8년(2013~2020년) 평균 22.7%였고, 2020년 21.2%(335명 중 71명)였다.[22] 진입 단계부터 기술직의 규모가 상대적으로 적다는 것을 알 수 있다. 5급 공채 출신이 주로 승진하여 직군 구분 없는 고위공무원단에 진입한다는 것을 고려할 때, 기술직이 정책결정과 관리능력을 경험하고 개발할 기회가 행정직에 비해 부족하다고 해석할 수 있

---

a) 개방형 공무원 임용 현황 (단위: 명)

구 분	2010	2011	2012	2013	2014	2015	2016	2017	2018	2019
직위 지정수	198	246	311	421	430	443	442	444	445	458
충원수	157	194	235	227	288	300	341	334	366	390
내부 임용	86	108	147	145	193	172	138	123	146	163
외부 임용	71	86	88	82	95	128	203	211	220	227
외부임용률(%)	35.9	35.0	28.3	19.5	22.1	28.9	45.9	47.5	49.4	49.6

* 외부임용률은 직위 지정수 대비 외부 임용자 비율임.
자료: e-나라지표, 부문별 지표, 공무원 개방형 임용 추이, 2020. 3. 18.

PART 1 행정과 행정학의 이해
PART 2 행정환경
PART 3 행정내부환경
PART 4 결정시스템
PART 5 집행시스템
PART 6 조직시스템
PART 7 지명시스템
PART 8 산출과 피드백

다. 행정현상이 더욱 복잡하고 불확실성이 높아가는 현실에서 전문인력의 역할이 중요하다고 판단할 때 이에 대한 대응이 요구된다. 정부는 이러한 문제인식을 가지고 균형인사 차원에서 정부 전체 5급 신규채용 인원의 40%를 기술직을 포함한 이공계 인력으로 충원한다는 지침을 정해 추진하고 있다.[23]

현재의 우리나라 분류제도는 실질적으로 계급제에 토대를 두고 있다. 우리 사회의 신분중시경향, 교육제도, 행정문화, 민간기업의 분류제도, 보수수준 등의 풍토에서 오랜 검증을 거친 경로의존성을 가진 제도이다. 직위분류제도는 제도 자체가 훨씬 정교하고 매력도 있다. 또한 우리 사회의 모든 직업분야는 빠른 속도로 바뀌고 있고 그것은 아마추어보다 전문가를 원하고 있으며, 정의적(情誼的) 사고보다는 합리적 사고를 더 요구하는 방향으로 나아가고 있다. 이러한 상황은 직위분류제의 도입을 요구하는 측면이다. 다만 이미 미군정에서의 실패경험이 있고 우리 풍토에 적합성이 충분히 검증되지 않은 점을 고려하여 일부 기관에 부분적으로 도입하는 시도가 적합할 것이다.

이러한 현실을 감안하여 정부는 2008년 개정한 국가공무원법에서 직위분류제의 실시가 쉬운 기관, 직무의 종류 및 직위부터 단계적으로 실시할 수 있도록 하였다. 따라서 일부 부처에서 직위분류제 도입을 위한 기초작업부터 시작할 필요가 있다. 기초작업으로는 특정직위에 대한 직무분석부터 시작하는 것이다. 직무분석은 반드시 직위분류를 위해서만 사용되는 것은 아니다. 채용, 교육훈련, 인사이동, 직무설계(각 직위에 적정업무량의 부과) 등 관리의 효율성을 높이고 전략적 인적자원관리의 기반을 제공하는 목적으로도 활용할 수 있다. 이렇게 직무분석의 경험을 축적하고 직무기술서를 갖추기 시작하면서 다음 단계로 직무평가를 통한 직위분류까지 발전시켜 나갈 수 있을 것이다. 직무분석만 실시할 때 직위에 대한 변화를 초래하지 않기 때문에 현직자들의 반발이나 수용면에서도 훨씬 유리할 수 있다.

삼성은 프로축구팀, 공무원은 조기축구회 같다

첨단 기업의 혁신 현장에서 30년 이상 몸담아 온 양(향자 국가공무원인재개발) 원장은 삼성과 공직 사회의 일하는 방식을 어떻게 비교·평가하고 있을까. 〈중략〉

양 원장은 삼성과 공직사회의 가장 큰 차이로 인재를 키우는 방식을 꼽았다. 그는 "삼성은 업무의 세세한 단위까지 나눠 분야별로 세계 최고의 스페셜리스트를 키운다. 공무원들은 자질이 매우 훌륭하지만 여러 보직을 도는 인사 시스템 때문에 제너럴리스트를 면하기 어렵다"고 진단했다. 그는 프로축구팀과 조기축구회를 예로 들어 설명했다. "프로팀은 포지션별로 최고 선수를 모아 팀을 꾸린다. 그러나 조기축구팀은 공격하다가 골키퍼로도, 미드필더로도 뛴다. 분야별로 '마스터'라 불리는 전문가를 키워내 그들 역량의 합으로 조직 경쟁력을 극대화하는 삼성 방식이 공직사회에도 필요하다"고 말했다.

양 원장은 혁신에 나서는 태도에서도 삼성과 공직사회의 차이를 비교했다. 그는 "삼성에서는 10원짜리 물건을 만들기 위해 원가를 9원에 맞추라고 지시가 내려오면, 혁신적 마인드의 임직원들이 아예 발상을 바꿔 '왜 단가를 1원에 맞추지는 못할까'를 고민한다. 익숙한 모든 일을 버리고 완전히 새롭게 일을 시작한다. 삼성 반도체가 용량은 키우면서 가격은 더 싸고, 전력 소모는 오히려 줄이는 패러독스를 실현할 수 있었던 건 이런 스페셜리스트들이 혁신 DNA를 발휘하면서 가능했다"고 설명했다. 〈중략〉

그는 공무원이 혁신의 주체가 되는 해법도 내놨다. 현재 공무원 인사 방식은 '한 부처 안에서 여러 부서를 맴도는' 식으로 이뤄진다. 양 원장은 이를 '여러 부처를 돌며 한 가지 업무만 맡는 방식'으로 근본적으로 바꿔야 한다고 했다. 공무원 직무군을 ▶IT·산업 ▶외교·국방 ▶국토·환경 ▶재정·경제 ▶사회복지 ▶교육·과학 등 7~8개로 나눈 뒤, 예를 들어 IT 담당자의 경우 산업통상자원부·과학기술정보통신부·방송통신위원회 등 여러 부처를 돌면서도 IT 한 분야만 맡게 하는 방식이다. 그는 "과거 대한민국은 테크노크라트(기술관료)들이 발전을 견인했다"며 "시장의 변화에 뒤처지지 않는, 전문성으로 무장한 뉴테크노크라트가 등장해야 정부가 국가 발전을 견인하는 조직이 될 수 있다"고 설명했다. 공무원이 한 가지 업무를 오래 맡았을 때 생길 수 있는 부패의 문제에 관해서는 "관리체계를 강화하고 일벌백계하는 시스템을 만들면 국가 운영 시스템이 더 고도화될 것"이라고 말했다.

그는 공직사회가 전문가 조직으로 탈바꿈하려면 '무슨 자리를 맡느냐'라는 '비(Be)이즘'보다 '무슨 일로 기여하느냐'라는 '두(Do)이즘'이 확산돼야 한다고 덧붙였다. 그는 "전문성을 우대하는 두이즘이 비이즘을 압도할 때 승진에 목매는 현상이 사라지고 더 나아가 4차 산업혁명도 수월하게 진행할 수 있다"고 했다. 그는 이어 "노조도 철밥통을 요구하기보다는 조합원의 '성장'이 결과적으로 조합원과 조직 모두의 '생존'이 된다는 사실에 주목해야 한다. 그래야 나라도 기업도 건강해진다"고 덧붙였다.

자료: 양향자(국가공무원인재개발원장), 중앙일보, 2019. 1. 21. 일부 발췌 편집.

PART 1
행정과 행정학의 이해

PART 2
행정환경

PART 3
행정내부환경

PART 4
결정시스템

PART 5
집행시스템

PART 6
조직시스템

PART 7
지원시스템

PART 8
산출과 피드백

2. 인적자원 관리활동

1) 확보: 선발

(1) 의   의

선발이란 지원자 중에서 직무수행에 가장 적합한 사람을 뽑는 활동이다. 일반적으로 선발이 이루어지기 전에 지원자를 확보하는 모집활동이 이루어진다. 조직이 필요로 하는 사람을 확보하기 위해서는 이렇게 모집과정에서 최소한의 능력을 지닌 지원자들을 선발 인원 이상으로 확보해야 하고, 이들 지원자 중에서 적격자를 뽑을 수 있어야 한다. 모집은 대상집단이 막연하기 때문에 모집활동이 잘 이루어졌는지 아닌지에 대한 평가가 곤란하다. 또한 잘하고 못하고의 결과에 대한 책임 문제도 약하다. 그러나 선발은 제한된 인원을 상대로 하기 때문에 능력 있는 사람을 뽑았는지에 대한 평가가 가능하고 조직의 효과성에 보다 직접적인 영향을 미친다. 따라서 선발은 어느 조직이나 모집보다 훨씬 관심을 가지고 관리하게 된다.

선발은 직무와 개인을 통합하는 첫 번째 중요한 과정이다. 아무리 완벽한 조직구조를 가지고 있고, 좋은 사업계획을 가지고 있으며, 철저한 통제 체제를 구비하고 있다 하더라도 그것만으로는 반쪽에 불과하다.[24] 그 틀 속에서 실제 일을 담당할 사람의 능력이 부족하다면 아무런 소용이 없다. 조직의 역량은 사람의 능력을 초과할 수 없다.

(2) 선발과정

선발과정은 매우 다양한 형태를 취한다. 지원서류와 학교의 추천서만으로 취직이 결정되는 경우도 있고 심지어 서류만으로 선발하기도 한다. 하지만 공직취임에의 균등한 기회부여를 중요한 인사원칙으로 하는 정부는 선발과정이 매우 엄격하며 다양한 선발도구를 활용하고 있다. 공무원 선발은 일반적으로 지원서류심사, 선발시험, 면접, 신원조사 및 신체검사 등의 방법을 사용한다(〈그림 14-4〉 참고). 이들 선발도구는 여러개가 복합적으로 사용되며 일련의 전후관계로 연결되어 있다. 즉 각 단계의 선발도구는 다음 단계에 대한 응시자격을 부여하기 위한 수단적 역할을 한다. 따라서 단계를 거치면서 자격을 갖춘 사람이 줄어들게 된다.

① 서류심사: 지원서
선발과정에는 예외 없이 지원서를 요구한다. 지원서는 다른 부가적인 서류와

[그림 14-4] 선발과정

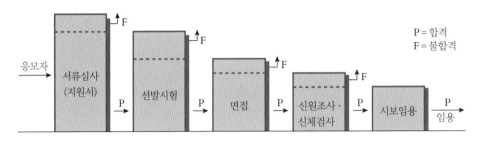

함께 하나의 선발도구로 활용된다. 즉 추천인의 추천서, 자기소개서, 업적물(연구소나 학교지원 시의 저서·논문), 검정시험점수, 또는 성적증명서 등과 합쳐 서류심사라는 한 관문을 이룬다. 하지만 공무원의 경우에 서류심사는 점수를 부여하지 않고 나이, 학과 성적, 검정시험 점수 등 자격 요건을 충족하는지 여부를 확인하거나 모집의 규모를 확인하고 시험관리의 정보를 얻는 정도 이상으로는 활용하지 않고 있다.

② 선발시험

선발시험(selection test)은 선발의 가장 결정적인 역할을 한다. 선발시험은 직무수행에 필요한 지식, 기술, 능력을 측정하는 표준화된(standardized) 도구이다. 시험에서 가장 중요한 것이 표준화된 통일적 관리이다. 시험은 내용, 채점, 관리에서 응시자에게 차등이 생기지 않도록 공정성을 확보하여야 한다. 선발시험은 직무수행능력 평가에 있어서 가장 중요한 역할을 차지하는 만큼 시험의 신뢰성과 타당성 확보가 가장 필수적이다.

③ 면   접

면접은 선발시험과 함께 직무수행능력을 측정하는 중요한 도구이다. 선발시험 합격자에게만 면접기회를 부여하기도 하고, 선발시험과 면접시험의 성적을 통합하여 선발을 결정하기도 한다. 특히 전자의 경우에는 시험을 통과한 선택된 소수에게만 면접이 행해지기 때문에 이들에게 있어서 면접은 가장 중요한 최종 관문인 것이다. 최종 선발에 반영되는 비율은 다양하지만 모든 선발과정에서 거의 예외 없이 채택하고 있다. 우리나라 5급 공채 3차 시험에 집단면접을 채택하고 있으며 2차 합격자의 20% 이상이 탈락한다.[a]

---

a) 2020년 5급 행정직 공채의 경우 선발 예정 인원이 249명이었는데 2차 시험에서 예정 인원보다 76명

PART 1 행정과 행정학의 이해

PART 2 행정환경

PART 3 행정내부환경

PART 4 결정시스템

PART 5 집행시스템

PART 6 조직시스템

PART 7 지원시스템

PART 8 산출과 피드백

④ 신원조사 및 신체검사

신원조사는 또 하나의 선발수단이다. 신원조사는 보통 추천인 확인과 배경조사를 포함하고 있다. 미국에서 일반화된 것으로 지원서에 추천인 3인 정도를 기록하도록 하고 있다. 우리나라의 공무원 선발과정은 신원조사 및 신체검사를 요구하지만 거의 형식에 불과하다.

⑤ 시보임용(probation)

신원조사와 신체검사를 모두 마치면 공무원의 경우 또 하나의 관문이 기다리고 있다. 공무원으로 정식 임용되기 전에 직무수행에 적격자인지를 임용예정 부처에서 검증받는 것이다. 임용후보자에게 실제로 직무를 수행할 수 있는 기회를 부여하고 이를 관찰하여 적격자 여부를 결정하는 것이다. 시보기간 동안은 신분이 보장되지 않는다.[a] 시보가 다른 선발도구에 비해 훨씬 비용이 많이 드는 것이지만 선발의 타당성을 높이는 데는 가장 효과적일 수 있다.[25]

(3) 선발시험의 효용성

선발시험은 응시자의 지식, 기술, 능력을 측정하는 도구이다. 모든 측정도구는 측정의 대상이 무엇이든 신뢰성과 타당성을 갖추어야 한다.

① 신 뢰 성

신뢰성(reliability)의 일반적 의미는 측정도구의 측정결과가 보여주는 일관성을 말한다. 플라스틱 자보다는 대나무 자가 신뢰성이 높다. 그 이유는 대나무가 플라스틱보다 열팽창계수가 낮아 측정결과가 상대적으로 안정적이기 때문이다.

시험의 신뢰성은 시험결과로 나온 성적의 일관성(consistency)을 의미한다. 일관성에는 크게 종적 일관성과 횡적 일관성이 있다. 종적 일관성은 서로 다른 시점에서의 측정결과가 안정된 값을 가지는 것을 의미한다. 한편 횡적 일관성은 동일 시점에서 동질적인 둘 이상의 집단을 대상으로 같은 측정도구를 사용하여 얻은 측정결과가 일관된 값을 가지는 것을 의미한다. 신뢰성을 검증하는 방법에는 재

(30.5%) 많은 325명을 합격시켰고, 이 중에서 264명이 최종 합격하였다(인사혁신처, 국가고시센터 (https://www.gosi.kr/). 최종 합격자가 선발 예정 인원보다 많은 이유는 지방인재채용목표제 및 양성평등채용목표제에 따라 추가 합격자가 나왔기 때문이다.

a) 지역인재 수습직원의 수습기간도 시보임용과 유사한 의미를 가진다. 시보임용과 같이 소속장관은 근무성적이나 교육훈련 성적이 불량한 경우 수습기간이 끝나기 전에 수습근무를 그만 두도록 할 수 있고, 임용예정 직급의 1호봉에 해당하는 보수를 지급할 수 있도록 하고 있다(「공무원임용령」 제22조의3 제9항).

시험법, 동질이형법, 이분법이 있다.

- 재시험법(test-retest): 재시험법은 시험의 종적 일관성을 조사하는 것이다. 시험을 본 수험자에게 일정한 시간이 지난 뒤에 다시 같은 문제로 시험을 보게 하여 두 점수 간의 일관성을 검토하는 것이다.
- 同質異形法(equivalent forms): 문제의 수준이 비슷한 동질의 두 개 시험유형(A, B)을 개발하여 동일 통제집단을 대상으로 시험을 보게 한 후 A와 B의 성적 간 상관관계를 분석하는 방법이다. 종적 일관성과 횡적 일관성 모두를 검증할 수 있다.
- 이분법(split-half): 하나의 시험지 내에서 문항만을 두 집단으로 나누어 이들 문항 집단 간의 성적을 상호 비교하는 것이다. 이 방법의 가장 일반적인 형태는 문제의 문항을 무작위로 배열한 뒤 짝수 항 전체의 점수와 홀수 항 전체의 점수 간에 상관관계를 조사하는 것이다.

② 타 당 성

타당성(validity)이란 시험이 측정하고자 하는 것을 실제로 얼마나 정확하게 측정했는가를 말한다. 몸무게를 재는데 3kg씩 더 나간다면 이 체중계는 측정도구로서의 타당성을 갖추지 못한 것이다. 타자 능력을 측정하는 데 속기 시험을 치르게 한다면 이 또한 시험의 타당성을 잃은 것이다.

타당성의 중요한 특성은 측정 결과만으로는 측정도구의 타당성을 알 수가 없다는 것이다. '얼마나 정확하게 측정했는가'를 알려면 측정 결과를 비교할 수 있는 기준이 있어야 한다. 시계의 정확성을 알려면 매시간 방송에서 알려 주는 시보소리와 비교해 보면 된다. 시험의 경우도 시험성적만 가지고는 안 되고 이것이 예측하고자 하는 기준, 즉 직무수행실적과 같은 정보가 필요한 것이다. 시험에서 가장 일반적으로 사용되는 타당성의 유형으로 기준타당성과 내용타당성이 있고 드물게 구성타당성을 검토하기도 한다.

- 기준타당성(criterion validity): 기준타당성은 시험성적과 시험으로 예측하고자 했던 기준 사이에 얼마나 밀접한 상관관계가 있는가를 말한다. 기준타당성은 시험이라는 예측치(predictor)와 직무수행실적이라는 기준(criterion)의 두 요소 간 상관계수로 측정된다. 여기서 직무수행실적을 보여 주는 기준치로는 일반적으로 근무실적을 사용한다. 검증방법은 자료 수집의 시차에 따라 다시 동시적 타당성 검증과 예측적 타당성 검증의 두 종류로 구분한다.

  동시적 타당성 검증(concurrent validation): 동시적 타당성 검증은 시험성적과 근무실적에 대한 자료를 동시에 수집하여 상관관계를 검토하는 것이다. 시험성적과 근무실적을 동시에 얻는 방법은 현재 근무하고 있는 재직자에게 시험을 실시하는 것이다. 시험 실시 결과 근무실적이 좋은 재직자가 시험성적도 좋았다면 그 시험은 기준타당성을 갖추었다고 말할 수 있다.

　　예측적 타당성 검증(predictive validation): 예측적 타당성 검증에서는 시험합격자를 대상으로 시험성적과 근무실적을 시차를 두고 수집하여 비교하는 것이다. 시험합격자를 대상으로 하기 때문에 시험성적은 바로 구할 수 있으나 근무실적은 일정 기간을 기다려야 한다. 근무를 시작한 지 어느 정도 되어 근무실적이 평가될 때 시험성적과의 상관관계를 분석한다. 상관계수는 선발시험이 얼마나 근무성적을 잘 예측했는지를 알려준다.

● **내용타당성**(content validity): 기준타당성은 시험이 예측하고자 하는 근무실적에 대한 기준치가 분명하게 설정되고 충분한 경험적 자료를 수집할 수 있을 때 가능하다. 기준타당성의 계산은 상관계수로써 통계 처리하기 때문이다. 그러나 이러한 계량적 자료를 구하기 힘들거나 통계분석에 필요한 최소한의 자료 수(일반적으로 30명 이상)[26]를 확보하지 못하는 경우에는 기준타당성을 적용하기가 곤란하다. 이러한 상황에서 타당성을 확보하는 하나의 방법이 내용타당성이다. 내용타당성은 직무에 정통한 전문가 집단이 시험의 구체적 내용이나 항목이 직무의 성공적 임무수행에 얼마나 적합한 것인지를 판단하여 검증하게 된다.

● **구성타당성**(construct validity): 내용타당성에서 시험을 통해 예측하고자 하는 것은 성공적 직무수행의 내용이나 그에 필요한 지식·기술이다. 그 직무내용이나 요건이 추상적이긴 하나 해당 분야 전문가들의 판단으로 충분히 검증이 가능하다고 생각한다. 이때 전문가의 판단에만 의존하지 않고 행태과학적 조사를 통한 검증 절차를 거치거나, 추상성이 아주 강해 단순한 판단만으로는 검증이 불가능한 인간의 특성을 측정하고자 할 때에는 구성타당성을 고려하여야 한다. 예를 들어, 소방공무원을 선발하고자 할 때 내용타당성에서는 단순히 의사, 체력전문 연구원, 소방공무원 등의 전문가 의견을 들어 측정지표인 시험의 내용을 구성한다. 그러나 구성타당성에서는 고도의 계량분석기법을 동원한다. 즉, 근력·지구력·균형감각을 측정키 위해 새로 만든 시험방법으로 측정한 지표(점수)와 기존의 시험방법으로 측정한 결과 간에 어느 정도의 상관관계가 있는가를 조사하여 그 정도가 높을 때 새로운 체력 측정방법의 구성타당성을 인정하는 것이다.

● **신뢰성과의 관계**: 신뢰성은 시험 그 자체의 문제인 반면, 타당성은 시험과 기준과의 관계이다. 신뢰성이 높든 낮든 그것은 근무성적이나 근무행태와의 관계가 아니라 어디까지나 시험성적 그 자체의 문제이다. 한편 타당성은 항상 근무성적, 결근율, 이직률, 안전사고 등 근무행태의 여러 기준과의 관계에서 이해할 수 있다. 신뢰성과의 관계에서 또 하나 중요한 것은 신뢰성이 있어야 타당성의 문제를 검토할 수 있다는 것이다. 신뢰성이 없는 측정도구가 타당성을 갖는다는 것은 불가능하다. 즉 신뢰성은 타당성의 전제조건이다.

PART 1 행정과 행정학의 이해

PART 2 행정환경

PART 3 행정내부환경

PART 4 결정시스템

PART 5 집행시스템

PART 6 조직시스템

PART 7 지원시스템

PART 8 산출과 피드백

2) 개발: 교육훈련과 인사이동

선발된 공무원은 교육훈련을 통해서, 그리고 기존의 공무원은 교육훈련과 인사이동을 통해서 직무수행에 필요한 지식과 능력을 개발시켜 나간다.

(1) 교육훈련

① 의 의

선발과정에서 체크할 수 있었던 것은 어디까지나 일을 성공적으로 수행할 수 있을 것이라는 가능성뿐이다. 시험성적이 좋은 사람이 나쁜 사람보다 맡은 바 임무를 더 잘 처리해 낼 수 있을 것이라는 예측을 한 것뿐이다. 더구나 직장에 들어와서 배울 수 있는 것은 시험에 포함시키지도 않았다. 이제 선발된 사람을 대상으로 실제 직무를 수행하는 데 필요한 구체적인 지식과 기술 그리고 능력을 가르쳐야 한다.

이는 새로 채용된 사람만 해당하는 것은 아니다. 기존의 공무원도 인사이동을 통해 책임이 더 무거운 직책을 맡을 수도 있고 일의 성질이 다른 것을 맡을 수도 있다. 역시 새로운 일을 수행하는 데 필요한 능력을 키워야 한다. 같은 일을 계속 하더라도 직무수행기술이 발전하면 이를 새로 터득할 필요가 생긴다.

조직의 목표는 구성원이 담당하고 있는 수많은 직무가 성공적으로 이루어질 때 비로소 달성된다. 성공적인 직무수행은 이를 담당한 사람이 직무수행에 필요한 능력과 태도를 갖추고 있을 때 가능하다. 즉 직무가 요구하는 것과 사람이 제공하는 것이 균형을 이루었을 때이다. 이 균형이 깨졌을 때에는 무엇인가 인사관리적인 처방이 필요하다. 우선 직무수행에 필요한 자격(지식, 기술, 태도 등)보다 사람이 가진 능력이 클 때에는 더 도전적인 직무를 부과하거나 그러한 직무로 옮겨 주어야 한다. 즉, 직무설계와 인사이동의 방법이 필요한 경우이다. 그런데 직무의 요구능력이 사람의 공급능력보다 클 때에는 사람의 능력을 키워야 한다. 바로 교육훈련이 필요한 경우이다(〈그림 14-5〉 참고).

직무수행에 요구되는 능력, 태도, 가치관의 변화는 계선조직 내에서 동료 간의 조언, 상관의 업무 지도와 같은 일상적이고 비공식적인 방법으로 이루어질 수 있다. 일상 직무수행 과정에서의 이러한 학습효과(learning effect)는 당장 직면한 문제를 해결하는 데 더 효과적일 수 있다. 그러나 이는 단편적인 변화이며 직무수행 능력의 근원적 변화를 가져오는 것은 아니다. 이런 목적을 위해서는 보다

PART 1
행정과 행정학의 이해

PART 2
행정환경

PART 3
행정내부환경

PART 4
결정시스템

PART 5
집행시스템

PART 6
조직시스템

PART 7
지원시스템

PART 8
산출과 피드백

[그림 14-5] 교육훈련의 필요성

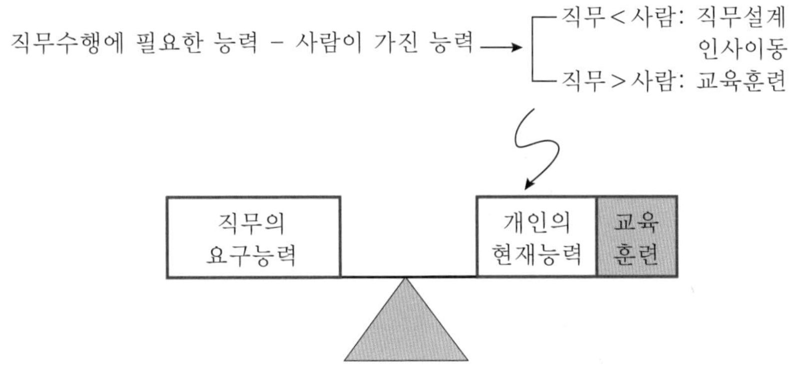

체계적이며 계획된 교육 프로그램이 필요하다. 교육훈련은 이와 같이 직무수행 능력을 향상시킬 목적으로 지식, 기술, 태도, 가치관의 변화를 촉진하는 계획된 활동이다.[a]

때로는 능력과 적성에 맞지 않는 직무에 배치되어 실적이 나쁘게 나올 수도 있다. 이 경우 교육훈련보다는 인사이동이나 조직설계 또는 동기부여 등의 방법에 의해서 달성될 수 있음을 유념해야 한다. 능력이 없어 '할 수 없는' 문제와, 능력이 있어도 업무부담이 과중하여 '하지 못하는' 문제 그리고 적성이 맞지 않아 '하지 않는' 문제는 구분되어야 한다. 첫 번째 문제만이 교육훈련의 대상이 되며, 뒤의 두 문제는 직무재설계나 인사이동에 의해 해결할 수 있는 것이다.[27]

교육훈련의 목적은 직무수행 능력을 향상시키고 궁극적으로는 정책결정과 행정서비스의 질을 높이는 것이다. 그러기 위해서 교육훈련은 꼭 필요한 사람에게 꼭 필요한 지식과 기술을 효과적으로 전달해서 조직의 직무수행에 공헌할 수 있도록 하여야 한다. 〈그림 14-6〉은 이러한 당위적 맥락에서 교육훈련을 일련의 과정으로 모형화한 것이다.

② 교육훈련 수요조사

교육훈련을 체계적으로 실시하기 위한 첫 번째 과정은 교육훈련의 수요를 정

---

a) 교육과 훈련은 서로 구별되는 개념이기는 하다. 교육이 직무수행 전반에 걸쳐 기초가 되는 지식이나 가치관을 변화시키는 의미라면, 훈련은 현재 담당하고 있는 구체적인 직무수행에 필요한 지식이나 기술을 향상시키는 의미이다. 그러나 두 개념을 구분할 특별한 실익이 없으며 교육훈련이라는 용어로 두 개념을 포괄하여 이해하면 될 것이다.

[그림 14-6] 교육훈련의 과정모형

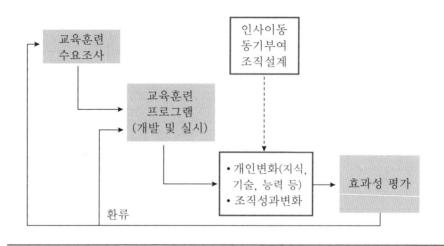

확하게 조사하는 것이다. 교육훈련의 수요가 정확하게 파악되어야 교육훈련의 규모, 일정, 내용, 교관, 방법을 결정하는 데 적절한 지침을 제공할 수 있다. 또한 교육훈련의 수요조사는 교육을 통해 변화시키고자 하는 목표를 분명히 할 수 있기 때문에 교육훈련의 효과성을 평가하는 데 유용한 기준이 될 수 있다.

교육훈련 수요는 직무가 요구하는 지식·기술·능력·태도와 이들 요소에 대하여 공무원이 현재 갖고 있는 상태의 차이로서 일반적으로 정의된다. 교육훈련 수요는 이러한 자격미달로 접근하는 것이 이론적으로 타당하다. 다만 직무와 사람에 대한 각각의 자격 수준을 계량적으로 측정하여 그 차이로 수요를 예측하는 것은 많은 노력을 요구한다. 수요조사 과정이 복잡하고 비용과 시간을 요하기 때문에 선·후진국, 공·사분야 할 것 없이 체계적인 수요조사를 바탕으로 교육훈련을 실시하는 데는 현실적인 어려움이 따른다.[28] 그래서 현실적으로는 공무원의 자격 수준을 고려하지 않고 직무가 요구하는 자격 기준을 교육수요로 받아들이는 경우가 많다.

③ 프로그램 개발 및 교육훈련 실시

교육훈련 수요조사가 완료되면 수요를 충족시킬 수 있는 교육훈련 프로그램을 개발하여야 한다. 기존에 프로그램이 있는 경우에는 이를 수정·보완하는 작업이 필요하다. 프로그램은 교육훈련 대상자의 지식, 기술, 능력, 태도, 가치관, 대인관계 등의 변화를 유도하기 위한 계획이다. 효과적인 교육훈련 프로그램을 개

PART 1 행정과 행정학의 이해
PART 2 행정환경
PART 3 행정내부환경
PART 4 결정시스템
PART 5 집행시스템
PART 6 조직시스템
PART 7 지원시스템
PART 8 산출과 피드백

교육훈련방법

- **OJT 교육훈련방법**: 평상시 근무하면서 일을 배우는 직장 내 훈련 실무지도(coaching), 직무순환(job rotation), 임시배정(transitory experience), 인턴십 등의 방법이 있다.
- **Off JT 교육훈련방법**: 교육훈련만을 목표로 특별한 장소와 시설에서 훈련
  - 프로그램화 학습(programmed learning): 일련의 질의와 응답을 통해 학습이 가능하도록 진도별로 학습지침을 제공하는 책자나 컴퓨터 프로그램을 이용.
  - 시청각 교육(audio-visual method): TV, 영화, 비디오, 슬라이드, 오버헤드 프로젝터 등을 활용하여 다량의 정보를 많은 사람에게 제공하는 방식.
  - 사례연구(case study): 실제 조직생활에서 경험한 사례나 또는 가상의 시나리오를 가지고 문제해결방식을 찾는 방식.
  - 감수성훈련(sensitivity training, t-group training): 지식의 변화가 아니라 태도와 행동의 변화를 통해 대인관계 기술을 향상시키려는 것이 주된 목적이다. 서로 모르는 사람 10명 내외로 소집단을 만들어 서로 허심탄회하게 자신의 느낌을 말하고 다른 사람이 자신을 어떻게 생각하는지를 귀담아 듣는다. 이 방법은 훈련을 진행시키기 위한 전문가의 역할이 상당히 중요하다. 인위적인 개입이 없이 자연스럽게 감정을 주고받을 수 있도록 분위기를 만들어야 하기 때문이다. 이 훈련을 통해 타인에 대한 편견을 줄이고 개방적 태도를 취하는 효과를 가져올 수 있다.
  - 역할연기(role playing): 실제 근무상황을 부여하거나 특정역할을 직접 연기하도록 한다. 보통 자신과 반대되는 입장의 역할을 부여한다. 예를 들면, 상관에게 부하의 역할을, 여자 부하에게 남자 상관의 역할을 부여하는 것이다. 대부분 상대방의 입장을 과장한다고 한다. 이러한 인식의 차이를 발견함으로써 상대방에 대한 이해와 관용을 키울 수 있다. 감수성훈련과 역할연기는 태도 변화와 대인관계기술 개발에 가장 효과적인 방법들이다.
  - 서류함(in-basket)기법: 관리자급 이상에 널리 활용되는 훈련 기법으로 실제 업무수행에서 직면하게 되는 문제 상황과 유사하게 관련 자료(서류함에 들어 있는 상사의 메모, 직원이 올린 보고서, 협조공문, 이익집단의 민원 등등)를 제공하고 문제를 정의하고 처리하는 역량을 개발시키는 데 목적이 있다. 자료를 보고 제한된 시간에 문제해결의 우선순위, 전략, 구체적 지시 등을 제시하도록 하고 전문 강사와의 토론과 피드백을 통해 논리적·전략적 사고와 의사결정 역량을 개발하는 것이다. 우리나라에서는 고위공무원단 승진 자격을 얻기 위해서 역량평가를 통과해야 하는데 서류함기법을 역할연기(수행)와 함께 평가 방법으로 도입하고 있다.

발하기 위해서는 프로그램의 목표를 명확히 설정하고, 프로그램의 내용을 결정하며, 교육훈련의 유형과 종류를 선정하여야 한다.

교육훈련의 프로그램이 완성되면 이제 프로그램에 따라 교육훈련을 실시할 단계이다. 교육훈련의 실시와 관련하여 중요하게 떠오르는 문제가 교육훈련의 방법이다(다음 글상자 참조). 교육훈련방법의 선택은 지식, 기술, 능력 등의 변화에 대한 효과성뿐만 아니라 교육훈련 대상자의 규모, 예산의 규모, 시설과 장비의 가용성, 훈련담당 교관의 능력 등 여러 요소가 함께 고려되어야 한다. 교육훈련방법까지 결정되면 이제 교관(교육훈련 담당자)이 교육을 통해 피교육자의 변화를 일으키는 단계이다.

④ 효과성 평가

프로그램에 따라 교육훈련이 실시되었으면 이제 교육훈련에 대한 평가가 이루어져야 한다. 교육훈련 과정모형의 마지막 단계에 해당하는 평가는 바로 前단계의 교육훈련 프로그램 개발과 실시를 대상으로 이루어진다. 이것은 우선 교육훈련 자체에 대해 교육참가자가 어떻게 생각하고 있는가의 반응평가와 교육훈련의 실시가 개인이나 조직에 미친 영향평가를 포함하는 것이다. 일반적으로 이 두 번째 평가를 교육훈련의 효과성 평가라 한다.

- **교육참가자의 반응평가**: 교육참가자의 교육훈련에 대한 전반적 평가를 의미한다. 평가의 대상에는 교관, 강의방식, 훈련시설, 프로그램 내용 등이 포함된다. 평가 자료는 개별 프로그램이 끝날 때마다 수집하거나 전 과정이 끝나고 종합적으로 수집할 수 있다. 교육참가자로부터 좋지 않은 평가를 받은 프로그램은 취소하거나 교관에게 문제점을 분석하도록 피드백한다. 따라서 교관으로서는 프로그램의 개발과 강의방식 등에 세심한 관심을 가지지 않을 수 없다.[29]
- **교육훈련의 효과성 평가**: 효과성 평가는 교육훈련이 실시되고 난 후에 교육을 받은 사람에게 나타난 변화를 교육훈련의 효과로 간주하고 어떤 변화인가에 따라 두 단계로 구분할 수 있다. 제1단계는 교육과정 수료와 동시에 공무원 개인의 지식·기술·능력·태도·행동에 나타난 변화이며, 제2단계는 교육훈련을 마치고 직장에 돌아가 1차적 개인변화가 조직성과에 어떻게 전이되었는가 하는 것이다. 이들 두 단계는 각각 프로그램 효과가 개인 내부에 머무는 것인가 아니면 외부로 반영되었는가의 문제로, 각각 학습효과와 전이효과라 부른다. 전자는 교육훈련에 초점을 둔 훈련타당도라고 부를 수 있고, 후자는 조직성과를 얼마나 달성했는가의 성과타당도라고 한다(〈그림 14-7〉 참고).

PART 1
행정과 행정학의 이해

PART 2
행정환경

PART 3
행정사무환경

PART 4
결정시스템

PART 5
집행시스템

PART 6
조직시스템

PART 7
지원시스템

PART 8
산출과 피드백

[그림 14-7] 교육훈련 프로그램의 효과성 평가

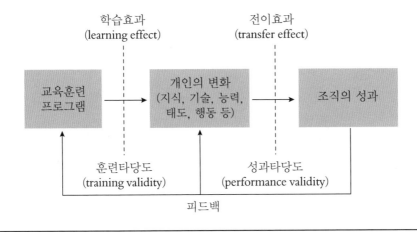

자료: Irwin L. Goldstein, The Pursuit of Internal and External Validity in the Evaluation of Tranining Programs, *Public Personnel Management*, 8, 1979, pp. 416-429 재구성.

(2) 인사이동

인사이동은 현 직위에서 다른 직위로 옮겨가는 모든 유형의 직위 변동을 의미한다. 여기에는 승진, 강임, 전직, 전보, 겸임, 파견, 전입·출 등이 포함된다(다음 글상자 참조). 인사이동은 전통적으로 통제의 가장 강력한 수단이었다. 그러나 이제는 통제가 아닌 개인의 능력개발을 위한 발전적 개념으로 받아들일 필요가 있다.[30] 승진과 적재적소의 인사배치를 통하여 각 개인이 가지고 있는 잠재적 능력을 최대한 발휘할 기회를 부여하고 조직에서 일의 성취감을 느낄 수 있도록 하기 위한 수단으로 인사이동을 접근해야 한다.

① 승 진

승진은 직급(계급)상의 직위 상승이다. 직급 사다리를 따라 한 단계 위로 올라가는 것이다. 승진에는 어떠한 변화가 따르는가? 우선 책임이 무거워진다. 위에서 시키는 일을 기계적으로 처리하는 양은 줄어들고, 대신 어떤 문제해결이나 예산 사용에 대한 결정을 스스로 내려야 하는 권한이 많아진다. 감독해야 할 부하의 수도 많아진다. 이전에 비해 의사결정이나 의사소통 등 새로운 기술을 향상시킬 필요가 더 커진 것이다. 이러한 책임과 의무의 증가에 비례하여 여러 가지 유형적·무형적 보상이 수반된다. 우선 금전적 보수가 늘어난다. 승진은 또한 심리적으로 성취감을 맛보게 한다. 우리나라와 같이 신분을 중시하는 사회에서는 무형

- 승진·강임: 상하 직급구조상에서의 직위이동을 의미하는 것으로 승진은 상위 직급으로, 강임은 하위 직급으로 이동하는 것이다.
- 전직·전보: 직무의 책임 수준이 유사한 직위 간의 수평적 이동을 의미한다. 수평적 이동이 동일 직렬 내에서 이루어지는 것이 전보이고 직렬을 넘어서는 것이 전직이다.
- 겸임: 한 사람이 둘 이상의 직위에 임명되는 것이다. 대학교수를 교육훈련기관의 교관으로 임명하거나 연구원 원장으로 임명하는 것이 대표적인 예이다.
- 파견: 기관 간 업무의 공동수행이나 업무량이 과다한 다른 기관의 행정지원 등을 위하여 소속기관을 유지한 채 다른 기관으로 자리를 옮겨 근무하는 것이다.
- 인사교류: 기관 상호 간에 직무 분야가 유사한 범위 내에서 공무원의 수평적 이동을 허용하는 제도이다. 기관 상호 간에 업무협조를 증진시킬 수 있고 공무원에게 능력발전의 기회를 제공하는 효과가 있다.
- 전입·출: 행정부, 입법부, 사법부 상호 간에 공무원 이동을 말한다. 시험을 거쳐 전입하는 것이 원칙이나 일정 조건을 갖춘 경우 시험의 일부 또는 전부가 면제될 수 있다.

의 신분 상승 효과를 결코 무시할 수 없다.

조직차원에서도 여러 가지 중요한 의미가 있다. 어느 직위에 결원이 생겼을 때 전직·전보의 수평적 이동과 함께 결원을 보충하는 중요한 수단이다. 승진은 또한 직업공무원제 수립에 기여하고 동기를 유발시키는 효과가 있다.[31] 승진한 사람은 자기 성취욕과 직무에 대한 만족감이 증가하면서 동기가 더욱 발생하게 되고 다른 동료나 부하 직원들에게는 하나의 자극 요인으로 작용한다. 한편 승진이 불공정하게 이루어진 경우에는 오히려 한 사람의 승진이 다수의 불만을 야기할 수도 있다.

따라서 승진은 무엇보다도 엄격한 기준에 의한 공정성 확보가 인사관리의 요체다. 승진의 기준으로는 연공과 실적이 있다. 연공서열에 의한 승진은 조직에 들어와서 근무한 연수를 기준으로 한다. 가장 객관적이면서도 간단한 승진 기준이다. 어떠한 정실이나 인사청탁도 개입할 여지가 없이 기계적으로 승진이 결정된다. 그러나 근무실적에 우선해서 누가 오래 근무했느냐가 중요한 승진 기준이 된

PART 1 행정과 행정학의 이해

PART 2 행정환경

PART 3 행정내부환경

PART 4 경영시스템

PART 5 지원시스템

PART 6 조직시스템

PART 7 지원시스템

PART 8 산출과 피드백

다면 실적 좋은 사람의 동기를 떨어뜨려 직원의 능력을 전체적으로 하향 평준화 시킬 수 있다.

한편 승진기준으로서의 실적은 결과로 나타난 직무수행실적이나 시험성적을 말하기도 하고 그러한 결과의 원인 역할을 하는 능력을 말하기도 한다. 실적 기준 의 승진은 경쟁의 원리를 적용한 것이다. 경쟁의 원리는 성공적인 직무수행을 요 구하는 조직의 이해와 부합한다. 연공서열주의와는 달리 일한 만큼, 능력이 있는 만큼 승진의 대가를 받기 때문에 동기부여의 효과가 있고 결국 조직의 생산성 향 상에 기여할 수 있다.[32]

우리나라는 일반승진, 공개경쟁승진, 특별승진, 근속승진의 승진제도를 가지 고 있다(아래 글상자 참조). 이 중에서 특별승진과 공개경쟁승진은 실적에만 의존하 고 근속승진은 연공(경력)에만 의존하는 승진제도이다.

승진의 가장 일반적인 형태는 실적과 연공을 모두 반영한 일반승진이다. 특 히 심사승진에 의한 일반승진은 4급 이하 전 공무원[a]에게 보편적으로 적용되기

승진의 종류

- 일반승진: 임용권자가 기관 내의 승진후보자 중에서 인사평정 또는 승진후보 자명부의 순위에 의하여 적격자를 승진임용하는 방법이다.
- 공개경쟁승진: 5급으로의 승진에 적용되며, 기관 구분 없이 승진자격을 갖춘 6 급 공무원을 대상으로 공개경쟁 승진시험의 성적에 의하여 결정한다.
- 특별승진: 인사혁신처장이 정하는 포상 수상자, 국가(행정)발전 공헌자(탁월한 직무수행능력, 적극적 업무수행 등), 제안채택시행자, 명예퇴직자, 공무로 사 망한 자 등을 대상으로 일정 요건을 충족하는 경우 승진임용하거나, 승진심사 또는 승진시험에 응시할 수 있도록 하는 제도이다.
- 근속승진: 공무원들의 사기진작과 인사적체 해소를 위해 도입한 제도로 동일 직급에서 일정 기간 근무한 경우 상위직급에 결원이 없더라도 승진 임용할 수 있도록 한 제도이다. 근속승진 대상 계급 및 필요한 기간은 9급 5년 6개월 이 상, 8급 7년 이상, 7급 11년 이상이다.

자료: 국가공무원법, 공무원임용령, 공무원임용규칙.

---

a) 3급 공무원이 고위공무원으로 승진하기 위해서는 3급으로 2년 이상 재직하였거나, 2년 미만이지만 일정 요건(총 재직기간 20년 이상, 법정자격요건 필요직위, 공모직위 응모, 직무수행능력이 탁월한 경우 등)을 충족한 자로서, 고위공무원 후보자교육 및 역량평가를 통과하여야 한다.

표 14-2 승진후보자명부 작성시 요소별 배점 기준

요 소	평가점수(배점비율)	비 고
근무성적평가	80점(80%), 95%까지 가산 가능	100점 만점
경력평정	20점(20%), 5%까지 감산 가능	
가점평정	5점 범위 안	직무 관련 자격증, 특정 직위 및 특수 지역 근무경력, 공적사항, 직무의 특성 및 공헌도 등

자료: 「공무원 성과평가 등에 관한 규정」, 제27조, 제30조(2015. 12. 30 개정).

때문에 공정성 확보가 가장 큰 쟁점이다. 이를 위해 4급 이하 공무원(승진시험을 거쳐 5급 승진을 하고자 하는 6급 공무원 제외)을 승진시킬 때는 승진심사위원회의 엄격한 심사를 거치도록 하고 있다. 심사위원회는 근무성적, 경력, 업무개선실적 및 성과, 보직경로, 인품과 역량, 그리고 포상 및 범죄경력 등을 고려하여 승진후보자가 승진 예정 직급에서 직무를 수행하는 데 적합한 자격을 갖추었는지를 평가하도록 하고 있다.[33]

5급 공무원으로의 일반승진은 심사승진 외에 시험승진에 의한 방법이 있다. 심사승진은 근무성적과 경력을 토대로 작성된 승진후보자명부(〈표 14-2〉)의 점수

[그림 14-8] 5급 공무원에의 일반승진 종류별 승진기준

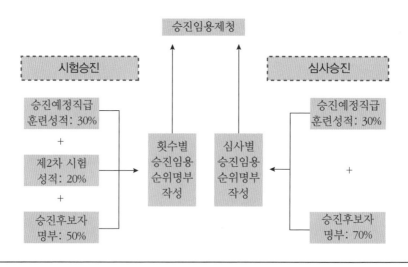

자료: 「공무원임용령」, 제34조(5급 공무원으로의 승진임용).

PART 1 행정과 행정학의 이해
PART 2 행정환경
PART 3 행정내부환경
PART 4 결정시스템
PART 5 집행시스템
PART 6 조직시스템
PART 7 지원시스템
PART 8 산출과 피드백

에 훈련성적을 7:3의 비중으로 종합하여 승진임용 순위를 결정한다. 시험승진에 의한 경우 여기에 시험성적을 추가하여 5:3:2의 비중으로 결정한다(〈그림 14-8〉).[34] 1995년 이전에는 시험승진에 의한 방법만이 허용되었다. 그러다 보니 5급 승진시험 예정자가 되면 시험준비 때문에 직장 근무를 소홀히 하고 심지어는 한 달 여씩 자리를 이탈하는 것이 관례화되는 등의 부작용이 있었다. 현 제도는 이러한 문제점을 시정하기 위하여 소속장관의 결정에 따라 시험을 생략하고 심사 승진으로 대체하거나 두 방법을 병행할 수 있도록 자율권을 부여한 것이다.

② 배치전환

배치전환(reassignment, transfer)은 보수나 계급의 변동 없이 수평적으로 직위를 옮기는 것을 말한다. 배치전환의 한 유형은 기관을 중심으로 하여 중앙정부의 부처간, 중앙정부와 지방자치단체, 그리고 지방자치단체 간에 이루어지는 수평적 인사교류이다. 우리나라와 같이 중앙인사기관이나 각 광역자치단체에서 일괄적으로 신규공무원을 채용하여 각 부처나 기초자치단체에 임명하는 경우 원하는 곳에 첫 발령을 받기가 쉽지 않다. 시험 전에 생각했던 기관이나 적성에 맞는 기관이 아닌 곳에 임명될 가능성이 매우 높다. 따라서 이들 기관 간에 인사교류를 허용하는 것은 이들 공무원의 능력발전뿐만 아니라 기관의 직무수행 향상을 위해서도 매우 유익한 것이다.

인사교류보다 훨씬 많이 이용되고 있는 배치전환 유형이 전직과 전보이다. 전직·전보는 직무의 성격을 달리하는 직렬의 경계를 넘는가의 여부로 구분한다. 전직은 직렬의 경계를 넘어 다른 직렬의 동일계급으로 이동하는 것이고 전보는 동일직렬 내에서의 수평 이동이다. 전직과 전보의 구분 의미는 무분별한 배치전환에서 오는 부작용을 막기 위해서이다. 즉 직무의 성격이 다른 직렬까지 아무런 제약 없이 이동이 가능하면 직렬 기반의 선발제도를 약화시킬 우려가 있고 청탁이 개입될 여지가 많아진다. 따라서 직렬을 변경하는 전직의 경우에는 시험에 합격한 경우로 한정함으로써 전직의 남용을 차단시키고 있다.[35]

3) 유지·활용: 공무원의 행동과 권리

공무원을 전체 국민에 대한 봉사자로서 그리고 공익 추구자로서 유지하고 활용하는 과정에서 정부는 공무원에게 일반인보다 높은 윤리성을 요구하고 또 공무원의 권리를 제한하기도 한다. 공직의 공공성이라는 특수성을 반영하여 공무원 전체에게 일정한 행동규범을 강요함으로써 공직의 안정을 확보하는 것이다.

(1) 공무원의 행동

① 행동규범

공무원을 유지하고 활용하는 데 필수적인 것이 모든 공무원에게 공통으로 요구하는 공무원의 행동기준이다. 이 기준은 전체 국민에 대한 봉사자라는 특별한 지위와 직무 자체가 가지는 공공성에서 요구되는 사회윤리적 규범이다. 일반 사회의 모든 조직 역시 조직의 일체성과 전체성을 유지하기 위해서 구성원이 지켜야 할 규범이 있긴 하다. 그러나 공무원의 경우에는 이러한 신분의 특수성 때문에 일반인의 행동이나 직장인의 조직생활에서는 아무런 문제 없이 지나갈 수 있는 행동이 제재를 받는 경우가 많다. 그만큼 공무원에게는 상대적으로 높은 윤리기준에 따라 행동할 것을 요구하고 있다.

정부는 공무원에게 사회적으로 용인할 수 있는 최소한의 규범을 정해서 이를 벗어나는 행동에 대해 법적 강제력을 동원할 수 있는 법규정을 두고 있다. 법으로써 공무원이 지켜야 할 도리를 분명히 하고 이를 위반한 공무원에게는 불이익 처분을 내린다. 우리나라에서는 국가공무원법, 공직자윤리법, 부패방지권익위법 그리고 부정청탁금지법 등에 상세한 규정을 담고 있다(〈표 14-3〉 참조).

표 14-3 윤리관련 법규의 구조

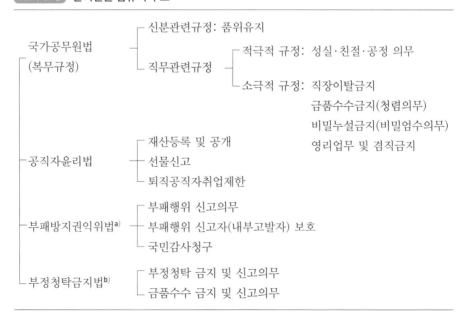

PART 1
행정과 행정학의 이해

PART 2
행정환경

PART 3
행정내부환경

PART 4
결정시스템

PART 5
집행시스템

PART 6
조직시스템

PART 7
지원시스템

PART 8
산출과 피드백

② 징　계

　윤리규범을 일탈하여 행동하는 공무원은 항상 있게 마련이다. 정부로서는 이들을 처벌함으로써 공직의 기강을 유지하고 행정의 원활한 수행을 확립시키는 데 관심을 두게 된다. 공직에서 일하는 것을 특혜로 보던 과거의 입장에서는 정부는 아무런 제재 없이 정부 의지대로 공무원에 대한 징계나 신분상 불이익을 가할 수 있다고 믿었다. 따라서 파면이나 해임과 같은 중대한 불이익의 경우에도 구제받을 기회가 제한되었다. 그러나 현대의 민주사회에서 공무원의 권익에 대한 인식이 높아지면서 징계가 새로운 시각에서 부각되고 있으며 최근에는 조직의 효과성을 높이기 위한 관리차원에서도 많은 관심을 가지고 있다.[a][b]

　징계는 법적인 의미와 행태론적 의미로 나누어 생각할 수 있다. 법적인 의미로는 법규정 위반행위에 대하여 공식적인 제재를 가하는 것을 말한다. 이때 제재는 제재의 사유와 적법절차의 원칙에 따라 엄격하게 행해져야 한다. 현재 징계의 종류는 파면, 해임, 정직, 감봉, 견책으로 분류하고 있다(〈표 14-4〉 참조).

　징계의 행태론적 의미는 거래적 리더십의 하위구성요소(예외관리)에 포함될 정도로 근무규범의 준수를 확보하기 위한 관리활동으로 본다. 사람의 행태를 자극에 대한 반응으로 보아 온 초기의 행태론자들에게 있어 사람은 자신이 원하는 만족스러운 보상이 따르는 행태는 계속 반복·강화시키고, 제재가 수반되는 행태는 피한다는 것이 하나의 법칙이었다.[36] 징계는 의무규정을 위반한 행동을 바로잡아 주고 행동을 올바로 이끌어 주는 동인(動因)역할을 하게 된다. 따라서 행태론적 의미의 징계는 법적 징계 이외에도 단순한 구두경고, 잘못의 내용과 훈계의 내용을 서면이 아닌 구두로 전달하는 견책, 그리고 제재로서의 인사이동을 모두 포괄하는 의미이다.

---

a) 「부패방지권익위법」에는 부패방지의 실효성을 거두기 위해서 공직자의 '부패행위'를 신고한 사람에 대해서 신분상 불이익이나 근무조건상 차별을 금지(내부고발자 보호)하고 있다. 공공기관 및 민간부문까지를 포함해서 '공익침해행위'를 신고한 사람에 대한 보호는 「공익신고자보호법」이 적용된다. 「부패방지권익위법시행령」에는 또한 공공기관의 사무처리가 법령위반 또는 부패행위로 인하여 공익을 현저히 침해하는 경우 300명 이상이 연서하여 감사원에 감사를 청구할 수 있도록 규정하고 있다(국민감사청구).

b) 공식 법명은 '부정청탁 및 금품 등 수수의 금지에 관한 법률'이고 일명 '김영란법'이라 불린다. 법의 적용을 받는 대상 집단과 부정청탁·금품수수의 범위 등에 대한 논란 끝에 2015년 3월 국회를 통과하였다.

표 14-4 징계의 종류

- 파면: 공무원신분을 완전히 잃는 것으로 5년간 공무원 임용의 결격사유가 된다.
- 해임: 파면과 같으나 3년간 공무원 임용의 결격사유가 된다.
- 강등: 1계급 아래로 직급을 내리고(고위공무원단에 속하는 공무원은 3급으로, 연구관 및 지도관은 연구사 및 지도사로) 공무원신분은 보유하나 3개월간 직무에 종사하지 못하며 그 기간 중 보수의 전액을 감한다. 직제·정원의 변경이나 예산감소로 폐직되었을 때 적용하는 감임과 구분된다.
- 정직: 공무원의 신분은 보유하나 1개월 이상 3개월 이하 직무에 종사할 수 없다. 신분보장에서의 직위해제와 유사하나 정직은 미리 정한 기간이 지나면 자동으로 복직이 되는 반면에 직위해제는 해제사유가 발생하고 이에 따라 복직명령이 이루어져야 한다. 보수는 전액을 감한다.
- 감봉: 보수의 불이익을 받는 것으로 1개월 이상 3개월 이하의 기간 동안 보수액의 1/3이 감해진다.
- 견책: 잘못된 행동에 대하여 훈계하고 회개토록 하는 것으로 6월간 승진과 승급이 제한되는 효력을 가진다. 징계의 한 종류이기 때문에 잘못된 행동과 훈계내용이 서면인 처분사유설명서로 교부되어야 한다.

  * 파면과 해임은 공무원의 신분을 잃는 중징계이다. 법적으로 정직까지를 중징계, 감봉·견책을 경징계로 구분한다.

자료: 「국가공무원법」, 제79조, 제80조(2015. 12. 24 개정).

(2) 공무원의 기본권 제한

① 제한의 의의

공무원은 두 종류의 신분을 지니고 있다. 하나는 정부에 고용된 고용인으로서의 신분이고 또 하나는 일반 국민의 신분이다. 이 두 신분 간에 얼마나 차이를 인정하느냐에 따라 공무원의 권리에 대한 제한 범위가 달라진다. 그 차이를 가장 크게 인정하는 입장은 공직에 근무하는 것을 하나의 특혜(privilege) 또는 명예(honor)로 본다. 따라서 국가와 공무원과의 고용관계를 특별권력관계로 이해한다. 공무원의 신분 자체가 하나의 특혜이고 또한 자율적으로 정부에서 일할 것을 선택한 상황이기 때문에 공무원에게 국민으로서의 기본적 권리는 상당히 제한시킬 수 있다는 주장이다.[37] 이러한 입장은 국가의 절대권력을 인정하는 사회에서는 당연한 것으로 받아들여 왔지만, 국민주권과 기본권에 대한 인식이 높아지면서 점점 그 설득력이 약해지고 있다.[38] 그렇다고 공무원과 국가의 고용관계를 민간부문에서의 고용주와 고용인의 관계로 보아 공무원에게 국민으로서의 모든 기본

PART 1 행정과 행정학의 이해

PART 2 행정환경

PART 3 행정내부환경

PART 4 결정시스템

PART 5 집행시스템

PART 6 조직시스템

PART 7 지원시스템

PART 8 산출과 피드백

권을 부여하는 것도 받아들이기 곤란하다. 공무원에 대한 국민으로서의 기본권을 국가가 부당하게 침해하는 것을 용납하여서도 안 되겠지만, 그 필요성을 전혀 무시할 수도 없는 것이 사실이다.

이러한 필요성을 근거로 특혜론을 대체시킬 수 있는 이론이 공무원은 **전체 국민에 대한 봉사자**라는 것과 공무원이 수행하는 **직무는 공공성**이 강하다는 주장이다. 전자는 공무원이 어느 특정 정파의 이익을 대변하는 신분이 아니라 국민전체의 이익을 위해서 공평무사하게 봉사해야 하는 신분임을 주장한다. 후자는 공무원 신분 그 자체가 아니라 수행하는 직무가 공공성을 띠고 있음을 강조한다. 전자의 경우 공무원의 신분에 초점을 두기 때문에 기본권 제한의 범위를 모든 공무원에게 획일적으로 적용할 수 있다면, 후자의 경우에는 직무에 따라서 그 공공성의 정도에 차이가 있음을 인정하기 때문에 공무원의 권리 제한이 개별적으로 이루어질 수 있다.[39]

국민 전체의 봉사자와 직무의 공공성을 주장하는 입장이 공무원의 기본권에 대한 제한의 범위를 정함에 있어 국가권력의 남용이 우려되는 특혜설의 입장보다 훨씬 합리적이고 민주적이라고 할 수 있다. 이 중에서도 직무의 공공성 입장이 개별적 직무상황을 고려하여 공무원에게 보다 많은 기본권을 허용하려는 전향적 태도라고 평가할 수 있을 것이다. 공무원의 기본권 제한과 관련하여 쟁점이 되고 있는 주제는 공무원의 정치적 중립성, 표현의 자유, 사생활 자유권, 그리고 노동의 권리이다.

② 정치적 중립성: 정치활동의 제한

모든 국민은 정치적 의견과 사상을 자유롭게 표현할 수 있을 뿐만 아니라, 정치적 의사형성에 능동적으로 참여할 수 있고 선거권과 공직취임의 권리를 가지며, 나아가 정당에 가입하여 자유로운 정당활동 및 선거운동을 할 수 있는 권리를 보장받고 있다. 이러한 정치적 기본권은 국민의 경우 국가안전보장, 질서유지 또는 공공복리를 위하여만 제한할 수 있다. 이 경우에도 그 본질적 내용은 제한할 수 없다.[40] 그러나 공무원의 신분에서는 정치적 중립성을 확보하기 위하여 일반 국민에 비해 정치적 활동이 훨씬 많은 제약을 받는다. 공무원이 정당, 특히 집권 여당으로부터의 정치적 영향을 받지 않고 독립적으로 직무를 수행토록 하기 위함이다.

우리나라는 1949년 국가공무원법 제정 당시부터 공무원의 정치활동 참여를 금지시켜 왔다. 공무원과 정당원의 신분을 엄격히 구분하는 법적 장치가 있었음에도 불구하고 공무원의 정치적 중립을 위태롭게 하는 정치권의 압력을 부정하기 힘들다. 선거철이 되면 정부는 '선심성' 정책공약과 선거 관련 예산 지출이 늘어나고 고위 공무원의 출장이 잦아진다. 선거 전후 불법선거를 이유로 입후보자와 당선자를 조사하고 구속하는 과정에서 검·경찰이 정당 간 균형을 잃는 경우도 있다. 특히 지방자치단체 공무원의 경우 단체장 선거에서 특정 후보의 편에서 직간접의 선거운동을 하고 당락에 따라 인사 특혜나 불이익을 받는 사례가 지적되고 있다.[a]

이러한 현상을 감안하면 공무원의 정치활동 제한은 공무원이 정치적 이해에 빠져 발생할 공직의 혼탁을 방지하기 위해 필요한 것이다. 공무원이 선거에 관여하여 특정 정파나 후보자의 이익을 위해 활동하는 것을 막아야 한다는 것은 윤리적·민주적 당위성을 지닌 것이다. 실적주의제나 직업공무원제에서 공무원의 정치적 중립을 내세웠을 때에는 정치권으로부터 공무원의 신분을 위태롭게 하는 압력을 차단하여 정부기능의 안정성을 확보하는 것이 목적이었다. 이제 신분보장이 잘 되어 있는 우리나라 현실에서 공무원의 정치적 중립은 그런 목적보다는 선거와 관련한 정치적 이해로부터 독립하여 공직의 신뢰성을 확보하는 목적이 더 크다고 하겠다.

③ 표현의 자유에 대한 제한

표현의 자유는 헌법에 보장된 오랜 역사를 가진 기본권 중의 하나이다. 자신의 생각을 자유롭게 표현한다는 것은 사람이 생명을 가지고 살아가는 한에는 가장 기본적인 권리일 것이다. 헌법 제21조에는 "모든 국민은 언론·출판의 자유와 집회·결사의 자유를 가진다"고 규정하고 있다. 사상이나 의견을 개인적으로나 집단적으로 표현할 수 있는 표현의 자유를 보장한 것이다. 다수인의 합의를 토대로 형성되는 민주국가에서는 사회구성원간에 자유로운 사상과 의견의 교환은 국가를 형성하는 데 필수 불가결한 것이다. 의사전달은 구두·문자·형상·집회 등의 매체를 동원하여야 비로소 가능하다. 따라서 사상이나 의견을 상대방에게 전달할 수단과 기회가 제한받지 않아야 한다.

그러나 정치활동의 제한에서 보았듯이 공무원의 경우 정파성을 띤 정당이나 정치단체 또는 정당인을 위해서 정치문제에 대한 자신의 생각을 자유롭게 표현하거나 정치적 목적의 집회에 참여하는 것이 제한된다. 우리나라의 경우 아직 공무원의 표현의 자유에 대하여 구체적 제한의 범위를 정하거나 그에 관한 판례가 축

---

a) 2014년 제6회 지방선거에서 공무원의 선거법 위반은 206건이었는데, 이는 2016년 국회의원 선거 때의 38건보다 5배, 2017년 대통령 선거 때의 17건보다 12배가 많은 수치이다. 지방자치단체장의 인사권 행사에 의해 직접 영향을 받는 공무원의 줄서기 행태로 볼 수 있을 것이다(경기신문, 2018. 5. 3).

적되어 있지 않은 상태이다. 경찰대생이나 사법연수원생의 집단 의사 표시 등 예비 공무원의 지위에서 표현의 자유와 관련된 사건이 과거에 여러 번 있었지만 그때마다 법원의 합리적 판결에 의해 해결되기보다는 정치적 판단에 의한 편의적인 해결방식을 택해왔다. 즉 표현의 자유를 인정해서라기보다는 정치적으로 더 이상 '시끄럽게' 되는 것을 원치 않아 조용히 끝내는 경우가 많았다. 합리적 사고와 행동이 통하는 공직사회를 이루려면 표현의 자유에 대한 쟁점이 형성되었을 때 정치적으로 흐지부지 종결시키기보다 법의 공정한 심판을 받고 그 판결이 하나의 선례로서 미래의 행동기준을 제공하도록 노력해야 할 것이다.

④ 사생활 자유권의 제한

우리나라 헌법 제17조에는 "모든 국민은 사생활의 비밀과 자유를 침해받지 아니한다"고 규정하고 있으나 공무원의 사생활 자유는 제한되어 공개를 요구받는 경우가 많으며 일반 국민의 경우에는 묵인되는 수준의 행동이 공무원이라는 이유로 용인되지 않는 경우가 상당히 있다. 공무원의 사생활 자유권 제한은 다음의 세 분야로 요약할 수 있다: 공무원 개인의 생활방식에 관한 것, 공무수행과 관련한 정보의 취득·공개에 관한 것, 그리고 정부가 가지고 있는 공무원의 인사기록에 대한 본인의 접근 허용에 관한 것.

첫째, 사람은 누구나 사생활에 대하여 남의 방해를 받지 않고 자기가 원하는 방식대로 이를 계획하고 영위할 수 있어야 한다. 즉, 가정문제, 이성문제, 복장, 음주·흡연, 유흥·오락, 재산증식 등 상당히 광범위한 분야에 걸쳐 자율성을 인정받는 것이다. 그러나 공무원의 경우 품위유지와 청렴을 의무화하고 있고 영리를 목적으로 한 업무나 다른 직업을 겸할 수 없도록 하는 등의 제한을 가하고 있다.

둘째, 사생활의 비밀을 보장받을 권리에 대한 제한이다. 이는 사생활을 공개 당하지 아니할 권리로서 "私事의 공개, 명예나 신용을 훼손하는 공표, 인격적 징표(본인의 고유한 속성)의 타인에 의한 이용 등 비밀 영역 또는 인격적 영역의 불가침"[41]을 내용으로 한다. 공무원의 경우 특히 제한의 문제가 되는 것은 본인이 공개를 꺼리는 사적 영역의 정보에 대하여 공개를 요구당하는 경우로 공무원 및 공무원의 배우자·직계존속에 대한 재산공개가 여기에 해당한다.

셋째, 사생활 자유권에 포함시킬 수 있는 것으로 자기정보에 대한 자기통제의 권리이다. 자기정보 관리통제권이라고 부르는 이 권리는 좁은 의미로는 자기정보에 대한 열람·정정·사용중지·삭제 등을 요구할 수 있는 권리를 말한다.[42] 공무원의 경우 공무원 개인에 관한 인사기록을 정부가 보유하고 있을 때 이 정보에

PART 1 행정과 행정학의 이해
PART 2 행정환경
PART 3 행정내부환경
PART 4 결정시스템
PART 5 집행시스템
PART 6 조직시스템
PART 7 지원시스템
PART 8 산출과 피드백

대한 알 권리를 인정받는 것이다. 공무원 개인의 기록을 담고 있는 정보를 정부가 비밀로 분류하여 보관하고 있을 때 공무원에게 이의 접근을 허용하는 것이다. 우리나라 공무원의 경우에 인사기록이나 근무성적평정 등 자신에 관한 많은 정보가 생산되고 있지만 이들 정보의 관리권에 대한 문제인식은 아직 미진한 상태이다.

⑤ 공무원 노동조합

조직구성원의 권익을 가장 확실하게 보장하는 방법은 구성원으로 하여금 자신들의 권익을 단체로 응집하여 표출하고 이를 실현시키기 위한 활동을 허용하는 것이다. 즉 노동조합(노조)의 결성과 활동을 보장하는 것이다. 우리나라에서 공무원 노동조합은 오랫동안 사실상 노무에 종사하는 공무원으로 한정하여 오다가 1999년에 교원에게 허용하였고, 2006년에 6급 이하의 일반직공무원·특정직공무원·별정직공무원까지 확대하였으며, 2021년에는 6급 이하의 직급 제한 규정을 삭제하는 등 가입 범위를 지속적으로 확대하여 왔다.

노동의 권리는 노동조합을 결성할 수 있는 단결권, 사용자와 근로조건에 대해 합의를 도출하고 단체협약을 맺을 수 있는 단체교섭권, 그리고 노조의 주장을 관철시키기 위해 실력행사할 수 있는 단체행동권으로 구성된다.

2021년 개정된 공무원노조법은 단결권 즉 노조에 가입할 수 있는 공무원의 범위를 직급 제한 없이 모든 공무원으로 확대하였을 뿐만 아니라 노동조합 규약에 따라 퇴직공무원도 포함할 수 있도록 하였다. 또한 2021년 법개정으로 특정직 공무원 중에서 소방공무원과 조교를 포함한 교육공무원(교원노조법 대상인 교원은 제외)도 노조 가입이 허용되었다. 다만 주된 업무가 지휘·감독권을 행사하거나 다른 공무원의 업무를 총괄 또는 인사·보수를 수행하는 공무원, 그리고 교정·수사 등 공공의 안녕과 국가안전보장에 관한 업무에 종사하는 공무원은 제외된다.[43]

단체교섭권으로는 보수·복지 그 밖의 근무조건에 관한 사항에 대하여 단체 협약을 체결할 수 있도록 하되, 정책결정에 관한 사항이나 임용권의 행사 등은 교섭대상에서 제외하고 있다.[44] 또한 법령·조례 또는 예산에 의하여 규정되는 내용은 단체협약으로서의 효력을 인정하지 않는다. 다만 정부에게 그 내용을 이행하도록 성실히 노력할 의무만을 규정하고 있다.[45]

단체행동권은 허용하지 않는다. 노조는 정치활동은 물론, 파업 태업 등 업무의 정상적인 운영을 저해하는 행위를 일체 할 수 없도록[46] 규정하고 있다.[a] 공무

---

a) 단체행동의 수단으로 파업(strike) 태업(sabotage) 이외에 피케팅(picketing)과 보이코트(boycott)가 있다.

PART 1
행정과 행정학의 이해

PART 2
행정환경

PART 3
행정내부환경

PART 4
결정시스템

PART 5
집행시스템

PART 6
조직시스템

PART 7
지원시스템

PART 8
산출과 피드백

원은 국민 전체에 대한 봉사자라는 헌법상의 지위와 직무의 공공성 차원에서 행정서비스의 중단이 국익에 중대한 해를 가져올 수 있기 때문이다.[47]

공무원 노조의 결성과 활동은 공무원의 권익을 실현시킬 수 있는 중요한 수단일 뿐만 아니라 행정의 민주성과 효율성을 높일 수 있다는 장점이 있다. 노조는 부당한 정치적 정실인사를 배제시키는 데 기여할 수 있다. 정실인사뿐만 아니라 자의적인 인사조치도 노조 전체의 힘으로 대응할 수 있고 이러한 부당성을 공개함으로써 시민들로 하여금 정부가 하는 일에 관심을 이끌어내고 참여를 자극하는 효과를 가져올 수 있다. 노조는 인사뿐만 아니라 정책결정이나 예산집행 등 관리상의 잘못에 대하여도 내부자로서 누구보다 유리한 감시자의 역할을 할 수 있다. 따라서 노조는 행정의 투명성을 높임으로써 밀실에서 은밀하게 이루어지는 부정과 비효율을 방지하는 데 기여할 것이다.

여기에 대하여는 노조가 오히려 관리의 비효율성을 초래할 수 있다는 주장도 있다. 노조원이 무엇보다 중시하는 것은 그들의 신분보장이다. 조직의 목표달성보다는 권익보호를 우선 생각하기 때문에 외부에서의 개방형 충원을 반대하고, 연공서열에 의한 안전한 승진 보장을 선호한다. 실적주의와 경쟁원리를 반대하기 때문에 무능력하고 나태한 공무원이 공직에 그대로 남아 있을 수 있고 능력 있는 공무원은 공직을 떠나거나 사기가 떨어지게 되어 공직전체의 역량이 약화되는 결과를 가져올 수 있다. 또한 기구축소나 개편으로 인해 인원감축이 필수적인 경우에도 신분상의 불이익 때문에 이를 반대하여 결국 불필요한 조직을 유지하는 비효율을 가져올 수 있다는 것이다.[48]

4) 평가: 근무성적평정

(1) 의   의

① 개   념

공무원이 일을 했으면 그 수행한 직무의 성과가 어느 정도인지를 평가하는 것이 순차적인 단계이다. 근무성적평정은 개별 공무원의 직무수행에 관한 실적, 능력, 그리고 태도 등을 공식적이고 체계적으로 평가하는 것을 의미한다. 근무성

파업: 노조원이 공동으로 노무 제공을 거부하는 행위
태업: 규정을 지켜가면서 의도적으로 작업능률을 저하시키는 행동. 버스노조의 제한속도 준수 등
피케팅: 노조원들이 피켓을 들고 작업장에 들어가지 말 것을 촉구하는 행위
보이코트: 사용자의 상품을 구입하거나 서비스 이용을 방해하는 행위

적평정은 사람을 평가의 대상으로 한다는 점에서 직무의 가치를 평가하는 직무평가와 구분된다.

② 용　　도

근무성적평정은 선발시험의 타당성과 교육훈련의 수요조사에 중요한 자료로써 사용된다는 것을 언급하였다. 근무성적평정은 이외에도 여러 가지 용도(목적)로 사용되는데 이를 설명의 편의상 조직차원과 개인차원으로 구분할 수 있다.

우선 **조직차원**에서 근무성적평정은 조직 전체의 효과성 향상을 위한 도구로 사용된다.[49] 첫째, 근무성적평정은 시험성적과의 상관관계를 조사함으로써 시험의 (기준)타당성을 검증할 수 있다. 선발시험에서 우수한 성적을 기록한 사람이 과연 근무성적도 우수하게 나타났는지를 연관시켜 봄으로써 타당성 측면에서 시험의 유용성을 검토할 수 있다. 둘째, 근무성적평정의 결과를 종합하여 조직의 문제점을 진단할 수 있다. 즉 현재 부족한 지식, 기술, 능력이 무엇인지를 파악함으로써 교육훈련 수요를 예측하고 채용 분야를 진단하는 등의 인력계획에 필수적인 정보를 제공한다. 셋째, 직무평가나 직무설계를 위한 정보를 제공한다. 직무수행 실적이 좋지 않을 때 그 원인이 개인의 능력이나 노력의 부족에 있다고 보는 것이 일반적이나, 때로는 직무설계가 잘못되어 개인의 업무부담이나 책임이 지나치게 많은 경우일 수도 있다. 넷째, 근무성적평정을 개인의 승진, 승급, 징계, 성과급 등의 인사조치의 기준으로 이용하는 것이다. 이는 전통적 통제중심의 인사행정에서 가장 흔하게 이용하여 왔다.

개인차원에서는 근무성적평정을 공무원 개인의 능력발전을 위한 목적으로 사용하는 것으로 인간의 성장을 강조해 온 후기인간관계론과 함께 관심의 대상이 되기 시작하였다. 근무성적평정을 상벌의 통제수단이 아니라, 개인의 뛰어난 점과 부족한 점을 발견하여 피드백시켜 줌으로써 개인 스스로 자신의 능력과 적성을 적극 발전시켜 나갈 수 있도록 활용하는 것이다. 또한 근무성적평정 결과는 개인의 능력과 적성에 맞는 적재적소의 인사배치, 그리고 개인의 수요에 맞는 교육훈련의 기회를 제공하는 데 사용함으로써 공무원 개인의 능력개발을 지원할 수 있다.[50]

③ 유　　형

우리나라 근무성적평정은 고위공무원을 포함한 4급 이상 공무원에게 적용되는 '성과계약중심평가'와 5급 이하 공무원에게 적용되는 '근무성적평가'로 구분된다. 성과계약중심평가는 평가대상자와 평가자가 성과계약을 맺고 성과목표달성도를 평가하는 것으로 일의 결과에 평가의 초점을 맞춘다. 다만 직종·직위·직무

PART 1
행정과 행정학의 이해

PART 2
행정환경

PART 3
행정내부환경

PART 4
결정시스템

PART 5
집행시스템

PART 6
조직시스템

PART 7
지원시스템

PART 8
산출과 피드백

특성 등을 감안하여 개인의 실적, 부서의 실적, 개인의 직무수행능력을 혼합하여 평가할 수 있다.[a] 한편 근무성적평가는 평가대상자의 근무실적과 직무수행능력을 중심으로 평가하고 직무수행태도를 제한적으로 포함시킬 수 있도록 한 것으로 일의 결과뿐만 아니라 개인의 투입요소를 함께 평가하는 것이다.

(2) 평정방법

평정제도가 발달한 미국이나 민간기업의 경우 매우 다양한 평정방법이 개발되어 활용되고 있다. 우리나라 공무원의 경우 근무성적평가에서는 도표식 평정척도법을, 성과계약중심평가에서는 목표관리제 평정법을 기본으로 하고 있다. 여기에 자기평정법, 다면평정법, 서술법, 가점법, 강제배분법 등을 보완적으로 활용하고 있다.

① 도표식 평정척도법(graphic rating scales): 근무성적평가

가장 대표적인 평정방법이다. 전형적인 평정양식은 다수의 평정요소와 각 평정요소마다 실적수준을 평가할 수 있는 등급으로 구성되어 있다. 평정요소는 직무 및 사람과 관련된 실적과 능력, 그리고 태도를 구체적으로 평가할 수 있는 항목들이다. 한편 등급을 나타내는 척도상에는 1·2·3·4·5 등과 같이 간단히 표기하거나 때로는 각 등급의 의미를 구체적으로 기술하기도 한다(〈표 14-5〉의 평가등급과 *표의 기술 내용 참고).

도표식 평정척도법은 일반적으로 직관과 선험을 바탕으로 하여 평가요소를 결정하기 때문에 작성이 빠르고, 쉬우며, 경제적이라는 장점을 가지고 있다. 또한 평가요소가 모든 직무 및 사람에게 일반적으로 나타나는 공통적인 속성에 근거하기 때문에 적용의 범위가 넓다. 평가자가 해당하는 등급에 표시만 하면 되기 때문에 평정 또한 간단하다. 끝으로 평정의 결과를 점수로 환산하기 때문에 평정대상자에 대한 상대 평가를 확실히 할 수 있어 상벌결정의 목적으로 사용하는 데 효과

---

a) 「공무원 성과평가 등에 관한 규정」에는 '성과계약 등 평가'라는 용어를 쓰고 있다. 4급 이상 공무원의 근무성적평정에는 "성과목표 달성도, 부서 단위의 운영 평가 결과, 그 밖에 직무수행과 관련된 자질이나 능력 등에 대한 평가"의 하나 또는 그 이상을 평가항목에 포함시킬 수 있는데 성과계약에 해당하는 성과목표 달성도 이외에 다른 항목을 포함시키면서 등(等)이 들어간 것으로 보인다. 행정 실무와 법명에서는 등(等)의 표현이 흔하게 사용되지만 학술 용어로는 '성과계약중심평가'가 더 적합하다고 본다. 한편 성과계약중심평가는 일반적으로 4급 이상 공무원에게 적용되지만 5급(상당) 이하 공무원 중에서도 과·팀장 등 부서장 직위에 있거나 성과급적 연봉제를 적용받는 공무원으로서 성과계약중심평가가 적합하다고 판단하면 소속 장관의 재량에 따라 적용시킬 수 있다(「공무원 성과평가 등에 관한 지침」, 2020. 1. 29, p. 4).

표 14-5 5급 이하 공무원 근무성적평가서 예시

1. 담당업무

2. 근무실적 평가(50점)

연번	성과목표 또는 단위과제	업무 비중(%)	주요실적	평가결과(예시) 성과산출실적 또는 과제해결정도	소계 점수
1				┼─┼─┼─┼─┼ ① ② ③ ④ ⑤	
2					
3	〈이하 생략〉				
			총 점		

3. 직무수행능력 평가(50점)

연번	평가요소	요소별 배정	정 의	평가등급	소계 점수
1	기획력	9점	• 창의적인 시각을 가지고 문제를 예측하고 실행 가능한 계획을 만든다. • 효과적인 설명이 가능하도록 일목요연한 계획을 만든다.	┼┼┼┼┼ ①②③④⑤	
2	의사 전달력	6점	• 표현이 간결하면서도 논점이 빠지지 않도록 문서를 만든다. • 논리적이면서 설득력 있는 말로 설명을 한다.	┼┼┼┼┼ ①②③④⑤	
3	협상력	6점	• 상대방의 의도를 적절히 파악하여 자신의 입장을 설득한다. • 서로 상반되는 이해관계에 대하여 효과적으로 조정한다.	┼┼┼┼┼ ①②③④⑤	
4	추진력	5점	• 맡은 업무에 책임감을 가지고 목적한 바를 완수한다. • 열정을 가지고 환경적인 불리함을 극복한다.	┼┼┼┼┼ ①②③④⑤	
5	〈이하 생략〉				
			총 점		

* 평가요소별로 '전혀 그렇지 않다(①)-거의 그렇지 않다(②)-가끔 그렇다(③)-자주 그렇다(④)-항상 그렇다(⑤)'의 5단계로 평가함

4. 평가자 의견 및 종합평가

성과면담 결과 및 평가자 의견			
성과면담 실시일			
평가자 최종의견 (면담결과 포함)		근무실적	직무수행 능력
	우수한 점		
	보완할 점		
평가등급 및 점수			

평가자   직위(직급):   성명: 서명:
확인자   직위(직급):   성명: 서명:

자료: 인사혁신처, 「공무원 성과평가 등에 관한 지침」, 별지 제4호 서식, 2020. 1. 29, 일부 생략.

PART 1 행정과 행정학의 이해

PART 2 행정환경

PART 3 행정내부환경

PART 4 결정시스템

PART 5 집행시스템

PART 6 조직시스템

PART 7 지원시스템

PART 8 산출과 피드백

적이라고 할 수 있다.

그러나 평정요소와 등급의 추상성이 높기 때문에 평정자의 자의적 해석에 의한 평가가 이루어지기 쉽다. 기획력, 의사전달력, 추진력 등 이들 평정요소의 개념이 구체적으로 조작화되지 않고 평정자 나름대로의 해석이 많이 작용한다. 한 평정요소의 평가가 다른 평정요소에까지 파급되어 나타나는 연쇄효과(halo effect)의 오류도 범하기 쉽다. 도표식 평정척도법이 지닌 이러한 단점을 부분적으로나마 보완하기 위하여 여타 평정방법을 병행하여 사용하고 있다.

현재 5급 이하 일반직공무원의 근무성적평가는 근무실적과 직무수행능력을 기본적 준수사항으로, 그리고 직무수행태도 또는 부서단위의 운영평가를 부처의 자율적 평가항목으로 정하고 있는데 이 중 〈표 14-5〉에서 보여주는 직무수행능력 부분의 평가는 전형적인 도표식 평정척도법을 적용한 것이다.[a]

② 목표관리제 평정법(MBO appraisals): 성과계약중심평가

목표관리제 평정법은 조직관리의 한 모형으로 개발된 목표관리(MBO: Management by Objectives)를 평정에 적용한 것이다. 목표관리제 평정법은 개인의 능력이나 태도는 목표를 설정할 때 이미 반영하고 실제 평가에서는 결과로서 나타난 실적만이 대상이 된다. 공무원 성과평가 규정에는 4급 이상 공무원에 대해서 평가자와 평가대상자 간에 성과목표, 평가지표, 그리고 평가결과의 활용 등에 대해 성과계약을 체결하도록 하고 있는데(〈표 14-6〉 참고), 목표관리제 평정법을 적용한 것이라 할 수 있다. 성과목표는 해석상의 모호함이 없도록 구체적이고 업무의 최종적인 효과를 이해할 수 있도록 설정하여야 한다. 또한 '기관임무(미션) → 전략목표 → 실·국장급 성과목표 → 과·팀장급 성과목표'의 조직-개인목표 간 유기적 연계성을 확보하여야 하고, 이를 위해 상위자로부터 하위자로 순차적인 성과계약을 체결하도록 하고 있다.[51] 평가지표는 성과목표의 달성 여부를 측정할 수 있는 기준으로서, 성과목표의 핵심적인 내용을 포함하여야 한다. 특히 평가지표의 목표점은 조직이나 개인이 달성하고자 하는 성과수준으로서, 도전적으로 설정하되 달성정도가 평가대상자의 통제 밖인 조직의 가용자원 부족이나 외부 환경 또는 기술 변화 등의 영향을 받지 않도록 주의하여야 한다.[52]

목표관리제 평정법은 목표가 뚜렷하기 때문에 평정이 용이하고 신뢰성이 높

---

[a] 근무실적과 직무수행능력의 평가 비중은 어느 하나가 70%를 초과하지 못하도록 하고 있으며, 평가 항목으로 직무수행태도나 부서단위의 운영평가를 추가시킬 때 이들 비율은 각각 100점 기준으로 10%, 30% 이내로 하여야 한다(인사혁신처, 「공무원 성과평가 등에 관한 지침」, 2020. 1. 29, p. 24).

표 14-6 4급 이상 공무원 성과계약 및 최종평가 사례

성 과 계 약 서

□ 평가대상기간 : 2019년도

	소 속	직 위	성 명	서 명
평가대상자	B국 C과	C과장	○○○	●●●
평가자	B국	B국장	□□□	■■■

기관의 임무와 목표를 달성하기 위해 甲과 乙은 상호 합의에 의해 다음과 같이
성과계약을 체결한다.
작성일 : 2019. 1. 20

□ 개인 성과목표

No.	성과목표	평가지표		주요 실적
		평가지표명 (측정방법 포함)	목표점	
1	성과평가제도 정착 지원	성과평가 절차 준수 정도	80%	• 성과평가제도 설명회 개최 • 성과관리자 교육 매뉴얼 보급 및 활용 • 운영실태 모니터링 및 우수사례 발굴 • 성과관리 점검, 환류 시스템 마련 • 성과관리자 사이버 교육 과정 개발
		성과관리 강화 필요성에 대한 인식도	60%	
2	이하 생략			

최 종 평 가 서

□ 평가대상기간 : 2019년도

	소 속	직 위	성 명	서 명
평가대상자	B국 C과	C과장	○○○	●●●
평가자	B국	B국장	□□□	■■■
확인자	A기관	D차관	◇◇◇	◆◆◆

No.	성과목표	평가지표			실행계획
		지표명(측정법)	목표점	결과	
1	성과평가제도 정착 지원	성과평가 절차 준수 정도	80%	86%	• 성과평가제도 설명회 개최 및 성과관리 교육 매뉴얼 보급 • 운영실태 모니터링 및 우수 사례 발굴·배포
		성과관리 필요성 인식도	60%	65%	
2	이하 생략				
평가자 의견		관대화 경향지수 개발 및 성과정보종합관리체계 구축시 관련 민간 전문가, 유관부처 등과의 적극적인 의사소통과 더불어 조정·통합 능력을 발휘함			
최종등급		우수			

작성일 : 2020. 1. 30.

자료: 인사혁신처, 「공무원 성과평가 등에 관한 지침」, 2020. 1. 29. pp. 67-69. 일부 생략 재구성.

행정과 행정학의 이해

PART 1

PART 2 행정환경

PART 3 행정내부환경

PART 4 결정시스템

PART 5 집행시스템

PART 6 조직시스템

PART 7 지원시스템

PART 8 산출과 피드백

으며, 참여를 이용하여 평정자와 평정대상자 간의 긴장을 완화시킬 수 있고, 피드백을 통한 개인의 능력발전에 공헌할 수 있다는 장점이 있다.[53] 반면에 유용한 목표관리가 되기 위해서는 측정 가능한 구체적인 목표를 설정해야 하는데 행정의 경우는 특히 이 같은 목표설정이 곤란하며, 목표가 개인의 특수성을 고려한 것이기 때문에 개인 간의 비교를 위한 평정으로서 사용하기 어렵고, 참여를 바탕으로 하기 때문에 제도의 개발과 운영에 많은 시간과 비용이 따른다는 단점이 있다.

③ 자기평정법, 서술법, 가점법

현행 성과계약서(성과계약중심평가)와 성과계획서(근무성적평가)[a]는 성과목표, 평가지표, 실행계획, 주요 성과 등을 평정대상자가 직접 서술하도록 함으로써 자기평정법과 서술법을 채택하였다. 또한 근무성적평정이 완료된 후 승진후보자명부를 작성하는 단계에서 자격증 소지, 특수지역이나 특정직위 근무, 또는 업무혁신의 실적이 있는 경우에 가점을 부여하는데, 직무수행과 관련된 특수성을 인센티브 형태로 승진 평가에 반영하는 가점법이라 할 수 있다.

④ 다면평정법과 강제배분법

다면평정법은 여러 사람을 평정자로 활용함으로써 평가에 참여하는 소수인의 주관과 편견, 그리고 이들간의 개인 편차를 줄이고 객관성과 공정성을 높일 수 있는 제도이다. 다면평정법은 일반적으로 360°평정법, 집단평정법 또는 복수평정법이라는 말을 사용하기도 한다.[b] 우리나라에서는 노무현 정부 때 다면평가결과를 승진결정, 보직임용, 모범공무원선발, 성과상여금결정 등의 용도로 적극 활용하였다. 하지만 이명박 정부 이후 승진, 전보, 성과급 지급과 같은 통제의 목적으로 사용하기보다는[54] 역량개발 및 교육훈련과 같은 능력발전의 목적으로 활용토록 권장하고 있다.

---

a) 5급 이하 공무원에게 적용되는 근무성적평가서의 근무실적 부분도 성과목표에 대한 달성 정도를 평가하는데 이때 평가의 기준이 되는 것은 연초에 평가자와 함께 작성하는 '성과계획서(공무원 성과평가 등에 관한 지침 별지 제3호 서식)'이다. '성과계획서'는 4급 이상 공무원에게 요구되는 '성과계약서'와는 목표 및 평가지표의 구체성에서 차이가 난다(〈표 14-5〉, 〈표 14-6〉 비교 참조). 특히 성과계약서는 목표관리제 평정법의 원리에 따라 평가자와 평가대상자가 성과계약 내용에 합의하고 서로 서명하는 절차를 거치게 된다. 한편 근무성적평가에서의 '성과계획서'는 개별 공무원 차원에서 작성하는 것이며, 성과주의 예산제도(제15장)에서 사용하는 '성과계획서'는 기관 차원에서 작성하는 것으로 용어는 같으나 내용과 형식에서 전혀 다르다.

b) 근무성적 평정방법은 평정자를 중심으로 여러 가지 형태로 분류할 수 있다. 평정을 평정대상자의 상관인 감독자가 행할 때 감독자평정법이라 하며, 동료가 할 때 동료평정법, 부하가 상관을 평정할 때 부하평정법이라고 한다. 때로는 평정대상자 자신이 스스로를 평가하는 경우도 있는데 자기평정법이라 하고, 상급자·동료·부하·고객 등 여러 사람이 동시에 평가하는 경우를 다면평정법이라 한다.

- 연쇄효과(halo effect): 평정자가 가장 중요시하는 하나의 평정요소에 대한 평가가 성격이 다른 평정요소에도 연쇄적으로 영향을 미쳐 비슷하게 평가하는 오류
- 집중화, 관대화, 엄격화 경향: 각각 평정척도상의 중간 등급에 집중적으로 몰리거나 실제 실적 수준보다 후하거나 엄한 성향으로 정규분포를 벗어난 오류
- 근접효과(recency effect): 평정대상 기간에서 평가 시점에 가까운 실적이나 사건을 평정에 더 많이 반영함으로써 나타나는 오류
- 선입견(personal bias): 평정자가 평소에 가지고 있던 종교, 출신학교, 성 등에 대한 편향성을 평정에 반영함으로써 나타나는 오류

강제배분법은 도표식이나 MBO식 평정법에서 나타나기 쉬운 집중화 경향이나 관대화 경향 등의 오류(글상자)를 시정하고자 사용하는 방법이다. 즉 평가자가 부여한 종합평정점수에 대한 분포를 보았을 때 중간 등급 또는 상위나 하위 등급에 빈도수가 몰리는 현상을 방지하고 종형의 정규분포에 가깝게 하기 위하여 평가등급에 일정한 비율을 강제로 배분하는 방법이다. 우리나라 근무성적평정에서는 개별 성과목표나 평가요소에 대한 평가 단계에서는 강제배분을 적용하지 않지만 최종 평가등급을 부여할 때에는 적용하고 있다. 구체적으로 근무성적평가의 경우 등급의 수를 3개 이상으로 하고, 소속 장관에게 재량을 부여하되 특별한 사유가 없는 한 최상위 등급과 최하위 등급의 인원을 각각 20%와 10% 강제분포시키도록 하고 있다.[55)a)]

(3) 근무성적평정제도의 주요 구성요소

근무성적평정이 앞서의 용도대로 100% 유용하게 쓰이기 위해서는 성적이 좋은 사람을 정말 우수한 공무원으로 평정하는 타당한 결과가 나와야 한다. 그런 결과에는 평정을 실시하는 **평가자**, 평정에 사용되는 **평정도구**, 그리고 **평정결과의 공개** 등이 중요한 변수로 작용한다. 따라서 이들 변수를 어떻게 관리하느냐가 근

---

a) 고위공무원의 경우 평가등급을 '매우우수·우수·보통·미흡·매우미흡'의 5등급으로 구분하고 있으며 (「고위공무원단 인사규정」 제20조), '매우우수' 등급은 20% 이하, '미흡·매우미흡' 등급을 합하여 10% 이상 배분토록 규정하고 있다(「공무원 성과평가 등에 관한 규정」 제10조, 2020. 1. 29).

PART 1 행정과 행정학의 이해
PART 2 행정환경
PART 3 행정내부환경
PART 4 결정시스템
PART 5 집행시스템
PART 6 조직시스템
PART 7 지원시스템
PART 8 산출과 피드백

무성적평정의 효과에 중요한 영향을 미친다.

① 평 가 자

평정의 방식에 따라 다양한 사람이 평정에 참여하게 된다. 평정결과를 상벌 결정의 용도로 사용할 때는 지휘·감독의 책임이 있는 상위 감독자와 차상위 감독 자가 평가자가 되는 것이 일반적이다. 그러나 개인의 능력발전용으로 쓰일 때에 는 감독자 이외에 타 부서의 상관, 부서 내외의 동료 또는 부하, 심지어는 서비스 를 제공받는 시민도 평가자가 될 수 있다. 일반적으로는 평가자의 수가 많으면 많 을수록 평정이 정확하고 공정하게 이루어질 것을 기대할 수 있다.

우리나라 근무성적평정은 5급 이하 공무원의 근무성적평가와 4급 이상 공무 원의 성과계약중심평가 모두 평가자와 확인자를 두고 있다. 평가대상자의 상급 또는 상위 감독자가 평가자가 되고, 평가자의 상급 또는 상위감독자가 확인자가 된다. 평가자 한 사람에게 평가권한을 모두 부여하는 경우 연고 등에 의해 불공정 한 평가가 이루어질 것을 우려하여 평가자와 확인자에게 각각 50%씩의 평정책임 을 부여한 적도 있지만, 현재는 평가자가 사전에 확인자와 평가방향에 대하여 협 의한 후 100% 평가권한을 행사한다. 평가자가 확인자에 비해 평가대상자와 직접 업무를 수행하고 근거리에서 더 잘 관찰하고 평가할 수 있는 위치에 있기 때문이 라 할 수 있다. 다만 확인자는 평가자가 정한 최종 등급이 관대화, 엄격화 등의 평 정오류가 없는지 점검하여 재평가를 권고할 수 있다.[56]

② 평정도구

평정도구는 도표식 평정척도법과 같이 평가자가 평가대상자를 평가하는 데 사용하는 평정양식이다. 평정도구를 만들 때의 핵심은 평가대상자의 무엇을 평가 할 것인가에 대한 평가요소와 요소별 등급이다.

- 평가요소: 평가요소는 크게 실적에 관한 것과 사람에 관한 것으로 나눈다. 실적 측 면에서는 '상사가 부하에 대하여 기대하고 요구하는 업무의 내용과 수준'[57]을 얼마 나 달성했는가를 평가하는 것으로 업무의 질과 양을 주로 포함시킨다. 협의의 근 무성적 의미는 바로 직무내용을 기준으로 한 실적만을 말한다. 그러나 '근무성적 평정'이란 이제 하나의 관용어가 되어 실적뿐만 아니라 사람에 관련된 직무수행능 력이나 태도까지도 포함한다. 그런데 능력이나 태도는 개인의 내면적 특성이고, 특히 태도는 직무수행과 직접적인 관계가 적은 전반적인 인간됨을 평가하는 잘못 을 저지르기 쉽다. 주관적 판단이 개입할 우려가 높기 때문에 근무성적평정에서 그 비중을 낮추는 추세이다.

현재 우리나라 근무성적평정은 성과계약중심평가의 경우 실적을, 근무성적평가의 경우 실적과 능력을 중요한 평가요소로 하고 있다. 노무현 정부 이후 성과관리가 강조되면서 실적의 비중이 강화되었다. 그럼에도 불구하고 몇 가지 문제점을 지적하면 첫째, 5급 이하 근무성적평가의 경우 평가요소가 직무분석이 아닌 전문가의 판단이나 직관에 의해 결정되고 있다는 것이다. 그러다 보니 표현이 추상적이며 평가자의 주관적 판단이 작용할 여지가 많다. 둘째, 근무성적평가의 경우 대부분 5급(상당) 이하 공무원에게 적용되기 때문에 적용 범위가 너무 넓다. 이 또한 평가요소가 일반적이고 추상적인 특성이 강한 원인이 되고 있다. 다행히 정부는 〈표 14-5〉를 원형으로 제시하고 부처장관이 각 조직의 특성을 고려하여 자율적으로 양식을 개발할 수 있도록 하였다. 셋째, 4급 이상 성과계약중심평가의 경우 부처 차원의 미션-전략적 방향-전략목표가 체계화되어 있지 않는 경우가 많기 때문에 관리자급 이상 고위공무원의 성과목표 및 평가지표(평가항목)를 구체화하기가 곤란하다. 또한 행정목표의 경우 추상성이 높고 고위직일수록 비정형적인 긴급 상황에 대한 상황 적응적 대응이 많기 때문에 더욱 그렇다.

- **등급**: 평가대상자의 무엇을 평가할 것인가를 결정하고 난 다음에는, 평가요소별로 평정의 등급을 부여한다. 등급을 일반 척도에 비유하면 눈금에 해당한다. 등급은 바로 평가대상자의 근무성적을 차등화하는 데 직결된다. 우리나라에서는 근무성적평가의 경우 5등급을 숫자로 구분하고 그 의미를 서식 하단에 설명하고 있지만 평가자에 따라 각 등급의 주관적 해석이 달라지고 그 결과 평가자를 달리하는 경우 평가자 편차가 생기기 쉽다.

③ 평정결과의 공개

평정결과의 공개는 그 정도에 따라 여러 형태를 생각할 수 있다. 평정결과의 공개는 소극적으로 평정결과에 대한 평가대상자의 접근을 허용하는 것, 적극적으로는 평정결과를 놓고 문제점에 대하여 평가자와 평가대상자 간에 평정면접을 하는 것을 생각할 수 있다.

소극적 의미에서 평가대상자에게 평정결과를 확인할 수 있도록 허용하는 것은 평정의 공정성을 확보하고, 평가대상자의 자기반성 및 발전의 기회를 제공하는가 하면, 인사의 투명성 원칙에 부합한다는 측면에서 긍정적인 평가를 받고 있다. 반면에 평가자와 평가대상자 사이에 감정적인 갈등의 관계를 형성할 수 있고, 평가자는 이러한 불편한 관계를 우려해 관대한 평정을 하기 쉬우며, 때로는 평가대상자로 하여금 반성과 발전이 아니라 근무의욕을 떨어뜨리는 결과를 가져올 수도 있다.[58]

평정면접(performance appraisal interview)은 두 평정 당사자가 마주 앉아 능력

PART 1 행정과 행정학의 이해

PART 2 행정환경

PART 3 행정내부환경

PART 4 결정시스템

PART 5 집행시스템

PART 6 조직시스템

PART 7 자원시스템

PART 8 산출과 피드백

과 실적을 향상시키기 위한 진지한 대화의 기회를 갖는 것이다. 단순히 정보를 공개하는 것보다 그 결과를 놓고 대화를 한다는 것은 상호 이해를 높이고 평가대상자의 입장에서는 자신을 진단할 수 있는 귀중한 자리가 될 수 있다. 그러나 평정결과의 단순한 공개와는 달리 평정면접은 평가자와 평가대상자 모두가 이것을 불편해하고 꺼려할 수 있다. 상대방의 잘못을 면전에서 이야기하고 그것을 받아들일 마음의 준비가 되어 있지 않은 경우에 더욱 그렇다.

우리나라는 그동안 평정결과 공개시 발생할 수 있는 불필요한 잡음과 인간관계의 갈등 조장 등을 우려하여 이를 금지하여 왔다. 그러나 2006년 기존의 공무원 평정 규정을 전면 개정 시행하면서 평정의 공정성과 타당성을 확보하기 위하여 성과면담을 의무화하고 나아가 평정결과를 본인에게 알려주도록 규정하였다. 앞으로 평정결과 공개를 공정성과 타당성 제고뿐만 아니라 중요사건기록법[a] 및 다면평가 등을 활용하여 평가대상자의 능력개발을 위해 근무성적평정을 적극 활용하는 노력이 필요할 것이다.

5) 보상: 보수

공무원에게 일을 시켰으면 그에 대한 대가를 지불하는 것은 당연하다. 일에 대한 정당한 보상은 헌신적인 직무수행을 이끌어내는 데 가장 필수적인 요소라 할 수 있다. 보상(compensation)은 금전적인 것 말고도 승진·해외연수·상훈 등의 비금전적인 것을 포함한다. 금전적 보상에도 보수와 같은 직접 보상도 있고 연금이나 생활보조와 같은 간접 보상도 있다. 하지만 그 핵심은 역시 보수이다.

(1) 의   의

보수(pay)는 공무원이 근로한 대가로 정부로부터 받는 금전적 보상이다. 공무원 보수규정 제4조는 보수에 봉급과 각종 수당을 포함시키고 있다. 보수는 민간부문에서 흔히 사용하는 임금과 유사한 개념이다. 우리나라 근로기준법에는 "임금이라 함은 사용자가 근로의 대상으로 근로자에게 임금·봉급, 기타 여하한 명칭으로든지 지급하는 일체의 금품을 말한다"고 규정하고 있다.[59] 즉 넓은 의미의 임금은 봉급(좁은 의미의 임금)과 수당을 합한 것으로[b] 공무원 보수규정의 보수와 같

---

a) 중요사건기록법(critical incident method)은 평정대상자의 근무수행중 발생한 중요 사건을 관찰하여 평정기간 동안 그때 그때 기록해 두었다가 누적된 사건기록을 중심으로 평정하는 방법이다.
b) 좁은 의미와 넓은 의미의 임금 중간에 통상임금이 있다. 통상임금은 근로에 대한 대가로 정기적, 일률적, 고정적으로 지급하는 금액으로서(근로기준법 시행령 제6조), 연장·야간·휴일근로 가산 수당,

[그림 14-9] 보수의 개념

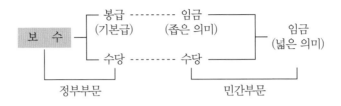

은 의미이다(〈그림 14-9〉 참조).

공무원 보수는 개념상으로 민간부문의 임금과 유사하나 그 성격면에서는 상당한 차이가 있다. 첫째, 공무원의 보수에는 보수의 가장 일반적 성격인 노무에 대한 반대급부적 측면 이외에도 '공무원과 그 가족의 최저생활을 보장하기 위한' 생활보장적 급부 성격을 가지고 있다. 즉, 공무원 보수는 수행하는 직무뿐만 아니라 일반의 표준생계비를 고려하여 결정하도록 하고 있다. 둘째, 근무에 대한 반대급부의 성격을 가진다 하더라도 근무의 가치를 정확하게 계산할 수 없어 합리적 보수 수준이 어느 정도인지 결정하기 곤란하다. 정부가 제공하는 재화나 서비스가 시장에서의 교환 가치가 형성되는 것이 아니기 때문에, 직무의 가치를 구체적으로 정하는 데에는 많은 어려움이 있다. 경찰, 소방, 식품검사 등이 이러한 성격의 대표적인 직무로 꼽을 수 있다.[60] 셋째, 보수 수준의 결정에서 상당한 법적·정치적·경제적 환경의 외부영향을 받는다. 보수의 출처가 국민의 세금이라는 점에서, 국회나 국민의 직·간접의 통제를 받게 되고 대통령을 포함해 누구도 법규정에 의하지 아니하고는 금전이나 유가물을 지급할 수 없다.[61] 넷째, 노사협약에 의해 결정되는 민간부문의 임금과는 달리 보수는 노사협상의 대상에서 제외시키거나 협약을 맺었다 해도 법적 구속력을 인정받기 어렵다.

(2) 보수관리

① 보수관리의 규범적 기준

보수는 단순히 일에 대한 대가 차원을 넘어 우수인력의 채용과 유지, 동기부

연차유급휴가 수당, 퇴직금 등의 산출 근거가 된다. 정부지침은 그동안 통상임금을 좁은 의미로 해석하여 상여금 및 각종 수당을 포함시키지 않아왔으나, 2013년 12월 18일 대법원 판결에서 정기 상여금, 최소한도가 보장되는 성과금, 기술수당 등 정기성·일률성·고정성이 있는 근로의 대가는 통상임금에 포함시키도록 하였다.

PART 1
행정과 행정학의 이해

PART 2
행정환경

PART 3
행정내부환경

PART 4
결정시스템

PART 5
집행시스템

PART 6
조직시스템

PART 7
지원시스템

PART 8
산출과 피드백

여, 국가예산관리, 공무원의 생계유지 및 소득증대 등 여러 측면에서 중요한 의미를 가지고 있다. 따라서 보상의 핵심을 이루는 보수를 체계적이고 효율적으로 관리하는 것이야말로 인사행정의 요체 중의 요체라 할 수 있다. 이를 위해 첫째, 공무원 보수는 최소한의 생계를 보장하여 근무에만 전념할 수 있는 적정한 수준을 유지하여야 한다. 특히 전체 국민에 대한 봉사자로서 다른 영리업무나 겸업을 금지하고 오로지 공무에만 전념할 것을 의무화하고 있는 상황에서는 더욱 그렇다.[62] 둘째, 공무원 보수는 대외적 형평성을 확보하여야 한다. 경제성장과 함께 국민소득이 향상되고 공무원의 보수도 생계비를 넘어서는 시점에 도달하면 무엇보다도 중요한 것이 보수의 대외적 경쟁력이다. 셋째, 공무원 보수는 대내적으로 개인 간 공정한 차등을 두어야 한다. 어렵고 책임이 따르는 일을 하는 사람과 쉽고 책임이 없는 일을 하는 사람 간에는 엄연한 보수의 차이가 있어야 한다. 각 개인의 투입요소 중 어느 것을 기준으로 하여 보수의 차등을 결정할 것인가의 문제이다. 넷째, 보수는 생산성 증대에 기여할 수 있도록 관리되어야 한다. 이를 위해 실적에 따라 보수를 차등 지급하는 방식이 요구된다.

② 보수관리의 체계

보수관리는 앞의 규범적 기준에 대응하여 크게 보수수준(pay level), 보수체계(pay structure), 그리고 보수형태(payment methods)의 세 영역으로 나누어 생각할 수 있다.[63] 보수수준의 관리는 공무원 전체의 적정한 보수수준을 결정하는 것으로 민간부문의 임금수준, 생계비, 기타 국가 재정 등의 요소를 고려하여 보수의 일반 수준을 정하는 과정까지를 말한다. 보수수준 관리가 전체 공무원의 평균 보수 개념을 말한 것이라면, 보수체계는 개별 공무원의 보수총액을 정하여 개인 간에 보수격차를 두는 것을 말한다.[a] 보수형태의 관리는 보수를 계산하여 공무원에게 지급하는 방식을 말한다.

---

[a] 그동안 보수수준 및 보수체계는 범정부 차원에서 통일성을 가지고 있었다. 정부는 성과관리 차원에서 이런 보수관리의 경직성을 탈피하고 성과향상의 인센티브를 제공하기 위하여 총액인건비제를 2007년 모든 중앙행정기관 및 책임운영기관에 도입하였다. 총액인건비제는 운영경비(일용임금, 특근매식비, 복리후생비, 기타운영비, 특정업무경비 등)를 절감하여 인건비로 전용할 수 있도록 한 것이다. 또한 인건비는 기본항목과 자율항목으로 구분하여 자율항목 내에서는 부처 자율로 지급 대상이나 요건을 정할 수 있도록 하였다. 예를 들어 자율항목으로 분류되어 있는 시간외근무수당, 야간근무수당, 휴일근무수당, 연가보상비, 정액급식비, 관리업무수당을 적절히 절약하여 같은 자율항목인 성과연봉이나 성과상여금으로 지급할 수 있다. 자율항목 중 성과급 예산은 감액하거나 항목을 폐지할 수 없다(행정안전부·기획재정부, 총액인건비제 세부 운영지침, 2011. 3). 따라서 작지만 부처마다 보수수준과 보수체계의 다양성이 기대된다.

(3) 보수수준의 관리: 보수의 일반수준결정

개별 공무원의 보수지급에 적용될 구체적 보수체계가 결정되기 전에 먼저 고려할 사항이 공무원 전체에게 적용될 보수의 일반수준이다. 이 때 고려해야 할 요소로 생계비, 민간부문의 임금수준, 정부의 인건비 지불능력, 자원배분·물가·인사관련 정책, 기타 부가적 요인이다(〈그림 14-10〉 참고).

① 생계비(사회윤리적 요소)

민간부문의 근로자에게 최저임금을 규정하여 최저생계비를 보장해 주듯이 공무원의 경우에도 인간다운 생활 유지에 필요한 적정한 수준의 보수를 보장해 줄 것이 요구된다.[64] 공무원의 경우 담당 직무의 특수성 때문에 민간부문과의 직장 이동도 어려운 형편이고 부업을 통해 수익을 올리는 것도 제한되어 있다. 또한 보수 인상을 위해 실력 행사할 단체행동의 수단도 제한되기 때문에 보수수준 결정에서 정부의 특별한 배려가 필요하다. 즉 직무의 경제적 가치나 공무원의 책임수준에 관계없이 보장되어야 할 보수의 하한선을 정부가 직접 챙겨 주어야 할 사회윤리적 책임이 있다.[65]

② 민간부문의 임금수준

채용경쟁을 벌여야 하는 민간 기업에서 경쟁 기업과 대등한 보수수준을 유지하는 것은 우수 인적자원의 확보와 유지를 위해 필수적이다. 정부의 경우 동일 업종의 경쟁 대상은 적지만 다양한 직무분야에서 민간부문 및 공기업 등 인력확보의 경쟁 관계에 있기 때문에 이들 분야의 임금수준을 고려하지 않을 수 없다. 특

[그림 14-10] 보수의 일반수준 결정시 영향요인

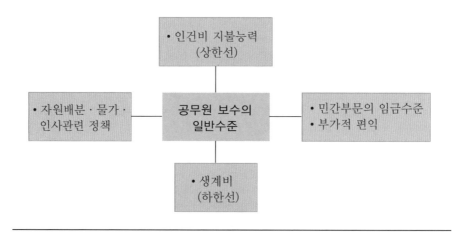

PART 1
행정과 행정학의 이해

PART 2
행정환경

PART 3
행정내부환경

PART 4
결정시스템

PART 5
집행시스템

PART 6
조직시스템

PART 7
지원시스템

PART 8
산출과 피드백

히 정부의 경우에는 재화와 서비스의 비시장성으로 인해 공무원의 노동가치를 자체적으로 평가할 수 있는 방법이 없다. 따라서 민간부문의 임금수준은 공무원 보수수준의 중요한 기준이 되어 준다.

③ 인건비 지불능력

보수수준은 정부의 인건비 지불능력에 직접적인 영향을 받는다. 균형예산을 지향하는 정부에서 공무원 인건비는 세입과 세출의 재정규모를 고려하여 결정할 수밖에 없다. 특히 세입규모는 국민이 세금을 부담할 수 있는 담세 능력에 직접 좌우되는 것이고 길게는 국가의 전반적인 경제수준을 반영하는 것이다. 국민의 납세 부담이 큰 불황기에 정부의 지불능력을 넘어서는 공무원 보수의 인상은 생각하기 곤란하다. 즉 정부의 인건비 지불능력은 보수수준의 상한선 역할을 한다.

④ 자원배분·물가·인사 정책

공무원 보수수준은 정부정책의 반영이다. 정해진 파이를 인건비와 경제개발·사회복지·교육·국방분야의 사업경비 등으로 배분하는 것은 제로섬(zero-sum) 게임과 같아 한 쪽을 중시하면 다른 쪽이 상대적으로 경시될 수밖에 없다. 따라서 보수수준 결정은 독립된 결정 상황이 아니라 사업성 정책에 얼마나 지출의 우선순위를 두느냐에 따라 달라진다. 물가도 중요하다. 정부는 공무원 보수인상이 물가에 미치는 영향과 민간기업의 임금수준에 미치는 영향을 함께 고려한다. 거시경제적 시각에서 정부는 물가관리의 목표와 기업에 임금 가이드라인을 제시하게 되는데 '모범적인 고용주'로서의 표본이 되어야 할 정부가 이를 지키지 않을 수 없는 것이다. 이러한 외부의 영향요인에 수동적으로 대응하는 것이 아니라 최근에는 보수수준을 인사정책 차원에서 행정의 생산성 향상을 위한 적극적 관리수단으로 활용하고 있다.

⑤ 부가적 요인

부가적 요인이란 보수 이외에 공무원이 받는 부수적 편익을 말한다. 부수적 편익은 보수와는 다른 형태를 취하지만 보상의 일종이기 때문에 단순히 보수만으로 대외적 형평성을 유지하는 것은 오히려 전체적 보상 차원에서는 형평을 그르치는 결과를 가져올 수 있다. 공무원이 민간기업의 근로자에 비해 더 나은 혜택을 받고 있는 것으로 신분보장과 연금제도를 꼽을 수 있다.

(4) 보수체계의 관리

공무원 보수의 일반수준을 정하고 나면 이제 개별 공무원의 보수수준을 결정하고 관리해야 한다. 이때 보수수준을 체계적으로 관리하기 위해서는 공무원마다 차이가 나는 수당보다는 봉급에 초점을 맞추어 봉급구조를 설계하는 부분과 봉급과 수당을 더한 보수 총액의 구체적인 내용이 어떠한 기준(생계·연공 등)에 근거한 것인지를 이해할 필요가 있다.

① 개별 공무원의 보수수준 결정: 보수표(봉급표) 개발

개별 공무원의 보수수준[a]은 우선 공무원 직종별(일반직, 연구직, 지도직, 경찰직, 등등)로 나누고, 그 안에서 6급(상당) 이하 공무원에게 적용되는 호봉제와 5급(상당) 이상 공무원에게 적용되는 연봉제로 나누어 관리하게 된다. 보수표는 이 중에서 호봉제 공무원의 봉급(기본급)을 보여주는 표이다. 하지만 연봉제 공무원의 경우에도 신규 채용자의 연봉을 정할 때 동일 계급(상당)의 호봉제 적용대상 공무원으로 임용될 경우에 받게 되는 연간 급여로 책정하기 때문에 보수표는 우리나라 공무원 보수체계의 기본 구조라 할 수 있다. 보수표는 또한 공무원 직종별로 직급과 근무경력이 같은 모든 공무원은 봉급액이 동일하다는 의미이기도 하다. 보수표는 각 계급별로 보수의 최저액과 최고액을 체계화시킨 표이다. 이때 동일 계급 내에서의 최고와 최저의 보수수준 차이를 보수의 폭(wage range, width, or spread)이라고 한다. 보수의 폭은 고위직으로 올라갈수록 넓은 것이 일반적이다. 하위직은 직무의 내용이 일상적이고 반복적인 반면에 관리직 이상 고위직으로 올라갈수록 책임의 정도나 조직의 생산성에 미치는 영향이 크기 때문이다. 보수폭을 두는 것은 동일 계급(일의 난이도 또는 직무값이 동일한 수준)의 직무를 수행하더라도 그 일을 담당하는 사람의 경력, 자격, 실적 등이 다를 텐데 이런 차이를 반영하기 위해서이다. 보수폭은 이런 차이를 반영하기 위하여 몇 단계로 다시 나누게 되는데 그 하나하나를 호봉(號俸, step)이라고 한다. 즉 봉급의 호수를 말한다. 상위 호봉으로의 이동을 승급이라 하여 등급(계급)의 수직적 상승인 승진과 구분한다.

〈그림 14-11〉에서 각 계급의 보수폭은 인접 계급의 보수폭과 부분적으로 중복되고 있음을 알 수 있다. 어느 계급의 보수폭 상단이 바로 상위 계급의 보수폭 하단과 일부 겹치는 것을 말한다. 즉, 한 계급에서 장기 근속한 경력 공무원에 대하여는 바로 상위 계급에 임용된 상대적으로 경력이 낮은 공무원보다 더 큰 보상

---

[a] 보수의 개념을 엄밀히 적용하면, 수당을 제외한 봉급(기본급)의 수준으로서 봉급수준 또는 봉급표가 더 정확한 표현일 수 있지만, 학계에서 일반적으로 통용되는 용어는 보수이기 때문에 여기 ①항에서는 봉급 대신 보수의 용어를 사용한다.

[그림 14-11] 계급별 보수액

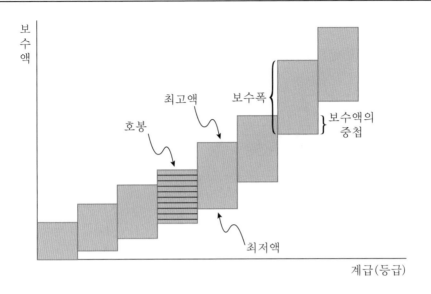

을 해 준다는 뜻이다. 오랫동안 한 계급에서 경력을 쌓아 온 사람의 조직에 대한 기여도가 더 크다고 보는 것이다.[66] 보수폭의 중복은 승진에 대한 지나친 경쟁과 집착을 완화시킬 수 있다.

보수표는 지금까지의 결정 내용을 토대로 하여 한 축에는 계급(등급)을 표시하고 다른 축에는 호봉을 표시하여 각각의 계급과 호봉에 해당하는 보수액을 체계적으로 정리해 놓은 표를 말한다. 보수표를 통해서 공무원은 본인에 해당하는 보수액이 얼마인지, 승진이나 승급이 되면 현재보다 얼마의 보수가 인상되는지, 그리고 다른 사람과 비교하여 상대적으로 얼마나 받고 있는지를 일목요연하게 확인할 수 있다.[67]

5급 공무원에 임용되면서부터 호봉제에서 연봉제로 전환된다. 총연봉은 기본연봉과 성과연봉으로 구성되는데, 첫해의 기본연봉은 봉급과 일부 수당을 합산하여 결정되고 성과연봉은 전년도 성과평가 등급에 따라 결정된다. 연봉제는 일반직·별정직·경찰직·소방직·임기제 등 5급(상당) 이상 공무원 대부분에 적용되는데, 특히 고위공무원단에 속하는 경우 기준급에 직무급 항목을 추가하여 기본연봉을 정한다. 즉, 고위공무원의 '가'급과 '나'급은 기준급은 동일하지만 직무급에서 차등을 두어 직무 난이도와 책임의 경중을 보수에 반영하고 있다(〈그림 14-12 참고

PART 1 행정과 행정학의 이해
PART 2 행정환경
PART 3 행정내부환경
PART 4 결정시스템
PART 5 집행시스템
PART 6 조직시스템
PART 7 지원시스템
PART 8 산출과 피드백

[그림 14-12] 고위공무원단 연봉 구조

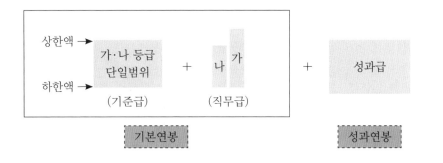

자료: 인사혁신처, 「공무원 보수 등의 업무지침」, 2020. 9, p. 285.

>)). 고위공무원단에는 직무급이 반영되기 때문에 이를 '직무성과급적 연봉제'라 하고, 5급 이상 공무원에게 적용하는 '성과급적 연봉제'와 구분한다(〈그림 14-13〉 참고). 장차관 등 정무직 공무원은 성과와 무관하게 고정급 연봉을 지급하는데 이를 '고정급적 연봉제'라 부른다. 호봉제에서 각 계급별로 보수폭이 있었듯이, 연봉제에서도 기준급에 하한액과 상한액의 보수폭이 정해져 있다. 호봉제에서는 동일 계급에서 근무연수(승급)에 따라 보수액이 결정되는 반면, 연봉제에서는 동일 계급에서 주로 성과평가 결과와 담당하는 직무에 따라 연봉액이 영향을 받는다.

　② 보수의 구성

　7급공채에 합격하여 첫 임용이 되면서 군대 경력을 인정받아 7급 3호봉으로

[그림 14-13] 계급별 보수체계 기본 모형

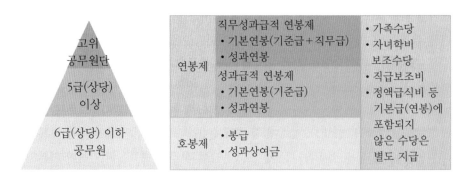

* 일반직 공무원에게 적용되는 기본 모형

PART 1
행정과 행정학의 이해

PART 2
행정환경

PART 3
행정내부환경

PART 4
결정시스템

PART 5
집행시스템

PART 6
조직시스템

PART 7
지원시스템

PART 8
산출과 피드백

첫 월급이 250만 원이라고 가정하자. 250만 원은 어떤 내용을 담고 있을까? 우선 봉급과 수당으로 구성되어 있다. 봉급은 기본급이라고도 하며, 앞에 설명한 보수표(봉급표)에서 확인이 되고 보수체계의 근간을 이룬다.[a] 수당은 명절수당, 휴일근무수당과 같이 기본급을 탄력적으로 보완하는 부가급 역할을 한다. 한편, 이론적으로는 250만 원 안에는 생활보장과 노동의 대가가 반영되어 있다. 생활보장의 원칙은 생계비를, 노동대가의 원칙은 직무와 실적 그리고 직무수행능력을 보수의 결정기준으로 삼는다. 이를 더욱 세분하여 생활급, 연공급, 직무급, 직능급, 실적급으로 분류한다(〈그림 14-14〉 참고).

- **생활급**: 공무원과 그 가족의 기본적인 생활 내지 생계유지에 필요한 경비를 중심으로 보수를 결정하는 것이다. 따라서 생활급은 지출과 상관성이 높은 연령이나 가족 상황 특히 교육비 지출을 요하는 자녀수를 고려하게 된다.
- **연공급**: 연공급(seniority-based pay)은 근속연수·경력 등 속인적 요소의 차이에 따라 보수의 격차를 두는 보수체계이다. 이들 요소가 공무원의 가치에 영향을 준다고 가정한 것이다.
- **직능급**: 공무원의 직무수행능력을 측정하여 그 능력이 우수할수록 보수를 우대하는 보수체계이다. 보수를 직무수행능력과 연계시키는 것은 개인에게 학습과 자기개발 나아가 생산성 향상의 동기를 제공하는 효과를 가진다.[68]
- **직무급**: 직무급(job-based pay)은 직무의 난이도와 책임의 정도에 따른 직무의 가치를 보수와 연결시킨 것이다. 직무급을 도입하기 위해서는 각 직무의 상대적 가치를 결정하기 위한 직무평가가 선행되어야 한다. 동일직무 동일보수의 원칙을 적

[그림 14-14] **보수의 구성**

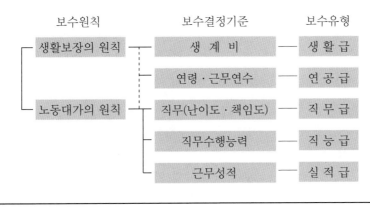

a) 2021년 기준 7급 3호봉의 봉급(수당 제외)은 2,074,605원이다.

용하여 보수의 공정성을 높일 수 있다.
- 실적급: 실적급(performance-based pay)은 개인의 실제 근무실적과 보수를 연결시킨 것이다. 실제 개인이 실현시킨 직무수행의 산출결과를 보수 기준으로 삼는다는 점에서 개인의 투입측면인 연공이나 능력요소를 기준으로 삼는 것과 차이가 있다. 좁은 의미에서 실적급은 전년도의 근무실적을 금년도의 기본급 결정에 반영하는 제도이다.
- 종합결정급: 보수의 결정기준으로 생계비, 연공, 직무수행능력, 직무, 실적 등을 종합적으로 검토하고 적절하게 배합하여 보수의 대내적 공정성을 확보하는 방식이다. 우리나라 보수체계도 여러 가지 유형이 복합적으로 반영된 종합결정급의 형태로 볼 수 있다.

우리나라 보수체계는 〈그림 14-13〉에서 알 수 있듯이 호봉제이든 연봉제이든 여러 보수 결정기준이 복합적으로 반영된 종합결정급이라 할 수 있다. 다만 고위공무원 연봉에 직무급이 반영되어 있지만 직무등급을 '가'급의 실장 직책과 '나'급의 국장 직책 둘로만 구분하기 때문에 실제 '가'급과 '나'급 내에서의 다양한 직무 난이도를 반영하지 못하고 있다. 직능급의 경우에도 5급 이하 공무원의 근무성적평가에는 직무수행능력이 포함되지만 성과상여금을 결정할 때에는 근무실적 점수만 반영하도록 규정하고 있기 때문에 직능급의 비중은 미미한 편이다. 고위공무원의 경우에는 신규채용 시 직무수행능력을 반영하여 기본연봉을 정하고 있다.

한편 실적급은 넓은 의미에서 보수지급형태인 성과급과 동일한 개념으로 사용하기도 한다. 다만 실적급은 1년 단위로 조정되고 조정액이 기본연봉에 누적적으로 반영되는 반면, 성과급은 평가 및 지급 주기별로 1회에 한해 효력을 가진다. 지급액의 규모에서도 실적급은 누적 효과가 있기 때문에 최고~최저 지급액의 차이를 적게 하는 반면, 성과급은 탁월한 성과를 유도하기 위한 동기부여의 성격이 강하기 때문에 최고~최저 지급액의 차이를 크게 하는 것이 일반적이다. 정부는 일반직공무원을 기준으로 5급 이상 공무원에게는 실적급을 6급 이하 공무원에게는 성과급을 적용하는데, 명칭에서는 전자를 성과연봉 후자를 성과상여금으로 부르고 있다.

〈표 14-7〉은 인사혁신처의 보수 업무지침을 기준으로 작성한 것으로, 우선 성과상여금의 동기부여적 성격과 성과연봉의 누적효과를 고려하여 성과상여금의 차등폭이 성과연봉의 차등폭보다 크다는 것을 알 수 있다. 근무성적평정 결과를 성과급과 유기적으로 연계시켰다는 것도 확인할 수 있다. 각 부처는 인사혁신처의 지침을 표준으로 하여 장관이 등급의 수, 등급별 지급률과 인원비율 등을 정할

PART 1 행정과 행정학의 이해
PART 2 행정환경
PART 3 행정내부환경
PART 4 결정시스템
PART 5 집행시스템
PART 6 조작시스템
PART 7 지원시스템
PART 8 산출과 피드백

표 14-7 성과연봉과 성과상여금 결정 기본 모델

구 분	성과 연봉(과장급 이상)									성과상여금 6급(상당) 이하			
	고위공무원단					5급(상당) 이상							
평가(지급) 등급	매우 우수	우수	보통	미흡	매우 미흡	S	A	B	C	S	A	B	C
지급률(지급 기준액 기준)	18%	12%	8%	0		8%	6%	4%	0	172.5%	125%	85%	0%
인원 비율	20% 이하	자율*		10% 이상		20%	30%	40%	10%	20%	40%	30%	10%
지급 방식	월로 나누어 연봉 월액으로 지급									일시금으로 지급			
등급 결정 방식	성과계약 중심평가 최종 등급 활용									근무성적평가서 (〈표 14-5〉 참고) 중 '2. 근무실적평가'란의 평가점 활용			

* 고위공무원의 평가등급별 인원 분포는 장관이 정하도록 하고 있으나 최상위 등급은 20% 이하, 하위 2개 등급(미흡 및 매우 미흡)은 10% 이상으로 하여야 한다(p. 542 각주 참고).
자료: 인사혁신처, 「공무원 보수 등의 업무지침」, 2020. 9. 부문별 내용을 참고하여 재구성.

수 있는 유연성을 부여하고 있다. 예를 들어, 6급(상당) 이하 공무원의 성과상여금을 결정할 때, 소속 장관은 기관의 특성 등을 고려하여 지급등급 간 인원비율 15%p 범위에서 지급률은 20%p 범위에서 각각 자율적으로 조정(단 지급등급 간 지급률 간격은 20%p 이상)할 수 있도록 하고 있다.[69]

김대중 정부가 도입한 성과급 제도는 그동안 제도적인 측면에서 많은 발전이 있어왔다. 하지만 성과상여금을 다시 회수해서 균등하게 재분배하는 행위를 법으로 금지하고 있고 이에 대한 헌법재판소의 합헌 결정이 있었음에도 불구하고, 공무원노조의 지속적인 성과상여금제 반대와 재배분 사례가 있어[70] 공무원의 수용도가 충분히 확보되지 못한 상태이다. 근무성적평정 결과를 성과 연봉 및 상여금 지급과 연계시킨 것은 올바른 방향이나 그만큼 공정하고 타당한 평정의 중요성이 커졌다 할 수 있다.

(5) 보수형태의 관리

보수형태는 근로자에게 보수를 어떤 방식으로 지급하느냐의 지급형태를 말한다. 보수지급형태는 크게 시간급과 성과급으로 나눈다.

① 시 간 급

시간급(time payment)은 작업의 양이나 질 또는 성과와 무관하게 일한 시간(기간)에 따라서 미리 정한 정액급을 지급하는 방식이다. 단위기간당 보수액(시간당 임금률 내지는 연간 총보수액)이 고정되어 있기 때문에 고정급이라고도 한다. 지급기간에 따라 시급제, 일급제, 주급제, 월급제 그리고 연봉제의 형태를 취한다.

② 성 과 급

성과급(output payment)은 개인이나 집단이 달성한 근로의 성과를 측정하여 그 결과에 따라 보수를 차등적으로 지급하는 방식이다. 성과급은 조직에 기여한 성과의 정도와 보상을 직접 연결시키기 때문에 동기부여와 생산성 향상의 수단으로 활용 가치가 크다. 성과급에는 개인성과급과 집단성과급이 있는데 갈등관리에서 언급한대로 개인성과급의 경우 상호협조와 공동노력에 의한 조직기여도를 약화시킬 가능성이 있다.

정부는 성과연봉이 적용되지 않는 6급(상당) 이하 일반직·별정직·경찰·소방 공무원은 물론 교육공무원까지 성과급 형태인 성과상여금을 지급하고 있다. 지급 방법은 개인별 차등지급, 부서별 차등지급, 또는 두 방법을 혼용할 수 있도록 하였다. 개인별 차등지급의 경우 〈표 14-7〉과 같이 S등급의 최상위 20%는 지급기준액 대비 172.5% 이상의 성과상여금을 지급할 수 있는 반면 최하위 10%는 상여금을 전혀 지급하지 않고 있다. 소속장관은 S등급 위에 SS나 SSS등급을 추가할 수 있고 S등급 이상에는 금전적 보상 이외에도 해외연수나 특별휴가(교원에 한함) 등의 혜택을 더 주어 차등보상이 분명히 이루어질 수 있도록 유도하고 있다.[71] 성과상여금은 공직사회에 경쟁을 부추기고 줄세우기를 조장한다는 노조의 비판도 있으나[72] 성과연봉과 함께 공직의 생산성을 높이기 위한 중요한 제도개혁이다.

낮은 기본급＋연공급 '기형적 임금체계' 손질할 때 됐다

현재 임금구조는 급속한 산업화라는 토양에서 자랐다. 수입한 원재료를 가공해 수출하는 산업구조에서 싸울 수 있는 무기는 '임금경쟁력'이었다. 과거 정부는 '임금 가이드라인 정책' 등을 내면서 근로자의 기본급 상승을 억제했다. 대신 기업은 각종 수당으로 불만을 달랬다. 전체 임금에서 기본급 비중이 50~60%에 그치게 된 이유다.

기형적 임금구조는 통상임금 범위를 둘러싼 노사의 법정다툼도 유발했다. 수

PART 1 행정과 행정학의 이해

PART 2 행정환경

PART 3 행정내부환경

PART 4 결정시스템

PART 5 집행시스템

PART 6 조직시스템

PART 7 지원시스템

PART 8 산출과 피드백

많은 수당 중 무엇이 통상임금에 들어가는지에 따라 초과근로수당, 퇴직금, 연차 유급휴가수당 등이 널을 뛰기 때문이다. 연공급 역시 산업·사회의 급격한 변화를 따라가지 못하고 있다. 단순 제조업에서 고부가가치 제조업으로 무게추가 옮겨지면서 일반지식에 기초한 업무능력보다 특정 분야에 대한 전문지식의 중요성이 높아지고 있다. 근속연수만 차면 임금이 오르는 연공급은 전문성 배양에 불리하다.

이 때문에 전문가들은 현재의 임금체계를 대대적으로 손질할 시점이 왔다고 지적한다. 우선 통상적으로 지급되는 수당을 기본급에 넣는 등 임금구조를 정상화해야 한다. 한국노동연구원 오계택 임금직무혁신센터 소장은 "미국이나 유럽 등은 임금에서 기본급 비중이 80~90%에 이른다. 한국처럼 통상임금, 최저임금 산입범위를 두고 소모적 논쟁을 벌이지 않는다"고 비판했다. 연공급도 바꿔야 한다. 오 소장은 "임금의 대부분을 차지하게 될 기본급을 어떤 방식으로 책정하는 게 가장 적절한지가 중요한 문제가 될 것"이라고 말했다.

연공급을 대신할 임금체계로는 직무급이 거론된다. 상당수 선진국이 채택하고 있다. 직무의 중요성, 난이도를 평가해 각 직무에 합당한 임금을 지급하는 게 직무급이다. 같은 일을 하면 같은 임금(동일임금 동일노동)을 받는 셈이다. 해당 직무를 맡은 근로자가 얼마나 오래 일했는지는 중요하지 않기 때문에 근속연수로 임금을 책정하는 연공급과 성격이 다르다. 독일은 산별노조가 직종별 임금 수준을 결정하고, 소속 기업이 따르도록 한다. 기업이 달라도 비슷한 일을 하는 근로자는 비슷한 임금을 받게 된다. 미국은 노동부 통계국에서 1,000개가 넘는 민간기업의 각종 임금 정보를 제공하고 있다. 직무별 임금 수준을 파악할 수 있기 때문에 기업은 그보다 덜 주기 어렵다. 동시에 근로자도 더 받기 어렵다.

그러나 한국은 당장 직무급 도입이 쉽지 않다. 사람 중심의 인사관리 방식은 직무중심 인사관리와 근본적으로 다르다. 다양한 직무를 평가하기 위한 분석 틀도 없을 뿐더러 임금 정보 인프라도 구축돼 있지 않다.

한국이 참고할 만한 사례는 일본이다. 한국과 비슷하게 연공급 체계였던 일본은 2000년대 들어 임금구조 개편을 단행했다. 연공급을 폐지하고 직무급을 도입하면서 일본 특성에 맞게 이른바 '역할급'을 만들었다. 기본적으로 직무에 따라 임금을 결정하지만 각 근로자가 조직에서 맡은 역할등급에 따라 차등을 주는 식이다.

전문가 사이에선 '투입'보다는 '산출'에 초점을 맞춘 임금체계를 고민해야 한다는 목소리도 나온다. 근로시간 투입량이나 근속연수에 따라 임금을 결정하지 말고, 성과에 따라 임금을 책정하자는 것이다. 근로시간과 생산량이 비례한다는 공식은 깨지고 있다. '긱 이코노미'(비정규 프리랜서 근로)가 확산되면서 근로시간의 경계는 더 모호해질 전망이다.

자료: 국민일보, 2019. 2. 12. 일부 발췌 편집.

🎯 주

1) Steven W. Hays & T. Zane Reeves, *Personnel Management in the Public Sector*, Dubuque, Iowa: Wm. C. Brown Publishers, 1989, p. 16.

2) J. Donald Kingsley, *Representative Bureaucracy: An Interpretation of the British Civil Service*, Yellow Springs, OH: Antiock University Press, 1994, p. 194.

3) Paul Hersey & Kenneth H. Blanchard, *Management of Organizational Behavior*, Engle-wood Cliffs, NJ: Prentice-Hall, 1977, pp. 37-39.

4) 인사혁신처, 「2020 공공부문 균형인사 연차보고서」, 2020. 9., pp. 91~95.

5) 상게서.

6) 안전행정부, 「2014 안정행정통계연보」, 2014, p. 116; 인사혁신처, 「2018 인사혁신통계연보」, 2018. 7, p. 8.

7) 인사혁신처, 「2020 공공부문 균형인사 연차보고서」.

8) 박연호, 「인사행정신론」, 서울: 박영사, 1992, pp. 141-150.

9) Frederick Mosher, *Democracy and the Public Service*, 2nd ed., New York: Oxford University Press, 1982, pp. pp. 56-80.

10) 한국행정연구원, 「행정에 관한 공무원 인식조사」, KIPA 연구보고서 2019-12, 2019. 12.

11) 한국행정연구원, 「2019년 공직생활실태조사」, 2020. 1.

12) 한국행정연구원, 「행정에 관한 국민 인식조사」, KIPA 연구보고서 2019-12, 2019. 12.

13) 한국행정연구원, 「2019년 사회통합실태조사」, 2020. 1.

14) 이데일리, 정년연장 논의 앞서 호봉제부터 폐지하자, 2018. 7. 27.

15) 연합뉴스, 일본, 공무원 정년 65세로 연장…급여는 30% 삭감, 2019. 1. 9.

16) Dennis L. Dresang, *Public Personnel Management and Public Policy*, 2nd ed., New York: Longman, 1991, p. 125.

17) 배득종, 「공무원 재임용제」, 자유기업센터, 1997; 최병대·김상묵, 실적주의 인사행정의 재검토, 중앙인사위원회 창립기념 특별세미나, 1999.

18) Hays & Reeves, op. cit., p. 103.

19) 「공무원임용령」, 별표 1, 2020. 9. 22.

20) e-나라지표, 부문별 지표, 공무원 개방형 임용 추이, 2020. 3. 18.

21) 인사혁신처, 「2020 인사혁신통계연보」, 2020. 6, p. 10.

22) 인사혁신처, 보도자료, 2018. 9. 29, 2019. 10. 2., 2020. 12. 30.

23) 인사혁신처, 「균형인사지침」, 2020. 2. 25.

24) R. Wayne Mondy and Robert M. Noe, *Human Resource Management*, 4th ed., Boston: Allyn and Bacon, 1996, p. 208. 법률저널, 2018. 12. 31.

25) 박동서, 「인사행정론」, 서울: 법문사, 1990, p. 220. 인사혁신처, 「균형인사지침」,

2018. 12. 13. 전부개정.

26) Herbert G. Heneman Ⅲ, Donald P. Schwab, John A. Fossum, Lee D. Dyer, *Personnel/Human Resource Management*, Homewood, IL: Richard D. Irwin, Inc., 1983, p. 258.

27) Donald F. Michalek and Edwin G. Yager, *Making the Training Process Work*, New York: Harper & Row, 1978.

28) Cynthia D. Fisher, Lyle F. Schoenfeldt, and James B. Shaw, *Human Resource Management*, Boston: Houghton Mifflin Co., 1993, p. 372.

29) J. J. Phillips, *Handbook of Training Evaluation and Measurement Methods*, San Diego University Associates, 1983.

30) 박동서, 전게서, p. 286; O. Glenn Stahl, *Public Personnel Administration*, 8th ed., Cambridge: Harper & Row, 1983, p.152.

31) Y. Weiner & Y. Vardi, Relationship between Organization, Career Commitments, and Outcomes: An Integrative Approach, *Organizational Behavior and Human Performance*, 26, pp. 81-96.

32) Steven W. Hays & Richard C. Kearney, Promotion of Personnel-Career Advance-ment, in Jack Rabin et al., (eds.), *Handbook of Public Personnel Administration*, New York: Marcel Dekker, p. 511.

33) 「공무원임용령」 제4장(승진임용), 공무원임용규칙 제12조, 2020. 9. 22.

34) 「공무원임용령」 제34조(5급 공무원으로의 승진임용), 2020. 9. 22.

35) 박동서, 전게서, p. 305.

36) Edward L. Thorndike, *Educational Psychology: The psyhcology of learning*, Ⅱ, New York: Columbia University Teachers College, 1913; Robert Kertner & Angelo Kinicki, *Organizational Behavior*, 2nd ed., Homewood, IL: Irwin, 1992, p. 270 재인용.

37) Jay M. Shafritz, Norma M, Riccucci, David H. Rosenbloom, & Albert C, Hyde, *Personnel Management in Government*, 4th ed., New York; Marcel Dekker, Inc., 1992, p. 283.

38) Hays & Reeves, op. cit., p. 478.

39) 서원석, 「ILO회원국의 공무원 단체활동 비교연구」, 한국행정연구원, 1994, pp. 12-14.

40) 권영성, 「헌법학원론」, 서울: 법문사, 1996, p. 153.

41) 내사행 1841, 1962. 3. 22.

42) Kenneth Kernaghan & O. P. Dwivedi, Public Sector Ethics: Issues and Ideas, in Kernaghan and Dwivedi(eds.), *Ethics in the Public Service: Comparative Perspective*, Brussels: International Institute of Administration Sciences, 1983, p. 4.

43) 「공무원의 노동조합설립 및 운영 등에 관한 법률」 제6조.

44) 동법 제 8 조.

45) 동법 제10조.

46) 동법 제 4 조, 제11조.

47) Don A. Cozzeto, Theodore B. Pedeliski, & Terence J. Tipple, *Public Personnel Administration: Confronting the challenge of change*, Upper Sadle River, NJ: Prentice-Hall, 1996, p. 94.

48) 박영범·카멜로 노리엘, 「공공부문 노사관계의 국제적 추세와 한국의 과제」, 한국노동연구원, 1994, p. 9.

49) Hubert Feild & William Holley, Performance Appraisal: An analysis of statewide practices, *Public Personnel Management*, 4, May-June 1975, pp. 145-150; Alam H. Locher & Kenneth S. Teel, Performance Appraisal: A survey of current practices, *Personnel Journal*, 56, May 1977, pp. 245-254.

50) 이학종, 「인적자원관리」, 서울: 세경사, 1990, pp. 317-318.

51) 「공무원 성과평가 등에 관한 지침」, 2020. 1. 29, pp. 6-7.

52) 「공무원 성과평가 등에 관한 지침」, 2020. 1. 29, p. 11.

53) Hays & Reeves, op. cit., p. 311.

54) 행정안전부, 2012 성과관리실무, 2012. 2.

55) 「공무원 성과평가 등에 관한 규정」 제16조, 2017. 2. 11.

56) 「공무원 성과평가 등에 관한 지침」, 2020. 1. 29, pp. 15~16.

57) 다케우치 유타카 외, 「새시대의 인재들」, 정장호(역), 매일경제신문사, 1991, p. 220.

58) 오석홍, 「인사행정론」, 서울: 박영사, 1989, pp. 442-443.

59) 근로기준법 제2조.

60) Stahl, op. cit., 1983, p. 314.

61) 「국가공무원법」 제46조.

62) 동법 제64조.

63) 이재규·김성국·권중생, 「인적자원관리론」, 서울: 문영사, 1996, pp. 235-238.

64) Stahl, op. cit., p. 317.

65) 오석홍, 전게서, p. 475.

66) Cynthia D. Fisher, Lyle F. Schoenfeldt, & James B Shaw, *Human Resource Management*, 2nd ed., Boston: Houghton Mifflin Co., 1993, p. 582-583.

67) 오석홍, 전게서, p. 506.

68) Edward E. Lawler, The New Plant Revolution Revisited, *Organizational Dynamics*, Autumn 1990, pp. 4-14.

69) 인사혁신처, 「공무원 보수 등의 업무지침」, 2020. 9, p. 488.

70) 매일노동뉴스, 성과상여금제는 공무원 줄 세우기 도구, 폐기해야, 2019. 11. 21.

71) 인사혁신처, 「공무원 보수 등의 업무지침」, 2020. 9, p. 489.

72) 매일노동뉴스, 2019. 11. 21.

PART 1
행정과 행정학의 이해

PART 2
행정환경

PART 3
행정내부환경

PART 4
결정시스템

PART 5
집행시스템

PART 6
조직시스템

PART 7
지원시스템

PART 8
산출과 피드백

15 예 산

　　전선에서 전쟁을 잘 치르려면 적시에 군수물자가 공급되어야 한다. 정부에서 하는 일도 그렇다. 일선에서 정책을 집행하는 기관이나 사람은 적시에 예산이 지원되기를 기대한다. 교량 건설의 계약이나 물품 구입 경비는 물론 지방 출장을 가더라도 적정 수준의 출장비가 제때 지급되어야 한다.

　　그런데 현실에서는 현장에서 요구하는 대로 지원이 신속하게 이루어지지 않는 경우가 자주 있다. 정책을 만들고 집행하는 모든 행정기관들은 하고 싶은 일은 많은데 예산이 뒷받침되지 않아 하지 못하거나 규모를 축소하는 등의 사업변경을 하게 된다. 예산이 배정되었다 하더라도 예산이 제때 지원되지 않아 어려움을 겪기도 한다. 배정된 예산은 정해진 지출 항목을 벗어나 융통성 있게 쓰기 힘들고 사용한 돈에 대해서는 엄격히 장부에 적어 관리하고 잘못 쓰인 것이 없는지 감사를 받게 된다.

　　결정시스템이나 집행시스템의 역할을 수행하는 입장에서 보면 일을 도와주는 것이 아니라 일을 방해한다는 말이 나올 법하다. 더 많은 일을 하겠다고 기획재정부나 국회에 나가 예산 확보를 위한 로비까지 하는 현상을 보면 '돈 안 주면 일 안 하고 말지'하는 순진한 생각을 하는 사람들에게는 이해하기 힘든 일이기까지 할 것이다. 하지만 이것은 예산을 요구하는 부처나 부서를 너무 선의로만 본 것이다. 예산은 공유자원 특성 때문에 저수지의 물과 같아 누구나 먼저 더 많이 가져다 쓰는 것이 임자라는 식의 도덕적 해이가 발생하기 쉽다. 공무원 개인 입장에서 보면 자기 재산도 아니고 관리하는 역할이지만 그것은 단순히 출납 역할이 아니라 분배하는 역할이기 때문에 권한이 생기는 것이다. 그러

[그림 15-1] 예산과 정책의 통합

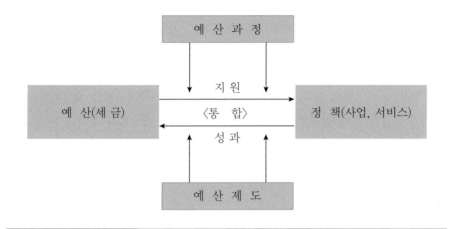

다 보니 예산을 분배하는 입장에서는 예산 요구가 부풀려 있다는 생각을 가질 수밖에 없고 삭감에 신경을 쓴다. 더구나 예산의 재원은 국민의 세금으로 조성된다. 따라서 예산은 공공성이 있고 그에 수반되는 책임성을 확보해야 한다.

예산은 이와 같이 두 가지 측면에서 갈등을 빚는다. 하나는 지원을 강조하는 자율이고 또 하나는 책임을 강조하는 통제이다. 예산의 자율과 통제, 이것은 예산 하나만 놓고는 균형점을 찾기 어렵다. 예산과 정책은 동전의 양면처럼 함께 존재 하기 때문이다. 따라서 예산은 분명히 정책 수행을 위해 필요한 만큼 적기에 지원 되어야 하고, 그에 상응하는 정책성과로써 예산이 가치 있게 쓰였음을 보여주어 야 한다(〈그림 15-1〉 참고).[a]

---

a) 예산과 정책을 연계시킬 때 진정한 의미는 새로운 사업이나 서비스를 설계하고 예산을 매칭시켜 집 행하는 것이다. 그런데 아동수당처럼 법으로 지출 대상과 1인당 지원 금액이 정해져 있어 법을 고치 지 않고는 의무적으로 계속 지출해야 하는 예산이 있다. 전자를 '재량지출' 후자를 '의무지출'이라고 하는데 우리나라는 의무지출 비중이 계속 증가하고 있다(아래 그림, 국회 예산정책처(https://www. nabo.go.kr/), 재정규모, 2019. 1. 6; 기획재정부, 2020~2024년 국가재정운용계획, 2020. 9. 1, p. 8). 세입이 증가하지 않으면 예산의 경직성이 높아져서 SOC, 산업, 또는 R&D(연구개발) 분야의 예 산이 축소되고 예산과 정책을 통합시키는 예산과정도 의미가 퇴색할 수밖에 없다.

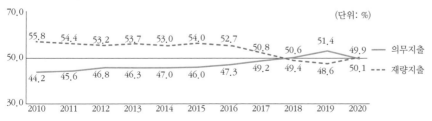

이렇게 예산과 정책을 단순히 연결시키는 것이 아니라 그 성과를 중심으로 통합시키는 데는 예산과정과 예산제도가 중요하게 작동한다.[a] 예산과정은 사업에 대한 실질적인 지원 여부와 지원 규모를 정하고 지출이 이루어지는 과정에 관한 것이고, 예산제도는 예산을 편성하고 집행하는 방식을 규정한 틀이다. 바로 이 예산과정이 실제 어떻게 작동하고 예산제도가 어떤 구조를 하고 있느냐에 따라 예산에 수반되는 자율과 통제의 균형이 달리 나타난다. 예산과정과 예산제도는 이와 같이 자율과 통제의 균형, 그리고 예산과 정책의 통합이라는 시각을 가지고 이해하는 것이 중요하다.[b]

용돈도 나라살림도 재원은 한정 … 예산 제1원칙은 효율배분

　　정치는 흔히 공동체 내 한정된 자원의 효율적 배분을 위한 규칙을 정하는 것으로 묘사된다. 한정된 가치를 어떻게 사용하느냐에 따라 그 공동체의 흥망이 결정되기 때문이다. 나라 살림을 이끌어가는 정부가 매년 예산안을 짜고 국민의 대표인 국회가 이를 승인하는 것은 한정된 국가 자원을 효율적으로 사용하기 위한 제도적 장치이다.

　　가계·기업·정부는 3대 경제주체이다. 각각 소비·생산·분배 활동을 이끈다. 국가를 살찌우게 하는 데는 생산을 담당하는 기업의 활동이 중요하지만 전쟁이나 경제침체 등 위기가 빈번해지면서 정부의 역할이 갈수록 중요해지고 있다. 거시경제학에서 국내총생산(GDP)을 나타낼 때도 정부의 역할이 따로 표현되는데 그 산식은 다음과 같다.

$$Y = C + I + G + (X - M)$$

　　여기서 Y는 국내총생산이고 C는 소비, I는 투자, G는 정부지출, X는 수출, M은 수입을 의미한다. 소비와 투자, 수·출입은 민간영역에서 담당하고 정부지

[a] 재무행정은 넓은 의미에서 재정자원을 확보하고 관리하는 활동으로 볼 수 있고 예산 이외에 세입, 기금, 국가채무, 현금관리, 회계 등의 주제를 포함한다. 한편 좁은 의미로는 재정자원을 예산으로 한정하고 그 중에서도 동원(세입)보다는 모든 부처의 공통 업무인 예산의 관리에 초점을 맞춘다.

[b] 예산을 여기서는 지원시스템의 역할, 즉 재화와 서비스 제공을 위한 자원으로서의 **관리적 기능**을 중심으로 다룬다. 예산은 관리적 기능 이외에 정치적·경제적으로 중요한 기능을 한다. 예산은 정부가 배분할 수 있는 실질적인 가치이며 이 과정은 다수의 이해가 반영되고 조정되는 **정치적 기능**을 가진다. **경제적으로** 예산은 국가재정을 구성하는 가장 중요한 요소로 국민경제에 미치는 영향이 지대하다. 예산을 통해 물가안정, 경기부양, 고용창출, 소득재분배 등의 정책수단으로 활용한다(A. C. Hyde, A Review of the Theory of Budget Reform, in A. C. Hyde & J. M. Sharfritz(ed.), *Government Budgeting*, Oak Park, IL: Moore Publishing, 1978).

출은 공적영역에서 이뤄지는 활동이다. 국민으로부터 거둬들인 세금으로 예산을 편성하고 집행하는 재정활동이 국민경제의 한 축을 담당한다는 의미다. 정부의 지출은 수익성을 추구하는 기업·가계와 달리 공동체의 존속과 운영을 위해 쓰인다. 도로와 공항 등 사회간접자본(SOC) 시설을 건설하고 국민 삶의 질을 높이기 위해 보건의료나 교육에 예산을 투입하는 것은 모두 공익적 목적을 위해서다.

정부의 예산 편성과 지출은 가계 소비나 기업 투자에 영향을 미친다. 정부의 수입은 국민으로부터 거둬들이는 세금이 대부분이므로 예산이 늘어나면 그만큼 국민으로부터 거둬들이는 세금이 늘어나야 한다. 세금을 거둘 때는 법으로 정해야 한다는 '조세법률주의'가 원칙인 이유다.

우리의 GDP 대비 조세부담률은 지난해 기준 20.0%다. 정부가 전망한 내년 총수입은 482조 6,000억 원으로 올해 본예산 때의 전망치 481조 8,000억 원과 비교하면 0.2% 늘어난다. 정부는 내년 소득세 최고세율을 기존 42%에서 45%로 올리는 반면 증권거래세를 거래금액의 0.45%에서 0.43%로 낮췄다. 소득이 가장 높은(연 10억 원 이상) 사람이 내야 할 세금이 늘어나는 '부자 증세'가 한층 강화되고 평범한 시민들의 세금 부담은 조금 낮춰주기로 하면서 계층별 세금 부담이 조정된 것이다.

통상 예산안이 국회에서 통과될 때는 세입에 영향을 미치는 세금 관련 법안도 함께 개정된다. 내년도[2021년] 총지출 558조 원에 비하면 [통합재정수지가] 75조 4,000억 원 적자로 그만큼 더 빚(국채)을 내서 메꿔야 한다.

정부가 예산을 편성하고 집행할 때는 어디에 얼마를 투입하는 게 국민 경제에 도움이 될지 판단해서 해야 한다. 이명박 정부에서는 '4대강 살리기'에 예산이 많이 투입되었고 박근혜 정부는 '창조경제', 문재인 정부는 '그린 뉴딜'을 강조하는 등 예산 편성에는 정부의 국정철학이 반영되기 마련이다.

지난[2020년 12월] 2일 국회를 통과한 내년도 예산을 분야별로 살펴보면 보건·복지·고용부문이 199조 7,000억 원으로 전체 예산의 35.6%라는 가장 높은 비중을 나타내고 있다. 신종 코로나바이러스 감염증(코로나19) 사태에 따른 방역과 치료, 세계적 경기침체에 따른 실업의 증가와 긴급재난지원금 지급 등 보건복지에 대한 긴박한 필요가 반영된 것으로 평가된다. 이어 정부 일반행정과 지방자치행정(비중 15.2%)에 이어 교육(12.8%), 국방(9.5%) 순으로 예산 배정이 많은 것을 보면서 해마다 정부가 역점을 두는 사업이 무엇인지 들여다볼 수 있다.

〈이하 생략〉

자료: 정태웅(한경 경제교육연구소 연구위원), 한국경제, 2020. 12. 14. 일부 수치 오류 수정.

PART 1 행정과 행정학의 이해
PART 2 행정환경
PART 3 행정내부환경
PART 4 경정시스템
PART 5 정책시스템
PART 6 조직시스템
PART 7 지원시스템
PART 8 산출과 피드백

1. 예산과정

예산과정은 결정시스템과 집행시스템의 원활한 작동에 결정적인 작용을 한다. 정책결정과 집행과정은 예산과정과 통합하면서 비로소 보다 완전한 모습으로 국민에게 실효성 있는 정책을 내놓고 국민이 필요로 하는 재화와 서비스를 제공하게 되기 때문이다.

그런데 행정기관에서 실제 필요한 경비를 지원받기까지는 법으로 정한 매우 공식화된 절차를 따라야 한다. 예산은 국민의 세금이기 때문에 지출에 대한 책임성을 확보하는 것이 일단 중요하기 때문이다. 이런 책임성을 확보하기 위해서 예산과정은 행정부와 입법부에 권한을 분산시켜 상호 견제가 가능하도록 하였다. 구체적으로, 행정부가 예산을 어떤 식으로 쓰겠다는 계획안을 내면 입법부가 이를 심의하여 결정을 내려주고, 그 결정에 따라 행정부가 예산을 사용하면 다시 입법부가 그 결과에 대하여 심사하는 과정을 거친다. 이들 과정을 예산편성, 예산심의, 예산집행, 결산이라 한다(〈그림 15-2〉 참고).

한편 예산은 태양력과 별도의 회계연도에 따라 예산과정의 주기를 반복하는데 다만 우리나라는 태양력과 동일하게 1월 1일부터 시작해서 12월 31일에 끝난다. 미국 연방정부의 경우에는 10월 1일에 시작해서 다음 해 9월 30일에 끝나고, 일본은 4월 1월부터 다음 해 3월 31일까지이다.

비록 회계연도는 1년이지만 이것은 예산을 집행하는 기간을 말하는 것이고 예산편성은 회계연도 1년 전 1분기부터 준비하게 되고 예산집행이 끝났더라도 결산은 그 다음 회계연도까지 계속된다. 예산과정은 선형으로 진행되지만 어느 한 시점을 놓고 보면 정부에서는 t+1년의 예산을 편성하고, t년의 예산을 집행하고, 또한 t-1년의 예산을 결산하고 있는 것이다.

[그림 15-2] 예산과정의 4단계

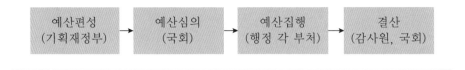

1) 예산편성

(1) 의 의

예산편성은 최초로 정책과 예산, 재화·서비스와 예산을 잠정적으로 연결시키는 과정이다. 정책결정, 전략기획, 정책집행, 행정서비스 등은 이 예산편성 과정에서 1차적으로 정책의 존립과 규모에 대한 시험에 들게 된다. 예산편성 단계에서 재정적인 지원이 뒷받침되지 않는다면 아무리 민주적인 절차를 거치고 과학적인 분석을 통해 좋은 정책을 만들었다 하더라도 백화점의 마네킹과 같이 생명을 가질 수 없다. 예산의 지원을 받지 못한 재화와 서비스의 공급 역시 중단되어야 하고 일부 국민들은 불편을 감내해야 할지 모른다. 그런데 정부가 쓸 수 있는 재원은 한정되어 있기 때문에 각 부처는 이런 일이 일어나지 않도록 예산 확보를 위해 타 부처와 경쟁을 하지 않을 수 없다. 예산편성 과정은 필연적으로 각 부처와 중앙예산기관이 자원 배분을 놓고 설득, 호소, 압력 등 다양한 수단을 동원하여 벌이는 타협의 역동적인 과정이라 할 수 있다.

예산편성은 실제 정책을 만들고 집행하는 행정부의 책임이다. 이를 위해 정부는 예산에 관한 모든 일을 총괄하는 중앙예산기관을 두는데 우리나라에는 기획재정부가 이에 해당한다.[a] 기획재정부는 일반 행정부처와의 긴밀한 커뮤니케이션과 협력관계를 유지하면서 국회에 제출할 예산편성안을 작성하게 된다.

(2) 절차적 이해

예산은 회계연도 개시와 함께 집행될 수 있어야 하기 때문에 예산편성과 심의가 그 이전에 종결될 수 있도록 일정표를 제도화하고 있다. 예산편성단계에서의 과정은 주요 행위를 중심으로 예산안편성지침 시달, 예산요구서 제출, 예산사정, 예산안 확정 및 제출의 5단계로 크게 구분할 수 있다(〈그림 15-3〉 참고).[b]

---

[a] 예산관련기관: 예산에 관련한 주요 기능은 중앙예산기관, 수입·지출총괄기관, 그리고 중앙은행으로 분산되어 있다. 중앙예산기관은 예산의 편성을 포함해서 집행 및 통제에 관한 전반적인 책임을 진다. 수입·지출총괄기관은 국가의 수입과 지출을 총괄하는 기관으로 주로 의원내각제 국가(영국 재무부, 일본 대장성)에서는 두 기관이 통합되어 있다. 중앙은행은 정부의 국고금 출납업무를 대행한다. 우리나라에서 이들 기능을 수행하는 기관은 기획재정부(앞의 두 기능)와 한국은행이다.

[b] 중앙관서의 장은 국회의장, 대법원장, 헌법재판소장, 중앙선거관리위원회위원장, 그리고 헌법 또는 정부조직법 기타 법률에 의하여 설치된 중앙행정기관의 장을 모두 포함하지만 이 책은 행정부를 중심으로 기술하기 때문에 중앙관서의 장 대신 중앙행정기관의 장 또는 우리에게 보다 익숙한 부처장관의 용어를 혼용하여 쓰도록 한다.

PART 1 행정과 행정학의 이해
PART 2 행정환경
PART 3 행정내부환경
PART 4 결정시스템
PART 5 집행시스템
PART 6 조직시스템
PART 7 지원시스템
PART 8 산출과 피드백

[그림 15-3] 예산편성 절차

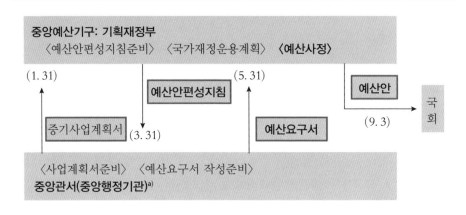

자료: 「국가재정법」 제2장 제2절(예산안의 편성).

① 예산안편성지침 시달

기획재정부장관은 매년 3월 31일까지 예산안편성지침을 각 중앙행정기관의 장에게 시달한다. 예산안편성지침을 작성하는 데는 각 기관에서 1월 말까지 제출한 5회계연도 이상의 신규사업 및 주요 계속사업에 대한 중기사업계획서와 국가재정운용계획을 참고한다. 예산요구서 제출에 앞서 사업계획서를 먼저 받는 것은 부처별 예산요구수준과 사업별 우선순위를 사전에 검토하기 위한 것이다. 신규로 신청한 사업에 대해서는 경제적 타당성을 검토하고 계속 사업에 대해서는 재원소요를 판단하게 된다.[1] 한편 국가재정운용계획은 다년간의 재정수요와 가용재원을 예측하여 거시적 관점에서 기획과 예산을 연계함으로써 합리적으로 자원을 배분하기 위한 제도로서 연동계획(rolling plan)[a]으로 작성된다.

각 부처의 사업계획서를 참고하긴 하지만 예산안편성지침은 기본적으로 경제성장률, 세입증가율, 세출소요 등 거시적인 재정여건과 대통령의 정책방향 및 전략적 국정과제를 뒷받침할 수 있는 자원배분의 기본 방향을 토대로 작성하는 하향식 접근이다. 이런 거시적 방향과 기준의 제시가 기획재정부로서는 중요하겠지만 각 중앙행정기관의 입장에서 예산안편성지침의 핵심은 예산요구서를 작성하는 데 필요한 인건비, 사업비, 보조금 등 경비별 기준에 관한 세부지침이다.

---

a) 연동계획은 일정 기간(5년이나 7년)의 중장기 계획을 매년 그 기간을 유지시켜 나가는 방식이다. 그러기 위해서 해가 바뀔 때마다 지난 해는 빼고 새로 한 해를 추가하여 계속 계획을 수정해 나간다.

PART 1 행정과 행정학의 이해

PART 2 행정환경

PART 3 행정내부환경

PART 4 결정시스템

PART 5 집행시스템

PART 6 조직시스템

PART 7 지원시스템

PART 8 산출과 피드백

② 예산요구서 제출

절차상으로는 예산안편성지침을 접수한 후 예산요구서를 만들기 시작하는 것이지만 예산편성이 연례적이고 정형화되어 있는 일정표와 양식을 가지고 있기 때문에 각 중앙행정기관에서는 지침을 받기 이전부터 다음 연도 예산요구서를 준비하게 된다. 각 기관 차원에서는 부서마다 소관 사업에 대한 예산소요와 근거를 만들어 기획조정실로 올린다. 각 부서안은 기획조정실과 관련 부서장을 포함한 간부회의에서 수 차례의 내부 조정을 거치고 그 결과를 기획조정실에서 총괄 종합한 후 예산요구서를 확정하여 5월 31일까지 기획재정부에 제출한다.

각 기관의 예산은 기본적으로 과장되어 요구되는 속성이 있다. 예산에 대한 욕구는 공무원 개인 차원에서부터 시작되는 것으로 볼 수 있다. 인정받고 싶고 힘을 가지고 싶은 욕구를 가진 사람이라면 예산은 그런 욕구를 채워주는 중요한 요소일 것이다. 예산을 많이 배정받았다는 것은 사업의 가치를 인정받은 것이고 예산을 배분하거나 재배분하는 권한을 의미하기 때문이다. 여기에 적게 삭감되거나 증액을 받아낸 공무원이 그 기관에서 능력 있는 사람으로 평가되는[2] 보이지 않는 인센티브 구조를 가지고 있는 경우 예산 과다 요구는 피할 수 없는 현상이 될 것이다.

하지만 재원은 한정되어 있기 때문에 각 기관의 요구를 모두 들어줄 수 없다. 〈표 15-1〉에서 보듯이 총액배분·자율(예산)편성 제도[a]를 도입하기 전에는 중앙행정기관의 예산 요구액이 전년도 예산 대비 25% 내외가 될 정도였다. 부처에서 올라온 이러한 과다한 예산 요구는 누군가에 의해서 조정되어야 함을 알 수 있다. 그런데 각 부·처·청 등의 중앙행정기관 차원에서는 이런 통제가 쉽지 않다. 각 기관의 기획조정실은 실질적인 재원을 가진 것이 아니기 때문에 국·과의 예산을 종합 정리하고 기관장의 지시가 예산요구에 반영되었는지를 확인하는 정도에 그치고 만다.[3] 예산은 공유재의 성격을 가지고 있어 먼저 차지하는 사람이 임자라는 식의 행태도 배제할 수 없다. 기관장 역시 예산확보에 대한 욕구를 가지게 되는데[4] 어차피 기획재정부에 올라가 조정되는 상황에서 자기 살을 미리 도려낼 이유가 없는 것이다. 그래서 필요한 것이 실제 나누어 줄 파이를 가지고 있는 기획재정부가 각 부처의 예산요구에 대해 그 타당성을 사정하는 것이다. 정부는 이러한

---

a) 톱다운(top down)제도, 사전자원배분제도라고도 부르며, 중앙예산기관(기획재정부)이 부처별 지출한도(부처별 총액배분)를 사전에 정하고, 각 부처는 이 지출한도 안에서 자율적으로 사업별 예산을 편성하는 제도이다.

예산요구 증가율 추이   (단위: %)

구분	총액배분·자율편성 도입 전				총액배분·자율편성 도입 후															
연 도	'01	'02	'03	'04	'05	'06	'07	'08	'09	'10	'11	'12	'13	'14	'15	'16	'17	'18	'19	'20
요구 증가율*	25.3	24.5	28.6	24.9	9.4	7.0	6.8	8.4	7.6	4.9	6.9	7.6	6.5	6.6	6.0	4.1	3.0	6.0	6.8	6.2

* 요구증가율: '01~'04년은 예산총액 기준, '05~'20년은 총지출 기준.
자료: 기획재정부 예산실, 2017년도 예산 요구 현황(보도자료, 2016. 6. 10.); 2020년도 예산 요구 현황(보도자료, 2019. 6. 14.)

중앙행정기관의 비합리적 예산 요구를 통제하면서 기관의 예산 편성 자율권과 책임성을 강화시켜 나가기 위해 2005년에 총액배분·자율편성 제도를 처음으로 적용하였다. 〈표 15-1〉에서 2005년 이후 예산 요구 증가율이 10% 밑으로 낮아진 것을 보면 이 제도가 실효성 있게 부처의 예산을 통제하고 있음을 보여준다.

특히 2016~17년도 예산요구 증가율은 역대 가장 낮았는데 당시 어려운 재정 여건 때문에 신규사업 예산 요구 시에 재원대책을 요구하는 페이고(pay-go) 원칙[a] 및 재정사업수 총량관리(one-out/one-in) 등의 재정개혁을 추진한 결과로 보인다.[5]

③ 예산사정

각 중앙행정기관에서 제출된 예산요구서는 기획재정부의 엄밀한 분석과 매우 역동적인 조정 작업을 거쳐 최종 예산안으로 확정된다. 기획재정부는 예산요구서 만으로 사정을 하는 것이 아니고 각 기관의 예산담당관이나 관련 공무원과 예산협의를 하는데 이때 각 기관은 예산요구에 대한 방어를 할 수 있다. 각 기관에 대한 개별 사정이 끝나면 기획재정부의 국·과장 공무원이 참여하는 재정운용회의를 열어 전체적인 조정을 한다. 이때는 단순히 부처 간의 횡적인 형평성만이 아니라 예산정책이나 재정여건 변화 등에 대한 종합적인 논의를 한다. 기획재정부의 예산담당관들이 담당 부처별로 나누어 예산요구에 대한 사정 작업을 하는 동안 예산관련 기관들이 예산편성에 필요한 작업을 동시에 진행하는데 대표적으로 기획재정부 세제실에서는 세원의 규모를 추정하여 필요한 정보를 예산실에 제공한다.

---

a) Pay as you go(번 만큼 쓴다)의 줄인 말로, "새로운 재정 지출 사업을 추진할 때 기존 사업 지출을 줄이거나 재원대책을 의무적으로 마련해야 하는 시스템으로서, 재정건전성을 높이기 위한 재정준칙의 하나"(매일경제용어사전)이다. 기획재정부는 2016년에 국가채무를 GDP 대비 45% 내에서 관리하도록 하는 내용과 재정 투입이 요구되는 법안을 발의할 때에는 재원 조달 방안을 함께 제시해야 하는 페이고 원칙을 담은 재정건전화법 제정안을 국회에 제출였으나 제20대 국회를 넘기면서 자동폐기되었다.

PART 1 행정과 행정학의 이해

PART 2 행정환경

PART 3 행정내부환경

PART 4 결정시스템

PART 5 집행시스템

PART 6 조정시스템

PART 7 지원시스템

총액배분·자율편성 제도가 도입되기 이전의 예산사정은 단순한 검토나 조정 수준이 아니라 예산을 '대패질'하는 과정이었다. 예산 요구액의 15~20%는 강제로 삭감해야 했기 때문이다. 총액배분·자율편성 제도 도입 이후에는 과도한 예산요구가 줄어들었고 사업의 타당성 중심으로 심사를 하고 부처의 자율성이 확대된 것으로 보인다. 그러나 부처의 사업별 예산 편성의 자율성이 부여되었다고는 하지만 기획재정부는 분명히 부처에서 올라온 예산요구를 분석하고 주요 사업에 대한 검토를 하며 수정을 요구하게 된다. 예산사정의 이 과정은 제한된 재원을 놓고 벌이는 게임이자 중요한 결정과정이다.[a] 그 과정에는 크게 합리모형의 경제적 접근과 점증모형의 정치적 접근이 중요하게 작용한다.

● **경제적 접근**: 예산편성의 실무작업을 책임지는 예산담당관들은 경제 마인드로 무장된 대표적인 경제전문 관료들이다. 객관적 자료와 이론적 논거에 기초한 경제적 합리성이 중요한 결정기준이 될 수 있음을 시사하는 것이다. 이들은 각 기관에서 올라온 사업별 예산요구에 대하여 사업의 경제적 타당성이 있는지, 환경영향평가에서 문제가 없는지, 사업을 늦추는 경우 사회에 미치는 영향이 어느 정도인지, 반드시 정부가 해야 하는 일인지, 정부에서 하더라도 민간위탁 등의 정책수단을 활용할 여지는 없는지 등에 대한 종합적인 검토를 한다.[6]

예산담당기관의 경제적 접근은 PPBS나 ZBB와 같이 경제적 합리성을 목표로 한 예산제도를 채택하는 경우 더욱 강화된다. 사업의 타당성을 검증하기 위해 비용편익분석을 활용하는 것도 역시 경제적 합리성을 결정의 기준으로 채택한 것이다. 예산편성지침을 하달하고 그 지침에 따라 사업을 평가하는 절차적 접근 역시 합리모형과 같은 맥락이다. 예산결정과정에서의 이러한 합리적·분석적 접근을 점증주의에 대응하여 종합적 합리주의 또는 총체주의(synopticism)라 한다.[7]

● **정치적 접근**: 그러나 합리적 예산사정에는 한계가 있다. 그 이유로 대통령이 추진하는 국정과제나 특별지시사항으로 추진되는 사업은 기획재정부가 관여하기 곤란하며 2개월 남짓한 촉박한 시간, 밤샘 작업을 하는 등의 인력 부족, 예산담당관의 부처 추진 사업에 대한 전문성 부족 등을 지적할 수 있다. 규제기관이 규제대상인 이익집단의 이익에 포획된다는 이론이 여기에도 적용될 수 있다. 각 부처 예산사정관은 해당 부처에 대해 상대적으로 우호적인 태도를 가지는 경향이 있기 때문이다.[8]

실제로 결정모형에서 언급한 것처럼 점증모형의 대표적인 사례로 예산결정을 인용할 정도로 예산결정은 진작부터 정치적 타협의 산물임을 많은 학자들이 강조해왔다.[9] 이들은 전년도 예산의 규모와 내용이 금년도 예산을 결정하는 가장 중요

---

a) 총액배분·자율편성 제도하에서 우리나라도 국무위원들이 국가재정운용계획의 수립과 부처별 지출 한도를 정하는 데 참여한다. 따라서 이 제도 도입 이후 거시적 자원배분 결정의 일부 역할이 예산담당자들에게서 국무위원들로 옮겨졌다고 할 수 있다.

한 변수임을 강조해왔다. 물론 이러한 정치적 성격은 국회에서의 예산심의 과정에서 더욱 두드러지게 나타나지만 기존의 많은 학자들이 예산편성 과정에서부터 정치적 성격을 지적하고 있다.[10) 예산사정에서 나타나는 관료 중심의 이러한 접근을 관료정치적 접근으로 약간 차별화하여 이해할 수 있겠다.[a] 관료정치모형은 결정에 참여하는 사람들의 독자성이 높고, 각각 국가·조직·개인 차원의 혼합된 목표를 가지고 있어 목표에 대한 공유도가 낮으며, 따라서 이들간의 협상과 타협에 의해 결정이 이루어지는 특성을 강조한다.[11)

우리나라 현실에서 예산사정의 정치적 성격을 부정하기 힘들 것이다. 즉, 기획재정부 공무원과 부처 공무원, 심지어는 기획재정부장관과 일반 부처 장관, 그리고 기획재정부장관과 청와대 비서관 및 국회의원 간에 은밀한 작전과 설득 그리고 압력이 작용할 수 있음을 충분히 예상할 수 있다. 실세 장관이 임명되는 경우 당장 그 부처의 예산이 대폭 증액되는 것이 단적인 예라 할 수 있다. 부처 실무자 선에서도 공채 동기, 학교 선후배 등 각종 인간 '관계'를 동원하는 일을 공무원들로부터 쉽게 들을 수 있다. 신규사업의 경우 초기에는 사업을 작게 계획해서 일단 종자 예산을 확보한 뒤 다음부터 계속사업으로 연결시키는 소위 '문지방 예산' 전략도 있을 것이다. 대통령의 공약을 들고 나온다거나, 정치적 호응을 얻을 수 있도록 사업명칭이나 내용을 포장하는 등의 예산확보를 위한 많은 전략이 있을 수 있다.[12) 이런 것은 모두 공정한 게임의 법칙을 벗어난 것이긴 하지만 실무자들에게는 매우 매력적인 방법임에는 분명하다.

④ 예산안 확정 및 국회 제출

이러한 경제적이고 정치적인 예산사정 과정을 거쳐 기획재정부에서 예산안을 작성하면 그것을 가지고 소관 부처, 대통령 비서실, 당정 협의 등을 거쳐 최종안을 확정한다. 공무원의 보수 인상이나 기타 정치적으로 중요한 쟁점이 되는 사업의 경우 이 과정에서 타협점이 찾아질 수 있다. 이후의 과정은 형식적인 절차로 국무

a) 구 소련이 쿠바에 미사일을 반입하려는 시도에 대하여 미국 케네디 정부가 쿠바 해안 봉쇄 결정을 내린 과정을 사례 분석한 미국 정치학자 앨리슨(Allison)이 주장한 모형으로 관료정치모형 이외에 합리적 행위자모형과 조직과정모형을 제시하고 있다(Graham T. Allison, *The Essence of Decision: Explaining the Cuban Missile Crisis*, Boston: Little Brown, 1971).
　　합리적 행위자 모형: 이 모형은 합리모형과 매우 유사한 것으로 조직은 최고결정주체를 중심으로 한 단일 결정구조를 가지며 조직전체의 목표를 극대화하며, 문제와 대안에 대한 객관적인 분석과 평가의 합리적 결정과정을 중시한다.
　　조직과정모형: 조직과정모형은 정부조직을 각기 관할권을 가진 준독립적 기관들이 느슨하게 연계된 집합체로 보고 이들 간에 충돌이 있는 경우 상위계층의 조정에 의존하지만 대부분은 조직의 관행과 표준화된 운영절차(SOP)에 의해 결정이 이루어진다는 점을 강조한다. 따라서 급진적인 변화는 곤란하다. 예산사정은 관료정치모형과 조직과정모형이 혼합된 형태로 볼 수 있겠다.

PART 1 행정과 행정학의 이해
PART 2 행정환경
PART 3 행정내부환경
PART 4 결정시스템
PART 5 집행시스템
PART 6 조직시스템
PART 7 지원시스템
PART 8 산출과 피드백

회의의 심의와 대통령의 재가로 확정되고 회계연도 개시 120일 전까지 국회에 제출한다. 예산안에는 예산총칙, 세입세출예산, 계속비, 국고채무부담행위, 성과계획서, 성인지예산서 등을 포함한다. 세입세출예산은 일반회계예산과 특별회계예산으로 구성된다. 2008년부터는 기금요약, 기금운용규모 및 조성규모, 기금 수입, 기금 지출을 포함한 기금운용계획도 예산안과 함께 국회의 심의를 받고 있다.

(3) 문제점 및 개선방안

현재 우리나라의 예산편성 단계에서 나타나는 문제점으로 많이 지적되는 것에는 다음과 같은 것이 있다.

첫째, 예산편성에 있어 아직 전근대적인 접근을 하고 있다. 전근대적이란 조직을 중심으로 편성하는 것으로 정책집행에서 언급한 것처럼 현대는 조직에 의한 문제해결보다 정책이나 프로그램(사업) 중심으로 문제를 접근하고 있다. 현대의 복잡한 환경하에서 문제해결은 여러 부처와 부서에 걸쳐 협력적 노력을 요구한다. 그런데 부처나 부서의 조직 단위는 경직적이어서 상황적응력이 부족하다. 예산편성 때부터 조직의 단위를 벗어나 프로그램 단위로 접근하는 노력이 필요하다.

둘째, 각 행정기관에서 올린 예산에 대한 체계적인 분석이 미흡하다. 예산제도에서 논의하겠지만 어떤 사업을 진행하고 어떤 사업을 포기할 것인가, 다수의 경쟁 사업 간에 어느 사업을 지원할 것인가 등의 결정에는 비용편익분석과 같은 객관적 분석이 필요하지만 현재 예산편성단계에서는 총사업비가 500억 원 이상이고 국가의 재정지원 규모가 300억 원 이상인 신규 사업에 예비타당성조사를 실시하고 있다.[13] 때문에 특별한 이유가 없으면 전년도 예산을 인정하는 예산편성이 나타날 수밖에 없다. 또한 객관적 합리성의 결여는 인간관계가 개입할 여지를 키워 예산편성 단계에서 비공식적인 로비가 확산된다. 중앙예산기관의 예산분석이 합리적이지 못하면 예산요구도 역시 합리성을 결여하기 쉽다. 부풀리기 예산요구 또한 그런 측면에서 이해할 수 있을 것이다.

셋째, 투명성의 결여다. 예산요구에 대한 일체의 자료를 비공개로 하다보니 각 부처의 부풀리기식 예산요구가 통제되지 않는다. 기획재정부에서 이들에 대한 합리적 분석과 통제가 힘들다면 관련 시민단체나 관심 있는 전문가들의 자발적인 검토가 이루어지도록 예산요구를 공개하는 것도 고려해 볼만하다. 이런 차원에서 2018년에 시범적으로 도입하고 2019년에 확대한 국민참여예산제도[a]는 예산편성

a) 국민이 직접 예산사업을 제안하고, 민간 전문가의 심사와 예산국민참여단의 논의 및 평가, 그리고 일

과정에 시민의 참여를 확대한 의미있는 시도로 보여진다.[14] 한편 지방자치단체 예산편성 과정에서는 주민의 참여를 의무화한 주민참여예산제도를 채택하고 있고, 구체적으로 주요사업에 대해서는 공청회나 간담회, 그리고 서면이나 인터넷의 설문조사를 실시토록 하고 있다.[15]

넷째, 인건비나 물품비의 단가가 비현실적이다. 예산단가 중 시장의 가격에 비해 현저히 낮은 항목들이 존재한다. 중앙관서 예산 업무 담당 공무원을 대상으로 한 설문조사에서 '예산단가가 비현실적이다'라는 항목에 45.6%가 '그렇다' 이상으로 응답하였다.[16] 2000년 초의 설문조사로서 그동안 상당한 현실화가 이루어졌다고 보겠지만 2019년 1월 정부와 공무원노조 간에 합의한 교섭 내용에 "출장비·당직비 현실화"가 포함된 것을 보면 아직도 단가 책정에 문제가 있음을 짐작할 수 있다. 특히 출장비 단가가 낮을 때에는 실비용을 만들기 위해 교육인원을 늘리거나 출장기간을 늘리는 등의 편법을 조장할 가능성이 높다.[17]

이상의 문제점은 중앙예산기관이 너무 구체적인 예산 항목까지 관여하여 조정하는 데서 오는 부작용으로 볼 수 있기 때문에 문제 자체가 발생하지 않도록 하는 예산편성 제도의 근본적인 변화를 시도할 필요가 있다. 이런 점에서 총액배분·자율편성 제도는 시사하는 바가 매우 크다. 총액배분·자율편성 제도는 기획재정부가 각 부처에 하향식(top-down)으로 자원을 배분한 뒤 그 지출 한도 안에서 예산편성의 자율권을 부여하는 것이다. 구체적으로 5개년 국가 재정운용계획에 근거하여 연도별 정부지출총액을 정하고, 그것을 R&D, SOC, 교육, 환경 등과 같은 분야별로 배분한 다음, 각 분야별 한도 안에서 다시 부처별로 배분하게 된다.

스웨덴의 경우에는 각료들이 주말에 수상 별장에서 합숙을 하며 제로섬 경쟁을 통해 재원을 배분한다고 한다.[18] 이런 하향식 방식으로 부처의 예산총액이 결정되면 그 범위 안에서 사업의 우선순위를 확정하고 자체 예산편성을 하는 것이다. 재원 배분 과정에 재정당국과 부처 간의 커뮤니케이션이 중요하기 때문에 이 제도를 통해 자원배분의 투명성을 높일 수 있고 부처 간 폐쇄성도 완화시킬 수 있으며[19] 무엇보다도 예산편성의 자율성이 높아지면서 예산과 사업의 연계성을 높일 수 있다는 장점이 있다. 다만 기획재정부가 각 부처의 예산요구를 세세하게 원점에서 재검토하고 있기 때문에 부처의 실질적인 자율성이 보장되지 않고, 국회

반국민의 선호도 조사 결과를 토대로 사업을 선정해서 예산안에 반영하는 방식이다. 2019년에 39개 사업 835억 원, 2020년에 38개 사업 1,057억 원, 2021년에 63개 사업 1,199억 원이 국민참여예산에 포함되었는데 주로 생활안전 등 생활밀착형 사업 또는 취약계층 지원 사업들이었다(기획재정부, 보도자료, 2018. 8. 18, 2020. 9. 3). 일반 예산안과 동일하게 국회의 심의를 거쳐 확정된다.

PART 1 행정과 행정학의 이해
PART 2 행정환경
PART 3 행정내부환경
PART 4 결정시스템
PART 5 집행시스템
PART 6 조직시스템
PART 7 지원시스템
PART 8 산출과 피드백

예산 이해를 위한 기본 개념들

- **일반회계예산과 특별회계예산**
  - 일반회계예산
    - 국가 고유의 기능을 수행하기 위해 필요한 예산
    - 세입: 국세, 세외수입, 국채발행수입으로 구성
    - 세출: 국가의 존립과 유지를 위한 기본적 경비로서 소관별, 기능별, 성질별, 분야별 등으로 구분
  - 특별회계예산
    - 특정한 세입으로서 특정한 세출을 충당함
    - 국가의 특정사업운영이나 사업적 성격이 강해 일반회계에서 분리하는 것이 재정운영의 자율성과 효율성을 높일 수 있을 때 이용
    - 예산단일주의에 어긋나 국가재정의 통합성이 떨어지고 외부통제가 곤란
    - 2020년 기준 20개
- **기 금**
  - 국가의 특정목적사업을 위해 출연금·부담금 등을 주요재원으로 안정적 자금지원과 탄력적 자금운용을 목적으로 예산과 별도로 운영하는 특정자금
  - 예산과의 차이점

구 분	기 금	예 산	
		일반회계	특별회계
설치사유	– 특정목적을 위해 특정자금을 운용	– 국가 고유의 일반적 재정활동	– 특정사업운영 – 특정자금운용 – 특정세입으로 특정세출 충당
운용형태	– 출연금, 부담금 등 다양한 재원으로 융자사업 등 수행	– 공권력에 의한 조세수입과 무상급부 원칙	– 일반회계와 기금의 운용행태 혼재
확정절차	– 기금관리주체가 운영계획 (안) 수립 – 기획재정부장관 협의·조정 – 국회심의·의결확정	– 부처의 예산요구 – 기획재정부가 정부 예산안 편성 – 국회심의·의결로 확정	좌동
집행절차	– 합목적성 차원에서 상대적으로 자율성과 탄력성을 보장	– 합법성에 입각하여 엄격히 통제 – 예산의 목적 외 사용금지 원칙	좌동
수입과 지출연계	– 특정수입과 지출의 연계	– 특정수입과 지출의 연계 배제	– 특정수입과 지출의 연계
계획변경	– 주요항목지출금액의 20% 이상 변경시 국회의결 필요 (금융성기금의 경우 30%)	– 추경예산편성	좌동
결산	국회결산심의 승인	좌동	좌동

자료: 기획재정부, 열린재정(https://www.openfiscaldata.go.kr/), 재정배움터, 기금의 이해, 2021. 1. 6.

- **예산총계와 예산순계**
  - 예산총계: 일반회계와 특별회계를 더한 것으로 재정 전체 규모
  - 예산순계: 예산총계에서 회계 간, 회계 내 계정 간의 내부거래를 제외한 규모
- **통합예산(통합재정수지)과 관리재정수지**
  - 통합예산(통합재정수지): 예산에 포함되지 않는 기금을 포함한 국가의 모든 수지(수입과 지출)로서 중앙정부의 총수입과 총지출*의 차이
  - 관리재정수지: 통합재정수지에서 미래에 사용하기 위해 적립되는 연금이나 보험기금 등의 사회보장성기금을 뺀 것으로 해당 연도의 재정 건전성을 표시

  * 총지출: 정부 안에서 발생한 거래와 보전지출을 제외한 것으로 국민경제에 미치는 영향의 정도

- **수치로 이해하는 2020년 예산구조** (단위: 조 원)

구 분				규모		
수입	예산	일반회계	국세	319.9	295.9	284.1
			세외수입			11.7
		특별회계	국세*		24.0	7.9
			자체수입			16.1
	기금	58개 전체 (사회보장성기금)**		161.9 (95.8)		
	총수입			481.8		
지출	예산	예산총계	일반회계	427.1		356.6
			특별회계			70.5
		예산순계 (예산총계 – 회계간·계정간 거래)	일반회계	386.2		321.2
			특별회계			65.0
		예산지출 (예산순계 – 기금이전, 보전지출)	일반지출 일반회계	351.1		296.0
			특별회계			55.1
	기금	58개 전체 (사회보장성기금)		161.2 (54.8)		
	총지출 = 예산지출 + 기금			512.3		
통합재정수지 (총지출 – 총수입)				30.5		
관리재정수지 (사회보장성기금 수지 41.0조 원 제외)				71.5		

* 주세, 농어촌특별세
** 4개: 국민연금, 사학연금, 고용보험기금, 산업재해보상보험및예방기금(공무원연금과 군인연금은 포함되지 않음). 특히 국민연금은 시행 초기 단계로 현 시점에서 사회보장성기금 수지에 대규모 흑자를 내는 구조이나 2041년 적자 전환이 예상됨(기획재정부, 2020~2060년 장기재정전망, 2020. 9. 2).

자료: 기획재정부, 「2020 나라살림 예산 개요」, 2020. 2, 「2020 나라살림 예산 개요 참고자료」, 2020. 6, 관련 수치 참고하여 재구성.

예산결산특별위원회에 부처별 지출한도를 보고하지 않는 등의 문제가 있다.[20]

또 하나 중요한 제도변화는 조직 단위의 틀 안에서 프로그램 예산(program budget)을 도입한 것이다. 2003년 프로그램 예산 도입을 추진하면서 당시 노무현 정부는 6,000개가 넘는 단위사업에 대한 투입 위주의 기존 품목별(line-item) 예산 제도는 중장기 전략적 재원배분과 성과관리가 어렵다는 점을 지적하였다.[21] 프로그램 예산은 동일한 정책목표를 가진 단위사업들을 하나의 프로그램으로 묶어 예산 및 성과 관리의 기본 단위로 삼고, 실·국 차원에서 프로그램 단위의 예산을 편성·집행하며 성과에 대하여 책임을 지도록 한 것이다(608쪽 〈그림 15-9〉 참고). 이런 점에서 프로그램 예산은 뒤에 설명할 계획 예산제도(PPBS)의 특성인 정책과 예산의 통합, 중장기적 관점에서의 전략적 자원배분, 그리고 성과주의 예산제도의 특성인 성과와 예산의 연계를 고려한 중요한 예산제도 개혁이라 할 수 있다. 중앙 정부는 2007년, 지방자치단체는 2008년부터 프로그램예산을 본격 도입하였다.

예산편성과 관련하여 향후 심도있게 논의되어야 할 부분이 재정준칙의 도입이다. 문재인 정부하에서 복지 지출이 대폭 확대되면서 정부의 총지출도 급속하게 증가하였다. 특히 2020년에는 코로나19의 특수한 상황을 고려하여 4차에 걸친 추가경정예산이 편성되었으며, 그 결과 국가채무비율이 GDP 대비 43.9%로 높아졌다. 2021년에는 47.3%까지 증가할 것으로 예상하고 있다.[22] 박근혜 정부에서 기획재정부는 재정건전성을 유지하기 위하여 국가채무를 GDP 대비 45% 내에서 관리하도록 하고 재정 투입이 요구되는 법안을 발의할 때에는 재원조달 방안을 함께 제시해야 하는 페이고(pay go) 원칙을 담은 재정건전화법 제정안을 국회에 제출하였으나 제20대 국회가 종료되면서 자동 폐기되었다. 문재인 정부에서 기획재정부는 국가채무비율을 60%로 높이고 통합재정수지 적자 비율을 3%로 하는 재정준칙을 추진하겠다고 발표하였지만(2020. 10. 5), 기준이 너무 완화되었고 경제상황에 따라 면제하거나 더 완화할 수 있도록 하여 준칙으로서의 실효성이 떨어진다는 비판이 있을 수 있다. 한편 코로나19 경제위기 상황에서 준칙 도입을 반대하는 입장도 있어 법제화까지는 논란이 예상된다. 재정은 장기적인 지속가능성 차원에서 관리되어야하기 때문에 세계 주요국들(독일, 프랑스, 미국, 영국, 네덜란드, 스위스 등)이 헌법을 포함한 다양한 법적 지위가 부여된 준칙을 운용하고 있다. 재정준칙의 도입은 예산의 총지출 규모를 제한하기 때문에 예산편성에서 상당한 영향을 미치겠지만 재정건전화에 효과적인 수단이라 할 수 있다.[23]

2) 예산심의

(1) 의   의

예산심의는 국민의 대표기관인 입법부가 행정부를 통제할 수 있는 도구[a] 중 하나로 재정민주주의를 실현하는 중요한 과정이다. 입법부의 예산 통제는 납세자의 이익을 직접적으로 대변하는 일이다. 막연한 국민의 주권보다 납세자의 권리는 훨씬 가시적이고 강력하다. 미국의 경우 정부가 비대해지면서 국민의 세금 부담과 함께 조세저항도 비례적으로 높아졌다. 국민을 대표하고 납세자를 대표한다는 것은 바로 세금을 지키는 것이라 할 정도로 입법부의 중요한 의무가 되었다. 예산심의는 행정부 통제 기능 이외에 정책결정, 즉 가치배분의 최종 결정 기능이 있다. 예산의 전체규모와 세입-세출의 균형 상태(적자예산 여부)를 통해 국민경제 전체에 미치는 거시적인 재정정책적 결정을 하고 미시적으로 각 사업별 예산을 확정함으로써 정책을 금전적 수치로 전환하는 역할을 한다.[24] 입법부가 얼마만큼의 정책결정 역할을 수행하느냐는 얼마나 실질적인 예산심의가 이루어지느냐에 달려 있다.

예산심의는 그런 재정상의 국민주권을 실현하기 위한 제도적 장치인데 대통령제에서 더 의미를 찾을 수 있다. 입법부와 대통령 간에 견제와 균형이 잘 이루어져 있는 미국의 경우 행정부 편성 예산안이 입법부에서 엄격히 심사되고 통제되기 때문이다. 한편 내각책임제에서는 다수당이 내각을 책임지다보니 편성과정에서 다수당의 입장이 이미 반영되어 심의과정에서 수정은 미미할 수밖에 없다.

(2) 절차적 이해

9월 정기국회가 시작되면 그 다음 날부터 20일 간은 국정 전반에 대한 국정감사가 실시된다. 필요시 그 기간을 연장할 수 있고 여당과 야당이 대치하는 경우 실제 예산심의는 상당히 늦어지게 된다. 정상적인 예산집행을 위해 회계연도 30일 전인 12월 2일까지 예산안 등의 심의·의결을 규정하고 있기 때문에 예산심의 기간은 두 달을 확보하기가 어렵다. 이 기간 동안 예비심사, 종합심사, 본회의 의결의 절차를 거쳐 예산안을 최종 확정한다.

| 예비심사(상임위원회별) | → | 종합심사(예산결산특별위원회) | → | 의결(본회의) |

---

a) 재정측면에서 국회의 행정부 통제 수단은 구체적으로 재정입법권, 국채동의권, 국가가 부담이 될 계약체결에 대한 동의권, 예비비지출 승인권, 계속비 의결권, 결산심사권 등이 있다.

PART 1 행정과 행정학의 이해

PART 2 행정환경

PART 3 행정내부환경

PART 4 경정사소템

PART 5 집행사소템

PART 6 조직사소템

PART 7 지원사소템

PART 8 산출과 피드백

예산심의는 상임위원회에서 소관 부처에 대한 심사(예비심사)로부터 시작된다. 예비심사는 소관 부처 장관의 예산안 제안 설명, 상임위원회 전문위원의 예산안 검토 보고, 장관에 대한 정책질의 등의 과정을 거친 뒤 소위원회를 구성하여 실시한다. 소위원회 심사가 완료되면 상임위원회는 예비심사보고서를 작성하여 예산결산특별위원회(예결위)에 회부한다.

예결위의 종합심사는[a] 상임위원회와 유사한 절차를 거치는데 소속장관 대신 기획재정부장관의 제안 설명, 전문위원의 검토보고, 소속장관뿐만 아니라 전 국무위원이 참석한 가운데 종합 정책질의, 소위원회 활동격인 분과위원회의 부별(部別)심사를 차례로 진행한다. 부별심사 결과는 예산안조정소위원회에 회부되어 계수조정을 거친 뒤[b] 예결위 전체회의에서 논의 의결한다.

예결위의 종합심사가 완료된 예산안은 본회의에 상정되어 정책질의와 찬반투표를 거쳐 회계연도 개시 30일 전에 의결해야 한다. 30일 전까지 의결하도록 한 이유는 첫째, 새해 시작과 함께 예산집행이 이루어지기 위해서는 본회의를 통과한 예산공고안이 국무회의 의결을 거쳐 관보에 게재되고 예산 배정과 자금 계획을 작성해 국무회의 의결을 거치는 데 시간이 필요하기 때문이다. 둘째, 신규사업의 경우에는 계속사업과는 달리 사업을 공모하는 등 연말부터 준비하여야 연초부터 예산집행이 가능하기 때문이다. 셋째, 중앙정부의 예산이 결정되어야 광역자치단체, 기초자치단체, 그리고 공공기관의 예산도 연말까지 확정되어 새해 예산집행에 차질을 빚지 않기 때문이다.[25]

만일 회계연도 개시 전까지 국회를 통과하지 못하는 경우 전년도 예산에 준해서 예산(준예산)[c]을 집행한다.[d] 입법부를 통과해 성립된 예산안은 미국과 영국

---

a) 17대 국회에서 예결위를 상임위원회로 만들기 위한 시도가 있었지만 이루어지지 않았고 현재까지 특별위원회로 남아 있다. 교섭단체 의원수와 상임위원회 위원수에 비례하여 50인으로 구성하며 실제 활동기간에 상관없이 위원 임기 1년의 상설화 법적(국회법) 강제기구이다.

b) 예산심의에서 가장 중요한 예산규모를 최종적으로 조정하는 중요한 활동이다. 과거 비공개로 진행하면서 투명하지 못한 막후 거래에 대한 비판을 받았었는데 2000년 국회법 개정(제57조 5항)으로 소위원회 활동을 공개하도록 규정하고 있다. 다만 소위원회에서 합의를 이루지 못한 부분이 있을 때, 각 당을 대표하는 소수 의원들로 소소위를 구성해서 협상하고 타협안을 도출하는데 이 과정은 아직 비공개이고 회의록을 작성하지 않기 때문에 '밀실담합' 등의 비난을 여전히 받고 있다.

c) 이런 예산 없는 상황에 대한 대처수단으로 준예산 외에 잠정예산과 가예산이 있다.
  - 잠정예산: 국가마다 운영방식은 약간 다르나 몇 개월의 잠정적인 예산을 편성하여 입법부의 승인을 받는다.
  - 가예산: 잠정예산의 한 유형으로 기간이 1개월 이내이다.

d) 이렇게 국회의 심의를 거쳐 최초 성립된 예산을 본예산이라 한다. 유사 개념으로 수정예산과 추가경정예산이 있다.

의 경우 법적 효력을 갖지만 우리나라의 경우 그렇지 않다.

(3) 문제점 및 개선방향

예산심의과정에서의 문제점으로 지적되는 것으로 첫째, 무책임하다 싶을 정도의 예산심의에 임하는 국회의원 태도 문제이다. 물론 국회의원 개인의 문제라기보다는 정당 간의 대립이 더 큰 문제이긴 하다. 결과적으로 예산국회에서마저도 여야가 극단적인 정쟁 이슈를 가지고 대립하는 경우가 많아 예산심의가 그 이슈 속에 함몰되는 현상이 반복되고 있다. 단적으로 2003년 이후 2018년까지 법정 시한 안에 예산안이 국회를 통과한 경우는 한 번도 없었으며, 2014년 예산안은 2013년 자정을 넘기고 1월 1일 새벽 5시경에 처리되기도 하였다. 2015~2018년에는 다시 법정 시한을 1~6일 넘겼다. 그래도 2013년 이전에 비해 많이 개선되었는데, 11월 30일까지 여야가 예산안 심사를 마치지 않으면 12월 1일에 정부안이 본회의에 자동으로 부의되도록 한 국회 선진화법의 영향이다.

여기에 집권 여당은 전략적 차원의 예산을 확보하려 하고 여야 모든 국회의원이 지역구 챙기기에 나서다보니 예산을 통제하기보다는 예산이 늘어나는 기현상도 자주 나타나게 된다. 집권 여당은 정부의 국정과제 예산을 지켜야 하고 야당의원 또한 지역구 챙기기에 나서다 보니 예산의 통제가 제대로 이루어지지 않는다. 보통 정부 예산안에 대한 감액심사로 일정액을 삭감하지만 사실은 그 범위 안에서 증액이 이루어지고 이 중 상당액이 의원의 지역 예산으로 배정되는 것이 관행이다.[26] 특히 법정시한에 쫓기면서 예산안 전체가 하나의 패키지로 타협 대상이 되어 처리되는 상황이다보니 국회를 통한 재정민주주의가 요원할 뿐이다. 국회 예결위를 상임위로 전환하여 전문성을 확보하고 연중 예산심의가 이루어질 수 있도록 하는 대안을 적극 모색해야 할 것이다.

기금의 경우 오랜 기간 예산심의 대상이 아니었다. 재원확보의 특수성과 탄력적인 운용이 요구된다는 점은 충분히 인정되지만 2020년 기금의 운용규모가[a] 1년 예산보다도 많은 600조 원을 넘었고 재원의 상당 부분이 정부출연이나 민간

- 수정예산: 예산안을 국회에 제출하였지만 아직 국회의 의결이 있기 이전에 환경변화 등의 부득이한 사정으로 그 내용의 일부를 수정하여 다시 국회에 제출한 예산안(국가재정법 제35조).
- 추가경정예산: 국회의 의결로 예산이 확정된 이후에 재해와 같은 예기치 못한 사정이 발생하여 예비비, 이용, 전용의 방법으로도 재원이 부족한 경우에 편성하는 예산안으로 국회의 심의·의결을 거쳐야 한다(국가재정법 제89조).
a) 지난 10년 간의 기금운용 규모

(단위: 조 원)

PART 1 행정과 행정학의 이해
PART 2 행정환경
PART 3 행정내부환경
PART 4 결정시스템
PART 5 집행시스템
PART 6 조직시스템
PART 7 지원시스템
PART 8 산출과 피드백

부담금 등 공적재원이라는 점에서 재정민주주의 원리에 따라 예산심의에 포함시켜야 한다는 의견이 계속 제기되었다.[27] 이러한 문제인식에서 2008년부터 예산안과 함께 기금운용계획안을 국회에서 심의하고 있다.

같은 재정민주주의 관점에서 고려할 수 있는 것이 조세지출예산이다. 조세지출(tax expenditures)이란 세법상의 조세우대조치로서 개인이나 집단에게 세제상의 혜택을 주는 것을 말한다. 정부 입장에서는 세입이 될 부분이기 때문에 세수 손실이 된다. 조세지출은 보조금과 같은 효과가 있지만 보조금과 달리 예산에 드러나지 않기 때문에 '숨겨진 보조금'이라 할 수 있다. 따라서 그 규모를 정확하게 파악하기 힘들고 입법 통제의 사각 지대에 남기 쉽다. 이런 이유 때문에 2010년부터 비과세·감면·소득공제·세액공제 등의 세제상 혜택의 내용을 포함한 조세지출예

558조 예산심사, 3명이 '밀실'서 주물렀다

#1. "돈을 많이 주셔도 쓰기가 어렵습니다." 지난달[2020년 11월] 5일 열린 국회 국토교통위원회 예산결산기금소위원회(이하 예산소위). 지하철 1호선을 경기 동두천역에서 연천역까지 연장(20.8km)하는 사업 예산(정부안 460억 원)을 늘려야 한다는 국회의 주장에 국토부는 이같이 답했다. 올해 9월 말 이 사업의 예산 현액(올해 예산+이월액) 354억 원 중 실제 집행된 금액이 154억 원(43.5%) 수준에 그쳐서다. '원안 유지'로 국토위를 통과한 예산안은 예결특위를 거치며 슬쩍 불어났다. 22억을 보탠 482억 원이 2일 국회 본회의에서 확정됐다.

#2. 경기 양주시는 지난 3월 경기 북부(고양~양주~의정부) 교외선 재개통의 사전 타당성 조사 용역에 착수했다. 사업 추진 여부를 검증하는 단계라, 정부안에는 예산이 없었다. 국토부는 "용역 결과에 따라 국비를 투입하는 게 맞다"는 입장이었다. 하지만 국회가 통과시킨 예산안에는 '교외선 운행 재개'라는 새 비목으로 40억 원이 반영됐다.

구 분	2009	2010	2011	2012	2013	2014	2015	2016	2017	2018	2019	2020
기금운용규모*	442.1	476.9	369.3	379.5	497.5	515.4	504.7	620.0	615.3	594.9	633.2	724.8
사업비**	114.8	119.8	113.9	113.7	114.4	120.7	128.7	135.5	138.2	143.5	129.3	148.9

* 현금주의 원칙에 따른 해당 연도 기금의 총수입 또는 총지출로서 총수입과 총지출은 일치하며, 정부 내부 간 거래 및 여유 자금 운용이 포함되므로 기금의 대외적 지출규모를 의미하지는 않음.
** 기금의 설치목적에 따른 지출로서 사실상의 재정지출.
자료: e-나라지표, 기금운용규모, 2020. 10. 6.

여야는 2일 558조 원 규모의 새해 정부 예산안을 처리하며 "6년 만에 법정시한(12월 2일)을 준수했다"고 자축했다. 하지만 국회가 초슈퍼예산을 심사하는 과정은 '밀실 깜깜이' 그 자체였다. 여야는 예결위 공식 회의가 아니라 예결위원장과 여야 예결위 간사만 참여하는 비공식 '3인 협의체'에서 조(兆) 단위의 예산을 늘리고 깎았다. 초법적인 예산 심사가 매년 되풀이되고 있지만, '예결위 개혁'을 부르짖던 민주당은 슬그머니 발을 빼고 있다.

여야는 정부가 제출한 예산안을 심사하며 1,000여 개 사업에서 총 8조 1,000억 원을 늘렸다. 하지만 세부 과정은 '깜깜이'였다. 정부안에서 불필요한 예산을 깎고, 다른 예산을 늘리거나 새로 넣는 작업은 예결위 예산소위에서 한다. 그런데 회의록을 남기는 예산소위에서 증액 논의는 한 차례도 없었다. 지난 16~23일 6차례 회의를 열고도 감액 심사가 끝나지 않자, 감액 보류 사업과 증액 심사를 모두 '소(小)소위'라 불리는 비공식 협의체로 넘겨버렸기 때문이다. 위원장과 여야 간사 의원이 밀실에서 예산을 좌지우지한 셈이다. 소소위는 법적 근거가 없는 비공식 회의라 회의록을 남기지 않아도 된다. 결국 3인만 모든 걸 알고 있는 셈이다.

당초 정부안에 포함되지 않았다가 예결위를 거치며 예산안에 반영된 국회발 신규 사업(417개, 1조 900억 원) 중에도 문제적 사업이 많다. 경기 광주 하남~장성 삼계 광역도로 개설 사업은 현재 예비타당성조사가 진행 중이지만 20억 원이 신규 반영된 것으로 전해졌다. 사업 추진 여부가 확정되지 않았는데도 예산부터 반영된 셈이다. 경남 창원 국가산업단지·울산 미포국가산업단지 등 5개 산단 진입도로를 확장하는 사업 또한 실시계획이 수립되지 않았는데 42억 원이 편성됐다.

결정적 문제는 여야 모두 이 같은 '밀실' 심사 관행을 개선할 의지가 없다는 점이다. 당초 민주당은 21대 국회 1호 당론 법안으로 '일하는 국회법'을 내세우며 "소소위 관행을 개선하겠다"고 공언했다. 한국일보가 입수한 '일하는 국회법'(국회법 개정안) 초안에는 소소위 회의록을 공개하는 내용이 포함됐다. 회의록이 공개되면 누가, 어떤 이유로 증액을 요청했는지, 정부가 동의한 이유는 무엇인지 등을 확인할 수 있다. 하지만 [여당] 원내대표가 지난 7월 대표 발의한 국회법 개정안에는 이 같은 내용이 모두 빠졌다.

민주당 관계자는 "막판 논의 과정에서 예산 심사 관련 내용이 모두 빠진 것으로 안다"며 "의원들 대부분 소소위가 '나쁜 관행'이라는 점은 인지하고 있지만, 정작 회의록 공개는 껄끄러워 했다"고 했다.

자료: 한국일보, 2020. 12. 4. 일부 편집.

PART 1
행정과 행정학의 이해

PART 2
행정환경

PART 3
행정부문환경

PART 4
경영시스템

PART 5
관리시스템

PART 6
조직시스템

PART 7
지원시스템

PART 8
산출과 피드백

산서를 작성하고 있다.[a]

3) 예산집행

(1) 의 의

예산집행은 이제 국민의 세금 하나하나가 올바로 쓰여 국민에게 구체적인 재화와 서비스를 제공하도록 보장하는 과정이다. 예산제도가 처음 정착되던 시기에는 예산집행을 통해 궁극적으로 국민이 원하는 성과를 달성했는가보다는 예산집행 과정에서 돈이 잘못 쓰이는 일은 없는지에 대한 철저한 통제에 관심을 가졌다. 투입과 전달과정을 모두 엄격히 통제함으로써 예산의 책임성과 공공성을 확보했던 것이다. 예산집행에는 1차적으로 이러한 통제의 요소가 곳곳에 나타난다. 부모님이 학기 초에 교재 사라고 돈을 주면서 돈을 제대로 썼는지 확인하기 위하여 영수증(그것도 간이영수증은 안 되고 신용카드 영수증으로)과 교재를 직접 확인하는 격이다.

이런 통제 중심의 전통적 예산집행방식은 진정한 지원시스템이 되지 못한다. 일선에서 사업을 집행하고 재화와 서비스를 제공하는 공무원 입장에서 보면 일에 지장을 주는 일이 적지 않기 때문이다. 지나친 예산집행 통제는 관료제에서 언급한 목표와 수단이 뒤바뀌는 현상이 일어난다. 예산집행절차를 준수하는 일에만 매달리다 정작 국민이 원하는 서비스를 제공하지 못하는 것이다. 근래의 예산집행은 이런 문제점을 인식하고 통제에 의한 책임성 이외에 효과성과 효율성, 그리고 신축성을 중요한 목적으로 받아들이고 있다. 특히 신공공관리에서 주장하는 결과중심 예산에서는 과정은 자율에 맡기고 결과에 초점을 맞추는 방식으로 예산개혁을 시도하고 있다.

이제 예산집행의 절차적 규정을 정리하고, 통제와 자율을 확보하기 위한 방법에 무엇이 있는지 알아본다.

---

[a] 조세지출예산서(실적 및 전망)

구 분	2015년 (실적)	2016년 (실적)	2017년 (실적)	2018년 (실적)	2019년 (실적)	2020년 (전망)	2021년 (전망)
국세감면액(A, 조 원)	35.9	37.4	39.7	44.0	49.6	53.9	56.8
국세수입총액(B, 조 원)	217.9	242.6	265.4	293.6	306.7	296.9	300.5
국세감면율[A/(A+B), %]	14.1	13.4	13.0	13.0	13.9	15.4	15.9

자료: 기획재정부 세제실, 보도자료, 2018. 8. 28, 2019. 8. 29, 2020. 9. 1.

(2) 절차적 이해

국회에서 예산안이 통과되었다 해서 각 기관에 배정된 예산이나 사업비가 현금으로 지급되어 관련 집행부서에서 바로 집행할 수 있는 것이 아니다. 「국가재정법」에 의해 우선 기관에서 예산을 사용할 수 있는 권한을 부여하는 예산배정이 이루어지고, 그 다음 실제로 현금지출이 이루어지는 과정은 다시 「국고관리법」에 자세히 규정하고 있다.

이렇게 예산이 배정되어 일선 사업부서에서 계약을 통해 공사를 하고 현금이 지급되기까지는 복잡한 단계를 거쳐야 한다. 여기서는 그 대략적인 단계만 정리해 본다. 우선 기획재정부장관이 전체 예산을 4분기로 나누어 분기별 예산배정계획을 작성하고 그에 따라 중앙행정기관장에게 예산을 배정한다. 기관장은 배정된 예산 범위 안에서 예산지출권한을 위임하게 되는데 이를 예산의 재배정이라고 한다.[28] 예산지출권한을 위임받은 사람(재무관이라 함)은 사업담당부서와 협조하에 재화나 서비스를 제공할 사업시행자와 지출원인행위[a]를 하게 된다. 사업시행자는

[그림 15-4] 예산집행과정: 예산배정에서 지급까지

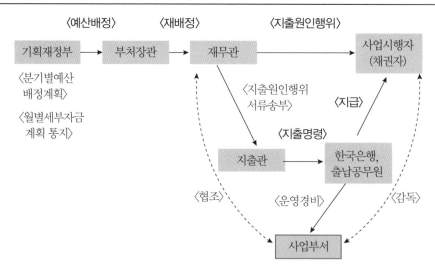

---

a) 예산지출의 원인이 되는 계약 또는 기타 행위를 말한다(「국고관리법」 제19조). 건설회사와의 공사계약이나 대학연구소와의 연구용역계약과 같이 국가나 지방자치단체가 채무를 부담하는 계약이 대표적인 지출원인행위이다. 지출원인행위는 기관장이 그 권한을 위임한 공무원(재무관)이 한다. 지출원인행위는 배정된 예산 범위 내에서 이루어져야 하며 다음 연도에 걸쳐 집행할 수 없다. 이에 대한 예외로 계속비와 명시이월비가 있다(「국가재정법」 제23조, 제24조).

PART 1
행정과 행정학의 이해

PART 2
행정환경

PART 3
행정내부환경

PART 4
결정시스템

PART 5
집행시스템

PART 6
조직시스템

PART 7
지원시스템

PART 8
산출과 피드백

계약에 따라 사업을 진행시키고 사업부서는 그 진행 정도를 감독하며 부처 지출관은 재무관으로부터 지출원인행위에 관한 서류를 확인한 뒤 한국은행에 지출명령을 하면 한국은행은 그에 따라 채권자 계좌로 경비를 지급한다.[29] 기관의 운영경비인 경우에는 한국은행 대신 기관 내 출납공무원이 지급하게 된다(〈그림 15-4〉 참고).[30] 이때 재무관, 지출관, 출납공무원의 직무는 서로 겸할 수 없다.[31]

(3) 통　제

각 행정기관의 예산집행은 예산의 규모뿐만 아니라 예산배정, 지출원인행위, 지출명령, 지급 등의 다양한 절차적 규정에 의해 통제되고 있음을 이미 앞의 절차에서 확인하였다. 예산집행에 직접 관련이 있는 「국가재정법」이나 「국고관리법」의 모든 내용이 직·간접으로 통제에 관한 규정이고, 여기에서 한 단계 더 나아가 지출원인행위에 해당하는 계약만 하더라도 또다시 「국가를 당사자로 하는 계약에 관한 법률」이 있고 지출관의 지출에 대해서는 그 내역을 엄격히 기록하게 하고 있다. 예산집행과정에서 이루어지는 중요한 통제의 내용을 자세히 알아보면 다음과 같다.

첫째, 예산배정과 지출에 있어 월별, 분기별 제한을 받는다. 기획재정부장관은 수요측면인 각 기관의 예산배정요구액과 공급측면인 월별 자금계획을 함께 고려하여 분기별 예산배정계획을 작성하여 적용한다. 이 계획에 따라 각 기관의 예산은 분기별로 배정되고 지출은 월별로 한도가 정해져 있어 그 범위 내에서 이루어져야 한다.

둘째, 지출항목에 나와 있지 않은 '누구에게', '어떻게'에 대한 결정은 사업담당부서와 담당자가 결정할 수 있는 재량권이 있는 부분이다. 이에 대한 통제로서 대표적인 것이 계약이다.[32] 일정 규모 이상의 예산이 소요되는 재화나 서비스를 민간으로부터 구매하는 경우 반드시 경쟁입찰을 하도록 하는 등 계약상의 통제를 받는다.

셋째, 경기과열, 임금인상, 세입 부족 등의 상황에서 이미 배정된 예산이라 할지라도 이의 지출을 지연시킬 수 있다. 행정기관의 청사 신축이나 이전을 억제하는 것은 지출 지연의 좋은 예이다. 예산 배정액에 관계 없이 예산절감을 위하여 경상경비를 10% 절감하기로 한다거나 여비나 공공요금을 일정 비율로 동결하는 방법도 사용할 수 있다.[33] 물론 경기 활성화를 위해 재정을 조기에 집중해서 집행하는 경우 이러한 통제는 약화된다.

(4) 신축성 부여

한편 예산집행에 대한 통제를 통한 재정민주주의 실현도 중요하지만 그것을 지나치게 강조하는 경우 예산집행의 경직성이 높아 환경변화에 적응하기가 힘들고 그것이 오히려 비효율성과 국민에 대한 부담으로 돌아올 수도 있다. 이러한 문제인식하에 신축성을 부여할 수 있는 다양한 재량적 규정을 두고 있다. 여기서는 전통적으로 제도화되어 있던 것과 근래에 새롭게 도입된 것을 정리한다.

① 전통적 방법

예비비: "예측할 수 없는 예산 외의 지출 또는 예산초과 지출에 충당하기 위하여 정부는 예비비로서 상당하다고 인정되는 금액을 세입세출예산에 계상할 수 있다.[34]" 예비비는 백지위임장과도 같아 예산집행의 탄력성을 가장 강력하게 보장하는 제도이다. 예산은 본래 사업목적과 사업목적 달성에 필요한 경비를 명확하게 규정해야 함에도 불구하고 예비비를 두는 것은 천재지변에 의한 피해 복구경비 등 예측하기 힘든 상황이 발생할 수 있기 때문이다. 우리나라와 같이 예산편성에 정교한 예측기법을 사용하지 못하는 경우에 예산지출의 불확실성은 더욱 높아진다. 예비비는 이러한 예측하지 못한 현상의 발생뿐만 아니라 이미 계상되어 있는 경비가 부족할 경우 추가적 소요 경비를 충당하기 위해 사용한다.

이용 및 전용, 이체: 품목별 예산제도를 채택하고 있는 우리나라 예산은 장, 관, 항, 세항, 목 등의 예산과목으로 분류되는데 이 중에서 항 이상을 입법과목이라 하여 이들 간의 이용을 할 수 없도록 하고 있다. 이러한 경직성을 완화하기 위하여 인건비, 공공요금, 기관운영비, 국공채원리상환 등에 한 해 미리 예산으로서 국회의 의결을 구한 경우 '이용'을 허용하고 있다.[35] 한편 세항 이하의 행정과목에 대해서는 기획재정부장관의 승인만으로 각 세항 또는 목의 금액을 '전용'할 수 있도록 하고 있다.[36]

또한 정부조직 등에 관한 법령의 제정, 개정, 또는 폐지로 인하여 그 직무와 권한에 변동이 있을 때에는 그 예산을 신·구 기관 간에 옮겨 쓸 수 있는데 이를 이체(移替)라 한다. 예를 들어, 2018년에 환경부로의 물관리 일원화 조직개편에 따라 국토교통부의 수자원 관련 예산을 환경부로 이체시켜준 경우이다.

계속비: 예산지출은 회계연도 독립의 원칙에서 볼 때 해당 연도 안에 모두 이루어져야 한다. 그러나 다년도에 걸쳐 경비지출이 이루어질 경우나 회계연도 개시 이전에 지출을 허용해야 하는 특수한 상황에서는 회계연도를 탄력적으로 적용

PART 1 행정과 행정학의 이해

PART 2 행정환경

PART 3 행정내부환경

PART 4 결정시스템

PART 5 집행시스템

PART 6 조직시스템

PART 7 지원시스템

PART 8 산출과 피드백

하는 것도 필요하다. 여기에 해당하는 제도로서 계속비, 이월, 회계연도 개시 전 예산배정, 그리고 국고채무부담행위가 있다.

계속비는 공사나 제조 및 연구개발사업과 같이 장기간에 걸쳐 사업이 지속되어야 효과가 나타나는 경우 회계연도를 탄력적으로 적용할 필요가 있을 때 허용된다. 「국가재정법」상(제23조) 사업비의 총액과 연부액(年賦額)을 정해 사전에 국회의 승인을 받도록 하고 있다.

이월: 예산지출을 다음 회계연도에 할 수 있도록 허용한 예외적 조치로 가장 대표적인 것이 명시이월비이다. 명시이월비는 세출예산 중 경비의 성질상 연도 내에 그 지출을 끝내지 못할 것이 예측될 때에는 그 취지를 세입세출예산에 명시하여 미리 국회의 승인을 얻어 다음 연도에 이월하여 사용할 수 있도록 한 것이다 (제24조). 명시이월비 이외에도 연도 내에 지출원인행위를 하고 불가피한 사유로 인하여 연도 내에 지출하지 못한 경비와 지출원인행위를 하지 아니한 그 부대경비, 입찰공고를 한 경비 중 입찰공고 후 지출원인행위까지 장시간 소요되는 경우, 공익사업의 시행에 필요한 손실보상비 등의 경우에 제한적으로 이월을 허용하고 있다(제48조).[a]

회계연도 개시 전 예산배정: 때로는 다음 회계연도로 이월하는 것이 아니라 회계연도가 개시되기 이전에 예산을 배정할 수 있도록 허용하는 경우도 있다(제43조 3항). 구체적으로, 외국에서 지급하는 경비, 선박의 운영 수리 등에 소요되는 경비, 교통이나 통신이 불편한 지방에서 지급하는 경비, 각 관서에서 필요한 부식물의 매입경비, 범죄수사 등 특수 활동에 소요되는 경비, 여비, 경제정책상 조기집행을 필요로 하는 공공사업비 등이 해당된다.[37]

국고채무부담행위: 국고채무부담행위는 2년 이상 외국인 고용이나 건물 임차 또는 국공채 발행과 같이 다년도에 걸쳐 국고 부담을 야기하는 채무를 체결할 수 있는 권한을 국회로부터 부여받는 것이다. 채무 이행의 책임은 다음 연도 이후에 부담하는 것이 원칙이고 실제 지출은 미리 예산으로서 국회의 의결을 얻어야 한다(제25조).

② 현대적 방법

예산성과금: 정부는 예산의 집행방법 또는 제도의 개선 등으로 수입이 증대되거나 지출이 절약된 경우에는 증대 또는 절약된 예산의 일부를 이에 기여한 사람에게 성과금으로 지급하거나 다른 사업에 사용할 수 있도록 허용함으로써[38] 예

---

a) 명시이월 이외의 이월을 사고이월이라 부르기도 한다.

산집행 부서의 경비 절감을 유도하고 있다. 예산성과금 제도는 예산을 절감한 만큼의 효과에 그치지 않고 우수 사례를 유사 분야의 업무에 적용하여 그 효과를 확산시킬 수 있는 장점이 있다. 한편 예산을 절감한 공무원에 대한 보상제도에 대응하여 예산을 낭비한 공무원에게 책임을 물어야 한다는 주장도 있는데 이를 납세자 소송제도라 한다.

수입대체경비: 세입세출은 하나의 국고로 통일하여 관리하는 것이 원칙으로 수입과 지출을 연계시키지 못하도록 하고 있다.[a] 문제는 이런 원칙이 경우에 따라 일에 대한 동기를 부여하지 못한다는 것이다. 자식이 돈을 벌어 자율적으로 쓰지 못하고 부모님의 통장에 넣어 승인을 받아 쓰라고 하는 경우에 비유할 수 있다. 정부는 수입대체경비라 하여[39] 수입을 국고에 납부토록 하지 않고 그 수입의 범위 안에서 직접 지출할 수 있도록 허용하고 있다.[b] 외교부의 여권 발급 수수료가 좋은 예이다.[40]

총액계상 예산: 대부분 사업은 세부 사업단위로 예산 규모가 책정되고 그에 따라 집행된다. 경우에 따라 그런 방식의 예산편성이 곤란할 수도 있고, 세부지출 결정은 집행단계에서 정하는 것이 효율성을 높일 수도 있다. 총액계상 예산은 이와 같이 총액규모만 예산에 반영하고 세부사업별 지출은 집행부서에 위임하는 방식이다. 총액계상 예산에는 도로보수 사업, 도로안전 및 환경개선 사업, 항만시설 유지보수 사업 등이 포함되며 구체적으로 기획재정부장관이 정한다.[41] 이때 총액

---

a) 이를 예산 통일성의 원칙이라 한다. 통제 중심의 전통적 예산의 원칙에는 이외에도 완전성, 단일성, 한정성, 정확성 등이 있다.

예산의 원칙	개 념	예 외
통일성	모든 세입을 단일 국고로 편입한 뒤 지출	목적세(교육세와 교통세), 특별회계
완전성, 포괄성	모든 세입세출을 예산에 계정하는 예산총계주의	순계예산
단일성	정부예산을 하나로 묶어 관리	특별회계, 기금
한정성	회계연도, 예산과목 등의 정해진 범위 내에서 지출	전용, 이용, 이월
정확성, 엄밀성	예산과 결산의 일치를 강조	

　　이상의 이론적 예산 원칙과 별도로 「국가재정법」(제16조)에는 예산 편성과 집행에서 보다 거시적으로 지켜야 할 원칙으로 ① 재정건전성 확보, ② 국민부담 최소화, ③ 재정지출 및 조세지출의 성과 제고, ④ 투명성과 국민참여 제고, ⑤ 성별 효과평가를 규정하고 있다. 특히 예산 과정에서 성차별을 예방하기 위한 장치로서 ⑤항을 구체화하여 성인지예산서와 성인지결산서를 작성하도록 규정하고 있다.

b) '특별한 용역 및 시설을 제공하고 그 제공을 받은 사람으로부터 비용을 징수하는 경우의 당해 경비'와 '수입의 범위 안에서 관련경비의 총액을 지출할 수 있는 경우의 당해 경비'를 말한다(「국가재정법 시행령」 제24조).

PART 1
행정과 행정학의 이해

PART 2
행정환경

PART 3
행정내부환경

PART 4
결정시스템

PART 5
집행시스템

PART 6
조직시스템

PART 7
지방시스템

PART 8
산출과 피드백

계상 사업의 총규모는 회계연도 예산순계를 기준으로 100분의 3을 초과할 수 없도록 하고 있다.[42]

(5) 문제점 및 개선방향

예산집행은 정책집행 및 서비스 제공에 가장 직결되는 조직 내 서비스 활동이다. 다시 말해 사업집행 부서는 경비 지출을 담당하는 기관(지출관)의 고객이다. 적시에 자금을 공급해 주어야 이들 집행 부서의 사업 성과가 나올 수 있다. 그런데 아직까지 이들 지출 행위가 많은 절차적 규정을 가지고 있어 수요자인 집행 담당 공무원과 계약에 의한 민간사업 수행자들에게 불편을 주고 있는 실정이다.

예산집행은 금전의 거래가 이루어지는 과정이다보니 통제가 필요하지만 또 한편에서는 의미 있는 성과를 위해 자율의 확대가 필요하기 때문에, 통제와 자율의 적정한 균형이 중요하다. 그런데 이들 간의 균형은 시대에 따라 그 중심점이 움직인다. 그동안 전반적인 흐름은 신공공관리 또는 기업가형 정부 모델에 따라 자율을 확대하는 쪽으로 움직이고 있다. 총액배분·자율예산편성제도나 예산성과금제도 역시 이런 흐름을 반영한 것이다. 이런 자율을 확대하는 만큼 균형을 맞추기 위해서는 공무원의 책임성이 비례적으로 확보되어야 한다. 그것은 투입이나 과정에 대한 통제가 아니라 자율적인 예산집행이 얼마나 국민이 원하는 서비스를 제공했는가의 최종산물에 대한 통제라 할 수 있다.

4) 결 산

(1) 의 의

예산집행이 완료되면 행정부는 예산집행 실적을 수치로 요약정리하게 되고 그 자료를 통해 예산이 합법적이고 효과적으로 쓰여졌는가를 평가한다. 예산심의가 정책을 수치로 정리한 것에 대한 평가였다면 결산은 입법부에서 정해준 대로 예산을 집행했는지를 심사하는 과정이다. 결산은 예산심의와 함께 다시 한번 재정민주주의 이념이 반영된 행정에 대한 외부통제의 과정이다.

우리나라에서는 예산집행 주체가 자체 결산 내용을 먼저 정리하고, 감사원이 회계 차원에서 잘못이 있는지를 검사하며, 최종적으로 국회가 심사하고 의결하는 과정을 거친다. 미국과 같이 감사원이 입법부 소속인 경우 결산은 입법부가 단독으로 책임을 지는 매우 강력한 통제가 이루어질 수 있다. 우리나라는 감사원이 대통령 소속의 헌법기관으로 되어 있어 국회와 독립적인 지위에서 결산에 참여한다. 감사원은 연중 회계검사와 직무감찰을 통해 정부 각 기관을 통제하지만 결산과정에서의 역할은 행정기관이 제출한 결산보고서와 참고 자료를 바탕으로 수입과 지출에 관한 회계기록을 검증하는 역할이다. 결산은 회계연도 기간 내의 모든 수입과 지출에 관한 기록을 전문적으로 검사하고 판단하는 것이 핵심인데 이 부분을 감사원에 맡기다보니 결산에서 국회의 역할은 그만큼 축소된다.

(2) 결산과정

결산의 최종 권한은 국회에 있지만 절차적으로는 〈그림 15-5〉에 요약한 것처럼 각 행정기관, 감사원, 국회가 단계별로 역할을 분담하고 있다.

결산은 회계연도 내의 각종 세입세출에 관한 보고서를 작성하여 제출하는 것으로 시작한다. 결산의 절차는 「국가재정법」에 규정하고 있는데 우선 각 중앙행정기관의 장은 회계연도 기간의 세입세출결산보고서, 계속비결산보고서 및 국가의 채무에 관한 계산서 등을 작성하여 다음 연도 2월 말일까지 기획재정부장관에게 제출한다(「국가재정법」 제58조 2항). 기획재정부장관은 각 기관장의 세입세출의 결산보고서를 토대로 세입세출의 결산을 작성하여 다음 연도 4월 10일까지 감사원에 제출한다(제59조).

감사원은 약 40일 정도 기간을 가지고 기획재정부가 제출한 결산에 대한 회계상의 잘못을 검사하고 확인하여 5월 20일까지 기획재정부장관에게 다시 송부한

[그림 15-5] 결산 과정

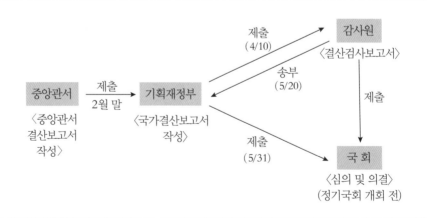

다(제60조). 행정부는 이를 다음 회계연도 5월 31일까지 국회에 제출하여야 한다(제61조).

국회에 제출된 세입세출결산은 예산심의와 동일한 절차로 결산심의를 거치게 된다. 즉 소관 상임위원회의 예비심사, 예결위의 종합심사, 본회의 의결을 거쳐 확정된다. 결산은 정기국회 개회 전까지 완료해야 한다.[43]

(3) 특성, 문제점, 기대

결산은 회계연도 내에서 이루어졌던 세입세출 예산에 포함된 모든 수입과 지출을 최종 정리하여 확정적 계수로 표현한 것이다. 세입예산에 표시된 수치는 거시경제여건을 고려하여 예측한 추정치이고, 세출예산에 표시된 수치는 지출의 구속력은 갖지만 아직은 부분적으로 유동적인 불확정의 계수였다면, 결산은 실제 발생한 수많은 수입과 지출의 결과를 일정한 회계방식에 따라 확정적 수치로 정리한 기록이다.

결산보고는 크게 영미형과 대륙형의 두 유형으로 구분된다. 우리나라가 따르는 대륙형은 모든 보고 주체에게 통일된 양식을 적용하고 있기 때문에 이를 통합하는 데 유리하지만 그 결과는 내용보다 형식에 치우쳐 있다. 반면에 영미형은 회계 주체별로 기본구조는 비슷하지만 내용에 초점을 맞추기 때문에 사업의 성격에 따라 결산보고의 중점 내용이 다양하게 기술될 수 있다.[44]

결산의 중요한 의미가 행정부의 예산집행이 예산안에 반영된 입법부의 의도를 충실히 따랐는지를 확인하는 것인데 현실적으로 예산과 결산의 연계가 미흡하다는 지적이다.[45] 이것은 단순히 사전적 예산과 사후적 결산의 계수상의 편차만을 말하는 것은 아니다. 오히려 중요한 것은 차원이 다른 언어의 사용과 정보의 차이에서 찾을 수 있을 것이다. 예산에는 계수의 의미를 풍부한 언어로 묘사한 많은 정보가 담겨 있다. 예를 들어 50억 예산에는 공원이 하나 생기고 다리가 새로 보수되고 그래서 시민생활에 어떠한 효과를 가져 올 것인가 등의 사업내용과 기대효과가 들어 있다. 그런데 결산에서는 그 많던 사업 내용이 계수로 환원되면서 기존의 정보는 잃고 새로운 정보는 크게 생산하지 못하고 있다. 회계검사에서 단순히 회계장부 기록의 정확성, 지출의 합법성, 낭비나 부정의 발견 등 소위 말하는 합법성 차원에 머물러 있기 때문이다. 따라서 국민의 세금이 궁극적인 사업의 효과를 냈는지의 예산집행성과에 대한 비판적 의견을 결산보고에 담는 노력이 필

PART 1 행정과 행정인의 이해
PART 2 행정환경
PART 3 행정내부환경
PART 4 결정시스템
PART 5 집행시스템
PART 6 조직시스템
PART 7 지원시스템
PART 8 산출과 피드백

올해 국회 결산도 수박 겉핥기

[생략] 일반 가정에서 가계부를 꼼꼼히 쓰는 것은 얼마를 벌어 어디에 어떻게 얼마를 썼는지를 알아야 한 푼도 허투루 안 쓰고 수입과 지출을 효과적으로 관리할 수 있기 때문이다. 하물며 국민이 낸 세금 씀씀이를 적는 나라 살림 가계부는 말할 것도 없다. 중앙정부와 지방정부가 예산을 알맞게 짰는지, 예산을 계획대로 잘 썼는지 점검하는 역할을 하는 곳이 국회와 지방의회다. 〈중략〉

지역에서 30년 넘게 예산감시운동을 펼치고 있는 이상석 '세금도둑 잡아라' 사무총장은 "예산을 들여다본다는 것은 권력을 감시하는 일"이라고 말한다. 그는 최근 펴낸 책 '내가 낸 세금, 다 어디로 갔을까'에서 예산감시운동의 노하우를 풀어 놓으며 예산감시에 대한 일반 시민의 관심을 호소하고 있다. 관심만으로도 예산 낭비를 막을 수 있다는 것이다. 그는 "자치단체나 자치단체장들이 비리라는 콩을 아스팔트에 뿌리고 다니는 거라면 우리가 하는 일은 쇠젓가락으로 그걸 줍는 것이다. 나무젓가락으로는 그나마 콩이 잘 잡히지만 쇠젓가락으로 콩을 잡으려면 집중해야 하고 힘을 빼야 한다"고 말했다.

쇠젓가락으로 콩을 집기 위해 혼신의 힘을 다해야 하는 시민단체에 비하면 국회는 마음만 먹으면 얼마든지 '예산 상자'를 열어 볼 수 있는 만능 키를 갖고 있다. 국민이 맡겨놓은 것이다. 문제는 의원들이 그 열쇠를 제대로 사용할 줄 모른다는 것이다.

결산 심사 시즌이 돌아왔다. 9월 정기국회 전까지 결산 심의·의결을 마무리해 본회의에 넘겨야 한다. 국회에는 정부가 작성한 '2017회계연도 국가결산보고서'가 제출돼 있다. 1,396쪽 분량이다. 숫자만 잔뜩 나열한 중앙관서별 세입세출 결산 재무제표 내역이 빼곡하다. 성과보고서는 달랑 12쪽뿐이다. 중앙부처 53개 기관 성과목표 달성률이 75.1%에 그쳤다고 했지만 구체적으로 무엇을 잘하고 무엇을 못했는지를 알 수 없다. 심의 기간이 한 달도 채 되지 않아 시간이 빠듯하다. 의원들에게 현미경 심사 능력이 있는지도 의문이다. 올해도 수박 겉핥기 심사가 뻔하다.

결산은 국가 예산이 투명하고, 효율적이고, 적법하게 사용되었는지를 되짚어보고, 낭비 예산은 없는지 두루 살펴 다음 예산 편성에 반영하기 위한 절차다. 그러나 현행 결산 시스템으론 결산 결과를 다음 예산에 반영하기 어렵다. 결산 심사에 따른 국회 지적이 정부에서 무시되기 일쑤고, 국회 일정상 결산 심의가 마무리될 즈음엔 이미 정부의 새해 예산안 편성이 끝난 상태다. 결산제도의 대폭 손질이 시급하다.

자료: 김기홍, 세계일보, 2018. 8. 6, 일부 생략 편집.

요할 것이다.[a]

　　국회의 역할도 미흡하다(다음 글상자 참고). 회계검사를 도와줄 기구가 없어 감사원에 의존하다보니 충분한 통제가 어렵고 전문성이 결여되어 결산에서의 역할이 형식적이기 쉽다. 예산심의와 같이 지역구 관련 예산을 챙기는 일도 아니고 결산 결과 잘못에 대한 책임확보 수단도 없다. 결산에 관심을 가질 제도적 장치가 결여되어 있는 것이다. 다행히 국회는 2004년 국회법을 개정하여 결산자료를 5월 31일까지 국회에 제출하고 국회는 정기국회 개회 전까지 심의·의결을 마치도록 하는 '조기결산제'를 도입하였다. 이 규정이 지켜진 적은 2011년 한 번이지만 일단은 국회의 결산심사 강화에 대한 의지를 담은 것으로 긍정적인 변화라 하겠다. 여기에다 예산결산위원회가 상임화된다면 적어도 예결위만이라도 전문화되고 연중 활동할 수 있기 때문에 결산에 대한 국회기능이 많이 보강될 것으로 기대할 수 있다.

　　결산에 대한 비판적 요소에도 불구하고 결산은 그 최종 산물을 만들어내기 위해 회계연도에 일어났던 모든 수입과 지출에 대한 검토 과정을 거치게 되고 또 결산보고서 작성을 위해 수입과 지출에 대한 회계 기록을 지속적으로 유지해야 하는 등 예산집행 전체에 대한 통제 기능을 충분히 담고 있다. 현대국가에 있어 결산이 없는 예산집행은 상상할 수 없는 가정이다.

2. 예산제도

　　예산이 단순히 세입과 세출에 대한 계획안으로 머물지 않고 관리의 유용한 도구가 되기 위해서는 하고자 하는 사업과 소요되는 경비에 대한 정보를 담아낼 수 있어야 한다. 일과 돈에 관한 정보의 효과적인 통합, 그것이 예산의 실질적인 의미가 될 것이다. 예산제도는 그 두 정보를 담는 틀이며 그것을 어떻게 설계하느냐에 따라 서로 다른 효과를 가져오게 된다. 거꾸로 예산을 통해 얻고자 하는 목적이 무엇이냐에 따라 예산제도의 설계는 달라질 수 있는 것이다.

---

[a] 회계검사를 합법성감사(compliance audit)와 성과감사로 구분할 때 성과감사에 대한 강조이다. 성과감사(performance audit)는 사업수행의 목표달성에 대한 사후적 평가를 통해 문제점과 개선방안을 제시하는 것으로 통제와 처벌보다 학습, 대안, 개발의 목표가 강하다. 미국연방정부에서는 성과감사의 기준으로 경제성, 능률성, 효과성을 강조하고 있다(편호범, 「정부회계론」, 서울: 법경출판사, 1998, pp. 514-515).

PART 1
행정과 행정학의 이해

PART 2
행정환경

PART 3
행정내부환경

PART 4
결정시스템

PART 5
집행시스템

PART 6
조직시스템

PART 7
지방시스템

PART 8
산출과 피드백

일반적으로 예산은 통제, 관리, 기획의 세 가지 기능이 있다.[46] 통제(control) 기능은 관료제 원리와 같은 맥락으로 명령, 지시, 감독, 통제의 하향식 계층구조를 강조한다. 따라서 예산지출의 일선 공무원으로 하여금 국민의 대표기관이나 정책결정자가 정해준 방식과 기준을 준수하도록 만드는 데 기여하는 기능이다. 관리(management)기능은 사업목표를 실행에 옮기기 위한 합리적인 수단을 강구하는 데 초점을 맞춘다. 즉 사업을 합리적으로 관리할 수 있는 단위로 나눈 다음 이를 집행하는 데 필요한 인적·물적 자원을 확보하는 데 도움을 줄 수 있는 기능이다. 기획(planning)기능은 조직이 추구하는 목표를 정하고 이를 달성하기 위한 구체적인 사업계획(전략)이 차질 없이 집행될 수 있도록 돕는 것이다. 이들 사업은 장기적으로 추진되는 특성이 있는데 예산으로 이러한 다년도 계획을 뒷받침해주는 것이다.

예산제도를 어떻게 설계하느냐에 따라 통제, 관리, 기획 기능의 비중이 달라지는데 지금까지 잘 알려진 품목별 예산제도는 통제, 성과 예산제도는 관리, 계획 예산제도는 기획의 기능을 상대적으로 강조하는 제도들이다. 예산제도는 연역적이고 합리적인 사고에 뛰어난 미국에서 지속적으로 개발되어 왔는데 이상의 세 제도 이후에도 닉슨 행정부 들어 다시 관리가 강조되면서 목표관리제도, 1970년도 카터 행정부는 감축관리를 강조하면서 영기준예산제도, 그리고 클린턴 행정부 이후에는 신공공관리의 사고에 편승한 최종산물로서의 결과를 중시하는 성과주의 예산제도 순으로 새로운 예산제도가 지속적으로 개발되고 있다(〈그림 15-6〉 참고).

[그림 15-6] 예산제도의 발달

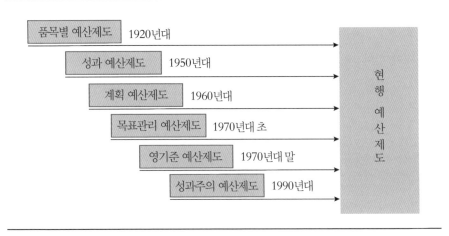

PART 1
행정과 행정학의 이해

PART 2
행정환경

PART 3
행정내부환경

PART 4
결정시스템

PART 5
정책시스템

PART 6
조직시스템

PART 7
지방시스템

PART 8
산출과 피드백

이들 제도는 각각 처음 도입한 행정부에서 전성기를 거치다 사라지곤 했지만 각 제도에 담겨 있는 기본정신이나 접근방식 등은 공식적인 제도의 종결에도 불구하고 부분적으로 그 후에 등장한 예산제도에 복합적으로 영향을 주었다.

이들 제도가 모두 미국을 중심으로 발전되어온 것이지만 예산제도의 보편성 때문에 많은 나라가 이들 제도에 관심을 갖고 적용을 시도하고 있다. 우리나라도 예외는 아니어서 품목별 예산제도를 근간으로 하지만 그 후 계획 예산제도, 영기준 예산제도 등의 도입 시도가 있었고 근래에는 성과주의 예산제도의 정착과 확산에 많은 관심을 기울이고 있는 상태이다.

1) 품목별 예산제도

(1) 의   의

품목별 예산제도(LIB, Line-Item Budget)는 정부의 지출을 체계적으로 구조화한 최초의 예산제도이다. 1912년 미연방정부의 '능률과 절약을 위한 대통령위원회'[a] 가 도입을 추천한 것에서 짐작할 수 있듯이 품목별 예산제도는 능률과 절약을 위한 훌륭한 수단으로 보았다. 그 이유는 제도가 정비되지 않았던 당시 미국에서 능률과 절약의 개념은 부정과 낭비를 막는 것이고 품목별 예산제도는 예산 지출에 대한 통제와 책임을 확보하는 데 아주 좋은 구조를 가지고 있었기 때문이다.

즉, 품목별 예산제도는 예산을 항목(품목)별로 분류하고 그 각각에 소요되는 경비를 연결시켜 작성한 것이다. 미국에서는 품목별 예산제도를 Expenditures by Object Budget와 혼용해서 쓰는데 우리말로 지출대상별 예산이며 '품목별'이란 결국 '지출품목별'임을 의미한다. 품목별 예산제도는 이렇게 지출 항목별로 한도를 정해 줌으로써 지출을 담당하는 공무원의 권한과 재량을 제한하고 회계 책임을 분명히 하는 데 유리하다.[47]

정부의 각 부처별 지출 내용이 단순하고 공통점이 많아 전 정부 차원에 적용하고 또 지출의 회계 정리도 용이하였을테니[48] 당시로서는 획기적인 예산제도였을 것으로 짐작할 수 있다. 미국에서는 이후 많은 예산제도의 개발과 적용이 있어 왔지만 아직까지 품목별 예산제도가 예산 편성의 근간을 이루고 있고 우리나라를 포함해 전세계적으로 가장 널리 사용되고 있는 제도이다.

다음 글상자는 우리나라 세출예산의 편성구조를 간략히 보여주고 있는데 품

---

a) 위원장의 이름을 따 '태프트(Taft) 위원회'라고도 부른다.

목별 예산은 성질별 분류의 '목' 단위로 지출액을 정하는 방식이다. 현재 23개 목이 있는데 인건비 영역의 '기본급'·'수당', 물건비 영역의 '여비'·'운영비'·'업무추진비'·'연구개발비'등이 바로 목에 해당한다.

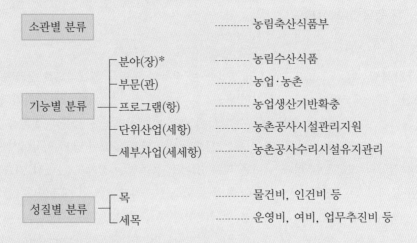

세출예산의 편성 구조

세출예산은 중앙행정기관별로 구분한 후, 정책적 일관성을 고려하여 '분야 – 부문 – 프로그램 – 단위사업 – 세부사업'으로 분류하고, 이를 다시 경비의 성질을 중심으로 23개 세목별로 분류하여 관리하고 있다.[a]

소관별 분류	·········· 농림축산식품부

기능별 분류	분야(장)*	·········· 농림수산식품
	부문(관)	·········· 농업·농촌
	프로그램(항)	·········· 농업생산기반확충
	단위산업(세항)	·········· 농촌공사시설관리지원
	세부사업(세세항)	·········· 농촌공사수리시설유지관리

성질별 분류	목	·········· 물건비, 인건비 등
	세목	·········· 운영비, 여비, 업무추진비 등

* 정부는 프로그램 예산을 도입하면서 기존의 분류 용어였던 장·관·항·세항·세세항을 각각 분야·부문·프로그램·단위사업·세부사업의 용어로 바꾸었다.

자료: 기획재정부, 열린재정(https://www.openfiscaldata.go.kr/), 재정배움터, 예산의 이해, 2021. 1. 6.

(2) 평   가

① 장   점

품목별 예산제도는 지출대상별 통제를 용이하게 할 뿐만 아니라 지출에 대한 근거를 요구하고 확인할 수 있기 때문에 공무원의 도덕적 해이나 부정직한 태도가 문제가 될 때 특히 유용한 제도이다. 특히 품목별 예산제도는 정치인의 지지를 얻기 쉽다. 지출항목이 단순하고 일상적으로 이해할 수 있는 항목들이기 때문에

PART 1
행정과 행정학의 이해

PART 2
행정환경

PART 3
행정내부환경

PART 4
결정시스템

PART 5
집행시스템

PART 6
조직시스템

PART 7
지원시스템

PART 8
산출과 피드백

예산에 대한 전문성이 부족해도 쉽게 이해할 수 있기 때문이다. 또한 예산편성 시 전년도 지출 항목별로 물가상승률과 같은 부분적인 변화만 반영하면 되기 때문에 점증주의 접근이 용이하다. 예산지출을 통제하고 삭감해야 하는 정치인들 입장에서 어떤 사업을 없애는 것보다 여비나 업무추진비와 같이 지출성 항목을 없애는 것이 유권자들에게 호소력이 있고 정치적 부담도 적다.[49]

② 단   점

첫째, 품목별 예산만으로는 왜 돈을 지출해야 하는지, 무슨 일을 하려는 것인지에 대한 정보를 제공하기 곤란하다. 돈에 대해서는 알겠는데 일에 대한 정보를 제공하지 못하기 때문이다.[a]둘째, 지출항목별 비용의 정당화에 관심을 갖기 때문에 SOC사업과 같이 다년간에 걸친 사업을 소홀히 하기 쉽다.[b]셋째, 지출항목별 통제가 강할수록 환경변화에 따라 요구되는 예산집행의 유연성을 반영하기 힘들다. 넷째, 지출항목별 단가를 모든 부처에 동일하게 적용하기 때문에 부처별로 인건비 등 업무 특수성에 따른 차이를 반영하지 못한다.

투입의 엄격한 통제는 좋지만 산출과의 연계성이 없다는 품목별 예산제도에 대한 비판을 보완한 것이 성과 예산제도이다.

2) 성과 예산제도

(1) 의   의

성과 예산제도(PB, Performance Budget)는 품목별 예산제도가 결여하고 있던 사업, 활동, 프로그램, 기능 등 예산을 들여 '무엇'을 하는지에 대한 정보에 초점을 맞춘다. 구체적으로 완성한 이후의 모습을 보여줌으로써 재원과 사업을 직접적으로 연계시킨 예산제도이다.[c]

---

a) 예산은 활용 목적에 따라 다양한 기준으로 분류하게 되는데 일반적으로 조직별(소관별) 분류, 기능별 분류, 경제성질별 분류, 품목별 분류가 있다.
  조직별 분류: 중앙행정기관별로 나눈 것으로 국회 상임위원회에서 부처별 예산심사에 유익하다.
  기능별 분류: 주요 기능별로 구분한 것으로 가장 범위가 큰 '분야'에는 R&D, 산업·중소기업 및 에너지, SOC, 농림·수산·식품, 보건·복지·노동, 교육, 환경, 국방, 문화·체육·관광, 외교·통일, 공공질서·안전, 일반·지방행정 등으로 분류하고 1개 분야에 다수의 부처 예산이 포함된다.
  경제성질별 분류: 예산이 국민경제에 미치는 효과를 파악하기 위한 자료로 활용할 수 있도록 예산을 분류하는 것으로 경상수지와 자본수지로 분류하는 것 등인데 통합예산에 포함되어 있다.
  품목별 분류: 지출대상별 분류로 품목별 예산에서 검토한 것처럼 지출통제에 적합하다. 글상자의 성질별 분류를 말한다.
b) 우리나라는 이런 단점을 기능별 분류로서 어느 정도 보완하고 있다.
c) 미국에서 성과 예산제도가 도입되는 과정을 보면, 우선 1937년 '행정관리에 관한 대통령 위원회'에서

표 15-2 성과 예산 편성

사업명	사업목적	측정단위	성과목표	금액($)	단가($)	변화율
긴급출동	비상시 6분 내 현장까지 출동	출동횟수	1,924건	192,400	100	+10.0%
일반순찰	24시간 계속 순찰	순찰시간	2,232시간	55,800	25	+ 7.8%
범죄예방	강력범죄 발생률 10% 감소시 키기 위한 정보활동	투입시간	2,327시간	69,800	30	+26.7%
계				318,000		

자료: C. K. Coe, *Public Administration Management*, Englewood Cliffs, NJ: Prentice Hall, 1989, p. 64, 배득종, 전게서 p. 223 재인용.

〈표 15-2〉에서처럼 성과 예산제도는 사업(치안서비스)을 구체적인 하위사업 (긴급출동과 같은 활동)으로 나누어 소요경비를 산출한다. 이를 위해 각 사업에 대하여 성과를 측정할 수 있는 단위, 단위당 원가, 그리고 달성하고자 하는 성과목표를 정한 다음 성과목표와 단가를 곱하여 사업당 비용을 계산한다(소요경비=성과목표×단가). 돈과 일, 투입과 산출이 정교하게 연결되어 있음을 알 수 있다.

(2) 평 가

① 장 점

첫째, 성과 예산제도는 우선 품목별 예산제도에 비해 사업을 관리하는 데 매우 효과적이다. 〈표 15-2〉에서 변화율을 보면 전년도 사업에 비해 금년도에 어느 분야의 사업에 중점을 두고 있는지 정부 활동에 대한 정보를 상세히 알 수 있다. 품목별 예산에서는 비록 인건비나 물품비의 전년 대비 변화율이 나온다 하더라도 무엇을 했다는 것인지를 알기 힘들다. 둘째, 같은 맥락에서 성과 예산제도는 예산의 편성, 집행, 평가를 용이하게 하고 관리책임을 분명히 할 수 있다. 예산편성에서 성과목표와 단위원가만 정확하게 계산하면 사업의 규모를 정하는 결정이 쉬워진다. 마찬가지로 성과평가의 측정이 용이하고 결국 예산집행의 책임을 명백하게 확인시켜 줄뿐만 아니라 관리개선을 위한 유용한 정보를 제공한다.

② 단 점

첫째, 성과 예산제도에서 가장 문제가 되는 것은 장점에서 기본 전제로 하였

일상적이고 통제 위주의 예산을 비판하고 보다 강력한 대통령의 리더십하에 여러 부처 활동을 국가적 차원에서 조정할 필요성을 강조했다. 이어 1949년 제1차 후버위원회에서는 보다 공식적으로 성과 예산제도의 채택을 당시 트루먼 대통령에게 권고하였고 1950년 공식적으로 채택되었다(배득종, 「신재무행정」, 서울: 박영사, 2001, p. 222).

PART 1 행정과 행정학의 이해

PART 2 행정환경

PART 3 행정내부환경

PART 4 결정시스템

PART 5 집행시스템

PART 6 조직시스템

PART 7 지원시스템

PART 8 산출과 피드백

던 계량화라 할 수 있다. 사업을 측정이 가능한 단위로 분류하고 비용을 계산한다는 것이 물론 예에서처럼 가능한 경우도 있겠지만 극단적으로 인권과 같이 양이 아니라 질로 평가해야 하는 사업의 경우 측정의 문제가 발생한다. 둘째, 사업 단위로 예산을 편성할 때 장점은 기존의 부서나 관료제의 벽을 허물 수 있다는 것인데 거기에는 오히려 책임 소재가 분산됨으로써 사업관리가 느슨해질 수 있다는 우려도 있다. 셋째, 사업단위에서 선정한 성과목표가 대부분 중간목표 또는 산출(output)이지 최종산출물(outcome, 결과)이 아니기 때문에 수단(중간목표)과 목표가 바뀌는 부작용이 생길 수도 있다. 민원에 대한 회신 속도(output)를 높이는 성과를 거두는 것이 업무 착오 발생률을 높여 서비스의 질(outcome)을 떨어뜨릴 수 있기 때문이다. 또한 성과 예산제도에서는 사업의 장기적인 속성을 반영시키지 못한다. 이런 점을 보완시킨 것이 계획 예산제도이다.

3) 계획 예산제도

(1) 의   의

계획 예산제도(PPBS 또는 간략히 PPB: Planning Programming Budgeting System)는 1960년대 초 미 국방성에서 기획과 예산을 보다 밀접하게 연결시킬 필요성에서 시작하였다. 당시는 미소 냉전시대였고 월남에서 전쟁을 수행하고 있던 중이었기 때문에 무기개발은 국방성의 매우 중요한 목표 중 하나였다. 이들 무기 개발에는 R&D에서부터 조립생산까지 장기간에 걸쳐 지속적인 예산 지원이 필요하였다. 따라서 1년 주기로 편성되던 기존의 품목별이나 성과 예산제도는 그 적합성이 떨어졌다.

PPBS는 작명 그대로 기획(Planning), 사업구조화(Programming), 그리고 예산(Budgeting)을 연계시킨 시스템적 예산제도이다. PPBS가 사업에 초점을 맞춘 것은 성과 예산제도와 비슷하지만 최종 사업단위를 결정하는 과정이 연역적이고 시스템(체계)적이며 장기적 시계를 가지고 있다는 점이 다르다.

우선 PPBS는 단위사업(사업의 최소단위)을 정하는 과정이 조직의 목표를 중심으로 목표-수단의 사슬관계를 단계적으로 발전시켜 나가는 전통적인 연역적 접근을 취한다. 목표에서부터 대분류 사업, 중분류 사업, 그리고 최종단계의 단위사업까지 정하는 일련의 과정을 사업구조화 또는 프로그래밍(programming)이라 한다(〈그림 15-7〉 참고). 이때 사업구조의 논리적 위계성을 확보하기 위해 BC분석을 활용한다. 즉, 단순히 연역적 사고에 의한 것이 아니라 비용 대비 편익 또는 효과 분

[그림 15–7] 계획 예산제도의 도식적 이해

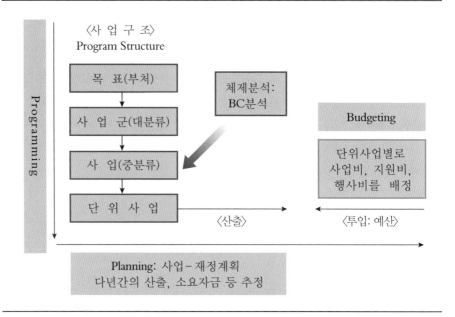

석을 통해 다수의 대안 중에서 예산 효과가 가장 높은 대안을 단위사업으로 선정하게 된다. 이런 과정을 거쳐 사업구조 전체가 목표-수단 관계로 묶인 하나의 시스템을 형성하게 된다.

사업구조는 기획(planning)에 의해 장기적인 시계를 갖도록 전환된다. 이를 돕는 것이 사업–재정계획이다. 사업–재정계획은 단위사업을 포함하여 상위 사업에 대해서 모두 5~7년간의 예상되는 산출과 소요되는 경비, 자금 동원 등을 담은 문서이다.

마지막으로 이렇게 사업구조화와 기획에 의해 다년간의 기대효과가 담긴 단위사업계획이 완성되면 각 단위사업별로 예산을 배정한다(budgeting). 이때 사업에 소요되는 경비뿐만 아니라 지원비나 행정비 등의 간접비를 단위사업별로 배정하여 원활한 사업 수행이 가능하도록 예산을 편성한다.

(2) 평　가

① 장　점
PPBS는 사업과 예산의 연계에서 한 단계 더 나아가 계획(다년간 사업)과 예산

PART 1 행정과 행정학의 이해

PART 2 행정환경

PART 3 행정내부환경

PART 4 결정시스템

PART 5 집행시스템

PART 6 조직시스템

PART 7 지원시스템

PART 8 산출과 피드백

을 시스템적으로 연계시켰다. 즉, 시간적으로 장기적 사업의 효과가 나올 수 있도록 예산을 뒷받침한 것이다. 그리고 모든 사업이 조직의 목표달성을 위해 유기적으로 연결되어 있기 때문에 하위부서 간의 경계를 넘어 사업을 추진하는 데 유리하다. 특히 조직의 목표에서부터 목표-수단의 연결구조를 가지고 최종사업이 정해지기 때문에 성과 예산제도(성과가 중간목표 수준에 그쳐 그 이후의 조직목표가 간과)와는 달리 PPBS는 조직목표달성 차원에서의 성과가 가능하다.[50] 또 다른 차원에서 사업선정이나 예산배정 등의 결정이 합리적이다. 합리주의(예산론의 통용어인 총체주의)를 적용한 대표적인 예산제도로서 자원배분의 효율성을 높일 수 있다.

② 단 점

PPBS가 가진 단점으로는 첫째, 의사결정이 지나치게 집권화되고 전문화되어 외부통제가 어렵다. 조직의 목표나 최고 정책결정자의 정책방향에서부터 하향식으로 사업의 범위가 좁혀지고 구체화되기 때문에 위로 올라갈수록 권한이 커진다. PPBS는 비용편익분석 등 대안의 분석에 있어 계량분석을 동원하기 때문에 권한이 또한 전문가에게 집중된다. 이런 이유 때문에 입법부에서의 상대적 통제가 약화되고 재정민주주의 이념 또한 위협받을 수 있다.

둘째, 실현가능성이 낮다. 앞에 언급한 대로 행정부 집권화에 대한 반발과 대중적인 이해가 쉽지 않기 때문에 정치적 실현가능성이 낮다.[51] 분석적 차원에서도 공공가치를 추구하는 행정목표의 추상성을 고려할 때 사업구조화의 개념적 모호성, 비용편익분석을 포함한 계량분석의 한계 때문에 방법론적 실현가능성도 낮다.

셋째, 이 제도를 도입하려면 각 부처에 전문가를 양성하고 사업부서 담당자까지 PPBS에 대한 이해가 필요한데 PPBS의 전문성을 생각할 때 이들에 대한 직무교육이 어려움을 겪을 것이다. 새로운 기법의 숙지뿐만 아니라 단기적인 업무량 증가 등으로 직원의 협조를 구하는 것도 문제가 될 수 있다.

이런 한계 때문에 PPBS는 도입된 지 6년 만인 1971년에 종결되었다. 그럼에도 불구하고 PPBS에 담겨 있는 프로그램(사업) 중심의 예산편성은 이후의 예산제도에 지속적인 영향을 준 것으로 보인다.[52] 최근 우리나라에서 논의가 활발한 프로그램 예산(Program Budget)도 그 뿌리는 PPBS에서 찾을 수 있고, 다음의 영기준 예산제도 역시 밑바탕에는 프로그램 중심의 사고가 깔려 있음을 확인할 수 있을 것이다.[a]

---

a) 계획 예산제도에서 영기준 예산제도로 발전하는 도중에 목표관리 예산제도를 논의하기도 하지만 엄밀한 의미에서 예산제도로 보기 힘들다. 닉슨 행정부는 관리의 문제에 관심을 가졌다. 존슨 행정부

4) 영기준 예산제도

(1) 의   의

1977년 카터 행정부에 의해 도입된 영기준 예산제도(ZBB: Zero Based Budgeting)는 1970년대의 정부팽창에 대한 반발과 예산감축에 대한 사회적 요구를 잘 반영하고 있다. 기존의 전년도 답습의 예산편성 방식으로는 획기적인 감축이 어려웠기 때문일 것이다. ZBB는 정부의 제한된 재원을 효율적으로 배분하기 위해서 각 부서(독립적인 예산을 운영하는 단위)에서 추진해오던 사업을 당연한 것으로 인정하지 않는다. ZBB의 예산편성 절차에 따라 계속사업과 신규사업을 함께 재평가하여 사업효과가 높은 순서로 예산을 재배정하는 방식이다.

ZBB의 예산편성 절차를 보면 각 부처는 우선 독자적으로 예산을 편성하여 사업을 책임지고 수행해나갈 수 있는 적절한 조직단위(예산운영단위)[a]로 재구성할 필요가 있다. 예산운영단위는, 수입과 지출에 대해 상당한 자율성이 부여되는 기업의 사업부서제 정도는 아니지만, 적어도 책임 있는 결정이 필요한 정도의 단일 사업 규모로서 예산 집행의 의미가 있는 조직단위여야 한다. PPBS에서는 이러한 성격의 단위사업을 집권적으로 결정하고 사업만을 단위로 인정했는 데 비해, ZBB는 이 부분에서 각 부처에 상당한 자율권을 부여하였다. 부처 사정에 따라 예산운영단위에 기존의 부서나 재원별 조직화도 인정하였다.[53]

는 사회복지분야를 포함해서 많은 정책을 새로 만들고 있었기 때문에 당시 관심은 '좋은' 정책을 만드는 결정의 문제였다. PPBS도 그런 차원에서 이해할 수 있을 것이다. 그런데 정책집행에서 언급한 것처럼 1973년 Pressman & Wildavsky의 정책집행연구 이후 집행의 문제가 부각되기 시작하였다. 목표에 의한 관리는 집행에 대한 관심과 같은 흐름을 반영한 것이다.

목표관리 예산제도는 PPBS의 하향식 의사결정이 아니라 중앙예산기관과 일반 부처 간에 참여적이고 상호교호적인 커뮤니케이션을 통해 부처 상황에 적합한 목표설정을 강조한다. 목표에 의한 관리를 예산에 적용한 것인데 이 개념은 이미 1950년대 논의가 있었고(Peter Drucker, *The Practice of Management*, New York: Harper & Row, 1954) 1960년대에는 목표관리라는 용어가 등장할 정도로 (George Odiorne, *Management by Objectives*, New York: Pitman, 1964) 경영학에서 일찍부터 관심을 가져온 것이다. 그러다 보니 목표관리예산은 상식 이상의 전문성을 요하는 것이 아니었고(R. Rose, Implementation and Evaporation: The Record of MBO, *Public Administration Review*, 37, 1977, p. 65) 특히 예산제도 차원에서 주목할 만한 변화가 있었던 것도 아니다.

목표관리의 핵심은 목표를 결정할 때 부하를 참여시키고 상사와의 합의를 강조한다. 목표에 대한 주인의식과 책임감을 높여 동기를 유발시키고 업무성취도를 높일 수 있기 때문이다. 부하는 이제 상당한 재량권을 가지고 목표달성을 위한 노력을 하고 일정 기간 뒤에 평가가 이루어진다. 평가는 목표달성도로 하며 평가결과는 다음 목표설정에 반영될 뿐만 아니라 개인의 능력개발과 성과향상을 위해 피드백된다.

a) 영어로는 Decision Unit(의사결정단위)이지만 의미를 전달하기에 충분치 않아 여기서는 신무섭(『재무행정학』, 서울: 대영문화사, 2001, pp. 449-450)이 사용한 예산운영단위를 쓰기로 한다.

PART 1
행정과 행정학의 이해

PART 2
행정환경

PART 3
행정내부환경

PART 4
결정시스템

PART 5
집행시스템

PART 6
조직시스템

PART 7
지원시스템

PART 8
산출과 피드백

[그림 15-8] 영기준 예산제도의 도식적 이해

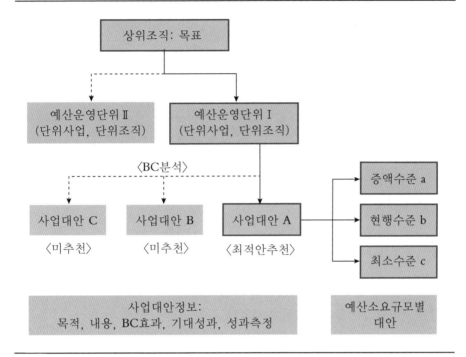

각 예산운영단위에서는 사업목표를 달성할 수 있는 대안을 개발하고 이들 대안의 비용편익(효과)에 대한 비교분석을 통해 가장 효과가 높은 대안을 추천하게 된다(〈그림 15-8〉에서 사업대안 A). 이때 추천되지 않은 대안에 대한 정보도 제공함으로써 최적안의 정당성을 확인토록 한다. 이 과정은 PPBS의 단위사업 결정과 같은 차원에서 이해할 수 있다.

ZBB의 차이점은 그 다음부터 나타난다. PPBS가 단위사업을 사업-재정계획에 따라 장기적인 예산편성 쪽으로 방향을 잡았다면 ZBB는 당해연도의 예산 제약 조건을 먼저 고려하였다. 이 조건을 반영하기 위한 준비단계로 추천한 단위사업(사업대안 A)에 대하여 예산소요 규모별 대안을 제시하였다. 사업의 생존이나 예산운영단위를 유지하는 데 필요한 최소한의 예산규모를 기준(출발점)으로 하여 사업을 현재 수준으로 유지하거나 아니면 확대할 때 필요한 예산증액분을 각각 표시한 대안을 개발한다.[a]

----

a) 영어로 incremental package라 하는데 여기서는 이해 중심으로 예산소요규모별 대안으로 부른다. incremental을 쓴 이유는 각 대안의 예산표시가 최소예산소요를 기준으로 증액분을 표시하기 때문에 붙인 것으로 보인다.

표 15-3 예산소요 규모별 단위사업 우선순위 (단위: 억 원)

순 위	예산소요 규모별 단위사업	예산 증액분	예산 누계
1	I-A-c*	500	500
2	II-C-c	700	1,200
3	II-C-b	200	1,400
4	III-A-c	1,000	2,400
5	I-A-b	100	2,500
6	II-C-a	100	2,600
7	III-A-b	1,300	3,900
8	I-A-a	650	4,550
9	III-A-a	1,450	7,000

* a: 증액수준, b: 현행수준, c: 최소수준.

각 예산운영단위에서 단위사업에 대한 예산소요 규모별 분석이 완료되었으면 상위 조직에서 이들을 취합하여 사업의 우선순위를 결정한다(〈표 15-3〉 참고). 이런 과정을 거쳐 소관 부처 차원의 우선순위표가 만들어지고 가용예산이 정해지면 그 예산 범위 안에서 사업이 선정된다.[a] 예를 들어 예산이 2,600억 원이라면 II-C-a까지 선정이 될 것이고 이것을 예산운영단위별 예산으로 환원하면 I의 경우 A사업을 현재 규모의 수준으로 계속하는 데 600억 원, II의 경우 C사업 규모를 확대하여 시행하도록 1,000억 원, 그리고 III의 경우 A사업의 규모를 최소수준으로 유지하는 선에서 1,000억 원을 배정받게 된다. 각 예산운영단위는 이 규모로 실행예산을 편성하여 집행한다.

(2) 장단점

① 장 점

첫째의 장점은 영(Zero)에서 찾을 수 있다. 전년도 예산이나 기존의 계속사업을 그대로 인정하지 않고 사업 간 우선순위를 정하고 가용한 예산의 범위 안에서

---

a) 예산의 범위를 미리 예산운영부서에 알려주고 그 범위 안에서의 사업계획(때로는 추가재원을 가정한 사업계획)만을 올리도록 하여 제한된 대안 중에서 사업을 선정하여 예산을 편성하는 방식을 목표기준예산(Target Based Budgeting)이라 한다(Robert Goertz, Target-Based Budgeting and Adaptations to Fiscal Uncertainty, *Public Productivity and Management*, 16, Summer 1993, pp. 425-429). ZBB에서 요구하는 비현실적 가정을 통한 불필요한 자원 낭비를 막을 수 있는 대안이라 할 수 있다.

사업을 선정하기 때문이다. 물론 '영'을 모든 사업을 백지 상태에서 매년 새로이 시작하는 파격적인 의미로 해석하는 것은 무리가 있겠지만[54] 기존의 점증주의 방식에 비하면 합리주의 접근임에 분명하다.

둘째, 예산을 사업과 연계시킨 정도에서 한 단계 더 나아가 사업성과와 연계시킨 점이다. 예산지원의 규모를 최소수준, 현행수준, 증액수준으로 나누어 각각의 경우에 기대되는 사업효과를 확인할 수 있기 때문에 가능한 일이다.

셋째, 예산편성이 보다 민주적이다. 특히 PPBS와 비교하여 중간관리층을 포함한 구성원의 참여 및 이들의 상향적 커뮤니케이션 통로가 확대된다.

② 단   점

합리성의 이면에는 늘 현실성 결여가 내포되어 있다. ZBB 역시 사업대안에 대한 비용편익 분석을 하고, 예산투입 규모별 사업효과를 표시하고, 이들 대안에 대한 우선순위를 정하는 데 있어 개념이 모호하고 분석적으로 어려운 점이 많다. 사업의 비용과 효과를 제시하기 위해서는 많은 정보가 필요하고 문서화 작업이 필요한데 그에 따른 시간과 인력의 소요를 충족시켜 주는 데에도 어려움이 따른다. 새로운 제도를 도입하면서 기존의 공무원들에 대한 교육과 동기부여도 현실적으로 부담이 되는 부분이다. PPBS에 비해서 장기적인 목표가 경시될 수 있다.[55] 예산의 제약이 사업선정에 중요한 기준이 되는 한 예산편성은 장기적인 기획 중심이 되지 못하고 단기적인 통제로 흐를 가능성이 높다. 중요한 사업의 우선순위 평가에서 최소수준의 사업이 현행수준이나 증액수준의 사업에 비해 상위에 올라갈 가능성이 높기 때문에 사업관리자로서는 새로운 사업에 대한 관심이 저하될 수 있다.[56] 끝으로 ZBB의 도입성과에 대한 설득력을 확보하지 못하였다. ZBB를 도입했던 정부 기관(Georgia주 및 연방정부)에서 제도를 운영해 본 결과 예산의 삭감이나 예산팽창의 억제에 크게 기여하지 못했고, 결과적으로 점증주의 예산행태를 극복하는 데 실패했다는 것이다.[57]

5) 새로운 대안: 성과주의 예산제도

(1) 의   의

미국에서 예산제도는 1990년대 클린턴 정부가 기업가형 정부개혁을 추진하면서 또 한번의 중요한 변화를 맞게 된다.[a] 기존의 예산제도가 예산과 사업, 예산

---

a) GPRA(Government Performance and Results Act, 1993)에 의해 의무화하고 있다.

과 장기사업(기획), 예산과 사업성과의 연계까지는 시도했지만 여전히 투입에 대한 통제가 중요한 비중을 차지하고 있었다. 이에 비해 기업가형 정부 내지 신공공관리적 정부개혁은 가능한 통제요소를 줄이고 자율성을 부여하는 대신 결과에 대한 책임을 확보하는 전략을 택하였다. 사업성과와 예산을 연계시키되 투입요소인 예산이 아니라 산출요소인 사업성과를 중심으로 예산을 운영하는 데 초점을 맞춘 것이다. '어떻게' 그런 사업성과가 나왔는가의 과정보다 사업성과가 좋은가 나쁜가의 결과를 강조한 것이다. 특히 단순한 활동이나 산출(output)이 아니라 산출이 가져오는 보다 근원적인 성과, 즉 결과(outcome)를 강조한다. 이런 점에서 보면 성과주의 예산제도는 미션(mission) 지향적이라 할 수 있다.[58]

1990년대 이후 예산의 최종 성과(결과)를 강조하는 이러한 새로운 흐름의 예산제도를 이전의 성과 예산제도와 구분하여 신 성과 예산제도(New Performance Budget),[59] 성과주의 예산제도, 또는 성과기반 예산제도(Performance-Based Budget, PBB)[60] 등으로 부르고 있다.[a] 이 책(제6판)에서는 현재 정부에서 통용되는 성과주의 예산제도로 용어를 통일하도록 한다.

(2) 장단점

성과주의 예산제도는 결과 중심의 성과를 강조하기 때문에 국민의 요구에 대한 대응성이나 책임성을 높일 수 있다. 중간목표가 아니라 사업이나 서비스의 최종 수요자인 국민(시민, 주민, 고객)을 중심으로 성과를 접근하기 때문이다. 또한 예산집행의 자율권을 부여함으로써 사업집행이나 서비스 전달의 구체적인 수단을 탄력적으로 동원할 수 있어 효율성을 높일 수 있다. 투입이나 과정의 통제로 야기되는 각종 비용도 절감할 수 있기 때문에 최종적으로는 국민이 체감하는 결과 중심의 서비스를 제공하면서 예산의 낭비를 줄일 수 있는 장점이 있다.

다만 성과주의 예산제도는 기존의 예산제도와 보완적 차원에서 활용하는 것이 일반적이다. 예산편성 과정에서 PPBS나 ZBB처럼 독자적인 사업선정의 기준과 과정을 제시하지 않고 있어 기관 간 비교가 곤란하고 그 결과 국가 전체 차원에서 자원 배분의 효율성을 확보하기가 곤란하다. 또한 성과측정을 위해 계량화

---

a) 국내 재무행정 교재에서는 새로운 성과주의 예산제도(윤영진, 『새 재무행정학』), 성과관리 예산제도(신무섭, 『재무행정학』), 성과주의 예산제도(하연섭, 『정부예산과 재무행정』) 등의 용어를 사용하고 있다. 이 책 제4판까지는 초기 성과주의 예산제도(performance budget)와 구분하기 위하여 성과관리 예산제도 용어를 사용하였으나, 제5판(2015년)부터는 performance budget을 성과 예산제도로 번역하고 정부의 공식용어인 성과주의 예산제도(performance-based budget)로 변경하였다.

PART 1
행정과 행정학의 이해

PART 2
행정환경

PART 3
행정내부환경

PART 4
결정시스템

PART 5
집행시스템

PART 6
조직시스템

PART 7
지원시스템

PART 8
산출과 피드백

가 가능한 지표 중심으로 평가가 이루어지기 때문에 전략목표 및 성과목표와의 정합성이 떨어지는 지표가 포함될 가능성을 배제할 수 없다. 성과지표와 목표의 논리적 연계성이 높지만 측정이 어려워 지표에 포함되지 않는 경우 성과에 기반한 예산의 증감은 왜곡을 야기하게 된다.

(3) 우리나라 제도

우리나라는 「국가재정법」(제8조)에 성과중심의 재정운용을 명시하고 있고, 중앙행정기관은 기획재정부에 예산요구서와 함께 차년도 성과계획서와 전년도 성과보고서를 제출하도록 규정하고 있다. 바로 예산요구서, 성과계획서, 그리고 성과보고서가 성과주의 예산제도를 구성하는 핵심 요소들이다.

우리나라 성과주의 예산제도(〈그림 15–9〉)는 예산편성 단계에서부터 성과정보를 담은 성과계획(좌)과 세출예산구조(우)를 유기적으로 연계시키고 목표와 성과(좌)에 의한 사업관리(우)를 통해 재정운용의 효과성을 제고시키려는 목표를 가지고 있다.[61] 즉 성과관리 차원에서 '프로그램 예산구조(우)'를 '프로그램 목표 계층구조(좌)'와 통합시켜 성과주의 예산제도의 기본 틀을 구성하게 된다.[a]

구성요소를 구체적으로 보면, 첫째 성과계획서는 기관의 임무(미션)와 비전을 달성하기 위한 전략목표를 시작으로 이를 달성하기 위한 다수의 프로그램으로 구성된다. 전략목표는 기관이 정책의 최우선 순위를 두어 추진하는 중장기 계획으로 부처의 성격에 따라 1~9개로 설정되고 있다.[62] 프로그램목표는 개별 정책이나 사업에 의해 달성되기 때문에, 이들을 단위사업으로 관리하게 된다.[b] 이를 위해

---

a) 프로그램 예산(577쪽)은 성과주의 예산제도 구성 요소 중에서 프로그램을 기본단위로 하는 예산 체계의 부분을 말한다. 성과주의라는 의미는 예산이 성과관리 체계 즉, 전략 및 프로그램 목표와 정합성을 이루고 집행 후에 이들 목표를 얼마나 달성했는지를 구체적으로 측정할 수 있는 성과지표와 연계되어 있다는 점이다. 다만 성과주의 예산제도의 발전과정을 보면 2003년에 재정성과관리제도가 프로그램 예산에 앞서 성과관리 차원에서 먼저 시작되었다. 2007년에 프로그램 예산과 통합되어 성과주의 예산제도가 중앙정부에 도입되었으나, 성과목표 체계와 예산 체계의 불일치가 계속 지적을 받아왔다(허경선·김지영·박노욱, 공공기관 프로그램 예산제도 도입 연구, 한국조세재정연구원, 2012. 12). 즉, 단위사업의 성공이 프로그램이나 전략 차원의 목표를 달성한다는 논리적 설득력이 약하다는 것이다. 이 지적은 아직도 유효하며 현재 불일치의 정도를 줄여가고 있는 과정으로 볼 수 있겠다.

b) 「국가재정법」에 따라 예산안 첨부자료로 제출하는 '성과계획서'에는 '프로그램목표'로, 「정부업무평가기본법」에 따라 성과관리 차원에서 수립하는 '성과관리시행계획'에는 '성과목표'의 용어를 사용하고 있다. 성과계획서는 재정이 투입되는 사업만을 포함시키는 반면, '성과관리시행계획'에는 제도개선과 같은 재정이 투입되지 않는 과제도 많이 포함되기 때문에 '성과계획서'보다 범위가 넓다. 성과관리의 대상이 되는 단위사업에 배정된 예산은 2017년 정부 예산안 기준으로 62.4%이다(기획재정부 재정관리국, 보도자료, 2016. 9. 1.).

[그림 15-9] 성과주의 예산제도

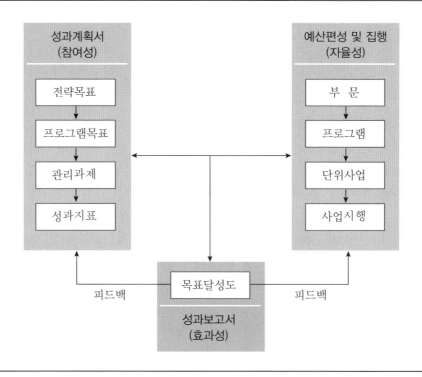

서 각 부처는 과제에 일련 번호를 부여하여 관리하고, 과제마다 구체적이고 측정 가능한 성과지표와 지표별 목표치를 설정하게 된다(⟨표 15-4⟩). 성과계획 부분은 PPBS의 사업구조화와 유사하게 목표-수단의 위계성을 가진다. 다만 사업들 간의 구조를 BC분석 등을 통해 최적화시킨 것이 아니라, 현재는 사업의 유사성을 기준 으로 분류한 수준이라 할 수 있겠다. 성과계획서 작성 단계에서 중요한 가치는 참 여이다. 우리나라에서는 담당 부서 및 정책·서비스 수혜집단의 의견을 수렴하여 목표 및 성과지표 개발에 반영하는 노력, 그리고 이들 성과지표를 근무성적평정 에서 평가자와 평가대상자 간에 성과계약을 체결할 때 기초 자료로 활용하는 노 력을 제고할 필요가 있다.

둘째, 성과주의 예산제도의 또 하나 중요한 요소는 프로그램 예산구조이다. PPBS의 예산배정(budgeting)에 해당하는 것으로 ⟨그림 15-9⟩에서 '예산편성 및 집행' 부분이 이에 해당한다. 정부는 '장-관-항-세항-세세항'의 기능별 분류 방 식을 '분야-부문-프로그램-단위사업'의 프로그램 구조로 바꾸고, 이를 성과계획

PART 1
행정과 행정학의 이해

PART 2
행정환경

PART 3
행정내부환경

PART 4
결정시스템

PART 5
집행시스템

PART 6
조직시스템

PART 7
지원시스템

PART 8
산출과 피드백

표 15-4 성과계획서(행정안전부) 예

전략목표 I: 사회적 문제해결 확산과 지능형 정부 구현을 통한 열린 혁신 선도
프로그램목표 I-1: 사회적 문제해결 확산과 테이터 공유 활성화

관리과제 코드 단위사업명	성과지표	'21년도 목표치	측정산식· 측정방법	자료수집 방법/출처
I-1-정보화 (1) 정보공개 활성화	정보공개율(%)	95	(정보공개건수/정보공 개청구처리건수)×100	정보공개시스템 통계자료
	원문 다운로드 건수(만 건)	420	원문정보 다운로드 건수	정보공개시스템 원문정보 다운수
I-1-정보화 (2) 민원처리개선	문서24 활용 확대(건)	165,000	문서24를 통한 월 평균 문서 유통 건수	문서24 이용통계
	온-나라 문서 시스템 만족도(점)	81.0	사용도 만족도 조사 (7점 척도, 100점 환산)	이용기관 대상 온라인 설문조사

자료: 대한민국 정부, 「2021년도 성과계획서(행정안전부)」, 2020, pp. 50, 54, 일부 발췌 편집.

서 구조와 정합성을 갖도록 '전략목표=부문', '프로그램목표=프로그램', '관리과제
=단위사업'으로 일치시키고 있다. 하지만 사업구조화가 먼저 이루어지고 다음에
적정 예산이 편성되는 PPBS 방식이 아니라 과거 회계별로 구분되어 있던 유사한
사업을 하나의 프로그램으로 묶은 것 외에는 아직 품목별 예산체계를 완전히 벗
어나지 못하고 있다는 지적이다.[63] 즉, 성과목표 계층구조와 프로그램 예산구조의
논리적 연계성이 약하기 때문에 단위사업의 성과를 달성하더라도 상위의 프로그
램 및 전략 목표 달성을 보장하기 어렵다 할 수 있다. 다만 기관 차원을 넘어 분야
별 분류(R&D, SOC, 환경 등) 코드를 통해 유사 중복사업을 찾아내고 기능별 분류에
서의 예산 칸막이 현상을 개선하는 데 도움이 될 수 있다. 한편 성과주의 예산제
도는 예산집행과정에서의 자율성이 중요한 가치이다. 총액배분·자율편성 제도에
따라 부처는 프로그램 단위 이하의 예산을 자율적으로 편성하되 성과목표와 유기
적으로 연결시켜 전체 예산을 관리한다. 그런데 프로그램의 개념에 대한 명확한
이해와 개념화가 부족하기 때문에 프로그램이 예산과 성과 관리의 기본단위로서
의 역할을 하지 못하고 있다.

셋째는 배정된 예산을 집행하여 달성한 목표치를 측정하고 분석한 결과를 토
대로 성과보고서를 작성하고 활용하는 부분이다. 이때 성과는 단순한 산출이 아

니라 사업이 의도한 최종 결과 중심으로 평가하여야 한다.[a] 2020년도 성과관리시행 계획에 포함된 관리과제 성과지표를 보면 50.0%가 결과, 42.8%가 산출 지표로 구성되어 있기 때문에[64] 성과보고서가 투입이 아닌 결과 중심으로 작성될 가능성은 높다. 한편 목표가 미달된 사업에 대해서는 원인을 분석하고 향후 개선조치를 성과보고서에 포함시키도록 하고 있다. 하지만 이러한 성과분석 정보가 자원의 효율적 사용을 중시하는 행정부 예산편성 단계에서는 반영될 수 있지만 정치적 성격이 강한 입법부 심의과정에서는 활용되기 어렵다고 본다.[65] 또한 개별 부처에서 이러한 성과분석이 이루어지더라도 부처의 성과평가 결과를 종합하여 전략목표를 수정하거나 범부처 차원에서 '부문' 간 예산배분의 우선순위를 조정하는 등의 거시적 자원배분을 조정하기는 어렵다. 따라서 프로그램 이하 수준에서의 단위사업을 조정하는 미시적·기술적 효율성 향상은 가능하겠지만 거시적·배분적 효율성이 저해될 우려가 있다.[66]

---

a) 성과지표는 서비스가 전달되는 단계에 따라 다음과 같이 정리할 수 있다. 일반적으로 투입과 산출의 관계를 능률성, 산출이나 결과의 목표 대비 달성도를 효과성이라 한다. 투입과 과정에 대한 지표로는 각각 예산집행률이나 계획 집행 실적(%)을 활용할 수 있다.

투입 (Input)	과정/활동 (Activity/Process)	산출 (Output)	결과 (Outcome)

· 예산
· 인력
	· 구직자 등록
	· 수급 자격심사
	· 실업구직급여 지급
	· 공공근로사업 조성
		· 실업급여 수혜자수
		· 공공근로사업 건수
		  혹은 참가 인원
		· 배출 훈련생
			· 재취업률
			· 재취업 규모
			· 실직자
			  생활안정 등

자료: 기획예산처, 성과관리제도 업무편람, 2003. 7.

PART 1
행정과 행정학의 이해

PART 2
행정환경

PART 3
행정내부환경

PART 4
결정시스템

PART 5
집행시스템

PART 6
조직시스템

PART 7
지원시스템

PART 8
산출과 피드백

◎ 주

1) 윤영진, 「새재무행정학」, 서울: 대영문화사, 2003, p. 150.

2) 박동서, 「한국행정론」, 서울: 법문사, 1997, p. 479.

3) 신무섭, 「재무행정학」, 서울: 대영문화사, 2001, p. 403.

4) 강신택, 예산담당공무원의 역할에 관한 연구, 「행정논총」, 28(2), 1990, pp. 27-46.

5) 기획재정부 예산실, 2015년도 예산 요구 현황(보도자료), 2014. 6. 26; 기획재정부 예산실, 2016년도 예산 요구 현황(보도자료), 2015. 6. 17.

6) 배득종, 「신재무행정」, 서울: 박영사, 2001, p. 119.

7) David Braybrooke & Charles E. Lindblom, *A Strategy of Decision*, New York: Free Press, 1970.

8) Charles H. Levine, G. Guy Perters, Frank J. Thompson, *Public Administration: Challenges, choices, consequences*, Gleview, IL: Scott, Foresman, 1990, p. 145.

9) Charles E. Lindblom, Still Muddling Not Yet Through, *Public Administration Review*, 39, 1979, pp. 517-526; Aaron Wildavsky, *Politics of Budgetary Process*, 3rd ed., Boston: Little Brown, 1979; David Braybrooke & Charles E. Lindblom, *A Strategy of Decision*, New York: Free Press, 1970.

10) 배득종, 전게서, pp. 123-124.

11) Graham T. Allison, *The Essence of Decision: Explaining the Cuban Missile Crisis*, Boston: Little Brown, 1971.

12) Donald Axelrod, *Budgeting for Modern Government*, 2nd ed., New York: Martin's Press, 1995.

13) 「국가재정법」 제38조.

14) 배득종, 전게서, p. 124.

15) 「지방재정법」 제39조, 「지방재정법시행령」 제46조.

16) 김성철·윤진훈, 우리나라 중앙관서의 예산안 편성에 관한 실증연구: 예산담당관들의 인식조사를 중심으로, 한국행정학회 하계 학술대회 발표 논문, 2002, p. 11.

17) 이원희, 「열린행정학」, 서울: 고시연구사, 2000, p. 585.

18) www.mpb.go.kr, 총액배분 자율예산편성, 2005. 1. 3.

19) 상게서.

20) 국회예산정책처, 「2015 대한민국 재정」, 2015, p. 60; 디트뉴스24, 2016. 7. 22.

21) 기획예산처, 보도자료, 2004. 11. 3.

22) 국회예산정책처, 2021년도 예산 개요, 「NABO Focus」, 제28호, 2020. 12. 24, p. 2.

23) 김정미·이강구, 「해외 주요국의 재정준칙 운용동향과 정책시사점」, 국회예산정책처, 2013. 9.

24) 윤영진, 전게서, pp. 162-163.

25) 윤영진, 중앙일보 시론, 2004. 12. 15.

26) 한국경제, 2018. 12. 6.

27) 이종수·윤영진 외 공저, 「새행정학」, 서울: 대영문화사, 2001, p. 538.

28) 「국가재정법」 제43조, 일부개정 2008. 3. 28; 동법 시행령 제16조, 일부개정 2008. 2. 29.

29) 「국고관리법」 제22조, 제정 2002. 12. 30, 법률 제6836호; 국고관리법시행령 제28조,
    일부개정 2003. 12. 30 대통령령 제18171호.

30) 동법 제24조, 제정 2002. 12. 30, 법률 제6836호; 동법 시행령 제31조, 일부개정
    2003. 12. 30 대통령령 제18171호.

31) 동법 제27조, 제정 2002. 12. 30, 법률 제6836호.

32) 배득종, 전게서, pp. 175-178.

33) 신무섭, 전게서, p. 363.

34) 「국가재정법」 제22조.

35) 동법 제47조.

36) 동법 제46조.

37) 동법 시행령 제16조.

38) 동법 제49조.

39) 동법 시행령 제24조.

40) 윤영진, 전게서, p. 195.

41) 동법 시행령 제12조 1항.

42) 동법 시행령 제12조 2항.

43) 「국회법」 제128조의 2.

44) 이경식, 정부회계와 감사, 서울: 조세통람사, 1997; 윤영진, 전게서, p. 207 재인용.

45) 박동서, 전게서, p. 665; 윤영진, 전게서, pp. 207-208; 배득종, 전게서, p. 209.

46) Allen Schick, The Road to PPB: The Stages of Budget Reform, *Pulic Administration
    Review*, 26(4), pp. 243-259.

47) 윤영진, 전게서, p. 64.

48) Robert B. Denhardt, *Public Administration: An action orientation*, 3rd ed., Fort
    Worth, TX.: Harcourt Brace College Publishers, 1999, p. 171.

49) Ibid.

50) Fremont J. Lynden & Marc Lindenberg, *Public Budgeting in Theory and Practice*,
    New York: Longmn, 1983, pp. 92-93.

51) Wildavsky, op. cit., pp. 186-202.

52) H. S. Havens, MBO and Program Evaluation or Whatever Happened to PPBS?,
    Public Administration Review, 36, 1976, p. 43.

53) Peter A. Pyhrr, The Zero-Base Approach to Government Budgeting, *Public*

Administration Review, 37, 1977, pp. 1-8.

54) T. P. Lauth, Zero-Base Budgeting in Georgia State Government: Myth and Reality: 강인재 외 편역, 「예산이론」, 서울: 대왕사, 1985, p. 361; Wildavsky, op. cit., pp. 202-231.

55) Allen Schick, The Road from ZBB, in F. A. Kramer(ed.), *Contemporary Approaches to Public Budgeting*, Cambridge, MA: Winthrop Publishers, 1979, pp. 223-230.

56) 신무섭, 전게서, p. 457.

57) 윤영진, 「새 재무행정학」, 서울: 대영문화사, 2010, p. 397.

58) John L. Mikesell, *Fiscal Administration: Analysis and applications for the public sector*, (5th ed.), Fort Worth, TX: Harcourt Brace College Publishers, 1999.

59) Ibid.

60) Richard D. Young, Performance-Based Budget Systems, *Public Policy & Practice*, USC Institute for Public Service and Policy Research, 2003.

61) 기획재정부 재정관리국, 보도자료, 2016. 9. 1.

62) 상게서.

63) 국회예산정책처, 프로그램 예산제도의 평가, 2007. 12, p. 16.

64) 국무조정실, '20년도 중앙행정기관 성과관리·자체평가계획 수립 결과, 2020. 6. 30, p. 5.

65) 하연섭, 「정부예산과 재무행정」, 다산출판사, 2010.

66) 상게서.

PART 1 행정과 행정학의 이해

PART 2 행정환경

PART 3 행정내부환경

PART 4 결정시스템

PART 5 집행시스템

PART 6 조직시스템

PART 7 지원시스템

PART 8 산출과 피드백

16 행정정보화: 전자정부

행정에서 정보와 정보화에 대한 학문적 또는 정책적 관심을 갖기 시작한지는 오래 되지 않지만 가장 다이나믹한 개념과 기술의 발전을 보여주고 있는 분야이다. 컴퓨터가 처음 보급되기 시작하던 초기에는 수작업이나 타자기를 대신하여 컴퓨터로 문서를 작성하거나 증명서를 발급하고, 계산기를 대신하여 컴퓨터로 대용량의 데이터를 처리하는 등의 일부 행정업무를 전산화하는 수준에 머물렀다. 행정학 교과과정에 사무자동화가 개설되던 1970~1980년대라 할 수 있다.

그 다음은 부처 단위에서 생성되는 정보를 효율적으로 관리하기 위한 정보시스템을 구축하여 조직의 업무효율성을 높이고 최고정책결정자의 정책판단을 지원하는 행정 정보화 수준으로 발전하였다. 정보체계론이 행정고시과목에 포함되고 행정학과 교과목으로 개설되기 시작한 1980년대 중반 이후의 현상이라 할 수 있다.

한편 정부 내의 정보자원을 시스템으로 관리하고 이를 통해 정책결정과 행정서비스 제공 업무를 지원하던 정보체계론의 관점은 1990년대 중반 이후 첨단 정보통신기술과 접목하여 행정 내부업무와 대민행정서비스의 효율성은 물론 민주성 제고를 목표로 한 정부혁신 차원의 전자정부의 시각으로 진화하였다.

이 장에서는 행정의 내부 관리과정인 인사·예산 등에 대한 지원업무 그리고 국민과의 상호작용 과정에서 진행되는 정책결정·집행·평가 및 행정서비스의 모든 분야에서, 전자(electronics)로 대표되는 정보통신기술(ICT: Information Communication Technology)이 행정을 어떻게 변화시키고 있는지, 또한 행정의 효율성과 민주성을 높이기 위해 정부가 ICT를 어떻게 활용하고 있고 또 활용해야 하는지를 검토한다.

PART 1
행정과 행정학의 이해

PART 2
행정환경

PART 3
행정내부환경

PART 4
결정시스템

PART 5
집행시스템

PART 6
조직시스템

PART 7
지원시스템

PART 8
산출과 피드백

행정정보화, 또는 행정정보화를 통해 궁극적으로 구현하고자 하는 바람직한 정부형태로서의 전자정부(e-government)는 ICT의 발달에 크게 의존하여 왔고, 앞으로도 ICT의 진화 형태에 따라 전자정부의 구조와 기능 역시 영향을 받을 것이다. 초기 전산화 단계에서는 컴퓨터 성능이, 정보체계화 단계에서는 시스템 구축과 관련된 소프트웨어가 변화를 주도하였다면, 전자정부 단계에서는 초고속정보통신망의 인프라, 인터넷, 이동통신, 소셜네트워크서비스(SNS: Social Network Service)가 변화를 주도하고 있다.[a]

다른 한편 세계 각국의 전자정부 구축은 작고 효율적이며 또한 투명하고 민주적인 정부를 지향하는 정부혁신 차원에서의 전략적 선택이라 할 수 있다. 우리나라에서도 전자정부가 본격적으로 추진된 배경에는 단순히 ICT 변화의 산물이라기보다는 정부 차원에서의 전략적 선택이 컸다고 할 수 있다.

전자정부는 이와 같이 ICT의 영향과 정부의 전략적 선택에 의해 계획되고 구현되어 왔기 때문에 그 개념 역시 시기와 전문가 또는 실무자들에 따라 다양하게 이해되고 정의되고 있다. 다만 현재의 시점에서 기존의 정의를 토대로[1] 공통분모를 찾아 전자정부를 개념화한다면 '정보통신기술을 적용하여 모든 행정 분야와 과정에서 효율성과 민주성을 제고할 수 있도록 설계된 정부형태'로 정의할 수 있을 것이다.

전자정부 개념에 함축되어 있는 구체적인 특성을 든다면, 우선 전자정부는 ICT와 별개로 생각할 수 없을 정도로 ICT 의존성이 강하다. 따라서 ICT의 발달에 따라 전자정부의 구체적인 형태와 기능은 지속적으로 변화되어 나간다.

둘째, 전자정부 개념은 범정부 차원에서 행정 내부의 자원관리 및 업무 프로세스 그리고 대국민 행정서비스에 이르는 모든 행정과정에 걸쳐 광범위하게 적용된다. 정부라는 용어 때문에 전자정부의 경계를 정부기관으로 한정하기 쉽지만 은행과 같은 금융기관을 통해서도 행정서비스(증명서 발급)가 이루어진다는 점에서 전자정부의 경계는 기존의 정부보다 훨씬 확장된 개념이다.

셋째, 전자정부는 행정이념 중에서 특히 효율성과 민주성을 중요시한다. ICT를 활용함으로써 정부는 비용과 시간을 절약하고, 국민은 보다 신속하고 편리하게 서비스를 제공받을 뿐만 아니라 행정참여도 용이해질 것으로 기대한다.

마지막으로 전자정부는 실현된 정부형태이기보다는 설계된 미래의 정부형태

---

[a] 현재의 전자정부 형태는 이렇게 ICT발달에 의존적이었다는 점에서 기술결정론의 시각이 잘 반영되어 있다.

라 할 수 있다. ICT 발달은 인간의 창조적 사고에 의해 이끌어져 왔기 때문에 전자정부 역시 미래 지향적인 아이디어에 의해 지속적으로 진화될 것이다. 다만 공급자인 정부가 제공하는 전자정부의 기술적·구조적 틀뿐만 아니라 수요자인 국민이나 기업 그리고 개별공무원이 어떠한 형태로 전자정부를 이용하느냐에 따라 전자정부의 현시적 양태 및 실효성이 결정될 것이다.

이상의 전자정부 개념을 바탕으로 이 장에서 다루고자 하는 구체적인 주제는 다음과 같다(〈그림 16-1〉).

전자정부의 개념적 기반은 전자정부의 이념과 대응시켜 혁신과 전자민주주의를 검토한다. 전자정부의 개념적 토대로서 행정혁신과 민주주의는 일찍이 1996년 정충식의 전자정부 개념[2] — 민주주의 이념을 실현하는 미래의 혁신적 행정모형 — 에서 찾을 수 있다. 다만 행정혁신과 민주주의는 그 범위가 너무 포괄적이기 때문에 전자정부와의 직접적 관련성을 고려한다면 행정혁신의 경우 ICT기반,

[그림 16-1] 전자정부 개념도 및 장의 구성

추구하는 이념	효율성	민주성
대상 업무영역	정부 안(내부): 단일 정부기관 내부업무 또는 정부기관 간 업무	정부 밖(외부): 정부와 일반시민 또는 정부와 기업과의 서비스 및 정책
기능	백 오피스(back office)	프론트 오피스(front office)

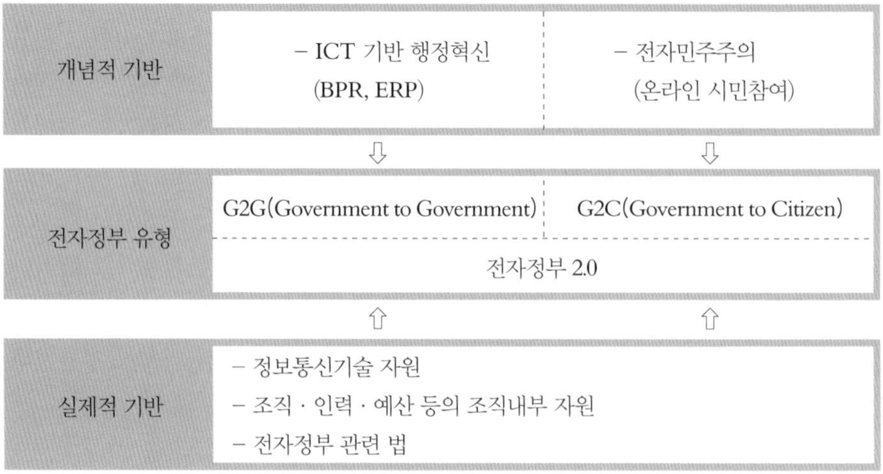

개념적 기반	– ICT 기반 행정혁신 (BPR, ERP)	– 전자민주주의 (온라인 시민참여)
	⇩	⇩
전자정부 유형	G2G(Government to Government)	G2C(Government to Citizen)
	전자정부 2.0	
	⇧	⇧
실제적 기반	– 정보통신기술 자원 – 조직 · 인력 · 예산 등의 조직내부 자원 – 전자정부 관련 법	

PART 1
행정과 행정학의 이해

PART 2
행정환경

PART 3
행정내부환경

PART 4
결정시스템

PART 5
집행시스템

PART 6
조직시스템

PART 7
지원시스템

PART 8
산출과 피드백

그 중에서도 G2G 전자정부의 시스템 개발에 가장 큰 영향을 미친 업무재설계 (BPR: Business Process Reengineering)와 전사적 자원관리(ERP: Enterprise Resource Planning)가 포함될 것이다. 전자정부에서 민주주의는 온라인상에서 정책 및 행정 서비스 과정에 국민이 참여하는 것을 의미하기 때문에 전자민주주의가 중요한 개념이다. 이 경우에도 전자민주주의는 행정을 포함한 정치과정에의 온라인 참여를 뜻하기 때문에 범위를 행정으로 제한하면 온라인 시민참여에서 보다 구체적인 의의를 찾을 수 있다. 즉, 전자정부에서의 민주주의는 정부의 정보시스템을 중심으로 정부와 국민 사이에 쌍방향의 상호소통이 이루어지고 이를 통해 일반국민이 정부가 제공하는 서비스나 정책결정 과정에 참여하는 방식으로 구현되고 있다.

실제적 기반은 전자정부의 실제 운영과 성과에 직접적인 영향을 미치는 요소로서 여기에는 정보통신기술 자원, 전자정부를 전담하는 조직·전문인력·예산과 같은 자원, 그리고 전자정부와 관련한 법제도를 생각할 수 있다.

한편 전자정부는 전통적으로 서비스 이용자에 따라 G2G와 G2C로 크게 구분하여 왔다. 전자정부 시각에서 행정은 정보시스템을 통해 이루어지는데, 이 시스템을 이용하는 주된 고객은 공무원, 타 정부기관, 일반시민, 기업 등이다. 한 행정기관(G: government)의 시스템을 중심으로 이용하는 대상이 타 행정기관인 경우 (G2G), 기관 종사자(E: employee)인 경우 G2E, 일반시민(C: citizen)인 경우 G2C, 기업(B: business)인 경우 G2B로 세분하지만, G2G와 G2E 모두 정부라는 경계 내부의 백 오피스 기능을 효율화하기 위한 관리적 측면이 강하다는 점에서 이를 구분하지 않고 G2G로, G2C와 G2B는 정부 외부와의 접점에서 이루어지는 프론트 오피스 기능에 관한 것이고 일반시민과 기업인 모두 넓게는 국민의 구성원이라는 점에서 G2C로 통합하여 설명한다.[a] 최근에는 행정정보 공동이용처럼 G2G와 G2C의 기능이 복합적으로 나타나는 영역이 확대되고 있고 연계성이 강조되고 있다. 특히 웹 2.0에서 강조되고 있는 개방, 공유, 참여, 협력 등의 가치를 실현시키기 위해서는 백 오피스와 프론트 오피스의 기능을 유기적으로 통합하는 시스템 구축이 필수적이기 때문이다. 웹 2.0의 원리를 정부에 적용하는 이러한 최근의 시도를 G2G, G2C와 구분하여 전자정부 2.0에서 설명한다.

---

[a] 국가기록원 홈페이지(http://www.archives.go.kr)에서 기록정보콘텐츠 분류를 보면 G2C 안에 G4C와 G2B를 하위 분류체계로 포함시키면서, G2C는 (전자)대민행정서비스로 G4C는 (전자)민원행정서비스로 용어 구분을 하고 있다. 2와 4는 영어의 to와 for를 대신한 것으로, 정부가 전자 행정서비스를 누구'에게' 하는가 또는 누구를 '위하여' 하는가의 차이라 할 수 있다. 하지만 실질적인 구분의 의미는 없다고 보아 이 책에서는 G2C로 통일하여 사용한다.

1. 개념적 기반

1) ICT기반 행정혁신

(1) 의   의

많은 국가에서 ICT를 행정혁신의 중요한 전략적 수단으로 활용하고 있다. 종이문서와 면대면 접촉에 의한 업무수행이 전자문서와 온라인상으로 가능하게 됨으로써 과거에 비해 행정의 신속성과 편의성이 높아졌으며, 정보의 공개와 접근이 용이해지고 확대되어짐에 따라 행정의 투명성과 책임성도 향상될 것으로 기대한다. 보다 구체적으로 행정업무의 처리시간이 단축되고, 사람에 의한 착오를 줄이며 일관성을 유지할 수 있어 행정의 질적 수준을 높일 수도 있다. 종이문서의 감축은 비용 절감의 효과도 있다. 행정정보에 대한 접근이 용이해지면서 국민의 알권리가 신장되고 행정의 부패 가능성도 낮아질 것이다. 또한 행정업무가 전통적인 수작업 처리 방식의 전자화를 넘어 프로세스 중심으로 전환시키는 수준까지 전자정부를 고도화한다면 조직의 일하는 방식을 근본적으로 바꿀 수 있다.[3]

전자정부의 이러한 행정혁신 가능성을 현실로 구체화시키기 위해서는 우선 업무처리를 어떤 방식으로 할 것인지에 대해 구체적인 모형를 개념적으로 먼저 제시하고 여기에 정보통신기술을 응용하여 이를 기술적으로 구현한 후 실제 혁신효과까지 검증하여야 한다. 이러한 노력은 기업을 대상으로 먼저 이루어졌고 ICT 발달과 순환적 관계를 이루면서 MIS, CRM, SCM, BPR, ERP, PI, EDI, Data Warehouse, Data Mining 등 다양한 경영기법이 개발되었다. 이들 기법 중에서 2000년대 한국 G2G와 G2C 전자정부 구축의 흐름을 프로세스 중심의 업무로 재설계하고 분산되어 있던 개별 시스템을 연계시킨 통합시스템을 구축하였다는 점에서 BPR과 ERP가 가장 중요한 영향을 미쳤다고 볼 수 있다.

(2) 업무재설계(BPR: Business Process Reengineering)

① 의   의

BPR은 1980년대 중반에 몇몇 기업에 의해 채택되기 시작하였으나 이론적 틀을 제시하고 BPR 용어를 사용하기 시작한 것은 1990년 Hammer의 논문[4]과 Davenport & Short의 연구보고서[5]라 할 수 있다. BPR의 실질적인 창시자로 널리 알려진 Hammer는 BPR을 "비용, 품질, 속도와 같은 현대조직의 핵심적인 성과를

PART 1
행정과 행정학의 이해

PART 2
행정학경

PART 3
행정의내부환경

PART 4
결정시스템

PART 5
집행시스템

PART 6
조직시스템

PART 7
지원시스템

PART 8
산출과 피드백

획기적으로 향상시키기 위하여 업무 프로세스를 근본적으로 제고하여 혁신적으로 재설계하는 것"이라고 정의하였다.[6] 이러한 업무 프로세스의 혁신적인 변화를 생각할 수 있었던 것은 ICT의 잠재력을 기존의 재화를 생산하고 서비스를 제공하는 방식의 자동화 수준 이상이라고 보았기 때문이다. 이미 자동화·정보화된 회사라 하더라도 기능 중심의 조직구조에서 과거의 일하는 방식이 그대로 유지되는 경우 투자 대비 성과가 미흡하다는 점에 주목하고 업무수행을 원점에서 프로세스 중심으로 재구축하고 여기에 ICT를 접목함으로써 근본적인 조직성과의 향상이 가능하다고 본 것이다.[7] 바로 이 점이 전자정부를 업무의 전자적 처리가 아닌 일하는 방식의 근본적인 전환이라는 새로운 패러다임으로 접근할 수 있도록 이론적으로 뒷받침한 것으로 볼 수 있다.

② 특　성

BPR의 정의에는 몇 가지 주목할 만한 특성이 있다. 첫째, BPR은 조직성과의 점증적인 개선이 아니라 이전과 비교하여 단절적이라 할 정도의 과감한 변화를 목표로 한다. Davenport는 그 정도를 핵심 업무 프로세스에서는 50~100% 심지어 그 이상의 향상을 목표로 노력해야 한다고 주장한다.[8] 이러한 과감한 변화를 시도한 것은 앞서의 급속한 정보통신기술의 발달과 함께 글로벌 경쟁이라는 외부환경의 영향이다.[9]

둘째, BPR은 업무를 프로세스 중심으로 재구축한다. 기능 중심의 조직에서는 업무수행이 부서 내에서 위계적이고 일방적인 관계로 이루어진다면 프로세스 중심에서는 구성원 간 그리고 부서 간에 수평적이고 상호의존적인 관계로 수행된다.[a] 따라서 기능 중심의 조직문화에서 나타나는 부서 폐쇄주의를 타파할 수 있는 수단이 되기도 한다.

셋째, 프로세스 관점은 최종 결과물을 만들어 내기까지 최소 업무단위(tasks, activities)가 이음새 없이 연결된 수평적 업무의 흐름을 강조하는데,[10] 이 과정에서 모든 구성원은 전후 업무를 담당하는 다른 사람과 동등한 지위에서 의사결정 권한을 부여받고 업무를 수행한다.[11] 그러나 이러한 수평적 구조는 중간계층의 수

---

a) 기능 중심의 조직은 직위분류 방식에서 채택하고 있는 업무의 유사성을 중심으로 직렬을 구분하고 구조화한 것이다. 인사, 재무, 정보, 홍보 등의 부서 명칭에서 이미 어떠한 업무를 수행하는지 확인할 수 있는 안면타당도(face validity)를 가지고 있다. 기능 중심이든 프로세스 중심이든 업무를 설계하기 위해서는 직무분석이 필요한데 직위분류가 목적일 때는 유사 업무를 동일한 그룹으로 분류하는 것이라면, 프로세스 중심의 업무 재설계가 목적일 때는 업무내용의 선행-후행 관계를 분석해서 업무의 시작과 끝을 논리적으로 구조화하는 것이라 할 수 있다.

와 권한을 줄이기 때문에 권위주의 조직문화에서는 BPR의 문화정합성이 떨어지고 성과도 낮을 수 있다.

넷째, 프로세스의 최종 산물이 고객만족이라 할 수 있을 정도로 BPR은 고객가치를 중심으로 업무를 재설계한다. 이때 가치 창출에 기여하는 핵심 업무와 그렇지 못한 비핵심 업무를 구분할 수 있고 비핵심 업무를 전략적으로 축소·폐기함으로써 인력을 감축하거나 재배치하여 비용을 절감하는 성과를 거두게 된다. 이 것은 현장에서 BPR 도입을 인력감축(downsiging)의 구조조정과 동일시하여 거부감을 갖게 하는 주요 요인이라 할 수 있다.

③ 전자정부 차원의 함의

BPR은 전자정부를 실질적으로 고도화하고 확산시키는 데 중요한 촉진제 역할을 하였다. BPR 도입 이전까지만 해도 전자문서화나 기능 분야별 정보관리시스템(MIS: Management Information System)[a]을 구축한 많은 조직에서 정보화에 대한 투자 대비 효과에 대해서 회의적인 평가가 많았다. 정보통신기술에 전적으로 의존해 온 전자정부를 업무자동화, 방대한 정보의 체계적 관리, 기존의 업무처리를 지원해 주는 정도로 간주했던 것이다. 그러나 BPR은 기능 중심의 부서에서 전통적으로 수행해 오던 업무를 첨단정보기술로 보완하는 정도가 아니라 불합리한 관행을 제거하고(obliterate) 업무를 프로세스 중심으로 재설계하는 것이다. BPR은 전자정부에서 정보통신기술의 활용은 업무재설계를 통한 프로세스 최적화와 함께 진행되어야 진정한 효과가 나타난다는 중요한 교훈을 제공하였다. BPR 역시 ICT와 통합됨으로써 의도한 효과를 볼 수 있었다. 즉, 사람이 일을 할 때에는 직렬구조의 순차적 절차를 거쳐야 했으나 ICT에 의해 프로세스를 병렬구조로 설계하고 처리할 수 있게 되면서 업무효율을 획기적으로 개선할 수 있게 된 것이다. 현행 디지털예산회계시스템(dBrain), 전자조달시스템(나라장터), 전자통관시스템(UNI-PASS) 등이 BPR을 통해 프로세스 중심으로 업무를 재설계하고 정보시스템화한 것으로 평가할 수 있다.[b]

---

[a] MIS는 일반적으로 재무, 회계, 인사 등 단위업무별로 기존의 업무처리 방식을 가능한 한 존중하면서 의사결정에 필요한 정보를 효율적으로 관리할 수 있는 정보시스템의 구축에 초점을 맞추었기 때문에 프로세스 관점이 미약하였다. BPR에서 정보시스템은 프로세스 중심의 업무를 최적화하여 구현하기 위한 보완적 수단이라 할 수 있다.

[b] BPR은 기존의 업무 프로세스를 급진적으로 개혁함으로써 구조조정의 수단이라는 부정적 인식과 BPR의 결과도 성공적이지 못하였다는 등의 비판을 받게 되었다. 1990년 중반 이후부터 BPR의 열기가 약해지고 원래 개념보다 온건한 방식으로 현장에 적용되었다. 이후 업무 프로세스를 혁명적으로 재설계하는 의미의 reengineering 대신 management(관리) 측면이 강조되는 BPM(Business Process

PART 1
행정과 행정학의 이해

PART 2
행정환경

PART 3
행정내부환경

PART 4
결정시스템

PART 5
집행시스템

PART 6
조직시스템

PART 7
지원시스템

PART 8
산출과 피드백

(3) 전사적 자원관리(ERP: Enterprise Resource Planning)

① 의   의

ERP는 원료 구매에서부터 생산, 물류, 판매, 회계 등을 포함한 전반적인 기업활동을 유기적으로 통합하여 관리하기 위한 표준화 소프트웨어 패키지이다. ERP는 초기에 백 오피스 기능 영역에 한정되었으나 점차 고객관리와 같은 프론트 오피스 영역까지를 통합하는 방식으로 진화되었다. 기업이 ERP를 구축했다는 것은 기업의 모든 자원을 통합해서 체계적으로 계획하고 관리하기 위한 경영지원시스템을 갖추었다는 뜻이다. 이런 점에서 ERP는 이론적 틀이라기보다는 개발회사들이 만든 패키지형 IT 솔루션이다. 하지만 ERP는 단순한 응용 소프트웨어가 아니라 전사 차원에서 자원을 최적화 상태로 관리하기 위한 조직혁신 도구이기도 하다. 즉, 인사, 재무, 회계, 생산 등 분야별 자원을 통합적으로 실시간 관리할 수 있는 시스템을 구축함으로써 기관 전체 차원에서 최고의 효율성을 달성할 수 있다. 다음의 ERP 특성을 보면 전자정부 구축의 많은 요소가 ERP 논리에 근거하고 있음을 알 수 있다.

② 특   성

ERP의 가장 중요한 특성은 통합이라 할 수 있다. ERP 시스템은 인사, 재무, 회계, 생산 등 각 부문별로 이미 개발 운영 중인 개별 시스템이라도 이를 상호 연계시켜 전사의 다양한 자원정보를 실시간으로 처리할 수 있는 통합시스템을 구현한다. ERP 시스템은 패키지에 포함되어 있지 않는 전자메일·전자결재 등 그룹웨어도 연동시킴으로써 모든 업무를 단절 없이 수행할 수 있도록 통합 지원한다. 또한 통합시스템에서는 업무와 자료의 표준화가 이루어져 전사 차원에서 통합 데이터베이스를 구축함으로써 정보관리의 중복을 피하고 동일한 정보를 어디서나 접근할 수 있다. 다양한 기종의 컴퓨터 및 운영시스템과도 오픈 대응으로 되어 있어 확장성·상호운용성이 뛰어나다. 마지막으로 ERP 시스템은 BPR의 업무 프로세스 중심으로 설계되어 있어 프로세스 업무혁신을 촉진시킬 수 있다. 특히 ERP에 모듈화되어 있는 프로세스는 선진 베스트 프랙티스(BP: Best Practice)를 기준으로 한

Management)으로 변형되어 승계되지만 둘 다 사람보다는 기술에 치중한다는 비판을 받았다(디지털타임스, 2005. 12. 13; Wikipedia, BPR, 2018. 12. 27). 미국 경영자들이 기업에 도입한 경영도구(management tools) 조사에서 BPR은 1993년에 도입률이 68%로 가장 많이 사용되는 경영도구 순위 6위에 오른 이후 2017년 조사에서는 28%, 15위로 하락하였다. 하지만 만족도는 5점 척도에서 4.02로 높은 편이었고 25개 도구 중 12위로 조사되어 현재까지도 중요한 경영도구로 인식되고 있다(D. Rigby and B. Bilodeau, *Management Tools & Trends*, Bain & Company, 2018. 4).

최적의 구조이기 때문에 조직혁신의 처방적 도구이다. 다만 개별 조직의 현실적 상황을 반영하지 못하는 한계가 있을 수 있기 때문에 조직의 입장에서는 ERP 모듈을 따라 조직을 혁신할 것인지, 조직의 현실에 맞게 프로그램을 수정할 것인지를 결정해야 한다.[a]

③ 전자정부 차원의 함의

정부의 경우 개별 행정기관의 업무 특성에 따라 독립적으로 운영되고 있는 다양한 시스템은 물론 지방자치단체의 시스템까지 연계시켜 범정부 차원에서 업무수행이 단절 없이 이루어질 수 있도록 시스템을 통합하는 것이 무엇보다 중요하다. 각 행정기관 간에 정보를 공유하고 활용하는 것도 ERP 시스템의 통합 원리가 그대로 적용될 수 있다. ERP 시스템이 프로세스 관점을 기준으로 하고 있기 때문에 최종 산출 또는 고객가치 지향의 특성 역시 전자정부에 중요한 시사점을 제공한다. 특히 정부가 통합시스템 구축 미흡, 정보 공동활용 미흡, 정보활용체제 미흡, 업무와의 연계성 부족, 정보시스템 관리비용의 증대 등과 같은 문제[12]에 직면하고 있다는 점을 고려할 때 ERP의 유용성을 높이 평가할 수 있을 것이다.

2) 전자민주주의: 온라인 시민참여

(1) 의   의

전자민주주의(e-democracy)는 주권자로서의 국민이 정보통신기술을 이용해서 정치과정에 직접 참여하는 것이라 할 수 있다. 정보통신기술은 전자민주주의를 가능케 하는 중요한 도구로서, 전자정부와 마찬가지로 기술의 진보와 함께 전자민주주의에 대한 구상이나 현실에 구현되는 방식은 계속 진화하고 있다. 컴퓨터 단말기 앞에서 유선으로만 인터넷을 사용했던 시기와 비교하여 스마트폰으로 언제 어디서나 무선으로 그리고 방송통신 융합으로 TV에서조차 인터넷을 사용할 수 있는 현재는 전자정부뿐만 아니라 전자민주주의의 내용도 변화시키고 있다. 그만큼 전자민주주의 개념과 용어가 다양하고 유동적이라 할 수 있다. 구체적으로 미국에서 1970년대 케이블 TV가 등장하면서 토플러와 같은 미래학자들이 주

---

a) ERP는 다양하게 분산되어 있는 부분별 시스템을 통합·관리하는 데 초점을 맞추기 때문에 ERP 내에 선진 프로세스가 구현되어 있다 하더라도 조직의 체질까지 바꾸는 것을 목표로 하는 BPR과는 차이가 있다. ERP는 BPR에 비해 단기간에 시스템을 구축할 수 있다. 하지만 BPR의 원리에 따라 실제 업무 프로세스를 분석하지 않고 ERP를 도입하였을 때 시스템과 기존 업무처리방식 간에 충돌이 발생하여 효과를 거두지 못할 수 있다.

PART 1
행정과 행정학의 이해

PART 2
행정환경

PART 3
행정내부환경

PART 4
결정시스템

PART 5
집행시스템

PART 6
조직시스템

PART 7
지원시스템

PART 8
산출과 피드백

장한 원격민주주의(teledemocracy),[13] 인터넷이 처음 등장하면서 가상공간에서의 정치적 공론 가능성을 개념화한 사이버민주주의(cyberdemocracy), 가장 최근에는 정치에 개방·공유·협력으로 상징되는 웹 2.0의 개념을 접목시킨 민주주의 2.0(democracy 2.0)이 대표적인 예라 할 수 있다.

전자민주주의는 정보통신기술을 활용함으로써 대의민주주의와 대비되는 주권의 '직접' 행사라는 중요한 의미를 지닌다. 대의민주주의하에서 국민은 정보의 비대칭과 같은 대리인 문제가 발생하고 물리적 시간과 공간의 제약으로 참여가 제한적이었다. 반면 인터넷과 통신미디어의 발달로 이러한 장애가 해소되면서 정부는 보다 많은 정보를 공개하고, 국민은 보다 편리하게 이러한 정보에 접근해서 활용하고 또 전자투표, 온라인 여론조사 참여, 전자공청회 참여 등의 방식으로 자신의 의견을 실시간으로 전달하는 등 정치과정에 직접 참여할 수 있는 기회가 많아졌다. 그렇다고 전자민주주의가 대의민주주의를 대신하는 직접민주주의를 의미하지는 않는다. 오히려 "국민과 지도자 사이의 정보와 의사교환의 흐름을 촉진"[14]하는 보완적 역할로 보아야 할 것이다. 한편 전자민주주의는 행정을 포함한 '정치과정'에의 참여를 의미하기 때문에 이를 전자정부의 관점에 맞춘다면 '정치과정'을 '정책과정과 행정서비스를 제공하는 과정'으로 그 범위를 한정할 필요가 있다.

따라서 전자정부의 시각에서 전자민주주의를 보면 '인터넷이나 정보통신기기 등의 정보통신기술을 활용하여 정부의 정책과정과 행정서비스를 제공하는 과정에서 국민과 정부가 원활하게 소통하고 더 좋은 정책과 서비스를 만들기 위해 상호 노력을 촉진시키는 역할'을 하는 것이다. 이러한 맥락에서 전자민주주의는 전자정부에서 많이 논의되어 온 온라인 시민참여와 매우 유사한 개념이다.

(2) 온라인 시민참여

온라인 시민참여 역시 정보통신기술을 활용하기 때문에 기술 수준에 따라 국가마다 이해하는 방식이 다양하고 용어도 디지털 시민참여, 전자적 시민참여(e-시민참여) 등과 혼용하여 사용되고 있다. 그런 점에서 UN의 정의를 보다 보편적으로 수용할 수 있을 것이다. UN의 전자정부평가 보고서는 온라인 시민참여를 "국민과의 소통을 촉진시킬 수 있는 하나의 도구(one tool)"로서, "국민들로부터 의견을 수렴하여 국민의 니즈를 충족시켜 주며 정책 우선순위를 조정할 수 있도록 하는 맞춤형 정책수단"으로 보았다.[15]

UN과 OECD는 온라인 시민참여를 정부와 국민과의 상호작용 관계에서 나타나는 소통의 방식을 기준으로 e-information, e-consultation, e-decision-making (active participation)으로 구분하였다.[16]

E-information은 정부의 일방향적 '정보 공개 및 제공'이라 할 수 있으며, 시민이 온라인상으로 전자정부에 참여하는 데 기반이 되는 기본 정보를 웹사이트와 포털에서 얼마나 잘 공개하고, 접근을 쉽게 하며, 실제 정보를 제공하는지와 관련된다. 온라인 참여를 위한 기관의 공식적인 정책을 담은 전자보고서 제공, 온라인 참여가 가능한 정부활동의 일정 공개, 일정의 이메일 또는 문자 메시지 통보, 스마트폰에서의 접속 등을 포함시키고 있다.[17]

E-consultation은 정부와 시민이 상호 필요한 정보와 의견을 교환하는 것으로서, 정부가 국민의 의견을 수렴하고 또 정부 입장을 전달하는 쌍방향 소통이 가능하므로 정보 공개 및 제공보다 발전된 참여 형태이다. 상담, 자문의 consultation 단어를 사용했지만 우리에게는 온라인 '의견수렴 및 행정자문'으로 이해하는 것이 도움이 될 것이다. 온라인 설문조사, 게시판, 토론방, 행정자문의 방식으로 이루어지며 최근에는 Facebook, YouTube, Twitter 등의 소셜 네트워크 서비스(SNS)를 통한 참여가 더욱 활성화되고 있다.

E-decision-making은 시민의 의견이나 요구를 정부가 얼마나 진지하게 수용하고 정책결정에 반영하는가를 의미한다. 예를 들어, 인터넷 의견을 접수하고, 웹사이트를 통해 수렴한 국민의 의견을 공개하는 것이다. e-decision-making의 가장 진보적인 형태는 정부가 온라인상에서 중요 쟁점을 공론화하고 공개적인 토론을 거쳐 합의를 이끌어 내는 것이다.[18] 이는 정부와 국민이 소통하고 신뢰를 구축할 수 있는 가장 적극적인 시민참여 방식이고 숙의 민주주의(deliberate demo-cracy)를 실현하는 장이 될 수 있다. 국민은 정부가 제공하는 정책과 서비스를 단순히 선택적으로 수용하는 소비자의 위치에서, 원하는 정책과 서비스를 정부와 함께 만들어 가는 생산자의 위치로 이동하는 것이다. 이런 의미에서 e-decision-making은 공공숙의(public deliberation) 또는 숙의적 시민참여가 될 것이다.

온라인 시민참여는 이처럼 정보통신 기반의 기술과 기기를 이용해서 정부가 정보 공개 및 제공, 국민의 의견을 수렴하고 행정자문을 제공하며, 나아가 숙의적 공론장을 통해 민주주의 이념을 구현하는 것이라 할 수 있다. 〈표 16-1〉은 온라인 시민참여의 정도에서 E-decision-making을 상호협력(collaboration)과 임파워먼트(empowerment)로 세분한 다음 정치적 성격의 정도에 따라 시민참여 방식을 분류한 것으로 음영 부분은 UN의 전자정부 설문조사에서 핵심 내용을 구성한다.

표 16-1 온라인 시민참여의 스펙트럼: 참여의 정도 및 정치적 성격에 따른 관련 제도·방식

	강 〈정치적 성격〉 약		
〈낮은 참여〉	정치적 담론 구성	정책결정	행정서비스 제공
정보제공 (provision of Information)	정당 웹사이트, 소셜미디어	법령, 규제, 정책, 예산, 운영지침 등의 정보제공 아이디어 포럼	행정서비스 정보 제공 정부정보 개방
상호소통 (consulting)	투표지원앱, 정당 플랫폼, 후보 웹사이트, 소셜미디어	의회 방식의 질의·응답 정책제안에 대한 상호 소통 (정부의 피드백 포함)	사용자 피드백 서비스에 대한 의견 교환 참여적 계획(예: 도시계획 참여)
상호협력 (collaboration)	전자투표, 모바일투표	전자투표, 모바일투표 (예: 참여예산, 주민발의)	공동생산(예: 크라우드소싱 재난지도) 공동창조(co-creation, 예: 혁신경쟁, 해커톤)
임파워먼트* (empowerment)	의제설정(예: 온라인 정당, 공동 선거 플랫폼)	시민 주도 온라인 청원	
〈높은 참여〉		주민참여예산	

참고: 참여 정도에 대한 수직선상 및 정치적 성격에 대한 수평선상의 척도는 절대적인 것이 아니며 관련 제도와 방식을 실제 어떻게 설계하고 실행하느냐에 따라 다양하게 위치시킬 수 있음. 예를 들어 주민참여예산은 정책결정과 행정서비스 제공의 특성을 모두 가지고 있음. 음영 부분은 UN 전자정부 설문조사의 핵심 부분임

* 임파워먼트는 단순한 권한부여의 의미를 넘어 개인의 자기효능감을 고양시켜 자율적이고 적극적으로 권한을 행사한다는 의미가 강함(저자 주).

자료: UN Department of Economic and Social Affairs, *United Nations E-Government Surcey 2020: Digital Government in the Decade of Action for Sustainable Development*, New York: United States, 2020.

(3) 유용성과 한계

온라인 시민참여는 오프라인 시민참여와 본질은 동일하기 때문에 정보공개와 제공을 통해 행정의 투명성을 높임으로써 부패를 줄이고 행정의 책임성을 확보하는 데 기여할 것이다. 또한 참여를 통한 행정의 민주성과 신뢰성 제고에도 도움이 될 것이다. 뿐만 아니라 온라인의 특성상 언제 어디서나 정보에의 접근과 참여가 실시간으로 가능하기 때문에 편의성을 높일 것이다. 무엇보다도 국민이 주인으로서 자신의 의견을 표현하고 정책에 반영시킬 수 있다는 점에서, 그리고 오프라인 상태에 비해 참여자의 숫자가 확대될 수 있다는 점에서 민주성을 제고시

PART 1 행정과 행정학의 이해
PART 2 행정환경
PART 3 행정내부환경
PART 4 결정시스템
PART 5 집행시스템
PART 6 조직시스템
PART 7 지원시스템
PART 8 산출과 피드백

킬 수 있을 것이다. 특히 청소년과 같이 오프라인 상태에서 소외되었던 계층이 정책과정에 참여하여 활동할 수 있는 기회를 높일 것이다.[19]

다만 행정에서 접근하는 온라인 시민참여는 국민이 자율적으로 참여하고 결정하는 bottom-up 방식이라기보다는 아직까지 정부가 주도적으로 참여 방식을 설계하고 구현시켜 나가는 top-down 방식이라는 점에서 민주주의에 대한 근본적인 시각의 한계가 있다. 온라인 시민참여의 조건이 정부에 의해 결정되는 상황에서 국민의 참여는 주권자로서보다는 고객으로서의 지위를 벗어나기 어려울 것이다.[20] 또한 정보통신기술을 사용한다는 점에서 기술을 이해하고 활용할 수 있는 능력을 가진 사람과 그렇지 못한 사람 간에 불공평한 참여의 기회는 정보격차(digital divide)의 문제를 발생시킨다.[21] 정보통신기술의 활용으로 정보의 보편적 접근이 가능해지고 민주성을 높이는 것이 아니라 정보격차의 심화로 오히려 참여에서 배제되어 정책지원이나 서비스를 받지 못하는 위험요소를 내포하고 있다. 이외에도 온라인상에서의 참여가 실질적인 정책변화로 연결될 것인가에 대해서도 낙관할 수만은 없으며 정부가 방대한 개인정보를 통합 관리하면서 개인에 대한 정부감시의 강화, 그리고 개인정보의 유출 가능성 등과 같은 사회부작용도 우려된다.

2. 전자정부 유형

1) G2G

(1) 의　　의

전자정부의 대상 업무영역이 정부기관의 내부 업무 또는 기관 간의 업무일 때 일반적으로 G2G 전자정부라는 용어를 사용한다. 단어가 암시하듯이 정부기관 간의 업무 수행에 정보통신기술을 적용하여 업무를 전자적으로 처리하는 내부 전자정부라 할 수 있다. 정부기관은 중앙행정기관(부, 처, 청, 위원회 등)뿐만 아니라 지방자치단체를 포함하며, 때로는 국민에게 민원행정서비스를 제공하기 위하여 정부의 행정정보에 접근이 허용된 공공기관과 금융기관까지 포함할 수 있다. G2G 전자정부는 국민을 대상으로 현장에서 사업을 집행하고 서비스를 제공하는 전선(frontline)의 행정을 후선에서 지원하는 모든 업무를 대상으로 정보통신기술을 적용하여 전산처리함으로써 행정의 효율성을 향상시킬 수 있도록 설계한 정부형

PART 1 행정과 행정학의 이해

PART 2 행정환경

PART 3 행정내부환경

PART 4 결정시스템

PART 5 집행시스템

PART 6 조직시스템

PART 7 지원시스템

PART 8 산출과 피드백

태로 개념화하고자 한다. 내부 전자정부의 구현은 전자정부의 근간(backbone)이기 때문에, 행정기관 내부의 정보시스템 구축과 프로세스 개선은 시민과 기업을 위한 온라인행정서비스의 제공에 앞서 이루어져야 한다.[22]

G2G의 초기 형태는 종이문서를 전자문서로, 면대면 결재를 온라인 결재로 전환시키는 수준이었다. 문서유통, 결재, 기록물 보존을 전자적으로 처리하는 것이 G2G의 대표적인 예이다. 이러한 종이 없는 사무실이나 전자적 문서처리는 정보통신기술 전문가에 의해 기술적으로 해결할 수 있는 문제이다. 전자정부에서 이보다 본질적인 이슈는 일하는 방식을 프로세스 중심의 새로운 구조로 전환하는 것이다. 이것은 정보통신기술만으로는 불가능하고 실제 업무처리과정의 구조적 연계에 대한 실무적 이해와 접목되어야 가능하다. 업무프로세스의 이해를 토대로 업무구조를 재설계하고 정보시스템을 구축함으로써 업무처리방식을 근본적으로 바꾸는 것이 내부 전자정부의 고도화이다. 전자적 문서처리와 업무프로세스 개선은 정부가 구축한 시스템을 구성원이 활용함으로써 업무 효율성을 제고하는 효과가 있다. 한편 내부 전자정부에서 중요하게 다루어지는 또 다른 영역은 정부기관 간에 정보를 공유하고 공동으로 이용하는 것이다.

(2) 전자적 문서처리

① 의   의

전자적 문서처리는 문서를 생산, 유통, 보고, 승인, 관리, 보존하는 일련의 과정을 종이 형태가 아니라 컴퓨터 등 정보처리능력을 가진 장치를 통해 전자적으로 처리하는 것을 말한다. 이는 전통적인 아날로그 방식에서 디지털 방식으로 업무를 전환하는 가장 대표적이고 초기 단계의 업무혁신이다. 전자적 문서처리는 행정업무수행의 효율성을 높이는 전자정부 성격이 핵심이지만 종이문서를 줄임으로써 비용절감과 친환경의 정책적 요소도 반영된 것이다. 법적 근거로는 「전자정부법」에 행정기관의 문서는 전자문서가 기본이라고 규정하였고(제25조), 행정업무·민원사무의 전자화 및 행정정보의 공동이용 등을 통해서 종이문서의 사용을 최소화하고 감축하는 방안을 마련하도록 명시하였다(제33조). 또한 「공공기록물관리법」에 "기록물이 전자적으로 생산·관리되도록 필요한 조치를 강구하여야 하며, 전자적 형태로 생산되지 아니한 기록물에 대하여도 전자적으로 관리"하도록 규정하였다(제6조). 우리나라에서 채택하고 있는 대표적인 전자적 문서처리 방식으로는 전자문서유통과 기록물관리시스템이 있다.

② 전자문서유통

우리나라는 1998년 '전자결재 및 전자문서유통 활성화 계획'을 시작으로 그동안 시스템 간 전자문서유통을 원활하게 하기 위한 표준화 작업, 배달 증명시스템 구축, 정부전자문서유통센터 구축 및 이중화, 전자문서 유통방식의 개방형 국제표준(ebXML) 채택, 전자문서유통 대상기관의 확대 등의 사업을 추진하는 등 전자문서유통체계를 고도화시키기 위한 투자를 지속하여 왔다.[23] 그 결과 정부는 2017년 6월 기준으로 정부전자문서유통센터를 통해 2,390여 개의 기관 간에 전자문서유통서비스를 지원하고 있으며, 전자조달통합시스템·디지털예산회계시스템 등 350개의 행정정보시스템을 연동시켜 서비스를 제공하고 있다.[24]

이로써 다음과 같은 성과를 기대할 수 있을 것이다. 첫째, 배달증명시스템 구축으로 유통문서의 송수신 사실을 검증할 수 있게 되어 유통사실에 대한 신뢰성을 확보할 수 있으며, 둘째, 전자문서유통센터의 이중화 및 국제표준 문서 유통방식을 도입함으로써 문서 수발신의 신속성·정확성·안정성을 기대할 수 있게 되었고, 셋째, 전자문서유통 대상기관을 행정기관은 물론 공공기관으로 확대함으로써 업무처리 능력을 향상시킬 수 있을 것이다. 끝으로, 전자문서 송수신 기관 간에 단순히 문서유통을 중계하는 서비스에서 유관 행정정보시스템과 연동시킨 연계서비스로 확장함으로써 업무처리 절차 및 시간을 단축시키는 업무 효율성을 향상시킬 수 있을 것으로 기대된다.[25]

향후 과제로는 무엇보다도 종이문서를 병행 작성하여 보고하고 승인받는 관행을 없애는 것이 최우선 과제라 할 수 있다. 특히 결재권자에게 전자문서를 보낸 것으로 보고를 끝냈다거나 승인을 기다리는 것을 결례로 인식하는 조직관행이 남아 있고,[26] 결재권자도 컴퓨터 모니터상으로 문서를 읽는 것보다 종이로 인쇄해서 보는 것이 이해가 잘된다고 인식하는 것 같다. 종이문서 중심의 인식과 업무처리 관행을 극복해야 사람의 판독성과 기계의 판독성을 모두 가진 전자문서의 장점을 확보할 수 있을 것이다.[27] 또한 전자문서유통 대상기관은 물론 서식문서도 유통이 가능하도록 대상문서의 범위를 확대하여 규모의 효율성을 높일 필요가 있다.[28]

③ 기록물관리시스템

종이문서에서 전자문서로 문서의 기본형태가 바뀜에 따라 방대한 전자기록물이 생산되게 되었고 기록물의 보존·관리도 이에 상응하여 전자화할 필요성이 증가하였다. 정부는 이러한 변화를 반영하여 2006년 「공공기록물관리법」을 전부 개정하면서 기록물의 전자적 관리 규정을 신설하였다. 이에 근거하여 노무현 정

PART 1 행정과 행정학의 이해
PART 2 행정환경
PART 3 행정내부환경
PART 4 결정시스템
PART 5 집행시스템
PART 6 조직시스템
PART 7 지원시스템
PART 8 산출과 피드백

부는 기록물 관리 업무의 모든 과정을 자동화·표준화하고 전자문서시스템·자료
관리시스템·기록보존시스템을 유기적으로 연계시켜 기록물 관리를 전자적으로
처리할 수 있는 기록물관리시스템을 구축하였다.[29] 이명박 정부는 이를 범정부
차원으로 확대시키기 위하여 서울시청을 포함한 41개 공공기관에 표준기록관리
시스템을 보급하였다.[30]

　　기록물관리시스템은 기존의 문서관리 프로세스를 전자기록 환경에 적합한
프로세스로 전면 개편하였고, 단순히 기록물을 보존하는 수동적 기능에서 벗어나
정부 내에서뿐만 아니라 국민까지 기록물에 쉽게 접근할 수 있도록 기록물서비스
차원에서의 기능을 강화시켰다고 평가할 수 있다.[31] 특히 업무처리 차원에서 기
록물의 생산에서 활용까지 전자화함으로써 업무효율성을 제고하고, 업무수행 결
과를 기록물로 체계적이고 철저하게 보존하고 접근을 용이하게 함으로써 행정의 책
임성과 투명성을 제고할 수 있을 것으로 기대된다. 대국민 서비스 차원에서도 기록
물의 공개 및 활용이 용이해져 국민의 알권리가 증진되고, 인터넷 등으로 기록물을
쉽게 검색하고 활용할 수 있게 되어 국민 편의성도 제고될 것으로 보인다.[32]

　　전자적 문서처리와 같은 맥락에서 기록물 전자화의 기술적 문제해결 이상으
로 기록물 관리의 중요성에 대한 정부 및 공무원의 인식이 중요하다. 정부가 생산
하는 기록물의 철저한 관리는 공무원 또는 집권 정부의 책임성을 확보할 수 있는
중요한 수단이다. 책임성 추궁의 증거가 될 수 있는 자료가 보존되고 공개될 수
있다는 것은 공무원에게 불편할 수 있다. 하지만 기록물 관리는 행정의 민주성·
책임성이라는 규범적 차원에서 접근할 필요가 있다. 즉, 기록물관리는 공급자 중
심의 효율성 이상으로 국민의 알권리와 책임행정 측면에서 보존 이상의 공개·활
용에 대한 수요자 입장을 반영하여야 할 것이다.[33] 시스템과 기술 측면에서 2015
년부터 각급 행정기관에서 생산한 전자기록물들이 본격적으로 국가기록원으로 이
관됨에 따라 이를 보존·관리하는 데 필요한 사전조치를 취해야 할 것이다. 이를
위해 표준기록관리시스템이 채택하고 있는 기록관리 메타데이터(metadata)[a] 표준
의 적합성을 평가하고 고도화하기 위한 노력이 요구된다. 특히 현행 표준이 문서
형태의 전자기록 중심으로 개발되었는데 앞으로 웹기록과 같은 보다 다양한 기록
물에도 적용이 가능하도록 확장되어야 할 것이다.[34]

a) 국제표준(ISO 15489, ISO 23081)에서는 "시간과 공간을 초월하여 기록의 생산, 관리와 이용이 가능
하도록 하는 구조화된 혹은 반구조화된 정보"로 정의한다. "기록의 내용, 맥락, 구조 및 장기간에 걸
친 관리사항을 기술"하고 있는 것으로 풀이할 수 있겠다(국가기록원, http://www.archives.go.kr/,
2019. 1. 4).

(3) 업무관리시스템

① 의 의

업무관리시스템은 하나의 업무를 다수의 부분 업무로 나눈 다음 이들을 일련의 업무흐름(workflow, process)[a]으로 구조화한 후 각각의 단계에서 사람이나 기계로 처리된 문서 또는 정보를 다음 단계로 전달하고 완성하는 과정을 정보시스템화한 것으로 정의된다. 업무관리시스템은 전자적 업무처리시스템을 총칭하는 일반 개념으로 이해할 수 있다. 예를 들어, 문서나 정보의 흐름을 전자적으로 처리하는 것에 초점을 맞춘다면 앞서의 전자적 업무처리시스템에 가깝고, 업무를 프로세스 중심으로 분석하여 구조화하는 과정을 강조하면 BPR 시스템에 가까울 것이고, 하나의 업무관리시스템이 기관 내외의 다른 업무관리시스템과 유기적으로 연계된 통합시스템 안에서 업무가 처리될 정도로 확장된다면 ERP 시스템에 유사할 것이다. 또한 업무가 행정기관 내부가 아니라 대민행정서비스인 경우 전자 민원행정서비스에 해당할 것이다.

업무관리시스템은 업무처리방식의 잘못된 설계로 인한 시간 지연이나 중복업무, 또는 불필요한 업무를 제거함으로써 조직 차원의 업무효율성을 제고시키는 것이 주된 목적이다. 즉, 업무처리를 표준화하고 사람 대신 정보통신 HW나 SW를 활용하여 자동화함으로써 단위시간당 업무처리 속도와 양 그리고 신뢰성 차원에서 업무의 질을 높이는 것이다. 업무를 담당하는 개인의 입장에서도 역할과 책임의 경계가 분명해지고 업무 착오를 줄일 수 있는 장점이 있다.

현재 우리나라 정부에 구축된 업무관리시스템은 앞서의 전자문서유통시스템, 기록물보존관리시스템, 디지털예산회계시스템 등등 열거할 수 없을 정도로 많지만 여기서는 이들 개별 시스템을 통합하여 정부 업무처리의 기간 시스템으로 운영되고 있는 대표적 사례라 할 수 있는 온나라 시스템을 중심으로 설명한다. 온나라 시스템은 앞의 정의에서 BPR과 ERP 특성을 부분적으로 접목시킨 정부업무관리시스템이라 할 수 있다.

② 온나라 시스템

의의: 온나라 시스템(On-nara BPS: Business Process System)은 과제수행계획에서부터 최종 의사결정에 이르는 업무처리 전 과정을 표준화·통합화·체계화한 시스템으로서, 개별 공무원이 행하는 보고·의견제시·회의·지시사항 등 일체의 관

---

[a] workflow는 단위부서 내에서 진행되는 미시적 작업도라 한다면, BPR에서 process는 단위부서의 경계를 넘어 조직 전체의 목표달성을 위한 거시적 업무프로세스라 할 수 있을 것이다.

PART 1
행정과 행정학의 이해

PART 2
행정환경

PART 3
행정내부환경

PART 4
결정시스템

PART 5
집행시스템

PART 6
조직시스템

PART 7
자원시스템

PART 8
산출과 피드백

련 내용을 온라인상에서 실시간으로 시스템에 입력하고 이를 축적·활용할 수 있도록 만들었다. 온나라 시스템은 정부기능분류를 표준화한 정부기능분류체계(BRM: Business Reference Model)[a]와 연결시켜 과제를 관리함으로써 개별공무원이 수행하는 과업이 부처 차원의 업무 및 국가차원의 정책목표와 시스템적으로 연계되도록 설계하였다. 온나라 시스템에는 지식관리시스템, 예산회계시스템, 성과관리시스템 등 주요 국정시스템을 서로 연계시킨 통합시스템으로서 정부의 디지털 중추 신경망이라 할 수 있다. 2015년 기준으로 모든 중앙행정기관과 시·도 그리고 시·군·구에 보급되어 있다.[35]

온나라 시스템 도입 이전의 시스템에서는 전자결재를 하더라도 "누가 어떤 정보를 가지고 어떤 과정을 거쳐 정책을 입안하고 결정하였는지"를 투명하게 관리하지 않았고, 전자결재와 함께 대면보고방식이 이중으로 병행되면서 시간 지연과 구두 지시의 모호함이 있었으며, 업무정보가 공유되지 않아 문서가 중복 작성되기도 하고 보직이동시 전임자의 경험과 지식이 사장(死藏)되는 등의 문제점이 있었다.[36]

초기 온나라 시스템은 이런 문제점을 개선하는 것만으로도 큰 성과였지만, 문서 하나의 첨부 파일 용량이 6MB 이내로 제한되고 기관별로 서버를 따로 관리하면서 결재도 기관의 경계를 넘어서지 못하는 등의 한계가 있었다. 정부는 2016년에 기관별 서버 대신 정부 클라우드(G-Cloud) 기반으로 시스템을 구축하여 대용량 파일 첨부가 가능하고, 다기관 결재(예를 들어 여러 기관이 서명해야 하는 MOU 체결)도 가능하도록 업그레이드하였다. 또한 이전에 온나라 시스템에 연계만 되어있고 별도의 시스템으로 운영되던 지식관리시스템(GKMC)과 의사소통시스템(나라e음)을 통합하여 한 번의 로그인으로 이들 시스템을 동시에 이용할 수 있도록 개편하였고, 명칭도 각각 '온나라-문서', '온나라-지식', '온나라 이음'으로 바꾸고 '통합 온나라' 서비스를 시작하였다.[37] 이 중에서 업무처리의 핵심인 '온나라−문서' 시스템은 다음과 같은 특성을 가지고 있다.

특성: 우선 업무처리과정에서 모든 공무원이 생성하는 메모, 보고, 결재, 지시, 회의, 활동실적 등의 정보가 축적되어 관리되기 때문에 각자의 업무수행 내용이 분명하고, 잘못된 결정에 대한 원인을 찾아 책임을 규명할 수 있다. 즉, 업무수

---

a) BRM은 정부가 수행하는 과제의 기능과 목적을 동식물 분류체계(과·속·종)와 같이 대단위에서 소단위까지 체계적으로 구분해 놓은 표준모델이다. 공무원은 온나라 시스템에 담당과제의 기능을 BRM 분류체계에 따라 표시하면 시스템이 범 정부차원에서 이를 통합하여 정보를 가공함으로써 국정과제의 거시적 이해가 가능해지는 것이다.

행의 투명성이 높아 의견을 제시하는 공무원이나 결정 및 지시를 내리는 공무원 모두 신중하고 책임감 있는 태도를 가질 것으로 기대되어 의사결정의 민주성을 제고시킬 것이다. 둘째, 과제마다 다양한 의견과 결정 내용이 축적되고 체계적으로 관리되어 명시적인 지식으로 전환될 수 있기 때문에 조직의 학습능력이 향상될 것이다. 특히 순환보직에 의한 잦은 인사이동으로 소멸되기 쉽던 전임자의 암묵적인 지식이 보존되고 후임자가 활용할 수 있게 됨으로써 업무를 신속히 파악하고 수행하는 데 기여할 것이다.[38] 조직차원에서도 주요 정책의 추진상황을 분석하고 학습할 수 있는 중요한 정보를 제공받을 수 있다.[39] 셋째, 정부기능분류시스템에 따라 행정기관마다 수행하는 다양한 업무를 분류하고 시스템에 의해 상위 분류 단위로 정보가 취합되기 때문에 실무자는 업무를 수행하면서 제한적이지만 국정을 전체적으로 이해하는 데 도움을 얻고,[40] 국정책임자는 부처수준의 업무관리를 넘어 범정부 차원에서 국정과제를 실시간으로 파악하고 관리할 수가 있다.[41] 넷째, 업무수행이 온라인상에서 실시간으로 진행되기 때문에 문서이동이나 결재 대기 등과 같은 시간 지연이 해소되어 업무처리가 신속하게 이루어질 수 있다. 뿐만 아니라 다른 시스템의 정보를 종합적으로 검토할 수 있기 때문에 업무처리 결과의 질도 향상될 것으로 기대할 수 있다.

(4) 행정정보공동이용

① 의 의

행정정보공동이용은 행정기관이 업무수행과정에서 생성하거나 획득한 정보를 ICT를 활용하여 다른 기관이나 일반국민이 함께 공유하고 이용하도록 하는 것을 의미한다. 공무원이 업무처리를 하거나 시민이 행정서비스를 받고자 할 때 다른 기관에서 발행한 서류를 제시해야 하는 것이 일반적이다. 전자문서가 등장하기 이전에는 해당 기관에서 발급한 공식 종이문서를 확인하여 제출하는 번거로움이 있었다. 전자문서가 등장한 초기에는 해당기관을 방문하지 않고 인터넷으로 구비서류를 발급받아 제출하는 불편함이 여전히 남아 있었고, 문서 위·변조의 위험이 있었다. 행정정보공동이용은 이러한 문제점을 근본적으로 해결하기 위하여 ICT를 이용해서 행정기관 간에 정보를 공유하도록 함으로써 문서 없이 정부 업무를 수행하고 민원인에게 서비스를 제공하는 것을 목적으로 한다. 즉, 행정정보공동이용은 앞에 설명한 정부 업무관리나 뒤에 설명할 전자 민원행정서비스를 효율적으로 지원하기 위한 필요조건이자 기반으로서의 역할을 담당한다.

PART 1 행정과 행정학의 이해
PART 2 행정환경
PART 3 행정의 내부환경
PART 4 결정시스템
PART 5 집행시스템
PART 6 조직시스템
PART 7 지원시스템
PART 8 산출과 피드백

[그림 16-2] 행정정보공동이용 예: 여권 발급(변경) 민원 처리의 과거와 현재

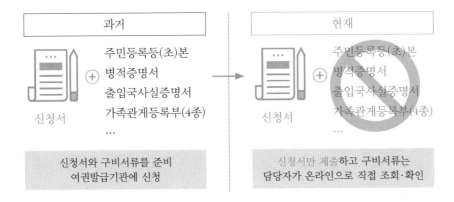

자료: 행정정보공동이용시스템(https://www.share.go.kr/), 2021. 1. 4.

② 실 태

　행정기관의 입장에서 기관이 획득하고 생성한 정보에 대해서는 자기기관 정보독점 성향,[42] 부처이기주의,[43] 개인정보 유출 및 노출 우려[44] 등의 이유 때문에 외부인의 접근에 대해서 배타적이었고, 행정정보 공동이용에 대한 기관 간의 이해대립은 현재도 중요한 문제로 지적되고 있다.[45] 기관의 이러한 폐쇄적 정보관리 때문에 행정정보공동이용의 필요성은 인식하고 있었지만 제도 개선은 느리게 진행되었다 할 수 있다. 실제 행정정보공동이용이 국정과제로 채택된 것은 노무현 정부 들어서 이루어졌기 때문이다. 이후 시스템에의 참여기관이나 공동이용 서류의 범위는 대폭 확대되었다. 구체적으로 2006년 공동이용시스템이 구축될 당시 서비스를 받을 수 있는 기관은 행정기관 외에 5개 공공기관이었고 민원인이 제출하지 않아도 되는 구비서류가 24종에 불과했지만, 2020년 9월 기준으로 모든 행정기관 외에 공공기관, 금융기관, 교육기관 등 434개 기관이 서비스를 이용하고 있고, 민원인이 제출하지 않아도 되는 서류는 166종으로 증가하였다.[46]

　현재 「전자정부법」은 "행정기관 등의 장은 수집·보유하고 있는 행정정보를 필요로 하는 다른 행정기관 등과 공동으로 이용하여야 하며, 다른 행정기관 등으로부터 신뢰할 수 있는 행정정보를 제공받을 수 있는 경우에는 같은 내용의 정보를 따로 수집하여서는 아니 된다(제36조)"고 규정함으로써 행정정보공동이용 원칙을 분명히 하고 있다.

③ 활성화 방안

공동이용에 장애가 될 수 있는 요인에 대한 실제 인식을 행정정보공동이용 담당자를 대상으로 직접 조사한 결과에서는 행정정보공동이용의 방법과 절차가 복잡하다는 응답이 7점 척도에서 5.12로 가장 높았고, 이어서 기관 간 책임한계의 불명확, 행정정보공동이용 기관 및 공동이용정보의 제한, 공동이용센터 전담조직 부재, 개인정보보호 인식부족 및 관리체계 미흡이 모두 4.90 이상의 높은 값을 보여 주었다.[47] 따라서 행정정보공동이용을 활성화하기 위해서는 상대적으로 이들 요인에 대한 개선 노력이 필요할 것이다.

특히 정보의 공동이용에 대해서 우려되는 요소에 대하여 철저한 대비책이 요구된다. 우선 정보이용기관이 정부기관 이외의 공공기관, 금융기관, 교육기관, 그리고 대한주택건설협회와 같은 민원사무처리기관도 포함되기 때문에 정보의 외부 유출을 예방하기 위한 철저한 법적·기술적 장치가 요구된다. 행정정보에는 개인이나 기업의 방대한 정보가 포함되어 있기 때문에 정보이용주체가 본래의 정보제공 목적과 다르게 이용할 때 물리적인 피해는 물론 개인 프라이버시 침해 등의 권리 침해라는 심각한 부작용이 유발될 수 있기 때문이다. 또한 정보이용자와 정보제공자 간의 비용 부담 문제도 고민할 부분이다. 정보를 이용이 가능하도록 가공해서 이용자에게 제공하는 데에는 인력 및 시스템 구축 비용이 발생하기 때문에 정보제공자는 비용을 이용자에게 부담시킬 경제적 시각을 갖기 쉽다. 하지만 행정정보를 공유재로 본다면 정보를 원하는 모든 개인이나 기관에게 무료로 제공하는 것이 바람직하다. 따라서 정보의 공동이용을 활성화하기 위해서는 정부 재정으로 비용을 지원하고 이용자 부담을 최소화하는 노력이 필요할 것이다.[48]

2) G2C: 대민 전자정부

(1) 의 의

G2C는 국민을 직접 상대로 하여 이루어지는 행정서비스와 정책과정의 영역에 전자정부의 개념을 적용한 것으로 대민 전자정부라 할 수 있다. 전자정부의 초기 단계는 정책과정보다는 국민에게 제공하는 행정서비스를 온라인화하는 수준이었다. 행정기관을 직접 방문하지 않고 온라인으로 원하는 증빙서류를 발급받는다거나 공공요금을 납부하는 것이 대표적인 예이다. 내부 전자정부에서 설명한 전

PART 1
행정과 행정학의 이해

PART 2
행정환경

PART 3
행정내부환경

PART 4
결정시스템

PART 5
집행시스템

PART 6
조직시스템

PART 7
지원시스템

PART 8
산출과 피드백

자적 문서처리, 전자적 정부업무관리, 행정정보공동이용은 궁극적으로 국민에게 서비스를 보다 신속하고, 정확하며, 편리하게 제공하기 위한 지원 역할이라 할 수 있다. 현재까지 대민 전자정부의 고도화는 행정서비스 제공에 필요한 정부 내부의 시스템을 표준화하고 통합하여 국민이 보다 많은 정보를 온라인으로 접근하고 활용할 수 있도록 하여 국민이 원하는 서비스를 제공하는 것이었다. 즉, 시간을 가리지 않고(1주일 하루 24시간), 어디서나(집, 직장, 서비스 센터 등), 다양한 기기(컴퓨터, 전화, 스마트폰 등)를 활용해서 국민에게 편리한 서비스를 제공하는 방식이다. 전통적인 면대면 서비스 제공방식에 비해 효과적인 것은 분명하지만 서비스를 제공하는 공급자, 즉 정부 중심의 일방향적 전자정부라는 한계가 있다.

정부 중심의 일방향적 전자정부 다음 단계는 정부와 국민의 쌍방향 소통이 이루어지는 단계로 볼 수 있다. 온라인 시민참여에서 소개한 e-information을 전자에, e-consultation을 후자와 유사한 개념으로 볼 수 있을 것이다. 국민이 온라인 설문조사나 정부 게시판에 들어가 의견을 제시하고, 토론방에 들어가 해당 행정부서와 의견을 나눌 수도 있다. 법률상담이나 행정자문과 같이 국민은 자신이 직면하고 있는 문제에 대한 조언을 얻을 수도 있다. 신속하고 편리한 서비스를 제공받는 차원을 넘어 국민이 원하는 니즈를 충족시켜 주고 가치를 창출한다는 측면에서 중요한 의미가 있다. 다만 정부와 국민이 동등한 지위라기보다는 아직도 정부 우위 또는 정부 중심의 쌍방향 전자정부라 할 수 있다. 최근의 ICT발달은 여기에서 진일보한 정부와 국민이 대등한 파트너로서 협력하는 민주적 전자정부 내지 국민중심의 전자정부를 구상할 수 있도록 만들고 있다. 전자정부의 영역이 정부 내부와 대민 행정서비스의 전통적 영역에서 정책과정까지 확장된 미래형 전자정부라 할 수 있고, 이러한 구상을 이끈 것은 웹 2.0과 웹 3.0, 소셜 미디어의 확산이다.

이 절에서는 정부 중심의 일방향 내지 쌍방향의 전자정부 단계라 할 수 있는 우리나라의 전자 대민행정서비스를 이해한 다음 개념적으로 진화 단계에 있는 전자정부 2.0을 알아보도록 한다.

(2) 전자 대민행정서비스

① 의 의

전자 대민행정서비스[a]는 ICT를 활용하여 시민과 기업인에게 제공하는 일체

---

a) 전자 민원행정서비스 또는 통합민원서비스 등 '민원'을 중심어로 사용하는 경우가 많았다. 이 경우 본서 제11장에서 정의한 민원행정의 좁은 개념으로 이해하게 되어 민원이 아닌 정보공개나 제안에

의 행정서비스라고 간단하게 정의할 수 있다. 널리 사용되는 용어인 G2C와 G2B가 여기에 해당한다. 전자 대민행정서비스는 전자정부 도입의 최우선 목표로 인식될 정도로 전자정부의 핵심이고 그동안 가장 빠르고 많은 변화가 진행되어 온 영역이다.

민간부문에서는 1990년대 초중반에 이미 은행이 온라인으로 계좌이체 서비스를 시작하였고 인터넷 쇼핑몰을 차려 전자상거래를 시작하였다. 정부는 민간부문의 이러한 B2C 방식을 도입하여 2000년에 민원행정서비스 분야에 대한 G2C 도입을 추진하였으며 2002년 처음으로 인터넷 민원서비스를 시작하였다. 당시만 해도 민원서류를 인터넷으로 신청만 할 수 있었고 우편이나 방문을 통해 수령하는 방식이었다. 2003년 되어서 주민등록등·초본 등 8종의 민원서류에 대한 인터넷 발급이 시작되었고, 이후 지속적으로 민원서류의 신청과 발급 범위를 확대시켜 2019년 기준, 온라인으로 신청 가능한 민원이 2,575종, 발급 가능한 민원은 1,036종에 이른다. 인터넷 민원 발급 건수도 2003년 서비스 개통 당시 약 5만 8,000건 정도에서 2013년에 5,000만 건을 넘었고 2019년에는 8,020만 건 이상으로 증가하였다.[49] 서비스 분야도 단순한 증명서 발급에서 시작하여 세금·공과금 납부, 면허 갱신, 복지급여 신청 등의 영역으로 확장되었다. 시민뿐만 아니라 기업인을 대상으로 한 G2B 서비스의 경우에도 2000년대 중반부터 관세, 조달, 특허, 무역 등의 업무 분야에서 온라인 서비스가 시작되었다.

그동안 한국정부의 G2C 및 G2B 대민행정서비스 부문에서의 전자정부 성과는 UN 등의 세계기구로부터 널리 인정받아왔다. 출입국심사서비스(KISS), 국민신문고, 전자조달나라장터(KONEPS), 전자통관시스템(UNI-PASS), 홈택스 서비스(Home Tax) 등이 대표적인 사례이다.

② 대표적 사례

대민행정서비스는 그 종류가 다양하고 다수의 기관이 복잡하게 연관되어 있기 때문에 이것을 통합하여 사용자에게 편리하게 제공하는 것이 관건이다. 현재 범 정부 차원에서 통합 형태로 서비스를 제공하는 대표적인 사례는 민원행정을 통합적으로 제공하는 정부의 대표적인 전자민원처리 포털 '정부24(www.gov.kr)'; 정부에 대한 불만, 국민제안, 정책토론, 부패 및 공익 신고 등 국민이 정부에 대한

대한 대응, 시민이 아닌 기업인에 대한 서비스 제공 영역을 제외하거나, 이들 항목을 정보공개와 G2B라는 별도의 항목으로 다루어야 했다. 하지만 이들은 구체적인 서비스 내용은 다르더라도 정부가 국민에게 제공하는 행정서비스라는 공통점이 있기 때문에 대민행정서비스의 용어를 사용하였다.

PART 1
행정과 행정학의 이해

PART 2
행정환경

PART 3
행정이념과 환경

PART 4
결정시스템

PART 5
집행시스템

PART 6
조직시스템

PART 7
지원시스템

PART 8
산출과 피드백

요구를 할 수 있는 '국민신문고(www.epeople.go.kr)'; 그리고 정부가 발주하는 공사, 물품구매 등에 대한 정보를 확인하고 전자 입찰할 수 있는 '나라장터(www.g2b.go.kr)' 등을 들 수 있다.

정부24: 정부24는 정부의 온라인 통합민원창구이다. 정부24는 2020년 말 기준으로 약 3,200건의 신청 및 발급 서비스를 제공하고 있으며, 정보를 조회하는 서비스까지 합치면 약 10만 건에 이른다. 정부24에 가입한 회원수가 2020년 11월 기준 1,560여 만 명이고 11월 한 달 방문자수가 1,570만 명 정도이고 이 중 1/4은 모바일 서비스를 이용하였다.[50] 전자민원서비스의 허브(hub) 역할을 한다고 볼 수 있다.

한편 정부24의 문제점과 개선방안으로는 첫째, 정부24에서 처리하지 못하는 민원의 경우 관련 기관의 URL을 링크해 주고 있어 옮긴 사이트의 메인 화면에서 다시 원하는 서비스를 검색해야 하는 불편함이 있기 때문에 이러한 연계 시스템과도 서비스 프로세스를 이음새 없이 연결하여야 한다. 둘째, 현재 정부24는 공급자 중심으로 포털이 구성되어 있어 민원에 대한 사전 지식이 있어야 원활한 서비스를 제공받을 수 있다. 제기된 민원을 온라인상에 처리하는 공급자 방식이 아니라 민원인 상황을 인지하여 서비스를 할 수 있도록 지능화된 시스템의 개발이 필요하다. 셋째, 온라인 서비스 제공방식이 웹사이트에 의존하고 있고 일부 서비스에 모바일 서비스가 제공되고 있기 때문에 지속적으로 신기술 기기를 활용한 서비스 제공은 물론, 기존의 전화나 팩스를 의존해야 하는 민원인을 위한 서비스 편의성과 접근성을 제고하는 방안도 고려하여야 한다. 넷째, 현재 주로 제공되고 있는 신청 및 발급 서비스는 공급자 중심의 일방향 서비스이다. 트위터 등 SNS의 이용자가 급증함에 따라 다양한 시민참여 방식의 서비스를 확충하는 것도 앞으로의 과제가 될 것이다.[51]

국민신문고: 국민신문고는 정부기관에 대한 불편사항, 정부정책 및 제도 개선을 위한 좋은 아이디어, 정부정책에 대한 토론이나 전자공청회 참여, 공무원 및 공공기관의 부패행위에 대한 신고, 부당한 행정처분에 대한 권리 구제 등의 문제가 있을 때 온라인상에서 이를 one-stop으로 처리해 주는 범정부 국민참여포털이다. 특히 민원과 제안의 경우 국민신문고에 접수되면 자동으로 해당 처리기관으로 전달되어 지정한 기일 이내에 처리해서 시스템을 통해 결과를 알려주도록 하고 있다. 국민권익위원회가 주관하여 운영하고 있으며 모든 중앙행정기관, 해외 공관, 지방자치단체, 그리고 주요 공공기관과 연결하여 서비스를 제공하고 있으며, 2011년부터 모바일 웹(m.epeople.go.kr) 서비스를 제공함으로써 이용의 편의성

이 제고되었다. 이로써 그동안 국민신문고가 기관별 민원시스템과의 연계성이 미흡하다고 지적되었던 사항은[52] 상당히 개선된 상황이다.

　　나라장터: 나라장터는 모든 공공기관의 공사, 용역, 물품 등의 발주정보를 공개하고 조달절차를 인터넷으로 처리하도록 만든 온라인 단일창구시스템이다. 나라장터는 입찰, 계약, 검사검수, 대금청구, 납품확인, 대금지불 등 조달 관련 문서를 인터넷으로 제출할 수 있도록 하고, 입찰·계약 시 반복 제출하던 사업자 등록증 등의 제출을 생략할 수 있도록 시스템을 구축함으로써 공공조달의 효율성과 투명성을 높인 대표적인 G2B사례라 할 수 있다. 특히 물품구매의 경우 나라장터는 물품을 공급하고자 하는 기업인에게 동등한 기회와 편의성을 제공할 뿐만 아니라, 공공기관에도 다양한 물품의 가격과 품질에 대한 정보를 제공함으로써 예산절감의 효과가 있다. 또한 공공기관과 기업인 모두에게 시간을 단축하고 조달과정이 실시간으로 공개됨으로써 부패를 줄이는 효과가 함께 있다. 나라장터는 전자조달(e-procurement) 업무뿐만 아니라 이처럼 판매자와 구매자 간에 온라인상에 상품 정보를 제공하고 거래를 성사시키는 중개 역할을 한다는 점에서 중개형 e-마켓플레이스(e-marketplace)라 할 수 있다.[53] 그동안 웹에 의존하던 나라장터는 2011년 5월부터 스마트폰을 이용하여 언제 어디서나 나라장터시스템에 접근하여 입찰할 수 있도록 발전하였다.

　　우리나라 조달정보시스템 나라장터는 전자정부 발전단계[a]로 보아 정보제공의 단계를 넘어 상호작용, 통합의 성숙한 단계[54]로 넘어간 것으로 평가할 수 있다. 다만 나라장터는 조달 및 물품거래의 실무 과정을 신속하고 투명하게 전자적으로 처리할 수 있도록 구축된 조달행정 효율화 차원의 시스템이라는 점에서 의사결정의 질을 제고시키는 데는 한계가 있어 보인다.[55] 나라장터는 최저가 낙찰의 일반 원칙에 따라 공급자가 자동으로 결정하는 반면, 호주나 뉴질랜드는 시스템 고도화 수준은 우리보다 낮지만 공급업체의 과거 실적을 검증하여 신뢰성이 확인된 업체의 리스트를 시스템상에 제공하고 이 중에서 우선계약 협상을 할 수

---

a) 학자마다 3~6단계로 구분하고 있고 단계별 구분이 명확한 것은 아니지만 공통 분모는 온라인 시민 참여나 이 절의 의의에서도 설명한 것처럼 정부와 시민의 관계를 중심으로 크게 3단계로 정리할 수 있을 것이다. 1단계는 정부의 일방향적 전자정부로 정보제공이 핵심이고, 2단계는 정부 중심의 쌍방향적 전자정부로 정부와 시민이 온라인을 통해 상호소통과 작용(interaction)이 이루어지는 단계이고, 3단계는 정부와 시민이 대등한 위치에서 서비스뿐만 아니라 정책을 조정하고 문제를 해결해 나가는 뉴거버넌스 차원의 전자정부라 할 수 있다. 전자정부가 최고로 고도화된 3단계는 시민들에게 제공되는 서비스도 정부 기관 간 협조해서 이음새 없이 실시간으로 제공되는 통합(integration)의 상태라 할 수 있다.

PART 1
행정과 행정학의 이해

PART 2
행정환경

PART 3
행정내부환경

PART 4
결정시스템

PART 5
집행시스템

PART 6
조직시스템

PART 7
지원시스템

PART 8
산출과 피드백

있도록 계약담당자에게 재량권을 부여하는 조달시스템의 실질적 활용가치를 높이고 있다고 한다.[56] 기술적 효율성 차원뿐만 아니라 구매자인 개별 공공기관이 실제로 양질의 공사, 용역, 물품을 공급받는 효과성 차원의 시스템 고도화가 앞으로의 과제가 될 것이다.

3) 전자정부 2.0

(1) 의 의

전자적 문서처리, 온나라 시스템, 행정정보공동이용, 정부24, 국민신문고, 나라장터 등 행정의 모든 영역에서 한국의 전자정부가 다양한 형태로 고도화되고 있음을 알 수 있다. 2010년 이후 UN의 전자정부 평가에서 6회 연속 세계 최상위권 국가로 평가받아왔다.[a] 하지만 앞서 문제점으로 지적한 것처럼 이들 시스템의 공통점은 아직도 정부가 공급자 중심으로 시스템을 개발·운영하고 있다는 것, 시스템의 연계가 지속적으로 이루어지고 있지만 이상적인 형태의 이음새 없는 통합 수준에 이르지 못했다는 점, 기술 차원의 시스템 고도화는 높이 평가되지만 실제 시민 내지 소비자의 참여를 통한 가치 부가적인 활용이 미흡하다는 점을 들 수 있을 것이다.

전자정부 2.0(e-goverment 2.0)은 정부와 국민의 관계를 대등하거나 심지어는 국민중심으로 이동시킬 것을 요구하는 인식의 전환을 요구한다. 스마트폰에서 서울 및 수도권 시내버스 도착시간을 확인할 수 있는 '서울버스 앱'은 시내버스를 이용하는 국민의 편의성을 높인 중요한 서비스인데 이를 최초로 제공한 사람은 서울시가 아닌 2009년 당시 고등학교 2학년생이었다. 경기도는 개발자가 도와 협의 없이 정보를 도용했다면서 정보제공을 중단했다가 네티즌의 반발이 소셜 네트워크(social network)로 급속히 확대되면서 이를 다시 허용하는 사건까지 있었다.

이 사례는 앞으로 전자정부가 어떤 방향으로 진화할지를 보여준다. 국민이 직접 정부정보를 활용하여 공공의 가치를 부가하는 서비스를 창출할 뿐만 아니라 서비스에 대한 평가가 국민들에 의해 자율적으로 이루어고 제공될 수 있다는 점

---

a) '유엔 전자정부 평가'는 193개 회원국을 대상으로 2년마다 각국의 전자정부 수준을 온라인 참여지수 및 전자정부 발전지수로 평가하는 것이다. 우리나라는 2010년, 2012년, 2014년 세 번 연속 두 지수에서 모두 1위를 차지했으나, 2018년에 각각 1위(덴마크, 핀란드와 공동)와 3위, 2020년에는 각각 1위(미국, 에스토니아와 공동)와 2위를 차지했다. 2020년도 전자정부 발전지수에서 1위는 덴마크였다(UN, E-Goverment Survey 2020).

이다. 정부가 구축한 웹사이트에 접속하여 서비스를 받아가기만 하던 차원을 넘어, 국민의 참여에 의한 국민을 위한 서비스가 생성되고 제공되는 새로운 차원의 서비스 방식이다. 미래 정부는 국민이 참여하여 서비스나 정책 아이디어를 제공하고 평가하며 채택할 수 있는 장(場, 플랫폼)을 만들어주고 온라인상에서 국민과의 상호협력을 활성화하는 민관합동 거버넌스의 모습으로 변화될 것이 예상된다. 이들 변화에 담긴 가치가 개방, 공유, 참여, 협력, 소통, 네트워크 등인데 웹 2.0은 이러한 변화의 가치를 총체적으로 상징하는 개념이다. 전자정부 2.0은 웹 2.0의 개념을 정부에 적용한 것으로 민주성 이념의 구현뿐만 아니라 새로운 공공가치의 창출이라는 중요한 의미를 담고 있다.

(2) 웹 2.0

웹 2.0은 학술적 연구결과가 아니라 1990년대 후반 닷컴(.com)버블 이후에도 생존하고 오히려 더 시장을 확장시켜 나간 아마존, 구글과 같은 성공 기업과 변화에 적응하지 못한 기업들과의 비교를 통해 등장한 개념이다. 웹 2.0은 2004년 IT 컨퍼런스에서 전문가들의 브레인스토밍을 통해 개념에 대한 논의가 있었고 이어서 일반인의 관심을 끌기 시작하였다.[a] 하지만 웹 2.0은 개념화에 지대한 기여를 한 오라일리(O eiliy)도 웹 2.0을 이해하는 너무나 다양한 시각이 있음을 인정할 정도로 논란이 계속되고 있다.[57] 다만 웹 2.0의 차별적 개념을 가장 잘 보여주는 표현이 '플랫폼으로서의 웹(the web as platform)'이라 할 수 있고, 보다 구체적으로 전통적 방식의 인터넷 서비스를 웹 1.0으로 범주화하여 비교한 것이라 할 수 있다 (〈표 16-2〉).

웹 1.0에서는 앞에 설명한 정부 포털처럼 정부가 웹에 이미 구축해 놓은 방식대로 사용자는 서비스를 수동적으로 이용할 수밖에 없지만, 플랫폼으로서의 웹은 '서울버스 앱'처럼 사용자가 새로운 서비스를 제공하고 많은 사람들과 공유하는 개방적인 특성을 지니고 있다. 공급자는 플랫폼이라는 장이나 환경을 제공하고,[58] 사용자들이 참여하여 원하는 콘텐츠로 플랫폼을 채우고 이를 서로 공유하는 방식이다. 웹 1.0에서 사용자는 자판기처럼 완제품으로서의 정보나 서비스를 내려받기만 했다면, 웹 2.0에서는 개방되어 있는 정보를 이용하여 누구나 더 가치

---

a) 컨퍼런스에서 웹 2.0의 개념에 대한 브레인스토밍이 있은 이후 1년 반 만에 구글에서 950만 번 이상 인용될 정도로 대중의 관심을 끌었다(http://www.oreillynet.com/oreilly/tim/news/2005/09/30/what-is-web-20.html).

PART 1
행정과 행정학의 이해

PART 2
행정환경

PART 3
행정내부환경

PART 4
결정시스템

PART 5
집행시스템

PART 6
조직시스템

PART 7
지원시스템

PART 8
산출과 피드백

표 16-2 웹 1.0과 웹 2.0의 비교

구 분	Web 1.0	Web 2.0
특 징	• 대표적 단어는 포탈(Portal) – 포탈 위에 있는 서비스는 사용자가 원하는 대로 할 수 없음 • TV나 라디오처럼 정보와 서비스를 제공하기만 함 • 웹사이트에 사용자가 올린 데이터를 움직이거나 활용할 수 없음 • 기술 중심	• 플랫폼(Platform)으로서의 웹 – 플랫폼 위에 있는 서비스는 사용자가 원하는 대로 할 수 있음 • 누구도 데이터를 소유하지 않음 • 모든 사람이 사용할 수 있음 • 사용자가 더 나은 형태로 변경 가능함 – 읽는 것뿐만 아니라 쓰기도 할 수 있음 • 사람 중심(참여와 공유)
사 례	• 하이퍼링크 중심의 기존 웹사이트 • mp3.com • 홈페이지	• 위키피디아, 아마존, 이베이, 유튜브 • Napster • 블로그(blog)

자료: 한국정보사회진흥원, 플랫폼으로서의 웹, 웹 2.0이란 무엇인가?, IT신기술 이슈분석, 2005. 11. 부분 편집.

있는 서비스로 변경하는 것이 가능하다. 웹 1.0이 브리태니커 백과사전처럼 전문가들에 의해 일정 기간을 두고 내용이 개발·편집·수정되는 폐쇄적 구조를 가지고 있다면, 웹 2.0은 위키피디아(Wikipedia)처럼 사용자가 새로운 내용을 올리고 누구나 참여하여 수정할 수 있는 유연한 공간이자 다수의 자발적 협력에 의해 집단지성(collective intelligence)[59)]이 생성되는 과정이라 할 수 있다.

이러한 웹 2.0의 특성을 대표할 수 있는 요소가 개방, 투명, 공유, 소통, 참여, 협력, 신뢰, 네트워크[a)]라 할 수 있다.[60)] 닷컴 버블이 사라진 이후의 초우량 IT 기업의 이러한 차별적 요소는 어느 때부터인가 IT 비즈니스는 물론 행정, 법, 언론, 정치, 경제, 문화, 교육 등 사회 모든 분야의 방향성을 한 곳으로 모으고 이끄는 "중력의 구심(a gravitational core)"[61)] 역할을 하고 있다. 역설적으로 웹 2.0은 시대정신 내지 사회적 트렌드의 수사(metaphor)로서[62)] 개념의 논란 속에 지금도 그 의미가 진화되어 가고 있다.[b)]

---

a) 우리나라에서 웹 2.0은 개방, 공유, 참여의 세 단어가 대명사라 할 정도로 일반화되어 있다. 하지만 누가 언제부터 웹 2.0을 개방, 공유, 참여로 개념화한 것인지 근거를 찾을 수 없고 실제 외국 문헌에서는 개방(openness), 참여(participation), 투명(transparency), 협력(collaboration)을 가장 흔하게 사용하고 있고 공유의 단어를 찾아보기 어렵다.

b) 이미 위키피디아에 웹 3.0이 소개되어 있고, 인터넷상에 웹 4.0의 용어도 흔히 찾아볼 수 있다.

대수술이 필요한 대한민국 전자정부

우리 나이로 4살 된 딸아이를 키우고 있다. 모바일 애플리케이션 '복지로 (www.bokjiro.go.kr)'나 서울시 보육포털 서비스(iseoul.seoul.go.kr)를 이용할 때는 이제 겁부터 난다. 3년 넘게 각종 오류에 시달렸다. 한 번에 척척 서비스를 이용해 본 기억이 별로 없다. 공인인증서가 먹히지 않는가 하면, 로그인해도 개인정보 보호 오류로 안전하지 않다는 메시지가 뜨는 경우도 많았다. 메뉴 체계는 얼마나 불편한가. 직관적으로 원하는 서비스를 찾기도 어렵다. 〈중략〉

단순 오류만 문제가 아니다. 절차도 비효율이 넘쳐난다. 아이를 어린이집에 보내면 보육료를, 집에서 키우면 양육 수당을 받는다. 딸이 작년에는 비교적 어린이집을 잘 갔는데, 올해는 가지 않겠다고 했다. 어린이집에 가지 않으면 자동으로 전산 처리돼 양육 수당이 나오는 줄 알았다. 양육 수당을 별도로 신청해야 한다는 건 몇 개월이 지난 후 통장을 확인해보고 알았다. "저희가 전산 처리하기 때문에 자동으로 양육 수당 대상자로 전환될 거예요." 어린이집 원장님도 결과적으로 잘못 안내한 셈이 되었다. 전자정부 시스템에는 상식이 통하지 않는다.

아는 분의 가족이 9급 공무원이 됐다. 올 초 구청으로 발령받았다. 공무원은 공무원대로 전산 시스템에 적응하느라 고생하고 있었다. 이 공무원에 따르면, 서로 다른 행정을 처리할 때마다 서로 다른 애플리케이션을 써야 하는 데 꽤 복잡하다고 한다. 그가 쓰는 구청 PC에 깔린 애플리케이션만 예닐곱 개나 된다고 한다. 부처별, 시도 자치정부별 관리하는 데이터가 원활하게 통합·관리되지 않고 있다는 증거다. 〈중략〉

우리 전자정부 시스템을 뜯어보면, 부처별 데이터 통합에 대한 아키텍처가 보이지 않는다. 큰 그림을 보고 진두지휘할 국가 CIO(Chief Information Officer)도 없다. 세계 표준에 대한 이해도 떨어진다. 제대로 된 설계도(아키텍처)가 없으니, 정부 앱이 각기 다른 나라 앱인 것처럼 파편화돼 있다. PC 기종과 스마트폰 기종, 문서 프로그램에 따라 돌아갈 때도 있고 안 돌아갈 때도 있다.

지난 7월 인구 130만 명의 에스토니아의 전자정부 시스템을 직접 확인할 기회가 있었다. 덕분에 우리나라 전자정부의 문제점을 더욱 또렷하게 볼 수 있었다. 에스토니아에서는 99% 공공 서비스를 온라인으로 처리할 수 있다. 안 되는 것은 결혼, 이혼, 부동산 거래 3가지뿐이다.

에스토니아 전자정부는 '시민에게는 한 번만 물어본다'는 대원칙을 갖고 있다. 시민이 필요한 정보를 한번 입력하면, 나머지는 전자 정부 시스템이 알아서 처리해주는 게 에스토니아 정부의 목표다. 전자정부의 아키텍처 설계에 이 원칙이 반영돼 있다. 서로 다른 정부 부처 간 정보 교환을 해주는 'X-로드(X-road)'가

대표적이다. 각 정부 데이터베이스는 분산돼 있지만, X-로드를 거쳐 다른 부서에서도 이용할 수 있어 공공 서비스가 물처럼 흐른다. 해당 정보는 암호화한 상태로 이동한다.

'개인정보의 주인은 개인'이라는 원칙도 있다. 이에 따라 시민들은 어느 부처의 누가 내 개인정보에 접근했는지 언제든지 확인할 수 있다. 내 의료 정보에 권한이 없는 의사가 접근했다면 해당 의사는 면허가 취소된다.

우리나라 전자정부 수준도 세계 1위라고 할 때가 있었다. 1980년대, 1990년대 정부가 이룬 혁신으로 2000년대 초반 반짝 빛을 발한 것이다. 최근 약 20년 동안의 정부 정책을 보면 선제적이고 선도적으로 한 게 별로 없다. 'IT강국 코리아' '세계 최고 전자정부'라는 수식어를 우리 스스로 관성적으로 쓴다. 착각이다. 〈중략〉

장관이 복지 서비스도 직접 신청해보고 정부 과제 신청하고 영수증 처리하느라 한판 씨름을 해보라. 저가 수주와 재하청 구조로 지탱되는 전자정부 시스템 프로젝트도 민낯도 봐야 한다. 전자정부의 오류와 비효율은 납세자인 국민의 시간을 뺏고 정신적 고통마저 준다. 지금 대한민국 전자정부는 수술대에 올라가야 한다. 전자정부가 곧 복지다.

자료: 류현정, 조선비즈, 2018. 9. 29. 일부 발췌 편집.

(3) 전자정부에의 함의와 조건

웹 2.0의 개념은 사용되는 기술, 공급자와 사용자의 관점, 추구하는 가치 등에 따라 다양한 특성을 얘기할 수 있다. 이 중에서 가장 핵심적 특성은 O'Reilly가 웹 2.0의 제 1 원칙으로 제시한 '플랫폼으로서의 웹'이라 할 수 있다.[63] IT 용어로서 플랫폼은 다른 프로그램을 실행시켜 주는 기반 시스템에 해당한다. 하지만 무대나 연단이라는 플랫폼의 일반 사전적 의미가 암시하듯이 플랫폼은 사람들이 와서 놀 수 있는 마당과 같은 공간이나 환경의 의미를 갖는다. 따라서 플랫폼에서 중요한 것은 가능한 많은 사람이 참여할 수 있도록 플랫폼의 환경을 개방하고, 모두가 주인으로서 그 공간을 함께 공유하며, 참여한 사람들 간에 자유로운 소통이 이루어지고, 그들이 함께 만든 콘텐츠로 플랫폼을 채워 이를 다시 다른 사람과 공유하는 환경을 만드는 것이라 할 수 있다.

전자정부 2.0은 웹 2.0을 채택한 전자정부로서 보다 구체적으로 개방, 공유, 참여, 협력, 소통, 네트워크 등의 가치를 담을 수 있는 개방된 플랫폼형 정부라 할 수 있다. 이를 위해서는 무엇보다도 누구나 새로운 가치 있는 정보나 서비스를 재생산할 수 있도록 정부가 소유한 정보를 개방하고 공유하여야 한다.[a] 일반적인 정부정보가 아니라 국민이 활용하여 새로운 가치를 창출할 수 있는 질적인 정보이어야 한다. 정부가 보유하고 있는 빅데이터가 이에 해당하며 4차 산업혁명의 핵심인 데이터 산업 활성화 측면에서도 적극적 개방이 요구된다 하겠다. 또한 정부 자산인 정보를 공개하는 것이 아니라 국민 모두의 자산을 국민에게 돌려주는 실질적인 공유이어야 한다. 이를 통해 국민의 참여를 활성화하고 공공가치를 부가하는 데 기여하는 것이 중요하다.

또한 이들 정보가 다양한 시스템에서 호환되고 재조합이 가능한(remixable) 기술로 제공하고 유통시킬 수 있는 유연한 플랫폼 환경을 만드는 것이다. 데이터나 응용프로그램뿐만 아니라 하드웨어의 경우에도 전자정부 시스템의 기본 기능을 표준화한 프레임워크(framework)를 개발하여 공개함으로써 이를 기반으로 하여 기능을 확장하고 보수하는 데 누구나 참여하고 완성도 높은 시스템 개발을 유도할 필요가 있다. 특히 전자정부 2.0에서는 여러 기관의 백 오피스에 저장되어 있는 데이터베이스(DB)나 애플리케이션을 프론트 영역에서 국민이 쉽고 간편하게 이용하여 부가가치 활동을 돕는 것이 중요하기 때문에 G2G와 G2C가 별개의 것이 아니라 이들 간의 시스템 표준화 및 통합이 무엇보다 중요하다.[64] 사용자가 접근한 다수의 웹에서 서로 다른 원천 자료를 다운로드하여 새로운 정보를 생성하기 위해서는 백 오피스 전반에 걸쳐 DB나 애플리케이션이 API나 XML[b] 등의 웹 2.0 기술 표준에 따라 운용되어야 한다.[65]

대표적으로 2009년 출범한 미국 행정부의 data.gov는 교육, 교통, 과학기술, 금융 등의 광범위한 분야의 원천 DB와 애플리케이션을 오픈 API로 제공함으로써 사용자가 이들 정보를 이용하여 새로운 융합 애플리케이션을 개발(매쉬업, mashup)할 수 있도록 지원하고 있다.[66] 최근에는 고용노동부의 워크넷(WorkNet) 앱처럼 컴퓨터가 아니라 모바일 기기에서 웹 2.0을 구현하는 모바일 전자정부 2.0으로 전환이 이루어지고 있다. 정부가 소프트웨어 개발 키트(kit)를 만들어 공개하면 누구나 이것을 응용한 애플리케이션을 개발하도록 유도하여 공용 앱 스토어를

---

a) 전형적인 예로 드는 것이 구글 맵스(google maps)와 구글 어스(google earth)의 무료 제공이다. 사용자가 자신의 비즈니스를 구글 지도와 연결시켜 새로운 가치를 창출할 수 있도록 한 것이다. 영국의 픽스마이스트리트('www.fixmystreet.com')는 지도정보가 담긴 파손된 도로, 고장 난 신호등, 폐기된 차량 등의 사진을 시민이 스마트폰으로 찍어 보내주면 즉각적으로 문제를 해결하고 있다.

b) Application Programming Interface, Extensible Markup Language의 약자.

활성화하고 국민의 편익을 증대하는 방식이다.[67]

　　누구나 다른 사람과 공유할 수 있는 자료를 제공하고 의견을 제시하며, 이에 대한 참여자들 간의 자유로운 소통과 나아가 협력적 지식생산이 가능한 환경을 제공하는 것도 중요하다. 유튜브, 트위터, 페이스북, 블로그 등의 소셜 미디어 원리를 활용하여 정부와 국민뿐만 아니라 국민과 국민들 간에 소통의 네트워크가 형성되고 집단의 지혜가 형성되는 장을 정부가 제공하고 활용할 수 있어야 한다. 정보공급자와 수요자가 1대 다(정부 대 시민)의 전통적 관계가 아니라 플랫폼에서 다수의 정보공급자와 수요자가 다수−대(對)−대수 방식으로 소통하는 관계를 활성화하는 것이다. 다수의 국민이 아이디어를 제안하고 평가에 참여하는 일련의 네트워크형 소통을 통해서 집단지성이 형성되고 이를 정부정책에 반영하는 방식이다.

　　서울특별시의 '민주주의 서울(democracy.seoul.go.kr)'이 한 예로서 시민이 자유롭게 시정에 대한 아이디어를 제안하고 일정한 과정을 거쳐 공론 의제로 채택되면 시민의 온라인 토론이 진행되고 부서의 검토를 거쳐 결과를 공개하는 방식이다(〈그림 16−3〉 참고). 2006년 오세훈 전 시장이 '천만상상 오아시스'로 시작하여

[그림 16-3] 시민 제안 처리 과정도(서울특별시 사례)

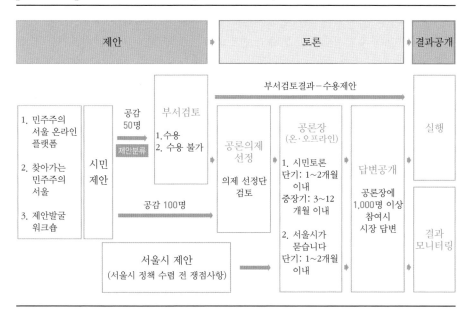

자료: 서울특별시, 민주주의 서울(https://democracy.seoul.go.kr/), 2021. 1. 4.

정당이 다른 고(故) 박원순 시장이 승계하여 현재의 '민주주의 서울'로 진화한 것이다. 아직 참여나 활용 성과가 미흡하다는 지적도 있으나[68] 시민의 자발적 참여, 과정의 개방과 투명성, 정부−시민−전문가의 협력 등 웹 2.0의 중요한 가치가 반영되고, 온라인 시민참여 유형 중에서 e-decision-making의 의미를 구현한 것으로 평가할 수 있다.[69]

(4) 효과와 한계

요약하면, 전자정부 2.0은 보건의료, 교육, 교통, 범죄, 소득 등 다양한 분야의 정보를 공개하고 국민이 이를 재가공하여 더 가치 있는 정보를 생산할 수 있는 기회를 확대시킬 것이다. 정보의 공개와 분석을 공무원에게만 독점시키지 않고 일반 국민이 참여하여 다양한 DB에서 필요한 정보를 선별하여 이를 교차시키고 통합시켜 다수의 국민에게 가치를 더하는 서비스를 제공할 수 있다.[70] 전자정부 2.0은 국민을 서비스 고객이나 정책수용자가 아니라 서비스 제공자 또는 정책제안자로서 인식한다. 정부의 정책이 투명하지 않고 국민의 요구와 다르게 추진될 때 SNS에 의해 실시간 가속력을 가지고 반대 여론이 확산될 수 있다는 것을 인정한다. 즉, 국민의 참여와 협력을 통해 정부정책이나 서비스를 공동으로 개발함으로써 과정의 민주성뿐만 아니라 보다 양질의 결과를 얻을 수 있다.[71] 결론적으로 전자정부 2.0은 기술적으로나 행태적으로 행정이 보다 국민에게 개방적이고 참여적이고, 국민과 수평적으로 소통하고 협력하며, 또한 국민들 간에 네트워크식 소통을 통한 집단지성에 대한 낙관적인 기대가 담겨 있다.

하지만 우리나라에서 이러한 기대와 현실의 괴리는 아직 크다고 볼 수 있다. 웹 2.0의 핵심인 플랫폼으로서의 웹이 이제 구축되기 시작하는 초기단계이고 사례도 많지 않다.[72] 시스템 측면에서 정부통합전산센터의 많은 IT시스템이 개별시스템에 가깝기 때문에 각각에 저장된 정보나 애플리케이션을 웹 2.0 기술표준으로 제공할 수 없고 따라서 사용자가 매쉬업하여 새로운 정보를 재생산하기가 어려운 실정이다.[73] '서울버스 앱'에 대한 경기도 조치에서 알 수 있듯이 정부정보의 공개와 공유에 대해서 공무원의 태도가 소극적이고 폐쇄적이다. 참여를 말하고 있지만 '민주주의 서울' 등 자치단체의 일부 사례를 제외하고는 정책제안의 코너가 형식적으로 운영될 뿐 실질적인 쌍방향 소통과 협력을 확인하기 어렵다.

언제 어디서나 이용 가능한 유비쿼터스 서비스 제공에 필수적인 모바일 웹의

PART 1
행정과 행정학의 이해

PART 2
행정환경

PART 3
행정내부환경

PART 4
결정시스템

PART 5
집행시스템

PART 6
조직시스템

PART 7
지원시스템

PART 8
산출과 피드백

경우에도 고충민원 해결, 정보공개, 정책참여, 콜센터 서비스 등 구성은 다양하지만 시민참여를 유도하는 웹 2.0 기능은 미흡하며 오히려 '모바일 앱을 시행하고 있다'는 전시행정적인 측면이 지적되기도 한다.[74] 아직도 각 행정기관마다 경쟁적으로 온라인 서비스를 개발하고 웹 2.0을 강조하지만 정작 범 정부차원의 시스템 통합은 이루어지지 않아 로그인할 때마다 ID와 비밀번호를 기억해야 하는 불편이 따르고 인터넷 민원을 올려야 통상적인 답변을 들을 뿐이라는 지적이[75]a) 예외적인 사례가 아닐지 모른다. 시스템 측면에서 우리나라 전자정부의 고도화에도 불구하고 후진적 공무원 행태가 고쳐지지 않는 한 웹 2.0은 또 하나의 형식적인 구호에 지나지 않을 수 있다.

전자정부 2.0에 대한 우려의 시각도 점검해 볼 부분이다. 소셜 미디어를 통해 형성되는 집단지성이 소수의 논객에 의해 지배될 수 있는 비민주성,[76] 신뢰성 및 감성적 포퓰리즘의 문제,[77] 정보과부하와 의사결정의 질적 저하,[78] 정보격차로 인한 왜곡[79] 등이 전문가들 사이에 논란이 되는 주제들이다. 이러한 현실적 한계와 개념적 논란 속에서도 전자정부 2.0은 개방, 참여, 소통, 협력, 집단지성 등의 실천적 가치가 수사에 그치지 않고 궁극적으로 민주이념을 구현하고 사회의 공공가치를 실현하는 전략적 의미를 가질 수 있을 것으로 기대한다.

정부 3.0

정부 3.0은 공공 정보를 개방하여 국민과 공유하고, 부처 칸막이를 넘어 소통하고 협력함으로써 국민 개개인의 필요와 욕구에 맞춤형으로 서비스를 제공한다는 박근혜 정부의 국정운영 패러다임이었다. 정부 3.0은 개방과 공유, 소통과 협력을 핵심가치로 한다는 점에서는 웹 2.0 및 전자정부 2.0과 같은 차원으로 이해할 수 있으나 개개인의 맞춤형 서비스에 초점을 맞추고 있다는 점은 개인화·지능화 서비스 단계로 진화한 웹 3.0 개념을 포함하고 있다. 즉, 전자정부 2.0에서는 시민이 원하는 정보를 직접 찾거나 원하는 서비스의 신청이 있을 때 정부가

---

a) 이러한 점을 지적한 칼럼 기고자는 2010년 유엔 전자정부 순위에서 세계 10위인 프랑스의 경우, 인터넷 보급률이나 속도 등 하드웨어 측면에서는 한국보다 뒤지지만, 하나의 아이디와 비밀번호로 모든 민원을 통합민원시스템 안에서 처리할 수 있고 여러 곳의 개인주소와 전화번호도 통합민원시스템에서 한번 수정하면 다른 행정기관에 있는 개인정보도 자동으로 업데이트되는 등 "국민의 입장에서 전자정부화"가 이루어지고 있다는 점을 강조한다.

대응하는 수준이었다면 정부 3.0에서는 수요자를 세분하고 시기별로 필요한 서비스를 찾아서 제공할 정도로 고도화된 서비스 제공을 목표로 한다. 웹 3.0의 진화된 개념을 현장의 행정서비스에 확대 적용한 것으로 이해할 수 있다. 즉, 정부 3.0은 전자정부 2.0 이후의 단계로 이해하기보다는, 전자정부 2.0의 튼튼한 토대 위에 확장 가능한 개념으로 이해할 필요가 있겠다.

⟨정부운영 패러다임의 변화 방향⟩

구 분	정부 1.0	정부 2.0	정부 3.0
운영방향	정부 중심	국민 중심	국민 개개인 중심
핵심가치	효율성	민주성	확장된 민주성
행정서비스	일방향 제공	양방향 제공	양방향 · 맞춤형 제공
참여	관 주도 · 동원 방식	제한적 공개 · 참여	능동적 공개 · 참여
수단(채널)	직접 방문	인터넷	무선 인터넷 스마트 모바일
웹 단계	웹 1.0 (인터넷 포털)	웹 2.0 (플랫폼: 개방· 공유·소통·협력)	웹 3.0 (개인화, 지능화)

자료: 행정자치부, 「정부 3.0 길라잡이」, 2014. 일부 발췌 편집.

3. 실제적 기반

전자정부가 지향하는 이념을 충족시키고 의도하는 행정혁신의 성과를 내기 위해서는 이를 실제적으로 뒷받침해 주는 기반이 구축되어야 한다. 이러한 실제적 기반에는 정보통신기술 자원, 조직·인력·예산 등의 조직내부 자원, 그리고 전자정부 관련 법을 포함시킬 수 있다.

1) 정보통신기술 자원

(1) 의   의

정보통신기술은 일반적으로 정보를 생성하고 유통시키며 저장하고 관리하는 유무형의 기술을 의미한다. 영어 약자로 ICT(Information and Communications Technologies) 또는 간단히 IT로 통용된다. 이 장에서 ICT 자원이라고 하면 단순한

PART 1
행정과 행정학의 이해

PART 2
행정환경

PART 3
행정내부환경

PART 4
결정시스템

PART 5
집행시스템

PART 6
조직시스템

PART 7
지원시스템

PART 8
산출과 피드백

기술 상태보다는 전자정부 구현에 실질적으로 사용되고 영향을 미치는 설비, 기기, 프로그램 등을 일컫는다. 대표적으로 컴퓨터, 인터넷, 통신망, 통신기기, 소프트웨어 등을 예로 들 수 있다. 이 중에서 전자정부 구현의 정도에 중요한 변수로 작용하는 ICT 자원을 인프라와 하드웨어 및 소프트웨어로 구분하여 알아본다.

(2) ICT 인프라: 통신망

인프라(infrastructure)는 직접 재화를 생산하는 구조물은 아니지만 사회의 다양한 생산활동을 간접적으로 지원하는 기반시설로서 전통적으로 도로, 항만, 수로, 공항, 전력 시설 등을 일컬어 왔다. 전자정부에서 ICT 인프라는 조직의 업무를 수행하고 행정서비스를 제공하는 데 필수적인 ICT 기반시설을 말한다. 대표적인 것이 정보의 유통이 이루어지는 통신망이다.

전자정부 초기에는 1993년 미국의 고어 부통령이 '국가 정보 인프라 행동 의제(NII Agenda for Action)'를 발표한 이후 정보사회에서는 정보고속도로인 초고속정보통신망의 구축을 통해 경제활성화는 물론 국민 복지 향상에 기여할 것으로 기대하고 세계 각국이 초고속 정보통신망 사업에 관심을 기울였다. 우리나라도 국가정보화에서 경쟁력을 갖게 된 중요한 동인의 하나는 초고속 정보통신망의 구축이라 할 수 있을 정도로 정부는 일찍부터 초고속 정보통신망 구축에 국가정책의 전략적 우선순위를 두었다. 1995년 확정된 "초고속 정보통신기반 구축 종합추진계획" 이후 지속적인 투자를 한 결과 2010년까지 전국 90여 개 지역에 2.5-10Gpbs의 초고속 정보통신망을 구축하였다.[80] 이러한 초고속 정보통신망은 기간통신망(backbone network)을 구성하고 있으며 여기에 민간통신사들이 가정이나 회사에 서비스를 제공하는 유선망과 무선망이 연결되어 있다.

최근에는 유비쿼터스 통신 서비스를 위한 광대역통합망(BcN: Broadband Convergence Network)이 중요한 인프라로 부각되었다. 광대역통합망은 통신·방송·인터넷이 융합된 멀티미디어 서비스를 가능하게 하는 차세대 통합네트워크 통신망으로서 소비자가 원하는 시간과 장소에서 단말기 종류에 관계없이 편리하게 네트워크에 접속할 수 있다. 광대역통합망 이후의 인프라로 등장한 것이 기가(Giga)인터넷이다. 광대역통합망의 최대 속도인 100Mbps보다 10배 빠른 giga급 속도의 성능으로 고품질·대용량·융합화된 정보를 수용할 수 있기 때문에, 스마트 TV, 3D/UHD, 클라우드, 빅데이터 등의 신기술 및 신서비스가 가능해진다.[81] 기가인터넷은 2014년 10월 처음 상용화되고 2015년부터 본격적으로 확산되었는데 2019

년 3월 기준으로 가입자 수가 전체 초고속인터넷 가입자의 40%에 근접하는 860만 명 규모로 추산하고 있다.[82]

현재 ICT 인프라에서 선진국의 관심을 끄는 것은 5G 상용화이다. 5G는 기가급 인터넷 서비스가 무선통신에서 구현되는 것으로 비유할 수 있는데, 자율주행차·사물인터넷·스마트시티·실감콘텐츠 등 4차 산업혁명의 신산업 개발에 핵심 인프라 역할을 하게 된다. 우리나라는 KT가 2018년 평창 동계올림픽에서 시범서비스를 선보였고, 2019년 4월 5G 상용화 서비스를 시작하였다.[83] 최근의 이러한 첨단 인프라 구축은 웹 2.0의 소셜 네트워크 기능을 더욱 확대시키고 새로운 형태의 전자정부를 구상하는 자극제가 될 것이다.

(3) 하드웨어와 소프트웨어

ICT 인프라 이외에 정보를 저장하고 처리하는 서버와 스토리지(storage)를 포함한 하드웨어(HW), 실제 업무 수행을 가능케 하는 소프트웨어(SW) 역시 전자정부 구현에 중요한 기반적 역할을 한다. 구체적으로 각 정부기관은 고유의 업무를 수행하고 보안을 유지해야 할 수많은 자료를 보유하고 있다. 온라인상에서 이런 기능을 수행하기 위해서는 서버와 스토리지와 같은 하드웨어가 필수적이다. 또한 이들 하드웨어가 운영되기 위해서는 시스템 소프트웨어(Operating System, 언어 프로그래밍 등)가 필요하고 실제 업무수행를 수행하기 위해서는 그에 적합한 응용 소프트웨어(메일 프로그램, 인사관리시스템 등)가 필요하다.

정부는 각 부처별로 다양한 기종의 하드웨어와 소프트웨어를 관리 운영하고 있었는데 중복투자, 전문성 부족, 보안성 취약, 열악한 전산환경 등의 문제점을 안고 있었다. 이러한 비경제성, 비전문성, 불안전성을 해결하기 위하여 정부는 2005년 정부통합전산센터를 설립하여 그동안 분산 운영되어오던 시스템을 공간적으로 통합하였다. 그 성과로 2014년에 44개 중앙행정기관의 2만여 대, 서버·네트워크·보안장비 등의 HW와 2만여 본의 SW를 운영·관리하게 되었다.[84]

하지만 이러한 성과는 그동안 개별 행정기관이 독자적으로 운영해 오던 하드웨어와 소프트웨어를 단순히 관리하는 위탁기관으로서의 역할에 머물렀고 따라서 이들 장비를 한 곳에 모아놓은 '위치통합'의 의미가 강했다.[85] 이러한 통합전산센터의 기능은 향후 많은 변화가 있을 것으로 예측된다. 우선 2009년부터 시스템 구축 예산을 개별 부처별로 편성하지 않고 통합전산센터에 배정하여 서버, 스토리지, 소프트웨어를 일괄 구매하도록 하였다. 이렇게 구입한 전산 자원은 풀(pool)을

PART 1 행정과 행정학의 이해

PART 2 행정환경

PART 3 행정내부환경

PART 4 결정시스템

PART 5 집행시스템

PART 6 조직시스템

PART 7 자원시스템

PART 8 산출과 피드백

구성하여 기관별 수요에 따라 자원을 배분하고 사용료를 부과하는 유틸리티 컴퓨팅 방식으로 운영되고 있다. 아직 웹서버 공동활용과 같은 실질적인 자원통합은 미흡하지만,[86] 위치통합에서 자원통합으로의 중요한 진전이라 할 수 있다.

자원통합의 다음 단계는 각 부처에 필요한 HW, SW, 서비스 차원을 모두 통합하는 것으로 이를 위해서는 클라우드 컴퓨팅(cloud computing) 기술이 필수적이다. 클라우드 컴퓨팅은 HW와 SW를 임대 계약하는 방식으로 인터넷을 통해 서비스를 제공하는 것으로 이를 위한 하드웨어와 소프트웨어를 포괄적으로 일컫는 개념이며,[87] 그 자체가 ICT 인프라라 할 수 있다. 클라우드 컴퓨팅 서비스는 하드웨어를 직접 구매하고 여기에 필요한 정보시스템을 구축하여 필요한 서비스를 확보하던 전통적인 방식과 비교하여 비용을 절감하고 비즈니스의 민첩성(agility)을 높일 수 있다는 장점이 있다.[88] 전산센터가 이미 추진한 HW를 공동구매하여 부처의 수요에 탄력적으로 용량을 배분하는 방식은 서비스로서 인프라스트럭처(Iaas: Infrastructure as a service)의 초기 단계라 할 수 있으며[a] 범정부 클라우드 서비스의 물리적 기반이 될 수 있을 것이다.[89]

구글, MS, 아마존 등의 글로벌 민간기업이 시장을 선도하고 있는 클라우드 컴퓨팅은 공공부문에서도 앞으로 중요한 ICT 인프라가 될 것으로 보인다. 영국 정부는 범정부 차원의 클라우드 컴퓨팅 인프라를 추진하고 있는데 어디서나 상시 접근이 가능한 안전하고 유연한 인프라 서비스를 공공부문에 제공하는 것을 목표로 하고 있다.[90] 우리나라의 정부통합전산센터도 정보자원의 효과적인 관리를 강화한다는 차원에서 2017년 국가정보자원관리원으로 명칭을 변경하고 클라우드 데이터 센터로의 전환을 적극 추진하고 있다. 국가정보자원관리원은 효율성·확장성 등 클라우드 서비스의 장점을 활용하기 위하여 기존의 전자정부 서비스를 지속적으로 클라우드로 전환시키고 있는데, 전환율은 2016년 25.8%에서 2019년 46.6%로 증가하였다.[91] 한편 정부는 정부 클라우드(G-Cloud)의 기능을 강화하면서 민간부문의 클라우드 경쟁력[b]을 높이기 위하여 공공기관의 민간 클라우드 이

---

a) 클라우드 컴퓨팅 서비스 방식에는 하드웨어 자원을 제공하는 Iaas 이외에 클라우드 인프라상에서 개발환경을 임대방식으로 제공하는 Paas(Platform as a service), 인증·문서유통·영상회의 등과 같은 정부 공통의 행정업무 수행에 필요한 소프트웨어를 임대방식으로 제공하는 Saas(Software as a service)등의 형태가 있다.

b) 클라우드 서비스의 세계 시장 규모는 2017년 1,453억 달러(160조 원)에서 2019년에는 2,062억 달러(227조), 2021년에는 2,783억 달러(306조)로 예상하고 있다(한국정보화진흥원, 「2019 국가정보화 백서」, 2020, p. 217). 한편 국내 시장 규모는 2019년 2.34조 원이었는데 2021년에는 3.24조 원, 2022년에는 3.72조 원으로 확대될 것으로 예측하였다(서울경제, 2020. 6. 24). 세계 시장 규모의 1/10 수준으로 클라우드 산업의 규모나 기술 격차가 큰 상황이다.

디지털서비스 전문계약제도

디지털서비스 전문계약제도 도입을 위한 관련 시행령이 국무회의를 통과하여 [2020년] 10월부터 시행되고 있다. 클라우드컴퓨팅 발전 및 이용자 보호에 관한 법률 시행령(이하 '클라우드컴퓨팅법 시행령') 개정을 통해 디지털서비스를 정의하고 이 범주에 들어가는 서비스의 공공부문 조달을 간편하게 진행할 수 있도록 함으로써 관련 서비스의 공공부문 진입 장벽을 낮추는 것이 이 제도의 요지이다.

특히 여기에서 정의하는 디지털서비스는 사실상 클라우드컴퓨팅 서비스를 지칭하는 것으로 정부 및 산하기관에서의 클라우드컴퓨팅 서비스 활용을 활성화하려는 것이 주요 목적이다.

디지털서비스 전문계약제도가 시행되면 기존 입찰절차를 통해 용역계약을 진행할 수 있던 복잡한 조달절차 대신 '마켓플레이스'에서 필요한 서비스를 선택하여 바로 계약 후 사용할 수 있다. 서비스 공급자는 마켓플레이스에 해당 서비스를 등록만 하면 모든 공공기관에서 사용할 수 있다. 공급업체가 등록신청 후 전문위원의 심사를 통과하면 이 서비스가 등록되며 유통플랫폼, 즉 마켓플레이스를 통해 수요기관이 디지털서비스를 이용할 수 있다. 전반적인 디지털서비스 전문계약제도는 아래 체계도를 참고하기 바란다.

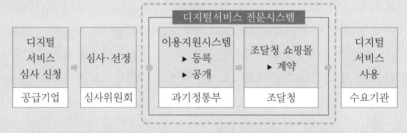

디지털서비스 전문계약제도(특히 점선 사각형 테두리) 체계도(출처: 과기정통부)

디지털서비스 전문계약제도가 안착하기 위해서는 마켓플레이스가 활성화되어야 한다. 마켓플레이스가 활성화된다는 것은 마켓플레이스를 중심으로 한 에코시스템이 정착되어야 함을 전제조건으로 한다. 즉, 쓸 만한 서비스들이 마켓플레이스에 많이 등록되어야 하며 그러기 위해서는 공급업체들의 적극적인 참여가 수반되어야 한다. 마켓플레이스를 통한 수익창출이 뒷받침되어야 함을 의미한다. 수요기관에서도 기존의 서비스 용역 관행에서 탈피하여 마켓플레이스에서 제공되는 서비스를 적극적으로 활용하기 위한 조직 및 내부 프로세스 조정이 필요하다.

PART 1
행정과 행정학의 이해

PART 2
행정환경

PART 3
행정내부환경

PART 4
결정시스템

PART 5
집행시스템

PART 6
조직시스템

PART 7
지원시스템

PART 8
산출과 피드백

우선 기관 내에 서비스를 관리·운영하기 위한 역량을 갖추어야 한다. 기존 용역기반에서는 용역을 담당하는 업체가 운영 대부분을 책임지고 수행해 왔다. 하지만 클라우드 기반으로 제공되는 서비스를 선택해 활용하는 경우에는 기관 내부의 관리자를 지정하여 서비스 운영을 일부 책임져야 한다. 만일 공급업체가 일일이 서비스를 사용하는 모든 기관의 요구사항을 일일이 다 대응한다면 마켓 플레이스를 통한 수익창출이 어려워질 수 있다. 결국, 바람직한 에코시스템 정착 이 힘들어지며, 마켓플레이스 활성화도 불가능하다.

마켓플레이스와 같은 개방형 서비스를 공공부문에 도입하는 것은 서비스를 제공하는 업체의 비즈니스에 도움이 될 뿐만 아니라 서비스를 활용하는 기관들 의 생산성 향상에도 기여할 수 있다. 단, 마켓플레이스가 안정적으로 정착되는 것이 필요하다.

자료: 윤대균(아주대학교 교수), 슬로우뉴스, 2020. 12. 14. 일부 발췌 편집.

용 규모를 2019년 870억 원에서, 2021년에 2,300억 원, 2023년에 4,600억 원으로 확대한다는 계획이다.[92]

2) 자원: 조직·인력·예산

(1) 의   의

전자정부의 성패에 영향을 미치는 또 하나의 중요한 제도적 요소가 전자정부 업무를 수행하는 조직과 이를 구성하는 인력 그리고 전자정부를 구축하는 데 필 요한 예산이라 할 수 있다. 각 행정기관의 정보화 내지 전자정부 업무를 담당하는 조직은 기관장의 참모 역할을 수행하는 전문가들로 구성된다. 이들은 전자정부의 관점에서 기관장을 도와 조직 전체의 업무성과를 창출하는 데 중요한 역할을 한 다. 전자정부 업무는 앞서 설명한 인사와 예산의 경우처럼 개별 행정기관의 고유 한 업무 특성을 살리기 위하여 기관의 자율성이 요구되는 동시에 전 정부 차원에 서 표준화된 형태로 업무가 이루어질 때 규모의 경제가 생기는 통일성도 요구된 다. 이런 이유에서 14장 인사에서 논의하였듯이 범정부 차원에서 이들 기능을 관 장하는 중앙행정기관과 부처별 기능을 담당하는 부서의 지위와 조직유형 그리고 이들 상하기관 간의 권한의 배분을 어떻게 설계할 것인지가 중요한 이슈가 된다. 한편 전자정부 업무는 인사나 예산 기능과는 달리 시스템 구축과 같은 사업성을 띠기 때문에 예산의 지원이 사업 성공의 중요한 요소가 되고 있다.

(2) 정보화(전자정부) 담당 조직과 인력

인사와 예산의 경우는 국가 차원에서 이들 업무를 관장하는 기관의 지위와 유형에 대해서 학계와 실무에서 지속적으로 관심을 갖고 많은 논의와 이론화가 이루어진 영역이고, 부처 차원에서도 이들 기능을 수행하는 부서는 핵심인력이 배치되는 선호부서로서 인정받고 있다. 하지만 전자정부 업무는 인사와 예산 업무에 비해 리더는 물론 구성원의 주목을 받지 못하고 있으며 학문적으로도 전자정부의 본질적인 내용에 비해 주목을 받지 못하고 있다.

그동안 전자정부는 행정안전부에서 계속 담당해왔지만, 정보통신기술 인프라 구축 등의 국가정보화 기반계획과 정책은 정부조직 개편에 따라 정보통신부(노무현 정부 이전), 행정안전부(이명박 정부), 미래창조과학부(박근혜 정부)로 주관부처의 변화가 있었다. 문재인 정부에서 전자정부 관련 업무는 행정안전부의 디지털정부국이, 국가 정보화 정책과 기본계획 업무는 과학기술정보통신부 정보화기획과가 담당하고 있으며, 한국지능정보사회진흥원이 전자정부 및 국가정보화 추진 관련 정책을 실무적으로 지원하고 있다. 이 외에 행정안전부 소속기관인 국가정보자원관리원에서 각 행정기관에 분산·운영되어오던 HW 및 SW를 통합하여 운영하고 있다. 이들 전자정부 및 국가정보화 업무는 주무부처인 행정안전부와 과학기술정보통신부의 핵심업무로 볼 수는 없으며 그만큼 정책의 우선순위에서 후순위가 되기 쉽다.

부처청 단위에서의 정보화 담당조직도 핵심업무를 수행하는 전략부서라기보다는 '부수적이고 지원적인 업무 부서'라는 인식이 강하다. 이러한 기관 내 부서의 위상으로 인해 기관 고유업무에 대한 전자정부 관점의 기획을 하기보다는 시스템을 운영하는 기능에 집중할 수밖에 없는 한계가 있다. 정보 관련 전문인력도 부족하고 역량도 민간부문에 비해 떨어지는 등 전반적으로 범정부 차원에서 전자정부를 담당하는 조직과 인력을 체계적으로 관리하고 있지 못하다는 지적이다.[93]

(3) 예   산

예산은 전자정부 추진을 위한 가장 중요한 물적 토대이고 이를 통해 정부의 정책 우선순위를 읽을 수 있다. 〈표 16-3〉은 2006년 이후 전자정부 예산액이다. 이명박 정부 들어 이전에 비해 1/2 수준으로 삭감되었고 박근혜 정부에서도 초기에 더욱 삭감되었다가 중반에 약간 회복되었다. 전자정부 예산은 소관부처인 행

PART 1 행정과 행정학의 이해
PART 2 행정환경
PART 3 행정내부환경
PART 4 경정시스템
PART 5 집행시스템
PART 6 조직시스템
PART 7 지원시스템
PART 8 산출과 피드백

표 16-3 전자정부 예산

정 부	노무현 정부		이명박 정부					박근혜 정부				문재인 정부			
연 도	2006	2007	2008	2009	2010	2011	2012	2013	2014	2015	2016	2017	2018	2019	2020
예산액 (억 원)	2,759	2,907	1,450	1,307	1,599	1,304	1,087	638	839	1,215	1,237	1,263	869	901	1,076

자료: 전자신문, 2011. 8. 24; 디지털타임즈, 2017. 12. 6; 행정안전부, 2019년도 세입·세출 예산(안) 개요, 2018. 9, p. 8; 행정안전부, 2020년도 세입·세출 예산 개요, 2020. 1, p. 1.

정안전부 예산으로 편성되는데 각 부처에 배정한 예산 한도(ceiling) 안에서 사업의 우선순위를 정해 예산을 편성하는 총액배분·자율편성제도를 채택하고 있기 때문에 전자정부 예산 증액은 다른 사업 예산을 감액해야 하는 제로섬 방식이다. 결국 총예산을 배정하는 기획재정부뿐만 아니라 행정안전부에서도 전자정부사업의 우선순위가 높지 않음을 알 수 있다.

물론 예산 규모만이 중요한 것은 아니다. 전자정부지원 사업이 문제사업으로 분류되었다든가, 2009년 감사원의 국가정보화 및 전산화 사업실태에 대한 감사보고서에서 사업계획의 수립과 계약과정에서 사업비 산정의 오류가 있다거나, 부처 간 정보화 사업의 중복이 있다거나, 성급한 사업 추진으로 인해 시스템 활용이 낮다는 지적들을 보면,[94] 예산 편성과 집행에 문제가 있어 보인다. 적정 규모의 예산을 확보하는 것 못지않게 올바른 예산 편성 및 집행 그리고 사업성과에 대한 신뢰를 확보하는 것이 전자정부를 추진하는 데 있어 무엇보다 중요한 자본이 될 것이다.

3) 법적 기반

(1) 의 의

2011년 서울시장 선거일에 선거관리위원회 서버에 대한 디도스(DDos) 공격에 즉각적으로 대응하지 못한 국가정보원을 야당 국회의원이 비난하자 국가정보원은 헌법기관에 대해서는 기관의 요청이 있어야만 기술지원이 가능하다고 해명하였다. 이처럼 합법성을 기본 이념으로 하는 행정은 법적 근거 없이 업무를 수행한다는 것은 불가능한 일이다. 전자정부 초기에는 문서 중심의 업무수행 방식을 전자화하는 정도의 시스템 구축에 집중하였기 때문에 법적 근거에 대한 문제인식이 중요하지 않을 수 있었다. 하지만 새로운 제도를 도입하고, 행정기관 간의 기능을 재배분하거나 조정하고, 또한 급속한 정보화의 진행으로 나타난 새로운 사회문제에 대한 대응이 필요해지면서 이를 적시에 법적으로 뒷받침해 줄 제도적 장치가 중요하게 되었다. 우리나라는 현재 전자정부와 직접적인 관련을 가진 법으로「전자정부법」,「지능정보화기본법」,「개인정보보호법」등이 시행중이다.

(2) 전자정부법

「전자정부법」은 행정업무의 전자적 처리를 정한 기본법으로서 2001년 제정되었고 전자정부의 정의, 원칙, 내용을 규정하고 있다.

① 정　의

「전자정부법」은 전자정부를 "정보기술을 활용하여 행정기관 및 공공기관의 업무를 전자화하여 행정기관 등의 상호 간의 행정업무 및 국민에 대한 행정업무를 효율적으로 수행하는 정부"로 정의하고 있다. 이 책의 정의와 비교하면 전자정부가 구현하고자 하는 이념 중에서 민주성이 생략되었으나「전자정부법」의 목적에는 "행정업무의 전자적 처리를 … 규정함으로써 전자정부를 효율적으로 구현하고, 행정의 생산성, 투명성 및 민주성을 높여 국민의 삶의 질을 향상시키는 것"으로 하고 있어 민주성 이념뿐만 아니라 궁극적으로 국민의 삶의 질을 향상시키는 것까지를 목적에 포함시키고 있다.

② 원　칙

전자정부를 구현하고 운영할 때 우선적으로 고려할 지침으로 정한 것이[95] 첫째, 대민행정서비스를 전자화할 때 특별한 사유가 없는 한 전자적으로 처리하고, 민원인에게 시간과 노력의 부담이 발생하지 않도록 하는 대민서비스의 전자화와 국민편익 증진을 원칙으로 한다. 둘째, 전자정부를 추진할 때에는 단순히 기존 업무를 전자화하는 수준이 아니라 업무를 혁신하고 이를 통해 생산성 또는 효율성을 향상시킬 수 있어야 한다. 셋째, 전자정부를 구현하는 데 필요한 정보통신망과 행정정보에 대한 보안대책과 정보시스템 감리(監理) 등을 통해 안전성 및 신뢰성을 확보하여야 한다. 넷째, 개인정보를 보유하고 관리하는 경우에 당사자의 의사에 반하여 사용하여서는 아니 되고, 개인정보가 포함된 행정정보를 공동 이용할 때는 정보 주체의 사전 동의를 구하도록 하는 개인정보보호 및 사전동의를 원칙으로 한다. 다섯째, 행정기관이 보유하고 있는 행정정보는 국민생활에 이익이 되는 경우 법에 의해 제한하지 않는 한 이를 인터넷을 통해 공개하고, 이를 필요로 하는 다른 행정기관과 공동으로 이용하여야 하며, 동일한 내용의 정보를 중복하여 수집하지 못하도록 하는 행정정보 공개와 공동 이용의 원칙을 정하고 있다. 여섯째, 전자정부사업을 추진할 때 다른 기관에서 보유하고 있는 정보자원과 상호 연계시키거나 공동 이용함으로써 중복 투자가 발생하지 않도록 규정하였다. 일곱째, 전자정부를 구현하고 운영할 때에는 행정업무, 데이터, 기술, 보안 등의 구성요소들을 통합적으로 분석하고 이들 간의 관계를 구조적으로 체계화한 정보화 설계도, 즉 정보기술아키텍처(EA: Enterprise Architecture)를 기반으로 하여야 한다. 여덟째, 행정기관은 특별한 사유가 없는 한 기관 간에 행정정보를 공동으로 이용해서 전자적으로 확인할 수 있는 사항을 민원인에게 직접 제출하도록 요구하여서는 아니 된다는 행정기관 확인의 원칙을 규정하고 있다. 끝으로 정부가 보유·관리하는 개인정보를 엄격히 보호해야 한다는 원칙을 정하고 있다.[a]

③ 주요 내용 및 특징

「전자정부법」제2장에는 국민 편의성 및 행정 효율성 차원에서 대민 행정서비스를 전자적으로 처리할 것을 규정하고 있다. 예를 들어 민원사항에 대하여 법에서 종이문서로 신청하도록 규정하고 있어도 전자문서 신청을 허용하고 있고, 민원인이 행정기관을 직접 방문하지 않고 인터넷으로 서비스를 제공받을 수 있도록 전자민원창구를 설치·운영할 수 있도록 하였다. 특히 2010년 전부개정에서는 유비쿼터스 및 포털을 기반으로 한 전자정부서비스를 규정하였다. 전자태그(RFID: Radio Frequency Identification)·스마트폰 등의 첨단정보통신기술을 이용해서 수요자가 언제 어디서나 행정·교통·복지·환경·재난안전 등의 서비스를 접근·활용할 수 있는 유비쿼터스 전자정부의 도입을 규정하였고, 국민의 입장에서 편리하게 필요한 정보에 접근할 수 있도록 포털에 의한 통합적 서비스를 제공할 것을 규정하였다. 또한 민간이 전자정부 서비스를 통해 제공되는 기술이나 행정정보 등을 활용해서 새로운 서비스를 창출할 수 있도록 지원함으로써 공개·공유·참여·협력 등의 웹 2.0 시대에 대비할 수 있는 법적 근거를 마련하였다.[96]

제3장과 제4장은 정부 기관 내부와 기관 간의 업무처리에 해당하는 전자적 행정처리와 행정정보의 공동이용에 대하여 규정하고 있다. 제3장 전자적 행정처

---

a) 전자정부 구현 원칙에 대한 보다 일반적인 내용으로는 ① 전자정부 서비스 접근성 제고 및 정보격차 해소 등과 같은 보편성, ② 개인정보보호, 전자정부 보안을 규정한 신뢰성, ③ 전자정부 구축시 정보주체의 자기결정권 및 이용자의 참여를 보장하는 등의 민주성, ④ 행정정보공동이용, 전자정부 표준화, 전자정부 사업의 중복 투자 방지 등과 같은 효율성, ⑤ 문서감축, 대민 편익 우선, 수요자 중심의 서비스를 구축 등과 같은 대민서비스 개선(편의성)을 들 수 있다(황병천·김도승 외, 전자정부법체계 정비방안 연구, 행정안전부 연구용역, 2007. 12).

리는 기존의 종이문서나 면대면 업무수행을 전자화함으로써 예산 절감을 포함한 행정 효율성의 향상이 기대되는 내용을 담고 있다. 우선 행정기관의 문서는 전자문서를 기본으로 하여 작성, 발송, 접수, 보관, 보존 및 활용하여야 한다는 원칙을 명시하였다. 한편 전자문서로 작성하면서도 종이문서가 이중으로 작성됨으로써 자원이 낭비되는 사례가 많았다. 전부개정에서는 종이문서의 감축에 대한 실효성을 확보하기 위한 감축 방안을 마련하도록 의무화하였다. 이 외에 행정부처가 세종시로 이전하면서 활성화될 것으로 보이는 온라인 원격영상회의, 온라인 원격근무, 온라인 교육훈련 실시 등의 전자적 업무수행을 할 수 있도록 하였고, 기관의 업무수행이나 개인의 경험을 통해 창출된 지식을 체계적으로 관리하고 활용할 수 있도록 하는 지식관리시스템을 운영할 수 있도록 하였다.

제4장 행정정보의 공동이용은 행정기관 간에 자료수집이나 시스템 구축의 중복으로 발생하는 낭비를 방지함으로써 행정의 효율성을 높일 수 있는 내용이다. 구체적으로 앞의 원칙에서 언급한 대로 어느 행정기관이든 기관이 보유한 행정정보를 필요로 하는 타 행정기관과 공동으로 이용하도록 하고, 다른 기관에서 신뢰할 만한 정보를 제공받을 수 있으면 별도로 정보를 수집할 수 없도록 규정하였다. 행정정보의 공동이용을 실효성 있게 추진하기 위하여 행정정보공동이용센터를 둘 수 있도록 하였는데, 공동이용센터는 자체적으로 정보를 생성하거나 보유하지는 않지만 여권, 국세, 주민, 자동차 정보와 같은 정보를 보유한 기관(외교통상부, 국세청, 지방자치단체 등)과 이를 이용하는 기관(행정기관뿐만 아니라 공공·금융기관 포함)을 시스템적으로 연계시켜 주는 기능을 수행한다.[97]

제5장에는 전자정부 운영기반을 규정하고 있는데 앞의 정보통신기술 인프라에서 언급한 내용에 대한 법적 근거라 할 수 있다. 주요 내용은 정보기술아키텍처(EA) 도입 및 활용, ICT에 적합한 업무재설계, 정보자원 관리기반 조성, 정보시스템의 안전성·신뢰성 제고로 구성되어 있다. EA는 업무수행, 데이터관리, 보안시스템 등이 개별적으로 구축될 때 발생할 수 있는 비효율을 방지하기 위해 조직 전체 관점에서 종합적으로 정보화를 추진하기 위한 정보화 기본설계도로서,[a] 이를 통해 중복투자 예방, 정보시스템 간의 연계 및 상호운용성 제고 등 정보화 투자 효율성이 향상될 것으로 기대된다. ICT에 적합한 업무재설계는 전자정부를 통해

---

a) 서울시가 도시 전체 차원에서 건물, 도로, 공원 개발에 대한 도시개발종합계획(설계도)을 수립하여 추진함으로써 구청별로 개발할 때 나타날 수 있는 난개발을 방지하고 도시를 구성하는 이들 요소를 균형있게 조화시켜 도시를 조성해 나가는 것에 비유할 수 있다(행정안전부, 「전자정부법의 이해와 해설」, 2010).

일하는 방식을 근본적으로 바꾸기 위한 전략이라 할 수 있다. ICT를 도입할 때 기존 업무프로세스와 조직구조를 유지하면서 보완적으로 일부 업무를 전산화하는 것이 아니라 조직구조, 인력배치, 업무프로세스 등과의 정합성을 확보할 수 있도록 재설계할 것을 요구한 것이다.[a] 정보자원의 효율적 관리에는 정보시스템을 구축할 때 시스템의 상호운용성을 평가하도록 하였으며, 시스템 간 연계 및 기관 간의 정보 유통과 공동 이용을 원활히 하기 위한 표준화, 행정기관이 보유한 HW, SW, 정보기술 등의 정보자원을 다른 기관이나 민간이 활용할 수 있도록 표준화된 정보자원을 개방하도록 한 공유서비스, 행정기관 간 정보통신망의 효율적 운영을 위한 통신망 구축, 전문 정보화 인력을 안정적으로 확보하기 위한 정보화인력개발계획의 수립, 정보시스템·정보기술·정보화예산·정보화인력 등의 정보자원을 효율적으로 관리하기 위한 현황 및 통계 관리, 그리고 지방자치단체의 정보자원을 효율적으로 관리하고 지역정보화의 통합적 추진을 위해 정부통합전산센터와 유사하게 지역정보통합센터를 설립·운영할 수 있도록 하였다.

(3) 지능정보화기본법·개인정보보호법

「지능정보화기본법」은 국가 정보화에 대한 기본 원칙과 방향을 규정한 법으로서, 1995년 제정된 「정보화촉진기본법」을 전면 개정한 2009년의 「국가정보화기본법」을 2020년에 다시 전면 개정하면서 새로 부여된 법명이다. 「정보화촉진기본법」에서는 정보화 촉진, 정보통신산업 기반 조성, 정보통신기반 고도화 실현을 목적으로 하였고, 「국가정보화기본법」에서는 자유롭고 개방적인 지식정보사회의 실현을 목적으로 정보화 기반 구축을 넘어 정보화를 통한 사회 전반의 혁신을 추구하였다. 「지능정보화기본법」은 정보통신기술(ICT)보다 범위가 넓은 지능정보기술은 물론 부문 간 기술 융합을 통한 지능정보사회의 구현이 목적으로, ICT 기반의 지식정보사회 차원에서 한 단계 더 진화한 개념으로 이해할 수 있다. 빅데이터, AI, 자율주행, 블록체인, 사물인터넷 등 4차 산업혁명의 핵심 기술과 생태계 변화에 선제적으로 대응하기 위한 법적 토대라 할 수 있다.[98]

전자정부와 관련해서는 각 행정기관의 지능정보화 업무를 총괄하는 지능정보화책임관, 이들로 구성된 지능정보화책임관협의회에 대한 법적 근거를 제공하고 있다. 법에는 정보화로 발생할 수 있는 역기능을 방지하기 위한 다수의 규정을

[a] 제3장 전자적 행정처리와 동일한 맥락이지만 EA와의 연계성을 강화시키기 위하여 조문의 위치를 EA에 포함시킨 것으로 보인다(행정안전부, 「전자정부법의 이해와 해설」, 2010).

두고 있는데 전자정부와 직접 관련성을 가진 것으로 정보격차해소와 개인정보보호 규정이 있다. 정보격차해소와 개인정보보호는 이명박 정부 이전에 정보격차해소에 관한 법률, 공공기관의 개인정보보호에 관한 법률이 개별적으로 있었지만 정보격차해소는 「지능정보화기본법」에 개인정보보호는 「개인정보보호법」과 통합되었다.

(4) 평 가

「지능정보화기본법」은 지능정보화를 위한 전문인력 양성과, 규제개선, 지식재산권 보호, 초연결지능 정보통신망의 확충 및 고도화, 통신망의 상호 연동, 정보격차 해소, 개인정보 보호, 기술 및 서비스 이용자의 권익보호 등 국가기관, 지방자치단체, 공기업 등의 공공분야와 민간분야를 망라하여 지능정보화의 기본원칙을 제시하고 있고, 「전자정부법」은 전자정부 구축 내지 공공부문 정보화를, 그리고 「개인정보보호법」은 개인정보의 수집·유출·오남용으로부터 사생활의 비밀을 보호하기 위한 구체적이고 집행적인 사항을 규정하고 있다. 「정보화촉진기본법」에서는 병렬적으로 규정되어 있던 정보화 관련 규정을 「국가정보화기본법」부터 정보화 원칙을 천명하는 상위 기본법의 지위를 부여하고 구체적인 집행사항은 「전자정부법」, 「개인정보보호법」 등으로 정리함으로써 법체계를 단순화하고 체계화한 것으로 평가할 수 있겠다.

앞으로의 과제는 정보통신기술 내지 지능정보기술의 급속한 발달과 웹 2.0, 웹 3.0과 같이 아직 실체를 분명히 정의할 수 없는 개념을 시의성 있게 법규정에 반영함으로써 기술환경의 변화에 선제적으로 대응할 뿐만 아니라 이를 통한 사회혁신 및 국가경쟁력을 높이는 계기로 활용하는 것이 중요할 것이다. 특히 4차 산업혁명을 이끄는 주요 신산업 영역에서 기존의 규제에 대한 완화가 쟁점이 되고 있다. 대표적으로 2020년에 빅데이터 신산업 육성에 필요한 개인정보의 활용을 강화하기 「개인정보보호법」이 개정되었다. 법 개정을 통해 개인정보를 익명정보와 가명정보로 구분하여 개인 식별이 불가능한 익명정보는 자유롭게 활용할 수 있도록 하고 가명정보의 경우에는 통계작성, 과학적 연구, 공익적 기록보존 등의 목적으로 활용할 경우에는 정보주체의 동의를 요구하지 않도록 규제를 완화하였다.[a]

---

a) 다만 서로 다른 개인정보처리자 간의 가명정보를 결합할 때에는 개인정보보호위원회 또는 관계 장관이 지정하는 전문기관이 수행하도록 하여 가명정보의 결합에 의한 개인정보 유출이 발생하지 않도록 하였다(「개인정보보호법」 제28조의 3).

특히 과학적 연구의 경우 학술적 목적이든 산업적 목적이든 이를 허용하는 것이 입법취지로 해석되고 있다. 한편 활용의 기회를 확대하는 것에 상응하여 개인정보보호 장치를 강화시키는 차원에서 독립성이 보장된 국무총리 소속의 장관급 개인정보보호위원회를 설치하였다. 이 법이 제출되고 통과하기까지 정당은 물론 시민단체와 전문가의 의견을 수렴하고 반영하는데 1년 이상이 소요되었다.

이러한 측면에서 행정부의 법안 마련도 중요하지만 국회에서 적시에 법안을 통과시키는 노력도 중요하게 부각되고 있다. 사물인터넷(IoT), 빅데이터 등 인터넷 신산업의 핵심 인프라로 평가받고 있는 클라우드 컴퓨팅의 법적 근거인「클라우드 컴퓨팅법」의 경우 2013년 10월에 국회에 제출되었고 2015년 국회를 통과하기까지 1년 5개월이 소요되었다. 또한 행정정보공동이용법안은 2006년에 이미 마련되었지만 국회 통과에 실패하고 2010년이 되어서야「전자정부법」을 보완하는 방식으로 반영되었다. 행정정보 공동이용의 장점과 필요성에 대한 인식은 일찍 시작되었지만 법적 근거를 제공하지 못해 추진이 지연될 수밖에 없었던 것이다. 개인정보 침해사고에 대한 우려도 한 요인이었지만 데이터를 제공해야 하는 국세청이나 대법원이 정보공유에 소극적이었던 것도 중요한 요인으로 지적되고 있다.[99] 전자정부와 관련한 법적 근거를 만들 때 다수 부처의 이해가 대립할 수 있고 이를 조정하고 합의를 이끌어내는 행정안전부의 역량과 노력이 전자정부의 시의적인 추진에 매우 중요하게 부각되고 있다.

4. 전자정부 개념의 진화: 디지털정부

● 최근 우리 사회는 인공지능, 데이터, 5G 등 첨단기술의 혁신적 발전으로 초연결·초지능 기반의 4차 산업혁명 패러다임에 접어들고 있는바, 4차 산업혁명에 따른 사회·경제적 변화에 선제적으로 대응하기 위한 범국가적 추진체계 구축과 기술혁신을 위한 규제체계 정비가 필요함. 4차 산업혁명 시대에는 일하는 방식이 변하고 기술 융합으로 산업이 재탄생하는 등 이른바 '파괴적 혁신'을 통한 생산성의 혁명이 일어날 것이라는 점에서 일자리·교육·복지 등 사회제도의 근본적인 변화도 예상됨. 4차 산업혁명 지원을 위한 범국가적 추진체계를 마련함으로써 데이터·인공지능 등 핵심기술 기반과 산업생태계를 강화[하고자 함](「지능정보화 기본법」, 2020. 6. 9 전부개정, 제정·개정 이유).

PART 1 행정과 행정학의 이해

PART 2 행정환경

PART 3 행정내부환경

PART 4 결정시스템

PART 5 집행시스템

PART 6 조직시스템

PART 7 지원시스템

PART 8 산출과 피드백

● 2020년 4월 28일, 행정안전부는 기존의 「전자정부국」을 수요자·서비스 중심의 「디지털정부국」으로 개편한다. 이번 조직개편을 통해 부내에 분산된 데이터 관련 기능을 집중·통합하여 데이터 경제를 선도하고, 인공지능 관련 부서를 신설해 지능형 정부로의 기반을 다지게 될 것으로 기대한다. 이번 조직개편은 디지털정부 혁신을 위한 첫걸음이다. 이전의 전자정부가 인프라 구축 등 공급자 중심이었다면 디지털정부는 대국민 서비스 향상을 지향하는 수요자 중심으로 패러다임을 전환하는 것이다. 데이터와 인공지능을 통해 한층 더 깊고 넓은 서비스를 제공할 수 있는 정부가 되어야 한다(행정안전부, 전자정부를 넘어 디지털정부로 대전환, 보도자료, 2020. 4. 28).

4차 산업혁명 시대를 맞아 정보화 관련 법을 개정하고 정부조직 개편을 단행하면서 내세운 이유이다. 법 개정은 4차 산업혁명의 글로벌 환경 변화에 맞춰 지능정보화의 방향성을 정하고 법적 토대를 마련한 것이다. 한편 조직개편은 지금까지 ICT 인프라 내지 시스템 중심으로 정부가 주도하여 추진해온 전자정부를 데이터 및 인공지능(AI) 등의 기술을 활용한 수요자·국민 중심의 디지털정부로 전환하기 위한 의미 있는 조치라 할 수 있다.

디지털정부는 이미 OECD 등 주요 선진국에서 보다 빈번하게 사용되어 왔고, 특히 OECD는 2020년에 디지털정부지수(Digital Government Index, DGI)를 발표하기도 하였다. 디지털정부지수는 6개 범주로 나누어 측정하는데,[100]a) 범주가 암

a) OECD 2020년 디지털정부지수 평가 항목

평가항목	평가내용
① 디지털 우선 정부 (Digital by design)	정부가 공공서비스를 만들고 혁신하는 과정에서 처음부터 디지털 기술을 반영하여 설계하고, 필요시 법제도, 행정절차, 대국민 소통 방식 등을 근본적으로 바꿔나가는 노력을 평가
② 플랫폼 정부 (Government as a platform)	정부가 부처 간 장벽을 허물고 수요자 중심으로 통합·연계된 서비스를 쉽게 개발하기 위해 관련 표준, 지침, 도구, 데이터, 소프트웨어 등을 명확하고 투명하게 제공하는 수준을 평가
③ 데이터 기반 정부 (Data-driven public Sector)	정책의 기획, 집행, 평가 등 전반에 걸친 데이터 활용으로 새로운 가치를 창출한 성과와 함께 데이터를 공유하고 활용하는 과정에서 신뢰성과 안전성을 보장하기 위한 노력을 측정
④ 열린 정부 (Open by default)	정부가 가진 데이터, 정보, 시스템, 프로세스 등을 공개하여 공익에 기여하고 지식 기반 행정을 실현하려는 노력 평가
⑤ 국민 주도형 정부 (User-Driven)	정부가 정책, 행정절차, 공공서비스를 만들고 고쳐가는 과정에서 국민의 주도적 참여를 보장할 수 있는 체계를 갖추고 있는지 평가
⑥ 선제적 정부 (Proactiveness)	국민의 수요를 사전에 예측하고 신속하게 서비스를 제공하는 능력 측정

자료: OECD, *Digital Government Index: 2019 results, OECD Public Governance Policy Papers No. 3*, 2020, 행정안전부, 대한민국, 제1회 경제협력개발기구(OECD) 디지털정부평가 종합 1위, 보도자료, 2020. 10. 16, p. 4.

시하듯이 디지털정부는 디지털 데이터와 기술을 활용해서 국민이 신뢰하는 서비스 혁신과 범부처 협업 그리고 데이터 공유를 통해서 더 개방되고 사용자가 주도하며 선제적으로 대응하는 정부역량을 강조한다.[101] 보다 참여적이고 혁신적이며 신속·정확한(agile) 정부 형태로서 기관 내부의 효율성이나 생산성 차원을 넘어 국민의 니즈를 충족시키는 것을 중시한다. 이를 달성하기 위해서 디지털정부는 서비스의 설계·전달 및 데이터의 접근·활용 등에 대한 범 정부차원의 표준을 정하고, 부처 칸막이 없는 공유의 인프라를 개발하며, 공공가치를 창출하기 위해 데이터를 전략적 자산으로 관리·활용하며, 서비스 전달체제를 혁신하기 위해 제3섹터를 참여시켜 함께 협력하는 시스템을 구축할 것이 요구된다.[102]

OECD는 전자정부가 기존의 분야별(보건, 복지, 조달 등) 내부 업무프로세스와 대국민 서비스 제공에서는 비용이나 시간을 줄이는 효과가 있었지만, 수평적(분야, 부처조직 간) 또는 수직적(중앙정부-지방정부 간) 경계를 넘는 일관된 연계성이 미흡했기 때문에 통합적·연속적·선제적 서비스를 제공하는 시너지를 내지 못했다고 지적하면서 디지털정부의 차별성을 강조한다.[103]

한편 193개 UN 회원국가의 전자정부 전도사 역할을 해온 UN은 2002년부터 전자정부 수준을 평가하여 전자정부발전지수(E-Government Development Index, EGDI)와 온라인 참여지수(E-Participation Index, EPI)를 발표하고 있다. EGDI는 온라인 서비스의 양적 범위와 질적 수준, 통신 인프라 개발 수준, 그리고 교육 수준을 나타내는 인적 자본의 세 요소별 지수를 통합한 것이다. 오프라인 행정서비스의 온라인화에 초점을 맞춘 EGDI를 e-information, e-consultation, e-decision-making(p. 624 참고) 차원까지 확장하여 EGDI의 보완 지수로 개발된 것이 EPI이다.[104] OECD의 디지털정부지수(DGI)와 비교하여 UN의 전자정부지수(EDGI, EPI)의 하위 구성요소를 보면 정보통신기술의 인프라를 기반으로 한 온라인 서비스 제공과 시민참여에 초점을 맞추고 있다. DGI에는 4차 산업혁명에 대응한 사회 전반의 역동적인 변화에 정부가 보조를 맞추고 나아가 변화를 선도하려는 의지가 담겨 있다고 볼 수 있다. OECD 다수의 회원 국가는 이미 전자정부의 물적·인적·법적 토대를 갖추고 상당한 수준의 온라인 서비스와 참여가 진행되고 있는 반면 UN은 인프라 구축 및 초기 온라인화에도 어려움을 겪는 아프리카 등 저개발 국가를 포함한 193개 회원국에게 유의미한 지수를 제공해야 하는 역할 때문에 두 국제기구의 지수 구성에 차이가 있는 것으로 이해할 수 있다.

UN도 2020년 전자정부 평가 보고서에서 많은 국가와 도시에서 초기 전자정부와는 차원이 다른 디지털정부로 전환하기 위한 혁신적 시도를 주목하면서 "플랫폼 정부화, 온·오프 라인의 다양한 채널을 통합한 서비스 제공, whole-of-government(p. 173 참고) 차원에서의 신속·정확한 디지털 서비스 개발, 온라인 시민참여 및 시민사회와의 파트너십 확장, 데이터 중심의 새로운 접근 수용, 사람 중심의 서비스를 제공할 수 있는 [문화·정책·인프라 차원의] 디지털 수용능력 강화, 그리고 AI나 블록체인 등 신기술의 혁신적 활용"[105] 등을 예로 들고 있다. 다만 보고서는 전자정부와 디지털정부의 명확한 구분이 아직 이루어지지 않았기 때문에 두 개념을 구분하지 않고 사용하겠다고 밝히고 있다.[106]

물론 전자정부와 디지털정부의 경계는 분명하지 않다. 전자정부 2.0, 3.0의 개념에도 정부가 플랫폼을 만들고 빅데이터를 개방해서 일반 시민이 이를 활용한 새로운 가치를 창출하는 공공서비스를 플랫폼에 올리기도 하고 시민이 포털에 들어와 서비스를 받아가는 것뿐만 아니라 서비스 접근이 어려운 특정 계층에 최적화된 맞춤형 찾아가는 서비스를 제공하는 의미도 포함되어 있다. 디지털정부는 정부 3.0 등과 같이 전자정부의 용어로는 4차 산업혁명시대의 새로운 기술을 반영하거나 자극할 참신성이 떨어지기 때문에 개념적 차별성보다도 미래의 정부 형태를 선도적으로 구상하고 구현하고자 하는 혁신 의지를 나타낸 것으로 보아야 할 것이다.

우리나라는 UN 전자정부평가나 OECD의 디지털정부평가에서 최상위권에 포함되는 전자정부의 강국이고 디지털정부로의 전환을 선도하는 국가로 평가받고 있다. 하지만 지금까지의 정보화가 광대역 통합망, 기가 인터넷, 5G 구축, PC나 스마트폰 등으로 접근 가능한 포털 구축 및 앱 제공 등 정보통신기술에 의존한 측면이 강했다. 이제 ICT의 고도화는 물론 민간부문에서 사물인터넷과 SNS를 통해 생성되거나 정부가 보유한 빅데이터, 그리고 이를 분석하는 AI나 보안이 강화된 블록체인 등등의 다양한 첨단 디지털 기술을 활용해서 새로운 가치를 창출할 수 있는 정책과 서비스를 설계하고 제공하는 방향으로 진화할 단계라 할 수 있다. 특히 코로나19의 언택트 상황에서 QR코드 자기인식을 통한 확진자 접촉 경로 추적, 온라인 교육서비스 제공, 온라인 재난지원금 입금 등 지금까지 개념적인 차원에 머물러 있거나 국민의 주목을 받지 못했던 기술이 실제 유용하게 사용되는 것을 경험하면서 포스트 코로나 시기에는 정부의 역할이나 행정서비스 제공 방식이 획기적으로 변화할 것으로 예상할 수 있다. 이러한 변화는 시장에서 민간 주도로 빠르게 진행되기 때문에 정부 주도가 아니라 시장과 시민사회가 함께 협력하는 거버넌스와 생태계 구축을 통해 사회 변화에 연동되고 통합된 디지털정부를 목표로 해야 할 것이다.

따라서 그동안 인프라 기반이나 시스템 또는 제도 구축에 중점을 두어온 전자정부국에 정부혁신실과 국가정보자원관리원에 분산되어 있던 데이터 관련 기능을 이관하여 디지털정부국으로 통합·개편한 것, 개인정보보호 기능을 개인정보보호위원회로 이관하고 위원회 지위를 장관급으로 격상하여 독립성을 강화한 것, 그리고 정보통신기술을 지능정보기술로 확장하고 지능정보 사회로의 전환에 따른 부작용을 예방하는 내용을 강화해서 '국가'정보화기본법을 '지능'정보화기본법으로 전면 개정한 것은 모두 바람직한 조치이고 올바른 방향 설정이라 할 수 있겠다. 다만 이들 조치는 디지털정부로 나아가기 위한 시작일 뿐이다. 무엇보다도 시대 변화의 트렌드를 따른 수사적 구호가 되지 않도록 실질적이고 구체적인 실행이 있어야 전자정부에서 디지털정부로의 전환이 차별성을 가질 것이다. 전자정부가 이상의 디지털정부 개념으로 진화하게 될 때, 전자정부는 미시적인 지원시스템으로서의 성격보다는 국정운영방식의 대전환을 의미하는 거시적인 정부혁신의 차원에서 이해해야 할 것이다.

PART 1 행정과 행정학의 이해

PART 2 행정환경

PART 3 행정내부환경

PART 4 결정시스템

PART 5 집행시스템

PART 6 조직시스템

PART 7 지원시스템

PART 8 산출과 피드백

주

1) 권기헌, 「정보체계론」, 2003, 서울: 나남출판; 김동욱, 전자정부 구현을 위한 행정정보화의 효율적 추진방안, 「행정논총」, 34(2), 1996, pp. 269-288; 정충식, 「전자정부론」, 1997, 서울: 녹두.

2) 정충식, 상게서.

3) 정충식, 「전자정부론」, 2판, 2009, 서울경제경영, p. 75.

4) M. Hammer, Reengineering Work: Don Automate, Obliterate, *Harvard Business Review*, 67(4), July/August 1990, p. 112.

5) T. H. Davenport & T. H. Short, The New Industrial Engineering: Information Technology and Business Process Redesign, *Sloan Management Review*, 1990 Summer, pp. 11-27.

6) M. Hammer & J. Champy, *Reengineering the Corporation: A manifesto for business revolution*, Harper Business, New York, NY, 1993, p. 32.

7) M. Hammer, Reengineering Work: Don Automate, Obliterate, *Harvard Business Review*, 67(4), 1990, p. 112.

8) T. H. Davenport, *Process Innovation*, Harvard Business School Press, Boston: MA 1993.

9) L. Robinson & C. Hill, *Concise Guide to the IDEFO Technique: A Practical Approach to Business Process Reengineering*, Enterprise Technology Concepts, Inc., 1994.

10) Tomislav Hernaus, *Process-based Organization Design Model: Theoretical Review and Model Conceptualization*, Working Paper Series, Paper No. 08-06, University of Zagreb, 2008; Wim P. M. Vanhaverbeke and Huub M. P. Torremans, Organizational Structure in Process-based Organizations, Paper prepared for the 14th EGOS-Conference in Maastricht, 9-11 July 1998.

11) Hammer & Champy, 1993.

12) 권기헌, 「전자정부론」, 서울: 박영사, 2007, pp. 119-121.

13) 앨빈 토플러, 김진욱 옮김, 「제3의 물결」, 서울: 범우사, 1992.

14) 강원택, 인터넷과 정치참여: 정당정치에 대한 영향을 중심으로. 「정보화정책」, 14(2), 2007, pp. 101-114.

15) UN, *E-Government Survey 2008: From E-Government to Connected Governance*, United Nations, New York 2008.

16) Ibid.; OECD, *Citizens as Partners: Information, Consultation and Public Participation in Policy-making*, OECD, 2001.

17) Ibid.

PART 1 행정과 행정학의 이해

PART 2 행정환경

PART 3 행정내부환경

PART 4 결정시스템

PART 5 집행시스템

PART 6 조직시스템

PART 7 지원시스템

PART 8 산출과 피드백

18) Ibid.

19) 정연정, 전자민주의로의 변화과정 진단과 발전방안에 관한 연구, 「한국지역정보화학회지」, 10(4), 2007, pp. 29-57.

20) 김현성, 온라인 시민참여와 전자민주주의의 관계에 대한 비판적 고찰, 「사회과학연구」, 22(1), 2006, pp. 91-119.

21) OECD, 2001.

22) Robert D. Atkinson and Jacob Ulevich, *Digital Government: The Next Step to Reengineering the Federal Government*, Technology & New Economy Project, Progressive Policy Institute, March 2000.

23) 정부혁신지방분권위원회, 「참여정부의 전자정부」, 정부혁신지방분권 종합백서 6, 2008, pp. 72-70.

24) 정부전자문서유통센터, https://gdoc.go.kr, 2021. 1. 4.

25) 정부혁신지방분권위원회, 전게서.

26) 중앙공무원교육원, 정책행정사례종합분석과 요약, 2010.

27) 송병호, 정부전자문서유통의 발전방향에 관한 연구, 「정보관리학회지」, 21(3), 2004, pp. 186-202.

28) 정부혁신지방분권위원회, 전게서, pp. 78-79.

29) 정부혁신지방분권위원회, 전게서, p. 80.

30) 한국정보화진흥원, 「2011 국가정보화 백서」, 2011, p. 129.

31) 정부혁신지방분권위원회, 전게서.

32) 상게서, p. 84.

33) 김유승, 공공기록물 관리에 관한 법률의 제정 의의와 개선방안 — 국가기록원의 위상과 국민의 알권리를 중심으로, 「한국기록관리학회지」, 8(1), 2008, pp. 5-25.

34) 국가기록원, 기록관리 메타데이터 국가표준화 연구용역 최종보고서, 부산대학교 산학협력단, 2010. 10, pp. 3-8.

35) 한국정보화진흥원, 「2010 국가정보화백서」, 2010.

36) 정부혁신지방분권위원회, 전게서, pp. 172-174; 아이티데일리, 종이문서 관행은 여전, 2018. 9. 30.

37) 서주현, 통합 e-나라 시스템, 「행정포커스」, 125, 한국행정연구원, 2017, pp. 60-65.

38) 정책기획위원회, 온나라정부업무관리시스템, 참여정부정책보고서 3-08, 2008.

39) 중앙공무원교육원, 2010년도 정책행정사례 종합분석과 요약, 2010, p. 45.

40) 상게서.

41) 정부혁신지방분권위원회, 전게서, p. 176.

42) 김은정, 구조방정식모형을 이용한 정보공동이용의 결정요인 연구, 「한국행정학보」, 38(4), 2004, pp. 125-145; 한세억, 정보사회 촉진을 위한 정책방안: 정보공동활용정책을 중심으로, 「사회정책논총」, 12(1), 2000, pp. 153-186.

43) 김은정, 상게서; 안문석, 정보 공동활용과 국가경쟁력문서유형, 「정보화정책」, 4(3), 1997, pp. 3-13.

44) 문정욱, 공공부문 정보화의 주요 성패요인과 정보공유 저해 요인 — 공무원의 인식조사를 중심으로, 「방송통신정책」, 19(6), 2007, pp. 1-17.

45) 김태진·정윤수·기정훈·김종태, 행정정보공동이용 장애요인에 대한 연구, 「한국지역정보화학회지」, 14(2), 2011, pp. 85-103.

46) 행정정보공동이용센터, 통계정보, https://www.share.go.kr, 2021. 1. 4.

47) 김태진·정윤수·기정훈·김종태, 전게서.

48) 홍재환·윤광석, 행정정보 공동이용의 평가와 개선방안 연구, KIPA 연구보고서 2009-08, 한국행정연구원, 2009, p. 17.

49) 통계청, e-나라지표, 정부민원포털 정부24 서비스 현황, 2021. 1. 4.

50) 정부24, 정부24 소개, https://www.gov.kr/, 2020. 12. 7.

51) 명승환, 정부대표 전자민원창구로의 정부 민원포털 발전방안연구 최종보고서, 2010. 9.

52) 진영빈·정충식, 전자정부의 민원행정서비스 개선 방안에 관한 연구: 부산광역시 이용자들의 인식을 중심으로, 「한국지역정보화학회지」, 11(1), 2008, pp. 101-125.

53) 서진완·이미정·임진혁, 주요 국가 정부조달시스템의 비교분석, 「한국지역정보화학회지」, 12(3), 2009. 9, p. 106.

54) S. Chandler and S. Emanuels, Transformation Not Automation, Proceedings of 2nd European Conference on E-Government, St Catherine College Oxford, UK, 2002, pp. 91-102; K. Layne and J. Lee Developing fully functional Egoverment: A four stage model. *Government Information Quarterly*, 18: 2001, pp. 122-136; United Nations-DPEPA (Division for Public Economics and Public Administration), *Benchmarking E-Government: A Global Perspective*, 2002.

55) 서진완·이미정·임진혁, 전게서.

56) 상게서.

57) T. O'Reilly, What is Web 2.0. Design Patterns and Business Models for the Next Generation of Software, 2005, http://www.oreillynet.com/oreilly/tim/news/2005/09/30/ what-is-web-20.html.

58) Google, Facebook, YouTube, e-Bay 등이 대표적인 플랫폼 방식의 웹을 운영하는 회사이다.

59) O'Reilly, op. cit.

60) J. Musser, T. O'Reilly and the O'Reilly Radar Team, Web 2.0 Principles and Best Practices, O'Reilly Radar, 2006. 11; P. Johnston, R. Craig, M. Stewart-Weeks, and J. McCalla, Realizing the Potential of the Connected Republic: Web 2.0 Opportunities in the Public Sector, Cisco Internet Business Solutions Group, 2008; 강원택, 「한국정치 웹 2.0에 접속하다」, 서울: 책세상, 2008; 정동훈, 웹 2.0

PART 1 행정과 행정인의 이해

PART 2 행정환경

PART 3 행정내부환경

PART 4 결정시스템

PART 5 집행시스템

PART 6 조직시스템

PART 7 지원시스템

PART 8 산출과 피드백

특성에 따른 정부부처 웹페이지 평가, 「사이버커뮤니케이션학보」, 27(4), 2010, pp. 209-253; 최호진·류현숙, Web 2.0과 컨버전스 환경특성을 반영한 I-Government 구축방안 연구, 경제·인문사회연구회 협동연구총서, 한국행정연구원, 2010.

61) O'Reilly, op. cit.

62) Albert Meijer and Marcel Thaens, Alignment 2.0: Strategic use of new internet technologies in government, *Government Information Quarterly*, 27, 2010, pp. 114.

63) Ibid.

64) 최선희, 웹 2.0과 정부의 역할 변화, 「정보통신정책」, 20(5), 2008, pp. 1-26.

65) 상게서.

66) http://www.data.gov/, 2012. 1. 20.

67) 조희정, 전자정부 시민참여 서비스의 전환과 정부 모바일 애플리케이션의 쟁점: 중앙정부와 지방정부의 활용 현황을 중심으로, 「의정연구」, 17(2), 2011, pp. 71-109.

68) 한국경제, 무늬만 국민청원 게시판 된 지자체 시민청원, 2018. 11. 23.

69) 강원택, 전게서, p. 68.

70) 상게서.

71) William D. Eggers, *Government 2.0: Using Technology to Improve Education, Cut Red Tape, Reduce Gridlock, and Enhance Democracy*, Rowman & Littlefield Publishers, January 2005.

72) 최호진·류현숙, 전게서.

73) 최선희, 전게서.

74) 조희정, 전게서.

75) 임도빈, 서울대 행정대학원 교수, 문화일보, 2011. 5. 12.

76) 김혁, 전게서.

77) 강원택, 전게서, pp. 91-98.

78) 심층적 검토는 Eric Bonabeau, Decisions 2.0: The Power of Collective Intelligence, *MIT Sloan Management Review*, 50(2), Winter 2009, pp. 42-52.

79) Jen Schradie, The Digital Production Gap: The Digital Divide and Web 2.0 Collide, *Poetics*, 39(2), 2011, pp. 145-168.

80) 한국정보화진흥원, 2011, 전게서.

81) 한국정보화진흥원, 「2014 국가정보화백서」, 2015, p. 458.

82) 한국정보화진흥원, 「2019 국가정보화백서」, 2020, p. 239.

83) 상게서, p. 236.

84) 한국정보화진흥원, 「2014 국가정보화백서」, 2015.

85) etnews, 2011. 3. 6.

86) 김성현·최영진·장시영, 2010, 클라우드 컴퓨팅 기반의 미래 전자정부 서비스 구축방안, 「정보기술아키텍처연구」, 7(3), 2010, pp. 269-280.

87) M. Armbrust, A. Fox, R. Griffith, A. Joseph, and R. Katz, *Above the Clouds: A Berkeley View of Cloud Computing*, Technical report No. UCB/EECS-2009-28, University of California at Berkley, 2009. http://www.eecs.berkeley.edu/Pubs/ TechRpts/ 2009/EECS-2009-28.pdf.

88) 김성현·최영진·장시영, 전게서.

89) 상게서.

90) UK Gov. 2010; 상게서 재인용.

91) 국가정보자원관리원, www.nirs.go.kr, 핵심성과, 2021. 1.4.

92) 4차산업혁명위원회, 클라우드 산업 발전 전략(안), 2020. 6. 24, p. 13.

93) 한국정보화진흥원, 「2017 국가정보화백서」, 2018, pp. 74, 156.

94) 감사원, 2009. 감사결과 처분요구서 — 국가정보화 및 전산화 사업 추진실태.

95) 「전자정부법」 제4조, 2010. 2. 4.

96) 행정안전부, 「전자정부법의 이해와 해설」, 2010.

97) 상게서.

98) 「지능정보화기본법」, 2020. 6. 9, 전부개정, 제정·개정 이유.

99) 디지털타임스, 2008. 5. 21.

100) OECD, Digital *Government Index: 2019 results, OECD Public Governance Policy Papers No. 3*, 2020, https://dx.doi.org/10.1787/4de9f5bb-en.

101) OECD, The OECD Digital Government Policy Framework, *OECD Public Governance Policy Papers, No. 2*, 2020, https://doi.org/10.1787/14e1c5e8-en-fr, 상게서 p. 11 재인용.

102) OECD, *Digital Government Index: 2019 results*.

103) 상게서.

104) UN Department of Economic and Social Affairs, *United Nations E-Government Survey 2020: Digital Government in the Decade of Action for Sustainable Development*, New York: United States, 2020.

105) 상게서, p. xxiii

106) 상게서, p. xxiv.

PART 8
산출과 피드백

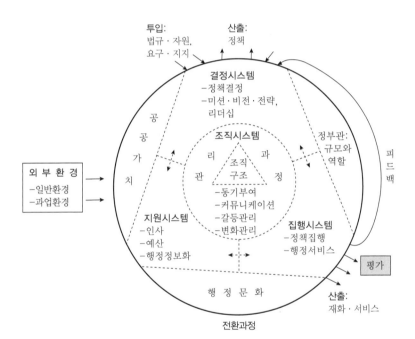

투입:
법규·자원,
요구·지지

산출:
정책

결정시스템
－정책결정
－미션·비전·전략,
리더십

공
공
가
치

조직시스템
리　　　　과
관　조직　정
　　구조
－동기부여
－커뮤니케이션
－갈등관리
－변화관리

정부관:
규모와
역할

피
드
백

외 부 환 경
－일반환경
－과업환경

지원시스템
－인사
－예산
－행정정보화

집행시스템
－정책집행
－행정서비스

평가

행 정 문 화

산출:
재화·서비스

전환과정

CHAPTER 17　평　　가

산출과 피드백은 투입-산출 체제모형의 마지막 요소에 해당한다. 결정, 집행, 조직, 지원의 각 시스템이 연계하여 최종적으로 산출을 환경으로 내보내고, 그것이 환경 속에서 평가를 받으며, 평가 결과는 다시 이들 시스템에 투입으로 피드백된다. 시스템은 이렇게 '투입-전환-산출-(평가)-피드백-투입-···'의 주기를 반복하면서 유기체로서의 생명을 유지시켜 나간다. 이 과정에서 산출에 대한 평가와 피드백은 특별한 의미가 있다. 주인-대리인 모형에서 주인의 역할에 해당하기 때문이다.

행정시스템으로 보면 국민의 입장에서 그동안 대리인들이 수행한 행정을 평가하고 새로운 요구를 투입하는 단계이다. 따라서 국민주권의 원리대로라면 국민이 직접 주인으로서 그동안 이루어진 행정을 평가하고 피드백을 해야겠지만 기술적인 문제로 국민이 참여할 수 있는 방법은 선거, 여론 형성, 만족도조사 등에 참여하는 것으로 제한된다. 1차 대리인이라 할 수 있는 국회와 대통령을 통한 평가와 피드백도 인력이나 시간 등의 한계로 국정감사, 예산심의, 임명권 등으로 제한적이다. 이외에도 시민단체, 언론기관, 정당 등이 평가 과정에 직·간접의 영향을 미치게 된다. 물론 이들의 참여 정도는 제한적일지 모르지만 환경에서 기술한 것처럼 행정에 미치는 영향력은 막대하다. 이들에 의한 평가를 외부평가라 할 수 있는데 과업환경에서 설명한 내용과 유사하기 때문에 여기서는 생략하도록 한다.

산출에 대한 보다 직접적인 평가와 피드백은 외부 환경에 의한 것이 아니라 행정 자체에서 이루어지는 것이 보통이다. 정부 스스로 최종 수혜자를 포함한 환경의 입장에서 산출의 성과를 평가하고 그 정보를 시스템 개선을 위해 활용하는 것이다. 행정에서 산출은 그동안 주목을 받지 못한 부분이다. 산출은 투입과 전환과정의 당연한 산물로 보았기 때문이다. 쓰레기를 넣으면 쓰레기가 나온다는 GIGO(Garbage In Garbage Out)의 원리에 따라 투입과 과정을 엄격히 통제함으로써 의도한 산출을 얻을 수 있다고 믿었다. 더구나 정부가 제공하는 재화와 서비스의 비시장성과 그로 인한 측정의 어려움 때문에 산출에 대한 관심이 소홀했던 것이 사실이다.

산출에 대한 평가와 피드백은 신공공관리론 차원에서 새롭게 강조되기 시작하였다. 영어권에서 1990년대 들어 Result, Outcome, Output, Impact, Performance 등의 용어가 행정 현장과 학계에서 유행어처럼 확산되었다. 그동안의 과정 중심 관리에서 결과를 강조하는 방식으로 관리의 초점이 바뀌고 있음을 보여준다. 투입과 전환과정이 아니라 결과(목표)를 기준으로 세우고 그것을 달성하기 위하여 거꾸로 전환과정을 관리하는 방식으로 변한 것이다. 인사와 재무에서 언급한 성과계약중심평가, 성과급제, 성과주의 예산제도가 바로 이런 흐름을 반영한 제도이다. 산출과 그에 대한 평가 그리고 피드백이 그 어느 때보다 강조되고 있는 시점이다.

이 마지막 장에서는 성과관리의 시각에서 평가이론과 우리나라의 실제 평가제도를 알아본다.

평 가 **17**

1. 의 의

1) 평가의 대상과 차원

평가는 사람이나 사물에 대해 좋고 나쁘다, 잘했다 못했다, 옳다 그르다 등의 가치를 판단하는 활동이다. 평가는 행정의 전 과정에 걸쳐 끊임없이 이루어지고 있다. 근무성적평정에서 공무원의 근무실적을 평가하고, 주민만족도조사에서는 행정서비스의 질을 평가한다. 이들 예에서 보는 것처럼 평가에는 반드시 포함되어야 하는 두 가지 요소가 있다. 하나는 평가의 대상이고 또 하나는 판단(평가)의 차원이다.

행정에서 평가의 대상은 행정현상만큼이나 다양할 수 있다. 따라서 이들을 개별적으로 하나하나 열거할 수는 없고 정책평가, 조직진단평가, 역량평가, 주민만족도평가 등과 같이 대상이나 영역이 유사한 것을 묶어 그에 적용할 독자적인 평가의 논리와 방법을 개발시켜 나가고 있다. 다음으로 판단의 차원은 사실판단에서 가치판단까지의 연속선상에서 이루어진다. 행정에서는 경험적 자료를 수집하여 판단하는 것도 있지만 정책과 같이 가치배분의 문제에 있어서는 정당한 논거를 기초로 한 판단도 가능하다. 투입과 산출의 비율을 중심으로 분석하는 관리과학, OR, BC분석 등이 전자에 해당하고 정책논변모형은 후자에 속한다.

〈그림 17-1〉은 전형적인 투입-산출 모형을 중심으로 지금까지 이 책에서 설명한 각 하위시스템을 연결시키고 평가의 차원을 능률성, 효과성, 타당성, 정당성으로 구분하여 종합한 것이다. 우선 투입-산출 모형에서는 외부에서 투입된 자원이 전환과정으로 들어간다. 이 과정에

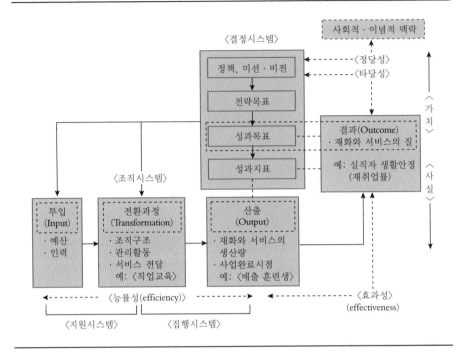

[그림 17-1] 성과평가의 대상과 차원

인사행정과 재무행정의 지원시스템이 주로 작동한다. 투입이 산출로 전환되는 과정과 활동에는 조직시스템의 구조와 관리과정이, 그리고 전환과정을 통해 구체적인 재화와 서비스의 산출을 생산하는 과정에는 집행시스템이 작동한다. 결정시스템은 정책, 미션, 비전, 전략을 결정하여 이를 외부환경에 내보내고 또한 행정 내부의 조직, 지원, 집행시스템에도 투입시킨다.

결정시스템의 정책, 미션, 비전 등의 주요 결정은 그것이 사회의 공공 가치보다 더 고차원의 이념적 맥락에서 정당한 것인지에 대한 평가가 가능하다.[1] 행정시스템이 추구하는 목표가 그보다 상위의 정치나 사회 시스템에 의해 그 가치를 인정받을 수 있는 것인가에 대한 평가이다. 따라서 정책, 미션, 비전 등의 평가는 행정 자체보다는 행정환경에서 정치적 담론 또는 사회적 담론의 형태로서 이루어질 수 있다.

결정시스템은 추상적인 미션(임무)과 비전을 세우는 정도에서 멈추는 것이 아니라 그것을 전략목표, 성과목표, 성과지표로 이어지는 연속적인 목표-수단의 관계로 구체화되어 관리의 유용한 기준과 정보를 제공한다. 이것이 바로 예산에서 검토한 성과주의 예산제도 기본 원리이기도 하다. 이들 개념 중에서 성과관리의 기준이 되는 것은 성과지표이다. 성과지표는 성과목표의 달성을 측정할 수 있도록 구체화한 것으로 투입, 전환과정, 산출, 결과 모든 측면에서 고려할 수 있다. 예를 들어, 예산집행률은 투입 측면의 성과지표이고 건설공정률(%)이나 시기별 계획 대비 집행실적(%)은 과정측면의 성과지표라 할 수 있다.[2] 성과지표의 핵심은 이러한 투입이나 전환과정보다는 산출(output)과 성과목표 차원의 결과(outcome)이다. 투입이나 전환 측면의 성과는 조직 안에서의 의미가 강하고, 그것이 궁극적으로 외부환경에 산출과 결과로 전환되어야 사회적 맥락에서 그 가치를 평가받을 수 있기 때문이다.

산출 차원의 성과지표는 재화와 서비스의 양적인 측면에 관한 것이며, 직업교육을 받은 수강생의 규모나 범죄검거율 등을 예로 들 수 있다. 결과 차원의 성과지표는 산출보다 상위 개념으로서 재화와 서비스의 질에 해당하는 성과목표를 측정하는 것이다. 실직자의 생활안정이라는 성과목표를 세웠을 때 직업훈련원의 수료생 수가 아니라 이들이 실제 재취업한 비율이 결과차원의 성과지표가 된다. 이 때 성과목표가 '달성하고자 하는 조직의 미션을 정말 달성했는지'를 의미하는 타당화(validation) 차원의 평가논리가 적용된다.

한편 투입이 산출에 기여한 정도를 말하는 투입-산출 비율을 능률성, 산출이 성과목표(결과)에 기여한 정도를 효과성이라 하는데 정당성이나 타당성 차원의 추상적이고 규범적인 평가에 비해 이들 개념은 계량적인 자료를 토대로 구체적이고 경험적인 검증이 가능한 평가차원이다. 측정을 중시하는 성과관리 측면에서는 타당성이나 정당성 차원의 평가보다는 능률성과 효과성 차원의 평가에 더 초점을 맞춘다. 일반적으로 성과라 할 때도 능률성과 효과성의 개념을 포괄하는 생산성과 같은 개념으로 이해한다.[3]

2) 능률성과 효과성

능률성은 최소의 투입 비용으로 최대의 산출을 창출해 내는 것이다. 일반적으로 투입은 재화와 서비스를 생산하기 위해 사용된 인력이나 자금 또는 유형의 물자를 말하고, 산출은 실제로 생산해 낸 재화와 서비스의 양을 말한다. 능률성은 투입-산출의 비율 개념이기 때문에 이들 투입과 산출을 계량적으로 표시할 수 있어야 한다. 따라서 능률성이란 결국 투입요소 1단위당 산출량을 의미하는 것이 된다. 범죄발생 빈도수를 포함해서 파출소 관할 지역의 여건이 매우 유사한 두 지역에 A와 B의 두 파출소가 있다고 가정하자. A파출소는 경찰인력 15명으로 한 달 동안 90명의 범죄자를 검거하였고, 다른 B파출소는 10명으로 같은 기간에 70명을 검거했다면, 각각 1인당 범인검거율은 6명과 7명으로 B파출소가 더 능률적으로 (생산적으로) 경찰인력을 활용한 것이다.

능률성의 본질적인 문제는 역시 계량화라 할 수 있다. 일반 기업처럼 돈·사람·공간·생산부품 등을 들여서 유형의 재화나 서비스를 만들어내는 경우에는 계량화 문제가 그리 심각하지 않다. 그러나 정책결정이나 서비스 제공을 주로 하는 정부의 경우 산출은 양적이기보다 질적인 경우가 많다. 경찰의 범인 검거처럼 1차적으로 양적인 표시가 가능한 경우에도 주민의 입장에서 정부의 성공을 평가하는 데 더욱 중요한 것은 범죄로부터의 안심이나 또는 범인검거율과 상반적일 수 있는 사생활 보호와 같은 질적이고 심리적인 것일 수 있다. 그에 대한 판단은 객관적이기보다 개인의 규범이나 가치에 의해 많은 영향을 받는 주관적인 측면이 강하다. 이와 같이 행정의 목표는 기업경영의 목표와는 달리 추상적이고 질적인 가치를 담고 있어 측정이 어려운 때가 많다.

정부부문의 이러한 특성을 고려하여 능률성을 한 차원 끌어올린 것이 효과성 (effectiveness)의 개념이다. 효과성은 성과목표를 미리 정해 놓고 그 목표를 실제로 얼마나 달성하였는가로 나타낸다. 이때 성과목표는 계량적인 산출의 정도만 보는 것이 아니라 그것이 사회에 미친 질적인 영향까지를 내포한다. 물론 효과성의 개념까지도 재취업률과 같이 계량화가 가능하도록 성과지표를 개발하는 것이 중요하다. 그렇지만 성과목표를 지표화할 수 있는 것으로 제한하는 경우 행정의 보다 본질적인 목표를 추구할 수 없다. 측정이 곤란하다 하여 제외시킨다면 수단과 목표를 전도시킬 위험이 있다. 기획재정부의 성과관리지침에서도 산출 측면보다는 결과 측면의 성과에 초점을 맞출 것을 주문하고 있다. 측정이 상대적으로 용이한 산출을 강조하다보면 본래의 성과목표가 왜곡될 것을 우려한 것이다.[4] 성과측정의 목적은 측정 자체가 아니라 평가 정보를 피드백하여 성과를 향상시키는 것이기 때문이다. 바로 이렇게 계량적인 측정이 곤란한 부분에 적용할 수 있는 개념이 타당화, 정당화(vindication) 차원의 평가논리이다.[a]

---

a) 행정자체의 내부평가에서는 성과목표가 조직의 미션에 적합한 논리적 연계성을 가지고 있는지의 타당화 판단은 가능하다고 본다(정당화 평가는 앞서 언급한 대로 정치적·사회적 담론의 외부평가로 이해할 수 있겠다). 이렇게 가치 판단의 평가까지 포함시킨다면 계량적인 평가에 한정한 성과측정보다는 성과평가라는 용어가 더 적합할 것이다. 계량적 평가를 의미할 때는 성과측정으로 비계량적 평가를 포함할 때는 성과평가로 구분하여 쓰는 것이 타당할 것이다. 평가차원에 대한 보다 자세한 분류

3) 성과평가의 의의

「정부 재창조」의 저자 오스본과 개블러가 주장한 성과평가의 중요성을 보면,[5] 첫째, 성과를 평가하지 않으면 성공과 실패를 말할 수 없다. 성과에 대한 객관적인 정보가 없는 상태에서 모든 결정은 정치적 판단과 고려에 의존할 수밖에 없어 비합리적이다. 예를 들어 예산의 성과를 평가하지 않은 채 예산삭감을 결정한다면 비유컨대 쓸모 없는 비계를 잘라 내는지 살코기를 잘라 내는지 알 수가 없다. 새 돈을 어디에 배정해야 하는지도 알지 못한다. 통상 정치인과 연결되어 있는 힘 있고 큰 조직들이 혜택을 보게 되는 것이다.

둘째, 성과를 평가할 수 없다면 그것을 보상할 수도 없으며 오히려 실패를 보상하고 있는지도 모른다. 성과를 정확하게 평가하고 원인을 규명하지 못하기 때문에 니즈(needs) 중심으로 배분이 이루어질 수밖에 없다. 즉, 범죄가 많이 발생할수록 경찰 인력을 더 투입해 주는 식이다. 정부의 경우 이런 현상이 자주 일어나면서 공무원은 다른 민간부문에 비해 무사안일하고 형식주의적인 업무수행태도를 보인다.

셋째, 성과를 평가하지 않고 성공을 확인하지 못한다면 학습이 불가능하다. 조직의 생리상 한번 만들어지면 스스로 알아서 없어지지 않는다. 성과를 평가하지 않는다면 잘못을 알지 못하고 잘못을 알지 못하면 고칠 수 없는 것은 상식이다.

넷째, 성과를 보여주어야 국민의 지지를 얻을 수 있다. 세금 저항이 심한 상황에서도 국민들은 성과를 내는 프로그램에 대해서는 정부를 신뢰하고 이를 지지하는 것이 일반적이다.

성과관리 차원에서의 평가는 우선 평가의 기준인 성과지표를 분명하게 설정하여야 한다. 성과지표는 미션·비전 → 전략목표 → 성과목표 → 성과지표로 이어지는 하향식의 연역적 추론 과정을 거쳐 개발되어야 하고 전략과 시스템적으로 연결되어야 한다. 성과관리형 성과평가는 성과지표가 투입과 전환과정에서 관리의 실질적인 지침이 되고 그에 따라 나타난 성과를 처음의 성과지표와 비교하여 평가하는 것이다. 이렇게 성과평가를 전략과 체계적으로 연결시켜 접근하는 대표적인 방법이 균형성과표이다. 균형성과표와 함께 투입-전환과정-산출-평가로 이어지는 순방향의 전통적 평가모형이자 성과관리 차원에서 적용 가능성을 가진 것으로 논리모형이 있다.

와 설명에 대해서는 주 1) 문헌 참조.

PART 1 행정과 행정학의 이해
PART 2 행정환경
PART 3 행정내부환경
PART 4 경영시스템
PART 5 재무시스템
PART 6 조직시스템
PART 7 지원시스템
PART 8 산출과 피드백

2. 성과평가시스템: 균형성과표

1) 개 념

민간부문에서 기업의 가치나 성과는 순익이나 매출액과 같은 재무적 관점에서 평가하는 것이 일반적이다. 1992년 캐플란과 노턴(Kaplan & Norton)은 *Harvard Business Review*에 기고한 논문에서 그동안의 성과평가가(민간부문에서) 재무적 관점만을 반영함으로써 조직이 소유하고 있는 인적자산과 같은 무형의 비재무적 가치를 경시하고 있음을 지적하면서 이를 조직의 성과평가에 포함할 것을 주장하였다.[6] 재무적 성과는 구성원의 역량, 고객의 신뢰와 같은 비재무적 성과에 의해 창출되는 것이기 때문에 이를 포함시켜야 균형잡힌(balanced) 성과평가가 가능하다는 것이다. 지식정보사회에서 무형자산의 중요성이 높아지고 있기 때문에 이에 대한 올바른 가치평가의 중요성을 강조한 것이다. 또한 재무가치 중심의 기존 성과평가는 순익과 같은 단기적인 성과에만 집착하게 만들어 기술개발이나 고객관리와 같은 장기적 관점에서의 필수 투자를 소홀히 하기 쉽고 기업의 장기적인 전략에 의해 기업활동이 통합되지 못한다고 비판하였다. 균형성과표(BSC: Balanced Scorecard)[a]는 이와 같이 재무적 시각뿐만 아니라 비재무적 시각에서 기업의 성과를 보다 균형 있게 평가하고, 나아가 기업의 장기적인 전략을 중심으로 성과지표를 도출하여 이를 토대로 조직을 관리하고 그 성과를 평가하는 전략적 성과관리 내지 전략적 성과평가시스템을 의미한다.

2) BSC의 4대 관점

BSC에서 비재무적 관점을 대표하는 것은 고객 관점, 업무처리 관점, 그리고 학습과 성장 관점이다. BSC는 재무적 관점과 이들 세 관점을 포함한 4대 주요 관점에서 성과를 접근한다(〈그림 17-2〉). BSC는 민간기업의 성과평가를 위한 모델로 개발된 것이기 때문에 이 중에서 기업의 주인인 주주의 이익을 반영하는 재무적 관점을 가장 중요하게 다루었다. 각각의 관점이 무엇을 의미하는지 알아본다.

첫째, 재무적 관점은 기업 중심의 BSC에서 성과지표의 최종 목표이다. 기업

---

a) 균형성과표는 미국 경영자를 대상으로 한 경영도구 조사에서 2014년에 응답기업의 38%가 이용하고 있어 25개 도구 중 상위 6위를 기록하였고, 2017년 조사에서 14위(이용률 29%)로 BPR보다 한 단계 앞에 위치하였다. 만족도는 5점 만점에서 3.93으로 BPR보다 낮았다(D. Rigby and B. Bilodeau, *Management Tools & Trends*, Bain & Company, 2018. 4).

PART 1
행정과 행정학의 이해

PART 2
행정환경

PART 3
행정내부환경

PART 4
결정시스템

PART 5
집행시스템

PART 6
조정시스템

PART 7
지원시스템

PART 8
산출과 피드백

[그림 17-2] 균형성과표의 4대 관점

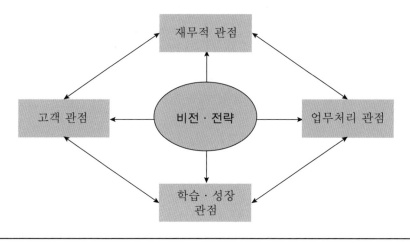

자료: Robert S. Kaplan & David p. Norton, Using the Balanced Scorecard as a Strategic Management System, *Harvard Business Review*, Jan-Feb 1996, p. 76.

의 주인인 주주들에게 보여주어야 할 성과이다. 따라서 현재까지도 가장 중요한 기업의 성과지표라 할 수 있으며 순익이나 매출액이 가장 대표적이다. 고객, 업무처리, 학습·성장의 관점에서의 성과는 궁극적으로 재무성과를 높이는 쪽으로 연결된다.

둘째, 고객 관점은 기업의 비전과 전략으로 보았을 때 상품과 서비스의 구매자인 고객들에게 무엇을 어떻게 보여주어야 하는가를 검토할 것을 요구한다. 영업의 대상이 되는 고객층과 시장을 파악하고 이들의 요구를 반영한 성과지표가 중요하다. 일반적으로 고객만족도, 신규고객증가수, 고객충성도 등으로 성과를 측정할 수 있다.

셋째, 업무처리(business process) 관점은 고객과 주주가 원하는 목표를 달성하기 위해 기업 내부의 일처리 방식을 어떻게 할 것인가에 대한 질문과 답이다. 기업의 전략에 부합하는 제품과 서비스를 계획하고 생산하며 판매하는 일련의 비즈니스 전 과정에서 나타나는 신뢰성이나 신속성 등을 말한다. 개별 부서별로 따로따로 이루어지는 일처리방식이 아니라 서비스 전달체계와 같이 조직 전체 차원에서 통합적인 일처리 절차를 어떻게 할 것인가에 초점을 맞춘다.

넷째, 학습·성장 관점은 4가지 관점 중에서 가장 하부구조에 해당한다. 즉, 다른 세 관점이 추구하는 성과목표를 달성하는 데 기본 토대를 형성하는 것으로 구성원의 능력개발이나 직무만족과 같이 주로 인적자원에 대한 성과를 포함한다. 전통적인 재무관점에서 보면 직원의 교육과 만족도를 높이기 위한 투자는 당장의 비용을 유발시키면서 이익은 창출하지 못하기 때문에 기피할 수밖에 없었다. 그러나 BSC의 학습·성장 관점에서는 이러한 투자가 장기적으로 구성원의 업무처리 역량이나 고객 만족도를 높이는 방향으로 작용하고 그 결과 재무성과도 높일 수 있다는 분석 내용을 담을 수 있어 성과평가가 훨씬 장기적이고 종합적일 수 있다.

3) 특 성

BSC의 중요한 특성은 개념에서 보았듯이 균형, 전략, 시스템의 용어에서 찾을 수 있다. 첫째, BSC는 우선 재무적 관점과 비재무적 관점의 균형을 강조한다.[7] 무형자산의 가치를 계량적으로 측정하기는 어렵지만 이들이 재무성과와 어떻게 연계되어 기업의 장기적 가치 창출이나 전략 달성에 기여하는지를 기술적으로 분석하여 성과평가에 포함시킴으로써 재무적 성과와 비재무적 성과의 균형을 꾀할 수 있다.[8]

둘째, BSC는 단기적 목표와 장기적 목표 간의 균형을 강조한다. 무형자산에 대한 강조는 성과평가의 시간에 대한 관점을 단기에서 장기로 전환시킨다. 재무적 관점에서는 현재의 자산 흐름을 중시하기 때문에 기업의 미래 경쟁력이라 할 수 있는 인적자원이나 고객관리 등 다양한 무형자산에 대한 투자를 소홀히 할 수밖에 없다. 이렇게 재무적 관점에서 손익에 초점을 두다보면 또한 조직의 전체적인 미션과 전략을 고려하지 못한다. 그 결과 단기적으로는 우수한 성과를 냈으면서도 장기적으로는 성과가 나쁠 수 있다. BSC는 재무적 관점에서의 단기적 목표뿐만 아니라 무형자산을 포함한 성과요소를 항상 미래의 전략목표와 연계시킴으로써 장기적 관점을 잃지 않도록 개념화하였다. 이를 위해 성과지표를 개발할 때 반드시 전략과의 논리적 인과관계를 분석하도록 하였다.

셋째, 과정과 결과의 균형을 추구한다. 성과주의 예산제도에서 설명한 것처럼 성과평가는 '투입과 과정' 중심에서 '결과' 중심으로 관리의 초점을 옮긴 것이다. 그래서 투입이나 과정보다는 산출(output)을, 산출보다는 최종 결과(outcome)에 해당하는 성과목표의 달성을 강조했다. 이에 비하여 BSC는 과정과 결과의 통합을 강조한다. 즉, 결과를 대표하는 성과지표뿐만 아니라 그것을 달성하는 데 필요한 예산, 인력, 조직구조 또는 업무처리 등의 투입과 과정에 해당하는 요소까지도 성과평가에 고려한다. 과정과 결과 중 어느 하나를 강조하는 것이 아니라 이들

간의 인과성을 바탕으로 통합적 균형을 추구한다. 따라서 최종성과가 좋지 않을 때 그 원인이 투입과 과정의 어디에 있는지 찾아내고 해결하는 데 유리하다.

넷째, BSC는 내부의 관점과 외부의 관점 간에도 균형을 강조한다. 내부적 시각은 BSC의 4대 관점 중에서 학습·성장 관점과 업무처리 관점이, 외부적 시각은 재무적 관점과 고객 관점이 해당한다. 즉, 조직 구성원과 조직구조 등에 대한 내부적 시각과 조직 환경에 속하는 고객과 주주들의 외부적 시각을 함께 고려한다.

다섯째, BSC는 기존의 성과관리와 마찬가지로 성과지표와 전략과의 연계를 그대로 받아들인다. 즉, 비전, 전략, 성과지표로 이어지는 목표-수단 또는 원인-결과의 논리구조를 유지함으로써 비전과 전략이 모든 성과평가의 지침이 되도록 한다. 캐플란과 노턴은 2001년 출간한 책 제목을 「전략중심의 조직」(The Strategy-Focused Organization)이라 할 정도로 성과평가에 있어 전략의 중요성을 강조하였다.[9]

여섯째, BSC는 시스템적이다. 4대 관점의 성과지표와 전략을 시스템적으로 연결시킨다. 뿐만 아니라, 네 관점에 속하는 성과지표들 간의 상호작용 관계를 시스템적으로 분석한다. BSC는 단순히 성과를 측정하거나 현상을 보는 시스템적 시각 수준에 머무는 것이 아니라 실제 기존의 조직관리시스템을 교체하는 새로운 관리시스템이다. 그만큼 기존의 제도에 커다란 변화를 초래하고 그에 따르는 저항도 예상할 수 있다.

4) BSC의 정부부문 적용

(1) 고객 관점

정부는 사업을 하여 순익을 올리거나 매출액을 올리는 기업이 아니다. 따라서 성과평가에 있어서도 재무적 관점보다는 국민이 원하는 정책을 개발하고 재화와 서비스를 제공하는지의 고객 관점이 중요하다. BSC는 재무적 관점뿐만 아니라 이러한 비재무적 관점을 성과평가에 포함시키고 있다는 점에서 정부를 포함한 공공부문에서도 많은 관심을 갖고 적용이 확산되어 왔다. 정부부문의 이러한 특성은 4대 관점 중에서 고객, 즉 국민의 관점을 가장 중요한 위치에 놓는다.[10] 행정의 성과에 대한 궁극적인 평가는 재정적인 성공이 아니라 국민의 요구를 얼마나 충족시켰는가로 판단해야 함을 의미한다. 고객의 관점은 이 책의 집행시스템에 주로 해당한다. 즉, 정책집행에서의 정책대상집단과 행정서비스에서의 고객의 관점이 성과지표 개발에 중요하게 반영될 것이 요구된다. 고객 관점에서 행정의 성

PART 1 행정과 행정학의 이해
PART 2 행정환경
PART 3 행정내부환경
PART 4 결정시스템
PART 5 집행시스템
PART 6 조직시스템
PART 7 지원시스템
PART 8 산출과 피드백

과지표로는 정책순응도, 고객만족도, 잘못된 업무처리건수, 불만민원 접수 건수, 삶의 질에 대한 통계지표 등을 포함시킬 수 있을 것이다. 정부의 고객은 국민만이 아니다. 대의민주주의하에서 선출직 의원들로부터 얼마나 지지를 얻고 있느냐는 것도 중요한 성과지표가 될 수 있다.[11] 때로는 정책대상집단에서 본 것처럼 고객이 동질적이지 않을 수도 있다. 이런 때에는 정책대상집단을 그룹으로 나누어 고려할 수 있을 것이다.

(2) 재무적 관점

고객 관점 다음으로 재정 차원의 국민주권(재정민주주의)의 원리에 따라 재무적 관점을 고려한다. 국민이 요구하는 수준의 서비스 질과 양을 충족시킬 수 있을 만큼의 재정자원을 확보해야 하고 그 돈을 경제적으로 배분하고 집행해야 한다. 지원시스템의 예산 부분이 여기에 해당한다. 정부의 경우에 기업의 순익이나 매출액과는 달리 사업집행이나 서비스 제공에 대한 비용과 편익(효과)이 성과지표로서 매우 중요한 역할을 한다. 사업과 예산이 잘 연계되어 사업진행계획에 맞추어 예산이 집행되었는지도 중요한 측면이다. 지방정부의 경우에는 재정을 얼마나 탄력성 있게 쓸 수 있는가를 보여주는 의무적 경비비율, 예산을 얼마나 계획성 있게 집행하였는지를 보여주는 예산불용액 비율, 재정건전성을 나타내는 채무상환비 비율, 그리고 새로운 세원 개발 등이 재무적 관점에서의 성과지표로 고려될 수 있다.

(3) 업무처리 관점

정부부문에서 업무처리(과정) 관점은 결정시스템에서의 정책결정과정, 집행시스템에서의 정책집행 및 재화와 서비스의 전달과정, 그리고 조직시스템에 관한 내용을 포괄하는 넓은 의미로 이해할 수 있다. 정책결정과정에서는 이해당사자들의 참여 보장, 행정절차법에 따른 절차적 규정 준수 등이 중요한 성과 측면이다. 집행시스템 차원에서는 관련 정보의 공개, 정책수단의 적실성, 서비스 전달시스템의 효율성 등을 포함시킬 수 있다. 특히 전략에 부합하는 정책수단의 선택이 중요하다. 예를 들어 지방분권이 중요한 전략의 하나라면 권한의 지방이양 실적이 포함될 것이고 정부개입의 최소화와 시장 자율성 증대가 전략이라면 시장유인적 규제가 업무처리 관점에서 성과평가의 기준이 될 것이다. 조직시스템 측면에서는 이런 모든 과정에서 부서 간의 업무 협조를 포함한 커뮤니케이션이나, 프로세스에 적합한 조직구조 개편, 결재단계의 축소 등을 성과지표에 포함시킬 수 있을 것이다.

PART 1
행정과 행정학의 이해

PART 2
행정환경

PART 3
행정내부환경

PART 4
경정시스템

PART 5
집행시스템

PART 6
조직시스템

PART 7
지원시스템

PART 8
산출과 피드백

(4) 학습·성장 관점

학습과 성장의 관점은 민간부문과 큰 차이를 둘 필요가 없는 부분이다. 조직 구성원들의 직무수행능력, 직무만족, 지식의 창조와 관리, 지속적인 자기혁신과 성장 등이 중요한 성과 측면의 요소이다. 주로 지원시스템의 인사행정과 조직시스템에 관련된 요소들이다. 정부의 경우에 보다 구체적인 산출지표로는 공무원의 직무만족도, 제안건수, 스터디 그룹 수 등이 있다.

(5) 유용성

BSC의 4대 관점 자체는 그리 새로운 것도 아니고 반드시 4대 관점으로 분류 해야 하는 것도 아니다. 시스템을 부분으로 나누는 방법은 학자들에 따라 얼마든 지 다양할 수 있다. 이 책의 결정, 집행, 조직, 지원(인사, 예산, 정보)도 중요한 분류이다. 이 구분은 BSC의 4대 관점과 많은 부분에서 서로 대응 관계에 있기도 하다. 조직의 특성에 따라 얼마든지 4대 관점이 아니라 5대 관점, 6대 관점으로 구분하는 것도 가능하다. 중요한 것은 지금까지 재무성과는 재무성과대로 인사성과는 인사성과대로 따로따로 평가가 이루어지던 것을 서로 연결시켜 시스템적인 상호관계에 주목한 점이다. 특히 BSC는 이들 여러 관점에서 개발된 성과요소들이 전략과의 인과성을 토대로 개발되고 또 이들 성과요소들 간의 개념적인 인과구조 (반드시 과학적인 것은 아니지만)를 제시한다. 따라서 조직 구성원들은 자신이 담당한 업무를 조직의 비전과 전략의 거시적인 방향성 속에서 이해하고 그에 맞게 일하는 데 도움을 얻을 수 있다.[12] 〈그림 17-3〉은 BSC를 정부부문에 적용할 때의 약간 변형된 4대 관점 간 관계와 전략을 함께 개념화한 것이다.

BSC에서 전략은 모든 성과요소의 가치를 결정짓는 핵심에 해당한다. 그런데 전략에서 이미 언급한 것처럼 정부의 경우에 장관이나 국·실장의 짧은 재임 기간은 전략적 사고를 매우 어렵게 한다. 심지어 미국의 경우에도 전략을 자세히 들여다보면 프로그램의 나열이지 조직이 진정으로 우선순위를 부여한 '전략적 선택'은 미흡하다고 지적한다.[13] 그러다 보니 미션, 비전이나 전략을 기준으로 하향식으로 성과지표를 개발하는 것이 아니라 밑에서 올라온 아이디어를 취합하고 정리하여 성과지표를 개발하는 방식이 되기 쉽다. BSC는 분명 매력적인 성과평가시스템이지만 그것을 도입하고 적용하는 데는 상당한 도전과 노력이 필요하다는 것을 알 수 있다.

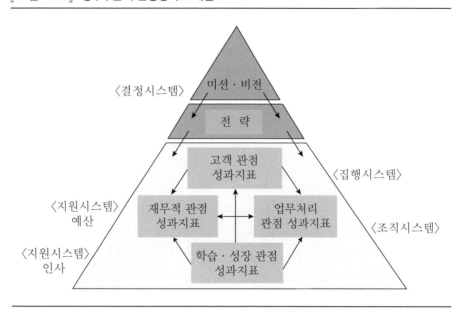

[그림 17-3] 정부부문의 균형성과표 개념도

〈결정시스템〉 미션·비전

전략

고객 관점 성과지표

〈집행시스템〉

〈지원시스템〉 예산

재무적 관점 성과지표

업무처리 관점 성과지표

〈조직시스템〉

〈지원시스템〉 인사

학습·성장 관점 성과지표

이러한 한계에도 불구하고 BSC는 이미 특성에서 언급한 것처럼 성과평가에 매우 중요한 시사점을 제공한다. 몇 가지만 다시 반복하여 강조하면 다른 성과관리와 마찬가지로 행정의 각 하위시스템(부서)에서 일어나는 모든 활동을 비전과 전략을 중심으로 연계시킴으로써 개별단위에서의 미시적이고 분산적인 업무 수행을 거시적이고 통합적으로 바꾸는 데 기여할 수 있다. 즉, 성과기준들 간의 인과관계를 찾도록 유도함으로써 구성원 각자가 수행하는 업무가 다른 업무와 어떻게 유기적으로 연결되어 있는지를 알 수 있다. 이러한 인과구조는 자신의 전문 업무에만 매몰되어 있는 구성원들에게 자신의 업무가 조직의 목표 나아가 국민(주민, 고객)에게 어떻게 도움을 주는지를 자각할 수 있게 함으로써, 업무수행에 대한 사명감을 제공할 수 있다.

측정의 어려움에도 불구하고 조직의 비재무적 성과를 평가한다는 것은 정부의 경우에도 의미 있는 일이다. 정부의 경우에 예산을 절약하고 균형예산을 유지하는 것도 중요하지만 그보다 국민(고객)의 입장에서 정책을 결정하고 서비스를 제공하여 국민의 신뢰를 얻는 것이야말로 그 무엇보다 중요한 가치이다. 또한 행정의 변화가 공무원의 변화 없이는 불가능하다는 점에서 학습과 성장 관점에서 인적자원에 대한 장기적인 투자 관점을 유지할 수 있는 것도 BSC에 담겨져 있는

PART 1
행정과 행정학의 이해

PART 2
행정환경

PART 3
행정내부환경

PART 4
경영시스템

PART 5
집행시스템

PART 6
조직시스템

PART 7
지원시스템

PART 8
산출과 피드백

"제도 폐지보다 평가지표 공정성 확보 선결 과제"
"각 기관에게 평가 자율성 부여 균형성과표 재도입 대안될 것"

공무원 성과상여금 재분배 논란에도 전문가들은 제도의 폐지보다는 공무원의 성과 관리의 필요성에 공감하며 개선에 초점을 둬야 한다는 의견을 내놨다. 평가지표의 공정성 확보 등은 풀어야 할 과제다.

한국인사행정학회장인 조선일 순천대 교수는 "성과 관리의 필요성을 부인할 수는 없지만 공무원 성과평가가 쉽지 않고, 조기 정착을 시키려다 보니 평가가 일률적으로 이뤄지고 있는 것이 문제"라며 "각 기관 특성에 맞게 평가의 자율성을 줘야 하는데 아직 평가문화도 발달이 안 되고 지표도 제대로 설정되지 않았다"고 지적했다. 조 교수는 "선진국에서도 성과관리의 한계가 지적됐지만 이 한계의 문제점은 '그렇다면 무엇으로 평가해서 공정한 보상을 할 것인가'에 대한 대안이 없다는 것"이라며 "결국은 각종 논란이 있지만 시간이 걸리더라도 제대로 된 성과평가로 제대로 보상하는 것이 맞다"고 강조했다.

김성준 경북대 교수는 "성과 관리와 평가는 이미 세계적 흐름"이라며 "결과를 평가하지 않으면 책임성을 확보할 수 없기 때문이라도 공무원에 대한 성과 평가는 반드시 필요하다"고 밝혔다. 성과금 제도를 둘러싼 논란에 대해서는 "행정 시스템은 조금씩 나아지는 것이지 한 번에 혁신되긴 어렵다"며 "시행착오를 겪더라도 도입 취지에 맞게 받아들여야 하지, 문제가 있다고 해서 없애버리고 과거로 회귀하자는 것은 위험한 생각"이라고 꼬집었다.

김영일 서울시립대 교수는 "문제는 승진을 앞둔, 연공이 높은 사람이 근무평가를 좋게 받는데 거기에 맞춰 이 사람들이 성과 평가도 잘 받다 보니 일부에서 불만이 제기되는 것"이라며 "인사행정의 개선이 필요한데, 성과상여금만 뜯어고치는 것이 아니라 승진시스템이나 근무평가까지 함께 바꾸는 대규모 수술이 필요한 상황"이라고 분석했다.

이창기 대전대 교수는 "성과 평가가 없어지면 공무원 업무의 효과성을 확보하기가 힘들다"며 "균형성과표(BSC)의 도입이 대안이라고 생각한다"고 말했다. BSC는 고객, 내부 프로세스, 학습·성장, 재무적 관점 등 4가지 기준에 따라 평가기준의 비중을 달리 둘 수 있는 성과 관리시스템으로 부서나 직무가 다르더라도 비교적 유연하게 평가할 수 있다. 우리나라는 참여[노무현] 정부 때 도입돼 공공부문 인사·성과평가에 활용되다가 이명박 정부 들어 폐지됐다.

이 교수는 "BSC를 발전시켜 평가의 공정성을 높인 뒤 공무원을 설득할 필요가 있다"며 "평가는 누구나 받아야 하지만 평가 기준과 잣대가 얼마나 공정한지가 지표를 받아들일지 여부를 결정한다"고 덧붙였다.

자료: 세계일보, 2017. 6. 20.

철학이라 할 수 있다.

이와 같이 BSC를 구체적인 시스템으로 도입하기까지는 어려움이 있더라도 BSC의 기본 정신은 기존의 평가에도 많은 시사점을 줄 수 있다. 이러한 기본 정신에서 보았을 때 다음의 우리나라 정부업무평가는 앞으로 개선할 점이 많아 보인다.

3. 논리모형

1) 개 념

성과평가의 유용한 또 하나의 도구로 논리모형(logic model)을 들 수 있다. 논리모형은 프로그램 논리모형의 약식 표현으로 프로그램을 실행하는 데 투입되는 자원과 실행 이후 나타난 결과의 전후관계를 논리적으로 연결시켜 그림이나 표로 도식화한 것이다. 프로그램을 기본 단위로 하여, 의도한 효과를 내기까지의 과정에 관련된 중요한 부분들을 인과적 관계로 연결한 하나의 시스템 모형이라 할 수 있으며, 체제론적 접근방법에서 설명한 투입–산출 모형의 응용이라 할 수 있다. 다만 투입–산출 모형에서는 구성요소들의 관계가 평면적이고 기술적으로 표현된다면, 논리모형에서는 프로그램의 산출(output)보다 더 근본적이고 장기적 변화인 결과(outcome)와 영향(impact)에 초점을 맞추고, 프로그램이 어떻게 작동해서 의도한 결과에 이르는지의 전후 관계를 논리적 인과관계로 보여준다는 차이점이 있다. 논리모형은 평가이론에서 먼저 유용성이 강조되었고,[14] 1994년 클린턴 대통령이 '정부성과결과법(GPRA: Government Performance and Results Act)'을 도입하고 투입·과정 중심에서 성과 중심으로 개혁의 방향을 정하면서 공공부문에 확산되었다.

2) 모형 및 구성요소

논리모형의 가장 기본형은 투입, 활동, 산출, 결과, 영향의 구성요소가 컨베이어 벨트처럼 연속적으로 연결된 구조로 도식화할 수 있다(〈그림 17–4〉).

투입은 프로그램을 실행에 옮기기 위해 필요한 인적자원, 물적자원, 시간, 장비 등의 자원(resource)이다. 정책수단에서 설명한 것처럼 정부가 직접 동원하는 경우도 있지만 민간부문과의 파트너십이나 보조금을 받고 대신 서비스를 제공하

PART 1
행정과 행정학의 이해

PART 2
행정환경

PART 3
행정내부환경

PART 4
결정시스템

PART 5
집행시스템

PART 6
조직시스템

PART 7
지원시스템

PART 8
산출과 피드백

[그림 17-4] 논리모형: 기본형

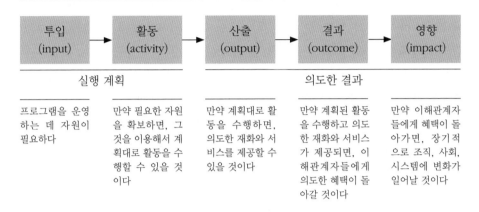

| 투입
(input) | → | 활동
(activity) | → | 산출
(output) | → | 결과
(outcome) | → | 영향
(impact) |

실행 계획   의도한 결과

| 프로그램을 운영하는 데 자원이 필요하다 | 만약 필요한 자원을 확보하면, 그것을 이용해서 계획대로 활동을 수행할 수 있을 것이다 | 만약 계획대로 활동을 수행하면, 의도한 재화와 서비스를 제공할 수 있을 것이다 | 만약 계획된 활동을 수행하고 의도한 재화와 서비스가 제공되면, 이해관계자들에게 의도한 혜택이 돌아갈 것이다 | 만약 이해관계자들에게 혜택이 돌아가면, 장기적으로 조직, 사회, 시스템에 변화가 일어날 것이다 |

자료: Kellogg Foundation, *Logic Model Development Guide*, Battle Creek, MI, 2004, p. 3.

는 민간인 등의 인력이 포함될 수 있다.

　활동은 확보된 자원을 투입해서 프로그램이 의도한 결과를 얻기 위해 취한 정부의 구체적인 개입(interventions)이나 조치들(actions)이다. 서비스 전달, 인프라 건설, 연구개발, 시스템 구축 등이 대표적인 예이며, 의도한 변화를 위한 계획의 구체적인 실행이다. 투입-산출모형으로 보면 전환과정(transformation)에 해당하며 정책집행과 서비스 제공에서 설명한 많은 내용이 논리모형의 활동에 포함될 수 있다.

　산출은 프로그램을 운영하여 얻은 직접적인 산물이다. 산출은 재화나 서비스의 직접 수혜를 받는 대상이나 범위에 초점을 맞추기 때문에 질적이기보다 양적이다. 주로 공급자 측면에서의 중요한 것, 또는 수요자 측면에서 초기 반응이 포함된다. 예를 들어 재취업 교육프로그램의 경우 개설 강좌수, 참가자수, 이수자수, 참여자 만족도 등이 포함될 수 있다.[15]

　결과는 참여자의 지식, 기술, 능력, 행태 등에 나타난 변화이다. 일반적으로 1~3년의 단기간 내지 4~6년의 중기간에 걸쳐 달성할 수 있는 변화이다.[16] 따라서 개인 학습 차원에서의 변화뿐만 아니라 취업이나 소득증대 등 개인에게 나타난 보다 실질적인 변화를 포함한다. 재취업 교육프로그램의 경우 재취업률, 실직자 생활안정 등이 해당될 것이다.

　영향은 조직이나, 사회, 또는 시스템에 나타난 근원적이고 궁극적인 변화로

7~10년의 장기간에 걸쳐 나타나는 2차 결과라 할 수 있다.[17] 사회안전망 확대, 십대 흡연율 감소, 공기오염도 개선 등 경제적·사회적·환경적 상태의 변화가 이에 해당한다. 결과와 영향, 단기·중기·장기의 구분은 명확한 것은 아니고 프로그램의 성격 등에 따라 상대적으로 이해할 필요가 있다.[18]

논리모형의 구성요소들은 "if then"의 조건적 연속 관계로 연결된다. 즉, 전 단계의 조건이 충족되면 다음 단계의 의도한 활동이나 결과가 무엇인지를 알 수 있다(〈그림 17-4〉 하단 참고). 논리모형은 자원을 투입해서 재화와 서비스를 제공하는 실행계획이 프로그램의 목표를 달성하는 등의 의도한 결과로 이어지는 일련의 단계를 이해관계자들에게 보여주는 로드맵이라 할 수 있다. 또한 논리모형은 왼쪽에서 오른쪽으로 순차적으로 읽어 가면 투입된 자원이 어떤 단계와 과정을 거쳐 무엇을 달성할 수 있는지의 이해를 돕는 틀을 제공한다.[19]

기본모형은 국민의 세금으로 이루어지는 투입 자원이 정책·서비스 수혜자들에게 어떤 혜택이 돌아가는지 조직, 사회, 시스템에 어떤 기여를 할 수 있는지를 논리적 연계를 통해 보여주는 장점이 있지만 현실의 프로그램 실행과 결과를 기술하고 설명하기에는 너무 단순하고 단선적이며, 인과적 관계라고 주장하기에는 과학적 논거가 부족하다 할 수 있다.[20]

이런 지적을 반영하여 기본형은 구체적인 적용 사례에 따라 다양한 형태의 변형이나 확장된 모형으로 도식화되고 있다. 〈그림 17-5〉는 투입 앞에 상황을 포함시킨 확장형의 하나라 할 수 있다. 상황이란 프로그램을 통해 해결하고자 하는 문제가 발생한 정치적, 경제적, 사회적, 환경적 조건이다. 상황을 잘못 이해하면 문제를 잘못 진단하게 되고, 결과적으로 프로그램의 타당성을 잃게 된다. 논리모형 자체는 합리성을 가질지 몰라도 모형 전체의 타당성을 잃게 되는 것이다. 상황 분석에는, 문제가 무엇인지? 문제가 왜 발생하는지? 문제가 어느 수준(개인, 가족, 조직, 사회 전반)에서 나타나는지? 문제의 이해당사자는 누구인지? 이런 질문에 대한 응답이 어떤 연구결과나 경험에 근거한 것인지? 등의 진단과 분석결과를 포함시키게 된다. 상황은 도식에는 포함시키지 않고 문서로 첨부하는 경우도 많다.[21]

상황 분석과 함께 우선순위를 포함시키기도 한다. 전략기획에서 설명하였듯이 모든 이해당사자들의 니즈를 충족시킬 수 없고 자원도 한정적이기 때문에 외부상황 분석과 함께, 기관의 비전과 전략, 역량, 역사 등 내부요인을 고려하여 프로그램의 우선순위를 정하고 전략적 선택을 하게 된다. 이런 과정을 거쳐 프로그램 및 논리모형의 정당성을 확보하게 된다. 상황분석과 우선순위 결정은 기본형

PART 1 행정과 행정학의 이해
PART 2 행정환경
PART 3 행정내부환경
PART 4 결정시스템
PART 5 집행시스템
PART 6 조직시스템
PART 7 지방시스템
PART 8 산출과 피드백

[그림 17-5] 논리모형: 확장형

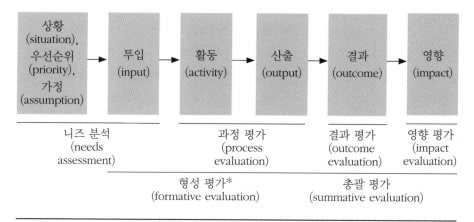

* 형성평가는 프로그램 개선을 목표로 프로그램이 실행 중에 실시되며, 총괄평가는 프로그램의 지속, 확장, 종료 등을 결정할 목적으로 프로그램이 종료된 후에 실시된다. 그림에서 형성평가 및 총괄평가가 각각 과정평가 및 결과(영향)평가와 동일한 개념은 아니다. 형성평가와 총괄평가의 구분은 프로그램의 개선이냐 지속·종료냐의 평가목적에 의한 분류이고, 과정평가와 결과평가 구분은 논리모형의 단계에 따른 구분이다(Ellen Taylor-Powell, Larry Jones, and Ellen Henert, *Enhancing Program Performance with Logic Models*, University of Wisconsin-Extension, February 2003, p. 175).
자료: Kellogg Foundation, *Logic Model Development Guide*, Battle Creek, MI, 2004; Taylor-Powell, Jones, and Henert, op. cit., p. 42, 재구성.

에 전략적 기획과정 일부를 결합시킨 것으로 이해할 수 있겠다.

확장형에는 가정(assumption)을 포함시키기도 한다. 가정은 프로그램이 성공적으로 수행되고 기대하는 결과를 가져올 것이라는 믿음을 갖게 하는 어떤 원리나 아이디어를 말한다. 프로그램이 무엇(what)을 하고 무엇을 달성하는가에 초점을 맞추고 있다면, 가정은 어떻게(how) 그것이 가능한가? 어떤 원리, 지식, 증거를 기반으로 하고 있는가에 대한 기본 전제를 말한다.[22] 가정은 실증 연구결과, 성공사례 등 객관적인 자료뿐만 아니라 경험, 직관 등 모든 암묵적인 근거를 밝힘으로써 다른 관점을 가진 이해관계자들과 소통하고 논리모형 전체의 공감대를 형성하는 데 중요한 역할을 한다.

3) 특성

논리모형의 목적은 프로그램의 성과를 향상시키는데 있다는 점에서[23] 성과관리에 중요한 함의를 지니고 있다. 논리모형은 프로그램의 기획, 실행, 평가의 모든 단계에서 활용 가능하지만 그 중에서도 성과관리 차원에서 의미를 가지는 것은 평가 부분이다. 〈그림 17-5〉의 하단에는 논리모형의 단계별 평가의 유형을 표시하였다. 성과관리가 기본적으로 성과목표의 설정과 달성도 평가를 기본 요소로 하기 때문에 논리모형에서 결과평가 및 영향평가 부분과 개념적으로 유사점을 찾을 수 있다. 다만 성과관리는 성과를 측정하여 개인이나 집단 차원의 보상과 연결시키는 조직관리적 의미가 강하기 때문에 계량적(정량) 평가가 중요하다면, 논리모형은 성과관리의 목적이 아니라 프로그램 평가의 목적이 더 강하기 때문에 프로그램이 어떤 변화를 가져왔는가? 누구에게 어떤 방식으로 얼마만큼의 혜택이 돌아갔는지 등 평가의 범위가 넓고 질적 평가의 중요성이 성과관리에 비해 강하다 할 수 있다.

　　논리모형은 이처럼 조직 단위보다는 프로그램 단위의 관리도구로서 더 적합하다.[24] 이런 이유에서 조직차원의 성과관리 도구로서는 앞의 BSC가 논리모형보다 더 적합하고 널리 채택되고 있는 것으로 보인다. 하지만 조직차원에서 BSC를 도입하려면 예산이나 인력 등 자원의 동원과 관리 그리고 사업(프로그램) 결정의 재량권이 기관장에게 부여되어 있을 때 조직의 성과관리를 종합적이고 균형있게 설계하고 실행에 옮길 수 있다. 이 때문에 기관장의 재량과 책임성이 상대적으로 강한 공공기관이나 지방자치단체에서 BSC의 도입 사례가 많고, 중앙 부처의 경우 자원 동원과 관리에 대한 기관장의 재량이 제한적이고 프로그램의 경우에도 대통령의 국정과제에 최우선 순위가 부여되어 있기 때문에 BSC보다 논리모형의 적합성이 높을 수 있다(〈표 17-1〉 참조).

표 17-1　BSC와 논리모형의 비교

구 분	BSC	논리모형
평가 초점	다양한 관점 사이의 균형 중시	결과(outcome) 중시
성과 지표	기관의 미션, 비전, 전략과 성과지표 간의 연계가 필수적으로 요구됨	기관의 미션, 비전, 전략과 성과지표 간의 연계가 취약
적용 대상	기관 전체 차원의 성과평가	단위프로그램에 대한 깊이 있는 분석과 성과평가
기관 운영	예산·인사에 있어 상당한 독립성을 갖고 운영	예산·인사에 있어 독립성 결여
적용 기관	공공기관, 책임운영기관, 지방공사, 지자체	중앙행정기관, 지자체

자료: 서원석·박홍엽, BSC와 논리모델의 비교 연구, 「한국인사행정학회보」, 5(2), p. 127, 2006. 일부 편집.

PART 1
행정과 행정학의 이해

PART 2
행정환경

PART 3
행정내부환경

PART 4
결정시스템

PART 5
집행시스템

PART 6
조직시스템

PART 7
지원시스템

PART 8
산출과 피드백

논리모형은 개별 프로그램 위주로 모형이 개발되기 때문에 다수의 프로그램이 있을 때 이들 간의 수평적 연계성을 보여주기가 어렵다. 또한 "if then"의 관계에서 알 수 있듯이 모형은 기본적으로 투입–활동–산출–결과–영향의 상향식 접근을 하기 때문에 조직 차원의 미션, 비전, 전략과의 정합성을 확보하기가 어렵다. 이에 비해 성과관리에서는 PPBS, ZBB, 성과주의 예산제도 등에서 채택하고 있는 미션, 비전, 전략과의 연계성 속에서 하향식으로 프로그램이 구체화되고, 기관–부서–개인의 순차적 세분화(cascading)를 통해 성과지표를 개발하기 때문에 조직 전체 차원의 체계성을 중시하게 된다. BSC는 바로 4대 관점에서 관점별 전략과제가 개발되고 서로 다른 관점에 속한 전략과제들이 어떻게 연결되어 전략목표 달성에 기여하는지를 지도로써 도식화하는 전략맵(strategic map) 분석을 통해 전략과의 정합성을 확보하게 된다.

4. 우리나라 평가제도: 정부업무평가

1) 의   의

우리나라 평가제도는 성과관리를 기반으로 한 기관단위의 정부업무평가라 할 수 있다. 이를 규정한 것이 「정부업무평가기본법」인데, 정부업무평가의 목적을 "중앙행정기관·지방자치단체·공공기관 등의 통합적인 성과관리체제의 구축과 자율적인 평가역량의 강화를 통하여 국정운영의 능률성·효과성 및 책임성을 향상시키는 것"으로 명시하고 있다(제1조).

성과관리는 이 책의 여러 곳에서 언급한 것처럼 투입이나 과정에 대한 통제가 아니라 최종적인 결과를 중시하는 것으로 신공공관리의 중요한 특징이다. 우리나라는 1997년 외환위기 이후 조직, 인사, 예산, 정책·사업[a] 등 행정의 모든 분야에 성과관리 원칙이 도입되기 시작하였다. 김대중 정부는 1998년 중앙행정기관을 대상으로 업무의 추진내용·집행성과, 그리고 기관의 역량 및 국민만족도 등을 종합적으로 평가하는 '기관평가'를 도입하였고, 노무현 정부 때는 성과와 예산을 연계시키는 성과주의 예산제도 차원에서 사업수행 부처의 예산운용 성과를 모니터링하

---

[a] 사업은 정책을 구성하는 하위개념으로 과장이나 팀장의 단위에서 독립적이고 총괄적으로 관리하고 책임질 수 있는 규모로 이해한다(공동성·윤기웅, 2007).

고 예산환류를 강화한 재정사업 자율평가제를 실시하였다. 이러한 기관 차원뿐만 아니라 성과관리는 개인 차원에도 적용되어 2003년에 4급 이상의 국가공무원을 대상으로 목표관리제가 시작되었다. 목표관리제는 2005년에 성과평가와 보수의 연계를 강화시킨 직무성과계약제도(현 성과계약중심 평가)로 발전하였으며, 이후 5급 이하 공무원의 근무성적평가에 성과관리의 원칙이 일부 적용되고 있다.

현재 우리나라는 모든 공공 업무에 대한 평가를 「정부업무평가기본법」으로 통합하여 관리하고 있으며, 이 법의 적용을 받는 기관은 중앙행정기관, 지방자치단체, 중앙행정기관 및 지방자치단체의 소속기관, 그리고 공공기관으로 구분하고 있다(제2조). 이들 기관에 대한 평가는 각 기관의 정책 사업, 인사, 재정, 조직, 정보화, 만족도 등을 포괄한 것으로서 평가범위, 평가차원, 평가방식이 매우 다양하고 다차원적이며 종합적이라 할 수 있다(〈그림 17-6〉 참조). 특히 중앙행정기관에 대한 정부업무평가는 대표적인 기관평가이다. 이러한 기관평가는 정책·재정·조직·인사·정보 등 모든 분야를 포함하기 때문에 이론적 체계성을 갖추기가 어렵다. 다만 매년 평가경험이 누적되고 피드백을 통해 지속적으로 평가제도의 진화가 진행되고 있다.

조직을 단위로 하는 기관평가의 속성상 성과평가의 모형으로는 BSC가 적합하다. 하지만 앞에 설명한 대로 BSC를 적용하려면 예산, 인력, 사업(프로그램) 결정 등의 기관 자율성이 있을 때 실효성이 있기 때문에, 현재 중앙부처보다는 경영평가를 받는 공공기관에서 보다 적극적이고 광범위하게 BSC기반 성과관리시스템을 구축하고 있으며, 일부 지방자치단체에서 채택하고 있다.

정부업무평가의 보다 구체적인 특성을 보면 첫째, 평가의 통합성이다. 「정부업무평가기본법」은 법률이나 대통령령에 근거하지 않고는 다른 평가대상기관의 정책 등에 대해 평가하지 못하도록 규정하고 있다(제3조). 과거에는 정책 사업, 조직, 인사, 재정, 정보, 국가 R&D 부분에 대해 국무조정실과 소관 부처가 개별적으로 평가를 실시함으로써 평가과다, 중복평가, 연중평가 등의 비판이 제기되었었다. 현 제도는 이러한 과거의 분산되었던 평가를 통합하여 평가대상기관의 평가부담을 경감시키는 효과가 있다.[25] 평가의 통합성은 정부업무평가위원회의 구성과 활동을 통해 그 실효성을 확보할 수 있도록 하였다. 위원회는 중장기 평가방향제시, 평가제도의 타당성 검토, 평가대상 사전조정의 역할을 하게 되며 이를 통해 장기적인 관점에서 평가의 일관성을 유지할 수 있게 되었다.[26] 또한 평가부문별로 부문총괄 기관(〈표 17-2〉 참고)을 두어 자체평가에 대한 확인·점검을 할 수

PART 1
행정과 행정학의 이해

PART 2
행정환경

PART 3
행정내부환경

PART 4
결정시스템

PART 5
집행시스템

PART 6
조정시스템

PART 7
지원시스템

PART 8
산출과 피드백

[그림 17-6] 2020년도 정부업무평가 체계도

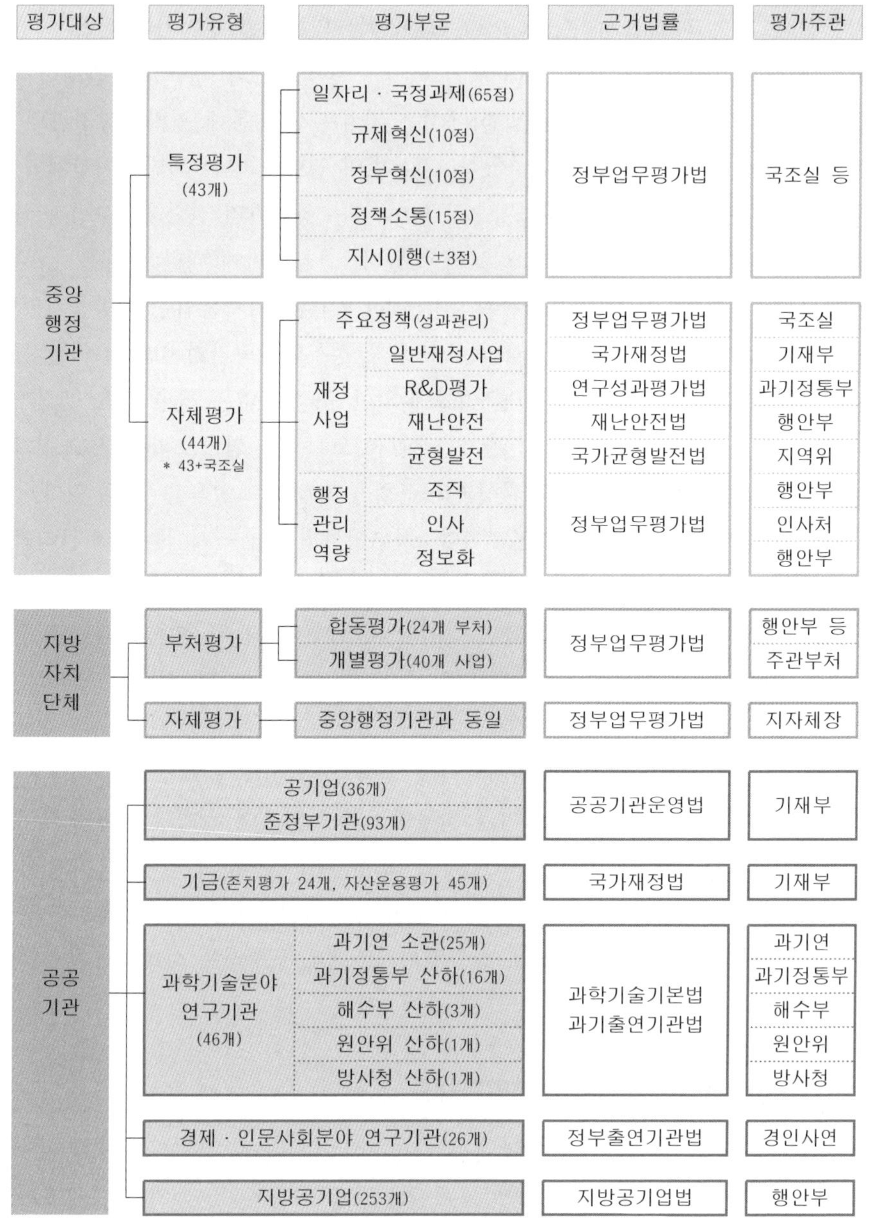

평가대상	평가유형		평가부문	근거법률	평가주관
중앙행정기관	특정평가 (43개)		일자리 · 국정과제(65점)	정부업무평가법	국조실 등
			규제혁신(10점)		
			정부혁신(10점)		
			정책소통(15점)		
			지시이행(±3점)		
	자체평가 (44개) * 43+국조실		주요정책(성과관리)	정부업무평가법	국조실
		재정사업	일반재정사업	국가재정법	기재부
			R&D평가	연구성과평가법	과기정통부
			재난안전	재난안전법	행안부
			균형발전	국가균형발전법	지역위
		행정관리역량	조직	정부업무평가법	행안부
			인사		인사처
			정보화		행안부
지방자치단체	부처평가		합동평가(24개 부처)	정부업무평가법	행안부 등
			개별평가(40개 사업)		주관부처
	자체평가		중앙행정기관과 동일	정부업무평가법	지자체장
공공기관			공기업(36개)	공공기관운영법	기재부
			준정부기관(93개)		
			기금(존치평가 24개, 자산운용평가 45개)	국가재정법	기재부
	과학기술분야 연구기관 (46개)		과기연 소관(25개)	과학기술기본법 과기출연기관법	과기연
			과기정통부 산하(16개)		과기정통부
			해수부 산하(3개)		해수부
			원안위 산하(1개)		원안위
			방사청 산하(1개)		방사청
			경제 · 인문사회분야 연구기관(26개)	정부출연기관법	경인사연
			지방공기업(253개)	지방공기업법	행안부

자료: 국무조정실, 2020년도 정부업무평가 시행계획, 2019. 12. 24, p. 20

있도록 함으로써 자율성을 부여하면서도 이로 인한 기관 간 자체평가의 편차를 줄일 수 있도록 하였다.

둘째, 평가의 자율성·분권성이다. 과거에는 외부기관 평가가 중심을 이루었고[27] 평가기준의 획일성으로 인해 평가를 받는 행정기관의 특수성을 반영하기가 곤란하였다. 「정부업무평가기본법」하에서는 자체평가를 통해 평가대상기관의 고유한 특성을 반영할 수 있도록 하였다. 기본법의 영향을 받는 지방자치단체의 경우에도 중앙행정기관에게 의무조항으로 되어 있는 성과관리 전략계획수립과 성과관리 시행계획수립을 재량 조항으로 하고 있다. 공공기관에 대한 평가는 「정부투자기관관리기본법」, 「정부산하기관관리기본법」, 「기금관리기본법」, 「지방공기업법」 등과 같이 개별 법률에 의해 실시되는 평가를 「정부업무평가기본법」에 의한 공공기관평가로 간주하고 있으며, 개별 법률에 의한 규정이 없는 경우 소속 행정기관의 장에게 자체 계획을 수립하여 평가를 실시하도록 위임함으로써(제22조) 평가의 통합성을 유지하면서 자율성·분권성과의 균형을 고려하고 있음을 알 수 있다.

셋째, 평가와 성과관리의 연계이다. 정부업무평가의 근저에는 성과관리라는 중요한 목적이 자리 잡고 있다. 즉 평가대상기관의 성과를 향상시키기 위한 목적으로 평가가 이루어지도록 제도화한 것이다. 중앙행정기관의 경우 성과관리 전략계획과 성과관리 시행계획을 수립하여야 하고 여기에는 기관의 임무(미션)와 전략목표, 성과목표와 성과지표, 그리고 과거 3년간의 재정부문에 대한 성과결과를 포함시켜야 한다(제6조). 특히 평가결과를 성과급 등의 보상과 연결시켜 성과 향상의 동기가 부여되도록 상대평가를 적용하도록 하였으며 관대화 경향을 방지하기 위해 강제배분까지도 권장하고 있다.[28] 또한 일부 행정기관의 경우 재무적 관점의 재정성과 측정이 어렵다는 것을 인식하고 고객관점, 업무처리관점, 학습·성장의 관점을 통합한 BSC방식으로 성과평가시스템을 구축하는 사례를[a] 확인할 수 있다.[29]

2) 중앙행정기관 정부업무평가제도

「정부업무평가기본법」은 중앙행정기관, 지방자치단체, 공공기관 모두에 적용되지만, 자율성의 원칙에 따라 지방자치단체와 공공기관은 고유의 평가체제를 개발·적용하고 있기 때문에 기본법의 가장 직접적인 적용 대상은 중앙행정기관인 부·처·청들이다. 중앙행정기관의 정부업무평가는 범부처 차원에서 국정기조와

---

a) 전라북도, 인천 중구, 광양시, 가평군 등 다수의 지방자치단체가 있다.

PART 1
행정과 행정학의 이해

PART 2
행정환경

PART 3
행정내부환경

PART 4
결정시스템

PART 5
집행시스템

PART 6
조직시스템

PART 7
지원시스템

PART 8
산출과 피드백

관세청장 인터뷰: 불만 고조… 결국엔 평가시스템 폐지

– 오랫동안 운용돼온 성과관리평가시스템을 없애 버렸다. 개선해서 활용할 수는 없었나.

"관세청 성과관리시스템(CPM: Customs Performance Management)에 대한 직원들의 불만이 많았다. CPM은 과거 노무현정부에서 정부업무평가를 도입한 이후 2012년에 관세청이 자체적으로 도입한 시스템인데, 도입 당시에 평가 지표와 방식을 정교하게 만들면서 매년 정부업무평가에서 우수기관으로 선정됐다. 그러나 모든 제도는 시간이 지나면 질곡이 생기게 마련이다. 성과관리시스템으로 모든 업무를 지표화하고, 매년 상향되는 기준에 맞춰 성과를 끌어올려야 하니 부작용이 생긴 것이다. 실적을 높이기 위해 과잉 단속과 추징을 하는 상황이 벌어졌다. 업무 성과마다 배점이 정해져 있으니 상대적으로 성과 내기 어려운 큰 사건은 덮어두고, 성과가 보장되는 작은 사건을 여러 건 처리하는 사례도 생겼다. 객관적으로 지표는 좋은데 일은 제대로 처리하지 못하는 상황이 된 것이다. 간부나 직원들도 실제 CPM이 폐지될 것이라고는 생각 안 했을 것이다."

– 그럼 업무평가는 어떻게 하나.

"직원들에게 정부업무평가에서 꼴찌를 해도 좋다고 이야기하고 있다. 각 세관장들에게 분기별로 기관 운영보고서를 제출하도록 했다. 지역 여건에 맞는 혁신과제를 자체적으로 발굴해 추진할 수 있다. 자율성을 높인 것이다. 각 평가 항목마다 점수를 매기지 않지만 세관장의 운영보고서와 직원 관리를 포함한 다양한 기준으로 평가할 계획이다. 나중에 결과가 나올 것이고 불만이 있다면 비판을 달게 받겠다. 분명한 것은 공정성 확보를 위해 객관적 기준을 세우고 업무 평가를 한다고 했는데 사실상 객관적 기준이 없었다. 매년 100% 달성되는 평가는 평가가 아니다. 평가 지표가 없어지면 자신이 무슨 일을 해야 할지 고민하게 된다. 조사, 단속으로 실적을 내는 것이 목적이 아니라 법이 지켜지도록 하는 것이 목적이다."

– 실제 어떤 성과가 있나.

"사전계도와 예고단속 등 사전 예방 중심으로 업무 초점을 맞추고, 고의적으로 규정을 어기는 사례는 단호하게 단속하고 있다. 자발적인 성실신고세액이 전년 대비 20% 늘었고, 조세 분쟁은 감소했다. 무역 관련 경미 사건은 지난해 360여 건에서 100건 가까이 감소했고, 휴대품 자진신고가 지난해 10만 건에서 15만 건으로 증가했다. 대신 4조4600억 원 상당의 재산국외도피·불법외환거래·조직밀수 등 중대범죄를 대거 적발했다."

자료: 세계일보, 2018. 12. 11. 일부 발췌 편집. 관세청은 폐지 이전까지 중앙행정기관 중에서 BSC기반 성과관리시스템을 가장 선도적으로 구축·운영해온 기관이었다.

국정과제를 중심으로 국정운영의 통합성을 유지할 수 있도록, 범 부처의 성과관리가 유기적으로 연계된 하나의 체계를 갖추어야 한다. 현재 정부업무평가는 기관평가로 볼 수 있지만 실제 평가의 대상은 주로 국정과제를 포함한 주요 정책이기 때문에 기관평가에 보다 적합한 BSC 모형 대신 계획(Plan)-집행(Do)-평가(Check)-조치(Action)의 PDCA사이클 모형으로 접근하고 있다.

(1) 계획과 집행

계획단계에서 각 중앙행정기관은 5년 단위의 '성과관리 전략계획'을 수립하여 기관의 임무와 비전 그리고 전략목표 및 성과목표를 제시하고, 또한 연도별 성과목표와 세부사업(관리과제)의 성과지표를 포함한 '성과관리 시행계획'을 매년 작성하여 국무조정실에 제출하여야 한다.

'성과관리 전략계획'은 중장기 환경분석과 전망 그리고 기관의 임무, 비전을 종합적으로 검토하여 전략목표와 성과목표를 세우도록 하고 있다. 성과목표에는 부처 자체의 신규 또는 지속 과제가 중심이지만 국정의 통합성 차원에서 국정과제, 대통령 지시사항 중에서 해당 사항을 반드시 포함시키도록 하고 있다.

한편 '성과관리 시행계획'상의 연 단위 성과목표는 전략목표-성과목표-관리과제의 논리적 체계성을 확보하되 최종 성과를 파악할 수 있도록 결과지향적으로 설정하도록 하고 있다. 관리과제는 성과목표를 달성하기 위한 개별 정책 또는 사업으로서 규제개혁이나 노동개혁과 같이 비예산 사업도 포함된다. 성과목표와 관리과제에 대해서는 1개 이상의 성과지표와 목표치, 그리고 검증방법을 제시하여야 한다(이상 〈그림 17-7〉 참고). 성과관리 시행계획에는 평가결과를 인사관리, 예산, 성과급 등에 어떻게 반영시킬 것인지의 구체적 방안을 포함시켜야 한다.

성과목표, 성과지표 및 목표치가 결정된 이후의 집행은 기관장의 리더십과 구성원의 동기부여에 의해 좌우되는 관리과정이다. 다만 집행 과정 중에 정책환경의 변화나 내부조직 개편 등에 의한 과제변경을 허용하고 있고, 연 2회 자체점검을 하고 이를 국무조정실에 보고하도록 함으로써 집행의 실효성을 확보하고 있다.

(2) 평가와 조치

중앙행정기관을 대상으로 하는 정부업무평가는 자체평가와 특정평가로 구성되어 있다. 자체평가는 주요정책, 재정사업, 행정관리역량 등을 기관이 자율적으로 평가하는 것이다. 주요정책이란 기관별 '성과관리 시행계획'상의 관리과제를

PART 1
행정과 행정학의 이해

PART 2
행정환경

PART 3
행정내부환경

PART 4
결정시스템

PART 5
집행시스템

PART 6
조직시스템

PART 7
지원시스템

PART 8
산출과 피드백

[그림 17-7] 성과관리(전략 · 시행)계획 체계도: 행정안전부 예시

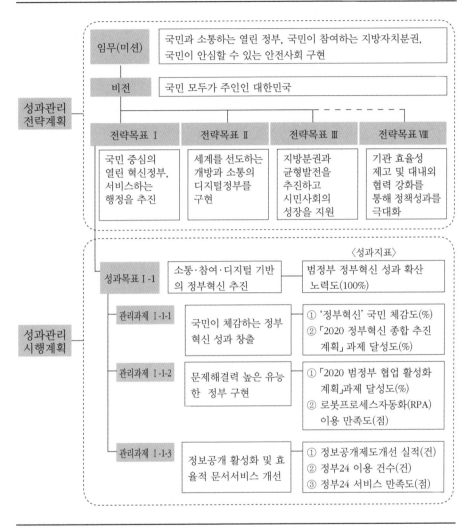

자료: 행정안전부, 「2020년도 성과관리 시행계획」, 2020. 5, pp. 98-108. 참고하여 재구성.

말하며, 재정사업에는 일반재정·R&D평가·재난안전·균형발전이, 그리고 행정관리역량에는 조직·인사·정보화가 포함된다. 이 중에서 재난안전·조직·정보화 부문의 평가지표는 행정안전부가, 인사는 인사혁신처가 평가지표를 개발하고 제시하며, 나머지 부문의 평가지표는 자율적으로 설정하도록 하고 있다. 평가방식은 R&D사업을 제외하고는 모두 상대평가하여 그 결과를 정책개선, 조직, 예산(증액·삭감), 인사, 보수(개인 성과급)에 연계시키도록 하였다.

자체평가가 각 행정기관의 특수성과 다양성을 반영할 수 있도록 자율성[a]을 허용한 제도라면, 특정평가는 국정을 통합적으로 운영하기 위한 통일성을 강조한 제도이다(〈그림 17-6〉 참고). 따라서 새 정부가 들어서면 국정기조와 국정철학을 반영하여 특정평가의 내용을 새롭게 구성하게 되는데 문재인 정부의 「2020년도 정부업무평가 시행계획」을 보면 일자리, 4차 산업혁명 등 100대 국정과제가 이에 해당한다. 특히 법 개정이 필요한 입법과제의 경우 법안 국회 통과 등 국회 대응 노력에 대해서는 가감점을 부여하도록 하고 있다. 국정과제는 특정평가 전체 100점 중에서 65점의 절대적인 가중치를 부여하고 있다. 또한 다른 평가항목 즉, 규제혁신, 정부혁신, 정책소통, 지시사항 이행 역시 대통령의 국정철학과 기조를 반영한 것이다.

자체평가 결과와는 다르게 특정평가 결과는 부문별 평가결과뿐만 아니라 100대 국정과제에 대해서 성과 및 미흡 사항을 공개하도록 하고 있다.[30] 따라서 정부업무평가는 실질적으로는 기관장에게 재량을 부여하고 기관 운영에 대한 책임을 평가하는 것이 아니라, 기관장이 국정과제와 국정철학을 얼마나 충실히 이행하고 있는지를 평가하는 것으로 볼 수 있다. 장관·청장 등 기관장에게 요구되는 것이 기관의 비전과 전략을 세우고 정책을 개발하는 정책역량이 아니라 주어진 과제와 지시사항에 대해 성과를 내는 추진력·실행력임을 알 수 있다. 정부업무평가는 행정의 책임성을 확보하는 중요하고 필요한 수단인 것은 확실하지만, 행정환경에서 언급하였듯이 청와대의 정치적 영향력이 확대되고 행정의 (재량)영역이 축소되는 구조적 원인이기도 하다.

(3) 문제점과 개선방향

중앙행정기관에 대한 평가는 계획-집행-평가-조치(환류)의 순환주기에 따라 이루어지며, 그 중에서 성과관리(전략·시행)계획을 작성해서 제출해야 하는 계획단계와 자체평가 및 특정평가로 이루어지는 평가단계가 핵심을 이룬다. 현행 제도의 문제점과 개선방향을 보면, 첫째, 기관평가 방식과 정책(사업)평가 방식이 통합되지 못한 채 병렬적으로 적용되고 있어 통합적인 성과관리체제를 구축하지 못하고 있다. 평가범위가 분명하고 상대적으로 과학적 평가가 가능한 개별과제 중심의 평가에, 측정의 엄밀성이 낮은 조직차원의 행정관리역량, 규제혁신, 정부

---

[a] 정부업무평가의 원칙으로 자율성 이외에도 독립성, 객관성, 전문성, 신뢰성, 공정성, 투명성(관련자 참여 및 결과 공개)을 규정하고 있다(제7조).

PART 1 행정과 행정학의 이해

PART 2 행정환경

PART 3 행정의 내부환경

PART 4 결정시스템

PART 5 집행시스템

PART 6 조직시스템

PART 7 지원시스템

PART 8 산출과 피드백

혁신, 정책소통 등의 평가가 함께 이루어지면서 평가의 초점이 분산되고 평가대상의 연계성이 미흡하여 평가시스템으로서의 통합성이 부족한 상태이다. '임무(미션)-비전-전략목표-성과목표'의 과제 및 성과지표 구체화 과정에서 논리적 체계성은 상당히 개선되었으나 BSC에서 제시하는 기관 차원의 종합적이고 균형적인 성과관리체계로 발전하지 못하고 있는 것이다. 부처의 정부업무평가가 기관평가와 정책평가의 두 차원을 모두 포함해야 한다면, 조직진단이나 BSC와 같은 관리차원의 평가원리를 중심으로 평가의 한 축을 만들고, 주요 정책과 과제에 대해서는 논리모형과 같은 정책평가의 방법론을 적용하여 정책 성과관리체계를 구축하는 것이 평가의 혼돈을 줄일 수 있을 것이다.[a]

둘째, 현재의 평가방식은 기관차원의 성과와 기관장의 책임성을 확보하는 데한계가 있다. 성과관리 원칙을 도입하여 조직의 미션, 비전, 전략, 성과목표의 유기적인 체계성을 유도하고 있지만, 실제 국무조정실에 제출된 성과관리계획서를보면 전략과의 정합성이 부족한 과제나 성과지표가 많이 포함되어 있다. 기획재정부에 제출된 성과계획서의 경우에도 의미있는 지표가 빠지고 지나치게 형식적으로 작성된다는 것이 감사원이나 국회 예산정책처의 지적이다.[31] 또한 기관 안에서도 개별 부서가 단위과제를 수행하고 각각 평가에 임하기 때문에 기관 전체차원의 통합적 대응이 되지 못하고 평가 칸막이 현상이 나타나기도 한다. 개별 부서 또는 사업별로 이루어진 평가를 병렬적으로 취합하는 형태로 평가에 대비해서는 기관장의 통합적 리더십도 작용할 여지가 적다. 기관장은 국정과제와 대통령지시사항을 포함하여 기관 전체 차원에서 지표 간의 체계성을 확보하고, 특히 평가담당부서와 정책부서 간 협업하여 평가를 받도록 리더십을 행사하여야 한다.

셋째, 평가를 가능한 계량화하고 상대평가로 차등화시켜 성과관리로 연결시키는 측면에서는 많은 발전이 있었으나, 평가를 통한 기관학습과 프로그램 개선의 노력은 미흡한 편이다. 이런 단면은 "평가 및 성과관리 부서는 서열화된 순위에 관심"을 가지는 반면, 사업 담당 부서는 평가내용을 이미 다 알고 있는 상황이라 특별한 관심을 갖지 않고, "평가결과를 사업부서에 보내봤자 보지도 않는다"는

---

a) 기관평가가 활성화되고 있는 현실 상황을 고려하여 조직론과 정책론의 두 시각을 통합하려는 시도가 이루어지고 있다. 김현구(정부업무 기관평가의 이론적 논고, 「한국행정학보」, 37(4), 2003, pp. 57-78)는 기관평가를 "기관의 정책총합(policy sum)에 대한 기관 단위의 다원적 종합평가"로 정의하고 정책을 전통적으로 이해하고 있는 대국민 상대의 실질정책(sub-stantive policy)뿐만 아니라 이를 지원하는 조직 내부의 관리정책(management policy)까지를 포괄하는 의미로 개념화한다. 평가도 효율성 차원의 사실판단뿐만 아니라 타당화와 같은 가치판단까지 포함하는 다원주의 시각을 강조하고 있다.

이광희·이석민 연구의 공무원 면접내용에서 확인할 수 있다.[32] 이 연구는 평가결과의 활용도가 낮은 이유로 성과지표의 타당성과 평가과정의 공정성이 결여되어 결과적으로 평가결과를 신뢰하지 않기 때문이라고 진단하면서, 보상과 연계한 평가뿐만 아니라 정책에 대한 심층적인 분석정보를 생산하고 공유하는 노력의 필요성을 강조하고 있다.[33] 모든 정책이나 프로그램을 대상으로 할 수는 없겠지만 규모가 크고 성과가 미흡한 사례를 선정하여 논리모형 등의 평가방식을 적용하여 제한적으로 심층분석을 실시하는 것을 검토할 수 있을 것이다.

넷째, 정부업무 평가가 「정부업무평가기본법」에 의해 국무조정실이 총괄업무를 맡는 등 과거의 분산적 평가를 통합하는 개선이 있었지만, 아직도 평가관련 기관들 간의 유기적인 협력이 미흡한 실정이다. 대표적인 예로, 중앙행정기관은 평가기본법에 따라 국무조정실에 성과관리(전략·시행)계획서를 제출하고, 또한 국가재정법에 따라 성과계획서를 기획재정부에 제출하는 데 성과관리계획서와 "사실상 동일한 계획서"라 할 수 있다.[34] 성과관리와 관계된 기관으로는 정부업무평가제도 총괄기관인 국무조정실과 성과주의 예산제도 총괄기관인 기획재정부 외에 성과계약중심 근무평정제도를 관장하는 인사혁신처, 국가회계법 및 국가재정법에 따라 중앙행정기관의 성과보고서에 대한 결산검사를 시행하는 감사원, 그리고 국회법에 따라 성과보고서의 검토보고서를 작성하는 국회 예산정책처가 있다. 행정부 평가 관련 기관과, 국회 소속 예산정책처, 그리고 헌법상 독립기관인 감사원은 상호 간에 평가업무를 주도하기 위한 견제 심리가 작용하고 있고, 그로 인해 기관 간 역할이 모호하여 중복 평가, 중복 보고 등의 비효율을 낳고 있다.[35] 현행 평가기본법이 과거에 비해서는 평가의 통합성을 상당히 보완하였지만, 앞으로 현재의 평가 관련 기관을 총괄하는 통합적 평가주관기관을 둘 것인지, 현재 기관들 간 역할을 조정하고 특정 기관에 평가의 주도적인 역할을 부여할 것인지 등 성과관리 거버넌스에 대한 개선책이 필요할 것이다.

끝으로, 성과평가와 예산의 연계가 부족하다. 정부업무평가가 특정평가에 비중을 두고 있고, 특정평가는 국정과제와 국정철학을 중심으로 이루지는 것을 확인하였다. 그런데 국정과제는 대통령 임기 동안 성과평가와는 독립적으로 예산을 우선적으로 배정한다. 국정과제는 성과를 평가해서 정책방향을 바꾸기가 쉽지 않다. 정책실패를 인정하는 것이 되기 때문이다. 2018년에 19조 원 이상의 일자리 사업 예산을 투입했지만 취업자 증가는 10만 명에 미치지 못했다.[36] 2019년에는 21.2조 원을 투입하여 30만 명이 늘었지만 공공일자리를 제외하면 8천여 명이 증

PART 1
행정과 행정학의 이해

PART 2
행정환경

PART 3
행정부문환경

PART 4
행정시스템

PART 5
관리시스템

PART 6
조직시스템

PART 7
지원시스템

PART 8
산출과 피드백

가한 정도이다.[37] 정치권과 언론의 일자리 예산에 대한 비판이 있었지만 2020년 예산은 25.5조 원으로, 그리고 2021년에는 30.6조 원으로 대폭 증액돼 전체 예산에서 차지하는 비중도 5.5%로 증가했다.[38] 대통령의 약속이라는 특수성을 가진 국정과제는 투입 대비 성과의 경제성보다는 목표를 얼마나 달성했는가의 효과성이 더 중시되기 때문이다. 예산과 성과평가를 보다 직접적으로 연계시킬 수 있는 부분은 오히려 자체평가의 주요정책 및 재정사업 부문이다. 이들 사업은 성과주의 예산제도의 구성요소인 '성과계획서'상의 단위과제와 밀접하게 연계되어 있기 때문이다(〈표 15-4〉와 〈그림 17-7〉 참조). 문제는 이와 같이 성과지표-예산의 연계가 구조적으로는 되어 있음에도 불구하고 정부업무평가에서 자체평가가 주목받지 못하고 있고, 자체평가 결과가 국회 소관 상임위에 보고되지만 국회 예산심의 과정에서 크게 활용되지 않는다는 것이다. 정부업무평가에서 특정평가는 성과관리의 도구가 아니라 5년 단임의 대통령제에서 국정운영의 실행력을 확보하기 위한 전략적 도구이기 때문에 특정평가를 약화시키기는 곤란할 것이다. 대안은 부·처·청 단위의 성과관리 차원에서 정부업무평가가 강화될 필요가 있겠다. 이를 위해서 특정평가는 평가 결과의 공개만으로도 기관장의 집중력을 유지시킬 수 있기 때문에, 부처 공무원들의 동기를 유발할 수 있는 사업 예산과 성과급은 자체평가 결과를 기준으로 배분하는 것을 고려할 수 있겠다. 또한 자체평가에 대한 부문 총괄 기관의 확인·점검 결과를 특정평가에 일부 반영하는 것도 고려해볼 수 있을 것이다.

주

1) Frank Fischer, *Politics, Values, and Public Policy: The problem of methodology*, Boulder, CO: Westview Press, 1980; Frank Fischer & John Forester(eds.), *Confronting Values in Policy Analysis: The Politics of Criteria*, Newbury Park, CA: Sage, 1987; Paul W. Taylor, *Normative Discourse*, Englewood Cliffs, NJ: Prentice-Hall, 1961.

2) 기획예산처, 2004년도 성과관리제도 시행지침, 2004. 5, p. 16.

3) 김순기·정순여, 정부조직의 성과관리: 균형성과표와 성과주의 예산제도의 연계, 「경영논총」, 13(2), 2001, p. 3.

4) 기획예산처, 2004년도 성과관리제도 시행지침, 2004. 5, p. 18.

5) David Osborne & Ted Gaebler, *Reinventing Government: How the entreprenerial spirit is transforming the public sector*, Reading, MA: Addison-Wesley Publishing, 1992, pp. 147-155.

6) Robert S. Kaplan & David P. Norton, The Balanced Scorecard: Measures that drive performance, *Harvard Business Review*, January-February 1992, pp. 71−79.

7) Robert S. Kaplan & David P. Norton, Transforming the Balanced Scorecard from Performance Measurement to Strategic Management: Part 1, *Accounting Horizons*, 15(1), 2001, pp. 87-104.

8) 김범열, BSC의 전략적 활용, 「주간경제」, 제622호, 2001. 5. 9.

9) Robert S. Kaplan & David P. Norton, *The Strategy-Focused Organization: How balanced scorecard companies thrive in the new business environment*, Boston: Harvard Business School, 2001.

10) Ibid., p. 134.

11) Ibid., p. 137.

12) 최은석·안희정, 지방정부의 전략적 성과관리체제 구축 사례 연구: Balanced Scorecard의 응용을 중심으로, 「한국지방자치학회보」, 14(2), 2002, pp. 124.

13) Kaplan & Norton, op. cit., p. 133.

14) Joseph S.Wholey, *Evaluation: Promise and performance*, Washington, D.C.: Urban Institute Press, 1979.

15) 최영출, 논리모형(Logic Model)의 성과관리 적용 가능성: 사회적 기업 정책을 중심으로, 「정책분석평가학회보」, 21(3), 2011, pp. 13-38.

16) Kellogg Foundation, *Logic Model Development Guide*, Battle Creek, MI, 2004.

17) Ibid.

18) Ellen Taylor-Powell, Larry Jones, and Ellen Henert, *Enhancing Program Performance with Logic Models*, University of Wisconsin-Extension, February 2003, p. 42.

19) Kellogg, op. cit.

20) Taylor-Powell, Jones, and Henert, op. cit. p. 155.

21) Ibid., p. 24

22) Kellogg, op. cit.

23) Taylor-Powell, Jones, and Henert, op. cit. p. 121.

24) 문종열, 프로그램 논리모형과 성과관리의 연계 가능성 연구,「정책분석평가학회보」, 17(4), 2007, pp. 87-116; 서원석·박홍엽, BSC와 논리모델의 비교 연구,「한국인사행정학회보」, 5(2), 2006, pp. 89-130.

25) 제갈돈·제갈욱, 공공부문 성과측정의 유용성 제고를 위한 방안에 관한 연구,「정책분석평가학회보」, 18(4), 2008, p. 72.

26) Ibid, p. 75.

27) 허만형·김주환·이석환, 정부업무평가 기본방향과 제도운영에 대한 실태분석,「한국정책과학회보」, 12(1), 2008, p. 2.

28) 국무총리실,「2009년도 정부업무평가 세부시행계획 – 자체평가 매뉴얼 –」, 2009. 4, pp. 2-3.

29) 공동성·윤기웅, 범부처 성과관리와 정부업무평가의 효율적 연계를 위한 개선방안, 한국행정학회 하계학술대회, 2007.

30) 국무조정실,「2020년도 정부업무평가 시행계획」, 2019. 12. 24, p. 4.

31) 신홍철·음선필, 정부성과관리제도의 개선방안: 한국과 미국의 비교를 중심으로,「홍익법학」, 15(1), 2014, pp. 471-503.

32) 이광희·이석민, 정부업무평가제도의 성과정보 활용, 활용에 미치는 영향요인, 그리고 제도신뢰 요인 연구: 특정평가를 중심으로,「한국행정학보」, 48(3), 2014, pp. 205-226.

33) 상게서, p. 223.

34) 신홍철·음선필, 전게서, p. 494.

35) 상게서, p. 479.

36) 이데일리, 2019. 1. 9.

37) 통계청, e-나라지표, 고용센터 구인, 구직 및 취업현황, 2021. 1. 4.

38) 비즈한국, 4년 새 일자리예산 2배 됐는데 일자리 난 해소 왜 안 될까?, 2020. 12. 7.

PART 1 행정과 행정학의 이해

PART 2 행정환경

PART 3 행정내부환경

PART 4 결정시스템

PART 5 집행시스템

PART 6 조직시스템

PART 7 지원시스템

PART 8 산출과 피드백

찾아보기

저자약력

성균관대학교 행정학과 졸업(1980)
미국 텍사스주립대학교 존슨정책대학원 정책학 석사(1986)
미국 오하이오주립대학교 행정학 박사(1990)
제23회 행정고등고시(1979)
미국 오하이오주립대학교 교환 및 초빙교수(1997-1999)
미국 듀크대학교 교환교수(2005)
성균관대학교 기획조정처장(2006-2008)
성균관대학교 사회과학부장 및 국정전문대학원장(2008-2010)
한국행정학보 편집위원장(2009-2010)
대통령 비서실 국정기획수석비서관(2013. 2-2015. 1)
성균관대학교 행정학과 및 국정전문대학원 교수(1991-2016)
제20대 국회의원(비례대표, 자유한국당, 2016-2020)

제7판
한국 행정학

초판발행	2005년	2월 28일
보정판발행	2006년	12월 15일
제3판발행	2010년	2월 25일
제4판발행	2012년	2월 25일
제5판발행	2015년	8월 30일
제6판발행	2019년	2월 28일
제7판발행	2021년	2월 20일

지은이	유민봉
펴낸이	안종만 · 안상준
편 집	전채린
기획/마케팅	정연환
표지디자인	조아라
제 작	고철민 · 조영환

펴낸곳   ㈜ **박영사**

서울특별시 금천구 가산디지털2로 53, 210호(가산동, 한라시그마밸
등록 1959. 3. 11. 제300-1959-1호(倫)

전 화	02)733-6771
f a x	02)736-4818
e-mail	pys@pybook.co.kr
homepage	www.pybook.co.kr
ISBN	979-11-303-1217-0 93350

＊파본은 구입하신 곳에서 교환해 드립니다. 본서의 무단복제행위를 금합니다.

정 가   36,000원